鹰手营子

承德市鹰手营子矿区志

CHENGDESHI YINGSHOUYINGZIKUANGQU ZHI

《承德市鹰手营子矿区志》编纂委员会 编

方志出版社
Publishing House of Local Records

图书在版编目（CIP）数据

承德市鹰手营子矿区志/《承德市鹰手营子矿区志》编纂委员会编．—北京：方志出版社，2018.7
ISBN 978－7－5144－3148－3

Ⅰ．①承⋯ Ⅱ．①承⋯ Ⅲ ①煤矿－矿区－概况－承德 Ⅳ．①F426．21
中国版本图书馆 CIP 数据核字（2018）第 173784 号

承德市鹰手营子矿区志

编　　者：《承德市鹰手营子矿区志》编纂委员会
责任编辑：刘方圆

出 版 人：冀祥德
出 版 者：方志出版社
地址　北京市朝阳区潘家园东里 9 号（国家方志馆 4 层）
邮编　100021
网址　http：//www. fzph. org
发　　行：方志出版社图书经销中心
电话（010）67110500
经　　销：各地新华书店
印　　刷：保定市北方胶印有限公司

开　　本：889 × 1194　　1/16
印　　张：58
字　　数：1715 千字
版　　次：2018 年 7 月第 1 版　　2018 年 12 月第 1 次印刷
印　　数：0001 ~ 2000 册

ISBN 978－7－5144－3148－3　　定价：368．00 元

美丽矿区
MEILI KUANGQU

▲ 晨雾(摄影　郝树森)

▲ 矿山秋色(摄影　戴翔)

美丽矿区

MEILI KUANGQU

▲ 村边小溪(摄影 戴翔)

◀ 山乡秋色(摄影 戴翔)

▼ 鹰手营子主城区
(摄影 傅相阁)

柳河来客(摄影　戴翔)

客舞柳河
(摄影　戴翔)

▲ 寿王坟铜矿尾矿坝(摄影　郝树森)

▲ 北山公园凉亭(摄影　戴翔)

▲ 鹰手营子矿区新桥(摄影　戴翔)

▲ 鹰城夜景(摄影　戴翔)

▲ 除夕夜(摄影　戴翔)

▲ 鹰手营子战备桥(摄影　戴翔)

▲ 鹰手营子大街夜景(摄影　戴翔)

工矿掠影

GONGKUANG LUEYING

▲ 兴隆矿务局办公楼(选自兴隆矿务局志)

▲ 铜兴公司(摄影　郝树森)

▲ 铜兴公司坑口(摄影　郝树森)

▲ 矿石(摄影　郝树森)

◀ 在寿王坟铜矿召开全国冶金矿山机械化现场会会场(区文广新局提供)

涝洼滩煤矿办公楼
(区博物馆提供)

承德市铸造机械厂
(区文广新局提供)

兴隆矿务局节能示范水泥厂
(摄影　戴翔)

工矿掠影

GONGKUANG LUEYING

承德市水泥厂(摄影　戴翔)▶

▲ 承德市毛巾厂车间(摄影　戴翔)

▲ 沟源水厂(摄影　戴翔)

◀ 寿王坟综合加工厂酿造的食醋(摄影　戴翔)

▼ 承鸿塑料公司产品(摄影　戴翔)

▲ 24 座弹跳机（京北游艺机制造有限公司提供）

▲ 24 座章鱼游艺机（京北游艺机制造有限公司提供）

▲ 24 座海盗船游艺机（摄影　吴鹏福）

▲ 摩天环车（京北游艺机制造有限公司提供）

▲ 怡达产品（怡达食品集团有限公司提供）

蔬菜水果

SHUCAI SHUIGUO

无公害蔬菜（摄影 戴翔）▶

▼ 国光苹果（摄影 郝树森）

▲ 跳沟村设施蔬菜（摄影 戴翔）

▲ 山杏（摄影　郝树森）

▲ 山楂（摄影　郝树森）

▲ 毛桃（摄影　张宝义）

▲ 甜梨（摄影　郝树森）

▲ 鸭梨（摄影　郝树森）

▲ 酸梨（安梨）（摄影　郝树森）

商贸服务

SHANGMAO FUWU

▲ 全红超市（摄影　戴翔）

▲ 饮食一条街（摄影　戴翔）

▼ 大集办年货（摄影　戴翔）

▲ 乾营酒店（摄影　戴翔）

▼ 水果摊（摄影　戴翔）

文艺演出

WENYI YANCHU

◀ 幼儿园文艺演出(摄影　戴翔)

▲“六一”儿童节文艺演出(摄影　戴翔)

▼ 花会表演(摄影　郝树森)

▼ 中国煤矿文工团来兴隆矿务局慰问演出(摄影　戴翔)

▼ 皮影艺人演出(摄影　戴翔)

▲ 1986年《大众摄影》第一期发表的戴翔摄影作品

艺术创作
YISHU CHUANGZUO

◀ 铸魂（摄影　高大宇）

▼ 煤矿工人（摄影　戴翔）

▲ 张建国国画作品（摄影　戴翔）

▲ 张建国水粉画作品（摄影　戴翔）

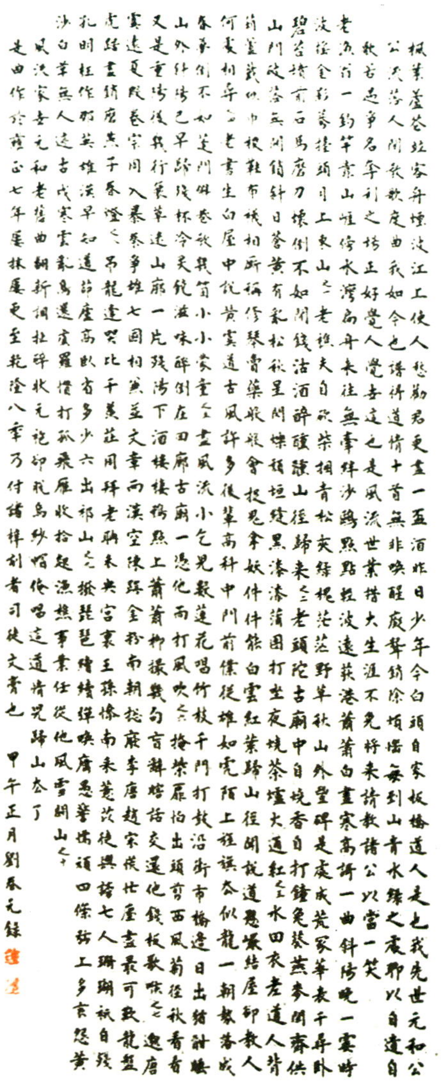

▲ 刘春元书法作品（摄影　戴翔）

▲ 赵光普书法作品（摄影　戴翔）

艺术创作

YISHU CHUANGZUO

▲ 根雕《鹊鸣翠谷》
（作者　汤续发　摄影　汤贵林）

◀ 根雕《国宝大熊猫》
（作者　汤贵新　摄影　汤贵林）

▲ 根雕《大鹏雄姿》
（作者　汤续发　摄影　汤贵林）

▼ 根雕《茶和几》（作者　余文厚　余文厚提供）

▲ 余文厚枝艺作品(余文厚提供)

余文厚枝艺家具(余文厚提供) ▶

▼ 余文厚枝艺作品展览(余文厚提供) ▼ 余文厚枝艺架子床(余文厚提供)

▲ 四方洞古人类洞穴遗址(摄影　戴翔)

▲ 四方洞遗址出土石棒
(区文化体育广播电影电视局提供)

▲ 四方洞遗址出土雕刻器
(区文化体育广播电影电视局提供)

▲ 2004 年在鹰手营子镇东山出土的动物化石
(摄影　戴翔)

▲ 鳞木化石(余文厚提供)

▲ 寿王坟古铜冶炼矿渣遗址(摄影　郝树森)

▲ 寿王坟辽金时代长城遗址(摄影　郝树森)

盛世修志

▲《承德市鹰手营子矿区志》第一届编纂委员会主任、副主任合影(区地方志办公室提供)
左起:张淑琴、胡小琪、孔令年、王平、胡光远、伊志山、祁军、李振才

▲《承德市鹰手营子矿区志》第二届编纂委员会成员合影(摄影　戴翔)
前排左起:张淑琴、朱克玉、杨海龙、李伟、谷宏健、刘卫东、李振阳
后排左起:徐俊发、韩俊、李晓辉、张晓丹、胡彦星、应福江

《鹰手营子矿区志》稿专家评稿会

▲《承德市鹰手营子矿区志》稿省评审专家组与承德市地方志办公室领导合影(摄影　戴翔)
左起：马铁松、武铁良、王蕾、奚晓红、孙进柱

▲《承德市鹰手营子矿区志》稿省级专家评稿会与会人员合影(摄影　戴翔)
前排左起：蒋国成、马铁松、武铁良、谷宏健、李伟、王蕾、杨永生、孙进柱、王贵君
后排左起：张淑琴、郭伟、王超、安玉君、兰岚、戴春梅、韩俊、张晓丹、刘卫东、宋玉文、蔡国栋、张淑英、王乃民、李齐伟、杨伟平

▲《承德市鹰手营子矿区志》编纂人员合影(摄影　张宝义)
左起：杨伟平、张淑英、张淑琴、宋玉文

《承德市鹰手营子矿区志》编纂委员会

第一届编纂委员会成员名单

（2003 年 9 月）

名誉主任：王　平
主　　任：胡光远
常务副主任：孔令年　伊志山
副 主 任：祁　军　胡晓奇　李振才　李晓辉　张淑琴
委　　员：蒋国成　徐桂芳　邓会民　范素香　张晓华　李瑞民　刘广祥　周目先
王　军　王广生　刘日光
顾　　问：王富鹏　陈宝祥　王克勤　赵世诚　郝树森

第二届编纂委员会成员名单

（2014 年 11 月）

名誉主任：李　伟
主　　任：谷宏健
常务副主任：刘卫东　杨海龙
副 主 任：周辅民　朱克玉　张淑琴
委　　员：李振阳　韩　俊　董喜军　张晓丹　李晓辉　闫　彪　胡彦星　王东辉
贠　华　应福江　温德志　徐俊发

鹰手营子矿区地方志办公室

主　　任：张淑琴

《承德市鹰手营子矿区志》编纂人员

主　　编：杨伟平（2003.10—搁笔）
副 主 编：张淑琴（2003.10—搁笔）
编　　辑：郭　云（2003.10—2004.9）
　　　　　赵淑琴（2003.10—2004.12）
　　　　　王杰光（2003.10—2011.9）
　　　　　刘玉奇（2003.10—2011.9）
　　　　　赵肃新（2004.10—2009.3）
　　　　　宋玉文（2009.3—搁笔）
编　　务：张淑英（2011.10—搁笔）

《承德市鹰手营子矿区志》稿
承德市地方志办公室内审专家

兰　岚　蔡国栋　陆海红

省级专家评审会评稿专家

王　蕾　武铁良　孙进柱　马铁松

河北省地方志办公室终审专家

杨洪进　王广才　徐振田　阴记东　王蕾　任丽英　杨胜旗　陈瑞青

提供分志初稿和资料人员名单
（以姓氏笔画为序）

于利杰	于学联	于树会	于清波	马建玲	王　欣	王　岩	王宝龙	王希华
王承富	王晓明	王福友	毛计斌	方永利	艾　静	艾树林	安玉君	关　琢
朱晓军	刘树兴	刘银存	邢淑华	孙立兴	孙连军	孙润柳	孙瑞江	吴振颇
杜燕冬	张　颖	张　静	张乃军	张玉生	张国华	张丽霞	张晓平	张晓丹
宋巧芬	宋桂静	宋建军	宋鹤权	李　民	李月红	李文斌	李东风	李雅欣
李国祥	李建成	李树革	李铁柏	李新东	李淑珍	李耀光	邸为民	杨　虹
杨丽萍	陈志军	武　振	金　东	金树强	赵　颖	赵士红	赵玉增	赵世诚
赵庭利	赵肃新	郝树森	钟显璋	修建民	胡永明	胡彦星	郭　伟	徐宗民
徐志强	徐胜杰	徐雅丽	高尚军	贾云琴	贾胜坤	贾振东	贾维兴	阎　伟
傅晨曦	韩子春	董　立	董海轩	董福贵	霍红军	戴明浩		

序言

修志是中华民族源远流长的优良文化传统。《承德市鹰手营子矿区志》即将问世。此书是一本全面、系统记述鹰手营子矿区历史的资料性文献，更是全区精神文明建设的一项丰硕成果，可喜可贺！

鹰手营子矿区作为中国历史文化名城——承德的一个市辖区，位于河北省东北部，燕山主峰雾灵山东麓，环首都经济圈腹地，区域面积近150平方公里，因属清东陵“后龙风水”禁地，且仅居4户为皇家驯养猎鹰之鹰手而得名。这里历史悠久，文化厚重，风景优美，气候宜人，境内四方洞遗址为河北省第一处旧石器时代古人类洞穴文化遗存。战国和汉代，人们在此冶炼铜、铁并制作工具、武器。辽金时代建有长城，抵御外来入侵。满清入关，帝王围猎，闷葫芦方寸之场，成皇家驯鹰之地。抗战时期，这里成为抗日革命根据地，涌现出郭羽、穆山等一批抗日英雄。20世纪50年代，鹰城人民依托区内丰富的矿产资源，在这里建起了大型煤炭开采企业和有色黑色金属采选企业，成为当时国家重要的有色金属工业基地和能源基地，年产铜含量曾占到全国的1/4，原煤年产量占到河北省的1/15。20世纪90年代末，随着矿产资源的枯竭，区域经济社会发展一度陷入低谷。近年来，特别是“十二五”以来，在国家和省市资源枯竭城市转型政策的扶持下，按照“二次创业，转型复兴”的总要求，大力发展接续替代产业，加快转型步伐，摆脱了资源依赖，基本完成了产业从地下向地上的“第一步转型”，走出了一条适合本区实际的转型发展之路，并逐步形成了具有鲜明特色的绿色产业体系，完成了“传统产业生态化、特色产业规模化、新兴产业高端化”的“第二步转型”。

适逢盛世，盛世修志。本志为鹰手营子矿区首部志书，编纂工作始于2003年10月，上限尽量追溯至所记内容的发端，下限断于2003年。全区各部门和单位紧密配合，参与编修的工作人员淡泊名利，历尽艰辛，搜集资料，考证史实，长年累月伏案工作，任劳任怨，默默奉献，广征博采，辛勤笔耕，经过十余年的艰辛磨砺，终于众手成志，填补了境内地方志书历史的空白，为鹰城文化建设注入了新动能。本志分门别类、记载翔实、内容丰富、结构严谨、脉络清楚，是科学的资料性著述，是一部融历史价值、实用价值和收藏价值为一体的传世之作。

“治天下者以史为鉴，治郡国者以志为鉴”。我们要发挥好方志的“资治、存史、教化”作用，让《承德市鹰手营子矿区志》成为各级领导、社会各界人士认识本地区的历史和现状，借鉴历史经验，做出正确决策的重要参考文献，为建设“工强农富，宜居宜游，平安和谐”的美丽幸福鹰城做出贡献。昔日皇家鹰手营地，今朝绿色矿山公园。鹰手营子矿区是一座充满商机的城市，是一座极具发展潜能的城市，更是一座充满希望的城市。城市秀而仁者居，广厦高而勤者筑。明晰历史，继往开来，让我们在深刻认识鹰城昨天的基础上，用我们的智慧和汗水奉献于鹰城的今天，共同创造鹰城更加辉煌的明天！

中共承德市鹰手营子矿区委书记　李　伟

承德市鹰手营子矿区人民政府区长　谷宏健

2016 年 10 月

凡例

一、《承德市鹰手营子矿区志》坚持以马克思列宁主义、毛泽东思想、邓小平理论和“三个代表”重要思想、科学发展观、习近平新时代中国特色社会主义思想为指导，坚持辩证唯物主义和历史唯物主义的主场、观点和方法，本着秉笔直书、贯通古今、详今略古的修志原则，努力做到思想性、科学性和资料性的统一。

二、本志以鹰手营子矿区2003年行政区划为记述范围，历史上曾隶属鹰手营子矿区或其前身，后又划出之区域，为使志书内容记述完整，偶有涉及，不做详细记述。

三、本志为通志，上限尽量追溯至所记内容之发端，下限断于2003年，个别内容为达到记述的完整性，下限延至2004年。

四、本志卷首部分设图片、编纂机构和人员名单、序言、凡例、目录、概述、大事记。卷中主体部分为正文，卷末为索引和编后记。全志采用中、小编结构，编章体式，一般设编、章、节、目4个层次。根据记述内容，个别节下无目或个别目下设子目。全志以地理、经济、政治、文化、人物5个部分为序，设30编。

五、本志为突出鹰手营子矿区的“矿区”特点，以足够空间使地域特色事物得以充分记述，将“煤炭开采业”“有色黑色金属采选业”“制造业”“水电供应业及建筑业”“商业贸易”“交通运输及邮政通信业”“金融业”“房地产、公用事业及居民服务业”升格为编。

六、本志“精神文明建设”编中，因兴隆矿务局和寿王坟铜矿不实行属地管理原则，不参加鹰手营子矿区组织的各项评比、竞赛活动，故无评比、竞赛成绩。

七、本志“精神文明建设”编、教育编、卫生编中的“地方”，均相对于驻区企业而言。

八、本志人物编采用人物传略、人物简介、人物名录形式记述人物。传略遵循“生不立传”原则，收录在鹰手营子矿区历史上有重要贡献和影响的革命烈士、劳动模范。依据现有材料，人物简介收录中华人民共和国成立后在各自工作岗位上有较大贡献的先进模范人物和民营企业家。人物名录收录革命烈士、市级及以上先进人物、劳动模范，鹰手营子矿区籍在区外工作的副处级及以上干部和副高职称及以上人员。

九、本志采用述、记、志、传、图（含照片）、表、录等体裁形式，以志为主。大事记以编年体为主，个别条目采用记事本末体。照片除部分集中于志首外，其余与附录、附记随文插入相关章节。

十、本志采用现代语体文，记述体，使用国家规范汉字，行文力求简洁、准确、朴实、流畅。引文和附录资料不受此规范限制。

十一、本志记述以第三人称为主，附录中使用其他人称时，不作改动。人名直书其姓名，必要时冠以职务。机构、会议等称谓使用简称时，第一次出现使用全称，括注规范简称，以后直接使用简称。使用通用简称不产生歧义时不加注。行文中所言“党”，均指中国共产党。地理名称、各历史时期政权、官职，一律采用当时称谓。日伪统治时期的日伪军警政机关和官职，称谓前皆冠以“伪”字。

十二、本志纪年中华人民共和国成立前使用历史纪年，同时括注公元纪年。中华人民共和国成立后使用公元纪年。

十三、本志所用数据，首先采用政府统计部门统计数据，无政府统计数据时选用部门提供数据、查档数据，个别数字为推算数字。价格数据，使用不变价时括注某年不变价，不括注数据均为现价。统计数据前使用“鹰手营子矿区”“全区”概念，在统计范围是否包含驻区企业会产生歧义时，包含时括注。

十四、志中标点符号、数字用法依照《中华人民共和国国家标准·标点符号用法》《中华人民共和国国家标准·出版物上数字用法》执行。

十五、本志所涉及人民币为中华人民共和国成立后之旧人民币时括注，不括注均为新版人民币。

十六、计量单位除涉农面积为方便读者习惯仍沿用“市亩”外，其余一律使用法定公制计量单位。

十七、本志资料来源于区属各部门和各镇及驻区企业提供的志稿、档案、史志、图书及口碑资料。除引文和重要资料注明出处外，其余资料不注明出处。

目　　录

概述 …………………………………………………………（ 1 ）
大事记 ………………………………………………………（ 9 ）

第一编　建置区划

第一章　位置沿革 …………………………………………（ 49 ）
　第一节　地理位置 ………………………………………（ 49 ）
　第二节　建置沿革 ………………………………………（ 49 ）
第二章　区划勘界 …………………………………………（ 50 ）
　第一节　区划 ……………………………………………（ 51 ）
　第二节　勘界 ……………………………………………（ 54 ）
第三章　乡镇概况 …………………………………………（ 55 ）
　第一节　镇概况 …………………………………………（ 55 ）
　第二节　村概况 …………………………………………（ 58 ）

第二编　环境　资源

第一章　地质地貌 …………………………………………（ 67 ）
　第一节　地质 ……………………………………………（ 67 ）
　第二节　地貌 ……………………………………………（ 69 ）
第二章　气候　物候 ………………………………………（ 71 ）
　第一节　气候 ……………………………………………（ 71 ）
　第二节　物候 ……………………………………………（ 75 ）
第三章　水文 ………………………………………………（ 75 ）
　第一节　地上水 …………………………………………（ 76 ）
　第二节　地下水 …………………………………………（ 78 ）
第四章　土壤　植被 ………………………………………（ 79 ）

第一节　土壤 …………………………………………………………………… (79)
第二节　植被 …………………………………………………………………… (81)
第五章　自然资源 ……………………………………………………………… (82)
第一节　土地资源 ……………………………………………………………… (82)
第二节　水资源 ………………………………………………………………… (83)
第三节　生物资源 ……………………………………………………………… (86)
第四节　矿产资源 ……………………………………………………………… (89)
第五节　自然景观 ……………………………………………………………… (90)
第六章　自然灾害 ……………………………………………………………… (91)
第一节　气象灾害 ……………………………………………………………… (91)
第二节　地质灾害 ……………………………………………………………… (94)
第三节　生物灾害 ……………………………………………………………… (94)

第三编　人　　口

第一章　人口状况 ……………………………………………………………… (97)
第一节　人口总量、变动和分布 ……………………………………………… (97)
第二节　人口构成 ……………………………………………………………… (102)
第三节　人口素质 ……………………………………………………………… (108)
第四节　劳动人口 ……………………………………………………………… (109)
第二章　人口控制 ……………………………………………………………… (111)
第一节　管理机构 ……………………………………………………………… (111)
第二节　人口控制政策 ………………………………………………………… (111)
第三节　人口控制措施 ………………………………………………………… (112)

第四编　基础设施建设

第一章　城乡建设 ……………………………………………………………… (117)
第一节　城乡规划 ……………………………………………………………… (117)
第二节　城市建筑 ……………………………………………………………… (118)
第三节　市政建设 ……………………………………………………………… (120)
第四节　公共设施建设 ………………………………………………………… (122)
第五节　园林绿化 ……………………………………………………………… (123)
第六节　乡村建设 ……………………………………………………………… (124)
第七节　城乡建设管理 ………………………………………………………… (124)
第二章　水利设施 ……………………………………………………………… (125)
第一节　水库 …………………………………………………………………… (126)
第二节　农田灌溉设施 ………………………………………………………… (126)
第三节　防洪排涝设施 ………………………………………………………… (128)
第四节　水土保持 ……………………………………………………………… (128)
第五节　农村饮水设施 ………………………………………………………… (130)

第六节　水利建设管理……（131）
第三章　电力设施……（131）
第一节　电厂建设……（132）
第二节　供电设施……（133）
第四章　交通建设……（135）
第一节　公路建设……（135）
第二节　铁路建设……（137）
第五章　邮政通信设施……（140）
第一节　邮政设施……（140）
第二节　通信设施……（141）
第六章　环境保护……（143）
第一节　环境状况……（144）
第二节　环保宣传……（144）
第三节　环境治理……（144）

第五编　经济总情

第一章　经济制度变革……（149）
第一节　农业生产关系变革……（149）
第二节　私营工商业社会主义改造……（151）
第二章　经济体制改革……（152）
第一节　农村经济体制改革……（152）
第二节　工业企业体制改革……（158）
第三节　商业体制改革……（160）
第四节　用工制度改革……（164）
第五节　社会保障制度改革……（165）
第三章　国民经济运行……（170）
第一节　“一五”至“五五”计划时期……（170）
第二节　“六五”计划时期……（171）
第三节　“七五”计划时期……（172）
第四节　“八五”计划时期……（172）
第五节　“九五”计划时期……（173）
第六节　“十五”计划前三年……（173）
第四章　经济总量……（174）
第一节　地区生产总值……（174）
第二节　财政收入……（175）
第五章　经济结构……（176）
第一节　所有制结构……（177）
第二节　产业结构……（177）
第三节　产品结构……（180）
第四节　投资结构……（181）

第五节　能源消费结构 …… (185)
第六章　居民生活水平 …… (185)
第一节　城镇居民生活水平 …… (186)
第二节　农村居民生活水平 …… (188)

第六编　煤炭开采业

第一章　煤田概况 …… (199)
第一节　煤系煤层 …… (200)
第二节　煤种煤质 …… (201)
第二章　矿井建设和镇村小煤矿 …… (202)
第一节　矿井建设 …… (202)
第二节　镇村集体个体煤矿 …… (205)
第三章　生产技术 …… (205)
第一节　部属煤矿生产技术 …… (205)
第二节　地方国有（营）煤矿生产技术 …… (208)
第三节　镇村办及联户个体煤矿生产技术 …… (209)
第四章　从业人员 …… (209)
第一节　国有（营）煤矿职工队伍 …… (210)
第二节　镇村及联户个体煤矿从业人员 …… (211)
第五章　煤矿管理 …… (211)
第一节　国有（营）煤矿管理 …… (212)
第二节　集体联户个体煤矿管理 …… (213)
第六章　主要企业 …… (214)
第一节　部属企业 …… (214)
第二节　地方国有（营）企业 …… (216)
第七章　原煤产量和经济效益 …… (217)
第一节　原煤产量 …… (217)
第二节　经济效益 …… (220)

第七编　有色黑色金属采选业

第一章　探矿 …… (227)
第一节　地质调查和勘探 …… (227)
第二节　矿床 …… (228)
第二章　采选规模 …… (229)
第一节　国有（营）企业采选规模 …… (229)
第二节　集体个体企业采选规模 …… (230)
第三章　采选技术 …… (231)
第一节　采矿技术 …… (231)
第二节　选矿技术 …… (233)

第三节　技术改造 …………………………………………………………（234）
第四章　从业人员 …………………………………………………………（236）
第一节　国有（营）企业职工队伍 ………………………………………（236）
第二节　集体个体企业从业人员 …………………………………………（237）
第五章　管理和主要企业简介 ……………………………………………（237）
第一节　管理 ………………………………………………………………（237）
第二节　主要企业简介 ……………………………………………………（239）
第六章　产品产量和经济效益 ……………………………………………（240）
第一节　产品产量 …………………………………………………………（241）
第二节　经济效益 …………………………………………………………（243）

第八编　制造业

第一章　粮食、食品饮料和饲料加工业 …………………………………（249）
第一节　粮食加工业 ………………………………………………………（249）
第二节　食品饮料业 ………………………………………………………（250）
第三节　饲料加工业 ………………………………………………………（253）
第二章　纺织服装和皮革皮毛制品业 ……………………………………（253）
第一节　纺织与服装加工业 ………………………………………………（254）
第二节　皮革皮毛及其制品业 ……………………………………………（255）
第三章　造纸印刷和化学塑料制品业 ……………………………………（256）
第一节　造纸业印刷业 ……………………………………………………（256）
第二节　化学塑料制品业 …………………………………………………（257）
第四章　建筑材料和陶瓷制造业 …………………………………………（258）
第一节　建筑材料 …………………………………………………………（259）
第二节　陶瓷 ………………………………………………………………（262）
第五章　机械制造和电子设备业 …………………………………………（264）
第一节　机械制造业 ………………………………………………………（264）
第二节　电子设备业 ………………………………………………………（267）
第六章　制造业管理 ………………………………………………………（268）
第一节　管理机构 …………………………………………………………（268）
第二节　企业管理 …………………………………………………………（268）

第九编　水电供应业和建筑业

第一章　水生产与供应 ……………………………………………………（273）
第一节　供水设施 …………………………………………………………（273）
第二节　水价及收入 ………………………………………………………（275）
第二章　电力生产与供应 …………………………………………………（277）
第一节　发电用电 …………………………………………………………（277）
第二节　电业管理 …………………………………………………………（280）

第三章　建筑业……………………………………………………………………………（281）
　第一节　建筑设计和队伍…………………………………………………………………（281）
　第二节　建筑企业…………………………………………………………………………（282）
　第三节　建筑业管理………………………………………………………………………（283）

第十编　商业贸易

第一章　商业所有制类型……………………………………………………………………（287）
　第一节　公有制商业………………………………………………………………………（287）
　第二节　个体私营商业……………………………………………………………………（292）
第二章　商业经营……………………………………………………………………………（294）
　第一节　粮油购销…………………………………………………………………………（294）
　第二节　副食品经营………………………………………………………………………（303）
　第三节　日用百货品经营…………………………………………………………………（306）
　第四节　医药药材购销……………………………………………………………………（309）
　第五节　煤炭经营…………………………………………………………………………（311）
　第六节　成品油经营………………………………………………………………………（312）
　第七节　五金交电化工用品销售…………………………………………………………（315）
　第八节　日用杂品销售……………………………………………………………………（317）
　第九节　棉烟土畜产品……………………………………………………………………（318）
　第十节　废旧物资收购……………………………………………………………………（320）
　第十一节　物资供销………………………………………………………………………（321）
　第十二节　商业管理………………………………………………………………………（322）
第三章　对外贸易……………………………………………………………………………（327）
　第一节　直接出口…………………………………………………………………………（327）
　第二节　间接出口…………………………………………………………………………（328）

第十一编　交通运输 邮政通信业

第一章　交通运输业…………………………………………………………………………（331）
　第一节　公路运输…………………………………………………………………………（331）
　第二节　铁路运输…………………………………………………………………………（335）
　第三节　水路运输…………………………………………………………………………（338）
　第四节　装卸搬运…………………………………………………………………………（338）
第二章　邮政通信业…………………………………………………………………………（338）
　第一节　邮政业……………………………………………………………………………（339）
　第二节　通信业……………………………………………………………………………（344）

第十二编　金融业

第一章　银行业………………………………………………………………………………（351）

第一节　货币 ………………………………………………………………（351）
第二节　信贷 ………………………………………………………………（355）
第三节　存款 ………………………………………………………………（362）
第四节　结算 ………………………………………………………………（365）
第五节　债券 ………………………………………………………………（366）
第六节　银行业机构 ………………………………………………………（367）
第二章　保险业 ………………………………………………………………（369）
第一节　保险种类 …………………………………………………………（370）
第二节　保额保费 …………………………………………………………（371）
第三节　理赔 ………………………………………………………………（373）
第四节　保险业机构 ………………………………………………………（374）

第十三编　房地产公用事业居民服务业

第一章　房地产 ………………………………………………………………（379）
第一节　房产开发 …………………………………………………………（379）
第二节　房产交易 …………………………………………………………（380）
第三节　房地产管理 ………………………………………………………（380）
第二章　公用事业　居民服务业 ……………………………………………（382）
第一节　公用事业 …………………………………………………………（383）
第二节　居民服务业 ………………………………………………………（385）

第十四编　农业与乡镇企业

第一章　种植业 ………………………………………………………………（391）
第一节　主要粮食作物 ……………………………………………………（392）
第二节　经济作物 …………………………………………………………（393）
第三节　耕作技术 …………………………………………………………（399）
第四节　肥料 ………………………………………………………………（401）
第五节　病虫害种类和防治 ………………………………………………（402）
第六节　农业机具 …………………………………………………………（404）
第七节　管理机构 …………………………………………………………（406）
第二章　林果业 ………………………………………………………………（410）
第一节　林木资源和林产品 ………………………………………………（411）
第二节　种苗繁育 …………………………………………………………（412）
第三节　造林还林育林 ……………………………………………………（413）
第四节　林木管护 …………………………………………………………（416）
第五节　果品生产 …………………………………………………………（417）
第六节　病虫害防治 ………………………………………………………（420）
第七节　植桑养蚕 …………………………………………………………（421）
第八节　管理 ………………………………………………………………（422）

第三章　养殖业 …………………………………………………………………… (423)
　第一节　家禽家畜饲养 ………………………………………………………… (423)
　第二节　特种养殖 ……………………………………………………………… (430)
　第三节　饲草饲料 ……………………………………………………………… (431)
　第四节　疫病防治 ……………………………………………………………… (432)
　第五节　人工养鱼 ……………………………………………………………… (433)
　第六节　主要养殖厂养殖大户 ………………………………………………… (434)
　第七节　管理机构 ……………………………………………………………… (436)
第四章　乡镇企业 ……………………………………………………………… (436)
　第一节　发展概况 ……………………………………………………………… (437)
　第二节　所有制结构 …………………………………………………………… (442)
　第三节　行业结构 ……………………………………………………………… (443)
　第四节　管理 …………………………………………………………………… (448)

第十五编　经济综合管理

第一章　计划和统计管理 ……………………………………………………… (453)
　第一节　计划管理 ……………………………………………………………… (453)
　第二节　统计管理 ……………………………………………………………… (455)
第二章　财政和国有资产管理 ………………………………………………… (458)
　第一节　财政管理 ……………………………………………………………… (458)
　第二节　国有资产管理 ………………………………………………………… (466)
第三章　税务和工商行政管理 ………………………………………………… (468)
　第一节　税务管理 ……………………………………………………………… (468)
　第二节　工商行政管理 ………………………………………………………… (475)
第四章　物价和质量技术监督管理 …………………………………………… (478)
　第一节　物价管理 ……………………………………………………………… (478)
　第二节　质量技术监督管理 …………………………………………………… (480)
第五章　土地和审计管理 ……………………………………………………… (481)
　第一节　土地管理 ……………………………………………………………… (481)
　第二节　审计管理 ……………………………………………………………… (485)

第十六编　中国共产党

第一章　创建与发展 …………………………………………………………… (489)
　第一节　党员 …………………………………………………………………… (489)
　第二节　党组织发展 …………………………………………………………… (492)
第二章　党代表和党代表大会 ………………………………………………… (496)
　第一节　党代表 ………………………………………………………………… (496)
　第二节　党代表大会 …………………………………………………………… (497)
第三章　组织机构 ……………………………………………………………… (498)

第一节　领导机构 …………………………………………………… (498)
第二节　纪律检查委员会 …………………………………………… (505)
第三节　区委工作机构 ……………………………………………… (505)
第四节　基层党委 …………………………………………………… (507)
第四章　重大决策 ……………………………………………………… (508)
第一节　实施小康区建设工程决策 ………………………………… (508)
第二节　提出《国民经济和社会发展“九五”计划和2010年远景目标纲要》建议 ………… (510)
第三节　加快个体私营经济发展决定 ……………………………… (511)
第四节　发展农业产业化决策 ……………………………………… (512)
第五节　实施党政机关机构改革决策 ……………………………… (512)
第六节　实施精神文明建设决策 …………………………………… (514)
第七节　推进依法治区决策 ………………………………………… (515)
第五章　日常党务工作 ………………………………………………… (516)
第一节　纪检工作 …………………………………………………… (516)
第二节　组织工作 …………………………………………………… (518)
第三节　宣传教育 …………………………………………………… (523)
第四节　统战工作 …………………………………………………… (528)
第五节　政法工作 …………………………………………………… (529)
第六节　农村工作 …………………………………………………… (531)
第七节　信访工作 …………………………………………………… (534)
第八节　老干部工作 ………………………………………………… (535)
第九节　党史工作 …………………………………………………… (536)
第六章　政治运动与落实政策 ………………………………………… (537)
第一节　政治运动 …………………………………………………… (537)
第二节　落实政策 …………………………………………………… (539)

第十七编　人民代表大会

第一章　代表和代表大会会议 ………………………………………… (543)
第一节　代表 ………………………………………………………… (543)
第二节　代表大会会议 ……………………………………………… (544)
第二章　人民代表大会常务委员会 …………………………………… (547)
第一节　机构 ………………………………………………………… (547)
第二节　常委会议 …………………………………………………… (550)
第三节　主要工作 …………………………………………………… (552)

第十八编　人民政府

第一章　机构 …………………………………………………………… (557)
第一节　领导机构 …………………………………………………… (557)
第二节　工作机构 …………………………………………………… (561)

第二章　施政辑要 ……………………………………………………………………………… (563)
第一节　发展农业生产 ……………………………………………………………………… (563)
第二节　发展壮大乡镇企业 ………………………………………………………………… (565)
第三节　发展个体私营经济 ………………………………………………………………… (565)
第四节　实施开放带动战略 ………………………………………………………………… (566)
第五节　改善基础设施 ……………………………………………………………………… (567)
第六节　发展社会事业 ……………………………………………………………………… (568)
第七节　办理议案提案 ……………………………………………………………………… (569)
第三章　政务综合管理 ………………………………………………………………………… (569)
第一节　人事管理 …………………………………………………………………………… (569)
第二节　劳动管理 …………………………………………………………………………… (572)
第三节　民政管理 …………………………………………………………………………… (575)
第四节　民族宗教管理 ……………………………………………………………………… (588)
第五节　档案管理 …………………………………………………………………………… (589)

第十九编　政治协商会议

第一章　委员及全委会议 ……………………………………………………………………… (595)
第一节　委员 ………………………………………………………………………………… (595)
第二节　全委会议 …………………………………………………………………………… (596)
第二章　政治协商会议常务委员会 …………………………………………………………… (598)
第一节　机构 ………………………………………………………………………………… (599)
第二节　常委会议 …………………………………………………………………………… (601)
第三节　主要工作 …………………………………………………………………………… (601)

第二十编　社会团体

第一章　工会 …………………………………………………………………………………… (609)
第一节　机构和代表大会 …………………………………………………………………… (609)
第二节　主要工作 …………………………………………………………………………… (610)
第二章　青少年组织 …………………………………………………………………………… (611)
第一节　团组织 ……………………………………………………………………………… (612)
第二节　少年先锋队 ………………………………………………………………………… (614)
第三章　妇联 …………………………………………………………………………………… (615)
第一节　机构和代表大会 …………………………………………………………………… (615)
第二节　主要工作 …………………………………………………………………………… (616)
第四章　工商联 ………………………………………………………………………………… (620)
第一节　机构和代表大会 …………………………………………………………………… (620)
第二节　主要工作 …………………………………………………………………………… (621)
第五章　残联 …………………………………………………………………………………… (621)
第一节　机构和代表大会 …………………………………………………………………… (622)

第二节　主要工作……………………………………………………………（622）
第六章　计划生育协会………………………………………………………（625）
第一节　机构和代表大会……………………………………………………（625）
第二节　主要工作……………………………………………………………（626）

第二十一编　公检法司

第一章　公安…………………………………………………………………（629）
第一节　机构…………………………………………………………………（629）
第二节　案件侦破……………………………………………………………（630）
第三节　严打和专项斗争……………………………………………………（633）
第四节　治安管理……………………………………………………………（634）
第五节　户政管理……………………………………………………………（637）
第六节　交通管理……………………………………………………………（640）
第七节　出入境管理…………………………………………………………（641）
第八节　消防管理……………………………………………………………（641）
第二章　检察…………………………………………………………………（642）
第一节　机构…………………………………………………………………（642）
第二节　刑事案件检察………………………………………………………（643）
第三节　法纪经济检察………………………………………………………（646）
第四节　民事行政及控告申诉检察…………………………………………（648）
第三章　审判…………………………………………………………………（650）
第一节　机构…………………………………………………………………（651）
第二节　立案…………………………………………………………………（652）
第三节　刑事和民事审判……………………………………………………（652）
第四节　行政审判和非诉执行案件审理……………………………………（654）
第五节　执行工作……………………………………………………………（655）
第六节　审判监督……………………………………………………………（656）
第四章　司法行政……………………………………………………………（657）
第一节　机构…………………………………………………………………（657）
第二节　法治宣传……………………………………………………………（657）
第三节　人民调解……………………………………………………………（659）
第四节　公证服务……………………………………………………………（660）
第五节　律师事务……………………………………………………………（661）
第六节　安置帮教……………………………………………………………（662）

第二十二编　军　　事

第一章　军事机构和驻军……………………………………………………（665）
第一节　军事机构……………………………………………………………（665）
第二节　驻军…………………………………………………………………（666）

第二章　地方武装……（667）
　第一节　中共领导的地方武装……（668）
　第二节　反动地方武装……（668）
第三章　兵役……（670）
　第一节　清军及国民政府军兵役制度……（670）
　第二节　人民军队兵役制度……（671）
第四章　民兵和预备役……（672）
　第一节　民兵……（672）
　第二节　民兵预备役部队建设……（673）
第五章　战事……（674）
　第一节　抗日战争战例……（674）
　第二节　日本侵略军暴行……（676）
　第三节　军调处执行部承德小组视察鹰手营子区……（678）
　第四节　解放战争战例……（679）
　第五节　地方反动武装暴行……（680）
第六章　人民防空和国防教育……（681）
　第一节　人民防空……（681）
　第二节　国防教育……（682）

第二十三编　精神文明建设

第一章　组织机构和精神文明教育活动……（687）
　第一节　组织机构……（687）
　第二节　教育活动……（687）
第二章　精神文明建设活动……（688）
　第一节　创建活动……（689）
　第二节　共建活动……（691）
第三章　文明新风……（692）
　第一节　文明新风活动……（692）
　第二节　文明新风典型事例……（693）

第二十四编　教　　育

第一章　私塾和学前教育……（697）
　第一节　私塾……（697）
　第二节　学前教育……（698）
第二章　中小学教育……（699）
　第一节　学校设置……（699）
　第二节　校舍和设备……（701）
　第三节　学制和课程设置……（702）
　第四节　教学教研和考试……（704）

第五节　教师和学生 …… （705）
第六节　主要学校 …… （710）
第三章　成人教育 …… （712）
第一节　职工干部教育 …… （712）
第二节　农民教育 …… （713）
第四章　改革和经费管理 …… （714）
第一节　管理机构 …… （714）
第二节　改革 …… （714）
第三节　经费管理 …… （716）

第二十五编　科　　技

第一章　机构和队伍 …… （721）
第一节　机构 …… （721）
第二节　科技队伍 …… （721）
第二章　培训和宣传 …… （722）
第一节　科技培训 …… （722）
第二节　科普宣传 …… （723）
第三章　引进推广和开发 …… （724）
第一节　农业科技引进推广和开发 …… （724）
第二节　工业技术引进与开发 …… （725）
第三节　沼气和太阳能利用 …… （726）
第四章　体制改革和管理 …… （727）
第一节　体制改革 …… （727）
第二节　管理 …… （727）

第二十六编　文化艺术和广播电视

第一章　文化艺术 …… （733）
第一节　文化事业单位 …… （733）
第二节　个体书社 …… （735）
第三节　文艺创作 …… （736）
第四节　文化活动 …… （739）
第五节　史志编修 …… （741）
第六节　谚语和歇后语 …… （742）
第七节　古迹遗址 …… （744）
第八节　文化事业管理 …… （745）
第二章　广播电视 …… （746）
第一节　有线广播 …… （747）
第二节　电视 …… （747）
第三节　广播电视事业管理 …… （750）

第二十七编　卫　　生

第一章　医疗机构 …………………………………………………………………… (755)
　第一节　区属医疗机构 ………………………………………………………… (755)
　第二节　镇属医疗机构 ………………………………………………………… (756)
　第三节　村及个体卫生所 ……………………………………………………… (757)
　第四节　驻区企业医疗机构 …………………………………………………… (758)
第二章　医疗技术 …………………………………………………………………… (760)
　第一节　西医 …………………………………………………………………… (760)
　第二节　中医 …………………………………………………………………… (761)
第三章　卫生防疫 …………………………………………………………………… (762)
　第一节　机构 …………………………………………………………………… (762)
　第二节　传染病防治和计划免疫 ……………………………………………… (762)
　第三节　地方病和职业病防治 ………………………………………………… (765)
　第四节　公共卫生 ……………………………………………………………… (766)
第四章　妇幼保健 …………………………………………………………………… (768)
　第一节　机构 …………………………………………………………………… (768)
　第二节　妇女保健 ……………………………………………………………… (768)
　第三节　儿童保健 ……………………………………………………………… (770)
第五章　专业技术队伍和医疗设备 ………………………………………………… (773)
　第一节　专业技术队伍 ………………………………………………………… (774)
　第二节　医疗设备 ……………………………………………………………… (776)
第六章　体制改革和医政管理 ……………………………………………………… (779)
　第一节　管理机构 ……………………………………………………………… (779)
　第二节　卫生体制改革 ………………………………………………………… (779)
　第三节　医政管理 ……………………………………………………………… (781)

第二十八编　体　　育

第一章　群众体育 …………………………………………………………………… (785)
　第一节　职工体育 ……………………………………………………………… (785)
　第二节　农民体育 ……………………………………………………………… (786)
　第三节　学生体育 ……………………………………………………………… (787)
第二章　体育竞赛 …………………………………………………………………… (788)
　第一节　全国省市级比赛 ……………………………………………………… (788)
　第二节　裁判员 ………………………………………………………………… (791)
第三章　体育事业管理 ……………………………………………………………… (791)
　第一节　管理机构 ……………………………………………………………… (791)
　第二节　管理工作 ……………………………………………………………… (792)

第二十九编　方言　习俗

第一章　方言……………………………………………………………………………………（795）
　第一节　语音…………………………………………………………………………………（795）
　第二节　词汇…………………………………………………………………………………（803）
　第三节　语法…………………………………………………………………………………（830）
　第四节　成篇语料……………………………………………………………………………（835）
第二章　习俗……………………………………………………………………………………（839）
　第一节　寿诞习俗……………………………………………………………………………（839）
　第二节　生产习俗……………………………………………………………………………（839）
　第三节　婚姻习俗……………………………………………………………………………（841）
　第四节　衣食住行……………………………………………………………………………（843）
　第五节　节日习俗……………………………………………………………………………（845）
　第六节　礼俗…………………………………………………………………………………（846）
　第七节　丧葬习俗……………………………………………………………………………（847）

第三十编　人　　物

第一章　人物传略………………………………………………………………………………（851）
第二章　人物简介………………………………………………………………………………（853）
第三章　人物名录………………………………………………………………………………（857）

索引……………………………………………………………………………………………（881）
编后记…………………………………………………………………………………………（903）

GAISHU

概述

鹰手营子

承德市鹰手营子矿区志•概述

CHENGDESHI YINGSHOUYINGZIKUANGQU ZHI GAISHU

一

鹰手营子矿区（简称营子矿区）位于河北省东北部，燕山山脉主峰雾灵山的东麓，地理坐标为北纬 40°28′28″至 40°37′24″，东经 117°34′35″至 117°53′02″。东北与承德县毗邻，其他方向与兴隆县接壤，为承德市远郊区，总面积 149. 31 平方公里。区政府驻地鹰手营子镇，西南距北京 176 公里，南距天津 220 公里，东南距唐山 200 公里，东北距承德市中心区 110 公里。

营子矿区为暖热带半湿润季风型大陆性山地气候，四季分明，气候多变，季风性强。春季气温回暖较快，风大干旱，骤暖骤寒。夏季雨量较充沛，70% 集中于 7、8 月，雨热同季。秋季雨量明显减少，天气清爽，气温迅速下降，昼夜温差大，霜降早至。冬季寒冷、多风、少雪、干燥。多年平均降水量 637 毫米，最高年降水量 1147. 5 毫米，最少年 462. 3 毫米。年平均气温 7. 7℃，最热月为 7 月，平均气温 23. 6℃，最冷月为 1 月，平均气温 －10. 6℃。平均昼夜温差均大于 10℃。极端最高气温 41. 5℃，极端最低气温 －36. 2℃。无霜期年平均日数大于 152 天，最长无霜期 190 天，最短无霜期 120 天。

全区总的地势是沿柳河四周高，中间低，形成以柳河河谷、兴隆煤田中心地带及寿王坟东河川组成的山间河谷。山脉多东西走向，海拔 600 以上山峰有 19 座，最高峰海拔 1276 米。山峰形态各异，有的像仙人指路，有的像小人，有的像笔架；有的好像一位大将军端坐，威风凛凛。长仙洞传说是东海龙王大女儿居住过的地方。喇嘛梁景色秀丽，气候宜人，山间泉水叮咚，甘甜可口。滦河水系一级支流柳河流经境内，是境内仅有的一条主河，流经 12. 5 公里，入境水流量 2604 万立方米，出境水流量 3904 万立方米。老牛河、汪家庄河、喇嘛沟河、金扇子河 4 条季节性河流汇入柳河。

二

境内矿产资源丰富。煤炭总储量 2. 23 亿吨，埋藏较浅。主要分布于北马圈子、南马圈子、石片沟、老爷庙、火神庙、汪家庄、涝洼滩一带，称为兴隆煤田。主要有气煤、肥煤、瘦煤、焦煤、贫煤和无烟煤，均为高硫、高灰、中热值煤。金属矿产主要有铜、铁、钼、金、银、铅、锌等。其中，铜占河北省首位，铁占承德市第四位。非金属矿产除煤炭外，还有水泥灰岩、熔剂灰岩、耐火黏土、萤石、建筑石料、紫砂、陶土等。铜的开采和冶炼历史悠久。原热河省、河北省和承德市的文物工作者曾先后 4 次对寿王坟的龙潭沟、古洞沟及附近山场进行发掘和考古调查，据专家考证，在寿王坟大南梁发现的古采矿区、古冶炼区、储存矿石的场地，为西汉时期铜冶炼遗址。1982 年，河北省人民政府决定，寿王坟矿区为战国和汉代铜冶炼遗址重点保护单位。20 世纪 50 年代中期始，有色、黑色金属采选业、煤炭开采业一直是营子矿区的主导产业。2002 年，全区（含驻区企业）生产铜含量 1692 吨，铁精粉 202542 吨，有色黑色金属行业工业总产值 69025 万元。2003 年，全区（含驻区企业）生产原煤 3013101 吨，煤炭行业工业总产值 22842. 8 万元。

20 世纪 90 年代前期测定，全区土地总面积 14811. 48 公顷。其中，耕地、园地面积 1535. 94 公顷，占土地总面积的 10. 4%；村地、水域面积 10080. 53 公顷，占土地总面积的 68%；居民点、工矿、交通用地 1237. 94 公顷，占土地总面积的 8. 35%；未利用土地 1957. 07 公顷，占土地总面积的

13.2%。土地利用仍有较大空间。

多年平均水资源量2亿立方米。其中，地表水1.85亿立方米，地下水0.15亿立方米。地下水质量好，无色、无味，为重碳酸盐、纳、钙、镁型。

清顺治十八年（1661年）遵化县马兰峪始建清东陵后，境内大部分地区逐渐被划为“后龙风水”禁地。禁地内禁止人居、耕种、采矿、采樵。民国4年（1915年），“后龙风水”禁地开禁。254年的封禁，使“后龙风水”区域内百里松柏参天，葱茏苍郁，鸟禽蔽日，野兽成群，成为一个天然美丽的动植物园。开禁后，由于过度地开垦荒地，采伐树木，破坏了生态环境。截至21世纪初，境内野生植物仍有上千种。其中，木材燃料类、食用类、药用类主要植物近200种，植被覆盖率46.1%，森林覆盖率32.2%。

三

两三万年前的旧石器时代，鹰手营子境内的“四方洞”，就有古人类居住活动，繁衍生息。1982年7月，古人类旧石器时代洞穴遗址“四方洞”，被省政府确定为省级重点文物保护单位。1988年7月，中国社会科学院古脊椎动物与古人类研究所、河北省文物研究所、承德市文物局对“四方洞”进行考古发掘，出土旧石器时代晚期石器1400余件，骨器及骨化石数百件。

境域殷商时为孤竹国领地，春秋时期属无终国，战国时期属燕国管辖。秦时属右北平郡。公元前207年被匈奴吞并，属匈奴冒顿单于领地。汉、三国属右北平郡俊靡县。西晋属北平郡幽州地。东晋先后属后赵、前燕、后燕、北魏幽州的渔阳郡。南北朝属安乐郡。隋朝属渔阳郡。唐朝归奚绕东都府辖。五代十国先后属后梁、幽州、遵化、蓟州、密云、渔阳郡辖。后晋高祖天福元年（936年），石敬瑭将幽、蓟、檀、妫等16州割给契丹，境域属契丹中京道辖，后又属辽南京道西津府。金时属中都路蓟州，元朝属燕山府，明朝属顺天府遵化县。清顺治二年（1645年）属蓟州。顺治十八年（1661年）遵化县马兰峪建清东陵后，鹰手营子、北马圈子划为“后龙风水”禁地，由马兰峪总兵管辖。

民国元年（1912年）属遵化县辖。民国9年（1920年）属京兆特别区蓟县辖。民国10年（1921年）复归遵化县辖。民国19年（1930年）兴隆正式置县，境域始为兴隆县辖。

1956年11月，划归承德市，设承德市鹰手营子矿区。1958年7月，又划回兴隆县。1965年2月，再次划归承德市，设立承德市鹰手营子矿区。之后，行政区划再未变动。

2002年5月，全国第五次人口普查结束。营子矿区以汉族居民为主，还有蒙古族、藏族、苗族、彝族、壮族、回族、维吾尔族、朝鲜族、满族、侗族、瑶族、士家族、锡伯族、塔吉克族14个少数民族居民。其中500人以上的有满族、蒙古族、回族。2003年，辖4个镇、10个社区、15个行政村。人口69831人。

四

中华人民共和国成立前后，境内经济发展落后，经济总量小。20世纪50年代中期，有色黑色金属采选业和煤炭开采业的发展，带动了全区工商业、服务业和农村副业的发展。改革开放后，营子矿

区经济进入快速发展时期。1985 年，营子矿区地区生产总值 1578 万元，人均 239 元，2003 年，地区生产总值 55427 万元，人均 7937 元，分别是 1985 年的 35. 22 和 33. 2 倍。1988 年，全区财政总收入 207. 3 万元，人均 31. 27 元，2003 年，全区财政总收入 5413 万元，人均 775. 16 元，分别是 1988 年的 26. 11 和 24. 79 倍。1965 年，全区在岗职工年均工资为 588 元，2003 年年均工资 7205 元，是 1965 年的 12. 25 倍。个体私营经济从业人员的年人均产值经营额超过 10 万元。1970 年，农民年人均纯收入 133 元。改革开放后，农村经济快速发展，农民收入显著提高。2003 年，农民年均纯收入 2106 元，是 1970 年的 15. 83 倍。1995 年三次产业增加值的比重为 10. 52:57. 93:31. 55，2003 年为 2. 99:67. 68:29. 33。

中华人民共和国成立前后，区内工业基础十分薄弱，除煤炭、陶瓷企业外，多为手工业。50 年代中期，国家进行生产资料所有制的社会主义改造，个体、私营工业企业转变为公有制。寿王坟铜矿和兴隆矿务局兴建后，有色黑色金属采选业和煤炭开采业成为营子矿区的主导产业。其间，区内建起食品、酿造、服装、皮革皮毛制品等企业，1957 年，区内有工业企业央企 2 家，地市属 5 家，手工业社、组 10 家。50 年代末至 70 年代末，又建起印刷、机械制造、水泥、电子设备、纺织、饲料加工、化学制品、白酒等生产企业，使营子矿区工业有了较快的发展。改革开放后，区内又建起果品加工、啤酒饮料、造纸、塑料制品等企业。改革管理体制，1986 年实行厂长负责制，1987 年普遍实行公开招标，承包经营，1993 年后，国有和集体企业开始进行产权制度改革，采用承包、租赁、拍卖、破产等形式，至 2003 年末，基本完成改制任务。实施品牌工程，1981 年，承德铸造机械厂生产的“022 型”电子转子压铸机填补了国内电子转子铸铝设备的空白，并获承德地区科技成果二等奖。1984 年生产的“章鱼”游艺机获河北省优质产品称号，1985 年生产的“xx037 海盗船游艺机”获河北省优秀产品一等奖。1989 年，承德市轻工业机械厂生产木制筷子机成套设备，获得承德市科技进步一等奖，河北省科技进步四等奖。2000 年，承德市水泥厂“热河”牌水泥获河北省名牌产品荣誉称号。是年，河北怡达食品集团有限公司的”怡达”商标，被河北省工商局认定为“著名商标”。次年，公司按照 ISO 9000 标准建立的质量体系，通过了中国进出口质量认证中心的认证，是承德市第一家通过认证的私营企业。是年，“怡达”罐头在国内同类产品中的市场销售率和市场占有率名列前茅。1999 年和 2002 年，“怡达”铁山楂分别被评为河北省“优质产品”和名牌产品。区内生产的一些优质工业品，畅销国内外。区委、区政府制定一系列政策措施大力发展个体私营工业企业，工业企业数量快速增长。2003 年，全区工业企业增加到 604 个，工业总产值 119980 万元。营子矿区 1956 年始有建筑企业，至 2003 年，有施工总承包三级企业 2 家，专业承包三级企业 2 家，劳务分包一级企业 1 家。是年，全区第二产业增加值 37511 万元，占地区生产总值的 67. 68%。

中华人民共和国成立前，境内有少数几家私人店铺，经营粮油、百货、烟酒、日用杂品。理发店、马车店、日用品修理部也很少。日伪统治时期，设立了邮政代办所、邮电支局，办理信函、电话、电报业务，业务量很少。修建“警备道”公路，运输工具多为兽力车。民国 37 年（1948 年）初，鹰手营子解放，是年建立了国营零售商店和供销社。中华人民共和国成立后，区内第三产业有了较快发展。1950 年区内设立金融机构。50 年代初有邮路 1 条，20 门长途和市话兼用磁石交换机 1 部。1956 年，经过社会主义改造，个体私营商业服务业走上集体化道路。50 年代中期，建起公路客、货运输站。京承铁路 1958 年 5 月开始货运，1960 年初开始客运。1975 年，公路货物运输量 34. 63 万吨，周转量 392. 2 万吨公里。1978 年，区商业分局所属国营商业和供销合作社商业国内纯销售达到 1526. 22 万元。是年，金融机构发展到 6 个，其中农村信用社 3 个。1979 年，铁路货物发运量 209. 25 万吨，是历史最好水平。改革开放后，个体私营商业、服务业、公路运输业迅速发展，行业规模不断发展壮大。2003 年，从事批发零售业的个体户、私营企业和餐饮业个体户，共实现产值经营额 34080 万元，是国有商业纯销售额 1638 万元的 20. 8 倍。服务业发展到 700 多家。是年，区内有国道、省道、乡镇公路，村道 85. 6 公里，货运汽车 1173 辆，货物发运量 842. 7 万吨，周转量 16479. 9 万吨公里，

分别是1978年的201.6倍和117.4倍。7条客运线，23辆客运班车，46辆个体出租车共完成客运量36.7万人次，旅客周转量6775万人公里。铁路全年发运货物75.30万吨，货物到站22.95万吨，发送旅客38.58万人次。1989年至2003年，铁路累计运输收入17205.86万元。进入90年代，邮政业增加了邮政快件，邮政储蓄、代办保险等项业务。信息服务业快速发展，先进技术设备得到广泛应用，1991年实现国内、国际电话直拨。2003年城镇邮政投递路段达到8条，农村投递单程126公里，邮政业务收入383.43万元。电话交换机总量19216门，实占18914门，微波通信，移动互联网通信成为主要通信方式。是年，区内有银行和信用社机构7个。城乡居民储蓄存款余额73944万元，贷款余额40099万元，有效发挥了融通资金、服务群众，支援国家建设作用。全年全区第三产业增加值16259万元，占地区生产总值的29.33%。

中华人民共和国成立前，境内种植业生产落后，粮食平均亩产近50公斤。“后龙风水”禁地开禁后，由于对林木的过度砍伐，至1949年，森林覆盖率仅为8.7%。居民少量饲养畜禽，处于自繁、自育、自用阶段。中华人民共和国成立后，兴修水力，大搞农田基本建设，开展植树造林活动，推广先进农业技术，全区农业出现稳步发展势头。1956年鹰手营子村始建少量土温室，种植蔬菜。为满足工矿区居民生活需要，1958年5月承德市政府决定，将部分生产队改为蔬菜专业队，扩大蔬菜生产规模。1976年，全区粮食播种面积7084亩，总产量4704吨，平均亩产664公斤，为历史最高水平。种植蔬菜2932亩，总产量14855吨。有林地37219亩。大牲畜存栏2014头，猪6296头，羊4025只，分别比1949年增长81.9%、266.5%和119.9%。改革开放后，实行家庭联产承包责任制，调整农业产业结构，实施“两高一优”（高产、高效、优质）和“肉菜果林”工程，全区农业进入快速发展时期。“三北”（西北、东北、华北）防护林，京津风沙源治理和区内“112”（1万亩板栗为主的名优特果品基地、1万亩落叶松栽植、2万亩中幼林哺育）工程的启动，促进了林业的发展。70年代末，区内始有水产养殖。80年代开始发展特色养殖。进入90年代，建立和完善了良种繁育、饲料供应、防病灭病、畜禽产品销售加工体系，加快养殖示范基地建设，积极扶持养殖专业户、重点户，养殖业在农业中的比重不断提高。2003年，全区粮食总产量1212吨。种植蔬菜4074亩，产量10431吨。有蔬菜大棚209个，种植蔬菜500亩，生产能力3955吨，亩产比裸地种植提高1.5倍。有林地87305亩，森林覆盖率为32.2%，林木总蓄积259574立方米，年产干鲜果品1000吨，是1950年的114.3倍。猪存栏8100头，羊3800头，分别是1949年的4.7倍和2.1倍，鸡存栏39300只，是1977年的3.7倍。产肉1279吨，蛋151吨，奶102吨，鱼14吨。1987年至2003年，共产鱼157.1吨，总产值86.1万元。

中华人民共和国成立前后，境内农村以种植业为主，一些农户还从事山货药材采集、狩猎、编织、农林产品加工、农具加工修理、运输等副业生产。50年代后期，建起了社队兴办的装卸队，副业队煤矿、石料加工厂等，除狩猎外，传统副业也有所发展。1957年，全区副业产值突破87万元，占农业总产值的5.84%。1975年，全区农村总收入398.3万元，其中副业收入267万元，占总收入的67.03%。改革开放以后，农村个体私营经济快速发展，1983年，全区副业产值1126万元，是1957年的13倍，占当年农业总产值的76%。1984年3月，中共中央、国务院正式将社队企业更名为乡镇企业。为快速发展乡镇企业，区委、区政府制定了“镇办、村办、联户、个体四轮驱动”的方针，是年，全区乡镇企业达到680个，分布在农业、工业、建筑业、交通运输业、商业、饮食服务业等各个领域，从业5930人，总产值1763万元（1980年不变价），总收入1364万元，纯利润296万元，税金127万元。2003年，营子矿区乡镇企业发展达到历史最好水平，是年有乡镇企业3291个，从业14233人，总产值245921万元（1990年不变价），总收入238927万元，纯利润16710万元，税金3513万元。乡镇企业总产值占国民生产总值的70%以上。

五

1984 年 2 月营子矿区成立“五四三”办公室，开始有组织地开展“五讲、四美、三热爱”（讲文明、讲礼貌、讲卫生、讲秩序、讲道德，心灵美、语言美、行为美、环境美，爱祖国、爱人民、爱社会主义）活动。1997 年 1 月，区精神文明建设委员会制定《鹰手营子矿区 1997 年 –2000 年社会主义精神文明建设实施纲要》，明确提出精神文明建设的指导思想、奋斗目标和主要任务。1984 年至 2003 年，全区大力开展精神文明教育活动、创建活动、共建活动和讲文明树新风的活动，并取得明显成效。社会 主义精神文明建设为全区的经济和社会发展提供了思想保障。

境内教育事业发端于清光绪二十六年（1900 年）鹰手营子村兴办的第一所私塾，民国初年将私塾改设为鹰手营子小学。1952 年，全区有中心校 4 所，小学 11 所。20 世纪 50 年代初期，各村成立夜校，识字班、读报组，农民利用晚上和农闲时间学文化，许多人摘掉了文盲帽子。1955 年，开办职工干部业余学校，对提高干部职工的文化水平发挥了重要作用。1956 年，鹰手营子小学附设初中班，开全区中学教育先河，1969 年春，招收 首届高中学生。1978 年开始，一些小学开办学前班。改革开放后，营子矿区进入教育事业发展最快时期。幼儿园和学前班按《幼儿园教育纲要》安排课程，管理更加规范。进行了教育体制改革的有益探索。将岗位技术培训和学历教育作为职工干部教育的重点，将扫除青壮年文盲和科技知识技能培训作为农民教育的重点，1994 年通过省扫除青壮年文盲达标验收。1990 年，开始普及九年义务教育，1994 年经省政府检查验收，首批达到省“普九”标准。1986 年至 2003 年，投资 1705. 95 万元和 50 万港元，建起多所中小学教学楼，总建筑面积 16530. 8 平方米。投资 257. 22 万元，建设一批高标准实验室、仪器室、计算机室、语音室、多媒体教室。全区中小学校舍基本实现楼房化，安装了校园网络，实现了”校校通“，全区校舍和现代化教学设备建设走在了全市的前列。2003 年，学龄前儿童教育率达 100%。境内有区属及驻区企业办中小学 24 所，其中小学 17 所，中学 7 所。全区有中小学教师 667 名，在校生 8068 名。

中华人民共和国成立前后，区内有少量医务人员，小学教师，鹰手营子煤矿有少量的工程技术人员。20 世纪 50 年代中期，由于一些驻区企业的兴建，科技人员大量增加，科技队伍不断发展壮大。1965 年 2 月，设立营子矿区区公所后，开始开展一些科普宣传和农业技术成果引进推广工作。1997 年 3 月，区政府设立科学技术局，结束了营子矿区没有专门机构管理科技工作的历史，使科技管理工作更加统一和规范化。1997 年至 2003 年，全区累计科技培训 2. 1 万人次，其中农民受训面达 70% 以上，基本达到每户有 1 至 2 名懂农业技术的人员。推广多项农业技术成果，沼气和太阳能等新能源得到推广应用。1984 年至 2003 年，引进、合作和自行开发工业产品和技术 22 项，其中省优产品 2 项，省新产品 1 项，省高新技术产品 2 项，国内新产品 1 项，国家专利 产品 3 项。2003 年，有区属科技人员 744 人，其中男 303 人，女 441 人。

20 世纪 50 年代中期以前，境内文化生活十分落后，除逢年过节举办花会，少数民间艺人演出传统小型剧目外，少有文化艺术活动，文艺创作基本空白。50 年代后期开始，相继建立了新华书店、文化馆、影剧院、图书馆。区文化馆开展对群众文艺的辅导工作，为基层培训了一批文艺骨干，区内的文化艺术事业有了较大发展。改革开放后，经济的快速发展和宽松的政治生活环境为文化艺术的发展创造了良好条件，民间花会、社区评剧、健身秧歌、腰鼓、舞蹈，名目繁多的文艺演出等文化活动丰富多彩。涌现出一大批书法、绘画、摄影、根雕爱好者，许多作品在报刊杂志发表或获得国家、省、市级奖励。1962 年，鹰手营子始建广播站，1969 年 10 月 ，实现了全区有线广播联网。为满足全区人

民收看电视的需要，1985 年 10 月，建成无线电视差转站。1992 年年初，开始筹建有线电视，至 2003 年年底，有线电视全区联网，基本普及。多年来，有线广播和有线电视在报道区情、活跃全区人民文化生活方面发挥了重要作用。

中华人民共和国成立前，境内只有 5 家药铺和少量个体医务人员，居民缺医少药。1948 年鹰手营子建立区内第一个卫生所。50 年代中期，地方及驻区企业相继建起一批医院和卫生所，医疗科室日臻完善。个体医务人员实现了向国营和集体医疗单位职工的转变。1957 年 5 月，营子矿区成立卫生防疫站，开始开展卫生防疫工作，70 年代初，区内 消灭了脊髓灰质炎。1970 年至 1989 年，全区 15 个行政村相继建立了村卫生所。改革开放后，营子矿区卫生事业进入快速发展时期。1982 年 5 月，成立区妇幼保健站。1985 年，营子矿区被卫生部授予“全国计划免疫先进单位”荣誉称号。个体卫生所迅速发展。随着大批 先进医疗设备的应用，全区医疗、防疫、妇幼保健水平大幅度提高，至 2003 年，区内消灭了甲状腺肿和克丁病。2003 年，全区（含寿王坟铜矿和兴隆矿务局职工医院）有医疗、防疫、妇幼保健机构 47 个，在岗专业技术人员 508 人，各种医疗仪器设备 280 余台（件）。

六

回顾过去，经济和社会事业发展成就斐然，不仅为营子矿区的再次腾飞奠定了坚实的物质基础，也为后人留下了可供借鉴的宝贵经验。这些成就的取得，是各届区委、区政府坚持实事求是的思想路线，从实际出发，正确决策的结果；是围绕党的中心工作，毫不动摇地推进经济体制改革、政治体制改革和扩大对外开放的结果；是把发展作为第一要务，大力发展乡镇企业和个体私营经济的结果；也是以人为本，凝心聚力，团结全区人民艰苦奋斗的结果。展望未来，任重而道远。由于境域地处山区，人均耕地少，制约了农业的发展；农业产业结构需要进一步调整，产业化水平需要进一步提高；煤炭、有色黑色金属资源濒临枯竭；行政区划范围小，土地供应量不足，制约了大型企业、项目的引进和兴建；第三产业发展相对滞后。这些前进道路上存在的问题和困难，亟待解决和克服。随着改革开放的不断深化和经济的快速发展，营子矿区人民一定能迎难而上，艰苦奋斗，把家乡建设得更加美好。

DASHIJI 大事记

承德市鹰手营子矿区志·大事记

CHENGDESHI YINGSHOUYINGZIKUANGQU ZHI

DASHIJI

旧石器时代

两三万年前旧石器时代，“四方洞”就有古人类居住活动，繁衍生息。

战国末期

寿王坟已为燕国的一处集采矿、选矿和冶炼铜铁的基地，并以寿王坟为中心，开通硫铁、铜的驮运路线。

秦

公元前206年，当地被匈奴吞并。

西汉

寿王坟铜铁开采兴盛。工人都是奴隶、战俘、失去土地的农民和罪犯，周围驻有军队看守和防护。

东汉

建安十二年（207 年）夏曹操北征乌桓，经过境地。

五代

后唐清泰三年（936 年）被石敬瑭割贿给契丹。

辽

寿王坟修建土长城。长城为土石结构，地基宽 4.5 米，上宽 4 米，高 2.5 米，设关隘烽火台，有驻军把守。

明

洪武二年（1369 年）四月，大将军常遇春率军队于元上都将元顺帝击败。是年七月初七，班师回朝途中行至柳河川（今寿王坟一带），得疾病卒。偏将李文忠在常遇春暴亡之地搭建寿堂祭奠，并将其盔甲、战袍等遗物埋于柳河川，形成衣冠冢 1 处，柳河畔居民将其称之为“寿堂坟”。

清

顺治十八年（1661 年），境域部分地区逐渐被划为清东陵“后龙风水”禁地。

康熙十四年（1675 年），在金扇子、片石沟、四方洞、老厂沟四处设拨汛，跳儿沟拨汛归曹家路所辖。

康熙十八年（1679 年），境内发生蝗灾。

康熙末期，闷葫芦厂（鹰手营子）一带被选定为皇家驯鹰场。

雍正年间，发生蝗灾，雍正皇帝派宝亲王（后为乾隆皇帝）查访灾情，免除了当年的贡品。

乾隆七年（1742 年）三月十八日，大安口所属四方洞、片石沟、老厂沟三处扼要地各添拨汛 1 处，设兵防守，每拨设兵丁 6 名。

乾隆三十九年（1774 年），左营分汛由大安口移至老厂沟，设经制外委 1 名，额外外委 1 名，额兵 70 名（马兵 1 名，守兵 69 名）。

咸丰年间，因明朝大将常遇春曾被追封为开平王，当地百姓把寿堂坟改称寿王坟。

光绪十年（1884 年）五月，迁安地震，波及境内。

光绪二十一年（1895 年）七月七日，大雨连下 7 天 7 夜，寿王坟郑家庄村火神庙沟山洪暴发，冲走王氏家族 121 人，火神庙 1 座，民房 200 多间，牲畜和生活用品不计其数，毁地 380 亩。

光绪二十三年至二十四年（1897—1898 年），火神庙（汪家庄）当地居民发现煤田并开始在煤层裸露处浅层采煤。

光绪二十六年（1900 年），李泽元在鹰手营子村开办第一所私塾。

中华民国

民国元年（1912 年）

直隶都督冯国璋派一团兵力，分别驻守清东陵的陵寝和“后龙风水”禁地的各营、拨汛，直至民国 4 年（1915 年）“后龙风水”禁地开禁止。

是年，寿王坟西坎建私塾 1 所。

民国 3 年（1914 年）

中华民国政府与原清朝皇室协商后，决定划出部分“后龙风水”禁地，分给皇族旗人及兵丁作为“生计地”“鹰手地”予以开垦。

民国 4 年（1915 年）

“后龙风水”禁地鹰手营子境域开禁。

是年，鹰手营子上窝铺张善亭与其子张子忠在鹰手营子老街开设首家粮栈，店名为“三义兴”。

民国 5 年（1916 年）

平谷李芳林在北马圈子拐棒沟开办区内第一个小煤窑，日产煤 5 吨左右。

民国 6 年（1917 年）

遵化县设 6 个区，鹰手营子为遵化县三区辖。

鹰手营子初级小学建立。

民国 9 年（1920 年）

鹰手营子、北马圈子、火神庙等地，有十几个采煤厂，日产量 1250 吨左右。

民国 15 年（1926 年）

地质学家谭锡畴等人，在寿王坟地区做区域性地质调查。

民国 18 年（1929 年）

是年，中共冀东特委先后派王平路、李运昌、李子光等到境内寿王坟罗圈沟及周边区域组织民众建立革命根据地。

民国 19 年（1930 年）

8 月，建立兴隆县鹰手营子区。

是月，兴隆县公安局在马圈子设立派出所，有警员 16 人。

民国 21 年（1932 年）

7 月 23 日，日本侵略军数架飞机盘旋境域上空，散发传单。

民国 22 年（1933 年）

3 月 10 日，日本侵略军一部在岛村的率领下进攻鹰手营子、寿王坟、汪家庄、北马圈子，将鹰手营子划归伪满洲国热河省管辖。

3 月 14 日，日本侵略军第四旅团早川支队第八、第三十一联队，经由寿王坟继续向鹰手营子地区及其以南区域进犯。

4 月 10 日，日本侵略军长岛联队 200 余人和伪军二十团的 1 个营，增驻鹰手营子和寿王坟地区，并在鹰手营子设日伪办事处。

5 月日本侵略者在境内及外地抓劳工数百人，开始修建承德—北营房—鹰手营子—北马圈子—兴隆；鹰手营子—寿王坟—大杖子—承德的两条“警备道”。

7 月 1 日，日伪建立伪承德县兴隆办事处，鹰手营子为第二区公所驻地。

是日，日伪在鹰手营子区公所建立伪警察派出所。

7 月 18 日，日伪在鹰手营子设立伪满洲矿山株式会社满炭矿本部事务所和老爷庙矿业所。

8 月 18 日，日伪建立北马圈子采炭所，归伪热河省公署实业厅辖，设所长 1 人，所员 5 人，劳工百余人。

是年，日伪派松泽勋、世仓正夫、山道真雄等人在寿王坟地区进行地质矿产调查。

民国 23 年（1934 年）

3 月，日伪兴隆办事处处长吕俊福、财政局长卢仪卿、寿王坟前民团团总汉奸孙义香之子带领日伪军警 500 多人，途经鹰手营子，向寿王坟、五凤楼地区抗日武装进攻，抗日民众军孙永勤率部与之激战，击毙日伪军警 10 余人，民众军伤亡 10 人。

10 月 15 日，日本侵略军强迫中国劳工修建的兴隆—鹰手营子—承德警备道建成通车。

民国 24 年（1935 年）

1 月 13 日，孙永勤“抗日救国军”200 多人在寿王坟一带袭击日伪军警，击毙日本侵略军 2 名，俘虏日伪军 3 名。

3 月 1 日，日本侵略者在鹰手营子建伪满警察署，下设警察分驻所 3 个，警防所 2 个。

11 月，鹰手营子为兴隆县二区治所。

是年，日伪军从东北抓劳工 600 多名，到老爷庙北大坑露天采煤。开采的原煤部分用于发电，大部分运往东北。

民国 25 年（1936 年）

3 月，日本侵略者在北马圈子发现煤田，并建煤矿 1 处，占地 7000 平方米，有劳工 100 多人。

是年，日伪先后于老爷庙、北马圈子、涝洼滩、汪家庄（火神庙）开设煤矿 4 处。

民国 27 年（1938 年）

3 月 1 日，日伪协合会兴隆县本部，在鹰手营子建立日伪协合会。

6 月 17 日，八路军第四纵队第十一大队进入马圈子村。

是月，八路军第四纵队为开辟抗日根据地，在雾灵山东麓马圈子召开委员会，决定组建承（德）、兴（兴隆）、平（平泉）联合县委员会、抗日联合县政府。

7 月 14 日，八路军第四纵队雾灵山支队队长兼政委赵立业率领部队配合四纵独立营攻入鹰手营子，摧毁日伪警察署，打死打伤、俘虏日伪军警 50 多人，缴获机枪 1 挺，步枪 30 多支。

是月，八路军四纵三十一、三十三大队在鹰手营子、寿王坟等地多次痛歼日伪军，建立抗日武装，发动群众减租减息，在罗圈沟、郑家庄建立村抗日政权。

7 月 18 日，丰润九间房会议后，四纵西撤，承兴平抗日联合县随之撤销。

11 月下旬，八路军包森支队赖邦第一大队约 1 个排的兵力，在寿王坟南沟村李家店子庄一带与搜山的日伪军 200 多人激战，歼灭日伪军 30 余人。缴获小炮 1 门，机枪 1 挺，步枪 20 余支，战斗中八路军战士牺牲 8 人。两日后，日伪军几百人再次到南沟村扫荡，烧毁房屋 200 余间。

民国 28 年（1939 年）

2 月，冀东军区第十一团在寿王坟罗圈沟下台庄一带设伏，击毙日伪军 10 余人。翌日，日伪军调集 500 余人，向罗圈沟围攻，烧毁房屋 230 间，各类家具 400 多件，抢掠粮食 150 多石，牛、羊、猪若干只（头）。

8 月，伪满鹰手营子警察署警尉中岛，率讨伐队到罗圈沟村讨伐，被赖邦率领的八路军游击队包围，毙伤日伪军警 10 余人。

9 月，赖邦游击队在寿王坟奇袭正在扫荡的日伪军讨伐队，毙敌 10 余人，俘虏日伪军 100 余人，缴获机枪 2 挺，步枪 50 余支。

是月，日伪开始在鹰手营子深山区大搞“集家并村”（小集家）。

12 月，伪满炭业所马圈子矿业所属拐棒沟煤矿井下发生坍方事故，劳工死亡 2 人。

民国 29 年（1940 年）

2 月，建立迁（安）遵（化）兴（隆）抗日联合县，辖鹰手营子大部分地区，迁遵兴抗日联合县第十一区区委、区政府驻寿王坟。

9 月，冀东军分区派李长海、李海洲等 6 人，在寿王坟一带组建抗日游击队。

是年，伪满兴隆县公署实业科林业股在鹰手营子建苗圃 1 处。

是年，日本侵略者在鹰手营子柳河南岸建 1000 千瓦火力发电厂（所）1 座，占地面积 20000 平方米。

民国 30 年（1941 年）

春季，日本侵略者开始在鹰手营子境内试行更大规模的“集家并村”（大集家），将周边山区划为“无人区”，并开始修建“部落”（人圈），“部落”里设“部落警”。

6月，日伪将喇嘛沟村东西两条沟划为“无住禁作地带”，两条沟内房屋全部被烧毁，毁青苗700亩。将老厂子部落以外的百姓房屋全部拆除或烧毁。

8月5日，伪满洲国矿山株式会社在鹰手营子修建的发电厂正式投入使用。

10月2日，经迁遵兴抗日联合县第十一区报国会主任李山介绍，寿王坟郑家庄村詹国义加入中国共产党，为鹰手营子区第一个中共党员。

10月21日，伪热河省派程斌警察讨伐大队500余人到鹰手营子驻扎，开始与日本侵略军联合围剿境内八路军。

民国31年（1942年）

1月31日，日本侵略者开始调集日伪军对境内进行为期10天“清剿”。八路军办事员张德、张简、赵怀、宋简（喇嘛沟村人）4人被日军抓走，分别被害于兴隆县和宽城等地。

3月，日伪军对境内抗日根据地实施第四次“强化治安”，日本侵略军第二十七师团田中联队和伪军二十四团的一个营进驻鹰手营子。

5月16日，八路军晋察冀军区第十三军分区第十一团团长赵文进，率部攻打寿王坟日伪军据点，击毙日伪军30多人。

6月，日伪军将寿王坟罗圈沟村百姓集中到义居号和东河北庄；南沟村百姓集中到栾家店；郑家庄百姓集中到郑家大院；三道河、高家洼子、下柳河、三块石百姓集中到超梁子；将寿王坟地区划为“无人区”。

是年秋，日本侵略军在平川警备道两旁修建34个“部落”，其中鹰手营子区有15个。

是年，日伪在鹰手营子设立伪邮电支局。

民国32年（1943年）

2月5日至9日，日伪军对抗日根据地实施第二次大扫荡、大检举，寿王坟地区40人被抓，少部分被送往承德、锦州监狱，大部分被送往东北当劳工。

3月6日，日伪军突击搞大集家并村，把边远山区的百姓强行赶进15个“部落”。

3月14日，抗日堡垒户（爬山户）刘成宝、李生，在罗圈沟的梆子沟里被搜山的日伪军抓住，被拷打后放入空粮仓中活活烧死。

是月，汪家庄老西沟抗日堡垒户林宝珍被日本侵略军抓住，日军用“骑木驴”的残酷刑法，将他象推磨一样推死。

是月，迁遵兴抗日联合县第十一区区委在寿王坟的梆子沟建立境内第一个中共党支部。

4月，迁遵兴抗日联合县第十一区区长王一民带领两名干部在寿王坟后梆子沟开展工作时，被日伪讨伐队围攻，被捕后投入承德监狱，后在承德水泉沟被害。

6月，组建承兴密抗日联合县车柳河区委。

8月，鹰手营子据点的日本宪兵队长田中率领宪兵队和日伪军警200多人，连夜直扑承兴密抗日联合县车柳河区区委书记郭羽驻地，被郭羽和八路军赖邦大队在北山设伏袭击，击毙田中和日伪军警50人，俘虏50余人，缴获机枪3挺，长短枪128支。

9月16日，八路军第十三军分区第十一团团长赵文进指挥两个连和县基干队一个连，在寿王坟罗圈沟义居号南山设伏，全歼扫荡的日伪军一个连，击毙日本侵略军以下20多人，俘虏伪连长以下60人，缴获轻机枪5挺，步枪80多支，钢炮4门，手枪2支，解救出被捕的八路军工作人员郑辛珠。八

路军战士牺牲 13 人。

是年，“部落”发生伤寒等瘟疫，每天都有若干人死亡。

是年，八路军一个排 40 人被日伪讨伐队 200 余人包围在寿王坟南沟村李家店子，突围中 8 名战士壮烈牺牲。

民国 33 年（1944 年）

1 月，赵文进、苏林燕率八路军十一团 1000 多人攻克寿王坟郑家庄日伪军据点，烧毁日本侵略军炮楼、工事。

2 月 25 日，因叛徒出卖，日伪军警 200 多人包围了承兴密抗日联合县车柳河区委书记郭羽、区长穆山和两名警卫员在寿王坟罗圈沟梆子沟的住地，激战中郭羽、穆山壮烈牺牲。

是年冬，赵文进率八路军十一团在寿王坟东河北毙俘伪军百余人。

民国 34 年（1945 年）

8 月 15 日，日本宣布投降。次日，鹰手营子发电厂（所）停止运行。日本侵略军纵火焚烧老爷庙煤矿。

8 月 19 日，八路军、游击队将境内 15 个“部落”全部攻克。

8 月 20 日，中共领导的承兴联合县和承兴密联合县组成工作组，在王佐民带领下，配合冀热辽军区接收了鹰手营子，承兴联合县和北进的敌后武工队将鹰手营子据点日伪军就地缴械，鹰手营子光复。

9 月 3 日，鹰手营子人民以不同形式庆祝抗日战争胜利。

是月，冀热辽军区第十四军分区军工处接管老爷庙煤矿和鹰手营子发电厂（所）。

9 月 15 日，国民党兴隆县党部在鹰手营子设区党部，辖区分部 5 个。

民国 35 年（1946 年）

1 月，冀热辽军区第十四军分区在鹰手营子设兵工厂，主要生产手榴弹、地雷等武器和弹药。

3 月 17 日，军调处承德执行小组中共代表陈伯钧少将、国民党代表岳昌瀛上校、美方代表葛瑞夫上校 3 人，乘美式吉普到鹰手营子区视察，了解日本侵略者制造“无人区”情况。

8 月 25 日，驻鹰手营子的冀热辽军区第十四军分区组织生产、发电的部队和兵工厂奉命战略转移，撤出鹰手营子。为防止发电厂设备被国民党军毁坏，将主要发电、供电设备埋入地下。

9 月 10 日，国民党十三军第四师十团团长巫剑锋率部抢占了鹰手营子。

是月，反动地主武装刘茂队在鹰手营子、南马圈子、北马圈子一带杀害村干部 5 人，把人头挂在南马圈子路边的树上示众。

是月，冀东第十四军分区警备团、四区（治所鹰手营子）区小队和民兵与国民党军展开游击战，8 天歼敌 300 余人。

是月，国民党十三军某师的一个团及国民党兴隆县党部驻鹰手营子，并在鹰手营子建立区署。

9 月 18 日，国民党十三军巫剑峰部迫于人民解放军和地方人民武装的压力由鹰手营子区撤退至承德。

12 月，以滦河、锦承铁路为界，分设承德（承南）县和承北县，寿王坟划归承南县辖，为承南

县委、县政府所在地。

民国 36 年（1947 年）

2 月，承南县九区副区长孟昭林，带领区小队和土改工作队在寿王坟下柳河栾家店宣传土地改革政策时，被国民党兴隆县保警大队和刘茂队包围，在突围中壮烈牺牲，年仅 36 岁。

5 月，中共承德工委驻鹰手营子。

是月，中共承德工委转移到寿王坟梆子沟、大营子一带，与承南县和兴隆县委一起开展对敌斗争。

9 月 1 日，国民党十三军某师的一个团进攻鹰手营子地区。四区区小队奉命赶赴四方洞南山一带阻击。翌日，国民党军抢占北山，对鹰手营子中心进行火力侦察。因敌强我弱，区小队奉命撤离鹰手营子，国民党军第二次占领鹰手营子。

9 月 15 日，刘茂队勾结盘踞在承德的国民党十三军承德保安团，到鹰手营子地区抢秋。

9 月 27 日，国民党十三军某团撤出鹰手营子。

是月，为配合人民解放军宏远部队攻打鹰手营子，县长王佐民带领正在平安堡村搞土改复查的焦程等工作队员和部分群众，连夜在老厂子村河西搭起临时便桥。

是月，人民解放军独立旅宏远部队及县大队、区小队兵分两路，围歼鹰手营子和涝洼滩的国民党军，毙俘 47 人，解放军战士牺牲 2 人。

11 月，郑家庄农会主任王友，公安员孙宝玉等人不幸被反动反动武装刘茂队抓捕，百般拷打后，被害于闫家庄坎下。

12 月 24 日，反动地主武装刘茂队及国民党十三军四师十团及军部谍报队千余人，第三次进占鹰手营子，破坏解放区土改运动。

12 月 29 日，国民党军一部和刘茂队在兴隆县东南沟抓捕了鹰手营子村妇女主任骆秀英，在四方洞前柳河滩上将骆秀英用铡刀铡为三截，年仅 22 岁。

是年冬，中共承德工委干部董哲、魏义在寿王坟梆子沟一带与承德地下情报人员接头时，被国民党承德县上板城自卫队包围，壮烈牺牲。

民国 37 年（1948 年）

1 月 18 日，盘踞在鹰手营子据点的国民党十三军四师十团及谍报队一部，国民党兴隆县党部书记兼县长张郁文和刘茂队队长刘茂廷带领 200 多人到马家庄抢劫，被郭子忠团长率领的承兴团击败。此次战斗张郁文、刘茂廷、上尉主任周益信被击毙；寿王坟籍承兴团一营二连五班副班长孙瑞珍壮烈牺牲。

1 月 20 日，人民解放军第十四军分区独立团和承兴团等部队，攻打鹰手营子的国民党军及刘茂队残余，未攻克。

1 月 26 日，在人民解放军的强大攻势下，盘踞在鹰手营子的国民党党、政、军千余人，向承德方向溃退，鹰手营子解放。

2 月 26 日，土改工作队进驻鹰手营子 16 个村进行土改。

是月，由于战乱，当地群众大都远走他乡。人民政府组织全区人民大力开展生产自救，动员周边山区百姓来鹰手营子居住、耕作。

3 月初，中共冀东区委为纠正土改工作中发生的“左”倾错误，派李楚离、韩东征和地委副书记

李越之为正副团长的土改检查团来鹰手营子地区检查土改工作。

是月，奉冀东十四军分区命令，承兴团在寿王坟改编为冀东独立十五团。

是月，区小队归入兴隆县大队。

4月，土地改革结束。

是月，为支援辽沈战役，兴隆县政府在鹰手营子建重点粮站。

7月26日，辽沈战役开始，承德工委在鹰手营子、寿王坟等地设立接待站，专门接待投降的国民党官兵。

9月20日，人民解放军东北野战军南下过境，历时20天，沿途群众热情接待。

是年，人民解放军某部和冀东行署工矿局派刘玉禄、刘子森、张永和等来鹰手营子，组织工人恢复煤炭生产，供军需民用。

是年，建立兴隆县九区（治所鹰手营子）卫生所，为区内第一所卫生所。

民国38年（1949年9月30日止）

3月，兴隆县划为9个区，鹰手营子为四区政府驻地。

中华人民共和国

1949年

11月25日，兴隆县召开第二次劳模会议，会上介绍了鹰手营子互助组甲等劳模张淑珍军属的事迹。

12月，兴隆县划为10个区，鹰手营子为四区政府驻地，寿王坟为九区政府驻地。

1950年

2月1日，东北有色金属局地质队到寿王坟进行地质调查。

7月，东北银行热河省分行兴隆办事处在鹰手营子设营业所。

9月，全区有35名青年加入中国人民志愿军，参加抗美援朝。

11月15日，马均才任兴隆县四区区长。

1951年

2月，全区开展镇压反革命运动。

4月1日，东北地质勘探公司101队到寿王坟进行地质勘探。

5月18日，区长马均才调兴隆县另有任用，魏福志接任区长职务。

是月，北马圈子、火神庙、平安堡等煤矿老巷道着火。兴隆县政府、四区政府、县总工会、老爷庙煤矿及省工商厅联合组成救火委员会，抽调工人 270 人，历时 74 天，将火扑灭。

6 月，全区人民为抗美援朝捐款 71005510 元（旧版人民币）。

是月，四区 85% 的乡村制定了爱国公约。

是年，东北有色金属管理局派地质队到寿王坟地区调查地质、矿产状况。

1952 年

1 月，兴隆县第一次人民代表大会召开并选举产生第一届常务委员会。四区完小（鹰手营子小学）校长赵成顺、工会副主任商忠当选为常委。

10 月，中央人民政府颁发了由毛泽东主席签发的孙瑞珍革命烈士证书，并授予孙瑞珍“一级战斗英雄”称号。

12 月，兴隆县城至鹰手营子开通长途电话。

是年秋，煤炭部生产司长高振德、北票矿务局工程师张洪仁等到兴隆煤田勘察地质情况。

是年，修复跳沟至寿王坟公路，全长 20 公里。

1953 年

1 月，苏联地质专家尼·米考洛巴克夫和阿·费·阿尔复娃到寿王坟地区考察，并向东北有色金属管理局提出书面报告，称寿王坟铜资源储量达 16 万吨。

2 月 2 日，王安任四区区长。

3 月，在全区开展扫除文盲工作，共扫盲 2379 人，其中，扫除职工文盲 50 人，农民文盲 2309 人，机关文盲 20 人。

4 月 1 日，寿王坟铜矿基本建设工程动工。

4 月 22 日，在寿王坟探矿队基础上组建寿王坟铜矿，隶属中央有色金属管理局，党委归属热河省委领导。

4 月，东北煤田地质一局派地质队到兴隆煤田开展普查工作。

7 月 23 日，东北煤炭地质一局调钻机 14 台，组成 102 勘探队，对鹰手营子地区煤田进行地质勘探。

8 月，兴隆煤田普查工作结束。

9 月，建立兴隆县工商业联合会鹰手营子办事处。

是年秋，北票矿务局计划科工程师张洪仁等陪同煤炭部生产司司长来鹰手营子兴隆煤田勘察地质情况。

10 月 6 日，火神庙第 13 号钻井开钻，这是兴隆煤田正式勘探的第一个钻孔，钻孔穿过 9 个煤层，于 11 月 2 日完工。

11 月 15 日，李玉枝任四区区长。

11 月 17 日，文物工作者在寿王坟副将沟发掘出战国时期的铁范 70 余件。

是年，扑灭被日本侵略军点燃的老爷庙煤矿 8 年大火。

1954 年

8 月 10 日，付营任兴隆县四区区长。原区长李玉枝调任五区区长。

9 月 1 日至 10 月 1 日，推行速成识字法试点，参加学员 20 名，人均识字 288 个。

是年，中共兴隆县四区区委在鹰手营子、上窝铺、白毛甸子等村开始组建初级农业生产合作社。

10 月，四区初级农业生产合作社已发展到 25 个，428 户；有常年互助组 77 个，1144 户；季节性互助组 128 个，1154 户；临时互助组 104 个，728 户。入社户占总户数的 11.14%。

12 月 29 日，寿王坟铜矿基本建设工程被列入国家第一个五年计划 156 项重点项目之一。

1955 年

1 月 24 日，寿王坟公安派出所改为兴隆县公安局寿王坟公安分局。

4 月 1 日，寿王坟铜矿划归工业部建设局领导

7 月，兴隆县四区改称鹰手营子区，设区公所。撤销九区（治所寿王坟），设寿王坟镇，归属下台子区。

9 月份，全区完成了城市居民粮食定量工作。

9 月，开始建鹰手营子火车站，1957 年竣工。

11 月 19 日，京承铁路鹰手营子至上板城段开工。

12 月 21 日，国家煤炭部工作组在境内实地考察，确定开发兴隆煤田。

12 月，鹰手营子街第一家合作饭店开业。

是年，全区有学校 18 所，学生 1764 人；有扫盲班 55 个，学员 1051 人。

1956 年

年初，全区第一个高级社鹰手营子村高级农业合作社成立。5 月，全区初级社全部并为 15 个高级社，入社农户 4364 户，占全区总农户的 99.1%。

1 月 9 日，鹰手营子人民法庭成立。

2 月 1 日，鹰手营子、寿王坟的私营工商业者，实行全行业公私合营。

3 月 12 日，北票矿务局兴隆煤矿筹备处正式成立，负责开发兴隆煤田的筹备工作。

5 月 1 日，鹰手营子区公所撤销，改为鹰手营子办事处。

5 月 16 日，完成建乡工作，鹰手营子办事处辖鹰手营子镇、乌头牛乡、克梨木乡、土城头乡、马圈子乡、煤岭沟乡、上窝铺乡 7 个乡（镇）。

9 月 12 日至 10 月末，兴隆县与承德市就鹰手营子办事处划归承德市有关事宜，办理交接工作。

11 月 1 日，经国务院批准，将鹰手营子、寿王坟 2 个镇及马圈子、煤岭沟、克梨木、上窝铺、姚栅子、下台子、栾家店 7 个乡划归承德市，建立承德市鹰手营子矿区。

11 月，成立营子矿区运输站。

是年，鹰手营子小学附设初中班。

是年，成立鹰手营子中学。

是年，建鹰手营子矿区医院。

1957 年

1 月 26 日，设承德市建设银行鹰手营子办事处。

2 月 15 日，唐山至寿王坟 110 千伏输电线路正式投入运营。

3月4日，北票矿务局兴隆煤矿筹备处，改称兴隆煤矿筹备处，由煤炭工业部直属。

是月，中共中央监察委员会驻煤炭部监察组组长李运昌来兴隆煤矿筹备处视察工作。

4月1日，寿王坟铜矿基本建设竣工。并召开投产剪彩大会，国家冶金部有色金属管理局局长张戈、承德市市长戴毅参加大会并剪彩。

是日，寿王坟铜矿划归冶金部直属。

是日，兴隆煤矿火神庙竖井破土动工，年设计生产能力45万吨。

4月2日，兴隆煤矿划归煤炭工业部天津管理局直属。

5月15日上午9时，寿王坟偏桥沟发生火灾，下午7时被扑灭。烧毁山林3565亩，树木625657棵，损失达100多万元。

9月27日，全区"整风反右"运动开始。

9月29日，京承铁路上板城至鹰手营子段客货运输正式营业。

11月26日，兴隆矿务局火神庙东斜井破土动工，年设计生产能力21万吨。

是年，热河省副省长杨雨民到兴隆煤矿筹备处视察工作。

是年，鹰手营子火车站竣工。

1958年

3月18日，兴隆煤矿老爷庙一号斜井破土动工，年设计生产能力30万吨。

4月29日，老爷庙二号斜井破土动工，年设计生产能力30万吨。

4月，全区开展以除"四害"（麻雀、老鼠、苍蝇、蚊子）为主要内容的爱国卫生运动。

6月，兴隆县在鹰手营子设立钢铁指挥部。

7月1日，兴隆煤矿马圈子斜井破图动工，年设计能力60万吨。

7月11日，河北省人民委员会批准，撤销承德市鹰手营子矿区建制，营子矿区所属2镇7乡，划归兴隆县辖。

8月12日，中共兴隆县委决定中共鹰手营子矿区工作委员会由谢国华、赵国华、王子成等13人组成。谢国华代理区委第一书记。

8月25日，区委召开人民公社成立大会，把高级社合并为人民公社，全区实现人民公社化。

是月，撤销鹰手营子矿区，改称兴隆县鹰手营子钢铁人民公社管理委员会。

是月，寿王坟铜矿划归河北省冶金厅领导。

10月1日，兴隆煤矿筹备处改称兴隆矿务局。

12月，承德专署钢铁指挥部将滦平、隆化、丰宁、围场4个县采煤队与老爷庙煤矿合并，改称为"河北省承德专员公署鹰手营子煤矿"。

是年，在涝洼滩南部李家沟、西南沟一带，发现100多年前的煤窑旧址18处和金属冶炼遗址。

是年，为支援全国大炼钢铁，兴隆矿务局兴建小煤窑17处，创造了小煤窑日产原煤9000吨的纪录。

是年，寿王坟铜矿 实验成功深孔崩矿法，实现采矿方法的改进，提高采矿能力2倍以上。

是年，兴建北马圈子火车站。

1959年

1月6日，鹰手营子新生焦炭厂老爷庙厂劳教人员王云贺，纵火点燃劳教人员居住的帐篷，烧死

20 人，烧伤 9 人。

3 月 28 日，撤销兴隆县鹰手营子钢铁人民公社，建立中共兴隆县鹰手营子矿区委员会、兴隆县鹰手营子矿区办事处。

3 月，涝洼滩煤矿建成投产。

4 月 1 日，中共兴隆县委决定，胡克三为中共鹰手营子矿区委书记。

4 月 7 日，兴隆矿务局马圈子煤矿东斜井副井三号硐上部切割巷发生瓦斯爆炸，死 1 人，伤 20 人。为抢救烧伤矿工，共产党员李黑子牺牲。

4 月 10 日，营子矿区医院改称兴隆县第二医院。

是年，寿王坟铜矿选矿厂扩建工程竣工，日处理矿量达到 3000 吨。

是年，寿王坟铜矿选矿厂金属探测器实验成功。

是年，寿王坟铜矿全年生产铜含量 11241.9 吨，为全省第一。

1960 年

3 月 13 日，中共兴隆县委决定，任福常任鹰手营子矿区办事处党委第一书记。

7 月 1 日，鹰手营子矿区办事处，鹰手营子人民公社、兴隆矿务局合并为鹰手营子城市人民公社，任志光为第一书记，张汝山为主任。

是年，国家经委副主任郭洪涛、河北省省长刘子厚先后到兴隆矿务局考察工作。

是年，河北省在寿王坟铜矿开办有色金属中等专科学校，从唐山地区招收 100 名学生。

1961 年

4 月，寿王坟铜矿划归冶金部领导。

6 月，粮食分局与食油厂因地界发生纠纷，卡断电源，造成炼油方型锅炉爆炸，停工 11 天。

7 月 1 日，撤销鹰手营子城市人民公社，成立鹰手营子矿区工作委员会。

9 月 29 日，续振宗兼任鹰手营子矿区工委书记。

是年，营子矿区工委决定 40 个生产大队 229 个生产小队实行大包干，粮食和其他实物按劳分配。

是年，有色金属中等专科学校停办。

1962 年

4 月，煤炭部部长张霖之到兴隆矿务局视察工作。

6 月 27 日，兴隆县委决定将鹰手营子矿区工作委员会改为中共兴隆县鹰手营子矿区委员会，为县委派出机构。设行政机构鹰手营子矿区区公所，鹰手营子、克梨木、马圈子、上窝铺、汪家庄、白马川、寿王坟、下台子、潘家店 9 个人民公社。

7 月，兴隆矿务局改为劳改企业。企业由煤炭部改归公安部所属。

是年，河北省委副书记张承先到兴隆矿务局视察工作。

是年，周占海任营子矿区区长。

是年，中国科学院地质力学研究所所长孙殿卿和崔鸣锋到兴隆矿务局进行地质调查。

是年，根据中央提出的精兵简政精神，全区有 48 名干部回乡参加农业生产。

1963 年

5 月 7 日，任福常任鹰手营子矿区区长。

6 月，兴隆矿务局由公安部复归煤炭部所属，犯人全部撤走。

7 月 21 日，续振宗兼任中共营子矿区委书记。

是年，人民公社开始在现金分配上实行“按劳分配，多劳多得”的原则。在粮食分配上，对参加劳动的社员给予粮食奖励；在劳动管理上推行基本劳动日制度，采取评分计分，包工计分的做法。

1964 年

1 月 4 日，兴隆矿务局总工程师魏鼎赴北京参加第三届全国人民代表大会，会议期间与毛泽东等中央领导合影。

1 月 17 日，粗线条“四清”（清政治、清经济、清组织、清思想）运动开始，至 3 月末基本结束。

2 月 10 日，在全区开展“农业学大寨”运动。

4 月 16 日，兴隆矿务局改称兴隆煤矿。

4 月 19 日，区委决定在马圈子公社搞细线条“四清”（清账目、清仓库、清财务、清工分）试点。

4 月 25 日，细线条“四清”工作队进驻马圈子村。6 月中旬撤离。

是月，全区各级民兵组织学习郭兴福练兵法，掀起军事大比武高潮。

7 月 1 日，全区开展食盐加碘工作，以防治地方性甲状腺病。

12 月 31 日，经国务院批准，鹰手营子、马圈子、汪家庄、寿王坟 4 个公社划归承德市辖。

是年，兴隆煤矿岩巷工作面，全部推行湿式凿岩技术。

1965 年

1 月 3 日，赵国华任中共鹰手营子矿区委代理书记。

年初，冶金部在寿王坟铜矿开展矿山机械化试点工作，建立机械化样板矿山。

2 月 4 日，国璋任鹰手营子矿区区长。

2 月 16 日至 25 日，将寿王坟公社和鹰手营子、马圈子、汪家庄公社的部分生产大队，由兴隆县划出，成立承德市鹰手营子矿区。至此，全区共有公社 3 个，生产大队 11 个，84 个生产队，总耕地面积 11418 亩，总人口 49175 人。移交行政编制 62 名；企、事业编制 934 名。

2 月 22 日，鹰手营子矿区区公所成立。

3 月 28 日，封润三任中共鹰手营子矿区委书记。

5 月 5 日，鹰手营子矿区计划生育委员会成立。

5 月初，鹰手营子矿区劳动文化宣传队成立，由 14 人组成，在区委的直接领导下，上山下矿、深入驻军部队为工农兵演出。

是年，国防“小三线”工厂开始建设，天津红星电厂迁至境内喇嘛沟，天津曙光化肥厂迁至境内金扇子。

是年，寿王坟铜矿工人工程师傅景新在实施机矿山械化过程中作出了突出贡献，《人民日报》发

表《做矿山机械化的开路先锋》记革新闯将傅景新的通讯，《冶金报》发表了《向傅景新同志学习》的社论。

1966 年

1 月 6 日，召开首届农业生产先进集体和先进个人代表会议，出席会议的先进集体 16 个，先进个人代表 81 人，支农先进单位 17 个，支农先进个人 16 个。

3 月 9 日，兴隆矿务局火药厂建立，因建于 1966 年 3 月，故取名 663 厂。

4 月 8 日，煤炭部部长张霖之来兴隆煤矿视察工作。

是月，鹰手营子矿区人民武装部成立。

是月，寿王坟铜矿更名为北铜矿

5 月 17 日，区人民武装部、共青团营子矿区委、区妇女联合会联合发出《关于组织团员、民兵、妇女积极参加社会主义文化大革命》通知。

5 月 20 日，营子矿区老街粮食所对面墙上贴出全区第一张大字报。

10 月 25 日，鹰手营子矿区区办工业办公室成立。

是年，境内承德地区涝洼滩煤矿改称东方红煤矿。

是年，国防“小三线”天津曙光化肥厂落驻于金扇子村。

1967 年

1 月，寿王坟铜矿水磁筒式磁选机实验成功，开始取代带式磁选机。

2 月 1 日，承德市鹰手营子矿区“革命造反委员会”成立。

3 月，中国人民解放军进驻区公所和区直各机关、单位、学校，开展“三支”（支左、支工、支农）、“两军”（军管、军训）工作。

8 月，全区中小学校全部“停课闹革命”。

9 月 6 日，营子矿区“革命造反委员会”组织宣布：从即日起区委、区公所一切权力由“革命造反委员会”接管。

是日，晚上 11 时左右，“革命造反委员会”闯入营子矿区人民武装部，将值勤人员打伤后，抢走武器库里的枪支 24 支，称“9·6”抢枪事件。事件发生后，由于“支左”解放军采取了有效、果断的措施，当晚就收回了被抢走的所有枪支。

11 月，参加区“三支”、“两军”驻区部队对营子矿区公检法实行军管。

是年，寿王坟铜矿更名为河北铜矿。

是年，境内承德市老爷庙煤矿改称为承德市东风煤矿。

1968 年

3 月 4 日，成立承德市鹰手营子矿区革命委员会，主任委员封润三。

3 月 11 日，营子矿区革命委员会召开第一次全委会，做出了《关于革委会机关革命化的决议》。

3 月，鹰手营子矿区革命委员会成立后，撤销原区委、区公所的监察组、组织部、宣传部、财贸工业部、党委办公室、行政办公室、财贸办公室、农林办公室、卫生科、文教科、人事劳动科、工会办事处、妇联办事处、团委。改设区革委办公室、城镇组、农村组、政工组。

3 月 23 日，成立鹰手营子、寿王坟、马圈子公社革命委员会。

4 月，“鹰手营子矿区革命群众专政指挥部” 成立

5 月 10 日 1 时 50 分至 3 时，粮食局粮库面粉车间失火，烧毁厂房 264 平方米和班产 6000 公斤面粉的车间全部设备，直接经济损失 60659 元。

6 月 30 日晚，兴隆煤矿出席全国煤矿抓革命促生产会议的职工代表郭华山、张兆欲、赵金、张俊彬、邱玉忠、武吉国等 6 人，在北京人民大会堂受到国家主席毛泽东和国务院周恩来总理的接见。

7 月，撤销税务分局，与市场管理所合并，成立鹰手营子矿区工商税务分局。

8 月 11 日，营子矿区 83 名中学生和社会青年，响应党中央和毛泽东主席“知识青年到农村去，接受贫下中农再教育” 的号召，作为首批知识青年到丰宁坝上骆驼沟公社插队落户。

8 月 29 日，柳河防洪大坝竣工，全长 500 米，宽 1.2 米，基深（水面下）2 米，工程总投资 11.8 万元。

9 月，各公社、大队接收了第一批来自市、区下乡插队落户的中学毕业生和知识青年。

12 月 22 日，承德市革命委员会组织农村毛泽东思想宣传队，进驻鹰手营子、马圈子、寿王坟 3 个公社，开展斗（斗走资派）、批（批修正主义）、改（改革不合理的规章制度）工作。

是年，全区各学校陆续进驻工人、贫下中农毛泽东思想宣传队，各村成立了“贫下中农管理学校委员会”。

是年，全区 68 个单位先后建立了革命委员会或革命领导小组。

是年，成立承德地区胜利煤矿。

1969 年

2 月 9 日，承德市将鹰手营子房管段和所管公房划归营子矿区管理。

2 月 21 日，承德市轻化纺工业公司和市二轻局系统的营子矿区手工业办事处、鹰手营子铁木社、被服社、皮麻编织社、综合修配社、寿王坟手工业社、市印刷社鹰手营子门市部以及市交通局系统的鹰手营子运输站、运输社、搬运社和市建设局系统的鹰手营子建筑五社等单位移交给营子矿区。

3 月 31 日，建立营子矿区工业革命委员会。

9 月 20 日，成立承德市鹰手营子地区人民防空领导小组。

10 月，境内承德地区铸造机械厂生产的“一〇一” 半自动步枪产品试制成功，经验收合格，由中国人民解放军河北省军区后勤装备处接收。

11 月，“6911” 战备工程在寿王坟罗圈沟大东山开工。

1970 年

2 月 18 日，在全区范围内开展“一打三反”（打击现行反革命破坏活动，反对贪污盗窃、投机倒把、铺张浪费）运动。

10 月 20 日，举行全区综合性以临战人口疏散为重点的人民防空演习。全区停产、停业、停课，参加人数 9008 人。

是年，区办工业综合厂试制出的新产品 0.6 千瓦电动机、万能粉碎机、风动式铡草机、纺线合股机、10 吨冲床等分别走向市场。

是年，在营子镇半条街筹建承德市毛巾厂。

是年，为落实毛泽东主席“提高警惕保卫祖国”“要准备打仗” 等一系列指示，广泛开展群众性

的战备教育活动。全年构筑各种防空工程13212平方米，举办各种战备培训班95期，组织战备报告会8次，受教育面达48250人次。

1971年

1月，建立营子矿区革命委员会党的领导核心小组，王树祥任组长。

4月22日，鹰手营子战备桥正式开工。

是日，区革委会决定增设宣传组、工交财贸组、文教组、计划组、防疫站，同时撤销城镇组、宣教组。

8月，撤销区人防办公室，改称区战备办公室。

9月24日至25日，全区分三片（鹰手营子、寿王坟、马圈子）进行防空演习，参加人数达42500人。

是年，百货商场落成。

1972年

5月31日，寿王坟公社罗圈沟大队由于村民烧荒引起山林火灾。烧毁山林26 664 000平方米（4万余亩），树木10万余棵。

5月，撤销工交财贸组、计划组、文教组，成立工交组、财贸组、劳资民卫组、教育组。

是月，河北铜矿由冶金部改属河北省冶金厅。

7月1日，鹰手营子战备桥竣工。

8月4日，赵天才任鹰手营子矿区革委会主任。

8月，建立寿王坟街道办事处。

10月9日至12日，中共承德市营子矿区第一次党员代表大会召开，出席代表163名，列席代表42名。第一次全委会选举赵天才为区委书记。

是月，建立中共鹰手营子公社委员会、中共马圈子公社委员会、中共寿王坟公社委员会。

是月，恢复中国人民建设银行承德支行鹰手营子办事处。

是年秋，撤销营子矿区运输站，成立营子铁公路联合办公室（铁路、共路、银行、商业服务部门共同组建）。

是年，兴隆煤矿井下运输全部实现硅整流化。

1973年

2月23日至27日，召开劳动模范、先进生产（工作）者代表大会，出席代表279名，特邀代表36名。

3月，寿王坟铜矿采用吊罐法多天井快速掘进，创造了月进1025米的世界纪录。

3月，启用寿王坟街道办事处、马圈子街道办事处、汪家庄街道办事处印章。

4月24日至26日，共青团承德市营子矿区第一次代表大会召开。会议选举产生共青团承德市鹰手营子矿区第一届委员会。

4月，周恩来、李先念、余秋里等党和国家领导人在中南海观看寿王坟铜矿掘进机械化模型。

5月20日至28日，冶金部在寿王坟铜矿召开全国冶金矿山机械化现场会，来自全国23个省市自

治区 270 多个单位的 800 名代表参加了会议。

7 月 23 日至 26 日，营子矿区第一届妇女代表大会召开。出席会议代表 132 名，选举产生了营子矿区第一届妇女联合委员会。

8 月，召开第一届贫下中农代表大会，会议选举产生了营子矿区第一届贫协委员会。

12 月 6 日，成立营子矿区斗批改领导小组。

1974 年

2 月 25 日，营子轻工业机械厂划归承德市二轻工业局直属。4 月，营子大街铺设柏油路，为全区第一条标准的城市公路。

7 月 6 日，营子矿区革委会与天津曙光化肥厂革委会签订将金扇子学校移交给曙光化肥厂的协议，建立曙光化肥厂子弟学校。

10 月 4 日至 7 日，中共承德市委在营子矿区召开农田水利基本建设现场会，参观了鹰手营子公社老厂子大队、跳沟大队的农田水利基本建设。

12 月，成立营子矿区商业分局。

是年，撤销铁公路联合办公室，改建营子矿区运输站。

1975 年

1 月 16 日，晚 10 时 15 分左右，营子矿区粮库加工厂米类车间发生火灾，烧毁厂房 264 平方米，风机 2 台，高粱米机 4 台，精谷机 4 台，脱皮机 2 台，升降机 9 台，风机 6 台，启动器 1 台，传送设备 1 套。直接经济损失 17000 元。

2 月 19 日，宁守义任中共营子矿区委书记、革委会主任。

4 月，营子矿区“7541”人防工程动工。

9 月 16 日，寿王坟公社罗圈沟大队社员，在梆子沟口搞农田基本建设时，挖出黑色陶瓷罐 1 个，里面装有战国时期的燕铭刀币 1000 多枚。

10 月 13 日至 16 日，营子矿区工会召开第一次代表大会，出席会议代表 100 名，其中女工代表 38%。大会选举产生了营子矿区第一届工会委员会。

12 月 13 日，鹰手营子桥西、桥东街道办事处合并为鹰手营子街道办事处。

是年，华北地区战备防空现场会在营子矿区寿王坟公社召开。

是年，中共营子矿区委在全区范围内掀起了群众性的学习马列著作和毛泽东著作的高潮。全区理论队伍发展到 480 人，业余马列学习小组 329 个，政治夜校 90 多个，培训理论骨干 1100 多人次。

1976 年

7 月 26 日至 27 日，国务院副总理孙健在冶金部、河北省、承德市有关领导陪同下到寿王坟铜矿视察。

7 月 28 日，唐山、丰南一带发生强烈地震，波及营子矿区，造成全区停电、通信联络中断、停工停产。

8 月 5 日，承德市抢救震区伤员指挥部营子矿区分指挥部成立，下设办公室、医疗抢救组、生活后勤组、治安保卫组，负责接纳唐山等地重灾区伤员。

8 月 22 日，成立承德市支唐民工团及党委会，中共营子矿区委书记宁守义被任命为承德市支唐民工团团长、党委副书记。

9 月 8 日，中共营子矿区委书记宁守义任承德市支援唐山民兵团（承德市支唐民工团）政委、党委书记。

9 月 18 日，全区党政军民 5 万多人在鹰手营子大街，参加毛泽东主席追悼大会。

10 月，寿王坟铜矿与北京矿冶研究总院合作研制的 14 立方米大浮选机实验成功。

11 月 7 日，由阿尔巴尼亚重工业部工程师伊斯拉姆·祖卡和阿尔巴尼亚铜矿地质工程师戴德·柯思特鲁组成的地质力学考察小组到兴隆煤矿考察。

11 月 22 日至 26 日，阿尔巴尼亚地质、力学考察小组到寿王坟铜矿考察。

12 月，五机部、冶金部铵松腊炸药标准审查会议在寿王坟铜矿召开。

是年，寿王坟铜矿研制成功双内燃无轨采矿锚杆台车和大扒岩机。

1977 年

1 月 1 日，撤销营子矿区运输站，成立承德市交通运输局鹰手营子矿区分局。

1 月 12 日，在全国煤炭企业“学大庆、赶开滦”大会上，兴隆煤矿被命名为“大庆式”企业。

4 月 15 日，河北省煤炭厅在兴隆煤矿召开现场会，祝贺兴隆煤矿按设计能力达到翻番水平。

5 月，兴隆煤矿党委书记刘学忠、职工代表王允英出席全国工业学大庆会议。

8 月 12 日，河北铜矿工人工程师傅景新和兴隆煤矿汪庄矿梁景丰到人民大会堂出席中国共产党第十一次代表大会。

8 月 17 日，召开全区学习《毛泽东选集》第五卷积极分子代表大会，参加会议代表 172 人，会上表彰先进集体 33 个，先进个人 112 人。

8 月，全区农村实行社办合作医疗。

是月，煤炭部副部长邹桐等一行 3 人，到兴隆煤矿考察。

11 月 14 日，寿王坟屠宰场、平安堡铁厂食堂、河北铜矿招待所食堂、兴煤医院食堂、营子矿食堂、金扇子大队第六生产队等 8 处集体养猪场，发现乙型口蹄疫（二号病症状）。

是年，工宣队、贫宣队、军宣队全部撤出学校。

是年，寿王坟铜矿选矿厂完成 14 立方米浮选机第二系列安装，投入使用；用 48 台 14 立方米浮选机代替 200 多台 5A、6A 浮选机，厂房、人员节约一半，铜实收率和精矿品位分别提高 1.03% 和 1.6%，并在全国推广。

1978 年

1 月 3 日，河北省革命委员会在兴隆煤矿俱乐部召开兴隆煤矿实现原煤产量按设计能力翻番大会。省革委会副主任岳宗泰、承德地委副书记王清、承德市委第二书记蔡志杰、市委常委田自成、省煤管局局长荣毅民等领导出席大会并讲话。

是月，区委、区革委会召开了“工业学大庆”“农业学大寨”先进集体和先进生产工作者代表会议。会议表彰了先进集体 76 个，先进生产工作者 155 名。

2 月，中国煤矿文工团来兴隆煤矿慰问演出，与兴隆煤矿职工一起欢度春节。

是月，成立营子矿区落实政策领导小组，下设落实政策办公室。

9 月，撤销商业分局，建立第一商业分局；增设第二商业分局，与供销合作社合署办公。

是月，冶金工业部授予寿王坟铜矿工人工程师傅景新劳动模范称号。

是月，寿王坟铜矿傅景新到北京参加建国 30 周年国庆观礼。

是月，《河北日报》发表《工人工程师革新能手—傅景新》的文章。

11 月 1 日至 2 日，营子矿区革委会召开全区计划生育工作会议，会议学习外地的先进经验，明确任务，制订措施。

11 月 3 日，召开共青团鹰手营子矿区第二次代表大会。出席会议代表 104 名，特邀和列席代表 20 名。会议选举产生共青团营子矿区第二届委员会。

12 月 30 日，营子矿区将印刷厂、被服厂、皮麻编织厂、钟表刻字门市部、寿王坟综合门市部移交承德市二轻局；将橡胶厂、腐肥厂移交承德市化工局；将寿王坟电子五厂移交承德市电子局。

是年，人民解放军“三支两军”工作全部结束。

是年，河北铜矿被国家命名为冶金系统大庆式企业。

是年，傅景新代表河北铜矿出席全国科技大会。

是年，河北铜矿被命名为全国科技战线先进单位。

1979 年

1 月 5 日，承德市区、市郊集市正式开放。鹰手营子、寿王坟为承德市郊开放试点。

1 月 10 日至 13 日，召开营子矿区第二次妇女代表大会。出席会议代表 127 人，选举产生了营子矿区第二届妇女联合委员会。

2 月 13 日，区委决定尝试性地推行小段包工、定额管理等责任制。

3 月 31 日，承德市革委会劳动局将营子矿区劳动管理站人、财、物全部移交给营子矿区革委会。

4 月 12 日，营子矿区设立检察组。

是月，波兰布玛尔公司技术服务组到寿王坟铜矿进行技术服务。

6 月，美国富克斯伯罗公司代表团到寿王坟铜矿参观选矿自动化并进行技术交流。

是月，煤炭部副部长张超到兴隆煤矿考察工作。

9 月 7 日，中国煤矿文工团来兴隆煤矿慰问演出。

是月，开始推行“一对夫妇只要一个孩子”计划生育政策。

是月，工人工程师傅景新被国务院授予全国劳动模范称号。

12 月 13 日，马圈子公社金扇子大队四生产队采石放炮，因石块飞溅到驻区天津曙光化肥厂万伏高压线路上，将电线炸坏多处，造成 505 线路接地断电，致使化肥厂停电、停水、停产，经济损失 7.81 万元。

是月，营子矿区各公社、大队下乡插队知识青年陆续全部返城。

是年，喇嘛沟水库竣工。汇水面积 36666.7 平方米，设计库容 35 万立方米。

1980 年

3 月，河北省煤炭科研所和汪庄矿的工程技术人员，联合试验成功中深孔爆破采煤法。

5 月 6 日，成立中共承德市鹰手营子矿区纪律检查委员会。

9 月 17 日，杨清源任中共鹰手营子矿区委书记；王世斌任矿区革委会主任。

9 月，河北铜矿改称寿王坟铜矿，隶属河北省有色金属公司。

10 月 28 日，营子矿区成立选举委员会，主持营子矿区第一届人民代表大会的选举工作。

是月，冶金部邀请全国有关院校、采矿专家在寿王坟铜矿召开会议，讨论采空区处理方案。

11月17日，成立营子矿区集体商业管理局，与营子矿区商业局合署办公。

11月25日至28日，冶金部在寿王坟铜矿召开选矿自动化会议。寿王坟铜矿选矿厂粉矿仓分矿小车自动控制衡定给矿及漏斗自动切换、分级机溢流浓度自动检测及调整、霍尔功率变速器用于磨矿机过负荷保护、磨矿机程序控制及集中自动控制等技术革新项目全部通过测试，鉴定合格，并推广使用。

12月25日，营子食品公司－18℃结冻物冷藏间库容量500吨，轨道吹风式结冻间19.5吨规模的冷库竣工。

是年，在全区农村所有的生产队实行了各种形式的联产承包责任制。

是年，区商业分局举办3次商品展销会，共完成成交额317万元。

是年，营子矿区轻机厂率先推行经营责任制，实行利润分成，二级核算。

是年，寿王坟铜矿首次实现建矿后全年无重大伤亡事故。

1981年

1月14日至18日，营子矿区召开第一届人民代表大会第一次会议。出席会议的代表113名，选举曹克勤为区人民代表大会常务委员会主任，白文为矿区人民政府区长。

3月22日晚，市、区两级公安局机关将先后轮奸8名少女的李某等3名罪犯抓捕归案。中央和省委领导极为重视，对此案作了重要批示。

3月19日，兴隆煤矿属汪庄矿竖井9439采区发生重大瓦斯、煤尘爆炸事故，死亡46人，重伤1人，轻伤26人。

4月30日，河北省煤炭管理局与兴隆煤矿正式签订亏损包干合同，自1981年1月1日起生效。

6月13日，区委、区政府召开落实政策会议，对“文化大革命”期间的冤假错案进行平反。

7月20日，第一次地名普查工作全面展开，9月，普查结束，图上名称与现行名称不符的10处，公社、大队与驻地名称不符的8处，需命名、更名的街道11个。

7月30日，营子矿区第一届人民代表大会常务委员会第三次会议批准了《承德市鹰手营子矿区城镇卫生管理试行条例》，由营子矿区人民政府公布实施。

9月初，全区共发生甲型病毒性肝炎457例，16岁及以上患者119例，16岁以下发病338例。全区总发病率为1.65 ％，其中城镇非农业人口发病率0.58 ％，农业人口发病率为1.07 ％。

是月，区商业局首次在营子大众、寿王坟、回民、马圈子等饭店实行经营责任制试点。

10月，寿王坟铜矿被冶金部评为“环保先进典型单位”。

是年，安排待业青年就业2005人，占待业青年的79.43％。

是年，普遍实行了不同形式的生产责任制。全区89个生产队，实行专业承包联产计酬的33个、包产到组联产计酬的30个、季节性小段包工、定额管理的26个。

1982年

1月8日，区委为“文化大革命”中被错误揪斗的56名干部平反，恢复名誉。

2月24日，区委决定在全区开展全民文明礼貌月活动，并命名了“文明大街”“共青团清洁路”“红领巾清洁路”。

3月，中共承德市委第一书记常立木，市委书记、市长张焕群到营子矿区检查工作。

4 月 20 日至 22 日，召开共青团鹰手营子矿区第三次代表大会，选举产生了共青团鹰手营子矿区第三届委员会，

4 月 21 日，企业整顿工作全面展开。

是月，冶金部在寿王坟铜矿召开爆破新技术鉴定会议。

7 月 23 日，寿王坟龙潭沟战国至汉朝时期古铜冶炼遗址，被河北省政府列入省级重点文物保护单位。

是月，落实政策工作结束。自 1978 年开始的 4 年中，共受理案件 579 起，属于冤假错案的 541 起。

是年，在农村开始推行联产承包责任制。

是年，古人类旧石器时代洞穴遗址四方洞被省政府确定为省级重点文物保护单位。

1983 年

2 月 26 日至 27 日，组织规模盛大的元宵节花会、灯会调演。参加调演的共有 43 个单位，24 个演出队，演员 1700 多人。

3 月 25 日，营子矿区第一届人大常委会第十四次会议任命陈宝祥为区人民政府代理区长。

4 月 14 日至 16 日，营子矿区第一届人民代表大会第三次会议补选朱海亭为鹰手营子矿区人民政府区长。

5 月 28 日，撤销营子矿区自来水筹建办公室，建立鹰手营子矿区自来水公司。

5 月，撤销工业局，成立经济委员会。

6 月 28 日，国家投资 57 万元的营子矿区自来水工程完工并正式供水。

6 月，卢旺达留学生和喀麦隆留学生到寿王坟铜矿实习。

7 月 3 日，组建营子矿区预备役师属警卫连、高射机枪连、坦克二营、担架队，团属装甲步兵连。

7 月 12 日晚 9 时 35 分，交通分局运输队汽车修理工李某，驾驶东风汽车驶入营子大街，由东向西高速、曲线行驶，寻人撞轧，撞死撞伤职工群众 50 人。

是年，全区农村全部实行家庭联产承包责任制。

1984 年

1 月，鹰手营子矿区升格为县级区。

是月，因营子矿区 1983 年农民从集体分配的人均收入达到 398 元，在中共河北省委召开的地市县委书记会议上受到表彰。

3 月 5 日，河北省政府授予营子矿区财政局 1983 年度财税工作成绩显著奖。

4 月 5 日，市委副书记李俊基到营子矿区视察工作。

4 月 6 日，鹰手营子、汪家庄两个街道办事处和鹰手营子公社改制为鹰手营子镇，北马圈子街道办事处和北马圈子公社改制为北马圈子镇，寿王坟街道办事处和寿王坟公社改建为寿王坟镇。

是月，中国游艺机联合公司在境内承德地区铸造机械厂召开大型游艺机“龙船”产品现场评议会，经评议产品达到国际同类产品的先进水平。

5 月 1 日至 11 日，日本原秋田大学教授林大辅携夫人林登岱在北京有色金属研究总院人员陪同下，到寿王坟铜矿参观。

5 月 5 日至 11 日，召开中国人民政治协商会议承德市鹰手营子矿区委员会第一届一次会议，选举

郭长和为区政协主席。

5 月 9 日至 11 日，营子矿区召开了第二届人民代表大会第一次会议。会议选举曹克勤为区人大常委会主任，朱海亭为鹰手营子矿区人民政府区长。

是月，营子矿区第一小学、承德市第七中学女排荣获承德市青少年运动会排球赛小学组、中学组冠军。营子矿区第一小女排代表承德市参加河北省小学排球赛，获得第四名。

是月，营子矿区轻机厂试制成功卫生筷子机并开始投产，产品销售内蒙古、吉林、黑龙江等十几个厂家。

6 月 3 日，美国冶金矿山代表团一行 24 人，在冶金部有关人员陪同下，到寿王坟铜矿参观考察。

6 月 20 日，中共承德市委、市政府将营子矿区原属市管的商业、交通、中小学和医院的人、财、物权全部下放，交营子矿区管理，将位于营子矿区的市属水泥厂、东风煤矿、铸石厂、陶瓷厂、毛巾厂、整流器件厂党的组织划归中共鹰手营子矿区委领导。

7 月初，鹰手营子镇发生以腹泻、腹鸣、腹胀、腹痛为主要临床特征的流行性肠炎，就医患者达 7000 人次。

是月，中国游艺机联合公司接纳境内承德地区铸造机械厂为正式会员，被命名为中国游艺机联合公司承德分公司。

是月，营子矿区工业系统全面推行厂长负责制。

8 月，承德市交通局营子矿区分局改称营子矿区运输管理站。

9 月末，全区实行林业生产责任制，共完成 82832 亩，占山场总面积的 80.8%。主要形式为集体承包；分户承包；一次作价归户；零星树、四旁树按棵作价，树随地走。

10 月 4 日，市委书记张唤群来营子矿区检查商品生产情况。

是月，市人大常委会主任郭春田、市政协主席郭振忠等领导到营子矿区视察区工业。

10 月 5 日至 17 日，省市普及小学教育检查验收团对营子矿区 10 所小学进行了检查验收，验收结果全部合格。

是月，市人大、市政协郭春田、郭振忠等领导来营子矿区视察区工业。

11 月，经河北省、承德市卫生防疫部门检查验收，营子矿区计划免疫工作被评为达标区。

12 月 19 日至 21 日，营子矿区妇联召开了第三次妇女代表大会。

是年，全区 15 所小学，经省、市普及小学教育达标验收小组验收全部合格。

1985 年

1 月 10 日，营子矿区工业普查工作全面展开。

是月，区酿造厂生产的酱腐乳荣获省商业厅举办的 1985 年全省优质食品评比大会腐乳品类第二名。

3 月 7 日，河北省煤炭系统第四届职工业余文艺会演在兴隆煤矿举行。

3 月 22 日，兴隆煤矿改称兴隆矿务局。

3 月 17 日，承德市第七中学学生梁小东在东大桥游玩，突然听到柳河内有呼救声，他不顾寒冷，将不慎落入水中的男孩救上岸并送到家中。

4 月 3 日，团市委在营子矿区召开命名表彰大会，授予承德市第七中学学生梁小东“遇险救人好少年”光荣称号。

5 月 30 日，兴隆矿务局职工子弟中学 4 名田径运动员在承德市中、小学春季运动会上，打破 5 项承德市记录。

6 月 11 日，全国煤矿“安全活动月”汇报会在兴隆矿务局召开。

7 月 17 日，省顾问委员会主任杨泽江、市政府副市长王永泰一行到营子矿区视察工作。

是月，承德地区铸造机械厂生产的 XX037 型海盗船游艺机，获河北省优秀产品一等奖。

8 月 21 日至 28 日，营子矿区第一小学女排代表队代表承德市参加河北省小学生“小排球”锦标赛，荣获冠军。

10 月，在承德市秋季中小学排球赛中，承德市第七中学获得第一名。

11 月 4 日，建立营子矿区汪家庄镇。

11 月 7 日，成立营子矿区乡镇企业局。

12 月 10 日至 12 日，召开中共承德市营子矿区第二次党员代表大会，选出中共营子矿区第二届委员会委员 21 名，候补委员 3 名。

是月 13 日，召开中共承德市营子矿区第二届委员会第一次会议，选举谌曙光为区委书记。

是月，营子矿区荣获河北省农村饮水工作先进区称号。

是年，承德市陶瓷耐火材料厂和承德市毛巾厂由市属划归营子矿区计划经济委员会管理。

是年，营子镇跳沟村被省委、省政府命名为“文明村”。

是年，营子矿区被评为全国计划生育工作先进单位。兴隆矿务局、营子镇跳沟村被省委、省政府命名为计划生育先进单位。

是年，完成了对全区 19 个工业企业基本情况的普查工作。

1986 年

1 月 13 日，兴隆矿务局汪庄煤矿斜井区域发生瓦斯爆炸事故，死亡 10 人，轻伤 4 人。

1 月 23 日，王黎晓任鹰手营子矿区人民政府代理区长。

1 月 24 日，政协鹰手营子矿区第一届第三次会议选举朱海亭为政协鹰手营子矿区委员会主席。

2 月 5 日，《承德群众报》头版刊登了长篇通讯《博学的奥秘》。介绍了营子矿区北马圈子镇金扇子村汽酒厂厂长、共产党员李博学帮助乡亲共同致富的模范事迹。中共承德市委为此加了按语。

5 月 6 日，召开营子矿区第二届人民代表大会第三次会议，9 日选举王黎晓为营子矿区人民政府区长。

5 月 17 日，煤炭部副部长胡富国、副总工程师赵全福一行 27 人到兴隆矿务局汪庄煤矿检查安全工作。

6 月 10 日，《中国煤炭报》记者工作会在兴隆矿务局召开。

6 月 26 日上午 8 时 15 分，汪家庄镇姚家庄村个体煤矿发生瓦斯爆炸事故，死亡 4 人。

7 月 7 日，全国煤炭节能、技术改造工程项目初步设计审查会议在兴隆矿务局召开。

7 月 24 日，煤炭部原副部长贾慧生、国务院能源办杨华参加在兴隆矿务局召开的全国炼焦煤规划会议。

8 月 8 日，鹰手营子矿区人民武装委员会成立。

9 月 2 日至 3 日，区委书记谌曙光，副区长杨昭华、王栋一行 7 人，到锦州市葫芦岛区参加四县区经济技术协作恳谈会。

9 月 10 日至 11 日，辽宁省鞍山市旧堡区委书记王开明、副书记张策、副区长张德馥一行 14 人，到营子矿区参观访问。

12 月 18 日，寿王坟铜矿科研所研制的 SDC—I 型 2 立方米电动铲运机获国家专利。

是年，营子矿区市场被省工商局命名为文明集贸市场。

1987 年

2 月 16 日，市委副书记宋淑艾、副市长王永泰到营子矿区检查工作。

4 月 1 日，寿王坟镇投资 60 万元的第一个铜铁选矿厂破土动工，9 月建成投产。

是月，营子矿区开展大规模灭鼠活动，实现一级达标，被市评为灭鼠先进区。

5 月 5 日，承德军分区正式将中国人民解放军承德市鹰手营子矿区人民武装部移交给营子矿区政府。

5 月 11 日至 16 日，政协鹰手营子矿区第二届委员会第一次会议召开，选举陈宝祥为政协鹰手营子矿区委员会主席。

5 月 11 日至 16 日，营子矿区第三届人民代表大会第一次会议，选举朱海亭为人大常委会主任，选举王黎晓为政府区长。

5 月 30 日，营子矿区农村宅基地清查工作开始，9 月结束，对全区 14 个村的 4607 户进行了丈量登记。

6 月 2 日，市委书记张唤群到营子矿区指导深化企业改革工作。

6 月 25 日，省煤炭厅长钟锡九率领检查团到兴隆矿务局检查安全生产工作。

7 月 1 日，承德市物资局将鹰手营子物资站正式移交营子矿区管理。

7 月 21 日，煤炭部副总工程师陈炳强、河北省煤炭厅厅长钟锡九带领工作组到兴隆矿务局进行安全生产大检查。

7 月 22 日，下午 2 时 30 分至 3 时 30 分，寿王坟地区普降冰雹。最大的雹块直径 8 厘米，平均积雹 4.5 厘米，深处达 12 厘米，降雨量为 82 毫米。

7 月 24 日，经中国有色金属工业总公司验收，寿王坟铜矿被命名为“环境优美矿山”。

7 月 28 日，区委书记谌曙光，副书记、区长王黎晓联名寄书营子矿区藉老山前线战士，向他们报告营子矿区两个文明建设的新成就，鼓励他们为祖国、为人民再立新功。区工会、区妇联发动厂矿、农村、街道妇女开展了为前线绣制慰问品活动，邮寄慰问品 4176 件。团区委组织团员青年、少先队员发出慰问信 326 封。

9 月 15 日至 16 日，市委书记张唤群到营子矿区检查工作。

10 月 8 日，煤炭工业部部长于洪恩在河北省煤炭厅厅长钟锡九陪同下，率安全检查团到兴隆矿务局进行安全检查。

10 月 12 日至 14 日，营子矿区、卢龙县、鞍山市旧堡区、锦州市葫芦岛区、阜新市清河门区和细河区友好区县横向经济联合恳谈会第二次会议在辽宁省鞍山市旧堡区召开。

是月，汪家庄镇、北马圈子镇中心校获承德市改善办学条件先进单位称号。

是年，营子矿区被省政府、市政府评为计划免疫工作先进单位。

是年，8 家工业企业、15 家商业企业、1 家物资企业和 7 家供销社企业完善了厂长（经理）负责制和任期目标责任制。

是年，全民和集体企事业单位专业技术人员职称评定工作开始。

1988 年

2 月 25 日，区委、区政府决定对各镇实行目标管理岗位责任制。

是月，根据天津市政府关于国防“小三线”调整搬迁的有关规定，营子矿区政府接收了天津曙光化肥厂。

4月15日，营子矿区第三届人大常委会第七次会议决定接受王黎晓因工作调动辞去营子矿区人民政府区长职务的请求；任命杨昭华为营子矿区人民政府代区长。

4月19日至21日，全国有色金属系统通风系统改造、节能、防尘鉴定会在寿王坟铜矿召开。来自全国50多位教授、专家一致认为寿王坟铜矿井下通风节能技术成果达到了国内先进水平。

是月，河北电视台记者孙冠民与区委宣传部共同采录的《承德市发现旧石器时代洞穴遗址》被中央电视台、河北电视台采用。

5月13日，河北省人民广播电台和河北省人民电视台先后播放了寿王坟镇党委、政府带领全镇人民艰苦奋斗，一年上一个台阶，三年迈了三大步，脱贫致富的录音、录像和新闻。

6月8日，营子矿区被市政府命名为扶贫先进单位。

是月，承德市轻工业机械厂聘请的日本机械、木器制造专家福田新到厂传授技艺、指导技改。

是月，中国科学院古脊椎动物与古人类研究所、河北省文物研究所、承德市文物局正式对营子矿区古人类洞穴遗址四方洞进行科学发掘。在历时一个月的发掘中，共挖出土石方34立方米，出土大量旧石器晚期石器，骨器及骨化石数百件。

是月，营子矿区改革财政体制，建立区级国库。

7月，营子镇政府被省政府命名为拥军优属先进单位。

是月，撤销胜利煤矿。

10月25日，河北省粮食局副局长郭政到营子矿区考察粮食工作。

是月，成立鹰手营子矿区监察局。

年底，土地清查工作基本结束，全区非农业用地面积14977.64亩，使用单位198个。

是年，部分企业实行招标承包，竞争承包，企业内部从车间到班组层层承包。

是年，国家专利局批准，马圈子矿提升机可控硅分级调速装置授予专利权。

1989年

1月22日，区第三届人大常委会第十三次会议作出《关于治理经济环境、整顿经济秩序，保证改革和建设顺利进行的决定》。

3月24日，《承德日报》发表题为《困难中驰出快车》的文章，介绍营子矿区九年义务教育社会办学丰硕成果。

是日，区委制定通过《关于同党外人士政治协商、民主监督制度》《区委机关廉政制度》《常委会议制度》《区委常委会议和委员分工制度》《常委参加双重组织生活会制度》《区级领导干部学习制度》等6项制度。

4月6日至8日，召开鹰手营子矿区第三届人民代表大会第三次会议，出席会议代表130人，会议选举杨昭华为鹰手营子矿区人民政府区长。

5月18日晚23时，北马圈子村小煤岭沟内的5号矿井突然发生透水事故，造成4人死亡，1人受伤。

6月5日，寿王坟铜矿被评为河北省环境保护先进单位。

7月，鹰手营子镇政府被省政府命名为拥军优属先进单位。

8月10日，召开营子矿区第二次工会会员代表大会，出席会议代表99名，会议选举产生了第二届委员会和委员会主席。

是月，营子矿区被省政府评为计划生育工作先进单位。

9月，成立营子矿区土地管理局

10 月 5 日至 7 日，市委书记李月辉一行到营子矿区视察工作，听取关于经济建设、廉政建设等方面的工作汇报，视察了区街工业。

10 月 24 日，市长范文彬、副市长王永泰和市政府政研室主任到营子矿区调研。

11 月，区属企业承德市轻工业机械厂生产的木制筷子机成套设备荣获承德市科技进步一等奖，河北省科技进步四等奖。

是月，营子矿区公安分局破获一起贩毒团伙案，缴获咖啡因 50 千克。

12 月 7 日，营子矿区红十字会成立。

12 月 13 日，营子矿区第三届人大常委会第十九次会议任命齐树昌为营子矿区人民政府代区长。

12 月 22 日，承德市毛巾厂获省级安全生产先进企业称号。

12 月 20 日至 23 日，召开中共承德市营子矿区第三次党员代表大会，应出席会议代表 108 名，实出席代表 97 名，选出中共营子矿区第三届委员会委员 21 名，候补委员 4 名。

23 日，召开中共承德市营子矿区第三届委员会第一次会议，选举马贵湘为区委书记。

是年，全区实现自动电话运转。

1990 年

1 月 20 日，成立营子矿区残疾人联合会。

4 月 3 日至 6 日，召开政协营子矿区第三届委员会第一次会议。选举张凤珠为政协营子矿区委员会主席。

4 月 4 日至 7 日，召开营子矿区第四届人民代表大大一次会议，出席会议代表 114 名，会议选举朱海亭为营子矿区第四届人大常委会主任；齐树昌为营子矿区人民政府区长。

4 月，营子矿区民政局被河北省民政厅命名为婚姻登记管理先进单位。

5 月，区属企业承德市轻机厂研制生产的 G2K－32 干法振动成孔器通过鉴定，是处理加固软弱地基的先进设备，属国内首创。

是月，1989 年 9 月开工的鹰手营子镇东铁路口立交桥竣工。

6 月 15 日，营子矿区政府批转了区土地管理局关于《营子矿区基本农田保护区管理暂行规定》，共计 18 条。

7 月，鹰手营子汽车站破土动工。

12 月末，寿王坟铜矿研制的 SYQ—Ⅱ型液压制钎机获河北省 1990 年优质产品奖。

是年，营子矿区被承德市政府评为农村社会化服务先进区。

是年，寿王坟铜矿机械厂研制成功 755W—0.3 型液压挖掘机通过省、部级鉴定，是由农业机械化科学院监制，农机部向全国重点推广的农业配套农机具之一。

是年，寿王坟镇生产黄金 1000 千克，成为河北省第一个黄金生产突破 1000 千克的镇。

1991 年

1 月，营子矿区举办首届农民文艺会演。

3 月 23 日，承德市市长宋淑艾主持召开寿王坟铜矿铅冶炼工程现场办公会。

4 月 26 日至 27 日，召开营子矿区第四届人民代表大会第二次会议，会议审议批准《承德市鹰手营子矿区国民经济和社会发展十年规划和“八五”计划》。

5 月 16 日至 17 日，承德市中小学校改善办学条件现场会在营子矿区召开。

6 月 24 日，承德市轻工业机械厂与香港印高器材有限公司签约，合资生产钢法兰、三通管件。

7 月 21 日，市委书记李月辉到营子矿区考察承德市第七中学教学楼工程。

8 月 15 日，兴隆矿务局举行矸石热电厂奠基典礼，矸石热电厂总投资 4000 万元，年设计能力 1.2 万千瓦时。

9 月 5 日，承德市第七中学教学楼落成，总建筑面积 4990 平方米。

9 月 12 日至 13 日，市长宋淑艾带领市经委、财政局、乡镇企业局、工商银行承德市支行、农业银行承德市支行及有关部门负责人来营子矿区检查区街工业和乡镇企业新上项目情况。

是年，鹰手营子汽车客运站交付使用。

1992 年

1 月 20 日，营子矿区运输站改称承德市交通局营子矿区分局。

1 月 23 日至 24 日，中国有色金属工业总公司总经理费子文到寿王坟铜矿视察工作。

1 月 27 日，市委书记李月辉及市人大、市政协、市总工会、市民政局负责人，到寿王坟镇罗圈沟村老革命根据地慰问老党员、军烈属和老爬山户。

1 月 29 日，市委书记李月辉到寿王坟镇和寿王坟铜矿视察，强调要工农共建，互惠互利，共同发展，亲密无间，利益共享，共建文明城镇。

2 月，寿王坟镇被评为市级发展乡镇企业先进单位。

是月，开始在全区 15 个村开展农村社会主义思想教育活动。

4 月 1 日至 4 日，召开营子矿区第四届人民代表大会第三次会议，补选袁福为营子矿区人民政府区长。

4 月 19 日，营子矿区首次开放“营子大集”。来自浙江、湖南、北京、天津、唐山等 5 省 20 个市县的数千名客商云集山城，近 4 万群众川流不息，上市摊位 645 个，商品近 600 种，当日实现商品成交额 18 万元。

是日，营子矿区国营商业企业实行经营、价格、分配、用工“四放开”。

5 月 13 日至 14 日，市委书记李月辉到营子矿区听取了区委、工作汇报，走访了部分镇、企业和驻区单位，就经济发展、深化企业内部改革、工农关系等问题提出建议。

5 月 14 日，寿王坟镇被河北省体委、省农民体协、省农业厅评为农村体育活动先进单位。

6 月 1 日，营子矿区四镇建立一级财政，实行“划分税种，核定收入，超收分成，减收自补，一年一定，分级包干”的财政体制。

7 月 9 日，中共中央办公厅机要局长于德中、河北省委机要局长李世奎一行 6 人到营子矿区机要局视察工作。

8 月 8 日，召开兴隆矿务局节能示范水泥厂可研报告审查会议。

10 月 10 日，承德市陶瓷耐火材料厂年产 70 万平方米的紫砂彩釉墙地砖项目可研报告通过省级论证。

10 月 13 日，召开营子矿区第四次妇女代表大会，出席会议代表 100 名，特邀代表 1 名，选举产生营子矿区第四届妇女联合会。

10 月 17 日，召开共青团营子矿区第四次代表大会，出席会议代表 101 名，特邀代表 8 名，会议选举产生了共青团鹰手营子矿区第四届委员会。

是月，全区历时 9 个月在 15 个村开展的农村社会主义思想教育活动结束。

12 月 12 日，营子矿区人大常委会第十八次会议决定，接受朱海亭因工作调动辞去区人大常委会

主任职务的请求。

12 月 14 日至 16 日，中共营子矿区第四次党员代表大会召开，出席会议代表 105 名，选出中共营子矿区第四届委员会委员 23 名，候补委员 4 名。

16 日，召开中共营子矿区第四届委员会第一次会议，袁福当选为区委书记。

是年，开通 1000 门程控电话，完成光纤通信、无线寻呼工程和开始筹建有线电视系统工程。

是年，营子矿区 150 户贫困户全部脱贫。

1993 年

2 月 15 日至 18 日，政协营子矿区第四届委员会第一次会议召开，选举毛广顺为政协主席

2 月 16 日至 19 日，召开营子矿区第五届人民代表大会第一次会议，出席会议代表 126 名，会议选举马贵湘为人大常委会主任、袁福为政府区长。

2 月 27 日，五号病传入区内，4 月末疫情得到控制。疫情发生在鹰手营子、寿王坟、北马圈子 3 个镇，感染病猪 72 头，全部捕杀。

3 月 26 日，营子矿区煤矿出资 1100 万元与台湾百鸿塑料制品公司联合组建承鸿塑料有限公司。

4 月 5 日，中国有色金属工业总公司总经理费子文到寿王坟铜矿视察。

是日，营子矿区鹰手营子镇柳河东大桥工程动工。

是月，撤销物价局。

4 月 13 日，在河北省举办的著名商标评选活动中，营子矿区营子酿造厂注册的“柳河”商标，承德市水泥厂注册的“热河”商标，被省评为著名商标，企业被省命名为商标先进单位。

是月，在河北省首届青年科技博览会上，承德市隔热防水材料厂生产的“神珠牌”隔热镇水粉，获河北省首届博览会金奖。

8 月 10 日，市委书记李月辉、市长柳宝全到寿王坟铜矿考察铅冶炼工地。

11 月 3 日，柳河东大桥竣工通车。

是年，承德地区铸造机械总厂获河北省高新技术企业称号。

1994 年

1 月 4 日，金扇子村董家庄一号水井正式供水。

1 月 23 日，兴隆矿务局汪庄煤矿发生瓦斯煤尘爆炸事故，死亡 12 人。

4 月 5 日至 6 日，中国有色金属工业总公司费子文总经理到寿王坟铜矿考察工作。

4 月，设区地质矿产管理局。

5 月 2 日晚，寿王坟镇、汪家庄镇降雪，平均厚度 10 厘米，最大厚度 20 厘米，农作物受灾面积 2561 亩。

7 月 6 日，营子矿区商业系统股份制改革正式开始。

7 月 11 日晚至 13 日凌晨，营子矿区连降暴雨 32 小时，降雨 316 毫米，致使境内的柳河、喇嘛沟河及山沟山洪暴发，柳河洪峰达到每秒 1180 立方米。交通、电力、通讯、供水全部中断，境内 10.5 公里的 112 线国道出现 5 处滑坡和塌方，董家庄处 2 公里道路和路基均被洪水冲毁；死 2 人，失踪 1 人。直接经济损失 1.16 亿元。

7 月 19 日，副省长顾二熊到营子矿区考察灾情。

9 月 4 日，区人民检察院被省委、省政府命名为“省级文明单位”。

是年，跳沟村建百亩温室，为全区规模最大设施蔬菜工程。

是年，全区43家企业进行了股份制改造，其中区属企业改制面达20%，乡镇企业改制面达42.5%。

1995年

2月21日，区人大常委会第五届第十五次会议决定任命魏福刚为代理区长，接受袁福因工作需要辞去鹰手营子矿区人民政府区长职务的请求。

3月11日，区第五届人民代表大会第四次会议选举魏福刚为鹰手营子矿区人民政府区长。

4月11日下午1时许，营子矿区橡胶厂再生胶车间发生火灾，车间房屋、设备、原材料等被大火烧毁，损失严重。

4月12日，营子矿区党政机关机构开始改革，并推行国家公务员制度。

6月13日，营子矿区第三次工业普查工作全面展开。

7月30日至31日，市委书记柳宝全、市长傅贵武带领市直经济部门和金融、电力部门负责人来区调查研究现场办公。

是月，经营子矿区人民法院裁定承德市毛巾厂进入破产程序。

是年，鹰手营子邮电局开通移动通信业务。

1996年

3月，逸夫实验小学教学楼破土动工。

6月4日，区委、区人大、区政府、区政协组成10个小组，走访特困户26户，贫困户54户，捐款5000余元。各镇和企业主管部门走访贫困户350户，发放慰问款7万元。

12月15日，区妇联协助区公安分局干警成功解救被拐骗11年的女孩，并由其亲人接回四川老家。

是年，营子矿区乡镇企业和个体私营经济，在全市三区乡镇企业综合排位中名列第一。乡镇企业2043个，营业收入106761万元，总产值118892万元（1990年不变价）；个体工商户3581户，私营企业85户，个体私营经济产值经营额4315.112万元。

是年，大型游艺机“海盗船”和“章鱼”出口缅甸。

1997年

1月15日，区委、区政府和兴隆矿务局成立鹰手营子矿区小煤矿整顿联合执法队。

3月5日，许海兼营子矿区人大常委会主任，免去马贵湘区人大常委会主任职务。

3月31日，112线国道改建工程营子段动工。

4月末，鹰手营子大街综合改造和桥西路的路面、排放通道改造工程开工，7月30日竣工，总投资投资210万元，总面积2.7万平方米。

5月27日，在全国第一次基本单位普查工作中，营子矿区圆满完成了普查任务，区普查办公室被评为国家级先进集体。

是月，寿王坟加系二级母猪繁育场工程开工。

6月，营子矿区与河北华正公路投资公司和兴隆矿务局投资改建的鹰手营子至涝洼滩公路工程正

式开工。

10 月 17 日，逸夫实验小学教学楼竣工并投入使用。工程总投资 350 万元，建筑面积 5000 平方米，教学楼的各项设施全部达到了国家教育部规定的标准。

10 月 31 日，开始在城镇集体企业推行股份合作制。

11 月 20 日，区人大常委会第五届第三十三次会议决定，接受许海辞去鹰手营子矿区人大常委会主任职务的请求，推选区人大常委会副主任刘永海代理营子矿区人大常委会主任职务。

是年，区委出台《关于加快发展农业产业化经营实施方案》和《关于加快企业产权制度改革的决定》。

9 月，开通因特网。

是年，营子矿区数字移动电话开通使用，模拟移动通信信道增至 16 个。

1998 年

1 月 15 日，营子矿区被省土地局授予“土地执法模范区”称号。

2 月 8 日至 10 日，召开中共营子矿区第五次党员代表大会，选举产生中共营子矿区第五届委员会。

10 日，中共营子矿区第五届委员会召开第一次会议，选举许海为区委书记。

2 月 16 日至 18 日，召开营子矿区政协第五届第一次会议，选举王克勤为政协鹰手营子矿区委员会主席。

2 月 16 至 2 月 19 日，召开营子矿区第六届人民代表大会第一次会议，选举刘永海为鹰手营子矿区人大常委会主任、魏福刚为营子矿区人民政府区长。

5 月 2 日，区委召开全区依法治区动员大会，并制定《关于全面推进依法治区的决定》。

5 月 4 日至 6 日，河北省煤炭工业局小煤矿治理整顿督导检查组一行 5 人，到营子矿区就小煤矿治理整顿和执法大检查工作进行检查指导。

5 月 15 日，区委出台《关于大力发展农业产业的实施意见》，以寿王坟镇仔猪繁育场、怡达食品工业、跳沟村山地棚室蔬菜 3 个产业基地为重点，实现产供销一条龙产业化体系。

5 月 19 日，市长傅贵武、副市长沈小平带领有关部门负责人到区就工业企业进行调研。

5 月 21 日，以河北省人大财经委副主任张守勤为组长，由省煤炭局、地矿厅、黄金局及峰峰矿务局等有关部门负责人组成的督导组一行 12 人，在承德市人大常委会副主任王永章及有关部门负责人的陪同下，对营子矿区小煤矿执法大检查工作进行了为期 2 天的督导检查。

5 月 24 日，省军区政委王潮海少将，在承德军分区司令员李连模大校等陪同下来区武装部检查工作。

是月，营子矿区煤矿被河北省政府评为 1997 年度明星企业。

6 月 19 日，由怡达食品有限公司与新加坡福南公司共同组建的福达食品有限公司正式成立。

7 月，寿王坟加系二级母猪繁育场竣工，占地 0.8 公顷，投资 158 万元，建筑面积 5000 平方米。

9 月 30 日，营子至涝洼滩公路一期工程竣工通车，公路全长 8.5 公里，总投资 3100 万元。

10 月，区属企业承德市轻工业机械厂生产的游艺机系列通过国家级鉴定；BX1710、BX177、BX116 系列削毛机为林业部定点产品；汽车起重机起重显示器，通过国家建设部产品鉴定。

是年，营子矿区广播电视事业发展综合评价名列承德市 8 县 3 区第一，卫星地面接收设施管理工作步入省级先进行列。

是年，成立再就业指导中心，建 80 平方米的劳动力交流大厅；全年培训下岗职工 260 人，安置职

工再就业218人。

是年，久隆公司和怡达公司进入承德市私营企业20强。

是年，在小煤矿治理整顿过程中，全区有83个小煤矿被依法取缔。

1999年

3月31日，村务公开、政务公开、厂务公开、校务公开工作，在全区展开。

4月27日早6时40分，汪家庄镇东露天个体煤矿井下坑口，因独眼井开采，利用与他井巷道连通的泛风串联通风，造成瓦斯爆炸，死亡5人。

6月23日，中共寿王坟镇委、镇政府为烈士郭羽、穆山修建纪念碑。

9月28日，中共寿王坟镇委、镇政府在罗圈沟村义居号为烈士孟昭林修建纪念碑。

是年，投资1335万元的营涝公路二期工程投入使用。

是年，铁北西路和站南路改造工程竣工投入使用。

是年，“怡达”铁山楂被评为河北省“优质产品”和“名牌产品”。

是年，承德市水泥厂被河北省政府授予“小巨人”企业。

是年，营子矿区被市政府评为农村社会化服务先进区。

是年，东风煤矿因资源枯竭停产。

2000年

1月3日，区人大第六届常委会第十四次会议决定，接受魏福刚辞去营子矿区人民政府区长职务的请求；任命王平为营子矿区人民政府副区长、代理区长。

3月23日，经市教委电教馆检查验收，区属9所中小学校计算机室全部合格。

是月，全区开展机关干部下访活动，抽调109名机关干部组成工作队，深入基层，融入群众，开展面对面的思想政治工作。

4月，承德联通鹰手营子分公司成立并开通联通移动业务

是月，完成第二轮土地承包。签订土地承包合同的农户4437户，签订土地承包合同4429份，直接顺延承包4169户，小调整260户。

5月15日，区长王平、区委副书记乔志君、副区长刘敏儒等领导带领区政府办、体改办、财政局、经贸局、国税局、地税局等部门负责人，到区属企业现场办公。

6月9日，省军区司令员陈玉田、参谋长方文平，在市委副书记张国斌、军区司令员李连模、政委李江海陪同下来区武装部检查工作。

6月11日至12月末，在区委、区政府、区人大、区政协四大班子及纪检委、组织部、宣传部、公安局、检察院、法院6个部门领导中深入开展了“三讲”（讲学习、讲政治、讲正气）教育活动。

6月23日，河北省林业局副局长杨新世等一行3人，到营子矿区视察指导林业工作。

7月，寿王坟加系二级母猪繁育场二期工程竣工，投资333万元。

8月，营子矿区首家私营企业集团“河北怡达集团”经市工商局批准正式成立。集团由母公司“河北怡达食品集团有限公司”与其控股的承德怡达饮料有限公司、承德怡达罐头有限公司、承德福达食品有限公司等5家公司组成，集团注册资本总额6160万元。

是月，区委、区政府抽调机关干部组成下访工作组，在全区开展巩固“三讲”成果的“下村访户”活动。

11 月 22 日，召开中共承德市营子矿区第五届第五次全委（扩大）会议，审议通过《中共鹰手营子矿区委关于制定国民经济和社会发展第十个五年计划的建议》。

11 月 24 日，4 月开工的京承铁路营子火车站站舍及行李包房改造工程全面竣工。

是年，承德市铸造机械总厂生产的大型游艺机“空中飞舞”“遨游宇宙”相继试制成功，销往全国各地。

是年，河北怡达食品集团有限公司、承德旺源煤炭建材有限公司、承德久隆冶金有限公司、营子矿区煤炭运销处和寿王坟宏兴选矿厂被评为 2000 年度承德市优秀私营企业。

是年，河北怡达食品集团有限公司的“怡达”商标被河北省工商局认定为“著名商标”。

是年，承德市水泥厂生产的“热河”牌水泥通过国家产品质量认证和 ISO 9002 质量体系认证，并获“河北省名牌”荣誉称号。

2001 年

2 月 25 日至 28 日，召开营子矿区第六届人民代表大会第四次会议，会议批准《营子矿区国民经济和社会发展第十个五年计划纲要》。

3 月 1 日，营子矿区“三个代表”重要思想学习教育活动开始。

3 月 29 日，市委书记傅贵武到营子矿区考察。

5 月，京津风沙源林业治理工程和小流域治理工程开工。

6 月 21 日，区委、区政府出台《关于进一步加快个体私营经济发展的若干意见》，共 9 条。

7 月 24 日，营子矿区乡镇煤矿开始停产整顿。

7 月 26 日，区委出台《关于“十五”时期加强社会主义精神文明建设的若干意见》，制定了精神文明建设的指导思想、主要任务、总体目标和切实加强思想建设、道德建设、发展文化事业、提高公民素质等措施。

8 月 13 日至 18 日，在由教育部与周凯旋基金会联合举办的旨在培养少年科技创新人才的评选活动中，承德市第七中学生物课外活动小组，经过三年探索与实践，完成“奇妙组织”植物嫁接科技小制作，并获国家科技创新大赛三等奖。

是月 17 日，承德市第七中学学生任伟荣获教育部命名的“明天小小科学家”称号，并到北京人民大会堂参加颁奖仪式。

是月，承德市陶瓷耐火材料厂完成改制重组，实现了国有资产和职工身份的双重退出，重新组建承德北方耐火材料有限公司，为股份制企业。

10 月 19 日，营子矿区第一层次的“三个代表”重要思想学习教育活动结束。共有 4 个镇 79 个部门和 39 个区直部门、驻镇单位 819 人参加。

11 月末，全区 6 个村被省、市列入新世纪扶贫重点村。

是年，承德市铸造机械总厂正式开始改制，实行国有资产和职工身份双退出。

是年，营子矿区荣获河北省司法厅防止民间纠纷激化先进县、区“长安杯”奖。

是年，完成新建住宅面积 2 万平方米。

是年，煤矿塌陷区废弃地植树造林防沙治沙工程正式启动。

是年，由怡达集团投资 3000 万元，集农、工、贸、餐饮、娱乐、服务为一体的“怡达工业园”建设项目，被列入承德市 30 项重点项目。

是年，怡达食品集团有限公司按照 ISO 9000 标准建立的体系，通过了中国进出口质量认证中心的认证。

是年底，京承铁路营子火车站站舍及行李包房投入使用。

2002 年

3 月 2 日，全区在农村开展的“三个代表”重要思想学习教育活动开始。

3 月 5 日，旧城改造工程和柳河沿岸综合市场开发工程开工，总投资 1380 万元，占地面积 15547.4 平方米，建筑面积为 6760 平方米。

3 月 8 日，全区农村税费改革工作全面启动。

是月，省、市、区三级矿业整顿检查组，到区检查验收 3 个采煤镇的煤矿整改及安全生产工作。

4 月 27 日，区委宣传部、区文体教育局、共青团鹰手营子矿区委等单位开展以德治区青少年誓师动员大会暨万人签名活动。

是月，寿王坟镇京津风沙源治理工程启动。共出动 4600 多人次，挖树坑 2.4 万个，整理林地 119988 平方米，植树 15.2 万棵。

5 月 10 日，根据营子矿区《机构改革实施办法》的有关规定，机构改革工作全面展开，区直继续保留的行使行政职能的直属事业机构人员编制精简 30%，镇级事业单位人员编制精简 20%，全区共分流人员 97 名。

5 月 13 日至 14 日，市委书记赵文鹤到营子矿区就农业产业化等工作调研。

5 月 27 日，经承德北方耐火材料有限公司申请，营子矿区人民法院裁定，公司于 2002 年 5 月 27 日宣布破产。

是月，鹰手营子镇投资 50 万元，完成土地复垦 433290 平方米（650 亩），填平了废坑、矸石山、私挖滥采矿井，复垦后的土地规划为经济林和经济作物种植区。

是月，全区第二层次“三个代表”重要思想学习教育活动结束。此次活动共有各镇 15 个村的 888 人参加。区直各部门和 25 名区级领导干部分别建立学教活动联系点，先后 400 余次到联系点督导工作。

6 月，全区社区建设工作开始，8 月 27 日结束，共建社区 10 个。

7 月 22 日，逸夫实验小学被命名为河北省小学办学等级评估标准市级示范校。

是月，停设 5 年之久的高考点在营子矿区承德市第七中学重新设置。

8 月 31 日，涝洼滩煤矿小斜井 9 号矿井发生瓦斯爆炸，死亡 3 人。

是月，5835416.4 平方米的京津风沙源林业治理工程和 4286904.6 平方米的小流域治理工程完工。

9 月 12 日，鹰手营子西大桥工程开工。

10 月，开通宽带 e 线—ADSL \ FTTX + LAN 业务。

11 月 2 日晚 8 时，地下煤炭自燃，产生一氧化碳气体从塌陷区、山体裂缝中涌出，涝洼滩村第三、第八村民组受到严重污染近两个月，89 户 295 人程度不同出现中毒症状。灾害发生后，520 人次到医院接受治疗。

11 月 19 日，举办首届“承鹰杯”农民运动会，11 个代表队参加。

12 月，寿王坟铜矿破产。

是年，修建营子街心广场。

2003 年

3 月 5 日，涝洼滩煤矿破产，由承德旺源煤炭建材有限公司托管。

3 月 28 日，营子矿区第六届人大常委会第 35 次会议决定：接受王平辞去营子矿区人民政府区长的请求；任命胡光远为营子矿区人民政府副区长、代理区长。

4 月 6 日至 8 日，召开政协营子矿区第六届委员会第一次会议，选举何庆云为区政协六届委员会主席。

4 月 6 日至 10 日，召开营子矿区第七届人民代表大会第一次会议，选举刘锦萍为营子矿区人大常委会主任、胡光远为营子矿区人民政府区长。

4 月 17 日，逸夫实验小学通过省、市检查组检查验收，成为第三批“河北省现代教育技术实验学校”。

4 月 25 日至 27 日，召开中共营子矿区第六次党员代表大会。第一次全委会议选举王平为区委书记。

4 月 28 日，为防止“非典”疫情扩散，区政府批准全区中小学生从即日起放假。6 月 25 日，全区中小学复课。

5 月 4 日，区委、区政府启动全区疫情监测报告网络及制度，紧急制定了“营子矿区传染性非典型肺炎疫情突发应急预案”和“防治非典医疗救治应急工作预案”，各医院成立了发热门诊、隔离病房、紧急救护队、防疫控制小组、流行病调查小组、消杀组、信息组、后勤供应组。

7 月，京津风沙源治理工程，通过河北监理二处检查验收。

是月，营子矿区印刷厂全面改制，于 12 月依法进入破产程序。

是月，区皮毛厂、橡胶厂等企业实施企业产权制度改革，实行资产、身份双退出。

8 月 25 日，区委制定《关于进一步加快区属工商企业改革的决定》，2004 年底，全部完成区属工商企业改制工作，并对职工的安置工作、保障措施等做出具体规定。

9 月 2 日，寿王坟铜矿职工子弟中小学校移交地方工作全部结束。

9 月 18 日，河北省佛教慈善功德会，在营子矿区举行资助孤儿仪式，共资助孤儿 43 名，计 8600 元。

是月，营子矿区被河北省评为“创建中小学普及普通话达标县、区工作先进区”。

是月，鹰手营子西大桥竣工通车。

10 月 8 日，首轮《承德市鹰手营子矿区志》编纂工作启动。

是月，历时 7 个月翻新重建的营子百货商场竣工投入使用。

11 月 4 日，农村公路改造村村通工程全面铺开。

12 月 15 日，铸造机械总厂依法进入破产程序。

12 月，“怡达”山楂制品及罐头等 9 个品种获得中国绿色食品发展中心的绿色食品“认证”。

是年“非典”期间，营子矿区共投入资金 225 万元，抽调工作人员 13000 人次，全区未发生一例疑似病例和“非典”病例，被市政府授予“抗击非典先进集体”荣誉称号。

是年，5 月 1 日开工，年底完成北陵公路鹰手营子段工程。

是年，新建西大桥与国道 112 线连接。

是年 ，区属 15 家国有企业有 12 家从一般性竞争领域退出，改制面 80% ，17 家集体企业 13 家从一般性竞争领域退出，改制面达 76.5% 。

是年，承德怡达食品集团有限公司被农业部认定为全国诚信守法乡镇企业。

第一编 JIANZHI QUHUA

1 建置区划

第一章　位置沿革
第一节　地理位置
第二节　建置沿革
第二章　区划 勘界
第一节　区划
第二节　勘界
第三章　乡镇概况
第一节　镇概况
第二节　村概况

1 承德市鹰手营子矿区志·建置区划

CHENGDESHI YINGSHOUYINGZIKUANGQU ZHI JIANSHI QUHUA

鹰手营子历史悠久，据四方洞出土文物考证，旧石器时代已有人类生息繁衍，新石器时代有人类群居，历史上称为红山文化。鹰手营子地处河北省东北部，承德市西南部，燕山主峰雾灵山东麓，京、津、唐三角经济带。除东北与承德县毗邻外，均与兴隆县接壤。是盛产煤炭、铜、铁、钼等燃料和黑色有色金属的工矿区。2003 年底，全区辖 4 个镇、10 个社区、15 个行政村，总面积 149. 31 平方公里。

第一章　位置沿革

清顺治十八年（1661 年）境域划为“后龙风水”禁地，随着朝代的更替，曾多次变更归属，康熙二年后归遵化州辖。民国 19 年（1930 年）划归兴隆县辖，设鹰手营子区。民国 24 年（1935 年），为兴隆县二区治所。民国 38 年（1949 年）3 月，鹰手营子为兴隆县四区政府驻地，1956 年 11 月划归承德市，1958 年 7 月又划回兴隆县。1965 年 2 月再次划归承德市。

第一节　地理位置

鹰手营子矿区，位于河北省东北部，承德市中心区西南 110 公里处，燕山山脉主峰雾灵山东麓。其地理坐标为北纬 40°28′28″至 40°37′24″，东经 117°34′35″至 117°53′02″。四周与兴隆县和承德县相毗邻，为承德市远郊区。区政府驻地鹰手营子镇，西南距北京 176 公里，南距天津 220 公里，东南距唐山 200 公里。境内最高海拔 1276 米，最低海拔 278 米，平均海拔 480 米。

第二节　建置沿革

殷商，为孤竹国领地。公元 11 世纪，属燕的领地。春秋时代属无终国。战国时代，属燕国管辖。

秦始皇统一中国后，属右北平郡。公元前 207 年被匈奴吞并，属匈奴冒顿单于领地，为匈奴右地。汉，属右北平郡俊靡县。

三国，为魏国右北平郡俊靡县。

西晋，属北平郡幽州地，后改属燕国，咸宁年初，并入北平郡。东晋，先后属后赵、前燕、后燕、北魏幽州的渔阳郡。南北朝，属安乐郡。

隋朝，属渔阳郡。唐朝，归奚饶乐都督府辖。

五代十国，先后属后梁、幽州、遵化、蓟州、密云、渔阳郡辖。后晋高祖天福元年（936 年）十一月，石敬瑭将幽、蓟、檀、妫等 16 州割给契丹族，属地随之归契丹族，属中京道辖。

后又属辽南京道析津府。金灭辽后，属金国中都路蓟州。元灭金后，属元燕山府蓟州地。明，属

顺天府遵化县辖。

清顺治二年（1645 年）属蓟州。顺治十八年（1661 年）遵化县马兰峪始建皇陵后，鹰手营子、北马圈子划为“后龙风水”禁区，由马兰镇总兵管辖。

民国元年（1912 年）1 月，中华民国成立，属遵化县辖。民国 4 年（1915 年），“后龙风水”禁区开禁，归京兆特别区遵化县辖。民国 9 年（1920 年），为京兆特别区蓟县辖。民国 10 年（1921 年），复归遵化县辖。民国 17 年（1928 年）遵化县设 6 个区，鹰手营子为遵化县第三区辖。民国 19 年（1930 年）8 月，兴隆县正式置县，设鹰手营子区。民国 24 年（1935 年）兴隆县划为 6 个区，鹰手营子为兴隆县二区治所。民国 35 年（1946 年）5 月，兴隆县划为 11 个区，鹰手营子为第九区政府驻地，寿王坟为兴隆县第八区辖。民国 38 年（1949 年 9 月 30 日止）3 月，兴隆县划为 9 个区，鹰手营子为兴隆县第四区政府驻地。

1955 年 7 月，兴隆县四区改称鹰手营子区。1956 年 5 月，设兴隆县鹰手营子办事处。

1956 年 11 月，鹰手营子办事处划归承德市管辖，组建鹰手营子矿区临时筹备委员会。1957 年 3 月 16 日，正式设立鹰手营子矿区人民委员会。1958 年 7 月 1 日，撤销承德市鹰手营子矿区建制，划归兴隆县管辖。设兴隆县鹰手营子矿区办事处。8 月，兴隆县鹰手营子矿区办事处改称兴隆县鹰手营子钢铁人民公社（称大公社）。

1959 年 3 月，撤销鹰手营子钢铁人民公社，设立兴隆县驻鹰手营子矿区办事处。辖鹰手营子和寿王坟 2 个人民公社（称大公社）。1960 年 7 月，兴隆县驻鹰手营子矿区办事处、兴隆矿务局、鹰手营子人民公社合并设立兴隆县鹰手营子城市人民公社。1961 年 7 月，撤销鹰手营子城市人民公社，设中共兴隆县鹰手营子矿区工作委员会，未设行政机构。1962 年 6 月，设立兴隆县鹰手营子矿区区公所。

1965 年 2 月，兴隆县鹰手营子矿区划归承德市管辖，设承德市鹰手营子矿区区公所。1968 年 3 月，成立承德市鹰手营子矿区革命委员会。1981 年 1 月，撤销承德市鹰手营子矿区革命委员会，设立承德市鹰手营子矿区人民政府。

第二章　区划勘界

民国 19 年（1930 年）8 月，建兴隆县，鹰手营子归兴隆县辖，后又划归兴隆县九区、四区。新中国成立后几经变迁，1965 年再次划归承德市。

第一节　区　　划

一、民国时期区划

民国 19 年（1930 年）8 月，兴隆正式建县，设鹰手营子区。民国 35 年（1946）年 2 月，兴隆县划为 11 个区，鹰手营子为九区政府驻地，辖区为东至姚栅子、南至喇嘛沟、西至金扇子、北至盘道梁。民国 38 年（1949 年 9 月 30 日止）3 月，兴隆县划为 9 个区 ，鹰手营子为四区政府驻地。

抗日战争时期，为适应战争需要，中国共产党领导的抗日民主政权，跨县界设置联合县。民国 27 年（1938 年）7 月，八路军第四纵队组建承（德）兴（隆）平（泉）联合县，寿王坟属承兴平联合县。民国 29 年（1940 年）2 月至民国 32 年（1943 年）7 月，设立迁（安）遵（化）兴（隆）抗日联合县，设 12 个区，其第六至十二区在兴隆县境内。第十一区辖北起牤牛窖、大营子，东到乌龙矶、柳河口，西至鹰手营子、北马圈子，南到万人求、白马川一带。民国 32 年（1943 年）7 月至民国 33 年（1944 年）3 月，设立承（德）青（龙）遵（化）联合县，设 6 个区。第六区辖北至大营子、牤牛窖，东至乌龙矶，西至鹰手营子、马圈子，南到白马川一带。民国 32 年（1943 年）7 月至民国 34 年（1945 年）11 月，设立承（德）兴（隆）密（云）抗日联合县，初设 4 个区，后改 7 个区。第五区辖鹰手营子、马圈子以西及雾灵山周围地区。民国 33 年（1944 年）3 月至民国 34 年（1945 年）8 月，设立承（德）兴（隆）联合县，设五个区。第四区辖解放、白马川、万人求、正北峪、寿王坟等地区。民国 35 年（1946 年）5 月，兴隆县划为 11 个区，鹰手营子为兴隆县九区治所，辖区东至姚栅子，南至喇嘛沟，西至金扇子，北至盘道梁。民国 38 年（1949 年 9 月 30 日止）3 月，鹰手营子为兴隆县四区驻地。

二、中华人民共和国成立后区划

1949 年 12 月，兴隆县划为 10 个区 1 个镇。鹰手营子为四区政府所在地。全区有 18 个行政村：小东区、小河南、荞麦岭、水泉甸子、中兴、乌头牛、拨子、白毛甸子、平安堡、工人村、马圈子、煤岭沟、鹰手营子、老爷庙、北营房、金扇子、上窝铺、冰冷沟。

1955 年 7 月，兴隆县划为 9 个区、55 个乡、3 个镇。鹰手营子区辖：鹰手营子镇、乌头牛乡、土城头乡、克梨木乡、马圈子乡、煤岭沟乡、上窝铺乡。

1956 年 11 月，鹰手营子区划归承德市，建立承德市鹰手营子矿区。辖鹰手营子、寿王坟 2 个镇，下台子、下坎子、栾家店、马圈子、克梨木、煤岭沟、上窝铺 7 个乡。

1958 年 7 月，撤销承德市鹰手营子矿区建制，所辖 2 个镇 7 个乡划归兴隆县辖。

1960 年 7 月，兴隆县鹰手营子矿区辖鹰手营子、克梨木、马圈子、上窝铺、汪家庄、白马川、寿王坟、下台子、潘家店 9 个人民公社。

1965 年 2 月 25 日，鹰手营子矿区划归承德市，辖鹰手营子、马圈子、寿王坟 3 个公社。

1984 年 4 月，营子矿区撤社建鹰手营子、北马圈子、寿王坟 3 个镇。

1985 年 11 月，为方便管理，汪家庄、姚家庄、荡洼滩 3 个村由鹰手营子镇析出，建立汪家庄镇。至 2003 年年底，营子矿区辖鹰手营子、北马圈子、寿王坟、汪家庄 4 个镇，辖区无变化。

1965 年营子矿区区划一览表

表 1－2－1 单位：个

大队村数 / 公社	所辖大队	村数
鹰手营子公社	鹰手营子大队、跳沟大队、老厂子大队、老爷庙大队、汪家庄大队	5
马圈子公社	北马圈子大队、南马圈子大队、金扇子大队	3
寿王坟公社	郑家庄大队、南沟大队、罗圈沟大队	3

2003 年底营子矿区行政区划一览表

表 1－2－2

镇	社区及行政村名称	社区及行政村驻地	自然村名
鹰手营子镇	兴煤社区	兴隆矿务局	—
	东风社区	老爷庙东风煤矿	—
	桥西社区	石灰石矿	—
	路北社区	鹰手营子路北	—
	鹰手营子村	鹰手营子	—
	河北村	柳河北	河北村、石片沟、榆林沟、潘家沟
	老厂子村	老厂子	老厂子
	跳沟村	大跳沟	大跳沟、小跳沟
	老爷庙村	老爷庙	老爷庙、东梁、后沟、曹庄
	喇嘛沟村	喇嘛沟	四道沟、喇嘛梁、张家庄、石家庄
寿王坟镇	南社区	寿王坟大街南	
	北社区	寿王坟大街北	
	郑家庄村	郑家庄	超梁子、北弯子、火神庙、禹家庄、郑家庄、闫家庄、詹家西沟、笔架山沟、吴家沟、西坎
	南沟村	南沟	砖瓦窑东沟、栾家店、北窝铺、李家店子、李家店西沟、正南沟、水泉沟
	罗圈沟村	罗圈沟	东河北庄、义居号庄、碾盘沟、罗圈沟门、梆子沟、下甸子、梁家北沟、梁北沟、下台子、偏桥沟、车河梁
北马圈子镇	新平社区	兴隆县平安堡村	—
	马圈子社区	兴隆矿务局北马圈子矿	—
	北马圈子村	北马圈子	北马圈子、大石嘴沟、小煤岭沟、
	南马圈子村	南马圈子	南马圈子、菜岭沟、无牛沟、瞭望沟
	金扇子村	金扇子	金扇子、董家庄、南沟、火道沟

续表 1－2－2

镇	社区及行政村名称	社区及行政村驻地	自然村名
汪家庄镇	东社区	兴隆矿务局汪庄矿	—
	西社区	涝洼滩煤矿	—
	汪家庄村	汪家庄	汪家庄、徐庄、老西沟
	姚家庄村	姚家庄	姚家庄、戴家庄
	涝洼滩村	涝洼滩	涝洼滩、张庄、郭庄、李家沟东、西沟、梁后、后沟、徐庄

附一

鹰手营子名考

鹰手营子在清代以前，曾以此地的地貌和古人类洞穴遗址为标志，称闷葫芦场或四方洞。

清代康熙末年，清东陵“后龙风水”禁地内的闷葫芦场被选定为皇家驯鹰场，清东陵的李、李、赵、边姓4名鹰手（驯鹰狩猎的兵士）到闷葫芦场驯鹰、狩猎、采摘并定居下来，这些鹰手，平时为民，战时为兵，能骑善射，是驯鹰狩猎的能手，人们称之为“鹰手小营兵”。鹰手们以闷葫芦场为营地，从此，人们将“鹰手”的营地称之为“营子”，鹰手营子的地名随之而得。

附二

鹰手的变迁

鹰手主要任务为清皇帝训练狩猎猎鹰（苍鹰）；配合拨汛兵丁负责“后龙风水”禁区东、北两路的治安；驯鹰捕捉野兔、山鸡等，作为清东陵每年冬至举行祭祀仪式时的祭品。每人每年向清东陵奉献祭品“野鸡24对、活野鸡雏40只、鲋鱼20斤、枸奶子干10斤、山葡萄干15斤，优质谷米若干”，供每年冬至大祭时使用。

四名鹰手的开支由清东陵皇室提供，“每人年饷银十二两，减半粟米六石米折银五两七钱六分”。除此之外，清廷批准“圈取拨给”地亩“鹰手地”，也称“生计地”，让他们维持生活，清东陵拨给四名鹰手耕地24顷，“每亩地交二角四分银子”。

四名鹰手世代居于此地，每年向清东陵交纳贡祭品和地租的标准一直延续未变，鹰手到清东陵交纳贡祭品办理手续时，仍写最初户主的名字，如：赵家一直写“赵四郎”，边家一直写“边小二”。鹰手人家向清东陵交纳祭品的历史，直到民国4年（1915年）随“后龙风水”禁地开封而结束。

四名鹰手之一的李奉岚是明朝统领御林三大营御前总督李国帧（李国帧曾被封为襄城伯，官居三品）的三子，至2003年，李奉岚的后人已延续到第十一代。其余的李、边、赵姓鹰手，民国初期因战患逃离此地。

附三

日伪时期区划

民国22年（1933年）4月，日军侵占兴隆，兴隆县改为伪热河省承德县兴隆办事处，辖鹰手营子。

民国24年（1935年）7月，兴隆办事处划为6个区，鹰手营子为第二区公所驻地，二区辖主村14个，即鹰手营子、马圈子、北营房、土城头、水泉甸子、荒地沟、榆树沟、老烧锅、赵家店、大水泉、双庙、寿王坟、万人求、姚栅子。

民国27年（1938年）1月，建立伪兴隆县公署。全县设6个区、1个街，鹰手营子为兴隆县二区治所，二区辖14个乡39个村，14个乡为水泉甸子乡、土城头乡、荒地沟乡、马圈子乡、鹰手营子乡、北营房乡、榆树沟乡、老烧锅乡、赵家店乡、寿王坟乡、大水泉乡、万人求乡、双庙乡、姚栅子乡。

第二节　勘　　界

1965年2月，营子矿区第二次划归承德市，与兴隆县和承德县交界，区县界未定。1996年7月，区民政局成立勘界领导小组，与兴隆县、承德县民政局共同进行勘界，历时3年零6个月，于2000年初圆满完成了勘界任务。绘制勘界图8张，即营子矿区图2张、营子矿区人民政府与承德县人民政府行政区域勘定测绘原图1张，界线编号08040821，比例尺1:10000；营子矿区人民政府与兴隆县人民政府行政区域勘定测绘原图1张，界线编号082200804，比例尺1:10000；营子矿区人民政府与承德县人民政府行政区域勘定测绘协议书附图1张，比例尺1:50000；营子矿区人民政府与兴隆县人民政府行政区域勘定测绘协议书附图1张，比例尺1:50000；营子矿区中心现状图2张。2000年，营子矿区被河北省民政厅评为勘测工作先进单位。

第三章　乡镇概况

第一节　镇概况

一、鹰手营子镇

鹰手营子镇是营子矿区中心镇。东界营子矿区汪家庄镇，南连兴隆县大水泉乡，西与兴隆县荒地沟村、营子矿区北马圈子镇金扇子村为邻，北接兴隆县北营房镇。

全镇总面积41.23平方公里，辖行政村6个，社区4个。2003年末总人口3.08万余人。是营子矿区政治、经济、文化和交通中心。为中共鹰手营子矿区委、鹰手营子矿区人民政府驻地。

鹰手营子镇四面环山，地势起伏，岗坡纵横，镇区中部为河谷盆地，最高海拔1055米，年降水量450—830毫米。无霜期156天，境内喇嘛沟梁系燕山余脉。柳河自老厂子入境，流经鹰手营子、河北、跳沟诸村出境，流长6公里。

旧石器时代洞穴遗址，位于镇东北约1.5公里柳河东南岸，洞口呈现规则的四方形，洞口高约12米，宽约13米，洞内近入口处宽敞如厅状，向内延伸10米处，有2个支洞，1支向南，1支向东。南支洞较短，在山体背后有出口。东支洞越走越高，可行至45米处，幽深不见五指。1988年7月，中国社会科学院古脊椎动物与古人类研究所与河北省文物研究所组成联合发掘队对该遗址做了首次正式发掘。根据清理出的动物化石（动物遗骨）和石制品（石料、人工破碎砾石、石核、石片、石器），确定其为旧石器时代洞穴遗址。被河北省确定为重点文物保护单位。

清代，“后龙风水”禁地封禁前称闷葫芦场，封禁后此地为鹰手的营地，故此称鹰手营子。民国24年（1935年），鹰手营子镇为兴隆县二区政府驻地。民国34年（1945年），鹰手营子镇为兴隆县九区政府驻地，民国38年（1949年9月30日止）3月，鹰手营子为兴隆县四区政府驻地。1956年11月，划归承德市，设承德市鹰手营子镇。1958年9月改称兴隆县鹰手营子人民公社。1965年2月，改称承德市鹰手营子人民公社。1984年，建鹰手营子镇。

鹰手营子镇是全区交通枢纽。京承线设有鹰手营子火车站，2003年，过往火车每日5对，客流量日均568人。镇内有公共汽车站一处，日发班车通往北京、天津、唐山、承德、兴隆、蓟县、秦皇岛。112国道通贯鹰手营子镇，两个小时可抵首都国际机场。

2003年，粮食作物播种面积1365亩，以玉米、谷子为主，其次是高粱、豆类等，粮食总产量603.2吨，亩产442公斤。蔬菜产量5343.2吨。有林地面积30061亩，水果产量229吨。人均耕地0.32亩。

鹰手营子镇经济以煤炭开采、建材、商贸流通、石子加工为主导产业。截至2003年底，镇属企业33个、个体工商户1121户，乡镇企业总产值9.2亿元，国内生产总值3.2亿元，财政收入115.7

万元，农民人均收入2035元。

有中心校1所，小学在校生1000人，教职工100人，幼儿园、托儿所6所。镇卫生院1处，村卫生所6处，有医务人员160人，病床160张。文化站、图书馆2处。

二、寿王坟镇

寿王坟镇地处冀北燕山山区五凤楼脚下，东、西、南分别与兴隆县大杖子乡、北水泉乡、李家营乡接壤，北面与承德县大营子乡接壤。全镇总面积60.37平方公里。西南距鹰手营子27公里，距北京市196公里，北距承德市中心区110公里，南距唐山市230公里。主要产业为有色、黑色金属开采业和铜冶炼。

寿王坟镇（摄影　戴翔）

明朝开国元勋常遇春出塞北征，将元顺帝打败，班师回朝的路上，染暴疾，卒于此地，就地搭起寿堂，因此得名寿堂坟。后又因常遇春被追封为开平王，而改称寿王坟。

民国27年（1938年）1月建乡，隶属伪兴隆县公署，是年7月，被八路军开辟为抗日根据地。民国29年（1940年），为迁（安）、遵（化）、兴（隆）联合抗日县十一区政府驻地。民国35年（1946年），曾为承南（承德县以滦河、锦承铁路分界，分划为承南、承北2县）县政府驻地。1955年初，兴隆县人民委员会在寿王坟设立办事处。1956年5月，建寿王坟镇，1956年11月，改称承德市寿王坟镇，1958年9月，改称兴隆县寿王坟人民公社。1965年2月划归承德市，1984年，寿王坟人民公社改称寿王坟乡，1984年4月，撤乡建镇。

镇人民政府所在地郑家庄。辖三个村民委员会，两个社区。2003年末总人口1.4万余人。耕地面积3020亩，占总面积的3.34%，人均耕地面积0.76亩。居民住宅、工矿用地2214亩，铁路占地39亩，公路占地（包括乡村公路）占地307.2亩，河流水域占地493.5亩。居住民族主要有汉族、满族、蒙古族、回族、朝鲜族、壮族。

镇内人文景观主要有战国汉代铜冶炼遗址，明朝大将常遇春的寿堂坟（寿王坟），操练兵马的跑马场，辽金时期的土长城，龙王庙及6911地下战备工程，尾矿坝库区等。抗日时期车柳河区委书记郭羽、区长穆山烈士牺牲地，原承德县九区副区长孟昭林和一级战斗英雄孙瑞珍等烈士墓地，建于境内，成为全区的爱国主义教育基地。

境内高峰有笔架山海拔1276米，榆木尖海拔1027.3米，古洞沟山峰海拔908.5米，詹家西沟顶峰海拔600米。最低地势为老牛河床附近，海拔300米。有罗圈沟村的森林公园，长仙洞、石井子、仙人指路、老鹰场、小人山、卧佛山、笔架山等自然景观。

气温年平均8℃，最高气温为38℃，最低气温为-28℃。无霜期140天，昼夜温差较大，霜冻期216天，结冻最深为97厘米。年平均地温为12℃左右。降雨量年平均600毫米，降雨期集中在每年的7—9月上旬。光照充足。全年日照2900小时。

境内有一条老牛河，发源于车河梁，流经梆子沟、偏桥沟、南沟、吴家沟，全长12.5公里，注入柳河。

寿王坟镇交通便利，距京承铁路下台子火车站6公里。北凌（北营房—凌源）山岭重丘二级公路从镇内穿过。

1995年建起集贸市场1处，农历逢三、八为集。每逢集日，人来人往，月交易额约达110万元。

2003年全镇个体工商户693户，产值经营额达2.5亿元，从业人员2345人。社会总产值为55090万元，其中工业产值33980万元，集市贸易额1420万元。农业总产值600万元，农业收入490万元，农民人均纯收入2022元。财政收入150万元。

2003年年底，有耕地2325亩，粮食产量301吨，平均亩产173公斤。粮食作物主要有玉米、高粱、谷子、黄豆和小杂粮。有林地面积23800亩，年林木产量1244立方米，有果树2106亩，主要品种有板栗、核桃、大枣、红果、安梨、苹果，年产528吨。土特产品有木耳、针蘑、肉蘑、草蘑、蕨菜、蜂蜜。

镇委、镇政府主要机构设置有：办公室、工会、团委、妇联、武装部、社会综合治理办公室，计划经济办公室、计划生育办公室、社区办公室、统计站、财政所、司法所、民政所、国土资源所、农技站、成人教育办公室。

有中学1所，中心校1所，小学3所，在校生2362名，教职工227名。医院1处，村卫生所3处，镇设有文化站1处。

三、北马圈子镇。

北马圈子镇，位于营子矿区西南部。地处燕山山脉主峰雾灵山东麓，东部与鹰手营子镇为邻，南、北、西分别与兴隆县的大水泉、平安堡、荒地沟等乡镇接壤。

北马圈子镇（摄影　戴翔）

全镇总面积25.10平方公里，2003年末总人口1.4万余人。耕地面积1250.9亩，人均耕地面积0.25亩。山场面积26305亩，有林地面积11700亩。该镇坐落在柳河两岸，镇内群山环抱，山峦起伏，依山傍水。最高海拔1038米，年降雨量623—731毫米，无霜期135—155天。境内矿藏有煤炭、石灰石、萤石、陶土、紫砂石。

清代，因乾隆皇帝狩猎，常在此地圈马，又因其位居柳河北岸故名北马圈子。民国31年（1942年），归兴隆县十一区辖，民国32年（1943年）7月至民国34年（1945年）11月分别归承（德）青（龙）遵（化）联合县第六区和承（德）兴（隆）密（云）联合县第五区辖。新中国成立后，1956年5月建乡，是年11月改称承德市马圈子乡，1958年9月，改称马圈子人民公社，1965年2月，改称承德市马圈子人民公社。1982年，经承德地区专署批准，马圈子公社改称北马圈子公社。1984年4月撤乡建镇，北马圈子公社改称北马圈子镇。

镇内最高峰西山海拔1012米。石人山坐落于北马圈子村与荒地沟交界处，其由一大石蹿子和一小石蹿子组成，从远处看像两个石人，故名为石人山，海拔1010米。

京承铁路、津承公路穿境而过，境内设有马圈子火车站，2003年，每天有5对客车通过，全年发运量为10.74万人。鹰手营子发往北京、天津、秦皇岛、蓟县、承德等地汽车过往不断。

北马圈子镇经济主要以建材、食品加工、煤炭、机械加工为主导产业。2003 年年底，全镇规模以上工业总产值 1.8 亿元，出口创汇 23 万元，农业总产值 951 万元，农民人均收入 2151 元，财政收入 50 万元。

北马圈子镇位于鹰手营子西部，农作物以玉米、高粱、谷子、大豆为主。2003 年，粮食总产量 78000 公斤。

有初级中学 1 所，中心校 1 所，小学 3 所，在校生 1164 人。镇卫生院 1 处，村卫生所 3 处。镇设有文化站和图书馆，各村均建有“青年之家”俱乐部。

四、汪家庄镇

汪家庄镇位于鹰手营子矿区东部，东、南、北三面均与兴隆县接壤，西距鹰手营子 8 公里。因镇政府坐落于汪家庄村，故称汪家庄镇。全镇总面积 22.61 平方公里，辖 3 个行政村，2 个社区。2003 年末，全镇总人口 1.1 万余人。

汪家庄镇（摄影　戴翔）

汪家庄镇属大陆性气候，年平均气温 7.6℃—8.3℃，年降雨量 650—700 毫米，无霜期 152—160 天

1961 年 7 月，建立兴隆县汪家庄公社。1965 年 2 月划归承德市，归鹰手营子公社辖。1985 年 11 月，建立汪家庄镇至今。

汪家庄镇交通方便，京承铁路线上的洞庙河车站至汪家庄、涝洼滩两矿铁路专用线穿越镇域，营涝公路贯通全程。境内有煤、陶土、石灰石等矿产资源。

山场占全镇总面积的 70% 左右。2003 年，有林面积 21744 亩，人均耕地不足 0.4 亩，粮食产量 242.5 吨，平均亩产 253.9 公斤。主要粮食品种有玉米、谷子、高粱，还有大豆、杂粮。

生产的原煤销往北京、天津、沧州、承德等地。

2003 年，完成社会总产值 45140 万元，农业总产值 550 元，乡镇企业总产值 44590 万元。社会商品零售总额 9344 万元，农村集市贸易成交额 253 万元，财政收入 750 万元。农民年人均纯收入 2182 元。

有初中 1 所，中心校 1 所，小学 3 所，在校生 452 人，教职工 57 名。医院 3 处，床位 100 余张。镇设有文化站 1 处。

第二节　村概况

一、鹰手营子村

村民委员会位于鹰手营子镇人民政府东北 0.3 公里，坐落在火车站路。辖村民组 6 个，总面积 3.3 平方公里。2003 年，有耕地 354 亩，人均耕地 0.17 亩。村名以鹰手的居住地营子而得。

自然景观有四方洞。

二、河北村

位于鹰手营子镇政府西北 1.5 公里，村委会坐落在柳河北岸、112 国道路北。辖村民组 7 个，面积为 4.5 平方公里，2003 年有耕地 328 亩，人均耕地 0.21 亩。1990 年从鹰手营子村析出，因位于柳河北岸，故名河北村。

三、老厂子村

位于鹰手营子镇人民政府西南 1.5 公里，村委会坐落于村中铁路西。辖村民组 2 个，总面积 2.04 平方公里，2003 年有耕地 324 亩，人均耕地 0.42 亩。村址原为修建清东陵和避暑山庄的储木厂，故名为老厂子。清初，因位于清东陵“后龙风水”禁地边缘，清政府不准有人居住、耕作，“后龙风水”禁地开封后，开始有人居。

四、跳沟村

位于鹰手营子镇人民政府北 2 公里，村委会坐落在大跳沟沟口与村小学毗邻。辖村民组 5 个，总面积 4.9 平方公里，2003 年有耕地 666 亩，人均耕地 0.64 亩。

跳沟村于清朝康熙年间建村。传说清顺治二年（1645 年），这里是一片森林，早年从山东迁来的农户在此定居，他们白天进山伐木，夜晚运输。一次进山伐木，发现一只怪兽，似虎非虎，似豹非豹，样子非常可怕，见到人后即从很宽的一条沟跳了过去。后来人们便把此沟叫作跳沟。南面的沟谷深称大跳沟，北面的沟谷浅称为小跳沟，均在清东陵“后龙风水”禁地范围内，封禁期间，百姓被迫迁徙到周边地带居住，民国 4 年（1915 年）“后龙风水”禁地开封后，又有人居。

五、喇嘛沟村

位于鹰手营子镇人民政府东南 1.5 公里，村委会坐落在距喇嘛沟门 0.5 公里处。辖村民组 6 个，总面积 20.6 平方公里，2003 年耕地 660 亩，人均耕地 0.53 亩。

喇嘛沟曾名拉马沟，于清末建村。相传光绪年间，有个喇嘛经常从此沟拉着马往返鹰手营子和兴隆县乌头牛，时间久了，人们就把这条沟叫拉马沟。后来人们认为“拉马沟”不好听，改名喇嘛沟。

境内有鹰手营子镇最高峰大羊圈山，海拔 1055 米，林木茂盛，野生动物种类较多。1978 年喇嘛沟东沟建小型水库 1 座，库区风景优美，景色宜人。

旅游景点有喇嘛沟水库。

六、老爷庙村

位于鹰手营子镇人民政府东南 2 公里，村委会坐落在营涝公路路北大庙 0.1 公里处。辖村民组 5 个，总面积 6.1 平方公里，2003 年有耕地 150 亩，人均耕地 0.11 亩。

老爷庙村清初形成村落。相传道光年间，汪家庄住户到关老爷殿请（抬）老爷（关公）佛像，走至此地，落地休息。待再抬时，怎么也挪不动了，有人提议就在此盖庙立神像。后来这里就称老爷庙。

七、郑家庄村

为寿王坟镇政府所在地。辖村民组 11 个，面积为 18 平方公里，2003 年有林面积 6500 亩，耕地 666 亩，人均耕地 0.42 亩。

清朝雍正年间，山东文登县郑氏家人移居寿王坟，在乾隆年间，因种芝麻和苏子而发家。置办三处大院，因而得名郑家庄。“文化大革命”期间，曾改称为红卫大队。1984 年，更名为郑家庄村。

旅游景点有笔架山、卧佛山、将军山，战汉时期铜冶炼遗址，跑马场、老营盘。

八、罗圈沟村

位于寿王坟镇政府东面 5 公里处，辖村民组 11 个，面积 31 平方公里，2003 年，有林面积 15600 亩，耕地 1549 亩，人均耕地 0.91 亩。

村内因做罗圈而出名，故称罗圈沟村。

民国 27 年（1938 年），开辟为抗日根据地，先后成为迁（安）遵（化）兴（隆）联合抗日县政府第十一区和第八区委、区政府所在地。

“文化大革命”时期，曾改称为东方红大队。1984 年更名为罗圈沟村。

旅游景点有辽金时期土长城、下台庄龙王庙、“三线”工程、长仙洞、仙人指路、擎天柱、石井子。有营子矿区爱国主义教育基地之一的郭羽、穆山的牺牲地，原承德县九区副区长孟昭林烈士墓地。

九、南沟村

位于寿王坟镇政府东南面，距镇政府 4 公里，辖村民组 7 个，面积 11 平方公里，2003 年有林面积 1700 亩，耕地 788 亩，人均耕地 1.08 亩。

因地理位置在镇政府的东南面，称南沟村。“文化大革命”期间，曾改称向阳大队。1984 年，更名为南沟村。

自然景观有小人山。有营子矿区爱国主义教育基地之一的革命烈士孙瑞珍墓地。有明朝开国元勋、大将、开平王常遇春的衣冠冢。

十、北马圈子村

位于北马圈子镇人民政府北 300 米，村委会坐落在村中铁路北。辖村民组 5 个，面积为 6 平方公里，2003 年有耕地 345 亩，人均耕地 0.18 亩。

北马圈子村在清东陵“后龙风水”禁地范围内，封禁期间，境内百姓被迫迁徙到周边地带居住，境内仅驻有按汛编制的兵丁负责禁区的治安巡防，驯养御马。清代皇帝常骑此地驯养的御马到围场打猎，周边百姓称此地为御马街，又因其位于柳河北岸，故名为北马圈子。民国 4 年（1915 年）“后龙风水”禁地开封后，又有人居。

自然风景王八山，位于北马圈子村四组，原名大石嘴，1956 年北马圈子建矿后，有工人上下班经过克梨木梁，在梁上看这座山形状像个乌龟，大家把大石嘴改名为王八山。

十一、南马圈子村

位于北马圈子镇政府南 600 米，村委会坐落在村口与小学毗邻。辖村民组 2 个，面积为 3 平方公里，2003 年有耕地 259 亩，人均耕地 0.33 亩。

南马圈子村在清东陵“后龙风水”禁地边缘，封禁期间，境内百姓被迫迁徙到周边地带居住，因村位于柳河南岸，故名为南马圈子。民国 4 年（1915 年）“后龙风水”禁地开封后，又有人居。

十二、金扇子村

位于北马圈子镇政府东南 2500 米，村委会坐落在村口与村小学毗邻。辖村民组 7 个，面积为 16

平方公里，2003 年有耕地 646.9 亩，人均耕地 0.34 亩。

清乾隆年间，皇帝常至此游玩狩猎，在此地丢了一把扇子，后此地取名为金扇子。因位于清东陵“后龙风水”禁地边界处，封禁期间，境内百姓迁徙到火道外居住，民国 4 年（1915 年）开禁后，又有人在此耕作居住。

十三、涝洼滩村

位于汪家庄镇政府东南，距镇政府 1.6 公里，因该村原有一片水坑，常年积水不干枯，故名涝洼滩。辖村民组 10 个，面积 15 平方公里，2003 年耕地 248.5 亩，人均耕地 0.2 亩。

十四、汪家庄村

位于营涝公路汪庄段北侧，汪家庄镇政府西侧，因汪姓居多而得名，辖村民组 7 个。面积 6.5 平方公里，2003 年有耕地 449 亩，人均耕地面积 0.45 亩。

十五、姚家庄村

位于汪家庄镇政府西南 1 公里处，建于 1985 年，从汪家庄村中析出。因姚姓居多故而得名，辖村民组 4 个。全村总面积 4 平方公里，2003 年有耕地 111 亩，人均耕地 0.16 亩。

附一

清代“后龙风水”禁地

一、封禁

顺治十八年（1661 年），遵化县马兰峪始建皇陵—清东陵。康熙二年（1663 年），改凤台岭为昌瑞山。陵区以昌瑞山为界，分“前圈”和“后龙”两部分。“前圈”山环水绕，古树参天，是清东陵陵寝分布的地方，面积 48 平方公里。昌瑞山以北的兴隆、鹰手营子（四方洞）大部分地区被划为“后龙风水”禁地。“后龙风水”禁地崇山峻岭，森林茂密，风景秀丽。

“后龙风水”区域圈定后，清朝政府为了防止火灾的发生开设了两条火道：即内火道和外火道。康熙二年（1663 年）开始，在“后龙风水”区域内的东、西、北三面开割一条宽约 91 米、长 41 公里火道，称内火道。“内火道”东迄鲶鱼关，西至旋子门，两边都从头拨子起至九拨子止，东线在今八卦岭、挂兰峪境内；西线在今四拨子、南双洞境内。雍正元年（1723 年）、雍正十三年（1735 年）、乾隆元年（1736 年），三次将“后龙风水”禁区范围向北扩展，西边由青山岭起，沿雁门关、干岭、杨树沟、三道梁、北双洞、北三岔口、吉家营、曹家路、板谷岭、黑峪关、窄道子、杨树梁、大洼等地扩展，开割火道一条。火道宽约 61 米，长 160 公里，称外火道。清嘉庆八年（1803 年）和道光七年（1827 年），先后经马兰关总兵兴长和宝兴奏请清政府，在昌瑞山开割一条宽约 31 米、长 10.75 公里的火道。火道东起马兰关外正关城口，西至定陵止，这条火道称里火道。以上这三条火道为保护清东陵“后龙风水”禁地的安全起到了至关重要的作用。

陵区的“前圈”是以风水围墙为边界标志，而“后龙风水”主要是以木桩和界石为界标。木桩分为红、白、青 3 种颜色，外火道长 160 公里，沿火道内侧每公里埋设红桩 6 个根，共埋设 960 根，严禁红桩附近采樵。

雍正年间，在马兰镇设总兵，墙子路、曹家路设都司，黄崖关、杨家堡设千总，老厂沟、窄道子、杨树沟、大安口、鲇鱼关、板谷岭、将军关、镇罗关、大洼、罗文峪等地设把总，负责风水禁区

的守备。护陵军队管辖里程：马兰镇北至曹家路所管八家庄 122.5 公里，西至镇罗关所管豆各庄 120 公里，西北至曹家路所管桑园庄 142.5 公里（与古北口前营接壤），东北至窄道子所辖跳儿沟 76 公里。

乾隆七年（1742 年），马兰镇总兵布兰泰请奏朝廷后，又在红桩大道以外选扼要处安设界石，以期界限分明。同年，布兰泰会同石门工部员外郎伊思哈、东陵总理衙门包衣员外郎兼荣膳总领和善带领臣役沿外火道二十丈外另立白桩 960 根与红桩相对。这些白桩与火道界石依次连接，界石上刻“风水外界”四个字。红桩为内界，白桩为外界。并在金扇子沟口、片石沟、窄道子二拨沟口各竖立界石 1 块。是年在大安口所属四方洞、片石沟、老厂沟口扼要处各添拨汛一处，设兵防守。金扇子红桩改设东边连接窄道子，原黄土梁一拨因相距红桩较远，将此拨兵丁移至新添拨汛四方洞，就近防守，同时又派 6 名兵丁至添设的片石沟、老厂沟拨汛巡查看守。

乾隆三十五年（1770 年），为确保“后龙风水”区域的安全，直隶总督杨廷璋奏请朝廷批准，又距红白桩十里设立青桩。首先在遵化州所属的大安口至榆树沟一带埋设青桩 24 根，由此开始，前后在“后龙风水”区域内共埋设青桩 300 根。其中在老厂沟所属地界内共增设青桩 34 根。乾隆三十九年（1774 年），鲶鱼关所辖杨树岭起至金扇子上火道十里和金扇子堆拨改隶大安口。是年，左营分汛由大安口移至老厂沟，设经制外委 1 名，额外外委 1 名，额兵 70 名（马兵 1 名，守兵 69 名）。老厂沟左营分汛所管拨汛 15 处，有杨树沟、金扇子、片石沟、榆树沟、滴水岩、老厂子、四方洞、土城头、大石嘴、兴隆山、洞儿沟、冷嘴头、老鸭沟、荒地沟、大安口。所配兵器有子母炮 1 位，子炮 5 门、朝天登 1 件、大小铁闩各 1 根、铁刷 1 件、炮架 1 个、腰刀 71 口、鸟枪 41 杆、熟铁大牛腿炮 4 位、熟铁花瓶炮 4 位、熟铁小牛腿炮 8 位、铁蒺藜 820 个。跳沟拨汛归曹家路营属窄道子分汛所辖。每个营汛、分汛、拨汛的军械、军马、鹰手和炮等，按守军多少配备。清东陵共有鹰手 32 人，分 8 组，每组 4 人。乾隆六十年（1795 年）后，因仍有居民误入禁区，又在桩牌中间随火道曲折之处的鲶鱼关增加青桩 70 根；老厂沟增加青桩 69 根；黄崖关增加青桩 8 根；将军关增加青桩 7 根；曹家路增加青桩 384 根；墙子路增加青桩 320 根；共计增加青桩 858 根。嘉庆八年（1803 年），老厂沟增加青桩 96 根。青桩总数达到 1158 根。每根青桩上面挂牌一块，上写“后龙风水重地，凡木桩以外军民人等不准越入设窑烧炭，各宜凛遵。如敢故违，严拿从重治罪”等字样。

“后龙风水”禁区圈定后，将禁区内居民驱赶迁移至火道边界以外居住，红桩以内不准居民涉足。严禁耕种、栽果、植树、埋坟、用火、打窑烧炭、采矿、砍伐树木、私挖药材、狩猎等。清皇朝为严禁风水区域内居民进行樵采、狩猎，制定了严格的法律，“在青桩以内白桩以外盗伐木植者，为首，发极边足四千里充军；为从，杖一百徒三年。取土、取石、设窑烧炭、放火烧山者亦照盗砍木植例，为首斩立决，从犯发近边充军”。

据《遵化州治》记载：“风水区火道边界定居只有九百六十七户，耕地一万零一百二十二段（块），被封禁的后龙风水地，百里松荫遮天，荒草铺地，木材遍野，鲜货满沟，鸟禽蔽日，走兽成群，自生自灭，无人取用。”“后龙风水”禁区，成为护陵兵丁赏景踏猎的游区。

清政府为确保“后龙风水”禁区的封禁和安全，自马兰镇起至鲶鱼关、大安口、窄道子、板沟岭、黑峪关、曹家路、墙子路、北双洞、镇罗关、杨树沟、老鸭沟、黄崖关、白枣林、青山岭、黄花山、兴隆口先后共设 17 个营汛，由马兰镇统辖。

嘉庆之前，马兰镇辖 6 营，即镇标左、右两营和曹家路、黄花山、墙子路、余丁营 4 营。嘉庆年间，又增加遵化、蓟州两营。镇标左、右两营负责保护陵区“前圈”的安全；曹家路、墙子路、黄花山 3 营保护“后龙风水”禁区的安全；余丁营担负巡逻村庄、协防、割伐火道等差事；遵、蓟两营负责稽查边关要口，巡逻地面，护送差使。

道光二年（1822 年），杨家堡网子沟发生盗砍林木事件后，刑部提议，在青桩外的十里官山应标

明官山界址。又在墙子路、杨家堡、镇罗关等处，立界石6块，界石上刻有“禁地官山界石”等字样。道光五年（1825年），经直隶提督奏请朝廷，将青桩内用碎石浮垒的界石改换成石碣，上面深镌“禁地界石”四字，以立永久标示。后又两次增设界桩和石碣，先后共设界桩17751根，石碣21610块，红桩火道围墙245公里，青桩界石之间宽5公里，长527.3公里。

254年的封禁，“后龙风水”区域内山清水秀，松柏参天，葱茏苍郁，鸟禽蔽日，野兽成群，这里形成一个天然美丽的动、植物园。

二、森林管理

清宣统三年（1911年），清朝没落，清皇室拖欠御用商号天丰号巨额债务，民国3年（1914年），为抵偿债务，将兴隆及周围方圆252里的森林转让给天丰号，原皇室地产在法律上成为了天丰号的私有林地。天丰号于民国4年（1915年）2月在兴隆县设立分店天丰益，开垦森林。此后，天丰益和清皇室间产生争端，争端和解后，两者共同经营管理森林，林地实际上带有共同经营性质。

民国5年（1916年），禁区内皇室森林被编入国有林，并在兴隆设办事处，负责私有林（天丰益所有）之外的森林采伐管理。民国8年（1919年），“后龙风水”区域森林带作为特别区编入蓟县。此后，直系军阀首领曹锟便将天丰益所有的林地没收，变为国有林，派遣林务局长，在兴隆县设立东荒垦殖局管理森林，专司伐木事业。垦殖局下设木局股，并将板谷岭，花尖、马兰峪、蓟州、六道河、曹家路等6地划归其管辖，同时，还负责运往各地木材的管理、制材、征税等事务。民国10年（1921年），“后龙风水”区域行政上划归遵化第八区。

民国13年（1924年）2月，曹锟辞去大总统职务，张作霖开始向华北扩张势力，接管“后龙风水”区域森林。民国14年（1925年）2月，冯玉祥军队曾一度控制。民国15年（1926年）2月，张作霖驱逐冯玉祥，再次接管。此时，天丰益以20万元的价格，将此前被没收的土地、森林买回。

民国19年（1930年），阎锡山任北平（今北京）“国民政府”主席，在兴隆设立林垦局，负责林务行政，同时承认私有林的存在。曾将林务移归遵化县林垦局管理。是年兴隆设立县公署，下设主管局，将森林管理权下放给私人。第二任局长耿采章时期，设立“公益木行”，招致老百姓反感，县公署被老百姓包围破坏，翌年（1931年）8月，再次设立县公署，森林事务、财政关系改归第三科，直到“九·一八”事变。

“九·一八”事变后，设立日伪兴隆县办事处，办事处下设林务股。林务股下设林务管理处14处。其中老厂沟森林管理处管理鹰手营子附近的森林。

附二

民间传说：劈峰梁与财神庙

劈峰梁位于寿王坟镇南沟村七组，山峰好似用刀劈过的一样，形成了两座小山峰，人们就称此山为劈峰梁。山峰中间只有较窄的缝隙，这条缝隙形成的山路是通往遵化的要道。抗日战争时期，侵华日军逼迫当地民工将劈峰梁山路扩建成寿王坟通往遵化的专用运兵战道。

位于劈峰梁梁顶上的财神庙，始建于清雍正年间，财神庙由东西两座庙宇构成。东边庙内供奉的是文财神比干，西边庙内供奉的是武财神关羽。两座庙常年香火不断，烟雾缭绕，酷似仙境。南来北往的过客都要在此庙烧香拜神，请愿还愿，据说非常灵验。

相传民国初年，有一位外地商人途经此地，见两庙依山而建，气势宏伟，香火旺盛，想必一定灵验。于是进庙内烧香祈祷，愿两位财神保佑自己生意兴隆，财源滚滚，并许愿每月十五前来上香。商人回去后，果然生意日渐兴隆，其非常感激两位神明，每月十五如期前来还愿。几年过后商人变成巨

商，逐渐也忘记了与两位财神当年的约定，此后其生意逐渐冷淡，家境逐渐衰败，最后一贫如洗，沦为乞丐。

平日两座财神庙香火不断，尤其是每年七月二十二财神爷生日，更是热闹非凡。方圆百里，上至达官贵人，下至黎民百姓，都前来上香，庆祝财神爷生日，期盼步步高升，财源广进，五谷丰登。山下设有集市，有担担的、锔锅的、卖饭的、卖药的、算卦的、说书的、唱戏的、杂耍的......

据传，两座庙宇在解放战争时期曾为解放军立下大功。

1947 年 8 月的一天，反动地方武装刘茂队队长刘茂廷为驻承德的国民党十三军做向导对正在南沟村开会的承兴团官兵实施包围。承兴团官兵被迫向遵化方向撤离，敌人死死追赶，承兴团官兵抢先占据了劈峰梁山顶有利地形，利用两座庙做掩体，向山下射击，打死打伤多名敌人。国民党官兵一看大势已去，不得不慌忙撤退。此次承兴团不但没有人员伤亡，而且还缴获了部分军用物资。从此，百姓口口相传：庙小神灵大，财神保佑多。人财两兴旺，幸福新生活。

1966 年“文化大革命”破除“四旧”（旧思想、旧文化、旧风俗、旧习惯）之风席卷全国，两座财神庙也未曾幸免，全部被拆除，两座庙的基石至今依稀可见。

第二编 HUANJING ZIYUAN

2 环境 资源

第一章　地质 地貌
第一节　地质
第二节　地貌
第二章　气候 物候
第一节　气候
第二节　物候
第三章　水文
第一节　地上水
第二节　地下水
第四章　土壤 植被
第一节　土壤
第二节　植被
第五章　自然资源
第一节　土地资源
第二节　水资源
第三节　生物资源
第四节　矿产资源
第五节　自然景观
第六章　自然灾害
第一节　气象灾害
第二节　地质灾害
第三节　生物灾害

2 承德市鹰手营子矿区志•环境 资源

CHENGDESHI YINGSHOUYINGZIKUANGQU ZHI HUANJING ZIYUAN

营子矿区地处冀北燕山区，山多。属于燕山山地地貌区，地貌属构造侵蚀及构造剥蚀中低山、低山类型。暖温带半湿润季风型大陆性气候，全年平均温度 7.7℃，昼夜温差大于 10℃，四季分明，景色宜人。多数年份年降水量为 450—830 毫米，水资源多年平均 2 亿立方米。滦河水系一级支流柳河流经境内。主要山峰笔架山、梆子沟山、大羊圈山、榆木尖等，最高海拔 1276 米。有丰富的煤炭、铜、铁、钼等矿产资源，非金属矿产资源有容积灰岩、水泥灰岩、石灰石、耐火黏土、萤石、紫砂等。野生植物上千种，植被覆盖率 46.1%，森林覆盖率 32.2%。野生动物种类繁多。耕地面积 629.10 公顷，占土地总面积的 4.21%，全区有未利用土地 1957.2 公顷。有省级重点文物保护单位古人类旧石器时代洞穴遗址四方洞、笔架山、罗圈沟森林奇观、喇嘛梁等自然景观。

第一章　地质地貌

营子矿区属于燕山山地地貌区，地貌属构造侵蚀及构造剥蚀中低山、低山类型。中元古界—古生界的盐酸盐岩类分布区，因受到强烈的构造落蚀作用，多形成高山深谷，山体高大陡峻，山脊尖峭，呈锯齿状及笔架状，冲沟呈“U”形，多峡谷地貌。局部发育有溶沟、溶穴、溶洞等岩溶地貌。全区总的地势是沿柳河四周高、中间低，形成以柳河河谷、兴隆煤田中心地带及寿王坟东河川所组成的山间河谷。山脉走向多东西向。

第一节　地　　质

一、地层

营子矿区除寿王坟以外大部分属于兴隆煤田，煤系地层广泛分布。兴隆煤田呈东西条带状，东起门子沟、旱子岭经汪家庄、火神庙、老爷庙、煤岭沟、马圈子至克梨木，东西长 24.5 公里，南北宽 0.5—2 公里。兴隆煤田系燕山台褶带的一部分，元古代吕梁运动以后，接受了长城系、寒武系、奥陶系、石灰系、二叠系地层的沉积，进入中生代以后复经间断，又沉积了侏罗系地层，新生代则以第四系沉积为主。

（一）中元古界

主要为长城系、蓟县系地层

1. 长城系

常州沟—团子山组　常州沟组岩性为灰色，黄绿色粉砂岩、长石石英砂岩和石英岩状砂岩，团子山组岩性主要为灰白色厚层状白云岩、浅灰色含铁泥质白云岩，硅质条带泥晶白云岩，总厚度 300 米，这两组地层交互分布，走向近东西向，侧向北东，主要分布在南马圈子—火道沟、喇嘛梁一带。

大洪峪组　主要分布在南马圈子—火道沟、喇嘛梁一带，厚度 220 米，产状不稳定，走向东西向

一东北向。岩性为灰白色石英岩状砂岩、长石石英砂岩夹粉砂质叶岩。

高于庄组 岩性为含沙灰质白云岩、泥质白云岩夹白云质砂岩。这组地层在大洪峪组北侧并与之呈条带状平行，走向东西向—东南向，分布在南马圈子—火道沟、喇嘛梁一带。

2．蓟县系

杨庄组 岩性以紫红、灰白色砂泥质泥晶白云岩为主，夹鲕状硅质白云岩，总厚度 192 米，走向东南，倾向南，与长城系高于庄组平行呈条带状分布，出露于南马圈子、金扇子、四道沟。

雾迷山组 岩性为含粉砂泥状白云岩、含燧石条带白云岩、巨厚叠层石白云岩、紫红色白云质砂岩，厚 719 米。岩层走向东南，倾向南。分布于南马圈子—金扇子—四道沟、寿王坟—碾盘沟。

3．青白口系

景儿峪组 岩性为红色、灰绿色、灰褐色含泥白云质泥晶灰岩，底部可见含海绿石粗粒砂岩，呈条带状东西向分布于金扇子—张家庄—冬窝铺一带。

（二）古生界

古生界主要是兴隆煤田出露的煤系地层

1．寒武系

包括下统府君山组灰、深灰色厚层、巨厚层豹皮灰岩、白云质灰岩、白云岩，中统张夏阶灰色鲕状灰岩夹紫红色叶岩，上统长山阶竹叶状灰岩，呈条带状东西向分布，南倾，斜角 50°—70°。出露于金扇子—张家庄—石家庄—李家南沟一带。

2．奥陶系

下统亮甲山组 岩性为中厚层灰岩及含燧石条带白云岩，走向东西南，南倾。分布在董家庄—喇嘛沟—李家东沟一带。

上统马家沟—磁县组 岩性为泥质灰岩、白云灰质岩夹角砾状灰岩，走向近东西向、倾向南。分布在喇嘛沟—张家庄、老爷庙北沟、跳沟等地。

3．石灰系

包括石炭系中统本溪组、石炭系上统太原组地层，岩性为灰白色中粗粒砂岩、铝土质砂岩、灰质砾砂岩及黑色灰色粉砂岩，砾岩等。地层走向东西向，岩层倾向南。分布在北马圈子、老厂子—老爷庙沟门—汪家庄—涝洼滩等地。

4．二叠系

二叠系山西组和下石盒子组地层，岩性为灰白色粘土质细砂岩、粉砂岩及黄绿灰黄色中粗粒石英砂岩、含砾砂岩等，中间夹数层煤层，走向东西向，倾向南。分布在北马圈子西山、喇嘛沟、老爷庙、姚家庄南山等地。

（三）中生界

主要为侏罗系中统地层

髫髻山组 岩性为紫灰色灰绿色安山质凝灰质砾岩、紫红色安山岩、凝灰质粉砂岩、流纹质凝灰岩等，地层倾向西北。分布在小跳沟、老爷庙北山。

后城组 岩性为紫红色粉砂岩、灰白色和深灰色砾岩、凝灰质砂岩、灰白色和褐灰色质砾岩等，有“承德砾岩”之称。分布在寿王坟南山—罗圈沟门一带。

（四）新生界

新生界主要是第四系地层，全区新生界地层较多。

1．上更新统

主要分布在柳河河谷两岸的二级阶地上，因柳河冲击侵蚀而不连续，在支沟谷中亦有零星分布，可分为冲积物、洪积物、坡积物和残积物。主要分布在北马圈子、老厂子、鹰手营子西山、姚家庄、寿王坟等地。

2. 全新界

主要以冲积物为主，分布在柳河及其支流的河床、河漫滩上，由砾石、卵石层、砂层及含砾亚黏土、淤泥和现代土壤的组成。

二、岩浆岩

全区岩浆岩不发育，主要是燕山期侵入岩，以寿王坟花岗岩闪长岩体为代表，在周边地带还有一些小侵入岩体和岩脉，为正长斑岩、斑状正长岩等。

寿王坟花岗闪长岩体，南北长 11 公里，东西宽 7 公里，出露面积 15 平方公里。岩石组合为碱性花岗岩—石英闪长岩，分布在寿王坟以北的山区，东沟—榆木尖—梆子沟一带。

鹰手营子的周边地带，有小规模的正长斑岩和斑状正长岩零星分布，地点主要在大跳沟、石片沟、马圈子北山、老爷庙后沟、汪家庄等地。

三、地质构造

属中朝准地台之燕山台褶带东南部的宽城凹褶束与蓟县凹褶束衔接部位，地处密云—喜峰口大断裂的北侧，断裂构造十分发育，构造主要有鹰手营子倒转向斜，主要断裂有东西向、北东向两组。

（一）断裂

东西向断裂 为鹰手营子—早子岭断裂带。较大断裂有 4 条，分布在鹰手营子向斜北翼靠近轴部一带，走向东西向，呈平行叠瓦状排列，为压性的逆冲断层，断层倾向南，倾角为 50°—80°。这些逆冲断层向西至柳河河谷，又都向西南方弯转，转而构成北北东—南南西向的断层带，性质也由逆冲改为逆掩。

北东向断裂 赵家店—鹰手营子断裂，走向北东 30°—50°，长约 20 公里。

（二）褶皱

褶皱结构称为鹰手营子倒转向斜，贯穿于整个兴隆煤田，该向斜为禁闭倒转褶皱，作东西向展布，长约 10 公里。向斜轴部由石炭—二叠组成，两翼依次出露为奥陶系、寒武系、蓟县系、长城系。向斜北翼正常，南翼倒转，并有一系列东西由南向北仰冲的叠瓦式冲断裂。

第二节 地 貌

一、地貌应力

地质内应力以地壳断裂构造运动和岩浆活动为主；地质外应力而以侵蚀作用为主，在寿王坟北部，燕山旋回晚期的岩浆活动中，由于火山喷发和岩浆沿寿王坟破火山口侵入而塑造了火山岩山地，在鹰手营子—马圈子一带由于褶皱挤压和断裂剪切作用，其中心部位形成了凹陷的凹地，两侧则构成隆起的山地，在其间经外应力作用的侵蚀堆积，形成了现今的地形地貌。

河流由西南流向东北，沿北东向断裂切割了东西向的山脉。由于地处燕山山脉主峰的北麓，从西北南下的冷空气与东南沿海北上的暖气流在此交锋，因而降雨充沛，加剧了河流和地表水的侵蚀切割作用，尤其是在碳酸盐岩分布地带溶蚀作用比较强烈，在各种内外应力的作用下，形成了今日营子矿区南北不同的地貌景观。

二、地貌类型

（一）地貌分区

1．侵蚀构造中低山区

分布在鹰手营子以南、寿王坟中北部等地区，主要是碳酸盐岩类山峰和火山侵入岩类塑造的地形，占全区总面积的三分之一。

2．构造剥蚀低山区

分布在鹰手营子中北部、北马圈子西部、寿王坟西南部等地区。由积淀岩、火山碎屑岩和火山岩地层形成，约占全区总面积的三分之一。

3．山间河谷

分布在境内柳河河谷、兴隆煤田核心部位，约占全区面积的六分之一。

（二）山脉山峰

1．山脉

营子矿区靠近燕山主峰，山脉多为东南走向，崇山峻岭，山高谷深，地势呈南高北低，最低海拔278米，平均海拔480米。

2．主要山峰

笔架山，位于寿王坟郑家庄村，海拔1276米，是区内第一高峰。

营子矿区主要山峰一览表

表2－1－1

名称	位 置	海拔（米）
榆木尖	寿王坟镇罗圈沟	1276
梆子沟山	寿王坟北	1098
大羊圈山	喇嘛沟	1055
大家砬山	金扇子南山	1038.8
榆木尖	寿王坟正北	1027.3
西山	北马圈子	1012
石人山	北马圈子	1010
大旗山	喇嘛沟	965
罗圈沟大东山	寿王坟镇罗圈沟村东	893
笔架山	寿王坟郑家庄村	842
劈缝山	寿王坟镇南沟村南	823
老爷庙南山	老爷庙村南	795
半截沟山	寿王坟镇郑家庄村	788
小人山	寿王坟镇南沟村东北	784
摩天岭	老爷庙村北	762
朝梁子北沟山	寿王坟镇郑家庄村西北	731
罗圈沟门北山	寿王坟镇郑家庄	706
吴家沟山	寿王坟镇 郑家庄村东南	664
鹰手营子北山	鹰手营子镇北	641
詹家沟西山	寿王坟镇南沟村东北	600

第二章　气候　物候

营子矿区属暖温带半湿润季风型大陆性山地气候，四季分明，气候多变，季风性强。全年平均温度7.7℃，昼夜温差大于10℃。多年平均降水量673毫米。尤以春旱为频，大部分降雨集中在7—8月，洪旱灾害时有发生，秋季天气晴爽，冬季寒冷干燥。

第一节　气　　候

一、气候特征

营子矿区属暖温带半湿润季风型大陆性山地气候类型，由于受西伯利亚冷气团和副热带太平洋气团的影响，地貌复杂，立体性强。总的气候特点是：四季分明，气候多变，季风性强。

春季：春季因北方冷空气流减弱，气温回暖较快。但风大干旱，有时骤暖骤寒。入春后，随着太阳辐射逐渐增强，土壤开始解冻。

夏季：夏季受东南海洋气流的影响全区雨量较充沛，70%的雨量集中在7月、8月。降雨时常伴有东南风，风速较高，局部地区时常出现冰雹和暴雨。雨热同季。

秋季：秋季天气稳定清爽，气温迅速下降，昼夜温差大。夏季风逐渐减弱，来自西北的冬季风开始加强。降雨量明显减少。霜降早至。

冬季：冬季受极地大陆气团控制，寒冷、多风、少雪、干燥。

二、日照

全年平均日照总时数为2850—2920小时，日照平均时数多的时间主要集中在3—9月，日照时数按季节划分，春季占28%，夏季占26%，秋季占24%，冬季占22%。日照时数高峰是5月，平均291.0小时，低谷是12月，平均193.1小时。

三、辐射

年平均总辐射量为134.35千卡/平方厘米，全年最大月在5月，最小月在12月。全年太阳辐射量春季占31.95%，夏季占31.7%，秋季占21.3%，冬季占15.05%。

四、气温

气候具有明显的山地气候特征。年平均气温7.7℃，最热月为7月，平均气温23.6℃，最冷月为1月，平均气温-10.6℃。年较差达34.2℃。年均昼夜温差均大于10℃。极端最高气温41.5℃，极端最低气温为-36.2℃，出现在1978年12月20日。

营子矿区各镇年、月平均温度及大陆度

表 2-2-1　　　　　　　　　　　　　　　　　　　　　　　　单位：℃

月份 镇	1	2	3	4	5	6	7	8	9	10	11	12	年平均	大陆度
鹰手营子镇	-10.6	-6.9	0.8	10.3	17.2	21.3	23.5	21.8	15.7	8.8	-0.2	-8.4	7.7	67
寿王坟镇	-10.5	-6.8	0.9	10.4	17.3	21.4	21.4	21.9	15.8	8.9	-0.1	-8.3	7.8	67
北马圈子镇	-10.7	-7.0	0.7	10.2	17.1	21.2	21.2	21.7	15.6	8.7	-0.3	-8.5	7.6	67
汪家庄镇	-10.7	-7.0	0.7	10.2	17.1	21.2	21.2	21.7	15.6	8.7	-0.3	-0.8	7.6	67

五、积温

营子矿区气温≥0℃的稳定通过日期是 3 月 14 日—3 月 18 日，终止日期为 11 月 8 日—11 月 12 日，持续日数 235—245 天，积温 3580℃—3780℃。气温≥10℃的稳定通过日期为 4 月 19 日—4 月 23 日，终止日期为 10 月 3 日—10 月 8 日，持续日数 170—176 天，积温在 3080℃—3380℃。气温≥15℃的稳定通过时期为 5 月 13 日—5 月 17 日，终止日期 9 月 13 日—9 月 18 日，持续日数 122—129 天，积温在 2000℃—2600℃。气温≥20℃的稳定通过日期为 6 月 17 日—6 月 20 日，终止日期 8 月 22 日—8 月 25 日，持续日数 65—69 天，积温在 1400℃—1600℃。

营子矿区各镇四季初终期

表 2-2-2

项目 镇	春			夏			秋			冬		
	初日	终日	天数	初日	终日	天数	初日	终日	天数	初日	终日	天数
鹰手营子镇	16/3	17/6	94	18/6	24/8	68	25/8	11/11	79	12/11	15/3	124
寿王坟镇	16/3	17/6	94	18/6	24/8	68	25/8	11/11	79	12/11	15/3	124
北马圈子镇	16/3	18/6	95	19/6	23/8	66	24/8	11/11	80	12/11	15/3	124
汪家庄镇	16/3	18/6	95	19/6	23/8	66	24/8	11/11	80	12/11	15/3	124

说明：表中斜线“/”前的数字表示某日，后面的数字表示某月

六、地温

表土 10 厘米平均地温为 12.35℃，10 厘米冻土期 108 天，稳定冻结日期为 11 月 20 日，解冻日期平均为 4 月 1 日，最厚冻层为 126 厘米。7 月地温最高，地面平均温度为 26.9℃。

七、无霜期

无霜期年平均日数为 152 天.。最长无霜期 190 天，最短无霜期为 120 天。

八、降水

营子矿区多年平均降水量为 673 毫米。年降水相对变率为 39%，作物生长期降水变率为 24%。全

区旱灾频繁，尤以春旱为最，素有“十年九旱”之说。

全年降水的季节分配极不均匀，大部分雨水集中在6—9月，约占全年降水量的81%，其他月份约占19%。1988年以前，历史上最高年降水量是1956年，1147.5毫米；最大月降水量是1955年8月，518.5毫米，最大日降雨量是1962年7月25日，340毫米。最少年降水量是1975年462.3毫米。冬季雪量极少，春季偏少，7—8月随着东南季风加强，降雨量达到最高峰。

1960—1988年营子矿区降水量统计表

表2-2-3　　单位：毫米

年＼月	1	2	3	4	5	6	7	8	9	10	11	12	全年合计
1960	3.4	0.6	6.0	2.5	20.3	62.1	275.6	128.1	114.8	40.1	1.7	0	655.2
1961	0.3	2.3	15.4	3.0	46.5	56.1	126.6	136.2	92.7	19.8	7.6	2.5	509
1962	1.5	25.0	1.6	34.7	35.3	130.8	483.8	80.3	63.6	2.0	2.9	0.8	862.3
1963	0	0.7	5.1	33.6	59.2	20.4	257.2	192.6	25.2	9.5	8.3	0.7	612.5
1964	1.7	6.4	23.9	85.6	19.1	151.2	191.7	455.8	116.2	70.8	0	0.2	1122.6
1965	0.8	1.7	0	9.6	16.3	49.0	281.3	123.9	64.1	20.9	9.3	0	576.9
1966	0.6	6.2	7.4	16.0	37.7	54.3	264.7	189.7	23.8	12.3	6.3	1.4	620.4
1967	2.5	4.4	10.7	52.2	44.1	146.5	215.2	187.9	49.6	22.3	3.7	0	739.1
1968	0.2	2.0	8.7	23.8	61.4	57.0	233.1	164.5	74.9	51.7	20.0	8.7	706
1969	0.7	3.1	12.0	30.9	48.5	66.0	206.8	310.9	50.0	7.8	18.0	1.6	756.3
1970	1.5	6.3	13.1	15.3	52.0	75.3	287.7	167.4	73.8	74.3	0	0.2	766.9
1971	0.4	6.0	19.4	5.0	55.1	143.7	160.8	64.0	76.5	20.4	2.4	1.5.	555.2
1972	13.5	8.8	0.3	11.3	7.3	19.3	316.4	112.5	70.8	58.8	11.9	0.4	631.3
1973	15.9	4.6	12.4	5.7	39.7	79.3	225.9	288.4	119.3	35.0	22.2	0	848.4
1974	0.3	0.5	9.9	18.1	49.6	40.5	395.6	171.8	54.6	8.6	1.2	6.1	756.8
1975	1.2	0.5	0.2	2.1	32.2	114.6	165.9	125.1	11.1	0.2	8.8	0.4	462.3
1976	0	4.9	19.4	15.0	26.6	200.8	165.1	139.6	75.7	48.3	8.1	0.8	704.3
1977	0.8	0.7	6.9	17.5	79.6	104.4	339.0	172.0	47.9	116.1	20.3	27.1	932.3
1978	0.7	5.3	18.8	14.0	40.5	70.5	329.0	501.3	68.0	47.4	2.8	8.5	1106.8
1979	0.4	23.3	10.6	65.5	51.4	179.2	336.1	226.3	64.0	21.6	3.3	8.6	990.3
1980	1.3	6.2	13.2	40.0	34.4	208.0	91.2	134.2	56.5	13.4	0.4	5.8	604.6
1981	23.9	5.4	13.2	16.8	46	50.6	137.3	86.8	53.1	14.8	14.0	18.7	480.6
1982	3.7	6.4	1.7	15.4	18.9	144.9	330.2	170.4	10.5	55.5	6.3	0.1	764.0
1983	0.8	1.1	10.8	76.3	46.8	62.9	76.2	221.8	60.3	11.7	3.1	0	571.8
1984	0	1.8	10.5	35.5	16.6	102.3	87.1	252.4	27.5	16.0	14.3	13.2	577.2
1985	0.5	13.4	21.3	18.5	72.3	72.5	265.5	325.4	72.4	8.1	20.5	3.9	894.3
1986	0.1	3.9	14.2	12.6	16.9	99.0	291.6	87.5	146.0	25.0	5.2	53.0	755
1987	56.1	3.1	32.7	38.5	73.4	103.5	154.8	339.6	95.3	0.8	28.0	3.3	929.1
1988	0.1	2.3	10.4	12.5	52.5	37.0	178.2	246.6	111.9	20.0		1.0	672.5

九、蒸发

营子矿区春秋两季多风，降雨量少，空气干燥，蒸发量较大，多年陆面平均蒸发约在400—440毫米之间，随着近几年全球气候的逐渐变暖，地表水分的蒸发量也逐年增加。

1960—1988年营子矿区蒸发量统计表

表2－2－4　　　　单位：毫米

年＼月	1	2	3	4	5	6	7	8	9	10	11	12	全年合计
1960	32.0	25.6	93.0	226.5	237.8	249.9	190.6	166.1	153.7	96.7	59.7	37.2	1568.8
1961	37.2	54.3	106.1	224.5	287.5	244.2	185.8	147.7	115.6	71.4	49.4	36.2	1559.9
1962	35.2	35.5	96.8	169.8	291.2	226.7	174.2	155.0	109.5	100.2	48.9	38.6	1481.6
1963	43.2	56.2	110.2	154.6	219.7	270.5	184.6	134.9	134.4	95.7	43.9	38.3	1486.2
1964	27.8	26.9	76.9	88.1	224.3	211.8	124.7	129.7	98.4	65.2	52.5	33.7	1160.0
1965	32.8	46.1	124.5	177.3	304.4	237.7	191.5	160.6	137.2	111.9	56.8	49.3	1630.1
1966	41.8	64.0	96.5	169.8	267.2	223.1	154.3	131.3	125.4	95.5	59.9	31.1	1459.9
1967	44.8	40.0	111.7	164.8	241.6	187.6	156.5	138.1	127.0	110.8	49.1	35.7	1407.7
1968	66.3	44.6	121.6	214.3	268.8	264.5	169.2	143.7	128.5	91.5	43.4	25.9	1582.3
1969	30.8	34.7	79.6	190.8	228.6	221.4	162.5	159.0	126.1	109.0	61.4	38.5	1442.4
1970	34.4	49.4	78.9	196.5	229.2	194.1	182.8	134.1	146.8	105.4	67.7	39.3	1458.6
1971	40.9	37.4	80.5	198.4	274.3	213.7	162.3	151.1	129.6	119.0	62.4	41.4	1511.0
1972	25.2	37.4	103.6	207.4	259.4	328.3	234.6	170.2	124.3	103.6	54.7	38.8	1687.5
1973	26.4	38.8	93.9	216.9	234.4	173.7	137.9	133.7	104.9	97.3	59.6	47.6	1365.1
1974	31.8	46.0	91.6	197.5	266.0	223.7	142.0	159.6	128.3	111.8	56.1	24.5	1478.9
1975	31.6	51.1	126.4	225.7	252.7	196.3	191.1	154.9	132.4	113.4	49.7	31.5	1556.8
1976	43.6	41.7	83.7	160.0	284.5	204.4	120.5	126.5	116.7	25.9	45.4	31.3	1284.2
1977	23.7	57.4	113.2	182.8	191.7	202.9	151.3	145.3	137.1	100.7	48.4	26.8	1381.3
1978	38.5	42.3	89.8	251.9	221.4	231.4	167.3	127.3	117.0	87.7	49.7	29.8	1454.1
1979	35.8	166.0	82.7	118.1	208.2	151.3	144.0	134.5	116.1	103.3	54.6	28.1	1342.7
1980	28.2	40.7	74.2	132.8	229.3	166.6	135.5	113.9	105.6	70.3	53.6	32.1	1182.8
1981	28.6	41.2	100.7	172.9	208.7	212.4	161.6	133.9	116.6	100.7	42.1	30.3	1349.7
1982	25.5	38.1	95.4	187.9	249.7	186.1	167.5	139.6	128.7	89.2	50.2	43.3	1401.2
1983	4.7	40.1	84.6	145.5	185.7	216.1	164.2	132.2	103.2	72.3	49.6	39.1	1237.3
1984	32.0	42.1	85.5	128.2	209.6	183.7	165.1	133.9	111.3	99.1	50.9	27.4	1268.8
1985	23.5	26.5	66.7	158.3	153.6	178.3	146.6	131.2	99.0	84.2	47.8	33.1	1148.8
1986	43.0	43.7	85.2	180.2	210.8	200.3	126.8	128.4	114.9	62.9	44.5	28.5	1269.2
1987	30.5	44.5	63.0	12.7	197.9	165.3	171.2	146.2	118.0	92.4	12.5	37.1	1091.3
1988	42.0	46.5	88.3	199.7	218.5	185.7	137.6	134.9	113.3	96.2	83.5	45.3	1391.5

十、风

属季风气候，全年受风的影响。风向的变化具有明显的季节性，夏季多为东南风，冬季以西北风为主，春、秋两季正是这两种气候的转换季节，春季接近偏南风，秋季接近偏北风。年平均风速为1.7米/秒。年平均大于12米/秒的大风，为25—35天。历史极端最大风速为20米/秒。4月、5月风速最大，平均达2.8米/秒，8、9月份风速最小，平均0.35米/秒。

营子矿区第四季度风向表

表2－2－5

四季度	上旬	中旬	下旬	平均风向
10月	西	西	西	西
11月	西	西	西北	西
12月	西	西北	西北	西北

第二节　物　　候

春季　三月中旬，气温回升至0℃以上，土壤开始解冻。清明节后，气温升高到5℃时，杨树开始发青，农民开始准备耕种。

夏季　当气温稳定通过20℃时，农作物开始进入积极生长期。群众有“热在三伏”之说，常出现一年中极端最高气温。

秋季　立秋过后，天气明显变凉，昼夜温差加大，“一场秋雨一场寒”。白露过后，大田作物陆续开始收割，此时大雁南飞植物叶子枯黄、飘落，预示着冬季即将来临。

冬季　立冬过后，气候转寒，11月下旬，土壤稳定封冻，境内的极端最低气温一般出现在“三九”前后，俗有“冷在三九”之说。

第三章　水　　文

营子矿区气候温和，雨水充沛，滦河一级支流流经区内。地下水含水层主要为碳酸盐岩类裂隙岩溶水，其次是山间河谷孔隙含水层。地上水与地下水流向一致，相互转化，互相补充。全区水资源总量多年平均为2亿立方米。

第一节　地上水

营子矿区地处中纬度地区，气候温和，雨水充沛，是燕山暴雨中心。全区水资源总量多年平均为2亿立方米，其中地表水1.85亿立方米。地表水主要来自河川径流，境内自产水径流量6390万立方米，入境水量16000万立方米，出境水量22400万立方米。

柳河属滦河水系一级支流。发源于兴隆县八品叶梁，流经兴隆县，进入鹰手营子境内，全长12.15公里，是区内最长的河流。入境水流量2604万立方米，出境水量3904万立方米。

老牛河、汪家庄河、喇嘛沟河、金扇子河4条季节性河流汇入柳河。

1970—1986年鹰手营子柳河流量、水位统计表

表2-3-1

年份	流量（立方米/秒）	1月	2月	3月	4月	5月	6月	7月	8月	9月	10月	11月	12月	水位（米）最高	水位（米）最低
1970	平均	1.15	1.04	0.78	1.07	0.86	0.9	7.31	17.7	6.42	4.72	3.07	2.31	97.24	96.44
	最大日期	1.25	1.32	1.17	1.25	1.25	1.35	42.0	61.1	17.6	19.2	4.28	2.69		
		31	3	27	3	25	23	21	4	8	24	1	1		
	最小日期	1.09	0.80	0.54	0.79	0.68	0.73	0.68	7.30	3.24	3.24	1.57	1.68		
		22	28	11	30	18	6	7	30	30	1	21	31		
1971	平均	1.54	1.19	1.23	1.12	0.75	1.60	9.62	4.28	3.17	2.18	1.56	0.96	97.05	96.43
	最大日期	1.96	1.57	1.65	1.40	0.94	9.56	27.4	10.60	5.15	3.11	1.86	1.21		
		26	1	25	1	1	27	18	15	3	1	1	20		
	最小日期	1.12	0.92	0.88	0.84	0.62	0.52	4.04	2.52	2.27	1.86	1.00	0.58		
		5	10	10	21	22	4	12	20	12	16	30	6		
1972	平均	0.73	0.77	0.86	0.68	0.29	0.15	12.30	6.61	4.02	3.24	2.07	0.93	98.03	96.38
	最大日期	0.87	1.23	1.18	0.91	0.40	0.69	289.0	30.3	5.73	4.50	2.78	1.09		
		1	29	1	4	1	29	28	3	3	9	1	5		
	最小日期	0.52	0.63	0.74	0.40	0.20	0.11	0.11	3.24	2.78	2.55	0.89	0.74		
		26	8	15	26	6	6	17	30	30	27	27	31		
1973	平均	0.79	0.82	0.99	0.64	0.40	0.54	12.40	24.10	19.4	5.74	3.13	2.03	98.10	96.38
	最大日期	0.93	1.02	1.08	1.08	0.64	16.60	18.70	289.0	123.0	10.3	4.10	2.59		
		10	26	30	1	7	26	3	21	2	2	1	7		
	最小日期	0.70	0.70	0.91	0.35	0.14	0.14	0.92	3.37	8.50	3.77	2.40	1.39		
		1	11	9	25	4	13	1	1	30	31	25	31		
1974	平均	1.69	1.62	1.31	1.14	0.68	0.73	27.1	24.9	7.93	3.91	2.49	1.49	98.27	96.40
	最大日期	2.07	2.08	1.48	1.48	0.92	2.00	426.0	96.6	19.8	5.39	2.93	2.31		
		7	12	31	9	2	20	25	8	6	1	1	4		
	最小日期	1.12	1.12	1.19	0.80	0.46	0.46	0.62	7.53	5.04	2.93	2.24	1.0		
		29	1	26	23	26	13	11	25	25	31	29	18		
1975	平均	1.53	1.24	1.21	0.70	0.47	0.34	6.67	17.7	2.74	1.61	1.42	1.05	98.08	96.29
	最大日期	2.10	1.73	1.44	1.01	0.65	45.3	127	292	4.95	2.42	1.72	1.26		
		26	16	10	1	13	28	19	12	1	2	5	1		
	最小日期	1.20	0.96	1.01	0.46	0.20	0.20	1.41	3.78	2.05	1.27	1.14	0.95		
		31	8	30	24	26	9	7	31	21	23	20	28		

续表 2-3-1

年份	流量（立方米/秒）	1月	2月	3月	4月	5月	6月	7月	8月	9月	10月	11月	12月	水位（米）最高	水位（米）最低
1976	平均	0.93	0.75	0.75	0.68	0.30	2.67	15.9	9.91	5.93	4.61	3.20	1.93	97.50	96.24
	最大/日期	1.53/5	0.86/25	0.86/8	0.85/5	0.46/1	124/29	98.0/29	26.4/1	13.1/3	6.56/1	3.81/1	2.84/3		
	最小/日期	0.55/26	0.65/5	0.63/15	0.40/30	0.14/31	0.14/1	3.12/9	6.17/17	3.81/23	3.58/17	2.31/23	0.92/31		
1977	平均	0.92	0.91	1.57	0.99	1.19	2.24	27.1	26.6	4.28	3.73	4.58	2.92	98.12	96.32
	最大/日期	1.13/10	1.60/28	1.95/16	1.49/1	30.3/25	39.0/20	313/30	244/3	9.14/5	13.5/30	7.31/1	3.44/9		
	最小/日期	0.80/15	0.57/20	0.97/10	0.55/22	0.46/11	0.67/18	3.60/19	5.84/30	3.09/27	2.79/24	2.88/30	2.31/31		
1978	平均	1.46	1.39	1.52	1.09	0.66	0.92	20.0	49.9	16.4	6.26	4.11	2.94	98.52	96.27
	最大/日期	2.15/1	1.84/23	1.77/7	1.50/1	0.94/30	1.67/10	444/28	4.17/9	47.9/1	8.16/1	5.90/1	3.77/5		
	最小/日期	0.71/15	0.95/14	1.21/2	0.53/27	0.46/10	0.53/6	0.62/7	8.16/26	8.16/30	5.29/23	2.89/27	2.24/22		
1979	平均	2.25	1.50	1.53	1.59	1.86	5.24	29.4	30.0	7.74	3.28	2.28	1.90	97.76	96.30
	最大/日期	2.79/12	1.77/9	1.69/31	2.21/30	2.22/2	27.0/26	16.9/19	208/15	53.4/5	5.23/1	2.80/1	2.21/3		
	最小/日期	1.50/31	1.27/22	1.37/6	1.26/13	1.43/31	1.36/2	4.53/11	11.0/31	3.64/30	2.80/26	1.75/27	1.54/24		
1980	平均	1.46	1.31	1.26	1.20	0.77	5.21	3.52	5.20	3.44	1.77	1.35	1.02	96.83	96.24
	最大/日期	1.75/8	1.54/25	1.37/1	15.2/7	1.08/1	27.3/6	9.06/28	15.9/7	7.80/1	2.09/1	1.52/1	1.24/1		
	最小/日期	1.15/31	1.14/10	1.06/13	0.96/24	0.65/12	0.74/4	1.70/27	2.30/1	1.88/28	1.52/27	1.22/7	0.81/31		
1981	平均	0.79	0.80	0.79	0.57	0.54	0.38	1.11	1.54	1.27	0.94	0.67	0.56	96.58	96.19
	最大/日期	1.05/11	0.93/10	0.85/16	0.81/1	0.81/16	0.81/26	2.48/25	9.99/31	1.74/1	1.10/2	0.81/1	0.59/8		
	最小/日期	0.52/26	0.70/1	0.70/10	0.42/22	0.42/10	0.23/6	0.57/2	1.00/30	1.00/30	0.81/28	0.55/27	0.47/31		
1982	平均	0.40	0.57	0.50	0.28	0.21	1.62	17.6	17.1	3.66	3.13	2.17	1.48	98.27	96.16
	最大/日期	0.45/1	0.70/9	0.58/1	0.44/1	0.32/3	5.00/22	3.74/25	17.5/5	6.38/2	6.64/14	2.58/1	1.92/17		
	最小/日期	0.39/5	0.42/1	0.44/11	0.18/18	0.12/31	0.12/1	0.84/18	5.92/30	2.88/30	2.58/11	1.90/30	0.73/31		
1983	平均	1.30	1.26	1.22	1.33	1.89	0.93	0.98	12.3	4.03	2.34	1.25	1.08	97.70	96.25
	最大/日期	1.49/26	18.6/5	1.34/12	3.20/28	3.55/12	1.72/20	5.20/27	18.3/6	8.60/6	3.95/1	1.52/1	1.48/1		
	最小/日期	1.03/10	0.94/20	1.10/7	0.88/25	0.94/31	0.77/8	0.73/23	0.94/1	2.85/4	1.52/28	1.08/25	0.72/24		
1984	平均	0.82	0.70	0.72	0.73	0.42	0.48	0.65	7.72	2.03	1.36	1.03	0.70	97.07	96.18
	最大/日期	0.91/5	0.96/26	0.87/15	1.01/17	0.67/1	0.77/17	2.00/2	57.8/10	3.14/1	1.62/1	1.14/1	0.83/11		
	最小/日期	0.58/31	0.54/10	0.53/25	0.58/9	0.28/12	0.23/2	0.83/26	0.28/1	1.45/26	1.14/17	0.78/30	0.49/31		

续表 2－3－1

年份	流量（立方米/秒）	1月	2月	3月	4月	5月	6月	7月	8月	9月	10月	11月	12月	水位（米）	
														最高	最低
1985	平均	0.54	0.55	0.56	0.42	0.42	0.41	7.46	23.3	8.04	3.41	2.33	1.51	97.91	96.2
	最大日期	0.64/5	0.66/5	0.75/19	0.46/2	0.65/12	0.55/22	30.2/2	24.3/26	22.7/1	4.73/1	2.83/1	1.73/1		
	最小日期	0.43/15	0.48/25	0.34/29	0.34/1	0.3/1	0.3/8	0.46/1	3.59/5	4.73/26	2.83/25	1.82/30	1.34/18		
1986	平均	1.04	0.81	1.08	0.87	0.58	0.57	13.2	11.9	13.5	4.66	2.51	1.85	97.12	96.17
	最大日期	1.66/1	1.36/15	1.32/5	1.20/1	0.80/1	2.83/21	60.5/29	37.0/9	56.9/8	6.17/7	2.68/5	2.18/1		
	最小日期	0.86/9	0.45/15	0.91/13	0.70/11	0.3/26	0.18/6	1.05/2	5.7/29	5.67/30	2.67/31	2.20/30	1.50/31		

第二节　地下水

含水层主要为长城系、蓟县系白云岩以及寒武系、奥陶系灰岩为主的碳酸盐岩类裂隙岩溶水，分布面积最广；山间河谷孔隙含水层分布于柳河河谷及其支沟谷中，面积较小。侏罗系中统的砂砾岩、安山角砾岩以及花岗岩等，以裂隙水为主，富水性较差。

一、地下水含水岩组

（一）山间河（沟）谷砂卵砾石孔隙水含水岩组

分布于柳河河谷及其两侧阶地以及山间洼地中，河谷含水层性为卵砾石，夹有砂层，山坡麓及坡洪积、坡残积地带含水层岩性则为粉质黏土、含碎石黏土。

柳河河谷含水层厚度4—6米，地下水位埋深2—3米，单井涌水量每天1400立方米，地下水化学类型早期为碳酸氢钙、碳酸氢镁，因受到污染，部分地段出现过碳酸氢钙、过碳酸氢镁或硫酸钙和硫酸镁成分。矿化度每升1.0克左右，最高为每升1.38克。其支沟谷和山间洼地富水性相对较差，单井涌水量小于每天1000立方米，成井条件劣于柳河河谷。

山坡麓及坡洪积、坡残积地段含水层由粉质黏土和含碎石粉土组成，厚度4—10米，含水层厚度一般1—2米，蓄水空间较小，单井涌水量一般每天20—100立方米，适宜农村居民人畜饮用及灌溉用水。

（二）碎屑岩类裂隙孔隙含水岩组

分布于鹰手营子老爷庙—汪家庄以北以及寿王坟南部山区，岩性为侏罗系中统后城组砾岩、砂砾岩等，地下水赋存于岩石裂隙或孔隙之内，因地势相对高差大，汇水条件不好，常见泉流量为每秒0.014—0.451升，且动态不稳定，尤以分水岭部位，泉流量小于每秒0.11升，地下水十分贫乏。在断裂带部位可富集地下水。水化学类型为HCO3－Ca型，矿化度小于每升0.5克。

（三）碳酸盐岩类裂隙岩溶水含水岩组

分布于北马圈子—南马圈子、鹰手营子向斜（或背斜）以南地区以及鹰手营子镇北部四方洞—大跳沟一带，寿王坟北侧亦有分布。岩性为长城系、蓟县系白云岩和寒武系、奥陶系灰岩。由于地处构造变动区，断层密集发育，岩溶发育程度较高。但因碳酸盐岩出露面积不大，汇水面积有限，且地形高差很

大，因此地下水埋藏较深，出露的泉流量一般小于每秒 10 升，在断裂构造带附近水量比较丰富，单井涌水量每天 131.3—603.4 立方米。水化学类型为 HCO_3-CaMg 型，矿化度小于每升 0.3—0.5 克。

（四）基岩裂隙水含水组

分布于鹰手营子以西以及寿王坟北部地区，地下水主要赋存于各期岩浆岩风化带网状裂隙中。由于地势比较陡峻，或者处于分水岭地带，属于地下水的补给区，地下水比较贫乏，单井涌水量一般小于每天 50 立方米。

区内长城系、青白口系、寒武系、石灰—二叠系页岩，属于隔水岩类。石灰—二叠系砂岩、粉砂岩属于基岩裂隙孔隙含水岩组，富水性差。

二、地下水的补给、径流、排泄条件

大气降水垂直入渗是区内最基本的地下水补给来源，其次为境外地下水的侧向补给，柳河河谷则是区内地下水的主要排泄通道。总的径流方向由南向北顺势径流，但由于地形条件的差异，山区地下水的流向又具有局部多向性。地下水排泄方式，基岩裂隙水主要以沿沟谷渗透或分散小泉为主要的排泄方式，碳酸盐岩裂隙岩溶水多以侧向径流排泄或大泉集中排泄为主，第四系孔隙水以侧向径流排泄和人工开采为主要排泄方式，在河谷地带，地下水与地表水呈复杂的互补关系。而在矿区，采矿疏干则成为当地地下水主要的排泄方式。

第四章　土壤　植被

营子矿区土壤主要为褐土、棕壤土和草甸土。有机质、全氮含量处于中等水平，碱解氮和速效磷处于下等，速效钾属中等偏上。植被类型多种多样。全区植被覆盖率46.1%，森林覆盖率32.2%。有野生动物百余种。

第一节　土　　壤

一、成土母质

残坡积物　中性残坡积物为分布在鹰手营子、寿王坟一带的安山质角砾岩、火山碎屑岩、粗粒岩、砂质页岩等，夹有煤层。碳酸岩残坡积物，分布在全区各镇，为奥陶纪的白云岩。由于干旱和水土流失严重，土层很薄，多残留在裸岩之间质地黏重，形成的土壤富含石灰物质，适合于喜钙树种生长。泥质岩残坡积物，主要分布在鹰手营子镇、北马圈子镇，面积为 1665.8 公顷。

洪冲积物　由于降雨量分布不均，水土流失严重，临时性洪水将岩石风化后所形成的土壤和岩石碎屑搬运到谷底及山谷的出口处，沉积形成小洪积扇，主要分布在各个谷底。

河流冲积物　主要分布在柳河两岸，为河水从上游搬运沉积产物所形成的冲积地貌。其特点是：

质地均一，每次水流速度不同，形成剖面质地变化明显，大部分底部有鹅卵石。愈靠近河床质地愈粗，有“一步三换土”之称。

黄土 黄土为第四纪的一种特殊沉积物。新黄土（马兰黄土）和老黄土大部分被洪水搬运或滑坡形成次生黄土，原生黄土在地势较高的地方，有零星分布。

二、类属分布

营子矿区土壤分为 3 个土类，其中棕壤土约占土壤面积的 38%，褐土约占 60%，草甸土约占 2%。

棕壤 主要分布在北马圈子镇金扇子、鹰手营子镇喇嘛沟以及寿王坟镇南沟、罗圈沟。

褐土 主要分布在北马圈子镇南马圈子村，鹰手营子镇石片沟、跳沟，寿王坟镇吴家沟、东沟以及汪家庄镇的大部分地块。

草甸土 四各镇均有分布，鹰手营子镇主要分布在喇嘛沟东沟，寿王坟镇主要分布在西坎。

营子矿区各镇土类面积统计表

表 2-4-1

土类	亚类	面积（亩）				占土壤面积（%）				其中耕地面积（亩）				占耕地（%）			
		鹰手营子镇	寿王坟镇	北马圈子镇	汪家庄镇	鹰手营子镇	寿王坟镇	北马圈子镇	汪家庄镇	鹰手营子镇	寿王坟镇	北马圈子镇	汪家庄镇	鹰手营子镇	寿王坟镇	北马圈子镇	汪家庄镇
棕壤	棕壤	—	49110	3779	—	—	54.6	11.4	—	—	1291	—	—	—	29.8	—	—
	黄棕壤性土	—	—	—	9000	—	—	—	36.1	—	—	—	—	—	—	—	—
	棕壤性土	30048	7584	13036	—	33.4	8.4	39.5	—	—	—	—	—	—	—	—	—
	棕壤小计	30048	56694	16815	9000	33.4	63.0	50.9	36.1	—	1291	—	425	—	29.8	—	35
褐土	淋溶褐土	6410	6778	9772	1000	7.1	7.5	29.6	4	4419	786	1815	100	64.3	18.1	56.5	8.3
	褐土	596	—	232	11005	0.7	—	0.7	44.2	596	—	232	518	8.7	—	7.2	42.7
	褐土性土	51005	24236	5047	—	56.73	26.9	15.3	—	—	—	—	—	—	—	—	—
	碳酸盐褐土	—	—	—	—	—	—	—	—	—	—	—	—	—	—	—	—
	草甸褐土	476	1757	201	801	0.53	2.0	0.6	3.2	476	1757	201	170	6.9	40.5	6.3	14
	褐土小计	58487	32771	15252	12806	65.06	36.4	46.2	51.4	5491	2543	2248	788	79.9	58.6	70.0	65

续表 2－4－1

土类	亚类	面积（亩）				占土壤面积（%）				其中耕地面积（亩）				占耕地（%）			
		鹰手营子镇	寿王坟镇	北马圈子镇	汪家庄镇	鹰手营子镇	寿王坟镇	北马圈子镇	汪家庄镇	鹰手营子镇	寿王坟镇	北马圈子镇	汪家庄镇	鹰手营子镇	寿王坟镇	北马圈子镇	汪家庄镇
草甸土	草甸土	1379	504	965	3094	1.5	0.6	2.9	12.5	1379	504	965	—	20.1	11.6	30.0	—
合计		89914	89969	33032	24900	—	—	—	—	6870	4338	3213	1213	—	—	—	—

三、土壤肥力

按国家分级标准，有机质、全氮含量处于中等水平，碱解氮和速效磷处于下等，速效钾属中等偏上。

1992 年对鹰手营子镇老爷庙村梁后坡大地土壤耕层养分抽样调查显示，土壤中有机质含量 2.27%，属全国三级；全氮 0.1%，属全国三级；碱解氮 88.8/1000000，属全国四级；速效磷 6/1000000，属全国四级；速效钾 150/1000000，属全国二级。

1983 年营子矿区耕层（0—20 厘米）土壤微量营养元素变幅和平均含量表

表 2－4－2　　单位：百万分比浓度

镇	有效铁		有效铜		有效锰		有效锌	
	范围	平均	范围	平均	范围	平均	范围	平均
鹰手营子	9.7—17.5	12.52	0.96—1.29	1.09	4.0—6.7	5.12	0.14—1.05	0.72
北马圈子	10.1—11.1	10.6	0.76—0.93	0.85	3.8—5.5	4.65	0.7—3.0	1.85
寿王坟	5.5—16.4	10.74	0.41—1.5	2.98	4.0—7.2	3.69	0.24—0.99	0.55

说明：1983 年汪家庄还未建镇

第二节　植　　被

营子矿区具有垂直分布带谱的“立体”地貌，植被类型多种多样。全区植被覆盖率 46.1%，森林覆盖率 32.2%。

一、苔藓植物

苔藓植被有瘤冠苔科、地线科、牛毛藓科、凤尾藓科、丛藓科、紫萼藓科、葫芦藓科、真藓科、提灯藓科、缩叶藓科、虎尾藓科、薄罗藓科、牛舌藓科、羽藓科、柳叶藓科、青藓科、绢藓科、棉藓科、灰藓科、垂枝藓科、金发藓科。

二、蕨类植物

蕨类植被主要有卷百科、木贼科、碗蕨科、凤尾蕨科、中国蕨科、铁线蕨科、裸子蕨科、蹄盖蕨

科、金星蕨科、铁角蕨科、球子蕨科、岩蕨科、鳞毛蕨科、水龙骨科。

三、裸子植物科

裸子植物科主要有松科、柏科、麻黄科。

四、被子植物

被子植物科主要有金粟兰科、杨柳科、胡桃科、桦木科、壳斗科、榆科、桑科、荨麻科、檀香科、桑寄生科、蓼科、藜科、苋科、马齿苋科、石竹科、金鱼藻科、毛茛科、芍药科、小檗科、防己科、木兰科、罂粟科、十字花科、景天科、虎耳草科、蔷薇科、豆科、酢浆草科、牻牛儿苗科、亚麻科、蒺藜科、芸香科、苦木科、远志科、大戟科、漆树科、卫矛科、省沽油科、槭树科、凤仙花科、鼠李科、葡萄科、椴木科、锦葵科、猕猴桃科、柽柳科、堇菜科、秋海棠科、瑞香科、柳叶菜科、五加科、伞形科、山茱萸科、鹿蹄草科、杜鹃花科、报春花科、木樨科、龙胆科、萝藦科、旋花科、花荵科、紫草科、马鞭草科、唇形科、茄科、玄参科、紫葳科、列当科、苦苣苔科、葫芦科、透骨草科、车前科、茜草科、忍冬科、五福花科、败酱科、川续断科、桔梗科、菊科、马兜铃科、藤黄科、泽泻科、禾本科、莎草科、天南星科、灯芯草科、百合科、薯蓣科、鸢尾科、兰科。

第五章　自然资源

营子矿区位于燕山主峰雾灵山脚下，风景秀丽，气候宜人，有喇嘛梁、笔架山、罗圈沟森林奇观和古人类遗址四方洞等自然景色。由于地貌环境和地质条件的作用，形成了多种矿产资源，地下储藏煤、铜、铁、钼、金、银等。非矿产资源有熔剂灰岩、水泥灰岩、石灰石、耐火黏土、紫砂等。其中，铜占河北省首位，煤和熔剂灰岩占承德市首位，铁占承德市第四位。各类矿产累计探明资源储量23500万吨，保有资源储量1198.353万吨，人均资源储量1706吨。全区有未利用土地1957.2公顷，类型多样。有诸多植物、动物种类。多年平均水资源量2亿立方米，其中地表水1.85亿立方米，地下水0.15亿立方米。1953年后，由于兴隆矿务局、地方国营煤矿和寿王坟铜矿对煤炭、铜、铁、钼等的大量开采，加上改革开放以后，地方小铜铁矿、小煤矿的快速开采，至2003年，营子矿区已成为资源枯竭型矿区。

第一节　土地资源

一、土地资源优势

土壤类型多样，生产潜力大。2003年，未利用土地1957.2公顷，其中荒草地1360.8公顷，裸岩479公顷，田坎102.07公顷，其他15.33公顷。

二、土地资源劣势

矿山废弃地较多，可恢复地较少。

人均耕地逐渐减少没有后备土地资源。由于历经50多年的工业建设、矿山开采和村镇建设，大量耕地被非农业建设占用。2003年，全区人均耕地只有0.16亩，农业人口人均耕地仅有0.68亩，低于联合国粮农组织确定的人均耕地0.8亩的最低警戒线。

土地构型不良，生态环境脆弱。一是山高谷深，耕地坡度大，可耕层浅薄；二是干旱缺水，水土流失，土壤风蚀沙化；三是采掘、冶金、建材等工矿企业的污染对土壤造成了不同程度的破坏；四是耕地利用上存在重用轻养倾向，在肥料使用上缺乏科学性，造成部分土壤板结。

三、土地资源利用

（一）农业用地

发展农业生产需要划定的土地区域。包括规划期非农业建设以外的耕地及可开发为耕地的后备土地资源以及为农业生产服务的田坎、沟渠、道路。2003年，农业用地区面积778.87公顷，占土地总面积的4.3%。

（二）果园用地

发展果桑及其他多年生作物需要划定的土地区域，包括集中连片的果园、桑园。2003年，面积为1501.27公顷，占总面积的10.0%。

（三）林业用地

发展林业，改善生态环境需要划定的土地区域，包括现有林地、灌木林、疏林地、未成林造林地、草地和苗圃及规划开发的林地后备资源。2003年，面积为10413.4公顷，占总面积的70.0%.

（四）城镇用地

城镇建设需要划定的土地区域。主要包括，已经设定的建制镇的建城区及规划区内增加的城镇建设用地面积。2003年，面积为935.5公顷，占总面积的6.3%。

（五）村镇用地

村镇建设划定的土地、区域，包括建制镇以外的所有村庄。2003年，面积为339.2公顷，占总面积的2.3%。

（六）独立工矿用地

独立于城镇、村镇建设用地之外的工矿建设需要划定的土地区域。2003年，面积为431.87公顷，占总面积的3.8%。

（七）特殊用地

未被利用或难利用的土地区域，面积为411.4公顷，占总面积的2.78%。

第二节　水资源

一、水量

营子矿区一条主河为客水河，区内流经短，支流都为季节性河流，水资源补给主要靠自然降水，全区年平均降水673毫米。年入境水流量1.6亿立方米，出境水量2.24万立方米。多年平均水资源量2亿

立方米，其中地表水1.85亿立方米，地下水0.15亿立方米。地下水来源主要是闭合小流域的大气降水渗透补给，主要分布在比较宽的沟川河流。全区农业用水量379万吨/年，果园用水64万吨/年，牲畜用水0.6万吨/年；工业用水340万吨/年；农村生活用水12万吨/年；城镇居民用水279万吨/年。

二、水质

营子矿区以煤炭和有色金属开采、建材、冶金、果品加工等为主要工业体系，由于工业用水的排放，柳河、老牛河都受到了不同程度的污染。地下水质量比较好，无色、无味，为重碳酸盐、钠、钙、镁型。

1986年8月上旬营子矿区地表水监测情况表

表2-5-1

名称	柳河	名称	柳河
水温	19.8	总铬	—
水色	微红	六价铬	—
气味	微腥	铜	—
pH值	8.2	铅	—
监测点	大桥	镉	—
耗氧量	5.88	锌	—
溶氧量	8.20	悬浮物	—
氨氧	0.86	硫化物	128
挥发酚	0.003	氧化物	0.35
氧化物	0.010	硬度	0.55
砷	—	BODs	134.38
总汞	—	—	—

1995—2003年营子矿区水质指标完成情况表

表2-5-2　　单位:%

项目 年度	细菌合格率（%）	大肠菌合格率（%）	余氯合格率（%）	浊度合格率（%）	国标26项合格率（%）	水质综合合格率（%）
1995	100	98	100	98	100	99.2
1996	100	98	100	90	100	97.6
1997	100	100	98	96	100	98.8
1998	100	98	100	98	100	99.2
1999	100	98	100	100	100	99.6
2000	100	98	100	96	100	99.2
2001	100	100	100	100	100	99.6
2002	100	98	100	99	100	99.7
2003	100	98	100	99	100	99.8

2003 年营子矿区地下水检验报告表

表 2－5－3

监测井位置 / 类别	鹰手营子街城建水源井		金扇子董家庄水源井	
pH 值	7.68	6.5—8.8	7.30	6.5—8.5
总硬度	352	450 毫克/升	460	450 毫克/升
氯化物	27	250 毫克/升	62	250 毫克/升
六价铬	< 0.004	0.05 毫克/升	< 0.004	0.05 毫克/升
硫酸盐	154	250 毫克/升	248	250 毫克升
硝酸盐	7.6	20 毫克升	20.0	20 毫克/升
氟化物	0.1	1.0 毫克/升	0.4	1.0 毫克/升
浊度	0	< 1 度	0	< 1 度
色度	0	< 15 度	0	< 15 度
挥发酚	< 0.001	0.002 毫克/升	< 0.001	0.002 毫克升
氰化物	< 0.001	0.05 毫克/升	< 0.001	0.05 毫克升
阴离子合成洗涤剂	< 0.1	0.3 毫克/升	< 0.1	0.3 毫克/升
亚硝酸盐氮	—	0.001 毫克/升	—	0.05 毫克/升
镉	< 0.001	0.005 毫克/升	< 0.001	0.005 毫克/升
锰	< 0.01	0.1 毫克/升	< 0.01	0.1 毫克升
铁	0.1	0.3 毫克/升	0.05	0.3 毫克/升
铅	< 0.01	0.01 毫克/升	< 0.01	0.01 毫克升
锌	< 0.01	1.0 毫克/升	< 0.01	1.0 毫克/升
铜	< 0.01	1.0 毫克/升	< 0.01	1.0 毫克/升
砷	< 0.01	0.05 毫克/升	< 0.01	0.05 毫克/升
硒	< 0.01	0.01 毫克/升	< 0.01	0.01 毫克/升
汞	< 0.001	0.001 毫克/升	< 0.001	0.001 毫克/升
耗氧量	1.6	3.0 毫克/升	1.9	3.0 毫克/升
总固体	511	1000 毫克/升	774	1000 毫克/升
氨氮	—	0.02 毫克/升	—	3.60 毫克/升

第三节　生物资源

一、植物资源

（一）木材燃料类

木材主要有：白蜡、油松、小叶杨、落叶松、侧柏、山杨、家杨、榆树（青榆、麻榆、楮榆、黄榆）、椴树、胡桃楸、白桦、柞树、山梨、山楂、椿树、苦栎树、辽东栎、柽柳、六道木、苏刺柏、五角枫、刺槐、白枣子、桑树等。

灌木主要有：牛筋子、山杏、毛桃、映山红、荆条、多花胡枝子、二色胡枝子、北京丁香、横条、猕猴桃、山葡萄、芝麻花、金银花、蚂蚱腿子、老瓜食、麻黎子、毛榛、平榛、刀榛、扫帚香、野山藤、照山白、小叶鼠李、绣线菊、冬青、酸枣、黄刺梅等。

草本植物类有：羊胡子草、黄背草、荩草、直穗鹅观草、狗尾草、大油芒、野古草、堇菜、隐子草、铁杆蒿、黄蒿、野百合、马齿苋、水芹、山野豌豆、野菊、艾蒿、苦麻菜等。

（二）药用类

根、皮类中草药主要有：防风、柴胡、远志、地榆、黄芩、黄芪、苍术、甘草、党参、苦参、红参、沙参、生麻、大玉竹、小玉竹、赤芍、百合、元胡、白芍、白头翁、葛根、贯仲、当归、茯苓、串山龙、毛崀、龙胆草、茜草、桔梗、知母、黄精、穿龙薯蓣、葛根、竹伶、串山龙、芍药、狼毒、龙胆草、板蓝根、藁本、刺五加、家榆等。

全草、叶类中草药主要有：山丹花、半夏、元胡、紫花丁、黄柏皮、杜仲、益母草、芥梗、问荆、石韦、马齿苋、猪毛菜、瓦松、瞿麦、白层菜、老鹳草、照山白、龙葵、透骨草、荆芥、地丁草、败酱草、蒲公英、刺菜、大蓟、小蓟、苦麻菜、铃兰、鬼针草、艾蒿、芦黎、缬草、桑叶、铃兰、侧柏等。

花、果、籽类中草药主要有：山楂、映山红、金银花、野菊花、刺槐花、玫瑰花、冬花、五味子、苍耳子、山野豌豆、车前子、蒺藜、寄生、槐树荚、菟丝子、酸枣仁、桃仁、杏仁、金铃子、葶苈等。

（三）食用类

欧李、山梨、棠梨、山荆子、山楂、山杏（仁）、毛桃（仁）、托盘、桑葚、山枣、山核桃、山樱桃、平臻、毛榛、阳桃、黄花，各种蘑菇（榛蘑、松蘑、肉蘑、草蘑、柳蘑、扬蘑），黑木耳等。

二、野生动物

（一）兽类

虎　哺乳纲，食肉目，猫科。毛黄色，有黑色斑纹。性凶猛，力气大，夜间出来捕食鸟兽，有时伤害人。“后龙风水”禁地开禁前后，曾有过，近些年已绝迹。

狼　哺乳纲，食肉目，犬科。20 世纪 50 年代前全区分布，深山区尤多。现已绝迹。

金钱豹　群众称之为“土豹子”。哺乳纲，食肉目，猫科。体长 1.2 米左右，尾细长，淡褐色，有明显的圆形或椭圆形的黑色斑纹。50 至 70 年代，在寿王坟多次见到过。60 年代，寿王坟一村民被金钱豹咬伤，在搏斗中金钱豹被村民踢下山摔死。

狐　哺乳纲，食肉目，犬科。60 年代以前全区分布。居山坡阳面石洞内的毛色红黄；居山坡阴面

石洞内的毛色花灰。现在寿王坟镇仍能见到。

貉　俗称山狸子，哺乳纲，食肉目，犬科。皮很珍贵，在深山区尚可见到。

獾　亦称鼬獾，有狗獾、猪獾之分。哺乳纲，食肉目，鼬科。居山洞或地下掘洞，杂食。肉皆脂肪，炼油后可治烧伤。以寿王坟为多，北马圈子、汪家庄镇李家沟、鹰手营子镇喇嘛沟等处也能见到。

野山羊　偶蹄目、牛科。80 年代前，山中常见，后已很少。

黄鼬　俗称黄鼠狼。哺乳纲，食肉目，鼬科。多居于村庄柴堆，木垛之中。夜间偷吃鸡鸭。以前很多，近些年逐渐减少。

草兔　又称野兔、山兔。哺乳纲，兔形目，兔科。广有分布。

松鼠　啮齿目，松鼠科。山林中偶见。

狍　俗称狍子。哺乳纲，偶蹄目，鹿科。多出没于寿王坟、李家沟、喇嘛沟等地。80 年代，寿王坟镇南沟、罗圈沟、郑家庄三个村的村民自发组成狩猎组到山上狩猎，每年猎取狍 30 到 200 只不等。

刺猬　哺乳纲，食虫目，刺猬科。常见于柴草多的山区。

蝙蝠　鳞翅目，蝙蝠蛾科。70 年代前，随处可见，后逐渐减少。

（二）禽类

秃鹫　俗称“坐山雕”。鸟纲，隼形目，鹰科。大型猛禽，住在悬崖峭壁的石洞中，喜欢立在山峰耸岩上。现已很少见。

苍鹰　俗称“老鹞子”。鸟纲，隼形目，鹰科。苍灰色，目力很强，喜空中盘旋觅食。居山洞或山林中，20 年前常见，现已不多见。

雀鹰　俗称“鹞子”。鸟纲，鹰科。栖于山间林地，以捕捉小鸟为食，现已很少见到。

红脚隼　俗称“清见子”。鸟纲，隼形目，隼科。住在村中高树上，但数量不多。

鸮　俗称“夜猫子”。因在夜深人静时出来觅食，鸣声响亮、难听，故世代都视为不祥之鸟。现已不常见。

雉鸡　又名野鸡。鸟纲，鸡形目，雉科。全区广为分布。肉质鲜美。

石鸡　嘎嘎鸡。鸡形目，雉科。栖于山崖间，以谷物、草籽、昆虫为食。春季交配时嘎嘎叫个不停。全区广为分布。

沙鸡　鸡纲，沙鸡科。因重量在 0.5 公斤左右，故称之“沙半斤”。为不定性的冬候鸟。

鹌鹑　俗称“秃尾巴鹌鹑”。鸟纲，雉科。全区广为分布。

大山雀　又名白脸山雀、吱吱黑。雀形目，山雀科。为农林益鸟。常见于果林中，喜吃虫。

岩鸽　俗称山鸽子。鸽形目，鸠鸽科。居高山峭壁洞穴或缝隙中。

啄木鸟　鴷形目，啄木鸟科。山中可见。

凫 俗称“野鸭”。鸟纲，鸭科。现在寿王坟还可见到，但数量不多。

乌鸦　俗称“老鸹”，鸟纲。20 世纪 60 年代以前，树上、地上到处可见，常在山野墓地出现。现已少见。

捞鱼鹳　鸟纲，鹳科。活动在溪流中，以鱼、虾为食。现已很少见。

画眉　雀形目、鹟科，画眉亚科。

绿翅鸭　鸟纲，雁形目，鸭科。俗称小水鸭，柳河内偶尔可见，数量很少。

杜鹃　鸟纲，鹃形目，杜鹃科。候鸟，喜吃虫。大杜鹃，又名“郭公”“布谷”。小杜鹃，又名“子规”。

戴胜　俗称“呼鹁鹁”。草绿色，头有突出的冠羽。候鸟，以昆虫为食，属益鸟。

北朱雀　又叫“靠山红”。雀形目，雀科。为冬候鸟，秋末和冬季可见到。

金翅雀 又叫“芦花黄雀”“绿雀”“黄楠雀”。雀形目，雀科。为留鸟。羽色艳丽，食树木和杂草的种子、谷物和昆虫。

黄雀 又名“黄鸟”“金雀”。雀形目，雀科。候鸟，繁殖于大兴安岭，春季迁徙时经过，全区可见到。

黑头蜡嘴雀 又叫“梧桐”“铜嘴”。雀形目、雀科。候鸟，迁徙时经过，到南方过冬。

红点颏 又名“红颏”“点颏”“红喉歌鸲”“红脖”等。雀形目，鹟科、鸫亚科。候鸟。夏季可见到。

蓝点颏 又名“蓝颏”“点颏”“蓝脖”“蓝喉歌鸲”“九圈领”等。雀形目，鹟科，鸫亚科。候鸟。

太平鸟 又叫“十二黄”“黄连雀”。雀形目，太平鸟科。候鸟，冬季有时可见到。

寒号鸟 鸮形目，啄木鸟科。山中可见

此外，雀形目，各种鸟有：云雀、家燕、红尾伯劳、黄鹂喜鹊、灰喜鹊、山麻雀、百灵、长尾巴链、黄眉柳莺（树串儿）、山斑鸠、燕子、鱼鹰等。

（三）水生类

鲶鱼 鲶科。柳河中可见到。

鲫鱼 鲤科，柳河甚多。

棒花鱼 鲤科，俗称“花鲤棒子”，生长在柳河。

草鱼 鲤科，生长在池塘。

鲢鱼 鲤科，原生长在柳河，现多生长在池塘。

瓦氏瓦罗鱼 鲤科。俗称“滑子鱼”，生长在柳河。

马口 鲤形目，鲤科雅罗鱼亚科，生长在柳河。

嘎鱼 鲶科，柳河中常见。

红赤板 鲤科，生长在柳河。

鳝鱼 鲶科，原柳河常见，现已很少。

麦穗鱼 鲤科，生长在柳河。

泥鳅 鲤形目，鳅科，生长在柳河，多见。

此外，还有白条、虫鱼等。

（四）两栖、爬行类

青蛙、鳖、蟾蜍、蛇、蜥蜴、壁虎、穿山甲。

（五）节肢、软体、环节类

虾、蝎子、蜈蚣、蜘蛛、螺、河蚌、蜗牛、蚯蚓、水蛭等。

（六）昆虫

蚂蚁（黑、黄）、蝗虫、蟋蟀、蛄蝼、蜻蜓、蝉、野蜂、蟑螂、臭椿象、蝴蝶、螳螂、萤火虫、蝈蝈等。

第四节　矿产资源

一、能源矿产

区内的煤炭资源丰富，埋藏较浅，成矿条件优越。主要分布在北马圈子、南马圈子、金扇子、石片沟、老爷庙、火神庙、汪家庄、涝洼滩一带，称为兴隆煤田，总储量 2.23 亿吨。煤炭种类有 6 种：气煤、肥煤、焦煤、瘦煤、贫煤和无烟煤。煤质为亮型煤、半亮型煤和暗淡型煤。原煤灰分 4.43%—50%，大于 26%；含硫分一般 0.01%—8.13% 之间，大于 4%；发热量 3000—5000 千卡/公斤；为高硫、高灰、中热值煤。

营子矿区煤层煤样分析试验结果表

表 2－5－4

地名	煤层名称	Wf%	Ag%	Vf%	焦渣特征	Sg% Q	Qf GW Mf/kg	煤层牌号	水平
鹰手营子	四层	32	37.68	23.03	1—7	2.50	20.06	瘦煤肥煤	+330—+410
	六层	0.99	38.36	27.49	2—5	2.34	19.97	瘦煤焦煤	+410—+463
	六层	0.48	36.60	27.99	4	2.71	20.73	焦煤	+330—+410
	四层	1.33	44.56	22.35	1—5	2.44	17.36	肥煤	+330—+420
	六层	0.85	35.05	32.24	4—5	1.77	20.69	肥煤	+330—+420
北马圈子	二层	0.90	32.44	36.00	6	0.60	21.10	气煤	+386—+475
	四层	0.86	43.36	39.91	2—6	1.47	17.21	气煤	+300—+386
	四层	1.01	40.58	41.12	4	2.16	18.20	气煤	+300 以下
	五层	1.11	20.12	42.81	7	3.99	27.32	气肥煤	+386 以上
	五层	1.45	18.25	42.86	6—7	3.63	27.60	气肥煤	+386 以下
	六层	1.14	28.76	30.99	3—7	2.59	23.12	气肥煤	+300—+386
	六层	1.03	29.47	32.33	4	2.58	23.13	气肥煤	+300 水平
	四层	0.86	36.82	31.02	2—4	2.51	20.19	气煤	+300
汪家庄	三层	2.07	30.92	32.07	5	1.18	22.79	肥煤	+370 以上
	四层	0.71	37.37	34.61	5—8	1.45	20.48	肥煤	+270—+370
	六层	0.98	19.60	30.95	4—8	2.76	27.39	肥煤焦煤	+270—+370

二、金属矿产

营子矿区金属矿产分布在寿王坟一带，岩层分布有震旦纪地层、中生代地层。

矿体中有工业价值的铜的品位在 0.3% 以，铁的品位在 10%—30%，在铜的贫矿技术样品中的铁的品位在 33.59%，金的品位 0.3 克/吨左右，银的品位 10 克/吨左右，还有钼，但储量较少，仍有开采价值。

铜　分布在寿王坟一带。资源储量 16024.733 万吨，保有资源储量 1105.233 万吨 。

铁　分布在寿王坟一带。资源储量 2693.156 万吨，保有资源储量 585.964 万吨，可采储量

49.961 万吨。

钼 分布在寿王坟一带。储量为 144.529 万吨，保有储量 19.73 万吨。

三、非金属矿产

非金属矿产主要有水泥灰岩、溶剂灰岩、耐火黏土、萤石、建筑石料、紫砂陶土等。

溶剂灰岩 主要分布在鹰手营子一带。储量丰富，矿石质量较好。资源储量 3676 万吨，保有储量 3489.7 万吨。

水泥灰岩 主要分布在鹰手营子一带。资源储量 1797 万吨，保有资源储量 1333 万吨。

耐火黏土 主要分布在汪家庄、北马圈子一带。资源储量 7.7 万吨，保有资源储量 0.20 万吨。

萤石 主要分布在寿王坟一带。储量较小，保有储量 4 万吨，可采储量 3.06 万吨。

建筑石料 主要分布在鹰手营子、北马圈子、汪家庄一带。已探明储量 7488 万立方米，未探明储量可达 5 亿立方米。

紫砂陶土 主要分布在鹰手营子南部、北马圈子村至涝洼滩一带，呈东西部走向、带状分布，储量达 1 亿吨。

第五节 自然景观

营子矿区地处燕山主峰雾灵山脚下，受到雾灵山气候的调节，夏季风景秀丽，气候宜人。主要自然景观有：

一、四方洞

坐落于营子矿区鹰手营子镇东北 1.5 公里的柳河南岸，因洞口呈四方形，故称之为四方洞。洞口高约 12 米，宽 13 米，又名大方洞。洞口朝西，高出柳河水面 3 米，洞内宽敞，可容纳百余人。向内延伸约 10 米处，有 2 个支洞，1 支向南、1 支向东。南支洞较短，在山体背后有出口。东支洞越走越高，可行至 45 米处，幽深不见五指。四方洞为侏罗纪燕山凿山运动之后逐步发育产生，是旧石器时代古人类居住遗址。1982 年省政府确定为省级重点文物保护单位。

二、长仙洞

位于寿王坟镇罗圈沟村下台庄的大东山半山腰上。传说是东海龙王的大女儿曾经居住过的地方。在很久以前，此地有一条蛇精作怪，祸害百姓。东海龙王的大女儿路过此地，制伏了蛇精，就住在此洞。洞外有一块 2 吨重的大石块，龙女轻轻一吸，石块自动挡在门口，用手一指，石块自动移开。至今大石块还留在洞口。

三、仙人指路

位于寿王坟镇罗圈沟村大东山头道钗子沟顶。有一石柱，像一个人站在那里，在他的脚下有两个像兔子蹲在地上的石头，好像在听仙人讲道。

四、小人山

位于寿王坟镇南沟村的东山上，有一个直上直下的石柱，恰似小孩在玩耍。

五、笔架山

位于寿王坟镇城区南山上，山顶有两丫形山峰，远远望去像一个笔架。

六、将军座

位于寿王坟镇城区北山上，海拔788米，好似一位大将军端坐，威风凛凛，背北朝南。在它的两侧，有文武两山相陪。东面叫文山，西面叫武山。

七、罗圈沟森林奇观

罗圈沟森林区位于寿王坟镇罗圈沟下台庄。由西南沟、正南沟、井子沟、大东山组成，面积1173.3公顷。这里群山环抱，连绵起伏，峰峦叠嶂，山清水秀，四季分明。林中多以松树、白桦、椴树、柞树、杨树为主，伴有牛筋子、山杏、荆条等灌木，参差错落。春季山花烂漫；夏季郁郁葱葱，雨后云雾缭绕，仿佛人间仙境；秋季果实累累，层林尽染，姹紫嫣红；冬季银装素裹，冰花玉树。长仙洞、龙王庙、石井子、仙人指路、老鹰场、擎天柱、双人仙等壮美自然景观装点着罗圈沟森林。

八、喇嘛梁

位于鹰手营子镇喇嘛沟西沟。地势起伏，岗坡纵横。最高峰大羊圈山，海拔1055米，第二高峰大旗山，海拔965米。景色秀丽，气候宜人，山间泉水叮咚，甘甜可口。春天，山花烂漫，如临画卷；夏天，漫山葱绿；秋天，红叶似火，野果飘香；冬季，松柏身躯挺拔，傲然屹立。

第六章　自然灾害

营子地区发生的自然灾害为气象灾害、地质性灾害和生物性灾害。

第一节　气象灾害

一、旱灾

清乾隆九年（1744年）三至六月，大旱，禾草枯死。
清道光七年（1827年），大旱，地温似火，渴死民众甚多。
清光绪元年（1875年），春夏，大旱，庄稼多枯竭。
民国19年（1930年）4—5月，大旱，庄稼多枯竭。
民国37年（1948年）春，大旱，河流断水，地裂，耕地多不能耕种。
1959年春夏，全区50多天滴雨未下，阳坡黄土地、薄地干透15厘米左右。

1972年3—6月，大旱，干透土层达45厘米，近50年来所罕见。

1984年6月7日至8月30日，连续85天无雨，受灾面积9341亩。

1988年上半年，遭受严重旱灾。造成粮食大幅度减产。

1992年，全区春旱，11694亩耕地不能适时播种。

1997年，受春旱、夏涝及冰雹等自然灾害袭击，成灾面积5370亩，造成直接经济损失418.47万元，农业经济损失385.67万元。

1999年6月中旬至8月末，滴雨未降，遭受了有史以来的特大旱灾，农作物受灾面积达15825亩，造成直接经济损失1600万元。

2000年5—7月，天气持续高温，干旱少雨，全区粮食作物受灾面积5985亩，蔬菜受灾面积1540亩，果树受灾面积9620亩，经济林受灾面积5230亩，农业直接经济损失累计达3330万元。

2001年6月10日前，未降雨，严重旱灾使全区农作物受灾面积达15632亩，近6万人饮水困难，造成直接经济损失8280万元。

2002年6月9日前，滴雨未见，持续高温44天，柳河断流。

二、水灾

清光绪二十年（1895年）七月，大雨，山洪暴发，人畜遭害，寿王坟冲走王氏家族121人、火神庙一座、民房200多间、淹没土地380亩。

民国21年（1932年）7月，暴雨不断，山洪冲垮田、屋、河堤，人畜伤亡惨重。

民国22年（1933年）9月上旬，洪水泛滥，冲毁良田数百亩。

民国26年（1937年），特大水灾，农作物受灾，人员伤亡，房屋财产损失严重。

民国34年（1945年）8月下旬，发生重大洪涝灾害，冲毁土地数百亩。

民国38年（1949年9月30日止）6—7月，连降大雨，继而风、雹灾侵之，农作物受灾，粮食减产。

1954年7月6日，煤岭沟、上窝铺、北营房、老爷庙、鹰手营子等5个村受到严重水灾，受灾户1143户，受灾面积达972.6亩，山水泡子122个，冲毁坝墙859道。

1955年8月13—17日，全区连降暴雨，降雨量达377毫米，暴雨成灾。

1958年7月11—16日，全区遭受罕见水灾，降雨363.7毫米，冲毁耕地5687亩，受灾面积占总耕地面积的12.4%，冲毁水渠53条，水井32眼，水库（塘）20座（个），房屋255间，死亡3人，伤3人。由于特大洪灾，金扇子村董家庄一队118户被迫从柳河南岸（南庄）举家全部迁住柳河北岸（北庄）。

1961年6月24日6时至6时半，寿王坟下了一场十年罕见的暴雨，受灾面积以寿王坟为中心，方圆十余里，19个生产队受灾，冲走羊50多只，毁坏房屋100余间，其中粮食所22间倒塌，6间揭盖，受雨粮食25000公斤。死亡1人，伤10人。

1962年6月24—26日，全区连降暴雨，山洪暴发，冲毁全部区乡公路，铁路桥桩被冲毁；兴隆矿务局营子矿一、二号斜井、马圈子斜井、火神庙露天被淹；区粮库被淹，地面的厂房物资被大水冲坏、冲走；寿王坟冲毁房屋41间，寿王坟铜矿二食堂整体建筑被洪水冲走，造成巨大损失。

是年8月3日，降暴雨，山洪冲毁营子变电所至马圈子矿的高压输电线路，停电48小时。

1994年7月11日晚至13日凌晨3时，连降暴雨32小时，降雨量达316毫米，柳河洪峰达到每秒1180立方米，全区范围遭受了三十年未遇的特大洪灾，造成2人死亡，1人失踪，350户民房被淹，冲毁房屋645间，冲毁耕地5100亩，100余家镇村属企业受到严重毁坏。交通、电力、通讯、供水全部中断，冲毁国道10.5公里，乡村公路44公里，小桥9座，堤坝22710延长米，院墙2700延长米，

机井 13 眼，高压线路 6 公里。董家庄处 2 公里铁路连路基均被横向“沟槽”冲断。造成直接经济损失 1.16 亿元。

1995 年 7 月 28 日，境内连降暴雨，喇嘛沟河、老牛河沿岸的山沟山洪暴发，大田受灾面积 699 亩，绝收 380 亩；菜田受灾面积 1292 亩，绝收 183 亩；寿王坟冲走树木 5070 株，冲毁坝沿 2510 延长米，冲坏铁桥、水泥桥 13 座，冲毁房屋 2 间，冲走精铁粉 934 吨。

三、风雪灾害

民国 18 年（1929 年）7 月，大风加冰雹害稼，刮倒树木。

民国 38 年（1949 年）8 月，庄稼受风灾，房屋受损。

1956 年 7 月 9—10 日，全区受大风夹带雨、雹袭击。

1958 年 6 月 28 日，一场狂风暴雨袭击全区，农作物受灾面积 5000 余亩。

1972 年 6 月 30 日下午 3 时 10 分，全区大部分遭受大风、暴雨和冰雹的袭击。冰雹持续 10 分钟，暴风骤雨持续 40 分钟，降雨量 43 毫米。交通中断 2 个小时，停电、电话中断 5 个小时。造成 11 个村、59 个村民小组粮食和经济作物不同程度的减产，

1978 年 6 月 29—30 日，全区遭受两次 7—8 级阵风袭击，受损严重。

1985 年 6 月 30 日下午，寿王坟大风呼啸，刮倒大树 100 多棵，郑家庄一村民被刮倒的大树砸伤致残。

1986 年 7 月 22 日下午 3 时，寿王坟遭受了严重的风、雹、水灾，受灾面积 2200 亩，

1989 年 7 月 10 日，风雹灾，大风刮倒许多树木。

1994 年 5 月 2 日晚，寿王坟镇、汪庄镇降雪，平均厚度 10 厘米，最大厚度 20 厘米，农作物受灾面积 2561 亩。

1994 年 7 月 10 日，汪家庄、寿王坟镇遭遇大风，粮食减产 35 万公斤。

1998 年遭受强风、冰雹、洪涝以及春旱等自然灾害袭击，成灾面积 4050 亩，绝收 480 亩。

四、雹灾

清康熙十七年（1678 年）六月，大雨雹，伤稼惨重。

清光绪十九年（1893 年）五月，大雨雹，雹大如卵。

民国 18 年（1929 年）8 月，雨雹交加，侵害人畜、庄稼无数。

民国 38 年（1949 年），全区普遍遭受雹灾，继之风、水、冻灾害袭击，造成人畜伤亡，粮食减产。

1966 年 7 月 2 日 15 时 30 分，寿王坟公社的郑家庄大队、南沟大队、罗圈沟大队的第一、二生产队和鹰手营子公社的汪家庄大队、老爷庙大队、跳沟大队的第一生产队，遭受了严重风雹灾害。受灾面积 2 406 426 平方米（3610 亩），砸坏瓦房 86 间，砸伤 5 人。

1983 年 7 月 8 日、7 月 10 日，寿王坟镇两场暴雨和冰雹，受灾面积 1296 亩。

1985 年 6 月 30 日 15 时 10 分，全区遭受大风暴雨和冰雹的袭击，冰雹持续 10 分钟，大风夹暴雨持续 40 分钟，降雨量 43 毫米。交通中断 2 个小时，停电 5 个小时，电话中断 5 个小时，造成 11 个村、58 个村民小组的农作物受灾面积 3705 亩，蔬菜受灾面积 410 亩，果树被砸 7117 棵。

1986 年 7 月 22 日 13 时 30 分，全区 3 个镇、8 个村、61 个村民小组受到冰雹、暴雨的袭击。农作物受灾面积 5923 亩，冲毁鱼塘 8 亩，砸坏房屋 2707 间，冲毁堤坝 1574 延长米，冲毁道路 3107 延长米。寿王坟地区冰雹最大直径 8 厘米，冰雹积厚 4 至 5 厘米。

1987 年 7 月 12 日 21 时，寿王坟镇南沟村、郑家庄村 11 个村民小组遭受了狂风和冰雹的袭击，

持续20多分钟，冰雹直径约2厘米，降雨量达20毫米。

1988年8月22日，普降大雨，大部分地区夹有冰雹，雹灾给农作物造成很大损失，粮田成灾面积2480亩，蔬菜成灾面积1410亩。

10月2日下午3时20分至40分，寿王坟镇所属三个自然村遭受大雨和冰雹灾害，冰雹厚度达5厘米。

1989年7月19日17时58分至18时20分，寿王坟镇遭受大风和冰雹袭击，冰雹最大直径达3厘米以上，受灾面积1800亩。

1993年，全区遭受春旱、风雹和洪涝灾害，涉及4个镇15个村，受灾面积1.16万亩，毁坏房屋25间，直接经济损失49万元，受灾人口1.5万人。

2001年6月18日，全区遭受暴雨、风、雹灾，冰雹直径2厘米，持续36分钟，全区农作物大部受灾，14000株果树受损七成以上，部分房屋遭受不同损害，直接经济损失532万元。

第二节　地质灾害

清康熙十八年（1679年）十一月，遵化地震，有声如雷，波及鹰手营子。

清乾隆六十年（1795年）六月，滦县地震，大震数日，波及鹰手营子，人畜伤亡。

清光绪十年（1884年）五月，迁安地震，大震日三次，波及鹰手营子。

民国29年（1940年），地震数次，波及营子。

1955年8月9日夜，连降大雨，山洪暴发，伴有泥石流发生。

1976年7月28日，唐山、丰南一带的强烈地震，波及鹰手营子，造成全区停电、通讯中断、停工停产。受灾面积达95%以上，房屋倒塌902间，严重损坏的房屋2438间，轻伤35人。

第三节　生物灾害

清康熙十八年（1679年）七月，蝗伤稼，民疫盛行。

清雍正年间，发生蝗灾，雍正皇帝派宝亲王查访灾情，免除当年贡品。

民国21年（1932年）8月，蝗伤稼，成灾。

1951年6月，全区发生钻心虫、红蜘蛛、驴驹子等害虫，农作物受损。

1964年6月，全区发生钻心虫害。

1965年，全区遭受虫、水、雹灾害，1640亩耕地减产，其中颗粒无收的124亩。

1984年7月，全区发生虫害，害虫多为毛虫、黏虫。

1988年上半年，全区发生虫灾。

第三编 RENKOU

3 人口

第一章　人口状况
第一节　人口总量、变动和分布
第二节　人口构成
第三节　人口素质
第四节　劳动人口
第二章　人口控制
第一节　管理机构
第二节　人口控制政策
第三节　人口控制措施

3 承德市鹰手营子矿区志·人口

CHENGDESHI YINGSHOUYINGZIKUANGQU ZHI
RENKOU

旧石器时代，鹰手营子四方洞内就有古人类居住。清顺治十八年（1661 年）划为“后龙风水”禁地后，鹰手营子以西无人居住。康熙二年（1663 年），马兰镇总兵派四名鹰手进驻，在此繁衍生息。民国 4 年（1915 年）“后龙风水”禁地开禁后，才有人不断涌入定居。中华人民共和国成立后，人民生活水平逐渐提高，医疗卫生条件不断地改善，人口数量也随之增加，人口质量不断提高。因寿王坟铜矿和兴隆矿务局 2 家国家“一五”计划项目在境内的兴建，营子矿区人口急剧增加，1952 年至 1958 年人口由 14919 人增至 57429 人，人口最多年份为 2000 年 72072 人。由于资源枯竭，企业不景气，兴隆矿务局和寿王坟铜矿等驻区企业减员，到外地求学的学子大多在外地就业等原因，人口有所下降，2003 年底，有人口 69831 人。其中，农业人口 19187 人，非农业人口 50644 人。以汉族为主，还有蒙古族、满族、回族、壮族、朝鲜族、瑶族、彝族、锡伯族等 8 个少数民族。有姓氏 383 个。是年底，全区共有 60 岁以上老年人 9818 人，占全区总人口的 14.06%；全区城乡劳动力资源总量 33077 人。1963 年始，开展人口控制工作。1977 年，人口自然增长率由 1976 年的 4.6‰降到 3.5‰，2003 年人口自然增长率为 -0.07‰。

第一章　人口状况

清东陵“后龙风水”基地开禁后，境内人口不断增加，民国 24 年（1935 年），有 1286 户 6546 人。1949 年，全区有人口 11163 人，1965 年 45348 人，人口最高年份为 2000 年 72072 人，2003 年全区人口 69831 人。2003 年人口密度由 1965 年每平方公里 304 人上升到 468 人。

第一节　人口总量、变动和分布

一、总量

旧石器时代，位于鹰手营子柳河东南岸的四方洞曾是古人类的生活场所，之后鹰手营子就有人类在此地居住。战国和汉代寿王坟古洞沟、龙潭沟有人居住并开始采矿、选矿、冶炼铜铁。清顺治十八年（1661 年），开始修建清东陵以后，鹰手营子柳河以北全部划为“后龙风水”禁区，境内居民全部被赶到火道边界以外居住。据《遵化州志》记载：“风水区火道边界定居只有九百六十七户，耕种一万零一百二十二段（块）”土地。民国 4 年（1915 年），“后龙风水”开禁后，外地人来此开“风水”砍伐耕种，人口不断涌入，民国 24 年（1935 年）鹰手营子、马圈子、寿王坟等地共有 1286 户 6546 人。

中华人民共和国成立后，人民生活水平逐渐提高，医疗卫生条件不断改善，人口数量不断增加。1949 年，人口总量 11163 人，其中男性 5883 人，女性 5280 人；农业人口 8158 人，非农业人口 3005 人。

1964 年，总人口 46507 人，其中农业人口 12716 人，非农业人口 33791 人，少数民族人口 1190 人。

1982年，总人口62014人，其中男性35148人，女性26866人；农业人口17989人，非农业人口44025人；少数民族人口1977人。2003年，总人口69831人，其中男性35961人，女性33870人；农业人口19187人，非农业人口50644人。

营子矿区部分年份人口、户数统计表

表3－1－1

年度	总户数（户）			总人口（人）				
	合计	农业户	非农业户	合计	男	女	在总人口中	
							农业人口	非农业人口
1949	2237	1622	615	11163	5883	5280	8158	3005
1950	2528	1754	774	12180	6587	5593	8502	3678
1951	2708	1708	1000	12767	6773	5994	8651	4116
1952	3074	1746	1328	14919	8299	6620	9013	5906
1953	3688	1777	1911	21971	10395	11576	9142	12829
1954	5019	1822	3197	27355	13907	13448	9552	17803
1955	4265	1880	2385	26687	13619	13068	—	—
1956	5077	1977	3100	25082	14824	10258	9990	15092
1957	5368	2004	3364	27172	15018	12154	10293	16879
1958	9193	2035	7158	57429	33810	23619	10507	46922
1959	10430	2009	8421	62691	40973	21718	10091	52600
1960	9470	2135	7335	66071	—	—	10726	55345
1962	9258	2395	6863	51423	31361	20062	11945	39478
1963	8947	2440	6507	48955	26907	22048	12375	36580
1964	7980	2331	5649	46507	26856	19651	12716	33791
1965	7981	—	—	45348	25997	19351	13074	32274
1966	8077	—	—	44937	25360	19577	13411	31526
1970	9221	2976	6245	54167	30185	23982	—	—
1971	9033	2751	6282	55363	31960	23403	16064	39299
1972	10024	3304	6720	58763	34584	24179	16400	42363
1973	10424	3487	6937	59505	34935	24570	16506	42999
1975	10306	—	—	60745	35567	25178	16507	44238
1976	10473	—	—	61909	36070	25839	17111	44798
1977	10678	—	—	62695	36771	25924	17105	45590
1978	11745	—	—	62695	36771	25924	17105	45590
1979	11176	—	—	63643	36932	26711	26833	36810
1980	15652	—	—	63712	36703	27009	—	—

续表 3－1－1

年度	总户数（户）			总人口（人）				
							在总人口中	
	合计	农业户	非农业户	合计	男	女	农业人口	非农业人口
1981	14184	4221	9963	61421	34989	26432	17578	43843
1982	15138	4277	10861	62014	35148	26866	17989	44025
1983	15647	4368	11279	63183	35506	27677	18892	44291
1984	16928	—	—	65494	36131	29363	21544	43950
1985	17527	—	—	65797	36034	29763	22052	43745
1986	17853	—	—	65739	36018	29721	19363	46376
1987	18498	—	—	65902	35972	29930	19494	47408
1988	19341	5080	14261	66296	35989	30307	19832	46464
1989	19787	—	—	66807	36091	30716	20259	46548
1990	19838	5173	14665	67543	35879	31664	19658	47885
1991	—	—	—	68213	36195	32018	20737	47476
1992	20803	5358	15445	68638	36325	32313	20882	47756
1993	21229	5424	15805	69472	36578	32894	20976	48496
1994	—	—	—	69881	36724	33157	21051	48830
1995	23443	5610	17833	68881	36161	32720	20187	48694
1996	24062	—	—	70242	36611	33631	20278	49964
1997	24283	—	—	71049	36981	34068	20464	50585
1998	24381	—	—	71528	37147	34381	20299	51229
1999	24442	—	—	71429	36981	34448	20204	51225
2000	23078	—	—	72072	37038	35034	20275	51797
2001	—	—	—	70600	—	—	19977	50623
2002	24976	—	—	70200	33994	36206	19558	50642
2003	22019	—	—	69831	35961	33870	19187	50644

说明：1949 年至 1955 年、1958 年至 1965 年的户数和人口数均为营子矿区现辖区域的数字

附：

民国24年（1935年）伪满兴隆办事处二区部分村户数、人口调查表

表3－1－2

村名	户数（户）	人口（人）		
		男	女	合计
鹰手营子	134	380	274	654
石片沟	72	240	185	425
金扇子	39	91	72	163
老厂子	46	152	108	260
大河东	135	444	379	823
罗圈沟	156	423	357	780
火神庙	121	381	298	679
老爷庙	90	264	334	598
老爷沟	31	86	65	151
喇嘛沟	32	127	93	220
马圈子	248	530	439	969
大小跳沟	71	175	156	331
寿王坟	111	267	226	493
合计	1286	3560	2986	6546

说明：此表收录的户和人口数为现辖区域数字

二、人口变动

1951年，全区有人口12767人，67.8%以上为农业人口。

1953年寿王坟铜矿、1958年，兴隆矿务局2家国营企业的兴建，使鹰手营子地区的人口急剧增加，1958年，人口增至57429人，所增加的人口大都为煤炭、有色金属产业工人，非农业人口由1951年的32.2%上升到81.7%。1964年，外国人加入中国籍1人，全区人口从1960年的66071人降到46507人，主要原因是驻区企业大量减员。但较1949年相比，全区人口增长35344人，平均每年增长2356人，平均每年增长3.17%。1982年第三次人口普查时，全区人口66471人，比1964年增长19964人，平均每年增长1109人，平均每年增长5.07%。1990年第四次人口普查时，全区人口70862人，较第三次人口普查增长4391人，平均每年增长548人，平均每年增长0.2%。2000年，全区人口为72072人，到2003年底全区人口69831人，较2000年减少了2241人，人口自然增长率－0.07‰。

1970—2003 年营子矿区部分年份人口变动情况表

表 3－1－3　　　　单位：人

年度＼项目	未落常住户口的人口	出生			死亡			迁入					迁出				
		合计	男	女	合计	男	女	合计	本区迁入	本市迁入	本省迁入	省外迁入	合计	迁往本区	迁往本市	迁往本省	迁往省外
1970	17563	1397	—	—	—	—	—	—	—	—	—	—	—	—	—	—	—
1971	16064	1197	—	—	189	—	—	2544	—	—	—	—	1078	—	—	—	—
1972	—	616	—	—	128	—	—	3720	—	—	—	58	1347	—	—	—	74
1973	—	741	—	—	241	—	—	1084	—	—	—	—	1209	—	—	—	—
1975	—	622	—	—	279	—	—	4485	—	—	—	—	3957	—	—	—	—
1976	—	396	—	—	224	—	—	3847	—	—	—	—	2800	—	—	—	—
1977	—	452	—	—	227	—	—	2697	—	—	—	—	1893	—	—	—	—
1978	—	452	—	—	227	—	—	2697	—	—	—	—	3094	—	—	—	—
1979	13017	579	—	—	235	—	—	3748	—	—	—	—	3382	—	—	—	—
1980	—	688	—	—	274	—	—	2944	—	—	—	218	6374	—	—	—	117
1981	17578	887	—	—	260	—	—	3397	—	2506	735	154	6374	—	4358	1829	187
1982	17989	1265	—	—	194	—	—	2791	—	1599	892	300	3649	380	2071	889	309
1983	741	873	448	425	262	175	87	1528	380	352	621	175	—	—	514	588	229
1984	3241	707	352	355	153	100	53	—	—	—	383	142	—	—	—	1030	200
1985	3541	640	343	297	354	218	136	—	—	—	638	190	—	—	—	770	341
1986	621	946	478	468	272	166	106	—	—	—	3230	523	—	—	—	1275	290
1987	616	1187	619	568	486	304	182	—	—	—	597	249	—	—	—	875	326
1988	616	1128	577	551	265	178	87	1314	350	258	472	234	1783	348	—	848	261
1989	614	1062	538	524	238	155	83	—	—	—	702	217	—	—	326	776	262
1990	1049	1185	642	543	484	323	161	1508	385	182	703	238	1893	394		773	427
1991	667	822	396	426	260	170	90	—	—	—	1030	277	—	—	299	526	208
1992	577	612	329	283	246	162	84	951	—	—	774	177	713	—	—	528	185
1993	562	642	—	—	103	59	44	1817	—	—	—	—	1423	—	—	—	—
1994	562	642	326	316	296	184	112	1183	—	—	—	—	1120	—	—	—	—
1995	—	689	—	—	588	—	—	1514	40	38		27	2615	—	—	—	—
1996	51	856	403	453	315	220	95	1792	—	—	1581	211	1091	—	—	994	97
1997	10	654	347	307	272	175	97	1413	—	—	1235	178	988	—	—	838	150
1998	41	619	315	304	427	257	170	1086	—	—	939	147	798	—	—	704	94
1999	—	71	35	36	20	12	8	—	—	—	41	5	—	—	—	70	7
2002	413	428	213	215	305	221	84	901	—	—	776	125	1431	—	—	1197	234
2003	—	220	110	110	231	165	66	375	—	—	285	90	614	—	—	433	181

三、人口分布

1965年，全区人口密度304人/平方公里。密度最大的是鹰手营子镇。1981年全区人口密度411人/平方公里。2000年全区人口密度为483人/平方公里。2003年为468人/平方公里。其中，鹰手营子镇717人/平方公里，寿王坟镇227人/平方公里，北马圈子镇591人/平方公里，汪家庄镇521人/平方公里。

2000年营子矿区各镇人口密度情况表

表3-1-4

项目 / 镇名	总面积（平方公里）	总人口（人）	人口密度（每平方公里）
鹰手营子镇	41.23	30207	732.65
北马圈子镇	25.10	12504	498.17
寿王坟镇	60.37	13523	224.15
汪家庄镇	22.61	12501	552.90

说明：总人口为人口普查数

第二节　人口构成

一、性别构成

中华人民共和国成立后至2003年底，除个别年份外全区人口构成比例男性一直高于女性。

营子矿区部分年份人口性别构成表

表3-1-5

年份	总人口			性别比例（%）		性别比
	合计	男	女	男	女	女=100
1949	11163	5883	5280	52.70	47.30	111.42
1953	21971	10395	11576	47.31	52.69	89.80
1962	51423	31361	20062	60.99	39.01	156.32
1970	54167	30185	23982	55.73	44.27	125.9
1981	61421	34989	26432	56.97	43.03	132.37
1992	68638	36325	32313	52.92	47.08	112.42
2003	69831	35961	33870	51.50	48.50	106.17

二、年龄构成

2000年人口普查，全区婴儿人口占全区总人口的7.30‰，比1982年和1990年普查时婴儿占总人口的比重下降了13.4‰和4.8‰；0至14岁人口13676人，比1990年15862人下降了13.78%；15至64岁人口50113人，比1990年52467人下降了4.49%；劳动人口占总人口的27.00%，比1990年26.00%上升了1.00%；65岁以上人口4946人，比1990年2551人上升了93.88%，占总人口的7.20%，比1990年上升了3.6个百分点。2003年年底，60岁以上人口占全区总人口的14.06%，凸显出社会老龄化。

营子矿区三次人口普查年龄构成表

表3-1-6

1982年			1990年			2000年		
年龄组	人数（人）	占总人口（%）	年龄组	人数（人）	占总人口（%）	年龄组	人数（人）	占总人口（%）
0—1岁	1443	2.17	0—4岁	6463	9.12	0—4岁	3126	4.55
2—11岁	10540	15.86	5—9岁	4991	7.04	5—9岁	4240	6.17
12—21岁	14983	22.54	10—14岁	4408	6.22	10—14岁	6310	9.18
22—31岁	14963	22.51	15—19岁	5413	7.64	15—19岁	3012	4.38
32—41岁	8765	13.19	20—24岁	8046	11.35	20—24岁	3333	4.85
42—51岁	9343	14.06	25—29岁	8701	12.28	25—29岁	5958	8.67
52—61岁	4170	6.27	30—34岁	7187	10.14	30—34岁	8201	11.93
62岁以上	2264	3.4	35—39岁	5972	8.43	35—39岁	8094	11.77
—	—	—	40—44岁	4048	5.71	40—44岁	6669	9.7
—	—	—	45—49岁	3394	4.79	45—49岁	5310	7.73
—	—	—	50—54岁	4434	6.26	50—54岁	3451	5.02
—	—	—	55—59岁	3274	4.62	55—59岁	2677	3.89
—	—	—	60—64岁	1980	2.8	60—64岁	3408	4.96
—	—	—	65岁以上	2551	3.6	65岁以上	4946	7.2

2003年营子矿区高龄老人统计表

表3-1-7

年龄（岁）	80		81		82		83		84		85		86		87		88		89	
性别	男	女	男	女	男	女	男	女	男	女	男	女	男	女	男	女	男	女	男	女
人数（人）	58	60	53	51	35	44	32	30	27	29	12	17	13	16	10	12	7	8	4	8
年龄（岁）	90		91		92		93		94		95		96		99		—		—	
性别	男	女	男	女	男	女	男	女	男	女	男	女	男	女	男	女	—	—	—	—
人数（人）	2	8	4	7	1	3	2	3	1	2			1			1	—	—	—	—

三、婚姻构成

中华人民共和国成立前，实行一夫一妻和一夫多妻的婚姻制度。婚姻状况有较大差异，有钱的大户人家，既可娶正室，又可娶偏房。门当户对或交情较深的两个家庭，为子女指腹为婚或定娃娃亲；贫穷人家的女儿，很小就童养在婆家，称童养媳；还存在近亲结婚、换亲、买卖等婚姻形式。结婚年龄大都在 18 岁左右。一些贫穷人家的男子，因无钱，终生不能娶妻。

1950 年 4 月，第一部《中华人民共和国婚姻法》颁布，实行一夫一妻制。规定男 20 岁、女 18 岁始得结婚。1976 年后，国家提倡晚婚晚育，营子矿区结婚年龄农村延至男 23 周岁、女 20 周岁，城镇延至男、女双方年龄之合 50 周岁，家庭有特殊困难者可予以照顾。1980 年 9 月，第二部《中华人民共和国婚姻法》颁布，规定结婚年龄男 22 周岁、女 20 周岁，并严格规定直系血亲关系及三代以内血亲禁止通婚。80 年代以后，买卖婚姻、换亲等陋习已不多见。不同地区、不同民族通婚现象逐渐增多。由于人们婚姻家庭观念的转变，年轻人未婚同居、鳏寡中老年人同居现象逐渐增多。1985 年，晚婚人数为男 265 人，女 316 人，晚婚率 29. 1% 。

营子矿区部分年份婚姻情况登记统计表

表 3 - 1 - 8　　　　单位：对

年度	结婚	协议离婚	再婚	转法院判决离婚
1983	554	23	—	—
1984	586	12	16	—
1985	975	15	45	—
1986	886	28	56	—
1987	948	5	—	—
1988	445	18	—	—
1989	364	5	—	—
1990	338	63	74	87
1991	334	68	76	94
1992	327	62	36	83
1993	993	81	16	96
1994	798	115	114	107
1995	757	102	112	116
1996	609	119	135	119
1997	600	110	125	156
1998	525	97	75	140
1999	540	113	113	104
2000	433	108	119	120
2001	390	115	109	86
2002	429	125	142	91
2003	369	99	124	48

四、家庭构成

中华人民共和国成立前，大多家庭，男子们结婚后大都和父母一起过，三世或四世同堂，分家另过的很少。

民国24年（1935年），全区居民住户1286户，总人口6546人，户均人口5.00人。

中华人民共和国成立后，大家庭逐渐减少，男子结婚后先与父母同住一年半载后大都分家单过。进入90年代后，由于大多数人家庭观念的转变，男子结婚后基本都分家另过。

1949年全区户均人口5.00人，1964年户均人口5.8人，1982年户均人口4.10人，1990年户均人口3.4人，2003年底户均人口3.2人，空巢老人1285对，单身老人626人。中华人民共和国成立后户均人口最高年份为1958年6.2人，最低年份为2002年2.81人。

五、民族构成

营子矿区为汉族与少数民族融合聚居区，汉族为主要民族。1964年第二次人口普查时有蒙古族、满族、回族、苗族、壮族、布依族、朝鲜族等少数民族7个。1990年有蒙古族、满族、回族、彝族、壮族、朝鲜族、锡伯族、土家族8个少数民族。2000年有蒙古族、满族、回族、藏族、维吾尔族、苗族、彝族、壮族、朝鲜族、侗族、瑶族、土家族、锡伯族、塔吉克族等少数民族14个。2003年底有满族、蒙古族、回族、壮族、朝鲜族、瑶族、彝族、锡伯族等少数民族8个。其中，满族人口占总人口的7.49%，回族人口占总人口的0.83%，蒙古族人口占总人口的0.78%。

2003年营子矿区少数民族人口分布表

表3-1-9　　　　单位：人

民族	满族	回族	蒙古族	壮族	朝鲜族	锡伯族	彝族	瑶族
鹰手营子镇	2095	299	249	4	2	—	1	—
北马圈子镇	1289	25	118	2	—	—	2	—
寿王坟镇镇	828	177	76	—	—	1	—	2
汪家庄镇	1020	76	103	—	—	—	—	—
合计	5232	577	546	6	2	1	3	2

营子矿区部分年份各民族人口统计表

表3-1-10

民族名称	1964年人口普查数（人）	1982年人口普查数（人）	1990年人口普查数（人）	占人口百分比（%）			人口增长百分比（%）		平均每年增长（人）	
				1964年	1982年	1990年	1982年比1964年	1990年比1982年	1982年比1964年	1990年比1982年
总计	45833	66471	70862	100.0	100.0	100.0	45.0	6.6	1147	549
汉族	44643	64494	64877	97.4	97.0	91.5	44.5	0.6	1103	48
蒙古族	165	210	543	0.36	0.3	0.8	27.3	158.6	3	42
回族	494	682	709	1.08	1.0	1	38.1	4.0	10	3

续表 3－1－10

民族名称	1964 年人口普查数（人）	1982 年人口普查数（人）	1990 年人口普查数（人）	占人口百分比（%）			人口增长百分比（%）		平均每年增长（人）	
				1964 年	1982 年	1990 年	1982 年比 1964 年	1990 年比 1982 年	1982 年比 1964 年	1990 年比 1982 年
苗族	2	5	—	—	—	—	150．0	—	—	—
彝族	—	1	2	—	—	—	—	100	—	—
壮族	2	4	9	—	—	—	100	125	—	—
布依族	1	1	—	—	—	—	—	—	—	—
朝鲜族	4	—	10	—	—	—		—	—	1
满族	522	1069	4710	1．14	1．6	6．6	104．8	340．6	30	455
锡伯族	—	5	1	—	—	—	—	—80	—	—
土家族	—	—	1	—	—	—	—	—	—	—

六、流动人口

（一）流入人口

改革开放前，营子矿区比较封闭，流动人口相对比较少。1979 年以后，由于采矿业不断发展，外来务工人员逐渐增多。

1990 年，常住区外人口 6771 人，暂住人口 66 人。

1993 年全区流入人口 8009 人，主要来源有："三工"（合同工、季节工、临时工）、"三队"（包工队、建筑队、运输队）、"三窑"（煤窑、灰窑、砖瓦窑）人员，达 5600 人。1994 年，全区流入人口近万人，"三工""三队""三窑" 人员 8813 人。1995 年是全区流入人口最多的一年，达万余人。

2000 年第五次人口普查时，全区流入人口为 8349 人。其中，市区 1517 人，本省其他县市 6326 人。2001 年，流入人口 1452 人，暂住人口 1452 人。2002 年，流入人口 1874 人，暂住人口 1777 人。2003 年，流入人口 1298 人，暂住人口 1287 人。

（二）流出人口

改革开放前，营子矿区流出人口较少，除因工作调动流出外，多为农村年轻女性因结婚嫁到外地，或年轻学生去外地求学。改革开放后，外出务工人员逐年增多，特别是 20 世纪 80 年代末以后，由于矿业资源枯竭，企业职工流出人数也逐年增多。

2000 年，流出人口不满半年人数为 1191 人，不满 1 年人数为 11596 人。

七、姓氏构成

20 世纪 50 年代，由于兴隆矿务局、寿王坟铜矿的开发建设，从外地调入 、招收大量干部和工人，人口开始大量增加。2003 年末，全区有人口 69831 人，姓氏 379 个。最多的是李姓 8393 人，其次王姓 7595 人、张姓 7209 人、刘姓 4973 人、赵姓 2373 人，再次是杨、孙、高、陈、徐、马、宋等。单姓单人 36 个，复姓 1 个。

寿王坟镇王氏家谱（摄影　郝树森）

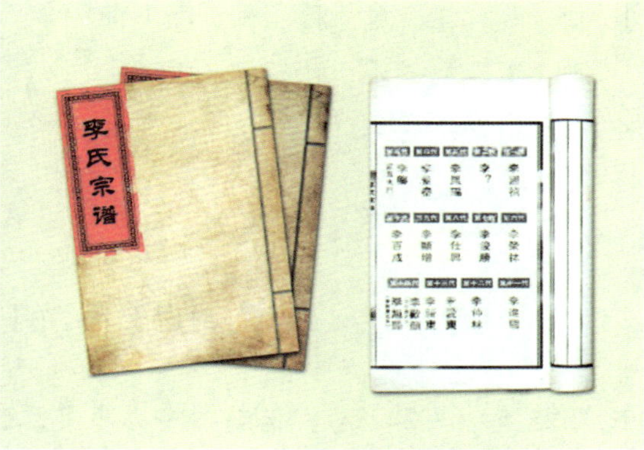

鹰手李氏宗谱（区文广新局提供）

2画　丁　卜　刁
3画　干　于　万　么　弓　才　门
4画　王　井　元　韦　云　木　支　尤　车　戈　牛　毛　化　公　卞
　　　勾　文　方　亢　计　尹　孔　巴　邓　从　户　仉　仇
5画　玉　艾　古　左　石　布　龙　平　卢　申　叶　田　冉　史　付
　　　白　仝　丛　包　玄　兰　宁　冯　司　边　乓　代　仪　卯　弗
6画　邢　吉　巩　朴　权　成　匡　毕　曲　吕　朱　竹　乔　仲　任
　　　华　伊　向　全　邬　庄　刘　齐　衣　安　关　米　江　池　汤
　　　祁　许　那　牟　纪　孙　回　负　托　伟　贠　伍　刚
7画　花　严　苏　杜　李　杨　邴　邳　步　肖　时　吴　邱　何　佟
　　　余　谷　狄　邹　应　辛　怀　汪　沙　沈　宋　初　迟　张　陆
　　　阿　陈　邵　郜　邸　来　迎　冷　连　财　坑　芦　良
8画　武　苗　苑　茅　林　郁　欧　卓　尚　国　畅　明　果　呼　罗
　　　季　和　岳　依　金　周　庞　郑　单　宗　线　郎　房　屈　孟
　　　学　郇　顶　绍　宛　茆　英
9画　封　赵　郝　荊　荣　胡　相　柏　柳　郦　战　哈　钟　郜　段
　　　修　禹　侯　律　俞　姜　娄　洪　宣　宫　祖　费　姚　勇　贺
　　　骆　郗　饶　施　轲　星　南　项　秋　闻　俱　祝　要　信
10画　泰　敖　班　袁　都　耿　聂　莫　索　栗　贾　夏　原　顾　顿
　　　柴　党　晁　晏　钱　倪　殷　徐　奚　翁　栾　高　郭　席　唐
　　　涂　谈　展　陶　姬　桑　部　晋　荷　泰　逢　秘　旋
11画　堵　黄　菅　梅　曹　龚　盛　常　崔　符　麻　康　鹿　章　商
　　　阎　盖　梁　寇　尉　隋　续　逯　屠　皎　唱
12画　彭　葛　董　蒋　韩　惠　景　喻　傅　焦　储　舒　鲁　曾　温
　　　富　谢　强　随　敦　揣　辇　智　敬　程
13画　靳　蓝　蒙　楚　赖　甄　雷　路　简　鲍　解　廉　满　窦　褚
　　　蒲　滦　蒿　詹
14画　蔡　蔺　臧　裴　管　廖　阚　谈　翟　熊　缪　静　雒
15画　燕　樊　暴　颜　潘　滕

16 画 薛 霍 冀 穆 衡 缴 薄

17 画 戴 鞠 魏 藏

复姓 1 个 欧阳

附

民国 23 年（1934 年）人口构成

民国 23 年（1934 年），伪满兴隆办事处二区（治所鹰手营子）人口 20460 人，其中，男 11309 人，占全区总人口的 55.27%，女 9151 人，占总人口的 44.73%。

第三节 人口素质

一、文化素质

营子矿区历史上属文化落后区，中华人民共和国建立之前，95% 以上群众属文盲和半文盲。新中国成立之后，大力发展小学、中学教育，举办速成识字班、夜校等。

1977 年，恢复营子矿区职工业校。1983 年至 1984 年，职工夜校对 1968 年至 1980 年初高中毕业的职工进行文化、技术补课。1985 年以后，又相继开设了高自考、电大、函授等形式的成人教育，使全区人口文化素质有了很大提高。1990 年，大专以上学历 1007 人，中专及高中学历 8507 人。2000 年，大专以上学历 1985 人，中专学历 3663 人，高中 6452 人，初中 28517 人，小学 19898 人。

为提高农民文化素质和科学技能，1982 年开始在全区 3 个公社设专人抓农民教育。是年，12 周岁及 12 周岁以上识字很少或不识字 9351 人，占总人口 15%。到 1994 年，全区已基本扫除青壮年文盲，农村劳动力的文化素质相对偏低。至 2003 年底，农村青壮年小学学历占 40%，初中学历占 50%，高中、中专及以上学历占 10%，大专以上学历 20 人。

1953 年营子区人口文化结构表

表 3-1-11　　单位：人

项目	性别	文盲	半文盲	初小	高小	初中以上
青年	男	1529	758	406	112	17
	女	1879	336	163	33	1
壮年	男	1966	757	365	90	11
	女	2681	156	27	5	1
老年	男	1771	282	103	26	—
	女	2747	15	4	1	—

部分年份营子矿区人口文化结构表

表 3－1－12　　　　单位：人

项目／年份	合计	大专以上	高中（含中专）	初中	小学	初识字或不识字
1982	59752	548	6744	20215	22894	9351
1990	62587	1007	8507	24566	20143	8364
2000	64785	1985	10115	28517	19898	4270

二、身体素质

中华人民共和国成立前，由于缺医少药，加之吃不饱、穿不暖和繁重的体力劳动，全区人民的身体状况普遍欠佳，平均寿命只有 50 岁左右，70 岁以上老人寥寥无几。

中华人民共和国成立后，各村、镇都相继建起了卫生所、院，解决了看病难的问题，老百姓的身体素质有了较大提高。20 世纪 70 年代初，区内消灭了脊髓灰质炎。80 年代中期，消灭了地方病甲状腺肿和克丁病。2003 年底，全区共有 60 岁以上人口 9818 人，占全区总人口的 14. 06%。是年底，全区共有残疾人 3386 人，占全区总人口的 4. 8%。其中肢体残疾 1427 人，视力残疾 362 人，听力残疾 362 人，语言残疾 417 人，智力残疾 369 人，精神残疾 449 人。年龄分布，0—7 岁 2 人，8—16 岁 34 人，17—60 岁 2061 人，61 岁以上 1289 人。

第四节　劳动人口

一、行业构成

营子矿区历史上以农业为主，农业人口占 95% 以上。中华人民共和国成立后，随着工、商、交通、建筑、服务各业的发展，职业构成也发生了变化。

1981 年，全区在业人口 27338 人，占总人口的 44. 51%。全民所有制单位 23546 人，占从业人口的 86. 13%。其中，女工 4332 人；固定职工 19231 人，临时工 993 人，计划外用工 3322 人。

1990 年营子矿区从业人员职业构成表

表 3－1－13

项目／职业	从业人员（人）	占总人口（%）	占从业人口（%）	其中			
				男（人）	占在业人口（%）	女（人）	占在业人口（%）
农、林、水	4777	6. 74	11. 99	1663	4. 17	3114	7. 83
工业	25589	36. 11	64. 29	17980	45. 13	7609	19. 10
基本建设	1214	1. 71	3. 05	902	2. 26	312	0. 78
交通运输邮电	1570	2. 22	3. 94	1401	3. 52	169	0. 43

续表 3-1-13

项目 职业	从业人员（人）	占总人口（%）	占从业人口（%）	其中			
				男（人）	占在业人口（%）	女（人）	占在业人口（%）
商业物资饮食服务	2891	4.08	7.26	1121	2.81	1770	4.44
房地产、公共事业、居民服务、咨询服务	449	0.63	1.13	181	0.45	268	0.67
科学、文教、卫生	1815	2.56	4.56	680	1.71	1135	2.85
金融	336	0.47	0.84	190	0.48	146	0.37
国家机关及其他	1196	1.69	3	856	2.15	340	0.85
合计	39837	56.21	—	24974	62.68	14863	37.32

说明：总人口为1990年人口普查数

2000年底，在业人口39807人，占总人口的55.23%。2001年，全区从业人口30363人。其中，城镇19890人，占总人口的28.17%；农村10473人，占总人口的14.83%。农林牧渔业5029人，采掘业12471人，制造业4422人，电煤水供应业148人，建筑业863人，交通运输仓储邮电业1257人，房地产23人，社会服务业653人，卫生体育社会福利业293人，教育文化艺术广电业516人，社团服务业950人。

二、在业状况

（一）城镇在业人口

1949年，全区企业从业人口364人。1957年，全区从业人口4269人。其中中央及地方国营企业3895人，区属集体企业374人。

1962年，国营企业从业人员10858人。其中，寿王坟铜矿、兴隆矿务局和涝洼滩煤矿从业人员9386人，占国营企业从业人员的86.44%。

1970年，国营企业从业人员12153人，占总人口的22.44%，其中固定工10465人。集体所有制从业人口993人。

1981年，从业人员27338人，占总人口的44.51%。全民所有制企业23546人，占从业人员的86.13%，其中女工4332人；固定职工19231人，临时工993人，计划外用工3322人。集体企业3792人，其中固定工人1427人。

1999年，在职职工18800人，其中，国有经济单位职工16400人，城镇集体经济单位职工1600人，其他类经济单位职工800人。城镇私营企业和个体从业人员5600人。2003年，全区从业人员25663人。

（二）农村在业人口

1970年，农村总劳力5186人。其中，从事农林牧副业劳动力4987人，非农业劳动力199人。

1981年，全区农村劳动力总数为8047人。其中，从事农林牧副渔劳动力7586人，占劳动力总数的94.27%，社队工业劳动力399人，占劳动力总数的4.96%，外出做临时工（合同工）62人。1990年，全区农村从事种植养殖业2911人；从事二、三产业6319人，其中从事开采业2605人。

2000年，农村劳动力区内从业人员10164人，占全区从业人员的25.49%。在农村劳动力区内从业人员中男性从业人口5358人，占农村从业人口的53%，女性从业人口4806人，占农村从业人口的

47%。农村劳动力在区外务工总量为7105人。农村劳动力中25岁以下占19%，25—40岁占69%，40岁以上占12%。2001年，农村从业人员10472人。其中，从事农林牧副渔业3945人，采掘业2054人，制造业1098人，水电供应业9人，建筑业775人，交通、运输邮电、仓储业911人，商业1259人，金融保险业14人，社会服务业223，卫生、社会福利业61人，教育、文化艺术、广电业8人，社团服务业31人，其他行业84人。

2003年，农村从业人员14233人。其中，从事农林牧副渔业4018人，工业2909人（其中煤炭业1952人），建筑业756人，批发零售业1063人，住宿餐饮业336人，交通运输仓储邮政业920人，信息产业3人，公用事业、居民服务业528人，教育、卫生、社会福利52人。

第二章　人口控制

1957年开始，提倡晚婚节制生育。1963年开展节育措施落实工作。1965年至1979年，普遍实行晚婚晚育。1979年至1985年，除特殊情况外，全部实行一对夫妇只生育一个孩子，同时区计划生育部门采取多种形式做好对育龄妇女的宣传工作。1985年4月，在部分行政村开始有计划的照顾二胎生育，1986年后，农村一对夫妇可以生育两个孩子。

第一节　管理机构

1963年，全区计划生育工作由营子矿区卫生科代管。1965年，营子矿区由兴隆县划归承德市，下设卫生科，计划生育工作由卫生科主抓。1972年5月全区各公社开始设专职计划生育助理员。1984年9月，成立营子矿区计划生育委员会。1991年1月后，各镇配备专职副镇长1名，设计划生育办公室，专职计划生育工作人员3—5人。1995年12月，区计生委改称营子矿区计划生育局，下设办公室、宣传教育、统计规划、政策法规、药具管理、流动人口、财务等8个股室。事业单位有计划生育技术服务站，群众团体有计划生育协会。2002年5月机构改革，计划生育局下设规划统计股、药剂管理股、政策法规股。事业单位有计生服务站、技术服务站，群众团体有计划生育协会。2003年机构无变化。

第二节　人口控制政策

从1957年开始，提倡晚婚节制生育。

1965年，普遍实行晚婚、晚育，一对夫妇生育两个孩子，要求生育间隔4年以上。

1979年，国务院计划生育领导小组提出了晚婚、晚育、优生、优育，一对夫妇只生一个孩子的计划生育政策。营子矿区从1979年底开始执行，除特殊情况外，一对夫妇只能生育一个孩子。在职职工，凡实行晚婚的，奖励婚假15天，晚育的奖励产假45天。终生只要一个孩子的，自领取独生子女光荣证之日起，到子女18周岁止，由独生子女父母所在单位每月各发给独生子女费5元。在产假期领取独生子女光荣证的，产妇增加产假30天。农村独生子女参加全省中考、高考的，给予增加10分的照顾。独生子女入托儿所、小学，就医，住院给予优先和照顾。凡计划外生育的要受到经济处罚，职工干部还要受到行政处罚。

1985年4月，在部分行政村开始有计划的照顾二胎生育。1986年以后，在农村逐步放开二胎生育，经申请，一对夫妇可以生育两个孩子。2003年，独生子女费增至每月10元。

第三节　人口控制措施

一、宣传

1980年后，采取多种形式和方法对育龄妇女进行宣传教育。1983年，在全国第一个计划生育宣传月中，集中时间、人员、精力在全区开展宣传活动。计划生育宣传贯穿整个计划生育工作过程。通过多种形式和方法，把人口理论、人口形势、避孕节育、优生优育等知识宣传到领导和群众中去，使之接受和认可，达到控制人口数量，提高人口素质的目的。

1979年，计划生育宣传演出（摄影　戴翔）

1989年春节前后，开展计划生育一条街宣传活动，采取多种形式宣传计生政策、人口理论、优生优育知识。

在镇、村两级开办人口学校，对不同生育期的育龄妇女进行有针对性宣传教育。每年镇、村两级人口学校都举办4次以上培训班，培训育龄妇女14000余人。

利用广播、电视、板报、挂图、墙报、标语等宣传工具进行经常性宣传。每年区、镇、村三级进行广播电视宣传1500余次；市报上稿10篇左右；悬挂和张贴挂图、宣传画240余张；年均出板报45期；在主要街道和重要路口书写刷新标语62条以上。

2001年，每个村各建起婚育长廊一条。每年在新年、春节期间，《河北省计划生育条例》颁布实施纪念日、世界人口日、大集等日子，开展集中性宣传活动，至2003年底共印发宣传单8800余张、宣传资料16300本、《河北省计划生育条例》3000份，接待群众咨询15000人次。

结合日常管理工作的各个环节进行教育。抓住结婚登记、准生证发放、避孕药具发放等环节向育龄群众进行计划生育的宣传教育。

二、技术服务

1988年以前，计划生育技术服务工作由区卫生局负责。1988年6月，建立营子矿区计划生育服务站，开展避孕节育、优生优育、生殖健康的宣传服务，为农村夫妇免费提供避孕、节育技术服务。

截至2003年年底，全区育龄妇女15166人，其中14720人采取了避孕节育措施，长效节育率为

88.3%。为孕妇提供优生、优育咨询服务4500人次；为7600名育龄妇女提供生殖健康检查。其中，查出并诊治患有妇科疾病的5000余例，乳腺疾病1000余例，4次邀请省科研所专家来区诊治不孕症患者。

三、流动人口控制

营子矿区是一个工矿区，1978年改革开放以后，来营子矿区打工的人口逐年增多。1996年，流入人口近万人，其中育龄妇女达1700余人，流出人口在3000人左右。

根据国家计划生育委员会颁发的《流动人口计划生育管理办法》，1993年以后全区加强了对流动人口的管理，将流动人口纳入常住人口管理，颁发和验收人口婚育证，对流动人口育龄夫妻进行登记、造册管理。实行跟踪服务，每季开展一次婚育、节育状况检查，帮助解决务工子女入学、入托等困难。

由于加大了流动人口的管理力度，营子矿区的流动人口计划生育管理工作在承德市乃至河北省处于先进行列。河北省计划生育局宣教处以《情暖异乡》为题，在营子矿区录制了专题片，于1995年10月在中央电视台一套《东方时空》讲述老百姓的故事栏目中播出。1997年10月，在河北省城市计划生育工作会议上，营子矿区介绍了特殊人群的计划生育管理工作经验。

2002年，在流动人口管理工作中，创出了一条与公安局、人口调查队合署办公的工作经验，在省计生工作百分考核中获得102分的优异成绩。

四、控制成效

1977年，人口自然增长率由1976年的4.6‰降到3.5‰，计划生育率由1976年的55.8%上升为79.4%。

1983年，长效节育率为86.5%，比上年提高28.5%；一胎生育率97.3%，比上年提高6.8%，超过了国家分类指导一类标准。1个公社和8个生产大队实现无规划外生育，机关、企事业单位、街道全部实现无规划外生育。1985年，计划生育率为98.32%，人口自然增长率4.57‰。1989年，计划生育率99.06%。1996年，计划生育率为100%。2000年，全区出生524人，计划生育率98.85%。2003年，人口自然增长率-0.07‰，计划生育率98.13%。

第四编 JICHUSHESHI JIANSHE

4 基础设施建设

第一章　城乡建设
第一节　城乡规划
第二节　城市建筑
第三节　市政建设
第四节　公用设施建设
第五节　园林绿化
第六节　乡村建设
第七节　城乡建设管理
第二章　水利设施
第一节　水库
第二节　农田灌溉设施
第三节　防洪排涝设施
第四节　水土保持
第五节　农村饮水设施
第六节　水利建设管理
第三章　电力设施
第一节　电厂建设
第二节　供电设施
第四章　交通建设
第一节　公路建设
第二节　铁路建设
第五章　邮政通信设施
第一节　邮政设施
第二节　通信设施
第六章　环境保护
第一节　环境状况
第二节　环保宣传
第三节　环境治理

4 承德市鹰手营子矿区志·基础设施建设

CHENGDESHI YINGSHOUYINGZIKUANGQU ZHI
JICHUSHESHI JIANSHE

鹰手营子自“后龙风水”禁地开禁后，没有一条像样的公路，零星分布着一些自然的田间巷陌。民国25年（1936年），日本侵略者雇佣大批民工，在河滩上垫土，修建一条东西走向，长0.6公里，宽6米的土路。道路修好后，两旁逐渐建起商家店铺和居民住宅，成为鹰手营子主街。中华人民共和国成立后，随着经济的不断发展，特别是兴隆煤田和寿王坟有色、黑色金属矿产资源的开发，营子矿区的公路、铁路、公共设施等基础设施建设不断加强和完善。1968年开始建设鹰手营子大街，原来的主街改称为老街。

改革开放后，加强了城镇规划工作，特别是90年代后，区委、区政府十分重视市政建设，逐步实现规范化。进入21世纪后，更加重视城镇公共设施的建设，重点实施了鹰手营子大街综合治理，西大桥、城区新水源及供水管网、鹰手营子北山公园、寿王坟南山公园、柳河拦蓄、滨河景观带、街巷和庭院绿化、中心商贸城、城区供热管网和旧城改造等一批城镇基础设施项目建设，完善了城市服务功能。1998年新建鹰手营子火车站候车室和行李房投入使用，完成国道112线鹰手营子段和北陵公路营大线的改建。

邮电设施不断加强和完善，1989年完成自动电话改造工程，2003年底全部实现光缆传输。1994年开通移动电话，2003年底共有基站17个。

改革开放后，采矿、建材、食品等行业不断发展，环境受到不同程度的破坏和污染。1984年后，区政府致力于环境治理工作。90年代后，通过实施“碧水、蓝天、绿地”计划，矿山废弃土地复垦，对河流和污水排放进行治理等一系列措施，生态环境得到了很大改善。

第一章　城乡建设

民国25年（1936年），鹰手营子修垫第一条道路，至中华人民共和国成立初期，由于连年征战、经济落后，街道几乎没有改变。1958年，兴隆矿务局投产后，服务功能和设施建设开始由农村向工矿区转变，随着工矿区规模的不断扩大，市政建设大为改观。“文化大革命”期间，由于受左的思潮影响，经济发展受到制约，城区建设停滞不前。改革开放后，加大了城区改造和建设力度，2003年底，营子矿区已成为基础设施和服务功能比较完善的现代化城区。

第一节　城乡规划

一、总体规划

中华人民共和国成立至20世纪70年代末，城市建设一直延续传统思维方式，带有明显的自发性、盲目性和随意性。全区各镇村没有长远的建设规划。1981年区政府成立后规划工作开始起步。90年代初，区政府坚持“科学规划、合理布局、统一建设、加快发展”的工作思路，加大了小城镇建设力度，逐步实现了城市建设的规范化。

20 世纪 80 年代后期，特别是 1990 年《城市规划法》实施后，营子矿区开始以镇为单位开展城市规划工作。各镇的总体规划编制和审批，土地使用与建设的规划审批，集中在区人民政府和城市规划行政主管部门，规划审批严格执行“一书两证”（选址意见书、建设用地规划许可证、建设工程规划许可证）制度。同年，针对 4 个镇的具体情况界定镇域。1991 年，根据《承德市规划控制区》内容，营子矿区城市控制区分为鹰手营子控制区和寿王坟控制区，鹰手营子控制区东起涝洼滩，西至马圈子村，北起小跳沟，南至金扇子村，控制面积 41.5 平方公里；寿王坟控制区东起义居号，西至半截沟北梁分水岭，北由榆木尖梁，南至笔架山沟，控制面积 18.5 平方公里。

至 2003 年底，为加强城镇规划管理力度，搞好向西规划，强化综合管理，相继出台《鹰手营子矿区城镇道路环境卫生管理办法》《鹰手营子矿区城镇市政工程设施管理办法》《鹰手营子矿区集中供热管理办法》《建筑市场管理规定》等，使城镇规划管理逐步向规范化、制度化推进。

二、城镇规划

鹰手营子镇总体规划始编于 1988 年，随着市场经济的建立和发展，原城镇建设规划已不能适应经济发展需要，于 1998 年 6 月开始修编调整，划定规划区由鹰手营子镇中心区和鹰手营子村、老厂子村、老爷庙村组成。2001 年在市规划设计院帮助下，完成鹰手营子镇总体规划修编工作，使城区建设用地面积由 2.2 平方公里扩大到 5.6 平方公里。调整功能分区和用地结构。完成了区政府所在地鹰手营子镇老城区（北起柳河战备桥，南至兴隆矿务局电厂，东至东山根，西至老厂子漫水桥围合部分）全部可建设用地的控制性向西规划编制。

寿王坟镇总体规划编制工作从 1992 年 9 月开始，1994 年 5 月编制完成。2000 年，寿王坟镇作为小城镇建设试点镇，开始小城镇建设谋划工作，包括水源井开发及供水管网改造项目、主街改造、老牛河南路市场扩建、住宅小区开发、垃圾场建设、南山公园建设等项目。2001 年至 2002 年，完成城镇道路、污水、排水配套设施建设。

北马圈子镇总体规划编制工作于 1996 年 6 月底完成，建成区面积 0.53 平方公里。

汪家庄镇总体规划编制工作从 1996 年开始，2001 年完成，建成区面积 1.0 平方公里。

三、农村规划

20 世纪 80 年代初期开始编制全区村镇规划，1985 年 3 月完成，并开始实施。1986 年，为适应村镇建设需要，保证村镇建设规划实施，区政府制定《村镇建设规划实施规定》。1994 年制定了小康建设发展思路之后，加强了村民建房审批工作管理，严把村民建房工程质量关，及时调整村镇规划。1999 年，以开展小康村镇住宅建设活动为核心，以创建富裕型小康区为目标，同步进行了对村庄及村民住宅小区的规划。

第二节　城市建筑

民国 29 年（1940 年），日本侵略者为掠夺境内煤炭和兴隆县倒流水金矿资源，在鹰手营子老街东北角柳河边处（今铁北路）建发电所大楼 1 座，面积为 1000 平方米，是鹰手营子第一座楼房。

20 世纪 50 年代中期开始，驻区企业陆续建起办公楼、医院、职工俱乐部、招待所等，带动了地方城市建筑的建设。改革开放后，营子矿区加大了城市建设的力度，较大型、标志性城市建筑不断增

加，服务功能不断完善。

1958—2003 年主要办公及服务设施一览表

表 4－1－1

工程名称	建设单位	面积（平方米）	位　置	竣工时间
兴隆矿务局办公楼	兴隆矿务局	2472.32	鹰手营子大街	1958 年 10 月
营子矿区影剧院	鹰手营子剧场	1822.87	鹰手营子大街	1959 年
兴隆矿务局职工医院楼	兴隆矿务局	9223.64	黄土梁	1960 年
兴隆矿务局职工俱乐部	兴隆矿务局	1468.17	鹰手营子大街	1971 年
公安局楼	承德地区鹰手营子煤矿	1411	桥南路	1971
兴隆矿务局招待所楼	兴隆矿务局	5800	鹰手营子大街	1978 年
营子矿区人民旅馆楼	营子矿区服务公司	1785	鹰手营子大街	1978 年 1 月
兴隆矿务局托儿所楼	兴隆矿务局	1878.5	南街	1981 年
区政府楼	营子矿区政府	3226.61	鹰手营子大街	1986 年
体育场	兴隆矿务局	5400	南街	1986 年
供电公司楼	鹰手营子公社、北马圈子公社、上窝铺公社	2934	鹰手营子大街	1988 年
营子矿区医院楼	营子矿区医院	2717	桥南路	1990 年
承德市第七中学教学楼	营子矿区文教局	4990	道北路	1991 年
工商行楼	鹰手营子工商行办事处	2742	鹰手营子大街	1994 年 8 月
邮政楼	营子矿区邮电局	1792.8	鹰手营子大街	1996 年 5 月
国税楼	营子矿区国税局	2323	鹰手营子大街	1996 年 12 月
地税楼	营子矿区地税局	2001	桥南路	1996 年 12 月
广播电视楼	营子矿区广电局	4300	鹰手营子大街	1997 年 12 月
逸夫实验小学教学楼	营子矿区文教局	5002.5	鹰手营子大街	1997 年
检察院楼	营子矿区检察院	1900	老街	1998 年
北山公园	营子矿区城乡建设局	150000	鹰手营子北山	1998 年
百货大楼	营子矿区商贸流通资产运营开发公司	5364	鹰手营子大街	2003 年
商贸城	唐山万丰房地产开发公司	13600	鹰手营子大街	2003 年
法院办公楼	营子矿区法院	4700	鹰手营子大街	2003 年

第三节　市政建设

一、城市道路

20 世纪 50 年代，随着寿王坟铜矿和兴隆矿务局的建立，城市化建设也随之展开。1960 年 10 月京承铁路建成通车，沿铁路北线建设了铁北路，后沿火车站与鹰手营子大街建设了东横路（今站南路）。1968 年，开始建设主街即鹰手营子大街。至 1972 年，鹰手营子镇有 5 条主要道路（鹰手营子大街、老街、铁北路、南街、东横街），均为土路。

1974 年 4 月，鹰手营子大街铺设柏油路，铺设面积 17218 平方米，为全区第一条标准的城市公路。1974 年至 1978 年，兴隆煤矿完成全部旧路更新，兴隆煤矿职工医院至老爷庙 1 号井的南街公路，南街与鹰手营子大街交接的三道横街共 2.16 公里铺设柏油路。

1982 年，开始老街和东横街柏油路改建工程，1983 年，开始铺设铁北路柏油路，全长 716 米，面积 7160 平方米。1984 年，东马路铺设柏油路，全长 889 米，面积 6534 平方米；老街铺设柏油路，面积 4185.4 平方米，全长 630 米，宽 6 米；铁道西口至老厂子村铺设柏油路 1200 延长米。至 1985 年，区政府所在地实有道路 5.5 公里。1986 年，鹰手营子镇半条街、粮食街修建柏油路面。其中，半条街 336 延长米，总铺设面积 2332 平方米；粮食街 142 延长米，总铺设面积 994 平方米。至 1989 年，建成区内有主次干道 20 条，基路 31 条，总长 39.7 公里，主次干道建成高级路面 12 条，总长 12.6 公里，建成区内 9 条街巷路面 7.5 万平方米，已形成小城镇建设基本轮廓，主干道成井字形与各支道互相连接，市容市貌大为改观。

至 1993 年，共有街巷 12 条，路面 8.8 万平方米。1994 年 6 月末，鹰手营子东大街改造工程开始拆迁施工，并于是年 10 月底竣工，改造后形成长 165 延长米，宽 14 米，路面厚 0.24 米的混凝土路，是营子矿区第一条混凝土道路。是年，修建水毁垃圾场道路 500 延长米。1995 年完成了铺设石板路面宽 12 米，长 100 米的东环路工程，同时完成了东大街与东环路桥梁工程。1996 年 9 月，完成了 2000 延长米，宽 10 米，面积 20000 平方米的东环路拆迁改造工程。铺设 6200 平方米路基，620 平方米混凝土路面。1997 年，对鹰手营子大街、桥西路面等进行了全面改造，将鹰手营子大街、桥西路 1800 米路面翻建为混凝土路面。是年，完成北环路拓宽工程。改建站南路，路段全长 350 米。截至 1997 年底，4 个镇、12 个行政村的公路为水泥、柏油路面，3 个村为沙石路，路面平整，雨后均能通车。1998 年，拆迁改造日杂公司至食品公司 1030 米路段，并对铁道口至日杂公司段路边路石和排水进行了全面维护。拓宽改造铁北路，西起消防队，东至东大桥，长 1122.8 米，宽 10 米，人行道 3000 平方米。1999 年，对老街进行拓宽改造，改造后长 900 延长米，路面由 4—6 米拓宽到 8—10 米，铺设混凝土路面。是年，完成柳河滨河东路和柳河滨河西路拓宽工程。对全长 1.4 公里的南街进行改造，改造后的路面宽增至 8 米。

2000 年，鹰手营子大街向西侧延伸 500 米，修建了长 120 米，宽 10 米的混凝土桥梁一座，与国道 112 线贯通。

2002 年，修建鹰手营子街心广场。同年 3 月，旧城改造工程和柳河沿岸综合市场开发工程开工，总投资 1380 万元。

二、寿王坟铜矿矿属公路

寿王坟铜矿于1950年开始勘探，当时仅有一条驮运小道，1954年修建鹰寿线公路，汽车通达寿王坟。1957年投产后，逐步修建了吴家沟门—矿医院、矿电影院—火药库—坑口、电影院—坑口、电影院—火车站—供销社等矿区道路，总长约5公里，路宽4.5—8米不等。1973年，寿王坟铜矿投资45万元，将下台子—寿王坟土路铺筑了沥青路面。1974年，投资40万元，将矿区道路改建成沥青路面。

三、兴隆矿务局局属公路

1957年3月，开始修建鹰手营子至汪庄矿公路，以原马车道为基础进行拓宽，包括征地费用工程投资18.19万元。1958年3月，对东起徐家庄，西至鹰手营子镇全长5.84公里路面进行改造，改造后路基宽6.5米，路面宽3米，全线共建涵洞7个，漫水桥1座，钢筋混凝土桥1座。自1958年起，先后修建北马圈子镇路、东西正街路，全长1540米。

1974年至1978年，完成全部旧路更新，改造职工医院至老爷庙1号斜井的南街公路，南街与鹰手营子大街3道横街共2.18公里，造价20万元；投资40万元完成汪家庄至鹰手营子公路改建，铺设沥青路面，净宽7米。

1983年，兴隆矿务局投资13万元，将北马圈子正街路、北马圈子公社路（与宣唐公路接壤）铺设沥青路面。

四、车站

1990年7月，鹰手营子汽车站开始兴建，1991年12月3日竣工。占地5840平方米，建三层楼房，一楼为客运大厅，建筑面积2145平方米，总投资100万元，为承德市交通局直属企业。1992年4月1日投入运营，1994年移交营子矿区交通局管理。1996年9月，移交承德市交通运输公司兴隆七公司管理。

五、桥梁

吊桥 1967年筹建承德市胜利煤矿，1968年6月胜利煤矿开始筹建吊桥，1969年10月建成。吊桥与柳河南岸胜利煤矿办公、住宅区和柳河北岸112国道相接，全长110米，宽4米，为钢筋、钢丝绳、木板结构。吊桥建成后，成为胜利煤矿职工、当地居民跨越柳河的重要交通要道。1988年7月，胜利煤矿撤销后，因无人管理，年久失修，不能使用，1997年112国道改建时，吊桥被拆除。

鹰手营子战备桥 位于鹰手营子区政府驻地西北0.7公里。南北走向，全长126米，宽8米，跨径22米，5孔上部双曲拱，下部人工开挖重力墩台式结构。始建于1971年4月，1972年7月1日竣工。

立交桥 位于东马路铁路与公路交叉路口，1988年7月开工，1990年竣工。

柳河东大桥 位于鹰手营子东出口，1992年9月开工，1993年竣工通车。桥长81.5米，宽8.5米，跨径16米，上部结构为工字梁微弯板，下部为双柱式钢筋混凝土钻孔灌注结构。

喇嘛沟河桥 位于东大街与东环路接口处，1998年竣工。桥长32米，宽3.5米，钢筋混凝土结构。

西大桥 位于鹰手营子大街西出口，是鹰手营子与国道112线重要连接点，东西走向，桥长113.19米，宽10米，预应力钢筋混凝土简支空心板结构，2003年9月竣工，投资580万元。

西漫水桥 位于鹰手营子镇老厂子村西出口。四孔，桥长32米，宽7米，钢筋混凝土结构，1994

年10月竣工。

六、排水

1974年鹰手营子大街铺设柏油路，公路两旁同时修建了排水沟。1984年，修建排水沟及下水道1188延长米。1986年，鹰手营子大街翻建，首次将排水沟由石砌结构改建为混凝土结构。生产和生活污水处理都采用化粪池和渗水井，1990年总数达400余个，严重污染了地下水。从1990年起，对鹰手营子大小街巷排污逐年进行治理，是年修建2000延长米排污管道。1995年，修建了大管径排污管道1000延长米。1996年修建排水沟209延长米，1999年对老街进行拓宽改造，改造后设900延长米单侧排水沟。2001年，完成2000延长米的鹰手营子大街排污管道工程。

第四节　公共设施建设

一、供热

20世纪60年代前，只在兴隆矿务局办公楼、营子矿区剧场、兴隆矿务局职工医院等少数单位设供热锅炉，供热规模较小，生活区多为火炉取暖。1977年6月，兴隆矿务局营子矿沸腾锅炉房破土动工，同年冬季投入使用。锅炉房位于老爷庙一号斜井北侧，营子矿自行设计并组织力量进行设备制造安装，总投资60.05万元。主要有粉碎车间和集中采暖房，建筑面积1800平方米，自制沸腾炉4台，总产气能力40吨/小时。采用煤矸石粉为燃料，系国家投资的节能工程。1980年、1984年两次扩建，1985年年底，有沸腾锅炉6台，同时修建了14个小供热点，每个小供热点安装1—2台小型新式锅炉。至1988年，兴隆矿务局共建锅炉35台，其中沸腾锅炉6台，快装炉26台，温水炉3台，总供热面积为15万平方米。

1988年，鹰手营子城区第1座家属楼竣工，同时建锅炉房1座，有1吨锅炉1台。1990年，换4吨锅炉1台，冬季向1—4号家属楼供暖。1993年，增加2吨锅炉1台，向公安局办公楼、住宅楼及5号住宅楼供暖。1995年，4号家属楼锅炉房增加锅炉1台。1996年，拆除公安局锅炉房2吨锅炉1台更换成6吨锅炉，同时增加4吨锅炉1台，向5—10号住宅楼和公安局办公、住宅楼供暖。1997年，成立营子矿区第一供热站。是年，在营子矿区城乡建设局锅炉房原有4吨锅炉的基础上，又增加1台4吨锅炉，向建设局办公楼、鹰手营子村办公楼、11—13号住宅楼供暖。1998年，在中营小区增加8吨锅炉1台，向公安局办公、住宅楼，5—10号住宅楼、中营小区、粮食局住宅楼供暖。拆除公安局锅炉房和4吨锅炉1台，将6吨锅炉迁至酿造厂锅炉房，冬季向农行，五金家属楼，15号住宅楼，武装部，商贸城和糖酒、蔬菜、百货等单位供暖。1995—1998年，兴隆矿务局先后投资1044万元实施了四期集中供热工程，集中供热面积达23万多平方米，先后取缔了10余台锅炉。2001年，城建局更换锅炉房锅炉1台。是年，接收承德市水泥厂6吨锅炉1台，接收后，向水泥厂住宅楼、石灰石矿、工商行住宅楼供暖。

2003年，铺设兴隆矿务局调控站至区1—4号家属楼，法院办公、住宅楼，宏兴园住宅小区双向管网管道3000余延长米，由兴隆矿务局电厂供暖，拆除4号家属楼锅炉房。是年9月，接收寿王坟供热站，成立营子矿区第二供热站，有20吨锅炉1台，供热能力18万平方米。

二、照明

20 世纪 70 年代以前，鹰手营子城区各街道路灯安装在各企业的高压线杆上，没有统一规划，路灯间距过大，功率小，照明效果差，线路老化，灯具设施不配套。

1982 年，开始改换高压钠照明路灯。1983 年，在老街和站南路安装路灯 22 盏，改造 14 盏。1986 年，在东马路、北马路安装路灯 25 盏。1987 年，完成半条街、粮食街路灯安装。1989 年，为避免路灯经常停电，鹰手营子大街路灯改为常用电，新设变电器 1 台，架线路 0.5 公里。

1990 年，安装路灯 86 盏。1991 年，全区共有路灯 106 盏。1997 年，对鹰手营子镇主要街道的排水沟、路面、人行道路灯进行全面改造，在东大街、东环路、西马路增设路灯 40 盏。是年，全区有路灯 260 盏。1998 年，对路灯进行改造，在鹰手营子大街北侧新装路灯 24 盏，增设 400 瓦高压钠路灯 60 盏。东大桥竣工后，安装桥灯 6 盏。1999 年，对主街 15 处高大建筑安装了轮廓灯、射灯和霓虹灯。将建成区内 167 盏灯的明线改为暗线（地下电缆），同时铁北路、老厂子路改造后，新增路灯 52 盏，鹰手营子大街西侧安装不锈钢华灯 40 盏，安装公园路灯 20 盏。至 2000 年，建成区共有路灯 247 盏。

2001 年，将战备桥路灯更换为 1.5 米直臂灯。2003 年，鹰手营子大街安装 56 盏单臂高挑高压钠灯，电缆全部埋入地下，恢复铁北路段和承德市第七中学通道路灯，投资 20 万元更换、安装 352 盏单臂高挑高压钠灯。至年底，全区共有路灯 370 盏，保证着灯率 90% 以上。

第五节　园林绿化

一、街巷与庭院绿化

20 世纪 60 年代初期和 70 年代中期，兴隆矿务局进行两次大规模绿化工作。80 年代后，每年育林投资在万元以上。

80 年代初，鹰手营子大街、南街、老街、北街等 11 条主要街道的行道树栽植以国槐、杨树和垂柳为主，其中在鹰手营子大街一次性栽植国槐 216 株，以杨树、垂柳为主在柳河沿岸种植树木 1500 株。

至 1983 年，全区有庭院树和花灌木 75015 株（墩、簇）。其中：常绿树原有 18950 株，新增 8577 株；落叶树原有 27877 株，新增 18336 株；花灌木原有 280 墩（簇），新增 995 墩（簇）。原有花坛 139 个 3116 平方米，新增 29 个 918 平方米；有绿篱 270 延长米。

1986 年，开展绿化美化一条街工作和花园式机关大院建设。鹰手营子大街栽植侧柏 145 株，以国槐为主，辅以美人蕉、串红、木槿、夹竹桃等花卉，适当栽植桧柏等常绿树，共栽植桧柏 450 株，花卉 200 墩。1988 年，全区绿化以落叶植物为主，以常绿植物、刺梅、蔷薇、宿根花卉为辅。1989 年，全区城乡绿化植树 482000 株，投影面积 72000 平方米；植花灌木 49000 株，投影面积 1968 平方米；有花坛 182 个，面积 77532 平方米；有 15 个花园式机关大院。

1990 年利用街头巷尾新辟绿地和花池 2000 平方米。至 1992 年，各镇沿街两侧实现了绿地面积不少于 15%—20%，庭院内绿化面积占应绿化面积的 60% 以上。是年，全区人均绿地约 2 平方米。1996 年，绿化了柳河南岸，栽树 300 多株。2001 年，改造园林空闲地 16666.7 平方米，用于栽植花卉苗木。在铁北路种植沙棘 6000 株，胜利煤矿家属院种植垂柳 180 株。

二、公园绿化

1998 年，区城乡建设局在北山征地 15 公顷，建造北山公园。1999 年，在北山公园主干道、次干道植树 2000 株。2000 年，修建主干道两侧花坛及栽植树苗 200 平方米，行道树 515 株。2001 年，北山公园行道树新栽植垂柳 50 株。2003 年，平整土地 9900 平方米，种植 6000 株沙棘幼苗，8000 株杨柳苗和 2400 棵花卉苗木。

三、绿化管理机构

1997 年成立营子矿区绿化办公室，至 2003 年底机构无变化

第六节　乡村建设

1985 年，批准村民建房 326 户，1121 间，约 20178 平方米（不包括翻建），占地 4.466 公顷。1987 年，14 个村完成村民建房规划，批准村民建房 140 户 507 间，占地 35 亩，其中耕地 12 亩，占老宅、空闲地 23 亩。1988 年，村民新建房 61 户，占耕地 14.9 亩，非耕地 12.08 亩。1990 年，调整完善了寿王坟镇南沟村、汪家庄镇涝洼滩村的建设规划。1991 年，批准村民建房 76 户，253 间 5353 平方米；旧房翻建 123 户，494 间 7410 平方米。1992 年，实行村民住宅用地和村镇企业占地申请报告制度，全区共审批村民新建房 40 户，119 间 3437.8 平方米，占地 0.6 公顷；批准旧房翻建 76 户 340 间，建筑面积 9306.98 平方米；批准临时建筑 15 处，公共性建筑 191.4 平方米；办理村镇企业占地 0.05 公顷。2001 年，审批农民建房 28 处，建筑面积 2383.85 平方米。

第七节　城乡建设管理

一、机构

1975 年 11 月，成立营子矿区市容整顿办公室，负责城乡建设管理工作。1978 年 5 月改称营子矿区城市建设卫生管理科，6 月又更名为营子矿区建设科，负责全区城乡建设、环境卫生和房产工作。1981 年 3 月成立营子矿区城市建设局。1982 年，成立营子矿区市容办公室，归属城建局。1984 年 7 月，城市建设局改称为营子矿区城乡建设环境保护局，下设 4 个股室，负责全区城乡的基本建设管理、城乡规划编制、建筑工程设计、工程质量的监督及城乡环境保护工作。1996 年 12 月，区城乡建设环境保护局改称为城乡建设局，1997 年，成立营子矿区绿化办公室，隶属城乡建设局，至 2003 年机构无变化。

二、城镇规划管理

1981 年区政府成立后，开始开展城镇规划工作。为加强对城镇规划工作的领导，提高规划编制和建筑设计水平，增强城市规划决策的科学性，于 2001 年 6 月成立了营子矿区规划审批委员会，制定了《鹰手营子矿区城市规划管理规定》，对执行国家技术规范、依法审批建设项目等工作程序进行了细

化。在总体规划的框架下，坚持城市建设综合开发、配套建设、各负其责的原则，加快城市建设中供水、排水、道路、通讯、电力、绿地等基础设施建设。对村镇建设的管理基本是按照城市规划管理的方式、方法进行，对农村居民新建房屋，定位置、定高度、定标准，力求达到规范统一。

三、市容市貌综合治理

1981 年 5 月，颁布《承德市鹰手营子矿区城镇卫生管理试行条例》。1983 年，施行“门前三包”，各单位和居民住户把包卫生、包绿化、包秩序作为职责落到实处。1984 年，区政府出台《鹰手营子矿区城镇卫生管理规定》。1988 年，开始对鹰手营子镇 5 条街道 18000 平方米面积的“门前三包”改为有偿服务。1996 年，为加强市容和环境卫生及道路管理，颁布实施《鹰手营子矿区环境、卫生、道路管理暂行办法》，对户外广告、标语牌、橱窗、标志牌及城市内涂写、张贴宣传品等作出规定，鹰手营子大街、桥西路、站前路、矿工路及各镇主干道和繁华街道的建筑物围墙采用透景、半透景形式，禁止建成区域内非农业户口居民饲养家禽、家畜。1998 年，实施《鹰手营子矿区物业管理暂行办法》，以加强城镇住宅区物业管理，提高城镇整体管理水平。各住宅区相继成立物业管理委员会。1999 年后，强化以提高环境卫生质量为主题的市容市貌管理工作，在抓好主干道、城镇出入口迎宾线等重要区域的同时，抓好城区大街小巷和生产小区治理，禁止垃圾乱堆乱放，污水乱泼乱倒现象。以建设富强、繁荣、文明的小康区为目标，以城市形象建设为主要内容，以治脏、治乱为重点，以提高市民素质为核心，以全民参与为基础，加强“鱼水工程”的建设，深化城市管理工作，使城市管理的重点向居民区延伸，形象建设向城镇延伸，深化“两级政府（市区两级政府）、三级管理（市、区、街道）、四级落实（市、区、镇、社区）”工作，逐步实现了城镇政府管理行为向社会行为的转变。在市容环境综合治理工作中，发挥专业队伍作用和协调全社会力量，抓好城市主干道两侧的乱摆摊点和“三不管”地段的脏、乱、差问题，抓好城市绿化美化，完成建成区域内花池、花坛和行道树栽植，做好经常性的维护和管理。同时加强了城市管理行政执法，坚持综合执法、专业执法、联合执法相结合的原则，对违法建设项目、集市贸易违法违章、违反市容卫生规定等的行为行使处罚权。

第二章　水利设施

顺治十八年（ 1661 年），鹰手营子被划为清东陵“后龙风水”禁地后，草木丛生、古树参天，生态环境极佳。民国 4 年（1915 年）“后龙风水”禁地开封至 1949 年，由于境外居民前来定居，大批木材商涌入，毁林开荒，加上战乱，水土流失严重，洪旱灾害频频发生，全区水土流失面积 70 平方公里。中华人民共和国成立后，在人民政府的领导下，结合区情，因地制宜，合理规划，大兴水利，发展农业生产。20 世纪 80 年代至 2003 年，区政府更加重视桥涵、配套机井、水渠、输水管路、节水灌溉工程，小流域治理工程的建设，农村饮水设施不断完善，防洪排涝工程不断续建和修缮，全区水利设施建设取得丰硕成果。

第一节 水　　库

境内水库只有1座，为喇嘛沟水库，位于柳河支流喇嘛沟河上游，由承德市水利局设计，鹰手营子镇集体修建，属小（二）型水库。

1978年4月开工，于1979年底竣工。水库采用混凝土浇筑，外面砂灰砌石，坝高20米，汇水面积55亩，设计库容35万立方米，兴利库容27万立方米，总投资70万元。1996年水库更换门闸1处。

喇嘛沟水库（摄影　戴翔）

第二节 农田灌溉设施

一、机井、桥涵

1974年，国家投资7万元，群众投工投劳，在跳沟村打机井1眼，至1975年，全区共有机井119眼，1978年全区有机井144眼，其中配套机井132眼。1985年，共有配套机井97眼。1989年，新建小桥2座，维修小桥4座。1991年，用于水利材料投资30万元，其中国家补贴0.5万元，集体投资29.5万元。1997年，维修机井31眼，新打机井6眼。1998年，维修机井31眼，新打机井15眼，建过桥涵洞11座。2000年，修建过水涵洞300延长米。2001年，新增机井23眼。2002年，打井13眼，维修22眼。2003年，打机井10眼，维修10眼。

二、扬水灌溉工程

人民公社化以后，为了发展农业生产，全区各公社、各生产大队积极开展农田水利工程建设。1968年，北马圈子大队在小煤岭沟修建水利工程1处，扬程100米，上水管道500米，水渠1000米，蓄水池1个，灌溉面积800亩。1969年，北马圈子大队在东台子建水利工程1处，打水井1眼，扬程80米，水渠400米，蓄水池1个，灌溉面积300亩。1970年，北马圈子大队第五生产队修建水利工程

1处，水井1眼，扬程100米，修水渠300米，蓄水池1个，灌溉面积地300亩。1973年春，河北村北山引水上山工程开工，1974年完工并投入使用，扬程250米，修建水渠400多米，建蓄水池2座，每座池深5米，直径6米，蓄水100多立方米。1974年，跳沟村修建扬水上山工程3000延长米。至1975年，共修建灌溉工程50000延长米。

1987年，建小型水利工程20处。1991年，新建引水上山点2处，恢复扬水点1处，修复泵房4座。1997年，新增地下输水管道1000延长米，新增有效灌溉面积100亩，改善灌溉面积1600亩。1998年，修渠4100延长米，其中北马圈子镇修渠300延长米，寿王坟镇修渠500延长米，鹰手营子镇修渠3300延长米。维修水渠4000延长米，新增水浇地120亩，改善灌溉面积1000亩。至1998年末，全区累计铺设输水管路38.2万延长米，其中输水主管路5.1万延长米，双孔滴灌管路33.1万延长米。

2001年，新增50立方米蓄水池2个，增加节水灌溉面积500亩。2002年建扬水工程2处。铺设地下输水管路10000延长米，增加有效灌溉面积300亩，增加节水灌溉面积100亩。2003年，修建30立方米蓄水池5个，节水灌溉工程8处，增加地下输水管路10000延长米；实施棚室果品灌溉示范技术10亩。

营子矿区部分年份农田水利建设一览表

表4－2－1

项目 / 年份	井（口）			水渠（延长米）		输水管路（延长米）		灌溉面积（亩）			节水灌溉（亩）	新建蓄水池	新建泵房
	新打机井	新打小口井	维修机井	新修	维修	新增	更新	新增	改善	恢复			
1975	—	—	—	2150	—	—	—	—	—	—	—	—	—
1980	—	—	—	—	—	—	—	—	—	—	—	1	4
1985	2	—	3	—	—	—	—	—	—	—	—	—	—
1986	4	12	1	—	—	—	—	—	—	—	—	—	—
1987	—	—	10	—	700	—	—	—	—	—	—	—	—
1988	2	—	7	1800	—	—	50	—	25	—	—	—	—
1989	5	—	5	2640	570	450	—	—	181	131	—	1	—
1991	1	—	19	—	—	—	—	160	400	—	—	—	—
1992	2	—	11	1260	—	—	—	250	—	—	—	—	—
1993	2	—	46	—	1200	—	—	110	300	—	—	—	—
1994	2	—	7	—	3090	—	—	260	2200	—	2200	2	—
1995	5	5	30	—	2700	—	—	120	—	—	—	—	—
1996	2	9	18	3900	3500	—	—	—	—	—	—	—	—
1998	15	—	31	4100	4000	—	—	120	1000	—	510	1	—
2000	88	67	28	—	—	18000	—	520	1500	—	50	3	—
2002	13	—	22	—	—	10000	—	300	—	—	100	2	2
2003	10	10	—	—	—	10000	—	100	—	—	—	5	—

第三节 防洪排涝设施

一、防洪坝

中华人民共和国成立以前，鹰手营子区无规模堤坝和护岸设施。中华人民共和国成立后，开始逐渐修筑防洪排涝工程。

20 世纪 60 年代以前，柳河两岸采用干砌形式筑石坝，坡面比为 1: 0. 5 或 1: 1，干砌石坝用沙土培填，背面坡比为 1: 1，以防渗水。1965 年，北马圈子大队修柳河防洪坝 80 延长米。1968 年，由兴隆矿务局出资 11. 8 万元，修建柳河胜利煤矿至老厂子段高 5 米、长 500 延长米的防洪大坝。1975 年，修河坝 2056 延长米。1978 年，治理河道 900 延长米，动用土石方 39. 6 万立方米。

1988 年，修河坝 5 条 1850 延长米。1989 年，鹰手营子大街东部喇嘛沟河旁建防洪坝 280 延长米。

1991 年，根据国家制定的中、小城镇防洪标准，柳河确定为 20 年一遇 50 年校准标准，是年修筑了防洪坝 300 延长米。1992 年，在喇嘛沟河沿线修堤坝 2000 延长米。1993 年，修河坝 80 延长米。1994 年 7 月 13 日特大洪灾之后，区政府制定《鹰手营子矿区河道管理规定》，根据国家防汛总指挥部防汛大纲，针对营子矿区地理位置及地貌概况，气候特征，降水状况，社会经济状况，河流及防洪工程状况，水突的形成，编制了防洪预案。投资 266. 7 万元修建高 6 米，长 2050 延长米的柳河第一期防洪坝，并于 1995 年完成高 6 米，均宽 0. 6 米的防洪坝水毁修复工程 2950 延长米。至此，营子矿区防洪工程分布在柳河、喇嘛沟河、李家沟河、老西沟河、老牛河河道两岸，河坝总长 7000 多延长米，结构为浆砌石坝，是年清理河道 5000 延长米。1996 年，在汪家庄镇李家沟河修建 1 条 2400 延长米的防洪坝，配套建设了 3 座坝桥和 4 个涵洞。1998 年修河坝 4660 延长米，1999 年，投资 285. 62 万元，修建柳河第二期（兴隆矿务局三千米至西漫水桥）防洪坝，坝高 6 米，长 2100 延长米。

2000 年，新修防洪坝 1434 延长米，动用土石方 1. 2 万立方米，同时完成长 55 米、高 6 米的鹰手营子大桥东侧防洪坝。2001 年，完成柳河防洪坝三千米段 200 延长米续建工程。2003 年，投资 35 万元，完成了胜利煤矿至老厂子段防洪坝加高加固工程，坝长 600 延长米，高 6 米。

二、石笼

1962 年特大洪水灾害后，全区开始修建防洪工程，鹰手营子公社鹰手营子大队在柳河鹰手营子段修建石笼 10 条，每条长 6—7 米。马圈子公社北马圈子大队在柳河北马圈子段修石笼 3 条，45 延长米，“文化大革命”期间北马圈子大队在柳河北马圈子段修石笼 3 条。1985 年，北马圈子大队林业队在北马圈子段修石笼 2 条。

第四节 水土保持

一、水土流失状况

民国 4 年（1915 年）“后龙风水”禁地开禁至 1949 年，由于境外居民前来定居，毁林开荒，水

土流失严重，洪旱灾害频频发生，全区水土流失面积70平方公里。

中华人民共和国成立后，区政府组织带领广大群众，封山育林，植树造林，修梯田、闸山沟、进行小流域治理，水土流失有所改善。改革开放以后，由于大量开采矿产资源，全区矿山废弃地较多，达2000亩，加之乱砍滥伐，放树挖根，加剧了水土流失。

二、水土流失治理

中华人民共和国成立后，各级政府越来越注重水土流失治理工作。1964年，全区开展“农业学大寨”运动，水土保持工作再掀高潮，全区修谷坊坝326条，治坡打坝3590道、长坝沿19275延长米，新修梯田546亩，改良土壤1785亩，扩大耕地193亩。1975年，修梯田668亩。1978年，平整土地220亩，修梯田70道，6520延长米。1980年以后，水土保持步入以小流域治理为主，工程措施与生物治理相结合阶段。1989年小流域治理经济沟（坡）10处。此后，区委区政府把山区开发作为调整农业产业结构、培植第二资源、涵养农业发展后劲来抓，本着生物措施与工程措施相结合、治沟与治坡相结合、长远利益与近期利益相结合的原则，培养山区开发技术队伍，发动群众，分期分批开展水土保持工作，到1991年，全区山场完成工程治理7.7万亩，林地面积达到13.3万亩。林木蓄积11.2万立方米，比1980年提高13.3%。1992年，营子矿区被授予全国水土保持先进单位称号。1997年，维修护村护地坝3680延长米，完成水土流失治理2平方公里，其中重点小流域治理1平方公里。1999年，修农田坝沿7410延长米。

2000年，截水沟3000延长米，用于水土保持和节水工程总投资为188.31万元。在水保治理示范工程建设上，重点抓寿王坟尾矿坝、石灰石矿排土场、兴隆矿务局矸石山3个第一批水土保持生态环境恢复治理示范工程。是年，营子矿区被列为全国水土保持生态监督管理规范化建设试点区，区委、区政府成立水土保持生态环境监督管理规范化建设工作领导小组，建立营子矿区水土保持生态环境监督站，出台《鹰手营子矿区生态环境监督管理规范化建设实施意见》等8个配套制度措施。2002年，截水沟2000延长米，营造水保林1665亩，总投资195.63万元。2003年，治理水土流失动用土石方32万立方米，投资115万元，其中群众自筹95万元，修建护地坝2000延长米，谷坊30座，挡土墙2000延长米，完成坡改梯375亩，修建水源工程10处，节水灌溉工程14处，全年完成小流域治理6平方公里。

营子矿区部分年份水土保持工程一览表

表4－2－2

项目 / 年份	小流域治理（平方公里）	梯田（亩）	水平沟阶		谷坊坝（道）	鱼鳞坑（个）	坝沿（延长米）	护坝（延长米）
			延长米	亩				
1964	—	546	—	—	326	—	19275	3590
1975	—	668	—	—	—	—	—	—
1985	1.5	—	—	—	32	—	—	—
1987	—	300	—	—	—	—	—	—
1988	—	—	—	—	—	—	7250	—
1989	—	—	150760	—	—	14360	—	—
1991	—	—	—	200	—	—	—	—
1992	—	—	—	—	—	—	—	1520

续表 4－2－2

项目 年份	小流域治理（平方公里）	梯田（亩）	水平沟阶		谷坊坝（道）	鱼鳞坑（个）	坝沿（延长米）	护坝（延长米）
			延长米	亩				
1993	0.9	—	—	—	—	—	—	—
1994	2.0	—	—	—	—	—	3750	—
1995	1.2	3500	5200	—	—	—	—	—
1996	2	—	—	—	—	—	—	—
1997	2	—	—	—	—	—	—	3680
1998	2	—	—	—	12	10000	7410	—
2000	2		150000	—	30	80000	1000	—
2001	2	750	—	—	60	—	—	3000
2002	4	424	—	—	23	—	—	10000
2003	6	375	—	—	30	—	—	2000

第五节　农村饮水设施

1974 年，鹰手营子公社跳沟大队修建饮水工程一处，解决 210 户 600 人的饮水问题。

1985 年，南马圈子村、老厂子村、郑家庄村通过群众自筹资金，投工投劳与所在地企业接通自来水管网，吃上自来水。

1993 年，修建人畜饮水工程 1 处，解决 218 户 726 人、18 头大牲畜吃水问题。1995 年，完成人畜饮水工程 1 处，解决 205 人饮水问题。1997 年，完成人畜饮水工程 1 处，可供 206 人、21 头大牲畜饮水。1998 年，在寿王坟罗圈沟村和汪家庄镇涝洼滩村修建饮水工程 1 处，可供 360 人、30 头大牲畜饮水。

2000 年以后，随着地下水位的下降，全区农村人畜饮水困难问题十分突出，过去一些解决了吃水难的村因管道设施老化，跑漏水严重，又面临新的饮水困难问题，针对这种情况，区委、区政府积极依靠国家项目，争取资金 60 多万元，在涝洼滩牛旦子沟、老爷庙梁后坡、北马圈子小煤岭沟、郑家庄村修建饮水上山工程 4 处，解决农村 1500 人吃水难的问题。2002 年，完成跳沟、鹰手营子、河北、姚庄、郑家庄、涝洼滩等村多处人畜饮水工程。2003 年，在北马圈子、老厂子、河北村与区自来水管道并网 3 处，解决 3220 人吃水难的问题。

第六节　水利建设管理

一、水源管理

1965 年至 1993 年，区内水资源由区农林科（局）管理，1993 年后收取水资源费，发放“取水许可证”，由市水务局统一管理。

1999 年区水务局建立至 2003 年，加强了《中华人民共和国水法》的宣传工作，通过广播、有线电视、标语、宣传画、宣传车、播放录像和现场咨询等形式进行宣传。加强督导检查工作，检查《中华人民共和国水法》的贯彻实施，重点项目建设、资金投入、资金使用和管理，落实执法责任制等情况。同时，加强水政监督执法队伍的建设，落实行政执法责任制和“两错”（错案和执法过错）责任追究制。

二、水利工程管理

中华人民共和国成立后，相继修建了一些水库、机井、水渠。1976 年，区革委会颁布《承德市鹰手营子矿区革命委员会市政建设管理暂行规定》，首次对柳河治理提出要求。1979 年后，农村实行联产承包责任制，水利工程设施的作用随着包产到户有所降低。1985 年后随着小流域治理建设，兴修水利再掀高潮。1991 年，区农林局出台《水平沟整地技术规程》，是年，农林局设水利监察员。1993 年，处理河道违法案件 25 起，处理水事纠纷 1 起。1994 年 6 月 13 日，区政府印发《鹰手营子矿区实施〈中华人民共和国水土保持办法〉的通知》。1997 年，查处水利违法案件 19 起。

三、水利机构

中华人民共和国成立后至 1965 年前，未设水利机构。1965 年水利工作由区农林科管理，1986 年农林局建立水利股，1989 年水利股改称水利站。1999 年 10 月成立鹰手营子矿区水务局，与农林局合署办公，内设水利股。2002 年 5 月撤销农林局，设林水局，内设水利股。

第三章　电力设施

民国 29 年（1940 年），伪满洲矿山株式会社在鹰手营子街东建火力发电厂 1 座，主要供兴隆县倒流水金矿用电。中华人民共和国成立后，域内先后共建有柴油机发电厂、洞内式火电厂和煤矸石热电厂共 3 座。至 2003 年底，还在运转的电厂只剩兴隆矿务局煤矸石热电厂 1 家。1955 年，建寿王坟变电站至 2003 年底，域内先后共有建有 2 家供电公司所属变电站和 5 家驻区企业变电站。

第一节　电厂建设

一、寿王坟铜矿发电厂

1951年，东北地质勘探公司一〇一地质队到寿王坟地区探矿，1952年，在寿王坟老三百建起柴油机发电厂，占地0.367公顷。1957年4月，寿王坟铜矿正式投产，开始起用唐山输送的电力，铜矿电厂停止运行。

二、红星发电厂

20世纪60年代，天津市根据中共中央“备战备荒为人民”的方针，将部分工业企业转移到承德市境内深山区。该厂坐落于鹰手营子镇喇嘛沟东沟，为洞内式火电厂，1965年6月开始筹建，隶属天津市“小三线”指挥部。装机容量1500千瓦，总投资497万元。1969年，完成机组安装，进行试发电，1970年初正式发电。1971年后续投资13万元，建发电主厂房、煤场、灰场、水池以及附属生活设施等，总建筑面积9517平方米。其中洞内面积1500平方米，厂区建筑面积3476平方米，生活建筑面积4541平方米。

发电后，由于锅炉不适应当地煤种，出电低，耗煤高，企业长期亏损，正常时只有1台机组发电，且时开时停，1980年停止发电。1981年11月与承德东风电机厂合并后，迁至天津市蓟县改名为天津市东风电机厂。自投产发电至停产下马，10年间累计发电3747万千瓦时，生产期总计亏损420.6万元。发电设备及厂区建筑物折价25万元，有偿转让给承德市水泥厂。

三、兴隆矿务局矸石热电厂

1994年，兴隆矿务局建矸石热电厂。位于兴隆矿务局营子煤矿原洗煤厂旧址，占地28017平方米，总投资6089.1万元。总装机容量1.2万千瓦，采用一抽一凝两台6000千瓦汽轮发电机组，3台35吨沸腾炉，热电联产。年设计发电量7200万千瓦时，年售电量6215.8万千瓦时，供热2.43×105克焦耳/年。非采暖期设计热效率16.5%，采暖期33.3%。1999年，被省经贸委认定为“河北省综合利用企业”。随着国家能源政策调整和对环保要求的日益提高，国家要求纳入综合利用范围内的小型火电厂，污染物排放必须达标，否则必须停产整顿。为解决电厂生存发展问题，企业投资1300多万元对锅炉进行技术改造，技改工程于2002年6月22日正式开工，在拆除1#沸腾锅炉原址新建一台75吨/时循环流化床锅炉，并配套建设一台高效静电除尘器及相关辅助设备。为节约工程投资，继续使用原有发电机及其他现有公共设施。2003年2月投产试运行。

第二节　供电设施

一、变电站

（一）寿王坟变电站

位于寿王坟镇。主要供寿王坟铜矿和兴隆矿务局用电，是承德市第一座 110 千伏变电站，也是连接京津唐电网的枢纽站。

1955 年由唐山供电局负责兴建。1957 年 2 月投入运行，初期主变单相 3 台，容量为 9000 千伏安。1958 年负荷增大，扩建变压器 1 台，容量为 10000 千伏安，连接方式为单母线分段。1971 年将该主变压撤销，更换为 31500 千伏安变压器。1978 年更换 9000 千伏安变压器为 15000 千伏安，总容量为 46500 千伏安。

（二）煤岭沟变电站

位于兴隆县北营房镇煤岭沟村，1981 年投入运行。主变容量 1 × 8870 千伏安。1999 年农网改造期间，利用农网改造资金，在原有 1 台主变基础上升级为 2 台 35000 千伏安主变。站内设备由旧设备更换为新的微机控制设备，全站按无人值守站建立。

煤岭沟变电站（摄影　戴翔）

（三）驻区企业变电站

营子矿变电站，1957 年投入运行，产权属兴隆矿务局，主变 2 台，分别为 1 × 3200 千伏安与 1 × 1800 千伏安。

汪庄矿变电站，1957 年 6 月投入运行，产权属兴隆矿务局，主变 2 台，为 2 × 3200 千伏安。

马圈矿变电站，1960 年 2 月投入运行，产权属兴隆矿务局，主变 2 台，为 2 × 3200 千伏安。

承德市水泥厂变电站，1979 年投入运行，产权属承德市水泥厂，主变 1 台，为 1 × 3200 千伏安。

涝洼滩煤矿变电站，1985 年 5 月投入运行，产权属涝洼滩煤矿，主变 2 台，分别为 1 × 2500 千伏安与 1 × 1800 千伏安。

二、输电线路

（一）寿营一路

1957 年修建，由寿王坟至鹰手营子，全长 12 公里。

（二）寿营二路

1960 年修建，由寿王坟至鹰手营子，全长 12.17 公里。

（三）寿涝线

1967 年修建，由寿王坟至涝洼滩，全长 8.27 公里。

（四）汪涝线

1976 年修建，由涝洼滩至汪家庄，全长 1.53 公里。1981 年，修建汪家庄至涝洼滩输电线路，全

长1.11公里。

（五）营煤线

1979年修建，由鹰手营子至兴隆矿务局机械厂，全长2.75公里。

（六）煤北线

1976年修建，由煤岭沟至马圈子煤矿，全长2.3公里。

三、配电线路

中华人民共和国成立以后，随着寿王坟铜矿和煤岭沟变电站的建成，两站的出线均为6千伏线路。

煤岭沟变电站出线7条，分别是煤岭沟至鹰手营子、至老爷庙承德市东风煤矿、至姚栅子承德市铸石厂、至兴隆县冰冷沟、至兴隆县北营房、至北马圈子镇金扇子、至鹰手营子镇老厂子。

寿王坟变电站出线两条，一条为农用电、一条为民用电，分别是寿王坟至兴隆县潘家店、至兴隆县车河。

1995年以前，国家用电紧张，一些企业实行用电控制，一直没有对电力基础设施进行投资。1995年至1999年，虽然用电政策放开，但由于当时经济发展不景气，部分企业下马，营子矿区的公用变压器只有5台，总容量为1545千伏安，专用变压器157台，总容量为17595千伏安。

2000年至2003年年底，国家投资实施农网改造工程，扩大内需，鹰手营子电网得到了快速发展。煤岭沟变电站出线电压由6千伏升至10千伏。煤岭沟变电站和寿王坟变电站出线相应得到改造，两站出线由原有小截面导线全部更换为120毫米导线，配电变压器由旧型号高损配变更换为新型节能配变。农村配电变压器产权全部划归供电公司。农村低压线路全部进行了改造，同时，新建煤岭沟至涝洼滩10千伏供电线路。

2001年，国家又启动了城市电网改造工程，彻底改造供电能力不足、存在安全隐患的城市电网。2002年，供电公司新建鹰手营子街的2条主供电源，线路出线为185毫米钢芯铝绞线，城区部分更换为150毫米绝缘导线，城区低压更换为120毫米绝缘导线。新建变压器17台，总容量3450千伏安，新建高压线路17.56公里，新建低压线路21.5公里。

附

伪满洲矿山株式会社鹰手营子发电所

民国29年（1940年），伪满洲矿山株式会社在鹰手营子街东侧建火力发电所一座，占地约20000平方米，民国30年（1941年）8月投入运行，装机2×1250千瓦，为日本三菱汽轮发电机组，装设分别为英国和法国制造的12吨/时低温锅炉2台，以3.3千伏配电线路供电，厂房两层，建筑面积1000平方米。老爷庙煤矿至发电所铺设窄轨道，工人以木制矿车运煤至发电所供发电用。发电所初期隶属于伪满洲矿山株式会社兴隆倒流水矿业所，有职工100余人。倒流水金矿倒闭后，移交老爷庙矿业所管理。

伪满鹰手营子发电所（摄影　戴翔）

民国34年（1945年）8月，日本投降，9月八路军冀东军区第十四军分区接管鹰手营子发电所，扬敬一任所长，张致民任副所长。发电所继续发电供当地生产、生活用电。民

国35年（1946年）战局紧张，八路军撤出前，停止发电，将设备拆除，坚壁清野，结束发电历史。

1953年，将机组拆至双塔山发电厂，2台锅炉调给邢台。1986年发电厂厂房划归营子矿区陶瓷耐火材料厂。

第四章　交通建设

春秋战国时代，燕国的官营机构在寿王坟一带冶炼铜铁，以寿王坟为中心开通硫铁、铜的驮运路线。清代，境内被划为东陵“后龙风水”禁地，道路失修荒芜。民国4年（1915年），“后龙风水”开禁后，为往外地运输木材，重新修整承德至兴隆的大车道，经大石庙，过滦河、冯营子、砖瓦窑子、南大梁、新杖子、夹马石、刘杖子至车道梁途经鹰手营子进入兴隆县。

民国26年（1937年，伪满康德四年），伪热河省土木科开始修建承德至兴隆路宽2—3米的新路线，即改由广仁岭—滦河—达拉腰子梁—安匠—刘杖子—陈家庄—盘道梁，途经鹰手营子入兴隆县。

中华人民共和国成立后，陆路交通运输迅速发展，津承、宣唐、北凌公路贯穿全境；寿王坟铜矿、兴隆矿务局矿属公路，营涝公路、村村通公路四通八达。公路总里程为85.6公里，其中，国道112线11公里，省道北凌公路12.5公里，乡村公路62.1公里。1960年4月京承铁路全线通车，境内铁路总长39.1公里，其中京承铁路11.87公里，铁路专用线27.23公里。

营涝公路收费站（摄影　戴翔）

第一节　公路建设

一、国道

20世纪30年代以前，由承德经大石庙，过滦河、冯营子、砖瓦窑子、南大梁、新杖子、夹马石、刘杖子、车道梁途经鹰手营子进入兴隆，梁大坡陡弯急，是一条大车道。日本侵略军占领承德后，大肆抓夫征丁，进行平垫整修，只能勉强行驶汽车。民国26年（1937年），日本侵略者为了入侵华北和镇压长城沿线抗日军民，伪热河省土木科开始修建新路线，即改由广仁岭—滦河—搭拉腰子梁—安匠—刘杖子—陈家庄—盘道梁—鹰手营子进入兴隆，路宽2—3米。

1965 年，改为津承线（天津至承德），1979 年改为宣唐线，起点张家口市宣化区京张公路道口，经赤城、丰宁、滦平、承德、鹰手营子、兴隆、遵化、丰润，终点为唐山市，全长 597 公里，其中，鹰手营子段 11 公里，1988 年命名为国道 112 线。1997 年 3 月，兴隆县北营房至黄酒馆段，改建为二级汽车专用公路，全长 31.33 公里，总投资 2.6 亿元，于 1999 年 9 月 28 日竣工通车。改建后的鹰手营子段为 9.692 公里，有永久性大桥 1 座，185.06 延长米；中桥 2 座，151.94 延长米；小桥 7 座，135.22 延长米；涵洞 30 道，507.55 延长米。

二、省道

北凌公路（北营房至辽宁凌源）营大线，早在战国时期就已形成驮运道路。日本侵占后，建成“警备道”，自兴隆—北马圈子—鹰手营子—北营房—下台子—柳河口—承德。抗日战争胜利后，因年久失修，到新中国成立初期仍是驮运道。1954 年兴隆县组织民工修建了自北营房—寿王坟简易公路，开始通行载货汽车，1959 年兴隆县再次组织民工修建寿王坟—大杖子段。

北凌公路车河梁隧道（摄影　郝树森）

1965 年，随着行政区划的变更，兴隆县将营大线公路的寿王坟段移交承德市管理。

营大线（北营房至大杖子段），起自 112 线国道北营房镇南，向东经西拨子、洞庙河、姚栅子、杨家庄、老烧锅、寿王坟、义居号、商店子、石洞子、大坡、车河堡、隋杖子、大杖子至柳河口与承栗公路相接，全长 48.3 公里。1975 年公路普查定为县级公路，营子矿区段为 12.5 公里。区段内建有永久性小型桥梁 4 座，全长 65.4 米；涵洞 18 道，全长 22 米；护坡 3 处，全长 1341 米；挡土墙 1 处，全长 280 米。

2003 年，营大线升格为省道。是年 5 月开工，建设标准为山岭重丘二级公路，设计行车速度为 40 公里/小时，路基宽 8.5 米，路面宽 8 米，其中寿王坟段为 K12 + 800—K15 + 800，年底完工。

三、地方公路

营涝线，自鹰手营子大街东端至涝洼滩。该路段原是马车路，1957 年 3 月，由兴隆煤矿筹备处投资 18.19 万元修建了鹰手营子至汪家庄段公路（等外公路），个别路段宽不足 4 米，没有必要的排水防护系统。1958 年 6 月由沈阳煤矿设计院设计、兴隆煤矿筹备处建工区施工的东起徐家庄，西达鹰手营子镇兴隆煤矿筹备处营子矿运输路竣工，全长 5.84 公里，路面为碎石、砂、黏土，路基宽 6.5 米，路面宽 3 米。全线共建涵洞 7 个，漫水桥 1 座，钢筋混凝土桥 1 座。后因年久失修，路面坑洼连片、晴通雨阻。1972 年改为沥青路面，由于缺少排水桥涵，通车后不久出现路面损坏现象，此后又多次集资修复，1986 年，完成汪家庄至涝洼滩公路建设。

1997 年 3 月，经市交通局、市计委立项，是年 6 月，省政府正式批准改建。营涝公路全长 13.8 公里，建设标准为山岭重丘二级公路，为碎石混凝土路面，路基宽 8.5 米，路面宽 7 米，总投资 4800 万元。一期工程 7.16 公里于 1997 年 6 月开工，1998 年 9 月 30 日竣工，完成中桥 2 座，小桥 1 座，涵洞 38 道，铺设路面 5.88 万平方米。二期工程于 1999 年 5 月开工，1999 年 10 月竣工通车。

四、公路桥梁

境内有董家庄公铁立交桥、董家庄大桥、火道沟中桥、李家沟中桥等大中型桥梁 4 座。

营子矿区交通局管养大中型桥梁一览表

表 4－4－1

桥梁编号	桥梁名称	路线编号	路线名称	铁路河流名称	中心桩号	道路等级	桥梁性质	桥类	设计荷载（吨）	管养单位	定桥结构	桥长（米）	桥跨组合	跨径（米）	桥净宽（米）	桥下净高（米）	建成时间
G112L 2460 130804	煤岭沟中桥	G112	北京环线	柳河支流	K901 +561	二级	永久性	中桥	汽—20 挂—100	营子矿区交通局	预应力钢筋混凝土简支空心板	66. 88	5—13	13	11	5. 2	1999 年 9 月
G112L 2470 130804	董家庄公铁立交桥	G112	北京环线	京承铁路	K902 +035	二级	永久性	中桥	汽—20 挂—100		预应力钢筋混凝土简支空心板	53	3—16	16	11	9. 1	1999 年 9 月
G112L 2500 130804	董家庄大桥	G112	北京环线	柳河	K902 +928	二级	永久性	大桥	汽—20 挂—100		预应力钢筋混凝土简支空心板	185. 06	9—20	20	11	6	1999 年 9 月
G112L 2520 130804	火道沟中桥	G112	北京环线	柳河支流	K903 +208	二级	永久性	中桥	汽—20 挂—100		预应力钢筋混凝土简支空心板	85. 06	4—20	20	11	4. 3	1999 年 9 月
	李家沟中桥		营涝公路	李家沟河	K6 +421. 9	二级	永久性	中桥	汽—20 挂—100		预应力钢筋混凝土简支空心板	56. 06	4—13	13	7. 5	3. 2	1998 年 7 月

说明：煤岭沟中桥位于兴隆县境内

第二节　铁路建设

一、铁路线

境内铁路为京承线上板城至鹰手营子段，全程 68 公里。1953 年末，铁道部设计总局第四勘测队，承担北京至承德铁路勘测任务，由铁道部海拉尔铁路工程局承建路基、桥涵，由铁道部第四隧道公司承建隧道。1955 年 9 月开工建设，1957 年 9 月上鹰线通车。

上鹰线临时运营后，国家计委会同铁道部再次下达修筑鹰手营子至怀柔线的指示。1960 年初，海拉尔铁路工程局担负路基和桥涵修筑任务，铁道部第四隧道公司承建隧道。同年 4 月 1 日，正式运营

通客车，定为三级地方线。这条铁路经过30多年不断改善和修筑，到1985年全部换成国产50公斤铁轨。1988年1月，北京铁路分局投资186万元，对鹰手营子至怀柔段施行改造工程，将3处R＝250‰曲线半径改为R＝350‰的曲线半径，比原线缩短37.4米，提高了通车和运载能力。车速也由原来的50公里／小时提高到70公里／小时。

二、桥梁涵洞

境内铁路线共有大桥1座、中桥2座、小桥10座，涵洞8个。

营子矿区境内铁路大中小型桥梁一览表

表4－4－2

桥梁编号	路线名称	所在地	河流名称	桥梁性质	桥类	设计荷载	管养单位	结构	桥长	建成年份
76号	京承线	167公里768米	柳河	永久	小桥	中—22	兴隆桥工区	钢筋混凝土坡形	2孔5.5米	1956
77号	京承线	168公里488米	柳河	永久	小桥	中—22	兴隆桥工区	钢筋混凝土坡形	1孔6.7米	1957
78号	京承线	169公里508米	柳河	永久	小桥	中—22	兴隆桥工区	钢筋混凝土板	1孔3.4米	1956
79号（柳河14号）	京承线	170公里952米	柳河	永久	大桥	中—22	兴隆桥工区	钢筋混凝土	7孔16米	1956
80号	京承线	171公里176米	柳河	永久	小桥	中—22	兴隆桥工区	钢筋混凝土	1孔4.5米	1956
80号甲	京承线	174公里290米	柳河	永久	小桥	中—22	兴隆桥工区	框构	2孔6米	1990
81号甲（柳河13号）	京承线	174公里594米	柳河	永久	中桥	中—22	兴隆桥工区	钢筋混凝土坡形	5孔16米	1956
81号甲	京承线	174公里679米	柳河	永久	小桥	中—22	兴隆桥工区	框构	1孔10米	1995
81号乙	京承线	176公里162米	柳河	永久	小桥	中—22	兴隆桥工区	框构	1孔12米	1999
82号（柳河12号）	京承线	176公里328米	柳河	永久	中桥	中—22	兴隆桥工区	钢筋混凝土	6孔16米	1956
83号	京承线	176公里949米	柳河	永久	小桥	中—22	兴隆桥工区	钢筋混凝土坡形	1孔5.5米	1956
84号	京承线	177公里520米	柳河	永久	小桥	中—22	兴隆桥工区	钢筋混凝土板	1孔4.5米	1956
85号	京承线	177公里594米	柳河	永久	小桥	中—22	兴隆桥工区	钢筋混凝土板	1孔4.5米	1956

三、铁路专用线

（一）兴隆矿务局专用线

兴隆矿务局共有铁路专用线3条。一条为火神庙竖井专用线，由火神庙竖井工业广场西端起，沿汪庄矿东北的季节性河岸，穿过摩天岭北山火成岩余脉，经姚栅子村到达洞庙河火车站与京承铁路相接。第二条为老爷庙一、二号斜井铁路专用线（含矿务局总仓库专用线），由老爷庙一号斜井高站台沿鹰手营子镇南部、西部边缘与京承铁路鹰手营子火车站连接。第三条为北马圈子中央斜井专用线，因京承铁路由该井工业广场穿过，故就近接轨。

兴隆矿务局铁路专用线建设情况一览表

表 4－4－3

专用线名称	火神庙专用线	老爷庙专用线	北马圈子专用线
长度（公里）	6.9	3.49	2.94
计划投资（万元）	185.75	48.16	34.42
建设过程实际投资（万元）	172.30	49.30	34.85
开工年月	1956.6	1958.6	1958.10
竣工年月	1959.7	1959.6	1959.11
主要施工单位	铁道部森铁工程处兴隆建井工程处	铁道部锦州铁路局	兴隆矿务局建筑工程处

（二）寿王坟铜矿专用线

京承铁路通车后，1958 年寿王坟铜矿出资修建了从寿王坟到下台子铁路专用线，全长 6 公里，与京承铁路相接，承担矿山所需的大部分货物、生活用品和铜、铁、钼等精矿的运输。矿山设立专门机构，对专运线进行管理、维修。

（三）涝洼滩煤矿专用线

1960 年 5 月，由火神庙竖井专用线岔道口至涝洼滩煤矿铁路专用线开始施工，全长 3.5 公里。历经 16 个月于 1967 年 8 月 26 日竣工并投入使用。

（四）老爷庙煤矿专用线

1961 年 3 月，老爷庙煤矿通往鹰手营子火车站的小火车专用线建成，全长 3.5 公里。

（五）石灰石矿专用线

1974 年开工建设，由承德钢铁厂石灰石矿通往鹰手营子火车站，全长 900 米。

四、火车站

（一）鹰手营子站

位于京承线 174 公里处，距营子矿区人民政府 0.5 公里。始建于 1955 年 9 月，1957 年竣工，属北京铁路分局承德车务段辖。主要承担东北、北京等地客运、货运的到达与发送，为客货运四等站。车站站场横向 94 米，纵向 1015 米，占地面积 60793 平方米，有站线 4 股，专用线 3 股，车站两端信号之间长 2350 米。有货场 1 处 8896 平方米，露天货区 2 处 1790 平方米，仓库 2352 平方米，货物站台 1 座 720 平方米，雨棚 1 座 192 平方米。该站按技术性质属中间站，按业务性质属客、货运站。1988 年晋升为三级站，有客运站 1 处，站台长 288 米，宽 6.6 米。有货物站台 1 处，货物仓库 2 座。

鹰手营子火车站（摄影　戴翔）

2000 年 11 月，在原火车站址重新修建的候车室和行李房竣工，新建候车室面积 378 平方米，行李房面积 115 平方米，有效地改善了车站办公及旅客候车环境。

（二）北马圈子站

位于京承线 167 公里 511 米处，地处营子矿区西部北马圈子境内。

车站始建于 1958 年，车站站场纵向 1088 米、横向 150 米，占地面积 164464 平方米。站址中心距鹰手营子站 6.6 公里，西距兴隆县火车站 14.5 公里。技术性质属中间站，业务性质为客货运站，等级为三级站。

1994 年，新恒基钢铁水泥有限公司扩建年产 30 万吨的水泥厂，与北京铁路分局达成协议，租赁北马圈子火车站南侧铁路用地，首期租期 50 年。厂方出资在铁路北侧为铁路方建设 5 层站房综合楼、旅客站台、工务电务工区用房，1995 年交付使用。1995 年，原站房一侧修建华峰钢铁水泥有限公司专用线一条及储物场 1 处。

车站有到发线、调车及存车线 2 条，4 条专用线与车站接轨。有候车室 132 平方米，行李包房 35 平方米，旅客站台 2 座，总长度 455 米，总面积 1980 平方米。站台设有铁栅栏 187 米，围墙 72 米。

第五章　邮政通信设施

自民国 26 年（1937 年）始设邮政代办所开始至 2003 年，衡器由原来的钩子秤和小台秤发展到现代化的邮递设施和网络服务设施。1952 年开通鹰手营子至兴隆县的通话线路 1 条，1972 年通承德线路有 5 条，1989 年开办长途自动电话业务 ，1991 年开通程控电话，1993 年开通光缆电路。2003 年底，交换机容量 19216 门，长途电路 150 条，并全部光缆传输；移动于 1996 年建成数字网；联通于 2003 年开始独立运营。

第一节　邮政设施

一、邮路

20 世纪 50、60、70 年代，乡邮路 8 条：鹰手营子—冰冷沟—盘道梁道班，鹰手营子—金扇子—四倾地，鹰手营子—汪家庄—涝洼滩，汪家庄—白马川，马圈子—克梨木，鹰手营子—喇嘛沟—老爷庙，寿王坟—下台子—潘家店，寿王坟—大杖子。1988 年，邮路 3 条单程 10 公里，农村投递路段 15 条单程 218 公里。

2003 年，境内邮路 2 条，全部属于二级干线公路，单程长度 18 公里，其中自办汽车邮路 1 条（鹰手营子—涝洼滩），单程长度 10 公里；委办汽车邮路 1 条（寿王坟—下台子），单程长度 8 公里。有城市投递段 8 条，农村投递路线单程长度 126 公里。

二、设备

中华人民共和国成立初期，鹰手营子区邮政衡器只有钩子秤和小台秤。后来发展到天平称和扇形

称。到2003年末，鹰手营子邮政局有房屋3756平方米，其中生产用房面积2468平方米，有各种型号汽车5辆，邮资机1台，计算机12部，网络服务器8部，PC机服务器8部，企业总资产651万元，其中固定资产559万元。

第二节　通信设施

一、电信

（一）网路

民国25年（1936年），日伪为了强化伪满洲边境治安，架设了兴隆至北马圈子及北营房线路约20公里。民国34年（1945年）日军投降时，线路、装备被破坏。

1952年，架设兴隆县至鹰手营子线路，12月末，鹰手营子至兴隆县开通电话。1956年，鹰手营子至承德和寿王坟各开通话路1条，寿王坟长话经鹰手营子转接。1959年，鹰手营子到承德话路增设到2条，1961年增设到3条。

1972年，开通3路载波机，通承德线路增至5条。1973年，开通ZM－302型载波机，通承德话路增至8条。1975年4月，载波设备更新，装ZM30型12路载波机。

1980年，承德至寿王坟开通载波话路2条，至此，长话不再经鹰手营子转接。年底，有业务话路19条，其中通承德9条，通兴隆3条，通寿王坟、北马圈子各2条，有单路载波机11部，12路载波机1部，100门磁石长途交换机1部。1989年1月，开通鹰手营子—承德3路载波机。

1990年4月，开通鹰手营子至承德12路载波机，增开半自动去话路7条。新增半自动电路2条（长话可直拨），汪家庄支局长途电话改市话进自动网。1991年重开3路载波。1992年，市话电缆扩容，增设鹰手营子—寿王坟12路载波机。1993年净增电路31条，开通光缆3次群2个系统，55条电路。1994年，光缆增加20.4皮长公里，地下电缆增加1.15皮长公里，承德—鹰手营子新增光缆电路185条，停开载波电路3条；鹰手营子—兴隆新增光缆电路60条，停开实线电路1条；鹰手营子—承德县新增光缆电路60条；鹰手营子—北马圈子新增光缆电路30条，停开实线电路1条，鹰手营子—寿王坟增光缆电路6条。共有电路455条。1995年，光缆增加35公里。1997年，老爷庙建光环路480路，金扇子建光环路480路。1999年，在鹰手营子、寿王坟、北马圈子、汪家庄4处新立杆11.5杆公里，布放50—1200对电缆63.19皮长公里。1999年至2002年，分批引进华为ONU设备，开通洞庙河、东风煤矿、喇嘛沟、荒地沟、涝洼滩、金扇子、罗圈沟、南沟、车河梁等9个接入网点。2003年底，共有21条杆路，架设光缆101.1皮长公里，电缆686.033皮长公里。

（二）电话

1952年，兴隆县邮电局架通了县城至第四区（治所鹰手营子）、第九区（治所寿王坟）的单线线路，并分别配备了1部挂钩电话。12月，兴隆县至鹰手营子始设长途，区内兼用20门磁石交换机1部。1955年，寿王坟铜矿购置50门磁石交换机1部，主要为本矿服务。1958年末，营子矿区实现了社社通农用电话。1988年6月，全区农话交换机容量900门，实占765门，有农话机730部，话路20条，单程535公里。是月，营子矿区邮电局将代管的兴隆县境内的北营房、克梨木、潘家店、下台子、荒地沟等5个乡镇交接点并入兴隆县农话网，另外的18个农村电话用户接入营子矿区市话交换网。1989年9月，完成市话改造工程，将600门简易磁石交换机改为HT－021型纵横自动电话交换机1000门。1991年，开通全国及当地通网程控电话。1992年，兴隆矿务局新装自动交换机1400门、撤

供电式交换机200门。涝洼滩煤矿增30门，寿王坟镇选矿厂增20门，金扇子村增12门。市话电缆扩容，增设鹰手营子至寿王坟12条路载波机。1993年，营子矿区邮电局引进日本富士通F150设备，开通5000门程控交换机。1994年至1996年，寿王坟、北马圈子、汪家庄3个支局先后分别引进日本富士通F150设备，共开通6000门程控交换机。1997年年底，全区电话已达8242部。1999年至2002年，分批引进华为ONU设备，开通9个接入网点。2003年年底交换机容量达到19216门，长途电路150条，全部光缆传输。

1988年营子矿区市话一览表

表4－5－1

单位 \ 项目		交换机容量（门）	实占门数（门）	电话机数（部）	类型
鹰手营子邮电局		600	473	356	人工磁石
寿王坟邮电支局		100	72	72	人工磁石
北马圈子邮电支局		50	28	28	人工磁石
汪家庄邮电支局		30	18	18	人工磁石
小交换机用户	自动	2090	—	1809	—
	人工	30			
合计		2900	—	2283	—

2003年营子矿区市话容量、接入网一览表

表4－5－2

单位 \ 项目	交换机容量（门）	型号	最早开通时间	类型
营子矿区营业部	5000	日本富士通F150	1993年	程控
	1000	日本富士通F150	2000年	
	2000	日本富士通F150	2003年	
寿王坟营业部	2000	日本富士通F150	1995年	程控
北马圈子营业部	2000	日本富士通F150	1995年	程控
汪家庄营业部	—	日本富士通F150	1996年	程控
洞庙河接入网	432	华为ONU	1999年	—
东风接入网	—	华为ONU	1999年	—
荒地沟接入网	—	华为ONU	1999年	—
罗圈沟接入网	—	华为ONU	1999年	—
南沟接入网	—	华为ONU	2001年	—
金扇子接入网	—	华为ONU	2000年	—
车河梁接入网	—	华为ONU	2000年	—
喇嘛沟接入网	—	华为ONU	2000年	—
涝洼滩接入网	—	华为ONU1	2001年	—

（三）报话

1953 年，兴隆至鹰手营子架线，12 月 31 日，开通话传电报。1956 年承德至鹰手营子和寿王坟开通单向音响报路一条。1965 年，寿王坟至承德利用防空线开通报话兼用线路。1978 年 3 月，承德至鹰手营子开通电传报路。1981 年，报路由幻象改为单路载报电路。

1988 年 10 月，承德至寿王坟报路撤销，开通鹰手营子至寿王坟报路，去寿王坟的电报经鹰手营子转。年底，有报路 2 条，分别通承德和寿王坟。其中，承德至鹰手营子为明载电路（为自动转报），鹰手营子至寿王坟为实线电路（为人工转报）。有载报机 1 部、33 型电传打字机 3 部。

20 世纪 90 年代末，用微机发报。2000 年以后，用传真机收、发电报。

二、移动

1994 年，建成模拟网，1995 年，建设 900 兆模拟蜂窝移动电话站。1996 年建成数字网。2001 年 12 月，模拟蜂窝移动电话站关闭，2003 年年底，有基站 9 个，自建传输 40 余公里。

三、联通

2003 年年初，设立鹰手营子矿区联通营业部。2003 年年底，有 G 网基站 4 个，C 网基站 4 个。

联通机房（摄影　戴翔）

第六章　环境保护

1953 年以后，营子矿区工业主导产业为采矿业。20 世纪 70 年代后，采矿、化工、建材、食品等行业不断发展，污染环境，环境治理势在必行。1984 年 7 月，区政府成立营子矿区城乡建设环境保护局，将环保工作纳入议事日程，并针对全区实际情况制定了环保工作重点。1992 年，成立营子矿区环保办公室，对烟尘超标排污单位进行监控，并实施污染源治理工作。1996 年，全区 50% 的企业实现了达标排放。1997 年，成立区环境保护局。1998 年，开始实施河北省“碧水、蓝天、绿地计划”，取缔、关停重污染小企业，对工业废水排放进行治理，严格控制新污染源产生。严格行使建设项目环境保护“第一审批权”和“一票否决权”。2003 年，制定《营子矿区控制大气污染的实施方案》，对境内污染空气的企业进行了全面的整治。

第一节　环境状况

一、大气污染

主要污染物是烟尘、粉尘、二氧化硫、一氧化碳等多种化学物质，污染源是工业锅炉、取暖锅炉、民用炉灶等。

二、水污染

主要是食品工业废水、冶金工业废水、生活污水造成的污染。20世纪50年代末以后，随着煤炭工业、铜铁冶炼和选矿业的不断发展，水污染日趋严重。

第二节　环保宣传

1992年至2003年年底，每年利用“地球日”和“世界环保日”上街宣传环保有关法律、法规，接待群众咨询。在中小学组织以“我心中的家园”为主题的绘画展，以“保护生态环境共建美好家园”为主题的演讲比赛。在2000年组织的宣传活动中，向社会发放宣传资料6000余份，现场解答群众咨询30余次，受理投诉17起，190人次。

第三节　环境治理

一、废气、烟尘污染源治理

1984年，成立营子矿区城乡建设环境保护局，首次把环境保护工作纳入工作日程。许多企业以生产工矿用产品为主，并沿袭陈旧的生产方式，对环境污染严重。为此，制定了全区环保工作重点：排污单位的排污申请登记；排污费的收缴；环境污染事故的处理；加强对污染处理设施的监督管理；关停污染严重的“十五小”（小造纸、小制革、小染料、土炼焦、土炼硫、土炼砷、土炼汞、土炼铅锌、土炼油、小选金、小农药、小漂染、小电镀、土石棉制品、土法放射性制品）企业。

1992年12月，成立营子矿区环境保护办公室，开始对全区43个烟尘超标排污单位进行监控工作。针对柳河污染和全区以煤炭、冶金、建材、化工等企业为污染源的粉尘、烟尘污染状况，开始了污染源治理工作。并实施环保“三同步”（实行经济建设、城市建设、环境建设同步规划、同步实施、同步发展），加强建设项目环境管理，实现了新建、扩建、改建项目“三同时”（同时设计、同时施工、同时投产），执行率95%，建设项目审批把关率95%。

1996年年底，营子矿区橡胶厂因异味污染空气迁址，远离城区；全区50%企业实现了达标排放；全区有锅炉43个，有污染处理设施的37个。

1997年，实施环境形象工程，对26个排污单位精心治理。包括在用炉前进行全面检查登记，对建成区主要交通道路公路两侧正在使用的蒸发量1吨/小时以上手烧炉更换为允许使用的锅炉及除尘器。并对逸夫实验小学教学楼、新华书店综合楼、饮食服务综合楼、广播电视综合楼及区房产局开发的4栋安居工程楼实行联片取暖，减少锅炉4个。是年，成立环境保护监理站。针对噪声污染，摘除了鹰手营子大街外挂高音喇叭，对建筑施工企业、歌舞厅限制了营业时间。取缔两个小造纸厂，一个小电镀厂。生活垃圾无害化处理，80%以上采取掩埋式处理。由于乡镇企业的快速发展，排放的污染物增加，对环境造成了严重污染。是年，煤炭开采，有色金属采选，水泥、金属制品，机械加工等39家重点监控企业，除大量排放废气外，二氧化碳排放1369吨，烟尘排放53.67吨，工业粉尘排放2559万吨，工业固体废物排放15.855万吨，

1998年，开始实施河北省“碧水、蓝天、绿地计划”，区环境保护局下发《关于限期治理炉窑烟尘污染的通知》，加大了环保法律法规执行力度，重点放在企业废水、废气、废渣排放和工业用水用煤上。是年，彻底取缔、关停重污染小企业。6月30日前，所有小铁选厂、小炼铁厂污染物实现达标排放。区属以上建设项目环保审批把关率100%，“三同时”率80%以上。通过治理整顿，全区主要街道、国道两侧可视范围内基本解决了烟囱冒黑烟问题，烟气黑度达标率90%以上。对已治理达标的烟囱，加强日常管理，巩固治理成果。

是年，经承德市环境保护局监测站对营子矿区排污企业锅炉排口烟中二氧化硫等污染物进行监测，废气排放量0.3695万吨，粉尘排放量0.9005万吨，烟气黑度小于一级，二氧化硫排放量1.2020万吨。

2003年，营子矿区环境保护分局制定《营子矿区控制大气污染的实施方案》。对全区所有生产、取暖锅炉和洗浴、茶炉进行了全面整治，督促区内污染严重的企业购置环保设施，采取定期、定点、定量排放。对非法生产的小冶炼全部取缔，对集中联网供热范围以外的取暖用炉和洗浴锅炉，要求安装脱硫除尘设备和改用清洁燃料。对25家茶炉进行限期治理，要求18家餐饮业安装油烟净化器。

营子矿区治理达标单位情况表

表4－6－1

单位名称	性质	主管部门	达标排放种类	达标年份
承德市铸造机械总厂	国有	经贸局	气	1997
营子矿区印刷厂	集体	经贸局	气	1997
北马圈子镇东宇果脯厂	个体	乡镇企业局	气	1997
营子矿区煤矿机械厂	—	经贸局	气	1997
营子矿区皮毛厂	集体	经贸局	气	1997
营子矿区橡胶厂	集体	经贸局	气	1997
鹰手营子镇工业公司	集体	乡镇企业局	气	1997
寿王坟镇选矿厂	集体	乡镇企业局	水、气	1998
寿王坟镇第二选矿厂	集体	乡镇企业局	水、气	1998
寿王坟镇第三选矿厂	集体	乡镇企业局	水、气	1998
寿王坟镇第四选矿厂	集体	乡镇企业局	水、气	1998
寿王坟镇孙万国选矿厂	个体	乡镇企业局	水、气	1998
寿王坟镇九龙钼铜选矿厂	个体	乡镇企业局	水、气	1998
鹰手营子镇冯俊福烧结厂	个体	乡镇企业局	水、气	1998
营子矿区承鸿塑料厂	合资	经贸局	气	1999
手营子矿区京承注塑厂	—	经贸局	噪声	1999

续表 4－6－1

单位名称	性质	主管部门	达标排放种类	达标年份
营子矿区轻机厂	集体	经贸局	气	1999
营子矿区人民政府	行政机关	—	气	1999
鹰手营子矿区医院	事业	卫生局	水、气	1999
鹰手营子镇河北村石灰窑	集体	乡镇企业局	粉尘	1999
鹰手营子村石灰窑	集体	乡镇企业局	粉尘	1999
鹰手营子镇跳沟村石灰窑	集体	乡镇企业局	粉尘	1999
鹰手营子镇承德市第二水泥厂	集体	经贸局	粉尘	2000
营子矿区食品公司	国有	经贸局	水	2000
北马圈子镇金扇子村砖厂	集体	乡镇企业局	气	2000
鹰手营子镇河北村砖厂	集体	乡镇企业局	气	2000

二、水污染治理

1997 年，全区废水排放 44.8585 万吨，废水处理 41.2 万吨。1998 年，关停 3 家污染严重的排污企业。

2000 年，投资 130.8 万元，对寿王坟镇尾矿坝进行治理。有效地控制了尾矿沙浆及有害物质向老牛河排放，使老牛河水质得到改善，达到国家级水质最低标准。

是年，投资 79 万元，聘请清华紫光环境中心、承德市科研所对北马圈子镇食品工业区废水排放进行了治理。治理后废水 COD 小于或等于每升 100 毫克，BOD 小于或等于每升 20 毫克，可直接排放，对地表水及地下水均无影响。

2000 年后，为加大柳河、喇嘛沟河及老牛河的治理力度，区政府做出部署，彻底清除了 3 条河沿岸的工业及生活垃圾，共出动铲车 100 余台次，挖掘机 30 余台次，汽车 2000 余台次，投入资金 50 余万元，清除河床垃圾 2 万多立方米。

2003 年，全年生活用水总量 370 万吨，其中生活污水排放 260 万吨，煤炭开采业、热电厂排放废水 11.614 万吨，其他行业排放废水 3 万吨，经处理后，100% 实现达标排放。

三、严格控制新污染 保护好生态环境

营子矿区的基本方针是预防为主，防治结合，综合治理。区环境保护机构成立后，加强对建设项目的管理，严格控制新污染源产生，对不符合环保法规，不符合产业政策，选址不当，没有成熟治理技术的建设项目，严格行使建设项目环境保护“第一审批权”和“一票否决权”，坚持项目情况不清不放过，治理措施不落实不放过，“三同时”项目不验收不放过。对擅自开工建设的重污染项目，坚决依法责令其停止建设或停止生产。

四、环境管理机构

1992 年，成立环境保护办公室，归城建局所属。1997 年，成立营子矿区环境保护局，为二级局。2001 年 7 月，成立承德市环境保护局营子矿区分局，下设办公室、综合股、管理股、监理股 。至 2003 年年底，机构无变化。

第五编 JINGJIZONGQING

5 经济总情

第一章　经济制度变革
第一节　农业生产关系变革
第二节　私营工商业社会主义改造
第二章　经济体制改革
第一节　农村经济体制改革
第二节　工业企业体制改革
第三节　商业体制改革
第四节　用工制度改革
第五节　社会保障制度改革
第三章　国民经济运行
第一节　“一五”至“五五”计划时期
第二节　“六五”计划时期
第三节　“七五”计划时期
第四节　“八五”计划时期
第五节　“九五”计划时期
第六节　“十五”计划前三年
第四章　经济总量
第一节　地区生产总值
第二节　财政收入
第五章　经济结构
第一节　所有制结构
第二节　产业结构
第三节　产品结构
第四节　投资结构
第五节　能源消费结构
第六章　居民生活水平
第一节　城镇居民生活水平
第二节　农村居民生活水平

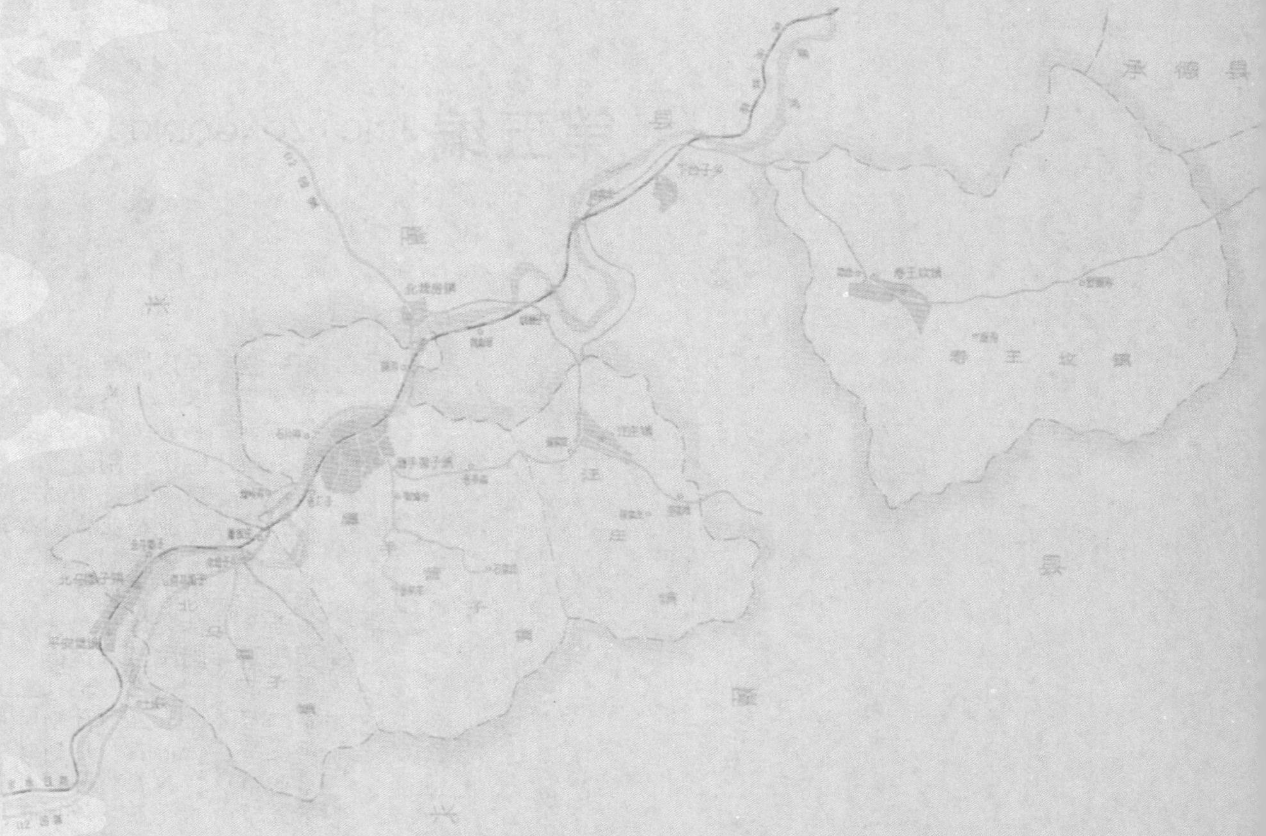

5

承德市鹰手营子矿区志·经济总情

CHENGDESHI YINGSHOUYINGZIKUANGQU ZHI
JINGJIZONGQING

境内“后龙风水”禁地开禁前，经济十分落后，仅有的农业主要是简单的传统耕作。开禁之后，虽逐渐出现煤炭开采业，木材加工业和商品流通，但因受战事影响，经济发展缓慢。中华人民共和国成立后，以铜铁采选和煤炭开采为重点的工矿区的逐渐建成，经济得以快速发展。计划经济时期，农业服务工矿，工矿带动农村，地方国营和集体企业由少到多，非农业人口不断增加，推动交通运输业、邮政通信业、建材建筑业、商品批发零售业、饮食服务业、金融保险业及教育、卫生、医疗事业综合发展。中共十一届三中全会以后，立足营子矿区实际，坚持以采矿、建材、加工为主体，发展林果、养殖、建筑、运输、商品流通与饮食服务业，加大项目开发和资金投入，扶持乡镇企业和非公有制经济健康发展。全区农业实现了由传统单一型向“两高一优”型（高产、高效、优质）转变，工业实现了由地下资源型向地上加工型转变，消费品市场繁荣，基础设施和社会事业得到明显改善，城乡居民生活水平不断提高。1995 年，在全区地区生产总值中一、二、三产业比重为 10.52%、57.93%、31.55%，第二产业占据着主导地位。2003 年，地区生产总值 55427 万元，人均 7937 元，比 1990 年分别增长 14.52 倍和 10.69 倍；财政总收入 5413 万元，比 1990 年增长 14.42 倍；社会消费品零售总额 43579 万元，比 1990 年增长 6.58 倍；城乡居民储蓄存款余额 73944 万元，比 1990 年增长 11.86 倍；固定资产投资 2.3 亿元，是“七五”时期的 10.9 倍；在地区生产总值中，三次产业比重为 2.99%、67.68%、29.33%。

第一章　经济制度变革

中华人民共和国成立前，广大农民长期受地主阶级的剥削，生活凄惨。为废除封建剥削制度，消灭地主阶级，使农民成为土地的真正的主人，抗日战争胜利以后，中国共产党领导农民开展土地改革运动，使农民分得了土地。中华人民共和国成立后，通过组织互助组，初级、高级农业生产合作社和人民公社，引导农民走上集体化道路。同时，对手工业和资本主义工商业进行社会主义改造，加快了经济制度变革的步伐，生产资料私有制逐步变成了社会主义公有制。

第一节　农业生产关系变革

一、土地改革

民国 35 年（1946 年）6 月，中共热河省委和兴隆县委联合组成的“土改”工作团到兴隆县九区（区政府驻地鹰手营子）的洞庙河、北营房、荒地沟等村宣传“土改”政策、任务，介绍“土改”方法。由于国民党十三军进占鹰手营子地区，使“土改”试点工作中断。

民国 36 年（1947 年）9 月，平安堡村进驻“土改”复查队。同年 12 月，热河省派出一批干部与区干部统一编成“土改”工作团，协助兴隆县九区搞“土改”。由于国民党十三军和反动地主武装刘茂队仍占领着鹰手营子，只有洞庙河、姚栅子、北营房、西道沟、金扇子、平安堡、煤岭沟等 7 个村开展了“土改”。民国37年（1948年）1月，国民党军队被击溃后，2月26日，兴隆县“土改”工作队进驻鹰手营子，“土改”普遍推开，4月全区“土改”结束，贫苦农民分得了土地和财产，彻底废除了封建土地制度。

二、农业合作化

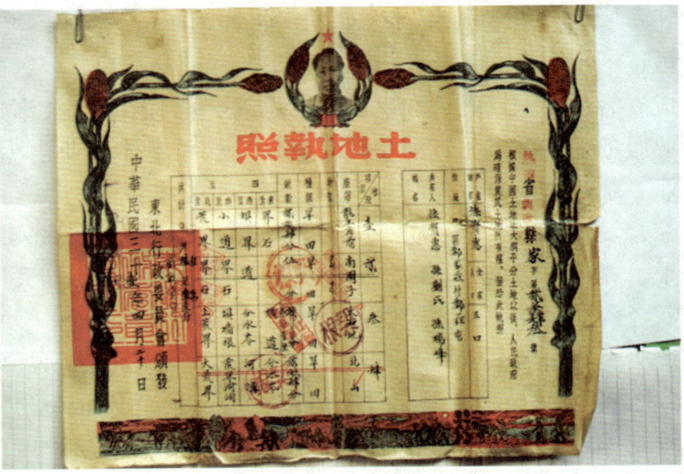

土改后人民政府发给农民的土地执照（摄影　郝树森）

土地改革以后，农民有了土地，但部分农户家底薄，劳动力、牲畜、农具不足，耕种土地有困难，粮食产量低，有的又重新出卖劳动力，甚至卖掉分得的土地。民国37年（1948年）3月，中共中央发出“组织起来是由穷变富的必经之路”的号召，九区农民开始成立临时帮工组，季节性互助组。民国38年（1949年9月30日止）3月，兴隆县九区改设为四区。到1949年年底，全区已有季节性互助组37个，108户，占农业总户数的6.65%；938口人，占农业总人口的11.5%。季节性互助组的组织形式有：春耕大忙季节，用劳动力、耕畜、农具换工；夏锄季节按劳动力强弱评工记分，齐工或补工找价；秋收季节人畜换工补工。互助组织忙时组织起来，农闲时解散。1950年，兴隆县四区辖18个行政村，37个自然村，4829户，23180口人。是年，有巩固组19个，152人，季节性互助组达到382个，2886人。

1951年，全区季节性互助组缩减到132个，有常年互助组118个。常年互助组在作物种植、管理、收获过程中统一使用人力、畜力、物力，出勤记工，民主作价，秋收补齐，常年不散，农副业结合；实行民主管理，生产有计划、有组织、有领导、有分工，经济效益更明显。这种在自愿、民主、互利条件下建立起来的互助组，具有社会主义萌芽状态和松散的农业联合经济体的特点，土地仍归私人所有。1953年，全区季节性互助组发展到177个，参加户数为1334户，占农业总户数的75.07%，5580口人，占农业总人口的61.04%；常年性互助组因扩大了规模，缩减到42个，参与户数355户，占农业总户数的19.98%，1691人，占农业总人口的18.50%。

1954年，在白茅甸子、上窝铺、煤岭沟和鹰手营子村开始组建初级农业生产合作社，并分别命名为茂林社、顺利社、胜利社、同心社。10月，全区的初级社发展到25个，428户，入社户数占全区总农户的11.14%。仍有常年互助组77个，1144户，季节组128个，1154户，临时组104个，728户。1955年11月，鹰手营子区干部在肯定成绩，查找不足的基础上，深入各村，组织入社农民学习推广先进耕作技术，激发农民生产积极性。组织起来，发展生产的优越性逐步体现出来，入社农民收入普遍增加，全区大办初级社形成高潮，在原有42个老社的基础上，又新建61个。年底，全区共有初级合作社103个，3740户，占总农户的87.36%。1956年初，鹰手营子村高级农业生产合作社诞生，随后，中共鹰手营子区委认真贯彻《农业十七条》，抽调干部下乡整风整社，全区很快形成“初转高”热潮。5月，全区初级社全部并为15个高级社，入社农户4364户，占全区总农户的99.1%。至此，全区基本废除了土地私有制，小农经济的生产方式被集体生产方式所取代，实现了完全社会主义性质的农业合作化。

三、人民公社

1958年8月，中共中央作出《关于在农村建立人民公社问题的决议》，8月25日，区委召开人民

公社成立大会，将高级社合并为人民公社，全区实现了人民公社化。人民公社成立后，土地等生产资料变为公社所有，由公社统一核算。1959年撤销钢铁人民公社，成立鹰手营子公社和寿王坟公社，实行公社统一领导下的公社、大队、生产队三级所有，三级分权，三级管理，三级核算，按劳分配的管理分配形式。1961年春夏，贯彻中共中央《关于农村人民公社当前政策问题的紧急信》（简称十二条），落实关于“三包一奖四固定”（包工、包产、包成本，超产奖励，土地、劳动力、牲畜、农具固定给生产队）、自留地、社员生活及退赔等方面政策，调整缩小了公社、大队、生产队规模，全区共划分为鹰手营子、克梨木、马圈子、上窝铺、汪家庄、白马川、寿王坟、潘家店和下台子9个人民公社，40个生产大队，223个生产队，并将土地、劳动力、牲畜、农具全部固定到生产队，实现公社、大队、生产队三级所有，队为基础的管理体制，社员分得自留地，允许经营家庭副业，纠正了公社统得过多、统得过死问题，使农村经济逐步得到恢复和发展。

1964年，全区生产队223个调整为283个。1965年2月，营子矿区划归承德市，兴隆县移交的鹰手营子、寿王坟、汪家庄、马圈子4个公社合并为鹰手营子、寿王坟、马圈子3个公社，设11个大队，84个生产队。60年代初形成的管理分配形式一直沿用了近20年。

第二节　私营工商业社会主义改造

境内私营工商业随清东陵“后龙风水”禁地的开禁缓慢兴起。据《兴隆县志》（2004年8月出版）记载，民国4年（1915年），上窝铺村张善亭、张子忠父子在鹰手营子老街开起“三义兴”粮栈。民国5年（1916年），平谷人李芳林在北马圈子拐棒沟开办第一个小煤矿。民国9年（1920年），鹰手营子、火神庙、北马圈子等地有十几个私营采煤点。民国22年（1933年），铁木器加工、砖瓦烧制、印染酿造、编织修理、杂货用品、餐馆客栈、采矿挖煤等私营工商业已初具规模。日本侵略军占领鹰手营子后，搞集家并村、划无人区、设人圈，多数采矿点被强占，店铺停业或缩小规模。抗战胜利后，由于连年内战，工商业发展缓慢。

新中国成立后，全区个体工商业得到恢复和发展。1953年，中共中央提出了党在过渡时期的总路线，实行“利用、限制、改造”的政策，对个体手工业和资本主义工商业实行社会主义改造。1955年，首先对小手工业者和小商贩等个体劳动者采取建立生产合作社和合作小组的方法第二章 经济体制改革，引导他们组织起来走合作化道路。是年，鹰手营子成立了铁工社、木工社、编织组和合作饭店。寿王坟建有职工合作社、铁工社、白铁业小组、服装社等合作社组，1956年1月，鹰手营子区召开报捷批准大会，鹰手营子、寿王坟等地个体私营手工业者分别组成编织组、自行车社、修鞋社、服装社、白铁社等合作社组10个。是年，全区个体私营商业按照“统筹兼顾，全面安排”的方针，通过自愿报名挂号、清产核资、制定计划、详细摸底、分类排队等工作，近70户私营店铺和个体商贩完成了公私合营，组建成立百货商店2个、食品商店1个、饭店6个、旅店1个、浴池1个，实行资产核算入股，按照股金分红。这些合营及合作商业分别由国营商业或供销合作社归口领导，结束了国营商业、集体商业与私营商业并存的局面。

第二章　经济体制改革

1979 年，营子矿区开始在农村尝试性推行小段包工，定额管理责任制，拉开经济体制改革帷幕。之后在农村普遍实行联产承包责任制基础上，重新签订承包合同，拍卖“四荒”（荒山、荒滩、荒坡、荒沟）使用权，调整农业产业结构，建立并完善社会化服务体系，使全区农业生产进入快速发展时期。1980 年，营子矿区轻机厂和商业分局所属 20 个柜组率先推行承包经营责任制和独立核算，到 2003 年，区属工业企业、商贸流通企业和镇村企业的改革先后历经扩大企业自主权、推行和完善承包经营责任制、转换经营机制、推行产权制度改革等阶段，区属 80% 的国有企业，93. 3% 的商业企业和 76. 5% 的集体企业完成改制。20 世纪 80 年代中期开始，开展和逐步深化养老保险制度、医疗保险制度、住房制度、居民最低生活保障制度改革，至 2003 年，取得明显成效，居民的基本生活需求得到保障。

第一节　农村经济体制改革

一、推行多种形式农业生产责任制

1978 年 12 月中共十一届三中全会《关于加快农业生产若干问题的决定》颁发后，1979 年中共营子矿区委、区政府在落实中央决定过程中，开始尝试性地推行小段包工定额管理责任制。

1984 年，第一次奖励包产户、万元户农民（摄影　戴翔）

1980 年，中共中央发出《关于印发进一步加强和完善农业生产责任制的几个问题的通知》后，全区农村生产队均推行了多种形式的生产责任制。1981 年，全区 13 个生产大队的 89 个生产队，实行专业承包的 33 个，包产到组的 30 个，季节性小包工定额管理的 26 个。划分作业组 250 个，其中粮田 75 个，蔬菜 66 个，林果 28 个，畜牧 7 个，副业 72 个，农田水利 2 个。1982 年，区委、区政府进一步肯定全区农村实行小段包工、定额计酬、专业承包、包干到户的生产责任制，并开始推行联产承包责任制。

1982年营子矿区农村生产队实行责任制情况统计表

表5－2－1　　　　　　　　　　　　　　　　　　　　　　　　单位：个

项目 单位	生产队总数	实行责任制生产队总数	联产的生产队				小段包工的生产队
			包产到户	包干到组	联产到组	专业承包	
全　区	94	94	5	2	5	69	13
鹰手营子公社	51	51	2	2	4	33	10
马圈子公社	14	14	—	—	—	14	—
寿王坟公社	29	29	3	—	1	22	3

1982年营子矿区农村作业组实行生产责任制统计表

表5－2－2

项目 单位	组数	其中：专业承包联产计酬						产到组联产计酬	包产到组	包产到户	小段包工
		农业	蔬菜	林果	牧业	农机	副业				
全　区	396	95	66	54	12	8	127	11	5	5	13
鹰手营子公社	199	44	30	20	2	—	78	8	5	2	10
马圈子公社	98	16	11	17	10	8	36	—	—	—	—
寿王坟公社	99	35	25	17	—	—	13	3	—	3	3

1983年2月，中共中央印发《当前农村经济政策的若干问题》的通知，充分肯定农村家庭联产承包责任制，坚定了全区农村干部群众的信心，随后，全区3个公社13个生产大队94个生产队全都实行家庭联产承包责任制，其中90个生产队签订了承包合同。1984年3月，中共营子矿区委、区政府根据中共河北省委《关于完善家庭承包制发展合作经济的意见》，召开区、镇、村三级干部会，进一步放宽农村经济政策，完善家庭联产承包责任制，在推行大包干的基础上，针对个别村承包土地过于零散，群众要求调整的实际问题，遵照大稳定、小调整和一定一般15年不变，增人不增地、减人不减地的原则，是年11月印发《延长土地承包期宣传提纲》和《关于调整土地承包期的意见》，在全区3个公社14个行政村，普遍开展第一轮土地承包工作，1986年签订各种农业承包合同6917份。1989年8月，省政府办公厅下发《关于进一步完善农村土地承包合同制》文件后，区委、区政府开展农业承包合同的签订和规范化工作，严格运作程序，调解矛盾纠纷，推广典型经验，强化合同管理，使全区农业承包合同管理日趋完善。

1993年，中共中央下发《当前农业和农村经济发展若干政策措施》文件，确定在原定土地承包到期之后，再延长30年不变。1998年2月，区委、区政府下发《关于进一步稳定和完善农村土地承包关系的通知》，明确继续延长土地承包期。在坚持土地承包政策前提下，根据实际情况，允许个别村对承包土地实行“大稳定、小调整”。1999年8月，区委办公室、区政府办公室联合下发《关于全区农村土地承包工作的实施方案》，成立区农村土地延包领导小组，确定稳定土地承包的政策和延长土地承包期总原则，土地承包期再延长30年。2000年4月，完成第二轮土地承包，并由区司法局公证处逐一公证土地承包合同，由镇人民政府填发承德市人民政府统一印制的土地承包经营权证书。全区4个镇、15个村、97个村民小组、5702户农户，承包土地总面积8824亩。在第二轮土地延包中应签订土地承包合同的农户4437户，共签订土地承包合同4429份，占应签订土地承包合同的99.8%，

其中直接顺延承包的有4169户，占应签订承包合同的94.1%；小调整的260户，占应签合同的5.9%，发放土地经营权书4429份，发证率为100%。2000年6月，成立营子矿区农业承包合同仲裁委员会，负责调节和处理全区土地承包使用、转让过程中发生的各种纠纷。

二、推行林果业承包责任制

1981年，划分林果专业队28个，实行专业承包联产计酬。1982年，随着全区逐步推行家庭联产承包责任制，零星果树开始树随地走，包产到户或包干到户，栽树管树实行定额包工，以成活率定报酬。1983年，全区推行集体果园承包，主要形式有：联户承包、集体承包、大户承包、树随地走、小片承包和零星果树分散承包。是年共承包集体果园96个，承包总面积980亩。1984年，林业实行责任制的生产队达100%，50%的集体宜林荒山荒坡划为责任山后，承包到户经营。至1986年，共签订林果业承包合同563份。随着承包合同的推行，出现一些不健全、不完善问题，主要有：多数承包金基数偏低，承包者与非承包者收入悬殊，引起群众上访；承包合同条款不完善，造成承包金难以兑现；果树承包到户后，个别村组干部放松检查督促。针对出现的这些问题，1989年，区委、区政府出台《果树管理条例》，对较大果园实行目标管理责任制，培养了林果典型示范户21个。全区96个集体果园，需要完善合同的11个，占11.4%，至1993年全部完成了完善合同工作，保持了承包的稳定性、连续性，促进了全区林果业的发展。

1996年12月，区委、区政府下发《关于进一步完善果树承包责任制的决定》，成立专门组织，负责全区果树承包合同的完善工作。至2003年，全区已建成百株以上的家庭果园130个，百亩以上大型果园3个，万亩经济林果基地3个，发展经济沟26处，合计8000亩，全区林果种植面积14775亩，干鲜果树84万株，其中结果面积11830亩，干鲜果品总产量1000吨。

三、拍卖“四荒”

1995年8月，中共河北省委办公厅下发《关于加快“四荒”地使用权拍卖，加快开发利用步伐的意见》。1998年12月，区委、区政府下发《关于“四荒”开发股份制经营和拍卖“四荒”使用权的实施意见》。以多元投入、民众治理开发为动力，明晰产权和使用权，发挥集体、股份合作和个人的积极性，坚持谁投入谁经营谁受益原则。由此，全区以股份合作制经营为基本形式的“四荒”拍卖、开发和治理工作迅速铺开，其中有由镇村牵头的社会参股制，有联户股份合作经营制，有村（组）、户联合股份合作经营制，还有部门参股经营制，到1999年底，全区共拍卖“四荒”2000亩，占“四荒”总面积的37.8%。2000年至2003年，全区共拍卖“四荒”5000亩。合计拍卖7000亩，占“四荒”总面积的94.5%。

四、农业产业化经营

1985年，根据中央关于农业和农村工作有关文件精神，区委将农村工作重点放在大力调整产业结构上，确定“远抓林果，近抓采矿、加工种养一齐上”的方针，农林牧副渔全面发展，农工商综合经营，把不适宜种粮的土地和25度以上的坡地还林还果发展经济作物，粮食作物全部实现优种化，同时加快养殖业的发展速度。是年压缩玉米播种面积，提高杂粮种植面积，大豆、绿豆、红小豆等杂粮播种面积480亩，同比增加20%，占粮食作物总播种面积的7.9%。播种优种谷子1160亩，占粮食作物总播种面积的19%。种瓜15亩，芝麻10亩，花生15亩，蓖麻8亩，药材3亩，5种经济作物合计播种51亩，占农作物总播种面积的0.54%，同比增加90%。放开蔬菜生产，取消统购包销，以细菜、淡季菜为主，蔬菜种植面积3304亩，占农业总播种面积的35.1%。

1994年5月，区委、区政府出台了《鹰手营子矿区（1994—1996）农业发展战略》，明确了全区

发展农业产业化的指导思想是："盯准市场、调整结构、提高效益，致富农民。"明确了"菜、果、肉、林"为重点的农业发展结构。在实施农业发展战略过程中，各镇村本着集中开发，连片治理、注重效益的原则，加强中低产田改造，促进"两高一优"农业快速发展。全区4镇每年从各镇企业税后利润中拿出20%的资金作为农业产业化专项资金，用于农业投入。1994年后，全区各镇集中精力抓了以保护地蔬菜和时差菜为主的商品菜生产基地建设，增加了蔬菜品种，推广了池塘养鱼、猪只快速育肥和肉牛规模养殖技术，1996年全区蔬菜保护地达800亩，其中日光温室120亩，塑料大棚35亩，中小拱棚80亩，地膜覆盖565亩。时差蔬菜发展到800亩。果树栽培以调整树种结构为重点，大力推广果树栽培管理实用技术，以发展板栗为龙头，各类果树同步发展。是年共栽植板栗19.7万株，栽植各种果树12.8万株，板栗基地建设已初具规模。此外，全区各镇充分利用当地山场资源，重点发展以牛羊等节粮型饲草家畜为主的养殖业。是年全区肉类产量达到889.43吨，人均12.7公斤，畜牧业年产值420万元。

为加快全区农业产业化步伐，1997年11月，区委、区政府联合下发《关于加快发展农业产业化经营实施方案》。1998年，区政府把"菜、果、肉、林"为主的农业发展结构调整为以蔬菜、养殖、果品为主导产业，把农业产业化经营和产品基地建设作为重要手段，按照生产专业化、布局区域化、经营一体化的思路，突出发展多种经营，扶持龙头企业，壮大产品基地，是年蔬菜基地已发展到3890亩，其中山地时差菜1000亩，日光温室297亩，保护地1013亩；规模养殖大户122户，集中屠宰加工点5个，年屠宰加工生猪能力达16000头以上；果品加工能力达2530吨。农业和农村经济结构得到进一步改善和加强。1999年10月，区委、区政府出台《营子矿区关于农业生产结构调整的意见》和《营子矿区乡镇企业结构调整实施意见》，农业发展以质量和效益为中心，乡镇企业以建材、农副产品加工、采矿为主体，坚持"育龙头，建基地，扩规模，上效益"原则，制定出"1233"工程规划，围绕一个核心，抓好两条龙、三个园、三个基地建设。即以水利建设为核心，改善和提高农业生产条件，以寿王坟镇加系二级母猪繁育场为龙头，以寿王坟铜矿500吨冷库为依托，以养殖大户为骨干，建设一个仔猪繁育、肉猪育肥、防疫灭病、饲料供应、屠宰、加工、销售一条龙的产业体系；以河北怡达食品集团有限公司为龙头，以全区26条经济沟（坡）和现有果园基地为依托，建设果品生产、加工、销售一条龙的产业化体系；建设高效农业示范园（区），山地节能温室园（区）和优质错季果品园（区）；建成优质瘦肉型猪生产基地，精细菜生产基地和优质果品生产基地。种植业实行"两压两扩"结构性调整，即在压缩普通玉米种植面积，压缩大路菜种植面积的同时，扩大高油、高蛋白、高赖氨酸玉米种植面积，扩大棚室蔬菜种植面积。

2003年，营子矿区围绕"肉、菜、果"三字方针，坚持"种养业立农，产业化兴农，果品加工业强农"的指导思想，实施龙头带动战略和市场引导战略。利用当地省级绒山羊种羊场优势，推进当地山羊品种改良和家庭舍饲圈养的发展，全年下放绒山羊106只，下放户4户，改造当地山羊1000只，改建和新建标准圈舍240间，标准圈舍养殖大户已有6户，加快了连片畜牧业规模养殖小区发展步伐。大力发展设施菜菌，全区种菜4074亩，其中无公害蔬菜2000亩，推广高效优质棚室蔬菜300亩，种植食用菌20亩，建成2个双孢菇和鸡腿菇春季种植温室，完成种植4000平方米，并在跳沟村建成连片设施蔬菜基地500亩，提高了当地市场销售当地菜份额。以板栗、核桃、梨、杏、山楂、桃等为主的393个家庭果园，合计4057亩，为果品加工业的发展准备了充足的原料基地。2003年底，河北怡达食品集团有限公司与农户紧密联系，拥有果品基地2个，总面积3万亩，在周边省市建水果罐装加工基地3个，年收果2500万公斤，带动境内和周边县1万多户果农增加收入1000多万元，公司加基地加农户的产业化模式已具雏形。区政府投资80万元，建成23亩农业高效示范园1个。总投资733.79万元的寿王坟镇加系二级母猪繁育场一、二期工程顺利完工，带动了全区养殖业的发展。两个战略的实施，提升了农业产业结构档次，初步实现了有限农业资源的优化组合，逐步形成具有营

子矿区特色的生态型、效益型、城郊型农业产业格局。

五、农村社会化服务体系建设

1981 年，全区各公社管委会先后成立农工商总公司，建立农技科技网，主要为农村提供各种生产信息，指导社队企业和农业生产。1982 年，各公社管委会又成立农经综合服务总站，重点工作包括供销合作服务、农机管理服务、畜牧业生产和防疫防病、林果业农作物生产及各种病虫害监控防治、农田水利配套管理服务。1984 年撤社建镇以后，为适应乡镇企业和农业生产的发展需要，有效发挥农技推广服务体系作用，各镇撤销农工商总公司和农经综合服务总站，成立农业技术服务站，内设农机管理服务站、兽医站、种子站、林果栽培技术推广站、植保站、畜牧养殖指导站和水利设施经营管理站，统管农业生产中的社会化服务、管理、协调、指导工作。各村也对口配备了农经员、农机管理员、农业技术员、林果技术员、兽医、水利设施管理员。全区农技、林果、农机、水利、畜牧、良种等专业服务体系初步形成。1986 年，在“立足经营搞推广，搞好推广促经营”方针指导下，营子矿区成立农技服务中心，与各镇农技服务站联合举办各类专业技术培训班，组织专家授课，引进新品种，推广新技术，发放专业资料，代销农药、化肥、地膜，并在农业技术干部中组织开展高产栽培技术竞赛活动。1982 至 1986 年，全区共举办各类技术培训班 140 期，参训 5790 人次，解答农民的各类技术咨询 35140 人次；组织技术讲座 15 场，发放技术资料 15900 份；向农民发明白纸 10000 份；确定重大推广项目 52 项，引进新品种 17 个，推广新技术 21 项，建设重点工程 8 项，开发项目 6 项。5 年累计经营化肥 1152 吨，农药 21 吨，地膜、薄膜 41 吨，竹竿 78970 根，树籽 6 吨，各种苗木 40.2 万株，农机配件 600 余种 33.4 万件，兽药 70 个品种，累计经营额 160 余万元。

1987 年 1 月，河北省颁布实施《农业技术推广条例》，全面落实条例精神，成为全区随后几年农业社会化服务的中心工作。1988 年，全区已有农业技术干部 12 名，半脱产农技员 25 名，村民技术员 17 名，科技示范户 25 户，建农技推广实体 8 个，有服务人员 24 名，为全区农、林、牧、水利、农机提供技术服务，经营农业用种子、农药、化肥、薄膜，畜牧用兽药、药械、添加剂，林业用树籽、苗木，水利物资，农机具、农机配件等。1989 年，营子矿区农林局成立了农机监理站、农技推广站、农机管理站、动物植物检疫站。各镇农林技术推广站、畜牧兽医站、农业经营管理站、农机技术管理站随之成立，鹰手营子镇、汪家庄镇还成立了专门负责各站工作的农业办公室，一个以镇村合作经济自我服务为基础，区直经济技术部门服务为依托的全区农村社会化服务体系初具规模。1989 年，营子矿区农技服务中心被河北省农业厅评为农业科技先进推广站。

1990 年，区政府充分发挥区、镇、村三级职能组织作用，以供销社、镇农资部门为主体构建农用物资服务网络；以农林局、镇农技服务站、村农技员为主体构建农业技术服务网络；以区财政局、镇信用社、村经联公司为主体构建农用资金服务网络；以乡镇企业局、镇经委为主体构建企业管理服务网络，使全区形成“四位一体”的农村社会化服务体系新格局。全年按村分片举办农技讲座，培训农民 1500 人，办农技培训班 27 期，1874 人次受训，建起 150 个农技推广示范户。是年，营子矿区被承德市政府评为农村社会化服务先进区。

1991 年，为改善和加强农村财经工作的管理和服务，推行农村财务工作专业化、制度化、规范化，营子矿区农经管理站和农村财务审计站成立并合署办公。1992 年，农村改革以强化集中统一经营职能为重点，加快社会化服务发展步伐，构建区、镇、村三级多门类服务网络，镇级合作基金融资总额达 150 万元。1993 年，以完善统分结合的双层经营体制为重点，推广“双代管”（村财务、资金由镇代管）管理体制，加快发展农村合作基金会，调动了镇村聚财理财积极性。全区建成以供应调剂农用物资为主的镇级农资服务站 4 个，年经销额达 45 万元。建起农机水利配件门市部、种子门市部、林业技术服务站、兽医卫生监督检疫所。随着三级服务网络的健全和完善，社会化服务的领域逐步向

科技、流通、金融、信息服务方面延伸。推广农业技术，壮大农技队伍，培训农业技术，兴办服务实体，全区农村社会化服务逐步走上了规范化的轨道。1995 年 9 月，区农村合作基金会联合董事会成立，随之鹰手营子、寿王坟、汪家庄 3 镇相继成立了农村合作基金会，是年融资 2000 万元。1997 年，成立营子矿区农业技术推广领导小组，区农林水利局下设农业、林业、农机、水利、畜牧技术推广站。镇级社会化服务机构有农业技术推广站、林业工作站、合作基金会、畜牧兽医站和农机管理站。村级则以 136 个科技示范户、60 个绿证学员、12 名区定农民技术员和 340 多名各类乡土农业技术人才为基础，开展社会化服务工作。1998 年，农村合作基金会解体。1999 年底，全区农村社会化服务开始从过去只为一家一户小规模的生产经营服务向围绕调整产业结构，扶持主导产业和龙头企业服务转变。

2001 年至 2003 年，全区农业社会化服务体系格局基本未变，借助农业科技致富之窗电视专题栏目，推介粮、菜、林果、畜禽新品种，解决生产与市场脱节的问题。

1986—2003 年营子矿区农村社会化服务综合情况统计表

表 5－2－3

项目 年度	农用物资（公斤）				推广新技术（项）	引进新品种（个）	各类专业技术服务						
	良种	化肥	农药	地膜			培训班（场）	受训人数（人）	技术咨询（人）	绿证学员（人）	发明白纸（份）	播放录像（小时）	专题广播（小时）
1986	8200	3700	3400	5500	16	—	20	636	—	—	4300	—	—
1987	12420	13000	300	5300	—	—	15	621	—	—	2400	—	—
1988	24000	14000	8000	8600	13	—	27	1026	6000	—	7000	—	—
1989	—	—	—	—	4	6	8	208	6400	—	1700	2	—
1990	23500	60000	55000	14500	6	—	—	—	—	—	—	—	—
1991	22000	145000	1900	5700	—	—	81	859	11040	—	2960	—	—
1992	43700	395000	5000	3500	18	11	56	1810	9200	—	5000	—	—
1993	22000	240000	5400	4200	—	—	34	859	6300	—	5600	9	—
1994	29000	242000	2500	4000	8	18	48	2700		—	2400	—	—
1995	26000	357000	1400	3500	—	—	23	—	6200	—	8100	7	—
1996	18000	241000	1400	3500	2	—	—	—	7000	—	8000	9	730
1997	19500	220000	4000	3500	—	5	30	1080	6850	160	15000	—	730
1998	18000	312000	4500	4000	3	—	29	1300	6850	—	20000	4	210
1999	—	—	—	—	—	—	—	—	—	—	—	—	—
2000	15000	72000	1350	2500	23	17	13	220	—	150	7000	—	—
2001	15000	72000	1350	2500	17	21	24	1100	7800	—	1500	—	40
2002	—	—	—	—	—	—	12	300	2000	—	—	—	—
2003	—	—	—	—	—	—	14	3000	—	—	3200		—

第二节　工业企业体制改革

一、经营体制改革

1980 年，营子矿区轻工业机械厂率先推行经营责任制，实行利润分成，二级核算，是年末即补回上年亏损，并盈利 4 万元。1984 年，国务院发布《关于进一步扩大国营工业企业自主权的暂行规定》，中共营子矿区委、区政府为了充分发挥各镇在各自区域经济的中心作用，于 4 月发出《关于将部分区直单位下放交镇管理的通知》，将区经委所属的寿王坟服装厂、服务修理部、鹰手营子钟表刻字门市部的人、财、物权交所在镇管理。7 月，区政府专门做出了提倡集体开采，可以联户经营，允许合资办企业，实行国营、集体、个人一起上等搞活经济的几项决定。随后，中共营子矿区委又印发《关于区街工业企业实行厂长负责制的意见》，在扩大企业自主权的同时，改革区街工业企业内部的领导体制，实行厂长（经理）负责制，扩大了厂长的 4 项权利，即劳动用工、人事制度、工资奖金分配和机构设置。1986 年，承德市毛巾厂实行厂长负责制，改革了工资奖金分配制度和经销制度，当年实现利润 9.4 万元，同比增长 2.97 倍。1987 年 2 月，区政府按照企业所有权与经营权分开的原则，把改革的重点放在完善企业经营机制上，将责权利结合起来，理顺企业分配关系，在全区 8 家工业企业（其中国有企业 3 家，集体企业 5 家）进一步完善了厂长（经理）负责制和厂长（经理）任期目标责任制。

1988 年，区政府在 8 家工业企业实行招标承包、竞争承包，企业内部从车间到班组也进行了层层承包，并实行风险基金制度。乡镇企业实行了资金抵押承包。是年，区属工业企业利润同比增长 1.5%。在 1989 年以前的第一轮承包中，由于企业承包周期短，企业经营者把主要精力放在如何完成承包指标上，虽然在调动承包者和职工的积极性、提高短期经济效益方面有一定作用，但也存在重效益、轻管理，或以包代管的现象，少数企业弄虚作假或盲目上项目，使企业扭亏无望。针对企业的短期行为，区政府决定从 1990 年开始，本着“大稳定、小调整，力争平稳过渡”的指导思想，对条件比较好的企业实行滚动承包。即在第一轮承包的基础上签订下一轮承包合同，确定下一轮承包的主要综合指标和分年度指标，在承包周期上与企业一定时期的发展要求相适应，在指标分解上前后相互衔接，给企业发展留有余地，使企业在生产经营、技术改造等方面能提前谋划，为企业的长期发展打下基础。是年 11 月 24 日，举行全区工业企业第二轮承包签字仪式，区属企业承德市毛巾厂、区轻工业机械厂、橡胶厂等 5 家工业企业和区建筑安装公司分别与区政府签订了新一轮承包协议。村镇集体企业在系统完善承包经营责任制基础上，对已实行承包的企业加强集体管理职能，统一任命承包人，统一控制财务，统一经营供销；定人员编制，定生产经营任务，定工资总额，定物资消耗；超奖亏罚，改变了重个人分配轻集体积累，重产品数量轻设备维修保养，重承包人收益轻长远效益倾向，壮大了集体实力。

1992 年年底，区政府转发中共承德市委、市政府《关于贯彻（全民所有制工业企业转变经营机制条例）进一步下放权力的若干意见》。是年 6 月，区委、区政府就关于实施深化区属工业企业内部改革发出通知，决定进一步转变政府职能，切实把企业产品价格、劳务价格、工资形式、奖金分配、录用辞退职工、机构设置、人员编制等权力下放给企业。到年底，有 6 个厂、1 个公司进行了劳动人事、用工、分配等 3 项制度改革。1995 年，营子矿区对 139 个地方煤矿矿井，4 个铜铁选矿厂的 8 个系列和 36 个铜铁矿厂全部采用在原承包经营基础上，核定企业上缴基数，一次性包给个人的承包形

式。1998年，京承注塑厂第二条生产线实行租赁经营，当年经营管理水平、市场开拓能力、经济效益均列区属企业之首。1999年，区属橡胶厂实行租赁经营盘活了资产，给企业注入了活力。通过不断改革经营体制，在经营形式上放开、投入机制上放开、选聘经营者上放开，实现了资产流动重组，经营者优化更替，使企业转换机制，获得新生。

二、产权制度改革

1994年，营子矿区根据《河北省1993年经济体制改革要点》，遵照“允许多样化，力求规范化”的原则，进行工业企业股份制、股份合作制、股份承包制、以资产为纽带的集团公司制等形式的产权制度改革。至年底全区共有43家企业进行了股份制试点，其中区属企业改制面达20%，乡镇企业改制面达42.5%。1995年，河北省批准承德市为产权制度改革试点城市后，区政府按照“先行试点、一企一策”的思路，突出抓了工业企业改革，在京承注塑厂进行股份制改造试点，完成了区属承德市毛巾厂和橡胶厂的申报破产工作，先后组建了庆吉企业集团和4个有限责任公司。是年底，全区股份制改造企业达69家，区属工业企业改制面达40%。1996年，区政府转发承德市人民政府《关于规范化股份制企业改革实施意见》，以因企制宜，分类指导，配套推进，整体提高为原则，进一步强化改革措施，区属工业企业改制面达75%，乡镇企业改制面达40%，全区有规范化股份制企业4家。到1998年，形成规范化股份制企业8家。1997年12月，中共营子矿区委、区政府出台《关于加快企业产权制度改革的决定》《关于企业改革有关问题及相关政策的暂行规定》《关于城镇集体企业推行股份合作制的实施意见》，使全区企业产权制度改革有了明确的政策依据和操作规则。1998年，全区有股份合作制企业3家，切块搞活企业1家，破产重组企业2家，拍卖企业3家。有83.3%的工业企业，改组、改制。承德市铸造机械总厂进行公司化改造，实行资产封闭式运行，当年产值、效益同步增长，全年减亏322万元。1999年，区政府以理顺产权关系为重点，以盘活存量资产、搞活企业为目标，进一步加快区属企业改制工作步伐。新注册了由承德铸造机械总厂改制组建的“腾达”游艺机有限公司；承鸿塑料有限公司找帅当兵，与亚通公司合作，成立承德亚通有限公司，实现了优势互补；处在停产半停产中的区轻工业机械厂切块搞活，印刷厂合作改造，2家企业分别实现了盘活资产，给企业注入了活力。12月，中共营子矿区委、区政府再次召开全区企业改制工作会议，通过了《关于加快区属企业改革和发展的实施意见》，提出了今后一个时期企业改革与发展的措施。让企业冲破计划经济体制的束缚，建立适应社会主义市场经济需要的现代企业制度；努力解决钱从哪里来，人往哪里去，货往何处销，负担怎么减的问题。年底，全区工业企业改制面达87.8%，实行股份制及股份合作制的企业达40%以上。

2000年，中共营子矿区委、区政府为贯彻落实中共承德市委、市政府联合下发的《关于进一步深化企业产权制度改革工作实施意见》和《关于进一步深化企业产权制度改革若干问题的暂行规定》，出台《营子矿区深化企业产权制度改革实施意见（草案）》，决定以国有和集体经济从一般竞争性行业退出为主要内容，通过安置重组，开放重组，破产重组，股份制改造等形式，全面调整产业结构，按照“因企制宜，一厂一策，分步实施，稳步推进”的方针，首先确定承德市铸造机械总厂、陶瓷厂、京承注塑厂和营子矿区煤矿为重点企业，明确规定了企业产权制度改革的方式、步骤和职工安置及资产处置方法，实现产权多元化。2001年，中共营子矿区委、区政府成立了工商企业转制领导小组，在深入企业，评估资产的基础上，对区属承德市耐火材料厂和承德铸造机械总厂三分厂（承德市煤矿机械厂）采取以职工安置费入股组建股份合作制企业的方式进行了改制，分别成立承德北方耐火材料有限公司和承德诚信游艺机有限责任公司。营子矿区煤矿、承德市耐火材料厂完成了国有、集体资产和职工身份双退出。到2002年年底，实现国有集体资产和职工身份双退出的企业5家，解除职工身份900人，拍卖出售企业2家，盘活存量资产3000万元。

2003 年 8 月，中共营子矿区委、区政府召开全区企业改革专题会议，相继制定《关于进一步加快区属工商企业改革的决定》和《区属工商企业改革有关问题的补充规定》等文件。同时，区政府抽调 48 名干部，组成 16 个改制工作组，进驻改制企业，指导改制工作。采取资产出售转让，资产重组，企业破产等形式，完成了承鸿塑料有限公司，区皮毛厂、印刷厂等 14 家企业改制任务。年底，区属 15 家国有企业，有 12 家从一般性竞争领域退出，改制面达 80%，17 家集体企业有 13 家从一般性竞争领域退出，改制面达 76.5%。改制后，区属工业企业先后成立了承德陆上先锋公司、胜达游艺机有限公司、承德建龙机械有限公司、亚通塑胶有限责任公司、福鑫彩印有限公司、鹰达包装制品有限公司、凯晟橡胶制品有限公司、双城汽车维修厂等 8 家股份制和股份合作制企业。

第三节　商业体制改革

一、国有（营）商业

（一）粮食流通体制改革

1978 年，营子矿区粮食系统首先在搬运、运输、供应 3 个环节实行定额加奖经营办法。1981 年 6 月，区粮食分局下发《营子矿区粮食商业企业奖励制度试行草案实施细则》，分别规定各所、库、站 11 条，粮店 11 条，行管人员 5 条，其他 7 类人员 33 条评奖条件和 5 项考核指标。1984 年 9 月始，推行厂长（经理）责任制。1985 年 4 月，鹰手营子粮食管理所出台定额管理，联效计酬管理办法。1988 年 4 月，区粮食局制定并实施粮油购销包干办法，包括定购包干，品种为玉米，订购玉米继续实行平价化肥、柴油和发放预购定金三掛钩政策，完成任务实行每公斤奖 0.002 元；粮食销售包干，以 1987 年实销数为核基数，指标增长按非农业人口每年递增 2% 核定增加数；食用油包括自营指标和节日补助用油，增长指标按非农业人口每年递增 2% 核定增加数。议价转平价包干，全局议转平玉米 40 吨，价格在合同订购基础上每 0.5 公斤加 0.0345 元。1989 年，全局补贴后完成利润 36.09 万元，完成计划的 129.7%。

根据承德市人民政府 1993 年 4 月出台的《关于加快粮食购销体制改革的通知》精神，从 1993 年 5 月 1 日起，区属粮店、加工、运输等企业财务由市粮食局下放到区管理，同时放开除军粮和省核定的水库移民用粮以外的粮食销售价格，实行市场调节，随行就市，并停止使用城镇居民粮食供应证。粮食定购实行保护价制度。5 月 20 日，区政府制定下发《关于粮店经营承包责任制实施方案》，决定以全员承包为主，包店必包人员，保持各店职工稳定为原则，从 6 月 1 日起在全区粮食局所属各粮店全面推行经营承包责任制，经营范围包括批发、零售，跨行业政策允许的经营项目，也可代营代销。承包方式为全部包死基数，超收全留的大包干。多种经营项目采取工效挂钩或销售提成，任务分解到门店，责任到人，能统则统，不能统的承包。随着市场的开放和国家粮油购销政策的调整，各粮店经营效益明显下降。到 1995 年年底，全系统累计亏损 1887 万元。

1996 年，区粮食部门开始实行“两条线”运行，对所属粮店一律实行工效挂钩管理办法，有居民粮食供应任务的粮店，完成当月平价粮供应任务，发放职工基本工资的 70%，议价粮经营实行定额管理，完成定额发放基本工资的 30%，超定额部分按一定比例提成。是年，鹰手营子粮库第二粮店开始试行国有民营。1997 年 1 月，鹰手营子粮库淀粉厂由于经营困难，将闲置厂房、场地出租，8 月又将全厂 25 名职工分流到区粮食局所属各镇粮食管理所和粮店。2001 年 9 月，区粮食局所属鹰手营子粮库淀粉厂、饲料公司、饲料公司粮油食品店等企业营业执照被注销。2002 年，全系统 6 个附营企业

推行租赁承包，90%的职工在外自主经营，门店厂房场地实际利用率不足30%。

2003年2月18日，注销鹰手营子、北马圈子、汪家庄、寿王坟4个粮食管理所和明珠塑编厂营业执照，以上各企业被合并到独立法人单位天马粮贸商务中心。3月25日鹰手营子粮食管理所房地产以85万元被公开拍卖，4月11日鹰手营子粮库以283万元的价格被承德市土地收购储备中心收购，5月鹰手营子粮库营业执照被注销。至年底，又先后将鹰手营子粮食管理所熟食部、涝洼滩粮店、金扇子综合部、寿王坟粮店综合楼和寿王坟粮食管理所后库以合计95万元的价格拍卖。是年，全系统在册职工187人，为184人办理了改制手续（另外3人待处理），其中132人领取一次性安置费并解除劳动关系，52人办理了内部退休手续。给5名伤残职工发放一次性伤残补助金；给18名职工遗属发放一次性生活补贴；给部分改制前无岗人员补发了最低生活保证金；给67名企业退休职工发放一次性医疗补贴；给55名职工和退休职工核销了拖欠的住院医疗费；给各企业187名职工补缴了养老保险费；给52名内退职工发放了生活费和医疗补贴。

（二）其他商业

1981年9月，国营商业系统进行经营责任制试点，到年末，全区32个商业饮食服务业零售门市部有22个实行了经营责任制，占总数的68.8%，其中实行利润大包干的占20%，超额分成的占70%，全额分成的占10%。为适应集体、个体商业较快发展，外地商户逐渐增多，流通渠道增加，行业竞争增强，群众持币争购变为持币选购的新形势，1983年3月，区商业局制发《实行经营责任制方案》，全系统6个公司2个厂（百货公司、五金交电公司、食品公司、蔬菜公司、服务公司、糖业烟酒公司、食品厂、酿造厂）和80个独立核算商店、饭店、旅馆、照相馆全部推行了不同形式的经营承包责任制，区商业局对各公司分别签订了承包合同，各公司与各下属店（馆）也签订了承包合同。主要承包形式：6个公司、69个独立核算店、84个自然门店实行“五定一包”（定纯购进额、纯销售额、费用率、资金周转天数、商品库存，包利润定额），完成得奖，超额递增分成，工资浮动；6个独立核算店12个自然店实行国家所有，集体经营，上缴定额，自负盈亏；另有11名职工个人商店经营，上缴定额，自负盈亏，实行“五定”（质量价格、经营品种、进货渠道、执行政策、上缴利润）“五不变”（国营职工性质、原企业隶属关系、连续计算工龄、考核升级、退休待遇）政策。为提高经营效益，国营商业系统精简67名行政管理人员，辞退了500多名临时工，推行厂长（经理）负责制，商业管理体制实行政企职责分开，各公司均转为独立核算，自负盈亏的经济实体。1984年，为体现责任制利益分配的科学性、合理性，撤销寿王坟商业零售公司，分别建成寿王坟烟酒商店、百货商店、服务总店，把食品厂、酿造厂升格为公司级。对北马圈子五金日杂公司、百货公司，汪家庄商业零售公司的百货、饭店，寿王坟综合商店，鹰手营子大众饭店等21个单位按自然门店改为微型企业，独立核算，按集体企业管理。

1986年8月，区商业局成立经济体制改革办公室，商业局所属19个小型独立门店实行“国家所有、集体经营、照章纳税，自负盈亏”的经营形式。为适应小型企业改革的需要，撤销了汪家庄、北马圈子2个商业零售公司，分别成立汪家庄综合商店、涝洼滩综合商店、北马圈子百货五金综合商店、北马圈子副食品综合商店。1988年1月，饮食服务公司由行政管理型转变为经济实体。4月成立商业局小型企业改革领导小组，主抓国营商业系统小型企业改革工作。是年底，糖业烟酒公司、百货公司、蔬菜公司、五金交电公司、酿造厂、食品厂、寿王坟烟酒商店、寿王坟百货商店、寿王坟蔬菜商店共9个单位实行招标承包、竞争承包。企业内部从车间到班组、到柜组也进行了层层承包。风险基金制度开始在部分企业实行。1989年，烟草业务由糖业烟酒公司分出，单设烟草公司。1991年，开始实行有限目标管理责任制，将国内纯购进、国内纯销售、利润和商办工业产值定为考核指标。

1992年4月，商业局所属糖酒公司兼并承德市第二食品厂，北马圈子副食品商店兼并了蔬菜公司北马圈子综合商店。区国有商业企业实施了经营、价格、分配、用工“四放开”。1993年，随着市场

经济体系的进一步完善，营子矿区国有商业系统经营体制开始逐渐由国家所有集体经营转为国有民营，在不改变所有制性质的前提下，实行所有权与经营权分离。是年，全系统有3个公司，40个门店，134个原承包单位650名职工参加了国有民营承包，覆盖面达96%，实行国有民营的商业企业当年总营业额同比增加1200万元，职工人均收入增长220%。1994年，开始对利达百货、宏声交电、鹰手营子商厦等3家企业进行股份制改造，相继成立利达百货、宏声五金交电、鹰手营子商厦3个有限责任公司，合计总资本140万元，其中法人股金80万元，职工个人股金60万元。将五交化商场、百货商场、烟酒商场、菜市场从原企业分离，组成了国有商业零售公司，糖酒公司批发部与蔬菜公司合并，组成了糖酒蔬菜公司，商业零售企业有175个柜组实行租赁承包，批发企业全部分块搞活。是年，全区国有商业系统共有6家公司，在编867人，资产2612万元。到1996年底，实行国有民营4年，国有商业系统累计上缴税金200多万元，上缴企业利费800多万元，自行负担工资及费用650万元，承包个人积累超过300万元。

2000年，中共营子矿区委、区政府出台《营子矿区深化企业产权制度改革实施意见（草案）》，明确了企业产权制度改革的方式、步骤和职工安置、资产处置的原则。商业系统遵照“国家统一所有，分级行使产权”的国有资产管理改革方向，开始进行资产所有权改革。2001年4月，百货公司与商业零售公司合并，称商业零售公司，合并后的百货部分仍保留百货公司名称。7月，烟草公司依照法律程序破产。截至2003年，完成重组股份制企业4家，分别是商业零售公司改制重组为营子汇中百货有限责任公司、五金交电公司重组为承德宏宇交电商贸有限公司、百货公司重组为营百有限责任公司、寿王坟商业批零公司改制重组为寿王坟商贸有限公司。营子矿区卷烟经营部经营权转移上划到承德市烟草分公司，糖酒蔬菜公司完成了部分资产出售变现，物资公司进入法定破产程序。尚未进入改制实质程序的企业分别是食品公司、饮食服务公司、北马圈子商业批零公司、汪家庄商业批零公司。至年底，国有商贸系统参与改制企业11家，职工总人数1204人，尚未改制企业4家。

二、集体商业

（一）供销合作社改革

1981年，全区供销社系统在基层部组实行浮动工资、计件工资、大包干等形式的承包或经营责任制，到10月底已有18个部组实行，占应承包和实行经济责任制部组总数的69.2%。其中，鹰手营子供销社有13个部组实行浮动工资，班组核算，利润分成，百分计奖；废旧物资回收站打包人员实行计件工资；废旧物资回收公司待业青年收购部实行大包干；副食品公司的2个门市部实行单独承包，自负盈亏；生产资料日用杂品公司零售门市部实行浮动工资，定额到组，超额分成。

1983年，营子矿区供销社下属6个企业开始全面推行经营承包责任制，主要采取两种形式，即批发业务实行利润定额，零售业务实行大包干，共签订承包合同26份。从5月到9月，完成了清理社员股金，落实股权，换发社员股金证，发放社员股金分红，组织农民参股入股等工作，3个基层社共接收社员股金59567元，户数占全区总农户的74.4%。1987年，在进一步完善基层企业经营承包责任制，对在岗职工全面实行风险股金制度的基础上，有5个基层单位签订了干部三年任期目标责任制，1988年全部铺开。在寿王坟供销社推行效益工资试点的基础上，1989年基层各单位全面推行效益工资制，打破大锅饭，实行店店承包，并根据市场变化和需求，灵活调整了经营思路，增加了购进和销售渠道。

1994年，供销商业系统开始在20个门店，部组实行自筹资金，赎买库存商品，自主经营，按月上交定额承包金（即利税大包干）的社有民营承包，批发企业在实行股份承包的基础上，再次增加了股金数额，对生产资料日用杂品公司和副食品公司的4个门市部、1个修理部全部实行公有民营承包。1996年，供销系统全部实行了社有民营承包，同时坚持平稳过渡，承包金适度增加，柜组不宜大规模

变动的原则，分别采取了一人牵头，合伙经营，民主管理，利益共享，风险共担的合伙承包；自筹资金，自主经营，自定分配，自担风险的个人承包；一人租赁1节或数节柜台，自己经营，不变更经营品种的柜台租赁和柜组定员承包等形式。

随着个体私营商业的快速发展和农村产业结构的调整，20世纪90年代后期，全区供销合作商业系统经济效益逐步下滑，多数企业连年亏损，甚至处在停业半停业状态。2001年，生产资料日用杂品公司破产重组，盐业专营公司将6间临街门市部以31万元的价格拍卖偿还债务、货款后，有4名职工自谋出路，留下7名职工入股、集资，实行股份制改革，入股金4.8万元，集资款18.9万元，维持营业。2003年，寿王坟供销社、鹰手营子供销社、北马圈子供销社和汪家庄供销社均因连年亏损，进入产权制度改革前期准备阶段。

（二）社会集体商业改革

20世纪80年代初，区内合作经营和集体所有制的饮食业、服务业不断增加，由于经营方式不同，经营效益差别较大。区集体商业管理局成立后，首先在直管的集体企业中试行经营承包责任制，到1987年，所辖集体商店、饮食服务部、理发店的各门店全部实行了承包经营。主要形式包括指标分解，以利润计奖；任务到组，工作量到人，工资浮动，以分计奖；百元产值工资奖金含量；分点包销售任务或固定资产租赁等。马圈子煤矿集体经济公司新新商场改变吃大锅饭现象，试行包死基数，超额分成经营责任制，是年营业额达52万元，不但补回上年8000元的亏损，还有盈利；汪庄煤矿集体经济公司徐庄小卖部曾因管理混乱，多次受到有关部门处罚，通过精减人员，实行效益和工资奖金挂钩经营责任制，服务质量明显改善，每日营业额超过200元，是年分别获得区物价、计量信得过单位称号和区集体商业管理局“文明经商，优质服务”流动红旗。1988年，兴隆矿务局多种经营公司综合商店开始在所属各门店实行班组核算，完善了经营承包责任制，是年营业额达91.7万元，同比增长75%。1989年，营子矿区理发店在整顿内部秩序过程中，改革分配制度，把过去完成定额发固定奖金15元改成按营业收入提取工资奖金，强化按劳取酬、多劳多得，集体和个人收入都有增加。

1990年，区集体商业管理局加大改革步伐，制定出台《营子矿区社会集体商业管理暂行规定》，明确社会集体商业企业是独立的商品经营者和生产者，是实行按劳分配的独立的社会经济组织，在遵守国家政策前提下，可以推行各种形式的经营责任制。企业法人代表可以由主办单位委任，也可以民主选举，主管部门批准，副职由经理聘任，可以根据需要自行确定人员编制、自行招聘管理人员和职工，并向集体商业管理局备案。企业实行民主管理，自负盈亏，按劳分配，多劳多得。在国家法律政策和计划许可范围内，企业有权根据市场需求灵活安排生产，自行组织购销，自行支配和使用企业生产资料和自有资金。任何部门或个人不得以任何借口，任何方式平调、挪用、上收、摊派、侵吞或私分企业资金、利润、营业设施、原材料、商品等。1991年，营子矿区建材经理部进一步划小核算单位，把经营权下放到门市部，实行效益工资制，全年营业额突破70万元，利润同比提高85%。

随着企业改革的不断深入，从1992年开始至2003年，按照《〈中华人民共和国城镇集体所有制企业条例〉商业企业实施细则》的规定，全区社会集体商业企业在完善各种经营责任制的基础上，先后开始实行合股经营，以按劳分配为主，按股份分红为辅，逐步强化了自我管理体制。

第四节　用工制度改革

一、实行劳动合同制

1984 年，按照河北省劳动人事厅《关于试行劳动合同制的意见》，承德市决定在国营单位新招工人中试行劳动合同制度。区劳动人事局根据区属企业用工情况拟定了用工制度改革意见，并提出今后根据企业的特点，应以增强企业活力为中心环节，广泛推行劳动合同制。对全民、集体企业严格控制固定工人数的增长，各行业招收新工人，可自行选择固定工、轮换工、临时工、季节工、非全时工（半日工、钟点工）等形式，签订责权利合同，保证能进能出，能上能下。建筑行业施工单位可招收一定比例的农村合同工。对劳动服务公司所管辖的各知青摊点，实行有利于扶持、协调、帮助的用工制度。对那些在独立核算、自负盈亏性质的集体企业中，有独立的企业经营能力和经营管理才能，且与主管行政部门不混岗的管理人员，可以转为固定工。到年底，承德市毛巾厂、承德地区铸造机械厂、区轻工业机械厂等 7 家单位共有 267 名计划内临时工转为合同制工人。1986 年，国务院《国营企业试行劳动合同制暂行规定》和河北省相关实施细则下发后，营子矿区各类用人单位新招工人普遍实行了劳动合同制，突破了统包统配的用工体制，逐步推行在国家统筹规划下，劳动部门介绍就业，自愿组织就业和自谋职业相结合的就业体制。通过调整产业结构，鼓励支持集体、个体经营和各类劳动服务公司的发展，兴办第三产业等，广开就业门路。在此基础上，实行了面向社会，公开招工，平等竞争，择优录用的用工机制。到 1989 年，承德市毛巾厂、营子矿区轻工业机械厂、橡胶厂等 6 家企业共招用合同工 1230 人。

1991 年，开始将国家直接管理职工的制度改为国家间接管理，企业直接管理。1992 年 6 月，中共营子矿区委、区政府下发《关于实施〈深化区属工业内部改革的意见〉的通知》，决定在企业内部打破干部、职工界限，对“企业职工”实行全员合同管理，通过与企业签订上岗合同（工人岗位）和聘任合同（管理岗位），规定“企业职工”的身份，实行试岗和内部待业制度。1995 年 1 月河北省政府下发《关于全面实行劳动合同制的通知》后，区政府召开劳动制度改革会议，5 月印发《全面实行劳动合同制实施方案》，明确规定：“实行劳动合同制的单位为区属各种所有制类型的企业和个体经济组织。实行劳动合同制的人员为各种所有制企业和个体经济组织中与之建立劳动关系的全体职工，包括企业原有的干部、固定工人、合同制工人、临时工和其他用工以及新进入企业的各类人员（外商投资企业只含中方员工，私营企业和个体经济组织只含雇工）；国家机关、事业单位、社会团体组织工勤人员，实行企业化管理的事业组织的全体人员，其他通过劳动合同（包括聘用合同）与国家机关、事业组织、社会团体建立劳动关系的劳动者。”提出签订劳动合同的时间要求、政策规定和保证措施。到 1995 年 12 月，区属各企业全部实行劳动合同制，全区合同制工人共有 3110 人，其中国有企业 1949 人，集体企业 1161 人，签合同比例 100%。2003 年，全区已实行集体合同制的企业 25 家，涉及职工 2330 人，补签公有制企业劳动合同 2330 份，非公有制企业劳动合同 1152 份。

二、下放管理权限

为了扭转对劳动、人事、工资统得过死的情况，在实行劳动合同制的过程中，区劳动人事主管部门于 1984 年 7 月向区直各主管局下放包括职工调转、集体企业招工在内的 5 项权力。1992 年，区委根据国家政策规定，进一步下放了企业录用辞退职工和自主确定用工计划的权力。实行工效挂钩的企

业，坚持增人不增工资，减人不减工资。未实行工效挂钩的企业，在保证提高劳动生产率和不突破核定定员的前提下，有权根据生产经营需要，自主提出用工计划，经劳动部门批准，自行组织招工，除国家规定必须安置的人员外，企业有权拒绝接受不符合企业需要的人员。是年底，区政府在转发《中共承德市委、市政府关于贯彻〈全民所有制工业企业转换经营机制条例〉进一步下放权力的若干意见》的通知中，更明确地规定计划、劳动部门不再下达指令招工计划和职工人数计划，允许职工在不同所有制企业之间合理流动。

第五节　社会保障制度改革

一、养老保险制度

（一）机关事业单位养老保险

1996年1月，营子矿区作为全市试点，由区人事局承办，开展机关事业单位养老保险工作。缴费基数为职工的岗位工资、薪级工资、绩效工资、职务津贴、剩余津贴之和，缴费比例为单位22%，个人2%。2000年4月，将机关事业单位的职工养老保险工作移交给区劳动和社会保障局，共移交养老保险金117.56万元。至2000年末，全区有69个机关事业单位纳入养老保险范围，其中财政拨款的行政事业单位43家，自收自支的事业单位26家，参保人1509人。2001年底，养老保险基金结余163.10万元。2002年1月，根据区政府的决定，全额财政拨款的行政事业单位暂停缴纳养老保险金，仍有23家自收自支事业单位参保，参保326人。缴费比例调整为单位20%，个人4%。另规定机关事业单位聘用的人员参保，缴费基数为社会平均工资的60%，缴费比例为单位20%，个人8%。养老保险基金实行收支两条线管理，基金收入直接纳入财政专户。

2000—2003年营子矿区机关事业单位参加养老保险情况统计表

表5－2－4

项目 年份	参保单位数（个）	单位参保率（%）	参保人数（人）	个人参保率（%）	退休领养老金人数（人）	基金征缴金额（万元）	发放养老金金额（万元）
2000	69	100	1509	100	304	263．00	220.00
2001	68	100	1540	100	313	306．75	308.84
2002	23	100	326	100	114	143．17	138.14
2003	24	100	334	100	111	140．17	124.58

（二）农村社会养老保险

1994年，营子矿区由民政局承办，开始在全区农村开展社会养老保险工作。凡农村人员，含务工、务农、经商、乡镇招聘干部、民办教师、医生及其他各业劳动者，年满18—60周岁，均可参保。月缴费标准有4元、10元、20元和刚出生就一次性缴纳200元等几个档次，缴纳的保险金由参保人个人负担，有条件的村可以适当予以补贴，个人缴纳不低于60%，集体补贴不超过40%，投保对象可预缴或补缴养老保险金，缴纳金额以自愿为原则，由参保人个人决定。区民政局将参保人每年定期缴纳的保险金计入个人账户。参保人满60周岁后，按月领取养老保险金，领取数量由缴费金额多少和缴

费期限长短决定。1999 年，农村社会养老保险工作由区民政局移交给劳动和社会保障局。至 1999 年，全区农村参保 575 人，基金积累 45 万元。2003 年底，全区有 718 名农民参保，占可参保人数的 10%。养老保险基金总收入 47.5 万元，支付养老保险金 1.5 万元。

（三）企业养老保险

1984 年. 城镇集体经济组织和合同制职工开始缴纳养老保险。1986 年，推行企业离退休费用社会统筹，开始从企业保险向社会保险的转变。1987 年，全区全民所有制企业有 1786 名职工参加承德市统筹。1988 年，开展集体企业职工退休费用统筹工作。1990 年 1 月，国有企业开始缴费，建立基本养老保险手册，缴费标准为单位职工工资总额的 22%，个人缴纳本人工资总额的 2%。1991 年 6 月，建立企业职工社会保险卡片制度。1993 年国有企业固定工养老保险实行省级统筹，1996 年调整为单位缴纳 21%，个人缴纳 3%，11 月建立职工个人账户。1997 年 7 月起，集体企业建立个人账户，缴费标准以本企业职工工资总额和离退休人员工资总额之和测算后确定，各企业之间标准不同。2000 年，全区 33 个企业有 2454 名在职职工参加社会养老保险统筹，其中国有企业 1721 人，集体企业 733 名，覆盖率 85%。2003 年，企业在职职工社会养老保险统筹覆盖 2000 人，覆盖面 100%。

（四）职工失业保险

1990 年第四季度，开始在国有企业开展职工待业保险业务，缴费比例为单位缴纳本企业职工工资总额的 1%。1992 年，开始协助承德市劳动保险所在区内集体企业的合同制工人中推行待业保险工作。1993 年，全区企业参加待业保险率为 100%。1995 年起，除单位缴纳职工保险金外，参保职工个人每月缴纳 2 元，初步实现了单位和个人缴纳相结合。1990—1996 年，为承德市劳动保险所代收失业保险金 162.8 万元，全部上缴。

1997 年，营子矿区成立失业保险所，开始独立管辖区属单位参加市级统筹工作，全区参保企业 37 家，参保职工 2863 名，其中国有企业 17 家，职工 1724 名，集体企业 20 家，职工 1139 名。1998 年 7 月调整缴费比例，单位缴纳职工工资总额的 2%，个人缴纳本人工资总额的 1%。2000 年 11 月，事业单位开始参加职工失业保险，缴费标准与企业相同，是年，全区有 3231 名职工参加失业保险，占应参保人数的 90%，全年收缴失业保险金 15.34 万元，支出 9.10 万元，累计结余 7.69 万元，发放营子矿区失业救济金 3.34 万元，为承德市失业保险所代发失业救济金 7.94 万元。

2002 年 3 月，区失业保险所移交到区地税局，移交参保单位 53 个，参保职工 2601 人，其中国有企业 14 家，1102 人，集体企业 15 家，855 人，事业单位 24 家，644 人。由于有 16 个事业单位从 2002 年 1 月起，财政未拨保险金，5 月，全区实际参保单位 37 家，参保职工 1550 人。1997 年至 2002 年 5 月，全区累计欠缴失业保险金 93.2 万元，累计发放营子矿区失业救济金 75.11 万元，为市所累计代发 204 万元。2003 年，全区失业保险覆盖 2200 人，收缴失业保险金 22 万元，发放营子矿区失业救济金 28 万元，为市所代发 32.3 万元。

二、城镇职工基本医疗保险

2001 年 1 月，营子矿区开始建立并实行城镇职工基本医疗保险制度，将城镇所有用人单位及其职工均纳入基本医疗保险范围。基本医疗保险费由用人单位和职工共同缴纳，用人单位缴费率为上年度本单位全部在职职工工资总额的 6.5%，个人缴费率为本人工资总额的 2%。每人每年另缴纳补充医疗保险费 96 元。参保单位和职工个人缴纳的基本医疗保险费，根据个人缴费基数或养老金数，45 周岁及以下在职职工按 3.2%，46 周岁以上在职职工按 3.4%，退休人员按 3.8% 划入个人账户。参保人员在定点医疗机构门诊治疗及定点药房购药发生的医药费，由个人账户支付，不足部分由个人负担。住院发生的医疗费用，个人需负担起付标准费用，起付费标准依照三级医院、二级医院、一级医院顺序分别为 500 元/人次、400 元/人次、300 元/人次。年度内，由第二次住院开始起付费递减，但最低标

准不少于200元/人次。参保人员在三级医院、二级医院、一级医院住院治疗发生的费用，在职职工个人负担比例分别为18%、16%、14%，退休人员分别为15%、13%和11%，其余费用由基本医疗保险基金支付。省管优秀专家、省级以上劳动模范，住院医疗费用在基本医疗保险基金的支出中，提高2个百分点。

基本医疗保险基金实行统一征缴、统一管理、统一支付，纳入社会保险基金财政专户，实行收支两条线管理，用于保障参保人员的基本医疗。市财政和劳动保障部门，负责对基本医疗保险基金的管理和监督，审计部门负责对基本医疗保险基金的收支管理情况进行审计。

城镇职工基本医疗保险实行定点医疗机构和定点药店管理，区劳动和社会保障局与定点医疗机构、定点药房签订基本医疗保险服务协议，明确双方的责任、权利和义务，按时与定点医疗机构和药房结算费用。

2001—2003年营子矿区城镇职工基本医疗保险实施情况统计表

表5－2－5

项目 年度	参保人数（人）		基金收入（元）		基金支出（元）	
	在职	退休	统筹收入	个人收入	统筹支出	个人支出
2001	1821	321	568038.18	398004.18	276444.38	578.55
2002	2144	420	1192039.62	922683.03	497021.83	1215094.78
2003	2314	466	1142248.76	1062593.34	771486.31	1091347.79

三、城镇住房制度改革

（一）出售公有住房

中华人民共和国成立后，区内少数城镇职工拥有私人住房，大多数职工住房由单位解决，每月收取少量房租。1993年6月，成立营子矿区住房制度改革委员会办公室，开始出售公有住房，12月印发《关于贯彻落实承德市房改方案的几点意见》，明确提出在提高房租和实行缴纳住房租赁保证金制度的基础上，对新建和出租的公产住房均可按标准价出售，并规定，凡在营子矿区有常住户口并符合分房条件的居民，可申请购买公有住房。因区内建房单方造价比承德市内平均降低200—250元，1993年，平房标准价分别定为二级甲等每平方米200元、乙等每平方米185元，三级甲等每平方米170元、乙等155元，四级每平方米120元。1993年年底以前集资建房的单位，可自行确定出售价，但不得低于区标准价。居民购房后享有房屋占有权、使用权、有限处分权和收益权。1994年6月，成立区房地产价格评估委员会办公室，专门为房改售房评定地段等级、房屋结构、调解系数及折旧等。随后全区80%以上的公有住房、60%以上的单位和部分企业自建住宅楼分别实施了按标准价售房，其中区管公房324户，出售275户，楼房总面积3741.52平方米，平房总面积8081.81平方米，售房收入67.64万元。1995年，实施第一次房改，以标准价每平方米424元出售公有住房，全区有14个单位共出售公有住房450户，售房面积15750平方米。为进一步加快住房商品化进程，适应市场经济的发展要求，1997年，实施第二次房改，以楼房成本价格每平方米650元出售公有住房，至1997年底，共出售公房55814.12平方米，计802户。自2000年1月起，居民购买公有楼房一律执行每平方米建筑面积800元的成本价，到2003年，参加第二次房改的售房单位30个，出售公有住房5337户，售房面积477396.87平方米，为公有住房总数的96%。

（二）上调公有住房租金

为促进住房商品化进程，加大公有住房出售力度，自1995年开始，几次上调公有住房的租金。1994年每月每平方米0.35元，1995年调整到0.75元，1996年调整到1.15元，1997年调整到1.55元，1998年调整到1.95元，至2003年无变化，公有住房的年租金达到居住公有住房职工家庭年收入的10%左右。

（三）经济适用房建设

1996年，成立区经济适用住房发展中心，主要以建造安居工程，逐步改善城镇居民住房条件为宗旨。同年，经济适用住房发展中心投资950万元，建成营子矿区6、7、8、9、10号5栋住宅楼，总建筑面积为13750平方米，以每平方米800元的平均价格，安置186户居民。1997年，投资716.8万元，建成总建筑面积9300平方米的3栋住宅楼，仍以每平方米800元的平均价格安置108户居民。

回民饭店及周围房屋，大部分建于20世纪60—70年代，地势低洼，房舍破旧，又位于主街区，1999年，投资476万元，拆迁15户居民，拆除670平方米旧房，建成建筑面积5800平方米的住宅楼。除15户拆迁户给予优惠外，其余以每平方米870元的平均价格出售，解决了60户居民的住房问题。2000年，投资555.72万元，在原蔬菜公司院内建成建筑面积6277平方米的住宅楼，以每平方米890元的平均价格，安置居民71户。2003年，投资542万元建成建筑面积6700平方米的住宅楼，以每平方米850元的平均价格售房，并为拆迁户提供了优惠的回迁条件，共安置居民84户。截至2003年底，全区共建经济适用住房41827平方米。

（四）建立住房公积金制度

1994年，成立营子矿区住房资金管理中心，按属地管理原则，凡在区属地范围内的机关、企事业单位及其在职职工均需按照“个人有储、单位资助、统一管理、专项使用”的原则，建立住房公积金制度。

全区存储住房公积金的数额，按照职工月标准工资额乘以公积金存储率计算。职工个人和所在单位的公积金存储率均定为5%。1999年11月开始，有条件单位缴纳公积金的比例提高到职工个人10%，单位15%。缴纳总额全部划入住房资金管理中心建立的职工个人账户，为职工个人所有。住房公积金的计息年度为每年的7月1日至次年的6月30日。

2001年，区住房资金管理中心开办了住房公积金贷款业务。至2003年底，全区参加住房公积金缴存单位130个，职工5200人，均占应缴存数的95%，归集住房公积金1320万元。共发放住房贷款51户，172万元。

四、城乡居民最低生活保障

（一）城镇居民

营子矿区是以开采业为主的重工业区。从20世纪80年代中期开始，受主要矿产资源濒临枯竭和市场因素的影响，区内一些企业经营困难，出现了下岗、失业人员。1996年4月，开展城镇居民最低生活保障制度试点工作。1997年，区政府出台《鹰手营子矿区城镇居民最低生活保障制度》，将月人均收入低于120元的城镇居民列入低保范围。根据区情，完全实施“应保尽保”有很大困难，因此，将低保对象分为必保、应保、尽保3种保障类型。“必保”对象包括：无劳动能力、无经济来源、无法定抚（赡）养人的三无户；国有企业、集体企业病故职工家属中年纪较大的孤老；没有职业和固定收入的残疾人；家有危重病人且生活困难的家庭。“应保”对象包括：企业下岗失业人员中年龄较大、无技术专长、难以重新找到就业岗位的工人；困难企业和社会丧偶或离异自带子女生活困难的单身妇女；困难企业中和社会无固定职业有两个孩子上学，生活困难大的家庭。将有一定收入或年老体弱生活确有困难提出低保申请的居民，列为“尽保”范围。因低保资金不足，不能满足全部申请低保人员的需求，对“必保”对象实行全额保障，对“应保”对象实行差额保障，对“尽保”对象予以临时

补助。1999 年 7 月将月人均收入低于 150 元的城镇居民列入低保范围。

1998 年开始，建立完善各项管理制度，坚持“四三三一”工作制度，即“四不批”：审批表内容不清楚的不批、手续不全的不批、表格填写不规范的不批、政策上有争议的不批；“三把关”：严格把好收入关、赡养关、户口关；“三公开”：政策公开、保障对象公开、保障金公开；“一监督”：张榜公布，接受广大群众监督。为了解决实际工作中存在的“应保未保”和隐瞒家庭收入骗领低保金的问题，1999 年 4—5 月，对全区低保对象进行全面普查，为确定低保对象，核定低保金额提供依据。同年，区民政局被省民政厅评为实施最低生活保障制度工作先进单位。2003 年，将管理工作重点放到重新核定低保对象家庭收入和审批程序的改革上，初审、复审、终审的每一工作环节都向社会张榜公布，坚持群众参与、社会监督。

1997 年至 2003 年，营子矿区对低保工作实行双动态管理，即根据低保对象有出有进，低保标准有升有降的原则，随着居民家庭收入等情况的变化，低保对象和金额也随之变化。1997 年至 2003 年，共发放城镇居民最低生活保障金 1092. 729 万元。

（二）农村居民

随着社会主义市场经济体制的逐步建立，农村经济快速发展，同时出现了贫富两极分化，部分贫困人口尚未解决温饱问题。1997 年 4 月，区民政局派专人到丰宁县学习开展农村居民最低生活保障工作的经验，又抽调工作人员深入全区 15 个行政村调查研究后，区政府下发《鹰手营子矿区农村最低生活保障制度实施方案及办法》，将保障标准线定为每人每年 600 元，凡年人均收入低于 600 元的农村居民，均纳入低保范围，所需资金按照区 20%、镇 30%、村 50% 的比例筹集。此制度于 1998 年 1 月正式实施。

2002 年开始，对农村特困户实行足额保障。1998 年至 2001 年，共发放农村居民最低生活保障金 15. 84 万元，

1997—2003 年营子矿区居民最低生活保障情况统计表

表 5 - 2 - 6

项目 年度	城镇				农村	
	应保人数（人）	实保人数（人）	低保率（%）	发放低保金额（万元）	实保人数（人）	发放低保金额（万元）
1997	1435	144	10	7. 107	—	—
1998	1224	212	17	8. 122	274	4. 46
1999	757	299	39	29. 6	173	4. 46
2000	2074	809	39	55. 4	259	3. 51
2001	2201	1074	48	141. 4	252	3. 41
2002	11562	8157	70. 6	248. 1	—	—
2003	—	11855	—	603	—	—

第三章　国民经济运行

从中华人民共和国成立到1980年，在兴隆县或承德市的计划安排下，全区以稳定发展农业为基础，根据区位、资源状况和居民需求，借助多家驻区企业的便利条件，以加工、建材、采矿、运输、商业、餐饮服务为重点，调结构，上项目，抓服务，促发展，使农产品从日益丰富，工业生产从只有手工作坊到轻重工业并进，带动交通运输、邮政电信、商饮服务全面发展，初步走上了服务工矿，综合发展的道路。“六五”至“十五”期间，种植养殖业开始向商品化发展。农业重点实施山水林田路配套建设，加速向专业化、规模化、高效益迈进。区镇工业冲破以资源型为主的产业类型，突出建材、机械加工、煤炭产销、农产品加工4个重点，建成塑料建材、铜铁冶炼、机械加工、煤炭产销、商品批发5条龙型骨干产业。抓非公有制经济发展，提高民营经济总量和质量，个体私营经济成为营子矿区经济发展的重要组成部分。

第一节　“一五”至“五五”计划时期

中华人民共和国成立初期，鹰手营子区以农业生产为主，1951年全区粮食播种面积18532亩，粮食总产量1984吨，平均亩产107公斤。唯一一个地方国营工业企业老爷庙煤矿工业产值只有9.67万元（1952年不变价）。国营和供销合作社商业仅有4个分销点和1个商店，国营商业销售收入21.8万元。

1953年开始实施第一个五年计划，农村逐渐把分散的农户组织起来组成互助合作的集体经济形式，解放了生产力，农业生产得到恢复和发展，并相继建成鹰手营子陶瓷厂、寿王坟砖厂、鹰手营子木工社、鹰手营子编织组。1957年，建成寿王坟铜矿和兴隆矿务局2家中央企业。区内包括老爷庙煤矿，鹰手营子陶瓷厂、被服厂、砖厂、食品厂、建材厂6家地方国营工业企业和12家手工业社组，合计创造工业产值184.2万元（1957年不变价）。粮食播种面积16248亩，粮食总产量2524吨，平均亩产155.34公斤，交通邮电事业得到缓慢发展，国营商业设3个公司，9个商店，供销合作社下设2个批发公司，6个基层社，国合商业商品销售总额595.45万元，社会实际购买力243.91万元，用于区内新建改建项目总投资26.6万元。

1958年实施第二个五年计划，农村组建人民公社，农业生产出现高指标，浮夸风，在大炼钢铁中，社队小高炉、小煤矿遍地开花。区属工业在全区经济总量中所占比重较低。1959年区属工业总产值227.34万元（1957年不变价），社队工业产值76.1万元（1957年不变价），粮食总产量2267吨，平均亩产227.34公斤，全社会购买力5540万元，其中城乡居民购买力1558万元，市场商品零售总额977.94万元。1960年开始纠正重工轻农思想，工业生产调整结构，压缩规模，优先安排支农产品和市场急需的生活资料产品的生产，充实手工业队伍，增加铁路客货运输业务。农村纠正“左”的错误，恢复自留地，允许开小片荒。国家三年困难时期，粮食减产，1960年至1962年全区粮食平均亩

产 174.85 公斤，比 1959 年减少 23.09%。1962 年，老爷庙煤矿、涝洼滩煤矿、粮谷加工厂、食品加工厂和陶瓷厂 5 个地方国营企业完成工业总产值 446.2 万元（1957 年不变价），18 个手工业合作社组完成工业产值 90.1 万元（1957 年不变价），国合商业商品购进总值 722.6 万元，销售总额 1025.9 万元，银行储蓄存款收入由 1960 年 922.4 万元降到 180.5 万元，税收完成 153.9 万元。

“三五”、“四五”时期，根据境内交通方便，矿产资源丰富，燃料充足等条件，有计划地增加了基建和技改资金投入，先后建成石棉厂、精制白灰厂、毛巾厂、轻工业机械厂、服装厂、印刷厂、橡胶厂等企业，恢复了社队小煤矿，组建了街办电子器件厂。承德地区在区内建胜利煤矿，天津市曙光化肥厂入驻，至此，境内工业已包含了采矿、建材、制造等多个门类。全区农业按照承德市的计划，坚持以粮为纲，全面安排粮食生产计划、商品菜种植计划、油料生产计划、林业畜牧业生产计划，蚕茧、干鲜果品、药材生产计划及农机作业、维修、培训计划。1976 年，全区粮食总产量 4704 吨，平均亩产 664 公斤，蔬菜总产量 14855 吨，平均亩产 5066.5 公斤，干鲜果品产量 358.15 吨，蚕茧 1097 公斤，生猪存栏 6296 头，出售肥猪 1188 头。农村总收入 444 万元，其中农林牧业收入 163.5 万元，社队工业、生产性劳务收入、运输收入等合计 280.5 万元，社员人均收入 156 元。9 家地市属企业和 8 家区属国营、集体工业企业共计完成工业总产值 1995 万元（1970 年不变价），比 1962 年增长 175.6%，商品购进总值 2323.2 万元，销售总额 2827.1 万元，税收完成 422.1 万元。

中共十一届三中全会的召开，加快了营子矿区经济的发展。在中央一系列发展农村经济政策鼓舞下，改变了过去农业生产经营权过于集中的弊病，实行了承包责任制，解决了吃大锅饭问题，农业生产始向专业化、商品化发展。工业狠抓了煤炭、水泥、红砖等短线产品生产，纺织、机械、电子等行业本着发展短线，调整长线的原则安排生产，增加了皮革制品、橡胶制品、日用陶瓷、木制家具、毛巾服装等产品产量。1980 年，全区粮食产量 3451 吨、蔬菜总产量 12190 吨，林木采伐 1182 立方米，干鲜果品产量 300 吨。农业总产值 967.49 万元，其中粮菜产值 149.81 万元，林业产值 17.74 万元，养殖业产值 34.49 万元，干鲜果品产值 16.35 万元，社队工副业产值 749.1 万元，农民人均纯收入 259 元。区属工业产值 330 万元，销售收入 108.7 万元，交通运输业货物周转量 238.8 万吨公里，营业收入 77.4 万元，邮电业营业收入 24.6 万元。城乡共有国营、集体、个体商业批发零售网点 157 处，社会商品零售总额 3679 万元，实现商业利润 67.13 万元。城乡居民储蓄存款余额 560.8 万元。

第二节 “六五”计划时期

1981—1985 年为“六五”计划时期，恰逢改革初期，农村普遍推行家庭联产承包责任制，农民从事的多层次、多种经营形式的采矿业、运输业、建筑建材业、加工业、商业蓬勃兴起。区属工业调整企业生产服务方向、产品技术结构以及生产规模，着力开发新产品，加强内部挖潜和技术改造，从封闭的单纯生产型向开放的生产经营型企业转变，加快了全区经济发展速度。

1985 年，完成社会总产值 3522.5 万元，比 1980 年增长 133%，年平均递增 27.7%；完成工农业总产值 3052.5 万元（含乡镇企业产值），比 1980 年增长 155%，年平均递增 20.6%；完成国民收入 1273.1 万元，比 1980 年增长 176.8%，年平均递增 22.6%。工业产值、利税总额分别较 1984 年增长 31.4% 和 52.8%，产粮 2160 吨，比 1980 年减少 1291 吨，产菜 14220 吨，比 1980 年增加 2030 吨。全区社会商品零售总额 4914 万元，比 1980 年增长 34%，年平均递增 6%；按 1980 年不变价计算，乡镇企业总产值完成 2244 万元，总收入 1886 万元，利润 429 万元，分别比 1984 年增长 22.28%、38.27% 和 44.9%；农民人均纯收入 609 元。“六五”时期区属 7 个企业，6 个新建项目累计投资 244.8 万元。

新增固定资产投资总值相当于1950年至1980年总和的76.3%。

第三节 “七五”计划时期

从1986年开始，全区围绕改革、开放、搞活的方针，立足矿业开路，实施配套改革，促进协调发展。重点抓好煤炭、建材、运输、加工和建筑行业的生产和经营，不断开发新产品。加大农业投入，加快调整产业结构，实行工农商综合经营，各类专业户、重点户、联合体带动农村经济走上了多种经营，快速发展的轨道。1988年，农村社会总产值5334万元，其中农业产值995万元，占18.65%；工业产值2752万元，占51.59%；运输业产值862.55万元，占16.17%；建筑业产值392万元，占7.35%；商饮服务业286.19万元，占5.37%。区属工业完成产值1470.5万元，完成年计划的108.9%，同比提高24.7%；完成利税168万元，完成计划的122.4%，同比提高49.2%；完成销售收入1641.2万元，同比提高45.1%。

1990年，全区社会总产值完成7379万元，比1985年增长109.48%；国民收入完成3419万元，比1985年增长168.56%；粮食总产量2513吨，比1985年增长16.3%，蔬菜总产量16878吨，比1985年增长18.69%。商贸流通领域国内纯购进1626.8万元，纯销售5995.1万元，社会商品零售总额5750万元，比1985年增长17.01%，年平均增长3.4%。

第四节 “八五”计划时期

进入20世纪90年代，全区经济工作以转换经营机制为重点，区属工业以建设现代化企业为目标。在实行经营承包、租赁、拍卖、股份合作的过程中，调整产业结构，加大资金投入力度，开发新产品，上新项目，把综合建材基地建设作为发展重点，把优势企业搞优，把中小企业搞活。商业服务业通过实行国有民营，社有民营，疏通了商品流通渠道，搞活了消费品市场。农村进一步强化统分结合的双层经营体制，完善社会化服务体系，加快发展“两高一优”农业。乡镇企业坚持多轮驱动，多轨运行，把地下资源优势向地上发展优势转化，采矿、冶金、建材、运输和机械制造五大支柱产业结构初步形成。到1995年，以联合开发、合作经营、独资兴建、补偿贸易等形式共引进外埠资金3000万元，技术15项，项目21个，并与京津地区20多家科研机构大专院校、经济集团形成合作关系，在开发资源，合作办厂等方面取得了实质性成果。“八五”时期，用于供水、供电、交通、通讯、住房、商贸、教育、医疗等城镇基础设施建设投资累计达23000万元，固定资产投资累计9500万元，分别是“七五”时期的5倍、4.5倍。

1995年，全区国民生产总值达到1.8亿元（1990年不变价）比1990年增长2倍。个体工商户和私营企业分别达到3155户和37家，产值经营额25000万元，其中年产值经营额百万元以上的4家，50万元以上的24家，10万元以上的88家。全区社会消费品零售总额达23000万元，比1990年增长3倍。城乡居民储蓄存款余额29392万元。

第五节　“九五”计划时期

1996 年至 2000 年，突出发展建材业，稳定提高采矿业，大力发展加工业，协调发展煤炭运输和建筑安装业。农业围绕“肉菜果林”，战略，开发 500 亩日光温室蔬菜基地，400 亩新果园，新建 1 万头以上养猪基地和 10 万只养鸡基地。努力提高乡镇企业的科技进步效益、科学管理效益，结构优化效益、规模经济效益，加快建材、加工、采矿等主导产业发展，发挥运输、林果、养殖、建筑安装、商业饮食服务产业的支柱作用。依托骨干企业的带动，促进和引导不同行业，不同产品以及同类行业、同类产品的不同企业间的联合与合作。对外开放坚持内联驻区企业，外交京（北京）津（天津）唐（唐山）秦（秦皇岛），远攻国外客商，以外资外贸为重点环节，初步形成了宽领域，深层次，全方位的对外开放格局，5 年累计引进区外资金 3.5 亿元，利用外资 89 万美元，外贸出口创汇 160 万美元。仅 2000 年一年就谋划项目 58 个，其中工业 12 项、农业 15 项、基础设施及社会公益项目 31 项，当年开工 35 项。

2000 年，全区实现地区生产总值 4.458 亿元，年均增长 19.8%；完成工农业总产值 76605 万元，其中农业总产值（不含农村非农业总产值）1844 万元，工业总产值 74761 万元。农村非农行业总产值 147072 万元，比 1995 年增长 94.12%；个体私营经济产值经营额 9.38 亿元；社会消费品零售总额 3.9 亿元，比 1995 年增长 65.57%，年均递增 11.1%；金融机构各项存款余额 62081 万元，其中城乡居民储蓄存款余额 55936 万元，各项贷款余额 57366 万元。“九五”时期，固定资产投资累计 7 亿元。

第六节　“十五”计划前三年

2001 年至 2003 年，连续进行大力度的矿业整顿，关井压产，农业连遇旱灾，制约了营子矿的经济发展。面对困难，区委、区政府以改革为动力，在继续推进农业产业化建设，延长产业链条，把发展肉菜果作为富民工程的同时，把工业经济放在优先发展的位置上，将建材、采矿、加工作为立区工程，不断加大产业结构调整力度，重点培植怡达、久隆两大私营企业集团，积极扶持燕鹰、亚通等 20 个骨干企业。建材业加快第二水泥厂、亚通注塑厂、瑞金防水材料厂和维克多陶瓷厂等 5 家企业产品升级、技术改造，不断扩大生产能力。采矿业在巩固矿业整顿成果基础上，改善了生产条件，提高安全管理水平，保证矿井稳定生产。机械加工以拓展市场为重点，燕鹰、腾达等企业的生产能力和新产品开发能力不断增强，优势产品市场占有率不断提高。果品加工业在怡达集团带动下，东鑫、宏达等一批中小型企业不断壮大，2003 年全区果品加工能力达到 3.8 万吨，实现了跨越式发展。

2003 年，全区完成工农业总产值 10.4453 亿元，比 2000 年增长 36.35%。其中规模以上工业总产值 4.59 亿元；农业总产值（不含农村非农行业总产值）2961 万元，比 2000 年增长 60.57%；粮食总产量 1212 吨，蔬菜（不含农村非农行业总产值）总产量 10431 吨；农村非农行业总产值 245147 万元，比 2000 年增长 66.69%。全区民营企业发展到 109 家，个体工商户 2743 户。民营经济产值经营额达 9.7 亿元，比 2000 年增长 3.4%。连锁经营、食品超市等新兴民营经济产业类型明显增多，社会商品零售总额 43579 万元，比 2000 年增长 11.74%，年均递增 3.5%。三次产业增加值比 2000 年分别增长 55.3%、29.42% 和 11.91%。城乡居民储蓄存款余额 73944 万元，全社会固定资产投资 2.31 亿

元，引进市外资金1亿元。

第四章　经济总量

中华人民共和国成立后，全区经济以农业为主，地方工业缓慢起步，农村工副业多以服务农业为主，经济总量很小。20世纪50年代中期，一些驻区大中型企业相继建成投产，促进了地方经济发展，增加了当地经济总量。

营子矿区的经济总量中，第二产业的煤炭开采和有色、黑色金属采选业占有重要地位。1981年，境内从事煤炭生产及相关产业的劳动力14577人，占全区总人口的23.73%，煤炭产业（含驻区企业）完成工业产值2839.9万元，占全区（含驻区企业）工业总产值的40.08%。2003年，全区镇村煤炭开采业和有色黑色金属采选业从业3479人，占乡镇企业从业总人数的24.4%，占全区农村总劳动力的32.77%；产值22440万元，税金823万元，利润2106万元，分别占全区乡镇企业的9.12%、23.4%和12.6%。1985年至2003年，全区地区生产总值由1578万元增加到55427万元。1988年至2003年，财政收入由207.3万元增加到5413万元。

第一节　地区生产总值

中共十一届三中全会之前，营子矿区除农村经济依托驻区企业，使社队工副业发展较快外，区属工业大部分产品列入国家计划，企业缺乏经营自主权，制约了企业的发展。1980年，全区国民收入仅为460万元左右。

改革开放后，区委、区政府把提高经济效益作为工业生产的根本出发点，以调整为中心，关停了丧失发展前途，技术落后，质次价高，亏损严重的企业或产品，扩大了适销对路优质产品的生产规模，集中力量开发市场紧缺新产品。农村通过推行家庭联产承包责任制，进一步解放了生产力，采矿、运输、建筑、建材、加工、商贸、餐饮业成为农村经济的重要支柱。从1985年开始，利用资源优势，在主要发展采矿业和建材业的同时，兼顾发展轻工、食品工业，利用区外大城市、大企业的经济技术辐射力，与外省市联合开发弹性、梯队形产品，引导乡镇企业走多层次、多成分、多种形式的发展道路。是年，完成国民收入1273.1万元，比1980年增长176.8%。1990年，完成地区生产总值4812万元，人均地区生产总值712元。20世纪90年代以后，全区加快改革步伐，不断调整产业结构。农业基础设施进一步改善，肉菜果林得到快速发展；乡镇企业和个体私营经济不断扩大规模，拓宽领域，发展迅速；区属工业加快转制力度，组建企业集团，实施龙头带动战略；商贸流通行业改变经营形式，扩大营销规模，强化服务功能，营子矿区经济得到快速发展。2003年，全区地区生产总值提高到55427万元，人均7937元，比1990年分别增长10.52倍和10.15倍。

1992—2003 年营子矿区地区生产总值统计表

表 5 - 4 - 1

项目 / 年份	总人口（人）	地区生产总值（万元）	其中 一产增加值（万元）	二产增加值（万元）	三产增加值（万元）	人均地区生产总值（元）
1992	68638	14740	—	—	—	2148
1993	69472	13982	—	—	—	2013
1994	69881	17941	—	—	—	2567
1995	68881	20892	2197	12103	6592	3033
1996	70242	27537	2131	16499	8907	3920
1997	71049	39850	2384	26006	11460	5609
1998	71528	42367	2619	26418	13330	5923
1999	71429	41232	1725	26534	12973	5772
2000	72072	44580	1067	28984	14529	6185
2001	70600	42478	2046	31119	9313	6017
2002	70200	46997	2396	37000	7601	6695
2003	69831	55427	1657	37511	16259	7937

第二节　财政收入

1985 年，营子矿区建立财政实体。1986 年，财政收入 122. 1 万元。1988 年，全区财政收入 207. 3 万元，其中工商各税 173. 67 万元，占全部财政总收入的 83. 78%，农牧业税 4. 18 万元，占 2. 02%，国营企业所得税和国营企业调节税类计 22. 88 万元，占 11. 04%，人均财政收入 31. 27 元。

1993 年，全区财政收入 1016 万元，是 1988 年的 4. 9 倍，占是年国内生产总值的 7. 27%。在财政收入构成中，工商各税占 90. 35%，农业税收占 5. 22%，其他收入占 4. 43%，人均财政收入 146. 25 元，比 1988 年提高 367. 70%。

1994 年至 1998 年，全区财政收入年均增长 20. 28%。1998 年，全区财政收入 2320 万元，是 1993 年的 2. 3 倍，占是年国内生产总值的 5. 48%。在财政总收入构成中，增值税占 12. 28%，营业税占 4. 83%，个人收入调节税占 23. 10%，资源税占 5. 43%，罚没收入占 8. 36%，人均财政收入 324. 35 元，比 1993 年提高 121. 78%。

1999 年至 2003 年，全区财政收入年均增长 25%。2003 年，全区财政收入 5413 万元，比 1998 年增长 133. 32%，占国内生产总值的 9. 77%。在财政总收入构成中，中央、省、市级收入占 81. 69%，一般预算收入占 18. 31%。一般预算收入主要来源于增值税、营业税、个人收入调节税、房产税、城镇居民土地使用税、罚没收入等。人均财政收入 775. 16 元，比 1998 年增长 139%。

1986—2003 年营子矿区财政收入统计表

表 5 - 4 - 2　　单位：万元

项目 年度	财政总收入	中央级收入	省级收入	市级收入	一般预算收入
1986	122. 1	—	—	—	122. 1
1987	122. 3	—	—	—	122. 3
1988	207. 3	—	—	—	207. 3
1989	348. 5	—	—	—	348. 5
1990	351	—	—	—	351
1991	405. 1	—	—	—	405. 1
1992	455. 6	—	—	—	455. 6
1993	1016	—	—	—	1016
1994	1110	505	—	—	605
1995	1330	555	—	—	775
1996	1623	632	—	—	991
1997	1990	738	—	—	1252
1998	2320	855	—	—	1465
1999	2258	908	—	—	1350
2000	2312	900	—	—	1412
2001	2243	900	—	—	1343
2002	4727	2570	464	713	980
2003	5413	3089	489	844	991

第五章　经济结构

中华人民共和国成立前，境内经济以种植业为主，私营工商业规模很小。中华人民共和国成立后，境内的经济结构随着不同的历史时期而变化。中共十一届三中全会以后，通过深化改革，总体上第一产业综合发展，第二产业逐步壮大，成为主导产业，第三产业发展速度明显加快，非公有制经济快速发展，所占比重不断增加。工农业产品根据市场需求，不断调整结构，扩大投资规模，支柱产业效果突出，龙头企业作用明显。2003 年，地区生产总值 55427 万元。三次产业增加值结构比为 1:22. 64:9. 81，规模以上企业（主营业务收入 500 万元以上）和规模以下项目投资比为 1:3. 4，农林

牧渔业产值比重为29.12%、14.67%、55.85%、0.27%。

第一节　所有制结构

一、国有经济

1949年，境内有国有工商企业2家，1952年有国有工商业企业4家，1956年11家，1965年28家，1980年33家，2003年底12家。

二、集体经济

1956年公私合营后，区内个体工商户全部走上集体化道路。1956年有集体工商企业49家，1965年有集体工商企业13家，1980年有集体工商企业18家，1989年58家，2003年底有集体工商企业14家。

三、个体私营经济

从民国4年（1915年）鹰手营子街建起“三义兴”粮栈开始，至中华人民共和国成立前，境内个体私营经济的发展速度较慢。中华人民共和国成立后，在国家“全面规划，加强领导”方针指导下，加工、修理、编织、缝纫、刻字等手工业和小商铺得到恢复发展，1955年有个体私营户70户。1956年公私合营，个体私营户分别融入国营或集体企业。20世纪60年代初，部分当地居民、精减退职职工、农村社员开始在集市上从事个体经营，1962年共有登记发证个体商贩39户，1966年集市被取消，除极少数自行车修理摊点外，个体私营商户均停业。中共十一届三中全会后，个体私营经济得到恢复发展。1981年，有个体工商户141户，1989年403户。1992年，有个体工商户1790户，从业2542人，注册资金720万元；私营企业24户，从业515人，注册资金211万元，到2003年，有个体工商户2743户，从业3956人，注册资金3417万元，私营企业109家，从业2524人，注册资金10506万元。

四、合资企业

1993年，营子矿区青年煤矿与台湾百鸿铝品有限公司建合资企业1家。1998年，承德怡达食品工业有限公司与新加坡福南食品公司合资组建福达食品有限公司1家。

第二节　产业结构

一、三次产业结构

“后龙风水”禁地开禁后至中华人民共和国成立初期，境内以一产为主，社会从业人员主要从事种植业。20世纪50年代中后期，先后建成国家煤炭、铜铁生产基地，带动了建材、加工、制造业的发展，也带动了批发零售、邮政电信、金融服务等第三产业的发展。

改革开放以后，在加快采矿、建材、加工、制造等第二产业发展的同时，不断调整农林牧副业结构，大力发展批发零售、餐饮服务、交通运输、邮政通信、金融保险、居民服务等第三产业。1990 年后，第一产业调整发展战略，肉菜果林综合发展；第二产业稳定矿业采选，开发建材、机械加工、食品加工名优特产品，提高了第二产业增加值；第三产业中，在批发零售餐饮服务业实行国有民营、社有民营、个体私营，活跃了商品市场，推动交通运输，邮政通信，金融保险和房地产业向市场化迈进。1995 年，一、二、三产业增加值比重为 10.52%、57.93%、31.55%。2003 年为 2.99%、67.68% 和 29.33%。

1995—2003 年营子矿区地区生产总值结构表

表 5－5－1　　单位：万元

年 份	地区生产总值（万元）	其　中		
		第一产业（%）	第二产业（%）	第三产业（%）
1995	20892	10.52	57.93	31.55
1996	27537	7.74	59.92	32.34
1997	39850	5.98	65.26	28.76
1998	42367	6.18	62.36	31.46
1999	41232	4.18	64.35	31.47
2000	44580	2.39	65.02	32.59
2001	42478	4.82	73.26	21.92
2002	46997	5.10	78.73	16.17
2003	55427	2.99	67.68	29.33

二、产业内部结构

（一）第一产业结构

1949 年，全区总种植面积 18992 亩，其中粮食 18686 亩，占总种植面积的 98.39%，其他作物 306 亩。1950 年至 1957 年，全区每年粮食种植面积平均占农作物总播种面积的 97.80%。

1958 年以后，随着驻区企业和非农业人口的增加，根据市场需求，及时调整种植结构，是年总种植面积 15176 亩，其中蔬菜种植面积 1118 亩，占种植总面积的 7.37%，1965 年蔬菜种植面积 1266 亩，占种植总面积的 13.33%。

改革开放后，农村实行家庭联产承包责任制，摆脱了农业生产单一结构的束缚，种植业立足商品化，林牧副渔开始加快发展，1983 年全区农业总产值 390.17 万元（1980 年不变价），其中种植业产值 266 万元，林业 10 万元，牧业 77 万元，副业 37 万元，渔业 0.17 万元，农林牧副业产值比为 1: 0.038: 0.289: 0.139。1985 年后，进一步加快产业结构调整步伐，调整农作物布局，压缩玉米种植面积，增加杂粮和蔬菜等经济作物种植面积，不宜种粮的土地和 25 度以上沟坡实行退耕还林还果，鼓励发展专业户、重点养殖户，1988 年，全区农村从事农林牧副渔业的劳动力 4155 人，占农村劳动力总人数的 41%，农林牧副业产值比为 1: 0.059: 0.69: 0.03。1994 年，农业生产开始全面落实菜果肉林发展战略，增加保护地蔬菜种植面积，栽种 19 万多株板栗，112 万多株果树，发展仔猪快速育肥、规模养牛和池塘养鱼，1997 年，农林牧渔总产值 4014 万元，其中种植业 2728 万元，林业 208 万元，

牧业 1072 万元，渔业 6 万元，产值比为 1∶0.076∶0.393∶0.002。2003 年，农林牧渔总产值 2940 万元，其中种植业 856 万元，林业 434 万元，牧业 1642 万元，渔业 8 万元，农林牧渔业产值比为 1∶0.51∶1.92∶0.01。在农村 10617 名劳动力中，从事农林牧渔业的 4018 人，占 37.84%。

（二）第二产业结构

1949 年，境内工业企业（含驻区企业，下同）只有煤炭开采业，总产值 9.22 万元（1952 年不变价，下同）。1953 年，主要企业以煤炭、陶瓷、砖等产品为主，年产值 53.22 万元，比 1949 年提高 477%，其中，煤炭业产值占 66.82%，陶瓷建材加工业占 33.18%。1958 年，以铁、铜、煤炭、砖、陶瓷等产品为主，产值 4717.8 万元。其中铜铁采选业产值 3733.3 万元，占境内工业产值的 79.13%，煤炭业产值 778.1 万元，占境内工业总产值的 16.49%。

1964 年，以煤炭、有色黑色金属采选业为主导产业，境内工业产值 3240.13 万元（1957 年不变价，下同）。其中，煤炭业产值 1328.7 万元，比 1958 年上升 70.76%，有色黑色金属采选业产值 1817.3 万元，比 1958 年下降 51.32%。1975 年，工业总产值 7413 万元，建筑业产值 193 万元，工业总产值中煤炭开采业产值 2975 万元，占工业总产值的 40.13%，有色黑色金属采选业占工业总产值的 40.05%。

改革开放后，社队企业不断兴起。在主要发展采矿和建材业的同时，食品加工等轻工业加快了发展速度。1981 年，以煤炭开采和有色黑色金属采选业为主导产业，主要工业产品有煤炭、铁、铜、水泥、机械、服装、毛巾、酿造、食品、裘皮制品等。境内工业总产值 6940 万元（1980 年不变价，下同），社队建筑业产值 11.3 万元。煤炭开采业 2838.5 万元，占工业总产值的 40%，有色黑色金属采选业 2776.1 万元，占工业总产值的 40 %，水泥占工业总产值的 5.7%。1986 年工业总产值为 6112 万元，乡镇建筑业产值 232 万元。煤炭业产值 2770 万元占工业总产值的 45.32%，有色黑色金属采选业 2650.8 万元，占 43.37%。

进入 20 世纪 90 年代，矿业资源逐渐枯竭，区镇工业加快由“地下”向“地上”转移步伐，冲破以矿产资源开采为主的产业类型，形成了符合区情的以采煤、冶金、建材、机械、轻工为支柱的产业结构。1993 年区镇村属工业企业上百家，产品近百种，工业总产值在全区社会总产值中占 60%。1996 年，全区有工业企业 156 个，总产值 54478 万元，乡镇建筑业产值 8405 万元，工业产值中，规模以上工业企业 28 个，产值 13235 万元，占工业总产值的 24.29%。2000 年，全区有工业企业 423 个，产值 62433 万元，乡镇建筑业产值 7911 万元。规模以上工业企业 14 个，产值 26961 万元，占工业总产值的 43.18%。2003 年，全区有工业企业 604 个，产值 119980 万元，乡镇建筑业产值 10398 万元。工业产值中规模以上工业企业 18 个，产值 64229.7 万元，占工业总产值的 53.53%。

（三）第三产业结构

中华人民共和国成立初期，只有邮电和商业批发零售业务，邮电业务收入不足三产收入 5%。1956 年，增加了居民服务业和餐饮业，居民服务业营业收入只有 6.1 万元，批零餐饮业营业收入 732.6 万元。20 世纪 60 年代中期，批发零售业、餐饮业、邮电业、公路铁路客货运输业、搬运装卸业成为第三产业主要行业。

1978 年，公路客货运输总收入 98.47 万元，物资仓储销售收入 200 万元，商品批发零售与餐饮营业收入 2354.02 万元，服务业营业收入 383.3 万元，合计收入占第三产业营业总收入的 72%。1990 年，第三产业营业总收入 8178.56 万元，其中交通运输业占 26.73%，邮政通信业占 1.85%，批发零售与餐饮业占 70.24%，服务业占 1.17%。90 年代中期开始，移动通信业和保险业迅速发展。2000 年，交通运输业收入 24542.96 万元，占第三产业营业总收入的 21.37%；邮政通信业营业收入 1322.55 万元，占 1.15%；批发零售与餐饮业营业收入 82262 万元，占 71.62；保险业保费收入 3273 万元，占 2.85%；服务业营业收入 3454 万元，占 3.0%。2003 年，第三产业营业收入 149177.34 万元，其中交通运输业占 40.30%，邮政通信业占 1.88%，批发零售与餐饮业占 51.29%，保险业占 4.85%，服务业占 1.68%。

第三节 产品结构

一、工业产品

1955 年，主要工业产品有原煤、砖、小农具、麻绳、筐、篓、食品、日用陶瓷等，鹰手营子陶瓷厂生产日用陶瓷 56.7 万件。1960 年，生产陶瓷耐火材料 11337 吨，砖 4020 万块，瓦 780 万片。1970 年生产日用陶瓷产品 13 万件，其中缸 7.7 万件。生产耐火砖 898 吨，酱油 267 吨，酱 70 吨，醋 37 吨，糕点 250 吨，铁制小农具 1899 件，木制家具 1718 件，日用五金 28525 件，铡草机 4 台，脱粒机 10 台，粉碎机 8 台，铁扇车 10 台，粮食加工总量 2324.2 吨。鹰手营子公社生产原煤 9722 吨。1973 年，营子矿区工业主要产品增加了硅整流二极管、电动机冲床、服装、多段泵、裘皮制品等。

1982 年，调整产品结构，大力发展服装生产，扩大裘皮制品及羊皮制革生产规模，增加胶底布鞋产量，新上了水玻璃生产和小型钢窗生产项目。1983 年，关停了发展前景不佳的腐肥生产项目和技术落后、亏损严重的翻新轮胎产品，扩大了服装、煤炭和橡胶制品的生产规模。1985 年，全区生产原煤 62.67 万吨，铁矿石 0.156 万吨，加工服装 12.56 万件，布鞋 12.15 万双，皮制品 3123 件，毛巾 20.57 万条，枕巾 37.01 万条，缸 7.99 万件，日用陶瓷 1.13 万件，轻工机械 297 台，木制家具 1225 件。1987 年，进一步调整产品结构，压缩了市场趋于饱和的轮胎底布鞋、成人毛巾被、化纤服装、耐火砖等产品的生产，增加筷子机、山羊皮服装、皮革等产量，开发新产品 18 项，使全区工业系统畅销产品达 59%，平销产品达 38.6%，滞销产品仅占 2.4%。初步建成了以水泥、水泥制品、建筑陶瓷、砖瓦、石材、白灰和非金属矿开采为主导产品的多门类、多品种、多层次的建材工业产品体系。

1990 年，全区共生产原煤 83.06 万吨，铁矿石 11 万吨，铜含量 520 吨，铁精粉 3.60 万吨，钢球 25.6 吨，加工服装 12.03 万件，布鞋 17.08 万双，木制家具 85 套，毛巾 95.8 万条，枕巾 62.35 万条，日用陶瓷 4.2 万件，轻工机械 160 台，耐火材料 2441 吨，皮鞋 3870 双，水泥 2300 吨，白灰 3.45 万吨，石料 5.6 立方米，水果罐头 30 吨，果丹皮 247 吨，水磨石板 8900 立方米，铁铸件 156 吨，除日用陶瓷外，全部工业产品都超额完成计划。其中，耐火材料、步道砖、毛巾、枕巾、卫生筷子机、布鞋、煤炭等 8 类产品增幅在 10% 以上。

1991 年，区属工业主要产品共安排了 19 个种类，包括竹木筷子机械、木器家具、服装、电子节能灯、拉伸三通、手动冲床、谐波减速器、铸铁件、三防篷布、毛巾、枕巾、毛巾被、布鞋、防水胶带、原煤、耐火材料、五氧化二钒、预应力空心板、羊皮革服装。是年，全区生产原煤 88.75 万吨，铁矿石 89.8 万吨，铁精粉 3.80 万吨，铜含量 530 吨，铸铁件 402 吨，白铁 112 吨，耐火材料 7045 吨，果丹皮 630 吨，钢窗 5170 平方米，铝合金门窗 1000 平方米，机制纸 474 吨，水泥 10000 吨，砖 930 万块，水磨石板材 20000 平方米，矿车 215 台，石萤石 6500 吨，篷布 2.7 万米，橡胶制品 1173 吨，木制家具 620 件。

2000 年，营子矿区实施工业品牌战略，推进产品升级。建材业以水泥、注塑管材管件、耐火材料、新型墙体材料和新型防水材料为主导产品。采矿业重点是巩固现有 75 对煤矿矿井依法开采、提高产量，利用寿王坟镇特有的铜铁钼金等矿产资源，进一步开发有色黑色金属产品。加工业主要加快游艺机、果品饮料、铜铁等骨干产品的生产。是年，共生产原煤 213.5 万吨，铁矿石 119 万吨，铁精

粉7.1万吨，铜含量970吨，水泥11万吨，UPVC塑料管材2700吨，砖280万块，加工石料11万吨，白灰2万吨。

2003年，生产原煤239.7万吨，铁矿石140万吨、铁精粉4.0万吨、铜含量600吨、钼精粉93吨，生产山楂系列产品7000吨、水果罐头5000吨，矿泉水1000吨，纤维素酶600吨，烧结球3.6万吨，注塑管材管件3000吨。

二、农业产品

1950年，产粮1957吨，干鲜果品8.75吨，其中鲜果8.65吨，干果0.1吨，蔬菜、肉蛋和蚕茧产量很低。1960年，粮食产量1811吨，干鲜果品33.6吨，其中鲜果33.05吨、干果0.55吨。鲜果主要有苹果、梨、桃，干果只有红枣，蔬菜种植面积增加，蔬菜产量提高，蚕茧产量10.5公斤。

1970年，全区产粮3334吨，蔬菜9495吨，鲜果138.15吨，干果3.15吨，蚕茧1051公斤。70年代以后，粮食作物大量推广杂交品种，不断引进优良品种，1975年产粮3104吨，蔬菜12685吨，鲜果256.5吨，干果4.5吨，蚕茧1500公斤，农村社队集体和个人出售肥猪1016头，羊366头。自宰自食肥猪1305头，羊455只。

1981年，粮食作物种植面积5296亩，比1975年减少1660亩，产粮3127吨，蔬菜3304亩，比1975年增加524亩，产菜11975吨，产花生1500公斤，芝麻1185公斤，鲜果590.5吨，干果10.5吨，蚕茧809公斤，农村社队集体和个人出售和宰杀肥猪3269头，羊511只。产鱼400公斤。1985年，在农村普遍推行家庭联产承包责任制后，农民有了经营自主权，农业产品结构开始向多元化发展。是年全区产粮2160吨，比1981年下降31%，产菜14220吨，比1981年提高18.75%，花生2000公斤，比1981年提高33.3%，芝麻1000公斤，比1981年降低15.4%，鲜果843吨，比1981年提高42.76%，干果29吨，比1981年提高176.2%，猪、牛、羊、兔、禽等肉类总产量382.5吨，牛奶24.4吨，蜂蜜1350公斤，产木材441立方米。

1990年，通过加大农业投入，加强基础建设，调整农作物种植结构，推广科学种田，种植养殖业结构趋于合理。是年全区产粮2513吨，产菜16878吨，花生250公斤，鲜果297吨，干果26.2吨，蜂蜜3.28吨，肉产品758.8吨，禽蛋138.5吨，奶产品54.6吨，鱼5吨，木材300立方米。1995年，推动传统农业向“两高一优”农业转变，全年产粮2140吨，产菜17000吨，鲜果302吨，干果39吨，蜂蜜250公斤，肉类产品712吨，禽蛋200吨，奶产品43吨，鱼9吨，木材1392立方米。

2000年，在围绕“肉菜果林”农业发展战略，实施农业产业化过程中，全区建葡萄、树苗、双孢菇等高效示范园16处。推广先进技术，引进优良品种28个，特色种植养殖品种30余个。是年，因受严重旱灾，造成粮食和蔬菜减产，产粮174吨，产菜4165吨。产鲜果369吨，干果100吨，蜂蜜4.1吨，肉类产品1026吨，禽蛋90吨，奶产品31吨，鱼2吨。2003年，把“肉、菜、果”的生产作为农村富民工程，坚持产业化经营，效益型发展，全区年产粮1212吨，产菜10431吨，鲜果780吨，干果220吨，蜂蜜4吨，肉类产品1279吨，禽蛋151吨，奶产品102吨，鱼14吨，木材500立方米。

第四节　投资结构

一、投资规模结构

1952年，开始筹建寿王坟铜矿，至1957年，国家共投资4482.48万元，属国有大二型企业。

1956 年，开始投资开发兴隆煤田，“一五”时期，基本建设投资 826.2 万元，属国有大二型企业。1968 年，河北省投资 72 万元建起承德市水泥厂。“六五”期间，全区固定资产投资总值相当于 1980 年前全区固定资产的 76.3%。“一五”至“六五”时期，国家累计为寿王坟铜矿基本建设投资 10092.97 万元，累计为兴隆矿务局基本建设投资 8823.82 万元。在驻区企业的带动下，营子矿区不断增加固定资产投资规模，1987 年用于城镇设施建设的投资 483.4 万元。1993 年，区属办公设施投资 560 万元。1995 年，全区投资 500 万元以上项目 2 个，一是区邮电局投资 545 万元，进行扩容改造，二是鹰手营子陶瓷厂投资 670 万元，建成镁碳砖生产线。“八五”期间，全区固定资产投资 0.95 亿元，是“七五”时期总和的 4.5 倍。

“九五”时期，营子矿区先后有投资 500 万元至 1000 万元的项目 3 个，分别是 1996 年投资 650 万元，建成 13750 平方米经济适用房，1997 年投资 850 万元完成环城公路改造工程，1998 年投资 700 万元建成承德市第七中学康居工程。投资 1000 万元以上项目 5 个，分别是 1997 年投资 1200 万元进行危房改造工程，1998 年投资 1500 万元建成的中营住宅小区工程，投资 2050 万元的安居工程，总投资 4800 万元的营涝公路工程，投资 4600 万元的 112 线改造工程。

2000 年，在新开工的 35 个项目中，投资 500 万元以上的有 2 项，分别是鹰手营子镇工业公司投资 850 万元与天津市宝坻县星北摩托车销售公司合作经营的摩托车项目、投资 5000 万元的寿王坟铜矿与天津市托普兰企业发展有限公司合作的铜冶炼项目。规模以上与规模以下项目投资比为 1∶17.5。2003 年，项目总投资 1.1 亿元，其中 500 万元以上的有 5 个，分别是投资 2000 万元的怡达园二期续建工程、建龙集团投资 1300 万元的氧气站和机械厂建设项目、万国公司投资 2200 万元的微晶玻璃生产项目、投资 860 万元年生产 20 万吨熟料的承德市第二水泥厂技改扩能项目和投资 500 万元的久隆公司铁厂租赁 2 号高炉扩能改造项目。规模以上与规模以下项目投资比为 1∶3.4。

二、投资类型结构

（一）基础设施建设投资

1981 年至 1983 年，全区用于基础设施建设投资 675.8 万元，1986 年，全区基础设施建设投资 331 万元。1987 年，基础设施建设投资 483.4 万元。

1992 年，城镇基础设施建设投资 278.86 万元。1993 年至 1997 年，交通网络工程投资 4257 万元，住宅建筑投资 3003 万元，供水工程投资 340 万元，邮电通讯建设投资 1700 万元，供电设施改造工程投资 120 万元。1998 年至 2002 年，基础设施投入资 2.6 亿元，2003 年投资 1.6 亿元。

（二）新产品开发和技术改造投资

1985 年，区属工业加大新产品开发和技术改造投资力度，细木家具、竹制筷子机、羊皮服装、紫砂陶器等 19 个新产品项目，合计投资 5.5 万元，技术改造项目投资 203 万元。1987 年，共投入技改资金 98.5 万元，完成轻机厂、铸造分厂等 6 个技改项目。

1992 年，全区对第一产业投资 70 万元，推广了 18 项农业示范、试验推广项目和 11 个新品种。1996 年，生产性固定资产投资（包括技改项目）817 万元。1998 年，更新改造投资 2529 万元。2003 年，技改投资 1881 万元。

营子矿区部分年份重点项目投资表

表 5－5－2　　　　单位：万元

年份	项目名称	完成投资	建设单位	项目性质
1992	东马路立交桥、鹰手营子汽车站	70	城建局	基本建设
	邮电局程控电话工程	128．86	邮电局	基本建设
	第七中学教学楼	80	文教局	基本建设
	商业服务设施	169	商业局	基本建设
	住宅楼	440	城建局	基本建设
1995	陶瓷厂镁碳砖生产线	670	陶瓷厂	更新改造
	邮电局综合楼及网络工程	945	邮电局	更新改造
	综合办公和商宅一体住宅楼	1313．5	城建局	基本建设
	公路建设	43．2	交通局	基本建设
	交通局家属楼	172	交通局	基本建设
	交通和防洪工程	230	交通局	基本建设
	改善教学设施	192	文教局	更新改造
1998	营涝公路一期工程	3308	交通局	更新改造
	城区公路改造	191	交通局	更新改造
	第七中学康居住宅工程	700	文教局	基本建设
	安居工程	2050	城建局	基本建设
	112 线改造工程	4600	交通局	更新改造
	中营小区一期住宅工程	1500	城建局	基本建设
2002	怡达园续建工程	3000	—	更新改造
	纤维素酶项目	270	—	更新改造
	燕鹰游艺机公司扩建	200	—	基本建设
	水泥配料项目	210	—	基本建设
	包装纸箱项目	250	—	基本建设
	中心商贸城开发项目	1500	—	基本建设
	旧城区改造	1000	城建局	基本建设
	柳河北岸综合市场项目	800	城建局	基本建设
	农网、城网改造项目	2170	供电公司	更新改造
	柳河西大桥工程	300	交通局	基本建设
	水利建设项目	200	林水局	更新改造
	排污治理工程	300	城建局	更新改造
	乡镇数据网络工程	300		更新改造

三、投资主体结构

20世纪50年代中期至70年代末，投资主体是国营和集体所有制企业。从80年代初开始至90年代中期，国有经济、集体经济和个体私营经济都有不同程度的发展，投资主体已呈多元化格局，国有和集体经济在总投资中仍占较大比重。

20世纪90年代后期至2003年，随着企业产权制度改革的深入和招商引资力度的加大，股份制企业和私营企业增加，混合所有制经济投资比例加大。1998年，区属国有及国有控股单位投资5965万元，集体企业单位投资29万元，股份制投资2529万元，私营企业个人投资558万元，国有、集体、股份、私营经济投资比1: 0. 0049: 0. 42：0. 09。

2001年，境内各项投资合计12242万元。其中国有经济投资3891万元，集体企业投资6646万元，混合所有制企业投资1038万元，个体和私营企业投资667万元。国有、集体、混合所有制、个人和私营投资比为1: 1. 71: 0. 27: 0. 17。

四、资金来源结构

中华人民共和国成立初至20世纪70年代，营子矿区投资项目的资金来源主要依靠国家拨款。改革开放后，国家实行拨款改贷款政策，随着改革开放的深入发展，至2003年，投资项目资金的主要来源为贷款、自筹资金和其他资金（集资、合资、民间融资等）。

1985—2003年营子矿区项目资金来源构成表

表5－5－3　　　　单位：万元

年度	合计	其中		
		贷款	自筹	集资、合资、融资
1985	3082	3082	—	—
1986	4044. 9	4044. 9	—	—
1987	4970. 1	4970. 1	—	—
1988	6425. 4	6425. 4	—	—
1989	7919. 9	7919. 9	—	—
1990	13742	13742	—	—
1991	13922	13922	—	—
1992	17068	17017	51	—
1993	19959	19896	—	63
1994	34554	32804	355	160
1995	39989	39013	532	444
1996	48155	45246	—	2909
1997	63948	55094	—	8854
1998	60927	53067	—	7860
1999	58055	49283	—	8772
2000	49983	40520	—	9463
2001	49572	40159	—	9413
2002	56202	45402	—	10800
2003	41978	31855	—	10123

说明：1994年集资、合资、融资金额为美元

第五节　能源消费结构

1987 年，全区工业企业能源消费品种主要有原煤、电能，原煤消费 5500 吨，电消费 324.71 万千瓦时。1990 年，全区工业企业原煤消费 7416 吨，电消费 291.0 万千瓦时，能源费用占成本比重 8.35%。1991 年，能源费用占成本比重 13.82%。1999 年，工业企业能源消费品种有原煤、汽油、柴油、电能等。2001 年能源折合标准煤消费 22731 吨。

1987—2001 年营子矿区部分年份工业企业能源消费表

表 5－5－4

品种／年度	煤（吨）	焦炭（吨）	汽油（吨）	柴油（吨）	电（万千瓦时）
1987	5500	—	—	—	324.71
1988	4479.26	—	—	—	294.17
1989	6387	—	—	—	280.16
1990	7416	—	—	—	291.0
1991	6561	—	—	—	—
1997	10281	151	244	10	—
1998	12041	—	63	125	991
1999	11981	—	44	117	783
2000	23381	50	33	35	294
2001	22731	—	—	—	—

说明：2000 年、2001 年煤的消费为标准煤，其他年份为原煤

第六章　居民生活水平

中华人民共和国成立前经济发展缓慢。民国前期兵灾匪患不断，日伪统治时期战乱频繁、捐税苛杂，人民生活极其悲惨。中华人民共和国成立后，在中国共产党和人民政府的领导下，全区人民艰苦奋斗，发展生产，人民生活水平日益提高。1953 年，区属 2 个全民所有制单位 122 名职工，人均年收入 426 元。农民年人均拥有粮食 225 公斤。商品零售总额 170.12 万元。1956 年，商品零售总额 221.25 万元，实际购买力 319.67 万元。1957 年以后，几个驻区企业先后投产，带动农、工、商等各业发展，1959 年商品零售总额上升到 977.94 万元，是 1956 年的 4.42 倍，实际购买力 437.95 万元，是 1956 年的 1.37 倍，城镇居民购买力 1558 万元。1975 年，全区农民人均拥有粮食 188 公斤，菜

768.5 公斤，人均收入 136.4 元。在岗职工年人均工资 527.7 元。1980 年后，城乡经济体制发生了根本性的变化，国家、集体、联营、个体一齐上，农、工、商、建筑、交通和服务业多元化发展，人民生活水平进一步提高。到 2003 年，农村人均收入达到 2106 元，比 1975 年增长 14.4 倍；国有单位职工人均收入 7025 元，城乡居民储蓄存款余额 73944 万元。

第一节　城镇居民生活水平

一、城镇居民收入

中华人民共和国成立前，城镇居民在业人员主要为职员、商人、手工业者、服务行业人员。职员和商人的收入来源主要是工资和经营收入，高于工人和服务业人员。

中华人民共和国成立后，城镇居民生活逐步改善。1955 年，境内地方国营企业增加到 6 个，职工人数从 1953 年的 122 人增加到 351 人，工资总额 17.6 万元，人均 501 元，1965 年，区属机关、企事业单位在岗职工年均工资为 588 元。1971 年，对部分工资偏低的职工工资进行调整。1975 年区属机关、企事业单位在岗职工队伍扩大到 2400 人，年工资总额 126.648 万元，人均 527.7 元。中共十一届三中全会以后，经济工作成为全区工作重心，1981 年全民所有制单位职工 2799 人，集体所有制单位职工 1427 人，年工资总额 287 万元，人均 679 元。1985 年进行工资制度改革，调整工薪阶层工资。鼓励一部分人合法劳动致富，允许个人经商、合法创业、兴办第三产业，因此拓宽了收入渠道，增加了城镇居民收入。区属全民和集体所有制单位职工年均工资 882 元，比 1975 年增长了 67.14%。1990 年全区职工年均工资提高到 1536 元，比 1975 年增长 205.7%。从事制造、运输、商贸、餐饮和服务行业的个体户有 516 户，产值经营额达 829 万元，个体经营净收益与工薪阶层收入初步拉开差距。1995 年，职工工资总额 2249.6 万元，每人年均 3853 元。由于部分国有企业、集体经济单位停产、半停产或被兼并，欠发、停发 880 人的工资 119 万元，人均欠发 1352 元，分别占全部职工总人数的 15.09%、工资总额的 5.29% 和全区职工年人均工资的 35.09%，部分职工下岗更直接影响了城镇居民的收入。

1998 年，在全区个体私营经济从业的 9115 人中，城镇居民从业 3264 人，城镇居民在个体私营经济中所得收入的比重进一步增加。2003 年，全区职工年平均工资 7205 元。

二、城镇居民消费

20 世纪 50 年代至 70 年代，城镇居民消费主要是购买吃、穿、用等方面的生活用品多为生存消费。1952 年以前，非农业人口占 30% 左右，消费量很低。1953 年以后，非农业人口增加到 50% 以上，城镇居民的消费水平逐步提高。1956 年商品零售总额 221.25 万元，实际购买力 319.67 万元。1959 年，商品零售总额上升到 977.94 万元，是 1956 年的 4.42 倍；实际购买力 437.95 万元，是 1956 年的 1.37 倍。70 年代，城镇居民饮食消费结构变化不大，衣着和耐用消费品需求量增加。化纤布料，逐渐取代了多年沿用的棉布料，自行车、手表、缝纫机、座（挂）钟大量进入居民家庭。1980 年，全区家庭购买缝纫机 402 架，自行车 8525 辆，电视机 2236 台，生活消费还属于温饱型。

20 世纪 80 年代后，随着改革开放的深入，收入水平的提高，消费品的逐渐丰富，食品开始注重营养搭配，主食消费比重下降，副食比重上升；衣着不但注重做工和面料，更讲究款式；VCD 机、电话机等开始进入居民家庭。90 年代至 2003 年，非生活必需品消费占总消费的比重上升，部分家庭购买了商品房，安装了空调，少数居民购买了轿车，摩托车成为重要交通工具，手机也成为居民必不可

少的通信工具，电脑逐步进入居民家庭，居民成为购买商品房的主体。1995 年，对 30 户城镇居民家庭收支情况的调查显示，在 32490.52 元实际支出中，消费支出 28363.67 元，占总支出的 87.3%，其中食品支出 12737.77 元，又占消费支出的 44.91%，恩格尔系数为 0.449。

1995 年营子矿区部分城镇住户收入消费情况调查表

表 5－6－1

项目	单位	数量	金额	比重（%）
一、户数	户	30	—	
二、家庭人口	人	89	—	100
就业人口	人	58	—	65.17
其中：全民集体职工人数	人	57	—	64.04
三、实际收入	元	—	41045.81	100
生活费收入	元	—	37267.81	90.8
全民集体职工工资	元	—	29244.93	71.25
其中：奖金	元	—	2728.00	6.65
津贴补贴	元	—	5117.00	12.47
储蓄借贷收入	元	—	2800.00	6.82
四、消费支出	元	—	28363.67	100
（一）食品	元	—	12737.77	44.91
其中：粮食	元	—	3607.27	12.72
油脂	元	—	497.30	1.75
肉及制品	元	—	3114.90	10.98
蛋类	元	—	436.40	1.54
水产品	元	—	488.00	1.72
菜类	元	—	1053.60	3.71
烟茶	元	—	570.50	2.01
酒、饮料	元	—	668.80	2.36
干鲜瓜果	元	—	650.90	2.29
奶及奶制品	元	—	187.90	0.66
（二）衣着	元	—	4876.30	17.19
服装	元	—	2595.00	9.15
衣着材料	元	—	878.00	3.10
（三）家庭设备用品及服务	元	—	3122.20	11
其中：日用耐用消费品	元	—	2352	8.29
（四）医疗保健	元	—	1652.69	5.83
（五）交通通讯	元	—	249.20	0.88
（六）教育娱乐文化服务	元	—	1375.50	4.85
其中：教育	元	—	1218.00	4.29
文化娱乐	元	—	157.50	0.56
（七）居住	元	—	2708.61	9.55
（八）其他商品与服务	元	—	1641.40	5.79

第二节　农村居民生活水平

一、农村居民收入

解放前，地主、富农占有多数土地，生活富足，自耕农的收入主要是自产的粮食，丰年勉强自给自足，歉收时只好借贷。没有耕地的农民靠租种土地、做长工、打短工维持生活，收入极不稳定。

解放后，农民有了自己的土地，结束了被剥削、受压迫的生活，收入仍然主要来源于粮食。1955年，农村全部建成初级农业生产合作社，农民一边种粮食，一边利用农闲时间组织起来搞副业，人均收入51元，集体分配的收入占绝大部分，此外还有家庭养殖业带来的少量收入。20世纪60年代前期农业生产发展缓慢，农村副业生产年人均收入只有50元。1970年，农村总收入278.46万元，农民人均纯收入133元。

1975年营子矿区农村人民公社人均收入水平表

表5－6－2

单位	以生产队为基本核算单位					以生产大队为基本核算单位			
	生产队数（个）	其中				生产大队数（个）	其中		
		61元—80元	81元—100元	101元—120元	120元以上		81元—100元	101元—120元	120元以上
合　计	61	1	5	6	49	11	2	3	6
鹰手营子公社	40	1	1	3	35	5	—	—	5
马圈子公社	9	—	1	1	7	3	1	1	1
寿王坟公社	12	—	3	2	7	3	1	2	—

农村实行家庭联产承包责任制后，促进了农村经济的快速发展，农民除了从事种植养殖业生产外，还可以经商、办企业、跑运输或到国营集体企业做临时工，增加了收入，逐步提高了农民生活水平。1981年，农村总收入739.8万元，人均纯收入273元，人均拥有粮食177公斤，人均拥有蔬菜685.4公斤。1983年，农民从集体分配的人均收入398元，比1978年提高110%，并成为河北省农民人均收入350元以上的县区之一。是年，涝洼滩大队年人均收入1040元，全区农村年收入超万元的家庭15户，农村居民储蓄存款余额257.9万元，人均144元，是承德地区各县区农民人均储蓄存款余额的1.7倍。年末实有住房13696间，人均0.72间。1985年，农村专业户发展到223户，从业324人，专业户总收入219.3万元，其中专业收入186.3万元。在全部专业户中，总收入在1万元以上的88户，占专业户总户数的39.5%，家庭总收入146万元，占专业户总收入的66.58%。另有农民自愿组成的经济联合体63户，从业1129人，总收入168.2万元。专业户和联合体总收入占是年农村总收入的17.28%。1988年农村经济总收入5016万元，其中农民所得1493万元，人均纯收入752.8元。全区14个行政村人均纯收入500元至1000元的11个村，1000元以上的3个村。

随着乡镇企业的快速发展，农村居民收入有了较大幅度增长。1990年，农民人均纯收入904元，

是1955年的17.73倍，是1981年的3.31倍。人均拥有粮食121公斤、蔬菜809公斤，肉类36.4公斤。自20世纪90年代开始，农村不断进行产业结构调整，利用资源优势，综合经营，全面发展，农民收入明显增加。1995年，农村总收入69039万元，人均纯收入2561元，分别是1990年的2.83倍、1981年的9.38倍、1970年的19.26倍和1955年的50.22倍。1996年至1999年，人均纯收入连续4年突破3300元，其中1998年达3595元。

2000年，开始矿业整顿，乡镇采矿企业收入下降，由于自然灾害粮食减产，人均拥有粮食8.6公斤，拥有蔬菜205公斤，肉类55.5公斤，农民人均纯收入下降到2458元。2003年，在对100户家庭主要经济指标的调查中，家庭收入合计111.38万元，其中，工资性收入69.65万元，家庭经营性收入39万元。家庭经营收入中一产收入8.0905万元、二产收入10.82万元、三产收入20.1万元。财产性收入1.04万元，转移性收入1.6786万元。农村居民家庭可支配收入77.25万元，农民人均可支配收入2006元，农村居民家庭纯收入80.90万元，人均纯收入2106元，年末手存现金14.31万元。

1970—2000年营子矿区农村部分年份收入情况表

表5－6－3

项目 年份	总人口（人）	总收入（万元）	其中（万元）											人均纯收入（元）
			农业	林业	牧业	副业	劳务渔业	工业	建筑业	运输业	商饮业	服务业	其他	
1970	15179	278.46	112.66	2.76	3.3	145.59	—	—	—	—	—	—	14.15	133
1971	16064	286.4	109.4	6.6	2.9	—	—	—	—	—	—	—	10	124
1972	16400	315.9	75.0	5.7	3.9	115.9	68.5	—	—	35.3	—	—	11.6	128
1973	16506	302.4	116.9	10.9	4.8	21.6	103.5	—	—	35.1	—	—	7.6	126
1975	16507	398.3	137.3	8.9	4.6	124.2	50.6	—	—	60.7	—	—	12	136.4
1976	17111	444.0	144.5	13.6	5.4	144.4	48.8	—	—	67.5	—	—	19.8	156
1981	17578	739.8	161.8	24.8	5.0	484.3	—	—	—	—	—	—	57.4	273
1983	18892	752.93	201.23	7.33	13.77	502.6	—	—	—	—	—	—	28	398
1985	22052	2243	216	10.0	76	41	—	1223	105	397	105	15	55	609
1988	19832	5016	456	29	360	20	—	2506	320	871	377	56	21	752.8
1989	20259	7129	454	24	418	40	—	4403	370	936	418	30	36	864
1990	20858	7925	586	18	466	20	2	4699	329	1136	587	62	20	904
1991	20737	9097	587	31	535	48	2	5160	615	1225	799	78	17	950
1992	20882	12739	723	65	513	75	1	7589	903	1754	970	84	62	1017
1993	20976	25318	1001	64	681	—	2	12838	1693	3364	5388	144	143	1293
1994	21051	—	—	—	—	—	—	—	—	—	—	—	—	1797
1995	20187	69039	1785	145	1144	—	3	35598	3171	10315	15990	673	215	2561
1996	20278	109991	1687	157	1103	—	4	64161	5190	17776	18534	841	257	3308
1997	20464	103935	1990	243	1102	—	7	57684	5202	17879	18267	702	455	3358
1998	20299	—	—	—	—	—	—	—	—	—	—	—	—	3595
1999	20204	149070	649	230	1352	—	13	82978	6819	29472	23808	2463	355	3545
2000	20275	150732	613	89	1028	—	2	84128	7806	23535	29365	3779	375	2458

二、农村居民支出

20世纪50年代，农民生活消费主要是吃、穿、住。食品消费以高粱、玉米、小米、糠菜为主；衣着消费多为粗布衣，家做鞋，衣服大改小，换季棉、单改着穿；住房为马架房、草房和少数瓦房。1959年至1961年国家三年困难时期，农民生活困苦，经过3年国民经济调整，农民生活有所改善，部分农户盖新房，购置了电子管收音机、自行车等。70年代，农民的消费水平有所提高，自行车、缝纫机、收音机、手表四大件进入越来越多的家庭，灯芯绒、的卡、的确良、尼龙等面料服装十分流行。

80年代以后，农民的收入大幅度增加，消费结构逐渐变化，消费水平日益提高。1982年对60户社员家庭收支情况的调查显示，在91140元的全年支出中，生活消费支出72719元，占79.79%，其中食品支出43216元，衣着13782元，燃料3562元，住房2978元，文化生活服务支出2550元，日用品及其他6631元，恩格尔系数为0.594。家庭副业生产支出12161元，占13.3%；购置生产性固定资产支出481元，占0.53%；其他非借贷性支出5779元，占6.34%。每户平均拥有自行车1.3辆，缝纫机0.65架，收音机0.73台，手表1.8块，总住宅面积3107平方米，人均10.25平方米。1986年对20户农户进行调查，年人均消费支出643元，恩格尔系数为0.6。1991年对20户农户调查，人均消费支出1249元，恩格尔系数为0.49。1995年，对100户农户调查人均消费支出3414.71元，恩格尔系数为0.478。1997年，又对100户农户的基本情况进行调查，合计全年总支出145.87万元，其中家庭经营性支出27.6万元，占18.92%；购置生产用固定资产2065元，占0.14%；上缴税金1.47万元，占1%；上交集体承包款100元，集体提留、摊派2103元，两项合计占0.15%；生活消费支出113.86万元，占78.06%，其中食品43.95万元，衣着15.13万元，居住26.87万元，日用品及其他生活消费品27.91万元；其他非借贷性支出2.51万元，占1.72%，人均消费3779元，比1982年增长11.56倍。恩格尔系数为0.386。每户平均拥有自行车1.6辆，缝纫机0.6架，洗衣机0.9台，钟表2.5块，大型家具3.2件，电视机1台，收音录音机0.6台，电冰箱0.7台，摩托车0.4辆，电话机0.6部，金银首饰0.7枚。

进入21世纪，饮食讲营养，穿着讲时尚，出行讲便捷，红白喜事讲排场，居住平房改楼房，装饰首饰要高档，儿女教育敢投资，更换手机很平常。2003年，对100户家庭支出情况的调查结果是，合计总支出1174441元，其中家庭经营费用支出243841元，占20.76%，购置生产性固定资产支出2900元，占0.02%，税费支出15379元，占1.31%，生活消费支出830273元，占70.69%，财产性支出22200元，占1.89%，转移性支出36890元，占3.14%。

1986年营子矿区20户农村住户收支基本情况调查表

表5-6-4

项目	数额	项目	数额	项目	数额
一、常住人口	81人	4. 燃料	1361.1元	化肥1455公斤	524.3元
其中：整半劳动力	51人	5. 日用品及其他	6862.25元	汽油2000公斤	4500元
其中：职工	16人	—	—	煤炭2000公斤	30元
农村企业从业	25人	其他非生产性支出	576元	八、拥有耐用消费品	—
二、年末使用房屋	72间	六、期初手存现金	4841元	自行车	29辆
使用房屋面积	1230平方米	期末手存现金	19193.56元	缝纫机	10架

续表 5－6－4

项目	数 额	项 目	数 额	项 目	数额
三、主要产品产量	—	期末存款余额	11147 元	钟	12 只
粮食	13860 公斤	七、购买商品	—	手表	40 块
蔬菜	69650 公斤	食品	6663.45 元	电冰箱	1 台
水果	208 公斤	棉布 133 米	259.01 元	洗衣机	9 台
肉类	1117 公斤	化纤布 312 米	1876.69 元	大型家具	55 件
禽蛋	101 公斤	服装 137 件	1530.27 元	收音机	11 台
四、家庭全年总收入	73757.48 元	绸缎	213.4 元	黑白电视机	6 台
其中：从集体经营中收入	33798 元	毛线及毛织品	15.8 元	摩托车	55 辆
家庭经营收入	38628.38 元	衫裤	20.12 元	—	—
其他收入	1331.1 元	皮鞋 26 双	573.65 元	—	—
家庭全年纯收入	55879.76 元	—	—	—	—
人均纯收入	689.87 元	胶鞋 球鞋 50 双	252.68 元	—	—
五、家庭总支出	52083 元	床单 褥单 15 条	185 元	—	—
其中：经营性支出	15025.79 元	肥皂 262 块	72.28 元	—	—
购买生产性固定资产	70 元	洗衣粉 66 公斤	116.52 元	—	—
上缴税款	2701.93 元	自行车 2 辆	250 元	—	—
生活费支出	33709.28 元	钟 2 只	71 元	—	—
其中：生活消费品支出	33042.33 元	手表 1 只	50 元	—	—
1. 食品	19832.81 元	沙发 1 套	24 元	—	—
其中：副食	664452 元	黑白电视机 1 台	555 元	—	—
2. 衣着	4271.80 元	收录机 1 台	157 元	—	—
3. 住房	714.37 元	建筑材料	752 元	—	—

1997 年营子矿区农村 100 户家庭主要收支情况调查表

表 5－6－5

项目	数额	项目	数额
一、常住人口（人）	386	其中；调查补贴	840
二、年末生产用固定资产原值（元）	476435	（四）财产性收入	110925
三、总收入（元）	1638894	四、总支出（元）	1458736
（一）家庭经营收入	620463	（一）家庭经营费用支出	276007
1. 种植业收入	70106	（二）购置生产固定资产支出	2065
2. 林业收入	6854	（三）缴纳税金	14675
3. 牧业收入	33155	（四）上交集体承包任务	100

续表 5-6-5

项目	数额	项目	数额
4. 渔业收入	—	（五）集体提留和摊派	2103
5. 采集捕猎收入	5250	（六）生活 消费支出	1138643
6. 手工业收入	50	1. 食品	439452
7. 工业建筑业收入	118870	2. 衣着	151333
8. 运输业收入	198700	3. 居住	268721
9. 商、饮、服务业收入	173770	4. 用品及其他	279137
10. 其他家庭经营收入	13708	（七）其他非借贷性支出	25143
（二）劳动报酬收入	877814	五、期初存款余额（元）	932018
（三）转移性收入	29692	六、期末存款余额（元）	1062118

2003 年营子矿区农村 100 户家庭主要收支情况调查表

表 5-6-6

项目	合 计	项目	合 计
一、家庭常住人口（人）	384	（五）生活消费支出	830273
二、总收入（元）	1113772	（六）财产性支出	22200
（一）工资性收入	696522	（七）转移性支出	36890
（二）家庭经营收入	390064	其中：赠送农村外部亲友支出	22700
1. 第一产业收入	80905	四、农村居民家庭可支配收入（元）	772504
2. 第二产业收入	108200	农民人均可支配收入	2012
3. 第三产业收入	200959	五、农村居民家庭纯收入（元）	808894
（三）财产性收入	10400	农民人均纯收入	2106
（四）转移性收入	16786	六、期内现金收入（元）	946853
三、总支出（元）	1174441	七、非收入现金所得（元）	29818
（一）家庭经营费用支出	243841	八、期内现金支出（元）	900018
（二）购置生产性固定资产支出	2900	九、非消费现金支出（元）	52000
（三）生产性固定资产折旧	22958	十、期末手存现金（元）	143085
（四）税费支出	15379		

附一

关于农村经济调查的分析报告

营子矿区计统科

1983 年 2 月 1 日至 2 月 20 日，区计统科对跳沟村、南马圈子村 60 户社员家庭 1982 年收支情况进行了调查。调查对象户均余款 447.53 元；人均住房使用面积 10.25 平方米；户均用煤 3.5 吨；人均用

粮 271.6 公斤，其中：大米 18.1 公斤、白面 14.2 公斤；肉类人均 18 公斤，动、植物油人均 4.6 公斤；衣着美观大方，人均化纤布 7.1 尺，户均 1 双皮鞋；户均拥有自行车 1.3 辆，收音机 0.73 台，手表 1.8 只，缝纫机 0.65 台，平均 15 户拥有电视机 1 台。

一、基本情况

1. 家庭户数和常住人口。跳沟、南马圈子两个大队共计 386 户，总人口 1585 人，其中抽样调查 60 户，303 人。整半劳动力 182 人，占被调查人数的 60.1%，在外劳动力 11 人，占被调查人数的 3.6%。

2. 自营地面积及其主要产品。自营地面积计 23.41 亩，人均 0.77 亩，产粮 1485 公斤，亩均 63.5 公斤，蔬菜 70995 公斤，亩均产 3032.7 公斤。

3. 使用房屋。年初 208.5 间，3013 平方米，年末使用房屋 214.5 间，3107 平方米，比年初增加 6 间，94 平方米。人均住房使用面积 10.25 平方米。

4. 生产用的固定资产 3665 元，其中运输工具 3605 元，占 98.4%，户均 61 元。

二、家庭收支

（一）纯收入

全年总收入 13.02 万元，扣除家庭副业生产支出和纳税 12161 元，纯收入 11.8 万元，人均纯收入 389.43 元。跳沟大队调查对象人均纯收入 426.9 元，南马圈子大队调查对象人均纯收入 355.5 元。总收入中：1. 从集体得到的收入 11.5 万元，人均收入 379.7 元；2. 副业收入 6692 元，人均收入 22.1 元；3. 其他非借贷性收入 8426 元，人均收入 27.8 元。

（二）支出

全年总支出 91140 元，人均支出 300.8 元（跳沟大队调查对象人均支出 310.27 元，南马圈子大队调查对象人均支出 292.2 元）。在总支出中：1. 生活消费支出 72719 元，人均支出为 240 元，占总支出的 79.8%。生活消费品支出 70169 元，人均支出 231.6 元，占生活消费的 96.5%。其中食品支出 43216 元，人均支出 142.6 元，占生活消费品支出的 61.6%；衣着支出 13782 元，占生活消费品支出的 19.6%；燃料支出 3562 元，占生活消费品支出的 5.1%；住房支出 2978 元，主要是修房和电费两项，占生活消费品支出的 4.2%；用品及其他支出 6631 元，主要是购置家具，占生活消费品支出的 9.5%。文化、生活服务支出 2550 元，人均支出 8.4 元，占生活消费支出的 3.5%。2. 家庭副业生产支出和纳税 12161 万元，占家庭全年总支出的 13.3%，主要是饲养畜禽和小动物的费用达 7736 元，占此项支出的 63.6%。3. 购置生产性固定资产支出 481 元，占总支出的 0.53%。4. 其他非借贷性支出 5779 元，占总支出的 6.4%。

（三）收支比较：调查户按户均人口 5.05 人，人均结余 88.6 元计算，户均余款 447.58 元，跳沟大队户均结余 559.82 元，南马圈子大队户均结余 333.9 元。

三、家庭粮食收支

（一）年初存粮 58524 公斤，人均 193.2 公斤，户均 975.4 公斤。

（二）年内粮食收入 112208.5 公斤，人均收入 370.3 公斤。其中：从集体得到的 97803.5 公斤，人均 322.8 公斤，自营地生产 1580 公斤，人均 5.2 公斤，市场购入 11325 公斤，人均 37.4 公斤（大米、白面），国家奖售和其他收入 1500 公斤，人均近 5 公斤。

（三）年内粮食支出 109906.5 公斤。其中：生活用粮 82285 公斤，人均 271.6 公斤，饲料粮 25944.5 公斤，户均 432.4 公斤。

（四）年末存粮 60826 公斤，人均 200.8 公斤，户均 1014 公斤，比年初多 38 公斤。

四、主要实物消费量

蔬菜 72435 公斤，人均 239 公斤；粉丝、粉条和豆制品 2939.5 公斤，人均 9.7 公斤；动、植物油

1407.5公斤，人年均4.6公斤，猪、羊肉类5546公斤，户均92.5公斤；食糖258公斤，人均0.85公斤；卷烟5481盒，户均91盒；酒1514公斤，户均25.2公斤；化纤布2160尺，人均7.1尺；棉花85公斤，人均0.28公斤；煤炭195550公斤，户均3259公斤。

五、耐用品拥有量

（一）自行车80辆，户均1.3辆。

（二）缝纫机39架，户均0.65架。

（三）收音机44台，户均0.73台。

（四）钟表130只，户均2.2只。其中：手表107只，户均1.8只。

（五）电视机4台，平均15户拥有1台。

六、饲养畜禽及其产品

（一）年末生猪存栏头数142头，其中母猪5头。年内自宰肥猪75头，户均宰1.25头，肉产量6708公斤，人均22.14公斤。

（二）年末羊存栏10只，年内自宰2只，肉产量22.4公斤。

（三）年内出售和自宰兔192只，其中跳沟大队调查对象175只。

（四）年末饲养家禽459只，户均7.7只。

（五）年内禽蛋产量459.5公斤，户均7.66公斤。

（六）年内蜂蜜产量300公斤，为南马圈子大队社员刘保存一户养蜂产蜜。

七、问题和意见

通过这次调查，农民生活水平越来越提高，按党的农村经济政策，尚须解决如下问题：

（一）只有跳沟大队有自留山面积0.23亩，尚须进一步理顺山场经营关系，将山分给社员家庭经营，植树、栽果树。

（二）畜禽和小动物病害没有根除，尚须加强畜禽和小动物的防疫治疗工作。

（三）饲养畜禽，消耗粮食达26000公斤，户均433公斤，利用我区酿造厂的酱油楂、加工厂的酒糟，可建饲料加工厂，节省饲料粮。

（四）加强农业的同时，必须积极发展多种经营。

1983年2月25日

附二

依托龙头企业，促进农民增收典型村增收途径调查报告

车志楠　许艳华

按照省、市农业区划委员会的安排部署，我区农业区划办公室开展了典型村增收情况调研。我们将具有典型增收经验的金扇子村作为调查的对象，对1999年金扇子村的总体经济发展水平，农业生产发展情况，以及主导产业的特色、产量、效益进行了全面调查和分析。

一、典型村基本概况

金扇子村隶属于营子矿区北马圈子镇，位于营子矿区西南部，村落分布在112国道的南北两侧。全村总面积13.5平方公里。村辖7个村民小组，总户数549户，总人口2042人，其中劳动力1200人。全村耕地总面积947亩，人均耕地不到0.5亩，山场面积2.2万亩，果树2万株。村内果品加工龙头企业——怡达集团坐落于该村203工业区内，村内近60%的劳动力在该公司就业。村内一二三产业产值比为3: 65: 32，全村农民人均纯收入7739元，收入水平在全区行政村中位居前列。

二、典型村农民收入结构、产业结构以及主导产业基本情况

（一）农民收入结构和产业结构情况

经调查，金扇子村人均耕地不到0.5亩，农业发展水平较为落后，农业收入微乎其微，农民收入主要来源于二、三产业。全村纯收入1566.4万元，其中来自第一产业的127万元，仅占纯收入的8.1%，来自第二产业的986.4万元，占纯收入的63%，来自第三产业的453万元，占纯收入的28.9%。其中：来自主导产业的收入570万元，占纯收入的36.4%。

全村产值10849万元。其中第一产业产值267万元，第二产业产值7041万元，第三产业产值3541万元。主导产业产值6000万元。

全村从事种植、养殖业的农户较少，仅占总农户的9%；依托112国道的便利条件，一些农户临时占用乡村公路两边的闲置废弃地和部分耕地用于煤炭销售，建有煤场摊点20个，占地15亩，每个场（点）年均收入达2万元；有15%的农户主要搞修理、运输、餐饮和小卖部。村内果品加工龙头企业——怡达集团的存在使果品加工业成为该村的主导产业，带动了村内相关产业的发展。

（二）主导产业基本情况

几年来，随着怡达集团这一果品加工龙头企业的兴起，该村的经济有了很大发展。在怡达集团的辐射和带动下，该村公司＋基地＋农户的产业模式已初步形成。龙头企业的发展，带动了农民对林果业的投入，该村乃至所在区镇的林果业都有了发展，现全村有果树2万余株。随之而起的果品加工业都雨后春笋般发展起来，全区新建果品加工企业3家，其中坐落于金扇子村的就有2家。

怡达集团始建于1989年，最初只是一个靠3500元起家，借贷3万元，三间厂房，以山楂卷、果丹皮为主要产品的作坊式小厂，经过10余年的努力，怡达人不断开拓创新，闯市场，上项目，搞合资，扩规模，到现在已发展成为注册资本4100万元，下设5家子公司，生产山楂酪、山楂酥、果丹皮、罐头等10余种产品，产品远销中国港台和日本、新加坡等国家和地区，年销售额6000万元，年利润570万元，出口创汇15万美元的果品加工龙头企业，1998年跻身于承德市私营企业二十强之列。目前，怡达集团42大类、300多个小类的“怡达园”商标已完成注册，正在积极争取ISO 9002质量体系认证，谋求怡达品牌走向世界的绿色通行证，又投资450万元，征用沙滩地116亩，计划投资3000万元分三期建设集农、工、贸、餐饮、娱乐、服务为一体的“怡达工业园”，前景十分广阔。

怡达集团年加工生产能力3600余吨，需原材料1万余吨，大部分是从山东、安徽、乐亭、隆化、围场、承德县等周边县和南方等地调入，本辖区提供的原材料不足总量的0.05%。集团现有果品基地150亩。随着近几年企业扩建，所需原材料逐年增多，带动了全区农民投资林果业的积极性。自1998年以来，全区荒山开发达2.3万亩，种植果树达6.5万株，仅金扇子本村就发展果树2万株，发展果品基地30亩。企业的发展，带动了基地建设，也在一定程度上推动了全区乃至周边县区林果业的发展。

果品加工龙头企业的发展为全村带来了丰厚的经济效益和社会效益，坚定了广大农户发展林果业的信心，带动了广大农户投资建设果品基地的积极性，为农民致富提供了条件。仅去年一年北马圈子镇就发展果树1000亩，今年上半年金扇子村又抓住农业产业调整的有利契机，着手建李子示范园10亩，全村7户农民开发荒山种植果树，为农村闲散劳动力提供了就业机会，解决了农村劳动力过剩给农业生产造成的严重压力，提高了农村劳动力的利用率，稳定了农民家庭收入，弥补了国家三年困难时期给农业生产和农民生活带来的损失，带动了村内其它产业的发展，增加了税收。

三、典型村经济发展中存在的问题

（一）村域经济结构不合理，专业化水平低。渐成衰竭态势的采矿业仍是村域经济发展的重要支柱，第一产业发展滞后，以加工为主的第二产业发展仍有待加强。

（二）主导产业产业化经营组织利益连接关系不够紧密。龙头企业与农户之间缺乏稳定的利益关

系，基地作用不强，在一定程度上影响了产业的发展。

（三）农业科技水平低，农产品质量差，适应市场能力弱。部分农民文化素质低，缺乏市场竞争意识，对农业科技的接收能力弱，靠资源维持短期利益，造成生产规模小，档次低，缺乏市场竞争力。

（四）农业信息服务体系发展缓慢，信息不灵；农业科技服务力度不够，农业科技含量低；农产品流通不畅，经济效益差。

（五）农业投入不足，农业生产条件差。集体资力不足，农业基础设施薄弱，农业抗灾能力差。农民增收途径少，不愿意增加农业投入，农业发展水平低。

四、典型村经济发展对策

（一）走产业化经营之路，建立符合区情的良性经济体系

在市场经济的引导和龙头企业的强力带动下，金扇子村的经济逐步发展起来了，但农业增产不增收，卖农产品难，农民增收滞缓的局面并未打破，加之近两年严重干旱，严重影响了农民生活质量的提高和向农业再投入的积极性。改善该村的经济状况，必须走产业化经营之路，加快结构调整，深化农村内部改革，用产业化思想统领全村，促进全村农业和农村经济快速持续发展。一要壮龙头。要走产业化道路必须下大力气把“龙头”搞大搞强，要坚持高起点，瞄准国际先进水平，引进国内外先进的设备和技术，扩大企业规模，提高加工生产能力。二要强基地。通过有偿承包、入股、反租倒包等形式实现土地使用权的流转，促进土地向龙头企业集中，形成合理经营规模，为龙头发展提供强大后盾。三要促农户。积极探索龙头企业与农户利益共享，风险共担的组织形式和经营机制，使农户与龙头企业建立更加紧密的利益关系，形成利益共同体。

（二）走产品商品化之路，拉动村域经济发展

在市场经济发展进程中，农民从事农业生产，往往是“凭着感觉走”，看见生产什么赚钱，大家便一拥而上，这样很容易出现生产过剩，加之农业受自然灾害影响较大，农产品生产在市场竞争中处于相对不利地位。农业生产周期长，见效慢，风险大，市场风险和自然风险全压在农民身上，就会造成生产峰谷交错，供求关系失调，伤害生产者的积极性，使得全村经济发展受挫。政府有关部门要加强市场信息体系建设，做好市场供求信息的预报，搞好信息服务。同时制定优惠政策，鼓励民营企业和优质高效农业的发展，拉动村域经济发展。要大力培育和发展农民专业营销队伍、农产品经纪人和中介组织，引导和鼓励农户以产品为龙头，组织和建立各类专业合作社和专业协会，突破农产品生产与加工、流通的分割，促进农产品自由流动。加快农产品市场建设，抓好市场的培育和开拓。逐步引导民营企业向中远期贸易发展，形成内联外挂的市场销售体系，同时发展“订单农业”“合同农业”，调动广大农民投资投劳的积极性，逐步使全村农业走上规范化的轨道，拉动全村经济发展。

（三）走科技创新之路，推动产业经营发展步伐

科技进步是经济发展的重要支柱。要大力推进“科技兴农”进程，提高农业资源利用率，促进科技这一生产要素向现实生产力的转化。加强农技推广队伍的建设，提高农技人员素质。充分发挥农业和科技部门的优势，通过培训、出外参观学习等形式，多渠道、多层次、有计划地提高农民素质。组织科技力量，加快产业结构调整步伐，提高科技成果转化率，储备一批能够自我发展的科技项目，以农业为基础，推动二、三产业的发展，实现经济腾飞和农民收入增加，促进全村经济发展。积极开展同科研院所和大专院校的联合与合作，更多地吸纳科技成果用于农业技术改造，不断深化农业自身改革，加强农业基础设施建设，增强农业抵御自然灾害能力。将农业技术改造同企业改制紧密结合起来，加强资金、技术、人才等生产要素的整合，努力提高农业的自我调解能力和企业的创新能力。

2000 年 9 月

第六编 MEITAN KAICAIYE

6 煤炭开采业

第一章　煤田概况
第一节　煤系　煤层
第二节　煤种　煤质
第二章　矿井建设和镇村小煤矿
第一节　矿井建设
第二节　镇村集体个体煤矿
第三章　生产技术
第一节　部属煤矿生产技术
第二节　地方国有(营)煤矿生产技术
第三节　镇村办及联户个体煤矿生产技术
第四章　从业人员
第一节　国有(营)煤矿职工队伍
第二节　镇村及联户个体煤矿从业人员
第五章　煤矿管理
第一节　国有(营)煤矿管理
第二节　集体联户个体煤矿管理
第六章　主要企业
第一节　部属企业
第二节　地方国有(营)企业
第七章　原煤产量和经济效益
第一节　原煤产量
第二节　经济效益

鹰手营子

6 承德市鹰手营子矿区志·煤炭开采业

CHENGDESHI YINGSHOUYINGZIKUANGQU ZHI MEITAN KAICAIYE

境内煤炭开采历史悠久，早在汉朝就开采过煤炭。清光绪二十三年至二十四年（1897 年—1898 年），在老爷庙井田和火神庙井田，时有外地居民，在浅层处挖掘煤炭。民国 5 年（1916 年），平谷县李芳林等人在北马圈子的拐棒沟开办第一家小煤窑，开凿平硐，日产煤炭 5 吨左右。随后，老爷庙、火神庙相继建起小露天、平硐、斜坑等采煤矿井 10 几个，日产煤炭几吨、十几吨不等。民国 22 年（1933 年）3 月 10 日，日本侵略军侵占鹰手营子后，是年 7 月，在鹰手营子分别成立伪满洲矿山株式会社满炭矿本部事务所和老爷庙矿业所，8 月 18 日，建立北马圈子采炭所，将老爷庙、北马圈子等井田的开采权强行收归伪满洲国矿山株式会社统一管理。先后在北马圈子拐棒沟、东露天，鹰手营子老爷庙北大坑和火神庙等地，采用平硐、斜井、露天等方式采煤。据不完全统计，仅民国 30 年（1941 年）至民国 34 年（1945 年），日本侵略者共掠夺煤炭 50 多万吨，其中，在老爷庙煤矿掠夺煤炭 30 多万吨。民国 34 年（1945 年）8 月 15 日，日本投降，日本侵略军撤退时，拆毁矿井设备，点燃老爷庙井田，井田大火燃烧 8 年才被扑灭，煤炭资源损失惨重。是年 9 月，八路军冀东军区第十四军分区军工处接管老爷庙煤矿，民国 35 年（1946 年）9 月 10 日，国民党十三军进占鹰手营子前，煤炭开采停止。民国 37 年（1948 年）1 月 26 日，人民解放军再次解放鹰手营子，组织工人生产自救，恢复煤炭生产。

煤田大规模开发始于 20 世纪 50 年代，到 70 年代，相继有中央、地市区属及部分社队煤矿建成投产。改革开放后，小型煤炭开采企业快速发展，到 1997 年，全区有小煤矿矿井 260 多个。是年，全区原煤产量（含驻区企业）520 余万吨，煤炭开采业税收占全区税收总额的 60%。由于煤炭资源濒临枯竭和矿业整顿，1999 年至 2003 年，2 家国有煤炭企业分别停产、破产、1 家区属煤炭集体企业改制为私营企业。2003 年，全区煤炭开采企业减少到 57 个，其中省属企业 1 个，市属企业 1 个，私营企业 2 个，镇、村集体企业 53 个，从业人员 10229 人，年产原煤 301 万吨。据不完全统计，1958 年至 2003 年境内共生产原煤 8763 万吨。

第一章　煤田概况

兴隆煤田地处燕山余脉北部，呈东西条带状，包括 12 个井田，4 个煤系，11 个煤层，有 7 个可采煤层。其中，半数以上煤层集中在火神庙、老爷庙、北马圈子和涝洼滩等井田，并由东向西分布于汪家庄镇、鹰手营子镇、北马圈子镇。煤田含气煤、肥煤、焦煤、瘦煤、贫煤和无烟煤，其中气煤、肥煤为主要煤种。属高硫、富灰、高发热量煤，煤田总储量 2.23 亿吨。在可采煤层中，有大量外在灰分渗入，造成夹石多，煤层厚度不稳，增加了开采困难，影响了煤炭质量。

第一节　煤系煤层

一、煤系

兴隆煤田含煤系为石炭—二叠系，有四个含煤地层：马圈子层、张家庄层、荒神山层和茂山层。煤系地层厚度一般约660米，煤层走向东西和北东，倾向南和南东，倾角20度至45度。

马圈子层：为近海沉积，岩层很不稳定，厚度变化大。马圈子层含第四煤层群，含煤地层厚度20—220米。仅煤田东部和老爷庙一号井田发育，局部可采。

张家庄层：为近海沉积，岩层较稳定，厚度变化不大。张家庄层含第三煤层群，含煤地层厚度20—50米，全区发育，局部可采。其中六层、七层煤为煤田主要可采煤层。

荒神山层：岩层比较稳定，厚度变化不大，含第二煤层群，含煤地层厚度30—70米，全区发育，大部可采，其中四层煤是煤田最主要可采煤层，五层煤仅于马圈子井田发育，均可开采。

茂山层：为陆相沉积，厚度变化甚大。茂山层含第一煤层群。含煤地层厚度40—230米，二层煤是主采煤层，仅马圈子井田发育，可开采；三层与一层煤局部可采，火神庙井田三层煤发育。

二、煤层

兴隆煤田共有煤层11个，其中可采煤层7个，煤层厚度变化大，结构复杂，煤层倾角不等，均为复合煤层。

兴隆煤田煤层特征表

表6-1-1　　单位：米

煤层名称	煤层厚度两级厚度 一般厚度	夹石层数两级层数 一般层数	夹石厚度两级厚度 一般厚度	煤层间距	煤层稳定性	煤层结构	煤层发育情况
二	0—19.0 1.2—5.0	0—7 1—3	0.13—4.14 1.44	—	不稳定	较简单	马圈子较发育
三	0—12.2 1.5—3.9	0—1 1	0.26—4.71 1.50	12—79	极不稳定	复杂	火神庙竖井发育
四	0—26.1 2.5—11.0	0—19 6	1.26—9.64 2.11	7—46	稳定	极复杂	全区发育
五	0—3.9 0.7—1.5	0—4 1	0.09—1.13 0	3—25	极不稳定	较简单	马圈子较发育
六	0—3.9 1.5—2.0	0—4 1	0.10—3.87 0	17—75	较稳定	简单	全区发育

续表 6－1－1

煤层名称	煤层厚度两级厚度	夹石层数两级层数	夹石厚度两级厚度	煤层间距	煤层稳定性	煤层结构	煤层发育情况
	一般厚度	一般层数	一般厚度				
七	0—8.06 1—3.0	0—4 1	0.06—1.57 1.33	2—20	极不稳定	较简单	各井田局部发育
八	0—7.8 0.5—1.0	0—4 1—2	0.09—0.57 0	3—14	极不稳定	较复杂	全区不发育
九	0—4.3 0.7—1.7	0—6 1	0—2.43 1.30	20—30	极不稳定	简单	老爷庙一号较发育
十	0—3.02 1.2—1.9	0—3 1	0.25—2.54 0.48	30—60	极不稳定	简单	全区不发育

第二节　煤种煤质

一、煤种

根据“中国煤炭分类”各项指标，对照兴隆煤田各煤层工业分析和胶质层测定数据，确定兴隆煤田煤炭种类，由西向东为气煤（T）、肥煤（Ж）焦煤（K）瘦煤（ПC）贫煤（T）和无烟煤（A）。总之，兴隆煤田煤牌号复杂，同一煤层中有不同牌号。

1978 年至 1981 年，兴隆煤矿又分矿井、分煤层采样进行原煤工业分析、精煤元素分析和胶质层测定，煤种由西向东为气煤、肥煤、贫煤和焦煤。

兴隆煤田各煤层的变质程度，受岩浆和动力两种作用的影响，煤种呈明显地带状分布，由西向东克梨木、平安堡、北马圈子、南马圈子、煤岭沟、金扇子、石片沟、老爷庙一号、老爷庙二号、火神庙、火神庙东、旱子岭和门子沟等井田。一般为气煤、肥煤、焦煤、贫煤和无烟煤。

二、煤质

煤岩类型：有全亮型煤、半亮型煤和暗淡型煤。

煤的物理性质：

比重　烟煤比重 1.4—1.57 吨/立方米，无烟煤比重 1.76 吨/立方米。

硬度　烟煤 1—3 度，无烟煤 3 度。

1954 年 8 月至 1957 年 5 月勘探报告资料，原煤灰分 4.43%—50.00%，大于 26.00%。原煤含硫分一般 0.1%—8.13% 之间，大于 4%。发热量 3000～5000 千卡/公斤，兴隆煤田的煤为高硫、高灰、高发热量煤。1978 年至 1981 年，兴隆煤矿对三、四、五、六层煤进行采样化验和胶质层测定，分析结果为高硫、高灰、中热值煤。

第二章　矿井建设和镇村小煤矿

20世纪50年代后期，部属煤炭开采企业兴隆矿务局和地方国营煤炭开采企业开始进行大规模矿井建设，经过几次调整，至80年代中期，矿井建设、改造工程基本结束，境内建成国家部属煤炭生产企业1个，地方国营煤矿3个，集体所有制煤矿、联户及个体煤矿130多个。从90年代开始，各国营煤矿资源逐渐枯竭，部分斜井停产，露天矿全部停产。改革开放后，区内地方小煤矿发展迅速。至1995年，全区镇村办集体、联户、个体煤矿发展到237个。之后，镇村集体和个体煤矿经过多次整合，至2003年，全区有煤炭开采企业57个，其中省属企业1个，市属企业1个，镇、村集体企业53个，私营企业2个。

第一节　矿井建设

一、部属煤矿矿井

（一）兴隆矿务局汪庄煤矿矿井

火神庙竖井　位于汪家庄镇西南，1956年12月由沈阳煤矿设计院设计，兴隆煤矿筹备处以自建为主建成，是兴隆矿务局唯一的一座竖井。井巷主要工程含主井井筒、井下硐室、车场、副井井筒、大巷和采区、风眼等。总投资1498.7万元。1957年4月1日破土动工，主井深159.5米，副井深124米。井壁采用水泥砂浆、缸砖、料石砌筑，壁座用混凝土砌筑。年设计、核定生产能力为45万吨。1962年，利用国家投资进行了小南沟区开拓。1964年，因老爷庙二号斜井并入竖井，通风能力不足，小南沟工程停止。1965年，老爷庙二号斜井注销生产能力。1966年，竖井核定生产能力降为30万吨。60年代后期至1976年，恢复完成了小南沟区改造工程和西南扩大区建设，可采储量430万吨。1977年1月1日，竖井延深工程开工，到1986年4月，延深工程全部竣工，累计完成开拓工程量6467米，总投资911.6万元，主井筒延深（含装载部分）98米，副井筒延深108.22米（含水窝），新开采水平定为+270米，1987年4月26日投产。90年代，竖井平均年产原煤45万吨左右，2000年至2003年，平均年产原煤35万吨。

火神庙露天　位于火神庙井田中部，面积0.2平方公里，是兴隆煤矿筹备处自行设计建设的小露天煤矿，设计可开采储量246万吨，年生产能力15万吨。于1957年5月25日开工建设，1958年9月1日投产。1959年至1960年进行续建，1961年年初基本建设结束。1969年，提出火神庙露天境界扩大方案，1971年又做出扩大边界排土线设计，实施后，边界向南部、西部扩大，扩大后增加储量123.4万吨。1976年底，又扩大了东部边界，新增储量55万吨。经过两次扩大边界，露天面积增至0.44平方公里，总采剥比1∶3.5。1980年，火神庙露天提前进入衰老期，1984年开始改矿车运输为汽车运输。1988年关闭。

火神庙东斜井 位于汪家庄镇东南火神庙井田东部，开拓系统由主副井筒、水平车场、石门、大巷、风井等组成。原设计地质储量 817.9 万吨，可采储量 654 万吨。1957 年 11 月 26 日开工建设，1959 年 9 月 1 日投产，年设计生产能力 21 万吨，基建投资 527.33 万元。因地质条件复杂，掘进率高，煤质差，售价低，亏损严重，1963 年 12 月 13 日封闭。封闭后，兴隆煤矿组织力量，重点对该井区进行钻探，1985 年 7 月核实，火神庙东斜井井田尚有地质储量 905.9 万吨，可采储量 320.7 万吨，其中高效储量 117.8 万吨。据此，经河北省煤炭厅批准，火神庙东斜井重新设计开发，并列入国家“七五”期间基本建设小井项目，1987 年 7 月 1 日，火神庙东斜井再次破土动工，1989 年 8 月 20 日建成投产。共完成矿建工程 5084 米，土建工程 7783 平方米，投资 1109.71 万元。重新核定地质储量 525.32 万吨，可采储量 360.61 万吨。该井于 1994 年因资源枯竭而关闭。

火神庙西露天 汪庄煤矿自行设计开发的小露天，位于火神庙竖井西 1 公里处，这个区域的煤炭资源于 1960 年被西山斜井采区开采了绝大部分，故火神庙西露天的生产以复采为主。1982 年汪庄煤矿提出西露天设计方案，1983 年被河北省煤炭局列为技术改造项目，批准设计可采储量为 30.8 万吨，年设计生产能力 4 万吨，1985 年煤炭产量 6.98 万吨。1988 年因资源枯竭而关闭。

（二）兴隆矿务局营子煤矿矿井

老爷庙一号斜井 位于鹰手营子镇南部，1958 年 2 月提出设计，是年 3 月 18 日破土动工，年设计生产能力 30 万吨。主井地面标高 +486.4 米，倾角 25 度，一水平井筒斜长 174 米，副井斜长 178 米，1960 年 1 月 25 日第一水平投产。投产后，因井田构造复杂，地质资料不准确，煤质差，产量低，又经两年续建，建成的一号斜井设计工业储量 1011.8 万吨，两个水平开采。1962 年 7 月，防洪沟决堤全井被淹，未能恢复正常生产。1960 年至 1963 年，合计产煤 27.95 万吨，尚未达到一年的设计能力，4 年亏损 74.9 万元，1963 年封闭全井。1968 年，由于国家对煤炭需求增加，特别是滦河电厂对低质煤用量增加，1969 年 9 月一号斜井恢复生产。1976 年，进行一号斜井延深设计，1977 年 1 月施工，在主井东侧建一新主井，完成巷道掘进 7217 米，其中主体工程 6117 米，总费用 299.46 万元，1979 年，一号斜井被煤炭都列为停产调整矿井，1982 年初，延深工程竣工。1995 年始，一号斜井仅以小窑井承包形式维持生产。

老爷庙二号斜井 位于鹰手营子镇老爷庙村南，面积 2.6 平方公里，分 +465 米、+425 米两个水平开采。1958 年 4 月 29 日始建，1959 年 11 月 15 日投产。年设计生产能力 30 万吨，核定生产能力 15 万吨。斜井除中部主、副井外，还在井筒的东西两翼以平峒方式开发 +508 米水平以上煤层。该井在 1964 年合并到火神庙竖井，合并后因战线过长，难于管理，暂停了西平峒开采。1969 年又与竖井分开，1970 年西平峒恢复生产。二号斜井于 1971 年至 1973 年进行了延深建设。至 1985 年年底，全井累计生产原煤 537.8 万吨，动用储量 948.4 万吨，按兴隆矿务局设计的可采量 963.2 万吨计算，已动用 98.46%。1987 年年底，该矿井销号，1988 年 9 月 28 日报废。

营子煤矿小露天 老爷庙二号斜井井田有小露天两处，因分布在二号斜井东西两侧，故称东西露天。东露天为非正规开采。西露天于 1958 年 12 月开采，浅部露头煤采完后停采。1983 年 6 月营子煤矿编制了二号斜井露天技术改造设计方案，1984 年 4 月 9 日 被国家煤炭部列为技术改造项目，批准设计能力年产 3 万吨，概算投资 75 万元。当月施工，到年底达到设计规模，总计完成投资 83.56 万元。重新开采到 1985 年年底，1986 年关闭，共生产原煤 31.96 万吨。

（三）兴隆矿务局马圈子煤矿矿井

北马圈子斜井（中央斜井） 位于北马圈子镇西北，1958 年 7 月 1 日正式开工建设。用 +395 米和 +338 米两个水平开采，将中央主副井筒开凿至 +348 米，年设计生产能力 60 万吨。1960 年 6 月 28 日一水平简易投产，到 1961 年，因地质条件复杂，火成岩侵入严重，第一水平仅残存 320.7 万吨可采量。1963 年 1 月，二水平延深项目被 列为国家补套矿建项目，正式开工，1964 年底第二水平生产系

统投入使用，新建成的斜井东西延长2.18公里，南北均宽1.45公里，有工业储量3199.4万吨，可采储量2550.1万吨。北马圈子斜井年设计生产能力降到45万吨。该斜井建成后，曾进行几次改建、扩建，如井下东南区开拓、西翼风井区改为露天开采等。规模较大的是1976年利用国家老矿挖潜投资141.06万元，完成了井下西南扩大区建设、斜井生产环节改造等项工程。1977年，马圈子煤矿着手斜井延深工作，1979年1月1日开工建设，1980年底竣工投产，完成井巷工程5284米，总投资412.59万元，主副井筒分别延深210米和203米。新建的第三水平有工业储量503.4万吨，可采储量277万吨。1994年7月因洪水淹井停产，1995年北马圈子斜井生产能力被核销。

南马圈子斜井 位于兴隆煤田西南部的山谷中，距鹰手营子镇中心6公里，系1982年5月煤炭部在辽源矿务局召开的中小型矿井第三次包建会议上确定的小型建设项目，1982年10月动工，1985年9月建成正式投产，投产前共完成基建投资917.51万元，完成井巷工程7183米，是北马圈子中央斜井的接替井，地质储量1369.4万吨，可采储量429.2万吨，年设计生产能力21万吨。1994年7月因洪水淹井关闭，1995年核销生产能力。

马圈子煤矿小露天 马圈子煤矿有小露天两处，东露天为非正规开采，西露天为正规开采，均为兴隆煤矿自筹资金技术改造项目。西露天所采范围系北马圈子中央斜井西翼二、四层煤，总面积0.22平方公里。1971年，经河北省重工业局批准开工建设，1974年投产，建设总投资100万元。1985年因资源枯竭而关闭。

二、地方国有（营）煤矿矿井

（一）东风煤矿

东风煤矿 前身为老爷庙煤矿，位于鹰手营子镇老爷庙村兴隆煤田中部。中华人民共和国成立初期，南山平硐平掘开采，北大坑露天剥离开采。1959年南山平硐改为斜井。60年代北大坑露天亦改为斜井。1985年，2个斜井年设计生产能力15万吨。1989年统计，可采储量203万吨。1999年因资源枯竭而停产。

（二）涝洼滩煤矿

涝洼滩煤矿 位于营子矿区汪家庄镇涝洼滩村，在兴隆煤田东部，煤田区域东西长7.4公里，南北宽1.8公里，面积8.46平方公里。1958年5月，核准地质储量1424万吨，可采储量854.4万吨。是年7月，开始筹建张庄斜井，1959年3月正式投产，年设计生产能力6万吨。1959年7月，开工建设涝洼滩南平硐，1962年8月投产。1970年2月，根据煤炭储量分布，在南平硐内建设一号、二号两对暗斜井。1973年2号暗斜井投产，年设计能力5万吨。1974年1号暗斜井投产，年设计生产能力10万吨，全矿矿井设计生产能力达到21万吨。1978年7月，遭受水灾，张庄斜井被淹停产，再未恢复生产。1986年，经过技术改造，南平硐的年设计生产能力提高到30万吨。1988年，在新建的北露天平硐内，建一对暗斜井，年设计生产能力6万吨。全矿年设计生产能力达到36万吨，最高年产量30余万吨。1990年起全矿原煤年产量锐减，1997年年产量降至13.4万吨，2000年仅产煤10.3万吨，2003年3月5日涝洼滩煤矿宣布破产。

（三）胜利煤矿

位于营子矿区鹰手营子镇河北村，属兴隆煤田中部。1968年，承德地区专员公署在鹰手营子公社老厂子大队和石片沟大队境内建胜利煤矿，隶属承德地区煤炭管理局，矿井年设计生产能力5万吨。1988年7月，因胜利煤矿地下开采导致石片沟一带地下水渗漏，水资源枯竭，农业生产、人畜用水困难，承德地区专员公署决定停止开采，撤销胜利煤矿，将设备、人员并入涝洼滩煤矿，胜利煤矿改为涝洼滩煤矿的一个采区，但是再未恢复生产。

三、营子矿区煤矿矿井

1979年8月，建营子矿区青年煤矿，为区属集体企业。矿井分布在鹰手营子镇的老爷庙和喇嘛沟村一带，月产原煤150吨左右。1987年5月，在汪家庄镇姚家庄村南山建矿井1处。1992年有井口11个，1994年增加到12个，是年7月12日，营子矿区遭受特大水灾，12个井口有11个被淹没，经过1个月的抗灾抢险，各矿井相继恢复了生产，到1997年，营子矿区煤矿（原营子矿区青年煤矿）发展到15个井口。1998年，由于煤炭资源濒临枯竭，企业亏损严重被迫停产，2000年年底15个井口全部出让给个体经营。

第二节　镇村集体个体煤矿

营子矿区兴办镇、村煤矿始于1958年，是年鹰手营子公社兴办老爷庙大队副业队煤矿，至1961年，全区农村社队办的采矿点发展到7个，年产原煤4万吨。1962年起，煤炭资源由国家统一管理，各社队的采矿点停办。1968年，鹰手营子公社在老爷庙南山建成社办煤矿，1969年，马圈子公社北马圈子大队建小煤矿1个，1970年后鹰手营子公社老爷庙大队、鹰手营子大队、汪家庄大队也先后办起小煤矿。至1986年底，全区农村集体所有制煤矿发展到15个，联户、个体煤矿（井口）发展到117个，年产原煤50余万吨。镇、村办及个体煤矿多数处在国有煤矿边缘，煤层浅规模小，建井工程少，生产环节简单，投资都不高。1995年，全区镇村集体、联户、个体煤矿增加到237个。1997年之后，营子矿区进行矿业整顿，连续对各类小煤矿进行综合治理，通过关闭、联合、改制等措施，将联户、个体煤矿改制为镇村集体所有，个人承包的企业，增加了矿建投资，规范了矿井建设，消灭了独眼井。

第三章　生产技术

境内煤炭开采企业在开拓、掘进、采煤、提升、运输各生产环节中的技术水平，部属企业兴隆矿务局高于地方国营煤矿，地方国营煤矿高于镇村办及个体煤矿。总体看，机械化水平不高。

第一节　部属煤矿生产技术

一、开拓和掘进

（一）开拓和掘进方式

兴隆煤田的地质构造以东西走向，南倾逆断层为主，断层上盘煤压着下层煤，南部煤层压着北部

煤层。兴隆矿务局各矿井根据煤田地质情况，在开拓布置上，不论开采哪一水平，均采用竖井阶段石门和斜井阶段石门贯穿南北各煤层构造块，然后沿煤层或岩层开拓集中运输大巷、区域运输大巷、轨道上山和溜煤眼，形成多水平分区开采系统。采区一般以地质构造块划分，长度 250 ~ 1000 米不等。以布置上山巷为主，采区内沿倾斜划分区段，长度 40—100 米不等，工作面风巷、溜子巷沿煤层布置。开拓系统形成后，在分区通风轨道上山一翼或两翼区段内的掘进巷道大都采用留煤柱送巷方式。1988 年后，全局各矿井在五、六、七层煤回采中均采用了沿空留巷。

（二）开拓掘进工艺

建井初期，采用手钎打眼，后来有了一些风动、电动打眼设备，但在工作面的装运仍然靠人力。1959 年 8 月，河北省青年先进经验推广团到兴隆矿务局推广多台风锤作业、接力掏槽、楔形掏槽、长钎子打眼、浅打眼多放炮、空心爆破、深孔爆破、快速装运、一次刷帮、无眼棚子毛料石砌碹等先进开拓掘进施工经验。这些先进工艺在兴隆矿务局得到了广泛采用和推广，并在开拓掘进中取得了明显效果。1961 年 3 月 10 日，河北省总工会、省煤炭管理局组织开拓掘进先进经验传播队到兴隆矿务局传播经验。在掘煤巷和半煤岩巷的打眼技术上，推行了双台电钻打眼、六眼掏槽、四眼接力连续掏槽；在放炮工艺上，推行了两炮棍同时作业多人装药；在出渣工艺上，推行了四角装车，平行作业（即打眼与检查平行，敲帮问顶找掉与装车平行，打眼与装煤平行，支架与装煤平行）；在岩巷的打眼技术上，推行了双锤支架作业、三星掏槽、五眼接力深打眼分次放炮等先进技术，使开拓掘进效率进一步提高。1964 年，马圈子煤矿在岩巷掘进中首先使用了铲斗装岩机，实现了装岩机械化。1965 年，兴隆煤矿 3 个采区都使用了 ZYC－21 型铲斗装岩机，在煤巷中使用蟹爪式装煤机和小型皮带装载机，提高了开拓掘进速度，岩巷、半煤岩巷和煤巷平均月进度分别达到 50 米、80 米和 120 米。1971 年，营子煤矿在一号斜井东翼开拓大巷试用自制的耙斗装岩机，在二号斜井使用自制的简易运输机，汪庄煤矿在竖井使用小型联合掘进机，马圈子煤矿将硅整流电机车应用到开拓巷中，兴隆煤矿形成了井下开拓掘进机械化作业的雏形。1972 年以后，相继形成了三条机械化生产作业线，即岩石平巷作业线、吊罐作业线和上下山“三斗”作业线。岩石平巷作业线的工艺是激光指向仪指定巷道中线，4 台风锤同时打眼作业，放炮后开动耙斗机扒岩，经皮带转载机把岩石装入矿车，扒岩间歇时间，打锚杆至迎头，扒岩完毕，耙斗机前移，后继喷浆成巷。吊罐作业线是作业人员在悬吊的罐式工作台上，自下而上进行反井作业，具体可分准备、打井、收口三个作业阶段。“三斗”作业线是打眼放炮后，开动稳固在斜坡上的耙斗机扒岩，装入箕斗，绞车提升至地面，经曲轨将岩石翻入地面漏斗，由漏斗自动装车运至矸子坡。营子煤矿一号斜井主井、副井、风井延深都采用了这种作业法。

（三）支护方式

1958 年至 1964 年，井底车场、重要运输大巷、石门等开拓巷道以砌碹为主，兼用水泥支架。轨道上山、通风上山、运输下山大都采用梯形木支架。1965 年，汪庄和马圈子两个矿开始在单轨运输巷、石门、轨道上山和通风下山使用工字钢梯形棚子支架，并在顶板比较坚硬的采区运输下山和通风上山试验成功了锚杆支护。1969 年至 1975 年，开拓巷道的支护方式以工字钢支架和水泥背板为主，主要用在单轨运输巷、石门、轨道上山、通风上山和运输下山。这一时期，汪庄煤矿还在岩石巷道中试验成功了锚喷支护。1976 年，开始在开拓巷道推广光爆锚喷新工艺。到 1985 年，所有岩石巷道全部使用钢丝绳锚杆、挂网，配合混凝土喷浆支护，岩石坚硬只喷不锚的巷道也大量出现。1986 年以后，汪庄、营子两矿的开拓巷道多以光爆锚喷为主，马圈子煤矿则多以工字钢棚子为主。

自建矿始，各矿掘进巷道基本采用木质梯形支架支护。在煤体坚硬的溜子道、回风道、切眼、轨道平巷中，支架规格一般为 2 米 ×2 米，间距 1 米，软煤层或地压大的掘进巷道支架间距为 0.7—0.8 米。1975 年以后，掘进巷道在采区中间轨道巷、采区运输巷等局部区域采用工字钢支架、水泥支架、锚喷等支护方式。

1988 年，全局在籍巷道总长 76791 米，其中，坑代巷道中使用金属支架巷道 15758 米，水泥背板支护 1158 米，锚喷支护 22392 米，其他支护巷道 18810 米。90 年代以后，各井田煤炭储量枯竭，开拓巷道施工量减少，各矿掘进巷道开始使用单体液压支柱支护，木支护逐年减少。

二、采煤方法

各矿井投产初期一般都按原设计布置壁式采面，这种布置不符合煤田地质特点，效果较差。1960 年，火神庙竖井在三层煤回采中试用了 V 型陷落和房柱陷落采煤法，在火神庙东斜井六、七层煤试用了仓柱采煤方法，在营子和马圈子煤矿地质构造特别复杂的区域试用了破垛方法，使生产形势有所好转。是年 4 月，在全局重点推广 V 形采煤法，对提高产量降低坑木消耗起到很大作用，但这种方式掘进率高，回收率低，不利于对资源的充分利用。是年 11 月，兴隆矿务局结合各矿井实际确定了 6 种采煤方法，即急倾斜煤层，顶底板好，采用仓柱式采煤法；缓倾斜薄煤层，采用长壁或短壁采煤法；6 米以下的缓倾斜厚煤层，采用壁式后陷一次采全高采煤法或利用夹石层做假顶倾斜分层采煤法；6 米以上缓倾斜厚煤层，采用煤皮假顶倾斜采煤法；6 米以上急倾斜煤层，采用水平分层采煤法；地质复杂，火成岩破坏严重地段，采用残柱式采煤法。以上几种采煤法中，壁式和倾斜分层式习惯上称新法，其他称老法。1961 年，新法工作面占工作面总数的 69.2%。1962 年，对回采工作面进行了调整，新法工作面占工作面总数的 83.3%。从 1963 年开始，各矿井的主采煤层（二、三、四层）采用的基本定型的采煤方法有自然假顶分层长壁、单一走向长壁、壁式分层后方陷落等。进入 70 年代，迫于生产任务的压力，残柱式老法采煤又逐渐增多。1975 年营子煤矿根据地质构造实际，提出放塘出煤眼、通风行人眼、掘进准备巷必须同时具备，才能回采作业，并将这一方法归纳为“三眼加横川”采煤法，并加以推广，自此各矿井的壁式作业面逐渐减少。80 年代后，壁式采煤法基本被“三眼加横川”采煤法所取代。1990 年至 1993 年，在精收细采的基础上，南马圈子斜井和汪庄煤矿 2743 采区试行了高档普采。2000 年后，汪庄煤矿在顶板悬空面积大于 200 平方米的缓倾斜六层煤采面推行了断臂刀柱耗装采煤法。

三、提升、运输

（一）提升

采区提升 兴隆矿务局各矿井均采用分区式开采，各采区有轨道上山和运输下山，轨道上山设有绞车房，作为提料、提煤、提矸之用。各井一水平采区轨道上山绝大部分都透地面，下一水平采区轨道上山也都与上一水平大巷相通，这些轨道上山也都设有提升绞车房。20 世纪 50 年代末至 80 年代，轨道上山采用 TST1200/1030 型 75KW 绞车提升，临时性斜坡提升，如掘进提煤，采面、掘进所需材料局部斜坡搬运，则采用 JD－11.4KW 内齿轮小绞车。1981 年，又使用了 ID－52 和 JD－40 型绞车作为小型提升工具。提升以串车为主。之后至 2003 年无变化。

井筒提升 兴隆矿务局所属各矿井除汪庄煤矿是竖井提升外，其他各矿井均为斜井提升，提升容器为箕斗、吊车、人车、罐笼和 U 形矿车，均用绞车提升。火神庙竖井日提升能力 1050 吨，营子煤矿一号斜井日提升能力 为 650 吨，二号斜井主井日提升能力为 560 吨。马圈子煤矿中央斜井主井日提升能力二水平为 2323 吨，三水平 1568 吨，副井日提升能力二水平 2124 吨，三水平 1200 吨。1963 年，营子煤矿一号斜井封井，1969 年恢复一号斜井，在主井安装单筒绞车。1975 年，马圈子煤矿中央斜井副井人车投入使用，装备人车 5 辆每次提升 20 人。1978 年，煤岭沟东部井田划归营子煤矿一号斜井，

为提高提升能力开凿了新主井，日提升能力为2016吨。是年4月，营子煤矿一号斜井副井改换为TK－2.5－30型绞车。1979年，马圈子煤矿中央斜井副井更换为JK－2.5－30型绞车。1980年，汪庄煤矿竖井提升绞车更换为6000千瓦电机。1981年5月，营子煤矿二号斜井副井更换为JK2/20型绞车，日提升能力2067吨。1983年12月，汪庄煤矿东斜井更换为2БМ－1030型绞车，容器为串车。1986年，汪庄煤矿竖井二水平延深工程竣工，主、副井筒提升高度分别增加98米和108.22米。至80年代末，井筒提升设备虽有更新，但绝大多数老设备仍在使用。

1993年3月，营子煤矿二号斜井调整为浅部生产，主井绞车停运。1994年7月，马圈子煤矿因水灾停产，全矿主、副井绞车停运。1998年12月19日，汪庄煤矿东斜井停产，绞车停运。2003年11月，营子煤矿二号斜井副井绞车更换为JT－1.2型。

（二）运输

采区运输 各矿投产前掘进和风井运料，采用独轮胎车，人力推运，同时，还采用木制轨道配铁轮木矿车运输。矿井投产后的掘进和回采都是用人工铁锹装车，人力推运。1960年曾一度推广水力运输。是年底，全局各矿井开始使用链板运输机。采面、顺槽、运输下山铺设CKP－11型溜子。1962年引进了SGB－20A型和22型溜子，主要用在运输巷。1968年实现了溜子集中控制。1971年5月，在火神庙竖井974三片运输巷首先使用44型可弯曲双链刮板运输机。1974年，又引进了SGW－40T型可弯曲刮板运输机，并在各矿推广使用，CKP－11型、SGB－20A型和22型溜子逐渐减少，至70年代末基本淘汰。1984年，为了节约用电，采区配备了SGW－34型和SGW－17型溜子，淘汰了SGW－40T型可弯曲刮板运输机。至2003年，采区运输方式无大变化。

大巷运输 矿井投产前大巷运输靠人力装运，投产后开始使用架线式电机车，牵引铁制1吨矿车，每链15—40个。1960年，引进了蓄电池电机车，应用在开拓巷和没有架线的采区。每台蓄电池电机车可牵引1吨标准铁矿车5—10个。之后大港运输方式无大变化。

地面运输 20世纪50年代末，汪庄、营子、马圈子3个煤矿的地面储煤仓和铁路专用线先后建成，井下采出的原煤提升到地面，经皮带运输机卸入煤仓自动装入标准车皮外运。铁路运输是兴隆矿务局原煤外运的主要运输方式，各矿井均设有排矸场地和贮矸仓，并以绞车提运。至2003年无变化。

第二节 地方国有（营）煤矿生产技术

一、开拓掘进

境内地方国有（营）煤矿有东风煤矿、涝洼滩煤矿和胜利煤矿。各矿平峒均为平掘开拓，斜井一般采用斜井、多水平、分区式开拓方式。20世纪50年代末至60年代，掘进基本采用人工打眼、爆破、装岩，主要巷道峒室采用砌碹支护，其他巷道采用木支护。进入70年代，一些较大矿井由手钎打眼、人工装岩逐步过渡到风钻、电钻打眼，耙斗机装岩。在巷道掘进中，除使用掛腰线等简单测量方法外，还使用经纬仪、水准仪、激光定向等测量仪器。1972年，锚喷支护试验成功并获得推广，砌碹和锚喷支护增加，木支护减少。至2003年，开拓掘进方式、工艺无大变化。

二、采煤方法

地方国有（营）煤矿的露天均为阶梯式露天剥离开采，工艺相对简单。井下采煤，主要以残柱式采煤方法为主。涝洼滩煤矿1959年投产后，一直采用残柱式采煤法。1965年老爷庙煤矿采用以掘代

采的方法采煤，1965 年后，改用落垛式和残柱式方法。在南山斜井推行短臂采煤法，1973 年采用多阶段斜切分层采煤方法，提高了资源回收率。1975 年至 1984 年，涝洼滩煤矿先后 3 次在南平峒 1 号暗斜井试行走向长臂与斜切分层采煤法，均因地质条件限制未能推广。1989 年 10 月，在南平峒 1 号暗斜井 1 个采区试推行滑移顶梁液压支架厚煤层一次采全高后方放顶采煤法，1991 年在 2 号暗斜井 1 个采区推广。至 2003 年，地方国有（营）煤矿采煤方法无大变化。

三、提升运输

20 世纪 50 年代末，地方国营煤矿已开始用蒸汽绞车提升原煤。1959 年以后，提升、运输除使用绞车外，还使用电机车、电瓶车。采煤工作面用刮板运输机或 V 形溜子、搪瓷溜子装车，运至井下翻笼，绞车提升至地面。地面采用自动滑行线，磕斗（翻车器）倒车，吊式漏斗装车外运。至 2003 年，提升、运输工艺无大变化。

第三节　镇村办及联户个体煤矿生产技术

镇、村集体煤矿多采用斜井开拓，平巷掘进。联户及个体煤矿规模小，初期多为独眼井，1988 年以后取缔了独眼井，保留的矿井全部做到主、副井贯通。各矿采用单井筒后退式、残柱式或落垛式采煤方法。2000 年以后，多数煤矿都采用了短壁式采煤方法。运输提升普遍采用平巷人力推车或斜坡绞车提升。

第四章　从业人员

境内煤炭开采业从业人员主要由外地调（招）人员、农村劳动力和外来务工人员组成。其中，国有（营）煤矿的职工主要来自北票、阜新、开滦、井陉、京西等矿务局，各大专院校和省内盐山、张家口、承德地市城乡；镇村办及个体小煤矿则以招当地及周边外县农村劳动力为主，还有少数外地务工人员。国民经济调整时期，国营煤矿从业人员均有裁减。其中，兴隆矿务局从业人员多时达 12000 多人，少时只剩 4400 多人。实行经营体制改革后，国有企业采取精减人员，分流下岗，改变固定工身份等措施，以提高工作效率。镇、村办及个体私营煤矿用工制度灵活，流动性大，从业人员不稳定。

第一节　国有（营）煤矿职工队伍

一、部属煤矿职工队伍

1956年1月，成立北票矿务局兴隆煤矿筹备处，有职工111人，其中生产工人65人。之后，东北第一建井局抽调工人到兴隆矿务局筹备处，是年底，有干部259人，技术工人243人，招收工人1405人。

1957年3月后，由北票、阜新、开滦、京西、井陉、承德等地调入大批工人、干部和工程技术人员。1958年职工队伍进一步扩大，是年底，有职工11440人，至1960年全局5对矿井移交生产时，职工增至12116人，为历史最高水平。

1962年，处于国民经济困难时期，精简职工3566人，其中干部347人，年末尚有职工5442人，其中原煤生产工人3175人，占58.34%。1964年末，有职工4514人，其中原煤生产工人2663人，其他生产工人508人，服务人员551人。1967年，有职工4404人，是职工人数最少的一年。

1970年，职工人数回升到5315人。1976年至1980年，为保证产量翻番，大量招收工人，期间共招收3368人，1980年职工达到10050人，其中原煤生产工人5258人，占52.32%，在全部职工中，固定工，8848人，临时工1202人。

1983年，按照煤炭部定员指标，职工总数降至9832人，其中非生产人员2075人，占职工总数的21.1%。1984年10月，开始招收合同制工人，至1988年，全局共招收合同工370人，是年，职工总数9210人，其中生产工人5940人，占64.5%，服务人员1780人，占19.3%，管理人员780人，占8.5%，其他人员710人，占7.7%。1995年，全局7281名职工实行全员劳动合同制。2000年，全局共有在册职工6305人，其中在岗5391人，下岗486人，停薪留职11人，内退144人，长期工伤91人，长期病假123人，其他59人。2003年，有在册职工5604人。

二、地方国有（营）煤矿职工队伍

1949年末，老爷庙煤矿有职工88人，其中工人74人，职员7人。1957年，职工增加到300人，其中工人222人。20世纪50年代末期，老爷庙煤矿与在境内挖煤的滦平、隆化、丰宁、围场县采煤队合并组建的鹰手营子煤矿共有职工830人，其中涝洼滩采区316人，老爷庙采区514人。1961年10月，鹰手营子煤矿分设为老爷庙煤矿和涝洼滩煤矿，老爷庙煤矿有职工863人，其中工人676人，涝洼滩煤矿有职工845人，其中生产人员690人，非生产人员155人。地方国营煤矿合计有职工1708人。

1962年，煤炭开采企业精简职工，老爷庙煤矿减员80人，涝洼滩煤矿减员400人。1967年老爷庙煤矿改称东风煤矿。至1968年，东风煤矿有职工800人左右，涝洼滩煤矿有职工684人，其中生产人员546人，非生产人员138人。是年，成立承德地区胜利煤矿，职工不足200人。1972年，东风煤矿、涝洼滩煤矿和胜利煤矿3个地方国营煤矿职工总数为3490人，其中固定工占78.45%。1973年，职工总数为3578人，其中固定工占99.94%。

1981年，东风煤矿有职工854人，其中固定工824人。涝洼滩煤矿有职工1915人，其中生产人员1448人，非生产人员467人。胜利煤矿有职工302人，其中固定工199人，临时工103人。是年，地方国营煤矿共有职工3071人。

1988 年，胜利煤矿撤销，职工合并到涝洼滩煤矿。2001 年，东风煤矿有职工 360 人，2002 年，涝洼滩煤矿有职工 1211 人。

第二节　镇村及联户个体煤矿从业人员

1959 年，营子公社老爷庙大队副业队煤矿安排劳动力 60 人。1969 年，全区社、队只有马圈子公社北马圈子大队 1 个小煤矿，安排劳动力 15 人。1979 年，全区社、队煤矿有从业人员 174 人。改革开放前，社队煤矿从业人员均为当地农村劳动力。改革开放后，镇、村及联户、个体煤矿不断发展，从业人员除当地农村、城镇人员外，大量来自周边县、市、区。1981 年，从业人员 1291 人，1997 年从业人员最多，达到 3950 人。之后，多次进行矿业整顿，矿井个数和从业人员逐渐减少，2003 年，有从业人员 1952 人。

1969—2003 年营子矿区
镇、村及联户、个体煤矿从业人员统计表

表 6－4－1　　　　单位：人

年份	从业人员数	年份	从业人员数	年份	从业人员数	年份	从业人员数
1969	15	1978	164	1987	1980	1996	3471
1970	18	1979	174	1988	2060	1997	3950
1971	30	1980	178	1989	2525	1998	3182
1972	30	1981	1291	1990	2605	1999	1777
1973	57	1982	1268	1991	2344	2000	1870
1974	57	1983	1177	1992	2546	2001	1802
1975	72	1984	1297	1993	2609	2002	1803
1976	102	1985	2368	1994	2838	2003	1952
1977	102	1986	2373	1995	2977		

第五章　煤矿管理

各国有（营）煤矿建矿后，实行党委领导下的局、矿长负责制。自建矿始，十分重视管理制度的建设，逐步形成了一整套行之有效的管理制度。注重安全生产管理，建立组织，明确责任，进行安全生产知识和技能的宣传和培训，加强安全生产的监督检查，取得明显效果。改革开放后，实行局、矿

长负责制，扩大企业自主权，增强了企业活力。

20世纪50年代末至改革开放前，农村社队小煤矿由所在公社、大队管理，生产秩序和安全状况较好。改革开放后，镇、村集体和联户、个体煤矿快速发展，安全隐患增加。区政府及煤炭开采管理部门，制定一系列规章制度，强化管理工作，多次开展矿业整顿活动，取得良好治理效果

第一节　国有（营）煤矿管理

一、改革领导体制

20世纪50年代后期至“文化大革命”前，国营煤矿实行党委领导下的局、矿长负责制。1968年，国营煤矿均建立了革命委员会，实行党的一元化领导。1978年12月中共十一届三中全会以后，恢复党委领导下的局、矿长负责制。1985年，地方国营煤矿实行矿长负责制，1987年，兴隆矿务局实行局、矿长负责制。局、矿长为企业法人代表，对全局或全矿的生产经营管理全面负责。党委作为企业的政治核心，发挥监督保证作用。定期召开职工代表大会，由法人代表向职工代表大会报告工作，听取意见和建议，接受监督。兴隆矿务局自1958年4月2日召开首届职代会至2003年，共召开12届职工代表大会。

二、扩大企业自主权

计划经济时期，各国营煤矿的生产任务，产品销售、资金调度、物资采购供应，工资分配等主要实行计划管理。1981年，兴隆煤矿与河北省煤炭管理局签订3年亏损包干合同，1982年涝洼滩煤矿开始在原煤直接生产单位实行集体承包计件工资管理办法。1984年，河北省煤炭管理局对兴隆煤矿实行吨煤工资包干考核。是年7月，兴隆煤矿制定《关于扩大企业自主权的暂行规定》，从多方面扩大了生产矿的自主权。1985年，煤炭部对兴隆矿务局实行投入产出总承包，兴隆矿务局制定了《关于扩大企业自主权的几项规定》，进一步为生产矿扩大了发展多种经营、联合经营等项权力。1990年以后，兴隆矿务局煤炭资源渐趋枯竭，为实现扭亏增盈目标，采取放权、分散、搞活的企业管理方式，在继续坚持以煤为主的同时，陆续兴办非煤项目，发展多种经营。给下属企业更多的自主权，下属企业之间引入市场机制，促进内部管理。东风煤矿和涝洼滩煤矿也先后推行了一系列 联产联酬承包等管理形式，同时努力发展多种经营项目。1998年7月后，兴隆矿务局在企业管理方式上由放权、分散、搞活向集中统一扭亏转变，在项目和工程安排上，加强了计划管理。

三、建立规章制度

1957年5月，兴隆煤矿筹备处颁发《低值易耗品、临时建筑及设备管理办法》《住宅租金开支范围暂行规定》《医疗卫生补助金管理暂行办法》《福利补助金暂行规定》。各地方国营煤矿建矿初期，建立了生产任务责任制、质量责任制、安全责任制、经济核算制。随着生产形势的发展，又先后建立调度会议制度、全面质量管理制度、技术管理制度、检验制度、事故报告制度。兴隆煤矿到1975年，又先后制定劳动工资、器材管理、火工品管理、供电用电、煤炭资源、采掘工程质量等方面的规定、办法、细则或标准。

改革开放后，兴隆矿务局从实际情况出发，逐步完善、健全了计划管理、设备管理、质量管理、物资管理、安全管理、劳动人事管理、财务管理、后勤管理等方面的一系列规章制度，1997年至2003

年，兴隆矿务局先后共编印下发5册《企业管理制度汇编》，共122个文件，地方国营煤矿也建立或完善了各种岗位责任制。

四、安全生产管理

（一）建立机构、明确责任

始终把安全生产作为一项重要工作来抓，层层设立安全生产管理机构，基层班组设专职瓦斯检查员。各单位行政正职为安全生产的第一责任人，负全面责任，设1名副矿长主抓安全工作。实行行政管理、安全监察、群众监督三位一体的企业安全管理体制。

（二）安全知识宣传

经常利用标语、广播、橱窗、板报、周报、知识竞赛、班前会宣传安全生产知识，通过办安全教育展览、事故案例宣讲、知识竞赛等形式以提高职工安全生产意识。

（三）安全知识培训

坚持利用班前会进行井下安全知识培训，对班组长以上干部、放炮员、瓦斯员、绞车司机、架线机车司机、电瓶车司机、电工等定期进行脱产或不脱产安全知识培训。一些特殊工种，需经局或矿专业培训考试合格发给操作合格证或安全资格证后方可上岗。

（四）安全监察

各国营煤矿建矿初期，就建立了各自的安全生产管理或监察机构，行使安全生产监督检查职能。为使安全生产有章可循，至2003年，一直致力于建立和完善职工入井检身、井下交接班、入井人员清查、火工品管理、瓦斯检查排放、瓦斯日报审报、安全生产责任制、安全操作规程管理、事故隐患排查、安全奖惩等一系列规章制度。以各项规章制度为规范，坚持不懈地开展安全检查、抽查工作，对查出的问题及时反馈，制定解决方案，认真组织实施或限期整改。发生安全事故，从严处理。

第二节　集体联户个体煤矿管理

一、管理机构

1984年7月，成立营子矿区煤炭工业公司，隶属区经济委员会，负责管理镇、村及联户、个体煤矿。1985年11月，成立区乡镇企业管理局，1987年，局内设综合办公室、煤炭工业公司和经销公司。1989年区乡镇企业管理局，内设机构改为办公室、计财股、企业股、矿业公司。1992年4月，成立营子矿区煤炭管理局，与乡镇企业管理局合署办公，两局编制9人，内设安全股、生产技术股、计划股、财务审查股。1995年，区乡镇企业管理局将机构调整为秘书股、财务审计股、生产计划股、矿山安全股，区煤炭管理局内设生产许可证办公室。

2002年5月机构改革，撤销乡镇企业管理局，职能划入经济贸易局。撤销煤炭管理局，职能划入矿业安全生产监督管理局。

二、管理措施

20世纪50年代末至80年代初，区内农村社队煤矿由所在公社、大队管理。并普遍建立由矿长、大班长、计划员、安全员组成的安全领导小组，负责制定安全制度、检查安全生产情况，及时处理各种安全隐患，定期对从业人员进行安全知识培训。矿井设瓦斯检查员、安全员、通风员，实行交接班

制度。

80 年代中期，区政府制定各镇村安全检查，干部、工人安全生产责任制等管理制度，对各镇村集体和联户、个体煤矿进行统一规划、统一指导。区政府每年同主管局和各镇签订安全生产责任书，把安全工作量化，列入主管局和各镇年度考核内容。各镇和各村委会分别建立安全生产检查机构，定期组织对火工品管理、事故报告、安全奖惩等项规章制度落实情况进行检查

1994 年 5 月，区政府印发《营子矿区集体小煤矿审批程序》，6 月，区煤炭管理局出台《关于在全区小煤矿中推行作业规程的规定》和《营子矿区小煤矿治理整顿验收办法及标准》。1995 年 7 月，区政府批转《区煤炭管理局关于加强煤炭行业管理，明确各有关部门职责的报告》和《关于预防煤矿事故发生加强事故处理的报告》。是年，由区煤炭管理局牵头组织 4 次安全大检查，共查处违章作业 1570 起，发通报 8 份。对全区小煤矿划分出水、火、瓦斯重点监测区，进行重点抽查。组织镇、村及联户、个体煤矿通风会战，培训矿井班长、安全员、瓦斯检查员 300 多人，岗前培训从业人员 2700 余人。有 94 个小煤矿取得采矿许可证，47 个小煤矿与国营煤矿联营。

1997 年，区政府按照省、市政府的统一部署和矿业整顿标准，抽调区劳动局、地质矿产管理局、煤炭管理局、公安局、法院等部门人员，组成矿业整顿联合执法小组，对辖区内小煤矿进行清理整顿，共炸毁无证非法矿井 50 余处，毁闭、取缔 16 处，没收原煤 110 吨，罚款 6 万余元。1998 年依法取缔 83 个小煤矿。1999 年，在关井压产工作中，进一步打击了无证开采、私挖滥采行为。

2001 年，区煤炭管理局印发《关于煤矿安全规范生产的制度、措施、规程》。2002 年，区矿业安全生产监督管理局制定《营子矿区煤矿专项整治工作实施方案》《打击非法采矿活动的实施方案》《营子矿区乡镇煤矿基础管理办法》《〈乡镇煤矿基础管理办法〉实施方案》。是年，区主管部门、镇、村、矿层层签订生产安全责任状。3 月，全区 74 个有证矿井中，有 64 个通过省、市、区三级验收，并于 11 月重新核发“四证一书”（采矿许可证、矿长资格证、煤炭生产许可证、工商营业执照和小煤矿复工通知书）。

2003 年，除对镇、村煤矿日常监管外，集中进行 3 次安全大检查，对存在安全隐患的 20 家煤矿通报批评，对 5 家煤矿罚款处罚。组织了安全咨询活动，培训从业人员 4500 余人，协助市政府对镇、村煤矿安全生产基本条件进行审核评估。

第六章　主要企业

第一节　部属企业

兴隆矿务局位于承德市营子矿区，是中华人民共和国成立后国家自行设计和建设的部属大（二）型煤矿开采企业。到 2003 年，辖汪庄煤矿、营子煤矿、马圈子煤矿和机械厂、六六三厂等 9 个直属单位，主要经营原煤、建筑材料、火力发电、火工产品、蓄电池，机械加工和建筑安装等项目。

1953年，国家开始对兴隆煤田进行普查、勘探，1956年1月，成立北票矿务局兴隆煤矿筹备处，5月，开始煤田基本建设，北票矿务局兴隆煤矿筹备处改称兴隆煤矿筹备处，隶属煤炭工业部。1958年10月，正式成立兴隆矿务局，是年部分投产。时逢“大跃进”时期，全局加快矿井建设速度，至1960年，营子、汪庄、马圈子3个矿的5对正规矿井先后移交生产，比计划建设工期提前8个月，年总设计生产能力201万吨。两座简易洗煤厂、3条铁路专用线和总机厂等配套工程相继交付使用，同时将21处小煤井改造成9处卫星井，职工队伍增至12116人。至此，全局大规模基本建设任务基本完成，共完成主体工程项目30个，基建总投资5417万元，是年原煤产量178.67吨。

受当时形势和管理水平等因素影响，在大规模快速生产建设过程中，留下许多弊端。1962年全局全面开展整顿工作，根据实际情况停封了2个斜井，关闭了2个洗煤厂，调整了采掘关系，改造了生产和辅助系统，压缩人员825人，撤销了营子煤矿。是年7月，兴隆矿务局改为劳改企业，由煤炭部所属改为公安部所属，原矿、采区、班组改为大队、支队、中队。1963年6月，犯人全部撤走，兴隆矿务局复归煤炭部所属。1964年4月，撤销兴隆矿务局，改为兴隆煤矿，原属两个矿改为坑。1965年2月又撤销两个坑，成立竖井采区、露天采区、马圈子采区。是年，全矿职工减至4425人，原煤产量降至67.51万吨。1970年，成立营子采区，全矿核定生产能力改为117万吨。1975年，根据河北省革命委员会关于“兴隆煤矿1977年实现产量翻番”的指示，兴隆煤矿提出了“两年大干，三年翻番”的奋斗目标。为实现奋斗目标，完成了4项“挖潜”工程，将竖井、营子、马圈子3个采区改为矿，增招了1000多名农民工，1977年生产原煤234.06万吨，实现了按设计能力翻一番，1978年原煤产量达到237.41万吨的最高纪录。连续两年的产量翻番影响了企业的持续稳定发展，1979年进行调整，但全年原煤产量仍然保持翻番水平。1980年，兴隆煤矿“三个煤量”（开拓煤量、准备煤量、回采煤量）降到建矿以来最低水平，原煤产量下降，加上生产的原煤灰分高，售价低，兴隆煤矿成为政策性亏损企业。

为保证矿井接替，20世纪80年代初期开始，抓紧补充地质勘探，开发马圈子南井，对煤岭沟区域进行技术改造，完成汪庄竖井，营子矿1号斜井和马圈子矿中央斜井延深工程，并在管理体制上进行初步改革，逐步扩大企业自主权。1985年3月，兴隆煤矿改为兴隆矿务局。1985年至1990年，实行了6年投入产出总承包，年平均产煤130.62万吨。90年代兴隆矿务局煤炭资源逐渐枯竭，1992年后原煤年产量已不足百万吨。在十分困难的条件下，兴隆矿务局加快调整产业结构，发展多种经营，转换经营机制，并实施精简机构，消肿减员，定岗定编，就地转产，工资、奖金与安全效益挂钩等项改革措施，以减少亏损。

1995年，马圈子煤矿因淹井被核销生产能力，全局年生产能力降至45万吨，年产量降至63.03万吨，1996年被煤炭部确定为全国统配煤矿36个特困企业之一。随着井田保有储量的降低，井下多数区队只能在老区复采，或开小井找边角煤，1997年产煤64.81万吨，其中复采量已占66.6%。2000年国家进行产业结构调整，兴隆矿务局关闭了全部矿办小井，2001年全局原煤年产量降至50万吨以下。2003年8月，兴隆矿务局成为省国资委履行出资人职责企业。1958年至2003年，兴隆矿务局共生产原煤4865.1万吨，年平均105.76万吨。

兴隆矿务局在40多年的发展进程中经历了许多困难和考验，随着不断变化的新形势，积极推进内部改革，健全规章制度，强化经营管理，先后实行了亏损包干、吨煤工资包干、投入产出总承包、目标管理等承包经营责任制。研究探索资源枯竭型企业转型发展道路，建立了年生产能力30万吨的节能示范水泥厂、年发电能力7200万千瓦小时的矸石热电厂、年产50万块的蓄电池厂等非煤项目，1995年非煤项目产值1.2亿元，是煤炭产业产值的2.19倍。1996年开始推行煤炭生产、多种经营、后勤服务“三条线”管理。1997年成立内部结算中心，内部核算中心和劳动力市场，实现了二级单位模拟法人运转。以矸石热电厂、水泥厂为主组建了煤电、建材两个公司，实现了资产重组，集约经营。改革了劳动用工制度、人事管理制度、工资分配制度、住房保障制度、养老保险制度和医疗保险制度。成为省国资委履行出资人职责企业之后，重点推行“主辅分离，企业改制”等举措，煤炭、发电、水泥等主业项目突出专业化管理，辅助后勤单位实行“费用包干”承包经营，启动了中小学、医院、公安机构向属地社会移交工作，兴隆矿务局的生产经营状况逐步好转。

从 1958 年至 2003 年，兴隆矿务局职工被命名为全国劳动模范的 1 人，荣获全国“五一”劳动奖章的 3 人，获省、部级劳动模范称号的 17 人，市级劳动模范 19 人。

第二节　地方国有（营）企业

一、东风煤矿

原名老爷庙煤矿，位于营子矿区老爷庙村。

民国 29 年（1940 年）8 月，伪满炭矿株式会社老爷庙矿业所成立，在老爷庙采煤供伪满洲矿山株式会社鹰手营子发电所发电，供兴隆县和倒流水金矿用电。民国 34 年（1945 年）9 月，八路 军冀东军区第十四军分区军工处接管老爷庙煤矿，开采煤炭供军分区兵工厂生产用煤。9 月，国民党十三军进占鹰手营子，停止开采。民国 37 年（1948 年）1 月，人民解放军解放鹰手营子，组织工人生产自救，恢复生产。民国 38 年（1949 年 9 月 30 日止）2 月，冀东行署工矿局将老爷庙煤矿移交热河省工业厅。1956 年热河省建制撤销，该矿由承德市管理。1958 年建成南山平硐。50 年代末期，老爷庙煤矿成为承德地区专员公署鹰手营子煤矿的 1 个采区，1960 年鹰手营子煤矿矿部迁至涝洼滩，老爷庙采区更名为鹰手营子煤矿老爷庙管理区。1961 年 10 月，鹰手营子煤矿撤销，重新成立老爷庙煤矿。1967 年更名东风煤矿，建成北山坑口。1972 年，承德地区鹰手营子煤矿成立，东风煤矿改设为该矿的一个采区。1975 年划归承德市管理，改称承德市东风煤矿。1984 年，被河北省煤炭工业厅评为“安全生产先进单位”。1999 年，因为资源枯竭停产。

二、涝洼滩煤矿

20 世纪 50 年代末期，老爷庙煤矿与滦平、隆化、丰宁、围场县采煤队合并，成立承德地区专员公署鹰手营子煤矿，涝洼滩为一个采煤区。1961 年 10 月，承德地区专员公署鹰手营子煤矿撤销，单独成立承德市涝洼滩煤矿。1965 年 6 月，改称承德专署煤炭公司涝洼滩煤矿。1972 年，涝洼滩煤矿并入新成立的承德地区鹰手营子煤矿，1975 年又分开，并恢复原矿名称。2003 年 3 月依法破产。

三、胜利煤矿

1968 年，承德地区专员公署在鹰手营子矿区建胜利煤矿，隶属承德地区煤炭管理局。1972 年合并到承德地区鹰手营子煤矿，1975 年恢复原名称。1988 年 7 月，承德专署决定撤销胜利煤矿，改为涝洼滩煤矿的 1 个采区。

第七章 原煤产量和经济效益

兴隆矿务局1978年最高年产量达到237.4万吨，1958年投产至2003年，共生产原煤4785.8万余吨。地方国营煤矿1975年至1999年，共生产原煤298.36万吨，涝洼滩煤矿1959年至2003年，共生产原煤839.94万吨。1969年至2003年，镇、村办及联户、个体煤矿共生产原煤3233.39万吨。在国家急需能源的情况下，为国家建设和满足居民生活需求，做出了重要贡献。

由于兴隆煤田地质条件复杂，投入大，开采费用较高，煤质较差，煤价低，开采后期资源濒临枯竭等原因，国营煤炭企业在生产期间，少数年份盈利，多数年份亏损，亏损大于盈利。镇、村办及联户、个体煤矿开采工艺相对简单，生产费用较低，1969年至2003年，上缴税金6303.86万元，实现利润26725.76万元。

第一节 原煤产量

一、部属煤矿原煤产量

兴隆矿务局于1958年正式投产。是年，生产原煤31.6万吨。在全国“大跃进”的形势下，1959年产量接近100万吨，1960年，原煤产量达到178.7万吨。1963年至“文化大革命”期间，年均产煤92.9万吨。1976年7月28日，唐山大地震波及兴隆煤矿，全矿只用10天就恢复了生产，是年，提前63天完成国家原煤生产计划，原煤产量达到171万吨。1977年，生产原煤234万吨，实现了煤炭产量比矿井设计能力117万吨翻一番的奋斗目标，1978年生产原煤237.4万吨，1979年生产原煤235.4万吨。兴隆煤矿由于连续3年原煤产量按原设计能力翻一番，重采轻掘，造成资源浪费和以后的原煤产量下降。1981年至1993年，合计生产原煤1600.6万吨，年均123.1万吨。进入90年代，煤炭资源濒临枯竭，全局原煤年产量降至110万吨左右。1994年7月13日，营子矿区遭受了30多年罕见的洪水灾害，兴隆矿务局部分矿井被淹，致使是年原煤产量降至48.7万吨。1995年至1999年，共生产原煤295.97万吨，年平均生产59.2万吨。2000年，兴隆矿务局积极贯彻落实国务院关于煤炭生产关井压产、结构调整的有关政策，关闭了全部矿办小井，是年，原煤产量55.05万吨。2003年，原煤产量50.41万吨。1958年至2003年，共生产原煤4865.1万吨。

1958—2003 年兴隆矿务局原煤产量统计表

表 6-7-1 单位：吨

年度	产量	年度	产量	年度	产量	年度	产量
1958	316000	1970	900049	1982	1277635	1994	487229
1959	961793	1971	1002954	1983	1314644	1995	630263
1960	1786651	1972	1041408	1984	1311107	1996	580371
1961	1262437	1973	1108759	1985	1404000	1997	648062
1962	685865	1974	1204605	1986	1335053	1998	540113
1963	745716	1975	1360098	1987	1356325	1999	560920
1964	720940	1976	1710210	1988	1341624	2000	550460
1965	675083	1977	2340569	1989	1260067	2001	436834
1966	703720	1978	2374098	1990	1140073	2002	471764
1967	650793	1979	2353612	1991	1123525	2003	504101
1968	678113	1980	1904103	1992	1012445		
1969	747785	1981	1210907	1993	918131		

二、地方国有（营）煤矿原煤产量

中华人民共和国成立至 1957 年，境内只有老爷庙煤矿 1 家地方国营煤矿，其间共生产原煤 21.8 万吨。1970 年，涝洼滩、东风、胜利 3 个煤矿共产原煤 32.36 万吨。1979 年，涝洼滩煤矿最高年产量达到 36.31 万吨，1983 年和 1987 年，东风煤矿最高年产量达到 16 万吨。胜利煤矿最高年产量 6 万吨左右。进入 90 年代以后，煤炭资源濒临枯竭，原煤产量下降，1998 年，涝洼滩煤矿和东风煤矿仅产煤 17.31 万吨。2003 年，涝洼滩煤矿生产原煤 11.2 万吨。1975 年至 1999 年，东风煤矿共生产原煤 300.32 万吨，1959 年至 2003 年，涝洼滩煤矿共生产原煤 782.52 万吨（不含 1972 年至 1974 年产量）。

1959—2003 年地方国有（营）煤矿原煤产量统计表

表 6-7-2 单位：万吨

项目/年份	原煤产量			项目/年份	原煤产量		
	涝洼滩煤矿	东风煤矿	胜利煤矿		涝洼滩煤矿	东风煤矿	胜利煤矿
1959	10.42	30.68	—	1966	11.93	—	—
1960	7.74	65.66	—	1967	12.03	—	—
1961	7.56	8.80	—	1968	12.08	—	—
1962	6.80	12.30	—	1969	10.98	—	—
1963	7.71	11.20	—	1970	15.06	14.00	3.30
1964	7.06	10.00	—	1971	18.90	14.50	2.00
1965	8.84	10.40	—	1972	—	—	—

续表 6－7－2

年份＼项目	原煤产量			年份＼项目	原煤产量		
	涝洼滩煤矿	东风煤矿	胜利煤矿		涝洼滩煤矿	东风煤矿	胜利煤矿
1973	—	—	—	1989	28.00	13.00	—
1974	—	—	—	1990	16.50	11.60	—
1975	30.10	12.30	4.50	1991	17.30	12.60	—
1976	25.00	10.50	5.10	1992	19.20	10.40	—
1977	26.44	11.60	—	1993	18.50	11.10	—
1978	29.54	13.00	—	1994	20.90	12.00	—
1979	36.31	12.50	—	1995	19.00	12.20	—
1980	28.29	10.00	—	1996	13.40	12.00	—
1981	30.02	18.96	6.60	1997	13.40	9.89	—
1982	25.91	14.00	—	1998	14.60	2.71	—
1983	28.30	16.00	—	1999	11.40	0.46	—
1984	30.30	15.50	—	2000	10.35	—	—
1985	30.00	13.00	—	2001	10.40	—	—
1986	30.40	15.00	—	2002	10.10	—	—
1987	30.50	16.00	—	2003	11.20	—	—
1988	30.05	14.00	—	—	—	—	—

三、镇、村办及联户个体煤矿原煤产量

1959 年，全区仅有 1 家队办老爷庙大队副业队煤矿，年产原煤 0.5 万吨。1961 年，全区 7 个社队采矿点，共产原煤 4 万吨。1969 年，只有北马圈子大队 1 个队办煤矿，产原煤 0.1 万吨。从 1970 年开始，农村社队煤矿数量增加。1972 年，仅鹰手营子公社就产原煤 1 万吨。1976 年，全区社队原煤矿总产量已达 6 万吨。1981 年，全区社、队煤矿发展到 15 个，共产原煤 29.1 万吨。改革开放后，大力发展个体私营经济，境内联户、个体煤矿逐年增加。1990 年，全区有镇、村办及联户、个体煤矿 56 个，产原煤 77.6 万吨。由于镇、村办及联户、个体煤矿迅速增加，1997 年，原煤产量达到 437.1 万吨，为历史最高水平。90 年代后期，开展矿业整顿，联户、个体煤矿数量减少，产量下降。2003 年，共产原煤 239.7 万吨。1981 年至 2003 年，共产原煤 3022 万吨。

1981—2003 年营子矿区镇、村办及联户、个体煤矿原煤产量统计表

表 6－7－3　　　　单位：万吨

年份	原煤产量	年份	原煤产量	年份	原煤产量
1981	29.10	1989	64.80	1997	437.10
1982	32.03	1990	77.60	1998	234.50
1983	39.66	1991	84.60	1999	178.10
1984	44.20	1992	97.10	2000	213.50
1985	39.80	1993	124.70	2001	205.4
1986	49.90	1994	166.80	2002	207.50
1987	43.00	1995	231.90	2003	239.7
1988	59.60	1996	328.70		

第二节　经济效益

一、部属煤矿效益

1958 年，兴隆矿务局实现利润 35.5 万元。1959 年，亏损 13.7 万元。1960 年，全局实现利润 254.6 万元。1961 年以后，矿井建设的诸多问题逐渐显现，至 1969 年，连续 9 年亏损合计 1879.38 万元，年均亏损 208.82 万元。1970 年至 1979 年，兴隆矿务局连续 10 年盈利，盈利最高年份是 1977 年，实现利润 289.7 万元。1980 年开始，矿井提前进入衰老期，煤炭销售量随产量下降而减少。是年，亏损 578.1 万元，至 1988 年又连续 9 年亏损。1989 年，兴隆矿务局开始享受财政补贴，全局每年的生产计划均以减亏增盈为目标。1996 年开始，兴隆矿务局在转换企业经营机制、优化资源配置、盘活存量资产等方面进行了一系列改革，发展多种经营，实现了补贴后不亏损或少亏损。

1958—2003 年兴隆矿务局工业总产值、利润统计表

表 6－7－4　　　　单位：万元

年度	工业总产值	利润	年度	工业总产值	利润
1958	457.9	35.5	1965	1148	－216.6
1959	1635	－13.7	1966	1198	－308.7
1960	3037	254.6	1967	1106	－226.2
1961	2146	－8.4	1968	1153	－117.31
1962	1166	－584.6	1969	1271	－183.17
1963	1250	－180.6	1970	1530	72.00
1964	1226	－53.8	1971	1750	80.7

续表 6－7－4

年度	工业总产值	利润	年度	工业总产值	利润
1972	1833	41.9	1988	1815	－1771.7
1973	1896	16.7	1989	1769	－2906
1974	2077	23.8	1990	1553	－3606
1975	2358	18.0	1991	3610	－4220
1976	2965	75.1	1992	3592	－3939
1977	4062	289.7	1993	3603	－5286
1978	4175	41.2	1994	2608	－6317
1979	4072	64.3	1995	3757	－5350
1980	3311	－578.1	1996	5934	－2795
1981	1253	－920.5	1997	5550	1081
1982	1428	－752.2	1998	5457	34
1983	1516	－732.4	1999	6251	－537
1984	1587	－642.5	2000	6287	20
1985	1760	－914.8	2001	6902	－16
1986	1710	－1566.1	2002	6659	－1165
1987	1750	－1528.2	2003	7730	14

说明：表中 1989—2003 年利润数为财政补贴后利润数

二、地方国有（营）煤矿效益

从中华人民共和国成立至 1957 年，老爷庙煤矿原煤产量逐年提高，工业产值逐年增加。1950 年完成产值 7.65 万元，1953 年提高到 35.56 万元（1952 年不变价），到 1957 年已达 51.4 万元（1957 年不变价），8 年合计共完成工业产值 229.48 万元。1958 年至 1960 年，境内地方国营煤矿共创工业产值 1985.3 万元，年平均 661.8 万元，实现利润 285.1 万元。1961 年至 1964 年，老爷庙煤矿完成工业产值 616.7 万元，亏损 5.5 万元；涝洼滩煤矿完成工业产值 427.2 万元，实现利润 25.3 万元。1971 年，境内老爷庙、涝洼滩和胜利 3 个地方国营煤矿分别完成工业产值 240.6 万元、292.1 万元和 32.2 万元，合计上缴税金 32.7 万元，实现利润 41.4 万元。1972 年至 1973 年，由 3 个矿合并成立的承德煤矿合计完成工业产值 2006 万元，实现利润 52 万元。1976 年，东风煤矿完成工业产值 190 万元，实现利润 8 万元，缴纳税金 10 万元；涝洼滩煤矿完成工业产值 435 万元，亏损 26.6 万元，缴纳税金 23.8 万元；胜利煤矿完成工业产值 82 万元，首次出现盈利。1981 年，3 个矿共完成工业产值 1075 万元，实现利润 18.9 万元。

1976 年至 1999 年，东风煤矿共创工业产值 8325 万元，共上缴税金 707.5 万元。其间，12 年盈利，3 年零利润，9 年亏损，1999 年最多亏损 816 万元，亏损总额 2206 万元。涝洼滩煤矿和胜利煤矿纳税后，多数年份亏损。

1975 年至 2003 年，涝洼滩煤矿共创工业产值 17784.5 万元。

1961—2003 年地方国有（营）煤矿经济效益情况统计表

表 6－7－5　　　　单位：万元

项目 年份	涝洼滩煤矿			东风煤矿			胜利煤矿		
	产值	税金	利润	产值	税金	利润	产值	税金	利润
1961	110.1	—	64.4	127.2	—	—7.8	—	—	—
1962	100.1	—	－30.4	179.2	—	0.1	—	—	—
1963	113.3	—	－4.7	163.2	—	2.5	—	—	—
1964	103.7	—	－4.0	147.1	—	－0.3	—	—	—
1965	—	—	—	148.0	—	—	—	—	—
1966	—	—	—	—	—	—	—	—	—
1967	—	—	—	—	—	—	—	—	—
1968	—	—	—	—	—	—	—	—	—
1969	—	—	—	—	—	—	—	—	—
1970	221.3	14.99	－13.74	198.1	11.5	9.84	33.3	—	－1.00
1971	292.1	18.4	27	240.6	13.5	21.4	32.2	0.8	－7.00
1972	—	—	—	—	—	—	—	—	—
1973	—	—	—	—	—	—	—	—	—
1974	—	—	—	—	—	—	—	—	—
1975	523.0	—	10.00	219.0	—	0.3	73.0	—	－6.00
1976	435.0	23.80	－26.60	190.0	10.00	8.00	82.0	4.30	0.10
1977	478.6	—	—	210.0	6.00	3.00	—	—	—
1978	546.5	—	—	240.0	9.00	4.00	—	—	—
1979	682.4	—	—	235.0	8.50	6.00	—	—	—
1980	650.9	—	—	230.0	8.00	8.00	—	—	—
1981	665.0	37.00	14.00	265.0	7.00	3.00	145.0		1.90
1982	575.2	—	—	350.0	9.00	4.00	—	—	—
1983	628.3	—	—	390.0	13.00	8.00	—	—	—
1984	672.7	—	—	370.0	12.00	6.00	—	—	—
1985	672.0	—	—	360.0	9.00	5.00	—	—	—
1986	674.9	—	—	370.0	11.00	7.00	—	—	—
1987	677.1	—	—	385.0	14.00	10.00	—	—	—
1988	667.1	—	—	380.0	15.00	0	—	—	—
1989	621.6	—	—	350.0	14.00	0	—	—	—
1990	463.7	—	—	326.0	40.00	－35.00	—	—	—
1991	549.2	—	—	400.0	43.00	－8.00	—	—	—

续表 6－7－5

项目 年份	涝洼滩煤矿			东风煤矿			胜利煤矿		
	产值	税金	利润	产值	税金	利润	产值	税金	利润
1992	782.8	—	—	424.0	41.00	0	—	—	—
1993	540.0	—	—	384.0	47.00	－37.00	—	—	—
1994	712.3	—	—	409.0	96.00	－199.00	—	—	—
1995	884.6	—	—	568.0	92.00	－205.00	—	—	—
1996	549.4	—	—	492.0	42.00	－166.00	—	—	—
1997	679.5	—	—	502.0	129.00	－407.00	—	—	—
1998	740.3	—	—	377.0	27.00	－405.00	—	—	—
1999	578.0	—	—	118.0	5.00	－816.00	—	—	—
2000	527.3	—	—	—	—	—	—	—	—
2001	527.3	—	—	—	—	—	—	—	—
2002	512.0	—	－170.0	—	—	—	—	—	—
2003	567.8	—	—	—	—	—	—	—	—

三、镇、村办及联户、个体煤矿效益

1969 年，马圈子公社北马圈子大队煤矿工业总产值 0.2 万元，上缴税金 0.006 万元，实现利润 0.11 万元。1978 年，全区有社队煤矿 5 家，工业产值 26.42 万元，上缴税金 1.03 万元，实现利润 14.8 万元。改革开放后镇、村集体和联户、个体煤矿迅速发展，1997 年，镇、村集体和联户、个体煤矿工业总产值达到 22301.1 万元，上缴税金 723.4 万元，实现利润 4166.1 万元。1969 年至 2003 年，累计实现工业总产值 140563.78 万元，上缴税金 6303.86 万元，实现利润 26725.76 万元。

1969—2003 年营子矿区镇、村办及联户、个体煤矿效益情况统计表

表 6－7－6　　单位：万元

指标 年份	工业总产值	税　金	利　润
1969	0.2	0.006	0.11
1970	0.84	0.025	0.5
1971	1.4	0.03	0.9
1972	1.4	0.03	0.9
1973	4.9	0.26	1.9
1974	6.5	0.31	2.6
1975	7.9	0.35	4.3
1976	11.22	0.55	4.47

续表 6-7-6

指标 年份	工业总产值	税 金	利 润
1977	11. 5	0. 6	4. 7
1978	26. 42	1. 03	14. 8
1979	27. 47	1. 22	15. 9
1980	33. 51	1. 51	16. 8
1981	429. 9	23. 62	129. 5
1982	465. 72	25. 68	151. 8
1983	509. 3	31. 32	181. 5
1984	679	38. 6	211. 4
1985	452. 7	35. 3	71. 5
1986	1059. 8	48. 64	97. 94
1987	931. 1	70. 78	94. 14
1988	1703. 3	120. 1	267. 1
1989	2050. 9	305. 5	438. 8
1990	2276. 6	289. 6	630. 5
1991	4398. 2	242. 7	895. 3
1992	6304. 4	306. 6	1104. 1
1993	7675. 5	414. 1	1275. 5
1994	10160	500. 1	1690. 6
1995	12557. 3	547. 7	1919. 8
1996	14354. 7	552. 3	2094. 5
1997	22301. 1	723. 4	4166. 1
1998	10664	279. 1	3314. 4
1999	8477	379. 7	2485. 1
2000	8730	368. 6	2286. 7
2001	8200	448. 1	1201
2002	7320	257. 4	897. 6
2003	8730	289	1053

第七编 YOUSEHEISEJINSHU CAIXUANYE

7 有色黑色金属采选业

第一章 探矿
第一节 地质调查和勘探
第二节 矿床
第二章 采选规模
第一节 国有(营)企业采选规模
第二节 集体个体企业采选规模
第三章 采选技术
第一节 采矿技术
第二节 选矿技术
第三节 技术改造
第四章 从业人员
第一节 国有(营)企业职工队伍
第二节 集体个体企业从业人员
第五章 管理和主要企业简介
第一节 管理
第二节 主要企业简介
第六章 产品产量和经济效益
第一节 产品产量
第二节 经济效益

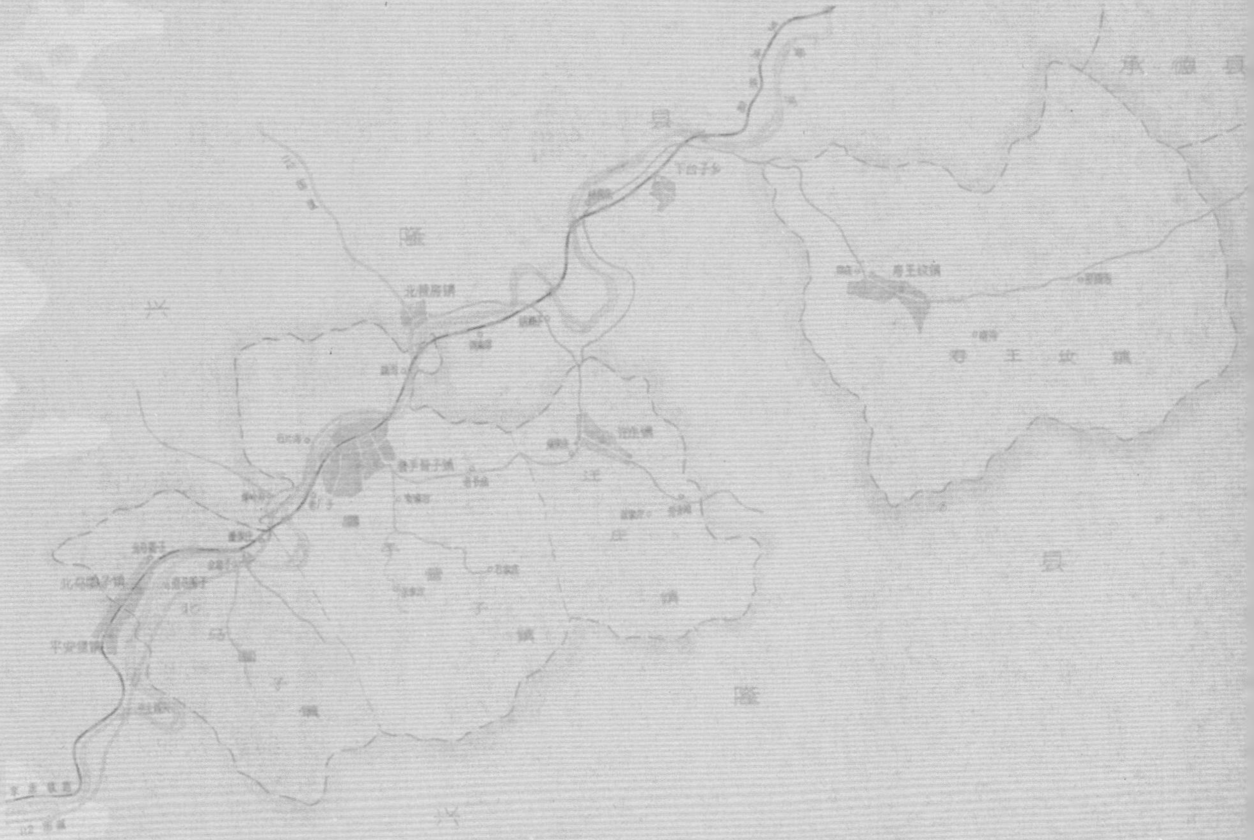

7 承德市鹰手营子矿区志•有色黑色金属采选业

CHENGDESHI YINGSHOUYINGZIKUANGQU ZHI
YOUSEHEISEJINSHU CAIXUANYE

营子矿区有色、黑色金属矿产主要集中于寿王坟镇境内，先后共探明铜、铁、钼等金属矿石总量4191.683万吨。

据考证，战国时期，燕国曾在现寿王坟境内开采并冶炼铜铁。寿王坟北山汉朝铜冶炼遗址，占地13200平方米。境内有色、黑色金属矿产大规模开发，始于20世纪50年代中期。1951年东北有色金属管理局地质勘探队到寿王坟探矿。1953年初组建寿王坟铜矿，为部属企业，1957年4月正式建成投产，被列为国家大二型企业。1958年大炼钢铁，寿王坟公社开办社队铜铁采矿点2处，年产铜铁矿石5000吨。1960年后，矿业开采纳入国家计划管理，社队采矿点停办。1982年寿王坟公社罗圈沟大队又开起小铜铁矿，到1992年寿王坟全镇铜铁采矿点发展到60个。是年5月，寿王坟镇成立金铜总矿，统一协调管理矿业开采，全镇形成采矿、选矿、冶炼、加工、销售、运输一条龙的产业体系，有色、黑色金属采选业成为该镇的支柱产业。是年，全区（含寿王坟铜矿）生产的铜含量占全省首位，铁产量占全市第四位。2003年7月，全区（含寿王坟铜矿）共有有色、黑色金属采选企业9个，从业7571人。是年全区生产铁精粉4万吨，铜含量600吨，完成工业产值13710万元。

第一章 探 矿

1950年至1952年，东北有色金属管理局组织地质工作者先后3次到寿王坟地区进行地质调查。1953年，重工业部根据调查结果，决定采取普查找矿与重点勘探相结合，机械钻探与其他各种勘探手段平行展开的方法，对寿王坟地区重点进行地质测量、物理探矿、机械钻探和重型山地工作，至1967年大规模探矿工作基本结束。是年1月寿王坟铜矿组建矿山探矿队，继续进行坑内探矿和生产探矿，1984年坑内探矿结束。铜、铁、钼、铅、锌、金、银等产品赋存在磁铁矿床、绿泥石黄铜矿细脉和矽卡岩黄铜矿床中。多年的探矿工作，查清了矿床的类型、分布、主要矿产、储量和品位，为境内有色、黑色金属矿产资源的大规模开发，提供了可靠的地质资料。

第一节 地质调查和勘探

一、地质调查

1950年，东北有色金属管理局派地质队到热河省进行地质踏查，在热河省工商厅获得寿王坟矿石标本，随即派地质人员到寿王坟调查，发现了古洞沟老窿遗址，调查了古洞沟、龙潭沟等接触线上的地质矿产状况，对古洞沟、龙潭沟、三岔口地区进行了矿量估计。1951年，又先后在三岔口、下甸子、龙潭沟、古洞沟、下甸子东部方圆600平方公里的花岗岩侵入体周边部做调查，填置了十万分之一的地质图。调查结果认为，铜的品位为0.8%，铜含量大于东北其他铜矿。1952年春季，东北有色金属管理局在矿区作了5.5平方公里的地质测量，延接触线进行了3000立方米的槽探，并进行了13个垂直浅钻，水平坑道探矿3800米。1953年1月，苏联地质专家尼·米考洛巴克夫和阿·费·阿尔

复娃对矿床接触带观察研究后指出，金属铜储量大约有 16 万吨。

二、地质勘探

1953 年，重工业部根据几次调查结果，决定调拨 43 台钻机及辅助设备，对寿王坟地区重点进行地质测量、物理探矿、重型山地工作和机械钻探，在龙潭沟、古洞沟、北湾子沟 3000 米长，300 米宽的花岗闪长岩与石灰岩接触带的狭长地区钻探 1000 米，打竖井 172 米，水平坑道 6400 米，槽探 8600 立方米，采样品 6500 个，地质测量万分之一比例尺 10 平方公里，千分之一比例尺 2.5 平方公里。1954 年，在距寿王坟以东 15 公里的三岔口进行地质测量，至 10 月末，钻探 16566 米，水平坑道 7000 米，掘竖井 60 米，槽探 12492 立方米，采样 5816 个，样品分析 8701 个，同时进行了地球物理探矿。1951 年至 1963 年，101 地质勘探队（1960 年改称五一四队）累计探明并提交 B + C1 + C2 级铜矿石量 1342.3423 万吨，提交品位达 35.95% 的铁矿石量 955.960 万吨，品位达 33.15% 的铁矿石量 119.206 万吨，1968 年又提交钼矿石量 67.3 万吨，品位 0.199%。1965 年 10 月，寿王坟铜矿立足扩大远景储量，编制《寿王坟铜矿地质探矿总体设计》，1967 年 1 月组成矿山探矿队继续进行坑内探矿，1975 年重新制定《地质探矿三年规划》，到 1984 年结束坑内探矿。此外，寿王坟铜矿还进行生产探矿。

第二节　矿床

一、矿床类别

寿王坟一带有色、黑色金属矿床分为三大类。第一类，以含铜的磁铁矿为主，其次是黄铜矿，岩脉有：绿泥石、阳起石、蛇纹石，分布于龙潭沟、古洞沟、半截沟。第二类，在石灰岩裂缝中有绿泥石，并充填着黄铜矿细脉，该类矿床位于花岗岩接触线及距接触线处 50—100 米的石灰岩中，黄铜矿均呈平行细脉。第三类，在震旦纪石灰岩中夹有角页岩，在角页岩中存有石榴子石为主的矽卡岩黄铜矿床。矿床密集地区主要在龙潭沟、古洞沟、半截沟。

二、矿产种类、品位和储量

矿体主要矿产有铜、铁、钼、铅、锌、金、银等。矿体中，有工业价值的铜的品位在 0.3% 以上。矿体由磁铁矿组成的部分铁的品位为 10%—30%。在铜的贫矿生产技术样品中，铁的品位为 33.59%，金的品位每吨 0.3 克左右，银的品位每吨 10 克左右，钼和铜也有存在，钼的储量少，但仍有开采价值。截至 1967 年，共探明铜、铁、钼矿石总量 2218.447 万吨。1984 年，寿王坟铜矿坑内探矿结束，共获矿石量 741.167 万吨。此外，生产探矿增加矿石量 1232.069 万吨。

第二章　采选规模

寿王坟铜矿是境内唯一一所国有（营）有色黑色金属采选企业。1957年寿王坟铜矿投产时，设计生产能力日采、日处理矿石均为2000吨。经过3次扩建以后，至1976年，日采、日处理矿石达到4000吨，年采、年处理矿石量达到134万吨，寿王坟铜矿成为年产矿石百万吨以上的大型企业，年处理矿石量比1955年设计能力提高1倍。1957年至2002年，累计处理矿石4345万吨。

境内集体有色黑色金属采矿业始于1958年。改革开放后，集体、个体有色黑色金属采选业得到快速发展，寿王坟镇依托当地资源优势，从1982年开始相继建成镇村集体、个体铜铁矿。1992年，全镇采矿点发展到60个。是年5月，寿王坟镇成立金铜总矿，负责协调全镇矿业生产，统一出售产品，形成了采矿、运输、选矿、销售一条龙的生产经营体系。经过多次矿业整顿，至2003年采矿点减少到38个，全镇有采选企业8个，累计处理矿石1075万吨。1957年至2003年，全区（含寿王坟铜矿）采选企业累计处理矿石5420万吨。

第一节　国有（营）企业采选规模

一、采矿规模

寿王坟铜矿矿体开采顺序是由上到下逐步进行，矿体开拓中段高度60米，探矿线水平间距50米，一般布置采场高度60米，宽度为两探矿线之间50米构成一个采场，每个采场单体设计施工，开拓、回采、供电、通风、提升运输、排水系统完备。1957年投产时，设计采矿规模为日采矿石2000吨，年采矿规模为66万吨，1958年即达到设计规模的107%，同年开始铁矿石的生产扩建工程。1963年，国家冶金工业部核定生产规模为日采矿石3500吨，年采矿石115.5万吨。1965年，寿王坟铜矿着手进行坑内探矿和生产探矿。为回收钼金属，1970年进行钼系统扩建，扩建后的1976年生产规模达到日采矿石3900—4000吨，年采矿石134万吨，寿王坟铜矿成为年产矿石达百万吨以上的大型企业。此后十多年，为了克服资源逐渐枯竭造成产量下降的困难，在稳定生产的同时，不断加大探矿进度，至1984年底，坑内钻探共新获矿石量741.2万吨，升级矿量464.1万吨，生产探矿增加矿石量1231.1万吨。20世纪90年代至2002年，靠回采和残矿回收来补充矿石产量。据统计，回收的残矿量和对外收购的矿石量平均达到每年产量的30%以上。

二、选矿规模

寿王坟铜矿选矿厂厂房总面积1.73万平方米，主体设备安装在碎矿车间、磨矿车间和精矿车间。辅助设备有储量为200吨的原矿仓，储量5000吨的粉矿仓，分别可容322立方米和1689立方米的铜铁精矿仓，容积2257立方米的高位水仓和长1000米，高498米的尾矿坝、3020米输送管路、4个泵

站、10座排水井在内的尾矿系统。全厂共有设备364台。投产时设计生产能力为日处理矿石2000吨。经过3次扩建，至1963年日处理矿石量达到3500吨。1970年，将8号球磨机改造为选钼系统，设计生产能力为日处理钼矿石450吨。1976年选矿厂日处理矿石能力达到4000吨，年处理矿石134万吨，比1955年设计能力提高1倍。80年代初，由于资源濒临枯竭，选矿厂处理矿石量也随之减少。至2002年，选矿厂累计处理原矿石4345万吨。

1957—2002年寿王坟铜矿处理矿量统计表

表7－2－1　　　　单位：吨

年份	处理矿量	年份	处理矿量	年份	处理矿量	年份	处理矿量
1957	345477	1969	846158	1981	1193269	1993	867470
1958	794326	1970	1179023	1982	1020942	1994	763303
1959	1138693	1971	1194430	1983	1057658	1995	649866
1960	1305788	1972	1219225	1984	998253	1996	763026
1961	556632	1973	1191388	1985	1028707	1997	799785
1962	387619	1974	1053908	1986	946164	1998	814169
1963	544874	1975	1253398	1987	970578	1999	779311
1964	907334	1976	1342957	1988	940239	2000	757395
1965	1168877	1977	1297072	1989	830304	2001	715710
1966	1240723	1978	1403878	1990	628191	2002	771635
1967	1052684	1979	1304393	1991	674562	—	—
1968	675358	1980	1258829	1992	815506	—	—

第二节　集体个体企业采选规模

一、采矿规模

1958年，寿王坟公社郑家庄和罗圈沟两个生产大队土法上马，各建1个小铜铁矿，是年共采矿石5000吨，后因矿产资源开采纳入国家计划管理，于1960年停办。中共十一届三中全会以后，全党工作重心向经济建设转移，农村经济放开搞活，1982年罗圈沟村在梁家沟门、下甸子等处小规模开采铜铁矿石，1983年停产。1984年开始，寿王坟镇和罗圈沟村、南沟村、郑家庄村依托资源优势，先后建起铜铁矿4处，年设计生产能力74万吨。1985年生产铁矿石1560吨，至1992年，集体、个体采矿点发展到60个，主要分布在龙潭沟、古洞沟、半截沟、范家北沟、火神庙沟、北湾子东沟、罗圈沟北山、梁家沟门、大东山等地，是年产铁矿石33.93万吨。2000年，矿石产量达到119万吨，为历史最高水平。随着采矿业的不断整顿，至2003年，采矿点减到38个，除罗圈沟村办铁矿由集体经营外，其余镇村办铜铁矿均改为个体经营，是年共生产矿石84.3万吨。

二、选矿规模

1987 年 4 月，寿王坟镇政府投资 60 万元，兴建承德市寿王坟镇第一选矿厂，设计生产能力日处理矿石 150 吨。镇选矿厂的建立带动了村选矿业的发展。1988 年 7 月罗圈沟村建承德市寿王坟镇第三选矿厂投产，12 月郑家庄村建承德市寿王坟镇第二选矿厂投产。1992 年，南沟村建承德市寿王坟镇第四选矿厂。是年，出现第一个个体选矿厂。1993 年建九龙钼铜选矿厂，1995 年又建成承德华鑫冶金有限责任公司，均为个体企业。由于管理体制、管理水平、产品销售等问题，1998 年，镇村集体选矿业亏损 128 万元。1998 年至 2000 年，乡镇企业改制，承德市寿王坟镇第一、第三、第四选矿厂相继拍卖给个人，至 2003 年年底，除承德市寿王坟镇第二选矿厂由集体经营外，其他选矿厂均为个体私营。2003 年，全镇集体和个体选矿企业共处理矿石 84 万吨。截至 2003 年，共处理矿石 1075 万吨，年均处理矿石 63.24 万吨。

第三章　采选技术

有色、黑色金属矿产资源的开发属于地下开采，由上至下分层进行。1953 年组建寿王坟铜矿后，先后采用主平硐、主竖井、辅助竖井、盲竖井、放矿溜井等开拓方式。根据矿体赋存条件，生产工艺和设备更新情况，不断变换采矿方法。先后采用了浅孔留矿采矿法、深孔采矿法、分段空场采矿法、高端无底柱分段崩落采矿法等。投产初期采用人工出矿，1958 年开始用电耙出矿，1975 年后，一直采用电耙和铲运机出矿。用卷扬机提升罐笼或箕斗，用电机车牵引矿车运输。改革开放后，镇村办及个体私营采矿企业采用斜井开拓方式，分层崩落采矿方法，工序相对简单。

选矿工艺主要包括碎矿、磨矿、浮选、磁选、脱水几个环节。

寿王坟铜矿建矿后，不断进行采矿方面的技术革新改造，1973 年 12 月至 1979 年，连续 7 年开展选矿自动化研究应用工作，均取得可喜成果，选矿自动化水平得到极大提高。镇村办及个体私营采选企业受规模、资金等条件限制，至 2003 年采选技术无大的变化。

第一节　采矿技术

一、国有（营）企业采矿技术

开拓　1951 年，东北有色金属管理局探矿队在龙潭沟和古洞沟开始探矿。初期探矿队只有 70 多人，6 把大锤，7 个矿灯，60 公斤钢钎，条件艰苦，工具简陋。探矿巷道施工靠人工操锤手扶钢钎凿岩，每班进尺最高效率为 60—70 厘米。是年底，开始用凿岩机打眼，没有高压水和凿岩推进装置，单掌子面月掘进进度为 100 米左右。

1953 年，在零米中段水平以上绝对标高 +500 米处，开始采用主平硐、辅助竖井和溜井的开拓方

式。主平硐标高 +500 米，与矿体斜交，到辅助竖井全长 965 米，平硐断面为拱形，规格为 3.9 米 × 2.9 米，主平硐个别地段用混凝土石块或木支柱支护，坑道中大部分地方因岩石稳固不用支护。辅助竖井井口地表标高 +650 米，井筒全高 215 米，为矩形，断面规格 3.66 米 ×3.4 米。矿石溜井共有 2 个，1 号矿石溜井高度 120 米，圆形，断面为 3.14 平方米，2 号矿石溜井全高 177 米，圆形，断面为 3.14 平方米。为解决溜井被矿石堵塞问题，在离溜井 4 米处的零米水平上掘检查天井 31.5 米，每隔 10 米，另开凿检查巷道与溜井贯通。1958 年，引进苏联产潜孔凿岩机，采用深孔凿岩采矿崩矿技术。1959 年，矿山扩建，零米中段至下六中段采取主平硐、主竖井和辅助竖井延伸的开拓方式。1965 年，使用寿王坟铜矿自主研制的液压凿岩台车、华 1 型电动扒岩机、斗式转载列车等设备，使凿岩、装碴、运碴实现了机械化，平均月掘进进尺 339.7 米。

1981 年开始，在原有平峒、主竖井、辅助竖井基础上，在 6 号矿体下五中段以下至下九中段，采用盲竖井开拓方式。盲竖井位于下五中段水平，井口标高 +205.6 米，井底标高 43.4 米，全高 249 米，至此，寿王坟铜矿建成了较完善的生产开拓系统。

采矿方法 1954 年至 1957 年，采用浅孔留矿采矿法，适用于开采 3—10 米厚的矿体。1958 年，为回采较厚矿体，开始试用阶段矿房深孔采矿法。同年，采用深孔凿岩崩矿采矿法，所产矿石量占全矿生产量的 50%。1959 年，全面推行阶段矿房深孔采矿法。1965 年，寿王坟铜矿作为全国机械化生产的试点矿山，开始试验应用分段空场采矿法，由于此法施工安全，机械化作业程度高，矿石大块率降低，因此得到迅速推广。随着开采深度的不断增加，几个主要矿体上部空区陷落较厚的覆盖岩层，部分矿体透出地表，开采条件发生了变化。在引进国外大型内燃无轨铲运机后，1975 年开始试验无底柱分段崩落采矿法，取得良好效果。1980 年至 1982 年，寿王坟铜矿与北京钢铁学院、马鞍山矿山研究院协作，试验高端无底柱分段崩落采矿法成功并推广应用。1984 年后的近 20 年，因上部陷落的覆盖矿体已基本开采完毕，转入更深部开采，根据深部矿体不透地表特点，全部采用深孔崩矿分段空场法，采用此法直至 2002 年。

出矿 投产初期，以木漏斗储存矿石，人工出矿。1958 年后，在出矿巷道用电耙出矿，采场矿体厚度 5—12 米布置一条耙道，厚度 20—30 米时，垂直走向布置耙道，每条耙道有单侧漏斗或双侧漏斗。耙道出矿时，直径超过 500 毫米的大块矿石，经二次爆破粉碎后出矿。1975 年，由国外引进大型内燃无轨铲运机，在无底柱分段崩落采矿法采场和分段空场采矿法底部结构为平底式的采场，使用铲运机出矿。每个采场一般有 3 个以上出矿进路，1—2 台铲运机作业。回采崩落的矿石溜到出矿进路，铲运机将矿石铲运到溜矿井。采场年出矿能力 38—40 万吨。1982 年，购置振动放矿机，用电动机驱动装置进行矿石溜井放矿。至 2003 年，寿王坟铜矿破产重组，一直采用电耙和铲运机出矿。

寿王坟铜矿机械化开采（区文广新局提供）

提升和运输 1955 年 3 月，根据国家重工业部的指示，寿王坟铜矿在主平峒建设双线运输线。1957 年投产后至 1958 年，主平峒为双轨运输，以 10 吨架线式电机车牵引矿车将矿石运到距主平峒 355 米的选矿厂，用翻车机一次翻 2 个矿车将矿石卸到原矿仓。零米中段

以上3个中段，其中上一、上二中段由7吨架线式电机车配备0.7立方米固定式矿车运输矿石，用翻车机翻入溜井，上三中段用0.55立方米翻转式矿车或0.5立方米木矿车运送矿石，人工翻入溜井。上一中段碴石，用电机车运到上一废石场，再用0.55立方米翻斗车运到主平峒东侧废石厂，上二、上三中段碴石，用0.55立方米翻斗车直接运到主平峒东侧废石厂。辅助竖井采用2BM型卷扬机提升人员和设备材料，容器为单罐笼带平衡盘。1959年至1980年，主竖井提升箕斗、罐笼并用。箕斗提升采用KJ2×4×1.8D卷扬机，箕斗容积4立方米，载重6.55吨，提升高度434米，专门用于提升矿石。罐笼提升用KJ2×3×1.5D卷扬机，用双罐笼每次提升2立方米矿车2辆，专供提升零米以下废石及人员、设备、材料。主竖井卷扬机均设在地表，零米中段以下各中段的矿石，均由10吨电机车牵引2立方米矿车组运送到主竖井附近的矿石溜井，经计量峒室放入箕斗提升到零米水平以上曲轨峒室卸载，再经放矿运送到选矿厂。下一到零米中段用50马力斜井卷扬机及1.3立方米双箕斗提升，日提升能力450吨。下一中段以下，由辅助竖井罐笼提升1.4立方米固定式矿车到零米水平，组成列车运往选矿厂。1981年至2002年，主平峒、主竖井、辅助竖井担负下五中段以下各中段矿石、人员、设备、材料的提升任务。新建的盲竖井提升设备采用KJ3－11.5型卷扬机，双罐笼单层提升2立方米矿车，运送矿石和碴石并担负下五中段以下人员、设备、材料的提升。20世纪90年代以后，进行更深部开采，矿石要经过2次提升3次倒运到选矿厂。

二、集体及个体企业采矿技术

20世纪80年代中期，镇村办及个体有色、黑色金属矿业采矿开拓方式均为地下斜井开拓，凿峒掘进开采，采用全面或分层崩落法采矿。主要设备有推土机、铲车、7655型凿岩机，10平方米和20平方米空气压缩机，直径80毫米中孔钻和直径80毫米履带式中孔钻等。采矿工具一般为钢钎、铣、镐、锤。用大锤、钢钎打眼，使用雷管、炸药爆破矿石。由卷杨机、小铁轨双轨矿车将矿石提升运至地面，再用小型拖拉机、农用汽车等运至选矿厂。

第二节　选矿技术

一、国有（营）企业选矿技术

碎矿　主要设备有中碎机、细碎机、旋回机和振动筛。寿王坟铜矿1957年投产时，采用三段一闭路流程，矿石经过粗碎，中碎和细碎后进入筛分工序，达到粒度要求的经皮带运输机运往粉矿仓，没达到要求的返回再碎，此流程一直沿用至2002年。

磨矿　主要设备有球磨机、分级机，采用一段闭路磨矿工艺，磨矿细度要求为200目/CM，达到细度要求的进入浮选，没达到细度要求的经分级机旋流器返回再磨。1975年至1976年，将原有直径2.7米×2.1米的8台球磨机中的6台改造成直径2.7米×2.8米的球磨机，球磨机台时效率提高了3吨至5吨。1982年，采用改变补球比例和降低磨矿效率的方法提高精矿品位，磨矿细度合格率由55%提高到60%，创建矿以来铜铁混选最好指标，铜精矿品位达到17.03%，铁精矿品位达到66.59%。为提高铁精矿品位，1994年9月开始，增加二段细磨工艺，铁精矿品位在原基础上又提高2.08%。整套磨矿工艺一直沿用。

浮选　投产之初，铜浮选采用一粗（一次粗选）、二扫（二次扫选，对一次粗选后的尾矿再进行选别）、一精（一次精细加工）流程。浮选后的铜精矿的尾矿送入磁选，回收副产品铁精矿。1959

年，为降低铜精矿中氧化镁的含量，增加精选次数，铜浮选达到四次精选。1970 年，为回收钼金属，将 8 号球磨机系统改造为钼选系统。先混合浮选再分离浮选。混合浮选采用一粗、二扫、一精流程，分离浮选采用一粗、二扫、五精流程。1976 年，选矿厂与北京矿冶研究总院合作，研制成功 CHF－X14 立方米充气机械搅拌式浮选机，填补了国内大型浮选设备的空白。1984 年 3 月，铜浮选由四次精选改为三次精选。一粗、二扫、三精的工艺流程一直沿用。

磁选　主要用于选铁。开始时采用一粗、一精流程。1967 年，永磁筒式磁选机试验成功。1969 年后，原有的带式磁选机全部改用永磁筒式磁选机。1978 年 10 月，在磁选铁精矿的流程中增加一次精选，磁选段形成一粗、二精流程，使铁精矿品位提高 1%，达到 66.5%。此工艺一直沿用至 2002 年。

脱水　主要设备有浓密机、过滤机、干燥机。铜精矿脱水采用浓密、过滤、干燥三段流程。铁精矿脱水使用真空永磁过滤机采用一次脱水流程。钼精矿脱水采用浓密、干燥两段流程。1974 年，铁精矿脱水由真空内滤改为永磁外滤，提高脱水能力，直至 2002 年。

二、集体及个体 企业选矿技术

各矿将矿石运到选矿厂后，进行吸附浮选、湿式浮选和人工拣选，经过 400 毫米 ×600 毫米锷式破碎机将大块矿石进行一次破碎，再经 150 毫米 ×750 毫米破碎机再次破碎后，送球磨机磨成矿粉，经分段机分级处理，粗粉返回球磨机继续研磨，细粉送磁选机、浮选机选出铁精粉、铜精粉。钼精粉浮选先混合浮选，再分离浮选。铁精粉脱水采用真空永磁过滤机一次脱水，铜精粉脱水采用浓密、过滤、干燥三段脱水流程，钼精粉脱水采用浓密、干燥二段脱水流程。脱水后外运仓储。因此类企业规模小、资金短缺，有些企业生存时间短，至 2003 年，主要设备种类及选矿方法基本没有变化。

第三节　技术改造

一、采矿技术改造

开拓系统技改　1959 年寿王坟铜矿扩建，为开采零米以下矿体，开拓半截沟主竖井，施工分两个阶段进行。第一阶段，主竖井下掘到下三中段水平，计量硐室放置下二中段以下 40 米处，主竖井担负下二中段以上矿石的提升，于 1964 年建成投产。分阶段施工，比直接下掘到下六中段，可减少提升矿石的费用，还可提前投产。1970 年始，用 2 年时间在下二以上竖井不停产的情况下，完成下三至下六中段主竖井的下掘延深工程。主竖井延深，采取先下掘矿石流井，再反掘主竖井的施工方法，因主竖井下延，计量硐室下移至下五水平以下 40 米处。采用此施工方法，省时、省工。80 年代前期，对开拓系统中的辅助竖井进行技术改造，将安装在龙潭沟地表处于采空区崩落带以内的卷扬机下移至零米水平。

水平巷道掘进技改　1965 年，寿王坟铜矿矿山机械化研究所研制成功液压凿岩台车、华 1 型电动扒岩机、斗式转载列车等设备，并与平巷掘进组成机械化作业线，使凿岩、装渣、运渣实现了机械化。上部巷道掘进，用气腿凿岩机和电耙出渣配套，形成上水平机械化作业线。机械化作业线的建成，减轻了劳动强度，提高了掘进效率。据统计，平巷掘进机械化作业与原来的掘进法相比较，仅减少作业人员工资一项，每米掘进成本就降低 10.98 元。

天井掘进技改　1964 年，试验成功吊罐掘进天井的新方法，1965 年通过冶金部组织的部级鉴定。

吊罐法使成井速度提高2倍，节省木材70%以上，降低了劳动强度和掘进成本，改善了通风条件，提高了天井掘进的机械化水平。1973年3月，在采用吊罐法进行的多天井循环掘进会战中，由36人组成的掘进队，在下三中段，每天3班作业，实行天井多掌子面循环，月进尺1025米，日平均进尺34.2米，掌子面工效每班0.95米，每延长米成本仅40.82元，掘进速度达到国内外先进水平。

采矿方法技改 80年代初，实验研究的高端壁无底柱分段崩落采矿法，成功应用于采矿生产，为国家无底柱崩落采矿法增添了一种新方式，并达到了国内先进水平，通过了冶金部和有色金属工业总公司联合组织的技术鉴定，获得省部级科技进步二等奖，承德市科技进步一等奖。此种采矿方法，一次性崩矿量大，有利于铲运机出矿能力的发挥，具有较大生产能力，矿石贫化损失指标小，适用于矿岩稳定、倾斜度大矿体的采矿。

钼矿石提升系统技改 60年代末设计的钼矿石提升系统，在下一中段以上，用斜井卷扬机提升台车和0.55立方米矿车，日提升能力仅为150吨，不能满足钼矿石生产的需要。1974年，对钼矿石提升系统进行技改，使用自主设计的双箕斗提升容器，仍用原有卷扬机设备，使日提升能力达到450吨。1983年，为开采下二中段以下的钼矿石，决定由辅助竖井担负下二以下中段钼矿石的提升，并进行技术改造。选用0.7立方米固定式矿车提升至零米中段，再经过平峒运往选矿厂，完善了钼矿石的提升运输系统。

通风系统技改 1979年，根据矿山东西两翼矿体开采的需要，对东西部污风排出通道进行回风系统技术改造，增加掘进回风道250米，改善了通风条件。两翼对角式通风系统存在漏风严重，主扇装置工作效率低，通风电耗高的弊端。为了矿井深部开采需要和节省通风电耗，改善井下工作条件，对原有通风系统进行节能技术改造，将东西两翼通风系统改造为分区通风系统。选择与通风网路相匹配的DK35和K45新型高级节能风机作为3个分区的通风主扇，3个主扇装机总功率由原系统的700千瓦下降到260千瓦，井下辅扇降低208千瓦，年节电478万度，节电率76.6%，达到国内先进水平。

废水的回收利用技改 为提高废水利用率，节省水资源，解决坑口废水排放到老牛河造成污染危害问题，1981年开始，进行坑内废水回收技术改造。将井下废水打入零米沉淀池，从沉淀池到选矿厂高位水池，铺设2条直径110毫米的管路，长3287.8米，通过泵站将沉淀池上部清水排到选矿厂高位水池，补给选矿厂用水，同时将沉淀池下部泥浆用砂泵送到选矿厂第一沙泵房。此项技改，投资12万元，每年回收废水100万立方米，获综合经济效益7.3万元，使工业废水利用率达80%以上。

二、选矿技术改造

1973年12月，寿王坟铜矿开始研究KFK－1型粉矿仓分矿小车的自动控制装置。1974年11月，KFK－1型粉矿仓分矿小车自动控制装置正式投入生产使用，实现了卸装自动控制。

1974年初，冶金部矿冶研究总院与寿王坟铜矿合作，研究球磨机恒定给矿自动控制系统，经过1年的研制，于1975年投入生产。

1974年，北京矿冶研究总院与寿王坟铜矿合作研究分级机溢流浓度检测和控制项目。1975年底，完成第一台SHFM－1型伽马射线密度计的试制，并应用于选矿厂磨矿系统，检测分级机溢流浓度。1976年初，完成浓度控制工作。1977年，北京矿冶研究总院、北京冶金轴承厂与寿王坟铜矿共同协作，为选矿厂试生产了8台SHFM－1型伽马射线密度计。

1974年，寿王坟铜矿开展磨矿机循环负荷检测与报警装置的研究试验。1977年，球磨机循环负荷检测与报警系统试制成功后，是年在选矿厂的8个球磨系统推广使用。

1976年，寿王坟铜矿开始研制磨矿机组程序控制装置，1979年7月，第一套MJK型单台磨矿机组程序控制装置研制成功并投入试运行。1978年，全面推广MJK型单台磨矿机组程序控制装置，并建成集中控制室。1979年，改进和完善MJK型单台磨矿机组程序控制装置，磨矿车间集中控制采用总体分散分级控制系统，实现了磨矿程序控制自动化。

1982 年，选矿厂用水喷射泵代替 K—4 真空泵实验成功，节电 60%，节水 90%。

第四章　从业人员

1953 年初，在东北有色金属管理局探矿队 72 名职工的基础上组建寿王坟铜矿。1959 年，寿王坟铜矿职工增加到 4561 人，多数是由外地厂矿调入、大专院校分配的人员和招录的农村劳动力，以固定工为主。1981 年，有职工 6741 人，为历史最高水平。2002 年 12 月，企业进入破产程序，时有职工 6044 名，分别办理了离退休、提前退休、退养、买断工龄和移交地方政府等手续。改革开放后，镇村集体及个体采选业迅速发展，1984 年有从业人员 112 人，到 1995 年，增加到 1480 人，以当地农村劳动力为主，也有外地务工人员。2003 年，集体及个体企业从业人员 1527 人。

第一节　国有（营）企业职工队伍

1951 年初寿王坟铜矿建矿时，有职工 72 人。随着探矿和基本建设规模扩大，开始从大专院校和东北一些厂矿调入工程技术、管理人员和选矿、机械、凿岩等熟练工人，是年底，职工增到 1700 人，其中工程技术人员 73 人。1957 年正式投产，全矿职工 2922 人。1958 年至 1959 年，寿王坟铜矿筹建炼铁厂，先后从承德市皮麻厂、鞋厂、化工厂、皮革厂、食品厂等 11 个单位调入职工 556 名，到 1959 年底，全矿职工总数 4561 人。其中工人 3347 人，管理人员 410 人，学徒工 318 人，服务人员 470 人，其他人员 16 人。60 年代初国民经济调整时期，精减职工队伍，1961 年减到 3191 人，其中管理人员 417 人，工人 2242 人、服务人员 329 人、学徒 64 人、其他人员 139 人。70 年代职工队伍逐渐壮大，到 1981 年有职工 6741 人，其中固定工 4815 人、临时工 579 人、计划外用工 1347 人。

1993 年，寿王坟铜矿全面推行劳动合同制，4662 名职工中签订无固定期合同 4387 人，有固定期限合同 275 人。1997 年初开始减员分流，管理干部从 911 人减到 779 人，工人从 4173 人减到 3770 人，矿机关精减 214 人，辞退了农民工。1998 年实行定岗定编，精简分流，全矿精减机构 17 个，精减干部 93 人，职工离岗 281 人，下岗 163 人，内部分流 91 人，辞退临时工 114 人，定编后比定编前减少 649 人，占原有职工总数的 13.9%。2003 年 7 月，寿王坟铜矿破产清算工作基本完成，时有职工 6044 人，其中离退休 1678 人，提前退休和退养 1709 人，领取安置费与经济补偿金后与企业解除劳动关系的 2432 人，学校、医院等社会职能部门移交给地方政府 225 人。

第二节　集体个体企业从业人员

1984 年，有从业人员 112 人。1986 年，随着镇村集体企业的发展，从业人员增加到 178 人。1987 年增加到 292 人。1990 年增加到 665 人，其中从事采矿业 431 人，从事选矿业 234 人。1992 年后，个体有色、黑色金属采选企业得到发展。1995 年，镇村集体企业从业人员 1480 人，其中从事采矿业 1007 人，从事选矿业 473 人。2003 年，镇村集体和个体采选业有从业人员 1527 人，其中从事采矿业 657 人，从事选矿业 870 人。从业人员来源以当地农村劳动力为主，雇用少量大企业退休人员和外地务工人员。

第五章　管理和主要企业简介

随着时代的变迁，境内有色黑色金属采选业的管理机制，管理内容和形式在不断地变化。国有企业从初期实行党委领导下的矿长负责制，到推行矿长负责制。改革开放后，在经营体制方面，推行经济责任制和承包经营责任制，逐渐完善以岗位职责为内容，以标准定额为重点的生产计划、技术、财务、物资、劳资、质量、设备、生活等方面的管理制度，在资源枯竭，企业亏损的条件下，靠管理稳定了队伍，维持了生产。集体及个体采选企业在区、镇、村的共同管理下，以经济效益为目标，以安全管理为重点，实行承包经营、股份合作。制定领导班子、管理干部目标管理责任制，健全完善安全管理机构，提高从业人员素质，不断开展治理整顿，企业管理由粗放低水平向科学高水平发展，使有色黑色金属采选业成为区、镇、村经济的主导产业。

寿王坟铜矿是境内唯一一家国有有色黑色金属采选企业。为国家大二型企业。该企业生产机械化水平较高，曾被冶金部命名为全国冶金机械化样板矿山。1957 年投产至 2002 年破产的 46 年中，累计生产铜含量 12.3632 万吨，铁精矿 1177.9276 万吨，钼精矿 1823.7 吨。

第一节　管　　理

一、国有（营）企业管理

（一）领导体制

寿王坟铜矿建矿后，实行“一长制”即矿长负责制的领导体制。1953 年 4 月 30 日召开首届职工代表大会，选举产生由党委书记、矿长、工会主席和工人代表 13 人组成的第一个抓企业管理工作的矿山民主管理委员会。20 世纪 50 年代末，开始实行党委领导下的矿长负责制。建矿后至 70 年代中

期，实行矿、坑（厂）、工区（车间）三级管理体制，机构设置偏重于生产和管理，辅助后勤相对薄弱。“文化大革命”结束后，恢复党委领导下的矿长负责制。1984 年，由党委领导下的矿长负责制改为矿长负责制，党政职能分开。

（二）生产经营管理

20 世纪 50 年代初期至 70 年代末，由于实行计划经济，主要以生产管理为主。一切以提高工作效率、提前超额完成生产任务为目标，提出的典型口号是“劳动竞赛掀高潮，夺高产、创高效，各条战线传捷报”，通过开展劳动竞赛、技术革新、增产节约等活动，促进生产任务的完成。

80 年代至 90 年代初期，国家由计划经济逐步向社会主义市场经济转变，寿王坟铜矿开始进行管理体制改革并逐步深化。其间，在端正矿风，建立规章制度，加强劳动纪律等方面进行企业整顿。1983 年 10 月，河北省冶金厅对寿王坟铜矿企业整顿工作验收，定为合格企业。之后，全矿学习首钢推广经济责任制的经验，普遍制定经济责任制，将经济责任、技术经济指标、工作任务层层分解，落实到基层，明确责权利，严格执行考核制度。系统制定生产计划、技术、财务、物资、劳资、安全、质量、设备、房产、生活、治安保卫等方面的管理制度，明确工作职责。加强企业管理的基础性工作，健全各种原始记录 247 种，制定健全各种定额 2586 种。加强了计量管理，建立计控室。制定机械加工、生产工艺、精矿品位质量、火药加工质量、掘进工程质量、钼精矿包装、设计图纸、产品运输八大标准，加强标准化管理。强化科技档案管理，配备专人，划分密级，建立借阅制度。1984 年 10 月，寿王坟铜矿提出“一业为主、多种经营、搞活经济、振兴铜矿”的指导思想，由单一生产型向生产经营型转变，改革经济责任制形式，实行矿内承包经营。年初，承包单位与矿长签订经营承包合同书，根据经营效果，年终结算提成，兑现奖惩。

20 世纪 90 年代中后期，寿王坟铜矿资源枯竭，在大量进口的冲击下，国内品位较低的铜铁原料价格大幅度下跌，而矿山所需的原材料和电费价格大幅度上涨，加之企业办社会，人员工资增长，企业负担越来越重，生产经营十分困难。为摆脱困境，寿王坟铜矿先后进行劳动、人事、工资等方面的改革。打破“铁饭碗”“大锅饭”，推行全员劳动合同制；采取“定岗定编，结构工资”和“下岗分流，减员增效”措施，辞退农民工；根据实际效益，按比例开工资；实行内部银行制度，对全矿流动资金实行总控制；成立专门机构，强化销售及清欠工作；进行公房改商品房的改革，把房产移交给地方政府管理；通过租赁、买断、承包等多种方式，进一步改革经营体制；实行“厂务公开、政务公开”，强化群众监督力度。采取以上管理措施后，虽然没有使寿王坟铜矿从根本上摆脱困境，但确实起到了维持生产，减少亏损的作用，保证了职工基本生活需要和文教、卫生等福利机构最起码的需求，稳定了职工队伍和企业工作秩序。

二、集体个体企业管理

（一）经营管理

20 世纪 80 年代中期至 90 年代初期，非国有有色、黑色金属采选企业，均为镇村集体所有制企业，由镇或村统一管理，各企业设矿（厂）长，负责生产安全等项具体工作。1988 年，寿王坟镇政府开始将村办采选企业的管理工作纳入对各村目标管理责任制的考核内容。1991 年镇、村将矿井承包期从 1 年延长到 3 年，企业增加了经营决策权、生产指挥权、劳动用工权和分配权。1992 年，出现个体私营企业，5 月寿王坟镇成立金铜总矿，负责协调采选生产，并出台《关于推行股份合作制的实施意见（试行）》，鼓励镇村企业之间跨所有制、跨行业横向联合兼并、租赁、互相参股，鼓励企业实行自主经营，自负盈亏，民主管理，按劳分配，按股分红。区、镇主管部门依法行使督导检查职能。1993 年，寿王坟镇开始对集体小矿进行公开招标，重点抓各承包井口的管理，防止各井口争夺资源。1994 年 9 月，寿王坟镇党委、政府制定《矿山企业管理办法》，将全镇划分 3 个采区，采矿点统一规

划，合理布局，合理开采，各矿统一销售产品，合理计价。1994年后，为提高经济效益，镇村选矿企业从实际出发，分别采取集体经营、承包经营、租赁给个人等经营管理形式。1995年8月，镇经济委员会印发《关于执行新的矿石收购价格的通知》，推行集中管理，促进公平交易。为实现寿王坟镇采选业采、选、炼、运、销一条龙格局，1996年2月，区领导开始实行联系个体私营企业大户制度，在私营企业承德久隆冶金有限责任公司带动下，到2001年，寿王坟镇已发展成为采、选、销一体化的专业镇。至2003年末，除罗圈沟村铁矿和郑家庄村的承德市寿王坟镇第二选矿厂外，其他镇村集体采选企业均拍卖给个人。

（二）安全管理

1985年10月14日，寿王坟镇政府在《关于开采龙潭沟、古洞沟矿点的请示》中明确规定："在寿王坟铜矿安全部门指导下，镇经委责成专人负责安全生产工作，各矿点设安全员，分别建立健全安全生产规章制度。镇政府定期对采矿企业进行安全检查，定期请寿王坟铜矿有关部门进行安全生产辅导。"1988年3月，寿王坟镇政府印发《关于矿业整顿方案的通知》，规定必须依法实行采矿许可证制度，对越层越界开采，擅自进入勘察区开采，以及布点过密，资源利用率低，或威胁铁路、公路、河流、重要设施和居民安全的，要调整布局或关、停、并、转。1990年，寿王坟镇政府为加强采选企业安全管理，根据《中华人民共和国矿产资源法》和《河北省集体矿山企业和个体采矿管理条例》规定，制定了《关于加强矿山企业采矿管理试行办法》，在安全知识普及培训、工人以老带新、安全值班和交接班制度、设置专（兼）职安全员、下井须知等方面提出具体要求。

1994年5月，寿王坟镇为93名爆破员举办为期3天的爆破技术培训班，并颁发爆破员作业证。6月，成立矿业整顿领导小组，对全镇52个矿口进行全面整顿。9月，又出台《矿山企业管理办法》，取缔个人乱挖滥采或无证开采矿口。严格办矿审批程序，强化对入井新工人的岗前培训，加大对违章作业的处罚力度，并进一步加强了对爆破器材的运、管、存、使等环节的安全管理。

1995年，寿王坟镇经委与各采选企业签订《关于乡镇企业预防职工工伤事故处理协议书》。2002年初，召开各采选企业安全生产工作会议，制定责任追究制度，签订安全生产责任状，组织定期不定期的安全检查，举办特殊岗位人员培训班，重新为各矿口办理了采矿许可证。

第二节　主要企业简介

寿王坟铜矿位于营子矿区寿王坟镇，西距京承铁路下台子站6公里，西南距营子矿区政府27公里，北距承德市中心区110公里。1953年始建，1955年4月被列为国家"一五"时期694个限额以上重点工程之一，总投资2654万元，1957年建成投产，隶属冶金工业部，是中国自行设计、自制设备、自行建设的有色金属采选独立矿山，国家大二型企业。当时设计年处理矿石66万吨，服务年限15年。下辖坑口、选矿厂、火药库、职工医院等9个直属单位，26个机关科室。建矿后，隶属关系多次变动，2次隶属冶金部，先后隶属河北省冶金厅、河北省有色金属公司、中国有色金属工业总公司、国家有色金属管理局、中国铜铅锌集团公司，靠挂河北省经贸委。主要产品有铜含量、铁精粉、钼精粉，还有少量金、银等。投产后，101地质队和514地质队又进行2次大规模探矿，增加了储量，自初期探矿开始至1968年，共探明铜、铁、钼矿石总量2218.447万吨。1967年至1984年矿山探矿队通过坑内探矿，又获得矿石量741.167万吨。生产探矿增加矿量1232.069万吨。为进行深部开采在开采零米以下的同时，从1959年到1964年，完成了从地表到下三中段的大竖井下掘和安装工程；从1970年到1972年5月，完成了由下三延伸到下六中段的大竖井下掘和安装工程。1973年3月用吊罐法进行多天井循环掘进会战，月进尺 1025 米，创世界先进水平。1987 年创天井大爆破 1 次装药 110 吨的国内先进纪录。选矿厂经过 3 次扩建，由原来的单一选铜，日处理矿石 2000 吨，扩大到可选铜、铁、钼，1976 年日处理矿石 4000 吨，年处理矿石 134 万吨，比设计能力提高 1 倍，掘、采、选、运等主要工序全部实现机械化，曾被冶金部命名为全国冶金机械化样板矿山。

1978 年以后，按设计能力已超期服役的寿王坟铜矿以改革求生存，以搞活求发展。为解决深度开采，先后建成辅井、盲井、箕斗井，完善了开拓系统。在采矿生产方面，克服边缘深度开采多级提升的困难，采用边探边采，富贫兼采，局部复采，细水长流的方法，延长矿山寿命。在选矿方面，不断改进磨选工艺，在铜原矿品位降低到 0.16%，铁原矿品位降低到 17.6% 的情况下，实际回收率仍保持在 70%、86% 左右。1980 年在杭州冶金会议上，寿王坟铜矿被列为利润保平单位，到 1988 年累计生产铜含量 10.4 万吨，铁精粉 936 万吨，钼精粉 0.18 万吨，实现利税 23921 万元。但由于资源濒临枯竭，坑口平峒以下垂直深度已达 780 米，上下 13 层巷道网状密布，纵横交错，出矿已是两步提升，三步倒运，成本明显增加，1989 年被中国有色金属总公司列为政策性亏损企业，虽然给予财政补贴，企业仍连年亏损。为了摆脱困境，寿王坟铜矿转变生产经营观念，从实际情况出发，先后兴办了铸造厂、机械厂、塑料厂、氧气厂、铜材厂、钛合金厂、铜冶炼厂等一批转产项目，走上了以采选为主，多种经营之路。20 世纪 90 年代，依靠矿山的回采和残矿回收补充产量，维持矿山的生存。90 年代后期，生产经营更加困难，社会负担明显加重，企业坚持以改革为动力，从加强管理，节约增效入手，全力组织生产自救。实行定岗定编，精简分流，精减机构 17 个，人员 649 人。1999 年寿王坟铜矿对坑口和选矿厂分别实行了吨矿金属含量和吨矿技术指标的成本考核，是年两个生产单位的总成本比 1998 年分别降低 22% 和 4%。2001 年 1 月又进一步改革承包形式，对坑口实行吨矿金属含量买断，对选矿厂实行矿石加工承包，下放了内部管理权、用人权、采购权和分配权，到 2002 年 11 月，两个单位共降低成本 1463 万元。除了机械厂、铁厂和铜冶炼厂以外的十几个多种经营单位分别实行拍卖，集体或个人租赁，解决了近 400 名职工的生活问题。此外还根据职工工作的不同情况，相应调整了工资分配比例，重点向生产一线职工倾斜。到 2002 年 12 月 25 日，终因亏损严重，资不抵债，经全国企业兼并破产和职工再就业工作领导小组批准，进入破产程序。

从 1957 年投产到 2002 年底破产，寿王坟铜矿累计处理矿量 4345 万吨，生产铜含量 12.3632 万吨，铁精粉 1177.9276 万吨，钼精粉 1823.7 万吨，完成工业总产值 438977.04 万元。向部分省、市的厂矿和各级政府部门输送专业技术人员 3000 多人，有 55 人次荣获国家和省部级劳动模范和先进个人称号，开发研制的 42 种矿山机械设备为冶金矿山建设做出了重要贡献，按建矿初期提交的储量和设计能力，寿王坟铜矿超期服役 30 年。

第六章　产品产量和经济效益

营子矿区有色、黑色金属矿产资源的赋存很不稳定，地质条件的变化直接影响采选进度，产品产量高低又直接影响了经济效益。1957 年至 1988 年，寿王坟铜矿处在兴盛生产阶段，累计处理矿石 3281.89 万吨，占 2002 年破产时合计矿石总处理量的 75.53%，实现利税 23921 万元，年均 747.5 万元。从 1989 年开始，因产品产量降低，企业连年亏损。集体和个体有色黑色金属采选业在国家和地

方政策扶持下，因地制宜，从80年代后期至2003年逐步发展壮大，成为振兴地方经济的主导产业。1985年仅生产铁矿石1560吨，产值只有15万元，2003年全镇各类有色黑色金属采选业共处理矿石84万吨，生产铁精粉4万吨，铜含量600吨，总产值13710万元，利润1053万元。

第一节　产品产量

一、国有（营）企业产品产量

1957年4月1日，寿王坟铜矿正式投产，是年生产铜含量2336吨，铁精矿10.8952万吨。1959年生产铜含量最多，为11242吨。1970年生产铁精矿最多，为42.9884万吨，是年开始生产钼精矿，年产量5吨。80年代后期，因资源濒临枯竭，产品产量呈下降趋势。2002年，生产铜含量1292吨，铁精矿18.3542万吨。1970年至1988年，共生产钼精矿1823.7吨，1957年至2002年的46年中，累计生产铜含量12.3632万吨，铁精矿1177.9276万吨。

1957—2002年寿王坟铜矿产品产量统计表

表7-6-1　　单位：吨

年份	产品产量		
	铜含量	铁精矿	钼精矿
1957	2336	108952	—
1958	8002	238983	—
1959	11242	309917	—
1960	11001	347716	—
1961	3056	120100	—
1962	2246	105480	—
1963	2240	182380	—
1964	2642	334697	—
1965	3129	400303	—
1966	3433	403319	—
1967	2886	306577	—
1968	1687.4	174264	—
1969	2337.5	361915	—
1970	4134	429884	5
1971	4074	403540	23
1972	4237.4	400312	102.2
1973	4092	366624	110.7

续表 7－6－1

年份	产品产量		
	铜含量	铁精矿	钼精矿
1974	3663	292369	151. 8
1975	3856	363035	174. 6
1976	3605	334254	210. 4
1977	3300	334423	205
1978	3040	360036	207
1979	2360	305546	202
1980	1667	308707	135
1981	1446	291015	77
1982	1016	265777	79
1983	1176	265394	57
1984	1246	242413	40
1985	1229	262431	21
1986	1162	233390	9
1987	1366	228246	13
1988	1105	228305	1
1989	1230	182748	—
1990	1074	142306	—
1991	1053	146698	—
1992	1394	184739	—
1993	1744	196484	—
1994	1722	190002	—
1995	1619	149934	—
1996	1562	173638	—
1997	1531	172812	—
1998	1255	188755	—
1999	1460	200064	—
2000	1474	182090	—
2001	1210	175160	—
2002	1292	183542	—

二、集体及个体企业产品产量

1987 年，营子矿区始建选矿厂，是年产铁精矿 4000 吨，铜含量 30 吨。1997 年产铁精矿 78000

吨，2000 年产铜含量 970 吨，2001 年产钼精矿 310 吨，为历史最高水平。1987 年至 2003 年，集体及个体选矿业共生产铁精矿 777000 吨，铜含量 9500 吨。1997 年至 2003 年，共生产钼精矿 893 吨。

1987—2003 年营子矿区集体及个体企业产品产量统计表

表 7－6－2　　　　单位：吨

年份	产品产量		
	铁精矿	铜含量	钼精矿
1987	4000	30	—
1988	14000	170	—
1989	45000	390	—
1990	36000	520	—
1991	38000	530	—
1992	62000	670	—
1993	71000	730	—
1994	69000	790	—
1995	53000	560	—
1996	33000	330	—
1997	78000	880	70
1998	54000	540	70
1999	55000	590	70
2000	71000	970	210
2001	35000	800	310
2002	19000	400	70
2003	40000	600	93

第二节　经济效益

一、国有（营）企业效益

寿王坟铜矿 1957 年投产，是年实现工业总产值 1163.2 万元，利税 185.3 万元。1959 年，实现利税 3025 万元，为历史最好水平。至 1988 年，共实现利税 23921 万元，至 2002 年，共实现工业总产值 438977.04 万元。1989 年，因资源濒临枯竭，企业开始亏损，被中国有色金属工业总公司列为政策性亏损企业，至 2002 年底，累计亏损 31581 万元，财政补亏 16371 万元，补亏后亏损 15210 万元。2002 年底寿王坟铜矿破产。

1957—2002 年寿王坟铜矿工业总产值、利税情况统计表

表 7 - 6 - 3　　单位：万元

年份＼项目	工业总产值	利税	年份＼项目	工业总产值	利税	年份＼项目	工业总产值	利税
1957	1163. 2	185. 3	1973	2880. 8	1115	1989	3075	—
1958	3690. 2	1653	1974	2684. 5	702. 9	1990	4346	—
1959	5470	3025	1975	2913. 2	1244	1991	4260	—
1960	5463. 3	2727	1976	2909. 9	805. 6	1992	9738. 44	—
1961	1457. 6	150	1977	2662	668	1993	6228. 82	—
1962	1234. 9	129. 9	1978	2603	533	1994	6946. 82	—
1963	1451. 8	69. 3	1979	2103	165	1995	5362. 11	—
1964	2065. 2	328	1980	1798	476	1996	5835. 55	—
1965	2458. 1	708	1981	2777	380	1997	56140. 4	—
1966	2550. 1	902	1982	2379	188	1998	46878	—
1967	2051. 2	718	1983	2461	313	1999	53813	—
1968	1182. 3	250	1984	2334	229	2000	53014	—
1969	1658. 6	456	1985	2789	200	2001	50281	—
1970	2905	1501	1986	2605	477	2002	50632	—
1971	2825	1274	1987	3056	425			
1972	2991	1506	1988	2853	417			

二、集体个体企业效益

1984 年至 1986 年，营子矿区集体及个体采矿业，实现工业总产值 70 万元，上缴税金 3 万元。1987 年始增加选矿业，利税数量虽有波动，总体呈上升趋势。1995 年盈利 1377 万元，2001 年上缴税金 542 万元，为历史最好水平。1984 年至 2003 年，共实现工业总产值 154229 万元，上缴税金 3907. 4 万元。1986 年至 2003 年，共实现利润 10803. 03 万元。

1984—2003 年营子矿区集体及个体企业工业总产值及利税情况统计表

表 7－6－4　　　　　　　　　　　　　　　　　　　　　　　　单位：万元

项目/年份	工业总产值	税金	利润	项目/年份	工业总产值	税金	利润
1984	12	1	—	1994	15121	236	603
1985	15	1	—	1995	17121	345	1377
1986	43	1	0.03	1996	17359	376	1109
1987	119	1.70	11	1997	12743	241	825
1988	322	6.7	67	1998	6837	299	664
1989	717	38	146	1999	11569	314	780
1990	1128	93	192	2000	12575	198	859
1991	1427	110	248	2001	16700	542	1133
1992	1980	187	256	2002	18393	144	1261
1993	6338	239	219	2003	13710	534	1053

附

承德钢铁集团有限公司石灰石矿

承德钢铁集团有限公司（简称承钢）石灰石矿建于 1971 年，是承钢唯一的一座辅助原料矿山。位于鹰手营子东部柳河南岸，距承钢滦河主厂区 100 公里，占地 89344 平方米，京承铁路和 112 国道经过，交通便利。

石灰石矿冶金用灰石原料资源丰富，总储量 3688.7 万吨。露天阶梯开采，采场条件较好，年生产能力 10 万吨以上。生产工艺流程为：露天凿岩机打眼、爆破；人工装车运矿；破碎、筛分；皮带运输进入成品矿仓；铁路专用线人工放料，装火车运至承钢滦河主厂区。所生产的成品矿分为 50—90 毫米的中块和 20—50 毫米的小块两种，均达到氯化钙含量 52% 以上和二氧化硅含量不超过 3.5% 的质量标准。

1974 年建 900 米长铁路专用线，之后增添一些生产设备和辅助设施。1989 年开始逐步增加投入，先后投资 400 多万元，除增添生产设备和辅助设施外，修建了办公楼、职工住宅楼和其他一些生活福利设施，使职工的生产、生活条件得到明显改善。

1998 年产量最高，达到 13.3 万吨，实现利润 30 余万元。1996 年至 2002 年，合计产量 84.952 万吨，是 1971 年至 1995 年合计产量的 2 倍。

2003 年 1 月，承钢决定石灰石矿停产。

第八编 ZHIZAOYE

8 制造业

第一章　粮食、食品饮料和饲料加工业
第一节　粮食加工业
第二节　食品饮料业
第三节　饲料加工业
第二章　纺织服装和皮革皮毛制品业
第一节　纺织与服装加工业
第二节　皮革皮毛及其制品业
第三章　造纸印刷和化学塑料制品业
第一节　造纸业印刷业
第二节　化学塑料制品业
第四章　建筑材料和陶瓷制造业
第一节　建筑材料
第二节　陶瓷
第五章　机械制造和电子设备业
第一节　机械制造业
第二节　电子设备业
第六章　制造业管理
第一节　管理机构
第二节　企业管理

8

承德市鹰手营子矿区志•制造业

CHENGDESHI YINGSHOUYINGZIKUANGQU ZHI ZHIZAOYE

营子矿区制造业自手工作坊起步并逐步发展壮大。主要有粮食、食品、纺织服装、建筑材料、机械、陶瓷与塑料制品等加工业。1965 年 2 月，营子矿区划归承德市，区属制造业企业只有 5 家。“文化大革命”期间，平均主义严重影响了职工的主动性和积极性，企业不景气。改革开放后，个体私营企业逐步兴起，区属国营和集体制造企业通过改善管理模式，更新设备，不断发展壮大。20 世纪 70 年代末，承德铸造机械厂生产的涂料搅拌机出口马来西亚和印度尼西亚。1985 年，区轻工业机械厂生产的木制筷子机占领东北地区市场。1986 年，毛巾厂部分产品出口加拿大。1995 年，北方耐火材料有限公司生产的镁碳砖被评为省级优秀产品。1996 年，大型游艺机 YY033 型“海盗船”和 YY062 型“章鱼”出口缅甸。2000 年热河牌水泥获得“河北省名牌”荣誉称号。并通过了国家产品质量认证和 ISO 9002 质量体系认证。2003 年河北怡达食品集团有限公司被农业部认定为“全国诚信守法乡镇企业”，怡达山楂制品及罐头共有 9 个品种获得了中国绿色食品发展中心的“绿色食品”认证。1993 年后，国有和集体企业开始进行产权制度改革，至 2003 年年末，全区国有和集体制造业企业基本完成改制，股份制、个体私营制造业企业发展迅速且卓有成就，主要产品为食品、水泥、游艺机等。是年底，建材业有国有企业 1 家，股份制企业 3 家，集体企业 1 家，个体私营企业 5 家；机械制造业有集体企业 1 家，私营企业 3 家。

第一章　粮食、食品饮料和饲料加工业

20 世纪 50 年代初，开始有小型食品加工业，加工一些居家常用食品。1957 年，鹰手营子、寿王坟粮库建粮食加工车间，主要加工粗杂粮，不再完全委托当地农村加工粮食。之后，国营粮食加工企业还生产面粉、挂面等产品。1958 年营子食品厂建成投产，加工品种有所丰富。改革开放后，酿酒企业建成投产，但终因经营和水源污染问题下马。80 年代末至 90 年代初，在继承传统食品加工的基础上，新型食品加工业蓬勃兴起，单一的国营企业经营格局被打破，集体、个体食品加工业不断涌现。依托当地山楂、苹果、栗子等资源，生产果丹皮、果脯、罐头、饮料等，销往全国各地和出口创汇。90 年代中期以后，境内粮食加工企业逐渐减少，国有粮食加工部门有的停产，有的被拍卖。

第一节　粮食加工业

中华人民共和国成立前至中华人民共和国成立初期，境内居民的口粮加工沿用传统的石碾、石磨。1955 年，鹰手营子区粮食部门供应市镇非农业人口的玉米面等部分粗粮，要委托当地农村加工。1957 年以后，鹰手营子、寿王坟等地粮库分别建成机械加工车间，主要加工粗杂粮供应区内非农业人口。1958 年鹰手营子粮库建起粮谷加工厂，除加工粗粮品种外，开始少量加工面粉，寿王坟粮库日加工玉米面达 4000 公斤。1962 年，全区完成粮谷加工 721 万公斤。1964 年，鹰手营子粮谷加工厂加工口粮 44.7 万公斤。是年，寿王坟公社南沟大队、马圈子公社北马圈子大队先后办起米面小加工厂，分别有小钢磨 1 台，电碾子 2 台，主要加工粗杂粮，是农村社队最早粮食加工厂点，之后，各生产大

队先后建起米面加工点。1968 年鹰手营子粮库粮谷加工厂面粉车间因火灾被毁，全区的面粉供应仍然依靠外地调入，1971 年至 1973 年，粮谷加工厂共加工粮谷 6733 吨、挂面 124.7 万公斤，1979 年粮谷加工量不足 200 万公斤。1980 年全区农村社队已有碾面机 91 台，磨面机 92 台。农村经济体制改革后，这些队办米面加工厂先后拍卖给个人，主要加工玉米面、高粱面、小米、挂面、钢丝面等。1985 年粮谷加工厂加工小米 2.1 万公斤，玉米面 93.6 万公斤、精粉挂面 4.9 万公斤，标准粉挂面 27.2 万公斤、切面 0.54 万公斤。1986 年 1—5 月共加工玉米面 25.6 万公斤、小米 11.9 万公斤、挂面 5.3 万公斤。90 年代中期，粮食市场放开后，境内米面加工企业逐渐减少，国有粮食部门的口粮加工车间因原料不足，销路不畅，有的停产，有的被拍卖。2003 年，全区农村仅剩 21 台碾米机。

第二节　食品饮料业

一、发展概况

中华人民共和国成立前，境内有手工制作大酱、烧饼、点心等小食品的食品加工户，居民自制黄酒和少量白酒自食、自用或出售。

1955 年年初，建寿王坟食品加工厂。1956 年，在 5 个个体豆腐坊自愿联合的基础上，成立寿王坟综合加工厂，为集体所有制企业，有职工 13 人，从事豆腐、豆片、酱油、醋、豆豉、大酱、咸菜的生产。1958 年年底，新建冷饮、米面加工、榨油等 3 个车间。1958 年，建鹰手营子食品厂。主要产品有蛋糕、核桃酥、芙蓉糕、江米条、白皮、牛舌饼、排叉、麻球、月饼、绿豆糕、面包等几十种产品。烘烤糕点的烘炉由用煤、柴到用电。1964 年，酿造车间从鹰手营子食品厂分离出来，成立鹰手营子酿造厂。主要产品有酱油、醋、豆豉、大酱、腐乳、咸菜等，产品主要在区内销售。因企业亏损，1997 年停产。

1979 年，鹰手营子粮食加工厂建立白酒车间，主要利用玉米渣下脚料生产白酒，于 1985 年停产。

1982 年，区粮食局建淀粉厂，设计生产能力年产 3000 吨淀粉，1985 年 3 月试生产。1992 年，由于全区缺水，无法生产，淀粉厂停产。

1984 年 5 月，北马圈子镇南马圈子村投资 17 万元的啤酒厂建成投产。是年产值 17 万元，年收入 6.2 万元，利润 2.1 万元。后因水源被污染，产品滞销，于 1989 年停产。是年 7 月，投资 90 万元的北马圈子镇金扇子村汽酒厂建成投产。以生产“金扇”牌汽酒为主，此外还生产山楂汽水、碳酸饮料、果茶、果露、红果酒、果丹皮、红果罐头和香槟酒等。后因经营管理不善，于 1996 年停产。1985 年后，单一的国营企业经营格局被打破，集体、个体食品加工业不断涌现，市场竞争趋于激烈。国营食品企业处于亏损状态，寿王坟食品厂和鹰手营子食品厂分别于 1995 年和 2002 年停产。

1983 年至 2003 年，先后建起果品加工企业 8 个。即 1983 年寿王坟镇罗圈沟村创建的果脯厂，1989 年创建的怡达食品集团有限公司，1998 年北马圈子镇金扇子村民李文合创办的燕山果脯厂，1999 年汪家庄村创办的联营企业海明珠果脯厂和北马圈子镇金扇子村民王立东个人投资创办的东鑫果脯厂，2000 年 3 月寿王坟镇罗圈沟村张庆柱创建的“灵泉”果丹皮加工厂，2001 年 8 月承德久隆冶金公司投资 300 万元建成的年产白酒 500 吨的酿酒厂，2003 年 7 月寿王坟镇刘来泉投资的亿园果品加工厂。主要产品有山楂系列产品，各种果脯，罐头有白桃、黄桃、雪梨、山楂、椰果、菠萝、荔枝、橘子、午餐肉、腌牛肉、茄汁鱼、栗子鸡等，产品销往全国各地，怡达食品集团的产品远销美国、日本、东南亚等国际市场。寿王坟综合加工厂随着计划经济向市场经济的转变，因企业设备老化，品种

单一，产品滞销，于2003年停产。

鹰手营子食品厂、酿造厂部分年份经济指标一览表

表8－1－1

单位	年度	工业总产值（万元）	产品	产量（吨）	税金（万元）	利润（万元）	单位	年度	工业总产值（万元）	产品	产量（吨）	税金（万元）	利润（万元）
食品厂	1964	16.4	—	—	—	—	酿造厂	1964	—	—	—	—	3
	1970	106	糕点	250	—	—		1970	15.6	酱油	267	—	—
			猪肉	359	—	—				酱	70	—	—
			羊肉	74	—	—				醋	37	—	—
	1971	114	糕点	231	—	—		1971	14	酱油	286	—	—
			饼干	30	—	—				酱	97	—	—
			面包	95	—	—				醋	40	—	—
	1972	97	—	—	8	2		1972	17	—	—	1	3
	1973	91	糕点	189	—	—		1973	13	酱油	315	—	1
			蛋糕	39.4	—	—				酱	101	—	—
			肉	194	—	—				醋	48	—	—
	1975	168	糕点	241	—	—		1975	17	酱油	322	—	4
			蛋糕	54	—	—				酱	136	—	—
			—	—	—	—				醋	50	—	—
	1976	167	—	—	—	—		1976	17	—	—	0.9	3.4
	1981	54	—	—	2	4		1981	18	—	—	1	1

二、主要企业

区粮食局淀粉厂 1982年9月，区粮食局在鹰手营子粮库院内兴建淀粉厂，投资157.9万元，年设计生产淀粉3000吨，于1985年3月试产。是年生产淀粉37.13吨。1986年1—5月，生产淀粉400吨。1988年4月，建粗蛋白粉生产线，是年生产淀粉2334吨，粗蛋白粉43吨。1992年，因地下水位下降，全区用水困难，无法正常生产，经承德市粮食局批准停产。1997年1月，淀粉厂将闲置厂房、场地出租。8月，人员分流。2001年9月注销营业执照。

寿王坟罗圈沟果脯厂 1983年始建，村办集体企业，投资42万元，1984年建成投产。主要产品红果罐头，年生产能力100吨，1984年创产值61万元，实现利润2.4万元。1985年与辽宁省法库县联营，年创产值90万元，实现利润7.2万元。1987年因企业亏损，终止合作，1988年停产。

河北怡达食品集团有限公司 私营企业，创建于1989年，创始人金扇子村民李博学，最初投入近万元资金，在村里建起作坊式的雾灵山食品厂，主要生产果丹皮、山楂卷、山楂饴等品种。为打开销路采取先尝后买的营销策略，敲开了北京市场的大门，销售量连续翻番。1994年，出资240万元扩大企业生产规模，当年产值达到1000万元。1995年，南宁、温州、青州的3个果品加工企业相继成

为雾灵山食品厂的分厂。

1997 年，改称承德怡达食品工业有限公司，李志民任总经理。1998 年，“怡达”果丹皮产量、销售量、销售收入和市场占有率在全省同行业中名列第一。1999 年“怡达”铁山楂被评为河北省“优质产品”和“名牌产品”。

2000 年 7 月，公司买断当地 5 家停产企业，组建河北怡达食品集团有限公司，李志民为集团公司董事长。企业占地 6 万平方米，拥有资产 6000 万元，其中固定资产 3200 万元，员工 1000 人。是年，“怡达”商标被河北省工商局认定为“著名商标”。2001 年，该公司按照 ISO 9000 标准建立的标准体系，通过了中国进出口质量认证中心的认证，是承德市第一家通过认证的私营企业。是年，“怡达”罐头在国内同类产品的市场销售量和市场占有率名列前茅。2002 年，“怡达”铁山楂又被评为河北省“优质产品”和“名牌产品”，公司成为河北省农业产业化经营重点龙头企业。2003 年 12 月，“怡达”山楂制品及罐头共有 9 个品种获得中国绿色食品发展中心的“绿色食品”认证，被农业部认定为“全国诚信守法乡镇企业”。1999 年至 2003 年，该企业连续 5 年荣获市级“重合同守信用单位”，省、市“优秀私营企业”及省农行“AA 级信用企业”称号。

至 2003 年年底，公司共拥有资产 2.3 亿元。有山楂制品、罐头、饮料等生产线 10 余条，主要产品种类：山楂制品（山楂酪、果丹皮、铁山楂、雪山楂、金苹果、山楂怡、山楂块、VC 山楂、山楂羹、山楂糕、山楂片），罐头（桃、梨、椰果、菠萝、橘子、荔枝、午餐肉、腌牛肉、栗子鸡），饮料（杏仁露、核桃露、山楂醋饮、优酸乳）等 3 大类 120 个品种，年产量 2 万吨。拥有设备：山楂制品车间：打浆机、搂料机、搅料机、切块机、枕式包装机、真空包装机、塑封机、喷码机；罐头车间：劈桃机、去皮机、预熟机、冷却机、洗瓶机、汤罐机、封口机、杀菌机（釜）、喷码机；饮料车间：洗果机、打浆机、胶体磨、浸提机、自动灌装封盖机、喷码机等。有锅炉 13 台，污水处理厂 1 座。

燕山果脯厂　1998 年创建，坐落北马圈子镇金扇子村，私营企业，占地 2000 平方米。主要生产山楂系列产品，产品合格率 100%。1999 年，产值 35 万元，销售收入 24 万元，上缴税金 1.5 万元，实现利润 1.8 万元；2000 年，产值 35 万元，销售收入 32 万元，上缴税金 2 万元；2001 年，产值 50 万元，销售收入 41 万元，上缴税金 2.1 万元，利润 2.5 万元；2002 年，产值 55 万元，销售收入 47 万元，上缴税金 2.4 万元，实现利润 2.8 万元；2003 年，产值 60 万元，销售收入 52 万元，上缴税金 3 万元，利润 4 万元。是年底，有固定资产 40 万元。

东鑫果脯厂　1999 年创建，坐落于北马圈子镇金扇子村，私营企业。主要生产山楂系列产品，产品合格率 100%。该厂占地 3500 平方米，固定资产 22.7 万元。2001 年正式投产，是年创产值 61 万元，上缴税金 4.1 万元，利润 2.2 万元；2002 年创产值 64 万元，上缴税金 4.3 万元，利润 2.25 万元；2003 年生产能力 166 吨，创产值 162 万元，销售收入 101 万元，上缴税金 4.7 万元，实现利润 2.8 万元。年收果量 350 吨。

附

果子单的传说

清朝初期，以李凤瑶为首的李氏家族定居于“后龙风水”区域的闷葫芦场（鹰手营子）。据族谱记载，李家第一代祖先李国桢，明朝崇祯年间官至云贵提督、明三大营总督，爵位襄城伯。李凤瑶乃李国桢之孙。

李氏家族定居闷葫芦场后，开荒种地，驯鹰狩猎，每年以优质谷米、山珍、野物、猎鹰等贡奉朝廷。贡品中有一种果品，系李凤瑶及族人以当地特有的优质山楂为原料，蜂蜜为辅料加工而成，形薄

如纸，色泽明艳，口感极佳，名为“果子单”“雪花片”“山楂糕片”，亦称“果丹皮”。

康熙皇帝平定噶尔丹期间，“木兰围场”是双方主战场之一。由于噶尔丹率领的蒙古骑兵骑术精湛，地形熟悉，清兵情报经常被劫泄密。为确保军情顺利传递，不致泄密，时任抚远大将军的费扬，命令将八旗军队来往密信写在果子单上，再卷成果品形状随身携带，接信人看过密信后马上放入嘴里吃掉，避免了泄密。曾经随康熙评定噶尔丹远征的礼部侍郎高士奇专为这种果品写了一首名为《果子单》的赞美诗：“绀红透骨油拳薄，滑腻轻碰粉脂匀，草罢军书还灭迹，咀来枯思顿生津。”康熙看过此诗后，亦觉贴切，当即称赞道：“怡色怡味，达心达情”。自此，果子单被列为宫廷一品茶点，由内膳房专制总理。李氏家族一直向朝廷进贡当地特产的鲜山楂、果子单、金糕等果品。

李氏家族独特的山楂食品制作工艺，一直传承和保留下来。

第三节　饲料加工业

1976 年，营子矿区粮食局开始小规模生产糖化饲料。

1984 年，鹰手营子饲料公司开始筹建，1985 年建成投产。是年，生产各种饲料 2150 吨，获利 1.99 万元。1986 年生产饲料 1938 吨，获利 1.94 万元。1987 年生产饲料 1170 吨，1988 年生产饲料 1905 吨，1991 年生产饲料 1881 吨，1993 年生产饲料 1792 吨。产品除供应当地养殖户外，还销往周边地区。饲料主要成分有玉米面、鱼骨粉、贝壳粉、盐、石粉等。主要品种有仔猪、成长猪、育肥猪、雏鸡、产蛋鸡、肉鸡等所需的各种饲料。1997 年 8 月，饲料公司停产，一切债权、债务、固定资产及全体在册职工全部划归鹰手营子粮库。

1985 年后，全区各基层粮店均购置了小钢磨、粉碎机等设备，建起了饲料加工车间，统一使用承德市饲料公司配方，生产较标准的配合饲料，年加工饲料 35 吨左右。至 90 年代中期，各粮店饲料加工车间陆续停止生产。

第二章　纺织服装和皮革皮毛制品业

1953 年，鹰手营子供销社成立被服车间。1956 年，被服车间与供销社分离成立被服厂，主要工作是来料加工做工作服。50 年代中期，个别乡也成立被服厂，主要是来料加工。50 年代末，乡被服厂基本关闭。个别生产大队相继办起服装制作手工作坊。60 年代至 70 年代，被服加工业，主要是来料加工和缝制零散服装。1978 年改革开放后，个体服装加工业蓬勃发展，是年全区有个体服装加工户 7 户，1985 年 40 户，1995 年 35 户。随着人民生活水平的不断提高，人们的穿着以购买成衣为主，个体服装加工日渐衰落。2003 年底，共有 31 户，大多以改制服装、扦缝裤脚等零活为主。自中华人民共和国成立至 2003 年，区内有 1 家纺织企业和 2 家皮革、皮毛制品企业。进入 90 年代以后，由于缺乏资金，管理不善等原因，在激烈的市场竞争中连年亏损，分别停产、破产及被其他企业兼并。

第一节　纺织与服装加工业

一、发展概况

1953 年，鹰手营子供销社成立服装车间，1956 年改设鹰手营子被服厂，有职工 40 人，来料加工服装。1980 年，更名为东方服装厂，有职工 126 人，年创产值 119.3 万元。后因受市场竞争等因素影响，企业亏损严重，于 1989 年被承德市轻工业机械厂兼并。

毛巾厂建于 1970 年，建厂初期有职工 20 人，主要生产毛巾被、毛巾、枕巾等产品。1983 年，发展到 211 人。1992 年以后，由于受市场竞争等因素的影响，企业连年亏损，1995 年破产。

二、主要企业

承德市毛巾厂　承德市毛巾厂创建于 1970 年 4 月，小型国营企业，是承德市第一家毛巾厂。1972 年 1 月划归营子矿区管理，1973 年 9 月又划归承德市第一轻工业局管理。1974 年 5 月正式投产，固定资产总额 29 万元。位于鹰手营子镇中心半条街。占地 4390 平方米，建筑面积 1400 平方米，建厂初期有职工 20 人，有 44 宽幅自动换梭毛巾织机 10 台、旧整经机 1 台、往复落纱机 1 台、自制染槽 4 个、大锅 2 口，主要生产白素毛巾。是年生产毛巾 1.7 万条。1982 年至 1984 年，自筹资金 5.7 万元购自动换梭机 10 台，将 4 台 44 宽幅织机改造为 75 宽幅织机，年产毛巾被 15 万条，填补了承德市此项产品的空白。同时从北京引进先进技术和工艺，生产儿童绒毯、彩条毛巾、彩条印花毛巾、香味毛巾、手帕、夜光印花装饰布、提花枕巾等新产品。1983 年，826 儿童绒毯荣获“河北省儿童生活用品优秀产品”称号。到 1984 年末共有固定资产 92 万元，净值为 71 万元，主要生产设备 40 台，职工 211 人。1985 年，移交营子矿区，为区属企业。1974 年至 1984 年，共计实现产值 1076.9 万元，在 11 年内有 9 年亏损，亏损额 72.2 万元；有 2 年赢利，赢利 6000 元。

1985 年，毛巾厂划归区属后，随着经济体制改革的不断深入，企业扩大了自主权，并实行厂长负责制，充分调动了厂长和职工的积极性，通过建立健全各项规章制度，不断强化企业管理，结合企业实际制定具体的销售策略，产品迅速在河北、天津、北京、东北、内蒙古等地打开了销路，一个濒临倒闭的企业获得了新生。1986 年，在原有基础上，继续扩大企业规模，更新改造设备，又引进了 10 台宽幅织机，职工人数增至 404 人。产品根据市场需求，不断更新换代。是年，部分产品出口加拿大。1987 年，区政府与毛巾厂签订了集体承包责任书。1988 年创产值 196.1 万元，实现利润 21.1 万元，上缴税金 17.8 万元，增加固定资产 20.3 万元，一举进入承德市先进企业行列。1992 年以后，由于受经济环境影响，市场疲软，资金缺乏，产值利润逐年下降，企业陷入连年亏损境地。1993 年至 1995 年，欠债 651 万元，企业资产价值 125 万元，已资不抵债，1995 年，申请破产，有职工 289 人，离退休职工 10 人。

东方被服厂　1953 年，鹰手营子供销合作社成立被服车间，有职工 10 人。1956 年被服车间从供销社分离出来，成立鹰手营子被服厂，厂址位于鹰手营子老街，隶属兴隆县轻工业局，集体企业，有职工 40 人，主要是来料加工做工作服。是年产值 11.2 万元。1957 年，产值 11 万元。1963 年，产值 21.9 万元。1964 年，产值 23.9 万元。1965 年，隶属承德市轻化纺公司，1969 年，划归营子矿区综合厂。1971 年 12 月，从营子矿区综合厂分离，成为独立核算单位。1974 年，有职工 90 余人，生产服装 8.6 万件，产值 105.2 万元。1980 年，企业更名为东方服装厂，有职工 126 人，年创产值 119.3 万元，销售收入24.9万元，年创利润3.6万元，上缴税金4.7万元。自1988企业承包后，由于受市场的影响，服装销售不畅，企业亏损严重。1989年9月，被承德市轻工业机械厂兼并。

第二节　皮革皮毛及其制品业

一、发展概况

1955年鹰手营子建立编织小组，主要生产编织产品，如水果娄，挑筐、土篮、草帘子、麻绳、簸箕、白皮革和车马挽具等。进入80年代，区内皮革皮毛主要产品为裘皮和皮革服装。1986年，寿王坟镇郑家庄村建立制刷厂，主要产品为各种毛刷、羊绒、羊毛、包装箱、柏叶等，部分产品通过天津外贸出口。1990年停产。

二、主要企业

承德市皮毛厂　1955年，营子区建立编织生产小组，地址在鹰手营子大街东马路1号，占地3840平方米，有工人6名，除生产编织产品外，还生产白皮革和车马挽具等。是年产值2万元。1956年，产值2.2万元。1957年，产值3.8万元。1960年，并入营子矿区综合厂。1961年产值7.1万元，1962年产值5.1万元，1963年产值2.5万元，1964年产值2.5万元。1965年，划归承德市第二轻工业局。1968年，划归营子矿区综合厂。1971年12月，从综合厂分出单独成立皮麻社，由承德市第二轻工业局的派出机构营子矿区手工业办事处管理，有固定资产1.9万元，工人46名。1978年，更名为皮麻编织厂，有固定资产3.37万元，年产值19.2万元，利润0.25万元。中共十一届三中全会后，皮麻编织厂有较快发展，为适应市场需要，产品不断更新换代，由原来生产裘皮服装改制皮革服装，产品销往北京、天津、承德等地。1979年8月，更名为承德市皮毛厂。1980年，有职工49人，年产值13.6万元，销售收入12.7万元，实现利润0.88万元。1985年有职工60人，年产值29万元，销售收入25万元，实现利润1.12万元。1988年，皮革服装出现滞销，1994年停产放假，2003年12月破产。

承德市皮毛厂（区文广新局提供）

承德市制刷厂　位于寿王坟镇郑家庄村。1985年建寿王坟包装箱厂，1986年更名为承德市制刷厂，集体企业。主要产品鬃刷、柏叶和包装箱，通过天津外贸出口。1987年3月与香港鑫盈公司合资，主要产品有各种毛刷、羊绒、羊毛、包装箱、柏叶。是年产日用刷20309打，创产值25.05万元；柏叶1047箱，创产值4.99万元；羊把毛287公斤，创产值1.15万元；羊绒758公斤，创产值24.24万元。对外贸易出口日用刷23000打，柏叶1047箱，对外贸易利润为0.62万元。1990年停产。

第三章　造纸印刷和化学塑料制品业

1959年，成立鹰手营子印刷服务社。1971年12月，成立鹰手营子印刷厂，为独立核算单位。70年代，扩建了厂房，增添了设备，已小有规模，能够流水作业。1976年鹰手营子橡胶厂建成投产，产品有布鞋、皮鞋、皮夹克、胶制品、不粘胶带、再生胶等。1987年，鹰手营子镇兴建造纸厂，根据国家政策，于2003年关闭。1994年，建成投产的承鸿塑料有限公司，是区内第一家与台湾合资企业，主要产品PVC塑料管件、管材。

第一节　造纸业印刷业

一、发展概况

1959年成立鹰手营子印刷服务社，设备简陋，主要为兴隆县印刷厂承揽业务，加工简单的表格、封袋。70年代初，正式建印刷厂，增加设备，70年代末，固定资产原值为9.9万元。1988年由于新上吸塑纸巾和卫生巾项目，占用大量资金，致使印刷厂资不抵债，处于半停产状态，于2003年破产。鹰手营子造纸厂建于1987年，有从业人员58人，2003年关闭。

二、主要企业

营子矿区印刷厂　1959年，在鹰手营子主街西侧成立印刷服务社，有从业人员5名，设备有1台小圆盘印刷机和1台方箱。主要任务是为兴隆县印刷厂承揽业务和简单加工一些表格、封袋等。1965年划归承德市印刷厂，为市印刷厂的一个营业门市部，主要业务是为市印刷厂承揽业务。1969年2月，划归营子矿区综合厂。1971年12月，综合厂分家后成为一个独立经营单位，是年建立鹰手营子矿区印刷厂，厂址也由原供销社厢房迁至道北路，新建了厂房，增加了铸字机、八页印刷机、平台印刷机等设备。职工增至30余人。1978年，被评为"大庆式"企业。1980年，职工增至41人。工业总产值为11.9万元，销售收入11.85万元，利润1.63万元，固定资产原值为9.9万元。1985年，有职工46人，产值增加到13.5万元，销售收入为13.5万元，固定资产原值为13.9万元。1986年，新上一套彩印设备，开始为啤酒厂、罐头厂生产商标等系列产品。1988年，厂址与轻工业机械厂铸造车间交换，新建办公生产用二层楼房，新上吸塑湿面巾、卫生巾等项目，均因决策失误而半途而废。由于卫生巾的上马，占用了大面积厂房和大量资金，致使印刷厂失去了立足之本，是年处于停产半停产状态，大部分职工开始自谋出路。于2002年停产，2003年12月正式破产。

鹰手营子造纸厂　建于1987年，位于鹰手营子大街东部，集体企业，隶属鹰手营子镇。有固定资产18万元，占地500平方米，生产初期从业人员58人。1990年至1991年因经济问题，进行查处整顿停产两年，1992年恢复生产。2003年，依据国家政策，造纸厂关闭。

1987—2002 年鹰手营子造纸厂各项指标情况表

表 8－3－1

年份	产量（吨）	产值（万元）	固定资产（万元）	销售收入（万元）	上缴利税（万元）	利润（万元）	从业人员（人）
1987	150	26.9	18	26.9	1.6	2.9	58
1988	413	74.3	18	74.3	4.2	8.2	58
1989	468	84.2	18	84.2	4.8	9.24	58
1992	442.5	79.6	18	79.6	4.7	8.8	70
1993	445	80.1	18	80.1	4.8	8.8	70
1994	450	81	18	81	4.8	8.9	70
1995	474	85.3	18	85.3	4.9	17	70
1996	476	85.7	18	85.7	5	17	70
1997	460	82.5	18	82.5	4.9	16.5	70
1998	416	74.9	18	74.9	4.4	14.9	70
1999	206.5	37.2	18	37.2	2.2	7.4	35
2000	210	37.8	18	37.8	2.3	7.5	35
2001	208	37.4	18	37.4	2.2	7.48	35
2002	215	38.7	18	38.7	2.5	7.74	35

第二节　化学塑料制品业

一、发展概况

1976 年建立营子矿区橡胶厂，主要产品为翻新轮胎。建厂当年翻新 734 条，到 1978 年，翻新轮胎 7000 条。1980 年，产品有布鞋、皮鞋、皮夹克、胶制品、不粘胶带、再生胶等。1985 年，固定资产原值增加到 31.6 万元。1990 年后，由于经营不善负债累累，于 1995 年破产。1988 年，金扇子村兴建染化厂，由于废水污染问题，仅生产 4 个月便被迫停产。1994 年建成投产的承鸿塑料有限公司，是与台商合资企业，主要产品为 UPVC 水管和农排管。至 2003 年年底，该企业生产状况良好。

二、主要企业

营子矿区橡胶厂　1976 年建厂，集体企业，有职工 49 人，有 3 台模具和自制简易大磨机锅炉 1 台，主要产品为翻新轮胎，同时，制作吸水管和橡胶制品。是年，在有关部门的大力支持下，陆续购置了 14 英寸开放式炼胶机，2 吨快锅炉等轮胎翻新设备。利用原有厂房，克服资金困难、自力更生制造设备，有国产汽车轮胎模具整园硫化机（1000—20）、（650—16）各 1 台，（900—20）2 台，（T50—20）1 台。农具轮胎模具 32 ×6、650—16、400—12 各 1 台，形成配套生产。至 1976 年年底职

工增至60余人，翻新轮胎734条。1977年，翻新轮胎2638条。1978年下半年投产再生胶项目，注入技术措施补助资金12万元，翻新轮胎能力由5000条增加到7000条。1978年5月，划归承德市化工局管理，有职工80人左右，1979年6月，由承德市化工局移交营子矿区管理。1980年，厂区占地面积3600平方米，产品有布鞋、皮鞋、皮夹克、胶制品、不粘胶带、再生胶等，职工增至97人，年产值32.5万元，销售收入21.75万元，亏损4.1万元，固定资产原值26.47万元。1985年，有职工95人，产值为60万元，销售收入57.39万元，纯利润3.46万元，利税7.86万元，固定资产原值增加到31.6万元。

1990年，与承德县橡胶厂、承德县胶粘带厂、承德市滦河压敏胶厂联合成立“承德市压敏胶工业联合体”，实行企业平等、利益同享、原材料统一供应，产品统一销售、统一质量、统一规格、统一价格的管理机制，机构设在承德县橡胶厂。此后，由于经营管理不善，连年亏损，加之1995年4月11日厂区发生火灾，造成重大损失，使企业累计亏损160万元，负债总额达502.5万元，资产负债率达122%，于1995年5月申请破产。

承德市鹰手营子宝鹰橡胶制品厂　1995年5月，在营子矿区橡胶厂基础上，重新组建承德市鹰手营子宝鹰橡胶厂，集体企业，经营范围为橡胶制品加工、废品再生胶加工。注册资金300万元。占地4000平方米，厂房997.6平方米，有再生胶生产线1条、布鞋生产设备1套。在册职工126名。其中，合同制工人80名，退休职工46名。1995年至1997年，生产经营状况良好。1998年2月后，由于再生胶生产竞争激烈，原料紧缺、价格上扬，产品销路不畅，退休人员多，企业负担重，因污染需厂址搬迁等原因，至2003年底，企业一直处于停产状态。

金扇子村染化厂　1988年兴建，位于北马圈子镇金扇子村，村属集体企业。投资81.5万元，改造扩建原曙光化肥厂闲置厂房，并购进反映锅12台，4吨锅炉2台及其他设备。有制造、包装、副产品等3个车间，年设计生产能力900吨。从天津引进技术人员8名。1989年投产运营，仅生产4个月，产硫化黑380吨，创产值34.2万元。因染化厂排出的废水给村民人畜饮用水造成严重污染，被迫停产。

承鸿塑料有限公司　1993年建厂，由营子矿区煤矿与台湾百鸿铝品股份有限公司共同投资，是境内第一家与台商合资的企业，占地4666平方米。1994年建成投产，主要产品为PVC水管和农排管。1995年生产管材2100吨，产值1050万元，销售收入900万元，上缴税金160万元，实现利润350万元。1998年，生产管材2500吨，产值1260万元，销售收入1050万元，上缴税金185万元，利润420万元。2003年，生产管材3000吨，产值1500万元，销售收入1300万元，上缴税金220万元，利润220万元。

第四章　建筑材料和陶瓷制造业

1952年，依托当地丰富的黏土资源，河北省工业厅在鹰手营子投资筹建承德制缸厂，主要生产大缸、黑瓷碗等产品。1954年，兴隆县陶瓷厂（原承德制缸厂）开始生产耐火材料。20世纪60年代开始，农村社队依托当地石灰岩资源优势，自行开采石灰岩，自建灰窑烧制白灰，产品除供当地需求外，还销往周边地区。1969年，承德市第一座水泥厂在境内建成投产，主要生产矿渣水泥，产品大部

分销往承德、北京等地。1977 年，承德市人防战备水泥厂建成投产。80 年代后，个体小型石料厂、白灰厂相继兴建。1994 年，兴建兴隆矿务局马圈子煤矿水泥厂。有固定资产 1.2 亿元，职工 473 人。生产线采用国内较为先进的机立窑生产新工艺、新设备、新技术，为节能示范水泥厂。2002 年，全区共生产水泥 53.554 万吨。

第一节　建筑材料

一、发展概况

1954 年，兴隆县陶瓷厂开始生产耐火材料。1969 年，承德市水泥厂建成投产。至 1977 年年底，有生产耐火材料企业 1 家，生产水泥企业 2 家。20 世纪 60 年代开始，农村社队依托当地石灰岩资源优势，自行开采石灰岩，自建灰窑烧制白灰，产品除供应当地外，还销往周边地区。1988 年，区委、区政府决定围绕采矿、建材、加工等产业，进行乡镇企业结构调整，重点发展建材业。2003 年年底，境内共有水泥企业 3 家，水泥熟料厂 1 家，耐火材料企业 1 家，砖厂 1 家，白灰厂 2 家，石料厂 2 家。

二、主要企业

承德市水泥厂　1966 年建厂，占地 193825 平方米，厂址营子矿区站南路 24 号。1969 年 3 月建成投产，国营企业，是承德市第一座水泥厂。建厂初期有职工 180 人，主要生产矿渣 $325^{\#}$水泥，70 年代末至 80 年代初生产过火山灰 $325^{\#}$和 $425^{\#}$水泥。1981 年，自行设计安装的 $\Phi 2.7\times 40$ 米回转窑建成投产后，生产矿渣 $325^{\#}$和 $425^{\#}$硅酸盐水泥。年生产能力突破 10 万吨。1982 年 9 月产品注册商标为“热河”牌。1990 年 3 月，由北京国家能源投资公司专项贷款和企业自筹资金 1797 万元，对旋窑生产线进行技术改造后，年水泥生产能力达到 15 万吨。1994 年 5 月，与北京国家能源投资公司共同投资创建承德国投水泥有限公司，在册职工 650 人，资产总额 1.6 亿元。承德市水泥厂依然保留自己原有的健全的资质机构和设置，仍以法人身份存在。1995 年，企业向建行贷款 3000 多万元投资建设第二条旋窑生产线。1999 年，被河北省政府授予“小巨人”企业、被省工商局授予“重合同守信用”产品企业称号，热河牌水泥被评为河北省用户满意产品，并连续多年保持河北省水泥质量 50 佳。2000 年，获得“河北省名牌”荣誉称号，并通过国家产品质量认证和 ISO 9002 质量体系认证。1997 年至 2001 年共投资 800 余万元，新建了 $\Phi 3.0\times 11$ 米高细水泥磨以及烟煤储棚、石膏储棚等一系列配套设施，水泥年生产能力提高到 30 万吨，2001 年生产水泥 25 万吨。2002 年生产水泥 26 万吨，工业增加值 2006 万元，实现销售收入 4632 万元，利润 491 万元，产销率 100%。是年末，有职工 1150 人。

2003 年年底，为贯彻中共十六大关于“加快国有企业改革步伐，努力发展民营企业”的精神，该企业依法破产，被个人买断，成立“承德弘基水泥有限公司”，改制为民营企业。是年产量 7 万吨，产值 1400 万元，销售收入 1400 万元，上缴税金 98 万元，利润 140 万元。从业 180 人。

承德市第二水泥厂　1977 年建厂，位于鹰手营子镇东环路，为区人防办公室直属事业单位，称承德市人防战备水泥厂，费用由区人防经费支出。1985 年 5 月，鹰手营子村出资 39 万元将人防战备水泥厂买下，改称承德市第二水泥厂，村办集体企业，占地 2000 平方米，固定资产 40 万元。主要生产“承鹰”牌矿渣 $325^{\#}$、$425^{\#}$硅酸盐水泥，产品主要销往天津、北京及承德等周边地区。

1985—2003 年承德市第二水泥厂经济指标统计表

表 8－4－1

年份	产量（万吨）	产值（万元）	固定资产（万元）	销售收入（万元）	上缴税金（万元）	利润（万元）	从业人员（人）
1985	0.8	120	40	120	8	12	100
1986	0.8	120	40	120	8	12	100
1987	1	150	100	150	10	15	100
1988	1	150	100	150	10	15	100
1989	1	150	100	150	10	15	100
1990	1	150	100	150	10	15	100
1991	4	600	600	600	42	60	180
1992	4	600	600	600	42	60	180
1993	4	600	600	600	42	60	180
1994	4	600	600	600	42	60	180
1995	5	1000	650	1000	70	100	180
1996	5	1000	650	1000	70	100	180
1997	5	1000	650	1000	70	100	180
1998	5	1000	650	1000	70	100	180
1999	6	1200	700	1200	84	120	180
2000	6	1200	700	1200	84	120	180
2001	6	1200	750	1200	84	120	180
2002	7	1400	750	1400	98	140	180
2003	7	1400	750	1400	98	140	180

兴隆矿务局马圈子煤矿水泥厂　位于北马圈子镇南马圈子村。1994 年建厂，占地 10 公顷，厂区留有年产 10 万吨二期再建生产线场地，有固定资产 1.2 亿元，职工 473 人。为办成节能示范厂，一期工程生产线采用国内较为先进的机立窑生产新工艺、新设备、新技术。主要特点是：采用复合矿化剂、微机配料、磨机负荷控制、预加水成球、连续式空气搅拌车、新型窑体结构、煤矸石综合利用、高饱和比小料球、全黑生料快烧技术。设计能力为年产 $425^{\#}$、$525^{\#}$普通硅酸盐水泥或火山灰水泥 10 万吨。1995 年 6 月 26 日，一次点火成功。是年 12 月，取得了兴隆矿区工程质量监督站单位工程质量认证，并于 12 月 28 日提交煤炭工业部河北工程质量监督中心站认证，两级认证均为合格工程。1996 年 5 月，二期工程举行开工典礼，旋窑年设计生产 $525^{\#}$水泥 10 万吨，1997 年 9 月 16 日点火试生产。2000 年 12 月，旋窑扩能改造工程破土动工。工程主要有：新增窑外分解预热系统的安装、旋窑窑体改造、单冷机改造、电除尘系统改造、新增三次风管系统安装、增湿塔修复加高、生料车间的改造。2001 年 6 月改造工程结束，改造后年生产能力从 10 万吨提高到 15 万吨。

1996—2003 年兴隆矿务局马圈子水泥厂水泥产量统计表

表 8－4－2　　单位：吨

年　度	产　量	年　度	产　量
1996	33110	2000	171292
1997	41634	2001	220767
1998	130062	2002	205540
1999	162617	2003	255469

承德北方耐火材料有限公司　位于鹰手营子镇铁北路，原名为承德市陶瓷厂，占地 7.64 万平方米，地方国营企业。1952 年建承德制缸厂。1954 年，在生产日用陶瓷的同时生产黏土质耐火砖，其品种主要有：标准型、异型、特异型、超特型异砖。散装耐火材料主要有：耐火土、熟料细粉、熟骨料、黏土粉等。1960 年更名为承德市陶瓷厂。1970 年生产耐火砖 898 吨，1971 年生产耐火砖 1988 吨，1972 年生产耐火砖 4787 吨，1975 年生产耐火砖 4424 吨，1981 年生产耐火砖 6000 吨。1985 年，承德市陶瓷厂划归营子矿区计划经济委员会管理，更名为承德市陶瓷耐火材料厂。1993 年，该厂与鞍山焦化耐火材料设计研究院合作，成功地开发了镁碳砖新产品，1994 年增设“承德市金鹰镁碳砖厂”，两个厂子一套管理机构，总资产 4000 余万元，有职工 295 人，年产值 1000 余万元。1995 年生产的镁碳砖被评为省级优秀产品，并获得省技术进步 3 等奖。同时生产转炉用喷补料、镁碳砖结合剂—热固性酚醛树脂、各种规格的磷酸盐砖等产品。2001 年 8 月完成改制重组，实现了国有资产和职工身份的双重退出，组建了承德北方耐火材料有限公司。2002 年 5 月，该公司依法破产。

鹰手营子镇河北村砖厂　位于鹰手营子镇河北村，占地 6700 平方米。1985 年建厂，投资 2 万元，村办集体企业，是年创产值 8 万元，销售收入 10 万元，利润 0.4 万元，从业人员 40 人。1990 年固定资产 6.5 万元，年生产能力 200 万块，从业人员 45 人。1995 年固定资产 7 万元，生产砖 220 万块，产值 26 万元，销售收入 26 万元，利润 1.6 万元，从业人员 46 人。2000 年固定资产 7.2 万元，生产砖 280 万块，产值 39 万元，销售收入 39 万元，上缴税金 5 万元，从业人员 42 人。2003 年生产砖 340 万块，产值 54 万元，销售收入 54 万元。上缴税金 7 万元，从业人员 43 人。

营子矿区石料厂　1994 年，河北村村民个人自筹资金 14 万元建石料加工厂 1 处，是年加工石料 2.5 万吨，创产值 11.7 万元，销售收入 9 万元，利润 1 万元。1995 年加工石料 3 万吨，创产值 14 万元，销售收入 11.2 万元，利润 1.3 万元。1998 年加工石料 8 万吨，创产值 136 万元，销售收入 102 万元，上缴税金 8 万元，利润 14 万元，从业人员 31 人。2000 年加工石料 11 万吨，产值 141 万元，销售收入 106 万元，上缴税金 8.3 万元，利润 15.4 万元。2003 年加工石料 13 万吨，产值 153 万元，销售收入 111 万元，上缴税金 9 万元，利润 17.8 万元，从业人员 35 人。

营子矿区喇嘛沟石料厂　2001 年，鹰手营子镇喇嘛沟村民个人自筹资金 20 万元创办。2001 年生产石料 1.5 万吨，创产值 30 万元，销售收入 24 万元，上缴税金 7 万元，从业人员 12 人。2002 年加工石料 1.7 万吨，产值 34 万元，销售收入 28 万元，上缴税金 8 万元。2003 年加工石料 2 万吨，创产值 40 万元，销售收入 34 万元，上缴税金 10 万元，从业人员 14 人。

鹰手营子镇跳沟村白灰厂　1963 年，鹰手营子公社跳沟大队在村柳河北岸开采石灰石，建起全区第一个采石加工厂，占地 1333.2 平方米，露天开采石灰石，并建白灰窑 2 个、爬山窑 1 座。用木柴、煤炭烧制白灰，月生产白灰 300—500 吨。1989 年该村将灰窑承包给村民个体经营，年生产白灰 1 万吨，销售收入 75 万元（含销售石灰精粉）。1990 年至 1995 年，年产量稳定在 1 万吨左右。1996 年至 2000 年，年产量稳定在 1.1 万吨左右，年销售收入在 80 万元左右（含销售石灰精粉）。2003 年，生

产白灰1.2万吨，销售收入100万元（含销售石灰精粉），上缴税金15万元，固定资产12万元。

鹰手营子村白灰厂 1987年村民个人投资兴建，占地1100平方米，固定资产8万元，从业人员30人。年均生产白灰8000吨，产值52万元，销售收入52万元，上缴税金3万元。2003年生产规模进一步扩大，购进先进生产线，固定资产50万元，年生产白灰6万吨，产值110万元，销售收入102万元，上缴税金6万元。

第二节 陶 瓷

1952年由河北省工业厅投资筹建承德制缸厂，为小型国营企业，位于鹰手营子西部空地处，建厂初期，有土窑炉3座和一些简单的设备，有职工80余人，生产民用大缸、黑瓷碗等，是年产值1.72万元。1953年，更名为地方国营兴隆县陶瓷厂。1954年更名为河北省工业厅兴隆县陶瓷厂，为省属企业。是年迁至铁北路（原址称西瓷厂），增添球磨机、拖泥机、泥浆泵、轮碾机等生产设备，新建倒烟窑，由手工操作逐渐变为机械化生产。1956年，归属河北省承德地区专员公署，更名为兴隆县陶瓷厂。1957年，更名承德市鹰手营子陶瓷厂。是年，投资144万元新建109米节能隧道窑1座及坯房和干燥间。同时在市科学技术委员会的帮助下，新建15米高、6孔推板窑1座，生产能力有很大提高，日用陶瓷年产量达49万件。1959年，再次划归承德地区，更名为承德地区专员公署鹰手营子耐火材料厂。1960年，更名为地方国营承德市陶瓷厂。1962年，新建倒烟窑2座。1965年生产日用陶瓷96.2万件，产值40.6万元，税金4.53万元，利润2万元，全员劳动生产率2312元/人。1964年，投入25万元，引进蓝边细瓷项目，3年累计生产100多万只，由于成本高，机械及烧成工艺落后，生产环境差，1967年此项目下马。1970年，生产日用陶瓷13万件、大缸7.3万件，销售收入56.7万元，税金6.5万元，利润-0.147万元，固定资产104.4万元，有职工230人。1975年，生产日用陶瓷7.5万件，固定资产129万元，有职工254人。1980年，上陶瓷瓦生产线，2年后，由于亏损停止生产。1981年，生产日用陶瓷20万件，固定资产176万元，职工370人。1985年，划归营子矿区经济委员会，更名为承德市陶瓷耐火材料厂，投入143万元建节能窑1座，主要产品套三缸，日用陶瓷小件，经过半年试生产，产品合格率低，最终闲置无用。1986年，新上紫砂产品生产线，主要产品砂锅、杯胆、细瓷、各种型号花盆等，后因销路不畅停产。1994年，生产仿瓷餐具，由于滞销，1995年停止生产。日用陶瓷也于1996年停产，2001年8月完成改制重组。

1954—1998年境内陶瓷厂产品及主要经济指标统计表

表8-4-3　　　　单位：万元

项目 年度	工业总产值	销售收入	税金	利润	主要产品
1954	92447.7	92447.7	10652.6	8478.7	三2碗、行老缸、缸砖
1955	19.8	7.6	0.9	-2.8	四、五寸碗，套四缸、耐火砖
1956	17.2	13.1	1.6	-6.0	碗、缸、缸砖
1957	23.1	21.7	2.45	-8.8	行老缸、耐火砖、缸砖，四、五、六、三2碗

续表 8－4－3

项目 年度	工业总产值	销售收入	税金	利润	主要产品
1958	76.4	81.6	8.9	21.9	同上
1959	90.2	78.1	8.5	17.3	耐火砖、缸砖、高铝砖、缸管 4.6.8.10.12.15
1960	131.5	129.3	14.0	39.5	黏土砖、高铝砖、
1961	38.5	49.4	5.4	－5.26	黏土砖、高铝砖、套四缸、三 2 碗、
1962	12.85	20.3	2.24	－6.8	黏土砖、套四缸、三 2 碗、大斗碗、套四盆
1963	16.1	21.85	2.43	14.18	套三缸、碗、机制缸、白瓷碗
1964	29.0	28.66	3.18	5.18	套三缸、三 2 碗、大斗碗、蓝边细瓷碗四、三、二号
1965	42.74	40.59	4.5	2.03	套三缸、蓝边碗、
1966	36.87	22.87	2.53	2.14	套三缸、蓝边白瓷碗、陶管、毛泽东像章
1967	30.5	37.41	4.13	4.57	套三缸、黏土砖、陶管、毛泽东像章
1968	43.72	47.05	—	1.89	套三缸、黏土砖
1969	51.23	36.42	3.9	－1.19	套三缸、黏土砖
1970	51.30	56.66	6.52	－0.15	套三缸
1971	57.20	56.16	6.05	0.50	套三缸
1972	81.30	74.03	7.76	2.33	套三缸、黏土砖
1973	79.40	56.82	6.2	2.67	套三缸、黏土砖、行口盆 、耐火罐、京罈
1974	86.50	72.8	7.84	3.52	缸、黏土砖、行口盆、耐火罐
1975	95.60	76.95	8.16	3.4	缸、黏土砖、口盆、
1976	115.80	96.79	10.43	4.11	缸、黏土砖、口盆、元罈
1977	125.10	110.85	11.96	6.26	缸、黏土砖
1978	139.30	113.55	12.49	7.94	缸、黏土砖、菜缸
1979	131.00	116.27	12.97	10.31	缸、黏土砖、口盆、豆腐缸
1980	129.00	134.38	15.09	13.87	缸、黏土砖、口盆、陶瓦
1981	104.00	116.66	13.10	1.96	缸、口盆、黏土砖、陶瓦
1982	114.00	117.90	13.34	5.22	缸、口盆、黏土砖、陶瓦、花盆
1983	124.00	133.3	15.04	10.32	缸、口盆、黏土砖、陶瓦、小件、路面砖
1984	140.00	163.15	16.86	15.37	缸、黏土砖、路面砖、小件、高铝砖
1985	140.40	130.70	13.43	12.59	缸、黏土砖、路面砖、口盆、小件、花缸
1986	141.70	161.57	13.05	0.026	缸、黏土砖、路面砖、口盆、小件、杯胆
1987	135.60	168.48	0.086	－20.00	缸、黏土砖、路面砖、口盆、陶瓦、陶管、罈
1988	180.00	215.16	9.18	－30.00	缸、黏土砖、口盆、砂锅、陶瓦、陶管、罈

续表 8－4－3

项目 年度	工业总产值	销售收入	税金	利润	主要产品
1989	180.00	149.36	4.80	－25.34	缸、黏土砖、大瓦、砂锅、碳化罐
1990	76.20	128.32	6.875	－53.36	缸、口盆、花缸、罈、路面砖、黏土砖
1991	171.2	115.22	6.16	－60.00	耐火砖、浇钢砖、炭化罐、钒水
1992	143.3	149.95	11.69	－63.40	套三缸、耐火砖、地面砖
1993	258.7	258.56	9.94	－32.89	耐火砖
1994	253.0	255.33	1.53	－59.03	耐火砖、海绵铁
1995	802.0	651.16	3.59	－31.89	耐火砖、地面砖、镁碳砖、磷酸盐砖
1996	1742.3	878.93	2.63	－19.67	耐火砖、镁碳砖
1997	1723.0	1152.29	5.71	0.06	耐火砖、镁碳砖、磷酸盐砖、路面砖
1998	1048.0	830.42	6.0	－172.54	耐火砖、镁碳砖、磷酸盐砖

说明：1954 年数字为第一套人民币金额

第五章　机械制造和电子设备业

1953 年，建立兴隆县鹰手营子铁木工社，生产小农具。1960 年，铁木工社改为兴隆县矿山机械厂，生产一些简单的农具、水泵、钢磨、矿车等。20 世纪 70 年代，区内主要机械产品为半自动步枪和各种类型的搅拌机等。80 年代，主要产品有筷子机、建筑机械、食品机械，大型游艺机等。90 年代，个体私营机械制造企业开始涌现。机械制造企业发展到 4 家，其中国有企业 1 家，集体企业 1 家，私营企业 2 家。主要产品为大型游艺机，销往全国各地。2003 年年底，国营机械制造企业申请破产，1 家集体企业也因产品老化、工程技术人员流失，导致企业亏损。个体机械制造企业蓬勃发展。

70 年代初，电子设备制造业开始起步，80 年代发展较快，后因经营不善，1995 年电子企业破产。

第一节　机械制造业

一、发展概况

营子矿区机械制造业起步于 50 年代，从设备简陋，只能生产一些小农具开始，逐步发展壮大。60 年代至 70 年代，可制造半自动步枪和电动机、水泵、唐泵等产品。80 年代，研制成功并制造大型游艺机，获河北省优秀产品一等奖，同时生产各式车床、建筑机械、食品机械等。90年代后，主要产品为大型游艺机。

二、主要企业

承德铸造机械厂 位于鹰手营子铁北路，占地900平方米，地方国营企业。前身是兴隆县铁木工社，始建于1953年，建厂初期规模小，仅有几间简陋厂房，有铁、木、机、铸4个生产小组，主要设备有2台旧皮带车床，1台112主钻，1台12马力柴油机，有职工20几人。1958年后，企业规模逐年扩大。1960年，更名为兴隆县矿山机械厂，主要产品为简单农具、水泵、钢磨、扇车、矿车等，职工人数增至187人，年产值达116万元，上缴国家利税6.9万元。1964年，更名为兴隆县机械厂。1969年，试制“一〇一”产品，即半自动步枪。是年12月第一批“一〇一”产品试制成功，验收合格后由中国人民解放军河北省军区后勤装备处接收。1974年，更名为承德地区机床厂，隶属承德地区机械处。1975年试制1113B、J1113D压铸机，并开始试生产ZZ8612射芯机、C414涂料搅拌机、S688型混砂机。1977年，更名为承德地区铸造机械厂。1978年，出口马来西亚C414型涂料搅拌机2台。1979年，国家济南铸造研究所对该厂生产的J1112B型压铸机的测试结果为合格产品。1981年11月，产品ZJ022型电子转子压铸机通过了国家机械部济南锻造所鉴定，填补了国内电子转子铸铝设备的空白。月末，出口印度尼西亚ZJ022型电子转子压铸机2台。1983年，试制筷子机成套设备成功。是年，ZJ022型电子转子压铸机获承德地区科技成果二等奖。

承德铸造机械厂车间（区文广新局提供）

1984年，与北京有色冶金设计研究院合作研制成功大型游艺机“章鱼”“海盗船”“飞身靠壁”，其中“章鱼”为省优产品。1985年7月，XX037型海盗船游艺机获河北省优秀产品一等奖。1986年，成立游艺机试制领导小组，是年4月，大地游艺机“章鱼”试制成功，并由中国游艺机联合公司、北京有色金属研究总院、地区机械电子公司、地区经委等单位评审合格，统一生产销售。1992年，成功研制了铸铁型材水平连铸线，填补了国内空白。1993年，与国家沈阳铸锻研究所试制连续铸造生产线，并通过机械工业部的评审并获得生产许可证。1993年6月，更名为承德市铸造机械总厂。1993年获河北省高新技术企业称号。1996年，出口缅甸大型游艺机YY033型“海盗船”和YY062型“章鱼”各1台，价值人民币64万元。1997年7月，该厂划归营子矿区经贸局管理，更名为承德铸造机械总厂。

1998年，组建承德腾达游艺机有限公司，有职工500人，其中技术人员50人，是中国游艺机乐园协会常务理事单位。1999年，大型游艺机“勇敢者”试制成功。2000年，大型游艺机“空中飞舞”“遨游宇宙”“滚摆仓”“旋转情侣堡”“全液压自控飞机”“美人鱼”“棒球世界”相继试制成功，经过检测销往全国各地。2001年，实行国有资产和职工身份双退出，11月完成改制，成立腾达游艺机股份有限责任公司。由于企业设备不断老化，管理相对落后，2003年末，该厂申请破产。

承德市轻工业机械厂 位于鹰手营子中心路9号，区属集体企业，占地7551.19平方米。

始建于1965年，是由营子矿区投资、组织部分城镇闲散技术人员建起的街办工业，建成后归属

承德市二轻局，1969 年 2 月，由承德市二轻局划归营子矿区综合厂。

1971 年 12 月，从综合厂分离与街办企业合并改建为营子矿区农机修造厂，1972 年 4 月，更名为营子矿区轻工业机械厂。1974 年末，职工达到 186 人，固定资产 20 余万元。70 年代主要产品为小型电动机、水泵、唐泵。主要设备有车床、铣床、刨床。1979 年，由于分配上的平均主义等原因工厂亏损 12 万余元，面临崩溃的边缘。1980 年，轻机厂率先建立经济责任制，实行利润分成工资、二级核算后，不但弥补了之前的亏损，还盈利 4 万余元。

承德市轻工业机械厂（区文广新局提供）

1985 年，积极与外商合作、与科研部门挂钩，批量生产卫生筷子机，占领了东北地区市场。后又根据南方竹子资源丰富的情况，积极研制竹制卫生筷子机。食品机械由原来的单台、单件生产向成套发展，并能够独立加工生产立式车床、普通车床、龙门刨床、立铣床、金属拆边机等新产品。是年，实现工业产值 140.2 万元，比原计划提高 1.06 倍，销售收入 155.14 万元，利润 16 万余元，比原计划提高 4.33 倍，利税 23.5 万元，固定资产原值 64.5 万元，有职工 214 人。1988 年，完成产值 780 万元，实现利税 120 万元，主要生产 木制卫生筷（含雪糕柄）成套机械、建筑机械、食品机械，另有电子产品生产车间。1989 年，实现产值 850.8 万元，利润 61.6 万元。9 月，兼并“东方服装厂”，为方便外贸及加工业务的往来，对外仍保留东方服装厂的名称。11 月，木制筷子机成套设备荣获承德市科级进步一等奖，河北省科级进步四等奖。

1990 年，有职工 671 人，成立冰棍加工车间。1992 年，轻机厂改称为轻机总厂，开发了金扇子一条沟（原曙光化肥厂驻地），投资 800 余万元，建立了法兰分厂、涂布分厂、刚玉分厂，还同北京 水利自动化研究所合资兴办金水饮品有限公司。1993 年，将轻机总厂划为有三个分厂：轻机厂、通用机械厂和篷布厂。1994 年，有固定资产 698.9 万元，职工 461 人，实现产值 1154 万元，销售收入 847.6 万元，利润 25.7 万元。因研发的新产品未能走向市场，老产品滞销等原因，1996 年，经济效益明显下降，企业亏损 42.1 万元。1999 年亏损 447.2 万元，到 2000 年底，基本处于半停产状态，工程技术人员不断流失。2001 年至 2003 年，研发出大中型游艺机“太空穿梭机”“飞天环车”“波浪翻滚”等新产品，经济效益虽然有所好转，仍无法摆脱企业多年来遗留的沉重负担。

承德燕鹰游艺机制造有限公司（区文广新局提供）

承德燕鹰游艺机制造有限公司　位于鹰手营子镇铁北路，占地 8667 平方米，个体私营企业。1997 年建厂，1998 年 11 月取得国家颁发的生产许可证和专利证书。1999 年研制新产品“遨游太空”2 台，销售额

80 万元。2001 年研制生产“飞龟”“天旋地转”“遨游太空”“空中飞舞”“台风”“宇宙飞蝶”“转椅”“流星锤”“弯月滑车”“章鱼”“环形飞车”等系列游艺机，产品销往北京、武汉、长沙、太原、沈阳等地。年销售额 400 多万元，上缴税金 40 万元。2003 年底有职工 46 人，技术人员 16 人。

第二节　电子设备业

一、发展概况

20 世纪 70 年代初，由寿王坟铜矿职工家属组织的“五七”厂组建了电子管组，寿王坟公社综合厂开办了电子管车间。经过几年的艰苦创业，1977 年，寿王坟公社综合厂电子管车间改建为承德市电子五厂，年销售收入 100 万元；“五七”厂下设的电子管组改建为承德市电子六厂，年销售收入 150 万元。1984 年，电子五厂与六厂合并成立承德市整流器件厂。90 年代由于企业管理不善，于 1995 年初破产。

二、主要企业

承德市电子五厂　位于寿王坟镇。1971 年，寿王坟公社综合厂（集体所有制企业）下设一个电子管车间，主要生产硅整流管 2cp 系列产品。1975 年该车间划归营子矿区二轻局管理，1977 年，划归承德市电子工业局管理，更名为承德市电子五厂，主要产品为硅整流器 2cp 系列、音箱、半导体中轴、312 中轴，产品销往北京、上海、重庆、哈尔滨、广州等 10 多个省市。是年有职工 170 人，其中管理和技术人员 21 人。固定资产 24 万元，年销售收入 100 万元，利润 22 万元，上缴税金 13 万元。

承德市电子六厂　位于寿王坟镇，集体企业，其前身是 1970 年寿王坟铜矿职工家属组织起来的“五七”厂下设的一个电子管组。初期从业人员只有 7 人，厂房一间，建筑面积 40 平方米，从事可控硅电子整流器件（二极管）的研究和试生产。在试验阶段，职工月工资 24.00 元，产品合格试销后，职工月工资为 39.60 元。经过几年的艰辛创业，研制成功了以硅整流二极管 2cz 为主导的多种系列产品。产品远销北京、天津、哈尔滨、重庆、上海、广州等 17 个省市。是年，生产管件达 500 万个，销售收入 150 万元，实现利润 30 万元。是年，由寿王坟铜矿划归承德市电子工业局直接管理，更名为承德市电子六厂。

承德市整流器件厂　位于寿王坟镇。1984 年 5 月，承德市电子五厂与承德市电子六厂合并，成立承德市整流器件厂，隶属承德市机械电子工业局，集体企业。有固定资产 22 万元，占地 8585 平方米，建筑面积 4949 平方米，有管理和技术人员 24 人。除生产主导产品硅整流二极管 2cz 系列外，新产品有节能器，汽车起重拉线盒，电子拐杖、音箱、打火机、拉花等。头几年，每年总销售收入达 200 万—400 万元，年利润 60 万—100 万元。后因企业管理不善，产品不适应市场需求而被淘汰，企业亏损 178.4 万元，1991 年 10 月，该企业停产，1995 年 1 月破产。

第六章　制造业管理

1973年，营子矿区始设工业科，负责管理区属工业企业。改革开放后，打破用行政手段管理企业的体制，企业管理人员推行岗位责任制，工人工资实行计时工资、计件工资、职工工资与利润挂钩。1988年后，实行企业公开招标承包，滚动承包等经营形式。1993年后，国有和集体企业开始进行产权制度改革，至2003年年底，全区有区属集体企业1家，其余均为民营企业。

第一节　管理机构

1952年至1965年，鹰手营子区（矿区）归兴隆县管辖期间，制造业由兴隆县各业务主管部门直接管理。1965年划归承德市管辖后，境内制造业由条条管理。1968年3月，区属工业由营子矿区革命委员会城镇组管理，1973年4月，区革命委员会设工业科，负责管理区属工业企业。1975年2月，工业科改称二轻工业分局，1979年4月二轻工业分局撤销，设工业局。1984年3月，区政府将工业局改称经济委员会。1986年8月，撤销计划委员会和经济委员会，合并成立计划经济委员会。1995年5月，撤销计划经济委员会，改设经济贸易局。至2003年，管理机构无变化。

第二节　企业管理

一、生产管理

中华人民共和国成立前，境内制造业所有制形式有私营、联营和个体手工业，产品基本自产自销，无统一管理组织。

1965年2月，营子矿区划归承德市，区属企业寥寥无几，1969年2月后，皮麻厂、被服厂、街办工业等由承德市条条管理划归营子矿区管理。按年、季、月下达生产指标，产品实行统购包销，用计划指导、监控和协调企业全部生产经营活动。但企业缺乏竞争意识，职工创造发明的积极性不高，制约了企业的发展。

“文化大革命”期间，一些行之有效的规章制度被废除，由于分配上的平均主义，干与不干一个样，干好干坏一个样，不能充分体现“按劳分配”的原则，影响了职工工作的主动性和积极性。部分企业虽能维持生产，但造成产品积压，处于亏损状态。

1978年改革开放后，工业企业贯彻执行“调整、改革、整顿、提高”的方针，打破了长期以来用行政手段管理企业、统购统销的管理体制，在企业管理人员中推行岗位责任制，部分国营企业和轻工业系统开始在工资管理上实行企业内部的计时工资、计件工资和奖励工资制度。通过企业内部的一些改革，打破了长期以来吃“大锅饭”、端“铁饭碗”的弊端，竞争机制开始引入企业。企业工会组织依照法律规定，通过职工代表大会等形式组织企业职工参与民主决策、民主管理和民主监督。

1985年以后，采取职工工资与上缴利润挂钩的方法，并在工资含量不增加的情况下，对班组长以上干部实行职务津贴，调动了劳动者的积极性，体现了“多劳多得”和“奖勤罚懒”的原则。区属集体工业的劳动工资参照国营企业劳动工资制度，并结合自身的特点和生产实际，实行定额工资、计件工资、分成工资、包干工资、基本工资加奖金等多种工资形式。1986年，首先在毛巾厂实行厂长负责制。1987年，开始在企业中普遍实行公开招标，竞争承包。1988年，有8家制造业企业进行了公开招标，企业内部从车间到班组也进行了层层承包，是年，实行风险抵押制度，把职工的个人利益与企业的生存发展紧密联系起来，提高了干部职工与企业同生存、共命运的企业观念。在第一轮承包中，企业承包周期短，不同程度地存在着“以包代管”现象，个别企业为取得短期效益拼设备、拼消耗。针对个别企业的短期行为，区委、区政府决定从1990年开始对条件比较好的企业实行滚动承包。是年，区属企业毛巾厂、轻机厂、橡胶厂、印刷厂实行了滚动承包，滚动承包企业年产值比第一轮承包平均增长200万元，年递增8%，技术改造投资年平均增加260万元，利润提高3.5%。在生产管理上，企业根据市场变化和经济效益选择、开发适应市场需求的产品，确定任务指标。在技术管理上，为生产提供先进合理的技术依据，保证安全生产、减轻劳动强度和搞好环境的保护。大力开发新产品，保证并提高产品质量，提倡和组织技术革新。注重技术人员的培养和吸纳，使其充分发挥技术特长，为企业提高效益献计出力。

1994年，开始进行产权制度改革，至2003年末，多数国营、集体制造企业破产重组，个体和私营制造业得到快速发展。

二、财务管理

20世纪五六十年代，对企业固定资产、流动资金实行审批管理。在成本管理上，建立原始记录制度，实行固定、计分、提成、按股分红等四种不同形式，在一定程度上调动了职工生产的积极性。

80年代后，逐步建立健全各项财务管理制度，即财务、成本、计划管理制度，固定资产管理制度，流动资金管理制度，专用资金管理制度，货币结算制度，盈余分配制度。非生产性费用支出，实行有计划“一支笔”批钱。

在利润分配上，区政府对区经贸局，经贸局对企业进行考核，利税单独核算。1984年，国家第二步利改税政策实行后，考核由利税单独核算变多利税统算。随着厂长任期目标责任制、承包经营责任制的实行，资金利润率、产值利润率、销售利润率、成本利润率、工资利润率等指标也被逐步作为对企业利润考核的主要依据。

三、质量管理

1976年，质量工作开始得到重视。1980年，国务院颁发《工业企业全面质量管理暂行办法》。1981年，首先在毛巾厂实行，建立了从产品开发、生产制造到售后服务等全过程的质量保证体系。其他企业也相继推行了全面质量管理办法。

90年代后，区属制造业企业，为了加强产品质量管理，由1名主管副厂长主抓产品质量检测工作，企业设产品质量检验员，车间班组层层把关，不合格产品不入库，库存质次产品不出厂，并为客户做好售后跟踪服务工作。

第九编 SHUIDIANGONGYINGYE HE JIANZHUYE

9 水电供应业和建筑业

第一章 水生产与供应

第一节 供水设施

第二节 水价及收入

第二章 电力生产与供应

第一节 发电用电

第二节 电业管理

第三章 建筑业

第一节 建筑设计和队伍

第二节 建筑企业

第三节 建筑业管理

9 承德市鹰手营子矿区志·水电供应业和建筑业

CHENGDESHI YINGSHOUYINGZIKUANGQU ZHI
SHUIDIANGONGYINGYE HE JIANZHUYE

民国30年（1941年），日本侵略者在鹰手营子建的火力发电所投入运营，供老爷庙煤矿、兴隆县城和兴隆县倒流水金矿用电，民国35年（1946年）停止发电。中华人民共和国成立至1994年，先后建发电厂3座，期间寿王坟铜矿发电厂和红星电厂先后关闭。2000年至2003年，在全区进行了农网改造和城市电网改造。1983年成立营子矿区自来水公司，至2003年共建水厂7个，供水能力由初建水厂0.85万立方米/日增至1.2万立方米/日。2001年，私营企业沟源纯净水厂建立，填补了境内纯净水的生产空白。1956年，建立瓦工社，承担民用建筑和维修，有职工21人。1978年，发展到有职工190人的建筑工程公司，可以承担厂房和楼房的设计和建筑。驻区企业寿王坟铜矿建筑公司和兴隆矿务局土建工程处分别承担企业内部的全部基建工程。至2003年，全区具有建筑资质的企业5家。其中施工总承包三级企业2家，专业承包企业2家，劳务分包企业1家。

第一章　水生产与供应

1959年，兴隆矿务局水源井供水后，除兴隆矿务局生产和生活用水外，逐渐为鹰手营子地区区属企业和居民供水。1983年4月，成立营子矿区自来水公司，之后工业用水和生活用水，由区政府与兴隆煤矿双方联合经营管理，是年供水能力0.85万立方米/日。自来水公司成立后，不断加强水源井和管网建设，2003年年底，供水能力增至1.2万立方米/日，供水普及率97%。

第一节　供水设施

一、水源井

1958年6月，兴隆矿务局鹰手营子水源井动工开建，投资18.65万元，设计能力3500立方米/日，与其配套的储水池容量500立方米，次年开始供水。兴隆矿务局所属汪庄矿从建矿至1988年，先后建水源井4座。

1959年8月，马圈子矿建水源井1座，位于马圈子铁路南侧，投资49.1万元，设计能力5159立方米/日，与其配套的储水池位于矿仓东侧，容积为120立方米。1979年，为解决供水不足，在大石嘴沟里又建水源井1座，蓄水池容量500立方米。至2003年年底，马圈子矿和北马圈子村生活用水仍在使用这两座水源井。是年，营子矿在柳河岸边建工业水源井1座。

1981年成立营子矿区自来水筹建办公室，1983年成立自来水公司，是年正式供水，供水能力0.85万立方米/日。1981年至2003年年底，共建水厂7个，其间报废2个。2003年正在供水的有5个。固定资产价值450万元，供水能力增至1.2万立方米/日，年供水量440万立方米，用水人口33000余人。供水普及率97.%。各水厂均未设二泵房，由水源井取水直接输至配水管网。

1981—2003 年营子矿区自来水公司水厂水源井情况表

表 9－1－1

水厂名称	水源井名称	类别	井径（米）	井深（米）	开工年份	投产年份	日可采量（立方米）		使用情况
							丰水期	枯水期	
老泵房水厂	老泵房 1 号井	管井	0.4	27.4	1981	1982	6000	3000	报废
	老泵房 2 号井	管井	0.4	31.6	1981	1982	6000	3000	报废
公司院内水厂	公司院内井	管井	0.4	—	1983	—	—	—	报废
城建水厂	城建水源井	管井	0.4	89	1992	1992	6000	4300	—
喇嘛沟水厂	喇嘛沟井	大口井	10	6	—	1993	1200	200	—
董家庄水厂	董家庄水源井	管井	0.4	147.6	1993	1994	6000	5500	—
老厂子水厂	老厂子井	大口井	13.5	7.5	1993	2000	2000	2000	—
马圈子水厂	马圈 1 号井	管井	0.4	99.1	2002	2003	3840	2500	—
	马圈 2 号井	管井	0.4	83.6	2002	2003	3360	2000	—

二、供水管网

自 1981 年建设供水工程至 2003 年末，共铺设管径 75 毫米以上管道 17.344 千米，最大管道口径 300 毫米。1991 年以前所用管材为铸铁管和焊接管，1992 年开始使用 UPVC 塑料管材及管件。

1981—2003 年营子矿区主要配水管网统计表

表 9－1－2

序号	铺设年份	管路安装长度（米）	管道位置		管径（毫米）
			起　点	终　点	
1	1982	598	老水厂	二十四栋	300
2	1982	388	老水厂	铁道北	150
3	1982	420	铁道北物资局	食品公司	150
4	1982	840	铁道北物资局	回收公司	150
5	1982	800	第一小学	回民饭店	150
6	1982	100	惠民饭店	盐业公司门前	150
7	1982	30	盐业公司门前	道北路口	100
8	1982	200	粮贸门前	鹰手营子镇卫生院	100
9	1982	220	老泵房	石油公司	200
10	1982	450	粮贸路口	水泥厂	100
11	1982	76	惠民饭店	商业局	100
12	1982	410	中心粮店	供电公司（原址）	100

续表 9－1－2

序号	铺设年份	管路安装长度（米）	管道位置		管径（毫米）
			起　点	终　点	
13	1987	800	回收公司	河北村 13 组	100
14	1987	120	老城建局	石灰石矿	100
15	1993	2700	董庄水厂	体育场	300
16	1995	330	石灰石矿	鹰手营子村商品楼	100
17	1996	300	体育场	回民饭店	300
18	1996	140	供电分公司	营子矿区 1 号楼	100
19	1996	72	体育场	营子矿区 1 号楼	200
20	1996	38	三千米道南	兴隆矿务局电厂	100
21	1996	72	邮局十字路口	实验小学	100
22	1997	184	半条街农行门前	老街供销社路北	150
23	1997	200	道北路口	营子矿区医院	150
24	1997	80	回收公司	中营小区	100
25	1997	22	实验小学	农行家属楼；	100
26	1997	71	木材加工厂	承德市第七中学	100
27	1998	198	营子矿区医院	战备桥头河北西侧	150
28	1998	420	路北战备桥头	石片沟口	100
29	1998	300	石片沟口	河北村小学	90
30	1999	420	物资局	铸机厂北山家属院	100
31	2000	1430	花妍美容院	喇嘛沟泵房	260
32	2002	804	惠民饭店	营子矿区 13 号楼	300
33	2003	4111	北马圈子喜鹊洞	体育场	300

三、纯净水厂

沟源纯净水厂　位于汪家庄镇涝洼滩村李家沟，私营企业，建于 2001 年，占地面积 300 平方米，拥有固定资产 140 万元。从业人员近 30 人，年生产纯净水 2000 吨，为瓶装、桶装纯净水，产品主要销往营子矿区及周边地区。

第二节　水价及收入

一、水价

1983 年，居民生活用水 0. 08 元/立方米，其他用水 0. 20 元/立方米。1986 年至 2003 年，经物价

管理部门批准，水费进行过9次调整。

1983—2003 年营子矿区水价格情况表

表 9－1－3　　　　单位：元/立方米

项目 时间	居民生活	工商企业	机关事业单位	建筑业、以水为原料的企业	宾馆、餐饮服务业	特种行业
1983. 6—1986. 2	0. 08	0. 20	0. 20	0. 20	0. 20	0. 20
1986. 3—1990. 5	0. 15	0. 25	0. 20	0. 25	0. 25	0. 25
1990. 6—1991. 2	0. 15	0. 35	0. 25	0. 25	0. 25	0. 25
1991. 3—1992. 8	0. 20	0. 45	0. 35	0. 25	0. 25	0. 25
1992. 9—1993. 10	0. 30	0. 55	0. 45	0. 45	0. 45	0. 45
1993. 11—1995. 9	0. 40	0. 80	0. 70	0. 95	0. 95	0. 95
1995. 10—1997. 5	0. 50	1. 25	1. 00	1. 40	1. 40	1. 40
1997. 6—2001. 8	0. 75	2. 40	1. 60	3. 00	5. 00	5. 00
2001. 9—2002. 9	1. 00	2. 40	1. 60	3. 00	5. 00	5. 00
2002. 10—2003. 12	1. 50	3. 00	2. 00	3. 00	5. 00	5. 00

二、水费收入

随着供水事业的发展，用水户和供水成本不断增长，售水量和水费收入也在增长，但由于各年份欠缴和清缴水费情况不同，水费收入有一定的波动。

1984—2003 年营子矿区自来水公司售水量、水费收入一览表

表 9－1－4

年　份	售水量（万立方米）	水费收入（万元）	年　份	售水量（万立方米）	水费收入（万元）
1984	155	8. 3	1994	219	78. 6
1985	182	10. 3	1995	212	69. 1
1986	185	14. 2	1996	261	129
1987	186	19. 9	1997	235	135. 8
1988	195	19	1998	238	149
1989	206	22. 3	1999	235	257. 3
1990	220	28. 9	2000	441	184
1991	246	41. 7	2001	449	172
1992	229	35. 9	2002	440	170
1993	180	41. 6	2003	440	280

第二章　电力生产与供应

民国30年（1941年），日本侵略者为加快掠夺区域内煤炭资源和兴隆县倒流水矿产资源，在鹰手营子建起了第一个火力发电所。1952年，东北地质勘探公司在寿王坟老三百建柴油机发电厂1座，1957年4月停止发电。1970年，红星电厂正式发电，至1980年累计发电3747万千瓦时。1994年，兴隆矿务局矸石热电厂建成投产，1999年被河北省经贸委认定为“河北省资源综合利用企业”，至2003年年底，共计发电60984万千瓦时。2000年至2003年，在全区进行了农网改造和城市电网改造。经过多年来不断对发电、供电等设施的更新改造，至2003年年底，电力工程设施基本适应境内经济发展的需要。

第一节　发电用电

一、发电

（一）红星发电厂

1970年年初正式发电。但由于锅炉不适应当地煤种，出电低，耗煤高，企业长期亏损，正常时只有1台机组发电，且时开时停，1980年停止发电。自投产发电至停产下马，10年间累计发电3747万千瓦时，生产期总计亏损420.6万元。1981年11月与承德东风电机厂合并后，迁至天津市蓟县改名为天津市东风电机厂。发电设备及厂区建筑物折价25万元，有偿转让给承德市水泥厂。

（二）兴隆矿务局矸石热电厂

1994年末，兴隆矿务局建矸石热电建成投产。年设计发电量7200万千瓦时，年售电量6215.8万千瓦时，供热2.43×105克焦耳/年。

兴隆矿务局矸石热电厂历年发电、产值、利润情况表

表9－2－1

项目 年度	发电 （万度）	营业收入 （万元）	利润 （万元）
1994	2028	753	0
1995	5346	1320	1
1996	5064	1463	－102
1997	8476	2894	4.97

续表 9－2－1

项目 / 年度	发电（万度）	营业收入（万元）	利润（万元）
1998	8162	2129.5	－247.8
1999	6295	2099	－544.7
2000	7601	2568.7	－273.5
2001	7771	2552	－248.7
2002	6837	2070	－3288.7
2003	7403	2187.9	－52.8

二、用电

（一）用电结构

中华人民共和国成立前，用电结构分照明用电、电力用电和电热用电 3 种，照明用电分包灯和表灯。民国 30 年（1941 年）鹰手营子发电所投入运行后，主要电力都用于金矿和煤矿，其余是生活照明。民国 34 年（1945 年）8 月后，八路军冀东军区第十四军分区接管发电所，继续发电至民国 35 年（1946 年），供生产、生活用电。

中华人民共和国成立至 1952 年，没有供电设施，1952 年至 1960 年，主要是工业和生活用电，还有少量的农业生产用电。60 年代至 70 年代末，随着厂矿企业不断增多，带动电力事业的快速发展。70 年代末用电户达到 11444 户，占全部居民户数的 82%，人均用电量 280 千瓦时。改革开放后，随着人民生活水平的不断提高，家用电器不断增加，加之一些厂矿的建立，使用电量不断提高，1985 年，用电量为 249.5 万千瓦时。2003 年，用电量为 11912.203 万千瓦时。

（二）电力购销

1964 年，除居民照明用电外，其他用电均采用电表计算收费。农业生产用电每千瓦时（度）0.08 元，农村照明用电每千瓦时 0.25 元，农副产品加工用电每千瓦时 0.15 元。1965 年调整电价，调整后收费标准为：农村照明用电每千瓦时 0.20 元，农副产品加工用电每千瓦时 0.13 元。1976 年再次调整电价：农用电价，农业排灌 51—100 米每千瓦时 0.04 元，101—300 米每千瓦时 0.03 元，专用变压器加收变压器铜损和铁损；非普大宗工业电价，1 千伏以下，每千瓦时 0.085 元，1—10 千伏每千瓦时 0.083 元，35 千伏每千瓦时 0.080 元；大宗工业用电，320 千伏安及以上基本电价按变压器容量计收，每千伏安 4.00 元，每千瓦时 0.058 元。执行优待电价的用户电价每千瓦时优待 0.01 元，基本电费不予优待；照明电费不足 1 千伏的千瓦时收费 0.148 元，1 千伏以上的每千瓦时 0.145 元。

1983 年，随着家庭联产承包责任制的普遍推行，大部分社队用电转为个体营业用电。农业电价改为普通工业电价，每千瓦时 0.085 元。从 1984 年开始，对使用 100 千伏安以上变压器的用户，实行利率调整电费，享受优待电价的用户新增加的用电设备，不再优待。除生活照明外的其他用电 1986 年后的一段时间实行加价：电力建设资金加价 0.02 元/千瓦时；煤运加价 0.0163 元/千瓦时；燃料附加费 0.0219 元/千瓦时。

改革开放后，鹰手营子供电公司的购电量、售电量和电费收入总体呈上升趋势。1983 年购电

3504.72 万千瓦时，售电 2852.85 万千瓦时，电费收入 220.95 万元。2003 年购电 12601.34 万千瓦时，售电 11912.20 万千瓦时，电费收入 5201.55 万元。

1983—2003 年鹰手营子供电分公司电力购销情况统计表

表 9－2－2

项目／年度	购电量（千瓦时）	售电量（千瓦时）	损失电量（千瓦时）	线损率%	电费收入（万元）
1983	35047200	28528460	6518740	18.60	220.95
1984	31944200	2635400	5590200	17.50	204.08
1985	35421000	2495000	5986000	16.90	239.20
1986	37112500	31657000	5455500	14.70	254.33
1987	43624000	38163000	5415000	12.50	306.60
1988	41770000	37552000	4218000	10.10	301.30
1989	44477000	40163300	4313700	9.70	562.28
1990	51486000	46832500	4916100	9.50	812.50
1991	60151200	5539000	4752200	7.90	1130.40
1992	65384000	60937800	4446200	6.80	1356.30
1993	64143000	54981000	4033300	6.30	1499.52
1994	71127000	67179000	3948000	5.55	1746.60
1995	75667200	71505000	4161700	5.50	2565.20
1996	82247468	78232038	4015430	4.88	3895.95
1997	90438837	87394777	3044060	3.37	4458.93
1998	77963373	75163671	2799702	3.59	3418.11
1999	89152737	85386319	3766418	4.22	3492.70
2000	91981933	87642273	4339660	4.72	3783.02
2001	103664395	98411036	52523359	5.07	3827.44
2002	109633433	40411021	5523412	5.04	4471.04
2003	126013394	119122030	6891364	5.47	5201.55

第二节　电业管理

一、机构

1949 年，建兴隆县鹰手营子机电站，1963 年改称兴隆县供电站鹰手营子分站。

1965 年随着区划的变更，改称承德市供电局鹰手营子供电站。1983 年 1 月，承德市电力局、承德电力局（承德地区电力局）、华北电力管理局承德供电局 3 家合并，成立承德供电局，鹰手营子供电所更名为鹰手营子用电所，下设办公室、财务室、生产股（线路班）、业务股（抄收班、表班），有职工 24 人。1988 年，内部机构增设“三电”（计划用电、节约用电、群众办电）监察班。1992 年，职工增至 46 人。1993 年 2 月 2 日，鹰手营子用电所交由兴隆县供电公司代管。是月 15 日，鹰手营子用电所交还承德供电公司直接管理。1994 年 4 月，鹰手营子用电所更名为鹰手营子供电分公司，下设公司部、配电班、用电班。岗位定员 40 人，其中管理岗位 4 人，专业技术岗位 3 人。1995 年 2 月，内部机构增设办公室。1997 年 4 月，内部机构调整为办公室、生产技术股、用电农电股。岗位定员 44 人。1998 年，内部机构增设农电管理总站。2000 年 4 月，供电服务中心（营业大厅）正式营业，7 月，成立承德电力设计所鹰手营子设计室，12 月农电管理总站撤销。2002 年 4 月，鹰手营子供电分公司下设城关供电所、鹰手营子供电所、北营房供电所、寿王坟供电所、下台子供电所。2002 年 6 月，生产技术股和用电农电股改称生产技术科、用电农电科。2003 年 4 月，城关供电所改为抄收班，由用电农电科管理，同时成立汪家庄供电所。有职工 50 人，农电工 33 人。

二、用电监察

中华人民共和国成立初期，开展调整负荷、节约用电和安全用电管理工作。1970 年，国家提出计划用电、节约用电和群众办电。1975 年，鹰手营子供电所设生产技术股，负责全区供电系统的安全、技术，并进行监督指导，把安全用电纳入正规化管理轨道。鹰手营子供电所成立安全生产管理领导小组，配备专职安全员，农电系统各所站配备兼职安全员，建立一整套自上而下的安全网络。确定每年 5 月为“安全活动月”，定期开展春秋季大检查。1983 年，提倡安全用电。1984 年以后，供电系统以安全第一为指导思想，制定安全生产责任制和岗位责任制，进一步明确了各级安全检查人员的工作任务和职责范围。1987 年，营子矿区成立“三电”办公室，办公室主任由区经委负责人担任，办事机构设在鹰手营子用电所用电监察股。负责安装定时钟、定量器等设备，根据用户的用电情况控制高峰时段的用电负荷；负责对非生产用电指标加价的管理、对违章用电和窃电行为的查处，保证辖区内用电秩序的规范。

第三章　建 筑 业

1956年，营子矿区开始有土木工程建筑业，成立第一个瓦工社，承担民用建筑与维修。1958年10月，成立兴隆矿务局建筑工程处，负责该企业建筑维修。1967年，寿王坟铜矿建立大修队，次年改称修建科，1971年，在工程设计、施工质量上都达到了专业建筑队的标准。改革开放后，随着营子矿区经济的迅速发展，建筑业也随之繁荣，镇办、村办和个体私营建筑企业不断兴起。1986年，有区属集体建筑企业1个，村镇集体建筑队9个，个体建筑队6个，驻区企业自营进驻对5个。1988年，通过建筑企业资质审查，全区有三级建筑资质企业1个，四级4个。1989年，有三级企业1个，四级企业4个。1996年后，区属集体建筑企业由于技术人员不断流失、人员老龄化等问题没有再承揽工程。是年有三级企业2家，四级企业3家。2003年全区具有建筑资质的企业5家。其中，施工总承包三级企业2家，专业承包三级企业2家，劳务分包一级企业1家。

第一节　建筑设计和队伍

一、建筑设计

1986年，成立营子矿区建筑工程设计室，挂靠承德市建筑设计院，未单独设计过建筑项目。1999年，撤销建筑设计室。

二、建筑队伍

1956年，营子矿区从事建筑业人员47人。1958年，境内从事建筑行业人员近5000人，主要集中在兴隆矿务局建筑工程处和所属3个矿；1961年，因地面建设任务减少，建筑工程处缩编为工程队；1963年2月，有人员320人（不包括所属3个矿建筑人员），其中干部（包括技术人员）43人，工人277人。1964年至1985年，兴隆矿务局没有常设的建筑队伍，凡基建项目都由各矿临时组建队伍进行施工。1967年，寿王坟铜矿成立大修队，从事建筑行业人员有所增加，2003年底，寿王坟铜矿组建的承德营子第一建筑安装有限责任公司有职工53人，建筑队伍根据工程需要临时组建。改革开放后，个体私营建筑行业从业人员不断增加，1982年200余人。1986年，区属集体建筑企业有职工290人；村镇集体建筑队共计630人；个体建筑队共计150人；驻区企业自营建筑队共计1000人。1988年个体有临时建筑工人850人，1988年850人，2003年958人。

第二节　建筑企业

一、营子矿区建筑公司

1956 年，鹰手营子由木、瓦工组成立全区第一个瓦工社，承担民用建筑及维修，集体企业，有职工 21 人。1961 年划归兴隆县工程公司，为兴隆县工程公司第二工程队。1965 年，划归承德市城建局建筑联社，改称承德市第五建筑社。1970 年划归营子矿区，称营子矿区建筑队。1975 年，有职工 110 人，其中瓦工 16 人，电锯工 8 人，油漆工 3 人，电工 3 人，架子工 4 人，维修工 2 人，行政管理人员 7 人，力工 53 人，木工 14 人。是年完成产值 19 万元，全年实现利润 2.2 万元。1978 年，改称承德市营子矿区建筑公司，有职工 190 人，实现利润 1.4 万元。1979 年，完成产值 86.2 万元，完成建筑面积 6918.78 平方米，全员劳动生产率为 3538 元，工程质量合格率为 79%，完成利润 2.57 万元。1980 年，有固定职工 220 人，夏季有临时工 50 人左右。有技术人员 20 人，其中，高级职称 5 人，中级职称 7 人，初级职称 8 人。主要建筑工程为 500 吨冷库 1 座。是年，该公司实行包干经营体制，使企业上下形成一个“层层有指标，项项有定额，处处有核算，事事有人负责”的核算网。1981 年完成陶瓷厂隧道窑工程，1983 年完成铸造机械厂办公楼的建筑工程。1986 年，区属集体建筑企业 1 个，有职工 290 人。1987 年，完成产值 11.5 万元。1988 年，通过建筑企业三级资质审查，完成产值 11.4 万元。1989 年，完成产值 23 万元。1990 年，完成矿区家属楼 3 号楼建筑工程，实现产值 31 万元。1991 年建造工商行办公楼 1 座，1995 年完成区广播局大楼 1 座。1996 年以后，由于技术人员不断流失，老龄化等问题，再没有承揽工程。

二、承德营子第一建筑安装有限责任公司

寿王坟铜矿建矿初期，选矿厂、坑口、空压机房和生活住宅等均由国家建筑队承建。1967 年，建立大修队，1968 年改称修建科。1971 年，在工程设计、施工质量上都达到了专业建筑队的标准。从此，无论是厂房还是高层楼房都由该矿自行设计施工，结束了由国家建筑工程单位设计施工的历史。是年，设计施工建筑了寿王坟铜矿中小学教学楼。1981 年，施工建筑面积 7725.04 平方米。1984 年，完成职工住宅楼和医院手术室施工任务，建筑面积共计为 109553.3 平方米。1985 年，自行设计施工的老年活动中心，深受离退休人员的喜爱，成为修建科施工设计的标志性建筑。1988 年，通过建筑企业四级资质审查。1989 年修建科改成基建科。1993 年，修建科改称寿王坟铜矿基建公司，负责地表工程外，还负责坑口井下斜坡道防寒封闭工程。1996 年，经过资质审查，为三级建筑企业。1999 年，更名为承德营子第一建筑安装有限责任公司，成为一个具有专业资质，对外能够参与招投标的建筑安装公司。2003 年，寿王坟铜矿破产改制成立铜兴公司，寿王坟铜矿基建公司

三、兴隆矿务局建筑工程处

1958 年 10 月，成立兴隆矿务局建筑工程处，全局有基本建设人员 4778 人。下设 6 个工段：鹰手营子工段、马圈子工段、汪家庄工段、钢筋水暖工段、老爷庙二斜井工段、铁路工段；还设 5 个建材厂：马圈子、煤岭沟、李家沟 3 个砖厂，金扇子、东山 2 个采石厂，生产料石、石灰、红砖、陶瓦等建筑材料。1961 年 1 月，因地面建设任务减少，建筑工程处缩编为工程队，全队有职工 200 人。1963 年 2 月，兴隆矿务局区域内建设收尾时，建筑工程队有职工 320 人，其中干部 43 人，工人 277 人，建

筑能力 50 万元/年。3 月，建筑工程队撤销，建筑任务划归局总务科和各矿。1979 年 7 月，根据基本建设任务的需要，成立兴隆煤矿土建工程队，1980 年 4 月，土建工程队改为建筑工程处，施工能力 100 万元/年，施工队伍 300 人。1983 年 4 月，建筑工程处又改称建筑工程队。1985 年 4 月，撤销建筑工程队成立建筑工程公司，归矿务局多种经营总公司管理。同时，汪庄矿、马圈子矿和集体企业处也建立了土建队，至年底，全局共有四级土建队 2 个，五级土建队 3 个，建筑能力 200 万元/年。主要承担矿务局全部土建工程。1989 年 4 月 28 日，撤销建筑工程公司，成立兴隆矿务局建筑工程处。至 2003 年，建筑工程处共完成产值 6847.5 万元。

1989—2003 年兴隆矿务局建筑工程处产值统计表

表 9－3－1　　　　单位：万元

年度	产值	年度	产值
1989	190	1997	385.7
1990	146.6	1998	357.9
1991	345.7	1999	110
1992	315.5	2000	125.9
1993	608.4	2001	61.5
1994	568	2002	1409
1995	767	2003	650.4
1996	832.9		

第三节　建筑业管理

一、管理机构

1979 年以前，营子矿区未设城建管理机构，一切业务由承德市城建管理机构统管。1979 年 7 月成立营子矿区革命委员会集体建筑企业办公室，负责全区集体建筑企业的管理工作。1981 年，成立营子矿区城建局。1986 年，区城建局设建筑工程设计室、整顿建筑市场办公室。1995 年，区城建局设建筑工程质量监理站、建筑市场稽查办公室。2001 年，承德市工程建设监理有限责任公司设鹰手营子监理部，区城建局设营子矿区工程建设施工安全监督站、村镇建设服务站。2002 年 6 月，机构改革后，内部机构设办公室、市政股、规划股、建筑市场管理办公室、建筑市场质量监督检查办公室，至 2003 年年底无变化。

二、管理工作

1981 年成立城建局后，加强了建筑市场的管理力度。随着建筑市场的开发，以招投标工作为核心，逐步培育“统一、开放、竞争、有序”的建筑市场体系，达到建设工程项目报建率 100%，完成招投标覆盖率 100%。加强施工现场和市场稽查工作，建立和强化了建设工程施工许可证制度，严把

建筑建材及现场计量关，强化地基验槽、基础验收主体结构和竣工核验3个主要环节的监管，实现施工合格率100%。1982年，对集体建筑业实行统一管理、统一调配、统一安排施工任务、统一审查预决算，较好地控制了擅自委托和工程高估冒标现象，加强了工程质量管理。1986年，区城建局出台《关于加强鹰手营子矿区临时建筑管理暂行规定》。1988年，又出台《关于加强城镇建筑管理的暂行规定》，对建筑许可证的核发、建筑施工、居民自有住房的修建等作出规定，对全区建筑企业进行了资质审查。1991年，全区开始施行规划管理“一书两证”（选址意见书、建设用地规划许可证、建设工程规划许可证）制度，开展建筑工程稽查活动，稽查覆盖率100%，从5个方面加强了建筑市场管理。加强安全文明施工管理力度和对建筑企业的资质管理；进一步提高施工队伍的业务素质，相继对施工企业的生产服务人员进行岗位培训；严格施工手续的办理；加强招投标监督力度，对招投标的全过程进行严格监督；认真组织并参加整顿和规范建筑市场秩序。

1998年，开展建筑市场整顿和规范活动。强化施工企业的技术培训和指导，施工企业的资质管理、工程质量管理。依据《中华人民共和国建筑法》和《河北省建筑市场管理条例》，以治理不公开招标、不依法报建、不办理质量监督的“三不”行为和行业垄断、肢解工程发包、非法转包的“三个顽症”为重点，深入追究建筑执法主体和市场主体的腐败问题和不正之风。出台实施《鹰手营子矿区工程建设监理规定》。

2000年，对建筑市场进行了执法检查，检查的主要内容为开工前应具备的各种合法证、照和手续，按照规定应缴的各种规费，有无肢解工程和非法转包；有无无证设计，无证施工，越级设计，越级施工；有无行业垄断，强行承揽工程和指定材料设备；有无出现重大工程质量事故或伤亡事故隐瞒不报；有无滥用职权、非法干预工程承包发包活动；有无执法违法、以权谋私，索受贿；有无超规模建设或改变工程性质的问题。在建筑市场管理工作中，在强化服务职能的同时，完善了服务程序，包括办理报建、项目管理机构资质审查、招投标管理等。加强了企业资质管理，对等级以上企业进行资质年检。是年，开展了“争创文明工地”活动。

2003年，加强了建设工程招投标管理力度，招标率为100%。对全区35名施工企业的预算员资格进行年检。是年，3个建筑工地被评为市级文明工地，1个工地被评为省级文明工地。稽查限额以下建设和装饰装修工程15项，办理限额以下建筑装饰装修工程施工许可证13项，受理市主管部门及群众督办案件3起，结案2起，稽查覆盖率100%。是年底，全区具有建筑业资质的企业5家。其中施工总承包三级企业2家，分别是兴隆矿务局土建工程处、承德营子第一建筑安装有限责任公司；专业承包三级企业2家，分别是承德瑞金防水建材有限公司、承德市东方装饰装修有限公司；劳务分包一级企业1家为营子矿区建筑公司。

第十编 SHANGYE MAOYI

10 商业贸易

第一章　商业所有制类型
第一节　公有制商业
第二节　个体私营商业
第二章　商业经营
第一节　粮油购销
第二节　副食品经营
第三节　日用百货品经营
第四节　医药药材购销
第五节　煤炭经营
第六节　成品油经营
第七节　五金交电化工用品销售
第八节　日用杂品销售
第九节　棉烟土畜产品
第十节　废旧物资收购
第十一节　物资供销
第十二节　商业管理
第三章　对外贸易
第一节　直接出口
第二节　间接出口

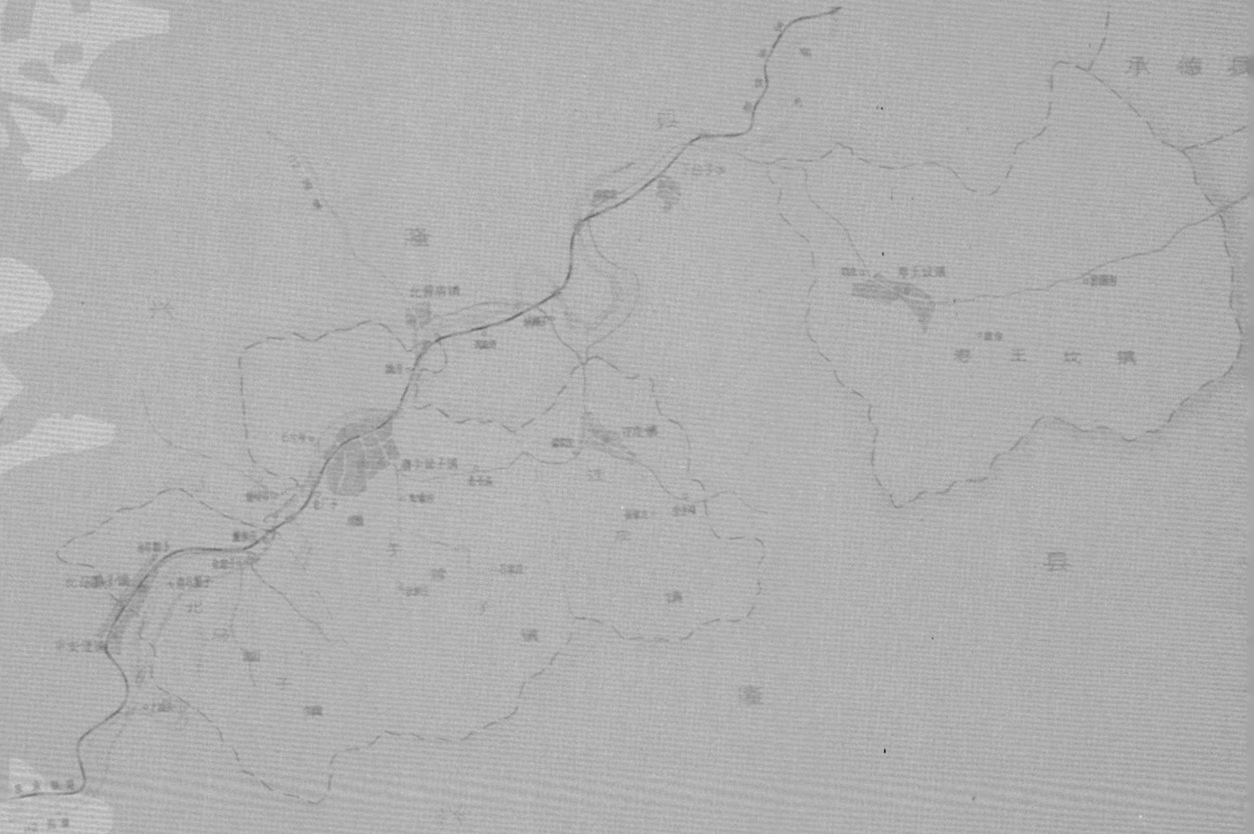

10 承德市鹰手营子矿区志·商业贸易

CHENGDESHI YINGSHOUYINGZKUANGQU ZHI
SHANGYE MAOYI

民国初期，境内自第一家私营店铺“三义兴”开业后，经营粮油、百货、木材、烟酒、糖茶、日用杂品、小农具的私营商店得到较快发展。到民国24年（1935年）境内各种店铺已有42家。日伪时期，捐税繁重，加之战乱，多数店铺缩小规模或被迫停业。民国37年（1948年）1月，鹰手营子解放，人民政府在积极组织私营商业恢复经营的同时，大力发展国营和供销合作社商业。至改革开放前，区内国营和供销合作社商业，牢固树立支持生产，服务消费的观念，组织开展联销、展销、推销、代销，促进了区内商贸业的发展。1978年，商业分局所属国营商业和供销合作社商业国内纯购进202.17万元，国内纯销售1526.22万元。改革开放后，计划分配，定量供应的经营模式被打破，国有、集体商业由强变弱，个体、民营商业不断发展壮大，20世纪70年代末，区内产品首次实现出口创汇。1987年，全区批发零售商业销售总额5352.36万元，社会商品总需求量6401万元，是1978年的2倍，商品纯购进比1978年增长2.36倍，人均商品购买量比1978年增长65.61%。90年代中后期，多种商业成分、多种经营形式、多种流通渠道并存，满足了城乡对商品的需求，方便了群众日常生活。2003年，全区社会商品零售总额已达43579万元，是1980年的11.85倍，1990年的7.58倍，1995年的1.89倍。是年，全区外贸出口额115万美元。

第一章　商业所有制类型

中华人民共和国成立前夕，境内只有几十家私营店铺。中华人民共和国成立后，人民政府积极发展国营和集体商业，确立了国营商业在流通领域的领导地位。经过1956年的社会主义改造，私营商业过渡为国营和集体商业。公有制商业实行计划分配，统购统销，部分商品定量供应。20世纪80年代，营子矿区个体私营商业重新起步，国营商业、供销合作社商业等集体商业仍为商品流通主渠道。90年代，城乡个体私营商业和集贸市场在商品流通领域已经占据主体地位，国营和集体商业逐渐萎缩，国营、集体、个体私营商业类型和经营额比重不断变化，至2003年，个体私营商业（含饮食业）经营额为34080万元，是原商业局所属国有商业国内纯销售额1638万元的20.8倍，已成为商贸流通领域经营主体。

第一节　公有制商业

一、国有（营）商业

民国37年（1948年）12月，兴隆县贸易公司在鹰手营子设立经营小组，建起零售商店，成为全区第一个国营商店，经营粮油、百货、土特产品等。民国38年（1949年9月30日止）4月，兴隆县贸易公司鹰手营子经营小组改为兴隆县贸易公司鹰手营子商店。

1952年，兴隆县贸易公司解体，鹰手营子商店内部分设了独立经营的百货部、土产部、粮食部。1954年，兴隆县分别在寿王坟、鹰手营子、汪家庄、涝洼滩、北马圈子等地设立国营商业零售购销

点，百货经营部、副食品经营部也相继成立，全区国营商业有职工 110 人。

1956 年 11 月，鹰手营子、寿王坟等地划为承德市后，成立承德市营子矿区商业分局，下设百货经理部，服务经理部，食品杂货经理部，分局所辖国营商业职工增加到 370 人。1957 年，营子矿区百货公司、副食品公司、煤建公司相继成立。百货公司主要经营日用百货、五金、化工、医药类商品；副食品公司主营副食、烟酒、肉食、蔬菜等；煤建公司主营煤炭和成品油。百货公司和副食品公司分别在寿王坟设立百货商店和副食品商店。是年，百货、副食品公司国内商品纯购进总值 32 万元，国内纯销售总值 442 万元，其中百货公司国内纯购进总值 12 万元，国内纯销售总值 242 万元；副食品公司国内纯购进总值 20 万元，国内纯销售总值 200 万元。

1958 年 7 月，营子矿区划归兴隆县，成立区商业办事处，是年成立区饮食服务公司，办事处所辖国营商业独立核算单位达到 6 个，商业购销点数量也有了较快增长，共有 13 个专业门市部、10 个基层购销点、5 个加工厂、18 个服务单位，职工增加到 540 人。

1959 年 4 月，商业办事处改设商业分局新增设综合门市部 8 个、坑口小卖部 6 个、家属代销点 8 个、饭店 3 个、流动货车 8 辆，共有职工 741 人，是年完成市场销售额 978 万元，商业利润积累 38.3 万元。1960 年，成立区采购供应站，主要经营废品回收和日杂、副食果品等。1962 年，国内纯购进总值 117 万元，省外调入 60 万元，国内纯销售总值 435 万元。其中，百货批发站国内纯购进总值 18 万元，省外调入 6 万元，国内纯销售总值 111 万元；五金批发站国内纯购进总值 3 万元，国内纯销售 65 万元；食品批发站国内纯购进总值 96 万元，国内纯销售总值 200 万元；医药批发站省外调入 54 万元，国内纯销售总值 59 万元，实现利润 6.48 万元。

1965 年 2 月，营子矿区再次划归承德市，设承德市商业局营子矿区分局，有营业门市部 43 个，在编职工 420 人。是年购进商品 790.49 万元，销售总额 888 万元，实现利润 4.37 万元。

1968 年 3 月，撤销商业分局，分局所属国营商业归区革委会城镇组管理。1971 年，果品业务与采购供应站分离，成立副食果品公司。是年城镇组所辖国营商业国内纯购进 178 万元，国内纯销售 2323 万元，实现利润 44.2 万元。

1979 年 11 月，又成立营子矿区商业分局，是年分局所辖国营商业系统固定资产 177 万元，流动资产 710.8 万元，共有五金、医药、蔬菜、食品、百货、石油煤建、饮食服务等公司和马圈子综合商店、汪家庄综合商店，寿王坟食品商店、蔬菜商店、百货商店、服务总店等 20 个独立核算单位，职工 1150 人。

1980 年 11 月，商业分局改设商业局。1985 年，商业局所辖国营商业国内纯购进 577 万元，国内纯销售 2973 万元，实现利润 29.71 万元。1989 年 7 月，区糖业烟酒公司分设为糖酒公司和烟草公司。1990 年 8 月，成立承德市营子矿区酒类商品专卖局。是年，全局有职工 1047 人，国营商业经营机构 28 个，年国内纯购进 705 万元，国内纯销售 3509 万元，亏损 127.93 万元。1992 年 12 月，成立营子矿区国营商业总公司，有固定资产 2794.5 万元，流动资产 2162 万元。1994 年 10 月，营子矿区组建国有商业零售公司，包括五交化商场、百货商场、烟酒商场、菜市场；组建糖酒蔬菜公司，包括糖酒公司批发部和蔬菜公司。是年，全局共有 6 个公司，在编职工 867 人，国内纯购进 3084 万元，国内纯销售 4262 万元，年亏损 294 万元，总资产 2612 万元，负债 2891 万元。2001 年，全局国有商业系统遵循“国家统一所有，分级行使产权”的国有资产管理改革方向，开始对国有商业企业进行资产所有权渐进式的改革。是年 4 月，撤销糖酒公司、蔬菜公司，所属企业由食品公司托管；百货公司与商业零售公司合并，统称商业零售公司。5 月，烟草公司破产。2002 年 5 月，机构改革撤销商业局。12 月，百货公司破产。至年底，原商业局系统的 11 个独立核算单位有 10 个亏损，累计亏损及不良资产合计 5169 万元。至 2003 年 12 月，尚未进入改制实质程序的企业 4 家，分别为食品公司、饮食服务公司、北马圈子商业批零公司和汪家庄商业批零公司，系统尚有职工 558 人，国有资产总额 2321 万元，负债

1937 万元，国内纯购进 1365 万元，国内纯销售 1638 万元。

1973—2003 年营子矿区商业局系统主要指标完成情况表

表 10－1－1

年份	国内纯购进（万元）	国内纯销售（万元）	财务商品销售总额（万元）	费用率（%）	实现利润总额（万元）	其中		全部流动资产：平均占用（万元）	周转天数（天）	商办工业总产值（万元）
						企业盈利（万元）	食品（万元）			
1973	—	—	2443	6.12	46.88	72.58	－25.7	—	—	—
1974	181	1720	2848	5.58	58.33	101.65	－43.32	—	—	—
1975	228	1622	1958	6.90	21.55	92.61	－71.06	—	—	—
1976	178	2323	2651	6.64	44.20	—	—	—	—	—
1977	—	—	2739	6.33	30.40	99.90	－69.5	—	—	—
1978	150	1478	2933	6.11	0.6	69.30	－68.7	—	—	—
1979	173	2091	3477	5.13	26.55	98.45	－71.9	—	—	—
1980	2723	2321	3728	5.22	46.34	100.14	－53.8	1048.78	101	51.83
1981	270	2075	3611	5.73	25.80	78.78	－52.98	1011.05	101	56.12
1982	305	2145	4065	5.67	－16.49	38.35	－54.84	1041.74	93	58.47
1983	357	2321	4092	5.47	41.50	96.50	－55	1088.03	96	59.67
1984	485	2563	4264	5.62	36.34	104.14	－67.8	1088.75	92	64.62
1985	577	2973	4433	5.64	29.71	91.41	－61.7	1175.00	95	73.53
1986	696	3192	4910	5.78	39.36	85.96	－46.6	1360.85	100	81.04
1987	943	3485	5026	6.49	7.85	101.65	－93.8	1514.79	108	75.16
1988	955	3703	5877	6.65	－46.18	113.06	－159.24	1687.51	103	84.80
1989	869	3982	6135	7.67	－136.94	72.77	－209.71	2124.72	125	91.40
1990	705	3509	5812	7.67	－127.93	55.97	－183.9	2168.07	134	88.38
1991	—	—	5280.4	—	－94.3	—	—	—	—	—
1992	4080	4872	4902.8	—	－189.9	—	—	—	—	—
1993	3943	4856	4227.2	—	－204	—	—	—	—	—
1994	3084	4262	2258	—	－294	—	—	—	—	—
1995	3321	4634	2618.3	—	－286.9	—	—	—	—	—
1996	4551	5186	1369	—	－274	—	—	—	—	—
1997	4448	5600	2243	—	－194.8	—	—	—	—	—
1998	4165	5955	1562.7	—	－161.7	—	—	—	—	—
1999	3776	5062	619.6	—	－155.7	—	—	—	—	—
2000	3785	4654	1235.88	—	－119.78	—	—	—	—	—

续表 10－1－1

年份	国内纯购进（万元）	国内纯销售（万元）	财务商品销售总额（万元）	费用率（%）	实现利润总额（万元）	其中		全部流动资产：平均占用（万元）	周转天数（天）	商办工业总产值（万元）
						企业盈利（万元）	食品（万元）			
2001	3446	3113	1576.19	—	－50.49	—	—	—	—	—
2002	2261	2807	402.7	—	－60.5	—	—	—	—	—
2003	1365	1638	13.8	—	－77.15	—	—	—	—	—

说明：1. 1975 年不含石油煤建公司财务指标

2. 1991 年始，因商业报表统计格式改革，此表一些项目无统计数据

二、集体商业

1955 年 12 月，鹰手营子街第一家合作饭店开业。

1956 年 1 月，全区近 70 户私营店铺和个体商户组织起来走合作化道路，以个人入股的方式建起公私合营百货商店 2 个、副食品商店 1 个、合作饭店 6 个、旅店 1 个、浴池 1 个，并归口接受国营商业的领导。1958 年，合营、合作集体商店实行提级，由国家派干部领导，全部过渡为国营或供销社商业，实行归口管理。1962 年下半年，调整商业结构，限制性地划出部分集体商业，在经营品种上，限制经营粮食、棉纺、大百货等商品，同时恢复了 2 个合作饭店，1 个综合商店，1 个食品店，1 个百货店。

1966 年至 1976 年“文化大革命”期间，驻区较大企业为了改善职工生活和安置二线职工，开始有计划、有组织地发展集体商业。1971 年年初，兴隆矿务局及所属煤矿始建“五七”连，其中包括饭店、理发店、综合商店等。随后，驻区其他大中型企业也相继建起小饭店、理发店和综合商店。

1978 年 12 月中共十一届三中全会以后，全区集体商业发展速度明显加快。

1980 年 11 月底，全区有集体商业购销点 33 个，其中集体商店 8 个、饮食服务部 12 个、合作商店 2 个、理发社 2 个、待业青年商店 6 个、饭店 3 个，从业 68 人，年经营额 20.44 万元，利润 6920 元。1982 年，全区农村全面推行家庭联产承包责任制，极大地解放了农村生产力，推动了镇办、村办、联户办商业、饮食服务业发展。是年末，全区有集体商业营业门店 54 个，营业额 281.7 万元，实现利润 4.1 万元。1984 年新建集体商业网点 6 个，恢复 2 个，全区集体商业营业额 371.6 万元，上缴税金 2 万元，实现利润 7.86 万元。

20 世纪 80 年代中后期是营子矿区集体商业繁荣发展时期，经营范围包括建材、百货、五金、食品、副食、饮食服务等多个门类，经营面逐步扩大，商品品种和服务项目不断增多，形成了一个比较完整的综合商业网络。1987 年经营总额 389 万元，实现利润 4.32 万元。1989 年，分别提高到 701 万元和 5.75 万元。

90 年代以后，随着社会主义市场经济体制的初步建立，国营、集体、个体私营商业的界限逐步淡化，集体商业网点相继改制，商品流通辅助功能也逐渐弱化。1991 年，全区集体商业独立核算单位有 17 家，自然网点 44 个，从业 312 人，商品销售总额 1603.6 万元，为历史最好水平。1992 年，全区集体商业固定资产 202.5 万元，流动资产 245.7 万元，年销售总额降至 927.7 万元，税金 27.3 万元，实现利润 4.7 万元。2003 年，所有集体商业全部实行承包经营或转租。

三、供销合作社商业

民国 37 年（1948 年）春季，兴隆县供销合作社在鹰手营子老街成立鹰手营子村供销社，有 3 间

草房，30多户农民用小米、黄豆、家具等作价入股，县社理事会拨入部分资金，除经营少量工业品外，还经销粮食、肉食，并打糕点、磨香油、开大车店。1950年，鹰手营子村供销社有3个分销店，30多名职工。

1949年10月，兴隆县九区供销社始在寿王坟设立分销店，有3个人从事购销工作。1953年起，寿王坟人口逐渐增加，商品需求量大增，分销店规模逐步扩大。1954年，区内的供销合作商业设在村镇的零售店2个，设在村外的分销处8个，流动购销组织1个。在供销社入股的社员17529人，合计股金28265元，有职工119人。是年，零售粮食、食盐、棉布、棉花、食糖、食油、茶叶、纸烟、煤油、肥皂、毛巾、鞋袜、中西药、酒类、化肥、农药、喷雾器、7吋步犁、农具等生产生活用品总值148.74万元。同时，采购库存粮食、杏仁、芝麻、花生、水果、鸡蛋、蚕丝、苇席、药材、肥猪、活牛羊、猪鬃、羊毛、牛羊皮、杂铜、废铁等农副土特产品总值29.53万元。1955年，全区有以区建社1个，以集镇建社1个，入股社员17989人，股金34854元，专业性和综合性零售门市部13个，流动销售组织9个。

1956年秋季，以鹰手营子村供销社为基础，成立鹰手营子中心社，下属基层供销社5个。是年11月，鹰手营子区划归承德市，全区供销合作社发展为基层供销社6个（鹰手营子、寿王坟、北马圈子、克梨木、潘家店、下台子）和批发公司2个（副食品经营部、采购供应站），零售网点发展到17个，包括生产资料、中药铺等专业零售商店4个，综合零售商店11个，固定货摊2个，另有农副产品采购站8个，饮食企业2个，年末在册职工184人。经营百货、副食品、烟酒、五金交电、日用杂品、农业生产资料等4000多个品种，还承担着整个经济区农副土畜产品收购业务。是年购进生活资料总值198.44万元，销售总值199.82万元；购进生产资料总值13.23万元，销售总值21.43万元；农副产品采购总额23.6万元，批发总额17.09万元；采（收）购商品160多个品种。

1958年7月，营子矿区划归兴隆县。区供销社与国营商业合并，在“大人民公社”体制下，按照公社管辖范围成立供销总店，统管公社范围内的供销社、采购供应站。是年，供销总店商品零售总额141.67万元。1962年7月，区供销合作社商业与国营商业分离，成立营子矿区供销社办事处，管理鹰手营子副食果品公司、采购供应站和基层供销社7个，职工190名，是年农副产品收购总值60.9万元，商品销售额462.68万元。是年起，原来由国营商店经营的农具、化肥、农药、日杂、铁器、茶叶、水果划归供销社经营。

20世纪60年代中期至70年代中期，全区供销社本着为寿王坟铜矿、兴隆矿务局、涝洼滩煤矿、东风煤矿等驻区企业提供全面周到服务为重点，增加销售网点，提高服务质量，形成了购销两旺的局面。1974年计划购进商品600万元，完成586.8万元；计划销售商品740万元，完成907.6万元，计划实现利润38.4万元，完成39.6万元。

1978年5月，区供销合作社有下属公司3个，即生产资料日用杂品公司、副食果品公司和废旧物资回收公司；基层社3个，即鹰手营子供销社、寿王坟供销社和北马圈子供销社，有职工314人，除3个公司主营专业商品的批发购销业务外，其余3个基层社和分销网点均综合经营各类商品。是年供销社系统商品国内购进52.18万元，完成年度计划的84.1%，纯销售78.22万元，完成年度计划的101.6%。

1982年，全区供销社系统商品国内纯购进175万元，纯销售565.43万元，实现利润5.1万元。1985年，国家统管物资放开，区供销社的部分企业直接从厂家和二级站购进商品的品种和数量越来越多，大部分日用工业品实行议购议销，扩大了商品经营范围，全区供销合作社商业开始走上多渠道、多品种、少环节的营销之路。是年，全区供销社系统含3个公司，3个基层供销社，商品国内纯购进867.37万元，国内纯销售996.24万元，实现利润8.7万元，上缴税金5.9万元，农副土特产品合计购进总值51.26万元，社员股金增加到9.2万元。

1987 年以后，在开放的大环境下，伴随着个体和私营商业的迅速发展，营子矿区供销合作社经营的农副土特产品、农药及药械、废旧物资回收等市场逐渐萎缩，企业活力逐步降低，生产资料日用杂品公司和北马圈子供销社等企业的亏损额加大。1989 年，区供销社系统全面推行效益工资责任制，根据市场变化和需求，灵活调整经营路子，加强横向联系，开展代购代销业务。代购原料，代销商品，挂钩联系，送货上门，全年为工厂、农村乡镇企业代购商品 300 多种，总值 305 万元，下厂矿乡村送货 795 人次，金额 204.5 万元。1992 年，区供销社 5 个独立核算单位，26 个营业门店遵照“政府放开、企业严管、放而有度、活而有序”的原则，逐步实行放开搞活，是年商品销售额 1300 万元。在全面推行承包后，1994 年在所属 35 个门店、部组中已有 20 个改为“社有民营”，废旧物资回收公司投资 45 万元将公司大院改建为营子矿区集贸市场，当年租赁收入不足 4 万元，同时企业失去了营业场地和设施，每年减少收益 11 万元，加上处理废旧钢铁和拆除临街平房造成的损失，致使公司的经营步入低谷。

1998 年，副食果品盐业公司剥离盐业业务，分别组建副食果品公司和盐业专营公司。副食果品公司由于背负原公司大部分经营性亏损的包袱，到 2000 年被迫停业。盐业专营公司为解决办公场地问题，占用流动资金 13 万元，到 2000 年已欠货款 17 万元。废旧物资回收公司为扭转连年亏损局面，又负债 140 多万元进行市场扩建，用以招商引资，至 2003 年仍无法偿还债务，职工长期放假。

2003 年营子矿区基层供销社基本情况一览表

表 10－1－2

项目 社别	建社年份	占地面积（平方米）	营业面积（平方米）	固定资产（万元）	自有资金（万元）		营业网点（个）	2003 年职工人数（人）
					总额	其中：社员股金		
鹰手营子	1948	13000	1600	210	7	4.5	3	120
寿王坟	1956	7000	1200	200	18	3	3	41
北马圈子	1956	3100	1000	40	1	0.7	2	12
汪家庄	1993	2200	800	35	2	1.3	1	12

第二节　个体私营商业

民国 4 年（1915 年），上窝铺村张善亭与其子张子忠在鹰手营子老街开设“三义兴”粮栈，是境内最早的私营商店。“三义兴”开业之后，鹰手营子街先后出现了粮油、烟酒、日杂、小百货等个体私营店铺，规模很小，但发展速度较快。民国 6 年（1917 年），滦平县人王记尧在北马圈子村开店铺，号称“广德兴”，主要经营烟、酒、糖、茶、油、盐、糕点，小百货及锄、镰、镐等小农具。店铺有 5 间主房，另有东西配房，6 个伙计。饲养着 4 匹骡子，每半个月去遵化县马兰峪进 1 次货。到民国 24 年（1935 年），境内各类店铺达 42 家，经营范围包括：杂货、百货、粮油、副食品、小农具、客栈等。民国 26 年（1937 年）7 月，抗日战争全面爆发，日本侵略者加强对经济的控制，对输入商品实行高额关税，境内多数店铺被迫缩小规模。民国 28 年（1939 年），境内个体和私营商业从业人员

152人。

中华人民共和国成立后，在人民政府的扶持下，个体私营商业得到恢复和发展。1955年，境内的个体商贩和店铺发展到70户。1956年1月，鹰手营子和寿王坟个体私营商店实行公私合营或合作经营，走上了集体发展的道路。20世纪60年代初，随着集市贸易的发展，部分居民、企业精减的职工、农村社员和少数外地零散商户又开始在集市上从事个体经商。1962年底，全区共有登记并发证的个体商贩39户，换证24户。鹰手营子街集市经营商品已达200多种，每天参与交易的人数达2000多人，日交易额近1万元。"文化大革命"开始后，集市贸易被取消，个体私营商户随之停业。

1979年1月，鹰手营子和寿王坟作为承德市试点，重新开放市郊集市，个体私营商业摊点迅速恢复和发展。1981年全区个体工商户141户。其中，商业个体户37户，从业56人；饮食业个体户26户，从业38人；服务业个体户31户，从业43人。

1984年7月，区政府作出《关于搞活经济的几项决定》，提出要"国营、集体、个体一齐上，加快商品流通，活跃城乡市场，个体办照有报必批"。是年，一些农民开始经营个体商业和饮食服务业，到年底，农村共有个体商业购销点1个，个体饮食店2个，个体服务网点4个，从业47人，经营总收入18万元。1989年，全区从事批发零售的个体工商户有403户，从业497人，经营额567万元；从事餐饮业的个体户207户，从业353人，经营额252万元。

1992年，全区从事批发和零售的个体工商户787户，从业944人，经营额1857万元；从事餐饮业的个体户222户，从业454人，经营额602万元。是年，出现从事商品批发和零售贸易的私营企业3家，从业36人，经营额217万元。是年4月19日，鹰手营子大集首次开放（农历逢二、七为集日），645个摊位当日商品成交额18万元。1993年，其他3个镇全部开放了大集。1996年8月，中共营子矿区委、区政府联合作出《关于加快个体私营经济发展的决定》。1997年全区从事批发和零售贸易的个体工商户1908户，从业2303人，经营额16081万元；从事个体餐饮业646户，从业1446人，经营额5476万元；从事批发和零售贸易的私营企业28家，从业297人，产值经营额331万元；集市成交额11523万元。

2001年6月，区委、区政府又下发《承德市鹰手营子矿区"十五"期间个体私营经济发展规划》，把发展个体私营经济作为重点和新的经济增长点，推动和促进个体私营商业与调整所有制结构、发展区域经济、小城镇建设、产业化经营、再就业工程和市场建设有机结合，引导其拓展领域，参与国营和集体商业企业改革。到2003年，全区从事批发和零售的个体工商户801户，从业1201人，注册资金926万元，经营额11390万元；从事餐饮业的个体户有327户，注册资金470万元，从业765人，产值经营额22050万元；从事商品批发和零售贸易的私营企业34家，从业357人，注册资金2629万元，经营额640万元。个体私营商业经营的项目包括粮油、文体用品、服装、鞋帽、针织品、棉布呢绒绸缎、钟表、日杂、家电、五金交化、医药、土产、汽车摩托车配件、金银首饰、农副产品、肉类食品、烟酒糖茶、建材等。

1956年营子矿区社会商品购买力调查表

表10－1－3

项　目	数　额	项　目	数　额
一、当地居民常住人口总数（万人）	5.73	2. 社会集团购买力	261.30
其中：职工	1.64	3. 农副业生产资料购买力	5.36
农民	2.98	三、人均消费品购买力（万元）	0.014

续表 10－1－3

项　目	数　额	项　目	数　额
二、社会商品购买力总计（万元）	1065.58	其中：职工	0.030
1. 当地常住居民消费品购买力	798.92	农民	0.006
其中：职工	492.18	—	—
农民	181.00	—	—

第二章　商业经营

中华人民共和国成立前，鹰手营子地区只有粮油、百货、烟酒、日用杂品等少数商业行业。20 世纪 50 年代中期以后，营子矿区一些大中型企业的兴建，带动了区域经济和人口的快速增长，商业行业随之增加。有粮油、副食品、百货、医药、图书、煤炭、石油、五交化、日用杂品、棉烟土畜产品、废旧物资回收、公共饮食、物资供销等多种商业行业，商品丰富，全区居民物质文化生活水平不断提高。

第一节　粮油购销

一、粮食收购

1953 年，国家开始实行粮食统购统销政策，兴隆县四区根据农户土地耕种面积、粮食产量及家庭人口应留口粮、种子、饲料等消费情况，采取“自报公议，民主评定”的办法，评定出各户应向国家交售余粮数量。在征购粮食期间，取缔粮食自由市场，严禁私商经营粮食。是年，全区征购贸易粮 2651 万公斤，征收贸易粮 109 万公斤，合计总值 63.2 万元。

1955 年 3 月，国务院发布《农村粮食统购统销暂行办法》，粮食收购实行“三定”政策，即定产、定购、定销。其中定产和定购 3 年不变，全区实现合作化后，“三定”到户即改为以农业生产合作社为单位计算粮食收购数量。1955 年征购贸易粮 88 万公斤，征收贸易粮 20 万公斤，合计总值 17.7 万元。1959 年至 1961 年国家困难时期，全区粮食歉收，但虚假统计粮食总产量却比前 4 年增加 8.7%，而盲目实行高征购，贸易粮 306 万公斤，比前 4 年增加 37.8%。为妥善解决征购比例过高问题，让农民休养生息，1963 年以后在粮食征购政策上实行国家、集体、个人利益三兼顾，制定农村社员最低口粮标准，达不到最低标准的生产队不征购，提高粮食统购价格。在生产队完成任务以后，采取用工业品兑换、奖售和议价收购等措施，鼓励农民多交售粮食，粮食征购工作逐渐恢复正常。

1965 年，全区粮食征购实行“一定 三年不变”和“超产、超购、超奖”的政策。是年，全区粮

食征购包干任务8万公斤，实际完成7.8万公斤。1968年完成国家征购粮6.72万公斤，1971年完善粮食征购包干办法，将“一定三年”改为“一定五年”。全区每年8万公斤的粮食征购基数一直延续到1978年基本没变，个别年份稍有增减。随着营子矿区经济的持续发展和驻区厂矿规模的扩大，居民对副食品的需求量不断增长，菜田面积逐年增加，大田面积逐渐减少，全区粮食产量明显降低。1978年以后，营子矿区从区情出发，相应调减了粮食征购包干基数。1982年，为了减轻农民负担，保证国家建设和人民生活需要，又实行了粮食征购、销售、调拨包干“一定三年”的管理办法。1982年完成征购粮16.85万公斤，1983年完成征购16.65万公斤。

1985年，取消了粮食统购政策，改为合同定购。营子矿区被定为粮食免购地区。1987年，河北省政府调整粮食定购指标，营子矿区的合同定购任务是2.5万公斤玉米，1988年完成2.7万公斤，1989年完成2.51万公斤。1999年后，对农民的余粮实行保护价敞开收购，定购粮与保护价粮同价。

二、粮油销售

（一）城镇居民粮油供应

营子矿区人多地少，粮食供求矛盾十分突出。1953年国家实行粮食统购统销政策后，由国家直接控制粮食市场。

1954年5月，兴隆县四区开始对城镇居民实行粮油计划供应，粮食按日供应，吃超不补，节约归己，食油定点不定量，实行内部指标控制。是年全区销售贸易粮65万公斤，原杂类粮豆137万公斤，食用油1万公斤，总值13万元。

1955年8月，国务院发布《市镇粮食定量供应暂行办法》，是年9月，鹰手营子区完成了城镇居民粮食定量工作，城镇居民的粮油一律实行分等定量供应。区粮食管理部门设立专门机构，配备专职人员，负责管理粮食定量、粮食补助和非农业人口出生、迁转、死亡粮食关系变动等工作。10月起，全区城镇居民按人定量，以户口发证供应，出生1个月后入户口的月定量4公斤，1周岁5公斤，2周岁6公斤，3周岁7公斤，4周岁8公斤，5周岁9公斤，6周岁10公斤，7周岁11公斤，8周岁12公斤，9周岁以上12.5公斤。区属企事业单位职工15公斤，小学专职体育教师（男）19公斤，住宿的初高中学生15.5公斤，人民警察18.5公斤。厂矿职工根据不同工种、劳动强度，执行不同的定量标准。机关、团体、学校、厂矿以伙食单位实有人数，核定粮食供应总量，发给集体购粮证，凭证供应。是年全区销售贸易粮218万公斤，原粮小麦、大米、小米、杂粮等440.5万公斤，食用油0.86万公斤，销售总值40.2万元。

1956年至1975年，先后8次调整城镇居民粮食定量标准。其中，1958年“大跃进”运动开始后，粮食供应定量增加，每月人均达到20.2公斤。1960年至1962年人均每月定量减至13.4公斤。1961年6月以前，粮食购价低于销价，1961年6月以后，销价不变，国家提高15种粮食的购价。1962年供应粮食752.95万公斤，食用油11.5万公斤。1963年至1964年两次提高粮食统销价，一般粮食品种为购销同价。1964年，根据兴隆县粮食局通知精神，对定量偏低的49个定量等级每月分别增补定量0.5—3.5公斤。1965年至1975年，干部、职工、居民、学生每人每月供应食用油0.25公斤，30人至39人的集体伙食单位每人每月0.35公斤，40人至49人每人每月0.25公斤，50人以上每人每月0.2公斤。

1976年至1978年，干部、职工、居民、学生每人每月食油定量下调到0.15公斤。1979年至1984年，又恢复到0.25公斤。1985年至1993年，上调到每人每月0.5公斤。1979年再次出现了购销价格倒挂，粮价平均倒挂17.43%。1988年，承德市粮食局编印《承德市现行工种定量标准》，此后营子矿区一直按此标准定量供应粮食。食油的定量标准由省规定，并按计划调拨，品种主要有豆油、花生油、胡麻油、菜籽油。

1993年5月起，国家全面放开除军粮和河北省核定的水库移民用粮以外的粮食销售价格，取消了城镇居民粮油定量供应政策，开始实行市场调节，随行就市。粮价放开以后，营子矿区的粮油市场仍以国有粮食部门供应为主，从事粮油经营的个体摊点也有了快速发展。面对激烈的市场竞争，各国有粮店在粮油经营中本着“购得进，卖的出，保本微利”的原则，组织进货，批零兼营。1993年，全区国有粮店粮食总销量达到1200万公斤。1995年，粮食市场波动较大，为认真落实各级政府关于平抑粮价，保证居民口粮供应的各项政策，根据承德市粮食局关于实行凭证供应粮食办法的通知精神，从10月1日起，对全区城镇非农业人口实行凭证限量限价供应粮食，6个粮食单位年底前共购进粮食313.58万公斤，食用油3.68万公斤，政策性粮食销售量为377万公斤，食用油5.85万公斤。年销售额650万元。1996年5月1日起，市民每人每月供应面粉5公斤，其他品种标准不变，全年政策性粮食销量为1352万公斤。1997年，随着国家粮食政策的调整，粮食市场开始形成国家、集体、个体共同经营的局面。由于市场粮食价格下降，国营粮油部门严重亏损。1998年以后，营子矿区国有粮食部门的经营量锐减，而个体私营粮店不但数量增加，经营范围也扩大到米、面、食用油、杂粮、豆类、米面成品和半成品等。1998年，全区国有粮食系统销售量143万公斤，比上年降低63%，1999年销售量仅有13万公斤。

2002年年底，全区国有粮食部门除负责驻区消防、武警部门的军粮供应外已不再经营粮油业务。2003年，全区除个体粮店外，又有2家综合超市增设了小包装和散装粮油商品销售业务。

（二）农业人口粮食供应

中华人民共和国成立初期，区内农业人口普遍缺粮，人民政府通过发放贷款、贷粮和救济粮等形式，解决农业人口的缺粮问题。

1956年，全区农村实现农业合作化，是年，农村人口口粮标准每人每年235公斤。1957年至1958年，农业人口粮食留量实行“以人定量”的办法，2岁以下儿童年口粮75公斤；3—5岁125公斤；6—8岁160公斤；9—12岁185公斤；13—15岁225公斤；16岁以上275公斤；青壮年单身312.5公斤。进入60年代，果农、菜农和因种植经济作物、厂矿占地等原因形成的缺粮队明显增加，对这些缺粮农业人口每年核定口粮标准，不足部分供给返销粮，统一发证，按月供应。

1965年，农村余粮队口粮标准为每人年均180公斤，自足队为每人日均0.35—0.4公斤。1969年起到农村插队的知识青年和城镇居民，9月底前到队的，从10月1日起，由生产队按本队单身社员同等吃粮水平（含自留地产量）留足口粮，由队分配；下放到农村大队管理的小学教师、卫生所医生、商店工作人员等，从10月1日起，全部改由生产队按当地社员同等吃粮水平留粮分配，缺粮队达不到标准的从国家统销指标中补到定量标准。1970年，全区农村分给社员的口粮269.3万公斤，人均177公斤。1971年，社员口粮每人年均160公斤以下定为缺粮队，国家适当返销，年人均160—180公斤定为自足队，不征不销，180公斤以上为余粮队，国家适当征购，是年全区销售返销粮75.5万公斤。1978年营子矿区粮食播种面积减少，农村人均口粮不足125公斤，全区向农村销售粮食174.35万公斤。1981年，全区共分给社员口粮445.5万公斤，人均256公斤。1969年至1984年，全区共向农村销售返销粮1887.7万公斤，年均返销118万公斤。

1983年，农村普遍推行家庭联产承包责任制。1985年粮食统购改为合同定购，对蔬菜队实行平价、比例价和粮菜挂钩的办法供应粮食，对占地缺粮队，根据缺粮多少按比例供应粮食。1987年，营子矿区于1月和11月先后两次就冬季实行以菜换粮和加价补贴发出通知，把以菜换粮品种定为韭菜、芹菜、蒜苗、冬储白菜，从1月17日起至3月30日止，按收购金额（不含加价部分）每1元换粮1.5公斤；从11月5日起至1988年3月31日止，以上品种的蔬菜按收购金额（不含加价部分）每1元换粮2公斤。1987年4月1日起至7月31日止，对春季蔬菜也实行以菜换粮规定，芹菜、菠菜、韭菜、茴香、甘蓝、小葱、角瓜、茄子、西红柿、菜花、青椒、豆角、黄瓜等13个品种的一、二等

菜，按收购金额（不含加价部分）每 1 元换粮 2 公斤。1985 年至 1988 年，全区向农村销粮 1229. 65 万公斤。1993 年，随着粮食市场的逐步放开和粮食购销差价的逐步缩小，农村返销粮自行取消。

（三）粮食票证

从 1955 年鹰手营子区开始以户核发城镇居民粮食供应证起，粮食供应的票证先后发放共有“10 证”“4 票”，“10 证”即城镇居民粮食供应证、集体伙食证、居民储备粮证、工种粮证、工商行业用粮供应证、市镇居民粮食供应转移证、市镇饲料供应证、农村粮食供应证、农村粮食供应转移证和农村周转粮证。粮食供应证是城镇非农业人口的购粮凭证，只限于在指定粮店使用。“4 票”即 1955 年以后国家粮食部门统一印发的全国通用粮票，1962 年以后河北省粮食厅发行的河北省地方粮票，1975—1978 年承德市印发的承德市工种补差粮票和军用粮票。

1961—1993 年营子矿区粮食统购统销情况统计表

表 10－2－1　　　　单位：吨

项目 / 年份	统购粮	统销粮	非农业销粮	其中			农村销粮	其中	
				口粮	食品粮	工业用粮		口粮	饲料粮
1961	1872. 5	12476. 5	11396	10826. 5	569	0. 5	1080. 5	382. 5	698
1962	838	9711. 5	7972	7529. 5	441	1. 5	1739. 5	1175. 5	564
1963	1139	9156	7831. 5	7612. 5	218. 5	0. 5	1324. 5	973. 5	351
1964	—	—	—	—	—	—	—	—	—
1965	—	—	—	—	—	—	—	—	—
1966	248	7549. 5	5765. 5	5040. 5	725	0. 5	1784	1663	121
1967	186. 5	7336. 5	6338. 5	5716	621. 5	1	998	753	245
1968	267. 5	8453. 5	7455. 5	6832. 5.	621	2	998	718. 5	279. 5
1969	185. 5	8884. 5	7477	6777. 5	699	0. 5	1407. 5	1072	335. 5
1970	231	8982	7988. 5	7291	697	0. 5	993. 5	606	387. 5
1971	60. 5	12842. 5	12083	10051. 5	1024	0. 5	759. 5	451	308. 5
1972	186. 5	12842. 5	11221. 5	10114	1107	0. 5	1621	1128	493
1973	218. 5	12491	10241	9526	712. 5	2. 5	2250	1868	382
1974	302. 5	12073	10462. 5	9700. 5	700	62	1610. 5	1164. 5	446
1975	212. 5	12681. 5	10730	9818. 5	888. 5	23	—	1407. 5	—
1976	474. 5	13537. 5	11308. 5	10421. 5	881	6	2229	1801	428
1977	258	13605	11664. 5	10617. 5	1046. 5	0. 5	1940. 5	1428	512. 5
1978	194	13756. 5	12013	10948. 5	1064	0. 5	1743. 5	1598	145. 5
1979	—	12960	10922	9471	1450. 5	0. 5	2038	1859	179
1980	156	12518. 5	13634	9029	1389. 5	4. 5	2095. 5	2019	76. 5
1981	189. 5	12590	10304. 5	8631	1669. 5	4	2285. 5	2193. 5	92
1982	168. 5	13643	11429	9960. 5	1468	0. 5	2205	2144. 5	60. 5

续表 10－2－1

项目 年份	统购粮	统销粮	非农业销粮	其中			农村销粮	其中	
				口粮	食品粮	工业用粮		口粮	饲料粮
1983	166.5	12881	10606	9238.5	1361.5	6	2275	2213	62
1984	423.5	12266.5	9895	8701	1144	50	2371.5	2065.5	306
1985	—	13337	10095.5	8964	1101.5	30	3241.5	2924	317.5
1986	—	13453.5	10627.5	9651	946.5	30	2826	2292	534
1987	—	12939	10127	9137	990	—	2812	2597	215
1988	—	16416	—	11728	933	—	3417	3079	338
1989	—	14793	12496	11715	774	7	2297	1044	1253
1990	—	17944	12287	9930	572	1785	5657	4987	670
1991	—	18864	13411	12301	653	457	5453	5021	432
1992	—	19738	14489	13147	960	382	5249	4815	434
1993	—	7240	5782	5176	606	—	1458	911	547

1965—1993 年营子矿区国有（营）粮食系统经济指标完成情况及职工人数统计表

表 10－2－2

项目 年份	年度销售额（元）	利润（元）	粮油总经营量（吨）	吨粮油经营费（元）	吨粮油保管费（元）	职工人数（人）
1965	3296790	－348112	25895	13.29	9.19	103
1966	3871933	－461481	49625	13.27	2.75	115
1967	4115393	－288944	41785	12.03	1.21	114
1968	3209244	－412359	37660	12.75	0.62	111
1969	6502623	－217442	42330	12.99	1.78	117
1970	4045558	－178457	23915	15.85	3.00	119
1971	3968103	－298220	31205	12.34	3.34	138
1972	4281677	－268129	34470	11.08	4.11	146
1973	5025660	－389661	35615	11.05	2.77	153
1974	4777121	－494685	40440	14.60	5.28	142
1975	6774475	－441433	50425	9.68	3.24	153
1976	7401793	－516619	56900	9.08	1.26	150
1977	7293625	－438134	57440	9.02	1.46	166
1978	7978028	－269967	54055	6.37	1.20	174
1979	8912171	－571715	51735	7.21	1.50	185

续表 10－2－2

项目 年份	年度销售额（元）	利润（元）	粮油总经营量（吨）	吨粮油经营费（元）	吨粮油保管费（元）	职工人数（人）
1980	7230937	－769465	49020	10. 20	3. 13	169
1981	7787552	－259186	47220	9. 16	1. 55	195
1982	9025660	－198246	50905	9. 13	2. 73	189
1983	9775211	－767665	55205	10. 56	1. 44	187
1984	9327503	－506676	52130	14. 54	1. 76	207
1985	10323059	－477263	55645	18. 03	2. 21	201
1986	10838203	－468304	274500	3. 50	0. 69	217
1987	10435002	－257802	344115	3. 19	0. 17	220
1988	13136374	－354735	316850	4. 43	1. 11	206
1989	4604381	－360945	29405	62. 46	5. 54	237
1990	5155787	－821065	21835	118. 01	8. 85	269
1991	136330	－435500	22455	110. 37	12. 33	278
1992	10333747	－5540901	53730	120. 57	27. 33	242
1993	9348329	－2770132	26849	107. 15	14. 13	253

1994—2002 年营子矿区国有粮店数量及粮油经营情况统计表

表 10－2－3

项目 年份	经营量（吨）	销售量（吨）	销售金额（万元）	利润（万元）	粮店数（个）
1994	7952	5426	579	－514	15
1995	7810	3771	650	－451	17
1996	18957	13520	1493	－345	18
1997	6931	3846	399	－831	13
1998	3533	1430	274	－690	9
1999	2397	130	35	－116	6
2000	2067	594	66	－92	4
2001	1632	1345	140	－72	2
2002	285	285	25	－87	1

三、粮油储存

（一）设施　容量

1945 年 8 月鹰手营子区光复后，曾接收伪满设在境内的粮仓 1 处，作为储粮点，9 月国民党军队进驻后撤销。

1952年，经兴隆县人民政府划拨，将解放前鹰手营子国民政府警察署35间砖瓦结构平房，作为鹰手营子区粮库，占地总面积1220平方米，隶属兴隆县粮谷储运公司，后称南库。1958年，国家投资2.35万元在鹰手营子铁道北至柳河南岸征地66667平方米，新建砖瓦结构简易粮库1栋，占地面积1582平方米，设计容量2300吨，粮库隶属兴隆县粮食局鹰手营子分局。

1962年南库撤销。1966年，鹰手营子粮库投资1万元建砖瓦结构简易库房8个，占地2500平方米，设计容量4500吨。粮库隶属承德市粮食局营子矿区分局。

1972年至1975年，北马圈子、寿王坟和汪家庄3个下属粮管所合计建粮仓库容量4425吨。1976年，鹰手营子粮库投资3.6万元建造土圆仓4座，占地面积314平方米，设计容量600吨。1978年，建成1、2、3号资料库，占地面积400平方米。寿王坟粮管所又建1座储粮库，库容量155吨。至此，营子矿区粮库容量达11980吨。

1991年，筹资23.1万元，在鹰手营子粮库建成125立方米储油罐2个，另配5吨散装油罐2个。为全区粮库安装4吨小油罐4个，2吨小油罐2个，油罐车1台。1992年，鹰手营子粮库建成简易粮仓2栋，占地面积1050平方米，设计容量2500吨。1997年，又建简易粮仓1栋，占地面积525平方米，设计容量1250吨。在建仓的基础上，将原来库内的土地面修建成适合晾晒潮粮及临时存放粮油的水泥地面。

2002年末，全区4个储量单位各式仓房面积8200平方米，水泥地坪9600平方米，总库容量16100吨。

（二）粮油保管

入库 粮油入库前，根据入库量准备仓位，并对仓房、装具和环境进行清扫、消毒，备齐各种机械，组织装卸力量。粮油入库时，经过验质后的粮油按品种、等级、水分、新陈、有虫无虫分开存放，摆放整齐，便于通风和检查。粮油入库后，建货位保管卡，配齐相关手续，根据保管品种的安全类别，随时准备进行检查。

保管 营子矿区各粮库粮仓粮油入库后，根据不同品种，在规定的时间内定期检查、检温化验，发现异常立即处理。认真填报账卡，及时清点库存，损耗情况出一仓报一仓。各储量单位20世纪60年代中期前，粮食储藏一直采用比较原始的人工晾晒保粮方法，同时不断开展无虫、无霉、无鼠雀、无事故的“四无”活动。

1965年，营子粮库开始使用敌敌畏进行空仓和环境消毒，对控制蛾虫的滋生及蔓延效果明显，但对其他虫类效果不大，1987年停用。

70年代，粮食储藏开始使用高效低毒化学药剂，试用低氧保管方法，并继续把按照“四无”、“六化”（保粮科学化、装卸搬倒机械化、测温测水电子化、地坪硬面化、仓房四周绿化和露天存粮土圆仓化）标准建设粮库作为工作目标，通过建立健全《粮食、油料、油品保管员岗位责任制》《资料管理制度》等项规章制度，实施规范管理，科学储粮。1976年平均库存9220吨。1979年开始应用电子测温检查粮食。1982年电子测温3500吨。

1983年开始探索粮食科学储苫，采用生石灰压顶和艾蒿压顶，通过试验，艾蒿压顶比较成功，1984年，用野生艾蒿压盖玉米500吨，保管到1988年，未见生虫，品质不变，节省药剂200公斤，节省熏蒸费980元，节省搬倒费2100元，收到了预期效果。1985年，又推广了机械通风和防虫磷安全储粮新技术，并一直沿用至2002年。防虫磷技术的主要特点是低毒高效，经济实惠，简便易行，平均每年防虫磷科学保粮2000吨，施用1次防虫磷只需药费、人工费300元，每年节约熏蒸费1280元。1986年，鹰手营子粮库月最高存储量6845吨，最低4800吨。1987年，电子测温量已达总储量的40%。1988年，鹰手营子粮库投资近万元，添置一套JL－1型智能巡回测温测湿系统，有效距离300米，覆盖整个粮库，通过 控制仪随时查看每个库房内粮食温度的变化及粮仓的空气湿度，取代了原始

笨重的铁杆探子及玻璃温度计，使储粮科保率达到总储量的 70%。1993 年粮价放开后，市场粮价上涨过快，抢购渐盛，为平抑粮价，鹰手营子粮库将保管期已近一年的 774 吨面粉以平价供应市场，稳定了居民情绪。动用的面粉数量，年底用收购的玉米补齐库存量。1993 年以后，全区各专属粮食经营、储存单位全部实行经营承包，受经济效益影响，部分职工开始自谋职业，部分储粮店所开始推行国有民营，粮油储存量逐年减少。

2001 年，鹰手营子粮库将原国储玉米 1533 吨转为商品，销售 1345 吨。2002 年，鹰手营子粮库库存储粮 1480 吨。2003 年 4 月，粮库被拍卖，储粮停止。

营子矿区粮库粮油检查、检温、化验期限表

表 10－2－4

期限 / 次数 / 品种	3—5 月		6—9 月		10—2 月	
	检查检温	化验	检查检温	化验	检查检温	化验
安全粮油	7 天 1 次	30 天 1 次	5 天 1 次	20 天 1 次	10 天 1 次	30 天 1 次
半安全粮油	5 天 1 次	20 天 1 次	3 天 1 次	15 天 1 次	7 天 1 次	20 天 1 次
危险粮油	3 天 1 次	15 天 1 次	1 天 1 次	10 天 1 次	5 天 1 次	15 天 1 次

1968—1988 年营子矿区粮库潮粮晾晒数量统计表

表 10－2－5　　　　单位：吨

年份	鹰手营子粮库	汪家庄粮库	寿王坟粮库	北马圈子粮库
1968	210	65	21	68
1969	245	63	23	84
1970	310	66	20	75
1971	200	62	19	64
1972	260	64	22	93
1973	305	68	27	100
1974	270	64	18	115
1975	390	68	25	124
1976	750	65	16	138
1977	900	64	21	145
1978	1200	65	18	121
1979	1000	69	15	116
1980	680	64	16	164
1981	720	63	14	134
1982	410	68	13	126
1983	385	68	11	175
1984	305	74	9	183
1985	—	72	7	164
1986	460	68	14	102

续表 10－2－5

年份	鹰手营子粮库	汪家庄粮库	寿王坟粮库	北马圈子粮库
1987	370	75	13	150
1988	300	238	10	151

（三）粮油调运

调拨 营子矿区自产粮远不能满足当地用粮，所需粮油绝大部分由全国各省和省内各地调入或调剂，依靠国家粮食统一调拨制度和调运计划，保证军需和民用。作为销粮区，营子矿区长期以来以接收粮油为主，少量外调也是因为品种调剂。1963 年，调入粮食 15751 吨，调出 1489.5 吨，调入油脂 135.5 吨，调出 46 吨。1990 年调入粮食 13080 吨，调出 457 吨，调入油脂 449 吨，调出 3 吨。据不完全统计，1961 年至 1993 年，全区共调入粮食 397893.5 吨，调出 42869 吨；调入食用油 7524.5 吨，调出 937.5 吨。

运输 中华人民共和国成立初期，粮油运输主要靠马车、驴驮、骆驼队。京承铁路通车后，调入调出粮油的 60% 以上是通过铁路，区内短途运输仍依靠马车。1976 年，营子矿区粮食分局组建汽车队，先后从承德市粮食局调拨 3 台汽车，从外地购买 6 台拖拉机、4 辆汽车，保证了区内粮油调运的需求。

1961—1993 年营子矿区部分年份粮油调拨统计表

表 10－2－6　　单位：吨

年度	粮食		食用油	
	调入	调出	调入	调出
1961	12000	3287	242	65.5
1962	11693.5	2361.5	206	102.5
1963	15751	1489.5	135.5	46
1966	14105.5	826	412	42
1967	8961.5	4428	63.5	45.5
1968	12032	1148.5	332	15
1969	13972	1581.5	69.5	33
1970	11101.5	1476.5	251	224
1971	18578	1325.5	—	—
1972	6494.5	3799.5	191.5	18.5
1973	13971	3660	250	11
1974	12944	869	268	37
1975	10008	1629.5	223.5	10
1976	13470.5	1240	190	12
1977	14353	1062.5	187	19
1978	15133.5	1191	201.5	48
1980	16895	926	277.5	12.5
1981	12234	1594	392.5	15

续表 10－2－6

年度	粮　食		食用油	
	调入	调出	调入	调出
1982	15290.5	2833	325	79.5
1983	15213	824	610.5	27
1984	11872.5	650.5	512.5	48
1985	13042	566	439.5	10.5
1986	15792	618	200	4
1987	13106	611	315.5	2.5
1988	16448	610	392	2.5
1989	16107	640	86.5	3
1990	13080	457	449	3
1991	17034	854	301	—
1992	13618	73	—	1
1993	3592	237	—	—

第二节　副食品经营

一、糖酒

中华人民共和国成立前，鹰手营子老街的私人小商铺和北马圈子村私人店铺“广德兴”曾经营糖酒类商品，销售量很小。

中华人民共和国成立后，兴隆县贸易公司在境内设商业网点，销售糖、酒类副食品。之后，供销社也开始销售糖、酒。1954 年，基层供销社经销的糖、酒分别达 12.6 吨和 47.7 吨。1958 年，国营商店和基层供销社共销售白酒 176.4 吨，食糖 123.9 吨。

1962 年 7 月，国营商业成立食品批发站。是年，食品批发站销售酒类 52.47 吨，食糖 178.8 吨。1966 年“文化大革命”开始以后，食糖、酒类供应偏紧，先后实行凭票（本）供应。

1978 年 12 月中共十一届三中全会后，国家采取“粮糖挂钩”鼓励政策，糖酒类商品货源增加，销售量迅速回升。1979 年，全区国营商业销售酒类 555.34 吨，食糖 318.6 吨。

1981 年，区商业系统开始实行经营责任制试点，经营权逐步交给企业，商品流通渠道拓宽。1983 年全区酒类总销量 835.57 吨，食糖总销量 452 吨。1987 年，国营商业和供销社合计酒类销量 1505 吨，食糖销量 1025.2 吨，创历史最高纪录。

20 世纪 90 年代初期，集体、个体商业网点增加，国营商业食糖和酒类商品销售量逐渐下滑。1990 年国营食品公司和供销社销售食糖 189.45 吨，酒 805.4 吨。1996 年以后，酒类专卖局与国有商业公司分离，国有商业企业逐渐失去了主导地位，1998 年国有商业公司销售酒类 385 吨，到 2003 年仅为 72.54 吨，1997 年销食糖 90 吨，2003 年仅为 10.83 吨，而个体私营商店的售量大幅度增加。

二、肉

中华人民共和国成立前，鹰手营子曾有私营屠宰户，农民养猪也只是自宰自食，很少销售。

中华人民共和国成立后，鹰手营子供销合作社承担了猪、牛、羊的收购和肉食经销业务。1953年至1957年，共收购活猪4721头。1954年，区副食品经营部始建国营肉食商店。1956年11月，按承德市规定，将肉类食品销售分为计划供应、特需供应等形式，城镇非农业人口凭票供应，对从事高空、高温、井下作业人员在享受定量指标之外，给予少量增供。牛羊肉的销售对象主要是信仰伊斯兰教的少数民族居民。1956年至1958年，全区共计零售猪肉513.9吨，牛肉28吨，羊肉102吨。1959年，区副食品经营部购进活猪600头，牛5头，羊1000头，全区销售猪肉283吨，牛肉7吨、羊肉35吨。井下及高温作业职工人均肉类定量5.2公斤，一般职工定量3.5公斤。1960年至1962年，合计销售猪肉341吨，牛肉28吨，羊肉319吨。考虑到煤炭企业的特殊性，期间，对辖区内的6个大中小型煤矿的16848名职工增供肉类，其中井下职工每人每月增供0.75公斤，井上职工每人每月增供0.2公斤。1963年肉类销量略有回升，销售猪肉692吨，牛肉55吨，羊肉228吨。

1966年至1976年，生猪饲养量下降，肉类食品销售量降低。

1980年，区食品公司投资120万元建成贮量为517吨的冷库1座，1979年国营商业销售猪肉1566.33吨，羊肉172.26吨。1980年至1989年，国营商业肉类食品呈现旺销势头，销售猪肉11438.97吨、羊肉1706.96吨。1985年至1990年，销售牛肉93.72吨。20世纪90年代初，取消城镇人口定量供应肉食政策，市场放开，集体和个体经营肉食的网点增多，其销售量在全区肉食销售总量中所占比例越来越大。1996年国有民营商店销售的猪肉降至120吨，是1989年销量的17.7%。2003年，国有民营商店仅销售猪肉79吨，牛肉23吨，羊肉40吨。

三、蛋

1953年，鹰手营子供销社收购鸡蛋22.4吨，至1957年累计收购98.86吨。1955年，销售鸡蛋43吨。1957年和1958年，销量分别是53吨和57吨。1958年后，区副食品公司开始独立承担蛋类食品经营业务，由于受非农业人口实行定量供应和3年自然灾害的影响，随后的5年，鲜蛋销量明显下降，累计销售91.5吨，年均销售18.3吨，其中1961年只销售2.5吨。20世纪70年代，非农业人口每人每月仅供鲜蛋0.25—0.5公斤，80年代逐步放开销售。90年代以后，国营、集体、个体经营户开始自主选择购销渠道，随行就市确定零售价格，城乡居民随着收入水平的提高，鲜蛋需求量明显上升。2003年，城乡居民人均购买禽蛋已达9公斤左右。

四、蔬菜

中华人民共和国成立初期，鹰手营子的商品蔬菜全部为当地产菜，通过集市交易，主要品种是大白菜。

1954年，国营商业企业开始经营蔬菜类食品，1956年公私合营后，取缔了经营蔬菜的小商贩。1958年全区蔬菜销量为54吨，1959年由于大炼钢铁和一些驻区企业投产，营子矿区人口骤增，蔬菜销量增加到104吨，蔬菜品种除当地产大白菜和土豆外，很少有细菜品种。1960—1962年粮食紧缺，在“粮食不足瓜菜补”的口号下，营子矿区蔬菜产量增加，1962年全区销售4870吨，大白菜、土豆、角瓜成为高产菜。

1965年，蔬菜经营业务从副食品批发站划出，始建蔬菜经营处，并分别在鹰手营子、寿王坟、北马圈子和汪家庄建起蔬菜零售商店。1976年1月，蔬菜经营处更名为蔬菜公司，全区有蔬菜商店营业面积720平方米。1978年，区蔬菜公司增加蔬菜销售网点。1981年，蔬菜公司总购进116.81万元，总销售额129.99万元，蔬菜销量8788.56吨，实现利润19.9万元。1984年，销量8998.05吨，为最

高年销量。

1985年以后，实行国营、集体、个体一起上，少环节、开放式的蔬菜购销体制，菜农可以把菜卖给国营菜店，也可以自销。蔬菜经营网点可以在当地收购，也可以到外地采购，各单位还在年节或入冬前，自行到外地为职工代购细菜和冬贮大白菜，外地越来越多的蔬菜品种进入区内市场，蔬菜类商品的经营方式也开始向多元化发展。到20世纪80年代末，国营商业蔬菜经营比重明显减少，1989年销售3470.67吨，1991年降到1658.5吨，1994年仅销售42吨。1994年10月，国营蔬菜公司撤销，与原糖酒公司合并组建了糖酒蔬菜公司。1998年以后，国营商业逐渐淡出蔬菜购销领域，全区蔬菜全部改由菜农和个体经营户经营。

五、盐

1955年以前，盐一直由兴隆县供应，全区有销售网点六七个，年均销售量50吨左右。1956年至1959年，驻营子矿区的中央、省、市属企业相继投产，盐的销售量逐年增加，1956年275吨，营业额0.55万元，1958年424吨，营业额0.85万元，1959年775吨，营业额1.5万元。1962年起，鹰手营子采购供应站开始兼营盐的批发，生产生活用盐零售仍由供销社和国营副食品商店经营，但销售量较20世纪50年代后期减少，1960年至1964年售盐452吨。从1965年开始到1981年，盐价始终维持在较低的水平上。其中，粒盐每公斤0.28元，再制盐价从每公斤0.34元下调至0.30元，1981年混合盐每吨售价288元。20世纪70年代，年均销量大约为300吨，80年代增加到年均400吨，年均销售额1.6万元，其中生产用盐增幅较大。

1993年以后，营子矿区开始允许个体私营商业网点经营食用盐，1998年供销社又专门成立了盐业专营公司，是年全区销售工业用盐和食用盐600吨，营业额35万元。1999年销售工业用盐810吨，食用盐411吨，营业额66.5万元；2000年销售工业用盐791吨，食用盐373吨，营业额67.7万元；2001年至2003年，分别销售工业用盐639吨、937吨和1100吨，销售食用盐208吨、373吨和388吨，营业额分别是50.8万元、67.7万元和79.9万元。2003年，全区共有食盐销售网点246个。

1979—2003年营子矿区国有（营）商业主要副食品销售统计表

表10-2-7　　单位：吨

品种 销量 年	猪肉	牛肉	羊肉	酒类	食糖	鲜菜
1979	1566.33	—	172.26	555.34	318.6	9273.85
1980	1565.35	—	182.55	625.36	318.59	9288.37
1981	1658.96	—	202.16	665.49	355.81	8788.56
1982	1527.43	—	259.18	689.08	344.71	8998.05
1983	1639.95	201	598.79	792.88	418.7	1502.65
1984	1527.43	—	259.18	689.08	344.71	8998.05
1985	671.85	9.8	73.84	422.21	452.58	2325.6
1986	611.15	11.15	22.84	924.83	453.15	3120.95
1987	827.07	13.75	44.41	1040.66	798.5	3679.96
1988	733.42	41.8	42.81	716.56	472.88	1665.4

续表 10－2－7

品种 销量 年	猪肉	牛肉	羊肉	酒类	食糖	鲜菜
1989	676. 36	4. 96	21. 2	496. 15	253. 66	3470. 67
1990	481. 14	12. 26	37. 89	346. 86	155. 06	2029. 34
1991	394. 25	—	45. 34	625. 65	118. 77	1658. 5
1992	283. 58	—	52. 2	778. 77	82. 58	795
1993	193. 6	—	67. 48	726. 8	45. 32	168. 4
1994	104	20	56	1416	28	42
1995	72	24	40	908	124	—
1996	120	28	52	890	88. 5	—
1997	88	16	41	679. 6	90	24
1998	100	12	36	385	132	—
1999	96	14	27	374	—	—
2000	85	10. 4	27	288. 4	94. 8	—
2001	110. 8	18	24	184. 2	38. 13	—
2002	76	12	28	—	18. 64	—
2003	79	23	40	72. 54	10. 83	—

第三节　日用百货品经营

一、品种

民国 37 年（1948 年），鹰手营子村 37 户村民集资建供销合作社 1 个，经营少量日用百货商品。是年，兴隆县贸易公司在鹰手营子设立经营小组，并建零售商店。1952 年，鹰手营子经营小组改称鹰手营子百货部，商品种类主要有棉布、毛巾、肥皂、袜子、胶鞋、面盆、钢笔等。

1954 年，百货部改称百货经营部，并分别在鹰手营子、寿王坟设立零售网点，商品品种略有增加。1957 年，百货经营部更名为鹰手营子百货公司，设有鹰手营子、寿王坟、汪家庄 3 个零售商店，经营范围覆盖了针织、服装、钟表、日用品、化妆品、五金、化工、医药、文化体育用品、糖烟酒等 10 多个门类近 1000 个品种。1958 年，将五交化、糖烟酒、医药等经营业务划出。“文化大革命”时期，百货类商品品种减少，如服装仅有中山装、青年装、军便装等几种款式，棉布仅有兰、黑、灰和素花等少量品种。但从总体看，在计划经济时期，由于鹰手营子地区由北京市跨供，与周边县区相比较，百货商品的品种较全、质量较好。

改革开放后，集体和民营百货商业崛起，百货商品开始呈现出多种经营形式相互竞争的局面。主要品种有针纺织品、服装、鞋帽、化妆品、钟表、日用品、文化体育用品等。

二、销售

20 世纪 50 年代中期始，国家对棉布、絮棉等重要商品实行计划管理，凭票证供应。营子矿区的日用百货商品，主要由国营百货公司销售。1957 年，国营百货年购进 176.3 万元，年销售 171.6 万元，实现利润 1.2 万元。1958 年，国营百货商品零售额为 341.58 万元。1961 年，国内纯购进 10 万元，纯销售 269 万元，是年销售棉布 233732 米，胶鞋 43828 双，肥皂 4868 箱，火柴 1295 件，机制纸 39 吨，毛巾 7199 打，卫生衬裤及棉毛衫裤 373 打，呢绒 945 米，保温瓶 3965 个。1964 年，国内购进总值 7 万元，纯销售 124 万元。

1979 年，国营百货纯购进 21.37 万元，纯销售 785.45 万元．销售棉布、棉化纤布、化纤布、呢绒、绸缎共 92.3 万米，服装、汗衫背心、棉毛衫裤共 156.22 万件，洗衣粉 19.6 吨，肥皂 10268 箱，鞋 40359 双，铝锅 3865 个，钢笔 20850 只，灯泡 279624 个。改革开放后，国家逐步取消了对重要百货商品的计划管理，不再使用票证。1982 年，国营百货商业总购进 683.84 万元，纯销售 830.63 万元，实现毛利润 72.86 万元。国营百货商业经销的纺织针织类商品，在全区一直占较大比重，1986 年，销售棉布 59.83 万米、棉化纤布 21.85 万米、化纤布 10.05 万米、呢绒 1.96 万米、绸缎 6.8 万米、服装 17.7 万件、汗衫背心 18.77 万件、棉毛衫裤 17.51 万件、毛线 1.52 万公斤。针织品销售额 298.82 万元，纺织品销售额 154.94 万元。1988 年，国营百货商业商品纯销售额 1425 万元，达到历史做好水平。80 年代后期，个体私营百货商业营业额开始逐步上升，与国营百货商业相比，个体私营百货商业销售方式更具有灵活性，有奖、打折、协议价格等销售方式较为普遍。1990 年全区国有百货商店针纺织品和日用百货销量明显减少，其中销售棉布 20.54 万米，比 1987 年减少 61%；化纤布 2.25 万米，比 1987 年减少 72%；服装 9.51 万件，比 1987 年减少 20%；汗衫背心 6.14 万件，比 1987 年减少 67.4%；棉毛衫裤 4.58 万件，比 1987 年减少 69.4%。1994 年，国有百货商业销售额 552.6 万元，亏损 57.4 万元。1997 年，国有百货商业销售棉布 2.6 万米，绸缎 450 米，服装 7.12 万件，毛线 2.85 万公斤，铝锅 100 个。

2003 年国有百货商业布匹销量仅为 3400 米，销售服装 160 件，鞋类 7700 双，洗衣粉 2140 公斤，肥皂 1500 箱。

1957—1964 年营子矿区国营百货商业主要商品纯销量统计表

表 10 -2 -8

年度	棉布（万米）	呢绒（米）	毛线（公斤）	鞋（双）	汗衫背心（打）	卫生衫裤（打）	棉毛衫裤（打）	袜子（打）	毛巾（打）	火柴（件）	手表（只）	铝锅（个）	面盆（个）	暖水瓶（个）	肥皂（箱）	香皂（打）	牙膏（合）	口杯（个）	钢笔（只）	机制纸（吨）
1957	46.3	—	148	27134	1297	1210	675	4508	2919	1237	368	481	4642	438	1309	2855	733	5987	3576	23
1958	169.7	—	518	91634	3421	4752	1286	1577	9766	2487	—	—	4940	20108	5555	—	—	21352	10000	6
1959	51.5	573	126	45866	5312	1219	598	760	3691	1466	171	780	6355	203	2370	5653	545	8947	11400	20
1960	78.9	1534	557	69808	7351	1897	1202	2194	12053	1447	62	979	10623	11497	6573	8869	3012	12727	25200	48
1961	23.4	945	145	43828	947	181	192	612	7199	1295	121	1120	3134	3695	4868	5355	840	2123	14600	39
1962	14.1	2077	447	15220	212	29	51	128	979	538	254	432	1271	3891	2433	3851	346	905	2400	15
1963	34.8	2932	694	43716	981	173	228	190	1992	1670	230	950	6953	5110	3580	4252	1458	3904	3700	39
1964	27.0	2625	489	19704	760	117	95	1282	1498	597	495	451	2903	2747	2184	1988	834	3019	5000	25

1953—1957 年营子矿区基层供销社主要商品零售量统计表

表 10－2－9

年度	棉布（万米）	棉花（公斤）	火柴（件）	茶叶（公斤）	机制纸（公斤）	肥皂（块）	香皂（块）	毛巾（打）	袜子（双）	胶鞋（双）	衬衫裤（件）	暖水瓶（个）	背心汗衫（件）	绒衣裤（件）
1953	29.8	17387	—	406	8426	51428	1437	809	5002	8964	—	—	—	—
1954	28.2	16886	570	212.5	8274	56560	4159	624	26460	6830	5892	—	—	—
1955	23.5	12252	493	352	4518	46598	—	6086	19608	3802	—	522	22285	1339
1956	39.9	25850	705	576	9307	67475	—	1416	38832	18472	8088	1687	6616	—
1957	16.4	20350	—	517	11850	48180	—	7919	24783	6859	—	—	—	4167

1979—2003 年营子矿区国有（营）百货商业针织品销售量统计表

表 10－2－10

品种 数量 年度	棉布（米）	棉化纤布（米）	化纤布（米）	呢绒（米）	绸缎（米）	服装（件）	汗衫背心（件）	棉毛衫裤（件）	毛线（公斤）
1979	749513	113468	29358	9687	20987	60697	1424950	76540	6951
1980	745585	122380	31340	12655	21650	68654	1435560	88520	7342
1981	712550	132560	38150	13575	29795	71455	1562350	90250	7936
1982	700978	139642	40014	15462	52650	75515	1958000	92800	8023
1983	584020	129264	14192	33231	53556	73916	159330	73050	6720
1984	700978	139642	40014	15462	52650	75515	2065690	94820	8898
1985	489292	141339	41448	36525	70437	78362	126820	82560	9654
1986	598343	218494	100491	19614	68016	177017	187680	175080	15164
1987	528077	105773	80101	9770	38738	118481	188470	149620	10476
1988	587701	145846	51579	35559	53091	94851	124900	131110	10724
1989	372485	85989	35310	18662	41930	126842	225910	114000	15047
1990	205444	66120	22544	8179	27762	95051	61380	45840	5190
1991	166500	—	—	15500	23115	82325	—	—	5600
1992	102450	—	—	12550	7420	58555	—	—	3011
1993	83200	—	—	14000	2300	28400	—	—	1600
1994	56000	—	—	—	9600	125200	—	—	30000
1995	22800	—	—	—	100	30400	—	—	23200
1996	27200	—	—	3200	9900	26500	—	—	24000
1997	26000	—	—	300	450	71200	—	—	28500
1998	23200	—	—	1200	700	80800	—	—	24400

续表 10－2－10

品种 / 数量 / 年度	棉布（米）	棉化纤布（米）	化纤布（米）	呢绒（米）	绸缎（米）	服装（件）	汗衫背心（件）	棉毛衫裤（件）	毛线（公斤）
1999	16900	—	—	100	200	64200	—	—	—
2000	22100	—	—	—	1200	71600	—	—	—
2001	15420	—	—	24000	900	60200	—	—	—
2002	16600	—	—	25000	1300	8830	—	—	—
2003	3400	—	—	2700	1600	160	—	—	—

说明：含国营商业改制后企业

第四节　医药药材购销

一、医药批发

1956 年，成立营子矿区医药批发部，负责采购批发中西药品、医疗器械，加工炮制中药饮片和少量西药制剂。1962 年，完成批发销售额 60.5 万元。20 世纪 60 年代后，医药经营单位加工组炮制的中药饮片批往北京、辽宁、内蒙古、承德等地医院、诊所、药店，由于加工细致，工序严谨，品质优良，深受喜爱，至 2000 年停止批发。1980 年全区药品、医疗器械批发销售额 200 万元，1983 年批发销售额为 253.7 万元，利润 6.3 万元。1985 年批发销售额为 356.1 万元，利润 7.9 万元。80 年代中期以后，随着商品经济的发展，营子矿区医药药材公司开始经营北京同仁堂、华北制药厂青霉素等特供品种。药品、医疗器械、医药保健品等除在营子矿区及周边地区批发销售外，还销往北京、辽宁、内蒙古及河北省其他县市各大医院、医疗诊所、药店。到 20 世纪 90 年代，先后批发的药品、医疗器械、医药保健品、化学制剂等共有 3000 多种，主要供应营子矿区医院、兴隆矿务局医院、寿王坟铜矿医院、各镇卫生院和村办、个体及驻区企业卫生所。1992 年，批发销售额为 654.6 万元，利润 15.3 万元。1998 年，批发销售额 690 万元，利润 18.3 万元。2002 年，批发销售额为 791 万元，利润 14.3 万元。2003 年，批发销售额 781 万元，利润 10.04 万元。

二、医药零售

中华人民共和国成立前，鹰手营子地区的医药行业全部为私营，药品市场主要经营中草药。

1954 年，鹰手营子百货经营部开始经营医药，是年，零售额 1.07 万元，其中中药 0.85 万元，西药 0.22 万元。

1960 年至 1964 年，营子矿区医药批发站医药零售额合计 387 万元。在 29 个医药零售中心中，有 28 个经营中成药。

1978 年，营子矿区医药公司在鹰手营子开办青春药店，为区内首家国营医药零售药店，1983 年零售额为 46.3 万元，利润 1.2 万元。1985 年营子矿区医药公司销售额 255 万元，1986 年营子矿区医药公司开办同生堂药店。1990 年，医药公司更名为医药药材公司，1992 年公司销售额提高到 780 万

元，实现利润24.6万元。1999年，先后设立北马圈子、汪家庄、寿王坟3处零售药店。是年底区医药药材公司共有下属零售药店6家。零售网点遍及全区4个镇，方便了群众，增加了零售额，经营的中药材、中药饮片、抗生素、化学药品制剂、生化药品、生物制品等有2400多个品种，是年销售额791万元。2000年区医药药材公司新建同兴、同和2个药店，2001年公司将门诊所改为同康药店，是年全公司药品销售额完成1284.8万元，利润116万元，2003年6月，在进行CSP（药品经营质量管理）整体改造中，撤销了同兴药店。到2003年年底，营子矿区医药药材公司下辖7个零售药店，销售网点除营子矿区外还扩展到承德市双桥区、双滦区、兴隆县、承德县，医药零售额971万元，实现利润16万元。

2002年，全区个体药店已有7家，从业21人，实现销售收入42万元，实现利润10万元，上缴税金0.7万元。到2003年年底，全区个体药店发展到18家，从业32人，经营着除国家规定实行特殊管理之外的各种药品，年销售收入达300万元，实现利润80万元，上缴税金3万元。

三、中药材收购

营子矿区有野生中草药上百种，中华人民共和国成立前境内就有外地商贩收购中草药，1954年鹰手营子供销社收购中草药51117公斤。1956年10月，鹰手营子区始设国营医药批发部，负责采购供应中药材，是年收购药材312公斤，收购金额611元。医药批发部改设医药批发组后，1960年医药批发组收购410公斤，供销社收购1000公斤。“文化大革命”期间，国营医药部门累计收购3937公斤。至1980年，营子矿区中药材的主要来源为收购区内和周边兴隆县、承德县群众自采的中药材。1981年以后，因需求量日益加大，当地药材收购量渐少，为满足加工中药饮片需求，国营医药部门每年还要到外地采购部分中药材，年均收购300公斤左右。

1989年，国营医药部门收购333公斤，供销社收购691公斤。1992年合计收购中药材2540公斤。

1956年至2003年，营子矿区国营医药部门累计收购中药材16170公斤

1956—2003年营子矿区国有（营）医药部门药材收购统计表

表10－2－11　　　　　　　　　　　　　　　　　　　　单位：公斤

年度	收购数量	年度	收购数量	年度	收购数量	年度	收购数量
1956	312	1968	413	1980	410	1992	540
1957	413	1969	362	1981	398	1993	580
1958	230	1970	340	1982	377	1994	570
1959	330	1971	344	1983	289	1995	342
1960	410	1972	370	1984	277	1996	210
1961	210	1973	360	1985	265	1997	310
1962	310	1974	344	1986	234	1998	220
1963	340	1975	358	1987	310	1999	230
1964	360	1976	364	1988	410	2000	213
1965	370	1977	358	1989	333	2001	313
1966	380	1978	378	1990	340	2002	241
1967	302	1979	360	1991	342	2003	98

第五节　煤炭经营

一、计划供应

1957 年 6 月，营子矿区煤建公司成立后，在鹰手营子和寿王坟分别设煤场，煤建公司主要负责承德地、市、营子矿区工业和民用煤的计划分配，凭票证供应。1997 年该公司停止经营。

1958 年，兴隆矿务局投产后，煤炭生产销售纳入国家计划，由煤炭部按每年的定货指标实行计划调拨。1959 年至 1963 年，销售煤炭 443.9 万吨。1981 年，销售煤炭 121.87 万吨，销售收入 1574 万元，上缴税金 124 万元。1989 年，销售 126 万吨，销售收入 2964 万元，亏损 2684.4 万元。1992 年，煤炭销售价格放开，计划调拨煤炭产品数量相应降低，1995 年生产原煤 63 万吨，销售量降至 38.6 万吨，销售收入 3068 万元，补贴后亏损 610 万元。1996 年，统销煤量降至 21 万吨，占原煤产量的 36.33%，销售收入 2039 万元，占全局总销售收入的 31.69%。

老爷庙、涝洼滩和胜利煤矿为国营地方煤矿，计划经济时期，煤炭生产和销售由投资办矿的地方政府主管部门有计划地组织生产和调配。1961 年涝洼滩、老爷庙煤矿销售煤炭 16 万吨。1970 年，涝洼滩、老爷庙、胜利 3 个地方国营煤矿销售 29 万吨，销售收入 500 多万元。70 年代，营子矿区燃料公司每年根据地方小煤矿原煤产量，按比例实行计划调拨。

1980 年以后，随着经济的发展，需要计划调拨煤炭的企业逐渐增多，煤炭计划调拨指标每年平均增长 20%，1988 年，开始实行指令性计划与合同订购相结合的办法，是年，纳入计划调拨的煤炭占总量的 45%。1989 年，在计划调拨指标逐渐减少，工业和生活用煤趋紧的情况下，承德市计经委在向地方国营企业下达 40 万吨工业用煤和 12.2 万吨生活用煤计划的同时，又向营子矿区乡镇煤矿下达 13 万吨煤炭调拨计划。1990 年以后，地方国营煤矿的煤炭产量下降。1993 年，纳入计划调拨煤炭占当年总产量的 29%。

煤炭市场开放后，地方国有煤矿生产的原煤出现滞销，加之资源趋于枯竭，企业连年亏损，1997 年，东风煤矿产煤不足 10 万吨，销售收入 698 万元，亏损 407 万元，1999 年停产。2000 年，涝洼滩煤矿进入破产阶段，境内地方国有煤矿计划调拨停止。

二、市场销售

营子矿区地方小煤矿生产的原煤多数自产自销。1970 年，吨煤售价 14—15 元之间。1979 年提高到 21 元，全区社队煤炭产量 8.45 万吨。80 年代初，地方小煤矿生产的原煤除区燃料公司按比例计划调拨外，剩余部分由镇、村自销，主要销往北京市、天津市和承德各县区。1984 年，成立营子矿区煤炭工业公司，统一管理镇、村和个体煤矿的产、供、销。1986 年，区乡镇企业局成立煤炭经销公司，随后，各镇和部分村煤炭经销站相继成立，地方小煤矿煤炭运销初步实现统一管理和自产自销相结合，是年全区镇村煤矿完成销售收入 740 万元，上缴税金 59.2 万元，实现利润 210.4 万元。1990 年，涝洼滩村经联公司、姚家庄村经联公司和汪家庄村经联公司分别以产值 516 万元、407 万元、371 万元，税金 143 万元、120 万元、108 万元，利润 162 万元、154 万元、137 万元，位居全区 15 个总产值 50 万元以上镇、村煤炭经营企业前 3 名。1991 年 6 月，汪家庄镇涝洼滩村成立了全区第一家私营煤炭运销站，随后，3 个产煤镇的个体煤炭经销户迅速增加。是年，全区各镇村共销售原煤 100 万吨。1993 年鹰手营子镇郝德龙成立的煤炭建材经销公司、1995 年涝洼滩村李岳贵筹建的承德旺源煤炭建材有限公司和营子矿区煤矿组建的承鹏煤炭购销公司都实行了产购销一体化。

1999年，区政府关于《营子矿区煤炭管理体制改革实施办法》明确规定，持有煤炭经营许可证的企业有权经营煤炭，持有煤炭生产许可证的企业有权销售煤炭，其他任何单位和个人不得从事煤炭经销活动。是年，集中力量建成112国道煤炭市场，形成群体优势，提升了镇、村和个体煤矿在煤炭销售市场的竞争能力。

2001年，区经贸局为24户煤炭经销户换发了由国家经贸委颁发的煤炭经营资格证书，取缔3处无证经营网点。是年，全区共有65个合法煤炭经销点，原煤年销售量140万吨，吨煤平均售价105元。2002年，承德市轻机厂破产重组煤炭经营公司，7月更名为承鹰煤炭经销有限责任公司；营子矿区煤矿改制后重组承鹰煤炭开采公司，从事煤炭经营。是年，镇村原煤销售价格每吨提高到145—200元。北马圈子镇煤炭经销站、承德旺源煤炭建材有限公司、营子矿区煤炭运销处、承鹰煤炭开采公司、翔远煤炭物资有限公司、京津煤炭调运站合计营业收入9250万元，上缴税金435万元，实现利润839万元，以上企业均进入全区非公企业综合排名前15名。2003年，区经贸局对53个镇村煤矿、21家煤炭经营企业、85个煤炭零售场点进行分类，按照《中华人民共和国煤炭法》及煤炭市场管理办法对无证销售企业本着服务、发展的原则，帮助完善手续，为4个煤炭发运大户办理了煤炭经营许可证，验证35个，新办零售经营许可证6个，进一步规范了煤炭经销市场。是年共销售原煤145万吨，销售收入6530万元，上缴税金289万元，实现利润1052.8万元。

第六节　成品油经营

一、存储设施建设

20世纪50年代，区内销售的煤油、汽油都是用大桶储存。1965年4月，成立营子矿区煤建器材厂（煤场），有职工9名，煤场兼营成品油（汽油、柴油、煤油），由1名职工负责购销，存储器为30只大桶，用汽车从承德进货。1970年出于战备需要，一些大城市的工厂陆续迁入区内，用油量逐年增加，为此，煤场更换了成品油经营场地，购进50立方米卧式油罐8个，25立方米油罐2个。为方便用户，1972年在煤场院内建起临时加油站，用手提泵付油，后又增设高压罐，使用流量表付油。1974年煤建器材厂更名为石油煤建经营处，1976年1月更名为石油煤建公司。1975年因油罐少，不能满足需要，借用兴隆县姚栅子油库储存部分汽油。1977年将在鹰手营子居民区的8个油罐迁至姚栅子油库。迁入新址后，区石油煤建公司加大投入力度，重点加强了油库各项设施建设，1978年投入4.8万元修建铁路专用线187.5米。1984年石油煤建公司更名为石油公司。1986年承德地市石油公司合并后，姚栅子油库划归营子矿区石油公司。为进一步完善油库设施建设，先后修建了润滑油厂房、办公室、职工宿舍。随着用油量的增加，原有20个油罐的储油量已

战备桥头加油站（摄影　戴翔）

供不应求。为了满足需求，公司又建1000立方米立体油罐1个。为了方便卸油，新建了栈桥，有货位鹤管3个，油库拥有固定资产100万元。

1986年，在完善油库基础设施建设的同时，投资16万元，在鹰手营子西大桥路西修建加油站1处，12月底投入使用。是年石油公司更名为中国石油销售公司河北省承德市鹰手营子矿区分公司。1994年9月投资28万元，在鹰手营子东大桥建加油站1处，同时投资64万元收购了原寿王坟铜矿加油站，并进行了更新改造。1996年12月，分公司改制为河北省石油集团鹰手营子矿区石油有限责任公司。1999年投资52万元新建北马圈子加油站1处，投资47万元建汪家庄加油站1处，2000年投资26万元租赁了原东风煤矿加油站，2003年5月投资21万元租赁老西沟个体加油站1个。至此，营子矿区石油有限责任公司共有加油站7处，润滑油门市部1个。

二、石油产品销售

民国37年（1948年），兴隆县国营贸易公司鹰手营子小组成立，即担负起煤油经营业务。

中华人民共和国成立后，成品油成为国家统一调配商品，1953年鹰手营子供销社零售煤油32.3吨，1954年开始，区内煤油销售网点增多，1953到1955年，3年全区销售煤油99.4吨。1956年，营子矿区始售汽油51吨。1958年7月，兴隆县鹰手营子商业办事处与鹰手营子供销社合并后，成品油由公社供销社和零售总店经营，1959年销售汽油135吨，柴油71吨。1959年至1964年，全区共销售汽油1989吨，柴油617吨。

1965年4月成立区煤建器材厂，经营成品油，1966年销售汽油684吨，柴油191吨，煤油50吨。1971年开始，汽油、柴油销售量逐年增加，煤油销售量越来越少。1976年，石油煤建公司销售汽油1480吨，柴油581吨。改革开放后，全区经济快速发展，各种机动车辆明显增加，计划成品油指标不能满足社会需求。为了缓解缺油状况，1983年开始销售高价油，油价经当地物价局批准，70#汽油每公斤1.024元，0#柴油每公斤1.026元，是年合计销售量达3086吨。1984年，石油公司汽油、柴油销售量分别为2620吨和820吨，同时新增加了3个型号的汽油供应，80#汽油每公斤0.862元，120#汽油每公斤1.345元，200#汽油每公斤0.823元。1987年，中国石化销售公司营子矿区分公司销油量3654吨，实现利润13.3万元。至1994年，区内成品油基本属于垄断经营。1995年油价逐步放开，取消了计划内成品油，成品油由独家经营转向多家经营，分公司系统外加油站陆续增加。1997年，营子矿区石油有限责任公司销售成品油6147吨，其中销售汽油4415吨，为公司销售历史最高纪录。1998年末，营子矿区兴达（个体）加油站筹建，1999年3月正式营业，是年销售石油产品529吨，销售收入85万元，上缴税金3.8万元，到2003年共销售2050吨。2001年，汪家庄葆萍（个体）加油站建成并开始经营柴油、汽油，到2003年共销售770吨。

1953—2003年营子矿区国有（营）企业成品油销售统计表

表10-2-12 单位：吨

品种 / 年度	汽油	煤油	柴油	润滑油	合计
1953	—	32.3	—	—	32.3
1954	—	37.6	—	—	37.6
1955	—	29.5	—	—	29.5
1956	51	41.4	—	—	92.4

续表 10－2－12

年度＼品种	汽油	煤油	柴油	润滑油	合计
1957	77	5.5	—	—	82.5
1958	92	—	—	—	92
1959	135	—	71	—	206
1960	198	—	78	—	276
1961	209	—	92	—	301
1962	374	—	101	—	475
1963	471	—	126	—	597
1964	602	—	149	—	751
1965	658	—	176	—	834
1966	684	—	191	—	875
1967	703	—	212	—	915
1968	714	—	253	—	967
1969	809	—	277	—	1086
1970	857	—	290	—	1147
1971	904	—	357	—	1261
1972	1018	—	392	—	1410
1973	1064	—	414	—	1478
1974	1189	—	402	—	1591
1975	1215	—	498	—	1713
1976	1480	—	581	—	2061
1977	1580	—	624	—	2204
1978	1720	—	729	—	2449
1979	1918	—	713	—	2631
1980	2020	—	741	—	2761
1981	2128	—	760	—	2888
1982	2041	—	780	—	2821
1983	2270	—	816	—	3086
1984	2620	—	820	—	3440
1985	2610	—	1023	—	3633
1986	2740	—	946	—	3686
1987	2751	—	903	—	3654
1988	2802	—	908	—	3710

续表 10－2－12

品种 年度	汽油	煤油	柴油	润滑油	合计
1989	2824	—	909	—	3733
1990	2856	—	932	—	3788
1991	3341	—	1083	256	4680
1992	4132	25	1144	183	5484
1993	2410	11	612	254	3287
1994	1808	—	564	125	2497
1995	3171	—	864	74	4109
1996	3993	—	1632	80	5705
1997	4415	—	1640	92	6147
1998	3226	—	1922	116	5264
1999	3397	2	2616	83	6098
2000	4392	2	4055	50	8499
2001	2460	—	3484	83	6027
2002	3084	4	4349	61	7498
2003	2952	—	4751	69	7772

1999—2003 年营子矿区个体加油站成品油销售统计表

表 10－2－13

项目 数量 年份	年购进（吨）		年销售（吨）		销售收入（万元）	缴纳税金（万元）
	柴油	汽油	柴油	汽油		
1999	400	131	400	129	85	3.8
2000	450	136	450	130	94	4.7
2001	400	276	400	230	233	10.6
2002	380	179	370	140	247	10.5
2003	410	172	410	161	220	11.5
合计	2040	894	2030	790	879	41.1

第七节　五金交电化工用品销售

中华人民共和国成立前，境内仅有几家综合店铺兼营铁钉、油漆等五金化工商品。中华人民共和国成立后，五金类、自行车、电料、化工等商品，由国营百货商业、供销社统一经营，1956 年，全区

建筑器材、小五金的零售额只有3.66万元。1957年，销售铅丝2.59万公斤，五金零售额16.06万元；销售自行车254台，收音机118架，交电类零售额13.32万元；化工类商品零售额0.49万元。

20世纪50年代末，寿王坟铜矿和兴隆矿务局等企业相继投产，五交化用品销量明显增加。1961年国营百货商业销售圆钉10.59吨，普通灯泡2.77万只，自行车192辆，纯销售额147万元。1962年7月，五金化工商品的经营从百货公司分出，成立了五金批发站，是年，五交化商品国内纯购进总值2万元，国内纯销售总值65万元。1964年国内纯购进总值1万元，省外调入五交化商品25万元，国内纯销售总值达76万元。1965年五金批发站改设五金经营处，主营五金、化工、民用交通工具、电工电料等商品。经营处设有三级五金批发部、电工电料批发部、零售商店各1个，是年购进61.6万元，销售额73.5万元，亏损7万元。

1976年1月，五金经营处更名为五金交电公司。1979年，公司投资70万元新建800平方米营业楼1座，有职工40人。是年，购进缝纫机495台，销售395台；购进铝锅3956个，销售3865个；购进手表5961只，销售5045只；购进圆钉80.56吨，销售69.57吨；购进自行车9824辆，销售9534辆；购进普通灯泡30.01万只，销售27.96万只；购进电视机1958台，销售2035台。购进总值526.2万元，销售总额508万元，利润44.6万元。进入80年代，家用电器等商品开始畅销，在五金交电类商品中所占比重越来越大。1982年五交化商品总购进640.86万元，年销售额730.98万元，实现毛利润60.46万元。1985年销售自行车5826辆，圆钉92.47吨，电视机4018台，其中彩色电视机1086台，录音机1185台，电风扇736台，洗衣机1548台，电冰箱137台。是年，商品纯购进79.17万元，纯销售1228.2万元，实现利润总额24.56万元。

1986年，区商业系统企业改革步伐明显加快，区供销合作社开始直接批发零售自行车、缝纫机、手表、铁丝、圆钉、电视机等商品。同时，集体商业和个体私营商业也拓展了五金交电商品经营业务。1987年，区五金交电公司销售缝纫机929台，铝锅8173个，手表7656只，圆钉195.2吨，自行车5516台，电视机2327台，电冰箱76台。1988年底，五金交电公司实行招标承包，集体经营，完成纯销售额1661.5万元。

进入90年代以后，经营建筑五金、水暖器材、机械配件、电工器材、电机、泵、管、钳、铁丝、家用电器、化工原料、油料、染料、标准件等商品的集体和个体私营商店逐渐增多，经营的数量越来越大。五金交电公司的市场逐渐缩小，1994年销售手表100只，圆钉3吨，自行车1616辆，彩色电视机760台，电冰箱697台。是年，区五金交电公司零售业务除保留家电外，其他部分均划出组建了商业零售公司，生产资料批发业务处于停滞状态。1997年，五金交电公司总销售额1172万元，亏损89.9万元。2001年，五金交电公司购进商品总额2244万元，总销售额2577万元，其中批发878万元。到2003年，区五金交电公司破产改制，全区五交化商品全部由集体和个体私营商店经营。

1979—2003年营子矿区国有（营）商业主要商品销售情况统计表

表10-2-14

品种 数量 年度	缝纫机（台）	手表（只）	圆钉（吨）	自行车（辆）	普通灯泡（只）	电视机（台）	录音机（台）	电风扇（台）	洗衣机（台）	电冰箱（台）
1979	395	5045	69.6	9534	279624	2035	—	—	—	—
1980	402	5256	72.2	8525	285300	2236	—	—	—	—
1981	523	6848	78.8	9236	305600	3096	—	—	—	—
1982	605	6550	90.8	8522	306858	3395	—	—	—	—

续表 10－2－14

品种 数量 年度	缝纫机（台）	手表（只）	圆钉（吨）	自行车（辆）	普通灯泡（只）	电视机（台）	录音机（台）	电风扇（台）	洗衣机（台）	电冰箱（台）
1983	885	7247	75.7	8286	450746	2872	—	—	—	—
1984	615	6454	90.9	8442	305944	3406	—	—	—	—
1985	463	5472	92.5	5826	314421	4018	1185	736	1548	137
1986	1186	11469	296.9	8685	278023	4205	2347	1710	1982	190
1987	929	7656	195.2	5516	259347	2327	2914	715	1820	76
1988	359	4893	275.7	6127	183895	2565	2014	4628	2075	305
1989	620	4422	49.6	2724	181857	2538	2147	4107	1752	474
1990	223	2224	39	2425	194444	3153	1787	1342	994	1110
1993	3	200	4.5	1120	105840	760	414	1490	1388	532
1994	5	100	3	1616	121000	760	479	1894	1496	697
1995	594	2	3	604	—	692	282	516	528	—
1996	—	150	12	623	—	1284	—	612	1069	788
1997	—	—	9	336	—	1132	432	670	1308	626
1998	—	20	4	411	17700	726	330	269	248	291
1999	—	—	—	323	—	860	44	80	286	198
2000	—	—	—	455	—	256	62	314	385	210
2001	—	—	—	310	—	658	152	581	362	286
2002	—	—	—	252	—	472	86	144	281	262
2003	—	—	—	309	—	385	108	130	236	235

第八节　日用杂品销售

中华人民共和国成立初期，境内土纸、铁锅、铁勺、铁铲，各种盘、碗、碟、茶壶、茶碗、筷子、火柴等日用杂品在百货部和供销社均有少量经营。1954 年，供销社零售火柴 5.7 万包，国产机制纸 8.3 吨，缸 2759 口。50 年代后期，驻区厂矿企业增加，灯泡、火柴、手电筒及炊具等日用商品需求量增大。1959 年，国营商店销售铝锅 780 个、搪瓷盆 6355 个，陶瓷餐具 8869 打，火柴 1466 件，竹皮暖壶 203 个。“文化大革命”期间，供销社及区采购供应站经营品种减少。

1978 年，从区采购供应站分离组建生产资料日用杂品公司，经营的日用杂品近 2000 种，除公司主营日杂商品批发之外，基层供销社均有经营。是年公司商品纯购进 8.12 万元，纯销售 17.69 万元，1981 年完成销售额 106.6 万元。1983 年，区供销社系统推行经营承包责任制，生产资料日用杂品公司拓宽了经营项目，在保留传统项目的同时，增加了农村建房用材及塑料制品、玻璃、搪瓷制品，不锈

钢厨房用具，燃气炊具等品种，区生产资料日用杂品公司的经营状况进入最好时期。至 1986 年，公司日用杂品销售额每年平均近 200 万元，其中，1985 年公司纯购进 102.7 万元，纯销售额 208 万元，完成计划的 173.3%，同比增加 56%。

1987 年以后，随着市场逐步放开，集体、个体商店允许经营日杂商品。1994 年，区供销社对生产资料日用杂品公司实行“公有民营”。2001 年，营子矿区生产资料日用杂品公司破产，日用杂品全部改由个体私营商业经营。

第九节　棉烟土畜产品

一、棉花

营子矿区是非产棉地区，所需棉花全部由外地调入。中华人民共和国成立后，棉花购销长期实行计划管理，并由供销社和百货商店共同经营，1953 年供销社售棉 17.4 吨。从 1954 年开始实行定量凭票证供应，是年供销社售棉 16.9 吨，1955 年售棉 12.25 吨，1956 年售棉 25.85 吨，1957 年售棉 20.35 吨。百货商店 1958 年棉花销售量为 59.55 吨，1963 年 5.65 吨，1964 年 0.95 吨。20 世纪 70 年代，全区棉花购销维持在 50 年代的平均水平。改革开放后至 2003 年，取消计划管理政策，不再凭票证供应棉花。由于人民生活水平的快速提高，城乡居民购买御寒衣物和被褥成品者渐多，棉花销售量呈下降趋势。

二、烟

中华人民共和国成立前，区内只有几家店铺兼营卷烟。中华人民共和国成立初期，兴隆县贸易公司鹰手营子商店和供销社兼营卷烟，销量仍然较小。1953 年至 1957 年，全区供销社合计销售纸烟 19.3 万条，之后逐渐转向兼营土烟叶，经营品种主要有东北蛟河烟、峨河烟及河南省烤烟叶，卷烟的购销主要由副食品公司经营。1958 年至 1964 年，区副食品公司共销售卷烟 7466 箱，年均销售 1067 箱。1965 年区副食品公司改为食品经营处，下设糖烟酒组，1975 年单独成立糖烟酒经营处，1976 年 1 月更名为糖业烟酒公司，负责全区卷烟购销，1979 年，糖业烟酒公司卷烟销售量提高到 2065 箱。1981 年，区供销合作社开始在基层部组实行不同形式的承包责任制，扩大了经营范围，卷烟又成为经营的主要商品。改革开放后，个体商店开始经营烟草。1983 年，全区国合商店合计销售卷烟 41311 箱，1987 年至 1990 年合计销售 154119 箱，年均 38530 箱，充分体现了这个时期国合商业系统在卷烟销售领域的主导优势。1991 年，向全区 93 个国营、集体销售部门和 283 个个体批零网点发放了烟草专卖许可证。

进入 20 世纪 90 年代，集体、个体商业蓬勃发展，零售摊点星罗棋布，加上国有商业的民营化，全区卷烟的购销渠道更加灵活、通畅，国合商业逐渐失去了垄断优势，卷烟销售量明显降低，1993 年，国合商店共销售卷烟 10792 箱。1990 年至 1997 年，区烟草公司共销售卷烟 44583 箱，年均销售 5573 箱。到 20 世纪 90 年代后期，烟草公司进入亏损状态。1998 年，针对烟草公司经营不善的局面，区商业局专门成立卷烟调拨站，行使卷烟经营权。1999 年，又成立卷烟经营部，负责全区卷烟供应销售工作，2001 年 1—11 月销售额 1000 万元，上缴税金 10 万元。2002 年，撤销卷烟经营部，业务划到承德市烟草分公司。

三、土畜产品

中华人民共和国成立前，境内的土畜产品经销主要由关内杂货商串乡收购。中华人民共和国成立初期，由供销社代购，国营商店经营，1953 年鹰手营子供销社收购杏仁 6028 公斤，猪毛 95 公斤，山羊毛 891 公斤，羊绒 701 公斤，山羊皮 42 张，其它兽畜皮 42 张。1957 年始由供销社经营，1953 年至 1957 年共收购杏仁 23260 公斤，蚕丝 596 公斤，苇席 15596 领，山羊毛 7630 公斤，山羊皮 5967 张，羊绒 5426 公斤，牛皮 804 张，狗皮 336 张，其他兽皮 8238 张，肠衣 899 根，猪鬃 151 公斤，蓖麻子 3392 公斤，洋麻 857 公斤，木炭 61250 公斤。

1959 年至 1961 年国家三年困难时期影响了土畜产品收购。到 1965 年采购量明显回升，是年收购花椒 150 公斤，蜂蜜 240 公斤，荆横条 8. 50 万公斤，羊毛 120 公斤，羊绒 265 公斤，羊皮 1200 张。1966 年至 1977 年，是全区土畜产品收购兴旺时期，累计收购羊绒 1285 公斤，羊毛 2440 公斤，羊皮 9. 205 万张，花椒 6450 公斤，蚕茧 1. 67 万公斤，蜂蜜 37000 公斤，荆横条 136 万公斤。

1978 年，生产资料日用杂品公司承担了土畜产品经营业务，至 1980 年共收购荆横条 33 万公斤，至 1982 年共收购羊毛 1095 公斤，至 1983 年共收购蜂蜜 4 万公斤，至 1985 年，共收购羊绒 990 公斤，羊皮 1. 738 万张，花椒 6600 公斤，蚕茧 5 万公斤。1978 年至 1980 年，收购土特产品总值 14. 72 万元，畜产品总值 4. 2 万元，1983 年收购畜产品总值 4. 3 万元。此外，公司设有猪、羊肠衣加工厂，年加工肠衣 800—1000 把（每把为 100 米），年均销售收入近 10 万元。秫秸年收购 10 万—15 万公斤，玉米轴年收购 200 吨左右。1987 年收购各种牲畜皮张 1000 余张，收购土特产品总额 9. 35 万元，皮张等畜产品总额 3. 05 万元，1988 年土畜产品收购总额 5. 64 万元。20 世纪 90 年代始，由于市场经济的发展，皮张、羊绒、羊毛、土畜产品购销逐步进入市场。

1953—1985 年营子矿区主要土畜产品采购统计表

表 10 - 2 - 15

年度	羊毛（公斤）	羊绒（公斤）	羊皮（张）	花椒（公斤）	蚕茧（公斤）	蜂蜜（公斤）	药材（公斤）	荆横条（公斤）
1953	891	701	42	—	—	—	—	—
1954	1699	1197	565	—	—	—	51117	—
1955	2571	1314	—	—	647	—	—	—
1956	500	1200	1742	323	912	200	2000	100000
1957	1970	1014	2100	200	1340	1042	2100	105000
1958	225	125	2200	200	250	220	2200	110000
1959	225	125	2300	250	350	280	2400	1050000
1960	70	50	1000	—	—	—	1000	25000
1961	50	30	900	—	—	—	1150	35000
1962	55	35	870	—	—	—	1050	30000
1963	100	50	1100	150	350	230	1350	65000
1964	105	55	1300	200	400	220	1300	75000
1965	120	265	1200	150	450	240	1400	85000

续表 10－2－15

年度	羊毛（公斤）	羊绒（公斤）	羊皮（张）	花椒（公斤）	蚕茧（公斤）	蜂蜜（公斤）	药材（公斤）	荆横条（公斤）
1966	150	80	1400	350	5050	400	1550	85000
1967	150	90	1500	300	650	600	1800	95000
1968	155	85	1550	400	800	800	2050	105000
1969	155	95	1680	450	750	900	2100	120000
1970	200	100	1740	500	850	1100	2200	130000
1971	235	100	6080	500	850	1400	2300	80000
1972	200	105	8100	600	950	1700	2550	120000
1973	230	115	11000	550	1000	2100	2700	110000
1974	215	145	17000	650	1250	3000	3000	115000
1975	250	120	20000	800	1350	6000	3050	120000
1976	250	125	16000	700	1500	8000	3200	135000
1977	250	125	6000	650	1700	11000	3350	145000
1978	200	110	4080	800	1400	6000	3300	155000
1979	200	115	9000	850	1100	7000	3700	100000
1980	225	130	1200	600	—	6000	3000	75000
1981	240	135	1100	900	—	8000	3550	—
1982	230	120	500	1050	—	9000	3800	—
1983	—	130	600	850	—	4000	3700	—
1984	—	140	400	1000	—	—	3850	—
1985	—	110	500	550	—	—	3300	—

第十节　废旧物资收购

1953 年，鹰手营子供销社开始收购废旧物资，是年，收购废铁 4.15 吨，杂铜 1.2 吨。1956 年收购种类增加，其中收购废钢铁 32.65 吨，杂铜 2.2 吨、废锡铅 0.56 吨、废橡胶 1.28 吨、杂骨 21 吨、破布 1.72 吨、旧棉 0.54 吨、废纸 4 吨。1958 年，废旧物资回收列入国家计划，区、公社供销社，各供销社分销点和农副产品采购站都设有废品收购点，通过采取挨门串户、约时定点、以小换大、以货换货、集中突击、随叫随到等措施，进一步加大废旧物资回收力度，仅 1960 年上半年就收购废钢铁 168.15 吨、杂铜 4 吨、废橡胶 1 吨、废胶管 0.8 吨、废胶鞋胶带 0.76 吨及其他废旧物品若干吨，收购总值 7.65 万元。

1978 年 5 月，营子矿区供销合作社废旧物资回收公司成立，公司主要经营废旧纸张、废橡胶、废

钢铁、杂铜、废塑料等，数量较大的是废钢铁和废纸（壳）。公司刚成立，即掀起废旧物资回收高潮。5月9日，鹰手营子供销社到老厂子大队集中收购废钢铁680公斤，废纸180公斤，杂骨275公斤，收购金额132.9元；寿王坟供销社5月10—11日派出20人外出收购废旧物资，收购金额800元。至6月25日，废旧物资回收公司的购进、销售、利润3大指标分别完成年计划的55.5%、53.4%、57.8%。1979年，公司配合厂矿开展清产工作，专门抽出2人协助各基层供销社到厂矿直接收购，仅废铜1项就比1977年多收11吨。1981年完成收购总额34.07万元，实现利润1.53万元，还安排5名青年成立了待业青年收购部，壮大了废旧物资收购队伍，这个时期的废旧物资回收公司是区供销社所属企业中经济效益最好的单位。1983年，各回收部门下厂矿、进农村，收购废旧物资，收购废钢铁73吨、废旧有色金属14.5吨，全年收购废旧物资总额39.22万元，1—11月实现利润3.48万元。1984年，废旧物资回收公司实行定额考核、税后提奖经营承包责任制，对各部、组个人实行了定额、定员管理。1987年，承德市政府根据国家计委、经委关于取消废钢铁指令性计划，开放废钢铁市场的规定精神，做出了“废钢铁购销价格根据市场变化，允许上下浮动”的决定，对重型、中型、小型、统料、社会轻薄料和厂矿轻薄料价格做了调整。是年，区废旧物资回收公司收购额完成49.16万元，创造了公司年收购额最高纪录。进入20世纪90年代，随着废旧物资回收市场的逐步放开，外地多家固定和流动收购摊点进入营子矿区，集体、个体废旧物品经营户不断增加，解决了废旧物品回收网点不足的问题，增加了回收品种，但也使废旧物资回收公司经营状况开始起伏不定，公司被迫扩大经营范围。

1992年，废旧物资回收公司投资45万元，将公司大院改建为营子矿区农贸市场，为了及时腾出施工场地，是年5月中旬将所存1000吨废钢铁以平均每吨650元的价格全部售出，7月，废钢铁每吨售价涨到1650元，仅此一项，公司损失纯利润100万元。是年9月农贸市场建成后，投入使用3个月，全部收入不足4万元，自此公司经营跌入低谷。至2003年，虽然公司又对农贸市场进行2、3、4期改扩建工程，但困难局面未能改变，加上废旧物资回收市场竞争激烈，公司基本处于停业状态。

第十一节　物资供销

一、主要经营种类

木材：20世纪60年代鹰手营子设立物资部门，以经营木材为主，种类较多，按照经济计划统一上报品种，经主管部门平衡后，按分配指标进行供应。

钢材：1963年至1981年实行统配的物资品种从200多种增加到2000多种，钢材一直是主要经营物资，随着需求量的增加，计划内指标逐年增多，成为经销量较大的物资。

机电产品：基于营子矿区的经济结构状况，机电类产品种类需求较为单一，多以电机、轴承和水泵为主。

汽车：以代销载重汽车和小轿车为主。

其他物资：主要经营轮胎、三角带、纯碱、水泥、玻璃、石棉瓦、焦炭、板材等物资，经营数量较小。

二、销售

1965年鹰手营子设立物资站后，物资供销比较稳定，物资站由地、市计划经济委员会和地、市物

资供应局拟定分配计划，下拨各类物资。每年的销售收入都在200万元左右。初期以木材销售为主，约占总销售额的80%左右。中共十一届三中全会以后，为适应城乡经济体制改革，在物资供应上对国营、集体、个体一视同仁，供应范围扩大到专业户、重点户和经济联合体。1983年，共向全区农村供应各种钢材30.6吨，水泥185.5吨，木材30立方米。1984年，物资供应站共销售钢材300吨，其中国营单位58吨、集体单位120吨，专业户和经济联合体122吨；木材730立方米，其中国营单位109立方米，集体单位350立方米，专业户和联合体271立方米；水泥900吨，汽车4辆。1987年，承德市鹰手营子物资供应站划归营子矿区后，由各单位将物资计划报区计划经济委员会，由区计划经济委员会上报批准后，再将指标落实到各单位。1987年，承德市计经委下达的营业收入指标为110万元，实际完成107.3万元。1988年，实行坑木分配指标和煤炭调拨计划挂钩销售办法，销售坑木1340立方米，调拨煤炭21.5万吨。1989年，销售二甲苯90吨、电石5吨、炸药220吨、雷管72万发、导火索20万米、油毡50卷、氢氧化钠12吨、纯碱30吨。

随着市场的逐步放开，物资销售额随着市场需求而变化。1992年5月，营子矿区设立物资局，1992年至1996年，物资需求量较大，各类物资价格偏高，营子矿区物资局年最高销售收入为895万元。

1997年至2003年，随着个体私营经济的发展，区物资局经营效益每况愈下，除1998年经营效益有所改观外，随着个体私营经营的发展，其他年份一直处于下降态势，平均年销售收入不足200万元。2000年，区物资局销售钢材300吨，其中国有企业58吨，占19.3%，集体企业120吨，占40%，专业户122吨，占40.7%；销售木材730立方米，其中国有企业109立方米，占15%，集体企业350立方米，占48%，专业户271立方米，占37%；销售水泥900吨，其中国有企业475吨，占52.8%，集体企业300吨，占33.3%，专业户125吨，占13.9%；销售汽车4辆，其中集体企业1辆，专业户3辆。

第十二节　商业管理

一、管理机构

（一）商业局

中华人民共和国成立初期，兴隆县四区（区政府驻地鹰手营子）、九区（区政府驻地寿王坟）除供销社外的所有商店归兴隆县商业局管理。

1956年11月，成立承德市商业局鹰手营子商业分局，设有秘书股、人保股、计财股、物价股。1958年8月，撤销承德市商业局鹰手营子分局，成立兴隆县商业局营子矿区商业办事处，内设业务、财务、人事、保卫等部门。是月，国营商业与供销社商业合并。1959年4月，撤销营子矿区商业办事处，成立兴隆县鹰手营子矿区商业分局，内设办公室，人事教育组、计财组。

1960年9月，营子矿区商业分局撤销，成立兴隆县鹰手营子城市人民公社商业局，受鹰手营子城市人民公社和兴隆县商业局双重领导，1961年1月恢复成立兴隆县商业局营子矿区分局，由兴隆县商业局领导，下设食品批发站、日用工业品批发站、生产资料批发站、采购医药批发站、服务总店、供销总店，内设人秘股、业务股、计财股。1962年，国营商业与供销社商业分离，建燃料经营站。1965年上半年，撤销兴隆县商业局营子矿区商业分局，设承德市商业局营子矿区商业分局，受承德市商业局和区财贸办公室双重领导。分局下设食品经营处、百货经营处、五金经营处、蔬菜经营处、饮食服务总店、煤建器材厂、药材经营处、采购供应站和医药经营处。机关内设行政办公室、政治办公室和

业务办公室。

1968 年 3 月，区革命委员会决定撤销区商业分局，商业管理工作由区革命委员会城镇组直接负责。1974 年 12 月，重设承德市商业局营子矿区分局，受市商业局和区革委会双重领导。1975 年，区商业分局将行政办公室改为办公室，政治办公室改为政工组、业务办公室改为业务组。5 月，中共承德市委决定，撤销承德市商业局营子矿区分局，设营子矿区革命委员会财贸办公室，内部机构不变，定编 10 人。1976 年 1 月国营商业系统将经营处分别改为公司，营子矿区分局所属独立经营机构有百货公司、五金交电公司、食品公司、蔬菜公司、服务公司、烟酒公司、石油煤建公司、食品厂、酿造厂、汪家庄零售公司、寿王坟百货商店、寿王坟烟酒商店、寿王坟蔬菜商店，马圈子副食品商店，马圈子百货商店。1977 年 12 月，中共承德市委决定撤销营子矿区革命委员会财贸办公室，成立承德市商业局营子矿区商业分局，撤办公室设秘书科，其他部门撤组设科，增设生产科、团体科。1978 年 10 月，撤销区商业分局，分别成立营子矿区一商分局和二商分局，1979 年 11 月，先后撤销一商分局、二商分局，成立承德市商业局营子矿区分局，撤销秘书科、团体科，增设办公室、计财科、集体商业管理科、计划生育办公室。1980 年 11 月，承德市商业局营子矿区分局改设商业局，是月，成立营子矿区集体商业管理局，与区商业局合署办公。

1983 年，区商业局增设保卫科和企业整顿办公室。1984 年 1 月，中共承德市委决定营子矿区商业局由市局领导划归营子矿区领导。7 月，区商业局内部机构改科为股，设团委。1986 年，撤企业整顿办公室，设体制改革办公室。1987 年，增设审计股，1988 年，撤销政工股，设人事劳动股。1990 年重设政工股。是年底，区商业局辖国营企业经营机构 28 个，内设机构有办公室、文秘股、人事劳动股、审计股、计财股、集体企业管理股、保卫股、体改办、计生办、工会、团委。1991 年 5 月，文秘股并入办公室，8 月设司法股，9 月成立酒类商品专卖股和烟草专卖股。1992 年年底，成立营子矿区烟草公司和国营商业总公司。1995 年 7 月，区商业局调整内设机构，调整后设秘书股、计财股、业务股、集体企业管理股、专卖股。

2002 年 5 月，机构改革，撤销区商业局，成立区商贸流通行业管理改制办公室，内设综合办公室、行业管理监察监督股、企业改制指导股、财务审计股，至 2003 年无变化。

（二）供销社

1948 年，鹰手营子创建鹰手营子村供销社，为区供销社的前身。新中国成立后，成立鹰手营子中心社。1956 年，鹰手营子供销社下属 6 个基层供销社和 2 个批发公司。1958 年下半年，供销社商业与国营商业合并，1962 年 1 月分离，成立兴隆县供销社营子矿区办事处，领导 6 个基层供销社和 1 个采购供应站，共有职工 310 人。1965 年 2 月，营子矿区由兴隆县划归承德市，基层供销系统直接归市供销社管理。1978 年 1 月，成立营子矿区供销社，隶属承德市供销社，机关有工作人员 14 人，下属 3 个公司，3 个供销社。是年 10 月，区供销社与区二商分局合并，一套机构，两个牌子，内设办公室、政工科、业务科、计财科。1979 年 11 月，撤销区二商分局，保留区供销社合并前机构，机关有工作人员 16 人，内设办公室、计财科、业务科、政工科。1985 年，区供销社下属单位仍为 3 个公司、3 个供销社。1993 年，下属 3 个公司，4 个供销社。2001 年，下属 1 个公司、4 个供销社进入产权制度改革准备阶段。2003 年底，区供销社内设业务股、财务股。

（三）粮食局

民国 34 年（1945 年）8 月，兴隆县二区（区政府驻地鹰手营子）设财粮助理，主要负责公粮征集。1948 年 4 月，兴隆县粮政科在鹰手营子设立粮站，收购粮食，为人民解放军发送小米、大米、黄豆、小麦、白面、玉米、高粱米、食油、食盐和马料等物资。

1952 年 12 月，兴隆县政府在鹰手营子设立保运股，主要负责接收公粮、购粮、保管、运输、调拨等工作。1954 年 6 月，兴隆县四区政府设粮食助理。1955 年 8 月，成立兴隆县粮食局鹰手营子和寿

王玟2个粮食管理所，属国营单位，同时撤销区粮食助理编制。

1957年7月，成立承德市粮食局营子矿区分局，行政归区政府领导，业务归承德市粮食局领导，内设人秘股、会统股和采供股。1958年7月，营子矿区划回兴隆县，设立营子矿区粮食办事处，行政归营子区办事处领导，业务归兴隆县粮食局领导。1959年6月，兴隆县政府将营子矿区粮食办事处改设为粮食分局，下设鹰手营子、寿王坟2个粮食管理所，鹰手营子粮库，鹰手营子粮食加工厂，汪家庄及平安堡2个粮食购销站。1962年10月，鹰手营子粮食管理所改为中心粮店。

1965年2月，营子矿区再次划归承德市，区粮食分局划归市粮食局领导。1981年6月，营子矿区粮食分局改设为粮食局，行政归区政府领导，业务由承德市粮食局主管。1992年11月，营子矿区粮食局成立区粮油总公司，与粮食局合署办公，行使管理、经营两项职能。1997年10月，区粮食局改设为承德市粮食局鹰手营子分局，人事、业务均归承德市粮食局领导。2003年8月，承德市粮食局所辖企业实行产权制度改革，鹰手营子、寿王坟、北马圈子、汪家庄4个粮食管理站、鹰手营子粮库等企业全部撤销。

（四）医药药材公司

1956年，承德地区医药公司建鹰手营子医药批发部，有职工7人，主要由承德地区个体药店公私合营人员组成，负责供应营子矿区的中药材、中药饮片和 少量西药制剂。1958年下半年鹰手营子医药批发部划归兴隆县医药经营处，改称兴隆县鹰手营子矿区医药批发组，成为商业独立核算单位，设中药组、西药组，有职工11人。1961年改称兴隆县商业局营子矿区分局采购医药批发站，1962年改称医药批发站。1965年2月，兴隆县商业局营子矿区分局医药批发站更名为承德市营子矿区医药药材经营处，隶属承德市营子矿区商业分局。1977年，改称承德市营子矿区医药公司，隶属承德市医药公司。1980年营子矿区医药公司有职工50人，内设人秘科、计财科、业务科，下设青春药店和1个地产药材加工组。1990年更名为承德市营子矿区医药药材公司，隶属承德地区医药管理局，有职工78人，设人秘科、保卫科、财务科、业务科。2001年又隶属承德市药业公司。2003年，营子矿区医药药材公司有职工79人，内设人劳科、财务科、质管科、仓储科、业务科、汽车队等6个部门，是年底，加入承德颈复康药业集团有限责任公司。

（五）营子矿区物资局

1961年5月，兴隆县计委在鹰手营子设立物资转运站，1963年5月，鹰手营子收购站和鹰手营子木材公司合并成立兴隆县物资局鹰手营子物资分公司，是年又改设为兴隆县木材公司鹰手营子木材经营部。

1965年2月，营子矿区划归承德市，鹰手营子木材经营部划归承德地区物资局，先后由承德地区木材公司、机电公司管理。承德地区物资局在鹰手营子设立物资站。1970年10月，成立承德市革命委员会物资供应站，承德地区在鹰手营子设立的物资站划归市物资供应站，市物资供应站在鹰手营子设立物资组，1978年7月，更名为鹰手营子物资供应站。

1987年，市物资局将鹰手营子物资供应站划归营子矿区，隶属区计划委员会，有职工9人。1991年更名为承德市营子矿区物资公司，职工增至21人。1992年5月，改设为承德市营子矿区物资局，为正科级单位，有职工38人，内设秘书科、财务科、三材（钢材、建材、木材）科、机电化轻科、金属回收科、市场科、钢材市场管理办公室。1994年1月成立承德市营子矿区物资总公司，与物资局1套人马，2个牌子，总公司下设金属材料分公司、木材建材分公司、机电化轻分公司、金属回收分公司、物资交易中心。

1995年1月，区物资局撤销秘书科，设立办公室，撤销物资总公司，4个分公司和物资交易中心合并为金属材料公司和物资商场。是年9月成立金属回收经销部，为法人单位。1996年2月，承德市燃料总公司将设在营子矿区的燃料公司移交给营子矿区物资局，根据需要，区物资局下设3个法人单

位，即物资公司、燃料公司和金属回收经销部，1998 年 3 月又将 3 个法人单位合并为物资公司。2002 年 5 月，营子矿区进行机构改革，撤销物资局，其职能并入新组建的区商贸流通行业管理改制办公室。物资公司由于资不抵债，于 2003 年 8 月依法宣告破产。

一、管理工作

（一）粮业管理

1962 年，营子矿区粮食分局为更好地贯彻粮食统购统销政策，加强企业管理，制定了各股室和各粮店工作范围和权限、组织机构相互关系、财产管理、会议、保卫和保密等制度。根据上级指示精神，营子矿区 1964 年至 1969 年先后 3 次调整粮食定量。1976 年推广使用群众管理企业办法，各粮食经销部门分别设立“六大员”（政治宣传员、商品器材管理员、经济核算员、安全保卫员、商品检验员、生活服务员）。1978 年开始在搬运、运输、供应岗位实行定额加奖励管理办法，1981 年 6 月下发《粮食商业企业奖励制度试行草案实施细则》，确定考核指标，1983 年又在各粮店试行销粮费用定额管理。1987 年 8 月，区粮食局专门出台《议价粮油经营管理办法》，成立了议价粮油公司，统筹议价粮油经营管理，1988 年 4 月，又制定了粮油购销包干办法，确定了定期包干、销售包干、议价转平价包干核定数和奖励标准。1991 年 3 月，制定《关于粮店工作服务规则》，对售粮服务，店容、店貌，组织纪律等做了具体规定，是月，做出《关于大力开展食品生产和食品经营工作的有关规定》。1993 年 5 月，区粮食局制定《关于粮店经营承包责任制实施方案》，决定从 6 月起，对所属各粮店全面推行经济承包责任制，并以全员承包为主，实行包店必包人员，保持各店职工队伍稳定，包死基数，超收全留的大包干办法。针对粮价放开的政策，允许批零兼营，代营代销，可跨行业经营政策允许的其他经营项目。

1999 年 6 月，区政府成立营子矿区粮食市场管理领导小组，组建了粮食市场稽查队，进一步加强了对粮食购销市场、粮食批发经营单位的清理整顿和规范化管理。

（二）盐业管理

中华人民共和国成立后，区内盐业购销以供销社系统和副食品公司经营为主。1962 年，兴隆县供销社营子矿区办事处所属采购供应站开始兼营盐的批发。为使区内经盐单位与省经盐系统保持一致，1991 年 7 月 30 日将营子矿区副食品公司更名为副食果品盐业公司。副食果品盐业公司按照“政府放权，企业严管，放的有度，活而有序”的原则，在盐业管理中严把采购质量关，严格按季节、按计划控制工业用盐。1998 年 5 月，根据河北省政府关于盐业专营的规定，盐业公司从副食果品盐业公司析出，组建盐业专营公司，负责盐业管理和盐政执法工作。2000 年，区供销社组织 6 次盐业市场大检查，查出外购工业用盐 50 多吨。

（三）药品药械管理

医药管理 中华人民共和国成立后，医药商业从私营逐步转向以国营为主。1956 年至 1980 年，医药商业实行单一的、多层次、封闭式的流通体制，长期实行层层分配逐级调拨，大部分药品执行全国统一售价。1981 年以后，改革药品的购销体制，除医药批发、零售外，出现了推销、送药上门等多种销售形式，同行业之间展开竞争经营，进货渠道打破地区界限。同时，加强了对紧缺、剧毒、限制类、疫情、抢救用、避孕等药品药具的采购、贮存、批发、销售的管理。

1985 年 7 月，《中华人民共和国药品管理法》颁布实施，营子矿区开展了检查伪劣药品和“三无”（无药厂名称、无批准文号、无使用期限）药品工作。1987 年，查处无证非法经营药贩 23 起。1988 年，对区医院、各镇卫生院、14 个村卫生所、15 个个体诊所进行药品质量大检查，对 3 个村卫生所出售过期、变质药品和个别开业医生违反《中华人民共和国药品管理法》自采自制中药等问题依法进行了处理。全年查处游医及无证非法经营药贩 21 起。1989 年，加强药品监督队伍建设，全区设

药品监督员2名，药品检查员11名。重点开展对“三无”药品的清查工作，清查了区医院、各镇卫生院及个别个体医生经营的药品，共查处过期、报废及没有批文号药品138种，总金额2325.92元。全年查处无证非法经营药贩16起。1991年，以清理整顿药品市场为重点，开展打击游医、药贩非法活动，全年查处伪劣药案14起。是年，认真贯彻承德市卫生局《麻醉药品管理办法》，加大了麻醉药品管理力度。1992年共查处伪劣药案、游医非法行医案、药贩非法贩药案23起，没收销毁伪劣药品100余种36公斤。是年，各用药单位坚持从国营主渠道进药，通过对各药品经营单位、医疗单位和药品商店多次检查，均未发现伪劣药品。1995年，共查处无证游医、药贩案及伪劣药案8起，销毁假药25公斤。制定了购进外埠药品检验、注册登记制度。建立了对麻、毒、限、剧特殊药品的专人负责制度。1997年，全年有核发药品经营许可证的药品经营、使用单位63个，检查药品46批，合格39批，不合格7批，对不合格批次药品均依法进行了处理。全年查处劣质药品6批，假药1批，罚款2900元；处罚游医非法行医11起。2001年，区医院实行药品采购招标制度。7月19日，召开药品采购招标会，按照招标采购法定程序，经过读标和评委评议，有5家药品生产、经销企业21个药品品种中标，中标药品的价格较以往采购价格下降18%。

1999年至2003年，营子矿区在不断强化药品市场管理的同时，加强对药品从业人员的培训工作，共开办培训班10余期，培训药品从业人员600余人次。新增职业药师、从业药师22名。组织开展大规模社会普法宣传活动8次，增强了药监工作的透明度。优化药品资源配置，先后批办18家零售药店，分布于全区各镇、村，极大地方便了群众购药。2002年，全区药品抽检合格率达到95%。2003年，区医药药材公司成立质量管理小组，主抓CSP（药品经营质量管理规范）全面工作，规范了各种原始记录，投入资金30万元，对库房、验收养护室、营业厅、零售药店、公司内外环境进行了治理改造，是年底，全区药品抽检合格率达95%。

药械管理　1999年至2003年，营子矿区突出加强了药械管理工作。期间，通过发放普法宣传手册、开展法律知识竞赛等多种形式，广泛宣传有关药械方面的法律知识，广大群众对药监工作的认识度及药械从业人员的素质均有显著提高。在药械从业单位建立了药械购进、验收、一次性使用医疗器械用后销毁等质量保障制度，并按照CSP的要求，从设备设施、人员培训到进货、验收、销售、售后服务各环节，实现了药械流通全程监管，使药械管理水平显著提高，药械管理更加规范。

（四）其他商业行业管理

1956年11月，鹰手营子商业分局成立后，负责执行市局有关商品流通方面的具体实施办法和措施，加强国营商业对市场的统一领导，稳定市场，搞好服务。1958年“大跃进”时期，商业活动一度打破传统经营形式，学习北京天桥百货商场经验，到井下、乡下送货，在部分零售单位试用“无人售货”（顾客自己取货，自己交款找零）经营方式，成立了市场管理所。1959年6—7月，组织开展“三清（资金、人员、库存）三定（资金、人员、库存）”工作，9—10月开展了“反贪污盗窃”活动，查出有贪污盗窃行为人员25名，查处金额2903.52元。1960年，商业分局在经营管理上实行党组织领导下的经理分工负责制。1961年至1962年，针对在部分副食品和百货日用品定量限量供应后，内部人员“走后门”现象，商业分局开展了“反商品走后门”运动，有效遏制了商品分配不公等现象。同时，成立营子矿区物资分配委员会，印发《营子商业分局关于进一步明确物资管理和审批范围的通知》，对厂矿急需物资实行分片定点，任务包干。1965年2月营子矿区再次划归承德市后，根据工作任务和专业分工上下对口的原则，成立9个经营处（店、厂）在财务和业务上实行统一领导。

1979年4月以后，区国营商业系统在“调整、改革、整顿、提高”方针指导下，对领导班子的结构，干部职工的精神面貌，企业的经营管理，各项经济指标完成等情况进行了全面整顿。1980年11月，营子矿区革委会制定《集体所有制商业服务业管理办法（试行草案）》，明确规定了管理范围、网点设置、资金来源、经营范围、经营方式、收益分配等内容。

1981 年 9 月，商业系统开始实施经营责任制试点工作。1983 年 3 月颁布《实行经营责任制方案》，国营、集体商业企业开始实施经营责任制，商业管理体制实行政企职责分开，国营商业与供销社实行商品分类经营，实行和完善了企业内部经营承包责任制，实行工资总额与经济效益挂钩，将责任制落实到最小经营单位。1984 年 7 月，商业系统推行厂长（经理）负责制，下放人事劳动权、财务管理权和业务管理权，将部分独立核算的自然门店改为微型企业，按集体企业管理。1987 年 3 月，为适应小型企业改革的需要，区商业局撤销了汪家庄、北马圈子两个商业零售公司，分别成立汪家庄、涝洼滩、北马圈子等 4 个综合商店，由局直接领导。1988 年底，商业系统先后有烟酒公司、百货公司、蔬菜公司、五金公司、酿造厂、食品厂、寿王坟烟酒商店、寿王坟百货商店、寿王坟蔬菜商店等单位实行了竞争承包、招标承包。在各基层供销社实行三年任期目标责任制。

1990 年，随着改革的深入和社会主义市场经济体制的建立，国有商业和供销合作社商业逐渐实行国有、社有民营，经营权力下放，管理工作逐步加强，部分批发单位试行业储一条龙管理，有的批零单位建立和发展不同形式的联购联销业务，区集体商业管理局制定《社会集体商业管理暂行规定》，围绕法制教育、法律咨询、合同审查、代写诉讼书、代理诉讼等问题，开展了法律咨询服务。在企业全面推行国有民营之后，商业管理部门不断强化条条管理力度，编制出台了《卷烟零售商户经营准则》，印发《营子矿区生猪定点屠宰管理实施细则（试行）》，成立稽查执法队伍，加强对专卖管理人员的业务培训、专卖商品年检和生猪私屠滥宰的执法检查。2002 年 5 月，撤销区商业局、区物资局，合并成立营子矿区商贸流通行业管理改制办公室，兼统烟草专卖局和酒类商品专卖局，供销合作社所属企业也全面进入产权制度改革准备阶段。全区商贸系统进入了全面遵循市场经济模式的管理体制。

第三章　对外贸易

境内工商企业起步较晚，区属工业规模小，计划经济时期，全区尚无拳头产品出口。中共十一届三中全会后，区委、区政府把对外贸易作为搞活全区经济的重要组成部分，上日程，谋项目，定政策，抓落实，20 世纪 70 年代末首次实现间接出口。90 年代末，区内有了第一家具有直接出口权的企业。2003 年，全区直接和间接出口额合计为 115 万美元。

第一节　直接出口

1998 年 6 月，河北怡达食品工业有限公司与新加坡福南食品公司共同投资组建了承德福达食品有限公司，使河北怡达食品工业有限公司拥有了出口权，营子矿区始有直接出口企业，是年，怡达产品相继出口到新加坡、马来西亚、美国、加拿大、日本等国家。从 1998 年开始，每年怡达产品的直接出口额达 20 万—30 万美元，2003 年，全区直接出口贸易额 50 万美元。

第二节　间接出口

20 世纪 70 年代末，营子矿区开始通过外埠有出口权的企业间接出口工业品。

1978 年，承德地区机床厂经中国金属制品进出口公司出口马来西亚 2 台 C414 型涂料搅拌机和压铸机、游艺机等设备，创汇 1.4 万美元。

1981 年 11 月，承德地区铸造机械厂（原承德地区机床厂）向印度尼西亚出口 2 台 ZJ022 型电机转子，125 吨卧式冷压铸机，价值人民币 23.6 万元。

1986 年，营子矿区服装厂经承德市外贸局协调，依托香港大进有限公司出口针织服装，创汇 1.8 万美元。

1988—1996 年，承德地区铸造机械厂先后向土耳其、南斯拉夫、越南、印度尼西亚、蒙古、巴基斯坦、缅甸等国出口压铸机、涂料搅拌机、游艺机等产品，创汇 30 万美元。

1991—1992 年，承德市毛巾厂通过广东新城公司出口毛巾，出口总额达 40 万美元。

1997 年，河北怡达食品工业有限公司的山楂产品经承德市进出口公司出口到新加坡。1998 年开始，每年怡达产品通过外贸公司间接出口额达 30 万美元左右。

2003 年，全区外贸间接出口额 65 万美元。

第十一编 JIAOTONGYUNSHU YOUZHENGTONGXINYE

11 交通运输 邮政通信业

第一章 交通运输业

第一节 公路运输

第二节 铁路运输

第三节 水路运输

第四节 装卸搬运

第二章 邮政通信业

第一节 邮政业

第二节 通信业

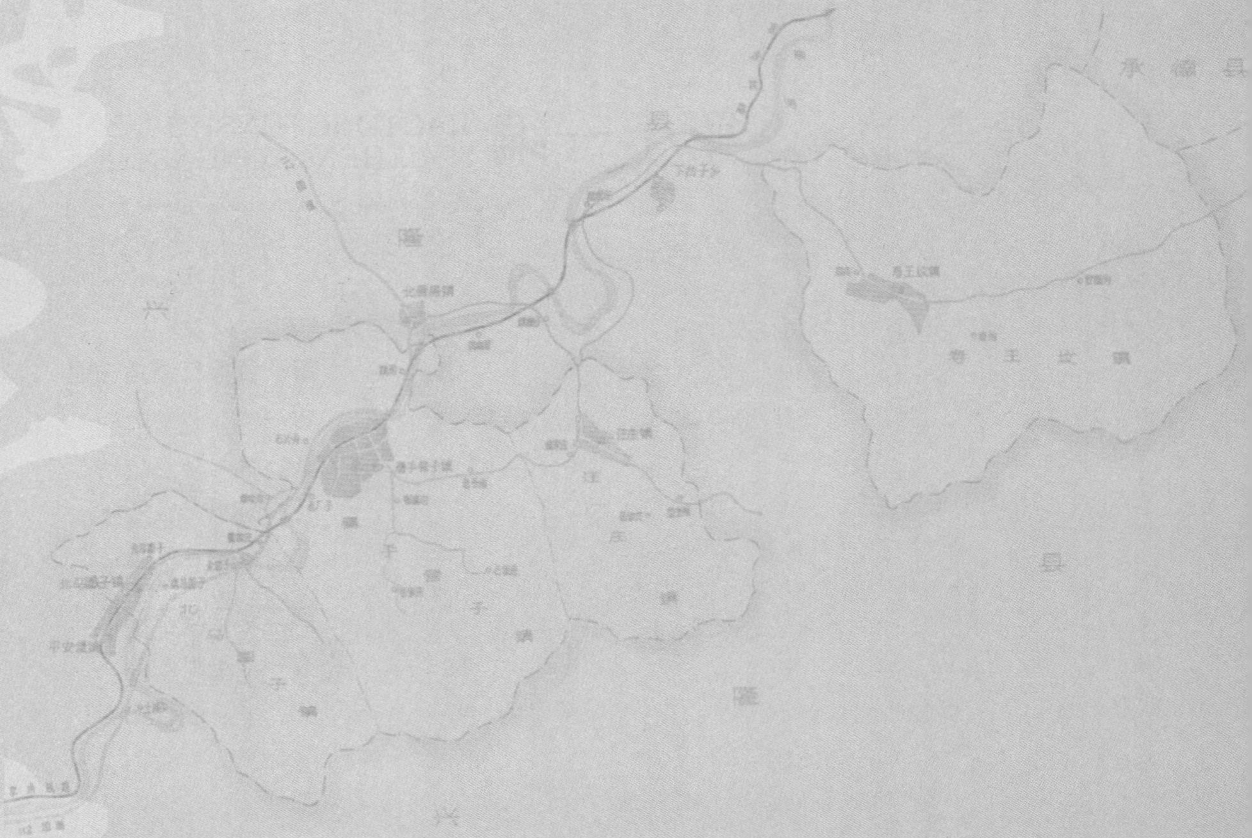

11 承德市鹰手营子矿区志·交通运输　邮政通信业

CHENGDESHI YINGSHOUYINGZIKUANGQU ZHI
JIAOTONGYUNSHU YOUZHENGTONGXINYE

境内历史上人烟稀少，交通、邮电事业十分落后。战国时期，燕国在寿王坟冶炼铜铁时，曾开通通往外地的驮运道路。清东陵“后龙风水”禁地封禁后，境内才有了传递军令、信函、火情的“拨讯”。民国初期，依托柳河，有了水路运输。民国26年（1937年）始设邮政代办所。中华人民共和国成立后，区内先后设立两个邮政营业处，组建了运输合作社、搬运队。交通运输和邮电业开始起步发展。1960年，京承铁路全线通车运营，随后，驻区企业共建起7条铁路专用线。1963年，铁路运输业发送货物61.32万吨，到站17.81万吨，发送旅客15.98万人次。1980年，发货量176.08万吨，到货量22.94万吨，旅客发运量21.74万人次。公路客货运输的人力车、畜力车逐步被拖拉机、汽车等机动车所取代，客运汽车从单车单程不定班次发展到多路线、固定班次、长短途结合，运输能力大幅度提高。邮政通信设施建设不断完善，业务不断拓展，服务范围逐渐扩大。改革开放后，交通运输和邮政通信业得到快速发展，个体汽车、民营企业汽车及农民的拖拉机、农用车倍增，公路运输业逐渐形成多种所有制形式共同发展的局面，极大地提高了运输能力，活跃了运输市场。邮政通信经过多次整合，服务项目进一步扩大，服务手段逐步实现电子化，人性化。2003年，全区公路客运量36.7万人次，货运量842.7万吨，铁路货物发运量75.3万吨，货物到站量22.95万吨，旅客发运量38.58万人次。汇兑、函件、包裹、邮储、报刊、物流等邮政服务质量明显提高，程控、移动、光纤、宽带等通信设施的推广应用，加快了邮政通信业步入信息时代的步伐。

第一章　交通运输业

民国初，柳河开始有水路运输，20世纪40年代初水路运输停运。50年代中期，随着驻区企业的兴建，公路、铁路运输业快速发展。1963年，鹰手营子和北马圈子火车站的货物发运量为61.32万吨，到站量17.81万吨，发送旅客15.98万人次。1974年，两个火车站货物发运量首次突破百万吨。1975年，全区公路货物运输量为34.6万吨，周转量392.2万吨公里。1983年，运输市场放开后，全区公路运输能力大幅提升，至2003年，全区拥有货运车辆1173台，3106.5吨位。常年运营车辆412台，年货运量842.7万吨，货运周转量16479.9万吨公里。拥有客运线路7条，23辆运营班车，6辆驻区企业专用通勤客运班车和46辆个体出租车，年客运量36.7万人次，旅客周转量6775万人公里。鹰手营子、北马圈子火车站货运量75.30万吨，客运量38.58万人次，运输收入1068.34万元。1989至2003年，累计运输收入17205.86万元。

第一节　公路运输

一、货运

（一）概况

清政府在热河兴建“避暑山庄”和“外八庙”后，境内逐渐有从事商品运输的公路运输业，主要使用民间花轱辘车等畜力运输工具，但大部分货物仍靠人背肩扛。民国22年（1933年）后，胶轮马车、手推车、驮畜等运输工具陆续增多。

中华人民共和国成立后，境内的公路运输随着经济的恢复而得到相应发展。1956年组建鹰手营子运输合作社，有马车30辆，1958年发展到70辆。70年代后期，驻区的寿王坟铜矿、兴隆矿务局、承德地区涝洼滩煤矿、承德市东风煤矿、承德地区胜利煤矿等企业都相继成立了自己的小型汽车队。1975年全区货物运输量已达34.6万吨，周转量392.2万吨公里。

随着改革开放的不断深入，运输市场放开，民间运输业得到快速发展，个体汽车、民营企业汽车及农民的个体拖拉机、农用车猛增，仅以农村为例，1983年有从事运输业的专业户20户，重点户194户，联合体32户。1985年总收入397万元，占全区农村总收入的17.7%。1990年农村运输业总收入提高到1136万元，创产值1099万元，分别占当年农村总收入、总产值的14.3%和11.9%，货运收入占全部运输业收入的95%以上。到2003年底，全区拥有各种货运车辆1173台，3106.5吨位，其中大货车382辆，2167.5吨位；小货车153辆，153吨位；挂车41辆，174吨位；农用车594辆，588吨位；集装箱车2辆，22吨位；牵引车1辆，2吨位。汽车维修户72家，服务组织1家，危险货物运输车队2户。是年，全区公路货运量为842.7万吨，货运周转量为16479.9万吨公里。

（二）主要企业简介

承德市汽车四场 1956年合作化时期，鹰手营子区组建运输合作社，赵家马车店以店址作股入社，并作为运输合作社社址，有马车30辆，职工50人。1958年8月运输合作社转为全民所有制，有马车70辆。1962年下放20辆胶车支援农业。1963年1月改为集体所有制，有职工258名，胶车39辆，牲畜118头。1965年2月随着行政区划的变更，兴隆县运输合作社将鹰手营子运输合作社43辆胶轮大车移交承德市交通局，运输合作社改建为承德市交通局营子矿区运输队和营子矿区搬运队两个单位。负责营子矿区的基建物资和火车站到发货物的集散运输。1968年运输队购置解放牌汽车1辆，上海581型1吨位三轮车3辆，开始经营汽车运输。1970年购置手扶拖拉机8辆，1975年又相继购置汽车4辆。1978年运输队有职工180人，固定资产总额44万元，全年完成货运量4.18万吨，周转量140.33万吨公里，总收入45.47万元，实现利润3.5万元。

1983年，运输队将原有马车淘汰，全部改为汽车运输。1985年全队有职工97人，汽车18辆。10月，运输队和搬运队、汽车修理厂合并成立承德市汽车四队，有汽车34辆，其中拖挂生产车27辆，共243个吨位；泰山牌拖拉机12辆，是年完成货运量3.9万吨，周转量508.75万吨公里，全年总收入142.33万元，利润2.1万元。1987年更名为承德市汽车四场，隶属承德市交通局。从1992年起，经济效益逐渐下降，加之设备老化无法更新，企业严重亏损，职工工资无力支付，原有的汽车、拖拉机等运输工具陆续变卖抵债，20余间计733.75平方米房屋因欠债被迫封存。1994年承德地市合并后，承德市汽车四场移交给营子矿区。于1995年通过改制，成立顺达运输有限责任公司，但未能适应运输行业市场的变化，同年底职工全员下岗，企业处于停产状态。

二、客运

1953年，鹰手营子组建客运站，交通工具主要是胶轮马车，客运站原址在站南路10号，有3辆马车不定期载客去承德、兴隆，沿途设临时站点。1954年，热河省运输公司用大货汽车代客车往返于兴隆、承德之间，途经鹰手营子。开始时1日或数日一发，班次不定。后来逐渐发展为隔日1班，每班乘客几十人。“一五”计划期间，承德市客运站开通了承德至寿王坟124公里客运线路。

1967年以后，承德市汽车二场在营子矿区转运站配备客车5辆，最多时增至7辆，开通了鹰手营子至北京、唐山、秦皇岛、承德、蓟县等国营客运线路。除上述各线通车外，在兴隆至鹰手营子线上开通了季节性班车，每年客运旺季营运，淡季停发。

1983 年后，逐步出现了国家、集体、个人一齐上的客运新格局。1987 年，在区农村运输业中，个体客运总收入已达 8 万元。1993 年，全区农村已有客运汽车 32 辆，年客运量 8 万人次。

1994 年，全区共有公路客运班车线 6 条，其中省际 1 条，鹰手营子—蓟县；市际 2 条，鹰手营子—石家庄，鹰手营子—唐山；县际 2 条，鹰手营子—兴隆，鹰手营子—下板城；区内 1 条，鹰手营子—寿王坟，每天总客流量 400 人左右。随着农村公路建设步伐的加快，1996 年，区交通局以收取经营权有偿使用费的方式，向社会投放 25 辆出租车，车型以 7 座以下松花江面包车为主。1998 年 12 月，又开通了鹰手营子至双庙，鹰手营子途经涝洼滩至寿王坟两条农村客运班车线，方便了沿途群众出行。1999 年，第二次投放 20 辆出租车，车型以夏利等低档轿车为主。在全区 922 辆民用汽车中，载客汽车 351 辆。截至 2003 年底，全区共有出租车 46 辆，车型包括雪铁龙、捷达、桑塔纳、羚羊、夏利等，经营方式由过去单一的个体经营发展为统一由营子矿区通源运输服务中心集约化管理。有客运班车 23 辆，客运通勤车 6 辆，每天有发往北京、天津、承德、宽城、下板城、蓟县、兴隆的班车。全年客运量约 36.7 万人次，旅客周转量为 6775 万人公里。

汽车站（摄影　戴翔）

1994—2003 年营子矿区公路客运线路情况表

表 11-1-1

路线	通车时间	通车时		1997 年		2000 年		2003 年	
		日班次	当日座位	日班次	当日座位	日班次	当日座位	日班次	当日座位
营子—兴隆	—	12	180	12	196	12	208	18	228
营子—唐山	1994	1/2	31	1/2	31	1/2	29	1/2	29
营子—蓟县	1994	1	16	1	16	1	19	1	19
营子—石家庄	1994	1/2	42	—	—	—	—	—	—
营子—下板城	1994	1	16	1	16	1	22	1	22
营子—涝洼滩	1996	2	16	4	32	4	32	4	35
营子—双庙	1996	1	16	1	16	1	16	1	19
营子—承德	1997	1	19	1	19	1	19	1	29

说明：1997 年始鹰手营子至石家庄线改由兴隆县始发

三、管理

（一）机构

1956 年，成立运输合作社，有职工 50 人，主要负责社会客货运输管理。是年 11 月，随着行政区划的变更，运输合作社划归承德市交通局，改设为营子矿区运输站，1958 年 7 月又划回兴隆县，改称兴隆县鹰手营子运输站。1965 年 2 月，划分为营子矿区运输队和搬运队两个单位，归承德市交通运输

局领导。1968 年成立承德市鹰手营子交通运输系统革命委员会，下辖鹰手营子运输队革命委员会和鹰手营子搬运队革命委员会。1972 年，铁路、公路、银行和商业服务部门共同组建鹰手营子铁公路联合运输办公室。1974 年，撤销鹰手营子铁公路联合运输办公室，建承德市营子矿区运输站，业务工作由承德市交通系统革命委员会指导。1977 年 1 月，撤销营子矿区运输站，成立承德市交通运输局营子矿区分局，内设办公室、业务科、财务科，下辖鹰手营子公路联运办公室及汪家庄、北马圈子、寿王坟 3 个运输站。

1984 年 8 月，承德市交通局营子矿区分局改设为鹰手营子运输管理站，运输管理站党支部受中共营子矿区委员会领导，人、财、物及业务均由承德市交通局管理。站内设业务股、行政股，辖鹰手营子、北马圈子、汪家庄、寿王坟分站 4 个和公路运输检查站。

1992 年 1 月，根据承德市政府文件精神，恢复营子矿区交通分局。1993 年 5 月，营子矿区交通分局设路政科，1994 年 1 月路政科改为鹰手营子公路管理站，营子矿区交通分局接管双滦区交通局鹰手营子养路道班和寿王坟养护道班，2 月接管承德市营子矿区征稽所、鹰手营子汽车站、承德市汽车四场。12 月，营子矿区交通分局改称营子矿区交通局，移交区人民政府，所需资金仍由承德市交通局拨款，业务工作由承德市交通局主管，人员、党务、干部任免归营子矿区管理。至此，营子矿区交通局成为区政府交通行政管理部门，行使交通管理职能。1996 年 9 月，鹰手营子汽车站移交承德市交通运输总公司兴隆七公司管理。至 2003 年，机构未变化。

（二）公路养护

1994 年以前，公路养护工作归承德市双滦区交通局鹰手营子养护道班和寿王坟养护道班负责。1994 年地市合并后，承德市交通局将鹰手营子养护道班、寿王坟养护道班移交营子矿区交通分局，并将鹰手营子辖区国道 112 线 11 公里和县道营大线 12.5 公里的公路养护工作划归营子矿区交通分局。鹰手营子、寿王坟两个道班共有养护工人 7 名，道班房分别设在鹰手营子镇跳沟村和寿王坟镇罗圈沟村 1 组。鹰手营子道班驻地占地 752.08 平方米，有砖木结构平房 5 间；寿王坟道班驻地占地 2211.96 平方米，有砖木结构平房 6 间。为了加强国道 112 线养护和路政管理，营子矿区交通局认真落实公路管养并重的方针，在加强日常养护的同时，先后完成了 112 线 11 公里绿化、美化工作，完成了小修、挖补、水毁公路修复等工作，改善了例养公路路况，通行能力显著提高。1999 年鹰手营子道班房进行翻建修缮，2003 年 9 月，在省道北凌公路建设中，鹰手营子道班房被整体拆除，组建了 112 线和北凌公路养护中心，进一步加大了公路养护力度。

（三）养路费征收

1962 年，境内始建公路养路费征收站，负责征收当地公路养路费，兼管机动车年检、驾驶证年检和交通事故现场处理等事宜。1964 年 7 月，国营、公私合营、运输合作社营运汽车养路费率由 6% 调整为 8%，按月征收，由车吨收费 45 元调整为 60 元，国家机关、人民团体自用载货汽车减半征收。1965 年 12 月 20 日以后，开始执行《河北省公路养路费征收实施细则》。是年，鹰手营子公路养路费征收站更名为营子矿区监理征费站。

1979 年，调整部分车辆养路费率，企事业、合作社等单位及公路运输企业的非营运车辆，汽车每月吨 70 元，汽车挂车每月吨 35 元；拖拉机每月每马力 3.5 元；畜力大型车每月 10 元，畜力小型车每月 5 元。改革开放后，营子矿区的运输车辆大幅度增加，养路费征收额明显上升。1985 年和 1988 年，又 2 次调整养路费标准，1992 年客车征费调整为月吨 160 元，货车月吨 150 元，三轮摩托车每月 10 元，两轮摩托车每月 5 元；畜力胶轮大车每月 10 元，畜力胶轮小型车每月 5 元；挂临时牌照、试车牌照的车辆，在牌照有效期内按月征收养路费。

1994 年 2 月，营子矿区交通分局路政科接管承德市营子矿区征稽所。1995 年再次调整养路费标准，客车月吨 210 元，货车和其他车辆月吨 190 元，至 2003 年一直沿用此标准。1995 年，全区汽车、

拖拉机养路费征收额 365 万元，分别完成计划的 116. 18% 和 103. 96%，2003 年汽车养路费完成 481. 08 万元，拖拉机养路费完成 31. 12 万元，分别完成计划的 104. 58% 和 103. 73%。

1994—2003 年营子矿区公路运输完成规费一览表

表 11 - 1 - 2

项目 / 年度	汽车养路费			拖拉机养路费			运输管理费			货运附加费			客运附加费		
	计划任务（万元）	完成任务（万元）	完成率（%）	计划任务（万元）	完成任务（万元）	完成率（%）	计划任务（万元）	完成任务（万元）	完成率（%）	计划任务（万元）	完成任务（万元）	完成率（%）	计划任务（万元）	完成任务（万元）	完成率（%）
1994	263.	318. 53	121. 11	35	25. 53	72. 94	51	51. 74	101. 45	—	—	—	3	3. 66	122. 00
1995	290	336. 93	116. 18	27	28. 07	103. 96	51	51. 97	101. 90	—	—	—	4	4. 94	123. 50
1996	386	443. 15	114. . 81	31	31. 50	101. 61	50	56. 01	112. 02	11	11. 19	101. 73	8	8. 07	100. 88
1997	498	470. 17	94. 41	31	32. 24	104. 00	52	52. 01	100. 02	14	14. 24	101. 71	9	9. 50	105. 56
1998	492	492. 04	100. 01	31	10. 03	32. 35	54	55. 08	102. 00	19	21. 08	110. 95	9	11. 21	124. 56
1999	460	430. 00	93. 48	17	17. 30	101. 76	54	54. 00	100. 00	22	22. 01	100. 05	11	18. 02	163. 82
2000	420	357. 86	85. 20	17	21. 79	128. 18	54	54. 02	100. 04	20	21. 32	106. 60	10	11. 67	116. 70
2001	400	429. 96	107. 49	17	17. 09	100. 53	54	54. 07	100. 13	24	24. 01	100. 04	13	13. 05	100. 38
2002	400	480. 32	120. 08	22	44. 43	201. 95	54	54. 01	100. 02	—	24. 02	—	11	13. 96	126. 91
2003	460	481. 08	104. 58	30	31. 12	103. 73	54	56. 05	103. 80	26	26. 01	100. 04	11	11. 04	100. 36

（四）公路标志

1994 年 1 月营子矿区交通分局设置公路管理站设立后，所辖公路包括国道 112 线 11 公里，省道北凌公路 358 线 12. 5 公里，地方营涝公路 9. 35 公里，金北（金扇子至北马圈子）公路 4. 1 公里，乡村公路 48. 65 公里。按照科学、合理、规范设置的要求，公路管理站提前介入改扩建路段公路标志标线设置施划工作，对山区道路中的急弯、陡坡、视距不良等存在安全隐患路段，在原有公路标志的基础上，增设警示标志和温馨提示标志，增设减速震荡标线，加大巡回检查力度，加强标志牌线日常维修和管理等项工作，使辖区公路的交通标志、指路标志、路面标志在公路管理和服务方面发挥了重要作用。截至 2003 年，辖区 112 线路段有里程桩 54 块，悬臂式标志牌 54 块，另外，还在营涝线和金北线分别设有里程桩。

第二节　铁路运输

一、货运

1957 年 9 月，京承铁路一期工程（上板城站至境内北马圈子站）通车，1958 年鹰手营子车站货运量 8. 91 万吨。1960 年 4 月 1 日，京承线全线运营，是年，鹰手营子站货物发运量 67. 67 万吨，到货量 8. 51 万吨。20 世纪 60 年代前期，处于国民经济困难和调整时期，货运以运煤为主，煤炭又以整

车发运为主。1965年两站货物发运量是51.25万吨。到70年代初，驻区企业增加，生产规模扩大，流动人口增多，铁路部门调动各方面的积极性，1974年全区货物到达量为20.48万吨，货物发运量首次突破百万吨，1979年达209.25万吨，创历史最高水平。1983货物到达量达55.23万吨。1989年鹰手营子火车站货运量达69.67万吨，北马圈子火车站货运量达78.82万吨，1995年，鹰手营子和北马圈子火车站货运量合计119.91万吨，2003年，两站的货运量分别是36.29万吨和39.01万吨。

1958年至2003年，两站累计货物发运量4808.97万吨，货物到达量1181.49万吨。

二、客运

1961年，京承铁路开始发送旅客。1965年，鹰手营子和北马圈子两个火车站合计发送旅客19.01万人次。20世纪70年代后期，随着营子矿区工业生产规模的扩大，流动人口增加，旅客发运量增加，1978年两站合计发运旅客22.61万人次，1989年仅鹰手营子火车站就发运旅客23.06万人次。2003年，两站客运量分别是27.84万人次和10.74万人次。

1961年至2003年，两站累计旅客发运量1101.52万人次。

1958—2003年营子矿区境内铁路客货运输统计表

表11-1-3

项目 数量 年度	鹰手营子火车站货物发运量（万吨）	北马圈了火车站货物发运量（万吨）	两站货物发运量合计（万吨）	鹰手营子火车站货物到站量（万吨）	北马圈子火车站货物到站量（万吨）	两站货物到站量合计（万吨）	鹰手营子火车站旅客发运量（万人次）	北马圈子火车站旅客发运量（万人次）	两站旅客发运量合计（万人次）	鹰手营子火车站运输收入（万元）	北马圈子火车站运输收入（万元）	两站运输收入合计（万元）
1958	8.91	—	8.91	5.66	—	5.66	—	—	—	—	—	—
1959	32.88	—	32.88	10.43	—	10.43	—	—	—	—	—	—
1960	67.67	—	67.67	8.51	—	8.51	—	—	—	—	—	—
1961	71.88	7.83	79.71	5.7	32	37.7	16.21	8.18	24.39	—	—	—
1962	45.23	28.05	73.28	5.1	22.9	28	16.41	7.0	23.41	—	—	—
1963	29.96	31.36	61.32	2.51	15.3	17.81	11.63	4.35	15.98	—	—	—
1964	28.69	29.42	58.11	2.96	16.2	19.16	12.10	4.08	16.18	—	—	—
1965	12.21	39.04	51.25	3.84	21.9	25.74	12.15	6.86	19.01	—	—	—
1966	11.6	41.14	52.74	3.27	24.3	27.57	14.14	8.51	22.65	—	—	—
1967	12.08	34.73	46.81	3.05	20.38	23.43	12.76	6.90	19.66	—	—	—
1968	14.33	38.54	52.87	4.04	35.4	39.44	11.85	4.80	16.65	—	—	—
1969	13.93	37.83	51.76	5.08	42	47.08	10.64	4.16	14.80	—	—	—
1970	23.33	43.31	66.64	5.6	14.08	19.68	10.2	4.80	15.00	—	—	—
1971	44.5	46.57	91.07	6.2	12.00	18.2	10.85	5.16	16.01	—	—	—
1972	47.97	45.99	93.96	5.72	13.35	19.07	11.69	5.44	17.13	—	—	—
1973	46.99	50.45	97.44	5.25	11.56	16.81	11.45	5.27	16.72	—	—	—

续表 11－1－3

项目 数量 年度	鹰手营子火车站货物发运量（万吨）	北马圈了火车站货物发运量（万吨）	两站货物发运量合计（万吨）	鹰手营子火车站货物到站量（万吨）	北马圈子火车站货物到站量（万吨）	两站货物到站量合计（万吨）	鹰手营子火车站旅客发运量（万人次）	北马圈子火车站旅客发运量（万人次）	两站旅客发运量合计（万人次）	鹰手营子火车站运输收入（万元）	北马圈子火车站运输收入（万元）	两站运输收入合计（万元）
1974	52.17	56.27	108.44	6.07	14.41	20.48	11.3	5.09	16.39	—	—	—
1975	52.37	63.47	115.84	5.25	17.50	22.75	11.82	5.44	17.26	—	—	—
1976	59.4	69.72	129.12	7.51	17.55	25.06	11.05	5.16	16.21	—	—	—
1977	79.43	97.71	177.14	6.87	13.52	20.39	13.45	6.24	19.69	—	—	—
1978	86.44	113.89	200.33	9.23	17.78	27.01	16.3	6.31	22.61	—	—	—
1979	95.72	113.53	209.25	10.44	16.32	26.76	16.5	6.39	22.89	—	—	—
1980	74.34	101.74	176.08	10.68	12.26	22.94	15.64	6.10	21.74	—	—	—
1981	71.74	70.42	142.16	5.5	28.9	34.4	15.97	6.30	22.27	—	—	—
1982	84.75	75.01	159.76	7.84	42.7	50.54	20.11	6.18	26.29	—	—	—
1983	81.12	68.84	149.96	8.73	46.5	55.23	17.44	6.52	23.96	—	—	—
1984	79.03	38.42	117.45	8.1	13.83	21.93	19.87	8.17	28.04	—	—	—
1985	77.46	72.39	149.85	8.92	20.26	29.18	18.74	8.31	27.05	—	—	—
1986	76.95	79.49	156.44	9.12	21.05	30.17	19.01	8.92	27.93	—	—	—
1987	67.99	73.92	141.91	8.28	17.88	26.16	22.54	8.89	31.43	—	—	—
1988	69.61	77.12	146.73	6.71	21.37	28.08	23.59	8.89	32.48	—	—	—
1989	69.67	78.82	148.49	6.97	22.57	29.54	23.06	8.89	31.95	527.36	560.40	1087.76
1990	56.96	75.41	132.37	6.37	21.12	27.49	22.29	8.36	30.65	512.08	577.18	1089.26
1991	52.28	68.31	120.59	7.58	19.80	27.38	21.10	8.23	29.33	508.38	677.05	1185.43
1992	56.29	70.21	126.50	7.04	19.76	26.80	20.94	8.65	29.59	548.69	755.21	1303.90
1993	64.05	70.19	134.24	6.06	24.42	30.48	22.73	10.01	32.74	663.01	729.31	1392.32
1994	55.90	44.89	100.79	3.72	24.06	27.78	23.30	11.02	34.32	632.30	461.68	1093.98
1995	61.24	58.67	119.91	2.79	15.58	18.37	23.66	10.05	33.71	677.30	564.29	1241.59
1996	46.25	61.08	107.33	2.32	17.19	19.51	26.02	10.86	36.88	614.80	689.70	1304.50
1997	53.40	57.50	110.90	4.25	20.71	24.96	23.46	10.16	33.62	685.20	687.68	1372.88
1998	34.86	43.04	77.90	4.58	25.97	30.55	21.04	10.80	31.84	434.99	572.74	1007.73
1999	36.06	35.07	71.13	3.63	19.22	22.85	25.62	10.02	35.64	532.70	470.34	1003.04
2000	35.29	35.29	70.58	1.84	20.21	22.05	26.69	8.80	35.49	513.20	494.76	1007.96
2001	35.71	36.02	71.73	1.87	20.84	22.71	26.32	9.14	35.46	516.40	497.08	1013.48
2002	36.04	38.29	74.33	1.91	20.79	22.70	27.81	10.08	37.89	534.80	498.89	1033.69
2003	36.29	39.01	75.30	1.92	21.03	22.95	27.84	10.74	38.58	538.20	530.14	1068.34

第三节　水路运输

民国4年（1915年）境内柳河上曾有漕运，运营路线是鹰手营子—大营子—柳河口。运具大都为木筏，还有平底船和凸底船。百姓将砍伐的原木捆绑成筏子运往柳河口出售，平底船在增水期能载运6吨，正常水位时能载4吨，凸底船增水期载货4吨，浅水期可载货3吨，有木船4—8只。20世纪20—30年代水运物资倍增，运出货物多为木材、煤炭及土副产品，运进货物为生产生活日常用品等。此外，还有部分水上客运，运价为上途逆水每客每公里0.36元左右，下途顺水每客每公里0.28元左右，短途逆水每客每公里0.34元，顺水每客每公里0.25元，年均客运量1000多人次。柳河每年12月封冻至来年4月停运，5—8月为淡季，洪水期后的9—11月为旺季。40年代初，柳河水上运输业停业。至此，据不完全统计，鹰手营子地区水上总计货物运输量3304吨，周转量106394吨公里。

第四节　装卸搬运

1953年，成立鹰手营子搬运小组，隶属兴隆县粮食所，有职工12人。1963年，全组有职工27人，有货运人力车8辆。1965年5月，搬运小组与承德市搬运团合并，改称为鹰手营子搬运队，下设2个小组，为鹰手营子火车站和区粮库搬运装卸货物，有工人100人。1970年购置手扶拖拉机8台，有职工98人，仍以为鹰手营子火车站和区粮库搬运装卸货物为主，是年收入12.6万元，上缴税金3.2万元；1975年有职工96人，年收入14.4万元，上缴税金3.8万元；1980年有职工97人，年收入20.4万元，上缴税金5.3万元。1981年购置汽车3辆，年收入42.39万元，上缴税金9.2万元，实现利润1.05万元。1985年有汽车10辆，泰山牌拖拉机12辆，固定资产总额56万元，职工110人。是年8月10日，与承德市汽车四队合并。此后至2003年，区粮库的搬倒运输以内部汽车队为主，鹰手营子火车站的货物装卸搬运则以雇用临时工或镇村装卸队为主。

第二章　邮政通信业

清东陵，“后龙风水”禁地封禁后，境内已有了传递军令、信函、火情的“拨讯”。民国26年（1937年），境内设立邮政代办所，邮政业务单一，信息传递量很少。

中华人民共和国成立以后，区、镇相继建立邮电营业所，逐步增添邮电设备，拓展邮电业务，扩大服务范围，基本保证了地方党委、政府、企事业单位和城乡居民的邮政通信需求。改革开放以后，营子矿区的邮政通信业经历了从计划经济向市场经济、从传统生产型向经营效益型的转变。国内汇兑、邮政快件、鲜花礼仪、邮政储蓄、代办保险、物流配送等成为邮政服务新项目。程控电话、无线

导呼、移动电话、光纤通信、宽带业务、网络数据通信等高新设备和手段相继推广应用，业务、生产全部实现电子化，极大地提高了通信业的整体水平。上门服务、特需服务、延伸服务等人性化软环境，进一步加快了全区邮政通信业步入信息时代的步伐。2003 年，全区出口函件、出口包裹、特快专递、邮政储蓄、报刊发行等业务收入合计 383.43 万元，固定、移动和网络通信用户达到 34060 户，程控电话业务收入 1248 万元。

第一节　邮政业

一、函件

（一）函件业务

民国 26 年（1937 年），成立鹰手营子邮政代办所，主要办理一般官府公文、印刷品和民间信函。

中华人民共和国成立以后，函件种类逐渐增加，主要包括信函、明信片、邮简、印刷品和盲人读物等。按处理手段分为平常函件和给据函件，按邮局所负赔偿责任分为保价函件和非保价函件，按寄递区域分为本埠函件和外埠函件。1982 年出口函件 56.17 万件，1988 年 74.14 万件，比 1982 年增长 31.99%，1997 年降到 17.59 万件，比 1988 年减少 76.27%，业务收入 9.05 万元。2003 年，出口函件 16.03 万件，比 1997 年减少 8.87%，业务收入 10.3 万元，比 1997 年增长 13.81%。

1997—2003 年营子矿区邮政局函件业务收入及业务量统计表

表 11－2－1

项目 / 年度	业务收入（元）	业务量（件）
1997	90472	175890
1998	105951	208026
1999	138583	132679
2000	189541	119446
2001	129620	179713
2002	102516	133039
2003	103056	160266

（二）函件资费

信函属于基本资费，国家统一标准。1965 年 2 月，营子矿区划归承德市后，市区互寄信件，其资费按本埠收取，后按邮电部门内部规定凡不与市区毗邻的辖区“飞地”与市区互寄信件，资费仍按外埠标准收取，故改为外埠收费标准。1996 年 12 月，国内调整函件资费标准，信函每重 20 克（不足 20 克按 20 克计算）0.5 元，明信片每件 0.4 元，印刷品每 100 克（不足 100 克按 100 克计算）0.3 元，回音卡每件 0.4 元，回执每件 3 元。信函、明信片、邮简、回音卡取消本外埠之分。1999 年 3 月，国家再次对邮件资费进行部分调整，划分基本和非基本两种资费标准，信函、明信片属基本资费类，其

余属于非基本资费类，同时恢复信函、印刷品、邮简本外埠之分。盲人读物按水陆路平常邮件寄递免费。至2003年无变化。

1999 年国内邮件资费表

表 11－2－2

资费种类	业务种类	计费单位	资费标准（元）	
			本埠	外埠
基本资费	信函	首重100克内每重20克（不足20克按20克计算）	0.60	0.80
		续重101—2000克每重100克（不足100克按100克计算）	1.20	2.00
	明信片	每 件	0.60	—
非基本资费	印刷品	首重100克（不足100克按100克计算）	0.30	0.60
		续重101—5000克每重100克（不足100克按100克计算）	0.15	0.30
	邮简	每 件	0.60	0.80
	回音卡	每 件	0.60	0.60
	挂号信	每 件	2.00	2.00
	回执	每 件	3.00	3.00

二、包裹

（一）包裹业务

中华人民共和国成立后，鹰手营子邮政营业处开办普通包裹和特递小件包裹业务。1978年后，增加了大件保价包裹、脆弱包裹等类型。1982年出口包件1.35万件，1988年0.75万件，比1982年减低44.5%，1997年出口0.43万件，比1988年减低42.7%，业务收入4.05万元。1998年增加了国际包裹邮寄。2003年，出口包裹量0.36万件，比1997年降低16.3%，比1982年降低73.3%，业务收入6.69万元，比1997年增长65.19%。

1997—2003 年营子矿区邮政局包裹业务收入及业务量统计表

表 11－2－3

项目 / 年度	业务收入（元）	业务量（件）
1997	40483	4263
1998	37376	4513
1999	40321	4617
2000	41200	4316
2001	37162	3448
2002	55427	3251
2003	66872	3594

（二）资费

中华人民共和国成立至1957年，包裹资费按重量和路程计收，1958年1月，实行按区计算办法。1986年7月，民用包裹和商品包裹实行不同计费办法，按交通部门平均运价和邮局处理费核定包裹资费。1996年12月，商品包裹、纸质包裹统一按民用包裹收寄，包裹计费以每500克为一个计费单位，资费标准按寄递里程分区核定，每件包裹收取挂号费1元，另按所填价值1%收取保价费，每件最低1元，保价金额每件最多人民币10万元，内件价值超过10万元的，只可以报10万元。快递小包比普通包裹多收50%资费。1999年12月，包裹挂号费上调到每件2元，至2003年年底未变。

三、特快专递

1984年11月营子矿区邮电支局始办国内特快专递业务，20世纪90年代得到快速发展。特快专递邮件基本资费全国统一，不分距离远近，以每200克计收资费12元，每续重200克或其零数收续重费3元。1996年12月国家调整特快专递资费，国内收寄起重200克20元，200克以上每续重200克（不足200克按200克计算）加收6元，免收查询费。1997年，完成业务量423件，业务收入8601元。1999年3月，在当时资费标准基础上增加新的资费项目，保价费按寄件人申报保价金额0.5%计收，邮件最高保价金额为10万元，最低100元。2003年，完成7488件，业务收入15.99万元，分别是1997年的17.7倍和18.59倍。

1997—2003年营子矿区邮政特快专递业务收入及业务量表

表11-2-4

项目 年度	业务收入（元）	业务量（件）
1997	8601	423
1998	35542	1367
1999	53110	2256
2000	85284	3859
2001	110022	5664
2002	125076	5337
2003	159855	7488

四、报刊发行、集邮

（一）报刊发行

1950年，全国推行报刊发行“邮发合一”，鹰手营子邮政营业处开始经办报刊邮发业务，1958年“大跃进”时期，报刊发行量增幅较大，“文化大革命”时期显著减少。1976年，增加了报刊零售业务。1982年，订销报刊期发份数2.88万份，订销报刊累计份数达294.83万份。1988年，订销报刊期发份数5.61万份，报刊流转额33.87万元。1993年，订销报刊期发份数4.10万份，累计份数298.12万份，2003年，订销报刊期发份数4.90万份，累计份数125.02万份，报刊流转额83.92万元。

1997—2003 年营子矿区报刊发行业务量及收入统计表

表 11－2－5

项目 年度	业务收入（元）	业务量（件）
1997	310000	3845497
1998	442929	2725177
1999	342617	2955168
2000	216929	2038169
2001	218082	1780425
2002	209377	1362141
2003	246948	1250188

（二）集邮

1984 年 11 月，承德市邮票公司在鹰手营子邮电局始办集邮业务，由邮政营业窗口兼办出口纪念邮票，加盖纪念邮戳。1997 年办理集邮业务量 309922 枚，业务收入 217745 元。2003 年，办理集邮业务量 32986 枚，业务收入 97528 元。

1997—2003 年营子矿区集邮业务量及收入统计表

表 11－2－6

项目 年度	业务收入（元）	业务量（件）
1997	217745	309922
1998	219113	223650
1999	187629	116323
2000	301925	65493
2001	180000	70351
2002	102829	43051
2003	97528	32986

五、汇兑、代理业务

（一）汇兑

民国 26 年（1937 年），鹰手营子邮政代办所开办了普通汇兑业务，至 1951 年采用“票汇”方式办理。1951 年 3 月，汇兑业务成为受银行委托的代理业务，1953 年 3 月又恢复为邮政营业处自营，并使用剪格式汇票。1959 年 4 月 1 日起，实行新汇兑制度，“票汇”改为“信汇”。1985 年出口汇票

4.73 万张，1988 年出口 4.94 万张，1993 年出口 4.13 万张，随着储蓄业务的通存通兑，2003 年出口汇票下降到 2.47 万张。

（二）代理业务

民国 26 年（1937 年），鹰手营子邮政代办所始办代理保险业务，新中国成立前停办。1998 年 9 月开始，先后开办鲜花礼仪、代发工资、代办电信业务、代办户外灯箱广告、函件广告和物流等代理业务。

2001 年，开始代办中国人民保险公司、中国太平洋保险公司的财险、个险等多个险种，原则是代收保险费，对被保险人不承担任何损失赔偿责任。随着市场经济体制的不断完善，居民的保险意识、保险需求迅速增长，代理保险业务有了越来越大的发展空间。至 2003 年，代办业务未再新增业务。

2002 年鹰手营子邮政局下属支局所经办业务收入表

表 11－2－7　　单位：万元

经办业务	支局名称	业务收入
函件、包裹、汇兑、邮政储蓄、快件、集邮、报刊发行、保险电信、物流、鲜花、礼仪	鹰手营子支局	197
	寿王坟支局	37
	汪家庄支局	39
	北马圈子支局	20
	涝洼滩支局	22
	洞庙河支局	5

六、管理

（一）机构

民国 26 年（1937 年），境内设邮政代办所。民国 31 年（1942 年），邮政代办所改设邮政支局，由伪满奉天邮政管理局兴隆邮政局管辖。民国 35 年（1946 年）1 月，热河省邮政管理局接收鹰手营子邮政支局。民国 37 年（1948 年）1 月，兴隆县邮政局在鹰手营子改设邮政代办所，3 月升格为邮政营业处。

1952 年，兴隆县邮政局在寿王坟设立邮政营业处。1956 年，鹰手营子邮政营业处、寿王坟邮政营业处分别改称邮电支局，11 月划归承德市邮电局。1958 年 7 月，鹰手营子和寿王坟 2 个邮电支局移交给兴隆县邮电局管理。是年，建立北马圈子、汪家庄邮电所，1960 年建立洞庙河邮电所。1965 年 6 月，鹰手营子邮电支局及下属的北马圈子、汪家庄、洞庙河 3 个邮电所和寿王坟邮电支局划归承德市邮电局领导。1969 年 12 月，营子矿区邮政、电信分设，成立营子矿区邮政局，隶属承德市邮政局领导。1973 年 8 月，邮政、电信 2 局合并，重新成立营子矿区邮电局，隶属承德市邮电局直接领导。

1998 年 9 月，邮政、电信再次分营，成立营子矿区邮政局，下设邮政支局 4 个，邮政所 2 个，局机关内设职能部室 2 个、生产部门 10 个、车队 1 个，担负着全区及兴隆县部分镇村（合计 7 个镇 28 个行政村）和各大企事业单位的邮政通信服务工作。2003 年有在职职工 31 人，离退休职工 25 人，临时工 48 人。有邮政营销网点 6 处，全功能局所 6 处，邮政储蓄点 6 处。

（二）管理工作

安全生产 20世纪50年代初，陆续制定了机线维修安全操作规程和邮运、邮递外勤人员安全生产守则。1955年，邮电部颁发了营业日和营业时间、时限频次、时限监督、生产检查4项规定后，鹰手营子邮电支局也制定了内部作业计划，调整了封发关系，并通过寄发试信和访问用户等措施，强化了对处理时限和服务的监督检查，减少了因工序之间作业不衔接、封发关系不合理造成的延误现象。1963年起，鹰手营子和寿王坟2个邮电支局在认真贯彻执行邮电部修订的业务规章制度的同时，进一步完善了自订的交接验收、平衡合拢等制度，同时还加强了汇兑、包裹集中检查和业务档案集中管理等项工作。1979年，邮电部颁发《邮电企业安全生产工作条例（试行）》，营子矿区邮电局成立了安全领导小组，并设立安全员。1982年在推行责任制中，局内设立了安全生产检查员，专门负责安全生产管理工作。对线路维修、邮件转运、投递等外勤作业工种，除长年坚持安全生产教育外，每年还要采取不同形式开展安全生产活动。1982年以后，进一步落实确保通信质量的3项基本制度（即交接验收、平衡合扰、勾挑核对制度），明确划分了生产部门及班组职责范围，按工序建立起岗位责任制。1998年，继续坚持一手抓生产，一手抓质量，建立健全各项规章制度，明确职能部门和生产班组应负的检查责任。从1999年起局内设立邮政检查员和储汇稽查员，规定检查频次，逐步形成了生产监督检查体系和监控体系。在“团结务实、与时俱进、创业兴邮、事争一流”企业精神的指导下，积极开展星级窗口服务活动和便民利民活动。1998年至2003年，全局未发生通信生产事故，圆满完成了承德市邮政局下达的各项通信质量指标，2002年和2003年连续荣获省级文明单位称号，

财务管理 中华人民共和国成立至1956年，邮政业务实行收支差额上缴的收支两条线管理办法。1959年起邮电体制下放，鹰手营子和寿王坟邮电支局财务改由人民公社管理。1960年12月，划归国家统一编制，财务实行收支两条线。1978年以后，邮电部门实行奖金制度，按业务总量指标进行成本核算，货币计量，自负盈亏。随着邮政企业改革的深入，1985年，承德市邮电局推行经济核算制，1986年起，又先后推行经营目标责任制和经营承包责任制，鹰手营子邮电局的财务管理也由报账制改为独立核算制。此后，鹰手营子邮电局大力加强固定资金、流动资金和邮政票券的管理，坚持以收定支，先提后用，专款专用等原则，在报刊发行、邮政储蓄、集邮等中心配备专业会计，设立票券账簿，分别建户，专提专用，单独核算。1995年，全局固定资产原值495.72万元，1998年540.87万元，2002年559.08万元。2003年，财务管理又改为报账制。

第二节　通信业

一、有线通讯

（一）电话

民国25年（1936年），日伪当局为强化伪满洲国治安，架设了兴隆县城至北马圈子电话线路，抗日战争后期遭到抗日军民破坏。

1952年，架设兴隆县至鹰手营子电话线，12月31日开通市话、长途电话业务，分防空情报电话、军政电话、企业电话、一般电话、公务电话5种。普通电话等候时限为2小时，加急电话等候1小时。1958年末，营子矿区农村实现社社通农话。

1985年4月，邮电部对长话业务种类和等候时限做了修订，普通电话等候时限为1.5小时。修定后的业务种类分为代号电话、特种电话、紧急调度电话、政务电话、普通电话、公务和业务电话6

种。1986年，承德开通至营子矿区的特快电话业务。1988年6月，鹰手营子邮电局管理的兴隆县境内北营房、克梨木、潘家店、下台子、荒地沟5个乡营交接点并入兴隆县农话网，余下的18个农村电话用户接入鹰手营子市话交换网。年底，全区市话平均每百人占有3.44部。

1991年，开通全国及当地网程控电话，实现国内、国际电话直拨。1993年，全区市话话机3590部，2003年达17569部。1986年至2003年，全区长途电话864263次，国际长途589次，长途电话业务总量达175.5万元，至2003年长途电话拨有权用户增加到13917户，其中直拨国际、港、台用户604户。

（二）互联网

1997年9月，开通因特网，“163”“169”拨号上网，首先在网吧投入使用。2002年10月，开通宽带e线—ADSL、FTTX + LAN业务，注册用户上网，主叫业务，学生e路行，股市e路通，宽带视频，商贸隧道，企业邮局，电子商务等。是年又开通16户网吧用户。ADSL的开通为全区网络信息化发展奠定了坚实基础。2003年，有31个网吧实现光缆接入，达到了安全快速不掉线。2003年12月末，到网户数为491户。

二、无线通信

（一）电报

民国28年（1939年），电报种类分官报、商报和新闻报3种，民国30年（1941年），增加局报1种，每种电报可用中文、日文和英文书写交发。民国34年（1945年），电报种类有中文电报、英文电报、加急电报和校对电报。

1953年，兴隆县至鹰手营子开通话传电报。1956年，承德至鹰手营子和寿王坟开通单工音响报路一条。1965年寿王坟至承德利用防空线开通报话兼通电话。

1978年3月，承德至鹰手营子开通电传报路。1985年4月后，电报种类包括天气电报、水情电报、公益电报、政务电报、新闻电报、普通电报、汇款电报、礼仪电报、公用电报等。此外，还有特急、加急、邮送等特别业务。

1988年10月，承德至寿王坟报路撤销，开通鹰手营子至寿王坟报路，去寿王坟的电报，改经鹰手营子转。90年代末，利用微机发报，2000年以后利用传真机收发报。去报发至承德，寿王坟、汪家庄、北马圈子3个基层营业部的来去报均由传真机发至鹰手营子营业收费中心。

（二）移动电话

1991年4月，开通无线寻呼业务。

1994年，营子矿区邮电局建成模拟网，1995年建成900兆模拟蜂窝移动电话站，并开通信道8个。1996年建成数字网，1997年900兆模拟蜂窝移动电话信道增至16个，同时数字移动电话开始使用。开通移动通信的初始阶段，业务种类只有全球通，承载了中国移动通信开发的数据业务，包括来电显示、全球呼、短消息、IP电话、手机证券、双频网、虚拟专用网、亲情号码、WAP、GPRS、手机银行、彩铃等。1998年9月邮政电信分营时，有网上用户300户，1999年7月，成立营子矿区移动营业部，用户发展到532户。是年12月，移动营业部改设为移动鹰手营子分公司，年收入23万元。2000年6月，开通“神州行”业务，取消入网费和频占费，用户增加到3282户。2001年12月，关闭模拟移动电话。2003年4月，推出包括“学生套餐”“娱乐套餐”“时尚套餐”等3种产品的“动感地带”业务。在全球通、神州行、动感地带三大品牌支撑下，形成语音业务、移动业务、卡类业务、集团客户业务、漫游业务等多种业务种类，在网络平台上开发了手机查分、天气预报、列车时刻查询等附加增值业务，适应了不同消费群体的需求。至2003年底，移动鹰手营子分公司有9个基站，自建传输40余公里，服务范围覆盖全区4个镇15个行政村和境内各大企事业单位的近7万人，同时

还担负着兴隆县部分乡镇村的移动通信服务任务，服务面积157平方公里，有网上用户16000户。2003年，收入1126万元。

2000年4月，承德联通分公司成立并全面开展移动业务，2001年至2002年，营子矿区的联通业务由邮政局代管。2003年初，承德联通分公司在营子矿区设立经营部，主管移动通信（包括GSM和CDMA）、数据通信、长途通信、互联网和无线寻呼业务。

2003年营子矿区移动分公司移动通信资费标准

表11－2－8

<table>
<tr><th rowspan="2">品牌名称</th><th>类型</th><th rowspan="2">资费标准</th><th>类型</th><th rowspan="2">资费标准</th></tr>
<tr><th>归属地</th><th>漫游</th></tr>
<tr><td rowspan="3">全球通</td><td>呼叫本地电话</td><td>0.40元/分钟</td><td>呼叫漫游电话</td><td>0.60元/分钟</td></tr>
<tr><td>呼叫国内长途</td><td>0.40元/分钟
+0.07/6秒</td><td>呼叫异地电话</td><td>0.60元/分钟
+0.07/6秒</td></tr>
<tr><td>接听电话</td><td>0.40元/分钟</td><td>漫游地</td><td>0.60元/分钟</td></tr>
<tr><td rowspan="4">神州行</td><td>呼叫本地电话</td><td>0.60元/分钟</td><td>异地</td><td>0.80元/分钟</td></tr>
<tr><td>呼叫国内长途</td><td>0.60元/分钟
+0.07/6秒</td><td></td><td>0.80元/分钟
+0.07/6秒</td></tr>
<tr><td rowspan="2">接听电话</td><td>0.60元/分钟</td><td>漫游地</td><td>0.80元/分钟</td></tr>
<tr><td></td><td>异地</td><td>0.80元/分钟
+0.07/6秒</td></tr>
<tr><td rowspan="3">动感地带</td><td>学生套餐无月租</td><td colspan="2">15元套餐、可享受200条点对点短信（网内和网外）和20分钟本地市话通话（移动网内）</td><td rowspan="3">通话费；移动网内本地市话主被避0.20元/分钟，本地长途0.20元/分钟＋长途费：移动网外本地市话主被叫0.30元/分钟＋相应长途费；漫游费按照标准自费执行</td></tr>
<tr><td>娱乐套餐无月租</td><td colspan="2">20元套餐：可享受300条点对点短信（包括网内和网外）</td></tr>
<tr><td>时尚套餐无月租</td><td colspan="2">30元套餐：可享受200条点对点短信（包括网内和网外）＋30分钟本地市话通话＋10分钟国内IP长途通话（IP长途通话费是指使用17951本地拨打IP电话的基本费和IP长途费）</td></tr>
</table>

1988—2003 年鹰手营子邮电局（电信局）
电信业务量收支情况统计表

表 11－2－9　　　　单位：万元

年份＼项目	计费业务量	业务收入	业务支出	年份＼项目	计费业务量	业务收入	业务支出
1988	58.32	67.33	76.18	1996	945.10	723.43	711.16
1989	61.00	73.00	45.00	1997	1303.13	1147.20	619.77
1990	62.50	84.00	69.42	1998	1115.24	1076.71	524.27
1991	132.15	110.39	90.70	1999	—	897.66	431.89
1992	211.47	164.36	157.26	2000	—	1077.55	459.37
1993	328.35	255.04	161.25	2001	—	1051.92	—
1994	452.53	212.98	309.04	2002	—	1150.00	—
1995	686.29	509.89	352.98	2003	1230.00	1248.00	—

说明：1998 年邮政、电信分营后无统计人员，2001 年开始实行报账制，故统计数据不全

三、管理

（一）机构

营子矿区电信营业部

民国 26 年（1937 年），邮政代办所开通电信业务。1953 年至 1969 年 12 月，电信业务先后由兴隆县邮政局、承德市邮电局管理。1969 年 12 月邮政电信业务分营，成立鹰手营子电信局，隶属承德市电信局。1973 年邮政电信 2 局合并，隶属承德市邮电局。1998 年 9 月，邮政电信再次分营，成立营子矿区电信局，隶属承德市电信局。1999 年 7 月，电信业重组，移动通信业务、资产及人员从电信局分出。电信局成立营子矿区电信营业部。2003 年，电信营业部内设职能部室 4 个，服务中心 4 个，生产部 2 个，车队 1 个，下属基层营业部 3 个，接入网点 9 个，有房屋 4641.14 平方米，行政用车 1 辆，生产用车 5 辆，固定资产总值 2596.82 万元，在职职工 35 名，离退休职工 23 人，临时工 25 人，内退职工 10 人，担负着营子矿区、兴隆县和承德县部分镇村的电信服务，服务面积 260 平方公里，人口 7.4 万人。

河北省移动通信有限责任公司鹰手营子分公司

1998 年 9 月，邮政、电信分营，移动通信业务划归营子矿区电信局。1999 年 7 月，电信重组，移动通信业务、资产及人员分出，成立营子矿区移动营业部，隶属承德移动通信公司。12 月，营子矿区移动营业部更名为河北移动通信有限责任公司鹰手营子分公司。2003 年，分公司有职工 8 人，劳务用工 20 人。内设综合部、网络部、市场部、1 个自办营业厅。有 9 家代理商，自有房屋 333.79 平方米，其中生产用房 110 平方米，租赁房屋 212.85 平方米。基站 9 个。

中国联通公司承德分公司鹰手营子经营部

2001 年至 2002 年，营子矿区的联通业务由营子矿区邮政局代理。2003 年初，设立联通鹰手营子经营部，隶属承德联通分公司。

（二）生产、财务管理

安全生产　1953 年，制定了各类通信设备测试检修办法，实行按维护周期和作业计划进行检修。

1963 年邮电部颁布全国统一的业务规章制度和操作规程，建立生产岗位责任制。1979 年，邮电部颁发《邮电企业安全生产工作条例（试行）》，承德市邮电局成立安全生产委员会，营子矿区邮电局随之成立安全领导小组，并设立安全员。1982 年在推行责任制中，局内设立安全生产检查员，专门负责安全生产管理工作，对线路维修等外勤作业工种和电信服务岗位除长年坚持安全生产教育外，还采取不同形式开展安全生产检查和技能培训及用户回访等活动。2002 年 7 月，实施 ISO 9000 流程管理体系，2003 年通过 ISO 9000 流程验收。

财务管理　1969 年 12 月，成立营子矿区电信局，收入上缴承德市电信局，支出由承德市电信局下拨。1973 年 6 月，邮政、电信合并后，电信业务的各类计划由承德市邮电局下达，工资由承德市邮电局划拨，财务管理执行上级下达计划，年终收支差额上缴。中共十一届三中全会以后，执行邮电部的奖金制度，实行《经济联锁责任制》，与经济收支差额挂钩，超收部分按 10% 以内的比例参加奖金分配。1984 年 4 月起，推行《二级经济核算制》，按照业务总量指标进行成本核算，货币核算，自负盈亏。1986 年，推行国家邮电部的《经营目标责任制》，职工收入明显提高。1998 年 9 月，邮政电信二次分营后，营子矿区电信局实行《岗位绩效工资》分配方式。2001 年，营子矿区电信营业部实行财务报账制。1998 年与邮政分营至 2003 年，营子矿区的电信业务收入一直保持持续增长的良好势头。

第十二编 JINSONGYE

12 金融业

第一章　银行业

第一节　货币

第二节　信贷

第三节　存款

第四节　结算

第五节　债卷

第六节　银行业机构

第二章　保险业

第一节　保险种类

第二节　保额保费

第三节　理赔

第四节　保险业机构

12 承德市鹰手营子矿区志·金融业

CHENGDESHI YINGSHOUYINGZIKUANGQU ZHI JINRONGYE

中华人民共和国成立前，境内融通资金的主要方式是民间借贷。1950年成立东北银行热河省分行兴隆办事处鹰手营子营业所后，相继建立起一批信用社、专业银行的办事处和支行，至2003年共有银行和信用社机构7家。其间，业务范围不断扩大，工作质量与业务水平不断提高，金融网络遍布全区城乡，经营管理日趋科学，逐步由粗放型向重质量、讲效益的集约型转变。通过吸纳城乡储蓄，发放各种贷款，促进商品流通，大力支持骨干支柱企业、乡镇企业、重点项目、挖潜革新、技术改造、产业结构调整、新产品开发和城乡建设，为营子矿区经济的持续发展奠定了坚实基础。1982年开始，中保财产保险公司，人寿保险公司和太平洋保险公司的分支机构先后在营子矿区成立，从初始阶段只办理车险、家庭财产险等几个险种，发展到涵盖企业财产险、货险、养老金险、意外伤害险、重大疾病险、医疗责任险、住房险等共21个险种的多功能服务行业。

第一章　银行业

从民国元年（1912年）至2003年，境内先后流通过银元、边币、人民币等货币9种。民国时期，货币流通管理混乱。中华人民共和国成立后，金融部门严格执行现金管理制度，加强对各金融网点的宏观调控和现金管理，积极吸纳城乡居民、乡镇企业、驻区企事业和机关团体储蓄存款，对调整产业结构，发展乡镇企业、开发骨干重点项目、实施技术改造和设备更新等提供贷款支持，推动了营子营子矿区经济发展。1951年，人行鹰手营子营业所收入只有34.1万元，支出26.7万元，货币净回笼7.4万元，1962年人行鹰手营子办事处和寿王坟办事处合计城镇储蓄存款完成57.6万元，农村贷款回收完成2.59万元，工商贷款完成1135.7万元，长期无息贷款4.54万元，短期贷款2.3万元，社会货币总持有量60.26万元，是年至1984年，人行鹰手营子办事处共办理储蓄存款6679.3万元，完成工业贷款10077万元。1998年全区农业贷款2232万元，占全区各项贷款总额的3.47%，1999年全区发放农业贷款983万元。2003年，全区社会固定资产总投资23144万元，城乡居民储蓄存款余额73944万元，7个金融机构共办理各项贷款余额40099万元，货币净回笼942万元。

第一节　货　币

一、货币种类

银元（谷称现大洋）　民国元年（1912年）国民政府铸制中华民国开国纪念币，币面为孙中山头像。民国3年（1914年）北洋政府铸制印有袁世凯头像的银元（谷称袁大头）。此后境内的银元以袁大头居多。

“满洲票”　民国21年（1932年），伪满洲国制定《旧货币整理办法》规定，所有原来流通的铸币、纸币一律禁用，同时发行“满洲票”，并与银元同价，民国22年（1933年）4月日本侵略军侵占兴隆后开始使用。

老头票 20世纪30年代中期流入鹰手营子。

法币 民国24年（1935年）11月，国民政府禁止银元流通，以中国银行、中央银行、交通银行、农民银行4个行发行的纸币作为全国统一的货币，称为法币，最大面额10元。到1948年最大面额500万元。

边币 民国34年（1945年）9月，除继续使用“满洲票”外，境内开始流通中共晋察冀边区银行发行的流通券，即边币。与“满洲票”的比值为1:20（1边币兑换20元“满洲票”）。民国36年（1947年）“满洲票”停用。

东北流通券 全称东北九省流通券。民国35年（1946年）9月国民政府发行，民国37年（1948年）8月开始收回。

长城券 民国37年（1948年）2月冀察热辽长城银行发行的冀察热辽流通券，面额最小100元，最大5000元。9月起，冀察热辽全区统一以长城券为本位货币，1949年8月被东北币取代。

东北币 民国38年（1949年9月30日止）2月，中国共产党领导下的东北银行发行的地方流通券，8月起在境内流通，同时回收长城券等旧币。

人民币 1951年4月，中央人民政府颁布统一全国货币的命令，中国人民银行统一发行第一套人民币（旧版）。5月，开始以人民币1元兑换9.5元的比例兑换东北币，人民币开始在境内流通，面额有1元、5元、10元、20元、50元、100元、200元、500元、1000元、5000元、10000元、50000元。1955年2月21日，国务院发布《关于发行新版人民币和回收现行人民币的命令》，新版人民币1元等于旧币1万元。新版人民币有10种。其中主币有1元、2元、3元、5元4种，辅币有1分、2分、5分、1角、2角、5角6种。这10种人民币均为纸币。

1957年12月1日，全国开始发行1分、2分、5分硬币，硬币和纸币同时在市场流通。是年，人民币10元券开始发行。

1961年3月起，中国人民银行总行发行的蓝黑版1元券与原发行的1元券同时流通。1964年改版后新发行的人民币有7种，即主币1元、2元、5元、10元4种，辅币1角、2角、5角3种。对苏联代印的3元、5元、10元券兑换中国印制的5元、10元券，取消了3元券。至此，境内流通的人民币已达19种，其中主币8种，辅币11种。

1974年1月5日，发行新版5角券。1980年4月15日起，陆续发行1角、2角、5角、1元的金属币。1987年4月27日开始，陆续发行1980年新版人民币，是年7月27日首次发行50元券和5角券，1988年5月10日发行100元、2元、1元和2角券，是年下半年陆续发行了10元、5元、1角券。1999年1月1日起，第二套人民币停止流通（纸、硬分币除外）。是年10月1日起陆续发行第5套人民币，有100元、50元、10元、5元纸币和1元、5角、1角3种硬币。2000年7月1日，第3套人民币停止流通。是年10月16日发行第2批第5套人民币20元券和1元、1角硬币。截至2003年，市场上流通的人民币达24种。

二、货币流通

民国时期，货币种类繁多，流通混乱，货币流通以商品流通为基础，并为商品流通服务。货币投放的渠道主要包括工资性支出、农副产品采购支出、工矿产品采购支出，行政事业支出和其他支出。回笼的渠道包括商品销售收入、服务业收入、税务收入、储蓄现金收入和其他收入。1951年，中国人民银行鹰手营子营业所现金收入总计34.1万元，其他商品销售收入21.8万元，劳动服务收入1.4万元，储蓄存款收入1.4万元，其他收入9.5万元；支出总计26.7万元，其中工资支出10.7万元，农副产品采购支出0.3万元，行政管理费支出4.5万元，储蓄存款支出0.8万元，其他支出10.4万元；货币净回笼7.4万元。1956年完成了对私营经济的社会主义改造，社会主义公有制经济增多，使市场

货币流通量相对减少，货币归行速度加快。是年，中国人民银行鹰手营子办事处和寿王坟办事处共收入现金1090.4万元，支出1502.7万元，货币净投放412.3万元。1962年，现金收入1450.9万元，支出2046.9万元，净投放596万元，社会货币总持有量60.26万元，其中城镇集体单位库存现金7.98万元，职工和市民现存现金13.4万元，农村集体单位存现金5.57万元，农民存现金33.3万元。此后十几年中，在计划经济体制下，货币投放起着宏观调控的作用，加上营子矿区属于经济欠发达地区，国民经济一直在低速度中缓慢发展，货币流通相对稳定。1972年全区银行贷款完成1213万元，城镇储蓄存款余额114万元，农村存款104万元。

1978年以后，随着工农业生产、乡镇企业的较快发展，职工工资奖金增幅加快，城镇集体和农村乡镇企业库存现金增加，1981年，中国人民银行鹰手营子办事处共办理企业存款、机关团体存款和城乡居民储蓄存款28983万元，1月至10月货币投放合计5742.2万元。1981年至1985年，各银行办事处下大力组织资金来源，增加信贷投放，支持商品生产，加快了货币流通。同时，区内流动人口增加，商品流通规模扩大，带动货币流入流出量增大。进入90年代以后，在经济体制改革不断深化过程中，营子矿区个体私营经济得到快速发展，货币流通结构开始向多元化方向发展，货币流出流入频繁，投放量增加，集团和单位库存现金减少，城乡居民货币收入进一步增加，市场商品供应曾出现紧张状况，物价上涨，储蓄存款减少，货币流通也出现了支大于收的现象。1995年全区社会固定资产投资9500万元，是“七五”时期总和的4.5倍，城镇居民储蓄存款余额29392万元。随后几年，全区各项存款、贷款余额迅速增长，1997年各项存款余额49245万元，各项贷款余额58266万元，到1999年各项贷款余额71455万元，2000年各项存款余额62081万元。2003年，全区社会商品零售总额4.36亿元，是1995年的1.9倍，社会固定资产投资23144万元，是1995年的2.44倍，城镇居民储蓄存款余额73944万元，是1995年的2.52倍。

1956年营子矿区分阶层居民货币收支平衡表

表12－1－1　　单位：元

项目	数额	项目	数额
一、货币收入合计	10416461	3. 义务缴纳及其它缴纳	42770
1. 职工工资	8223008	4. 购买公债	72000
2. 农民基本货币收入	1400000	5. 汇往外地货币	780000
3. 合作组织成员及其他非农业劳动者收入	110000	6. 转给本地其他阶层居民货币	—
4. 资本家定息收入	13	三、储蓄存款增加额	58000
5. 从有关企业、财政、金融部门得到的其他收入	543440	1. 年初余额	450000
6. 外地汇入货币	140000	2. 年末余额	508000
二、货币支出合计	9698461	四、外地流入货币	90000
1. 购买商品支出	8649191	五、流往外地货币	750000
2. 文化生活服务支出	154500		—

1951—1964 年人行鹰手营子办事处现金收支统计表

表 12－1－2　　　　单位：万元

项目 / 年度	收入总计	其中				支出总计	其中					净回笼（＋）净投放（－）
		商品销售收入	劳务服务收入	储蓄存款收入	其他收入		工资支出	农副产品采购支出	行政管理费支出	储蓄存款支出	其他支出	
1951	34.1	21.8	1.4	1.4	9.5	26.7	10.7	0.3	4.5	0.8	10.4	+7.4
1952	64.7	40.8	3.2	1.9	18.8	58.7	24.1	0.9	10.6	2.3	20.8	+6.0
1953	136.4	89.7	2.5	4.7	39.5	198.9	83.5	3.4	37.8	4.6	69.6	－62.5
1954	109.4	67.8	7.1	4.0	30.5	185.1	79.6	3.3	37.0	3.7	61.5	－75.7
1955	115.8	70.6	7.8	8.1	29.3	206.9	91.4	6.2	43.4	7.0	58.9	－91.1
1956	595.1	395.0	15.2	44.9	140.0	667.6	413.1	19.6	91.7	39.7	103.5	－72.5
1957	568.8	377.8	23.2	63.9	103.9	672.4	357.1	25.3	127.7	59.4	102.9	－103.6
1958	992.7	531.4	46.5	297.7	117.1	1131.4	488.1	11.5	181.8	273.6	176.4	－138.7
1959	1646.8	323.1	114.4	617.6	191.7	1980.1	1203.3	35.5	162.8	501.6	76.9	－333.3
1960	1877.5	757.0	127.4	745.0	248.1	2334.4	1328.8	10.5	189.2	578.4	227.5	－456.9
1961	1514.7	673.4	137.3	295.8	408.2	2086.0	1274.7	75.7	12.3	348.1	375.2	－571.3
1962	1120.7	608.5	138.3	129.1	244.8	1506.0	913.3	63.9	25.7	142.7	360.4	－385.3
1963	876.5	498.3	91.5	93.2	193.5	1126.4	706.5	57.8	24.3	89.2	248.6	－249.9
1964	866.8	515.6	65.8	110.7	174.7	1054.1	668.2	57.1	19.7	93.8	215.3	－187.3

1953—1964 年人行寿王坟办事处现金收支统计表

表 12－1－3　　　　单位：万元

项目 / 年度	收入总计	其中				支出总计	其中					净回笼（＋）净投放（－）
		商品销售收入	劳务服务收入	储蓄存款收入	其他收入		工资支出	农副产品采购支出	行政管理费支出	储蓄存款支出	其他支出	
1953	119.1	79.6	0.1	8.0	31.4	266.5	191.6	5.4	—	7.2	62.3	－147.4
1954	292.9	228.4	1.4	17.3	45.8	399.2	311.9	4.9	24.4	15.5	42.5	－106.3
1955	290.5	164.9	3.4	31.7	90.5	410.8	286.0	1.2	20.9	21.8	80.9	－120.3
1956	495.3	257.0	6.6	69.4	162.3	835.1	647.2	2.7	38.8	68.3	78.1	－339.8
1957	366.9	180.8	6.3	74.4	105.4	492.5	317.9	4.2	48.8	7.5	114.1	－125.6
1958	385.8	213.4	12.2	125.9	34.3	487.6	289.3	5.8	28.5	118.1	45.9	－101.8
1959	471.7	239.0	14.0	163.7	55.0	626.3	391.3	20.1	46.0	119.4	49.5	－154.6
1960	515.3	241.8	29.0	177.4	67.1	688.7	425.7	9.8	44.7	155.1	53.4	－173.4
1961	405.4	199.2	25.8	81.3	99.1	631.6	385.3	32.2	13.3	99.6	101.2	－226.2
1962	330.2	178.0	8.2	51.4	92.6	540.9	382.5	21.8	8.8	55.0	72.8	－210.7
1963	359.1	181.0	8.8	58.8	110.5	572.0	426.9	30.6	4.5	53.4	56.6	－212.9
1964	402.4	212.5	9.0	77.3	103.6	568.4	407.7	28.4	4.0	66.6	61.7	－166.0

三、货币管理

中华人民共和国成立初期，境内的货币流通量很小，现金管理是按月、季向人行兴隆支行报送现金收支计划，兴隆支行按规定核定基层现金库存限额。

1955 年 10 月，中国人民银行热河分行下发《农村信用社（部）现金管理办法（草案）》，信用社现金实行库存限额管理，按规定编制现金出纳计划报开户行。1956 年行政区划变更后，中国人民银行鹰手营子办事处设计划股和出纳股，负责货币管理。

1962 年 3 月，中共中央国务院作出《关于切实加强银行工作的集中统一，严格控制货币发行的决定》后，中国人民银行鹰手营子办事处进一步强调一切机关、团体、企事业都必须严格执行现金管理制度，超过规定限额的库存现金必须存入银行，加强现金管理，严格结算纪律，不准携带现金采购物资，不准开空头支票，不准互相拖欠。“文化大革命”其间，现金管理制度混乱。

1977 年以后，恢复货币管理制度，现金管理范围扩大到生产大队、生产队和社队企业。重新开展了货币管理单位的现金库存额核定工作，逐步放宽了农村社队向国家交售农副产品的现金管理，交售价款可以转账结算，也可以支取现金。进入 20 世纪 80 年代，随着各商业银行竞争机制的引入和职能的转变，现金管理工作曾一度放松。1986 年以后，在上级人民银行监管下，重新加强对各金融网点的宏观调控和现金管理，组织执行制度情况大检查，大额现金审批制度得以恢复，货币管理重新步入正轨。从 1988 年 10 月开始贯彻执行国务院《现金管理条例》和中国人民银行《现金管理暂行条例实施细则》，重新核定各单位库存现金限额，加大对各单位按规定使用现金的监督力度。

1990 年以后，随着社会主义市场经济体制的逐步建立，经济单位成分呈现多元化趋势，现金管理对象发生重大变化，现金使用范围越来越广，现金管理难度加大，全区每年组织一次现金使用情况大检查，已成为现金管理的重要手段。1997 年至 2003 年，通过不断深入贯彻落实中国人民银行下发的《关于加强现金管理工作有关问题的通知》《大额现金支付登记备案规定》《关于大额现金支付管理的通知》《河北省大额现金支付备案管理规定》精神，使全区货币管理工作得到进一步加强。

第二节　信　　贷

一、民间借贷

中华人民共和国成立前，境内的信贷活动主要是民间借贷。包括地主、富农以现金、实物为本金的高利贷。比较流行的形式有老百姓俗称的“驴打滚”，是借款物到期还不上本利时把利息合计入本金再生利息，也叫利滚利；“出门利”是如果借款 10 元，先扣除 3 元利息，实得 7 元；“放青苗”是以地里的青苗作抵押，秋后以地里的庄稼偿还债务。北马圈子广德兴店铺就曾以四六分粮向当地农户放高利贷。另外就是农民之间的相互借贷，以粮食居多。较典型的有“一米三谷”，即春借 1 斗米，秋还 3 斗谷；“一分三利”，即春借 1 斗米，秋还 1 斗 3 升米。

中华人民共和国成立初期，为了解决群众生产生活困难，打击高利贷，政府提倡在群众之间开展互助互济活动，可以适当收取利息，不算高利贷。随着农村信用社、互助组和农业合作社的成立，农民之间的借贷日渐减少。但在少数群众中，为解决临时吃、用、治病或盖房子、结婚等问题，仍有民间借贷现象。

1978 年 12 月中共十一届三中全会以后，农村工副业、乡镇企业、城镇个体私营经济逐渐发展，民间资金需求量日渐增大，以现金为本金的自由借贷形式日趋增多。1981 年，国务院批转的中国农业银行《关于农村借贷问题的报告》指出：“在国家银行和信用社的信用占主导地位的情况下，允许集体与群众、群众与群众之间的正当借贷存在，作为银行和信用社信用的补充。”由此，民间借贷既有个人之间的借贷，又有集体与个人之间的贷款，前者为无息或低息，后者一般年息要高于国家贷款利息。还有群众集资入股、交风险抵押金等定期还本付息或还本付息分红等形式，在银行贷款资金只能保证重点资金需要的情况下，在一定程度上解决了集体、个体经济发展所需资金问题。

二、银行贷款

（一）农村贷款

农村信用社贷款 1953 年以前以发放口粮、种子、饲料、农具、牲畜等实物为主，重点帮助解决春种、秋收等问题。农业合作化时期，逐步取消发实物而改发现金，重点支持互助组和农业合作社添置农具，购买牲畜，少量用于特困户买粮、买布、治病。1957 年年末，全区发放贷款余额 0.1 万元，1965 年年末为 1.5 万元。“文化大革命”时期，农业信贷主要用于农田基本建设，购买农机具，购买打机井配套设备、化肥农药等，1966 年至 1976 年累计发放贷款余额 56 万元。1977 年，在贯彻执行《农村人民公社贷款办法》的同时，开始整顿清理营业所、信用社，逐步恢复健全农村贷款制度。1978 年、1979 年的发放贷款余额都控制在 7 万元以内。中共十一届三中全会以后，为适应农村经济发展的新形势，农业贷款投放由单纯支持农村种植业，向支持农、林、牧、副、渔业转变，由扶持社队集体发展向支持承包户、专业户和各种经济联合体转变。1982 年，营子矿区农村信用社发放贷款余额 51 万元，1992 年达 507 万元，2003 年年底，全区农村信用社贷款余额 3330 万元。

1957—2003 年营子矿区农村信用社贷款统计表

表 12－1－4　　　　单位：万元

项目 / 年度	年末发放贷款余额	项目 / 年度	年末发放贷款余额
1957	0.1	1970	5
1958	0.2	1971	5
1959	0.3	1972	6
1960	0.1	1973	6
1961	0.8	1974	6
1962	0.9	1975	8
1963	1	1976	8
1964	1	1977	8
1965	1.5	1978	7
1966	2	1979	7
1967	3	1980	9
1968	3	1981	50
1969	4	1982	51

续表 12－1－4

年度＼项目	年末发放贷款余额	年度＼项目	年末发放贷款余额
1983	82	1994	662
1984	115	1995	747
1985	127	1996	1105
1986	135	1997	1809
1987	152	1998	2029
1988	260	1999	2926
1989	342	2000	3421
1990	415	2001	3299
1991	485	2002	3295
1992	507	2003	3330
1993	593	—	—

农业银行贷款 1980 年 1 月，中国农业银行鹰手营子办事处恢复建立，主要任务是统一管理支农资金，集中办理农村信贷，包括国家财政部门的农业拨款、商业部门的全部农副产品预购定金贷款、各种农村贷款、农村工商贷款和国家机关、团体、企事业单位贷款等。主要目标是支持农业发展，保障农副产品收购和储备，向农产品生产者提供购买生产资料的资金融通。到 1993 年年底，共发放农村贷款 3800 万元。1999 年，针对不良贷款居高不下的问题，主动调整贷款客户结构，把新放大额贷款投向科技含量高，竞争力强，有发展前景的优良客户和优势产业，1999 年至 2003 年，共向河北怡达食品集团有限公司和承德万国集团有限公司 2 家农村私营企业注入资金 7800 万元，向从事个体矿业的 90 户农村专业户发放贷款 3690 万元。

1988—2003 年中国农业银行鹰手营子办事处农业贷款发放及回收统计表

表 12－1－5　　　　单位：万元

年　度	发　放	回　收	年末余额
1988	10	—	10
1989	3	1	12
1990	4	2	14
1991	2	—	14
1992	8	—	22
1993	6	10	17
1994	35	12	40
1995	50	10	80
1996	150	40	190

续表 12－1－5

年　度	发　放	回　收	年末余额
1997	120	21	289
1998	314	110	493
1999	65	40	518
2000	107	241	384
2001	345	106	623
2002	34	37	644
2003	58	24	644

（二）工业贷款

中华人民共和国成立后的近 10 年，营子矿区的工业企业很少，地方国营工业设备基金、生产资金大部分由上级拨款，不足部分银行给予生产周转金贷款。1963 年至 1965 年，在贯彻“以农业为基础”的方针过程中，兴隆县对工业贷款做了重新调整，人行鹰手营子办事处共发放工业贷款 109.5 万元。1966 年至 1976 年，人行鹰手营子办事处工业贷款合计 3126.7 万元，年均 284.2 万元。进入 20 世纪 80 年代，营子矿区全民和集体企业先后转换经营机制，调整产品结构，更新生产设备，开发新的项目，贷款明显增加，到 1983 年底人行鹰手营子办事处累计发放贷款 3725.2 万元。1985 年以后，在加快工业企业转轨变型步伐，加大新产品开发和技术改造资金投放力度的同时，支持乡镇企业，支持城镇个体工商户发展生产，支持农民进城办工业成为工业贷款的新增种类。1986 年，工商行鹰手营子办事处发放工业生产贷款 1374 万元，地方物资企业贷款 18 万元，集体工业贷款 261 万元，集体工业设备贷款 39 万元，合计达 1692 万元，工商行寿王坟办事处发放工业贷款 518 万元。到 20 世纪 90 年代，根据“区别对待，择优扶植”的原则，贷款重点优先支持区属骨干企业，优先支持技术开发和新产品试制的生产，优先支持综合建材基地建设，优先支持“地下向地上”转型项目，优先支持龙型企业，优先支持个体私营经济。对国营企业贷款、集体企业贷款及个体私营企业贷款多次进行调整，以利集中资金，扶优扶强。1994 年，工商银行工业贷款 23973 万元。1998 年，工商行鹰手营子办事处发放工业贷款 47484 万元。2002 年，工业贷款基本保持在 34000 万元的水平上，为实现把营子矿区建设成承德西南工业重镇的奋斗目标，发挥了积极作用。

1962—1984 年人行鹰手营子办事处工业贷款统计表

表 12－1－6　　　　单位：万元

项目 年度	工业贷款	项目 年度	工业贷款
1962	420.5	1967	15.9
1963	66.7	1968	12.4
1964	23.5	1969	38.5
1965	19.3	1970	254.3
1966	24.6	1971	398.8

续表 12－1－6

项目 年度	工业贷款	项目 年度	工业贷款
1972	465	1979	649.2
1973	477.4	1980	690
1974	391	1981	1214.4
1975	441.9	1982	1206.1
1976	606.9	1983	614.7
1977	628.9	1984	671.6
1978	745.4	—	—

1985—2003 年工商行鹰手营子办事处工业贷款统计表

表 12－1－7　　单位：万元

项目 年度	工业生产贷款	地方物资企业贷款	集体工业贷款	科技开发贷款	集体工业设备贷款	合计
1985	960	18	221	—	46	1245
1986	1374	18	261	—	39	1692
1987	1590	12	345	—	47	1994
1988	1905	25	405	—	10	2345
1989	2483	30	544	—	6	3063
1990	4299	—	612	—	54	4965
1991	4672	—	780	71	54	5577
1992	6357	—	1054	50	88	7549
1993	9133	—	1141	210	74	10558
1994	18817	—	1581	360	72	20830
1995	22331	—	1607	360	52	24350
1996	26997	—	1628	586	52	29263
1997	32235	—	1637	436	52	34360
1998	45384	—	1612	436	52	47484
1999	38365	—	1612	436	52	40465
2000	36531	—	672	436	52	37691
2001	33153	—	642	416	52	34263
2002	33101	—	602	416	52	34171
2003	22864	—	602	416	52	23934

1986—1996年工商行寿王坟办事处工业贷款统计表

表12－1－8　　　　单位：万元

年度＼项目	贷款	年度＼项目	贷款
1986	518	1992	1464
1987	247	1993	1650
1988	450	1994	3143
1989	580	1995	2071
1990	861	1996	3661
1991	877	—	—

（三）商业贷款

第一个五年计划时期开始有商业贷款，主要有供销社和粮食贷款，数额不大。1958年以后，增加了预购定金贷款，执行存贷合一的办法，将财政部门拨给企业的自有流动资金全部转为银行贷款，1962年又恢复了财政和银行双轨供应资金的办法。

“文化大革命”期间，信贷管理偏松，商业企业盲目采购，重复进货，流动资金周转缓慢，商业贷款余额上升。

1978年以后，随着营子矿区经济的迅速发展和城乡购买力的不断增加，商品流通领域日益扩大，银行及时协助商业部门整顿经营秩序，扩大购销业务和经营范围，增加商业贷款。配合商业体制改革，为部分新建或分设的单位落实债权债务，建立贷款关系，支持国营、集体和个体商业的发展。1985年，工商银行鹰手营子办事处发放地方商业贷款1010万元，粮食贷款142万元，医药商业贷款30万元，集体商业贷款5万元，其他商业贷款5万元，合计发放商业贷款1192万元。为了支持商业系统改革，1990年发放商业贷款2606万元，1995年达到2863万元，2003年共发放地方商业贷款1923万元，粮食贷款从1995年的878万元下降到58万元，全年发放商业贷款1981万元。

1985—2003年工商银行鹰手营子办事处商业贷款统计表

表12－1－9　　　　单位：万元

年度＼项目	地方商业贷款	粮食贷款	医药商业贷款	集体商业贷款	其他商业贷款	合计
1985	1010	142	30	5	5	1192
1986	1162	174	32	—	27	1395
1987	1295	264	54	6	6	1625
1988	1477	423	72	—	2	1974
1989	1461	634	121	2	—	2218
1990	1601	881	119	5	—	2606
1991	1758	1251	5	2	—	3016
1992	1811	1651	53	—	—	3515

续表 12－1－9

项目 年度	地方商业贷款	粮食贷款	医药商业贷款	集体商业贷款	其他商业贷款	合计
1993	1839	1721	64	—	—	3624
1994	1888	878	52	—	6	2824
1995	1917	878	66	—	2	2863
1996	1917	878	66	—	2	2863
1997	1972	58	65	—	2	2097
1998	1975	58	30	—	2	2065
1999	1975	58	—	—	—	2033
2000	1975	58	—	—	—	2033
2001	1975	58	—	—	—	2033
2002	1974	58	—	—	—	2032
2003	1923	58	—	—	—	1981

（四）基本建设拨款、贷款

1956 年 1 月，煤炭部在鹰手营子筹建兴隆矿务局，中国人民银行鹰手营子办事处完成拨款 3060 万元。1969 年，承德市水泥厂建成投产，建行鹰手营子办事处全面提供了拨款服务。1976 年至 1978 年，筹建兴隆天文台，建行鹰手营子办事处提供了拨款服务。1979 年，营子矿区建冷库，建行鹰手营子办事处拨款 135 万元。

1980 年，开始利用存款发放基本建设贷款和更新改造措施贷款。1986 年，建行鹰手营子办事处开始执行指令性新增存款计划，贷款发放的指标取决于存款额度的大小。在“筹资立行，筹资兴行”经营思想指导下，加快储蓄网点建设，储蓄份额连年上升，各项贷款业务得到迅速发展，固定资金贷款不断扩大，各项委托贷款业务快速增长。1988 年，完成中央预算基金贷款 1902 万元，特种改造贷款 40 万元，部门企业委托贷款 71 万元，技术改造贷款 66 万元，建筑业流动资金贷款 57.4 万元。1993 年，实现中央预算资金贷款 1835 万元，国家基建部门贷款 890 万元，特种改造贷款 40 万元，国家投资公司基建基金委托贷款 2057 万元，部门企业委托贷款 223 万元，技术改造贷款 220 万元，建筑业流动资金贷款 433 万元。1997 年中央金融工作会议后，建行鹰手营子办事处建立了信贷退出机制，主动将信贷资源从高风险、低效益的领域退出，转移到投入小、回报率高的优质行业、企业和项目。1998 年争取到国家部委资金 2715 万元，省厅资金 320 万元，完成地方固定资产投资 1.6 亿元，重点支持了 6 个城市基础设施建设项目。2002 年，完成各项贷款合计 7692 万元。

1985—1994 年建行鹰手营子办事处贷款统计表

表 12－1－10　　　　单位：万元

项目 / 金额 / 年度	贷款							
	中央预算基金	部门企业委托	技术改造	建筑业流动资金	国投基建基金委托	国家基建部门	特种改造	建行基建
1985	571	2	59	13	—	—	—	—
1986	855	4.9	63	35	—	—	—	—
1987	1218	17	65	51.1	—	—	40	—
1988	1902	71	66	57.4	—	—	40	—
1989	2405	80	67	73.9	—	—	40	—
1990	1835	286	317	89	1249	200	40	—
1991	1835	150	517	229	1866	700	40	—
1992	1835	204	217	352	2011	890	40	—
1993	1835	223	220	433	2057	890	40	—
1994	1835	566	270	561	2468	890	40	1500

第三节　存　款

一、人民银行存款

中国人民银行承德市支行鹰手营子办事处和寿王坟办事处从成立始，即开办了储蓄存款业务。1956 年至 1958 年，鹰手营子办事处先后建起鹰手营子、北马圈子、汪家庄 3 个储蓄所，专门开办储蓄业务。1951 年至 1961 年，两个办事处累计储蓄存款收入 2834.6 万元。1962 年至 1984 年鹰手营子办事处共办理储蓄存款 6679.3 万元。1985 年，两个办事处撤销。

二、农村信用社存款

1953 年至 1979 年，农村社队和社员个人的存款统一由农村信用社办理，储蓄存款余额从 0.4 万元提高到了 157 万元。农村实行家庭联产承包责任制以后，信用社储蓄存款出现了快速增长趋势。1985 年储蓄存款 250 万元，1995 年上升到 1352 万元，2003 年达到 3950 万元。

三、农业银行存款

1980 年 1 月，中国农业银行承德市鹰手营子办事处恢复建立后，在恢复集体存款业务的同时，增加了个人存款业务。到 1983 年年底，城乡居民储蓄存款余额达 10847 万元。1985 年 3 月专门内设了存款股，是年底各项集体存款比年初增加 580 万元，其中农村工商业存款比 1984 年增加 320 万元。1989 年，中国农业银行鹰手营子办事处推行储蓄经营承包责任制，年底各项存款达 980 万元，比年初

增加 320 万元。1993 年中国农业银行鹰手营子办事处和鹰手营子农村信用社全年存款额达 8530 万元，比年初增加 640 万元。1999 年年底，农行鹰手营子办事处各项存款同比增加 3000 万元，存款余额达到 1.8 亿元，其中储蓄存款余额 1.65 亿元，比上年增加 2800 万元。2003 年，中国农业银行鹰手营子支行各项存款余额达 2.13 亿元。

四、建设银行存款

1980 年，中国人民建设银行鹰手营子办事处开始尝试办理存款等基本银行业务。1985 年建立了存款准备金制度，并始办居民储蓄业务。随后，加快基层储蓄网点建设速度，按照商业银行集约化管理的要求，以居民储蓄业务为基础，以企业存款为主导，以银行卡等新业务为突破口，扩大储蓄存款业务，使储蓄存款余额逐年大幅度攀升。1987 年一般性存款余额 475 万元，其中企业存款 464 万元，储蓄存款 4 万元；1991 年一般性存款余额达到 1864 万元，其中企业存款 881 万元，储蓄存款 969 万元；至 2002 年，一般性存款余额为 9343 万元，其中对公存款 539 万元，储蓄存款 8624 万元。

五、工商银行存款

1985 年 1 月，成立中国工商银行鹰手营子办事处和寿王坟办事处，对公存款是主体业务之一，存款形式从初期的活期储蓄存款 1 种，逐步增加到定期存款、协定存款、约期存款和特别存款等种类。鹰手营子办事处 1990 年存款 6201 万元，其中电力、邮电、交通、石油等系统大户成为基本存款源。1996 年底对公存款为 6493 万元，比上年增长 1598 万元，占各项存款的 29%。1985 年至 1999 年，累计存款 165708 万元，其中对公存款 33762 万元，各类储蓄 131946 万元。

1986 年至 1996 年，寿王坟办事处累计存款 27040 万元。

六、邮政存款

民国 26 年（1937 年），始有邮政储蓄业务，民国 37 年（1948 年）停办。1986 年，营子矿区邮电局重新开办邮政储蓄业务。2000 年邮政储蓄余额 5084 万元，2003 年达到 14901 万元。储蓄种类包括活期、定期、零存整取、定活两便储蓄和有奖定期储蓄等。

1953—2003 年营子矿区农村信用社储蓄存款统计表

表 12－1－11　　　　单位：万元

项目 年度	储蓄存款	项目 年度	储蓄存款	项目 年度	储蓄存款
1953	0.4	1961	1	1969	12
1954	0.5	1962	1	1970	20
1955	0.6	1963	2	1971	29
1956	0.6	1964	2	1972	38
1957	0.7	1965	3	1973	45
1958	1	1966	5	1974	50
1959	1	1967	7	1975	55
1960	1	1968	9	1976	62

续表 12－1－11

项目 年度	储蓄存款	项目 年度	储蓄存款	项目 年度	储蓄存款
1977	89	1986	265	1995	1352
1978	133	1987	270	1996	2040
1979	157	1988	392	1997	2190
1980	189	1989	421	1998	3280
1981	223	1990	485	1999	3550
1982	220	1991	620	2000	3750
1983	196	1992	740	2001	3790
1984	210	1993	890	2002	3981
1985	250	1994	1029	2003	3950

1962—1984 年中国人民银行鹰手营子办事处储蓄存款统计表

表 12－1－12　　单位：万元

年度	存款额	年度	存款额	年度	存款额
1962	34. 5	1970	70. 2	1978	256. 7
1963	38. 6	1971	89. 4	1979	353. 4
1964	53. 7	1972	113. 9	1980	474. 6
1965	54. 8	1973	125. 3	1981	785. 0
1966	53. 4	1974	152. 0	1982	976. 1
1967	60. 8	1975	177. 2	1983	939. 8
1968	65. 3	1976	187. 1	1984	1331. 8
1969	59. 6	1977	226. 1	—	—

1985—1999 年工商银行鹰手营子办事处储蓄存款情况统计表

表 12－1－13　　单位：万元

年度	合计	其中		年度	合计	其中	
		对公存款	储蓄			对公存款	储蓄
1985	1532	1045	487	1993	10788	3181	7607
1986	3178	967	2211	1994	11553	2341	9212
1987	3527	988	2539	1995	16533	4895	11638
1988	3573	982	2591	1996	22487	6493	15994
1989	5204	1038	4166	1997	20979	3617	17362
1990	6201	1140	5061	1998	21157	1703	19454
1991	7171	1329	5842	1999	23476	2431	21045
1992	8349	1612	6737	—	—	—	—

1986—2002 年中国人民建设银行鹰手营子办事处储蓄存款统计表

表 12－1－14　　　　单位：万元

年度	一般性存款金额合计	其中		年度	一般性存款金额合计	其中	
		企业存款	储蓄			企业存款	储蓄
1986	250	—	—	1995	7222	2286	4936
1987	475	464	4	1996	6581	398	6120
1988	454	320	27	1997	8357	1562	6795
1989	785	286	490	1998	—	—	—
1990	1626	394	793	1999	—	—	—
1991	1864	881	969	2000	—	—	—
1992	2019	866	1153	2001	9358	1187	8171
1993	2251	606	1640	2002	9343	593	8624
1994	3855	799	2972	—	—	—	—

2000—2003 年鹰手营子矿区邮政储蓄情况统计表

表 12－1－15　　　　单位：万元

项目 / 金额 / 年度	储蓄余额	储蓄净增	储蓄收入
2000	5048	1221	98
2001	9112	4064	181
2002	11193	2081	235
2003	14901	3708	316

第四节　结　　算

一、同城结算

中华人民共和国成立初期，同城结算沿用民国时期的薪金结算和转账结算方式。

1953 年 3 月起，使用支票结算、保付结算、托收承付和计划结算，以支票结算为主。1955 年 9 月起，执行中国人民银行修订的同城结算办法，使用托收承付、付款委托书、支票、限额支票和计划结算 5 种结算方式。1959 年，增加了托收无承付结算。1962 年同城结算取消限额支票结算和计划结算，1979 年增加了委托收款结算，1986 年又增加同城保付支票结算和同城票据交换业务。1988 年 4 月起，废止了托收承付、托收无承付、付款委托书、保付支票等结算方式。1989 年 4 月起，执行中国人民银

行颁发的《银行结算办法》，采用银行汇票、商业汇票、银行本票、银行支票、委托收款等结算方式。1990年4月起，又恢复了托收承付结算方式。1993年7月后，执行河北省专业银行联合下发的《关于推进县辖结算改革，实行县辖银行汇票、县辖通用转账支票结算办法的通知》的规定办法。1997年12月起，执行中国人民银行颁布的《支付结算办法》，停用《银行结算办法》，至2003年年底未有大的变化。

二、异地结算

中华人民共和国成立初期，异地结算沿用民国后期票汇、电汇、信汇、押汇、电话汇等结算方式。1953年3月后以电汇、信汇结算为主。

1954年，废除电话汇款办法。1955年3月起，实行中国人民银行制定的《汇算结算方式（试行）》和新联行制度，分电汇、信汇2种方式，均为记名式，取消信汇自带办法。1955年9月起，执行中国人民银行颁发的现金结算暂行办法，异地结算使用托收承付汇兑信用证和特种账户方式。1962年，增加采购账户结算方式。1964年始，办理代办、托收和直达结算等异地结算业务。

1973年后，认真贯彻“钱货两清，维护收方及付方正当权益，银行不予垫付”的原则，异地结算方式有异地托收承付、信用证和汇兑结算3种。1980年10月起，执行异地委托收款结算方式，1984年3月开始，执行新的《异地托收承付结算办法》和《票汇结算办法》。1985年1月起，开办商业汇票承兑、贴现业务。是年5月，农村开始使用定额转账支票结算方法，结算分为现金结算和非现金结算。非现金结算的方式主要有：银行汇票、商业汇票、银行本票、转账支票、汇兑、信用卡等。1989年4月起，执行中国人民银行颁发的《银行结算办法》，采用银行汇票、商业汇票、银行本票、支票、汇兑、委托收款6种结算方式。

进入20世纪90年代，随着金融改革的推进，结算制度和方式不断完善，建立了以汇票、本票、支票为主的结算制度，减少了行政手段，强化了经济手段，强化了结算业务管理和功能。1995年，结算方式业务量较大的有汇兑、托收承付、联行往来。此后至2003年，又先后执行《中华人民共和国票据法》、中国人民银行颁发的《支付结算办法》，停止执行1988年12月中国人民银行印发的《银行结算办法》。

第五节 债　　券

一、国家债券

中华人民共和国成立以来，为支援社会主义建设和国民经济宏观调整，从1951年起，兴隆县四区（区政府驻地鹰手营子）即开始推销人民胜利折实公债。公债面值为1分、10分、100分、500分4种，年息5厘，推销对象主要是城乡工商业者、城乡殷实户和军政干部。

1954年至1958年，中国人民银行鹰手营子办事处每年推销1期国家经济建设公债，公债的募集和还本付息以人民币为计算单位，年息4厘。发行期限均为当年1月1日起至9月30日止，从10月1日起计息，次年9月30日起付息1次，1958年的公债则改为本息一次付清。

1981年起，营子矿区开始由中国人民银行鹰手营子办事处和中国农业银行鹰手营子办事处向区属企事业单位、机关团体和城乡个人发行国库券，面值为10元、50元、100元、500元、1000元、1万元、10万元和100万元8种。是年，共发行5万元。单位认购从每年1月1日开始发行，6月30日交

款结束，年息4厘。个人认购从每年1月1日起发行，9月30日交款结束，年息8厘。发行后第六年办理还本付息，其中个人购买的1次抽签，按发行额分5次偿还。1982年和1983年，又将面值分别调整为1元、5元、10元、50元、100元、1000元6种和5元、10元、50元、100元4种，全区两年共发行国库券16.46万元。1984年起，区财政部门开始参与国库券发行。是年全区共发行国库券9.38万元，完成市下达任务的102.7%。1985年至1987年，全区共发行国库券24.43万元，完成市下达任务的104%。在这期间，1985年的利率上调为单位认购年息为5厘，个人认购年息为9厘。1986年起利率又分别增加1厘。1988年起，国库券改为3年期，发行后第四年1次还本付息，不计复利，是年市下达任务10.16万元，发行10.46万元。1989年，承德市下达给营子矿区保值公债任务22.48万元（不含代管商业部分），截至12月底共入库23.39万元。是年将原来单位购买的国库券按照国家规定改为特种国债，至1993年，全区共发行国库券和特种国债126.85万元，其中国库券116.36万元，特种国债10.49万元。1994年国家开始发行凭证式国库券和记账式国库券，票面形式类似于银行的定期存单，面额不限，上级不再分配任务。是年，营子矿区主动向上级申请并发行了20万元国库券。1995年又发行国库券21.4万元。至此，全区15年共计发行国库券234.97万元。

1994年和1995年，工商银行鹰手营子办事处共发行国家债券590万元。1997年至2000年，国家为支援大型基础设施建设，发行了国家建设公债，发行对象为企事业单位和机关团体，自愿认购，最低金额10万元，每年发行1期，每期期限10年，由认购单位以支票形式认购，不对个人发行。

二、行业和地方债券

1987年1月，建设银行鹰手营子办事处发售第一组电力债券，是年，又发行了2年期的中国人民建设银行债券。1994年至1997年，每年代理发行承德华峰钢铁集团债券296万元，合计1184万元。中国农业银行鹰手营子办事处从1993年开始推销农业债券，到2003年累计推销1037万元，全部由个人认购。

第六节　银行业机构

一、中国人民银行承德市支行鹰手营子办事处

1950年7月，东北银行热河分行兴隆办事处在鹰手营子设立营业所，1951年6月改为中国人民银行兴隆县支行鹰手营子营业所。1956年10月，更名为中国人民银行承德市支行鹰手营子办事处，随后2年之内先后建起北马圈子、鹰手营子、汪家庄3个储蓄所。1958年8月，人行鹰手营子办事处重归兴隆县支行管理，1962年，人行鹰手营子办事处所属1个分理处、2个储蓄所，有40名职工。1965年2月，又隶属中国人民银行承德市中心支行，称中国人民银行承德市中心支行鹰手营子办事处。1985年，人行鹰手营子办事处的业务改由新成立的中国工商银行鹰手营子办事处代理。1990年，人行鹰手营子办事处的业务由人行承德市支行接管。

二、中国人民银行承德市支行寿王坟办事处

1953年6月，成立中国人民银行热河省分行直属寿王坟办事处。1955年12月改称中国人民银行河北省分行直属寿王坟办事处。1956年7月，划归人行承德市支行直属。1958年8月，划归兴隆县支行，有职工16人。1965年2月，又划归人行承德市中心支行。1981年，人行承德市中心支行寿王坟

办事处合并到鹰手营子办事处，寿王坟办事处改称寿王坟分理处。1982 年恢复寿王坟办事处，1985 年人行寿王坟办事处撤销。

三、中国工商银行承德市支行鹰手营子办事处

1985 年 1 月，中国工商银行承德中心支行鹰手营子办事处成立。1988 年建鹰手营子街西储蓄所，1989 年建北马圈子市场储蓄所和汪家庄三角地储蓄所，1990 年建东风储蓄所。1998 年，撤销汪家庄三角地储蓄所、鹰手营子街西储蓄所、北马圈子市场储蓄所、东风储蓄所。1999 年，为防范和化解金融风险，撤销所有企业储蓄代办机构。2000 年 5 月，中国工商银行承德市支行鹰手营子办事处更名为中国工商银行承德市鹰手营子支行。2003 年，中国工商银行鹰手营子支行内设客户经理部、核算部、办公室和鹰手营子、北马圈子、汪家庄、寿王坟 4 个分理处，1 个支行营业室，共有职工 58 人。

工商银行（摄影　戴翔）

四、中国工商银行承德市支行寿王坟办事处

1985 年，成立工商行承德市中心支行寿王坟办事处。2002 年 2 月，工商行寿王坟办事处将人员、财产、资金全部划归中国工商银行鹰手营子支行。

五、中国人民建设银行承德市中心支行鹰手营子办事处

1953 年 7 月，原东北投资银行改组为中国人民建设银行热河省分行，下辖 4 个县支行，兴隆县支行行址设在寿王坟。1954 年 4 月，建行兴隆县支行在鹰手营子设立工作组。1955 年 7 月，建行兴隆县支行改称建行寿王坟办事处，隶属建行承德中心支行。为适应建设事业发展的需要，1957 年 1 月在鹰手营子设办事处。同年经承德市人委批准，将中国人民建设银行寿王坟办事处并入鹰手营子办事处。1958 年 11 月，中国人民建设银行鹰手营子办事处与兴隆县财政局合并。1959 年 5 月，恢复中国人民建设银行兴隆县支行，行址设在鹰手营子。1961 年 8 月第二次撤销，业务并入兴隆县财政局。1962 年 4 月，随着中国人民建设银行兴隆县支行的重建，建行鹰手营子办事处也重新成立，同时恢复建行寿王坟办事处。1963 年中国人民建设银行鹰手营子办事处由 7 人增至 19 人。1965 年 11 月，设中国人民建设银行承德市支行鹰手营子办事处，1968 年 10 月，中国人民建设银行鹰手营子办事处并入中国人民银行鹰手营子办事处。1972 年恢复成立中国人民建设银行鹰手营子办事处。1990 年在北马圈子北街、鹰手营子西街、汪家庄二工村建起 3 个储蓄所。1991 年 11 月，建行鹰手营子办事处内设办公室、会计出纳、储蓄、外勤等部门，1993 年 10 月成立业务科、房地产信贷部，1994 年 4 月，成立保卫科和财会科，1995 年 11 月增设预算审查科。1997 年 6 月进行机构改革，将原 6 个科室 1 个分理处改为两部一室一处，即营业部、筹资部、办公室和北马圈子分理处。1999 年 1 月，设立零售业务部，撤销筹资储蓄科。2003 年，中国人民建设银行鹰手营子办事处撤销。

六、中国农业银行承德市鹰手营子支行

1964 年 4 月，中国农业银行兴隆县支行在鹰手营子设立营业所。1965 年 2 月，改称中国农业银行

承德市支行鹰手营子办事处，隶属中国农业银行承德市支行。是年底，农行鹰手营子办事处撤销，业务并入中国人民银行鹰手营子办事处。

1980 年 1 月，恢复成立中国农业银行承德市鹰手营子办事处，内设办公室、客户经理部、财会监管部、信贷管理部，此外还下设 1 个营业部，1 个分理处，有职工 40 人。1982 年全区 3 个公社信用社划归农行鹰手营子办事处，实行合署办公。1984 年将营子矿区农村信用联合社划归农行鹰手营子办事处。1996 年 12 月末，农村信用社与农行鹰手营子办事处脱离隶属关系。2001 年 10 月农行鹰手营子办事处更名为中国农业银行承德市鹰手营子支行。2003 年农行鹰手营子支行有干部职工 40 人。

七、承德市郊区农村信用合作联社鹰手营子信用社

1950 年，中国人民银行兴隆县支行协助县供销社，在鹰手营子供销社建起非独立核算的信用部。根据 1951 年 8 月中国人民银行与全国供销合作总社关于“供销社不再建立信用部，已建立的信用部逐步改为农村信用合作社，由人民银行领导”的通知精神，1953 年，鹰手营子供销社信用部过渡为信用合作社，称热河省兴隆县鹰手营子联村信用社。1956 年改称为承德市鹰手营子镇银行，1958 年又更名为鹰手营子公社信用社，复归兴隆县管辖。1961 年 7 月，境内共建有鹰手营子、北马圈子、寿王坟、汪家庄 4 个信用社。

1965 年 2 月，区划变更后，保留鹰手营子、北马圈子、寿王坟三个信用社，撤销汪家庄信用社。1982 年全区 3 个公社信用社划归农行鹰手营子办事处，1984 年成立营子矿区农村信用联合社，负责指导、管理农村信用社工作。1985 恢复建立汪家庄信用社。1996 年 12 月，全区 4 个农村信用社与中国农业银行承德市鹰手营子办事处脱离行政隶属关系。是年撤销承德市营子矿区农村信用联合社，成立承德市郊区农村信用合作联社。1997 年，承德市郊区农村信用合作联社投资 90 万元，建 260 平方米办公楼 1 栋，有职工 10 人。2000 年职工增加到 15 人。2003 年，承德市郊区农村信用合作联社更名为承德市郊区农村信用合作联社鹰手营子信用社，有职工 12 人。

第二章　保 险 业

1982 年，中国人民银行鹰手营子办事处成立保险股，始办企业保险业务。1984 年后，家庭财产险、机动车辆险、货物运输保险等财险和寿险险种逐步增加。随着改革的深入，保险市场逐步放开，推动了营子矿区经济的快速发展，同时也促进了保险业的繁荣发展。1996 年，中保寿险鹰手营子支公司和太保鹰手营子代理处保险金额 2450 万元，保费收入 210 万元。2003 年，全区保险机构发展到 4 家，保险金额 40816 万元，保费收入 2194 万元。

第一节　保险种类

一、财产险

（一）企业财产保险

1982年，中国人民银行鹰手营子办事处信贷科保险股成立后，协助承德市人行保险业务科开办了企业财产保险业务。主要险种有财产保险、综合险等，保险责任范围比较广泛。

（二）机动车辆保险

范围包括机关、团体、全民和集体企业及个人的汽车、工程车、拖拉机、摩托车、轻骑及其他种类的机动车辆。1987年开始，经公安局和农机车辆管理部门检查合格的机动车辆均可参加机动车辆保险，保险期最长为一年。其中，包括车辆损失险，第三者责任险，车上人员责任险，盗抢险，不计免赔特约险，风挡玻璃单独破碎险，车上货物责任险，火灾、自燃、爆炸损失险，停驶损失险。车辆实际价值在新车购置价2成以下的不得保车损险，所有承保的车辆争取保全险，单保第三者责任险的车辆赔偿限额按5万元至10万元确定，对2吨以上的营业货车不准附加不计免赔特约险，长期不上牌照的车辆不得承保盗抢险。

（三）家庭财产保险

1984年开办，分普通家庭财产保险和家庭财产两全保险。经过不断发展完善，家庭财产保险已有普通家庭财产保险，长效还本家庭财产保险，家庭财产两全保险，城镇住房保险，个人贷款抵押房屋综合保险，“金锁”家庭财产保险，“金牛”投资保障型（3年期）家庭财产保险。1996年太平洋保险公司鹰手营子代理处成立后，还开办了安居理财保险、家庭人身意外伤害保险和个人住房保险。

（四）货物运输保险

为解决公路运输承运货物发生损失和经济补偿问题，1986年3月，中国人民保险公司鹰手营子办事处根据河北省分公司《关于实施承运货物责任保险条款通知》精神，开办了承运货物责任险。

1985年10月16日，承德保险支公司转发河北省保险分公司《关于开办国内铁路包裹运输保险的通知》，中保营子办事处根据通知精神，与所在地铁路有关站段联系，并建立包裹运输代理处，委托其代理包裹运输保险业务。1996年4月起，中保财产保险公司鹰手营子支公司开始在营子火车站和北马圈子火车站开办铁路货运保险。

二、人身保险

（一）学生团体平安保险

为保障青少年的安全和健康成长，使在校学生一旦发生意外事故能得到及时抢救、治疗，减轻学生家长的经济负担和精神压力，1985年9月2日由中保鹰手营子办事处首先在部分学校开办了“学生团体平安保险”业务。

（二）独生子女保险

1987年3月人保鹰手营子办事处开办独生子女保险，属于生存、死亡保险和意外伤害保险的综合保险。

（三）养老金保险

1985年5月，开办集体养老保险，单位统一向保险公司办理投保手续。为适应个体经济发展和城

乡居民的需要，1986 年 6 月开办了个人养老金保险。1987 年 11 月，根据承德市人民政府《承德市城镇集体企业职工实行养老保险基金统筹试行办法》的要求，开办了城镇集体企业职工统筹养老金保险业务。

（四）儿童教育金保险

1996 年 3 月，中保人寿保险公司鹰手营子营业部增开儿童教育金保险

（五）终身保障保险

1996 年 3 月，开设终身保障保险。

（六）子女婚嫁金保险

1997 年初，中保人寿保险公司鹰手营子营业部开办子女婚嫁金保险。

（七）重大疾病保险和重大疾病定期保险

1997 年，由中保人寿保险公司鹰手营子营业部开办。

（八）团寿团体职工补充医疗保险

2003 年初，中保人寿保险公司鹰手营子营业部与区社会保障局合作开办的团寿团体职工补充医疗保险，为在职职工提供了高额医疗保障。

三、责任保险

1999 年 10 月，中保财产保险公司鹰手营子支公司开办计算机保险业务；2001 年 1 月开办雇主责任保险业务；2002 年 1 月开办团体人身意外伤害保险业务；2003 年 1 月，分别开办校（园）方责任保险和医疗责任保险业务。

2001 年 8 月，太平洋人寿保险股份有限公司鹰手营子营销服务部成立后，开设大病医疗伤害保险。

第二节　保额保费

一、中保机构保额保费

中保寿险鹰手营子支公司 1996 年至 2003 年，累计承保金额 6992 万元，其中寿险 5650 万元，其他险 1342 万元；保费收入累计 5180 万元，其中寿险 3760 万元，其他险 1420 万元。中保财险鹰手营子支公司 2000 年至 2003 年累计承保金额 203290 万元，保费收入累计 1675 万元。

1996—2003 年中保寿险鹰手营子支公司保额保费统计表

表 12－2－1　　　　　　　　　　　　　　　　　　　　单位：万元

年度	承保金额			保费收入		
	合计	其中		合计	其中	
		寿险	其他险		寿险	其他险
1996	650	600	50	150	100	50
1997	1200	800	400	290	230	60

续表 12－2－1

年度	承保金额			保费收入		
	合计	其中		合计	其中	
		寿险	其他险		寿险	其他险
1998	357	300	57	350	250	100
1999	440	350	90	400	280	120
2000	500	400	100	570	300	270
2001	790	700	90	720	600	120
2002	945	900	45	1200	1000	200
2003	2110	1600	510	1500	1000	500
合计	6992	5650	1342	5180	3760	1420

2000—2003 年中保财险鹰手营子支公司各种保险保额、保费统计表

表 12－2－2　　单位：万元

年度	项目	车险	企业财产险	家庭财产险	责任险	意外险	货运险	其他	合计
2000	承保金额	4856	56099	1720	—	—	454	149	63278
	承保收入	143	94	10	—	—	9	2	258
2001	承保金额	5395	62190	1662	14000	—	257	—	83504
	承保收入	169	573	6	41	—	9	3	801
2002	承保金额	7553	20954	1095	—	—	—	—	29602
	承保收入	222	23	4	47	—	—	—	296
2003	承保金额	9131	14485	1145	—	2145	—	—	26906
	承保收入	237	28	5	24	21	—	5	320
合计	承保金额	26935	153728	5622	14000	2145	711	149	203290
	承保收入	771	718	25	112	21	18	10	1675

二、太保机构保额保费

1996 年，区内设立太平洋保险机构，财、寿险联合经营。2001 年 7 月，财、寿险机构分设分营。1996 年至 2003 年，太保鹰手营子代理处和财险鹰手营子营销服务部累计保险金额 35700 万元，保费收入累计 992 万元。2002 年至 2003 年，太保寿险鹰手营子营销服务部保险金额为 1000 万元，保费收入 214 万元。其中，2002 年保险金额 200 万元，保费收入 50 万元；2003 年保险金额 800 万元，保费收入 164 万元。

1996—2003 年太保鹰手营子代理处财险鹰手营子

营销服务部保额保费统计表

表 12－2－3　　单位：万元

年　度	保险总额	保费总收入
1996	1800	60
1997	2000	80
1998	3500	90
1999	5700	102
2000	2300	120
2001	4100	150
2002	5300	180
2003	11000	210
合计	35700	992

第三节　理　　赔

1996 年至 2003 年，太保鹰手营子代理处和财险鹰手营子营销服务部共理赔 737 件，理赔总支出 705 万元，占同期保费总收入的 71.07%。2000 年至 2003 年，中保财险鹰手营子支公司理赔合计支出 809.5 万元，占同期保费总收入的 48.33%。2001 年至 2003 年，中保寿险鹰手营子支公司共理赔 1220 人，理赔支出 142 万元，占同期保费收入的 4.15%。

2002 年，全区保险机构合计理赔支出 383 万元，占保费总收入的 61.77%，其中中保财险鹰手营子支公司理赔 216 万元，占保费收入的 72.97%；中保寿险鹰手营子支公司理赔 46 万元，占保费收入的 3.83%；太保财险鹰手鹰手营子营销服务部理赔支出 118 万元，占保费收入的 65.56%；太保寿险鹰手营子营销服务部理赔支出 3 万元，占保费收入的 6%。

1996—2003 年太保鹰手营子代理处财险鹰手营子

营销服务部保险理赔统计表

表 12－2－4

年　度	理赔总支出（万元）	理赔件数（件）
1996	48	26
1997	56	43
1998	63	51
1999	80	60
2000	94	70

续表 12－2－4

年　　度	理赔总支出（万元）	理赔件数（件）
2001	106	140
2002	118	148
2003	140	199
合计	705	737

2000—2003 年中保财险鹰手营子支公司保险理赔统计表

表 12－2－5　　　　单位：万元

年度	机动车险	企业财产险	家庭财产险	责任险	意外险	货运险	其他险	合计支出
2000	86	53	4	12	—	9	—	164
2001	113	5	2	11	—	—	—	131
2002	144	46	4	22	—	—	—	216
2003	169	57	3.5	68	1	—	—	298.5
合计	512	161	13.5	113	1	9	—	809.5

2001—2003 年中保寿险鹰手营子支公司保险理赔统计表

表 12－2－6

年　　度	理赔人数（人）	理赔支出（万元）
2001	350	51
2002	390	46
2003	480	45

第四节　保险业机构

一、中国人民保险公司承德市鹰手营子办事处

1982 年 1 月，中国人民银行鹰手营子办事处信贷科始设保险股，协助中国人民银行承德市支行保险业务科工作。1983 年 1 月，中国人民银行鹰手营子办事处设立保险业务科，1984 年年底，有职工 7 人。1985 年 2 月，经批准设立中国人民保险公司承德市鹰手营子办事处，有职工 5 人。1988 年 5 月，人保鹰手营子办事处下设业务股、人险科，是年末职工增到 28 人。为了扩展业务，1993 年中国人民保险公司鹰手营子办事处设立了鹰手营子、北马圈子、寿王坟、汪家庄 4 个代理处。1996 年，财寿险分家，分设机构。

二、中保财险承德市鹰手营子支公司

1996 年 3 月，财、寿险分家，原中国人民保险公司承德市鹰手营子办事处更名为中保财产保险公司鹰手营子支公司，下设车险科、办公室、财务科、营业室，有职工 20 人。1998 年下设办公室、业务科、财务科、内勤科。1999 年 1 月，下设办公室（兼理赔科）、承保一科、承保二科、业务开发部、财务科。5 月，根据冀人保转发保监会对中保财产保险公司更名批复的通知，中保财产保险公司鹰手营子支公司更名为中国人民保险公司承德市鹰手营子支公司。10 月，支公司实行减员增效，下岗分流，减员 8 人，正式在册职工剩 6 人。2003 年 10 月，中国人民保险公司进行股份制改革，原中国人民保险公司承德市鹰手营子支公司更名为中国人民财产保险股份有限公司承德市鹰手营子支公司，下设综合部、业务部、销售部，有员工 18 人。

三、中国人寿保险公司承德分公司鹰手营子支公司

1985 年，中国人民保险公司鹰手营子办事处设人险科。1988 年 5 月，人险科改称人险股。1996 年 3 月财、寿险分设，人寿保险业务从中国人民保险公司鹰手营子支公司分离，成立专业经营人寿保险业务的中保人寿保险公司承德分公司鹰手营子营业部，有职工 5 人。1997 年初，中保寿险鹰手营子营业部调整经营方向，设立营销科、直销科。2000 年 5 月 8 日，经中国保监会批准，中保寿险鹰手营子营业部更名为中国人寿保险公司承德分公司鹰手营子支公司。10 月，在鹰手营子、北马圈子、汪家庄、寿王坟 4 个镇分别设立人寿保险服务所。2003 年 10 月，中国人寿保险公司进行股份制改革，鹰手营子支公司更名为中国人寿保险股份有限公司承德分公司鹰手营子支公司，有职工 60 人。

四、中国太平洋保险公司鹰手营子代理处

1996 年，成立中国太平洋保险公司鹰手营子代理处，实行产寿险联合经营，至 2001 年 7 月。

五、中国太平洋人寿保险股份有限公司鹰手营子营销服务部

2001 年 8 月，太保实行财寿险分业经营后，成立中国太平洋人寿保险股份有限公司鹰手营子营销服务部，隶属中国太平洋人寿保险股份有限公司河北分公司承德中心支公司，2003 年末太平洋人寿保险股份有限公司鹰手营子营销服务部有正式职工 2 人。

六、中国太平洋财产保险股份有限公司鹰手营子营销服务部

2001 年 8 月，太保财寿险分业经营后，成立中国太平洋财产保险股份有限公司鹰手营子营销服务部，隶属中国太平洋财产保险股份有限公司河北分公司承德中心支公司，2003 年年底有正式员工 2 人。

第十三编 FANGDICHAN GONGYONGSHIYE JUMINFUWUYE

13 房地产公用事业居民服务业

第一章　房地产

第一节　房产开发

第二节　房产交易

第三节　房地产管理

第二章　公用事业与居民服务业

第一节　公用事业

第二节　居民服务业

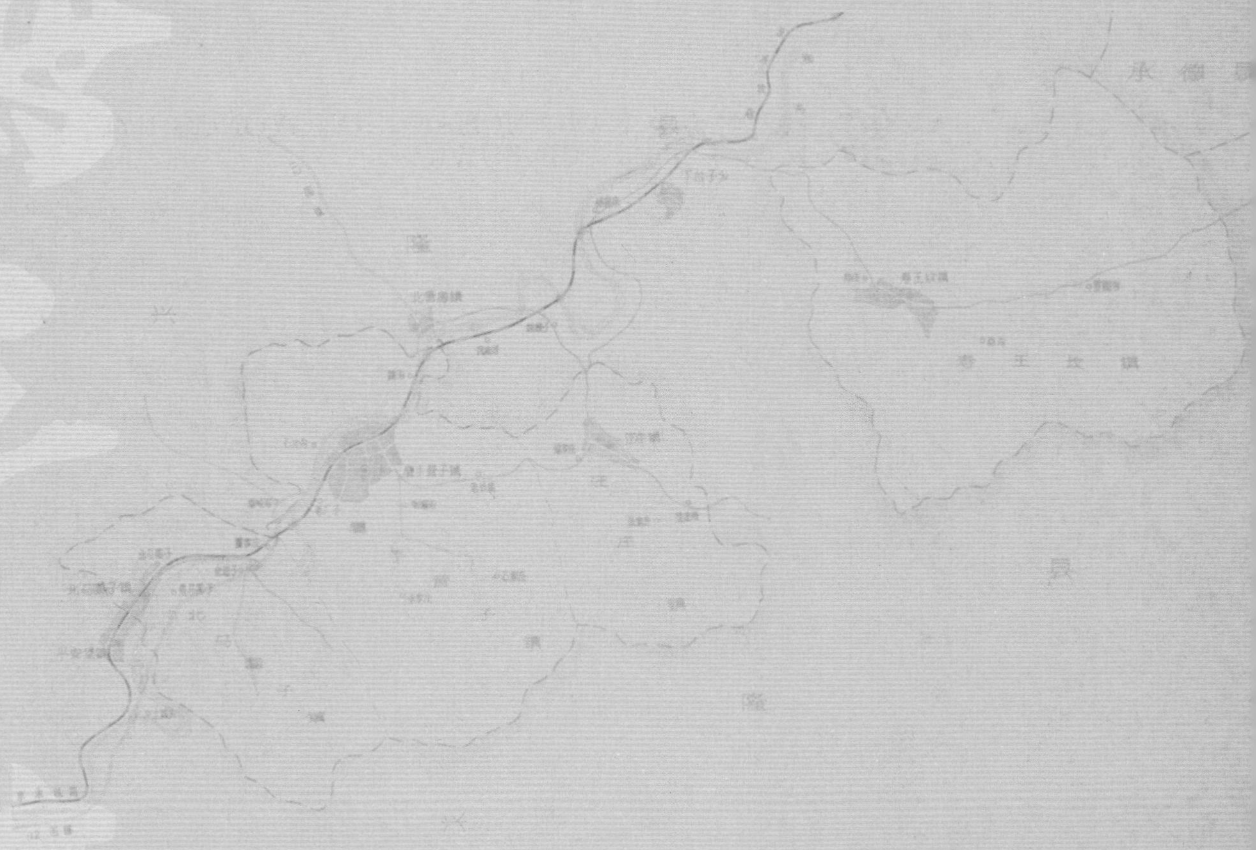

13 承德市鹰手营子矿区志•房地产公用事业居民服务业

CHENGDESHI YINGSHOUYINGZIKUANGQU ZHI

FANGDICHAN GONGYONGSHIYE JUMINFUWUYE

20 世纪 50 年代，由于国家“一五”计划 156 个项目中有 2 个重点项目寿王坟铜矿和兴隆煤矿在区内兴建，使营子矿区兼具城镇和农村的双重特点。非农业人口多，衣、食、住、行等消费需求高，城乡购买力较强，由此促进了公用事业、居民服务业的发展，住宿、理发、照相、洗浴、自行车钟表修理、刻字、卫生清理等项需求与日俱增，个体、集体、国营服务机构不断增加，全区环卫面貌和居民生活条件不断改善。改革开放以来，随着管理体制和经营方式的改变，商业化服务，市场化管理逐渐在公用事业，居民服务业和新兴的房地产业中推行。管理机构和专业组织不断健全，管理办法和规章制度不断完善，在扩大服务范围的同时，改善服务条件，改进服务质量，使全区的房地产业、公用事业、居民服务业得到了快速发展。

第一章　房 地 产

从中华人民共和国成立到 1992 年，营子矿区城镇居民除少数具有私人房产外、多数住房实行福利制度。随着住房制度的改革，1992 年区政府同意中国人民建设银行鹰手营子办事处成立房地产开发公司，在区属范围内开展房地产开发业务。为了改善居民住房环境和城市面貌，提高综合管理水平，1993 年起开始调整镇村建设规则，实施住宅新区开发，临街商办综合楼开发，棚户区和办公楼改造，在住宅新区推行物业管理，同时不断规范房地产交易，强化房屋产权籍管理，把建房用地统一纳入法制化轨道。到 2003 年年底，全区累计开发房屋总面积 20 多万平方米，办理房产交易 8315 件。

第一节　房产开发

一、住宅楼开发

1993 年，区政府在酿造厂临街、鹰手营子村村委会临街和鹰手营子村创业队 3 个地段开发住宅楼 2.2 万平方米，完成区政府住宅楼和城建局职工住宅楼 4 栋，建筑总面积 17000 平方米。1994 年，津鹰联营房地产开发公司投资建成鹰手营子镇、鹰手营子村住宅楼 3 栋 9376 平方米。1996 年开始利用国家优惠政策，以解危解困为重点，进行经济适用房开发，是年投资 950 万元建成 5 栋住宅楼，总建筑面积 13750 平方米，安置 186 户居民。1997 年，在区供销社、商业局、文教局等地开发建成经济适用房 5 栋，总建筑面积 15400 平方米。1998 年，北京中燕集团斯贝兰房地产开发公司开发建设中营小区 4 栋住宅楼，总建筑面积 18500 平方米。被河北省教委列为重点建设项目的承德市第七中学康居工程，总投资 650 万元，建筑面积 11000 平方米，安置 126 户。1999 年，投资 476 万元，拆除 15 户 670 平方米旧房，建成 5800 平方米的回民饭店住宅楼，解决 60 户居民住房问题。2000 年，在原蔬菜公司院内建成 6270 平方米住宅楼，安置居民 71 户。2003 年，在原区政府家属院开发建成 1 栋 6552 平方米经济适用房，安置 84 户居民。

二、综合楼开发

1993 年，营子矿区开始开发商住一体综合楼，商用面积较小。1997 年，开发建成广播电视局商办两用楼 4600 平方米，铁道北农贸市场商办综合楼占地面积 10000 平方米，逸夫实验小学商办综合楼 4950 平方米。1998 年，区检察院在老街建成 1900 平方米商办综合楼 1 座。2000 年，区城建局与鹰手营子镇河北村联合开发建成战备桥西商办综合楼 1000 平方米。2002 年至 2003 年，全区开发建成的商办商住综合楼共计 6 栋，即新华书店商住综合楼 659 平方米，商贸流通运营开发公司综合楼 5364 平方米，区法院综合楼 5002.5 平方米，文教局综合楼 8734 平方米，中心商贸城综合楼 13600 平方米，饮食服务公司综合楼 6600 平方米。

三、开发企业

境内房地产综合开发由区政府统一安排，优先委托区内开发单位进行配套开发。当地开发力量和资金不足时，经区政府同意，可以引入外地公司和资金，纳入全区综合开发计划，政府统一管理。至 2003 年，引入的外地开发公司有北京中燕集团斯贝兰房地产、津鹰联营房地产、唐山万丰房地产等开发公司。

第二节　房产交易

1990 年，营子矿区开始办理房屋交易业务，是年交易面积 456.6 平方米，交易额 65.5 万元。随着经济的不断发展，城乡企事业单位和个人进行房屋买卖、租赁等交易活动日益增多，其中未办手续而私下买卖或变相高价买卖、租赁、转让、兼并、抵押行为不断出现，造成大量房地产纠纷和权属不清案件，严重影响了房管秩序。为保障房地产交易市场的健康发展，1992 年 6 月专门成立了营子矿区房地产交易管理所，1993 年完成房屋交易额 33 万元，收取交易费 1.2 万元。1997 年完成个人产权交易手续 586 户，公产交易手续 17 个单位，部分产权交易手续 106 户，收取交易费 11.04 万元，1998 年办理房屋交易 775 户。从 1992 年至 2003 年，累计办理房屋交易 8315 件，交易总面积 29.2 万平方米，总交易额 8361.5 万元，办理抵押 68 起，总面积 1.5 万平方米。

第三节　房地产管理

一、管理机构

1956 年年底，营子矿区成立房管段，隶属承德市房产局。1958 年 7 月至 1965 年 2 月营子矿区划归兴隆县，房管段由营子矿区区公所管理。1965 年 2 月又划归承德市，市房管局派员管理。1969 年 2 月，经承德市革委会批准，将由市管理的营子矿区房管段和所辖公房划归营子矿区管辖。1973 年至 1978 年，由市房管局委托营子矿区代管。

1978 年 11 月，区房管段划归营子矿区城建办公室。1980 年，区房管段改为房管所。1981 年，划归营子矿区人民政府直管。1985 年 3 月起，区房管所隶属区城建局管理。随着业务范围不断扩大，

1989 年成立营子矿区房屋产权产籍管理办公室，1992 年 6 月，成立营子矿区房地产交易管理所，1993 年 6 月，成立营子矿区住房制度改革办公室，1994 年 6 月，成立营子矿区房地产价格评估委员会办公室，1996 年成立营子矿区经济适用房发展中心。是年 6 月，成立营子矿区房管局，为二级局，隶属营子矿区城乡建设环境保护局。房管局内设房屋产权产籍所、交易所、评估办、危房鉴定办、房改办、房管所、供热站。

1997 年 3 月，经区人民政府批准，区房管局由区城乡建设环境保护局分出单设，为正科级单位。局机关内设办公室、财务科 2 个科室，下设房屋产权交易所、拆迁管理办公室、房屋安全鉴定管理办公室、房地产估价事务所、房管所、房改办、经济适用房发展中心。负责全区范围内的房屋产权产籍、交易、拆迁管理，危旧房屋安全管理鉴定、房地产价格评估、直管公房的维护维修、住房分配和房改、经济适用房的审批、建设和出售。是年，又增设房屋开发办公室、煤气站、物业管理公司和收费站。2002 年 5 月机构改革，区房管局编制 7 人，设办公室、财务股、房改办、经济适用房发展中心、产权交易所、房地产评估交易所、房管所、拆迁办。2003 年 4 月，增设房屋安全管理和房屋安全鉴定管理办公室。

二、房屋产权产籍管理

营子矿区的公有住房自 1966 年开始执行承德市政府制定的《公有房屋统一管理规定》。1979 年起执行承德市革委会制定的《承德市城镇房地产管理暂行规定》，是年 4 月，营子矿区革委会下发《关于加强城镇房地产管理的通知》。1980 年，营子矿区革委会颁发《承德市鹰手营子矿区房产管理暂行规定》，是年，区房管部门直管房屋建筑面积 0. 61 万平方米，居住面积 0. 37 万平方米；单位自管公房总建筑面积 24. 75 万平方米，居住面积 14. 56 万平方米；私有房屋中有房屋执照的，总建筑面积 0. 083 万平方米，居住面积 0. 04 万平方米；私有房屋中无房屋执照总建筑面积 0. 12 万平方米，居住面积 0. 09 万平方米，总计实有房屋建筑面积 25. 563 万平方米。其中，居住面积 15. 06 万平方米，人均居住面积 3. 23 平方米。1986 年，全区公有房产 96. 36 万平方米，私有房屋 5. 69 万平方米。

1989 年，开始进行房屋所有权登记，核发房屋所有权证工作。1990 年，为 87 人举办了 1 期房屋产权发证培训班，到是年底，鹰手营子、汪家庄、寿王坟 3 镇公产房屋收件登记测绘完成 450 件，占应收件的 89%；鹰手营子镇公产房屋审查合格 16 件，私产房屋收件登记完成 250 件，占应收件的 80%。1991 年，完成房屋所有权登记，共登记公产住宅 9000 平方米，其中行政事业单位居住面积 6000 平方米。清理审查了私买私卖房屋的单位和个人，补办了交易手续，公房审批完成 28. 69 万平方米，发产权证 138 份，私产房制图 30 份，发证 2 份。1994 年 9 月，区房管所对直管公房的管理制定出台 15 项具体规定。是年，全部完成了产权证发放，调查勘丈不易出售的公产平房 164 户，6844. 5 平方米，收保证金 12. 367 万元。

1995 年，区政府出台《关于城镇职工住房若干问题的规定》，1996 年开始推行房屋产权转移工作，是年有 80% 的公房出售给个人。

1998 年，共办理确权手续 775 户，收取确权登记费、交易管理费、危房鉴定费等 36. 6 万元。12 月，停止住房实物分配，推行住房货币化。

2000 年，根据国家有关政策，开始统一换发房屋所有权证，发放所有权证 2963 份，共有权证296 份。

截至 2003 年年底，累计发放房屋所有权证 9384 份、共有权证 903 份，办理权属登记 1069 件。抵押评估 182 件。

三、评估

1994年至2003年，区房地产价格评估办公室共办理公房等级评估26个单位，3750户，总面积22.5万平方米，接受委托评估25起，评估面积17.5万平方米。2000年办理抵押评估75件，截至2003年年底办理抵押评估182件。

四、物业管理

1997年，成立营子矿区房管局物业管理公司，负责桥西、桥南、路北、中营小区850户，6.5万平方米住宅的卫生清扫、垃圾清运、化粪池清理等项服务，每户每月收取3元物业管理费。为了居民能够生活在环境优美，秩序良好、服务优良的小区中，按照区政府出台的《营子矿区物业管理暂行规定》，1998年筹集85.2万元，在1—13号住宅楼间修建起花坛、绿地、自行车棚、茶炉房、车库、煤气罐收送点，购买了抽粪设备。1999年8月，区政府印发《关于加强物业管理的通知》。2000年6月，区房管局与下属的物业管理公司脱钩。7月物业管理公司更名为区物业服务中心，成为独立承担民事责任的法人实体。随后，物业服务中心与镇、街道协调成立了业主管理委员会，制定小区管理办法，建立和完善资金管理机制，推行服务承诺制和政务公开制。在对各住宅小区内的房屋建筑及其设备、公用设施、绿地、卫生、交通、治安和环境等进行依法管理、维护、修缮和整治的同时，还逐步拓宽服务范围，协助小区业主管理委员会建设文明小区，为用户疏通下水道，安装防盗门等。在为用户提供快捷、方便、优质服务的同时，主动接受小区居民的监督。2003年，区房管局下属的寿王坟物业服务中心成立，并负责寿王坟镇的公房管理和小区物业管理。

第二章　公用事业　居民服务业

中华人民共和国成立前，境内只有少数个体理发店、车马店和日用品修理铺。

中华人民共和国成立后，随着营子矿区经济的发展，城镇居民的增多，居民服务业和公用事业得到快速发展，国营和集体经营的理发、照相、日用品加工修理等服务项目逐步增加，环境卫生清理开始提上日程。1956年全区10个居民服务社（组）营业收入28.3万元，1959年服务机构增加到39个，从业262人。1975年以后，营子矿区专门成立了市容管理整顿工作机构，制定了环境卫生管理办法和门前“三包”等卫生管理制度，壮大了公共卫生清扫队伍，改革了居民服务业经营方式，修建殡葬设施，推动殡葬改革，并在城乡居民生活水平不断提高的过程中，适时扩大服务范围，增加服务手段和项目，到2003年，全区居民服务业已达700多家，卫生管理和清扫面积25万平方米，遗体火化率100%。

第一节　公用事业

一、卫生清洁业

（一）卫生清洁

20 世纪 60 年代后期，营子矿区成立卫生清扫队，雇用 4 名临时工，用仅有的 1 辆马车清运区政府大院和主街的垃圾，管理城区公厕。

1977 年，卫生清扫队雇用 6 名临时工清扫大街，管理城区公厕。1979 年 7 月，成立营子矿区公共卫生管理处，雇用临时工 18 名，负责清扫大街及管理城区 16 个公厕。

1986 年至 1987 年，设垃圾倾倒点 14 个，在主要街道临街店（厂）开始实行以包卫生、包绿化、包秩序为主要内容的卫生门前“三包”责任制。并面向社会各单位实行垃圾清运有偿服务，累计清运住宅区和街道垃圾 3 万吨，清除河障废物、垃圾 17000 立方米，疏通大小河道 6 条 8500 延长米，清理城镇排水沟 20000 米。1988 年又试行了垃圾清运承包责任制，签订有偿服务协议书 112 份。1989 年设固定垃圾点 74 个，日清扫大街 6500 平方米，日清运生活垃圾 120 吨，日清掏公厕粪便 20 吨。

1991 年，清运生活垃圾 1. 35 万吨，清运粪便污水 0. 66 万吨。1997 年，全区有公厕 27 个，居民垃圾点 53 个，日产生活垃圾 50 余吨，年清运量 1. 8 万吨，80% 以上的垃圾采取掩埋方式处理。1998 年启用了鹰手营子镇跳沟水毁地垃圾场，经浅层掩埋后覆土造田，是年完成街巷清扫面积 62 万平方米，年清运垃圾 1. 6 万吨，清掏粪便 0. 33 万吨。

2000 年，在督导落实临街卫生“门前三包”责任制的同时，加强了主街的卫生综合治理，年清掏公厕 22 个，年清掏粪便 5000 吨；垃圾点 54 个，日清垃圾 36 吨；全年完成街巷清扫面积 86. 4 万平方米；街道水沟清淤 1000 延长米。

2003 年 6 月，营子矿区公共卫生管理处相继接管了寿王坟铜矿和涝洼滩煤矿的公共卫生管理工作。是年底，服务面积扩大到 25 万平方米，管理垃圾点 143 个，公厕 66 个，服务人口近 4 万。

（二）环境卫生管理

1976 年 3 月，区革委员会颁布《承德市鹰手营子矿区革命委员会市镇建设管理暂行规定》，开展以搞好市镇管理，加强市容建设，维护交通秩序，改善市容环境卫生为主要内容的整顿工作，并首次对柳河治理提出了实施意见。

1979 年，区革委会就切实加强市容和卫生管理发出通知，对街道卫生管理、厕所粪便管理、垃圾管理、非农业户饲养畜禽、临街和广场空闲地占用收费等提出了具体要求。1981 年 7 月，区政府颁布《鹰手营子矿区城镇卫生管理试行条例》，规定非农业人口养殖家畜家禽须施行圈养。是年处理非农业户违规养猪 522 头，犬 206 只。1983 年，全区各单位和居民住户把包卫生、包绿化、包秩序作为改善市容市貌的职责，使门前“三包”制度逐步进街道，入家庭，为开展花园式机关、文明街道建设打下基础。1986 年，各街道居民区先后设立卫生垃圾点。1987 年起，区政府明确提出“繁荣、文明、优美”的卫生管理目标，印发《关于加强城镇市容环境卫生管理补充规定的通知》，通知规定，严禁随意倾倒垃圾，卫生队统一清掏城镇所属公厕、化粪池，各单位的公厕指定清掏队承包，从 11 月份开始收取全区范围内从事散体、流体运输车辆保洁费。各镇分别成立市容卫生管理办公室，完善管理制度加强执法检查，对群众意见大，危害公共卫生的企业和个人从严管控。寿王坟镇政府在全面抓好环境卫生管理的同时，主动配合寿王坟铜矿文明矿山建设。区政府还针对境内煤炭、白灰、水泥、石料

等运输途中遗撒问题，制定鹰手营子大街文明一条街管理办法，规定所有大型机动车、拖拉机、畜力车必须绕行。1988 年开始，鹰手营子镇 5 条街 1. 8 万平方米的门前“三包”改为有偿服务，城市排水服务面积达 42%，至 1988 年 6 月共清理违章占道 3000 多平方米，对违章的 14 个单位、195 人次罚款 4000 余元。1989 年，开始对个体户牌匾和单位广告牌实行统一规格，统一悬挂，统一管理，拆除违章建筑 62 平方米，清理违章乱摆摊位 960 起，专人监察河道卫生，还将 10 名清洁工分成 5 组，分管全区 12 条主街道的清扫工作，处理 300 多台次车辆洒物行为，全年罚款 5048 元，收占地费 8779 元。1990 年，扩大门前“三包”7000 平方米，核发市容卫生许可证 400 份，春季组织 7000 余人次，21 台车辆清除西马路废墟 1350 吨，督促 4 个店外摊点进院落，清拆违章搭建、堆放 56 起，卫生清理实行包地段、定质量、定人员、定车辆（工具）、定任务、定费用、定路线、超额完成任务奖、节约油料材料奖的分片包干办法。

1992 年，制定卫生清理扫、掏、运工作质量标准，纠正违章行为 1100 人次，收取保洁费 6000 元，占地费 3600 元。为加强全区市容、环境卫生和道路管理，1996 年 2 月，区政府颁布《承德市鹰手营子矿区环境卫生道路管理暂行办法》，对户外广告、标语牌、橱窗、标志牌的设置以及临街墙面涂写、张贴宣传品等做出明确规定，并对鹰手营子大街、桥西路、站南路、矿工路及各镇主干道和繁华地段的建筑物围墙采用透景、半透景管理。1998 年，主要街道、门店签订门前卫生三包责任书达 100%，出动 120 余人次，10 台次车辆，拆临街临建 200 余处，清除广告标语 500 多张，没收沿街落地广告 35 块，清除废料垃圾 100 吨。1999 年 4 月，区政府为进一步提高环境卫生质量，加大城镇规划管理力度，相继出台《鹰手营子矿区城镇道路环境卫生管理办法》《鹰手营子矿区城镇市政工程设施管理办法》等文件，在治理整顿城镇道路环境卫生过程中，坚持以建设富强、繁荣、文明小康区为目标，以城市形象建设为主要内容，以治脏、治乱为重点，以提高市民素质为核心，以全民参与为基础，城市市容市貌管理重点向居民区延伸。在突出抓好主干道、城市出入口迎宾线等重点区域的同时，加强城区大街小巷和生产小区的治理，制止垃圾乱堆乱放，污水乱倒现象。在市容环境的综合治理中，不但充分发挥专业队伍的作用，同时积极协调全社会力量，抓好城市绿化美化，抓好干道 两侧乱摆摊点和非重点地段的脏乱差问题，逐步实现了城市市容市貌管理由政府行为向社会行为的转变。

2000 年区城市管理委员会成立后，统一领导全区的城市管理工作，决策城市管理的重大事项，下达城市管理目标，考核各职能部门责任目标的落实结果，并实施奖罚。区城市管理监察大队，统一以承德市城管局名义，依照《中华人民共和国城市规划法》《城市市容和环境卫生管理条例》等法律法规，对违法建筑项目，市容环境卫生等方面的违法违章行为，行使行政处罚权。

二、殡葬业

（一）公墓和殡仪馆

公墓　1985 年以前，区内只有一处回民公墓。1985 年，区民政局与回族代表协商，筹资 1500 元，在鹰手营子村北山建面积 1300 多平方米的回民公墓一处。1993 年，又在寿王坟镇南山建回民公墓一处，解决了回族居民去世后的义地问题。是年，为解决全区存放骨灰难问题，区民政局与鹰手营子镇河北村占用山坡地 33300 多平方米联合开发公墓和骨灰堂一处。1996 年 6 月，区民政局筹资将占用的山坡地买下，原公墓和骨灰堂改建为万宝山公墓和新骨灰堂。是年 9 月，竣工并投入使用。

殡仪馆　2001 年 6 月，区民政局筹资 156 万元，在鹰手营子北山兴建殡仪馆，是年 11 月竣工并投入使用，结束了营子矿区没有殡仪馆的历史。殡仪馆建筑面积 2220 平方米，设有告别厅、火化车间、丧主休息室、丧葬用品陈列室、凭吊焚烧塔、骨灰堂、遗体冷藏柜、运送车、停车场。殡仪馆建筑结构科学合理，环境优雅肃穆，突出“以人为本、抒发情感、寄托哀思、保护环境”的服务宗旨。2002 年，又投资 33 万元，用于硬化路面，绿化环境，购置设备，基本实现了环境园林化、设备现代化、管理规范化。是年，殡仪馆被省委、省政府授予“殡仪管理先进单位”荣誉称号，2003年被市政府命名为“绿化先进单位”。区殡仪馆自2001年11月运营以来，经济效益逐年提高。但由于建馆和购置附属设施欠账多，盈利全部用于偿还债务和作为运营费用，截至2003年底无盈利结余。

殡仪馆（摄影　戴翔）

（二）推行火葬

1957年营子矿区开始提倡火葬。1968年首先在各企业推行火葬，职工去世后遗体一般就近运到兴隆火化场火化。1982年，区民政局下发《积极推行火葬、限制土葬》的通知，规定非农业人口去世后除按政策规定可实行土葬者外，必须火葬，农业人口去世后提倡火葬，并广泛宣传教育活动，制定殡葬改革的村规民约。1984年，全区死亡210人，火化遗体115具，社会火化率54.8%。1985年，全区划分火化区和非火化区。1993年，社会火化率达到93%。1994年9月《河北省殡葬管理办法》颁布实施后，区政府开展大规模的宣传教育活动，将全区划分为火化区和土葬改革区，是年火化区火化率达到93.2%。1999年，为更好地在农村推行火葬，区民政局对主动火葬的丧主家属给予一定的经济补贴。2000年，重新划分火化区和土葬区，将人口稀少，交通不便的深山区定为土葬区。其他地区为火化区。区民政局成立殡葬执法队，各镇成立殡葬工作领导小组。是年，根据群众举报，起尸火化4起。2001年，处理违规外运遗体土葬1起，是年社会火化率达到98%。1998年至2003年，火化区火化率均为100%。

（三）殡葬用品行业管理

中华人民共和国成立后，区内有个别商铺出售寿衣、纸扎、制作纸钱用的黄纸等。“文化大革命”时期，禁售带有封建迷信色彩的殡葬用品。

改革开放后，殡葬用品业逐渐恢复和发展。1994年，依据《河北省殡葬管理办法》，营子矿区清理整顿了殡葬用品业，禁止销售封建迷信殡葬用品，将殡葬用品业纳入殡葬管理部门管理。1995年，依法清理整顿了全区14家殡葬用品摊点。1996年，成立区殡葬监察执法队，除不定期检查外，全年开展3次大检查，没收销售的封建迷信殡葬用品，对经销商予以处罚，取缔违规经营摊点2家。1999年至2003年，对殡葬用品业进行规范化管理，加强了殡葬法规的宣传力度，执法人员按照宣传、监察、处理的程序开展工作。1999年，开展4次殡葬用品大检查活动，没收销毁了纸扎、冥币等封建迷信殡葬用品，净化了殡葬用品市场。

第二节　居民服务业

一、饮食业

（一）国有（营）饮食业

1956年公司合营后，全区有迎春园饭店、回民饭店等6家合营合作饭店，1958年改为国营饭店，归区商业局管理。1958年7月成立区饮食服务公司，1960年改为饮食服务总店，下设9个饮食门市部，4个饭店。1962年餐饮业营业额35.5万元。1976年1月饮食服务总店更名为饮食服务公司，下设大众饭店、东风饭店（迎春园）、回民饭店、汪家庄饭店、寿王坟饭店等。是年，区饮食服务公司由行政管理机构转变为经济实体。国营饭店的发展速度不快，当时规模较大的东风饭店（迎春园）占地面积900平方米，有职工20多人。1987年和1988年，区饮食服务公司餐饮业经营额分别是14.4万元和17.15万元，分别占饮食服务业经营总额的14.18%和15.34%。1994年，全区国有餐饮业全部实行了国有民营。

（二）集体和个体私营饮食业

中华人民共和国成立前，鹰手营子街就有私营饭店。中华人民共和国成立后，鹰手营子和寿王坟均有个体和私营饭店，公私合营后，不再有个体和私营饭店。20世纪80年代初，农村社队餐饮业起步，北马圈子和汪家庄各有2家社队集体饭店，鹰手营子大队饭店和2队饭店分别改名为燕山春饭店和楼外楼饭店。1985年全区农村有集体和个体餐馆30家，经营收入23万元。1988年，全区农村餐馆发展到83个，从业人员136人，年经营收入153万元。1991年，全区集体饮食业营业收入53万元，占集体饮食业总收入的64.63%。1994年，全区集体和个体私营经营网点339个，从业775人，注册资金177万元，年产值经营额591万元。1996年，再"放手放胆发展"和"先发展后规模"原则指导下，个体餐饮业的发展速度明显加快，是年，全区餐饮业个体户跃升带541家，从业1223人，注册资金294万元，产值经营额达3277万元，其中乡镇个体餐饮业172家，从业423人。1988年，全区集体个体私营饭店、餐馆、小吃店共有668家，从业1457人，注册资金353万元，产值经营额9326万元。2003年，减少到327家，从业765人，注册资金增加到470万元，产值经营额提高到22050万元。

二、理发业

民国年间，鹰手营子有个体理发摊2个。

中华人民共和国成立后，鹰手营子、寿王坟的个体理发摊点逐步增加，1955年有8家。1956年公私合营后，成立2个理发合作社，有理发师傅17人。1958年，理发合作社转为国营。1959年，全区有理发店11个，职工49人。1960年以后，北马圈子和汪家庄也先后建起理发店，理发合作社改为集体所有，单独核算。1975年，营子矿区有集体所有制理发店18家，从业20人。

1983年，集体所有制理发店解散，全部转为个体经营。1985年，全区有个体理发店29家，从业32人。1994年，有个体理发店38家，从业51人。服务项目已从单纯的理发，扩展到染发、洗发、烫发、美容、足疗、美体、刮痧、新娘化妆等。2000年，个体理发和美容美发店增加到97家，从业112人。2003年，发展到148家，从业184人。

三、旅馆业

民国初，寿王坟栾家店、张家店、李家店有3家私营旅店，每家从业3—5人，1938年至1947年期间先后停业。

中华人民共和国成立前夕，境内有个体旅店3家，名号为李保店、万达店、三友店，有少量过往行人及小商小贩住宿。

中华人民共和国成立初期，有永合店、同生店、顺昌店和寿王坟西坎王家旅店，以招待外地骆驼队及胶轮车车夫住宿为主。

1956年，鹰手营子和寿王坟分别成立公私合营旅店。1958年，北马圈子建旅店1家，从业3人，集体经营，年营业收入0.3万元。1959年，全区旅馆（店）共有6家，从业29人。

"文化大革命"时期全区有3家集体所有制旅馆。

1979年，全区有旅馆6家，从业48人。其中，私营旅店4家。1980年以后，旅馆开始向综合性

多功能方向发展，人民旅馆、寿王坟铜矿招待所和兴隆矿务局招待所增设了餐厅、小卖部、浴室、大小会议室等，实行吃、住、洗、会等一条龙服务。区服务公司人民旅馆除办好住宿，餐厅之外，还提供理发、阅览、洗染、租车、邮递、娱乐、代买车票和接送站等服务。兴隆矿务局招待所建筑面积4160.5平方米，有114个高、中、低档客房，可以接待200人的会议。1985年，集体经营的旅馆业开始实行承包，定额上交，超额留用，亏损自负。1987年，全区旅馆（店）有12家，从业70人。

1988年以后，个体私营旅馆快速发展，家庭旅店明显增多。1993年，人民旅馆实行承包经营，上缴承包金12.55万元，实现利润4.03万元，营业收入25万元，比1992年增长8.5万元；1994年营业收入22.8万元。是年，新改扩建的区政府宾馆开业，有标间28个，内设餐厅、歌舞厅、会议室。1995年以后，粮食局粮贸宾馆、电力局招待所先后开业，寿王坟铜矿招待所改建成铜兴宾馆，档次明显提高，服务项目增加，2003年的营业额达15万元。2003年，全区有大中小型旅馆（店）20家。年经营额近80万元。其中，4家大型旅馆分别设有标准卫生间、空调、彩电、洗浴、歌舞厅、会议室、餐厅和娱乐室。

四、洗浴业

中华人民共和国成立前，境内没有洗浴业。随着寿王坟铜矿的筹建，1952年矿内建起1处只有50平方米的职工浴池。1955年，鹰手营子建起第1家私营浴池，1956年改为公私合营浴池。

1958年，兴隆矿务局所属汪庄煤矿、营子煤矿、马圈子煤矿先后建起职工浴池，共1298.5平方米。1959年，全区（含驻区企业）有浴池8个。

1960年，寿王坟铜矿职工浴池扩大到700多平方米，有职工14人，职工和家属凭票洗澡，同时对外服务。

1974年和1975年，兴隆矿务局马圈子煤矿和汪庄矿分别扩建女浴池，合计671.6平方米。1976年至1978年，局属3个矿又新建浴池4397平方米，开始对外服务。

1979年，区集体经营的浴池有2家，从业8人。进入20世纪80年代，个体浴池开始缓慢发展，1988年有6家。兴隆矿务局职工浴池达到8处，总建筑面积为6729.68平方米。1989年，寿王坟铜矿取消了职工家属洗澡福利待遇，全部对外营业。

1993年以后，国营和集体经营的浴池全部实行承包，个体浴池迅速增加。1998年，全区（含驻区企业）有浴池25家。2003年，个体经营的浴池达40家，挫澡、淋浴、桑拿、按摩、足疗、刮痧、刮盐等项目俱全。

五、洗染业

20世纪50年代初期，承德市人高凯、王志勤在鹰手营子街开办染房1处，取名营子洗染门市部，有染工3名。主要漂染蓝布、青布、红布、绿布等布匹，洗染旧衣服及各种旧布料，包揽洗染鹰手营子百货商店的各种布料，零售各种染料。1956年，改为国营洗染门市部，从业6人。1980年，全区有染房2处，从业8人。80年代初期，2处染坊相继关闭。

1980年以后，个体经营的干洗店逐步发展。2003年，全区有干洗店12家，从业24人，年收入12.4万元。

六、照相业

中华人民共和国成立初，鹰手营子有1家个体照相馆，从业2人。1952年5月，寿王坟成立1家个体照相馆，有5名员工。1956年公私合营后，寿王坟个体照相馆改为国营，属国营寿王坟服务社管理，有职工4人。鹰手营子的个体照相馆与刻字组、钟表修配组合并成立照钟刻合作社。1956年11

月，照相馆从照钟刻合作社分出单独开业，从业5人。1965年，2个照相馆共有职工16人。

“文化大革命”期间，鹰手营子照相馆改称红旗照相馆。1979年，区内有3家照相馆。1987年，寿王坟照相馆由于经营亏损，改由个人承包。1990年，北马圈子第1家个体照相馆开业。

20世纪90年代，个体照相馆得到快速发展。1998年，国营照相馆全部转变为国有民营。2003年，全区有个体照相馆13家，其中鹰手营子6家，寿王坟4家，北马圈子2家，汪家庄1家。

七、日用品修理业

民国4年（1915年）“后龙风水”禁地开禁后，随着外来人口的增加和经济的发展，开始出现少量日用品修理摊点，中华人民共和国成立前有从业人员14人。

中华人民共和国成立初，寿王坟铜矿和兴隆矿务局的探矿和筹建工作相继展开，鹰手营子和寿王坟两地的修鞋、修表、刻字、黑白铁加工、修自行车等个体摊点逐渐增加，到1955年已有52家，从业116人。1956年公私合营，分别成立了集体合作性质的鹰手营子自行车社、修鞋社、白铁社、刻字钟表修配社和寿王坟修鞋社。仅鹰手营子自行车社和寿王坟修鞋社等3家服务社就年创产值6.1万元。进入20世纪60年代，又先后成立鹰手营子电气修配厂、木工社、小五金修配社、无线电组、综合修理社和寿王坟金木器社、白铁组、钟表修理组、自行车修理组、综合服务社等，日用品修理业不断发展壮大。1962年，全区17个社、组共创造产值41.1万元。

1980年以后，修车、修锁、修鞋、修电器、修钟表和做黑白铁活的个体摊点遍布全区。1990年，汪家庄镇有3家修鞋摊，4家修车点、1家修锁铺、2家家电维修店；北马圈子镇有14家修鞋、修车、补锅、修表摊点。2003年，全区修理业发展到141家，从业249人，营业收入近200万元。其中鹰手营子镇有78家，从业116人；寿王坟镇38家，从业105人；汪家庄镇10家，从业11人；北马圈子镇15家，从业17人。

八、家政服务业

20世纪90年代后期，营子矿区出现了个体私营的家政服务业。主要服务项目包括：擦玻璃、扫房、刷房、刮瓷、喷漆、木工装修、疏通管道、改装供水供暖供电管路线路、侍奉孤寡病残老人等。截至2003年，全区共有个体家政服务部8家。

1959年营子矿区居民服务业基本情况普查表

表13－2－1

项　　目	个　数（个）	职工人数（人）	其中：属国营商业系统	
			个数（个）	职工人数（人）
服务机构合计	39	262	13	82
其中：旅馆	6	29	2	14
浴池	8	—	1	11
理发店	11	49	5	31
照相馆	2	14	2	14
洗染店	1	4	1	4
钟表钢笔修理店	2	8	2	8
修鞋店	4	22	—	—
缝纫店（组）	5	101	—	—

第十四编 NONGYE YU XIANGZHENGQIYE

14 农业与乡镇企业

第一章　种植业
第一节　主要粮食作物
第二节　经济作物
第三节　耕作技术
第四节　肥料
第五节　病虫害种类和防治
第六节　农业机具
第七节　管理机构
第二章　林果业
第一节　林木资源和林产品
第二节　种苗繁育
第三节　造林还林育林
第四节　林木管护
第五节　果品生产
第六节　病虫害防治
第七节　植桑养蚕
第八节　管理
第三章　养殖业
第一节　家禽家畜饲养
第二节　特殊养殖
第三节　饲草饲料
第四节　疫病防治
第五节　人工养鱼
第六节　主要养殖厂养殖大户
第七节　管理机构
第四章　乡镇企业
第一节　发展概况
第二节　所有制结构
第三节　行业结构
第四节　管理

14 承德市鹰手营子矿区志·农业与乡镇企业

CHENGDESHI YINGSHOUYINGZIKUANGQU ZHI
NONGYE YU XIANGZHENQIYE

境内农业历来以传统种植业为主。清朝顺治十八年（1661 年）后，境内大部分地区被划为清东陵“后龙风水”禁地，种植业受到极大限制，但森林植被得以保护。民国 4 年（1915 年）“后龙风水”禁地开禁，随着部分禁地被分给皇族旗人及兵丁作“生计地”“鹰手地”予以开垦，种植业逐渐恢复，养殖业始有发展。境内出产的毛桃、山楂、小米，口感好，营养丰富，远近闻名，其中小米曾成为鹰手奉献给清东陵皇室的贡米。中华人民共和国成立前，由于军阀混战、日本侵略者入侵和天灾的影响，种植业发展十分缓慢，林业资源损失惨重，养殖业仅停留在自繁自育自用的阶段。

中华人民共和国成立后，人民政府通过土地改革、兴修水利、大搞农田基本建设、开展全民植树造林活动、推广先进技术、发展集团养殖、利用工矿区的条件组织副业生产，使全区综合农业出现服务工矿稳步发展的势头。1976 年，全区总播种面积 10020 亩，粮食总产量 4704 吨，蔬菜总产量 14855 吨，大牲畜存栏 2014 头，猪 6096 头，羊 4025 只，分别比 1949 年增长 182%、366.5% 和 220%。1978 年中共十一届三中全会后，农村经济体制改革，落实了家庭联产承包责任制，种植业加快结构调整步伐，“两高一优”（高产、高效、优质）农业和“菜篮子”工程成为农民脱贫致富奔小康的主要途径；以“三北”（东北、华北、西北）防护林、京津风沙源治理等为重点的林业专业工程相继启动，有力推动了全区林业发展步伐；随着营子矿区二、三产业的迅速发展，“菜果肉林”农业发展战略调整为“肉菜果林”，全区养殖业得到快速发展，规模养殖户不断增加，特色养殖开始起步，养殖示范基地逐渐向四镇延伸；以农村社队副业为基础的乡镇企业在“三新、两增、一提高”（办新企业、上新项目、出新产品，增强企业后劲、增强产品竞争力，提高经济效益）奋斗目标的指引下，坚持多轮驱动，多轨运行，分类指导，多业并举，放手发展，2003 年农业和农村非农行业总产值达到 248108 万元，其中乡镇非农行业总产值 245921 万元，增加值 74475 万元，营业收入 238927 万元，净利润 19710 万元，上缴税金 3513 万元。

第一章　种 植 业

中华人民共和国成立前，境内耕作技术落后，粮食平均亩产不足 50 公斤。中华人民共和国成立后，走集体化道路，大搞农田基本建设，开展科学种田，粮食平均亩产从 1950 年的 105 公斤提高到 1958 年的 203 公斤，蔬菜种植开始改变庭院种植方式，向商品菜种植过渡。1976 年粮食平均亩产达 664 公斤，创历史最高纪录，蔬菜平均亩产已达 5067 公斤。2000 年大旱，粮食平均亩产仅 29.07 公斤。随着农村家庭联产承包制的推行，种植结构不断调整，推广杂交品种，实行间混套种，增加地膜覆盖和设施蔬菜种植面积，采用药剂杀虫与农业、化学、生物防治相结合，有效控制病虫害发生。为了加快农业综合发展步伐，大力推广了农业机械化，根据生产环境和商品生产的发展需要，在保留部分传统农具的同时，逐步增添了农副产品加工机具、排灌机具、运输机具和植保机具等。1998 年，粮食播种面积 6045 亩，占总播种面积的 61.72%，平均亩产 367 公斤；蔬菜播种面积 3750 亩，占总播种面积的 38.28%，平均亩产 5658 公斤。2003 年，进一步调整了粮菜播种面积比例，但由于严重受灾，产量均明显降低。

第一节 主要粮食作物

一、玉米 是境内主要粮食作物之一，其种植面积居各种粮食作物之首。传统耕作为秋翻地，春沟播，耪2遍定苗。20世纪50年代，推广多耪技术，精耕细作，实行玉米与大豆间作和大垄种植。主要品种有塌顶黄、小白（黄）棒子、黄8趟，小火棒子和黏棒子。1955年，种植面积1116.26亩，占是年总播种面积的42.55%。20世纪60年代中期，开始推广滦平黄马牙、白鹤、朝鲜白等优良品种。1966年以后推广的维尔156、反帝105等品种由于发生严重大斑病而被淘汰。此后，又推广旅北、烟三1号、忻黄单9号，使亩产有了较大提高，平均亩产250—300公斤。1970年，播种玉米3339亩，平均亩产441公斤，1976年播种2107亩，平均亩产631公斤。1980年，引进承单4号、中单2号杂交品种；1987年，引进京杂6号2490公斤，中单2号4765公斤、丹育13号65公斤、京黄270公斤；1990年，引进掖单13号75公斤，平均亩产888.49公斤。随后逐渐引进的优良品种有丹育2号、丹育6号、丹育7号、京杂6号、承玉5号、承玉6号、承玉13号、农大108号、农大364、农大3138等。2001年，推广高油115、中单321、豫玉22、唐抗5等新品种。2003年重点引进示范粮饲兼用型玉米新品种高油647，保持了玉米稳产高产，全区玉米亩产在400—500公斤。

二、高粱 20世纪50年代以前，以当地品种大蛇眼、二蛇眼、黑壳白、红壳白、大红粮、歪脖折、关东青、米青高粱、红罗伞等为主，平均亩产100—150公斤。1958年前后引进8253、95分枝，1960年以后引进平身白、平顶冠、小关东青、千斤白等。20世纪60年代后期到70年代，大量推广杂交品种有反修7号、反修10号、原杂12号、晋杂5号、忻杂52、渤杂1号等。栽培技术有改变，1978年在鹰手营子公社跳沟村搞试验田，种植忻杂52、西杂1、晋杂1号、渤杂1号，平均亩产517公斤。1980年以后，引进推广的优良品种有晋杂1号、唐革9号、忻杂52、承3A×7501、晋杂52、622A系统高粱，62A×4003等，优良杂交品种的推广，使高粱亩产平均达到350—400公斤。1990年，播种851亩，平均亩产307公斤。1995年，播种面积降到191亩，平均亩产413.6公斤。到2003年，高粱种植面积已不足100亩。

三、谷子 境内自有耕作就有种植，品种比较丰富，因其属粗粮中的细粮，种植从未间断过。适于平地种植的谷子品种有钻子黄、齐头黄、齐头白、干饭蛋、黑沙滩、半道黑、六棱子、分蘖谷、大青苗、大金苗、高八尺、竹叶青、老虎尾、阴天旱、大叶青、苏子白、红苗耙齿子，陕西白等；适于坡地种植的有鹿角白、红苗子、矬根子、红苗鸭子咀、白粒砂、金坠子、猫爪子、老来红、粮食囤、小白粒、关东青、六棱子、关东捎等；抗涝品种有水里站、气死水；薄地品种有薄地高、红苗小白谷等；早熟品种有小白米、欧里红；黏谷子有鸭子咀、小黏谷、龙爪黏、疙瘩黏等。

中华人民共和国成立初期，谷子亩产80—100公斤，1955年种植568.8亩，1958年人民公社化以后亩产提高到150—200公斤。1971年种植1710亩，先后采用秋翻地、春分垄、施底肥、耥地培土、混种密植等耕作方法，亩产达330多公斤。20世纪70年中期，推广小手锄间苗配合手剔苗，早耪细耪、小铧犁培土等措施，丰产地块耪4遍，一般地块最少耪2遍。1974年播种702亩，平均亩产463.4公斤。1981年种谷子935亩，总产量495吨，平均亩产达529公斤。20世纪80年代大量推广的品种是承谷3号、承谷7号、承谷8号、豫谷1号，1985年播种1316亩，1987年播种990亩，产量一般都在200—300公斤。1996年又引进谷子新品种铁谷8号等。2000年前后，品种变化较大，种植较多的是吨谷1号和铁谷8号，亩产高时可达500公斤以上。

四、小麦 20世纪60年代末才有少量种植，其中小麦较多，大麦次之，又分冬小麦、春小麦、

春大麦。冬麦品种有北京 8、9、10、11 号、农大 139、农大 177、多穗等；春麦品种多为墨西哥，1970 年种植 76 亩，平均亩产 162.17 公斤。引进大麦品种主要是六石准。1975 年，鹰手营子公社老厂子大队种植冬小麦北京 9 号 125 亩，平均亩产 540 公斤，单产在当时的长城以南冬小麦产区也罕见。是年全区种植 846 亩，平均亩产 222.2 公斤。冬小麦的成功种植，为玉米的前茬、后茬连作创造了条件，提高了粮食产量，改善了粮食结构，增加了细粮比例。1978 年，为解决工矿区群众蔬菜供应紧张问题，将鹰手营子公社老厂子大队 230 亩麦田改为菜田后，麦类作物在矿区内的种植面积锐减，1987 年只种冬小麦 3 亩，总产 500 公斤。1990 年以后，已无种植记录。

五、大豆 中华人民共和国成立前，境内很少种植大豆。20 世纪 50 年代，推广品种主要有白露熟、铁英黄、小白脐、大白脐、兔眼、立秆站、一窝风、小粒青及青黄豆、黑豆、磨石豆等，也引进少量金元 1 号、天鹅蛋、满仓金等。到 50 年代末期，大豆作为矮棵作物的主要种类，在耕作管理中与玉米、高粱并重，实行了间混套种。1970 年以后引进的品种有群英、美国大豆、铁丰 3、吉林 2、集体 5 号。1971 年种大豆 415 亩，总产量 127.4 吨，亩产 307 公斤；1981 年种植 248 亩，平均亩产 403.17 公斤。1987 年在引进 2040 公斤铁丰 18 号大豆之后，又相继引进承豆 1、铁丰 19、铁丰 29、铁丰 30、8157、1005 等优良品种。1995 年种植大豆总面积 560.5 亩，平均亩产 185.2 公斤。2003 年全区种植大豆 612 亩。

六、稻 中华人民共和国成立之初只有少量种植，当时叫陆稻或旱粳子，产量一般在 100—150 公斤。1955 年仅播种 0.06 亩。20 世纪 60 至 70 年代水稻种植面积明显增加，主要分布在柳河流域，如马圈子公社南马圈大队，鹰手营子公社老厂子大队、跳沟大队，汪家庄大队以及寿王坟公社罗圈沟大队。品种以京引 39、京引 66、延系 20 等为主。1970 年种植 41 亩，平均亩产 80.49 公斤，1975 年种植 93 亩，平均亩产 346.24 公斤。实行家产联产承包责任制以后，受气候条件和产量偏低等因素影响，水稻面积很少。1994 年，区农林业局在鹰手营子镇跳沟村试种辽源“241”水稻，前期苗情长势良好，至分蘖时遭暴雨袭击，0.2 亩试验田全被冲毁沙压，试验无果。1996 年，又在鹰手营子镇喇嘛沟村水库下游试种 3 亩水稻，获得成功。之后，全区再未种植过水稻。

第二节 经济作物

一、蔬菜

（一）品种

境内的蔬菜栽培已有 200 多年历史，20 世纪 60 年代前，品种较少，且多为粗菜，农户自繁自用。20 世纪 60、70 年代，随着境内工矿业的发展，全区蔬菜种植面积逐年扩大，品种不断增加。主要品种有白菜、菜花、大萝卜、水萝卜、胡萝卜、西葫芦、芥菜、芹菜、茴香、茼蒿、芫荽（香菜）、莴苣、油菜、小白菜、黄瓜、西红柿、茄子、辣椒、菜豆、大蒜、土豆等。中华人民共和国成立至 2003 年，区内种植过的蔬菜品种如下表。

营子矿区蔬菜种植品种分类表

表 14－1－1

类名	种名	品　种　名
白菜类	大白菜	翻心白、大核桃纹、小核桃纹、玉青、八叶齐、小白口、大青帮、晋菜 3 号、太原 2 青、北京新（1、2、3 号）、秋绿
	疙瘩白	金旱生、报春、狄特 409、迎春、园春、黄苗、黑叶小平头、京丰 1 号、成功 1 号、牛心甘蓝、大磨盘、中甘（11、8398）
	菜花	瑞士雪球、荷兰雪球、耶尔福、日本雪山
	苤蓝	捷克白、笨苤蓝
根菜类	大萝卜	大红袍、灯笼红、露八分、象牙白、板樱大萝卜、心里美、青皮青、卫青、半截红、红丰
	水萝卜	小水萝卜、大水萝卜、一尺红
	胡萝卜	小顶红、鞭杆红、黄胡萝卜、黑田五寸参
	芥菜	二道眉、本地芥头、花叶芥菜
绿叶菜类	菠菜	尖叶菠菜、圆叶菠菜、日本强力菠菜
	芹菜	实心芹菜、空心芹菜、西芹、文图拉
	茴香	小茴香、大茴香
	茼蒿	小叶茼蒿、大叶茼蒿
	芫荽	香菜
	生菜	圆叶生菜、花叶生菜、尖叶生菜
	油菜	青帮、白帮、青白帮、三月蔓、五月蔓
	小白菜	仙鹤白、翻心白
瓜类	黄瓜	长春密刺、叶儿三、北京大刺瓜、汶上刺瓜、象牙白、丝瓜青、宁阳大刺瓜、津研 1 号、津研 2 号、津研 4 号、七寸黄瓜、枕头黄瓜、北京鞭瓜、截头瓜、秋青刺、大连叶儿三、津绿（3、4 号）、津春（3、4、5 号）、津杂、长城棒瓜
	西葫芦	一窝猴、花叶西葫芦、长蔓西葫芦、早青一代、早丰、早丽
	冬瓜	承德小高桩、承德大高桩、车轱辘冬瓜、一串铃冬瓜、青皮冬瓜、兰州冬瓜、柿饼冬瓜
	倭瓜	大磨盘、骆驼脖
	菜瓜	玉瓜
	梢瓜	七寸白、青皮、酥瓜、长白梢瓜
	丝瓜	丝瓜
	瓠瓜	瓠瓜
	苦瓜	苦瓜
	蛇瓜	蛇瓜

续表 14－1－1

类名	种名	品　种　名
茄类	西红柿	早粉 2 号、北京早熟、秃头粉、强丰、强力米寿、特瑞皮克、满丝、农大 23、农大 24、粉红甜肉、苹果青、橘黄佳晨、菜柿子、西班芽、小桃茄子、罗城 1 号、火柿子、顺义大粉、福寿 100 号、大同 156、冀红 1 号、意大利 18 号、申家庄 2 号、邢台大红、皮克尔 28 号、碧红 2 号、沈引 1 号、长城大红、国粹、合作（903－908、906）
	樱桃番茄	圣女、樱桃番茄、亚蔬 6 号
	茄子	五叶茄、火石榴、短把黑、早白茄、安阳茄、大红袍、七叶茄、柳条青、灯泡茄、天津大民茄、牛奶茄、紫线茄、紫长茄、快圆茄
	辣椒	茄门椒、三道筋、世界冠军、同丰、早丰、柿子椒、巴彦椒、苏密斯、羊角椒、湖北尖椒、伊梨辣椒、黄柿子椒、早青椒、早熟 1 号、赤峰长椒
豆类	菜豆	北京快豆、沙克沙、萨哈豆、五月鲜、大盘墩、半斤对、大姑娘、挽袖、白大架、丰收 1 号、回尤豆、双季豆、小白豆、秋不老、红芸豆、小黑豆、大花豆、黄芸豆、尼克斯、白不老、琥珀豆、长城（2、3、6 号）、云丰（623、83－B）、八月长
	豇豆	红咀燕、十八豆、罗裙带、油丝豆、支豇 28
	扁豆	紫扁豆、白扁豆、气扁豆、长扁豆
	豌豆	白豌豆、北京豌豆、绿珠、荷兰豆
	蚕豆	大青扁
葱蒜类	葱	盖平大葱、仙鹤腿、鳞棒葱、邢台鸡腿葱、章丘大葱、对叶葱
	葱头	黄皮葱头、紫皮葱头
	大蒜	紫皮蒜、狗牙蒜、柳子蒜、宝坻大蒜、嘉祥蒜
	韭菜	马蔺韭、紫根韭、汉中韭、寿光独根红、791、嘉兴白根
薯芋类	土豆	克新 1 号、克新 2 号、丰收白、白头翁、大黄瓤、大黑皮、虎头、围丰 1 号、克山红、玫瑰眼
	长山药	长山药
	鬼子姜	白皮菊芋

（二）大田蔬菜种植

从 1955 年开始，境内非农业人口数量骤增，商品菜需求量逐渐增多，而是年仅种植 79.2 亩蔬菜供不应求。1958 年 5 月 9 日，承德市人民政府决定将区内适宜种植蔬菜的土地确定为菜田，以种植蔬菜为主的生产队确定为蔬菜专业队。当时，全区有 24 个生产队被确定为蔬菜专业队，其中鹰手营子公社 17 个、马圈子公社 6 个、寿王坟公社 1 个，蔬菜种植面积 250 亩。1963 年，蔬菜种植面积 843 亩，总产量 4350 吨。1965 年以后，出于战备需要，个别外地企业迁入营子矿区，蔬菜种植面积进一步扩大，1970 年种植蔬菜 1721 亩，总产量 9495 吨，平均亩产 5517 公斤。1978 年，全区共有蔬菜专业队 53 个，种植面积 3333 亩，年产各种蔬菜 13780 吨。改革开放后，农民有了更大的自主权，1987 年蔬菜种植面积扩大到 3917 亩，蔬菜总产量增加到 14706 吨。1998 年后，全区蔬菜种植面积平均每年 3850 亩，年产量平均达 17266 吨，基本满足了居民需求。2003 年，全区大田蔬菜种植面积 3574 亩，其中种植无公害蔬菜 2000 亩。

（三）设施蔬菜

地膜覆盖（摄影　戴翔）

营子矿区设施蔬菜的发展始于1956年，是年，鹰手营子村建起0.4亩土温室，年产蔬菜200公斤，汪家庄村也建起2间土温室。1970年鹰手营子公社鹰手营子大队创业队建成第一代钢筋大棚，种植蔬菜20亩，年生产能力154吨。1972年，承德市从吉林省长春市引进塑料大棚栽培技术，首先在营子矿区试用。1984年，全区已有蔬菜大棚36.5亩，温室53.95亩，中小拱36.1亩，地膜覆盖137.7亩。1988年引进辽宁省瓦房店琴弦式温室技术，全区种植设施蔬菜300亩，年生产能力达到2370吨。1994年鹰手营子镇跳沟村启动了百亩日光温室工程，1999年投资80万元在营子镇河北村建起主体为“冀优1型”棚室，并配以节水浇灌设施的农业科技示范园1处。2000年，全区日光温室蔬菜增加到195亩，棚室菜60亩。2003年，在鹰手营子镇老厂子村又投资兴建棚室蔬菜基地。是年，全区蔬菜种植总面积4074亩。其中，设施蔬菜500亩，生产能力3955吨，比裸地菜产量提高1.5倍，还增加了黄瓜、番茄、芹菜、角瓜、食用菌等错季蔬菜新品种，食用菌栽培面积已达3000平方米。

二、其他经济作物

中华人民共和国成立之前，有个别农户种植棉花、芝麻，但面积很小，多为自用。中华人民共和国成立之后，花生、芝麻、蓖麻、苏子等油料作物在田间、地头、庭院周边零星种植，主要是满足种植户自用。1955年境内共种芝麻1.63亩、棉花3.08亩、向日葵0.4亩、蓖麻1.4亩、绿麻4亩、花生7.2亩、洋麻1.8亩、本地烟9.68亩。1959年种烟叶39亩、青麻40亩、亚麻22亩、线麻72亩、药材26亩。1970年种芝麻5亩，总产量250公斤，烟叶5亩，产量200公斤。1981年至1986年，芝麻总产量2820公斤，花生总产量4145公斤。1987年至1991年，花生总产量3600公斤。1992年至2003年，没再种植以上经济作物。

2003年营子矿区引进新品种统计表

表14－1－2

品种	面积（亩）	品种	面积（亩）
高油647玉米	50	豫玉22玉米	300
农大364玉米	1000	樱桃番茄	5
农大3138玉米	500	长城大红番茄	50
农大108玉米	300	长城捧瓜黄瓜	100
承玉5号玉米	500	长城架豆	50
承玉6号玉米	100	津绿75白菜	150
承玉10号玉米	50	津绿80白菜	100
承玉13号玉米	50	长城3号白菜	100
合计	2550	合计	855

营子矿区主要农作物种植面积对照表

表 14－1－3

种类 \ 项目 / 数字 \ 年度	1983			1990			2002		
	面积（亩）	亩产（公斤）	总产量（吨）	面积（亩）	亩产（公斤）	总产量（吨）	面积（亩）	亩产（公斤）	总产量（吨）
一、粮食作物	5449	579.5	3157.7	6731	376	2531	5955	75.06	447
（一）谷物	5094	601	3061.7	6011.3	395.3	2376.28	5308	79.69	423
其中：玉米	2576	721.6	1858.9	4000	451	1802	4468	80.35	359
谷子	1227	454	556.45	916	267.5	245	390	76.92	30
高粱	969	530	513.15	815	321.5	262	375	80	30
小麦	17	118	2.0	—	—	—	—	—	—
其他杂粮	305	430.2	131.2	280.3	241.8	67.78	75	53.33	4
（二）豆类	345	271.9	93.8	519.7	187.07	97.22	557	19.75	11
其中：大豆	310	258	80.05	500	190	95	450	22.22	10
小豆	—	—	—	1.1	127.3	0.14	—	—	—
红小豆	35	393	13.75	0.6	133	0.08	75	13.33	1
绿豆	—	—	—	18	111	2	—	—	—
（三）薯类	10	220	2.2	200	285	57	90	144.44	13
二、蔬菜	3990	3919	15637	3795	4447	16878	3255	3059	9958

1949—2003 年营子矿区农作物种植面积及产量统计表

表 14－1－4

年度 \ 项目 / 数字	总播种面积（亩）	粮食		蔬菜	
		播种面积（亩）	总产量（吨）	播种面积（亩）	总产量（吨）
1949	18992	18686	1899	278	—
1950	18931	18624	1957	283	—
1951	18855	18532	1984	299	—
1952	18730	18412	2027	297	—
1953	18429	18087	2057	319	—
1954	18280	17951	2114	309	—
1955	18039	17811	2159	375	—
1956	17193	16671	2083	481	—
1957	17079	16248	2524	801	—
1958	15176	14010	2850	1118	—
1959	11562	9972	2267	1552	—

续表 14－1－4

项目/数字/年度	总播种面积（亩）	粮食		蔬菜	
		播种面积（亩）	总产量（吨）	播种面积（亩）	总产量（吨）
1960	10874	9139	1811	1679	—
1961	11411	9714	1547	1669	—
1962	11345	9829	1657	1491	—
1963	10781	9789	1832	981	—
1964	11981	10565	2519	1388	—
1965	9497.8	8231.8	2514	1266	6293
1966	10083.9	8283.2	2801	1800	8195
1967	—	8184	2711.2	—	—
1968	10159.7	7989	3173.4	2170.7	7459.4
1970	10625	8901	3334	1741	9495
1971	10261	8635	3080	1621	9568
1972	9669	7662	1393	2004	8913
1973	9802	7672	2871	2126	9380
1974	9764	7431	2973	2764	99898
1975	9743	6956	3104	2780	12685
1976	10020	7084	4704	2932	14855
1977	9774	6884	4569	2890	12981
1978	9381	6048	4330	3333	13780
1979	8879	5475	3430	3404	6410
1980	9520	5245.5	3451	3320	12190
1981	8736	5296	3127	3304	11975
1982	9513	4882	3130	3304	14000
1983	9439	5449	3157.7	3990	15637
1984	8344	4989	1570	3340	16500
1985	9413	6109	2160	3304	14220
1986	9971	6979	1652	2978	14512
1987	10963	7046	2336	3917	14706
1988	10797	6919	2215	3865	17514
1989	10755	6901	1513	3854	16228
1990	10526	6731	2531	3795	16878
1991	10108	6286	1872	3820	17164

续表 14－1－4

项目 数字 年度	总播种面积（亩）	粮食		蔬菜	
		播种面积（亩）	总产量（吨）	播种面积（亩）	总产量（吨）
1992	11294	7316	2250	3978	17738
1993	10831	6909	2594	3922	18435
1994	10530	6450	1220	3870	16832
1995	10245	6315	2140	3900	17000
1996	10065	6195	2000	3870	11133
1997	10035	6210	2050	3825	19790
1998	9795	6045	2219	3750	21219
1999	9480	5897	2053	3583	5192
2000	9780	5985	174	3795	4165
2001	9375	5862	1997	3513	13229
2002	9210	5955	447	3255	9958
2003	10034	5960	1212	4074	10431

第三节　耕作技术

一、粮食作物耕作技术

营子矿区耕作制度处于东北垄作制与华北平作制之间，但基本属于垄作制。由于春季降水少，蒸发量大，十年九旱，所以历史上形成了一套适宜当地耕作的措施与技术，播种程序包括开沟、点种、条施肥、复土、镇压。蓄水保墒手段包括耙、耢、擦、压，以增加土壤保温保墒能力。

20 世纪 50 年代中期前属于单一作物清种。1957 年推广了及时细种、合理施肥、合理密植及五到头、五均匀（即豁垄、撒肥、点种、埋垄、锄地到头，撒肥、点种、行距、株距、锄地深浅均匀）等经验。进入 20 世纪 60 年代，轮作间作技术发展起来，轮作一般为软茬（谷子）倒硬茬（玉米、高粱）与大豆混种。平地，谷子—玉米—高粱间混大豆；山地，谷子—大豆、高粱混种；坡地，小豆—黍子—磨石豆混种。以上混种轮作形式对地力的恢复和肥力的均衡利用起到了良好作用。1967 年以后由于杂交品种及带田的大面积推广，给倒茬带来一定困难，出现了连作现象，地力消耗增大。1975 年大力推广缩垄增行，合理密植，玉米从每亩不足 1800 株增加到 3000 株，丰 7 早熟玉米达到每亩 4000 株，高粱从每亩 4000 株增加到 7000 株，谷子垄距从 50 厘米缩短到 47 厘米，从每 11 厘米 1 棵苗增加到每亩 30000 棵苗，农作物产量明显提高。1976 年以后，在推广杂交品种的同时，又推广了杂交玉米簇种和条播点墩，凡较肥沃地块一般每簇 2—3 株，少部分地块每簇点播 3 ~4 株。1984 年种植方法上仍以间混套种为主，多数农户采用了与药物“阿普隆”、“呋喃丹”拌种，扩大了杂交玉米种植面积。1985 年全区初步推广 140 亩地膜覆盖技术。在种植形式上，采取早播、抢墒播种、干种等雨、坐水催

芽、抗旱播种等措施。随着农村联产承包责任制的不断完善，农民对增加地力越来越重视，引进推广科学种田新技术，除玉米、谷子、大豆、小麦等粮食作物间作套种外，还根据不同条件进行了粮菜间作、粮药间作、粮果间作。到20世纪90年代，普遍推广了地膜覆盖技术、高效节能日光温室栽培技术、紧凑型玉米栽培技术等，为全区农业快速发展带来生机与活力。

二、蔬菜栽培技术

（一）间作与套种

间作 2种或2种以上蔬菜隔畦（行、株）同时种植在园地里。例如甘蓝与番茄隔畦间作，大葱与大白菜隔行间种。

套种 利用某种蔬菜在田间生长的前期或后期，在其畦（行）间增种另一种蔬菜，如黄瓜、番茄架旁可套种芹菜、小白菜等。

（二）播种

撒播 在平整好的畦面上均匀地撒上种子，然后覆土镇压。撒播多适用于绿叶菜类、香辛菜类，如菠菜、青葱、茴香、香菜等。优点是植株密度大，单产高，缺点是种子用量多，管理费工。

条播 在平整好的土地上按一定行距开沟播种，然后覆土镇压，常用的有垄作单行条播、畦内多行条播和宽幅条播等。条播一般用于生长期较长和营养面积较大的蔬菜，如小萝卜、胡萝卜、大蒜等。

点播（穴播） 按一定株行距开穴点种，然后覆土镇压。多用于生长期较长的大型种类及大粒种子，如瓜、豆、白菜、薯芋类等。

无论采用哪种播种方式，都分湿播、干播两种方法。湿播为播种前先灌水，待水渗下后播种，覆盖干土。干播为播种前不灌水，播种后覆土镇压。在栽培技术上，采取了优种、地膜、小拱、中拱、日光温室、营养土、营养快、营养钵、沙盘等技术。

（三）灌溉

20世纪70年代以前，都采用地面灌溉，包括沟灌、畦灌。沟灌是灌溉水通过水沟直接流入高畦或垄面，水沟长度和水流量根据土质和地形而定，沟深一般为14—24厘米。畦灌是引水浇灌畦面，菜田普遍采用。畦灌要求地势平坦，畦面平整。

80年代后，利用机械设备，采取固定式、半固定式或移动式的喷灌方法开始在部分露地菜田使用。这种方法可以人工控制灌水量，做到小定额给水，不破坏土壤团粒结构，调节了菜田小气候，在炎热的夏季有利蔬菜生长，还可以与喷肥、喷农药结合，可以提高蔬菜产量15%以上。

（四）耕作

菜地耕作的适宜时期因时因地而异。营子矿区地处北方，冬季寒冷，菜地耕作大体分为春耕、中耕和秋耕，原则是熟土在上，生土在下，不乱土层。深耕与浅耕、改土相结合。俗语说“白露耕地一碗油，秋分耕地半碗油，寒露耕地白打牛”，说的就是秋耕宜早不宜迟。春耕主要是对已秋耕过的地块耙地、镇压、保墒，给未秋耕过的地块补耕。春耕，一般为16—18厘米左右，随耕随耙，以减少水分流失。中耕是蔬菜栽培过程中的重要环节，除了消灭杂草，还能疏松土壤，改善透气性，提高土壤含氧量，活跃根系功能。多雨季中耕能去湿，干旱季中耕能保墒。中耕深度因蔬菜种类和植株大小而定，对黄瓜、葱等浅根系蔬菜宜浅耕，对茄果、瓜类蔬菜等宜深耕，近根处要浅，远根处宜深；幼苗时宜深，成株后宜浅。对需要中耕的蔬菜，中耕宜早不宜迟，搭架蔬菜在封行（垄）前中耕。

农作物生产工艺适期表

表 14－1－5

顺序	作业项目	作物名称	作业适期	生产工艺
1	翻地	适宜各种作物	10 月初至 11 月初	翻地
	耙	适宜各种作物	3 月中旬至 4 月中旬	整地
2	播种	玉米 高粱 谷子	4 月初至 4 月下旬其中谷子 5 月初至 5 月下旬	施肥 1 次
3	中耕 锄草 施肥 间苗	玉米 高菜 大豆 谷子	5 月下旬至 7 月末	拔草
	病虫害 防治	玉米 高粱 谷子	7 月中旬到 8 月	病虫害防治
4	割运	玉米 高粱 谷子	9 月下旬至 10 月 上旬	割运
	打场	玉米 高粱 谷子 大豆	10 月初至 11 月中旬	脱粒

第四节　肥　　料

一、农家肥

中华人民共和国成立之前，农家肥施用量比较少，主要在谷子、玉米、高粱等作物上施用。20 世纪 50 年代初期开始大量积肥，肥源主要是家畜粪尿、人粪尿、压青棵、房炕土、草木灰、积烟秽攒小灰等。1954 年进行农家肥施用技术改革，普遍采用沟施，即在作物播种、定棵前施入沟中作浮肥或基肥，然后耙土埋压。1958 年农业生产扩大施肥面，消灭白点地，每亩平均施农家肥底肥 4500 公斤。20 世纪 60 年代中期，以生产队为单位组织积肥专业队，常年坚持积肥沤粪，家畜厩肥和堆肥数量增加。20 世纪 80 年代以后，粮食作物农家肥施用量逐年减少。蔬菜施肥量大，对肥质要求也高，既施底肥，又施追肥。播种时底、面兼施，农家肥要细碎、腐熟，与土混合。

二、化肥

20 世纪 50 年代初开始施用化肥，主要品种是硫酸铵，俗称肥田粉，主要用于追肥。随后又增加了尿素、碳酸氢氨、硝酸铵、氯化氨、氨水、磷酸二氨、磷酸二氢钾及三料复合肥等，1958 年以后开

始少量施用氮肥，每亩平均不足0.5公斤。

施用化肥，以沟施、穴施覆土为主。播种时，一般为先施化肥，后施农家肥，把化肥与种子隔开。追施化肥，是基肥的补充，适时、适量、分期施用，防止烧根。1970年以后，化肥使用量增加，主要有过磷酸钙、磷矿粉和钙镁磷肥等。70年代后期施用化肥改一次性追肥为按叶龄、生长期等分期追施。1980年以后，磷酸二氨及三料复合肥施用量逐年增加，每亩平均达50公斤左右，氮肥也改表层撒施为深层穴施，由一次施用变为底肥、追肥等多次施用，大大提高了肥效。蔬菜生育期要施追肥作补充，有撒施、条施、穴施、随灌溉水追施等方法。此外，还利用尿素、磷酸二氢钾、氯化钙和微量元素硼等进行叶面喷施。在保护地瓜类蔬菜中也有使用二氧化碳气体肥料的，但数量很少。20世纪90年代，又推广了稀土微肥施用技术。

施用化肥促进了粮食生产，但由于有机肥施用量逐年减少，土壤有机质含量降低，造成土地板结。

第五节　病虫害种类和防治

一、病虫害种类

（一）粮食作物

20世纪60年代以前，黏虫和黑粉病在个别年份局部发生过，危害较轻，对粮食作物产量影响不大。20世纪60年代后期，因杂交种子大量单一种植，破坏了当地原有的轮作制度，又因不慎引进大量带病虫的种子，以及防治措施不当，致使生态失调，病虫害发生日趋严重，而且种类增多。据1972年统计，全区粮食作物害虫有28种：黏虫、蚜虫类有高粱蚜、麦蚜、玉米蚜、大豆蚜、粟蚜，地下害虫类有金针虫、地老虎、蛴螬、蝼蛄、地臭虫，苗期害虫类有金龟子、拟地甲、灰象甲、斑蚤、粟叶甲、谷茎跳甲，季发害虫类有大豆食心虫、玉米钻心虫、谷虻蝇、高粱条螟、红蜘蛛、28星瓢虫、叶跳蝉、蝗虫、花生线虫、潜叶蝇等。粮食作物病害约有46种：玉米有大小斑病、丝黑穗病、圆斑病、病毒病（花叶条纹、紫轮、矮缩病）；高粱黑粉病（丝黑穗、散黑穗）、红叶病、紫轮病；谷子有黑粉病、白发病、谷瘟病、谷锈病；小麦有锈病、白粉病、根腐病、全蚀病、丛矮病、黑颖病、黑穗病；大豆有褐斑病、角斑病、病毒病；土豆有毒病、晚疫病、环腐病、斑病；红薯有黑斑病、线虫病、角斑病等。

（二）蔬菜

蔬菜虫害主要有20种，危害严重的有菜粉蝶、小菜蛾、甘兰夜蛾、银纹夜蛾、菜青虫、小造桥虫、黄条跳甲、白粉虱、灰飞虱、根蛆、菜蚜、红蜘蛛、28星瓢虫等。

蔬菜病害有40余种，主要是黄瓜霜霉病、白粉病、炭疽病；白菜病毒病、软腐病、黑斑病；番茄早疫病、晚疫病；青椒疮痂病、日灼病；茄子黄萎病等。

二、病虫害防治

（一）粮食作物

中华人民共和国成立前，危害粮食作物的害虫主要有玉米螟、黏虫、蚜虫、菜青虫、蝗虫、钻心虫、蝼蛄等，除人工除虫外，无力采取任何防治措施。中华人民共和国成立后，有了人工捕捉、烟雾薰落和逐虫入沟坑杀办法。20世纪50年代初，曾使用烟油子等土农药普治甘薯虫害，农业合作化时

期开始使用“六六六”粉除虫，1957年至1958年在全区连续组织推广了玉米“六六六”粉灌心。此后，“六六六”粉、滴滴涕等有机氯农药逐渐普及，粮食作物病虫害得到了较好控制。1965年，全区有1054亩粮食作物发生舐虫，占全区粮食作物种植面积的11.12%，其中虫害较重的有115亩，占发生虫害面积的10.4%，寿王坟公社受灾最重，占谷子播种面积的80%以上。全区组织发动了4500人次除虫6天。60年代中后期，在认真贯彻落实“防重于治，治早治了”植保方针的过程中，开始采用“1059”涂茎、乐果粉剂喷粉或乐果乳剂喷雾等办法防治高粱蜜虫，用“滴滴涕”灌心叶防治玉米螟虫。1970年以后，以有机氯农药为主，有机磷农药和有机氯农药开始并用，主要是用1605、敌敌畏、敌百虫、乐果、“六六六”粉等喷粉、喷雾、拌种或涂抹。1975年全国植物保护工作会议制定了“预防为主，综合防治”的工作方针，区政府进一步加大粮食作物病虫害信息预报、植物检疫、组织培训、指导服务、组织专业防治工作力度。

80年代推广使用了溴氢菊酯、中西杀灭菊酯、拟除虫菊酯类农药防治害虫，用以代替“六六六”粉、滴滴涕等剧毒农药。如：杀虫剂中，菊酯类农药有溴氰菊酯、氯氟氰菊酯、氯氰菊酯联苯菊酯、氰戊菊酯、甲氰菊酯、氯丙菊酯；有机磷类农药有辛硫磷、毒死蜱、敌百虫、敌敌畏、马拉硫磷、乙酰甲胺磷、乐果、三唑磷、杀螟硫磷、倍硫磷、丙硫磷、二嗪磷、亚胺硫磷；氨基甲酸酯类农药有硫双威、丁硫克百威、抗蚜威、异丙威、速灭威。杀菌剂有代森锌、代森锰锌、福美双、乙磷铝、多菌灵、百菌清、三唑酮。生物制剂有井冈霉素、农抗120、菇类蛋白多糖、春雷霉素、多抗霉素、宁南霉素、木霉素、农用链等。进入20世纪90年代，在继续坚持以药剂杀灭虫害的同时，从农业生态学的总体观念出发，本着安全有效、经济、简便、预防为主的原则，又先后使用了农业技术、化学、生物等防治措施，有效控制了粮食作物病虫害的发生。1990年把黏虫作为重点预测对象，采取成虫诱测、田间查卵和查幼虫相结合的方法，在点片掌握疫情，在低龄阶段及早消灭，没有造成重大危害。1996年由于干旱少雨，全区各镇均有不同程度的粟叶甲虫害发生，平均每平方米有成虫2.5头，幼虫28.5头，对谷子生长造成危害。是年，全区谷子播种面积2850亩，其中有2280亩遭粟叶甲幼虫危害，占谷子播种面积的80%以上，全区发动4000多人次，历经7天除虫，使虫害得到了控制。1996年至2003年，区植保部门围绕“两高一优”农业，突出病虫害防治，向各镇下达防治任务，开展技术指导，紧盯重点村和重点地块，及时了解病虫动态，传递病虫害信息，宣传植物检疫法规，发布防治通报，帮助农民主动、及时、准确、有效地防治，把病虫害基本控制在萌芽状态，8年间全区没有发生过粮食作物大面积病虫害。

（二）蔬菜

20世纪60年代以前，境内对蔬菜生长危害严重的病虫主要以民间传统方法防治。此后，全区逐步采用了农业技术防治、物理人工防治、生物防治和化学防治相结合的方法。

农业技术防治包括选种、整地嫁接和田间管理等。针对当地蔬菜主要病虫害，选择抗病耐病性能强的蔬菜种子品种；实施深翻整地，促进带病残株落叶腐烂；防治病虫越冬；合理轮作、间作对防治枯萎病等土传病虫害效果明显；而高低秆蔬菜间作，如白菜、青椒与高秆作物间作，有遮阴，改变田间小气候，降低地温的作用，可以减少病虫害的发生；合理选择播种期，如大白菜一般7月下旬播种，采用高畦栽培控制软腐病发生，苗期采用勤浇水降低地温，能减轻病虫害的发生，包心期保持土壤水分，不使地表干裂伤根，能防止软腐病菌侵入；利用抗病砧木与不抗病植株嫁接，能有效提高植株抗病能力，防止病虫害的发生，如利用黄瓜枯萎病不侵染南瓜的特性，采用南瓜做砧木，嫁接黄瓜，防治枯萎病效果好。

物理人工防治是根据害虫的生活习性及活动规律，采用黑光灯诱杀斜纹夜蛾，使用银灰色反光膜覆盖，能防止蚜虫迁飞传毒，减少白菜、番茄、青椒的病毒病，灯光诱杀的不足之处是益虫也被诱杀。1984年开始引用防虫网阻断昆虫危害作物，同时引进黄柏诱杀防治蚜虫、白粉虱。此外，菜农在

防治病虫害方面也积累了许多经验，如用糖醋诱杀地老虎，每亩地用5—7把杨树枝诱杀菜青虫，效果较好。

生物防治包括保护利用天敌和使用微生物农药两种措施。露地蔬菜生态环境极不稳定，自然界天敌的优势种群较难建立，以采用微生物农药防治为主。而温室大棚内属封闭式生态环境，生态条件相对简单，可以利用天敌防治，如利用苏云金杆菌防治菜青虫、小菜蛾、斜纹夜蛾、瓜野螟、豆野螟、灯蛾等效果明显。风蝶金小蜂对菜青虫寄生率较高，防治效果较好。使用“120抗菌素”100倍液防治黄瓜白粉病，用井冈霉素1000倍液防治茄果类蔬菜的青枯病、猝倒病、炭疽病等，均有一定的防治效果。

利用化学农药防治蔬菜病虫害，是普遍使用的重要手段，尤其是病虫害流行，虫害发生严重的时候，更是应急的措施。20世纪50年代中期开始使用“六六六”粉除灭蔬菜虫害，60年代增加了乐果乳剂、滴滴涕等农药，70年代应用敌敌畏、敌杀死、乐果等为蔬菜叶面喷雾、药剂拌种。进入80年代后，全区普遍推广使用了溴氢菊酯、中西杀灭菊酯等农药防治蔬菜病虫害。到2000年前后，主要病虫害常用药有瑞毒霉、乙磷铝、疫霉灵、百菌清、代森锌、粉锈宁、多菌灵、敌克松、托布津等。主要虫害常用药有乐果、马拉硫磷、速灭杀丁、除虫菊酯、氧化乐果乳油、辛硫磷乳油、乙酰甲胺磷乳油等。

（三）10种高效土配方

辣椒溶液 尖辣椒50克，加水30—35倍，加热煮制半小时后，取滤液喷洒，可有效防治蚜虫、土蚕（蛴螬）和红蜘蛛等害虫。

苦瓜叶溶液 新鲜苦瓜叶片，加少量清水捣烂榨取原液，每公斤原液加1公斤石灰水，调匀后用于根部浇灌，防治地老虎有特效。

大葱溶液 大葱1公斤加水0.4公斤，捣烂取液，每公斤原液加6公斤水，搅匀后喷雾，对蚜虫、菜青虫、螟虫等多种害虫有良好的防治效果。

韭菜溶液 新鲜韭菜1公斤，捣烂后加水400—500克水喷雾，可防治红蜘蛛、蚜虫、棉铃虫等。

西红柿叶溶液 西红柿叶捣成浆，加清水2—3倍，并浸泡5—6小时，取其上部清液喷雾，可以防治红蜘蛛等害虫。

大蒜溶液 大蒜瓣20—30克捣成泥状，加10公斤水搅拌，取其滤液喷雾，用来防治蚜虫、红蜘蛛和甲壳虫。

蓖麻叶溶液 蓖麻叶捣烂取汁液，加水3—5倍，浸泡12小时后喷雾，可有效防治蔬菜蚜虫、菜青虫、地老虎、金龟子、小菜蛾等多种害虫。

牛尿液 鲜牛尿液1公斤加水50公斤喷雾，可有效防治红、黄蜘蛛。

石灰水溶液 用1%石灰水浸种，可防治稻瘟病，2%石灰水浸谷2小时，可防治谷子白发病。

烟草、石灰水溶液 用烟叶0.5公斤（或烟梗1公斤）生石灰0.5公斤、肥皂少许，加水30公斤，浸泡1天，取汁喷洒，可防治蚜虫、红蜘蛛、菜青虫等。

第六节　农业机具

一、农机具种类

（一）传统农具

主要有犁、耙、耠、锨、镐等。其中犁分为开荒犁、耕种犁、耥犁、小耘犁，以畜力和人力为动力；耙为种小垄作物或蔬菜用；耠以畜力和人力为动力，多用于早春在松软土壤中播种小块作物使用。此外镇压平整农具有石制单磙子、双磙子、二齿子、四齿子、刮耙、九齿耙。播种施肥农具有点葫芦、粪筐、簸棱、板镐、粪箕子。锄草收割农具有铁锄、耘锄、镰刀。脱粒农具有碌碡、连枷、木杈子、耧耙、大锨、簸箕、筛子、扫帚、扇车。传统农产品加工工具石碾子、石磨。

（二）新型农具

耕作农机具。单轮单铧犁、双轮双铧犁作为新型农机具，从农村互助合作化时期就开始使用，1957 年有单轮单铧犁 51 部、双轮双桦犁 2 部、单铧犁 135 部。20 世纪 70 年代初，大小机引犁开始使用，1976 年有小型拖拉机 71 台，大小机引犁 16 部，双轮双铧犁 3 部、单轮单铧犁 133 部。1981 年，拥有小型拖拉机 109 台，大小机引犁 11 部，镇压器 2 部，机引播种机 1 台，中耕机械 2 台，双轮双铧犁 2 部，单轮单铧犁 164 部。2003 年小型拖拉机 112 台，大小机引犁 49 部。

传统播种农具耠子（摄影　戴翔）

农副产品加工机具。20 世纪 60 年代广泛使用了几种不同型号的碾米机、小钢磨（磨面机）、打浆机、饲料粉碎机等，用于加工粮食和饲料。1970 年有碾米机 28 台、磨面机 34 台、饲料粉碎机 11 台、铡草机 42 台。1981 年已有碾米机 94 台、磨面机 97 台、打浆机 29 台、小型脱粒机 46 台、机动扬场机 17 台，饲料粉碎机 47 台、铡草机 46 台，这时全区农村米面加工全部实现了机械化。到 1993 年，全区有磨面机 42 台，碾米机 37 台，饲料粉碎机 25 台，打浆机 14 台。2003 年拥有农副产品加工机械 273 台。

排灌农机具。1958 年以前，少数菜农已经使用人力铁制水车浇灌菜地。人民公社化以后，各式木制水车、铁制水车、提水吊杆、齿轮水车在各生产队普遍使用，锅驼机、电动机、水泵等动力排灌机械在各公社少量使用。1961 年有水车 18 台、水泵 12 台、锅驼机 9 台、电动机 12 台。1976 年全区用于农田排灌的柴油机 19 台、电动机 219 台、农用水泵 160 台，排灌机械达到 398 台。1982 年实行农村家庭联产承包责任制以后，土地以家庭经营为主，连片耕地面积减少，不便使用机械排灌。1990 年农田排灌用柴油机仅剩 1 台、电动机 137 台。2003 年全区排灌机械保有量为 119 台。

运输农机具。中华人民共和国成立之前，运输农具有牛拉铁轱辘车、花轱辘车、白茬车、人力独轮手推车、骡马驮子、背架子、挑筐、扁担等。中华人民共和国成立后，陆续添置了畜力胶轮大车、人力双轮手推车。1961 年有畜力胶轮大车 45 辆，胶轮手推车 499 辆，铁木轮大车 13 辆，1970 年拥有胶轮大车 97 辆，单、双胶轮手推车 1668 辆。1975 年购进大中型拖拉机 6 辆，寿王坟公社新增 2 辆农用汽车。1981 年有大中型拖拉机 30 辆、农用汽车 64 辆。胶轮大车 116 辆，单双胶轮手推车 2749 辆。1993 年有 8 台大中型拖拉机、173 辆农用汽车，胶轮大车被取代。2003 年农用汽车增加到 896 辆。

植保机具。1957 年开始使用单管和手摇式喷雾器 19 部。1964 年有喷雾器 67 部，喷粉器 19 部。1970 年以后，机动喷雾、喷粉器在全区逐渐普及，是年有喷雾器 86 部。到 1981 年已有各式喷雾器 203 部、喷粉器 38 部，之后，喷雾器为家庭必备植保农具。

二、农机具修造

1950 年寿王坟有 11 家木工作坊，修制木制农具。1954 年，鹰手营子铁工社成立并在寿王坟组建

铁工分社，主要生产锄、镐、镰刀等。1955年建立营子矿区编织生产小组，占地3840平方米，有工人6人，主要生产车马挽具，荆芭、土篮、抬筐、果篓等，多为当地销售。1956年公私合营，成立了寿王坟木工社，加工锄板、锄钩、镐、二齿子、耙子、镰刀等。1959年搞技术革新，增加设备，每天生产镰刀50把、锄板20个，铁镐头20个，年生产小农具用品11万件。1961年，马圈子公社北马圈子大队和金扇子大队各开起1个烘炉，手工打造锄、镰、镐、犁尖。1965年，营子矿区兴建轻工机械制造厂，为街办工厂，后改为营子矿区农机修造厂，1972年与区铁木社合并，更名为营子矿区轻工机械厂，是农工综合机械加工型企业。1967年马圈子公社成立修造站，面向3个大队制造修理各种农机具，配置零部件。20世纪80年代后期改建为北马圈子镇修造厂，除修理农机具外，还修理三轮机动车、农用汽车，制造小型机械零部件。1971年寿王坟公社3个大队共同经营的农机修造站收归公社管理，主要生产饲料粉碎机、扇车和各种小农具，后来又增加了铧尖、锄草机等新产品。1981年全区已有3个社办农机修造站，14名工人，是年共维修农机具112台。1993年，全区农机维修网点共有23个，农机修理人员56人，其中镇办1个，3人，村办2个，6人，个体维修户20个，47人，共维修设备46台，修理农机具1175台（件）。到2003年，全区大小农机修理点发展到80家。

三、农机管理工作

1982年全区3个公社管委会分别成立了农经综合服务总站，负责农机管理、农机维修、农机安全监 理等服务项目。1984年撤销人民公社建镇后，各镇成立了农业技术服务站，下设农机管理服务站，各村对口配备了农机管理员。1985年举办2次拖拉机手培训班，参加100人，5次组织各镇、村农机人员470人次学习安全常识。1986年，营子矿区成立了农技服务中心，在为农林牧水农机提供服务的同时，还经营管理各种农机具和农机配件。是年举办农机驾驶员培训班3期，参训33人。1989年，在进一步健全农村科技体系中，营子矿区先后成立了农机监理站、农机管理站，负责全区农机维修网点的日常管理、年度审验，负责机械的安全运行、规范农机市场和农机手的培训考核。是年，组织10场农机人员安全教育，参加人员800人。

1986年至1991年，在贯彻落实河北省《农业技术推广条例》的5年中，全区共经营农机配件600余种，33.4万件，农机保有量从1986年的281台，增加到1991年的428台。1992年4月，成立区农机供应处。1997年，区级以农林水利局为主，下设农机等技术推广站，各镇建农技服务站，融农林、农经、农机、畜牧管理为一体，村级配备专兼职农机技术管理员。

到2003年，区农业畜牧局和各镇均建有包括农机监理站、农机推广站等在内的农技综合站。农机维修厂点审验、审定、农机维修人员职业技能鉴定、农业机械牌证检验、驾驶员审验等工作更加系统化，规范化，全区有农机技术员1508人，85%以上机务人员都先后受过各种专业技术培训。

第七节　管理机构

中华人民共和国成立前境内没有种植业管理部门，中华人民共和国成立初至1956年10月，营子区种植业属兴隆县农林科或农业局管理。1956年11月营子矿区划归承德市，1957年3月18日营子矿区始设农林科，隶属承德市农林科。1958年7月至1965年2月复归兴隆县农业局管理，1962年11月7日，兴隆县农业局在营子矿区设立农业站。1965年2月营子矿区又划归承德市，是年3月15日营子矿区人委下设农林办公室，1968年3月成立营子矿区革委会后，种植业由农业科管理，1973年5月营子矿区革委会农业科与林业科合并为农林科，1981年改称农业局，1983年改称农林局。1992年营子

矿区农林局下设农机供应处。1995 年成立营子矿区农林水利局，2002 年营子矿区农林水利局分开，单设农业畜牧局，下设农业股、农机股。2003 年无变化。

1958—2003 年营子矿区农业机械发展情况表

表 14－1－6

年度＼项目＼数字	大中型拖拉机（台）	小型拖拉机（台）	大小型引犁（部）	排灌机械		农副产品加工机械					机动脱粒机（台）	机动喷雾器（部）	农用汽车（辆）	胶轮大车（辆）
				锅驼机柴油机（台）	电动机（台）	电动机（台）	碾米机（台）	磨面机（台）	饲料粉碎机（台）	铡草机（台）				
1958	—	—	—	6	—	—	—	—	—	—	—	23	—	36
1959	—	—	—	11	5	—	—	—	—	—	—	33	—	41
1960	—	—	—	—	6	—	—	—	—	—	—	34	—	42
1961	—	—	—	10	12	—	—	—	—	—	—	35	—	45
1962	—	—	—	5	19	—	—	—	—	—	—	32	—	50
1963	—	—	—	4	20	—	—	—	—	—	—	41	—	52
1964	—	—	—	4	26	—	—	—	—	—	—	67	—	55
1965	—	—	—	—	—	—	—	—	—	—	—	48	—	61
1966	—	—	—	—	—	—	—	—	—	—	—	51	—	72
1967	—	—	—	—	—	—	—	—	—	—	—	55	—	84
1968	—	—	—	—	—	—	—	—	—	—	—	61	—	86
1969	—	—	—	—	—	—	—	—	—	—	—	64	—	88
1970	—	2	—	—	43	38	28	34	11	42	4	86	—	97
1971	1	7	—	—	43	67	38	37	15	51	11	74	—	97
1972	1	12	1	—	77	73	48	42	22	52	7	71	—	99
1973	2	19	5	29	102	97	51	45	19	54	18	74	—	107
1974	5	24	—	25	196	87	59	57	21	55	32	77	—	106
1975	6	35	18	23	203	123	66	68	36	56	44	72	2	111
1976	9	71	16	19	219	142	71	77	43	53	50	19	4	113
1977	11	84	13	17	191	151	74	79	40	50	51	83	34	113
1978	19	91	17	15	203	197	78	82	41	49	48	99	42	113
1979	24	93	12	13	182	232	83	85	43	47	52	178	53	114
1980	28	97	9	11	171	253	91	92	45	47	44	196	59	114
1981	30	109	11	10	162	268	94	97	47	46	46	203	64	116
1982	—	—	—	—	—	—	89	92	41	44	38	197	—	105
1983	38	194	7	—	140	241	82	78	38	45	39	128	41	97
1984	56	177	4	—	127	232	77	69	32	38	35	109	78	92
1985	26	227	6	—	121	275	71	57	29	39	31	97	82	86

续表 14－1－6

项目/数字/年度	大中型拖拉机（台）	小型拖拉机（台）	大小型引犁（部）	排灌机械		农副产品加工机械					机动脱粒机（台）	机动喷雾器（部）	农用汽车（辆）	胶轮大车（辆）
				锅驼机柴油机（台）	电动机（台）	电动机（台）	碾米机（台）	磨面机（台）	饲料粉碎机（台）	铡草机（台）				
1986	11	231	8	—	124	268	55	49	33	23	21	67	97	47
1987	12	281	9	—	137	273	55	43	30	20	18	59	107	31
1988	9	315	15	—	148	295	51	40	28	15	20	52	99	27
1989	13	307	18	1	169	323	49	39	28	16	17	47	106	21
1990	14	312	21	1	137	155	47	41	25	12	15	39	119	19
1991	12	331	26	1	129	289	42	37	27	9	11	32	162	7
1992	8	338	32	—	148	172	39	46	27	4	8	27	169	2
1993	8	335	29	—	141	158	37	42	25	—	—	16	173	—
1994	6	229	33	—	119	176	30	45	23	—	—	11	188	—
1995	6	208	37	—	124	139	29	38	21	—	—	9	271	—
1996	4	186	39	—	103	146	25	27	22	—	—	7	426	—
1997	2	161	43	—	97	152	26	21	24	—	—	5	484	—
1998	—	157	41	—	81	156	23	29	22	—	—	—	573	—
1999	—	154	49	—	76	164	27	11	26	—	—	—	637	—
2000	—	117	48	—	72	172	22	9	21	—	6	—	648	—
2001	—	119	51	—	77	179	27		19	—	3	—	793	—
2002	—	114	47	—	75	207	24	—	17	—	2	—	848	—
2003	—	112	49	—	72	225	29	—	19	—	5	—	896	—

附

承德市鹰手营子矿区无公害农产品发展调查报告

区农林水利局　许艳华

发展无公害农产品是21世纪农业和农村经济发展的新需要，是适应全球农业逐步由“无公害农业——绿色农业——有机农业”发展的新要求。按照省、市农业区划委员会的安排部署，我区农业区划办公室开展了无公害农产品发展调研工作。通过走访有关部门，对我区无公害农产品的发展现状、存在问题以及发展趋势进行了调查分析。这次调研旨在了解全区无公害农产品的发展状况，为我区发展无公害农产品提供基础依据，促进全区农业健康、有序发展。

一、无公害农产品发展现状

通过走访工商、技术监督等部门了解到，我区无公害农产品发展尚处于“零”阶段，区内已审查批准的或已上报到审批机关待批的无公害农产品尚无一家。绿色食品方面，我区原有的华矿饮料公司生产的“地井片矿泉水”，曾于1996年被认证为“绿色食品”，但经过几年的市场竞争，由于资金周

转慢、技术老化、服务不到位、产品市场竞争力不强以及经营管理落后等原因，该公司目前已倒闭，被认证的“绿色食品”也因已过有效期而宣告作废。从以上情况看，我区的无公害农产品发展确实是一片空白。

二、无公害农产品发展滞后的原因和制约因素

（一）多年工矿业发展造成的环境污染，制约了我区无公害农产品的发展。我区是20世纪50年代开始发展的老工矿区，多年来煤炭、有色金属等采矿业和建材业的发展，使我区的环境污染十分严重，在一些村户甚至出现了农作物上撒“白面”，农产品根本卖不出去，全靠污染企业补偿的现象。严重的污染，制约了我区无公害农产品的发展。

（二）部分领导和群众对无公害农产品缺乏足够的认识，阻碍了无公害农产品的发展。部分领导只满足于“以事论事”，对新时期农业的发展走向缺乏明确目标，对日益兴起的“绿色革命”缺乏本质的清醒的认识；部分群众对“无公害农产品”的概念尚混淆不清，对发展无公害农产品的意义和所能带来的经济、社会效益更是认识不清，意识不明。领导的认识不清不明，使得无公害农产品发展缺乏必要的宣传和行政推动手段；群众的认识不清不明，则对发展无公害农产品缺乏一定的生产积极性。双重的阻力，使得我区无公害农产品的发展步履维艰。

（三）全区经济发展水平滞缓，农业生产条件差，科技水平低，影响了无公害农产品的发展。无公害农产品的发展对提高人民生活质量有着极其重要的意义，但无公害农产品是“当地生态环境清洁，按照特定的技术操作规程生产，将有害物含量控制在规定标准内，并由授权部门审定批准，允许使用无公害农产品标志的农产品”，这无疑将提高对农产品技术管理和科技含量的要求，同时也使得农业生产成本提高，农产品产量受到一定影响。而当前，受全区经济发展水平的影响，一方面农业生态环境得不到有效的治理，农业生产条件差；另一方面部分生产者为追求表面的经济效益，往往是尽量简化操作规程，降低生产成本，无限量使用化肥、农药、激素等以提高农产品产量；加之农业科技含量较低，使得我区无公害农产品发展缺少必要的技术支撑，因此，制约了无公害农产品的发展。

三、无公害农产品的发展潜力和对策

当前，随着农业和农村经济发展进入新的阶段，农产品质量安全问题已成为农业发展的一个主要矛盾。农药、兽药、化肥和添加剂、动植物激素等农资的使用，为农业生产和农产品数量的增长发挥了积极的作用，与此同时也给农产品质量安全带来了隐患，加之环境污染等其他方面的原因，农产品污染问题也日渐突出。农产品安全问题的存在，不仅是农业和农村经济结构调整的严重障碍，也直接影响到农产品的市场竞争力。因此，利用和发挥生态农业建设的优势，围绕实施可持续发展战略，积极推进无公害农产品开发已成为大势所趋。随着我区市场经济体系的发展和健全，一些领导和企业已经认识到发展“绿色产业”对经济快速发展所起的重要作用，已经行动起来，如我区的果品加工龙头企业——怡达集团已将产品申报无公害农产品列入2002年计划，现正做好各方面准备，力争“一办成功”。今后需重点抓好以下几方面工作，推动我区无公害农产品发展进程，带动全区农业和农村经济结构调整的进行。

（一）加强生态环境建设，为无公害农产品发展提供强有力的环境支撑

绿色生态环境是发展无公害农产品的前提和基础，“蓝天白云种庄稼，青山碧水育庄稼”是无公害农产品发展的最好体现。因此，必须把无公害农产品开发与生态农业建设紧密结合起来。一要加强污染防治。我区的环境污染历史久、范围广、治理难度大，要加强组织领导，形成党委领导、人大监督、政府负责、环保部门统一监督管理、有关部门齐抓共管、人民群众广泛参与的环境保护管理体系。环保和有关部门要充分发挥职能作用，严格把关，从源头上避免走“先污染、后治理”的路子，同时制定计划，重点治理，从根本上改善我区环境。二要加强农业生态环境管理。结合全区农业产业结构调整，优化产业布局和农业资源配置，保护好现有的耕地、草场等农业资源。切实加强农药、化

肥、植物激素等污染源的综合治理。调整农药产品结构，逐步淘汰高毒、高残留农药产品；加强农田基础设施建设，增施有机肥，提高优质有机肥料比重，规范施肥技术，大力推广普及配方施肥技术，提高化肥利用率，减轻化肥超量施用对水体、土壤和农产品的污染。

（二）强化行政推动，为无公害农产品发展提供必要的政策支撑

无公害农产品开发是一项系统性的工作，离不开政府的宏观指导和具体服务。政策要制定，规划要合理，依托生态和资源优势，以市场为导向，科学规划，合理布局，根据我区实际，制定与“十五”计划发展相配套的无公害产业发展规划，保持决策支持系统指导上的超前性、连续性和稳定性，为我区发展无公害农产品提供有力支持和理论依据。同时提供优惠政策，对计划发展无公害农产品的企业或个人给予必要的资金扶持。一是减负，可适当减免农林特产税和企业所得税，以增强自我发展动力；二是提供信贷支持，给予信贷专项资金和贷款优先权；三是政策扶持，可通过减免各种规费和拿出专项资金给予必要扶持。行政管理职能部门，对发展无公害农产品的企业或个人，要简化审批手续，规范动作机制，提供优质服务，促进我区无公害农产品发展实现零的突破。

（三）依托机制创新和科技创新，为无公害农产品发展提供机制和技术支撑

市场经济条件下，经营自主权的放开，加大了无公害农产品的生产难度。针对我区农业生产特点，发展无公害农产品，必须创新农业经营机制，在家庭经营的基础上，积极扶持专业合作经济组织的发展，积极鼓励引导扶持专业合作组织、区域经济组织和龙头企业的发展，充分发挥市场中介组织的桥梁和纽带作用，按照市场经济要求，走产业化经营的路子，力争在区域化种植、专业化生产、社会化服务、市场化营销等方面有新的突破。农业技术推广部门要大力推广优质无公害农产品和新技术，创建无公害农产品生产基地，以可见的技术规范和生产效益，带动无公害产业的发展。加大培训交流力度，制作通俗易懂的无公害农产品生产技术资料，印发给农民并进行培训，提高广大生产者生产技术水平。加强异地交流，学习外地无公害农产品发展经验，借鉴他们在技术、标准、管理和实践方面的经验，促进无公害农产品的发展。

（四）加大宣传和执法力度，为无公害农产品发展创造良好的氛围

加强对无公害农产品生产和市场、效益情况的宣传，使无公害农产品被更多的人所接受。引导广大生产者从保护消费者利益和自身的长远利益出发，转变思路，发展无公害农产品，进一步提高农业比较效益和农民收入；引导条件好的加工企业，尽快按照生产绿色产品的标准和要求进行规范动作；宣传、引导居民选择消费无公害食品，形成无公害农产品消费群体。依照现有的法律法规，依托现有的执法队伍，切实加大农业执法力度，严格农资管理，整顿农资市场秩序，强化农产品生产和流通环节的质量监测管理，规范无公害农产品生产和经营行为，保护生产者、经营者和消费者权益，为无公害农产品发展创造良好市场环境。

2001 年 9 月

第二章 林果业

营子矿区靠近燕山主峰雾灵山自然保护区，境内大部地区曾是森林茂密、古木参天、野生植物种类丰富的清东陵“后龙风水”禁地。民国 4 年（1915 年）开禁之后，森林植被被严重破坏，到民国

38 年（1949 年 9 月 30 日止），全区森林覆盖率仅为 8.7%，造林总面积只有 1136 亩。中华人民共和国成立后，各级政府带领群众大力开展植树造林，荒山绿化，全区林地面积逐年增加，到 1976 年底，实有林地面积 37219 亩。中共十一届三中全会后，随着各级林业政策法规的不断完善落实和农村多种经营、集体经济的快速发展，全区上下自觉向荒山投资投劳，植树造林、封山育林，调整林业结构，推广林业新技术，重视林业的大气候日渐形成，“三北”防护林工程、“112”工程（1 万亩板栗为主的名优特果品基地、1 万亩落叶松栽植、2 万亩中幼林抚育）、京津风沙源治理工程、矿山废弃地整治工程相继启动，进一步加快了林业发展步伐。2003 年，全区有林面积 87305 亩，森林覆盖率达 32.2%。

第一节　林木资源和林产品

一、林木资源

境内属半干旱半湿润大陆性山地季风性气候，山峦起伏，沟谷密布，九山半水半分田，山地坡度较陡，昼夜温差大，日照时间长，雨热同季，对各种林木生长提供了天然环境。清代，大部地区作为清东陵“后龙风水”禁地而被长期封禁，因此，野生植物种类十分丰富。民国 4 年（1915 年）开禁后，由于募民垦荒，掠夺性砍伐，战乱和森林火灾，使这里的森林资源所剩无几。到中华人民共和国成立初期，全区仅剩天然次生林 2 万余亩。经过 30 余年的植树造林，封山育林，林木资源得到有效恢复，到 1985 年，全区已有成林 55456 亩，幼林 12434 亩，疏林 11691 亩，灌木林 900 亩，四旁植树累计 98.8 万株。2003 年，全区有林地面积 87305 亩，其中幼龄林 4417 亩，中幼龄林 28965 亩。林地主要分布在寿王坟镇，鹰手营子镇、北马圈子镇，汪家庄镇次之。

寿王坟林场是营子矿区内唯一的国有林场。1957 年 8 月建成，坐落在寿王坟镇罗圈沟村的下台庄，由西南沟、正南沟、洞子沟、大车山组成，海拔 800—1100 米，面积 17600 亩。林区多以松树、白桦、椴树、柞树、杨树为主，伴有牛筋子、山杏、荆条等灌木林。

1972 年营子矿区林业生产及林木分布情况表

表 14－2－1　　　　单位：亩

项目 公社	年末实有林面积（亩）				年末人工造林面积（亩）			年末封山育林面积（亩）	年末实有育苗面积（亩）	当年补植面积（亩）	当年四旁植树（万株）	年末实有零星果树（株）	
	合计	天然林	人工造林		用材林	经济林	防护林					干果	鲜果
			小计	其中：当年新增									
总　计	17691	13610	4081	393	3036	768	277	3588	38	16	6.5	16225	59025
营子公社	7460	4912	2548	342	1603	768	177	2636	37	16	3.7	2600	25000
马圈子公社	5018	3511	1507	50	1407	—	100	500	—	—	1.2	11200	21000
寿王坟公社	5213	5187	26	1	26	—	—	452	1	—	1.6	2425	13025

1984 年、1989 年林木资源调查表

表 14－2－2

项目 / 时间	林业用地（亩）							四旁志植树株数（株）	森林覆盖率（%）
	有林地	经济林	疏林	造林地未成林	苗圃地	灌木林	无林地		
1984 年	74325	9285	1709	510	20	24328	29433	260458	44.5
1989 年	64420	10222	2036	1571	8	25259	39168	283323	39.8

1984 年、1989 年林木资源蓄积量调查统计表

表 14－2－3　　单位：立方米

项目 / 时间	活立木总蓄积	林分蓄积	疏林蓄积	散生木蓄积	四旁树蓄积
1984 年	73298	62703	2007	462	7226
1989 年	121463	109294	1663	722	9784

二、林木产品

中华人民共和国成立初期，因受历史条件限制，虽然提出了普遍扩林，重点造林，封山育林与合理采伐利用木材的经营方针，但全区营林生产仍处于盲目阶段，用什么，砍什么，缺乏科学管理。1970 年至 1975 年累计采伐量近 206 立方米。1978 年以后，特别是《中华人民共和国森林法》颁布实施和限额采伐后，年采伐量的确定 遵循“加强森林经营，提高林地生产力，实现越采越多，越采越好”的原则，结合全区集体林以中幼龄林为主的特点，从全区生产生活需要和历年生产水平出发，本着采伐量不超过生长量的 45%，有利于调整林种、树龄及结构，确定林木、蓄积消耗限额，全区营林工作开始走上科学化、规范化的路子。1985 年间伐 361 亩，产木材 441 立方米；1988 年间伐 15 亩，产木材 240 立方米；1989 年至 1995 年，合计采伐量 3637 立方米，在保证林木稳定增加的同时，对较密和树龄较长的林木进行适当采伐，年均采伐量 519.6 立方米。1996 年至 1998 年，合计生产木材 7128 立方米。2002 年承德市林业局向营子矿区下达的人工用材林木材生产计划，采伐量为 1699 立方米，是年 12 月，区林业水务局根据因连续遭受旱灾，造成 4585 株树木旱死的情况，又申请增伐死树采伐量 700 立方米。2003 年，全区林木总蓄积 259574 立方米，其中公益林 159659 立方米，商品林 99915 立方米。

第二节　种苗繁育

民国 29 年（1940 年），日伪兴隆县公署实业科林业股曾在鹰手营子建苗圃，培育落叶松、油松、洋槐和杨、柳树苗。民国 34 年（1945 年）日军投降后，苗圃分给农民改种粮食。

1951 年全区有苗圃 30 亩，施业面积 17.06 亩。1954 年育苗 38 亩。1956 年，营子矿区采用采种育苗技术育树苗 1 亩，1957 年育苗 3 亩，1958 年 15 亩，1959 年至 1964 年共育苗 108 亩。1966 年以

后，部分生产大队的林业专业队开始建起简易苗圃，利用扦插技术和简单的嫁接技术，每年繁育苗木十几、几十亩不等。至1981年年底，全区实有育苗面积125亩，当年新育86亩。是年，《营子矿区革委会农业局林业发展规划草案》中计划5年育苗985亩，1982年至1985年，全区共育苗378亩。但由于林权变更和土地承包，多数社队苗圃陆续荒废，只有少数农户在承包地中利用树种直播、枝条扦插和嫁接等技术进行少量育苗。1986年育苗20亩，之后10多年，全区每年育苗都在50亩左右。

1956—2002年营子矿区育苗面积统计表

表14－2－4　　单位：亩

年份	育苗面积	年份	育苗面积	年份	育苗面积
1956	1	1972	38	1988	45
1957	3	1973	25	1989	70
1958	15	1974	—	1990	54
1959	16	1975	21	1991	64
1960	10	1976	52	1992	52
1961	15	1977	—	1993	60
1962	12	1978	—	1994	60
1963	14	1979	—	1995	15
1964	41	1980	—	1996	60
1965	34	1981	86	1997	15
1966	—	1982	107	1998	15
1967	—	1983	71	1999	75
1968	—	1984	100	2000	75
1969	—	1985	100	2001	105
1970	14	1986	20	2002	105
1971	18	1987	40		

第三节　造林还林育林

一、植树造林

（一）荒山造林

从清东陵“后龙风水”禁地开禁到新中国成立前的近40年，是境内森林植被遭受破坏最严重的时期，柳河沿岸及附近山地一带的高大树木被砍伐一空。

中华人民共和国成立后，群众性的绿化荒山植树造林活动逐渐兴起，到1955年已造林24479亩。1958年人民公社成立后，全区各生产大队、生产队相继成立林业专业队，长年开展荒山造林，1961

年全区造林8619亩。1966年3月25日至4月1日，全区组织30个单位1000多人参加春季植树造林600亩，是年共造林6363亩。1970年至1976年又造林72149亩，1976年全区实有林地面积37619亩。

1981年6月，《营子矿区革委会农业局林业发展规划草案》出台，提出1981年至1985年全区林业发展规划，针对22000多亩荒山的不同情况，决定宜林则林，宜果则果，沟植杨柳，坡植槐松，重点抓阳坡造林。北马圈子镇北马圈子村的8人林业专业队利用10年综合治理拐棒沟，阴坡栽红果300株，阳坡种蜜桃350株，沟塘栽杨柳2万多株，不能栽果树的山场造薪炭林，200亩荒山绿树参天。汪家庄镇涝洼滩村组成20人的专业队，到1986年已植黑松1050亩。1981年至1986年全区合计造林14545亩。1987年至1991年，全区将群众造林与专业造林相结合的荒山造林转向重点实施以“围山转”工程和小流域综合治理为主的基地建设，5年建成经济沟（坡）22处，“围山转”工程5000亩。1988年，开始实施首都周围绿化工程，涉及鹰手营子镇老爷庙村、老厂子村、喇嘛沟村、跳沟村，汪家庄镇姚庄村，北马圈子镇北马圈子村、南马圈子村、金扇子村。工程分年度实施。1989年，区委、区政府为解决长期以来造林树种单一、病虫害严重、林分质量差、生长量低、造林保有量低和森林资源分布不均等问题，决定推行以工程造林为主导，乔灌结合，封造并举，谁造谁有，长期不变的政策措施，为加强造林绿化，侧重发展水保经济林，提高造林质量和经济效益，出台《1989年—1995年营子矿区集体林经营方案》和《营子矿区1990年—1998年绿化规划》。1990年9月，各镇镇长分别与区长签订包括荒山绿化、城镇绿化、义务植树和资源保护等内容的领导干部任期绿化目标责任状，实施了以连片治理为主的集中绿化会战。1993年，提出了林业生产的“112”工程，1995年，“112”工程顺利完成，营造了万亩板栗经济林、万亩落叶松用材林，抚育改造了次生林2万亩。1990年至1995年累计造林17100亩，完成规定绿化任务的119.6%，到1995年，全区林地面积14.5万亩，比1985年增长42.2%，其中有林地面积10.1万亩，比1985年增长48.5%，林木蓄积量达到12万立方米，各类果树已达54万株，比1985年增加250%。1996年7月至9月，全区开展雨季造林整地和果树“扩、压、改”（扩穴、压绿肥、嫁接改造）工作，果树成活率达100%，幼树成活率达90%以上。

1990—1998年营子矿区绿化规划统计表

表14-2-5　　　　单位：亩

单位	总任务	1990—1992完成36%				1993—1995完成35%				1996—1998完成29%			
		小计	1990	1991	1992	小计	1993	1994	1995	小计	1996	1997	1998
全区合计	19708	7140	2140	2500	2500	6942	2400	2300	2242	5626	2050	1950	1626
营子镇	5598	2240	700	770	770	2050	700	700	650	1308	500	500	308
北马圈子镇	3977	1440	440	500	500	1400	500	450	450	1137	450	400	287
汪家庄镇	3631	1300	400	450	450	1250	450	400	400	1081	400	350	331
寿王坟镇	6502	2160	600	780	780	2240	750	750	742	2100	700	700	700

2000年，全区建区级义务植树基地6个，面积6000亩；建镇级义务植树基地4个，面积2000亩；新建果品基地800亩。在治理的采煤塌陷区工程造林3000亩，义务植树18万株。2001年以环城窗口地带绿化为突破口，城镇绿化与荒山造林相结合，在窗口绿化精品工程中，重点抓了营子镇河北村工程 、跳沟村工程，寿王坟镇郑家庄村北山工程，北马圈子镇金扇子村南山工程，合计造林1200亩。完成了煤矿废弃地植树种草工程和利用世界银行三期贷款造林工程。全年完成工程造林3141亩，义务植树10万株。造林成活率达90%以上。2002年，重点组织了京津风沙源林业治理工程，完成造

林 8753 亩，小流域治理工程 6430 亩。世界银行三期贷款造林验收合格 6020 亩，其中用材林 630 亩，经济林 5390 亩。

（二）四旁植树

境内“四旁”（村旁、路旁、水旁、宅旁）植树始于清末民国初。

荒山造林（摄影　张淑云）

中华人民共和国成立后，“四旁”植树作为植树造林的一种形式，开始受到重视，得到发展。1949 年至 1956 年共植 10.76 万株，1957 年至 1961 年进入高级社和人民公社后的 5 年，由于所有制的变更和国家困难时期，影响了农民“四旁”植树的积极性，仅栽植 35726 株。1962 年至 1965 年全区贯彻落实《农村人民公社条例》，允许社员留有自留树，“四旁”植树又有明显增加，4 年共植 14.35 万株。1966 年 5 月“文化大革命”开始后，社员个人的树木重归集体，农户个体“四旁”植树随之停止。1970 年至 1976 年全区集体单位共“四旁”植树 126.57 万株。

1978 年以后，区委、区政府采取多种措施，鼓励广大农户利用房前屋后的空闲地栽杨柳树，个体“四旁”植树再次得到发展。1980 年 3 月 26 日，全区各级干部、工人、学生 400 余人在战备林场河滩地栽植护岸林 0.1 万株，面积 4.5 亩。1981 年，全区“四旁”植树保有量高达 16.1 万株。1984 年四旁植树 26 万株。1985 年至 2003 年不完全统计，“四旁”植树达 123 万株。

二、退耕还林

跳沟村边植树（摄影　张淑云）

1985 年，区委、区政府在调整农业产业结构过程中，明确提出“远抓林果，近抓矿，加工种养一齐上”的工作思路。首先把不适宜种粮的土地和 25 度以上的坡地还林还果。是年，在确定的 2663 亩退耕土地中，已还林还果 897 亩。1989 年全区林业用地比 1984 年增加 2390 亩，也是部分农民退耕还林，弃农改果的调整结果。2000 年退耕还林 300 亩，2001 年开展一退双还（退耕还林还果），在 25 度以上坡地造林整地 1000 亩。2002 年，寿王坟镇整地 180 亩，挖树坑 24000 个，植树 15.2 万株；鹰手营子镇复垦土地 650 亩，拟造经济林和经济作物种植区；汪家庄镇整地 2000 亩，围栏 2000 亩，挖树坑 1 万个，造林补植 10 万株。2003 年，退耕还林工程被列为全区林业两大工程之一。是年实施退耕还林 6000 亩，涉及 4 个镇、13 个行政村、2821 户，其中营造生态林 5898.9 亩，经济林 101.1 亩，总投资 67.159 万元。

三、封山育林

1957 年，全区首次封山育林 51.5 亩，1960 年已封育 2495 亩。1964 年开展农业学大寨活动，封山育林 9200 亩。1966 年封育面积达到 15290 亩。

1978 年，营子矿区被纳入“三北”防护林建设体系工程区，包括 4 个镇 8 个行政村，即鹰手营子镇老爷庙村、河北村，北马圈子镇金扇子村、南马圈子村，汪家庄镇汪家庄村、涝洼村，寿王坟镇罗圈沟村、郑家庄村。同时在全区划出了 3 个封山育林区，即西部柳河上游涵蓄水源区，包括营子镇营子村的石片沟和北马圈子镇金扇子村的金扇子南沟；中部矿山污染防治区，包括营子镇老厂子村南山，喇嘛沟西山，老爷庙村南山、北山，汪家庄镇姚庄村南山，涝洼滩村西山；东部水土流失治理区汪家庄镇李家沟。1985 年至 1986 年封山育林 8000 亩。进入 20 世纪 90 年代，随着植树造林、封山育林逐步列为各级政府的任期责任目标，封山育林更加经常化，1993 年至 1998 年全区封山育林总面积 11 万亩，年均封山育林 1.8 万亩。

2003 年，“三北”防护林西部柳河上游涵蓄水源区封育 26000 亩，中部矿山污染防治区封育 22000 亩，东部水土流失治理区封育 14000 亩。

第四节　林木管护

一、护林防火

境内早在清代就有森林防火记载，金扇子村的火道沟，就是因清东陵“后龙风水”禁地在这里设防火道而得名。民国 22 年（1933 年）4 月日本侵略军侵占兴隆县，曾分别在雾灵山、老场沟、北营房建立森林管理所。民国 34 年（1945 年）8 月日本侵略军投降后，民主政府组织开展群众性的护林护山活动，控制乱砍滥伐毁树行为。

中华人民共和国成立后，各级政府相继成立防火指挥机构，各村成立防火委员会，制定护林防火责任制和村民防火公约。但是，因烧荒、燎地边、上山吸烟、用火取暖、上坟烧纸等引起的山林火灾仍时有发生。

改革开放后，营子矿区把森林防火纳入各级干部任期目标，签订责任状，每年组织一次护林防火宣传，在交通路口或醒目位置设永久性防火宣传标语。区级组建以消防三中队为主体的专业扑火队 1 支 20 人，各镇均组建以基干民兵为主的半专业扑火队，每队 30 人。区森林防火指挥中心配备了扑火应急设备，包括风力灭火机、消防运兵车，油锯、割灌机、扑火服装，水枪、灭火弹，组合扑火工具等。

2002 年，区政府成立了公益林管护组织，区设管护大队 1 个 12 人，镇设管护中队共 4 个 38 人，村设管护小队 15 个 83 人，全区调整设立兼职护林员 58 人。把森林火灾预防和扑救经费按每亩林地 0.1 元列入地方年度财政预算。重点加强林木采伐和限额管理、木材经营加工和运输管理，加大政策法规宣传教育力度。在 13 个防火指挥部成员单位修订了森林防火工作目标管理责任书，调整设立了近百个防火组织，专业扑火队增加到 2 个，半专业扑火队增加到 20 个近 500 人。2003 年，完善落实了 13 项护林防火管理制度，对镇级防火工作组织了检查督导，修筑防火道 28 公里。

二、营林

（一）抚育间伐

1970 年全区幼林抚育 465 亩，成林抚育 111 亩，1971 年幼林抚育 920 亩，1972 年完成补植 16 亩，1975 年至 1976 年，两年幼林抚育 87 亩，成林抚育 205 亩，补植 30 亩。

1986 年开始，坚持抚育间伐，以抚育林木为指导思想，以“全面规划，因地因林制宜，营林为基础，抚育为中心，造管并重，采育结合，调整林种、树种结构，提高森林综合效益”为工作方针，把加速低产林改造和中幼林抚育间伐，提高林木质量，加速林木生产作为重点工作。对 5—10 年生，不定株，以修枝打杈为主，砍劣留优，砍密留稀；11—15 年生，每亩留 250—300 株，砍小留大；16—20 年生，每亩留 180—200 株；21—30 年生，每亩留 100—120 株，是年全区间伐 300 亩。1987 年至 1988 年幼株抚育 84 亩。1991 年和 1995 年分别完成幼林抚育 800 亩和 1400 亩，1995 年完成成林抚育 3200 亩。1997 年至 2000 年又分别完成幼林抚育 5865 亩，成林抚育 3000 亩。

（一）林分改造

全区低产林主要包括低产用材林和低产经济林两大类。低产林的分布范围遍及全区 4 镇，低产用材林多分布在贫瘠山地，低产经济林多分布在干旱阳坡，立地条件较差。低产林林相杂乱，稀密不均；林木分化严重，Ⅳ、Ⅱ级林木率较大；林内病虫害严重，病枯木较多；品种不良，品质不佳。

从 20 世纪 80 年代初开始，营子矿区逐步实施次生林改造，1982 年完成 31 亩，1985 年至 1992 年合计完成次生林改造 1100 亩。在林分改造过程中，推广模式化管理，实行定位定向培育，优先安排低产林改造，以培育中小经济林为主，实施全面改造、综合改造和林冠下造林。低山缓坡采用水平沟整地，规格是沟宽 1 米，长 5 米，沟间距 4 米，活土深 1 米，种植以板栗为主的经济林。高山陡坡区采用鱼鳞坑整地，栽植落叶松为主的防护用材林。

第五节　果品生产

一、果品产量

中华人民共和国成立前，境内只有苹果、梨、桃、杏、红枣树等零星种植，产量很低。1950 年全区干鲜果品产量只有 8.75 吨，1959 年为 46.95 吨。1960 年至 1962 年连续减产后，1963 年增加到 81.4 吨，1976 年达到 358.15 吨。从 1982 年起，随着生产责任制的日益完善，全区林果业有了较快发展，干鲜果品产量迅速增加，是年达到 838 吨。1989 年全区已有大小果园 1689 处，各种果树 52.3 万株，1982 年至 1989 年干鲜果品合计产量 5175.7 吨。进入 20 世纪 90 年代，在“菜、果、肉、林”四字农业发展战略的推动下，增加了干鲜果品种植面积，1996 年，全区生产干鲜果品 943 吨，1998 年取得了年产 1865 吨的最好成绩。2003 年年底，全区干鲜果品种植面积达到 14775 亩，84 万株，结果面积 11830 亩，年产干鲜果品 1000 吨。其中鲜果结果面积 7675 亩，年产量 780 吨，其中苹果 4125 亩，年产量 350 吨，桃 795 亩，年产量 130.4 吨，红果 667 亩，年产 100 吨，梨 1155 亩，年产 150 吨；干果结果面积 4155 亩，年产量 220 吨，其中板栗 3735 亩，结果 150 吨，核桃 420 亩，年结果 10 吨。

1949—2003 年营子矿区部分年份干鲜果品产量统计表

表 14－2－6　　　　单位：吨

年度 \ 项目产量	干鲜果品合计	干果产量					鲜果产量					
		小计	其中				小计	其中				
			板栗	核桃	杏仁	红枣		苹果	梨	红果	桃	葡萄
1949	7.65	0.05	—	—	—	—	7.6	0.15	5.1	—	0.03	—
1950	8.75	0.1	—	—	—	—	8.65	0.25	5.9	—	0.04	—
1951	10.4	0.15	—	—	—	—	10.25	0.1	7.2	—	2.1	—
1952	11.8	0.2	—	—	—	0.05	11.6	0.1	6.75	—	2.75	—
1953	14.95	0.2	—	—	—	0.05	14.75	0.1	9.4	—	3.65	—
1954	16.9	0.3	—	—	—	0.05	16.6	—	10.25	—	3.4	—
1955	18.45	0.35	—	—	—	0.05	18.1	—	10.05	—	3.45	—
1956	20.1	0.8	—	—	—	0.05	19.3	0.1	12.2	—	2.85	—
1957	25.8	0.75	—	—	—	0.05	25.05	0.15	15.65	—	2.6	—
1958	30.85	0.85	—	—	—	0.05	30.0	0.15	17.6	—	2.75	—
1959	46.95	0.75	—	—	—	0.05	46.2	0.1	20.2	—	4.05	—
1960	33.6	0.55	—	—	—	0.05	33.05	0.05	25.5	—	4.5	—
1961	31.15	0.6	—	—	—	0.05	33.5	0.1	21.95	—	5.0	—
1962	40.5	0.9	—	—	—	0.15	39.6	0.1	22.25	—	4.05	—
1963	81.4	1.65	—	—	—	1.3	79.75	0.55	56.2	—	7.4	—
1964	116.45	1.15	—	—	—	0.3	115.3	0.75	95.35	—	3.5	—
1970	141.3	3.15	2.65	0.25	—	0.25	138.15	72.45	31.1	—	—	—
1971	174.1	2.90	2.25	0.2	—	0.45	171.2	53.0	89.65	—	—	—
1972	327.55	3.05	1.7	0.15	—	1.2	324.5	55.8	254.5	4.95	5.15	—
1973	429.35	9.0	1.35	6.65	—	—	420.0	119.2	192.0	—	26.5	0.1
1975	261.0	4.5	2.5	1.5	—	0.5	256.5	157.5	74.5	13.5	—	0.5
1976	358.15	12.4	11.0	1.35	—	0.05	345.75	193.5	52.35	16.4	—	0.25
1977	210	6.8	5.3	1.00	—	—	203.2	—	—	—	—	—
1978	240	8.5	6.7	1.6	—	—	231.5	—	—	—	—	—
1979	290	11.0	8.5	2.1	—	—	279.0	—	—	—	—	—
1980	300	10.8	8.2	2.4	—	—	289.2	—	—	—	—	—
1981	601	10.5	7.0	3.5	—	0.5	590.5	443.0	101.5	26	0.7	1.0
1982	838	15.8	10.0	4.5	0.5	0.2	823.0	461.0	331.0	18.7	8.67	—
1983	490	24.6	16.5	6.5	1.32	0.26	467.0	421.6	17.2	28.2	20.7	—
1984	539.8	20.8	15.0	5.5	—	—	519.0	276.0	211.6	26.7	1.0	0.04

续表 14－2－6

项目 产量 年度	干鲜果品合计	干果产量					鲜果产量					
		小计	其中				小计	其中				
			板栗	核桃	杏仁	红枣		苹果	梨	红果	桃	葡萄
1985	872	29. 3	20. 6	6. 2	2. 0	—	843. 0	713. 0	36. 0	32. 4	24. 0	0. 1
1986	396	28. 6	21. 7	5. 3	—	1. 0	368. 0	244. 0	86. 0	30. 0	1. 0	2. 0
1987	759. 0	31. 0	22. 0	9. 0	—	1. 0	728. 0	601. 0	73. 5	50. 5	2. 0	—
1988	885. 9	35. 0	23. 0	12. 0	—	1. 0	850. 9	712. 0	72. 6	46. 3	13. 0	4. 0
1989	395. 0	19. 1	13. 1	6. 0	4. 0	—	375. 9	283. 0	73. 4	19. 5	7. 7	5. 0
1990	323. 2	26. 2	14. 7	6. 5	5. 0	—	297. 0	169. 0	44. 5	36. 7	28. 8	3. 0
1991	206. 2	24. 3	16. 7	4. 7	3. 0	—	181. 9	126. 7	19. 5	21. 3	9. 2	—
1992	208. 7	10. 7	8. 6	2. 1	—	—	198. 0	136. 0	40. 0	14. 0	7. 6	—
1993	259. 1	24. 1	20. 0	4. 0	—	—	235. 0	127. 0	33. 0	58. 0	8. 0	—
1994	310. 0	20. 0	15. 0	5. 0	—	—	290. 0	110. 0	—	—	—	—
1995	341. 0	39. 0	36. 0	3. 0	—	—	302. 0	108. 0	106. 0	71. 0	13. 0	—
1996	943. 0	113. 0	100. 0	10. 0	2. 0	—	830. 0	300. 0	350. 0	150. 0	20. 0	2. 0
1997	233. 0	22. 0	17. 0	3. 5	—	2. 0	211. 0	52. 0	69. 0	73. 0	13. 0	—
1998	1865. 0	103. 0	68. 0	25. 0	5. 0	2. 0	1762. 0	346. 0	341. 0	686. 0	20. 1	5. 0
1999	781. 0	120. 0	99. 0	21. 0	—	—	661. 0	230. 0	71. 0	193. 0	117. 0	—
2000	469. 0	100. 0	80. 0	10. 0	—	—	369. 0	130. 0	40. 0	93. 0	75. 0	—
2001	450. 0	130. 0	105. 0	25. 0	—	—	320. 0	101. 0	30. 0	93. 0	65. 0	—
2002	500. 0	160. 0	140. 0	10. 0	10. 0	—	340. 0	40. 0	100. 0	100. 0	100. 0	10. 0
2003	1000. 0	220. 0	150. 0	10. 0	—	—	780. 0	350. 0	150. 0	100. 0	130. 4	—

二、果树管护

1954 年农村成立初级社后，政府鼓励农民种果栽树，并提倡采用为果树施肥，浇水，修水盆，冬季树下堆雪等简单技术。

1958 年，技术人员用仪器测定等高线，确定行距、株距，挖宽 50—80 厘米，深 50—66 厘米的树堌，坐水栽种果树苗。采用种子直播，出苗嫁接或苗圃育苗移栽等方法栽种零星果树。并采用了剪枝技术。

1979 年以后，果树栽培的技术管理得到加强，实现了陡坡水盆化，缓坡梯田化，平地畦田化，果树科技队伍开始壮大。小型高扬程抽水机，扬水站等果树水灌设施初具规模。

1983 年，部分果树承包到户，区、镇、村各级实行技术承包，提供技术服务。1989 年，区农林局对各村集体果园和个人家庭承包果园进行低产果树资源评估，确定在 9100 亩果园面积中，低产园面积达 3500 亩。随后制定的《营子矿区 1989—1995 年集体林经营方案》，把强化果树管理摆上重要位置，强调要侧重发展水保经济林，重点发展名、优、特产品，加强林果技术推广和普及，加强现有

林果的保护和管理，落实常规管理技术，实施土、肥、水综合管理，提高剪修水平，加快改劣换优步伐。1999 年 3 月，聘请中国农业大学副教授到区对 230 户果农进行了果树栽培等技术培训，使全区果树管理从选育壮苗、幼苗抚育、果树改良、修剪、施肥、浇灌、除草到防治病虫害形成一整套模式。套袋栽培技术，人工授粉技术，扩、压、改技术，生物防治技术，三主枝邻近的树形修剪技术和三大主枝自然半圆形技术都逐步被推广。

2000 年，全区改造老果树 1200 亩。2001 年至 2002 年，每年实施果树优种嫁接都达 20000 株。

营子矿区苹果树管理措施一览表

表 14－2－7

阶段	树龄	管理措施
幼果期	1—8 年	建园 3 年内重点进行三化（畦田、梯田、大小盆）管理，同时合理施肥、浇水、中耕除草，树下不许种植任何高秆作物。病虫害防治重点加强浮尘子的防治。幼树整形修剪要冬、夏结合，重点进行骨干枝培育，选留适宜延长枝，以扩大树冠。夏剪着重主侧枝的角度展开和抚养枝的环剥、环刻、拿枝软化，摘心扭梢，控制竞争陡长
初果期	9—15 年	合理施肥、浇水。水肥量比幼树有所加大。剪形时要继续进行骨干枝培育。树形的选择，大冠稀植园以基干三主枝形为主，中冠密植树宜选与主枝二层延迟开心形，小冠密植树宜用无主枝自然疏散分层形，或有主无侧自然疏散分层形。病虫害防治，重点抓好桃小食心虫、卷叶虫、红蜘蛛的防治
盛果期	16—30 年	地上地下综合管理，加大施肥量，年施肥 2 次，株施化肥 2.5—3.5 公斤，农家肥 150—250 公斤，压绿肥 100—200 公斤。浇水、中耕除草 3—5 次。修剪主要是调节生长与结果的关系，主侧枝的从属关系和树上树下、内外部的关系。对弱树要少留花，多中截，促进分枝，增强生长势力；对偏强树要多留花，多结果，缓和长势。对结果枝组的培育要大、中、小结合交替更新，每年每树保持长枝 15%、中枝 30%，短枝 55% 的比例。加强病虫害防治
衰果期	30 年以上	土肥水管理均与盛果期相同。要加强腐烂病的防治，每年 3 次检查，发现病斑及时刮治，涂药防治。对苹果桃小食心虫、卷叶虫、红蜘蛛要及时防治，加强低产果园的改造和老树的更新修剪

第六节　病虫害防治

一、森林

（一）病虫害种类

森林主要病害有杨树溃疡病、杨树锈病、杨树苗黑斑病，立枯病。主要虫害有黑松松毛虫、落叶松松毛虫、松梢螟、美国白蛾、松树线虫和杨树虫。

（二）防治方法

森林病虫害防治工作起步较晚。20 世纪 50 年代后期，随着有林面积不断增加和病虫害的增多，林木病虫害防治逐渐被列入日程。病害防治多采用清除病株，加强抚育管理，增强树势、合理修枝，

苗木、种子消毒以及药物治疗。森林虫害多采用人工捕捉，挖掘幼虫及利用杀虫剂喷杀幼虫和涂抹树干等方法。20 世纪 70 年代以前，虫害防治主要采取人工捕捉虫卵、成虫，用火烧灭虫害。进入 70 年代后主要使用农药喷杀。

1986 年，区农林局建立森林病虫害防治检疫站，负责病虫害预测、预报和检疫。

1987 年，全区有 1600 亩林木发生松毛虫和杨树病，采用化学农药防治 1100 亩。1990 年，有 6000 亩林木发生病害，12000 亩林木发生虫害，病害综合防治 3000 亩，虫害化学药物防治 3000 亩，综合防治 4000 亩。

2002 年春季，寿王坟镇部分地区发生大面积杨柳青蛾疫情，随即使用 1 吨钾铵磷杀虫剂，人工喷药 4000 亩，有效控制了疫情。是年，全区森林虫害成灾率控制到 6.4% 以下，防治率达 70% 以上，监测覆盖率达 76%，种苗产地检测合格率达 86%。

二、果树

（一）病虫害种类

苹果主要病害有干腐病、轮纹病、白粉病、疫腐病、灰斑病、黑星病、褐腐病、锈病。梨有锈病、黑星病、白粉病、褐斑病、轮纹病、炭疽病。桃有疮痂病、黑霉病、白粉病。李痘病、黑结病、锈病。杏有痘病、线纹病、穿孔病、褐腐病、细菌性穿孔病。葡萄有霜霉病、白粉病、灰霉病、蔓枯病、褐斑病。山楂有腐烂病、锈病、干枯病、白粉病。板栗有炭疽病、白粉病、干枯病。核桃有腐烂病，枝枯病、黑斑病、褐斑病。

主要虫害有黏虫、红蜘蛛、二十八星瓢虫、栗叶甲、金叶虫、叶跳蝉、白粉虱、银纹夜蛾。

（二）防治方法

20 世纪 60 年代，果树面积扩大，病害危害日益严重，开始将病害防治作为果树管理的一项重要工作来抓。一是加强树下工程管理，修水盆，施农家肥，压绿肥、施化肥，提高果树抗病能力。二是选种优质树苗，对患病果树根据不同病害，采取不同方法，如焚烧落叶、落果，剪掉病枝，喷洒药液，消毒，支干涂柏油等。

第七节　植桑养蚕

民国时期，鹰手营子村民就有采摘野生桑叶养蚕的习俗。中华人民共和国成立后，种桑养蚕成为农民的家庭副业，但数量很少。从 1950 年到 1957 年，全区蚕茧产量仅有 37.5 公斤。1958 年，兴隆县从承德、山西等地购进大叶桑，营子矿区开始利用河滩、梯田、坝沿和山坡植桑，1958 年至 1960 年，全区生产蚕茧 70.5 公斤。1960 年家蚕全部代替了土蚕。1961 年国家困难时期，桑叶成为人们的代食品，影响了蚕业发展，1961 年至 1963 年仅产蚕茧 14.5 公斤。1965 年全区有桑园 44 亩，蚕茧产量提高到 490 公斤。1968 年至 1973 年，通过学习兴隆县北水泉植桑养蚕经验，推广梯田坝沿栽桑、小蚕共育、蚕种统一催青、药物消毒、营养添食等技术，使全区植桑养蚕得到了较快发展，1973 年寿王坟公社已有桑园 100 亩，1975 年，全区蚕茧产量 1500 公斤，达到历史最高水平。1977 年，区内除有近百亩桑园外，还有柞坡 300 亩，到 1980 年全区共有桑园 230 亩，柞坡 600 亩，是年蚕茧产量 1014 公斤。家庭联产承包责任制在农村逐步推行后，植桑养蚕户开始逐步减少，1982 年全区桑园还剩 130 亩，年产蚕茧 852 公斤。1984 年以后，由于蚕茧降价和取消了奖励政策，蚕茧产量明显下降，20 世纪 90 年代以后，农户已很少养蚕。

1949—1983 年营子矿区蚕茧产量统计表

表 14－2－8　　单位：公斤

年度	产量	年度	产量	年度	产量	年度	产量
1949	2.5	1958	12	1967	—	1976	1097
1950	5	1959	48	1968	1494	1977	915
1951	3.5	1960	10.5	1969	1355	1978	989
1952	2.5	1961	3.5	1970	1051	1979	774
1953	4	1962	5.5	1971	400	1980	1014
1954	4	1963	5.5	1972	950	1981	809
1955	4	1964	17	1973	1150	1982	852
1956	7	1965	490	1974	—	1983	785
1957	7.5	1966	—	1975	1500		

第八节　管　　理

一、管理机构

营子矿区在中华人民共和国成立前没有专门林业管理部门。1956 年 7 月成立兴隆县鹰手营子林业工作站，编制 3 人。1957 年 3 月设承德市营子矿区农林科，1958 年 8 月设兴隆县林业科鹰手营子林业站。1965 年 2 月，设承德市营子矿区人委农林办公室，1968 年 3 月改设营子矿区革委会林业科，1973 年 5 月设营子矿区革委会农林科。1980 年，承德市革委会农业办公室决定在营子矿区设林业办公室，由区委领导，业务归市林业局管理。1981 年区政府设农业局，下设林业工作站。1983 年改设农林局，下设林业工作站。1986 年，区农林局下设林业股。1995 年区农林局改设为农林水利局，下设林业股。是年 10 月成立区林业派出所，与农林水利局合署办公，年内析出独立办公，隶属区公安分局。

2002 年 5 月机构改革，撤销区农林水利局，成立林业水务局。区林业水务局下设综合办公室、林业股、水利股和林业治安派出所，编制 7 人；设林业工作站，为林业水务局下属事业单位，编制 4 人。至 2003 年末变动。

二、林权管理

民国 4 年（1915 年）“后龙风水”禁地开禁以前，禁地内林木归皇家所有。开禁之后，多数林木归少数富人所有。土改中，地主的树木多数分给农民，较大面积的山林归国家所有。

1956 年成立高级社，农民个人的山林果树作价入社。1961 年中共中央《关于确定林权，保护山林和发展林业的若干政策规定（试行草案）》和河北省政府《关于迅速处理林权和发放林权所有证的通知》实施后，林权出现了国有、社有、队有和社员私有等形式，在自留山和“四旁”允许每个农户有树木 3—5 株。1962 年，部分社队填发了林权所有证。1966 年，私有树木全部归集体所有。1980

年，试行农村家庭联产承包，零星果树树随地走，除大面积成材林和成片果园集体经营外，部分林木随自留山、责任山承包给个人。1981 年，区政府明确了稳定山权，稳定林权，划定自留山的“三定政策”。1991 年至 1993 年组织了林权证复验。

1994 年，区政府进一步明确林业政策，强调维护所有权，明确使用权，稳定经营权，放活处置权；谁开发，谁投资，谁经营，谁受益。在保证山林权属不变的基础上，积极引导和鼓励多种形式的联合，实行适度规模经营和集约经营，发展“大户”经济，积极稳妥地推进林业资产化，建立起林木、林地资产流转机制，促进资源的优化配置和生产要素的合理流动，允许林地使用权和林木所有权有偿转让，允许拍卖宜林荒山、荒地、荒坡、荒沟的使用权，并允许继承和有偿转让，允许基层林业部门采用多种形式与农民或集体组织联营合作进行示范性开发；允许对资产进行租赁、承包资金信贷、资金抵押投资入股，搞活山上资源。

2002 年，从落实 54500 亩重点保护林及公益林确权和林权证登记发证入手，全面实施林权登记管理工作，与经营权利人或村组代表签订了经营责任书。

第三章　养 殖 业

中华人民共和国成立前，农户以粗耕为主，少量饲养畜禽且品种相对单一。

中华人民共和国成立后，随着全区经济的发展，农民饲养畜禽的种类不断增加，主要有牛、马、驴、骡、猪、羊、鸡、鸭、鹅、兔、貂等。饲养规模小，出栏率低。畜禽产品产量少，商品率低，经济效益差。进入 20 世纪 90 年代，区委区政府根据农村经济体制改革的不断深入和城镇市场趋势的变化，及时调整农村产业结构，狠抓经济转型，大力发展养殖业。突出做好良种繁育、饲料供应、防病治病、畜禽产品加工销售和技术推广体系的建立完善工作，有计划地引进一些适合当地繁育和需求的优良品种，有计划地加快养殖示范基地建设步伐，积极鼓励扶持养殖专业户、重点户，畜禽品种逐步开始向生长快、营养高、经济效益好的方向发展，养殖业的产值效益在大农业中的比重不断提高。

第一节　家禽家畜饲养

一、品种数量

（一）家畜

1. 马

大部分是蒙古马及其杂交后代，多为役用。蒙古马体小强悍，四肢有力，善奔跑、速度快，耐粗饲，耐严寒，是运输、农耕的役畜。此外还有杂种马，体高、胸宽、挽力强，体重大于蒙古马。

中华人民共和国成立初期，鹰手营子交通运输不发达，马作为农村运输的主要动力，饲养量逐年增加。1949 年全区只有 9 匹马，到 1957 年增加到 54 匹。1958 年后，农村集体经济快速发展，马匹需求量进一步增加，到1961年达到104匹。1978年后，农业机械化水平逐步提高和推行家庭承包制，大牲畜分到农户，马的饲养量越来越少，1984年降至52匹，1990年减少到37匹，到2003年仅剩12匹。

2．牛

以当地黄牛为主，其他传统品种有蒙古黄牛。引进品种有黑白花奶牛，杂交品种有奶杂牛、肉杂牛。

当地黄牛体格中等，属肉、役、乳兼用型，多为耕耙土地之用，次为商品出售。该品种繁殖率高，耐粗饲，耐劳苦，抗病力很强，对寒暑的适应能力较强。

蒙古黄牛四肢短而强健，蹄小、龙门角，前胸稍高，耐粗饲、食量大，抗病力强，适应性强，便于使役。

黑白花奶牛体质强健，性情温驯，容易管理，以泌乳期长，产乳量多而著名，泌乳期长达305天，产乳量一般在4000—5000公斤，对饲料要求较高。奶杂牛是奶牛场的种公牛与当地黄牛杂交后生产的杂种奶牛。

肉杂牛是1975年开展黄牛改良工作后，承德地区引进的西门塔尔、夏洛来、海福特等纯种牛与当地黄牛冷精配种繁育的新品种。肉杂牛从出生到断乳阶段杂交优势明显，随着月龄的增长，生长发育逐渐变慢，优势减弱。原因是适应性差，优种不优饲，管理粗放，生长发育受阻。

1949年中华人民共和国成立时，全区有牛661头。由于牛是当时农事活动中耕翻播种和驾挽的主要畜力，20世纪50年代至70年代，国家鼓励扶持发展畜牧业，禁止宰杀耕畜，严格耕畜淘汰，使当地耕牛发展较快，1958年存栏1018头，1961年饲养量达到1241头。此后10年中，全区养牛一直保持在千头以上。1971年全区农业机械化会议以后，农村各社队的中小型拖拉机等农机具迅速增加，耕牛使役作用明显下降，1981年开始实行家庭联产承包，对耕牛需求量减少，1981年存栏1145头，1991年下降到236头。1994年区委、区政府调整农村产业结构，把大力发展畜牧业摆上了重要位置，增加了肉牛饲养量，1996年存栏280头，2000年存栏310头，2003年底，全区有养牛专业户20户，存栏630头。其中奶牛88头，肉牛542头。

3．驴

谷称毛驴，与马、牛相比，体形小，食量少。负重力强，善走山路，除播种、拉簸箕、拉磙子、驮粪外，还能拉车帮套，是深山区的重要交通运输动力。大部分为当地驴，也有少量渤海驴及其杂交后代。品种改良速度慢，改良后的杂交驴，体肥高大，四肢强健温驯，使役范围大。

1949年全区饲养驴420头，1959年达到709头。此后逐年减少，1970年为551头，1981年为332头，1991年减少到90头，到2003年仅剩23头。

4．骡

骡有驴骡、马骡两种，马配驴生者为驴骡，驴配马生者为马骡。

中华人民共和国成立时，全区有骡17头，1958年发展到58头，在人民公社化时期，为适应生产队耕播驾挽需要，骡的饲养量增加较快，1970年116头，1981年达到历史最高数量为346头。随着农业机械化水平的提高和农村经营体制改革的深入，骡的饲养量又明显下降，1991年全区饲养量为31头，到2003年仅有9头。

5．猪

中华人民共和国成立之前，区内猪的品种大多是300多年前育成的东北民猪。1965年以后，先后引进内江、荣昌、金华、北京黑、长白、大约克、杜洛克等品种。因为没能建起科学的繁育体系，加之盲目引进，导致杂交乱配，使猪的品种混杂，纯种猪很少。其中，长白猪与民猪、长白猪与北京黑、荣昌猪与约克夏等杂交后代的育肥效果较好，一般一年出栏，体重可达120公斤左右。

东北民猪原产于中国东北三省，按体形及外貌特征可分为大、中、小3个类型，当地尤以中型居

多，主要分布在营子、寿王坟两镇。东北民猪皮毛黑色，头中等大，面部平长，耳大下垂，腹大下沉，四肢粗壮，体质强健，后躯斜窄，乳头7对以上。在粗放的饲养条件下，比其他品种的生产性能高得多，在较好的饲养条件下，母猪平均每窝产仔10头左右，多时可达15头，成活率达90%。

长白猪又叫兰德瑞斯猪，原产地丹麦。1975年，被引进到营子矿区。该品种皮白色，头狭长，面部凹陷，耳大向前倾耷，体肥大，胸腹平直，背直或稍呈现拱形，后躯丰满，乳头有7对左右，皮薄骨细，肉嫩。在较好的饲养条件下，6个月体重可达90—100公斤，1年可达200公斤。成年公猪体重可达250—350公斤，母猪可达200—300公斤。如果管理粗放，则不及当地品种。

中华人民共和国成立初期，全区猪的饲养量比较低，1949年存栏1718头，1952年存栏2097头，随后的10年，猪只的饲养量虽略有增加，但增速比较缓慢，到1961年存栏只有2136头。为了加快生猪饲养，区公所鼓励公养私养并举，对养猪户实行饲料补助，积肥计酬，繁殖仔猪、交售肉猪奖励饲料粮等政策，调动了社员养猪积极性，1965年养猪5328头，年末存栏达到3625头，其中马圈子公社金扇子大队、北马圈子大队和南马圈子大队户均养猪分别达到2.14头、1.61头和1.93头，寿王坟公社罗圈沟大队户均养猪达到1.55头。1975年全区养猪8239头，年末存栏5918头，户均饲养1.79头。1981年全区生猪饲养量为9648头，年末存栏6379头，其中社员家庭养猪6258头，占饲养总数的64.9%。1985年以后，农村养猪专业户，重点户相继涌现，家庭养猪业有了快速发展，1987年全区生猪存栏13290头。1988年全区已有20头以上的养猪专业户115户，全区生猪存栏8500头。1998年底全区生猪存栏10700头。2003年末，全区生猪存栏为8100头。

6. 羊

中华人民共和国成立初期，大多数农户以饲养蒙古绵羊为主，其次为皮用青山羊（济宁青山羊）、奶山羊、有角山羊、辽宁山羊等。

蒙古绵羊毛粗，尾大而肥壮，抗寒怕热，肉质好，但繁育率低，生长速度慢。

皮用青山羊原产山东济宁等地，该品种成年公羊平均每只重25.7公斤，母羊20.9公斤，每只羊平均年产羊绒100克左右。产羔率较高，一般两年产3胎，高者每年可产2胎，每胎平均产羔2—4只，最多可达6—7只，羔羊生后3天以内屠宰称滑子。羔皮毛细短，花纹样式美观，是制作裘制品的上好原料。

奶山羊饲养量很少。该品种性情温驯，适应性强，抗病力强，耐家饲。成年公羊体重37.5—50公斤，成年母羊体重25—37.5公斤。泌乳期8—11个月，2年可产3胎，每胎产羔1—4只，平均日产乳1.6公斤。

有角山羊全区分布较广，多集中于寿王坟镇。该品种体形适中，性情温驯，易管理，成年公羊每只30—50公斤，成年母羊每只体重20—30公斤，每只年平均产绒120克左右。

辽宁山羊是中国绒山羊品种中产量最高的优良品种，产绒多，品质好，产肉率高，繁殖性能好，生长速度快，适应能力强，易饲养。

1949年，全区羊存栏1830只，每户平均0.8只，1953年至1957年农村互助合作化时期，饲养量逐步增长，年末存栏从2415只增加到3621只，年均增加302只。1958年以后改为生产队集中饲养，1959年底存栏4985只，1963年存栏7784只，是全区养羊历史最高峰，1969年存栏6592只，1978年存栏5173只。1981年以后，生产队集体饲养的羊被分到社员家庭，又因部分山场被个人承包，无法放牧，部分羊或卖掉，或被宰杀，饲养量锐减，1985年存栏2014只，比1981年减少2327只。1988年以后，随着市场需求的增加，羊的饲养量得以恢复，1989年，30只以上的养羊专业户达到88户，年末存栏5232只，1992年存栏达到7200只，到2003年底，全区羊存栏3800只，其中专业户羊存栏3246只。

（二）家禽

1. 鸡

20世纪60年代以前，当地主要饲养柴鸡，品种多属柴鸡血系，在粗放的饲养条件下，生长缓慢，成熟晚，一年左右开始产蛋，每只鸡年产蛋130—160个，蛋壳厚，易保存，蛋黄色深，维生素含量高，蛋重48—50克。该品种还具有肉香、味美的特点。60年代以后，引进了来航、星杂288、澳洲黑、白洛克、芦花、洛岛红等品种，数量很少。1979年从北京引进白来航，比当地品种开产早，一般160—180天即可开产，年产蛋200—300个，蛋重50—60克，但该品种活泼，觅食能力不强，在粗放的饲养管理条件下，生长较慢，产蛋率不高。

2. 鸭

大多数是当地麻鸭、柳河鸭、北京鸭、高邮鸭、绍鸭等。境内柳河两岸、池塘附近村民多有养鸭习惯。鸭喜水，白天觅食、夜晚补饲，产蛋少，年均产蛋90枚，蛋重70—80克。

3. 鹅

鹅的传统品种有柳河白鹅和雁鹅，个体大，生长速度快，以河岸、草滩上的野草为主食，产蛋率低。

1950年，全区养鸡2186只，1958年成立人民公社，集体个人均有饲养，是年存架4840只。此后，基本保持逐年增长，1978年达到1.17万只。1984年以后，农村经济逐渐向多种经营方向发展，家庭养鸡快速增加。1988年饲养量已到5.96万只。2003年底，全区有1000只以上的养鸡大户3户，鸡的饲养量保持在4万只左右。

由于鸭、鹅产蛋率低，所以饲养量极少，加之干旱年份增多，柳河河水有时断流或干枯，鸭鹅饲养量没有明显增加。

1949—2003年营子区（矿区）畜禽存栏情况统计表

表14－3－1

年份	大牲畜					猪（头）	羊（只）	鸡（只）
	合计	牛（头）	马（匹）	驴（头）	骡（头）			
1949	1107	661	9	420	17	1718	1830	—
1950	1166	704	10	437	15	2051	2168	—
1951	1249	746	13	471	19	2062	2262	—
1952	1321	773	15	512	21	2097	2331	—
1953	1362	801	18	542	31	2197	2415	—
1954	1458	872	17	540	29	2297	2606	—
1955	1494	859	20	589	26	2511	2678	—
1956	1580	969	28	555	28	2705	3095	—
1957	1769	986	54	685	44	3046	3621	—
1958	1881	1018	60	745	58	2902	4496	—
1959	1911	1077	65	709	60	2639	4985	—
1960	1967	1146	71	687	63	1877	6034	—
1961	2059	1241	104	651	63	2136	6855	—
1962	1876	1155	97	605	49	4720	6965	—
1963	1786	1080	73	583	50	3121	7784	—

续表 14－3－1

年份	大牲畜					猪（头）	羊（只）	鸡（只）
	合计	牛（头）	马（匹）	驴（头）	骡（头）			
1964	1783	1091	81	561	50	3402	7137	—
1965	1775	1087	90	554	44	3625	4928	—
1966	1901	1188	98	551	64	4259	6814	—
1967	1762	1126	65	505	66	4585	7077	—
1968	1695	1096	59	469	71	4963	6779	—
1969	1622	1056	54	447	65	5328	6592	—
1970	2083	1254	162	551	116	4153	5437	—
1971	2137	1307	154	567	109	5042	4044	—
1972	2142	1284	167	534	157	4817	4139	—
1973	2198	1340	180	498	180	3993	3947	—
1974	1918	1209	143	412	154	6121	5643	—
1975	1962	1206	171	365	220	5918	4053	—
1976	2014	1198	160	438	218	6296	4025	—
1977	902	656	26	176	44	9951	5219	10700
1978	787	553	22	171	41	13669	5173	11687
1979	860	571	29	175	85	10955	4957	12472
1980	881	562	30	181	108	9500	4280	14584
1981	1906	1145	83	332	346	6379	4341	18155
1982	840	487	20	167	166	3326	1585	19409
1983	984	520	35	220	209	6648	3998	22754
1984	897	380	52	220	245	9777	3891	28590
1985	747	296	39	179	233	12100	2014	33400
1986	618	272	42	160	144	8269	2250	33600
1987	536	264	47	152	73	13290	2768	34000
1988	232	28	46	141	47	8500	4126	59599
1989	208	25	35	124	24	8995	5232	48275
1990	413	263	37	97	16	9148	6556	39454
1991	377	236	20	90	31	9875	5525	43000
1992	330	210	25	70	25	10150	7200	49000
1993	314	169	25	100	20	9480	4315	38986
1994	300	170	27	80	23	11046	3000	13429
1995	182	105	19	44	14	10200	3133	31500

续表 14－3－1

年份	大牲畜					猪（头）	羊（只）	鸡（只）
	合计	牛（头）	马（匹）	驴（头）	骡（头）			
1996	380	280	17	45	38	10100	3665	29205
1997	177	124	15	17	21	10600	4300	28540
1998	392	223	47	61	61	10700	4756	23221
1999	403	274	29	55	45	9428	7210	26620
2000	400	310	22	46	22	5700	4700	30851
2001	400	317	20	34	29	8000	4600	34776
2002	463	391	18	36	18	7846	4605	37434
2003	674	630	12	23	9	8100	3800	39300

二、饲养方式、方法

（一）家畜

1954 年农村合作化之前，大牲畜归私人所有，由各户单独饲养。1955 年至 1957 年农业合作化时期，大牲畜由集体饲养，1957 年开展保畜工作，整顿畜群，实行分散饲养。1958 年人民公社化以后，大牲畜一律入社再由生产队集体饲养。1962 年毛驴下放到户，一些社员家庭有了少量大牲畜，1963 年又重新收归集体饲养。1981 年推行家庭联产承包责任制，大牲畜逐渐承包到户，由集体饲养再转变为承包户分户饲养。

大牲畜的饲养方法分两种，即散放和圈养。散放，或群或单，白天撒出放牧，夜晚入圈，散放大牲畜春啃芽，夏跑青，秋吃沟塘，冬撒鹰。耕畜多为圈养，饲料冬春以谷草、豆秸、玉米秸为主，夏秋以青草和其他作物秸秆为主。经铡碎、加玉米、高粱、豆类和少量盐加水拌匀给饲，给饲数量按种畜、耕畜、和散畜分别对待。对耕畜，夜间和冬春季节还要单独添加饲料，有马无夜草不肥，寸草铡 3 刀，无料也上膘之说。集体饲养时各生产队普遍采用勤喂、勤饮、勤垫圈、勤起圈、勤淡盐、勤检查的方法。改革开放后，在养殖专业户的规模化饲养中又采用了一些新的饲养方法，如使用暖棚畜舍、配合饲料等。

养猪，绝大多数为圈养，并按不同的发育期调整饲料。长身躯时多喂泔水、菜类、杏树叶等，另加少量精饲料；育肥期，增加玉米面等纯粮。20 世纪 80 年代，伴随着饲料工业的发展，又以不同生长期的合成饲料为主，辅以鱼粉、赖氨酸、多维添加剂等，进行快速养猪。1999 年，汪家庄镇涝洼滩村个体养猪厂投资 50 万元，建起猪舍和鲁梅克斯牧草生产基地，形成了饲料种植、加工到种猪繁育，仔猪生产，成猪育肥一条龙养殖生产经营模式。

养羊延续的是成群牧野，靠天饲养方式，以野生青草为主，冬季辅以人工准备的羊草羊柴。

从 2001 年起，营子矿区大力发展家畜舍饲圈养基地，是年年底建起 4 个舍饲基地，发展舍饲圈养示范户 25 户，舍饲面积 6286 平方米。2002 年建禁放圈舍 1000 平方米，2003 年又建禁放圈舍 1100 平方米，发展舍饲圈养示范户 30 户，舍饲圈养总面积达 17500 平方米。

（二）家禽

20 世纪 70 年代以前，家禽饲养量规模小，鸡、鸭、鹅大都是散养，辅之早晚补饲。20 世纪 80 年代中后期，涌现出越来越多的养鸡专业户，饲养量增加，散养、圈舍喂养兼有，科学养殖技术开始在

农村普及。

三、繁育和改良

改革开放后，为解决畜禽近亲繁殖，品种退化，生产性能降低等问题，区畜牧站和各镇兽医站积极扶持配种专业户，推广冷冻精液配种与常温输精相结合、人工授精与本配相结合的繁育技术，提高了畜禽的生产能力。

1985 年开始畜禽品种改良工作。是年引进南部花猪 11 头、长白猪 6 头、大约克 2 头。引进“京白”优种蛋鸡 6000 只，桃谷鸭 1200 只。引进的其他种禽品种还有京白、罗斯、星杂 579、罗蔓、贝帝纳、狄高鸭，改产蛋型为蛋肉兼用型。1986 年进行了北京花猪与当地母猪杂交，改良地方品种试验，共引进杜洛克 2 头、长白 3 头，自繁长白 16 头。1987 年推广了长白猪与当地母猪杂交一代和人工授精技术。引进种兔大耳白、比利时青紫。2001 年完成改良猪 6000 头，羊 1000 只，引进绒山羊种羊 110 只；2002 年改良猪 3000 头，羊 1100 只；2003 年又改良猪 4500 头，羊 1100 只。实现了公猪优种化，母猪当地化，肥猪杂交一代化。

牛的改良以西门塔尔为优种，肉、乳、役兼用，为市场提供了部分商品牛。

羊的改良，在巩固提高当地无角山羊的基础上，迅速发展了奶杂一代山羊。

四、畜禽产品

中华人民共和国成立前，农民习惯于养猪为过年，养鸡换油盐，养牛为使役。20 世纪 50 年代区内经济结构发生了巨大变化，服务工矿企业，满足居民生活需要成为养殖业的基本落脚点，极大促进了养殖业的发展和畜禽产品的商品化。“文化大革命”期间，片面强调“以粮为纲”，制约了农村养殖业的发展。1971 年至 1972 年，全区农村出售和自宰肥猪 3252 头，1973 年至 1976 年合计出售肥猪 2567 头，自食 3567 头，出售菜羊 366 只，自宰 455 只。1981 年，集体和社员家庭出售肥猪 292 头，集体和社员个人自宰自食肥猪 2977 头，出售菜羊 100 只，自宰自食 411 只。

随着农村经济体制改革的推进，营子矿区不断调整农村经济结构，养殖业的发展速度明显加快，一批养殖大户应运而生，肉蛋奶产品开始批量投放市场。1985 年，全区肉类总产量 420.3 吨，其中，猪肉 358.3 吨、牛肉 2 吨、羊肉 16 吨、禽肉 4.2 吨、兔肉 2 吨；奶总产量 26.4 吨，其中牛奶 24 吨、羊奶 2.4 吨；禽蛋 105.9 吨；羊毛 0.75 吨，其中山羊毛 0.6 吨、绵羊毛 0.15 吨；羊绒 0.16 吨。2003 年全区肉类总产量 1279 吨，是 1985 年的 3.04 倍，其中猪肉 1027 吨、牛肉 95 吨、羊肉 58 吨、禽肉 91 吨、兔肉 8 吨；奶总产量 102 吨，是 1985 年的 3.86 倍；禽蛋 151 吨，是 1985 年的 1.43 倍；羊毛 3 吨，是 1985 年的 4 倍；羊绒 1 吨，是 1985 年的 6.25 倍。

1953—1957 年区供销社收购畜产品统计表

表 14 - 3 - 2

年度	肥猪（头）	鲜蛋（公斤）	猪鬃（公斤）	羊毛（公斤）	羊绒（公斤）	牛皮（张）	羊皮（张）	其他皮（张）
1953	610	22400	3.5	891	701	—	42	42
1954	2136	32971	33.5	1699	1197	—	565	602
1955	919	20450	61.0	2570	—	—	3104	807
1956	109	11300	52.0	500	1200	312	1742	3857
1957	—	11743	—	1970	1014	335	514	—

1984—2003 年营子矿区畜禽产品产量统计表

表 14 – 3 – 3

年度	肉总产量（吨）	其中					禽蛋（吨）	奶产量（吨）	羊毛（吨）	其中		羊绒（吨）	皮张（张）
		猪肉（吨）	牛肉（吨）	羊肉（吨）	禽肉（吨）	兔肉（吨）				山羊毛（吨）	绵羊毛（吨）		
1984	329	—	—	—	—	—	78	4. 53	0. 89	0. 7	0. 19	—	882
1985	420. 3	358. 3	2	16	4. 2	2	105. 9	26. 4	0. 75	0. 6	0. 15	0. 16	—
1986	424. 91	415. 59	1. 1	3	5	—	75. 5	20. 95	0. 91	0. 51	0. 4	0. 074	—
1987	522	510	1	8	2	1	96	26	0. 42	0. 42	—	0. 06	34
1988	—	649	—	10	6	1	168	29. 5	1. 84	1. 38	0. 46	0. 38	57
1989	700	679	4	10	4	2	138. 75	45. 5	1. 21	1. 00	0. 21	0. 17	79
1990	759	715	4	21	14	4	138. 5	54	2. 38	1. 49	0. 89	1. 00	18
1991	831. 3	780. 8	4. 22	33	10. 88	2. 38	157. 1	61	1. 72	1. 4	0. 32	0. 33	79
1992	—	814	—	19	17	2	170	76	1	1	—	—	—
1993	923	882	1	23	16	1	180	64	1. 91	1. 51	0. 4	0. 5	1115
1994	933	—	—	—	—	—	181	51	—	—	—	—	—
1995	712	666	5	24	16	1	200	43	8. 13	7. 7	0. 43	0. 48	80
1996	889. 43	849. 6	3. 6	18. 38	17. 25	0. 5	199. 6	—	6. 51	5. 81	0. 7	0. 39	—
1997	814	769	4	19	21	1	207	—	11	10	1	1	—
1998	822	746	25	28	21. 2	1	212	—	13	12	1	1	9000
1999	1083	1002	17	33	27	4	136	36	11	11	—	1	14000
2000	1026	901	35	42	44	4	90	31	6. 35	6	0. 35	0. 6	—
2001	1194	944	45	51	140	12	161	57	6. 11	5. 98	0. 13	0. 53	1500
2002	1210	1000	51	53	95	11	150	86	6	6	—	1	—
2003	1279	1027	95	58	91	8	151	102	3	3	—	1	—

第二节　特种养殖

中华人民共和国成立后，境内逐渐有农户开始养蜂、养兔，但数量不多。农村实行家庭联产承包责任之后，农民种植养殖有了自主权，1982 年全区养蜂 269 箱，养兔 6169 只，养貂 21 只。1988 年营子矿区调整养殖结构，是年全区发展养鹌鹑 3 户、养肉鸽 2 户、养貂 6 户、养蝎子 2 户、养蜂 4 户 130 箱、养兔 3111 只。1998 年，鹰手营子镇河北村引进推广貉子养殖技术，发展貉子养殖大户 20 户，年末存栏 1500 只，年收入 50 万元。汪家庄镇一村民利用院前空地，投资 2.7 万元建成养蟹场，1999 年养蟹 10 万余只。2001 年全区特种养殖队伍不断壮大，新增加了特种畜禽养殖种类。是年全区养鸽子 2200 只、山鸡 2000 只、鹿 10 只、兔 6588 只、狐狸 300 只、貉 50 只、獭兔 13283 只，产蜂蜜 5 吨。

2003 年又增加了美国牛蛙、珍珠鸡、孔雀、鹦鹉、圣伯纳犬等，是年年底，貉子存栏 401 只，梅花鹿 20 只，圣伯纳犬 40 只，蜜蜂 200 箱，孔雀 65 只，乌鸡 100 只，草原牧鸡 200 只，珍珠鸡 110 只，野鸡 70 只，红腹锦鸡 45 只。1982 年至 2003 年，全区共生产蜂蜜 55365 公斤。

珍禽养殖场（摄影　戴翔）

家兔养殖（摄影　戴翔）

第三节　饲草饲料

一、饲草

当地天然草地牧草主要有：苔草、羊胡子草、早熟禾、白羊草、黄背草、鹅冠、大油芒、地榆、糙隐子草、灯芯草等多年生草本牧草。小灌木类饲草有胡枝子、黄芪、冷蒿、铁杆蒿、绣线菊。在海拔 300 左右的河川沙土地带，以黄蒿、青蒿、萹蓄、灰绿藜、稗草、莎草等喜湿植物为主；沿河岸向上至海拔 700 左右的山地丘陵地带，以白羊草、隐子草、野青茅、野古草、黄背草等草本植物为主；而苔草、白羊草、隐子草、黄背草、地榆、额冠草等草本植物在海拔 800—1300 米的棕埌地带仍有生长。

长期以来，由于人们靠山吃山不养山，毁林毁草开荒，砍柴，刨树根，耧草根，加上矿业开采，建筑取石，造成植被破坏，土壤沙化、石化现象严重，植被再生能力下降，草场的数量和质量不断降低，不可食的或适应性低的杂类草大量增加，加速了草场退化。20 世纪 80 年代中后期，营子矿区积极组织农民阳坡植槐，阴坡种二色胡枝子，果树底下种紫花苜蓿、草木栖，天然草场种马干粮、山野豌豆、沙打旺等，加快了草场改良和草场建设。1999 年以来，随着国家不断加大生态建设力度，营子矿区积极推广舍饲圈养，全区进一步加快了封育绿化进度，2001 年至 2003 年共完成人工种草 2.05 万亩，草场围栏封育 4 万亩，建禁牧圈舍 8386 平方米。到 2003 年，全区植被覆盖率已达到 56%。

二、饲料

境内饲料资源丰富，可作牲畜青饲料的树枝树叶种类有杨、柳、杏、苹果、刺槐、椴树、榛柴等。家畜食用较多的有槐树叶、椴树叶。藤蔓类可作饲料的主要有各类无毒爬蔓的植物、薯类藤等。

家畜家禽的传统饲料是泔水、剩饭菜、糟渣、糠麸等。泔水剩饭菜配以部分粮食是多数农户饲养家畜家禽的主要饲料。糟渣类饲料主要有酒糟、粉渣、酱油渣等。糠麸类饲料主要有谷糠、麦麸等。

当地农作物秸秆年均总量为3800吨，可作大牲畜饲料。

此外还有谷秕、黍秕、高粱壳、豆皮、秕玉米等。

2001年至2003年，先后购进饲料加工设备9套，各类粮油作物的秸秆铡碎后，可利用率达46%以上。其中谷草、秕壳食饲率为90%以上，玉米秸为20%左右。青贮饲料制作方法简单，原料丰富，保存时间长，具有甜酸味，又柔软多汁，是牛、羊、兔、猪喜欢的一种饲料。

第四节　疫病防治

一、疫病种类

中华人民共和国成立之前，鹰手营子地区畜禽疫病主要有：马鼻疽、马传染性贫血、马腺疫、马流行性感冒、炭疽病、马流行性乙型脑炎、牛瘟、牛肺疫、牛布氏杆菌病、口蹄疫、羊痘，羔羊痢疾、猪瘟、猪肺疫、猪丹毒、猪气喘病、猪李氏杆菌病、猪传染性胃肠炎、仔猪副伤寒、鸡新城疫、霍乱、兔瘟。牲畜寄生虫病类有牛、羊肝蛭病，牛羊脑包虫病，疥癣病，牛丝虫病，猪囊虫病等。另外有牛柞树叶中毒症。

二、疫病防治

新中国成立以后，对畜禽疫病强调预防为主，防治并举，防重于治。定期开展各种疫苗预防注射和综合防治，很快扑灭了牛瘟、牛肺疫，基本控制了羊痘、马淋巴管炎、炭疽、气肿疽等流行病。1977年11月，寿王坟屠宰场、平安堡铁矿食堂、河北铜矿招待所食堂、兴煤医院食堂、兴煤营子矿食堂、金扇子大队第六生产队等8处发现集体养猪场乙型口蹄疫（2号病）。1983年，全区发生口蹄疫（5号病）的疫区先后共有13处。在不断总结防治畜禽疫病经验教训的过程中，1985年，重点进行防疫改革，在鹰手营子镇、北马圈子镇、寿王坟镇建起3处检疫站，区农林局设立了畜禽检疫站。把春秋两季防疫改为长年防疫，通过对畜禽经常进行巡回检查，发现疫情及时处理。是年8月9日，北马圈子村发生炭疽，区政府采取应急措施紧急封锁15天，控制了疫情。1989年营子村一养猪专业户于1月18—19日两次从外县购入仔猪143头，1月25日发生仔猪 副伤寒病，1月29日至3月3日共死亡123头，损失2万元。1990年发生猪丹毒12头，猪肺疫8头。1993年2月27日，口蹄疫传入区内，疫情延续40多天，涉及鹰手营子、北马圈子和寿王坟3个镇，72头受感染的病猪，全部被捕杀，直接经济损失14400元，实施全面消毒2次。1994年7月13日特大洪灾过后，对全区牲畜圈舍普遍消毒1次，捕杀口蹄疫病猪4头。1996年2月17日，又在汪家庄镇姚庄村发现口蹄疫疫情，接着在鹰手营子镇鹰手营子村、跳沟村、河北村相继发现口蹄疫病猪。区政府迅速成立防灭领导小组，控制疫情，捕杀病猪32头。1998年，区政府成立了主管区长任组长，农林水利局长任副组长，区动物检疫站站长、各镇兽医站站长为成员的重点疫病防治领导小组，办公室设在农林水利局，各镇也分

别成立了领导小组，具体负责畜禽重大疫病的监测、防治及应急协调。在全区范围派驻检疫员，负责分管辖区内的畜禽及其产品检疫工作。各镇兽医站公开服务电话，在良种引进、防疫、检疫、疾病救治、饲料供应等方面为养殖户提供优质服务，通过点面结合，群专结合，快速反应，形成了全区畜禽疫病监控体系和科技推广体系，确保了全区未再发生大的畜禽疫病。2001 年，猪、鸡注射免疫率分别达 98% 和 90%，是年在全市动物防疫站工作评比中获第一名。

至 2003 年已绝迹的传染病有：牛瘟、家畜炭疽、猪水疱病、牛肺疫、鸡传染性喉气管炎、鸡马立克氏病、马传染性贫血。得到有效控制但仍时有发生的疫病有：口蹄疫、布氏杆菌病、羊疥癣、牛羊肝片吸虫病、牛皮蝇病、猪瘟、猪丹毒、猪肺疫、仔猪副伤寒病、兔瘟、白痢、牛青杠叶中毒症、禽霍乱。

第五节　人工养鱼

一、水库、鱼塘建设

鹰手营子镇喇嘛沟水库，是营子矿区境内仅有的 1 座水库，汇水面积 55 亩，位于柳河支流，喇嘛沟河上游，由承德市水利局设计，鹰手营子镇集体修建，属小Ⅱ型水库，1978 年 4 月开工，1979 年底竣工。该水库采用混凝土浇筑，外面沙灰砌石，坝高 20 米，设计库容 35 万立方米，兴利库容 27 万立方米，总投资 70 万元。80 年代中期，全区建坑塘 10 个，其中寿王坟镇 3 个，北马圈子镇 4 个，鹰手营子镇 3 个，水面面积 20 亩。1996 年，全区水产养殖面积达到 145 亩。

二、养鱼方式

（一）水库养鱼

从 2000 年开始，鹰手营子镇喇嘛沟水库被村民承包，并放养了草鱼、鲢鱼、鲤鱼和鲫鱼。库区在深山沟内，水质比较洁净，无污染，吸引了很多垂钓爱好者。但是，由于水温较低，鱼苗生长缓慢，效益不高。

（二）池塘养鱼

境内山多、沟多，村民利用山沟里的有限水源，从 20 世纪 80 年代中期开始在山沟宽敞处建池塘，发展池塘养鱼。池塘水面一般在 0.5—2 亩之间，水深 1.5 米左右。池塘养鱼多是到外地购买成鱼饲养，以垂钓为经营方式，其特点是好看护，易管理，正常年景，当年可收回 50% 投资。池塘养鱼大多以养鲤鱼和草鱼为主。

（三）大眼井养鱼

20 世纪 70、80 年代，农村社队为灌溉农田，打了许多大眼井，从那时起，就有了零星的大眼井养鱼。2002 年 4 月，寿王坟镇南沟村所属的 1 个大眼井由当地村民投入 15 公斤草鱼苗，2.5 公斤鲤鱼苗，2.5 公斤鲢鱼苗，2.5 公斤鲫鱼苗，供钓鱼爱好者垂钓。但大眼井因换水困难，清池困难，不利于防病灭病，发展潜力小。

三、产值产量

营子矿区人工养鱼的时间较短，规模较小，1983 年鱼产量仅有 0.3 吨，收入 700 元，1987 年全区鱼产量 0.6 吨，1989 年提高到 5 吨，产值 2 万元，1996 年提高到 12 吨。2001 年产量增加到 27 吨，其

中草鱼15吨，鲤鱼9吨，鲢鱼3吨，总产值12万元。截至2003年，人工养殖的水面不足60亩。是年产鱼14吨，年产值8万元。1987年至2003年，全区共产鱼157.1吨，合计产值86.1万元。

第六节　主要养殖厂养殖大户

一、集体养殖场

（一）寿王坟镇加系二级母猪繁育场

1997年5月开工建设，占地12亩，一期工程总投资333.79万元，建筑面积5000平方米。设计规模：存栏繁殖母猪100头，年产二级加系种母猪1000头。1998年建成，引进大约克长白种猪40头，繁育二元仔猪600余头，第一年创效益60万元。1998年底，该场二期工程（三元杂交）开工建设，建有种猪舍、妊娠舍、分娩舍、育培舍、育成舍、育肥舍6种类型的标准圈舍124370平方米。配套设施有年生产近万吨的饲料加工厂一处，2000年7月竣工，总投资333万元。2002年售出仔猪540头，种猪60头，存栏830头。2003年二期工程竣工，扩大了养殖规模，繁育了三元杂交母猪，加快了全区生猪品种的改良，每年可提供“杜长大”优良瘦肉型仔猪10800头，带动了全区养殖业的发展。是年有从业人员12人。

（二）老厂子村绒山羊繁育场

该场集家畜繁育，品种改良为一体，是河北省畜牧业重点扶持项目。2001年开工建设，总投资70万元，占地面积3000平方米。该场实行圈养繁育，初期购进绒山羊种羊20只，并与当地山羊进行改良杂交。2002年续建工程竣工，是年存栏绒山羊170只，并引进德美和无角道塞特2个新品种。到2003年底已发展绒山羊300只，繁育羔羊1200只，改良当地山羊1000只。该场拥有20座圈舍，面积600平方米，配有大型青贮池和饲料加工设备，固定资产300万元，中级专业技术人员5名。

（三）汪庄煤矿集体经济公司养鸡场

1989年，兴隆矿务局汪庄煤矿集体经济公司投资4万元在东露天矸子坡建场，鸡场场区占地面积10000平方米，房舍建筑152间，建筑总面积3100平方米，其中鸡舍140间，2900平方米，仓储区及办公区用房12间200平方米。1994年养鸡场面向职工招标承包，端贵清个人承包了该养鸡场。该场鸡舍坐北朝南，栋式平房有利采光，鸡笼为标准梯架式，防疫消毒设施齐全，养鸡方式规模化、集约化，饲养方法科学化。2003年底，鸡存架29400只。1994年至2003年，共出售活鸡和白条鸡30000只，禽蛋产品80%以上在区内销售。2003年，养殖规模占全区禽类总量的60%以上，是全区养禽业初具规模的养殖场之一，也是全区禽蛋生产的专业大户和市场禽蛋供应大户。

二、重点养殖大户

汪升华综合牧业养殖场位于汪家庄镇汪家庄村。2000年10月动工兴建，投资24万元，占地面积3600平方米，建敞棚畜舍720平方米，暖棚畜舍300平方米，饲料仓库及饲料加工房140平方米。2层鲜奶制品加工楼288平方米，生活用房80平方米，5个饲料青贮池合计700立方米。有农用三轮车、铡草机、粉碎机、吸奶器、鲜奶灌装机 等设备。2002年牛存栏33头，其中奶牛10头，杂交育肥牛23头，羊151只，其中波尔山羊102只，小尾寒羊49只。2003年，牧业养殖、肉、奶产品销售等项收入近20万元。

2003年营子矿区部分养殖大户养殖品种数量统计表

表14-3-4

村名	户主	品种	存栏	村名	户主	品种	存栏	村名	户主	品种	存栏	村名	户主	品种	存栏
汪家庄	汪升华	奶牛（头）	13	涝洼滩	张丙军	羊（只）	53	罗圈沟	孙瑞山	羊（只）	63	河北	史丙杰	貉子（只）	18
汪家庄	汪升华	肉牛（头）	25	金扇子	董志	羊（只）	60	罗圈沟	李瑞华	羊（只）	31	河北	范立生	貉子（只）	53
汪家庄	林广仁	肉牛（头）	13	金扇子	徐海洋	羊（只）	40	罗圈沟	齐福祥	羊（只）	64	河北	王义	貉子（只）	15
郑家庄	李国军	奶牛（头）	10	金扇子	徐海原	羊（只）	50	罗圈沟	李玉	羊（只）	80	河北	李金	貉子（只）	14
郑家庄	王连军	奶牛（头）	5	金扇子	毛长友	羊（只）	40	罗圈沟	孙玉海	羊（只）	30	河北	李树江	貉子（只）	12
跳沟	徐印	奶牛（头）	16	南马圈子	张春林	羊（只）	60	罗圈沟	李国宪	羊（只）	60	河北	高义	貉子（只）	23
喇嘛沟	石永奎	肉牛（头）	25	南马圈子	刘长有	羊（只）	40	罗圈沟	李连华	羊（只）	54	河北	齐桂芝	貉子（只）	20
喇嘛沟	张云普	肉牛（头）	42	南马圈子	马启	小尾寒羊（只）	25	罗圈沟	孙万荣	羊（只）	60	河北	范成岩	貉子（只）	13
河北	范立忠	羊（只）	60	北马圈子	王云青	羊（只）	40	罗圈沟	孙福华	羊（只）	57	河北	尉艳才	貉子（只）	42
老厂子	李继清	羊（只）	50	郑家庄	黄胜	羊（只）	36	罗圈沟	孙玉国	羊（只）	32	营子	李占华	貉子（只）	15
老厂子	刘继敏	羊（只）	40	郑家庄	孙凤鸣	羊（只）	36	罗圈沟	李义好	羊（只）	58	营子	李学福	貉子（只）	15
老厂子	杨树轩	羊（只）	45	郑家庄	李越胜	羊（只）	42	罗圈沟	李俊田	羊（只）	43	营子	费小军	貉子（只）	20
跳沟	王建辉	羊（只）	40	郑家庄	姜子儒	羊（只）	34	涝洼滩	高贵福	猪（头）	42	汪家庄	端贵清	鸡（只）	29400
跳沟	王长利	羊（只）	30	郑家庄	郑宝连	小尾寒羊（只）	29	金扇子	王仲才	猪（头）	70	涝洼滩	高贵福	鸡（只）	900
跳沟	李井东	羊（只）	80	南沟	王汉江	羊（只）	35	南马圈子	肖永录	猪（头）	80	金扇子	康士发	鸡（只）	2000
跳沟	李兰祥	羊（只）	35	罗圈沟	韩俊方	羊（只）	38	北马圈子	魏志虎	猪（头）	120	汪家庄	代良	草原牧鸡（只）	200
老爷庙	岳淑臣	羊（只）	40	罗圈沟	尹棉	羊（只）	60	北马圈子	杨连玉	猪（头）	40	汪家庄	代良	珍珠鸡（只）	110
老爷庙	尹泽	羊（只）	45	罗圈沟	尹甫	羊（只）	49	北马圈子	张华	猪（头）	30	汪家庄	代良	野鸡（只）	70
汪家庄	于占起	羊（只）	52	罗圈沟	尹同	羊（只）	69	河北	石久明	猪（头）	48	河北	常日辉	孔雀（只）	65
汪家庄	王秀云	羊（只）	43	罗圈沟	尹凤海	羊（只）	60	跳沟	吕玉春	猪（头）	50	河北	常日辉	红腹锦鸡（只）	45
汪家庄	汪升华	波尔山羊（只）	102	罗圈沟	李庆林	羊（只）	70	营子	李宝刚	猪（头）	30	河北	常日辉	乌鸡（只）	100

续表 14－3－4

村名	户主	品种	存栏	村名	户主	品种	存栏	村名	户主	品种	存栏	村名	户主	品种	存栏
汪家庄	汪升华	小尾寒羊（只）	49	罗圈沟	李友田	羊（只）	59	营子	鞠友	猪（头）	30	河北	常日辉	兔子（只）	28
涝洼滩	张福云	羊（只）	46	罗圈沟	潘国营	羊（只）	54	老爷庙	尹会云	猪（头）	61	喇嘛沟	范立军	鹿（头）	20
涝洼滩	刘金福	羊（只）	31	罗圈沟	胡占生	羊（只）	38	河北	张荣宝	貉子（只）	20				
涝洼滩	张继付	羊（只）	45	罗圈沟	胡占国	羊（只）	60	河北	王树春	貉子（只）	19				
				罗圈沟	潘占发	羊（只）	64	河北	李长明	貉子（只）	14				

第七节　管理机构

中华人民共和国成立至1956年归兴隆县农业科畜牧工作队管理。1957年设立承德市营子矿区人民委员会，养殖管理职能归区人民委员会农林科。1958年7月至1965年2月养殖业归兴隆县畜牧局管理。1965年2月成立承德市营子矿区农林科，负责管理全区养殖业，1968年成立营子矿区革命委员会农林科，负责全区养殖业管理工作。1969年建营子公社兽医站，1972建北马圈子公社兽医站，1977年建寿王坟公社兽医站。1981年农林科改设为营子矿区农业局，下设畜牧站。1984年公社兽医站改设为镇兽医站。1986年建汪家庄镇兽医站。1989年畜牧站改称营子矿区农林局畜牧兽医工作站（股级）。1992年各镇兽医站权属划归营子矿区农林局。1995年成立营子矿区农林水利局，下设畜牧股。2002年5月成立营子矿区农业畜牧局，下设畜牧股。到2003年年底，全区共有畜牧兽医技术人员13人，其中具有大专以上学历的9人，中专学历的4人；45岁以上的6人，30岁以下的2人。

第四章　乡镇企业

中华人民共和国成立初期，只有为数不多的简单铁木加工业。20世纪50年代中期开始，境内相继建起多个中央、省、市属工矿企业，为社队副业发展提供了得天独厚的条件，社办、队办加工、编织、运输等副业起步，成为乡镇企业的前身。虽然“文化大革命”期间农村副业生产曾受到一些影响，但加工、运输、建材等副业仍以服务工矿企业为重点得到缓慢发展。1975年，全区所辖3个公社成立了副业办公室或管理站，是年，全区农村总收入398.3万元，其中社队副业收入267万元，占总收入的67.03%。农村实行经济体制改革后，在加快发展社队副业的同时，加工、运输、采矿、商贸等个体经营户不断涌现。1984年，社队副业改称乡镇企业，营子矿区落实中央关于大力发展乡镇企业

的文件精神，提出“积极扶持，合理规划，正确引导，加强管理，镇办、村办、联办、个体办，四轮驱动发展乡镇企业”的方针。全区上下借助资源、区位优势，巩固提高老企业，加快发展新企业，重点扶植村办企业，大力发展第三产业，1986年，全区乡镇企业已达883个，其中镇办13个、村办41个、联户办10个、个体私营819户；在全部乡镇企业中，工矿业209个、建筑业20个、交通运输业427个、商贸业152个、饮食业29个、服务业41个，乡镇企业产值2520万元（1980年不变价），占农村社会总产值的81.39%。

根据矿业资源逐渐枯竭的实际，1994年开始以“三新”（办新企业、上新项目、出新产品）、“两增”（增强企业后劲、增强产品竞争力）、“一提高”（提高经济效益）为目标，引导乡镇企业由地下资源型向地上加工型转变，由以集体经营为主加快向个体私营企业发展的方向转变，把建设综合建材基地作为乡镇企业发展重点。同时稳定矿业，延长开采年限，组建寿王坟矿业企业集团公司，形成采选、冶炼一条龙的民营企业集团；扩大商业、饮食服务业规模，使其成为全区经济新的增长点。1996年营子矿区乡镇企业在全市三区乡镇企业综合排位中名列第一。到1998年，全区已初步形成以鹰手营子镇建材为主的生产、加工、销售一体化企业集团，以寿王坟镇铜、铁矿为主的采、选、炼一体化企业集团，以汪家庄镇煤炭为主的采、选、配、运、销一体化企业集团，以北马圈子镇为原料基地的农副产品加工、销售一体化企业集团。加快发展机械加工、轻工食品、新型建筑材料等行业，生产产品近百种。乡镇企业从服务工矿，支农、养农、补农的从属地位逐步提升为振兴地方经济，翻番致富奔小康的支柱产业，在全区经济格局中，占有举足轻重的位置。在劳动就业领域，乡镇企业成为全区安置剩余劳动力，扩大就业门路的主渠道；在市场竞争中，乡镇企业特别是个体私营企业更具有主动性、灵活性，是拓宽市场，活跃市场的主力军。2003年，乡镇企业产值已占全区国民生产总值的70%。

第一节　发展概况

一、社队副业

1954年至1957年合作化时期，部分初级社、高级社开始组织农民，利用农闲季节搞编织、烧砖瓦、挖煤、跑运输。1956年成立鹰手营子镇和寿王坟镇，各镇专门成立了副业办公室，并先后建起砖瓦厂、石灰厂、石料厂、综合加工厂、木工社、铁工社、编织社等十几个副业厂社。

1957年，全区农村副业总产值突破87万元，占农业总产值的5.84%。1958年，全区实行人民公社化以后，煤炭、钢铁、加工等行业的社队集体副业规模迅速扩大。1964年，除社队停办的采矿、炼铁等副业外，全区农村其他副业共创产值102万元，占农业总产值的31.4%。

“文化大革命”时期，社员家庭副业被全部取缔。1967年，马圈子公社成立修造站，设有翻砂铸造车间、机械加工车间和钳工车间，从业人员12人，面向全社3个大队修理集体使用的各种农机具，铸造小钢磨配件，研制玉米脱粒机。1968年7月，鹰手营子公社在老爷庙大队南山建成社办煤矿，矿山总面积9800平方米。

1970年，中央召开北方农业会议，明确提出要“围绕农业办工业，办好工业促农业”。营子矿区适时确定“发展副业生产，以农为主，以副养农”的经营方针，是年，鹰手营子公社农机修造站制作小农具300件；马圈子公社农机修造站制成玉米脱粒机10台，铁制小农具200件；寿王坟公社综合加工厂生产酱油17.4吨、酱4.9吨、醋1.8吨，农机修造站制成粉碎机8台、铁扇车7台，铁制小农具760件。全区农村总收入281.16万元，其中副业收入145.25万元，占当年总收入的51.66%。1971

年至1975年，鹰手营子公社和马圈子公社又先后办起4个白灰厂，马圈子公社和鹰手营子公社老厂子大队、喇嘛沟大队开起小煤矿，寿王坟公社又组建起搬运队、修缮队和运输队，还有9个生产队陆续办起米面加工厂，马圈子公社的3个生产大队先后成立了建筑队，从业人员68人。1975年，全区农村总收入398.3万元，其中副业收入267万元，占总收入的67.03%，社员人均收入127元。进入改革开放时期，推行农村家庭联产承包责任制，使农民获得了土地经营自主权，农村出现了越来越多的剩余劳动力。1981年，全区农村已有个体加工业36户、运输业22户，商业16户、采矿业3户，建筑业2户，全区农村总收入达739.8万元，其中副业收入484.3万元，占总收入的65.46%，社员人均收入277.4元，是1975年的2.18倍。

1983年，营子矿区有农村社队企业165个，其中经济联合体40个，另有专业户、重点户2342户，全区农村工副业总产值1126万元，占农业总产值的76%。

1981年营子矿区农村队办工业情况统计表

表14-4-1

单位	生产单位（个）			从业人数（人）			工业总产值（万元）			年末固定资产原值（万元）			全年利润（万元）		
	合计	大队办	生产队办	合计	大队办	生产队办	合计	大队办	生产队办	合计	大队办	生产队办	合计	大队办	生产队办
全区	45	43	2	1896	1885	11	467.3	465.6	1.7	143.5	143.4	0.1	107.5	107.3	0.2
营子公社	6	6	—	1158	1158	—	343.7	343.7	—	50.0	50.0	—	82.4	82.4	—
马圈子公社	34	34	—	713	713	—	121.0	121.0	—	90.4	90.4	—	24.6	24.6	—
寿王坟公社	5	3	2	25	14	11	2.6	0.9	1.7	3.1	3.0	0.1	0.5	0.3	0.2

二、乡镇企业

1984年4月，营子矿区农村撤公社建镇，区委提出“镇办、村办、联办、个体办，四轮驱动发展乡镇企业”的方针，区直属部门积极创造条件，全力支持农村发展乡镇企业，农村各种所有制类型的非农业企业厂点迅速增加，除煤炭、铜、铁、石灰石开采外，镇村加工业、建筑建材业、商业、运输业、服务业都有了不同程度的发展。1988年，全区已有乡镇企业1082个，总产值4256万元（1980年不变价），实现利润659万元，上缴税金249万元，原煤、铁矿石、铁精粉、铜含量、水泥、白灰、砖、瓦、毛刷、蚊香、水果罐头、汽车运输和商饮服务等生产经营规模不断扩大。

1989年，营子矿区按照国家相关政策，治理经济环境，整顿经济秩序，在稳定发展的前提下，加强了对乡镇企业站治理整顿。先后关闭了北马圈子镇金扇子村染化厂、蒸汽砖厂，鹰手营子镇河北村材料厂、燕山化工厂，寿王坟镇玻璃纤维厂、第三化工厂等一批污染严重、亏损严重、效益较差的乡镇企业，同时，加快结构调整步伐，通过清理欠费、引进资金、技术改造、开发产品，增加了采矿、建材、轻工机械、农副产品加工项目，使乡镇企业在主动进行适应性调整中走上了协调稳步健康发展的轨道。1990年，全区乡镇企业减至1029个，但总收入、总产值和上缴税金却都高于1988年，寿王坟镇1990年共生产黄金10公斤，成为河北省第一个生产黄金突破5公斤的镇。

1991年有1078个乡镇企业厂点，从业6745人，拥有年生产能力超过百万元的乡镇企业14个，生产能力50万元以上的23个，乡镇企业总产值9521万元，实现纯利润834万元，税金673万元，以上3项经营指标分别是1988年的234%、152%和270%。

1994 年，全区贯彻落实河北省“多轮驱动，多轨运行，分类指导，放手发展”的方针，实施以发展为主，兼顾提高，全面推动，重点突破，梯次推进战略，到 1995 年，乡镇企业已达 1835 家，其中私营企业 37 家，乡镇企业总产值 68436 万元（1990 年不变价），纯利润 7106 万元，上缴税金 1525 万元。

1998 年，营子矿区围绕采矿、建材、加工、运输、林果、商饮服务、建筑安装和养殖 8 大产业，调整乡镇企业结构，建企业集团，提高了集约化和规模化经营水平。煤炭、建材、有色金属采选、机械加工、农产品加工开始向行业成群体，经营成规模，产品成系列的格局发展，涌现出承德怡达食品集团有限公司、承德久隆冶金有限责任公司和承德旺源煤炭建材有限公司等一批在全市有一定影响的乡镇企业典型，推出了一系列具有地方特色的产品，其中怡达牌山楂系列产品被评为全国公认品牌，在广州国际食品博览会获金奖；水泥产品畅销京津地区，供不应求。是年，全区乡镇企业已有 2579 个，从业 12543 人，总产值 120012 万元（1990 年不变价），营业收入 115440 万元，纯利润 16132 万元，税金 1223 万元。

1999 年以后，在重点扶持承德怡达食品集团有限公司、承德久隆冶金有限责任公司、承德旺源煤炭建材有限公司、承德燕鹰游艺机制造有限公司等年产值 1000 万元以上私营企业的同时，培育了金马建材厂、远东包装公司、天丰公司、瑞丰烧结厂、北马圈子镇塑钢厂、洵源纯净水厂等一批投资 50 万元以上的个体私营企业。

2003 年，全区乡镇企业发展到 3291 个，从业 14233 人，总产值达 245921 万元（1990 年不变价），营业收入 238927 万元，纯利润 16710 万元，税金 3513 万元。

1986 年营子矿区乡镇企业主要产品产量统计表

表 14－4－2

产品名称	总产量	其中		产品名称	总产量	其中	
		镇办	村办			镇办	村办
原煤（万吨）	49.9	7.05	24.16	卫生香（万盒）	1.7	1.7	—
铁石矿（万吨）	4	—	4	蚊香（万盒）	3	3	—
水泥（万吨）	0.68	—	0.68	毛刷（万把）	28	28	—
石灰（万吨）	3.8	—	3.8	包装箱（万套）	1.4	0.5	0.9
陶土（万吨）	1.44	0.18	1.26	塑编袋（万条）	10.6	—	10.6
饮料酒（吨）	485	—	485	皮革制品（万件）	0.25	—	—
其中：啤酒（吨）	154	—	154	炮香（万包）	8.6	8.6	—
汽水（吨）	42	—	42	红砖（万块）	138	—	102
果丹皮（吨）	90	—	90	瓦（万片）	67	—	67
水果罐头（吨）	227	—	227	农机配件（万件）	0.1141	0.1141	—
豆制品（吨）	41	—	—	面包（公斤）	7425	—	—
白灰粉（吨）	2075	—	2075	冰棍（万根）	158	—	158
蜂窝煤（吨）	2458	—	2458	水泥预制件（立方米）	59	—	59
滑石粉（吨）	927	—	927	石料（立方米）	13800	—	4050
铸件（吨）	40	40	—	砂石（立方米）	2400	—	—
玻璃纤维（吨）	4.3	4.3	—	蜡（包）	2000	—	—
粮食加工（吨）	45	—	—				

2001年营子矿区镇村集体企业损益情况统计表

表14－4－3

项目	总计	工业企业	施工企业	交通运输企业	商品流通企业
主营业务收入（万元）	31088	29480	315	50	1243
减：主营业务成本（万元）	28269	26855	291	33	1090
营业费用（万元）	170	170	—	—	—
营业税金及附加（万元）	374	333	3	3	35
主营业务利润（万元）	2275	2122	21	14	118
营业利润（万元）	2275	2122	21	14	118
利润总额（万元）	2275	2122	21	14	118
减：所得税（万元）	30	30	—	—	—
净利润（万元）	2245	2092	21	14	118
期末全部职工人数（人）	3667	3352	210	30	75
本期平均职工人数（人）	3667	3352	210	30	75
本期工资总额（万元）	2779	2660	52	23	44
本期计提福利费总额（万元）	137	127	4	3	3
期末实汇企业个数（个）	33	25	3	1	4
期末盈利企业个数（个）	32	24	3	1	4
期末盈利企业净利润总额（万元）	2276	2123	21	14	118
期末亏损企业个数（个）	1	1	—	—	—
期末亏损企业亏损总额（万元）	31	31	—	—	—
实缴税金总额（万元）	404	363	3	3	35

2003年营子矿区各镇乡镇企业情况统计表

表14－4－4

项目＼单位	合计	鹰手营子镇	汪家庄镇	寿王坟镇	北马圈子镇
企业个数（个）	3291	1199	349	1000	743
企业人数（人）	14233	4286	2234	4345	3368
总产值（万元）	245921	92204	44591	54490	54636
工业产值（万元）	128837	47844	16946	33982	30065
增加值（万元）	74475	31192	11655	17560	14068
工业增加值（万元）	37175	14768	4744	10076	7587
营业收入（万元）	238927	92064	44781	52366	49716

续表 14－4－4

项目＼单位	合计	鹰手营子镇	汪家庄镇	寿王坟镇	北马圈子镇
净利润（万元）	16710	6984	2099	2083	5544
实缴税金（万元）	3513	1402	586	604	921
劳动者报酬（万元）	12030	3777	1714	2443	4096
本年固定资产投入（万元）	11387	4275	2620	2341	2151
年末资产总额（万元）	60330	9975	1025	37279	12051
出口产品交货值（万元）	196	—	—	—	196

1984—2003 年营子矿区乡镇企业情况统计表

表 14－4－5

年度＼项目	企业数（个）	企业从业人数（人）	总产值（万元）	总收入（万元）	纯利润（万元）	上缴税金（万元）
1984	680	5930	1763	1364	296	127
1985	684	5806	2244	1886	429	158
1986	883	5763	2520	2031	284	111
1987	875	5167	2864	2515	279	149
1988	1082	5714	4256	4355	550	249
1989	1031	6197	5245	6236	824	582
1990	1029	6345	8557	7228	764	654
1991	1078	6745	9521	7754	834	673
1992	1151	7191	12563	11873	1066	932
1993	1384	8125	25708	25882	2201	1686
1994	1746	8944	43323	31159	2841	2236
1995	1835	9658	68436	62648	7106	1525
1996	2043	11231	118892	106761	11247	1965
1997	3085	11647	109678	93165	7302	1645
1998	2579	12543	120012	115440	16132	1223
1999	2571	10480	147820	114152	12587	1463
2000	2598	—	—	—	11641	987
2001	3019	—	—	138727	11405	1263
2002	—	—	—	—	—	—
2003	3291	14233	245921	238927	16710	3513

说明：1. 1984 年至 1989 年总产值金额为 1980 年不变价，1990 年至 2003 年为 1990 年不变价

2. 1993 年至 2003 年总收入栏金额为营业收入

第二节　所有制结构

一、镇（社）办企业

1956年成立乡镇后，鹰手营子镇、寿王坟镇和马圈子乡先后建立社办工副业厂点16个，包括铁工组、木工社、砖瓦厂、石料厂、编织社、大车队、综合加工厂等，主要从事小农具、木器家具制作，烧砖瓦、石料加工，短途运输等，工副业年产值达58万多元。1957年，鹰手营子镇投资15万元，建起5个镇办煤矿。1958年开始撤乡镇建人民公社。1959年寿王坟公社、鹰手营子公社共有社办企业24个，完成工副业产值74万元。20世纪60年代中后期，受“左”的思想影响，部分社办企业下马。1972年全区5个社办工副业厂点合计收入33万元，占全区农村工副业总收入的28.48%，占农业总收入的11.93%。1982年，全区的11个社办企业分布于煤炭开采、铜铁开采、农机修造、缝纫、加工、商业、建筑、运输等非农行业。

1984年，全区有镇办企业10个，从业458人，占乡镇企业从业总人数的7.72%；创产值202万元；销售收入158万元，占乡镇企业总收入的11.58%。

1987年，全区有镇办企业14个，从业746人，占乡镇企业从业总人数的14.44%；创产值388万元；销售收入319万元，占乡镇企业总收入的12.7%。

1991年，全区镇办企业发展到26个，从业人员1197人，占乡镇企业从业总人数的17.75%；创产值2609万元；实现销售收入2538万元，占乡镇企业总收入的32.73%。

1995年，全区镇办企业24个，从业1715人，占乡镇从业人员总数的17.75%；创产值10350万元；实现总收入10152万元，占乡镇企业总收入的16.2%。

1999年，全区镇办企业缩减到14个，从业1429人，占乡镇企业从业总人数的13.64%；创工业增加值3625万元；占乡镇企业工业增加值的9.3%，创总产值8495万元。

二、村（队）办企业

从1956年寿王坟镇南沟村始建砖瓦窑厂开始，营子矿区农村村（队）办企业逐步发展，有石灰厂、大车队、小烘炉、编织组等。成立人民公社后，队办企业得到较快发展，马圈子公社北马圈子大队组建了装卸队，鹰手营子公社老爷庙大队办起副业队煤矿，1961年全区已有队办企业12个，其中队办采煤点7个。“文化大革命”初期，队办工副业厂点减少。1970年，营子矿区提出以农为主、以副养农的方针，农村工副业得到恢复发展，1971年至1975年，新兴办的队办企业有小煤矿、白灰厂、水泥厂、建筑队、装卸队、米面加工厂等。1982年，农村加快改革步伐，队办工副业得到进一步发展。在巩固原有队办企业的同时，寿王坟公社的3个大队又办起制香厂、化工厂、纸绳厂、水泥瓦厂、木材加工厂、豆制品加工厂和小铜铁矿，马圈子公社南马圈子村办起冰棍厂、刺五加麦精露饮料厂，鹰手营子公社的汪家庄大队、老爷庙大队、鹰手营子大队及部分生产队也分别建成采石场或小煤矿。

1986年，全区有村办企业41个，从业3058人，占乡镇企业从业总人数的53.06%；创产值1005万元；实现收入847万元，占乡镇企业总收入的41.7%

1989年，全区有村办企业46个，从业3221人，占乡镇企业从业总人数的51.98%；创产值2774万元；实现收入3132万元，占乡镇企业总收入的50.22%。

1993 年，全区有村办企业 56 个，从业 4219 人，占乡镇企业从业总人数的 51.93%；创产值 9048 万元；实现收入 8006 万元，占乡镇企业总收入的 30.93%。

1999 年，全区村办企业缩减到 24 个，从业 2459 人，占乡镇企业从业总人数的 23.46%；创工业增加值 4983 万元，占乡镇企业增加值的 12.9%；创产值 21088 万元。

三、联户企业

1984 年，全区有联户办企业 85 个，从业 777 人，占乡镇企业从业总人数的 13.1%；创产值 116.8 万元；实现收入 136.24 万元，占乡镇企业总收入的 9.99%。

1988 年，全区乡镇个体私营企业迅速增加，联户办企业减少到 5 个，从业 58 人，占乡镇企业从业总人数的 1%；创产值 56 万元；实现收入 36 万元，占乡镇企业总收入的 0.83%。

1998 年，全区联户办企业增加到 20 个，从业 1160 人，占乡镇企业从业总人数的 9.25%；创工业增加值 2022 万元，占乡镇企业工业增加值的 6.5%；创产值 9024 万元。

四、个体私营企业

1984 年，全区农村有个体私营企业 518 个，从业 786 人，占乡镇企业从业总人数的 13.25%；创产值 197 万元；实现收入 168 万元，占乡镇企业总收入的 12.32%。

1989 年，农村有个体私营企业 961 个，从业 1997 人，占乡镇企业从业总人数的 32.23%；创产值 1689 万元；实现收入 1245 万元，占乡镇企业总收入的 19.96%。

1994 年，全区农村个体私营企业发展到 1652 个，从业 3031 人，占乡镇企业从业总人数的 33.89%；创产值 18395 万元；创工业增加值 2306 万元，占乡镇企业工业增加值的 26.1%。

1999 年，全区农村个体私营企业达 2533 个，从业 6592 人，占乡镇企业从业人员总数的 62.9%；创产值 118282 万元；创工业增加值 29342 万元，占乡镇企业工业增加值的 76%。

到 2003 年，全区乡镇民营企业达 111 家，从业 3470 人，其中 50 万元以上的民营大户 57 家，民营经济产值经营额达 9.1 亿元。

第三节　行业结构

一、工业

1954 年农业合作化后，社办工业有农机具修造、编织、缝纫等手工业社组。1958 年“大跃进”时期，又增加了社办小煤窑 10 个、石料加工厂 2 个、综合加工厂 1 个、耐火砖厂 4 个、小铜矿 12 个、小高炉 12 处，“大跃进”后多数下马。60 年代后期，社队铁工社发展为 3 个农机修造站，新增了米面加工厂、砖瓦厂、石灰厂。1982 年，乡镇工业分布于煤炭开采、铜铁矿采选、机械加工制造、石料建材、木材加工、米面果品饮料加工、化工、服装加工等多种行业。

1984 年，有工业企业 48 个，从业 3458 人，占乡镇企业从业总人数的 58.31%；创产值 1192 万元；实现总收入 823 万元，占乡镇企业总收入的 60.34%。

1984 年后，鹰手营子镇兴华理石厂、北马圈子镇煤矿 3 个采区、南马圈子村煤矿 2 个采区、寿王坟镇铁矿、寿王坟镇选矿厂、郑家庄村选矿厂、鹰手营子村化工厂、鹰手营子保健食品厂、北马圈子镇农机修造厂、金扇子村电镀厂，寿王坟镇制刷厂、金扇子村汽酒厂等一批工业企业相继建成并投产。1988 年，有工业企业 231 个，从业 3818 人，占乡镇企业从业总人数的 66.82%；创产值 2575 万元；实现收入 2537 万元，占乡镇企业总收入的 58.25%。

20 世纪 90 年代初，乡镇工业企业在巩固煤矿和铜铁采矿业的基础上，企业规模不断壮大。1992 年，鹰手营子镇成立工业公司，下设汽车修理厂、机械厂、造纸厂和煤炭发运站等，固定资产 1860 万元，年创产值 350 万元。1993 年 4 月，组建的承德市九龙钼铜选矿厂，很快发展成承德市久隆冶金有限公司。1993 年，全区有乡镇工业企业 264 个，从业人员 5674 人，占乡镇企业从业总人数的 69.83%；创产值 14956 万元，其中镇办工业产值 4365 万元，村办工业产值 8089 万元，村以下工业产值 2502 万元；实现总收入 13148 万元，占乡镇企业总收入的 50.8%。

1999 年，全区乡镇工业企业增加到 457 个，从业 6559 人，占乡镇企业从业总人数的 62.59%，创总产值 83293 万元，实现工业增加值 22538 万元，占乡镇企业增加值的 58.39%。

随着所有制结构和产业结构的进一步调整，个体私营经济已成为发展营子矿区经济的战略重点和新的经济增长点，为乡镇个体私营工业企业的快速发展提供了更加宽松的环境。2003 年，农村工业从业 8718 人，占乡镇企业从业人数的 61.25%，创总产值 134933 万元。

二、建筑业

社、队建筑业始于 1956 年寿王坟镇组建的建筑队，从业 28 人，年创产值 18 万元，1958 年改为地方国营。1975 年，寿王坟公社又组建社办修缮队，从业 85 人。1974 年至 1978 年，马圈子公社共有 3 个队办建筑队，从业 68 人。到 1982 年，寿王坟、马圈子 2 个公社的修缮队、建筑队共有从业人员 176 人，年收入 6.9 万元。

1984 年，全区乡镇建筑业企业 5 个，从业 450 人，占乡镇企业从业总人数的 7.59%；完成建筑总面积 13800 平方米，创产值 51 万元；实现收入 51 万元；占乡镇企业总收入的 3.74%。

1988 年，全区乡镇建筑业企业发展到 16 个，从业 855 人，占乡镇企业从业总人数的 14.96%；完成建筑总面积 9473 平方米，创产值 503 万元；实现收入 372 万元，占乡镇企业总收入的 8.54%。

1993 年，有乡镇建筑业企业 40 个，从业 725 人，占乡镇企业从业总人数的 8.92%；创产值 2700 万元；实现收入 1733 万元，占乡镇企业总收入的 6.7%。

1999 年，全区乡镇有建筑业企业 53 个，从业 780 人，占乡镇企业从业总人数的 7.44%；创增加值 1809 万元，占乡镇企业增加值的 4.69%；创产值 7391 万元。

到 2003 年，全区有镇村个体建筑公司（队）24 个，从业 958 人，占乡镇企业从业总人数的 6.73%；完成建筑总面积 80000，创产值 10448 万元。

三、交通运输业

1956 年，鹰手营子镇成立全区农村第一个运输队，只有胶轮大车 6 辆。1958 年以后，各社队相继成立副业运输队，为周边厂矿运送沙子、毛石、黄土、煤炭、建材、粮食、蔬菜等。1975 年，农村从事运输业的胶轮大车已达 111 辆、小型拖拉机 35 辆、中型拖拉机 3 辆、汽车 2 辆、装载机 5 辆，运输业收入 60.7 万元，占农村可分配总收入的 15.24%。1979 年开始，各公社先后组建了专业运输队，出现了农村个体运输户。

1984 年，全区有乡镇交通运输企业、联户及个体运输户 16 个，从业 410 人，占乡镇企业从业总人数的 6.9%；创产值 165 万元；实现收入 166 万元，占乡镇企业总收入的 12.17%。

1989 年，全区乡镇交通运输企业、联户及个体运输户发展到 502 个。其中镇办企业 2 个，联户及个体运输户 500 个。从业 596 人，占乡镇企业从业总人数的 9.62%；创产值 920 万元；实现收入 931 万元，占乡镇企业总收入的 14.93%。

1994 年，全区乡镇交通运输企业和个体运输户达 583 个。其中，镇办企业 5 个，个体运输户 578 户。从业 755 人，占乡镇企业从业总人数的 8.44%；创产值 7241 万元；实现收入 6518 万元，占乡镇企业总收入的 20.9%。

1999 年，全区有乡镇交通运输企业和个体运输户 808 个。其中，镇办企业 2 个，私营企业 2 个，个体运输户 804 个。从业 1195 人，占乡镇企业从业总人数的 11.4%；实现增加值 7759 万元，占乡镇企业增加值的 20.1%；创产值 30693 万元。

到 2003 年，全区乡镇交通运输企业和个体运输户 2818 户，创总产值 59065 万元。

四、商业

1984 年，镇村商业进入起步发展阶段。是年全区乡镇商业只有 2 家，从业 9 人，实现收入 3 万元，仅占乡镇企业总收入的 0.22%。

1987 年，农村已有商业专业户 23 户，联合体 1 个，从业 45 人，商业收入 20.85 万元。

20 世纪 90 年代，镇村商业的发展速度明显加快，1992 年有 330 家，从业 502 人，个体商业网点 324 个。1993 年镇村商业增加到 348 家，占乡镇企业个数的 25.14%；从业 532 人，占乡镇企业从业人数的 6.55%。

1994 年，镇村商业有 485 家。其中，镇村办 8 个，个体商业网点 477 个。从业 678 人，占乡镇企业从业总人数的 7.58%；实现收入 1123 万元，占乡镇企业总收入的 3.6%。

1999 年，镇村商业有 784 家。其中，个体商业网点 779 个。从业 1162 人，占乡镇企业从业总人数的 11.09%；实现增加值 4325 万元，占乡镇企业增加值的 11.2%。2003 年，农村商业网点 1003 个，占乡镇企业个数的 30.84%；从业 1997 人，占乡镇企业从业人数的 14.03%。

五、饮食服务业

1984 年，镇村饮食服务企业 6 个，从业 40 人，实现收入 16 万元，占乡镇企业总收入的 1.17%。

1989 年，镇村饮食服务企业发展到 118 个，从业 214 人，占乡镇企业从业总人数的 3.46%；实现收入 227 万元，占乡镇企业总收入的 3.64%。

1994 年，镇村饮食服务企业增加到 288 个，从业 389 人，占乡镇企业从业总人数 4.35%；实现收入 412 万元，占乡镇企业总收入的 1.32%。

1999 年，全区镇村饮食服务企业达 453 个，从业 751 人，占乡镇企业从业总人数的 7.17%；实现增加值 2073 万元，占乡镇企业增加值的 5.3%。

1986 年营子矿区乡镇企业数量从业人数一览表

表 14－4－6

项目		合计	工业	建筑业	交通运输业	商业	饮食业	服务业	其他企业
企业数量（个）	合计	883	209	20	427	152	29	41	5
	镇办	13	9	2	2	—	—	—	—
	村办	41	32	2	3	1	2	1	—
	联户	10	9	—	1	—	—	—	—
	个体	819	159	16	421	151	27	40	5

表 14－4－6

项 目		合计	工业	建筑业	交通运输业	商业	饮食业	服务业	其他企业
从业人数（人）	合计	5763	3946	787	593	331	50	51	5
	镇办	806	533	211	62	—	—	—	—
	村办	3058	2643	350	46	5	12	2	—
	联户	226	223	—	3	—	—	—	—
	个体	1673	547	226	482	326	38	49	5

1986 年营子矿区乡镇企业总收入、总产值一览表

表 14－4－7　　单位：万元

项 目	企业类别	合计	其 中						
			工业	建筑业	交通运输业	商业	饮食业	服务业	其他企业
总收入		2030	1240	207	415	91	35	20	22
	镇办	247	172	45	30	—	—	—	—
	村办	846	702	116	13	10	4	1	—
	联户	46	45	—	1	—	—	—	—
	个体	891	321	46	371	81	31	19	22
总产值（1980 年不变价）		2520	1764	232	394	60	35	—	—
	镇办	294	219	45	30	—	—	—	—
	村办	1091	930	139	12	2	4	—	—
	联户	123	122	—	1	—	—	—	—
	个体	1012	493	48	351	58	31	—	—
总产值		2442	1638	220	415	99	35	—	—
	镇办	274	199	45	30	—	—	—	—
	村办	1005	846	127	13	11	4	—	—
	联户	112	111	—	1	—	—	—	—
	个体	1051	482	48	371	88	31	—	—

1996 年营子矿区乡镇企业各行业基本情况一览表

表 14－4－8

项目			总计	工业企业	施工企业	交通运输企业	餐饮企业	商品流通企业	旅游服务企业	其他企业
企业数（个）	合计		2043	295	44	691	173	676	114	50
	镇办		21	12	3	4	1	1	—	—
	村办		50	41	4	—	—	5	—	—
	个体	总户数	1972	242	37	687	172	670	114	50
		其中：8 人以上	23	13	10	—	—	—	—	—
企业人数（人）	合计		11235	7673	1006	910	423	956	167	100
	镇办		1377	1078	123	129	10	37	—	—
	村办		5645	5305	270	—	—	70	—	—
	个体	总人数	4213	1290	613	781	413	849	167	100
		其中：8 人以上	866	641	225	—	—	—	—	—
营业收入（万元）			106761	—	—	—	—	—	—	—
总产值（1990 年不变价）（万元）	合计		118892	73283	8406	18180	5386	13637	—	—
	镇办		12015	7693	783	2413	24	1102	—	—
	村办		39796	37265	1583	—	—	948	—	—
	个体		67081	28325	6040	15767	5362	11587	—	—
		其中：8 人以上	2316	1706	610	—	—	—	—	—
增加值（万元）	合计		32321	21895	1629	4375	1182	3086	74	80
	镇办		3200	2026	180	838	7	149	—	—
	村办		12318	12011	152	—	—	155	—	—
	个体		16803	7858	1297	3537	1175	2782	74	80
		其中：8 人以上	582	429	153	—	—	—	—	—
实缴税金（万元）	合计		1965	—	—	—	—	—	—	—
	镇村		1297	—	—	—	—	—	—	—
	村以下		668	—	—	—	—	—	—	—

第四节 管 理

一、经营方式

（一）社（镇）、队（村）集体企业经营方式

农村合作化后逐渐兴起的副业，由社、队集体管理。被安排从事副业生产的社员出工记分，有的行业另加补贴，副业收入归集体，参加年终分配，少数艺匠自流外出搞副业，也向集体交钱记工分。20世纪70年代以后，农村集体副业厂点增加，农机修造站，小煤矿，综合加工厂等开始社、队核算，分散经营。中共十一届三中全会后，农村经济逐渐搞活，经营方式由社、队集中管理开始向承包经营转变。

1984年将社队企业改称乡镇企业时，全区农村已普遍推行家庭联产承包责任制。借鉴这种经营方式，1987年开始，各镇村集体企业在坚持镇办镇有、村办村有原则的前提下，把承包经营方式逐步引入镇村企业。承包形式主要有集体承包、厂长（经理）个人承包和招标承包等。

实行集体承包制，利润分成按最近3年的实际利润确定上缴比例。鹰手营子村承德市第二水泥厂、北马圈子镇旅馆、寿王坟镇选矿厂等，均实行集体承包。推行厂长（经理）个人承包制，企业固定财产，流动资金归集体所有，交承包人使用，镇村根据企业规模和行业特点确定承包期、经营指标、利税总额、企业提留折旧费和大修理基金，双方协商后签承包合同。承包者对人财物，产供销有经营自主权，独立核算，自主经营，自负盈亏。在按合同规定完成各项承包指标后，承包者的年收入不超过职工平均收入的3倍，完不成合同规定指标时，承包者承担部分或全部经济损失。跳沟村白灰厂、河北村砖厂、喇嘛沟村石料厂、北马圈子镇建筑公司、北马圈子镇煤炭运销站、郑家庄村选矿厂和各镇村集体煤矿等均实行厂长（经理）个人承包。推行招标承包制，镇村对集体企业清产核资后，确定出年上缴利润基数（暗标底），公开招标，把竞争机制引入企业，中标人即为企业合法承包人，在设备保值、上缴折旧费、税金后，所得利润全部由承包人支配，承包人有权组阁所需人员和组织产供销渠道。

（二）联营企业经营方式

1984年以后出现联营企业，在人力、资金、技术、设备等方面经协商自愿组成经济联合体，经营管理形式是合作经营，共同参与，民主管理，入股分红，风险共担。企业按季度或年终结算，联营户按入股本金分配红利。罗圈沟村罐头厂、寿王坟镇制刷厂、金扇子村加油站和汪家庄村海明珠果脯厂等实行联营企业模式。

（三）个体私营企业经营方式

改革开放后，乡镇个体私营企业，通过个人融资和银行贷款，由个体私营企业主组织生产经营，工人采用计件或计时工资等方式参与分配，与企业经济效益直接挂钩。承德市久隆冶金有限责任公司、寿王坟灵泉果品厂、鹰手营子村建筑公司、承德市天丰生物工程有限公司、河北怡达食品集团有限公司、汪家庄村汪升华养牛厂、涝洼滩村洵源纯净水厂等均采用此种经营方式。

二、安全质量管理

营子矿区乡镇企业规模相对较小，为了生存和发展，区政府分别于1984年和1985年成立煤炭工业局和乡镇企业管理局，重点加强了对乡镇企业的安全、质量、物资和技术管理。1984年，全区各镇

开始设立安检站，协助上级检查指导乡镇企业的安全管理工作。1985 年以后，乡镇企业逐步放开搞活，多数企业从单纯生产型转变为生产经营型。在激烈的竞争中，各企业把加强安全质量管理，注重经济效益提到重要位置，建立安全生产责任制，建成厂、车间、班组、岗位 4 级质量管理网，把个人收入与安全、质量、定额直接挂钩。中型以上企业特别是煤矿，配备了专职安全员，使用火工器材的企业，设专职安全员、放炮员、瓦斯员。

1987 年镇村企业实行承包经营后，各企业进一步健全了安全质量管理体系。企业无论采取哪种经营形式，都把安全、质量作为硬指标写进合同条款，生产过程中，层层严把安全质量关，努力形成一个从设计、生产、检验直至销售各环节的安全质量保证体系。围绕安全质量目标，区、镇两级每年都分别组织安全、生产、质量、技能培训，及时推广先进技术和管理方法，企业产品坚持有国家标准的严格执行国家标准，无国家标准的或按照用户的要求，或按当地质量监督部门制定的标准组织生产，加强设备的使用、改造和更新。从 20 世纪 90 年代初开始，营子矿区乡镇企业管理局定期组织开展产品创优评比活动，提高了各企业抓质量，上水平的自觉性。1995 年，乡镇企业管理局下设安全股，专门负责乡镇企业的安全管理、技术培训和行政执法，进一步提高了乡镇企业安全生产管理水平。

2000 年至 2003 年，为确保全区乡镇企业稳步健康发展，在区政府和职能部门的宏观指导下，依据河北省《实施〈中华人民共和国乡镇企业法〉办法》的规定，全区乡镇企业特别是矿山企业深入开展了以依法办矿为突破口，以安全达标为切入点，以提高产品质量和经济效益为落脚点的矿业治理活动，毁闭了无证或证照不全矿井，整合了有证个体矿井，购置了必要的安全生产设备，进一步健全了企业生产管理制度，改善了企业安全生产环境和秩序。

三、财务管理

1984 年以后，一些乡镇企业在实行厂、车间、班组三级核算的同时，积极推行计件工资、浮动工资、全额计件工资和工资加补贴的分配方式，划小核算单位，职工工资与企业经济效益直接挂钩，改变了固定工资制、人头奖、“大锅饭”的状况，使乡镇企业的财务管理逐步走上了规范化的轨道。

1988 年开始，由区乡镇企业管理局牵头，区财政局、审计局抽调财会业务骨干组成审计组，多次深入各乡镇企业，帮助建立健全财务管理制度，处理违规案例。

1995 年，区乡镇企业管理局内设财务审计股，工作人员 2 名，主要负责镇村较大企业的财会审计工作。审计内容主要包括资金流向、用途；企业安排的开工、在建、竣工项目，并按照项目设计批复定额核算标准进行验收；认真监管专项资金的使用落实情况，及时处理审计中发现的截留、挪用、侵占专项资金等问题，督导乡镇企业资金管理报告制度的执行。

1987 年至 2000 年，673 名乡镇企业财会人员分期参加了区里举办的 15 期财会培训班，接受了专业知识培训，解决了全区乡镇企业财会人员少，业务素质差问题。到 2003 年，全区乡镇企业财会人员中已有会计师 7 名，助理会计师 33 名，会计员 132 名，另有 576 人领到会计证书。

四、管理机构

1956 年，鹰手营子镇和寿王坟镇分别成立副业办公室，统一管理农村副业。1958 年成立人民公社后，撤销副业办公室，由各公社或大队管理各社队副业。1975 年，全区 3 个公社恢复成立副业办公室或管理站。1984 年 9 月，成立营子矿区煤炭工业公司，归区经委领导，统管全区镇、村、个体煤矿的生产、营销和安全等工作。是年 10 月，经区人民政府批准，成立区乡镇企业公司，隶属区经委，与区煤炭工业公司合署办公。

1985 年 11 月，区政府成立乡镇企业管理局，同时撤销区乡镇企业公司。1987 年，区乡镇企业管理局设综合办公室、煤炭工业公司和经销公司。1989 年，区乡镇企业管理局下设办公室、计财股、企

管股和矿业公司。

1992 年 4 月，成立区煤炭管理局，与乡镇企业管理局合署办公。

1995 年，区乡镇企业管理局对股室设置做了调整，下设秘书股、财务审计股、生产计划股、矿山安全股。是年，又成立营子矿区冶金管理局和营子矿区黄金管理局，与乡镇企业管理局合署办公。

2002 年 5 月，机构改革，撤销区乡镇企业管理局，其职能并入经济贸易局；撤销区煤炭管理局、冶金管理局、黄金管理局，其职能并入区矿业安全生产监督管理局。至 2003 年无变化。

第十五编 JINGJIZONGHEGUANLI

15 经济综合管理

第一章　计划和统计管理
第一节　计划管理
第二节　统计管理
第二章　财政和国有资产管理
第一节　财政管理
第二节　国有资产管理
第三章　税务和工商行政管理
第一节　税务管理
第二节　工商行政管理
第四章　物价和质量技术监督管理
第一节　物价管理
第二节　质量技术监督管理
第五章　土地和审计管理
第一节　土地管理
第二节　审计管理

15 承德市鹰手营子矿区志·经济综合管理

CHENGDESHI YINGSHOUYINGZIKUANGQU ZHI
JINGJIZONGHEGUANLI

中华人民共和国成立后至第一届区政府成立，区内大部分经济管理工作，均由兴隆县或承德市直接管理。1981 年 1 月，选举产生鹰手营子矿区第一届人民政府后，区政府工作部门不断增加并日臻完善。政府工作部门编制短期和中长期经济和社会事业发展计划；实施税制改革；开展人口、工业和基本单位普查、第三产业法人单位清查工作；改革财政体制，成立集中支付中心和政府采购中心，加强财政监督和国有资产管理，财政收入不断增长；加强经济合同、商标、广告和市场管理，发展壮大个体私营和股份制经济；进行物价改革，开展物价计量信得过活动；开展企业标准化生产管理和产品质量监督工作；进行矿山废弃地整理复垦，改善生态环境。经济综合管理工作的有效开展，保证和促进了全区经济的有序快速发展。

第一章　计划和统计管理

1983 年 12 月，设立区计划委员会，营子矿区始有计划部门。负责编制全区经济和 社会发展长期规划和短期、专项计划，并了解、协调规划、计划的实施。

1981 年 3 月，区政府设立统计科，自此，专业设置日益完善。开展了人口普查、工业普查、基本单位普查、法人单位清查、统计检查等项工作。为掌握全区经济和社会发展的基本情况作了大量卓有成效的工作。

第一节　计划管理

一、机构

1983 年以前，营子矿区未设计划管理机构，每年均执行上级下达的国民经济计划和社会发展计划指标。1983 年 12 月，设立区计划委员会，1986 年 8 月，改设为计划经济委员会，下设计划统计股。1995 年 4 月机构改革，计划职能及人员由计经委分出与统计局合并，成立计划统计局，行政编 10 人，事业编 4 人。2002 年 5 月机构改革，计划统计局改设为发展计划统计局，行政编 9 人，事业编 3 人，工人编 1 人。2003 年机构无变化。

二、规划、计划编制

（一）长期规划及中短期计划

营子矿区计划管理部门设立后，其主要职能是谋划全区未来时期国民经济和社会发展的全面部署和安排，负责制定长期规划（十年规划）、中期规划（五年计划）、短期计划（年度计划）草案。中长期规划和短期计划，均包括工农业生产、交通运输、基本建设、物资供应、金融、财政、劳动工资、商业外贸、人口、科学研究、文教、卫生、体育、人民生活等项内容。国民经济和社会发展的长期规划和中期计划，主要根据党的路线、方针、政策，按照国家各个时期规定的国民经济和社会发展

计划的比例、速度，在调查研究的基础上，结合区情编制草案。国民经济和社会发展的短期计划，根据长期规划和中长期规划的分年度指标及执行情况，编制草案。长期规划和中、短期计划草案编制完成后，经区委、区政府审查同意上报市计划委员会，市计划委员会经过综合平衡后下达控制指标，再对规划、计划草案进行修改，最后提交区人民代表大会会议审议批准。1983 年 12 月，营子矿区设立计划管理部门后，陆续编制了 1986 年至 1990 年的第七个五年计划、1991 年至 1995 年的第八个五年计划、1996 年至 2000 年的第九个五年计划、2001 年至 2005 年的第十个五年计划、1991 年至 2000 年的国民经济和社会发展十年远景目标规划、2001 年至 2010 年的国民经济和社会发展十年远景目标规划及各年度的年度计划。

（二）专项计划

1983 年至 2003 年，区计划管理部门除编制长期规划和中短期计划外，还编制专项工作计划。主要有城镇住宅建设计划、固定资产投资计划、社会商品零售额建议计划、技改项目计划、科研计划等。

三、计划实施

（一）农业计划实施

营子矿区农业方面的计划，包括农、林、牧、渔业等方面的内容。农业种植计划，包括对种植面积、品种和农产品购销计划的编制及实施等。为保证粮食种植面积和品种的落实，区经济计划管理部门在制定中期（五年规划）和年度计划时，对粮食作物的种植面积和品种都要做详细规划。改革开放前，计划一经批准，具有指令性和强制性，各公社、大队必须按计划贯彻实施。改革开放后，以指导性计划为主。自 1953 年开始实施第一个五年计划后，鹰手营子区（矿区）农业虽然基础薄弱并不断遭受各种自然灾害，但经过全区人民的艰苦奋斗，呈逐步上升趋势。到“七五”末完成农业产值 1400 万元；“八五”计划期间（1991—1995 年），农业产值年均递增 2.6%，达到 1592 万元，农民人均纯收入达到 2665 元；“九五”计划期间（1996—2000 年），农业产值年均递增 3%，达到 1844 万元，农民人均纯收入为 2495 元；“十五”计划期间的 2003 年，农业总产值达到 2961 万元，比 2000 年增长 62.4%。

（二）工业计划实施

工业计划由区计划管理部门组织实施。首先给工业主管部门下达计划指标，各主管部门将计划指标分解到全区各工业企业，各企业结合本企业的具体情况制定工业生产计划，待区计划管理部门批准后，由企业具体组织实施。“二五”计划期间（1958—1962 年），由于受“大跃进”影响，掀起“大办工业”高潮，制定计划脱离客观实际，追求高指标、大计划，虽然完成工业产值较高，但经济效益不高，造成很大损失。改革开放后，营子矿区工业生产有了较快的发展，到“七五”末，区属工业企业实现工业产值 980 万元。“八五”计划期间（1991—1995 年），区属工业产值年递增 25%，达到 3000 万元；规模以上工业实现产值 8508 万元，实现利税 704 万元。“九五”计划期间（1996—2000 年）规模以上工业产值 39324 万元，年均递增 36%；实现增加值 10750 万元，年均递增 33%；实现利税 2231 万元，年均递增 26%。“十五’计划期间的 2003 年，规模以上工业产值达到 4.59 亿元。

（三）商业计划实施

改革开放前，实行指令性计划，商业计划主要由条条直接下达，包括商品购进、销售、库存等。商业计划管理，主要掌握生产与消费的平衡，改善社会商品购买力与商品供求关系。基层商业单位在制定商业计划时，依据上年度计划实际完成情况，结合当年的市场预测分析，编制本年度的商品购进、供应、销售、库存、效益等各项经济指标，上报主管部门计划批准后，层层下达到各基层单位付诸实施。主管部门按月、季、年度进行检查，1978 年以前，重点检查商业计划的完成情况。改革开放

后，指导性计划比重增大，检查计划执行情况时侧重于经济效益计划的完成，特别是将利税两项指标作为衡量企业经营管理好坏的标准。“七五”末，全区社会消费品零售总额5750万元。“八五”末，全区社会消费品零售总额达到2.3亿元，年均增长32%。“九五”末，全区社会消费品零售总额达到3.9亿元，年均增长11%。“十五“期间的2003年，社会消费品零售总额4.4亿元，比2000年增长11.74%。

（四）物资计划实施

改革开放前，对重要的生产和生活资料，实行计划管理。按计划实行指令性调拨。对一类物资，如金属材料、机电、化工产品、建材及木材、煤炭等实行计划控制。基建项目所需物资，由物资管理部门按计划拨付。80年代后，随着改革开放的深化，各种物资可供量不断增加，国家对生产资料供应实行双轨制，分计划内和计划外两条渠道供应。计划内物资，仍实行按指标分配；计划外物资则可以自行采购议购议销。除区物资局经营计划内物资外，商业、供销等部门也可以经销计划外物资。80年代中期始，计划内供应的物资品种、数量逐年减少，计划外供应的物资品种、数量不断增加。90年代后，基本取消了计划内的物资供应。

（五）社会事业计划实施

营子矿区的社会事业单位，由于隶属关系等方面的不同，在实行计划管理的方法上也各不相同。有的单位计划由条条下达，有的则实行块块管理。营子矿区根据区内具体情况，主要采取“条块结合”的计划管理模式。区计划管理部门设立后，上级条条部门下达的计划和事业单位上报的计划，统一由计划管理部门进行综合平衡后，分别下达给各事业单位，各事业单位按下达的计划指标实行，并据此考察计划完成情况。在计划执行过程中，一般在每年的第三季度普遍检查一次计划实施进度，通过检查发现问题，并再次调整计划，采取措施，保证计划的按时完成。

第二节　统计管理

一、机构

1957年3月，承德市营子矿区人民委员会设立统计科。1958年7月，营子矿区划回兴隆县，统计科随之撤销。1965年2月，营子矿区再次划归承德市，未设统计机构。1981年3月，区政府设立统计科。1983年12月，撤销统计科，设计划委员会，履行计划、统计职能。1986年8月，计划委员会改设为计划经济委员会，下设计划统计股。1987年6月20日，统计职能及人员由计经委分出成立统计局，行政编5人。1990年3月，局内设统计股、人口调查队。1995年4月，统计局改设为计划统计局，内设文秘股、计划股、统计股、人口调查队。2002年5月，机构改革计划统计局更名为发展计划统计局，增设法规股。2003年机构无变化。

二、专业设置

1981年，设工业、农业、城镇就业、能源、农调、普查、法规等专业。1987年，增设劳动工资、物资、服务业专业。1990年，设人口调查专业，并开始对投资、金融、物价等指标进行综合统计分析和测算。1994年，增设贸易、固定资产投资、国民生产总值测算专业。1996年，增设建筑业、科技专业。至2003年，区发展计划统计局设有工业、农业、农调、普查、法规、劳动工资、物资、服务业、贸易、固定资产投资、地区生产总值测算、建筑业、科技等专业统计及综合统计。

三、普查

（一）人口普查

全国第一次和第二次人口普查时，鹰手营子区（矿区）归兴隆县辖，没有单独的统计资料。1982年7月1日始，全国进行第三次人口普查。普查结果：全区总户数16618户，总人口66471人。1989年8月始，全国进行第四次人口普查，标准时点为1990年7月1日零时，1991年3月结束。普查结果：全区总户数19596户，总人口70862人，其中男37517人，女33345人。全区汉族64877人，蒙古族543人，回族709人，彝族2人，壮族9人，朝鲜族10人，满族4710人，土家族1人，锡伯族1人。小学学历20143人，初中24566人，高中6796人，中专1711人，大学专科684人，大学本科323人。2000年7月始，全国进行第五次人口普查，标准时点为2000年11月1日。普查分9个阶段进行即：组建普查机构及筹措普查经费，普查区域划分及地址码的编制，进行普查试点，普查员及普查指导员的选调和培训，配合公安机关搞好户籍整顿，配合市人口普查办公室开展宣传月活动，普查摸底、登记、复查和质量验收，普查表编码，普查数据处理，于2002年5月结束。普查结果：全区总户数23078户，总人口68735人，其中男35225人，女33510人。鹰手营子镇人口30207人，北马圈子镇12504人，寿王坟镇13523人，汪家庄镇12501人。全区汉族61730人，蒙古族549人，藏族5人，苗族2人，彝族5人，壮族2人，回族604人，维吾尔族1人，朝鲜族10人，满族5820人，侗族2人，瑶族1人，土家族2人，锡伯族1人，塔吉克族1人。未上过学3734人，扫盲班扫盲536人，小学学历19898，初中28517人，高中6452人，中专3663人，大学专科1604人，大学本科381人，研究生10人。

（二）工业普查

1952年、1985年全国第一次和第二次工业普查时，鹰手营子区（矿区）分别由兴隆县和承德市进行普查，没有数据。

1995年6月，营子矿区开始进行第三次工业普查。普查结果：全区共有工业企业342个，工业总产值36673万元，从业人员7925人。其中，国有工业企业226个，工业总产值805万元，从业人员797人。集体工业企业66个，工业总产值33509万元，从业人员6655人。私营工业企业14个，工业总产值1291万元，从业人员273人。个体工业企业36个，工业总产值1068万元，从业人员200人。

（三）基本单位普查

1996年，全国进行第一次基本单位普查，1997年5月，营子矿区完成普查任务，区普查办公室被评为国家级先进集体。全区法人单位259个，从业人员29139人。产业活动单位400个，从业人员29422人。2001年6月始，全国进行第二次基本单位普查，普查时点为2001年12月31日。普查对象为各类法人单位及法人单位所附属的产业活动单位。包括各类企业法人、事业单位法人、机关法人、社会团体法人和其他法人及其所附属的农业、工业、建筑业、交通运输业、批发零售贸易业、餐饮业、服务业等产业活动单位。依据全国基本单位普查办公室统一制定的普查实施方案，区编制、民政、税务、工商、质检部门和其他有关行政主管部门，按照国家有关法律法规所赋予的管理权限，分别向区统计部门提供基本单位行政登记资料。区统计部门利用各部门提供的行政登记资料，结合现有的基本单位名录资料，对各类单位进行核对，利用质检部门提供的单位代码数据库，与统计部门现有的名录库进行单位代码核对与替换，并整理出普查单位名册。各镇根据工作需要，抽调合理数量的普查员，由区统一培训后，普查员依据普查单位名册，按照不重不漏的原则，对普查对象进行清查登记，并组织普查对象填报普查表。至2003年6月底，完成了全部普查登记、数据处理及资料上报工作。普查结果：全区法人单位366个，从业25663人。其中，企业法人单位182个，从业23404人；事业法人单位30个，从业839人；机关法人单位62个，从业1078人；社团法人单位6个，从业17

人；其它法人单位86个，从业325人。产业活动单位632个，从业26103人。

四、清查

1990年，全省进行了第一次第三产业法人单位清查。2003年8月至2004年3月，全省进行第二次第三产业法人单位清查。标准时点为2003年8月31日。采用2002年1月1日至2003年8月31日的时期资料。清查内容包括单位基本标识、单位主要属性及反映单位状况的数据。营子矿区的清查工作分3个阶段进行。2003年8月31日前，为清查准备阶段，主要是拟定清查方案，筹措清查经费，准备清查物资，划分清查区域，选调清查员并进行业务培训。9月1日至10月15日为清查阶段，主要对清查对象进行实地清查登记和重点调查，对相关数据进行汇总。10月16日至11月15日，为清查数据处理和上报阶段，主要根据全省统一的工作安排，采用省清查办公室统一下发的数据处理程序，做好数据处理工作，再按质量控制要求进行数据质量评估后，上报省、市清查办公室。

营子矿区按国民经济行业分组第二次第三产业法人单位清查结果统计表

表15－1－1

项　　目	单位数（个）	营业（业务）收入（万元）		营业（业务）支出（万元）		从业人员（人）
		2002年1—12月	2003年1—8月	2002年1—12月	2003年1—8月	
总计	190	19410.4	13265.9	18850	12357	4376
交通运输、仓储和邮政业	3	552.4	292.2	389.8	1005	89
批发和零售业	32	8839.3	7632.5	8085.6	5910.2	1622
住宿和餐饮业	1	70.5	45.6	65.8	44.3	28
金融业	11	3284.2	1961.4	3722.9	2062.4	289
租赁和商务服务业	14	1159.7	597.8	1141.6	613.5	489
水利、环境和公共设施管理业	1	33.9	22.6	33.9	22.6	20
居民服务和其它服务业	1	2.2	0.3	2.3	0.6	3
教育	15	853.1	469.5	862.7	492.9	510
卫生、社会保障和社会福利业	20	885.5	593.5	945.6	588.2	322
文化、教育和娱乐业	3	12.2	8.4	12.1	8.1	8
公共管理和社会组织	89	3717.4	1642.1	3587.7	1609.2	996

营子矿区按登记注册类型分组第二次第三产业法人单位清查结果统计表

表15－1－2

项目	单位数（个）	营业（业务）收入（万元）		营业（业务）支出（万元）		从业人员（人）
		2002年1—12月	2003年1—8月	2002年1—12月	2003年1—8月	
总计	190	19410.4	13265.9	18850	12357	4376
国有	97	8807.8	4017	9440.9	4619.7	2836

续表 15-1-2

项目	单位数（个）	营业（业务）收入（万元）		营业（业务）支出（万元）		从业人员（人）
		2002 年 1—12 月	2003 年 1—8 月	2002 年 1—12 月	2003 年 1—8 月	
集体	37	1019.3	613.1	2663.8	849.4	333
国有独资公司	1	2019.8	1536.4	96.7	46.6	19
其他有限责任公司	3	232.8	162.6	237	163.5	23
股份有限公司	5	1855.5	1680.5	877.2	1542.5	129
私营独资	18	2173.9	1647.7	2142.3	1623.6	53
私营合伙	1	224.7	322.8	230.3	318.9	59
私营有限责任公司	2	2387.7	2805.4	2473.2	2727.3	783
私营股份有限公司	1	415.5	337.4	418.7	323.4	8
其他内资	25	273.3	143	269.9	142.1	133

五、统计检查

1995 年以前，营子矿区统计部门人员少、专业统计报表不多，没有设统计检查人员。1995 年，区计划统计局设专人负责执法检查工作。每年，配合各专业工作，都对全区各镇、各统计调查单位进行一次统计执法检查。在每年的统计年报工作会议上对各统计单位进行《中华人民共和国统计法》知识培训。至 2003 年末，共查处各类统计违法行为和案件 6 起，增强了全区统计人员的法律意识。

第二章　财政和国有资产管理

1981 年 1 月，第一届营子矿区人民政府成立后，始设财政局。1992 年 4 月，成立国有资产管理局，挂靠财政局并合署办公。自 1981 年始，重点开展了财政体制改革，加强财政管理、财政监督、国有资产管理等项工作，使全区财政收入逐年增长，国有资产得到增值。

第一节　财政管理

一、机构

中华人民共和国成立之后，财政工作由兴隆县财政部门管理。1956 年 11 月，鹰手营子、寿王坟

等地划归承德市，设立营子矿区，区财政工作由市财政部门直管。1958 年 7 月，营子矿区划回兴隆县，1959 年 4 月，兴隆县人委决定营子矿区办事处设财政分局，1961 年 8 月撤销，区财政工作仍由县财政部门直管。1965 年 2 月，营子矿区再次由兴隆县划归承德市，未设财政机构，财政工作仍由市财政部门直管。1981 年 1 月，选举产生第一届营子矿区人民政府后，始设财政局，编制 4 人。1985 年末，各镇设立财政所。1990 年 7 月，财政局设秘书股、行政股、综合股、预算股、企业股、农财股、国有资产综合管理股。1992 年 4 月，成立国有资产管理局，挂靠财政局并合署办公。1995 年 5 月，财政局内设机构调整为：秘书股、预算行政股、综合股、企业股、农财农税股、物价股、国有资产管理股，编制 20 人。为加强预算外资金管理，1997 年 3 月，成立收费局，挂靠财政局，事业编 17 人。2002 年 5 月，机构改革，撤销收费局，其职能并入财政局。改革后，财政局设办公室、预算股、综合股、行财股、农财股、会计股、监督股、国有资产委员会办公室、农业开发办公室。成立集中支付中心和政府采购中心两个事业单位，挂靠财政局。编制 30 人，其中行政编 18 人，事业编 12 人。2003 年机构无变化。

二、财政体制

中华人民共和国成立后，无论归属兴隆县还是承德市，区财政均由县或市直管，财政支出实行报账制。1981 年始，承德市对营子矿区实行“定收定支、收支挂钩、增收分成、节余留用”的财政管理体制。各级财政收入由市财政直管，财政支出仍然实行报账制，由市财政按月拨付。1982 年，区财政对所属各单位实行“划分收支、分级包干、节余留用”的管理方法。1984 年，区财政对所属行政事业单位实行“限额管理、超支不补、节余留用”，对国有企业实行“盈利包干、亏损不补”的管理方法。1985 年，市对区实行“划分税种、核定收支、分级包干”的预算管理体制和“限额管理、分块包干、超支不补、节余留用”的预算包干管理方法，区财政支出不再实行报账制。是年末，各镇设立财政所，区对各镇实行“定收定支、超收分成、欠收不补、一年一定”的财政管理体制。1986 年，市对区实行“划分税种、核定收支、收支挂钩、总额分成、节余留用、超支不补、超收另定比例”的财政管理体制。区财政对行政事业费支出实行“定额管理、预算包干、超支不补、节余留用”的管理方法。1987 年，市对区实行“定收定支、定额补贴、超额全留、欠收不补、一年一定”。1988 年 6 月，建立区级国库。1989 年，实行“以收定支、量入为出”的财政管理体制。1991 年至 1992 年，市对区实行“划分税种、核定收支、收支挂钩、超收全留、欠收自补、一年一定”的财政管理体制。1992 年，为了提高各镇增加财政收入的积极性，建立了镇级国库。1993 年，市对区实行“核定收支、递增包干上解”的财政管理体制。1994 年以后，一直实行“分税制”的财政管理体制。即按照各级政府的事权，合理确定各级财政的支出范围；根据事权与财权相结合的原则，按税种统一划分各级财政的收入，并建立相应的税收体系；科学核定地方各级财政的收支数额，逐步实施比较规范的上级财政对下级财政的税收返还和转移支付制度。区对镇实行“核定收支、收入上解、支出上拨、超收分成、一年一定、分级包干”的财政管理方法。1995 年至 1996 年，继续完善“分税制”，坚持“以收定支、量入为出、确保平衡”的原则，市对区实行“目标管理、超支不补、节余留用”的财政管理方法。1999 年，市对区实行“包死基数，确保上缴、超收全留、欠收自补”的财政管理方法。2000 年，营子矿区推进财政体制改革，对各镇实行“核定收支、定额比例上解、超收分成、短收扣支、节余留用”的财政管理方法，实现了各镇事权和财权的统一。

三、财政收入

1985 年，市财政给区财政下划部分税种，其税种收入作为区财政的一般预算收入。1993 年，市财政将产品税、增值税、营业税 3 大税种下划区财政，大幅度增加了营子矿区的财政收入。1986 年至

2003 年，营子矿区财政总收入为 28353.9 万元，其中，一般预算收入决算数为 14191.9 万元；1994 年至 2003 年上缴中央财政 11652 万元；2002 年至 2003 年，上缴省财政 953 万元，上缴市财政 1557 万元。

1988—1997 年营子矿区一般预算收入决算数统计表

表 15－2－1　　单位：万元

年度 科目	1988	1989	1990	1991	1992	1993	1994	1995	1996	1997
一、工商税收类税	173.67	317.20	—	362.30	410.3	998	514	704	795	971
营业税	60.52	79.70	—	—	—	—	—	—	—	—
集体企业所得税	90.02	118	—	—	—	—	—	—	—	—
城乡个体工商户所得税	8.23	75	—	—	—	—	—	—	—	—
个人收入调节税	2.60	21.80	—	—	—	—	—	—	—	—
国有（营）企业奖金税	0.18	0.30	—	—	—	—	—	—	—	—
国有（营）企业工资调节税		0.10	—	—	—	—	—	—	—	—
集体企业奖金税	0.08	0.20	—	—	—	—	—	—	—	—
车船使用税		7.70	—	—	—	—	—	—	—	—
屠宰税		2.50	—	—	—	—	—	—	—	—
其他工商税	8.26	10.20	—	—	—	—	—	—	—	—
工商税款滞纳金补税罚款收入	3.78	11.40	—	—	—	—	—	—	—	—
二、农牧业税和耕地占用税	4.18	1.90	—	14.80	5.40	53	15	30	38	50
农牧业税	4.18	1.70	—	—	—	—	—	—	—	
耕地占用税		0.20	—	—	—	—	—	—	—	
三、国有（营）企业所得税	20.09	16.40	—	2.60	6.10	9	130	65	16	23
四、国有（营）企业调节税类	2.79	3.30	—	0.30	—	—	—	—	—	—
五、国有（营）企业计划亏损补贴类	—	—	—	—	—	－80	－99	－99	—	—
六、专项收入	—	—	—	—	—	—	—	—	2	—
七、罚没收入类	6.25	9.70	—	—	—	—	—	75	137	192
工商罚没收入	1	2	—	—	—	—	—	—	—	—
政法罚没收入	3.15	2.80	—	—	—	—	—	—	—	—
物价罚没收入	1.50	4.80	—	—	—	—	—	—	—	—
其他罚没收入	0.87	0.10	—	—	—	—	—	—	—	—
八、其他收入类	—	—	—	25.10	33.80	36	45	—	3	16
年度收入合计	207.25	348.50	—	405.10	455.60	1016	605	775	991	1252

1998—2003 年营子矿区一般预算收入决算数统计表

表 15 －2 －2　　　　单位：万元

科目＼年度	1998	1999	2000	2001	2002	2003
增值税	285	302	300	300	144	171
营业税	112	107	131	200	75	80
企业所得税	42	40	65	61	7	8
个人收入调节税	536	584	459	466	100	111
资源税	126	—	131	100	85	85
固定资产投资方向调节税	8	—	1	—	—	—
城市维护建设税	—	—	—	55	—	—
房产税	39	32	21	29	143	150
印花税	1	2	3	2	6	8
城镇土地使用税	13	16	6	10	142	148
城镇土地牌照税	7	10	2	3	6	5
屠宰税	16	9	13	2	2	—
国有企业工资税	—	3	—	—	—	—
集体企业奖金税	—	27	—	—	—	—
农业税	9	—	—	5	7	3
农业特产税	12	—	12	6	50	67
耕地占用税	28	—	7	—	20	—
契税	13	9	16	5	20	6
行政性收费收入	21	20	15	20	14	7
罚没收入	194	189	130	79	159	138
海域场地矿区使用收入	3	—	—	—	—	—
其他收入	—	—	100	—	—	4
年度收入合计	1465	1350	1412	1343	980	991

四、财政支出

营子矿区 1981 年至 2003 年财政支出 25751. 7 万元。1981 年至 1983 年一般预算支出决算数为 244. 73 万元。1985 年至 1986 年一般预算支出决算数为 458. 92 万元。1988 年至 1989 年一般预算支出决算数为 834. 7 万元。1991 年至 2003 年一般预算支出决算数为 23173. 1 万元。

1981—2003 年营子矿区财政支出统计表

表 15－2－3　　　　单位：万元

年　度	财政支出	年　度	财政支出
1981	120.9	1993	820
1982	113.8	1994	1008
1983	75	1995	1064
1984	95.6	1996	1249
1985	98	1997	1451
1986	296	1998	1733
1987	305.3	1999	1848
1988	378.2	2000	1984
1989	456.5	2001	2867
1990	639.3	2002	3630
1991	484.7	2003	4471
1992	563.4		

1981—1993 年营子矿区一般预算支出决算数统计表

表 15－2－4　　　　单位：万元

科目＼年度	1981	1982	1983	1984	1985	1986	1987	1988	1989	1990	1991	1992	1993
一、基本建设支出	—	—	—	—	—	—	—	—	—	—	—	—	—
二、企业挖潜改造资金	—	—	—	—	—	—	—	—	—	—	—	—	—
三、科技三项费用	—	—	—	—	—	—	—	—	—	—	—	—	—
四、支援农业支出类	0.67	1.42	0.80	—	2.10	5.70	—	10.72	13.60	—	10.80	11.60	39
农业	0.17	0.22	—	—	—	1	—	—	0.10	—	—	—	—
林业	0.28	0.30	—	—	—	—	—	0.20	0.20	—	—	—	—
畜牧业	0.11	0.20	—	—	—	0.40	—	0.12	0.30	—	—	—	—
水利	0.11	0.10	—	—	0.90	3.30	—	3.40	3	—	—	—	—
农机	—	0.10	—	—	—	—	—	—	—	—	—	—	—
支援农村合作生产组织资金	—	—	—	—	1.20	1	—	7	10	—	—	—	
支援农村人民公社投资	—	0.50	—	—	—	—	—	—	—	—	—	—	—
五、农林牧水等部门事业费类	—	—	0.81	—	1.26	2.60	—	3.02	4.20	—	4.70	5.10	7
农业事业费	—	—	0.20	—	0.45	0.40	—	0.54	1.50	—	—	—	—
林业事业费	—	—	0.38	—	0.20	0.50	—	0.69	1	—	—	—	—

续表 15－2－4

科目＼年度	1981	1982	1983	1984	1985	1986	1987	1988	1989	1990	1991	1992	1993
畜牧业事业费	—	—	0. 22	—	0. 26	0. 70	—	0. 75	0. 50	—	—	—	—
水利事业费	—	—	0. 01	—	0. 16	0. 50	—	0. 54	0. 60	—	—	—	—
农机事业费	—	—	—	—	0. 19	0. 30	—	0. 25	0. 20	—	—	—	—
乡镇企业事业费	—	—	—	—	—	—	—	0. 05	0. 10	—	—	—	—
农业资源调查和区划费	—	—	—	—	—	0. 20	—	0. 20	0. 30	—	—	—	—
六、城镇青年就业经费类	—	2. 43	—	—	—	—	—	—	—	—	—	—	—
七、城市维护费	—	45. 19	—	—	—	4. 10	—	2	—	—	—	—	—
八、文教科学卫生等部门事业费类	37. 72	22. 89	45. 65	—	77. 31	98. 30	—	125. 35	186. 30	—	186. 70	208	248
文化事业费	1. 36	13. 06	2. 16	—	2. 38	3. 50	—	3. 43	4. 30	—	—	—	—
教育事业费	21. 41	2. 90	24. 45	—	49. 25	57. 60	—	78. 23	92. 40	—	—	—	—
卫生事业费	10. 46	2. 10	13. 03	—	16. 78	18. 60	—	25. 05	60. 50	—	—	—	—
科学事业费	—	—	0. 27	—	0. 40	—	—	—	—	—	—	—	—
公费医疗费	2. 10	0. 61	2. 83	—	5. 47	13. 50	—	7. 36	18. 60	—	—	—	—
计划生育费	0. 51	4. 01	0. 79	—	0. 73	1	—	5. 80	5	—	—	—	—
体育事业费	—	—	—	—	—	—	—	—	0. 50	—	—	—	—
档案事业费	—	—	—	—	—	0. 50	—	0. 75	1	—	—	—	—
通信广播事业费	1. 88	—	—	—	—	—	—	—	—	—	—	—	—
广播电视事业费	—	0. 30	2. 13	—	2. 30	3. 60	—	4. 91	4	—	—	—	—
文体广播事业费	—	—	—	—	—	—	—	—	—	—	—	—	—
文教事业费	—	—	—	—	—	—	—	—	—	—	—	—	—
九、统计事业费	—	—	—	—	0. 39	—	—	—	—	—	—	—	—
十、工商管理事业费	—	1. 11	1. 35	—	1. 29	—	—	—	—	—	—	—	—
十一、工业交通部门事业费	—	—	—	—	—	—	—	0. 81	1. 20		1. 60	2. 10	2
十二、税务统计财政审计事业费	—	—	—	—	—	—	—	—	—	—	—	—	—
十三、其他事业费	—		—	—	0. 76	3. 60	—	4. 69	13	—	—	15. 10	27
十四、抚恤社会福利救济费类	—	4. 01	3. 79	—	9. 38	19. 30	—	27. 22	30. 10	—	24. 80	24. 60	24
抚恤费	—	1. 71	2. 17	—	3. 77	13. 90	—	17. 77	19. 40	—	—	—	—
社会福利救济费类	—	1. 36	1. 25	—	1. 32	2. 10	—	2. 13	2. 20	—	—	—	—
退休退职费	—	0. 91	0. 37	—	0. 19	0. 50	—	0. 52	0. 50	—	—	—	—

续表 15－2－4

科目＼年度	1981	1982	1983	1984	1985	1986	1987	1988	1989	1990	1991	1992	1993
自然灾害救济费	—	—	—	—	4. 10	2. 80	—	6. 80	8	—	—	—	—
十五、社会保障补贴支出	—	—	—	—	—	—	—	—	—	—	—	—	—
十六、国防战备费	0. 20	0. 20	0. 22	—	—	—	—	—	—	—	—	—	—
十七、行政管理费类	21. 91	—	19. 37	—	30. 35	43. 90	—	58. 67	83. 40	—	97	129. 40	225
行政支出	—	—	19. 37	—	—	39. 90	—	50. 29	67. 30	—	—	—	—
党派团体支出	—	—	—	—	—	—	—	8. 38	16. 10	—	—	—	—
离退休人员费用	—	—	—	—	—	4	—	—	—	—	—	—	—
十八、公检法司支出	—	—	—	—	—	32. 60	—	32. 56	43. 10	—	55. 20	61. 80	68
十九、财政价格补贴支出	—	—	—	—	36. 38	61. 30	—	55. 80	57. 80	—	60. 80	66. 10	67
二十、支援不发达地区支出	—	—	—	—	—	—	—	—	0. 10	—	—	—	—
二十一、建设场地使用费支出	—	—	—	—	—	—	—	—	—	—	—	—	—
二十二、专项支出	—	—	—	—	—	—	—	—	—	—	—	—	—
二十三、其他支出类	20. 08	12. 20	2. 71	—	3. 60	24. 60	—	57. 14	23. 70	—	28	36. 60	113
年度支出合计	80. 58	89. 45	74. 70	—	162. 92	296	—	378. 20	456. 50	—	484. 70	563. 40	820

1994—2003 年营子矿区一般预算支出决算数统计表

表 15－2－5　　单位：万元

科目＼年度	1994	1995	1996	1997	1998	1999	2000	2001	2002	2003
一、基本建设支出	—	—	—	—	—	—	—	63	327	367
二、企业挖潜改造资金	—	—	—	—	—	—	—	—	30	—
三、科技三项费用	—	—	—	3	4	5	—	—	—	—
四、支援农业支出类	46	18	32	24	26	29	33	20	42	138
五、农林牧水等部门事业费类	15	14	26	36	18	17	29	24	28	54
七、城市维护费	—	—	—	—	—	—	—	40	151	174
八、文教科学卫生等部门事业费	362	399	348	—	—	—	—	—	—	—
教育事业费	—	—	—	—	422	479	491	703	841	914
卫生事业费	—	—	107	121	146	114	112	176	236	400
科学事业费	—	—	4	—	—	—	—	—	—	—
文体广播事业费	—	—	—	—	59	57	49	65	84	98
文教事业费	—	—	—	406	—	—	—	—	—	—

续表 15－2－5

年度 科目	1994	1995	1996	1997	1998	1999	2000	2001	2002	2003
九、统计事业费	—	—	—	—	—	—	—	—	—	—
十、公社管理事业费	—	—	—	—	—	—	—	—	—	
十一、工业交通部门事业费	25	—	—	—	—	—	—	20	—	4
十二、税务统计财政审计事业费	—	—	—	—	110	—	—	—	—	—
十三、其他事业费	46	57	56	113	—	80	94	246	78	176
十四、抚恤社会福利救济类	90	65	48	73	100	119	150	241	384	695
十五、社会保障补助支出	—	—	—	—	11	15	40	82	28	38
十六、国防战备费	—	—	—	—	—	—	—	—	—	—
十七、行政管理费类	222	322	322	333	426	425	557	573	756	864
十八、公检法司支出	139	127	229	277	323	275	299	368	460	407
十九、财政价格补贴支出	—	—	—	4	—	—	5	—	5	1
二十、支援不发达地区支出	—	—	—	—	—	—	10	17	18	32
二十一、建设场地使用费支出	—	—	—	—	—	—	—	—	—	5
二十二、专项支出	5	—	1	—	20	30	38	65	91	35
二十三、其他支出	58	62	76	61	68	203	77	164	68	69
二十四、年底支出合计	1008	1064	1249	1451	1733	1848	1984	2867	3630	4471

五、财政监督

1981 年，区财政局设立后，每年都与纪检委等部门联合进行财务大检查。1986 年，以“支持改革、查处违纪”为指导思想，重点检查各单位财务违法违纪问题，边检查边处理，把检查工作与考核财会人员相结合，将财会人员在检查工作中的表现记入会计证，作为晋职晋级评定职称的依据。1987 年始，成立检查领导小组，设立临时办事机构，工作人员深入基层指导工作，保证了大检查的顺利进行。1991 年开始，采用自查自纠和重点检查相结合的方法开展大检查。1991 年至 1993 年，全区各单位都进行了自查自纠，重点检查面达 95%。1994 年 9 月至 10 月，全区各单位进行自查自纠，自查面达 100%。11 月初至 12 月末，开展重点检查，区财政局下发《鹰手营子矿区 1994 年财务大检查重点检查实施方案》，同时抽调 20 余名专业人员参加重点检查工作，开展检查前进行了培训。在重点检查中突出抓好“三个结合”，即检查工作与抓财政收入相结合，与清理欠税相结合，与查堵偷漏税相结合，增加了财政收入。1995 年，采取了“检查严、处理严、收缴违纪款项严、检查与治理相结合”的检查措施，使检查工作取得了良好效果。开展了对各单位“小金库”的专项治理。2000 年，推行“票款分离”“罚缴分离”两项改革，强化了对预算外资金的管理。2002 年 5 月机构改革，区财政局成立集中支付中心和政府采购中心两个事业单位，实行集中统一核算，约束资金管理行为，推行政府采购，发挥财政资金使用效益。2003 年，在防治非典型性肺炎期间，区财政局按照省财政厅下发的《加强对防治“非典”专项资金和捐赠款物管理使用情况监督检查的通知》要求，认真做好专项监督检查工作，对检查中发现的问题严肃处理。防治“非典”后，区财政局、物价局、纪检委联合对因“非典”流行受到影响的个体工商户实行收费减半政策的落实情况，进行了监督检查，社会反映良好。

第二节　国有资产管理

一、机构

1990 年 7 月，营子矿区财政局成立国有资产综合管理股。1992 年 4 月，在国有资产综合管理股的基础上，成立国有资产管理局，挂靠财政局。1994 年 5 月，组建承德资产评估公司鹰手营子分公司，隶属国有资产管理局，业务由承德资产评估公司管理。1999 年 11 月，承德资产评估公司鹰手营子分公司撤销。2002 年 5 月，机构改革，撤销国有资产管理局，区财政局下设国有资产管理委员会办公室。

二、资产存量

（一）企业国有资产存量

中华人民共和国成立后，经过多年积累，营子矿区国有资产初具规模。

1994 年，全区区属国有企业 25 户，是年末，共有资产总额 6012 万元，负债总额 6589 万元，国有资产存量总额负 577 万元。1997 年，粮食系统企业上划，全区减少国有企业 8 户。随着国有企业改革的深入，区属工商企业由一般性竞争领域退出，国有企业户数逐年下降。至 2003 年底，全区共有区属国有企业 10 户，国有资产总额 528 万元。

（二）行政事业单位国有资产存量

1994 年，全区行政事业单位资产总额 2338 万元。其中国有资产总额 1747 万元，负债及视同负债 591 万元，且负债逐年上升。改善办公条件（如：办公楼的兴建，交通工具、电脑、打印机的购置等）是负债增加的主要原因。随着经济的发展和财政投入的增加，至 2003 年底，国有资产总额达到 4973 万元，比 1994 年增加 3226 万元，增长 185%。

1994 年—2003 年营子矿区区属国有企业、行政事业单位资产存量统计表

表 15－2－6　　　　单位：万元

项目 / 年份	户数			资产			国有资产			负债及视同负债		
	合计	企业	行政事业	合计	企业	行政事业	合计	企业	行政事业	合计	企业	行政事业
1994	73	25	48	8350	6012	2338	1170	－577	1747	7180	6589	591
1995	73	25	48	11956	9142	2814	790	－1321	2111	11166	10463	703
1996	73	25	48	13331	9991	3340	431	－1964	2395	12900	11955	945
1997	65	17	48	14244	10655	3589	4260	1681	2579	9984	8974	1010
1998	66	17	49	14957	11079	3878	3966	1228	2738	10991	9851	1140
1999	68	19	49	15991	11492	4499	4231	805	3426	11760	10687	1073
2000	65	18	47	16820	11712	5108	3816	210	3606	13004	11502	1502

续表 15 - 2 - 6

项目 年份	户数			资产			国有资产			负债及视同负债		
	合计	企业	行政事业	合计	企业	行政事业	合计	企业	行政事业	合计	企业	行政事业
2001	62	16	46	13709	7019	6690	2849	-1754	4603	10860	8773	2087
2002	60	14	46	11944	4998	6946	3440	-1334	4774	8504	6332	2172
2003	57	10	47	9966	2576	7390	5501	528	4973	4465	2048	2417

三、资产清查

营子矿区自 1994 年 4 月开始，对区属国有企业 1994 年 3 月 31 日前占用或使用的各类资产进行清查登记，对其占用的各项国家资本金和债券、债务进行全面清理核实，是年 8 月清查结束。全区 25 个区属国有企业，清查核实资产总额 7508 万元，负债总额 7621 万元，国有所有者权益为负 113 万元。在所有者权益中，实收资本 1290 万元，均为国有资本；资本公共积累负 30 万元；盈余公共积累 51 万元；未分配利润负 1424 万元。清查结果显示，区属国有企业亏损严重，在总资产中，有历年形成的待处理资产损失 13903 万元，其中，待处理流动资产损失 1177 万元，待处理固定资产损失 214 万元，长期投资损失 2 万元。历年形成的亏损挂账资金总额 1022 万元，其中，经营性亏损挂账 178 万元，占 17.4%，潜亏挂账 843 万元，占 82.5%，财政未弥补亏损挂账 1 万元，占 0.1%。通过清查，摸清了区属国有企业的底数，为改进企业管理提供了依据。由于资产清查工作成绩突出，营子矿区被省资产清查办公室评为先进单位。

四、资产评估

1994 年 4 月，结合资产清查，区国有资产管理局开始对全区 25 个区属国有企业的大部分固定资产进行价值重估。是年 5 月，承德资产评估公司鹰手营子分公司成立并开展资产评估业务。经重估，截止 1995 年 12 月 31 日，全区 25 个区属国有企业的固定资产原值由 1901 万元上升到 2941 万元，增加 1040 万元，增值率 55%。固定资产净值由重估前的 1250 万元上升到 1861 万元，增加 611 万元，增值率 49%。1995 年开始，对区属国有企业占用的 307725 平方米土地进行价值重估，价值由重估前的 5 万元，上升到 8433 万元，增加 8428 万元，增值 1686 倍。通过价值重估，使资产价值接近市场价值。截至 1999 年 11 月，承德资产评估公司鹰手营子分公司共承揽资产评估业务 28 项，评估总值 7775 万元。

五、国有企业、行政事业单位产权登记

1994 年 4 月开始，营子矿区国有资产管理局，开展区属国有企业、行政事业单位资产产权登记工作。截至是年底，国有企业 25 户，行政事业单位 48 户，共登记资产总额 8350 万元，其中国有资产 1170 万元。1995 年始，每年的 3 月份都进行区属国有企业、行政事业单位产权登记年检，使国有资产管理走上科学化、规范化之路。至 2003 年，营子矿区国有资产管理部门被承德市国有资产管理局 5 次评为行政事业单位产权登记先进单位，4 次评为国有企业产权登记先进单位。

六、开展“公物还家”活动

1997 年 2 月，由区国有资产管理局牵头，会同区财政局、监察局、区直机关党委，在全区行政事

业单位，开展了以清理财产、公物为主要内容的“公物还家”活动。共清查出账外资产68.7万元。其中，交通工具、办公设备等资产66.2万元，收回个人和其他单位使用的公共资产2.5万元，并进一步健全了管理制度。

第三章　税务和工商行政管理

自民国37年（1948年）兴隆县在鹰手营子设立税务所后，随着经济不断的发展，税务队伍不断扩大，2003年底，全区有税务干部123人。1994年，税务体制改革，税务局分设为营子矿区国家税务局和营子矿区地方税务局。税务部门不断加强重点税种管理，加大税务稽查力度。1994年至1998年，推行税款征收、税务稽查、税务代理三位一体的征管模式；2001年5月1日，新的《中华人民共和国税收征收管理法》实施，实行税款征收、税务管理、税务稽查分离，相互制约的征管模式；税收总额逐年增加。1971年，全区税收总额为242.6万元，1993年上升到2212万元，2013年达到5391万元，是1971年的22.2倍，

1956年3月，兴隆县财委设立鹰手营子市场管理所，负责市场管理工作。1980年10月，成立营子矿区工商行政管理局。改革开放后，工商管理部门重点开展企业登记、个体私营经济、经济合同、商标广告、市场、经济检查、外贸登记等项管理工作，规范了经济秩序，促进了经济发展。

第一节　税务管理

一、机构

（一）国、地税分设前税务机构

民国37年（1948年），兴隆县在鹰手营子设税务所，为县人民政府直属机构。1953年，兴隆县在寿王坟设立税务所。1956年11月，鹰手营子、寿王坟等地划归承德市，兴隆县鹰手营子税务所改设为承德市税务局鹰手营子分局。1958年7月，营子矿区划回兴隆县，1959年，经兴隆县人民政府批准，成立兴隆县财政局鹰手营子分局，兼管税务工作。1961年8月，撤销兴隆县财政局鹰手营子分局，设立兴隆县税务局鹰手营子分局。1965年2月，鹰手营子、寿王坟等地再次划归承德市，成立承德市税务局鹰手营子税务分局。1968年7月，鹰手营子税务分局与市场管理所合并，成立承德市工商税务局鹰手营子分局。1978年10月，工商、税务机构分设，设立承德市税务局营子矿区分局。1980年4月，改设为承德市营子矿区税务局。1982年7月，承德市税务局为加强税务管理，将营子矿区税务局改设为税务分局，是年11月，设立北马圈子、汪家庄2个税务所。1958年下半年设立的鹰手营子、寿王坟两个税务所一直保留到1984年2月。是年2月，经承德市税务局党组批准，鹰手营子税务分局机构设置为：秘书科、计会科、征收一科、征收二科和寿王坟、北马圈子、汪家庄3个税务所。是年9月，撤销汪家庄税务所，设立鹰手营子税务所。1989年，税务分局成立3人驻厂组，办公地址

设于兴隆矿务局，负责寿王坟铜矿、兴隆矿务局、承德市东风煤矿、承德市水泥厂、承德地区铸造机械税务稽查力度厂等单位的税收征管工作。是年，省以下的税务机构实行系统与地方政府双重领导，以系统领导为主的管理体制。根据上下对口原则，鹰手营子税务分局的机构重新设置为：办公室、人事监察股、税收征管股、计会股、促产办公室、检察室、稽查队、企业税务所、鹰手营子税务所、北马圈子税务所、寿王坟税务所、汪家庄税务所、驻厂组。是年10月，驻厂组撤销。1994年8月，税务分局有职工78人，是月，税务分局分设为国家税务局和地方税务局。

（二）营子矿区国家税务局

根据国家税务总局关于进行税制改革、机构分设的要求和承德市税务局组建筹备组《关于组建鹰手营子矿区国家税务局实施方案》的规定，1994年8月13日，营子矿区国家税务局正式成立，有职工49人。实行上级国家税务局垂直领导的管理体制，在机构设置、干部管理、人员编制、经费开支等方面，按照下管一级的原则，实行垂直管理。为正科级单位。至是年末，机构设置有：办公室、政工股、监察室、计会股、税收征管股、稽查局、直属征收分局和鹰手营子、北马圈子、汪家庄、寿王坟4个税务所。1996年12月2日，成立计算信息中心。是年，稽查局改设稽查分局。1997年6月，营子矿区国家税务局开展征管改革，通过撤销、合并、增设等方式改革机构设置。至8月，改革后的机构设置为：办公室、政工股、计会股、综合业务股、监察室、稽查分局、征收大厅、寿王坟税务所、北马圈子征收站、汪家庄征收站、计算信息中心、咨询代理所。人员编制56人。8月6日，经区局党组决定，成立营子矿区税务师事务所，事务所法人代表独立承担民事责任，独立核算，自负盈亏，行政受区国家税务局领导，业务受承德市北方税务师事务所管理。1998年1月19日，稽查分局改设为稽查局。是年9月，恢复设立直属征收分局。1999年，区国家税务局再次进行机构调整，调整后机构为：办公室、人教监察股、计划财务股、税收征管股、城区税务所、市场税务所、寿王坟税务所、税务师事务所、稽查局。是年6月，撤销税务师事务所。12月，撤销市场税务所，设立汪家庄税务所。2000年9月，恢复设立计算机信息中心。2003年3月，增设政策法规股。经过不断地调整，至2003年12月，营子矿区国家税务局的机构设置为：办公室、监察室、人教股、政策法规股、计财股、税收征管股、计算信息中心、稽查局、城区税务所、汪家庄税务所、寿王坟税务所。人员编制45人。

（三）营子矿区地方税务局

国家税务局纳税大厅（摄影　戴翔）

1994年8月，营子矿区地方税务局正式成立，有职工29人，受承德市地方税务局和区政府双重领导，以市局领导为主，正科级单位。机构设置为：办公室、政工股、监察股、计会股、征管股、税征股、稽查队、直属征收分局和鹰手营子、北马圈子、汪家庄、寿王坟4个税务所。1995年2月，征管股与税征股合署办公。3月，成立咨询所。4月，稽查队改称为稽查局。1999年2月，直属征收分局改称为直属分局。汪家庄税务所改设为煤炭税务所，北马圈子税务所改设为集贸市场税务所。撤销营子税务所和咨询所，成立征收中心。9月，征收中心并入直属分局。2000年12月，集贸市场税务所更名为北马圈子税务所。2002年5月，北马圈子税务所更名为建安运输所。至2003年末，营子矿区地方税务局的机构设置为办公室、政工股、监察股、计会股、征管股、征收股、稽查局、煤炭税务所、建安运输所、寿王坟税务所、直属分局。有税务干部45人，其中退休2人，均纳入国家公务员系列。

二、主要税种、税率

工商税 1950年，开征工商业税。1958年，停征工商业税，开征工商统一税。1973年，停征工商统一税，开征工商税。1982年，取消工商税，改征增值税、产品税、营业税。

增值税 从1983年1月1日起，对农机农具及其零配件和机器机械及其零部件试行征收增值税，全区仅有承德地区铸造机械厂和承德地区煤矿机修厂纳税户2户。农机农具产品税率6%，机器机械产品税率10%。征收方法采用“扣额法”，即对产品成本中的原材料、辅助材料、备品备件、半成品的增值额征收增值税，生产产品中的其他项增值，不征增值税。1984年始，又对轻工业产品、皮革制品、建筑材料等征收增值税。征收方法改用“扣税法”。即企业为生产产品而购入的原材料、辅助材料、备品备件、半成品等，在原生产单位缴纳的产品税部分，在产品销售时，从按产品试用税率计算出的增值税中扣除。1994年以后，除税法列举的征收产品税的产品以外，对其他产品，一律征收增值税。征收方法改为进项税额从销项税额中扣除后，计征增值税。虽然这种征收方法更接近合理，但是，计征增值税工作更复杂，难度更大。国家虽然利用增值税专用发票进行税控，但还是没能完全堵死漏洞。税率共分三档，基本税率17%，低税率13%，出口货物适用零税率。

产品税 1983年1月1日开征，产品税以产品的销售收入为征收依据，即征税对象是产品销售收入的全部金额，最低税率为3%。如：煤炭3%、啤酒40%、粮食复制酒40%、甲级卷烟55%、粮食白酒60%等。征收方法为产品销售收入乘适用税率，按月缴纳。

营业税 1983年1月1日开征。营业税的税目繁多，税率不同。如：商品零售、建筑安装、修理修配、公路运输、饮食业税率为3%；工业性复杂加工和修理、服务业、金融业务收入、印刷业务收入税率为5%；邮电电讯3%或5%；商品批发为进批差价的10%等，营业税依不同税率按营业收入额计征。

车船使用税 1958年，开征车船使用牌照税。各种牌照停止征税后，1987年7月，开征车船使用税。车船使用税按车船的载重吨位计征。载重汽车每吨位年税42元，拖车和拖拉机按吨位减半征收。客车按乘人座位征收，年税额110元至180元，乘人座位10人以下年税110元，31人以上年税180元。双排座年税55元，三轮摩托车年税48元，二轮摩托车年税36元，轻骑摩托车年税12元。每年的3月和9月征收。

屠宰税 1950年，开征屠宰税。在屠宰牲畜时征收，税率3%，春节屠宰牲畜免税。2002年1月1日停征。

牲畜交易税 按照《热河省交易税征收办法》，自1950年11月始，对猪、牛、羊、马、骡等牲畜买卖征收5%的交易税。1952年2月，热河省单设牲畜交易税，税率仍为5%。1954年5月，猪、羊交易停征牲畜交易税，1959年7月，牲畜交易税停征。1965年1月，恢复对牛、马、骡、驴交易征税，税率3%，1966年8月，再次停征。1983年1月起，对牛、马、骡、驴、骆驼5种牲畜交易恢复征收牲畜交易税，税率5%。1988年7月，停征牲畜交易税。

印花税 1950年，开征印花税。1958年，印花税并入工商统一税。1988年10月，国务院颁布的《中华人民共和国印花税暂行条例》开始实施，恢复征收印花税。按金额和证件两种方式征收。按金额征缴税率为1‰、0.5‰、0.05‰，按证件征缴每年每件9元。

个人储蓄存款利息所得税 1951年，开征利息所得税，税率10%，1959年1月停征。1999年11月1日起，对储蓄存款利息所得，恢复征收个人所得税。以取得储蓄存款利息所得的个人为纳税义务人，以结付利息的储蓄机构为扣缴义务人，实行代扣代缴。对扣缴义务人按扣缴所得税款的2%付给手续费。计税依据为纳税人取得的人民币、外币储蓄存款利息所得，税率为20%。

工商所得税 1958年税制改革，工商税中的所得税部分，成为一个单独的税种，称为工商所得

说。除国家预算内企业以外的所有工商企业实现的利润所得，都要缴纳工商所得税。税率实行超额累进、加成征收。80 年代利改税后，工商所得税改征国营企业所得税、集体企业所得税和个体工商户所得税。

国营企业所得税 1983 年，国家推行第一步利改税，并于是年 1 月始，对全国大部分国有企业征收所得税，税率 55%。1984 年，实行第二步利改税，是年 9 月，国务院颁布了《中华人民共和国国营企业所得税条例（草案）》，对国营企业征收所得税。国营大中型企业税率为 55%，国营小型企业适用 8 级超额累进税率，最低税率 10%，最高税率 55%。征收方法实行按年计征，按日或旬、月、季预缴，年终汇算清缴，多退少补。对缴纳所得税有特殊困难的国营企业，视具体情况予以减免。

集体企业所得税 1985 年，开征集体企业所得税。实行 8 级超额累进税率，最低税率 7%，年利润额 20 万元以上部分税率为 55%。

城乡个体工商户所得税 1986 年 1 月，国务院颁布《中华人民共和国城乡个体工商户所得税暂行条例》。同年，河北省人民政府颁布《河北省城乡个体工商户所得税征收实施细则》，开征城乡个体工商户所得税。以城乡个体工商户的生产、经营所得和其他所得为征税对象，将总收入减除生产经营成本、损失以及国家允许在计税前列支的其他费用后的余额作为应纳税所得额，实行 7%—60% 的超额累进税率。按年计税，分月或季预缴，年终汇算清缴。

内资企业所得税 1994 年税制改革时，本着“公平税负、促进竞争”的原则，不再按企业所有制形式设置所得税，实行统一的内资企业所得税制度。凡在中华人民共和国境内实行独立经济核算的企业或组织，都是企业所得税的纳税人，税率为 33%。

外商投资企业和外国企业所得税 1991 年 7 月，《中华人民共和国外商投资企业和外国企业所得税法》实施。中华人民共和国境内的外商投资企业和外国企业生产、经营所得和其他所得，缴纳所得税，按应纳税所得额计算，税率为 30%。缴纳地方所得税，税率为 3%。对生产性外商投资企业，经营期在 10 年以上的，从开始获利的年度起，第一年和第二年免征企业所得税，第三年至第五年减半征收。实际经营期不满 10 年的，补缴免征、减征的企业所得税税款。

个人收入调节税 1987 年开征。征收起点 800 元，实行 9 级超额累进税率，最低税率 5%，最高税率 45%。凡国家、省部委明文规定的各项补助、津贴、发明奖以及允许从计税额中扣除的金额为免税项目。

奖金税 1984 年，开征国营企业奖金税。1985 年，开征集体企业奖金税和事业单位奖金税。年发奖金不超过职工 4 个月基本工资的不征税，4 个月以上不足 6 个月部分，按 100% 计征，超过 6 个月以上部分，按 300% 计征。

建筑税 1983 年 1 月开征。税率为 10%，征税对象为利用预算外资金投资的金额。按工程预算预交，工程完工清缴。

房产税 1987 年 7 月开征。每年对房产原值减除 30% 后的余值征收 1.2% 的房产税。出租的租金收入以 12% 的税率征税，每年 3 月和 9 月征收。

土地使用税 1989 年 3 月，开征土地使用税。依据土地使用面积征收，不同地段执行不同税率，每平方米年税额 1989 年至 1996 年为 0.2 元至 0.5 元，1997 年至 2003 年为 0.5 元至 1 元。每年 3 月、9 月征收。

资源税 1984 年 10 月，开征资源税。依据应税产品的销售收入利润，按超税率累进税率计算缴纳。1986 年，改为按销售量定额征收。

城市维护建设税 1985 年 1 月，开征城市维护建设税。以纳税人实际缴纳的产品税、增值税、营业税的税额为依据征收。城区纳税人的税率为 7%，农村纳税人的税率为 1%。

消费税 1993 年 12 月 13 日，国务院颁布《中华人民共和国消费税暂行条例》，财政部于是年 12

月 25 日颁布《中华人民共和国消费税暂行条例实施细则》。1994 年 1 月开征消费税。营子矿区征收的消费税共有 11 个税目，即烟酒及酒精、化妆品、护肤护发品、贵重首饰和珠宝玉石、鞭炮、焰火、汽油、柴油、汽车轮胎、摩托车、小汽车。实行比例税率和定额税率，最低税率 3%，最高 45%。实行两种计税方法，从价计税方法为应缴税额等于应税消费品销售额乘适用税率，从量计税方法为应缴税额等于应税消费品销售数量乘适用税率。

农业税 1948 年 1 月，鹰手营子区解放，是年，农民即向人民政府缴纳农业税。营子矿区 1994 年至 1998 年，农业税税率为 5.67%，1999 年至 2001 年为 5.62%，2003 年为 6.13%。由区财政部门征缴。

农业特产税 1987 年，开征农业特产税。原木类税率为 8%，干果类为 10%，水果类为 12%。

三、税额

1971 年至 1993 年，营子矿区税务部门收缴税款 18591.472 万元。1994 年至 2003 年，区国家税务局收缴税款 23614.6 万元，区地方税务局收缴税款 13543.6 万元。1971 年至 2003 年，共收缴税款 55749.672 万元。

1971—1993 年营子矿区税收情况统计表

表 15－3－1　　　　单位：万元

项目/年度	工商税	工商所得税	增值税	产品税	营业税	房产税	土地使用税	资源税	集体企业所得税	个体工商户所得税	个人利息税	建筑税	城市建设税	车船使用税	印花税	其他税	税款合计
1971	—	—	—	—	—	—	—	—	—	—	—	—	—	—	—	—	242.6
1972	—	—	—	—	—	—	—	—	—	—	—	—	—	—	—	—	295.3
1973	—	—	—	—	—	—	—	—	—	—	—	—	—	—	—	—	301.5
1974	—	—	—	—	—	—	—	—	—	—	—	—	—	—	—	—	336.7
1975	—	—	—	—	—	—	—	—	—	—	—	—	—	—	—	—	380.0
1976	—	—	—	—	—	—	—	—	—	—	—	—	—	—	—	—	422.1
1977	—	—	—	—	—	—	—	—	—	—	—	—	—	—	—	—	527.1
1978	—	—	—	—	—	—	—	—	—	—	—	—	—	—	—	—	567.5
1979	—	—	—	—	—	—	—	—	—	—	—	—	—	—	—	—	513.2
1980	—	—	—	—	—	—	—	—	—	—	—	—	—	—	—	—	486.6
1981	423.7	21.1	—	—	—	—	—	—	—	—	—	—	—	—	—	0.2	445.0
1982	405.7	41.5	—	—	—	—	—	—	—	—	—	—	—	—	—	0.012	447.212
1983	432.1	88.9	—	—	—	—	—	—	—	—	—	—	—	—	—	0.5	521.5
1984	380.9	93.3	12.7	—	29.2	—	—	2.2	—	—	—	—	—	—	—	0.3	518.6
1985	—	94.7	25.9	336.9	193.3	—	—	28.4	—	—	—	—	—	—	—	105.5	784.7
1986	—	—	13.2	349.6	213.8	—	—	3.7	65.3	12.9	—	—	40.8	1.3	—	74.9	775.5
1987	—	—	51.7	383	215	62.6	—	3	59.3	12.8	—	21.7	44.3	7.3	—	7	867.7

续表 15－3－1

年度＼项目	工商税	工商所得税	增值税	产品税	营业税	房产税	土地使用税	资源税	集体企业所得税	个体工商户所得税	个人利息税	建筑税	城市建设税	车船使用税	印花税	其他税	税款合计
1988	—	—	160.5	342.7	350.2	0.06	—	—	105.2	8.2	2.7	—	54.5	79.6	—	25.4	1129.06
1989	—	—	158.2	419.7	380.7	—	54.9	—	128.4	75.4	21.8	—	62.8	7.8	—	129	1438.7
1990	—	—	302.8	340.1	374	89	114.6	—	133.7	71.3	24.3	45.4	66.2	8.6	—	57	1627
1991	—	—	271.8	414.8	429.2	84.3	197.3	68.3	149.6	41.4	41.4	24.3	69	10.7	10	18.5	1830.6
1992	—	—	341.9	364.9	589	92.9	133.6	109.9	140.3	33.1	—	7	74.9	10.3	8.4	15.1	1921.3
1993	—	—	321	488.1	620.9	89	90.9	94.4	274.1	32	80.6	7.8	78.8	10	—	24.4	2212

1994—2003 年营子矿区国家税务局税收统计表

表 15－3－2　　单位：万元

年度＼项目	增值税	资源税	营业税	个人利息税	城市建设税	车船使用税	土地使用税	印花税	个人所得税	消费税	内资企业所得税	外商企业所得税	其他税	税款合计
1994	1564.6	1.3	7	—	1.2	0.1	—	0.1	97.4	—	—	—	8.9	1680.6
1995	1195.1	—	84.7	—	21.8	0.2	0.1	21.2	446.9	—	—	—	14	1784
1996	1835.0	—	5	44	—	—	—	—	—	3	9	—	—	1896
1997	2023.0	—	49	—	—	—	—	—	—	3	—	—	—	2075
1998	2101.0	—	76	—	—	—	—	—	—	1	—	—	—	2178
1999	2056.0	—	80	1	—	—	—	—	—	—	6	—	—	2143
2000	2110.0	—	110	155	—	—	—	—	—	—	1	20	—	2396
2001	2196.0	—	65	271	—	—	—	—	—	—	—	—	—	2532
2002	2878.0	—	65	280	—	—	—	—	—	5	—	—	—	3228
2003	3430.0	—	2	269	—	—	—	—	—	—	—	1	—	3702

1994—2003 年营子矿区地方税务局税收统计表

表 15－3－3　　单位：万元

年度＼项目	营业税	企业所得税	个人所得税	房产税	车船使用税	印花税	资源税	土地使用税	城市建设税	其他税	税款合计
1994	267.13	106.73	67.4	79.3	7	7.6	55.8	52.9	70.0	31.94	745.8
1995	236.2	120.1	93.6	83.3	5.2	5	94.8	44.8	77.1	40.1	800.2
1996	424.9	26.8	322.1	105.1	10.6	7.1	118.1	12.8	106.0	17	1150.5
1997	393.4	23.8	426.5	81.2	4	4.1	209.8	89.1	122.3	15.8	1370.0

续表 15－3－3

项目 年度	营业税	企业 所得税	个人 所得税	房产税	车船 使用税	印花税	资源税	土地 使用税	城市 建设税	其他税	税款 合计
1998	368.6	58.2	536.4	134.7	7.48	4.3	252.7	59.7	105.34	23.68	1551.1
1999	302.0	31.75	505.4	159.0	11	5	158.0	166.0	132.0	21.85	1492.0
2000	353.6	50.4	458.8	193.1	2.69	6	262.6	160.14	80.73	13.94	1582.0
2001	427.5	44.3	466.3	96.38	4.38	4.37	203.5	134.81	187.46		1569.0
2002	443.5	150.0	385.0	142.9	5.62	5.85	169.8	142.15	147.43	1.75	1594.0
2003	432.5	160.1	473.8	150.0	4.6	7.8	170.0	147.79	142.0	0.41	1689.0

四、税收征管

中华人民共和国成立初期，现营子矿区境内，税务机构不健全，人员少，税务部门的主要工作就是收缴税款。1986 年 4 月，国务院发布《中华人民共和国税收征收管理条例》，规定纳税人在领取营业执照之日起 30 日内，向税务机关办理税务登记。并需如实向税务机关填写营业额和所得额申报表，进行纳税申报。1993 年 1 月 1 日实施的《中华人民共和国税收征收管理法》规定，纳税人自领取营业执照或在有关部门注册之日起，30 日内持营业执照或有关部门证明材料及本人身份证明，到税务机关办理税务登记。自发生纳税义务之日起，于次月 10 日内向税务机关办理纳税申报并缴纳税款，可采取直接送达，亦可采取邮寄、电子数据、电话等形式进行纳税申报。1994 年至 1998 年，税务部门推行税款征收、税务稽查、税务代理三位一体的征管模式。1998 年，区国家税务局为加强对增值税专用发票的管理，对全区 11 户大中型企业安装防伪税控系统，实现了百万元版增值税电脑发票用微机开票，取消了手工开票。进而安装防伪税控认证系统，实现了发票销售、填开、认证一条龙服务。1998 年以后，税务代理机构与税务机关脱钩，成为社会中介机构。2001 年 5 月 1 日，新的《中华人民共和国税收征收管理法》实施，实行税款征收、税务管理、税务稽查分离，相互制约的征管模式。至 2003 年，区国家税务局已将所有使用增值税专用发票的一般纳税人纳入防伪税控系统，覆盖率 100%。是年始，区税务部门推行多元化纳税申报改革，将定期定额户纳入简易申报管理范围，对核实征收的小企业和个体工商户，采用电话申报方式，均委托金融机构划缴税款。改革后即方便了纳税人，又提高了征管效率。

五、税务稽查

（一）国、地税分设前的税务稽查

1989 年，区税务分局成立稽查队，负责税收管辖区内偷税、骗税、抗税、逃税、欠税案件的受理、查处及税收检查工作。是年，检查企业 94 户，查补税款 360 万元。处理税务违章案件 15 件，补税 32 万元，罚款 31 万元。1992 年，检查企业 172 户，占纳税企业的 98%，补税 31.9 万元，查处偷税案件 17 起，补税罚款 7.87 万元。

（二）国税稽查

1996 年，对一般纳税人企业进行检查，查补增值税 365 万元，处理税务违章案件 5 件，补税、罚款 5 万元。针对长期以来煤窑煤场存在的偷抗税问题，以稽查分局为主，与征收部门一起对煤窑煤场缴税情况进行清理，共追缴欠税 4.3 万元。1997 年，处理寿王坟镇发生的倒卖铜精粉偷税案件 1 起，补税 1.05 万元，偷税及发票违章共罚款 2.05 万元。1998 年，稽查人员达到 15 人。是年，共清理欠

税103万元，占欠税总额的21%。商业查补税款52万元，入库49万元。个体煤窑查补税款50万元，入库46万元。加油站查补税款3.8万元，入库2万元。个体私营企业查补入库税款103万元。2000年，稽查局移送司法机关涉税案件5起，其中逮捕1人，刑事拘留1人，取保候审3人。2002年，对全区56户一般纳税人进行检查，检查面100%。检查建账征收的小规模纳税人60户，检查面为51%。查补入库税款120万元，罚款18万元，全部入库。受理查处各种举报案件12起，查补入库税款12.6万元。采取税收保全措施2起，查封货物价值8万元。协助公安分局抓捕虚开倒卖增值税专用发票犯罪嫌疑人1名，追缴税款及违法所得3万元。通过网络查处和打击利用假增值税专用发票偷税的违法活动。受托协查19起，发票72份，回复19起，发票72分，其中有问题的2起，发票2份，查补入库税款1.2万元。发出委托协查15起，发票128份，其中有问题的12起，79份，查补入库税款及罚款11万元。2003年，对全区60户一般纳税人进行检查，检查面100%。检查建账征收的小规模纳税人90户，检查面为51%。查补入库税款131万元。罚款18万元，全部入库。受理查处举报案件4起，查补入库税款3.6万元。继续通过网络查处和打击利用假增值税专用发票偷税的违法活动。受托协查12起，发票22份，回复12起，发票22份，其中有问题的6起，发票13份，查补入库税款1.42万元。发出委托协查8起，发票59份，其中有问题发票44份。

（二）地税稽查

1994年8月，国、地税机构分设之初，由于国、地税征管范围划分不明确，纳税人偷税案件不断发生。1995年，区地方税务局联合公安分局、检察院，对鹰手营子、汪家庄等地煤矿、煤场的偷税违法活动进行了严厉打击，中国税务报报道了这次“严打”破获的“假公章、假发票”案。1997年至1999年，区地方税务局与公安分局、法院联合办案，共处理各镇涉税案件117起，查补税款367万元，罚款85万元。2001年，按照新《中华人民共和国税收征收管理法》的规定，实行选案、立案审查、查案、处罚相分离，提高了稽查工作的科学性。2001年至2003年，稽查局对全区100户企业实行日常稽查，其中年纳税额10万元以上的重点企业，每年稽查面100%。其间，查处偷税案件，查补税款37万元。对全区煤炭开采、运输行业实行资源税完税证明和扣缴税款制度。

第二节　工商行政管理

一、机构

1953年9月，成立兴隆县工商业联合会鹰手营子办事处，代行市场管理职能。1956年3月，兴隆县财委设立鹰手营子市场管理所。1956年11月，鹰手营子、寿王坟等地划归承德市，市场管理所改属承德市工商局。1958年7月，营子矿区划回兴隆县，市场管理所归兴隆县计经委兼管。1963年，兴隆县设立寿王坟市场管理所。1965年2月，鹰手营子、寿王坟等地再次划归承德市。1968年7月，鹰手营子市场管理所与税务分局合并为工商税务分局，辖寿王坟市场管理所。1978年10月，工商、税务机构分设，成立鹰手营子工商行政管理所，编制10人，代管寿王坟市场管理所。1980年10月，鹰手营子工商行政管理所升格为工商行政管理局。内设办公室、企业合同科、市场管理科，下设寿王坟市场管理所。1983年11月，增设经济检查科。1984年9月，经区政府批准调整机构，内设办公室、企业管理股、经济合同管理股、经济检查股、个体经济管理股、市场管理股，下设鹰手营子、北马圈子、寿王坟3个工商所。1985年11月，增设汪家庄工商所。1993年5月，物价管理职能划归工商行政管理局，局内增设物价股。1994年4月，增设法制股。是年8月，营子矿区工商行政管理局改设为

承德市工商行政管理局鹰手营子分局，实行市局和区政府双重领导体制。11月始，机构设置为：办公室、政策法规股、财务审计股、企业注册管理股、个体私营经济管理股、市场管理股、经济检查队和鹰手营子、北马圈子、寿王坟、汪家庄4个工商所。1998年7月，增设纪检组。2001年4月，按照市局要求，机构改设为办公室、财务装备科、注册登记科、综合执法科和鹰手营子工商所、北马圈子工商所、寿王坟工商所、汪家庄工商所、车辆管理所。编制93人，实有工作人员40人，其中大中专以上学历39人。

二、企业登记管理

依据1982年8月9日国务院颁发的《工商企业登记管理条例》的规定，区工商行政管理局对全区各类企业普遍进行登记并核发营业执照。1985年统计，全区已登记的国营工商企业62户，分支机构107户。集体工商企业157户，分支机构184户。1990年，《中华人民共和国企业法人登记管理条例》颁发实施后，由企业登记管理发展到企业法人登记管理。至是年底，核发企业法人执照的企业191户，换发营业执照的企业322户。1993年12月29日《中华人民共和国公司法》颁布并于1994年1月1日实施后，营子矿区的第一家有限责任公司承德久隆冶金有限责任公司组建。之后，按照《中华人民共和国公司法》的规定标准，对全区所有公司进行规范整顿。至2003年底，全区共有各类企业502户，其中法人企业132户，营业单位及分支机构370户。公司15户，分公司33户。

三、个体私营经济管理

1978年12月，中共十一届三中全会后，个体私营经济在全国迅速发展。营子矿区个体私营经济发展较晚，1979年，开放集市贸易，1982年中共第十二次代表大会以后，国务院相继颁发《关于农村个体工商业的若干规定》《关于合作商业组织和个人贩运农村产品若干问题的规定》《关于组织和发展农村产品就地加工若干问题的规定》《城乡个体工商户管理暂行条例》等政策法规，允许个体经济在更广泛的领域内多层次、多形式发展，促进了全区个体经济的快速发展。到1984年底，全区个体工商户发展到1027户，从业1279人。其中，城镇303户，363人。农村724户，916人。1992年，河北省人民政府发布《鼓励发展个体私营经济的若干规定》，在坚持公有制为主体、多种经济形式并存的前提下，积极鼓励发展个体私营经济。区工商行政管理局制定了支持鼓励个体私营经济发展的10条规定。主要内容是：放宽经营范围，除国家法律、法令明令禁止的品种外，均允许个体私营者经营；放宽经营方式，允许个体私营企业从事综合商品的批发业务，允许与国营、集体企业挂钩，联购联销，代购代销；放宽从业人员，经单位同意，允许在职职工利用业余时间从事个体经营，鼓励具备条件的私营企业申办法人执照，允许个体私营经营者冠用矿区名称。是年底，全区个体工商户发展到1790户，从业人员2542人，注册资金720万元。私营企业24户，从业人员515人，注册资金211万元。到2003年底，全区个体工商户发展到2346户，从业人员3956人，注册资金3417万元。私营企业发展到75户，从业人员2524人，注册资金10506万元。其中，注册资金50万元以上和个人独资的私营企业发展到53户。先后涌现出河北怡达集团、承德久隆冶金有限责任公司、承德燕鹰游艺机制造有限公司、承德鑫鑫矿业有限公司、承德万国有色金属公司等著名私营企业，并入选承德市《私营撷英》一书。2003年，个体私营企业缴纳税收1500万元。个体私营经济在全区经济发展中已形成三分天下有其二的格局。

四、经济合同管理

1981年12月13日，第五届全国人民代表大会通过了《中华人民共和国经济合同法》。1982年6月7日，河北省人民政府颁布的《关于执行〈中华人民共和国经济合同法〉的暂行规定》，明确了经济

合同的统一管理机关是各级工商行政管理部门。营子矿区工商行政管理局的经济合同管理工作由此起步。是年，区工商行政管理局签证各类经济合同12份，签证金额140万元。1989年，实行签订经济合同资格证书制度，即国营、集体、乡镇企业的法人代表，供销业务人员及直接从事合同工作的业务工作者，经主管部门培训、考核合格者，由工商行政管理部门颁发资格证书。无资格证书者不得从事合同签订工作。是年，区工商行政管理局签证各类经济合同10件，签证金额794万元。备案合同114件，标的2469万元。截至2003年年底，全区累计签证备案各类经济合同5402份，标的5543万元。

五、商标、广告管理

商标管理。20世纪80年代以前，营子矿区主要为传统资源型经济，生产加工型企业少，商标注册工作相对滞后。1992年，办理商标注册登记4件。1993年，16户企业注册商标22件。是年，承德市水泥厂“热河牌”水泥商标、承德市东风煤矿“燕山牌”胶泷商标、区酿造厂“柳河”商标，被认定为河北省著名商标。1992年至2003年底，全区共有26户企业注册商标110件，其中又有河北怡达集团的“怡达牌”商标、区酿造厂“柳河牌”腐乳商标，被认定为河北省著名商标。

广告管理。为落实1982年2月6日国务院颁布的《广告管理暂行条例》，1985年4月，营子矿区人民政府批转区工商行政管理局《关于加强户外广告管理的通知》，区工商行政管理局开始对各类广告进行规范管理。1986年，全区4个镇相继设立了广告栏。1988年，区工商行政管理局组织12家企业投资5.768万元，在鹰手营子大街西侧修建513平方米的广告群1处。1995年，核准广告临时经营单位3户。1985年4月至2003年底，累计登记广告临时经营户215户。

六、市场管理

1978年12月中共十一届三中全会以后，随着各项经济政策的落实，城乡集市贸易得到迅速恢复和发展。1979年4月，区政府决定开放鹰手营子、北马圈子、寿王坟、汪家庄4个集贸市场。鹰手营子集贸市场初期为马路市场，场址由大街西十字路口至铁道口，全长224米，设棚台57米。北马圈子街中心市场，有水泥台14米，简易棚12间。寿王坟市场，设于中心街西侧，旺季上市摊位300个。汪家庄市场，设于供销社前，占地800平方米。根据国务院文件精神，上市商品品种仅限农民自产自销的农副产品，有20多个品种，全年成交额约7万元。1980年，进一步放宽政策，允许农民贩卖鲜活产品。国营、集体企业的工业品完成任务后，可以上市，市场上出现了少量工业品和水产品。1981年，根据国务院文件精神，允许国营、集体企业开展农副产品议购议销，允许一些传统的日用工业品、小商品上市，允许恢复旧货市场。1982年，开放小商品市场，营子矿区的集贸市场由单一的农副产品市场发展到综合性市场，是年成交额53.98万元。1985年，汪家庄集贸市场迁至汪家庄矿俱乐部西侧，占地2970平方米。1990年7月，北马圈子集贸市场迁至路北，路北市场投资7.5万元，占地1673平方米，有大棚38延长米，水泥台70延长米，营业用房21间。1992年4月21日，鹰手营子首办大集，吸引了遵化市、玉田县、蓟县及东北地区大量客商。上市的国营、集体及乡镇企业、个体经营户的摊位达645个，商品成交额18万元。是年，由鹰手营子副食品公司提供桥南路7号院房屋，建立旧物市场1处，于7月1日开业。8月21日，鹰手营子废旧物资回收公司，投资56万元，将公司闲置大院改建成6000平方米，可容纳550个摊位的院落市场，结束了鹰手营子马路市场的历史。1993年，汪家庄镇姚庄村投资50万元建集贸市场1处，占地5000平方米，建筑面积1540平方米，其中有营业用房720平方米，售货棚台820平方米，摊位134个。寿王坟百货商店投资8万元，利用原寿王坟国营旅馆大院，建院落市场1处，占地1717平方米，建筑面积604平方米。1995年，由承德市工商行政管理局鹰手营子分局牵头，承德承鹏煤炭购销有限责任公司与石家庄新华集贸中心联合建立石家庄新华集贸中心营子分市场1处。2002年，王树国投资21万元，对鹰手营子院落市场进行扩建，增加场地面积3400平方米，扩建摊位186个。

七、经济检查

新中国成立后，经济检查的主要职责是打击倒买倒卖重要生产资料和紧俏耐用商品、制造销售假冒伪劣商品、利用经济合同以代购代销为名进行偷窃诈骗活动及买私贩私等行为。重点打击投机倒把。1983年11月，区工商行政管理局设立经济检查科，主要负责查处市场和流通领域各类违章违法活动。1993年12月1日实施的《中华人民共和国反不正当竞争法》，进一步规范了社会经济秩序，对不正当竞争行为进行了明确界定。1994年，区工商行政管理分局依法查处寿王坟铜矿京承日化厂假冒厂址一案。1995年，查处个别单位违法购进8辆小汽车一案，收缴罚没款16万元。1994年至2003年底，市工商行政管理局鹰手营子分局共查处包括违反《中华人民共和国反不正当竞争法》在内的违章违法案件479起，其中万元以上大案15起，共收缴罚没款49.3万元。

八、外资登记管理

营子矿区设立外资企业的审批权在承德市工商行政管理局。区内最早的外资企业是1992年成立的承鸿塑料有限公司。至2003年底，全区共有外资企业4户，即河北移动公司承德分公司鹰手营子营业厅、河北移动公司承德分公司鹰手营子营业二厅、承德塑胶有限责任公司、承德福达食品有限公司。

第四章　物价和质量技术监督管理

营子矿区物价管理部门主要负责掌握全区物价总水平。1985年后，开始实施价格改革，逐步放开了部分商品价格，除实行政府定价和政府指导价的商品和服务项目共19种（类）外，其余全部由市场调节。开展物价监督检查工作，开通“12358”全国统一举报电话，至2002年年底，处理违规收费单位20余个。1985年至2003年，在“双信”竞赛活动中，有10余个单位获得市级或区级“物价计量信得过单位”荣誉称号。

区质量技术监督局成立后，加强计量管理，每年进行3至4次标准计量执法检查。开展企业标准化生产的管理工作，至1999年末，全区企业全部实行标准化生产。加强产品质量监督工作，每年查处各类产品质量违法 案件100余起。开展创名牌产品工作，境内生产的水泥、山楂食品、游艺机等产品获河北省名牌产品或河北省优质产品称号。协助、指导5家企业通过了ISO 9000 质量体系认证。

第一节　物价管理

一、管理机构

中华人民共和国成立至1956年，物价由兴隆县工商科直管。1956年11月，鹰手营子、寿王坟等

地划归承德市，设鹰手营子矿区，物价工作先后由市工商科、物价管理委员会、财经委员会直管。1958 年 7 月，营子矿区划回兴隆县，物价工作先后由县财经计划委员会、财经委员会、市场物价管理委员会直管。1965 年 2 月，营子矿区再次划归承德市，物价工作仍由市物价管理部门直管。1984 年 7 月，成立鹰手营子矿区物价检查所，有工作人员 5 名，检查所人员、经费由市物价局管理。1986 年 6 月，在物价检查所的基础上成立鹰手营子矿区物价局。1993 年 5 月，物价局并入区工商局。1995 年 4 月，管理物价的职能和人员由工商分局分出，并入区财政局，设立物价股。1998 年 3 月，单独设立区物价局。2002 年 5 月机构改革后，区物价局有工作人员 4 名。区物价检查所成立至 2003 年末，营子矿区的物价管理部门，主要负责掌握全区物价总水平，对国家各项物价政策的落实情况进行监督、检查、管理，没有定价权。

二、价格改革

20 世纪 50 年代初期至 1978 年 12 月中共十一届三中全会前，价格以国家定价为主，主要定价权在中央，地方权限很小，企业基本无权定价。1979 年至 1984 年，实施以调为主价格改革，营子矿区大幅度提高农产品收购价格，适当提高多种副食品销售价格。调整部分原材料和机械产品价格，降低化纤织品和提高棉纺织品的销售价格，对企业超计划的自销产品，实行市场价格。调整了交通运输价格和服务收费。

自 1985 年始，逐步放开了除定量供应的粮食、食用植物油以外的绝大部分农副产品价格，调整了生猪等畜产品销售价格，放开猪、牛、羊肉价格，放开蔬菜、鲜蛋的销售价格。1993 年 5 月，营子矿区放开了除军粮以外的粮油销售价格，实行市场调节。是年 7 月，实行“采价”制度，对全区粮油、主要副食品和肉蛋蔬菜的市场价格进行调查，掌握市场变化情况。及时报市物价局。至 2002 年，根据新公布的《河北省定价目录》，实行政府定价和政府指导价的商品和服务项目仅剩重要储备物资；主要农产品；国家专营的烟叶、食盐和民爆器材；部分化肥；水；医药；天然气、液化气、煤气；电力；热力；军品；教材；特殊商品；重要交通运输；教育收费；邮政电信业务；房地产；旅游；重要的专业服务和国家行政单位收费共 19 种（类），其余商品及服务项目的价格，均由市场调节。

三、物价监督检查

1984 年 7 月，营子矿区成立物价检查所后，每逢元旦、春节、国庆节等 重要节日，都重点对商品零售业、饮食服务业进行价格检查，稳定市场物价。并开始聘请群众义务监督检查员，开展对物价的群众监督检查工作。1987 年 6 月，根据国家物价局和全国总工会下发的《职工物价监督暂行办法》，全区建立了 2 个群众义务监督检查站，有义务监督检查员 10 名。其监督检查范围和主要任务是：在物价部门的指导下，在规定的区域范围内，有权对国营、集体 、个体零售单位的商品价格和计量情况进行检查，对查出的违规行为，视具体情节，可给予 20 元以下的罚款。1989 年 8 月，省人大常委会颁布《河北省价格监督检查条例》，物价监督检查工作走向正规化、法制化。1990 年至 1992 年，营子矿区将农业生产资料、重要的生活必需品、非商品收费的价格，作为价格检查的重点，期间，查处违规单位 40 余个，上缴罚没款 30 余万元。1998 年，区物价局开通 “12358” 全国统一举报电话，专人负责，每年受理群众举报几十起，解决了许多群众关心的价格热点问题。是年至 2002 年，将教育、医疗及其他行政事业性收费作为价格检查的重点，处理违规单位 20 余个，收缴违规收费 20 余万元，使教育、医疗等收费趋于合理，减轻了群众负担。

四、开展物价计量信得过活动

1985 年 10 月开始，营子矿区在国营、集体零售商品和企业中，开展“物价、计量信得过”竞赛

活动。竞赛的主要内容是：单位领导对物价、计量工作的重视程度；各项规章制度的建立与执行情况；物价、计量的政策、法令、法规的贯彻执行情况；在物价、计量方面的组织建设情况；服务态度、服务质量等。每年先由参加“双信”竞赛活动的单位申报，再由其主管部门根据评选条件检查推荐，最后，由区级评委会评出区级“双信”单位，由市级评委会评出市级“双信”单位，均授予荣誉称号，颁发荣誉证书，悬挂红匾。至2003年底，全区有10余个单位获得市级或区级“物价计量信得过单位”荣誉称号。

第二节　质量技术监督管理

一、机构

1995年9月5日，营子矿区成立质量技术监督局，有工作人员3人，靠挂区经贸局。1999年3月，质量技术监督局由经贸局分出单设，编制15人。2000年4月，区质量技术监督局改设为承德市质量技术监督局鹰手营子分局，内设办公室、业务股、稽察股。

二、计量管理

营子矿区质量技术监督局设立之前，计量工作由承德市质量技术监督局直接管理。市局对营子矿区的企业、商户使用的计量器具进行监督检查，对违法违规行为进行处理。在兴隆矿务局、寿王坟铜矿等大型企业，设立标准计量机构，负责本单位的标准计量工作。1995年9月，营子矿区质量技术监督局成立后，每年进行3—4次标准计量执法检查。重点检查石油加油机，企业用于贸易结算的台磅、案称、地中衡、电子汽车衡，批发零售市场的定量包装商品等。2003年，承德市质量技术监督局鹰手营子分局购置了120吨的电子汽车衡，成立营子矿区公证计量站，是年5月1日投入使用，受到用户欢迎。

三、标准化生产管理

1995年9月，营子矿区质量技术监督局成立后，按照省、市局的部署，开展企业标准化生产的管理工作。对全区正常生产的39家企业监督实行46项国家和行业标准，为没有国家和行业标准的9家企业制订了企业标准，并依法备案。至1999年末，全区企业全部实现了标准化生产。随后，建立企业产品执行标准的台账，输入微机，对各企业生产标准的执行情况，进行动态管理。

四、产品质量监督

1999年3月，单独设立区质量技术监督局后，每年查处各类产品质量违法案件100余起。其中，较大案件有：1999年12月，捣毁生产垃圾棉窝点1个，没收用垃圾棉生产的“优质被套”72套，销毁垃圾棉10吨。2000年3月，在寿王坟捣毁生产假冒名牌皮鞋窝点1个，没收假商标2000套，对已生产的20双皮鞋，责令作为劣质皮鞋低价处理。2001年6月，捣毁并拆除非法生产“地条钢”企业6家。9月，查处外地销售到区内煤矿的以旧翻新变压器6台，为煤矿安全生产消除了隐患。12月，抽查发现区农网改造用的30万米电缆、电线不合格，及时通知电力部门，挽回了损失，保证了农网改造的质量。1999年至2003年年底，查获冒牌VCD、手机、红星二锅头酒、沱牌酒及不合格一次性注射器、输液器等伪劣产品，价值几百万元，净化了市场环境。

五、创名牌产品

2000年4月，承德市质量技术监督局鹰手营子分局，根据市局关于企业产品质量管理的要求，制订“质量兴区、名牌兴企”实施方案，协助企业制定质量管理体系和创名牌计划，指导、协调企业申报名牌产品。截至2003年年底，承德国投水泥有限公司生产的热河牌普325 #、矿渣425 #水泥和河北怡达食品集团有限公司生产的怡达牌铁山楂，荣获河北省名牌产品称号。兴隆矿务局水泥厂生产的兴鹰牌普通硅酸盐水泥、承德腾达游艺机有限责任公司生产的腾达游艺机系列产品，荣获河北省优质产品称号。

六、认证工作

营子矿区质量技术监督局成立后，一直协助、指导企业进行，ISO 9000质量体系认证工作。至2003年年底，已有承德国投水泥有限公司、兴隆矿务局水泥厂、兴隆矿务局蓄电池厂、河北怡达食品集团有限公司、承德腾达游艺机有限责任公司5家企业通过了ISO 9000质量体系认证。

第五章　土地和审计管理

1989年9月，设立区土地管理局。区土地管理局成立后，先后开展了土地权属调查、土地结构调查、地籍测量、土地登记发证、建城区土地定级估价、土地复垦、非农业建设用地管理、建房用地管理、土地市场管理等项重点工作，使全区的土地管理步入规范化、法制化的轨道。1998年1月，营子矿区被省土地管理局授予“土地执法模范区”称号

1984年12月，营子矿区成立审计局，开展国家审计工作，1985年至2003年底，共审计622个单位。1992年12月，营子矿区成立审计事务所，于1999年撤销，期间共受委托完成社会审计214项。1993年，全区共设立内审机构10个，至2003年年底，共开展内审业务221项。审计工作的开展，在净化经济环境，反腐倡廉方面发挥了重要作用。

第一节　土地管理

一、机构

1978年以前，营子矿区没有土地管理机构，在不同的区划时期，由兴隆县或承德市直接管理。1978年，土地管理由区劳动民政科负责。1980年10月，分设劳动、民政两科，土地管理由民政科负责。1981年3月，区城市建设科改设城市建设局，下设土地管理科，负责土地管理工作。1989年9月，成立营子矿区土地管理局，下设综合股、地产用地股、地政股、监察股和土地估价所，编制8人。2002年5月，机构改革，土地管理局和地质矿产局合并，成立营子矿区国土资源局，负责全区土

地矿产资源的管理工作。

二、土地权属调查

1992 年 6 月，营子矿区土地管理局开展了土地权属调查工作。在调查中发现，营子矿区与兴隆县有历史遗留及调绘地形图时调错权属争议地 12 处，面积 818.18 公顷，其中，兴隆县寿王坟林场 1 处，面积 742.62 公顷。区内权属争议地 3 处，面积 7.26 公顷。为解决营子矿区与兴隆县的土地权属争议，承德地区专属、承德市、兴隆县、营子矿区 4 个土地管理局召开专题调解会议，解决土地权属争议 11 处，营子矿区与兴隆县寿王坟林场的土地权属争议没有解决，按争议土地处理。至 1993 年末此次土地权属调查工作结束。此次土地权属调查，查清了各级行政区划界线，准确绘出了区、县界，4 个镇 15 个行政村的权属界线。边界双方签署了权属协议书，争议地块签署了争议原由书。在土地权属调查中测定，营子矿区辖区面积 146986.33 公顷，其中有兴隆县 335.7 公顷。全区国有土地面积 3924.67 公顷，集体土地面积 10740.4 公顷。至 1997 年，区内 3 处土地权属争议全部调解解决。

三、土地结构调查

1992 年 6 月至 1993 年 12 月，营子矿区土地管理局在开展土地权属调查的同时，开展了全区土地结构的调查测定工作。测定全区土地总面积 14811.48 公顷（222172.2 亩）。其结构为：耕地 898.67 公顷（13480.05 亩），占全区土地面积的 6.1%。园地 637.27 公顷（9559.05 亩），占全区土地总面积的 4.3%。村地 9840.2 公顷（147603 亩），占全区土地面积的 66.4%。居民点及工矿用地 1141.47 公顷（17122.05 亩），占全区土地总面积的 7.7%。交通用地 96.47 公顷（1447.05 亩），占全区土地总面积的 0.65%。水域 240.33 公顷（3604.95 亩），占全区土地总面积的 1.6%。未利用土地 1957.07 公顷（29356.05 亩），占全区土地总面积的 13.2%。

四、地籍测量和土地登记发证

营子矿区土地管理局自 1991 年开始，以鹰手营子镇为试点，开展地籍测量工作。随后，在北马圈子镇、汪家庄镇、寿王坟镇相继开展并出色完成了地籍测量工作。以地籍测量为基础，至 1993 年 12 月，营子矿区在承德市三区一县率先完成了地籍调查工作，北马圈子镇地籍调查成果获省二等奖。

随着地籍调查工作的进行，区土地管理局对全区国家建设用地、乡镇企业用地、农宅用地、三资企业用地、砖瓦窑占地等进行土地登记发证。至 1997 年末，发放土地使用证 6479 个。2002 年，又在全区范围内重新进行农村集体土地登记发证工作。发放土地使用证 15 个，发证率 100%。是年，开展城镇居民住房登记发证工作。经调查，全区建城区范围内符合登记发放土地使用证条件的个人住户 1985 户，可发证面积 323528 平方米，符合条件的个人住户可自愿办理领取土地使用证手续。1992 年 6 月开始地籍调查至 2003 年底，共发放国有土地使用证 1670 个，其中办理划拨用地 1595 宗，办理出让 38 宗，办理转让 37 宗。

五、建城区土地定级、估价

为落实国务院《城镇国有土地使用权出让和转让暂行条例》和国家土地管理局关于加快土地估价工作的通知精神，营子矿区土地管理局委托河北农业大学，于 1996 年开展并完成了对鹰手营子镇建城区土地的分等定级和估价工作。1997 年，开展并完成了对汪家庄镇、北马圈子镇、寿王坟镇建城区土地的分等定级和估价工作。

营子矿区各镇建城区土地定级、估价一览表

表 15－5－1

项目 / 镇别	土地总面积	各级别土地面积（亩）				各级别土地基准地价（元/平方米）			
		一级	二级	三级	四级	一级	二级	三级	四级
鹰手营子镇	3450	362	647	926	1515	505	398	278.5	148
北马圈子镇	915	240	263	412	—	298	232	165	—
寿王坟镇	1928	349	795	784	—	320	231	122	—
汪家庄镇	1230	161	380	689	—	261	211	144	—

六、土地复垦

营子矿区是工矿区，煤炭开采历史悠久。长期的煤炭开采，造成了大量的土地塌陷、压废。为了缓解人地矛盾，改善生态环境，自 2002 年始，营子矿区土地管理局进行矿山废弃地整理复垦工作。申报期限 3 年的国家级土地整理复垦项目 1 个，计划投资 1880 万元，整理土地 4530 亩。完成了北马圈子镇南马圈子村投资 80 万元，整理土地 450 亩和鹰手营子镇河北村投资 210 万元，整理土地 830 亩的两个省级土地整理复垦项目的申报工作。是年 5 月，鹰手营子镇投资 50 万元，完成土地复垦 433290 平方米（650 亩），复垦后的土地规划为经济林和经济作物种植区。至 2003 年年底全区已整理复垦土地 1500 亩，其中恢复耕地 1000 亩。

复垦地（摄影　戴翔）

七、非农业建设用地

1988 年，开展土地清查工作，年底基本结束。全区非农业用地 14977.64 亩，使用单位 198 个。1989 年 9 月，成立营子矿区土地管理局后。依据《河北省土地管理条例》，城镇建设用地、独立工矿用地、交通用地，呈报承德市土地管理局审批。农村住宅用地，由计划建房村民、向村委会提出住宅用地申请，经公示并提交村民代表大会讨论通过后，逐级上报镇政府和区土地管理部门审核，由区政府审批。1989 年 9 月至 2003 年年底，全区非农业建设用地 1806.694 亩，其中占用耕地 839.401 亩。

1989—2003 年营子矿区非农业建设用地统计表

表 15－5－2　　　　单位：亩

项目 / 年份	城镇建设用地		独立工矿用地		交通用地		住宅用地	
	用地总量	占用耕地	用地总量	占用耕地	用地总量	占用耕地	用地总量	占用耕地
1989	—	—	—	—	—	—	13.010	2.860

续表 15-5-2

年份 \ 项目	城镇建设用地		独立工矿用地		交通用地		住宅用地	
	用地总量	占用耕地	用地总量	占用耕地	用地总量	占用耕地	用地总量	占用耕地
1990	19.165	0.760	202.590	28.501	—	—	15.450	5.110
1991	19.800	10.600	219.659	106.880	—	—	14.490	12.380
1992	86.310	35.000	29.630	17.130	—	—	7.520	5.810
1993	52.610	23.100	160.580	156.000	—	—	6.440	4.790
1994	45.320	19.930	—	—	—	—	7.640	1.750
1995	56.190	9.880	0.310	0.150	—	—	7.770	4.910
1996	88.150	5.000	—	—	—	—	5.310	3.550
1997	0.630	—	3.330	3.330	19.570	9.280	1.390	0.200
1998	7.810	—	—	—	319.740	293.040	11.240	1.530
1999	4.700	—	—	—	—	—	19.040	1.150
2000	117.820	19.300	—	—	—	—	16.620	0.400
2001	3.620	—	—	—	—	—	17.590	0.520
2002	187.180	50.160	—	—	—	—	4.640	0.450
2003	6.700	4.200	—	—	—	—	7.130	1.750

八、建房用地管理

中华人民共和国成立初期，农民宅基地由村民申请，报行政村审批，1958 年人民公社成立后，宅基地由村民提出申请，报生产大队审核，再报人民公社委员会审批。

1979 年 4 月，营子矿区革委会在《关于加强房地产管理的通知》中，重申“人民公社六十条”第七条“农村土地包括宅基地一律不准出租和出卖”和《承德市城市建设管理暂行规定》第二条“城镇内的房基地、空地、河流、荒山、荒地都属于国家所有，均由城市建设局统一规划，统一管理，统一安排使用，任何单位和个人不得擅自占用”等规定，并要求“城镇居民和在城镇内居住的社员买卖房屋和建筑都要经营子矿区革委会城建部门批准”。

1981 年 5 月，开始执行《河北省人民政府关于农村社员宅基地问题的几项规定》，新划宅基地由用户申请，经社员大会或社员代表大会同意，公社审查后，报县、市人民政府。占地标准每户最多不超过 2 分 5 厘。

1982 年 6 月，根据国务院《村镇建房用地管理条例》的要求，对全区 3 个公社 13 个生产大队 79 个生产队进行建房普查，有效控制了占用耕地建房现象。1985 年批准 4 镇村民 326 户建房，共翻建、新建房屋 2.02 万平方米，其中新建房屋 112 间。1988 年对全区 14 个行政村 4690 户农村居民宅基地的使用情况进行全面清查，清查结果，全区农村宅基地总面积 1737 亩，其中耕地 450 亩，非耕地 497 亩，旧宅基地 790 亩。同时对 14 个行政村中 61 户新建房屋进行现场勘查，选址定点，做到无规划外建房。全年建房共占非耕地 12.08 亩，耕地 14.9 亩，按市批准计划节约土地 23 亩。1990 年审批村民建房 97 户，占地 15.965 亩，其中耕地 4.895 亩。

1993 年经审查批准城镇住宅建筑 5 项，审批村民建房 82 户，占地 2.9 亩，其中耕地 2.4 亩，非

耕地0.5亩。1994年，根据区委、区政府制定的小康建设发展规划，加强了村民建房审批管理工作。全年审批农村建房101户，面积13.42亩。至2003年全区建设经济适用户，开发商品房，新建改建商住商办综合楼都全部按照《鹰手营子矿区房地产开发拆迁管理暂行规定》申报审批。

九、土地市场管理

1977年以前，《农村人民公社化工作条例》规定，生产队范围内的土地都归生产队所有：生产队土地包括社员自留地、自留山、宅基地等一律不准买卖、出租、社员申请占用非耕地需经生产队批准，占用耕地必须经人民公社批准。

1990年，依据国务院《城镇国有土地使用权出让和转让暂行条例》，实施用市场手段配置土地资源，促进土地资源合理利用和优化配置的新制度。为了积极稳妥地推进土地使用制度改革，1992年，成立区清理整顿土地市场领导小组和办公室，针对擅自转让土地使用权，擅自出租土地使用权，擅自抵押土地使用权等违规行为，印发《关于清理整顿土地市场的安排意见》，对区内土地使用权的出让、转让、出租、抵押等均开始采取招标、拍卖、挂牌方式，并报市政府审批。1992年末至1993年初清理整顿了区内隐形土地市场，并将其全部纳入统一管理范围。1994年，中共营子矿区委、区政府印发《小康建设目标和2000年发展规划》，把“深化改革，逐步建立土地流转机制，允许土地使用权有偿转让，有条件的村镇，经群众讨论，可集中部分土地开展适度规模经营”列为主要措施之一。1993年至1996年，共办理土地出让手续3宗，收取出租金17.4万元，处理土地权属纠纷653起。1996年至1997年，完成4个镇的土地定级评价工作，按照用地类型和土地等级制定了统一的基准地价，营子矿区土地市场开始步入规范化管理轨道。1997年6月，营子矿区土地交易市场成立。此后，随着经济的迅速发展，重点建设项目不断增加，建设用地需求量大幅度增长。营子矿区把城市建设规划区用地全部纳入土地使用制度改革的范围，国有土地出让，一律由市政府批准；把规划、征地、开发、出让、管理统一起来，强化对土地使用的控制和管理；对建设项目用地，严格按照规划明确土地用途，通过拍卖、招标、协议出让等方式，让单位或个人通过公开、公正、公平、透明合理的竞争，依法取得土地使用权；通过废弃地复垦整理，置换用地指标，保障重点项目用地等措施，进一步加强了土地出让管理，清理土地自发交易，加快了培育完善土地市场的步伐。1998年1月，营子矿区被省土地局授予“土地执法模范区”称号。

1999年至2002年，全区共上报审批划拨用地6宗，协议出让转让土地21宗，办理土地使用权抵押2宗，抵押土地11.706公顷，抵押金额700万元。承德市土地收购储备中心招标、拍卖、挂牌出让3宗，其中以283万元的出让金，完成了营子矿区粮库闲置土地3.7529公顷的收购储备工作。2001年至2003年，共征用集体土地13宗，占地13.17公顷，为21宗减免、缓交土地出让金的单位全部按规定履行了手续，对5宗非法占地排放尾矿企业，在未进行永久性建筑的前提下，补办了用地手续，查处了通过隐形市场出租房屋，涉及土地0.96公顷的违规问题。

第二节　审计管理

一、机构

1984年12月，营子矿区成立审计局，只有1名副局长，未设内部机构。1987年，有人员2人，1988年4人。1995年7月，经区委组织部批准设立秘书股、行政事业审计股、企业审计股，有工作人

员7人。1996年10月，增设财政金融审计股，12月，增设镇村审计股，有工作人员9人。2002年5月机构改革，经区编制委员会批准，机构重新设置为：办公室、行政事业审计股、经贸审计股、任期经济责任审计股。定编9人，其中工人编制1人。

二、国家审计

1986年以前，区审计局本着“抓重点、打基础”的工作思路，除开展财务收支审计外，主要配合区财政、物价、纪检委等部门开展工作。1986年，开始开展审计调查工作，开展了区属企业、事业单位会计素质调查，协助承德市审计局开展营子矿区流动资金使用情况和库有商品结构情况调查，并写出调查报告。是年，配合物价局对粮食部门和贸易市场进行节日物价大检查。1987年，开始对一些重点专项资金进行专项审计。是年，全区工商企业开始推行承包经营。1988年，区审计局开始对实行承包经营企业的厂长（经理）实行责任制奖惩兑现审计。1989年，首次对商业企业经理实行离任审计。1991年1月1日，《中华人民共和国审计法》实施，是年，区审计局首次开展镇级财政决算审计。1996年1月，首次开展财政预算执行审计，即财政同级审，审计区预算变动情况、执行情况和财政决算情况。是年3月，对全区党政机关1994年至1995年招待费支出情况进行审计调查，调查单位61个，对招待费上升的原因进行了分析，并提出了审计建议。1998年2月至3月，对区粮食分局及其下属企业1992年4月至1997年亏损情况进行专项审计。对亏损原因，从政策、经营管理等方面进行了分析，并提出了审计建议。区审计局1985年至2003年年底，共对139个单位进行了财务收支审计，审计覆盖面100%，查出违法违规资金229.7万元。1986年至2003年年底，开展调查项目24项，调查单位143个，撰写调查报告33篇。1987年至2003年年底，开展支农周转金、民政事业费、教育经费及救灾款等专项审计22项。对32家工商企业进行了承包经营审计和责任制奖惩兑现审计。对62个区直部门及企事业单位的第一把手进行了离任审计。1991年至2003年年底，共对63个单位进行了财政预算执行审计和镇级财政决算审计，共查出违纪资金1354万元，上缴财政30万元。1985年至2003年年底，区审计局共审计单位622个，查出各种违纪资金2814.92万元，上缴财政资金85.1万元。

三、社会审计

1992年12月，河北省审计局批准营子矿区成立审计事务所，靠挂区审计局，接受区审计局的管理和指导，独立核算、自收自支、依法纳税。主要开展财务收支审计、承包离任审计、国营企业审计查证、经济案件鉴定、验资年检、基建项目审计等业务。1999年，河北省进行审计事务所整改，受注册资金和人员资格限制，区审计事务所撤销。自区审计事务所成立至撤销，共受委托完成审计214项，其中，财务收支审计32项；承包离任审计33项；验资年检133项，验资金额1.14亿元；基本建设决算审计14项，核减资金97.5万元；经济案件鉴定2项。

四、内部审计

1993年，全区4个镇及商业、金融部门共设立内审机构10个，有内审工作人员27人。1997年，由于工商银行、农业银行上划市行管理，内审机构减至8个。至2003年年底，共开展内审业务221项，其中，财务收支审计36项，经济效益审计27项，离任审计25项，基建审计3项，其他审计130项。

第十六编 ZHONGGUOGONGCHANDANG

16 中国共产党

第一章 创建与发展
第一节 党员
第二节 党组织发展
第二章 党代表和党代表大会
第一节 党代表
第二节 党代表大会
第三章 组织机构
第一节 领导机构
第二节 纪律检查委员会
第三节 区委工作机构
第四节 基层党委
第四章 重大决策
第一节 实施小康区建设工程决策
第二节 提出《国民经济和社会发展“九五”计划和2010年远景目标纲要》建议
第三节 加快个体私营经济发展决定
第四节 发展农业产业化决策
第五节 实施党政机关机构改革决策
第六节 实施精神文明建设决策
第七节 推进依法治区决策
第五章 日常党务工作
第一节 纪检工作
第二节 组织工作
第三节 宣传教育
第四节 统战工作
第五节 政法工作
第六节 农村工作
第七节 信访工作
第八节 老干部工作
第九节 党史工作
第六章 政治运动与落实政策
第一节 政治运动
第二节 落实政策

16 承德市鹰手营子矿区志·中国共产党

CHENGDESHI YINGSHOUYINGZIKUANGQU ZHI
ZHONGGUOGONGCHANDANG

民国29年（1940年）2月，中共迁（安）遵（化）兴（隆）抗日联合县十一区区委设于寿王坟罗圈沟的梆子沟内，是区内设立最早的区委。民国30年（1941年）10月2日，郑家庄村1名村民加入中国共产党，成为区内入党最早的党员。民国32年（1943年）3月，在寿王坟梆子沟建立区内第一个党支部。此后党的组织和党员队伍不断发展扩大，在抗日和解放战争时期成为全区人民对敌斗争的坚强领导核心。

中华人民共和国成立后，党组织紧紧围绕全党的中心任务，认真做好党务工作，区委对全区物质文明和精神文明建设中的重大问题，及时作出决策。按照中央指示精神和上级党委的统一部署，开展了一系列政治运动，1978年12月中共十一届三中全会后，拨乱反正，落实了党的各项政策。1972年10月至2003年4月，营子矿区共召开6次党员代表大会，选举产生了中共鹰手营子矿区一至六届委员会。

第一章　创建与发展

20世纪40年代初期，中共迁遵兴抗日联合县第十一区区委和八路军干部，分别在寿王坟地区和鹰手营子发展党员，并在寿王坟建立党支部，开展抗日斗争。之后，寿王坟、鹰手营子两地的党员和党支部数量不断增加。中华人民共和国成立后，境内党的基层组织和党员数量快速增长，女性党员、少数民族党员比例和党员文化程度明显提高。至2003年年底，营子矿区共有基层党委8个，党总支11个，党支部148个，党组21个。其中农村基层党委4个，党支部15个。全区党员3127名，其中农村党员547名。

第一节　党　　员

一、党员发展

营子矿区的党员发展始于抗日战争最艰苦的民国30年（1941年）。是年10月2日，郑家庄村詹国义，经迁遵兴抗日联合县十一区区委干部李山介绍，加入中国共产党，成为营子矿区入党最早的党员。是月，鹰手营子村钱永如，经八路军地下党干部薛志远介绍入党。民国31年（1942年）2月，李山又先后介绍南沟村八路军办事员李万录、罗圈沟村李瑞平入党。区委书记郭羽介绍罗圈沟梆子沟八路军办事员毕德印入党。十一区区委干部郑辛珠介绍罗圈沟村武装班长孙宝山入党。区长穆山和区政府干部赵子臣在副将沟介绍吴占彬、吴祥、张树云、栾凤彬入党。民国32年（1943年）2月至5月，在寿王坟又先后发展了18名党员。抗日战争胜利后，民国34年（1945年）9月，鹰手营子、寿王坟地区有中共党员30名，是年年底达到40名。

1949年末，有党员297名。1956年11月，鹰手营子、寿王坟等地由兴隆县划归承德市，成立鹰手营子矿区，移交党员793名，其中农村党员446名。1958年7月，营子矿区划回兴隆县，移交党员

782 名。1964 年全区有党员 1503 名。1965 年 2 月，营子矿区再次划归承德市，由于区划的变动，党员人数减少很多。1971 年有党员 434 名。此后，党员数量稳步增长，至 2003 年年底，全区有党员 3127 名，其中男性党员 2422 名，女性党员 705 名。

二、党员结构

女性党员和少数民族党员。20 世纪 60 年代中期以后，在保证质量的前提下，注重发展女性党员和少数民族党员。1959 年，女性党员占党员总数的 6.9%，少数民族党员占 0.53%；1979 年，女性党员占 28.4%，少数民族党员占 1.4%；2003 年，女性党员占 22.5%，少数民族党员占 5.8%，比例明显提高。

56 岁以上党员。20 世纪 60 年代始，国家实行计划生育国策，人口出生率逐步下降，老年人比例上升，党员队伍中年龄较大的党员比例增加。1979 年，56 岁以上党员占党员总数的 2.2%，2003 年占 43.8%。

文化程度。中华人民共和国成立后，随着全区教育事业的发展，党员队伍的文化程度得到大幅度提高。1959 年，受过中等教育的党员占党员总数的 24.9%，受过初等教育的占 63.7%，文盲占 11.4%。1979 年，受过高等教育的党员占党员总数的 1.9%，受过中等教育的占 47.2%，受过初等教育到占 39.2%，文盲占 11.7%。2003 年，受过高等教育的党员占党员总数的 14.4%，受过中等教育的 85.6%。

1956—2003 年营子矿区部分年份党员基本情况统计表

表 16－1－1　　　　单位：人

年度	党员总数	性别		民族		年龄				文化程度					
		男	女	汉	少数民族	25 岁以下	26—45 岁	46—55 岁	56 岁以上	大专以上	中专	高中	初中	小学	文盲
1956	793	672	121	789	4	63	402	291	37	—	—	3	78	506	206
1957	—	—	—	—	—	—	—	—	—	—	—	—	—	—	—
1958	782	699	83	776	6	86	597	74	25	—	—	10	105	544	123
1959	931	867	64	926	5	97	683	112	39	—	—	14	218	593	106
1960	1866	1523	343	185	9	32	1506	287	41	—	—	26	441	703	696
1961	—	—	—	—	—	—	—	—	—	—	—	—	—	—	—
1962	1217	781	436	1209	8	14	902	284	17	—	4	13	279	514	407
1963	1474	902	572	1460	14	38	1087	305	44	—	4	29	438	701	302
1964	1503	964	539	1497	6	29	1212	246	16	—	3	41	661	601	197
1965	—	—	—	—	—	—	—	—	—	—	—	—	—	—	—
1966	—	—	—	—	—	—	—	—	—	—	—	—	—	—	—
1967	—	—	—	—	—	—	—	—	—	—	—	—	—	—	—
1968	—	—	—	—	—	—	—	—	—	—	—	—	—	—	—
1969	—	—	—	—	—	—	—	—	—	—	—	—	—	—	—

续表 16－1－1

年度	党员总数	性别		民族		年龄				文化程度					
		男	女	汉	少数民族	25 岁以下	26—45 岁	46—55 岁	56 岁以上	大专以上	中专	高中	初中	小学	文盲
1970	—	—	—	—	—	—	—	—	—	—	—	—	—	—	—
1971	434	290	144	422	12	11	378	30	15	6	2	23	137	236	30
1972	—	—	—	—	—	—	—	—	—	—	—	—	—	—	—
1973	389	262	127	382	7	5	355	—	29	18	—	22	151	197	1
1974	437	314	123	427	10	6	395	—	36	23	1	30	167	216	—
1975	453	332	121	444	9	7	393	—	53	23	2	27	185	216	—
1976	535	374	161	523	12	21	58	—	94	19	4	36	201	245	30
1977	566	382	184	554	12	27	65	394	80	16	—	30	246	214	60
1978	575	411	164	566	9	20	—	—	123	11	—	32	220	253	59
1979	640	458	182	631	9	22	—	—	138	12	—	49	253	251	75
1980	—	—	—	—	—	—	—	—	—	—	—	—	—	—	—
1981	—	—	—	—	—	—	—	—	—	—	—	—	—	—	—
1982	—	—	—	—	—	—	—	—	—	—	—	—	—	—	—
1983	1312	1024	288	1295	17	14	494	416	388	23	35	80	454	572	148
1984	1728	1409	319	1702	26	18	654	540	516	33	69	96	608	8112	110
1985	1826	1460	364	1787	39	25	675	561	565	45	80	141	581	836	143
1986	2007	1623	384	1959	48	64	720	586	637	56	86	191	630	891	153
1987	2152	1752	400	2074	78	120	754	590	688	68	112	206	664	888	214
1988	2180	1779	401	2102	78	92	760	583	754	71	128	200	664	912	205
1989	2230	1816	414	2134	96	91	716	574	849	79	124	210	685	928	204
1990	2200	1790	410	2112	88	74	683	519	924	80	132	209	662	911	206
1991	2289	1852	437	2198	91	72	870	426	921	74	159	267	660	927	202
1992	2397	1931	466	2312	85	83	793	432	1089	82	179	297	687	974	178
1993	2390	1911	479	2317	73	78	776	383	1153	95	201	309	639	972	174
1994	2444	1975	469	2359	85	81	816	345	1202	125	226	311	630	990	162
1995	2551	2048	503	2455	96	91	863	388	1209	152	237	330	660	1006	166
1996	2631	2112	519	2532	99	112	885	405	1229	160	254	356	714	996	151
1997	2773	2224	549	2642	131	102	965	430	1276	217	349	322	754	993	138
1998	2765	2188	577	2645	120	99	975	414	1277	266	310	309	868	922	90
1999	2874	2289	585	2743	131	108	1004	433	1329	285	339	338	893	936	83

续表 16－1－1

年度	党员总数	性别		民族		年龄				文化程度					
		男	女	汉	少数民族	25岁以下	26—45岁	46—55岁	56岁以上	大专以上	中专	高中	初中	小学	文盲
2000	2923	2316	607	2782	141	98	1035	464	1326	325	357	340	893	939	69
2001	3007	2356	651	3154	153	122	1067	488	1330	381	394	366	880	922	64
2002	3069	2387	682	2898	171	118	1041	520	1390	399	420	395	896	895	64
2003	3127	2422	705	2945	182	—	—	545	1369	450	464	375	1838	—	—

说明：1958年，46岁至60岁党员74人，61岁及以上党员25人。1976年，26岁至35岁党员58人，36岁至55岁党员362人。1978年，26岁至35岁党员71人，36岁至55岁党员361人。1979年，26岁至35岁党员91人，36岁至55岁党员389人。2003年，35岁及以下党员597人，36岁至45岁党员616人

第二节　党组织发展

民国32年（1943年）3月，经迁遵兴抗日联合县十一区区委批准，在寿王坟梆子沟建立第一个党支部，区委书记郭羽任党支部书记。5月，又建立了罗圈沟党支部和郑家庄（包括南沟）党支部。罗圈沟党支部书记孟昭林，郑家庄党支部书记李万录。民国33年（1944年）2月，区委书记郭羽、区长穆山牺牲后，梆子沟党支部书记先后由董俊田和李振接任。

1949年末，有党支部24个。1956年11月，鹰手营子和寿王坟两镇及马圈子、克梨木、煤岭沟、上窝铺、栾家店、下台子、下坎子7个乡由兴隆县划归承德市，建立鹰手营子矿区。移交党总支9个，党支部59个。1958年7月，营子矿区划回兴隆县，移交基层党委2个，党总支8个，党支部48个，其中农村党支部22个。1965年2月，营子矿区再次划归承德市，移交党委3个（鹰手营子、马圈子、寿王坟镇党委），农村党支部11个。1978年12月中共十一届三中全会全后，全区有基层党委4个，其中农村党委3个，党总支5个，党支部60个，其中农村支部18个。至2003年末，全区共有基层党委9个，党组21个、党总支11个，党支部148个，其中农村基层党委4个，党支部15个。

1956—2003年营子矿区部分年份基层党组织情况表

表 16－1－2　　单位：个

年度	基层党委		党总支	党支部	其中					党组
	总数	其中：农村党委			工交	财贸	文教	机关	农村	
1956	—	—	9	59	—	—	—	?	—	—
1957	—	—	—	—	—	—	—	—	—	—
1958	2	—	8	48	6	11	4	5	22	—

续表 16－1－2

年度	基层党委		党总支	党支部	其　中					党组
	总数	其中：农村党委			工交	财贸	文教	机关	农村	
1959	3	2	2	59	—	—	—	1	23	—
1960	4	2	2	93	—	—	—	—	23	—
1961	9	9		93	—	—	—	—	40	—
1962	9	9	13	116	—	—	—	—	40	—
1963	9	9	2	94	—	—	—	—	40	—
1964	9	9	2	96	—	—	—	—	40	—
1965	3	3			—	—	—		11	—
1966	—	—	—	—	—	—	—	—	—	—
1967	—	—	—	—	—	—	—	—	—	—
1968	—	—	—	—	—	—	—	—	—	—
1969	—	—	—	—	—	—	—	—	—	—
1970	—	—	—	—	—	—	—	—	—	—
1971	3	3	3	18	—	—	—	1	17	—
1972	—	—	—	—	—	—	—	—	—	—
1973	1	3	1	46	9	12	4	4	17	—
1974	4	3	3	56	12	18	5	4	17	—
1975	5	3	5	57	10	24	7	5	11	—
1976	4	3	5	60	9	24	5	4	18	—
1977	—	—	—	—	—	—	—	—	—	—
1978	4	3	5	60	4	26	8	4	18	—
1979	4	3	5	70	10	28	8	6	18	—
1980	—	—	—	—	—	—	—	—	—	—
1981	—	—	—	—	—	—	—	—	—	—
1982	—	—	—	—	—	—	—	—	—	—
1983	6	3	7	100	7	24	9	19	16	2
1984	6	3	7	143	35	32	13	17	14	2
1985	8	4	7	142	33	31	9	20	14	2
1986	7	4	7	149	37	34	9	49	14	5
1987	8	4	9	158	38	30	11	55	14	3
1988	9	4	9	158	24	35	11	65	14	6
1989	10	4	12	168	28	33	10	64	14	6

续表 16－1－2

年度	基层党委		党总支	党支部	其中					党组
	总数	其中：农村党委			工交	财贸	文教	机关	农村	
1990	10	4	9	161	27	31	12	65	15	6
1991	10	4	9	167	24	31	13	43	15	6
1992	10	4	9	169	27	33	12	38	15	6
1993	7	4	9	162	13	33	12	35	15	6
1994	7	4	10	161	13	33	12	38	15	6
1995	7	4	10	161	13	33	13	42	15	6
1996	7	4	9	162	14	28	13	41	15	7
1997	9	4	10	166	19	34	11	42	15	7
1998	9	4	10	155	17	16	10	92	15	8
1999	9	4	10	158	19	16	10	93	15	8
2000	9	4	10	160	26	23	12	79	15	8
2001	9	4	10	173	31	23	13	85	15	8
2002	8	4	11	148	29	21	12	40	15	8
2003	8	4	11	148	31	21	11	45	15	21

附

发挥政治优势的重要环节

——营子矿区委加强基层党组织制度建设的调查

中共承德市鹰手营子矿区委办公室

营子矿区委在党的建设中，针对个别单位党组织把自身工作看成是“软任务”的苗头，根据不同行业特点，指导帮助基层党组织建立健全了6个方面制度，保证了党的生活正常化。

——健全党员教育制度。改革开放以来，区委把加强党员教育作为党建工作的重要内容常抓不懈。一是严格要求支部坚持每月一次的支委会、每半月一次的小组生活会和每季一次的党员大会制度。“三会”的内容大致有四个方面：①传达贯彻上级的文件，学习有关的时事材料。②讨论消化单位的重大决策。③为支部工作献计献策。④确定党员活动的内容、方法，汇报思想、工作情况等；二是坚持党课教育，严把“三关”，注重效果。①时间关。每三个月由基层党委给党员上一次党课。②内容关。党课讲授的内容，由宣传部门根据区委的党员教育安排，统一确定教材，统一指导备课。③教员关。各基层党委都配备由区委宣传部认定合格的，相对固定的党课教员，一般由党委书记和委员兼任。一些重要课程，宣传部门直接讲授。1988年，9个基层党委书记讲课36次，3400多人次的党员受到党的路线、方针、政策以及党的基本知识、国内外时事教育。教育中十分注重知识性、针对性、典型性、形象性的结合，增强了党组织活动的吸引力。经过考勤证明，上党课没有无故不参加的。营子村老党员钱永儒说：“几天听不到组织的声音就好像没了主心骨”；三是加强对“三会一课”落实情况的检查督促。区委每半年听取一次基层党委的汇报，并进行重点抽查，好的帮助总结经验加以推广，差的进行批评帮助，并由组织部门指导解决实际问题。基层党委也都有相应的督促办法。

——健全党员联系群众制度。随着党内生活制度的充实、完善，区委结合学习外地经验，从有利于发挥党员先锋模范作用出发，在全区基层党组织建立了两种形式的党员联系群众制度。一是在农村建立党员联系户制度。二是在企事业中，以车间、班组、柜台、部门为单位，建立党员责任区和联系人制度。“联”的任务有宣传党的方针、政策，做群众思想工作，反映群众呼声，帮助解决生产、生活中的实际困难，教育群众遵纪守法，配合中心工作等六个方面。在农村，一些党员还把自己的养殖技术、生产技能、致富经验传授给联系户，带动联系户发展生产，脱贫致富。由于责任区的建立，党员也置于群众的监督之下，在各项工作中起榜样和表率作用，用模范行动带动和影响联系人。这个制度实行后，一批“后进户”变成“先进户”，一些“后进人”成了生产骨干和守法模范。

——健全民主生活会制度。生活会的质量是逐步提高党员抵制不正确思想、行为的自觉能力，增强党组织战斗力的保证。为此，区委从解决思想、工作中的实际问题出发，在制度中规定了三种召开生活会的方法。一是走下去。党委委员、支部（总支）委员不但要参加支部（总支）生活会而且要参加党小组的生活会；二是请上来。对极少数支部（总支）班子中有矛盾，自身不好解决的，请到党委来开生活会，由党委主要负责同志参加，教育帮助基层班子，解决认识不一致的问题；三是召开党政班子联席生活会。对支部（总支）和行政班子各自强调自己的职能，工作步调不一致的单位，采取党政班子联席生活会的办法，互通情况，交换意见，取长补短，统一步调。采取以上三个办法后，生活会的质量极大提高。

——建立党员议事制度。在实际工作中，区委注意指导基层党组织把为党员行使权力创造条件作为正确执行党的方针、政策，发挥党员作用，加强基层党组织建设的一个重要内容。先后在全区180个支部（总支）推广建立了党员议事制度。制度中规定：①支部（总支）制定的本单位、本部门的经济建设、改革、精神文明建设和党的建设的措施，在实施前要交给党员进行充分的讨论，利弊分析，提出完善意见；②党员通过党员大会进行议事；③党员议事结果要通过笔录的形式反映给支部；④对党员议事结果，支部要尽力吸收正确意见和建议，并将意见处理结果反馈给党员。1987年村镇煤矿承包后，一度出现过分强调当年效益，造成采掘失调问题。党员对只规定承包人上交承包金额，没有生产计划安排的承包办法有意见，各支部及时采纳了党员的意见，调整充实完善了承包办法，不仅正确处理了国家、集体、个人三者利益关系，也取得了较好的社会效益。

——建立党员工作考核制度。一是建立了党员工作目标管理制度。通过责任状的形式，明确了党员的行为准则，党员履行义务的具体内容。这项工作由目标（参加组织生活、发挥先锋模范作用、带头参加“双文明”建设、遵纪守法、联系群众等五大目标）和考核制度两部分组成；二是建立民主评议党员制度。对照《中国共产党章程》规定的党员标准，由党员和党外群众每年对每个党员评议一次，评议出优秀、合格和不合格三个档次的党员，分别采取表扬、批评帮助限期达到合格党员标准等措施；三是建立评选先进制度。以党员工作目标考核结果和民主评议党员情况为依据，分别评选市、区级优秀党员，消除了评先进靠“感情”、靠“人缘”的倾向，保证了评选出的先进党员的质量。

——建立积极分子入党前短期集中培训制度。区委认真落实“坚持标准，保证质量，改善结构，慎重发展”的党员发展方针，从切实保证新发展的党员质量出发，在平时重点帮助教育培养的基础上，建立了积极分子入党前短期集中培训制度。对申请入党的积极分子进行以党的基本知识和基本路线为主要内容的5—7天的短期培训，端正了积极分子的入党动机，促进他们牢固树立为共产主义事业奋斗的世界观。

这些制度实施后，有效地推动了基层党组织思想、组织、作风上的建设，起到了增强基层党组织战斗力，发挥政治优势的作用。

——党员队伍的素质提高了。党员经常受到多种形式的教育，提高了思想政治素质。几年来，在全区2000多名党员中涌现出一批金钱诱惑不动摇，手中有权不谋私，一心维护国家、集体利益，一心维护党的声誉的省、市、区级先进人物。如带领群众共同致富的好镇长张显臣，勇于开拓的企业家王路田，一心为集体的好管家张珍等。区委及时总结推广他们的模范事迹，用身边人教育身边人产生了巨大的影响。广大党员在思想上、政治上、行动上坚定同党中央保持一致，在北京发生动乱和反革命暴乱期间，没有一个党员和群众，参与或支持动乱和暴乱的。维护了正常的生产和生活秩序。

——党内团结增强了。由于坚持了正常的党内生活制度，鉴定了共同的理想、信念，增强了组织性、纪律性，为加强党的团结创造了前提。全区支部（总支）的坚强团结，为区委实现对全区社会生活的全面领导提供了保证。1987年末，完善农村合作经济组织后的初期，一部分村曾经出现了三套班子各自强调职能，闹“鼎立”的问题。通过健全的生活会制度，理顺了党组织同其他组织的关系。村委会、经联社在自觉接受党支部的领导下，各尽其责、各献其力，发挥了自身的职能作用，保证了“两个文明”建设成果不断扩大。预计今年的工农业总产值、收入、利润、税金、居民收入将比上年分别增长20%、21%、13%、11%和10%。

——党风端正了。党建制度的建设和实施，恢复和发扬了理论联系实际，密切联系群众，批评和自我批评的优良作风，形成了良好的党风。自83年以来的近七年，全区股级以上党员干部，无一人因违法乱纪受到党纪、政纪和刑事处分。全区四个镇中有三个镇成为党员无违法乱纪、无计划外生育、无拖欠公款的“三无镇”。在惩治腐败，加强廉政建设的工作中，区委根据实际情况，把群众反映强烈的“吃喝风”，作为重振党的威信的重点问题来解决。各基层党组织按照区委的统一部署，领导率先垂范，党员带头执行，出现了许多如营子镇7名党员副科级以上干部，下乡连续工作10个小时，饿着肚子坚持不吃招待饭的事迹。由于党员坚持做廉政建设的排头兵，全区的廉政建设不断向深层次发展。

1989年10月27日

第二章　党代表和党代表大会

1972年10月至2003年4月，营子矿区先后召开6次党员代表大会。每次代表大会，均以无记名投票方式选举产生代表。第一次代表大会，选举产生了中共鹰手营子矿区第一届委员会。其他次代表大会，都听取、审议并通过了区委、区纪委的工作报告，选举产生了新一届中共鹰手营子矿区委员会，圆满完成了代表大会的任务。

第一节　党代表

一、代表产生

1972年10月，召开中共鹰手营子矿区第一次党员代表大会，至2003年，共召开6次代表大会。

每届代表均由各选举单位按照分配的名额和构成比例，先酝酿提出候选人，再召开党员代表大会或党员大会，以无记名投票方式，选举产生代表大会代表。除第二次代表大会代表候选人经过预选，再进行等额选举外，其他次代表大会，均实行差额选举。

二、代表构成

第一次党员代表大会，代表163名，其中全区3个公社代表87名，占代表总数的53.4%，区直机关、企事业单位代表76名，占代表总数的46.6%。

第二次党员代表大会，代表190名，占全区党员总数的10.4%。其中，女性党员代表36名，占18.9%；少数民族党员代表2名，占1.1%；领导干部党员代表112名，占58.9%；各类专业技术人员党员代表35名，占18.4%；各条战线先进人物党员代表31名，占16.3%；武警党员代表2名，占1.1%。

第三次党员代表大会，代表108名，占全区党员总数的4.8%。其中，领导干部党员代表65名，占60.2%，专业技术人员党员代表21名，占19.4%；先进模范人物党员代表20名，占18.5%；武警党员代表2名，占1.9%；女性党员代表15名，占13.9%；少数民族党员代表4名，占3.7%。45岁以下的58名，占54%。高中以上文化程度的48名，占44%，其中大专以上的21名，占19.4%。

第四次党员代表大会代表108名，占全区党员总数的4.7%。其中，领导干部党员代表64名，占59.3%；各类专业技术人员和先进模范人物党员代表41名，占38%；女性党员代表19名，占18%；少数民族党员代表6名，占5.6%。45岁以下的党员代表59名，占54.6%。高中以上文化程度的58名，占53.7%，其中大专以上的20名，占18.5%。

第五次党员代表大会代表113名，占全区党员总数的4.3%。其中，领导干部党员代表71名，占62.8%；各类专业技术人员和先进模范人物党员代表39名，占34.5%；人民解放军党员代表3名，占2.7%；女性代表23名，占20.4%；少数民族党员代表15名，占13.3%。45岁以下代表79名，占69.9%。高中及以上学历代表94名，占83.2%，其中大专学历的46名，占40.7%。

第六次党员代表大会代表124名，占全区党员总数的4%。其中：领导干部党员代表53名，占42.7%；各类专业技术人员、先进模范人物党员代表48名，占38.7%；人民解放军党员代表1名，占0.8%；女性党员代表22名，占17.7%；少数民族党员代表14名，占11.3%。45岁以下代表54名，占43.5%。

第二节　党代表大会

一、第一次党员代表大会

1972年10月9日至12日，召开中共鹰手营子矿区第一次党员代表大会。出席会议代表163名，列席代表42名。大会主要议程：到寿王坟公社罗圈沟大队瞻仰郭羽、穆山烈士墓；讨论通过了《关于加强学习的决定》《关于认真落实党的政策的决定》《关于深入发动群众，掀起今冬明春农田水利建设新高潮的决定》；选出中共鹰手营子矿区第一届委员会委员25名。

二、第二次党员代表大会

1985年12月10日至12日，召开中共鹰手营子矿区第二次党员代表大会。出席会议代表190名。

大会听取、审议和通过了区委工作报告、区纪委工作报告；选出中共鹰手营子矿区第二届委员会委员21名，候补委员3名。

三、第三次党员代表大会

1989年12月20日至23日，召开中共鹰手营子矿区第三次党员代表大会。应出席会议代表108名，实出席代表97名。大会听取、审议并通过了区委《坚持一个中心、两个基本点，继续深化改革，加速矿区建设》的工作报告和区纪委工作报告；选出中共鹰手营子矿区第三届委员会委员21名，候补委员4名。

四、第四次党员代表大会

1992年12月14日至16日，召开中共鹰手营子矿区第四次党员代表大会。应出席代表108名，实出席代表105名。大会听取、审议和通过了区委、区纪委的工作报告；选出中共鹰手营子矿区第四届委员会委员23名，候补委员4名。

五、第五次党员代表大会

1998年2月8日至10日，召开中共鹰手营子矿区第五次党员代表大会。应出席代表113名，实出席代表113名。大会听取、审议并通过了区委关于《高举邓小平理论伟大旗帜，全面贯彻党的十五大精神，为建设富裕、繁荣、文明的小康区而奋斗》和区纪委《围绕中心、强化职能、突出重点、标本兼治，把我区党风廉政建设工作提高到一个新的水平》的工作报告；选出中共鹰手营子矿区第五届委员会委员23名，候补委员4名。

六、第六次党员代表大会

2003年4月25日至27日，召开中共鹰手营子矿区第六次党员代表大会。应出席代表123名，实出席代表123名。大会听取、审议、通过了区委、区纪委的工作报告；选出中共鹰手营子矿区第六届委员会委员25名，候补委员4名。

第三章　组织机构

抗日战争时期，寿王坟曾为迁遵兴抗日联合县第十一区区委驻地。抗战胜利后，鹰手营子先后为兴隆县九区、四区区委驻地，寿王坟先后为兴隆县八区区委，承南县县委驻地。中华人民共和国成立后，鹰手营子一直为兴隆县县辖区区委或承德市市辖区区委驻地。20世纪50年代中、后期，营子矿区始设党的监察委员会，区委办公室、宣传部、组织部、农村工作部等区委工作机构和基层党委。党的组织机构由少到多，由不完善到完善，截至2003年年底，营子矿区委有工作机构14个，基层党委8个。

第一节　领导机构

一、中共承南县委员会

民国 35 年（1946 年）12 月，寿王坟地区划归承南县，县委曾驻寿王坟罗圈沟的梆子沟、郑家庄等地。民国 37 年（1948 年）11 月，承南县撤销，寿王坟划归兴隆县第九区。

二、中共寿王坟区委员会

民国 29 年（1940 年）2 月，建立迁遵兴抗日联合县，寿王坟属第十一区，区委设于寿王坟罗圈沟的梆子沟，付新、郭羽先后任区委书记。民国 34 年（1945 年）9 月至民国 35 年（1946 年）11 月，寿王坟属兴隆县第八区，为区委驻地，高荣久、朱明、李志朋、李志杉、高凤林先后任区委书记。

三、中共兴隆县鹰手营子区（矿区）委员会

民国 35 年（1946 年）5 月至民国 38 年（1949 年 9 月 30 日止）3 月，鹰手营子属兴隆县第九区为区委驻地。赵玉成、李清先后任区委书记。民国 38 年（1949 年 9 月 30 日止）3 月，兴隆县第九区改为第四区，鹰手营子为四区委驻地。中华人民共和国成立前，董惠民、王继祥、刘玉先后任区委书记。

1955 年 7 月 1 日，中共兴隆县第四区委员会改称中共兴隆县鹰手营子区委员会。1956 年 5 月 10 日，改称为中共兴隆县鹰手营子矿区委员会。同年 11 月，兴隆县管辖的鹰手营子、寿王坟等地划归承德市。1958 年 7 月，鹰手营子、寿王坟等地划回兴隆县，设中共兴隆县鹰手营子矿区工作委员会。是年 9 月 11 日，中共兴隆县鹰手营子矿区工作委员会改为中共兴隆县鹰手营子钢铁人民公社委员会。1959 年 4 月改称中共兴隆县鹰手营子矿区委员会。1960 年 7 月，改称中共兴隆县鹰手营子城市人民公社委员会。1961 年 7 月 1 日，撤销中共兴隆县鹰手营子城市人民公社委员会，成立中共兴隆县鹰手营子矿区工作委员会，为县委派出机构。1965 年 2 月，鹰手营子、寿王坟等地，再次划归承德市。

中共兴隆县鹰手营子区（矿区）区委书记、副书记名录

表16－3－1

党组织名称	职务	姓名	性别	任职时间
中共兴隆县四区区委	书记	刘　玉	男	1950.5
	书记	王振国	男	1951.3—1951.6
	书记	夏荣山	男	1951.8—1952.8
	书记	张海泉	男	1953.6—1954.7
	书记	苗万忠	男	1954.7
	副书记	王振国	男	1949.12—1951.3
	副书记	佟显义	男	1950.2—1950.5
	副书记	朱　瑞	男	1950.3
	副书记	周海亮	男	1951.3—1951.8
	副书记	张海泉	男	1952.6—1953.6
	副书记	陈义川	男	1953.10
中共兴隆县鹰手营子区委	书记	苗万忠	男	1956.2
	副书记	陈义川	男	1956.2
	副书记	傅士仓	男	1956.2
中共兴隆县鹰手营子矿区工委	书记	谢国华	男	1958.8—1958.9
	副书记	赵国华	男	1958.8—1958.9
中共兴隆县鹰手营子钢铁人民公社委员会	书记	谢国华	男	1958.9—1959.4
	副书记	赵国华	男	1958.9—1959.4
中共兴隆县鹰手营子矿区委员会	书记	胡克三	男	1959.4—1960.7
	副书记	任福常	男	1959.4—1960.7
中共兴隆县鹰手营子城市人民公社委员会	书记	任志光	男	1960.7—1961.7
	副书记	张汝山	男	1960.7—1961.7
	副书记	赵忠壁	男	1960.7—1961.7
	副书记	刘广生	男	1960.7—1961.7
	副书记	王大成	男	1960.7—1961.7
	副书记	邢成山	男	1960.7—1961.7
中共兴隆县鹰手营子矿区工委	书记	续振宗	男	1961.10—1965.1
	副书记	赵国华	男	1965.1—1965.2
	副书记	赵国华	男	1961.9—1963.7
	副书记	王正宁	男	1961.9—1963.7
	副书记	齐文臣	男	1962.6—1963.5
	副书记	齐亚洲	男	1962.7—1963.8

四、中共承德市鹰手营子矿区委员会

1957年3月16日，承德市委组建中共承德市鹰手营子矿区委员会。1958年7月营子矿区划归兴隆县。1965年2月，鹰手营子、寿王坟等地再次划归承德市后，复设中共承德市鹰手营子矿区委员会。1968年3月4日，成立营子矿区革命委员会，1971年1月，建立营子矿区革命委员会党的核心小组，核心小组于1972年10月撤销。1972年10月至2003年4月，营子矿区共召开六次党员代表大会，选举产生了中共营子矿区1至6届委员会。

中共承德市鹰手营子矿区区委书记、副书记名录

表16－3－2

组织名称	职务	姓名	性别	任职时间
中共鹰手营子矿区委员会	常委、书记	张国祥	男	1957. 3
	常委、副书记	邱文志	男	1958. 1—1958. 5
	常委、书记	封润三	男	1965. 3—1968. 1
	常委、副书记	崔承羡	男	1965. 2—1968. 1
	常委、副书记	王世斌	男	1965. 2—1968. 1
中共鹰手营子矿区第一届委员会	常委、书记	赵天才	男	1972. 10—1974. 11
	常委、书记	宁守义	男	1975. 2—1980. 9
	常委、书记	杨清源	男	1980. 9—1984. 1
	常委、书记	姚哲生	男	1984. 1—1985. 12
	常委、副书记	宁守义	男	1972. 10—1975. 2
	常委、副书记	王树祥	男	1972. 10—1975. 10
	常委、副书记	曹克勤	男	1973. 11—1984. 1
	常委、副书记	李秀云	女	1974. 11—1979. 10
	常委、副书记	王世斌	男	1980. 3—1982. 12
	常委、副书记	郭长和	男	1980. 3—1984. 1
	常委、副书记	李廷山	男	1980. 3—1980. 9
	常委、副书记	李英秀	男	1982. 6—1982. 10
	常委、副书记	陈宝祥	男	1982. 11—1984. 1
	常委、副书记	朱海亭	男	1984. 1—1985. 12
	常委、副书记	马贵湘	男	1984. 1—1985. 12

续表 16 -3 -2

组织名称	职务	姓名	性别	任职时间
中共鹰手营子矿区第二届委员会	常委、书记	谌曙光	男	1985. 12—1989. 12
	常委、副书记	王黎晓	男	1985. 12—1988. 4
	常委、副书记	马贵湘	男	1985. 12—1989. 12
	常委、副书记	齐树昌	男	1985. 12—1989. 4
	常委、副书记	杨昭华	男	1988. 4—1989. 12
	常委、副书记	毛广顺	男	1988. 7—1989. 12
中共鹰手营子矿区第三届委员会	常委书记	马贵湘	男	1989. 12—1992. 11
	常委、书记	袁 福	男	1992. 11—1992. 12
	常委、副书记	齐树昌	男	1989. 12—1992. 3
	常委、副书记	毛广顺	男	1989. 12—1992. 12
	常委、副书记	孙永清	男	1989. 12—1992. 8
	常委、副书记	袁 福	男	1992. 2—1992. 11
	常委、副书记	魏福刚	男	1992. 10—1992. 12
	常委、副书记	胡锦星	男	1992. 11—1992. 12
中共鹰手营子矿区第四届委员会	常委、书记	袁 福	男	1992. 12—1995. 11
	常委、书记	许 海	男	1995. 11—1998. 2
	常委、副书记	毛广顺	男	1992. 12—1998. 2
	常委、副书记	魏福刚	男	1992. 12—1998. 2
	常委、副书记	胡锦星	男	1992. 12—1995. 1
	常委、副书记	张显臣	男	1995. 1—1996. 3
	常委、副书记	李金华	男	1996. 9—1998. 2
	常委、副书记	乔志君	男	1996. 9—1998. 2
中共鹰手营子矿区第五届委员会	常委、书记	许 海	男	1998. 2—2003. 3
	常委、副书记	魏福刚	男	1998. 2—2000. 1
	常委、副书记	毛广顺	男	1998. 2—2000. 3
	常委、副书记	乔志君	男	1998. 2—2002. 6
	常委、书记	王 平	男	2003. 3—2003. 4
	常委、副书记	崔利民	男	1999. 8—2003. 3
	常委、副书记	王 平	男	2000. 1—2003. 3
	常委、副书记	胡光远	男	2003. 3—2003. 4
	常委、副书记	刘锦萍	女	2000. 3—2003. 3
	常委、副书记	王 江	男	2002. 6—2003. 3
	常委、副书记	孔令年	男	2002. 6—2003. 4
	常委、副书记	赵久利	男	2003. 3—2003. 4

续表 16－3－2

组织名称	职务	姓名	性别	任职时间
中共鹰手营子矿区第六届委员会（2003. 4—2003. 12 期间）	常委、书记	王　平	男	2003. 4—2003. 12
	常委、副书记	胡光远	男	2003. 4—2003. 12
	常委、副书记	孔令年	男	2003. 4—2003. 12
	常委、副书记	王　江	男	2003. 4—2003. 12
	常委、副书记	赵久利	男	2003. 4—2003. 12

鹰手营子矿区革命委员会党的核心小组组长、副组长名录

表 16－3－3

职务	姓名	性别	任职时间
组长	王树祥	男	1971. 1—1972. 10
副组长	佟德瑞	男	1971. 1—1972. 10
副组长	崔承羡	男	1971. 1—1972. 10

中共承德市鹰手营子矿区委员会其他常委名录

表 16－3－4

组织名称	职务	姓名	性别	任职时间
中共鹰手营子矿区委员会	常委	李振业	男	1957. 3—1958. 5
	常委	谢国华	男	1957. 3
	常委	齐文巨	男	1957. 3—1958. 1
	常委	李久康	男	1957. 3
	常委	赵国华	男	1957. 3
	常委	国　章	男	1965. 4—1968. 1
	常委	白　文	男	1965. 4—1968. 1
中共鹰手营子矿区第一届委员会	常委	齐亚洲	男	1972. 10—1980. 9
	常委	崔承羡	男	1972. 10—1980. 9
	常委	范　伦	男	1972. 10—1972. 12
	常委	佟德瑞	男	1972. 10—1975. 7
	常委	张桂芝	女	1984. 1—1985. 12
	常委	孙永清	男	1984. 1—1985. 12
	常委	李万平	男	1984. 1—1985. 12
中共鹰手营子矿区第二届委员会	常委	孙永清	男	1985. 12—1989. 12
	常委	张守义	男	1987. 11—1989. 12
	常委	李振山	男	1988. 7—1989. 12

续表 16－3－4

组织名称	职务	姓名	性别	任职时间
中共鹰手营子矿区第三届委员会	常委	王　栋	男	1989. 12—1992. 3
	常委	李振山	男	1989. 12—1992. 10
	常委	李金华	男	1989. 12—1992. 12
	常委	王克勤	男	1989. 12—1992. 12
	常委	朱群德	男	1989. 12—1992. 12
	常委	刘锦萍	女	1992. 10—1992. 12
	常委	王杰光	男	1992. 10—1992. 12
中共鹰手营子矿区第四届委员会	常委	刘锦萍	女	1992. 12—1998. 2
	常委	王杰光	男	1992. 12—1996. 9
	常委	王克勤	男	1992. 12—1998. 2
	常委	朱群德	男	1992. 12—1996. 5
	常委	骆长清	男	1992. 12—1998. 2
	常委	马久洲	男	1992. 12—1996. 3
	常委	乔志君	男	1995. 10—1996. 9
	常委	何庆云	男	1996. 3—1998. 2
	常委	陈 旭	男	1996. 3—1996. 8
	常委	周元梓	男	1996. 5—1998. 2
中共鹰手营子矿区第五届委员会	常委	周元梓	男	1998. 2—1999. 5
	常委	何庆云	男	1998. 2—2003. 3
	常委	骆长清	男	1998. 2—1999. 5
	常委	赵久利	男	1998. 2—2003. 3
	常委	陈亚军	男	1998. 2—2003. 3
	常委	杨自玉	男	1998. 2—2000. 4
	常委	伊志山	男	1999. 8—2003. 4
	常委	祁 军	男	2000. 4—2003. 4
	常委	佟悦卿	男	2000. 6—2003. 4
	常委	刘科军	男	2000. 12—2003. 4
	常委	才文荣	男	2003. 3—2003. 4
	常委	王鹤松	男	2003. 3—2003. 4
	常委	刘锦萍	女	1998. 2—2003. 3

续表 16－3－4

组织名称	职务	姓名	性别	任职时间
中共鹰手营子矿区第六届委员会（2003. 4—2003. 12 期间）	常委	佟悦卿	男	2003. 4—2003. 12
	常委	伊志山	男	2003. 4—2003. 12
	常委	祁 军	男	2003. 4—2003. 12
	常委	才文荣	男	2003. 4—2003. 12
	常委	刘科军	男	2003. 4—2003. 12
	常委	王鹤松	男	2003. 4—2003. 12

第二节　纪律检查委员会

1957 年 3 月 18 日，中共承德市委、市人委决定，中共鹰手营子矿区委员会下设监委会。1958 年 7 月，营子矿区划回兴隆县，监委会随之撤销。1965 年 2 月，营子矿区又划归承德市，设“承德市监委驻营子监察组”。“文化大革命”期间监察机构被取消。1980 年 5 月，建立中共鹰手营子矿区纪律检查委员会。1991 年，全区 4 个镇全部建立纪委。1993 年，区纪委与监察局合署办公，一套人马，两个牌子。2001 年 4 月，区纪律检查委员会设立案件检查室、案件审理室、信访举报室、党风廉政建设室、宣传教育室、执法监察室、监察综合室、纠风办公室。

2002 年，区公安分局、交通局、文教局相继建立纪委。

截至 2003 年年底，机构再无变化。

第三节　区委工作机构

一、区委办公室

1956 年 11 月，鹰手营子、寿王坟、马圈子等地划归承德市，建立鹰手营子矿区，区委设办公室。1958 年 7 月，营子矿区划回兴隆县，撤销区委办公室。1965 年 2 月，营子矿区又划归承德市，区委设办公室与区公所办公室合署办公。“文化大革命”时期仍保留党政合一的办公室。1981 年，区委办公室单设。1995 年，区委办公室下设综合股、信息调研股、督查室。1996 年 4 月，区委成立保密局，归口区委办公室管理。1997 年 1 月，区委设立政策研究室和信息中心并入区委办公室。至 2003 年年底。机构再无变化。

二、组织部

1958 年 1 月，营子矿区委始设组织部。是年 7 月，营子矿区划归兴隆县，区委组织部随之撤销。1965 年 2 月，营子矿区第二次划归承德市后，区委曾设组织部。“文化大革命”开始后，组织部处于

瘫痪状态。1972 年 10 月，中共营子矿区第一次党代会召开，选举产生了中共鹰手营子矿区第一届委员会，区委设组织组。1973 年 5 月，改称组干科。1980 年 6 月，恢复组织部，编制 4 人。2002 年 5 月，机构改革，定编 7 人，内设办公室、干部考核监督科、企业党建科、基层组织科。至 2003 年年底机构再无变化。

三、宣传部

1956 年 11 月，建立承德市鹰手营子矿区，区委设宣传部。1958 年 7 月，营子矿区划回兴隆县，区委宣传部撤销。1965 年 2 月，营子矿区再次划归承德市，区委设宣传部。1966 年 5 月“文化大革命”开始后，改称宣传组。1972 年 10 月，改称宣传科。1981 年恢复宣传部。2002 年 4 月，精神文明建设办公室，挂靠宣传部。至 2003 年年底机构再无变化。

四、统战部

1987 年 4 月以前，统战工作由区委宣传部负责。1987 年 4 月，区委建立统战部。1995 年 4 月，机构改革，统战部和对台工作办公室挂靠宣传部，保留统战部名称。1996 年 5 月，统战部单设。2002 年 5 月机构改革，统战部内设办公室和台湾工作办公室，定编 2 人。至 2003 年年底机构再无变化。

五、农村工作部

1957 年 3 月，区委建立农村工作部，1958 年 7 月，营子矿区划回兴隆县后，撤销农村工作部。1965 年 2 月，营子矿区再次划归承德市。1984 年 3 月，区委建立经济部，1986 年改称政策研究室，1991 年又改称经济部，1995 年改为农村工作部。至 2003 年年底再无变化。

六、政法委员会

1987 年 11 月营子矿区委始建政法委员会，下设办公室，编制 2 人。1988 年 10 月，撤销政法委员会，成立营子矿区委政法领导小组。1989 年 6 月，撤销区委政法领导小组，复设政法委员会，设办公室。1992 年，编制增至 3 人。1996 年增至 4 人。2002 年 5 月机构改革，定编 6 人，增设干部科、执法监督科。2003 年增到 10 人，其中行政编 7 人，事业编 2 人，工勤编 1 人。增设政治处。

七、区直机关工作委员会

1961 年 8 月 4 日，经兴隆县委批准在营子矿区设立机关党委，负责全区机关、厂矿、学校的党组织工作。1965 年 2 月，营子矿区划归承德市后撤销。1984 年 7 月，重新成立营子矿区机关党委，编制 2 人。2002 年 5 月机构改革，改称区直机关工作委员会，定编 2 人。至 2003 年年底再无变化。

八、老干部局

1986 年 9 月营子矿区始设老干部局，定编 2 人。1995 年机构改革，靠挂区委组织部，对外保留老干部局名称。1996 年 4 月至 2003 年，老干部局单设，定编 2 人。

九、精神文明建设委员会办公室

1984 年 2 月区委建立“五四三”办公室，没有专职工作人员。1986 年 3 月配备专职主任工作人员各 1 名，主要开展“五讲、四美、三热爱”（讲文明、讲礼貌、讲道德、讲秩序、讲纪律；心灵美、语言美、行为美、环境美；热爱祖国、热爱党、热爱社会主义）活动。1987 年 11 月，改设精神文明建设委员会办公室，区委宣传部长兼办公室主任，设 1 名副主任抓具体工作。1988 年始设专职主任。

1994年3月始，由区委宣传部1名副部长兼任主任，另设科员1名。1995年5月，撤销精神文明建设委员会办公室，其职能并入宣传部。1996年5月，恢复精神文明建设委员会办公室设置，设主任1名，兼区委宣传部副部长，另设科员1名。至2003年年底机构无变化。

十、信访局

1985年以前，信访工作由区政府办公室兼管。1985年7月，区政府成立信访办公室，编制2人。

1995年，信访办公室改称信访局，由区委区政府双重领导，定编2人，2002年6月增至3人。截至2003年年底无变化。

十一、机要局和保密局

1988年12月，成立机要室，1991年10月，改称机要局。1996年4月成立保密局，与机要局合署办公，一套人马，两块牌子，归区委办公室管理。截至2003年年底再无变化。

十二、党史研究室

1995年4月，区委、区政府印发《鹰手营子矿区机构改革及推行公务员制度的实施方案》的通知，明确党史工作由区委办公室负责，由1名办公室副主任负责党史工作，未单设机构。2002年5月11日，在区委办公室设立党史研究室。2003年8月，党史研究室划归档案局，为副科级单位，编制3人，与档案局合署办公。

十三、党校

1995年12月，始建区委党校，为区委直属事业单位，靠挂区委宣传部，由区委1名副书记兼任校长，设专职副校长1名，负责日常工作。1999年后，专职副校长改任常务副校长。2002年5月机构改革，常务副校长离岗后，设专职副校长。

第四节　基层党委

一、镇党委

中共承德市鹰手营子矿区鹰手营子镇委员会

1956年5月，建立中共兴隆县鹰手营子乡总支委员会，11月划归承德市，改设中共承德市鹰手营子镇委员会。1958年7月，由于区划变动，改称中共兴隆县鹰手营子镇委员会，9月，兴隆县将区改称公社（习惯称大公社），撤销中共鹰手营子镇委员会。1959年4月，建中共兴隆县鹰手营子人民公社委员会。1960年7月，与鹰手营子矿区办事处、兴隆矿务局合并，成立鹰手营子矿区城市人民公社，设中共兴隆县营子城市人民公社委员会，1961年7月撤销营子城市人民公社，复设中共兴隆县鹰手营子人民公社委员会。1965年2月，由于区划再次变更，改称中共承德市鹰手营子人民公社委员会。1984年2月，改称中共承德市鹰手营子矿区鹰手营子镇委员会，至2003年年底无变化。

中共承德市鹰手营子矿区寿王坟镇委员会

1956年5月，建立中共兴隆县寿王坟乡总支委员会，11月划归承德市，改设中共承德市寿王坟镇委员会。1958年7月，改称中共兴隆县寿王坟镇委员会，9月撤销中共兴隆县寿王坟镇委员会。

1959 年 4 月，建中共兴隆县寿王坟公社委员会，1965 年 2 月，改称中共承德市寿王坟公社委员会。1984 年 2 月，改称中共承德市鹰手营子矿区寿王坟镇委员会，至 2003 年年底无变化。

中共承德市鹰手营子矿区北马圈子镇委员会

1956 年 7 月，建立中共兴隆县马圈子乡总支委员会，11 月，改称中共承德市马圈子乡总支委员会。1958 年 7 月，改设中共兴隆县马圈子乡委员会，11 月，撤销中共兴隆县马圈子乡委员会。1959 年 4 月，改设中共兴隆县马圈子公社委员会。1965 年 2 月，改称中共承德市马圈子乡人民公社委员会。1984 年 2 月，改称中共承德市鹰手营子矿区北马圈子镇委员会，至 2003 年年底无变化。

中共承德市鹰手营子矿区汪家庄镇委员会

1985 年 11 月，建中共鹰手营子矿区汪家庄镇委员会，至 2003 年年底无变化。

二、其他基层党委

中共鹰手营子矿区商贸流通行业管理改制办公室委员会

1984 年 6 月，建立中共鹰手营子矿区商业局委员会。2002 年 5 月，改称中共营子矿区商贸流通行业管理改制办公室委员会，至 2003 年年底无变化。

中共鹰手营子矿区经济贸易局委员会

1987 年 11 月，建立中共鹰手营子矿区计经委委员会。1995 年 5 月，改称中共鹰手营子矿区经济贸易局委员会，至 2003 年年底无变化。

中共承德市鹰手营子矿区公安分局委员会

1992 年 8 月建立中共承德市鹰手营子矿区公安分局委员会，至 2003 年年底无变化。

中共鹰手营子矿区铸造机械厂委员会

1992 年 12 月建立，中共鹰手营子矿区铸造机械厂委员会，至 2003 年年底无变化。

第四章　重大决策

改革开放后，区委先后制定了小康建设目标规划、全区国民经济和社会发展远景目标规划、发展农业产业化实施方案、社会主义精神文明建设实施纲要。进行了 3 次党政机关机构改革。做出了大力发展个体私营经济、依法治区等项决定。这些决策的贯彻实施，极大地促进了营子矿区物质文明建设和精神文明建设的发展。

第一节　实施小康区建设工程决策

一、“规划”制定

1994 年 10 月，中共承德市委、市政府召开农村工作会议，全面部署小康建设工作。区委结合区

情，制定了营子矿区小康区建设目标规划。计划到1997年，将营子矿区建设为农村经济比较发达，农民收入显著提高，物质生活比较充实，精神生活健康丰富，生活环境比较优美，农民素质明显提高，社会保障日益完善，社会状况安定团结的小康区。

整个小康区建设工作分3步走：到1994年年底，全区75%的镇、80%的村达到小康镇、村标准；到1996年年底，全区4个镇90%以上的村达到小康村标准，届时达到小康区标准；从1997年开始，在原有的基础上，下大力抓好小康区的巩固、完善和提高工作，为迈进富裕型小康区打下坚实基础。

二、政策和措施

稳定完善政策，大力发展“两高一优”农业。进一步落实和完善党的农村经济政策。继续稳定完善以家庭联产承包为主的责任制和统分结合的双层经营体制；深化改革，逐步建立土地流转机制；进一步加强和完善农业和农村社会化服务体系建设。在发展“两高一优”农业方面，认真贯彻《中华人民共和国农业法》和《中华人民共和国农业技术推广法》，坚定不移开展农田水利建设，加快“围山转”经济沟坡和小流域综合治理建设，进一步搞好农业综合开发，推广“两高一优”农作物种植。

大力发展乡镇企业和区属工业　继续坚持“积极引导、多轮驱动、调整结构、重点突破”的方针，一方面，加强粗放型集体企业的管理，重点发展股份制与股份合作制企业，对原有企业进行改制，同行业系列化产品企业，发展集团公司，不断提高企业经济效益、管理水平和知名度。另一方面，引导和鼓励个体和私营企业向工业行业发展。在发展战略上注重开发与调整结构并举，把加强建筑材料业的开发，作为产业结构调整的重点。集中精力，充分利用资源优势和各种条件，大力发展四个强项（矿产品加工、建筑材料、PVC注塑和耐火材料生产）。

加强市场体系建设，促进贸工农经济发展　加快培育市场体系，积极发展各类市场。1995年，完成区、镇4个集贸市场改建，扩大市场占地面积，提高市场设施档次。在区外设立分市场。规范市场管理，发展壮大经销商、运销商、购销商队伍，不断提高营销能力和规模，加快商品流通，促进贸工农经济发展。

加强城市基础设施建设，加快城市化发展步伐　在城镇基础设施上，坚持围绕总体规划，加快综合配套工程建设，重点开发桥、路、商品房和通讯、文化服务、商业服务设施。到2000年，保证每年有4个重点工程，不断改善生活环境。同时，认真抓好社会事业的发展。不断加强九年义务教育达标工作，不断提高教学质量；坚定不移执行计划生育政策，进一步搞好计划生育达标工作；进一步完善和扩大群众文化活动网络；积极发展医疗卫生事业，认真搞好初级卫生保健和计划免疫等防疫工作，增加医疗设施，不断提高医疗水平；切实加强环境保护和治理工作，进一步绿化、美化城市；加强社会治安综合治理，保持社会秩序稳定。

加强工农团结，深入开展工农共建活动　围绕服务工矿、依托工矿发展地方经济。配合城市“菜篮子”工程，发展各种副食品生产，增加粮食及其他生活用品供应，以满足工矿职工和居民的生活需要。利用驻区企业转产机遇，工农双方协力兴办联营企业。进一步搞好第三产业的发展，充分利用国有企业人才、技术、资金优势互促共进，携手发展。

进一步扩大开放，广泛接受外地经济辐射　充分利用“一环”（环京、津、唐、承）、“两沿”（沿铁路、沿公路）、“一靠”（靠大中型企业）的优势，与大专院校和大中型企业挂钩合作，广泛建立多层次、多方面、多渠道的联系，利用各种机会和条件，千方百计为营子矿区发展引进资金、技术、人才和信息。

三、实施结果

区委将小康建设工作列入岗位目标管理责任制，区级领导干部分片包村、包镇，区直各部门将各自承担的小康建设工作任务落到实处。到1996年年底，营子矿区达到小康区标准，是全市第一批如期实现小康的县、区之一。1997年始，继续加大小康区建设力度，逐步向富裕型小康区迈进。

第二节 提出《国民经济和社会发展“九五”计划和2010年远景目标纲要》建议

一、“建议”制定

1996年1月26日中共鹰手营子矿区委第四次全体会议，根据党的十四届五中全会和中共河北省委五届一次全会及中共承德市委十届三次全会精神，结合营子矿区实际讨论制定《全区国民经济和社会发展第九个五年计划及2010年远景目标的建议》。

“建议”的指导方针是：把发展放在首位，存量盘活与增量扩大相协调，真正做到速度与效益统一，发展速度超过全市平均水平，体现小区的大作为。坚持加大投入力度，形成规模效益，不断优化产业结构和投资结构，集中资金保重点，向产业结构调整和骨干支柱产业形成上倾斜，使一批兴区产业迅速崛起。坚持大力发展个体私营经济，继续加大政治上支持、政策上扶持、发展上服务的力度，在短期内形成规模，成为经济发展的增长点。坚持“两手抓”的方针，要通过发展经济促进精神文明的发展，为经济建设提供强大的精神动力，从而实现经济与社会协调发展。

经过5年的努力，到2000年，全区经济和社会发展要实现以下主要奋斗目标：经济总量和均量高速增长，经济实力明显增强。在保证经济质量和效益的前提下，国民生产总值年均以24.5%的速度增长，达到5.4亿元，一、二、三产业增加值年均分别以12%、23%、32%的速度增长，达到3500万元、3.45亿元和1.6亿元；地方财政收入年均以15%的速度增长，达到2680万元。产业结构进一步优化，一、二、三产业比重调整到6:64:30。个体私营经济有较大发展，实现年产值1000万元以上的1家；500万元以上的3家；100万以上的7家；50万元以上的30家；10万元以上的150家。发展后勤增强，在保证结构合理的前提下加大投入力度，社会固定资产投资总额达到1.5亿元，年均增长10%，城市化水平有较大提高，基本形成布局合理、交通发达、通讯便捷、设施完善、功能完备的城市建设新格局，面貌明显改观。

2010年国民经济和社会发展的远景目标是：实现国民生产总值比2000年翻一番半达到16.5亿元，人均国民生产总值翻一番半达到2.2万元；形成比较完善的社会主义市场经济体制，支柱产业发展壮大，经济结构更加合理；城市化建设形成特色，人民小康生活达到更高水平。

二、实施结果

区委、区政府坚定不移地贯彻执行党的路线、方针、政策，坚定不移地把发展放在首位，加大投资力度，大力发展个体私营经济，坚持物质文明、精神文明“两手抓”的方针，较好地完成了“九五”计划和“十五”计划前3年的各项任务。

2000年全区实现国内生产总值4.46亿元，年均增长19.8%；完成全部财政收入2280万元，年均增长4.5%；一、二、三产业结构由1995年的11:67:22调整为2.4:65:32.6；个体私营经济产值经营额达到9.38亿元，是1995年的3.7倍；全社会固定资产投资累计完成7亿元，是“八五”期间总和的5倍。“九五”期间，全区改革开放工作稳妥推进，基础设施建设进一步加强，城乡人民生活水

平不断改善，社会事业不断发展，精神文明建设取得可喜成果，圆满完成了“九五”计划的各项任务。

2003 年，全区国内生产总值完成 5.29 亿元，同比增长 12.8%；全社会固定资产投资完成 2.32 亿元，同比增长 36.3%；社会消费品零售总额 4.38 亿元，同比增长 4%；农民人均纯收入 2100 元，同比增长 5.2%；各项主要经济指标均有一定幅度增长。

第三节 加快个体私营经济发展决定

一、“决定”制定

20 世纪 80 年代初，营子矿区出现个体私营经济，并逐步发展壮大。至 90 年代中期，个体私营经济在全区经济总量中已“三分天下有其一”。1996 年，为充分发挥个体私营经济强国富民的作用，区委将“以邓小平建设有中国特色社会主义理论为指针，加快发展、扩大规模、提高档次、增加效益；大力发展专业村，专业镇、专业市场；牵龙头、强基础、兴五业（地方工业、修理业、商业、饮食服务业、建筑安装业），多业并举，成龙配套”作为指导思想，作出《关于加快个体私营经济发展的决定》。

二、发展政策

“决定”对扶持个体私营经济发展作出了具体政策规定：放宽经营范围；放宽开业条件，简化办照经营手续；生产经营规模较大的私营企业可冠营子矿区名称，也可根据生产经营需要审批两个以上该企业名称，允许刻制与国有、集体企业同样的图章；对新开办投资额在 10 万元以上个体工商户和私营企业两年内免收社会治安管理费、劳动力管理费、文化娱乐市场管理费、水利基本建设专项资金，其他各项收费按照国家最低限标准收取，无最低标准的按上线标准降低 50% 收取。对新开办的企业免收 6 个月的工商管理费；个体工商户和私营企业生产经营所需的燃料、水、电等生产经营条件，有关部门应与国有、集体企业同等对待，依照国家产业政策统筹安排，快速办理有关手续；对外地来营子矿区投资额在 10 万元以上的个体私营企业者，优先核发证照，优先安排生产经营场地，优先享受减免照顾，优先安排水、电供应，优先提供通信设备，优先提供信息咨询及法规政策，优先办理粮户关系，优先安排子女入托入学；个体私营企业的生产经营用地要列入城市建设规划。鼓励个体私营经营者到规划建设的工贸小区开办项目，从事生产经营，在征地、水电路及配套设施建设方面给予相应的优惠政策。凡在村镇集体闲散地域内开办的个体私营企业所需占地按临时占地对待，从低收取占地费，两年内免收土地管理费；对在规划区内的个体私营企业收取的公用设施配套费，按建筑工程造价和土地征用费两项总额的 5%—10% 收取，远离城区按两项费用总额的 2%—3% 收取。生产设施部分免征城市规划管理费；在税收政策上要与国有、集体企业一视同仁。在不违背税法的原则下，可因地制宜制定灵活的收税办法。对符合增值税一般纳税人条件的个体私营企业，要及时认定为增值税一般纳税人，允许其使用增值税专用发票，对年纳税在 5 万元以上大户，各级各有关部门要实行重点保护支持；各金融部门要按照效益优先的原则，支持个体私营企业与国有、集体企业在资本市场平等融资。1999 年 9 月区委、区政府又出台《关于鼓励党政机关企事业单位干部职工创办个体私营企业和到私营企业工作的意见》。“意见”对党政机关、企事业单位干部离岗留职，企业下岗的专业技术人员、管理人员创办个体私营企业或到其中就业的待遇做出具体规定。

三、实施成效

区委、区政府认真贯彻落实发展个体私营经济的各项政策，促进了全区民营经济的快速发展。到2003年年底，全区个体工商户发展到2743户，民营企业109家。是年，民营经济产值经营额9.7亿元，上缴税金3000万元，占全部财政收入的55.4%。

第四节　发展农业产业化决策

一、制订方案

为促进营子矿区农业向专业化、商品化、现代化方向发展，实现区委提出的科技农业、效益农业、项目农业、开放农业、特色农业的目标，1997年11月，区委、区政府出台《关于大力发展农业产业化经营实施方案》。“方案”对指导思想、发展目标、主要措施做了详尽的阐述。1998年5月，区委、区政府又提出《关于大力发展农业产业化的实施意见》。对发展重点，为农业产业化创造条件，组织保障等问题作出了具体安排。1997年至2003年，区委、区政府把调整农业产业结构作为全区经济的主要工作来抓，围绕“肉、菜、果、林四字发展战略”，在发展高效农业上进行积极探索，并结合营子矿区实际制定“1233”发展工程，即围绕“一个中心”（以经济建设为中心），抓好“两条龙”（养猪、果品加工）、“三个园”（高效农业示范园、山地节能温室园、优势错季鲜果园）、“三个基地”（优质瘦肉型养猪基地、精细菜生产基地、优质果品生产基地）建设，建成龙型农业产业化体系。

二、实施成效

通过实施发展农业产业化实施方案，至2003年，寿王坟镇加系二级母猪繁育场一、二期工程顺利完工，以此为龙头，带动了仔猪繁育、肉猪育肥、饲料供应、屠宰加工等行业的发展。以河北怡达食品集团有限公司为龙头，通过利益联结机制与农户紧密联系，建立果园基地2个，总面积3万亩，安排农村剩余劳动力1100人，在周边省市建果品加工基地3个，带动周边1万余户果农增收1000多万元，“公司加基地加农户”的产业化经营模式已具雏形。建成高效农业示范园1个。是年，全区播种蔬菜3200亩，其中设施蔬菜100亩，无公害蔬菜2000亩。林果业围绕千亩示范园工程，建成白杏基地、板栗基地、杂果基地共1500亩。全区农业产业化结构基本形成。

第五节　实施党政机关机构改革决策

一、第一次改革

1984年改革，主要解决机构臃肿、班子老化、干部知识贫乏问题。在科级领导干部选拔问题上，按照精干原则、“四化”（革命化、年轻化、知识化、专业化）方针和把好“三关”（政治观、年龄关、文化观）要求，选贤任能。撤销人民公社和街道办事处，建立镇政府。改革后区委工作部门4个，区政府工作部门19个。设立纪律检查委员会、区人民法院、区人民检察院、区工会、共青团区

委、区妇联。营子矿区人大常务委员会、政协常务委员会只设办公室，不设科。

二、第二次改革

1994 年 12 月至 1995 年 4 月改革，重点是重新确定党政机关的机构、职能、编制，分解和配置各工作部门的职能，明确各职能部门的职责范围，建立健全机关工作人员责任制，推行国家公务员制度。改革后，原本使用事业编制或自收自支的工作部门按现有人数的 1/3 至 1/2 核定部分行政编制。为减少机构层次，各工作部门 10 人以下不设内部机构。10 人（含 10 人）以上设 2 至 4 个股室，规格为股级。营子矿区区级行政机关行政编制 275 人，四镇行政编制 112 人，全区行政编制总额为 387 人。将 238 个区级行政编制分配到区机关各部门：区委机关 46 人，占区级机关行政编制的 16.73%；区政府机关 161 人，占 58.54%；纪委机关 6 人，占 2.18%；人大常委会机关 10 人，占 3.64%；政协机关 5 人，占 1.81%；群团机关 10 人，占 3.64%。剩余 37 个行政编制，留区编委控制使用。

改革后区委工作部门 7 个，另设纪律检查委员会；区政府设工作部门 20 个；区政府直属事业机构 2 个；区政府直属企业机构 2 个。

设区人大办公室、政协办公室、检察院、法院、工会、共青团、妇联、人民武装部。

区属 4 个镇均为二类镇，对 4 个镇的机构不再进行大的调整。行政编制总数为 112 人，由区编制委员会根据各镇实际情况核定行政编制：鹰手营子镇 28 人；北马圈子镇 24 人；寿王坟镇 26 人；汪家庄镇 23 人，其余 11 人的编制留作区编委控制使用。

1995 年 1 月，结合机构改革，按照《河北省国家行政机关现有工作人员向国家公务员过度实施办法》，通过资格审查、过度考核、选配人员、确定职务、确定级别几个步骤，为全区 200 余名干部办理了向公务员过度及任免等项手续。

三、第三次改革

2002 年 5 月改革，主要按照精简、统一、效能的原则，调整组织机构、精兵简政、裁减冗员、优化结构、提高效率。干部人事制度改革主要推行各级领导班子新老干部的合作与交替、建立后备干部队伍、选拔领导干部实行公开竞争、民主评议和交流干部。党政机关和事业单位实行目标管理岗位责任制、事业单位进行专业技术职称评聘、进行人才交流等制度，加强了领导班子和干部队伍建设。

改革后区委、区政府共工作机构 26 个（区委 8 个，区政府 18 个），事业机构设置 6 个（区委 2 个，区政府 4 个），议事协调机构的办事机构设置 3 个（区委 1 个，区政府 2 个），区委部门管理机构设置 2 个（信访局、老干部局）。

各镇统一按“五室一所”（党政办公室、经济发展办公室、社会事务办公室、文化教育办公室、计划生育办公室、财政所），三个事业单位（社会管理办公室、农业综合服务站、矿业管理服务站）设置机构。

改革后实现政企、政事、政社分开，真正把政府职能转变到经济调解、社会管理、公共服务上来。

区、镇行政编制由 1998 年底的 377 名，减为 316 名，减少 61 名，精简 16.18%。其中；区直机关由 265 名，减为 223 名，减少 42 名，精简 15.85%；镇机关由 112 名，减为 93 名，减少 19 名，精简 16.96%。政法专项编制由 1998 年底的 62 名，减为 56 名，减少 6 名，精简 9.68%。

区直继续保留的行使行政职能的直属事业机构人员编制精简 30%，镇级事业单位人员编制精简 20%。

全区共分流人员 97 名，其中干部 61 名（科级领导干部 42 名），机关工人 18 名，事业单位职工 18 名。通过提前退休、离岗的分流途径解决干部的超编问题。

第六节　实施精神文明建设决策

一、“纲要”制定

根据中共十四届六中全会通过的《中共中央关于加强社会主义精神文明建设若干问题的决议》要求，结合营子矿区《国民经济和社会发展“九五”计划和2010年远景目标纲要》的精神，1996年12月，区委四届五次会议讨论通过了《营子矿区1997年—2000年社会主义精神文明建设实施纲要》。指导思想是：以马克思列宁主义、毛泽东思想和邓小平建设有中国特色社会主义理论为指导，坚持党的基本路线和基本方针，加强思想道德建设，发展教育科学文化事业，以科学的理论武装人，以正确舆论引导人，以高尚的精神塑造人，以优秀的作品鼓舞人，培育有理想、有道德、有文化、有纪律的社会主义公民，提高全区干部群众的思想道德和科学文化素质，团结和动员全区人民为建设经济强区，实现社会全面进步，两个文明协调发展而努力奋斗。主要任务是：在今后四年里，要牢固树立“小区要有大作为”的思想，集中抓好共同理想、爱国主义、艰苦创业三个教育，大力开展创建文明区、文明村、文明行业活动，着力抓好党政机关、城区村镇环境、农村社风三项整顿。总体目标是：进一步提高全区人民的思想道德和科学文化素质，使人们的思想觉悟、道德水准、文化素质有明显提高；改善党风、政风，密切党群、干群关系；发扬“团结、自强、求实、创新”的矿区精神，塑造“文明礼貌、勤奋务实、艰苦奋斗、开拓进取”的矿区人形象。

二、实施成效

区委制定《营子矿区1997—2000年社会主义精神文明建设实施纲要》后，努力抓好落实工作。继续深入开展社会公德、职业道德、家庭美德、爱国主义、革命传统、艰苦创业教育，寓精神文明教育于各项活动之中，提高了全区人民的思想道德素质，1997年全区评出文明标兵100名。深入开展文明单位、文明小区、文明一条街创建活动，涌现出一批省、市、区级文明单位，1999年评出标准文明小区12个，推荐参评市级文明小区5个。营子大街在1995年基本达到市级文明一条街标准后，创建水平不断提高。1997年开始，在农村开展创建“十星”级文明户、城镇开展创建“五星”级文明户活动。1998年，农村创建“十星”级文明户活动面100%，评出“十星”级文明户3878户，占全区农户的69%。2003年，城镇评出“五星”级文明户7238户。在开展创建活动中，区委重点抓好整顿机关作风，提高服务行业服务质量，加强城乡基础设施建设，整顿市容市貌、村容村貌，美化环境等项工作，使营子矿区变得更文明，更整洁、更漂亮。深入开展讲文明、树新风活动，移风易俗，提倡婚事新办，丧事简办。开展百件好事评选，“文化、卫生、科技”三下乡，学雷锋，帮助下岗职工，救助失学儿童等项活动，涌现出一批以遇险救人好少年梁小东、高晓斌，勇救落水儿童的优秀共青团员曹合，无私帮助被困列车旅客的饭店老板石玉林、北马圈子镇妇联主任李淑艳，热心救助车祸伤员的北马圈子镇镇长王成军等为代表的文明新风标兵。落实“纲要”工作的开展，如春风化雨，润物无声，极大地提高了全区人民的思想道德素质和文明水平。

第七节　推进依法治区决策

一、决策内容

1998 年 5 月，区委根据中共十五大提出的依法治国方略，为了加强营子矿区的民主与法制建设，促进经济和改革开放的健康发展，做出《关于全面推进依法治区的决定》。总的目标是要在全区经济、政治、文化、社会和人民生活的主要方面基本上实现法制化。全区党政机关、社会团体、企事业单位和司法部门依法办事、依法行政、依法经营管理，执法水平明显提高。全区人民积极参与普法、学法，自觉遵守法律法规，增强法律意识，民主与法治制度日益健全，物质文明与精神文明共同发展，社会治安环境良好。

主要任务：依法建章立制。区人民政府和职能部门要加快制定和完善与国家行政法律法规相配套的规章制度和规范性文件，做到有法可依有章可循；区直各部门和各镇要实现各项工作的规范化、制度化，逐步形成与国家法律法规相配套的规章制度，把各项工作纳入法制轨道。加强法制宣传教育工作。全面加快实施法制宣传教育第三个五年规划，认真学习以宪法为核心的基本法律知识，领会新刑法的精神实质；学习有关社会主义市场经济法律知识和与日常生活密切相关的法律法规；全区各级干部特别是领导干部要带头学法用法，依法行政，理解和掌握邓小平关于社会主义民主与法制建设的理论，不断提高法制观念和依法办事能力；各部门各行业要组织本系统干部职工学习有关专业法律法规，依法规范自身行为；要大力加强对青少年的法制教育。加强执法工作。政府部门要以事实为依据，以法律为准绳，严格执法，坚决纠正有法不依、执法不公、违法不究、贪赃枉法等现象；在执法方面，要推行部门执法责任制、执法过错追究制，认真实施国家赔偿制度；律师、公证、仲裁、审计、会计等中介机构，要充分发挥作用，为社会提供优质的法律服务；要加强政法队伍建设，不断提高政法队伍的政治素质和业务素质。加强执法监督工作。区、镇党委要加强对司法机关执法情况的监督，建立健全监督制度，确保法律法规的正确实施；区、镇人大要认真履行宪法和法律赋予的监督权，加强对法律法规实施的检查监督，保证法律法规的正确实施，保证依法治区目标的实现；区人民政府要加强对行政执法部门执法情况和下一级人民政府依法行政情况的监督和检查；区人民政协、各民主党派、人民团体、新闻媒介要充分发挥作用，加强对执法情况的民主监督、社会监督和舆论监督。全面推进基层依法治理工作。各镇各部门及各行业都要按照依法治区的总体要求，综合本地、本部门、本行业的实际，积极稳妥地推进依法治镇、依法治村和行业的依法治理工作。

主要措施：加强领导。各级党委对依法治区工作要列入重要议事日程，切实做到认识到位、工作到位，要实行一把手责任制，切实加强领导。加强对依法治区工作的宣传。宣传部门要利用各种形式，广泛宣传，使广大干部群众充分了解依法治区的重大意义及其内容、目标、任务、方法和步骤，强化依法治区意识，增强依法治区的紧迫感和自觉性，特别是要加强对依法治区重点工作进度和典型宣传的报道力度，推进依法治区向纵深发展。把依法治理、依法办事和学法用法工作纳入主管部门和领导的目标责任制，作为政绩考核、奖惩和任用干部的重要依据。区、镇党委、政府要加强依法治理工作领导小组及其办公室的建设，配备相应的工作人员，赋予其组织、协调、指导、监督、检查和考核的职权。依法治区工作所需经费由各级政府列入财政预算，专款拨付。坚持以点带面、分类指导的工作方法，在全区抓好各层次、各行业、各系统的典型，以推动依法治区工作扎实深入地开展。

二、实施成效

1998 年至 2003 年，营子矿区认真贯彻落实区委《关于全面推进依法治区的决定》取得显著成效，为营子矿区经济和社会发展创造了良好的法治环境。

民主政治建设稳步推进。其间，充分发挥区人大对区政府、检察院、法院的依法监督作用，区政协的民主监督、参政议政作用，不断完善各种监督机制。1998 年，在南马圈子村开展依法治村工作，制定村规民约，强化村民自治管理。1999 年，全区全面推行政务、村务、厂务、校务公开，接收群众监督。

普法工作成效显著。除学习宣传宪法、刑法、民法外，重点学习宣传矿产资源法、矿山安全法、劳动法、青少年保护法及涉农法律法规。2000 年 3 月，区委、区政府实施“法律进村入户到人工程”，2001 年 9 月，市司法局在营子矿区召开“法律进村入户到人”现场会。是年，营子矿区圆满完成“三五”普法规划的各项任务，启动了“四五”普法工作。

执法制度建设进一步加强。不断加快制定和完善与国家法律法规相配套的规章制度。1998 年为提高执法水平，在全区司法机关和行政执法部门推行部门执法责任制和错案，执法过错责任追究制度。1999 年，全面实行行政执法人员持证上岗制度。区人大常委会制定《关于实行案件报告制度的暂行规定》，区公、检、法负责人每季度向区人大常委会主任会议汇报 1 次案件情况，区人大常委会主任会议对重要案件的办理，提出建议。

依法维护了社会的和谐稳定。其间，依法加大了对各种刑事犯罪的打击力度。加强信访工作，一些群众反映强烈的热点、难点问题得到解决。区政府对建筑市场进行整顿，规范了市场秩序。针对小煤矿、小矿山证件不全、安全隐患严重等问题，开展检查治理工作，依法查处违法问题。全区的经济和社会发展环境更加和谐稳定。

第五章　日常党务工作

在不同的历史时期，党组织紧紧围绕党的中心任务，重点开展组织、宣传、统战、纪检、政法、农村、信访等项工作，极大地促进了经济和社会事业的发展，使党的组织和党员队伍也更加发展壮大。

第一节　纪检工作

一、加强廉政组织制度建设

1980 年 3 月，成立中共鹰手营子矿区纪律检查委员会，开始按照《中国共产党章程》赋予的职能，围绕区委中心工作，开展纪律检查工作。1988 年，区委制定《党政干部必须保持廉洁的六条规

定》。1989 年，制定《关于加强党风廉政建设的若干规定》和《关于严禁党政干部下基层接受公款宴请和吃喝招待问题的规定》。进入 90 年代后，区委陆续制定了干部任前廉政谈话制度、党政领导干部诫勉谈话制度、领导干部离任审计制度、重大问题报告制度、个人收入申报制度等对干部的监督管理制度，收到了较好的监督管理效果。1998 年以后，区纪委通过召开民主生活会、自我申报、专项检查等方式，不断推进干部廉洁自律工作，重点落实领导干部配偶、子女从业及不准用公款为干部住宅配备电脑和支付上网费等规定；实行使用公用移动电话审批、话费限额、窗口缴费和住宅电话定额补贴、超支自付制度；严格了购买、新建办公楼审批制度，强化了对领导干部 8 小时工作以外的监督，进一步规范了领导干部的行为。从 2001 年开始区纪委建立科级干部每年向区纪委书面述廉制度，述廉报告存入廉洁档案，每年选择 10 名左右正科级干部集中述廉。同时，将这一做法向股、所、站、校、村延伸。通过述廉、考廉、评廉，增加了领导干部廉政状况的透明度和群众监督力度。这一做法得到省纪委肯定，并在全省推广。2002 年，在全市率先建立村级纪检小组，村民小组设立纪检联络员，解决了村级纪检监察组织断层问题，加强了对村干部的监督。在区直较大系统建立健全纪检监督体系。是年 7 月，对新提拔的科级干部，实行廉政宣传制度，督促他们防微杜渐，警钟长鸣。2003 年，建立基层纪委书记定期调度和汇报、“每日一题”、“廉政课堂”制度及村级财务支出“联签制”。区委制定《关于贯彻党的十五届六中全会精神，加强和改进党的作风建设的实施意见》《关于加强镇机关干部工作纪律的通知》《关于严禁党员干部国家工作人员婚丧事大操大办的意见》《关于在全区党政机关领导干部中开展廉洁自律活动的安排意见》等文件，进一步规范了党员、干部的行为。2001 年至 2003 年，全区科级干部集中述廉共 3 批 29 人次。

二、纠正不正之风

1993 年至 1998 年，区纪委对不正之风进行专项治理。封存移动电话 7 部，清户 19 部，收缴 12 部，清查、纠正了违反规定用公款安装住宅电话现象。取消 30 多项向企业收费项目，对 5 家重点企业实行挂牌保护。清理出预算外违纪资金 367 万元，其中收缴 14. 6 万元，罚没 23. 5 万元。清理机关干部多占住房 36 套，其中科级干部 14 套。处理违规配备小汽车 7 辆。取消、压缩了一些会议、庆典和检查评比活动，节约了开支。1998 年以后，区纪委紧紧围绕群众反映强烈的热点、难点问题，遵照“标本兼治，纠建并举”的方针和“谁主管，谁负责”的原则，认真开展以刹“五股歪风”为重点的纠正部门和行业不正之风工作。狠刹用公款吃喝玩乐风，坚持定点接待，使用审批卡，招待费单独列支，一支笔审批，定期公开制度；狠刹党员干部赌博风，不定期突击检查，开除参与赌博党员 1 名；狠刹婚丧大操办风，建立婚丧事项报告制度，规定了用车和宴请标准；狠刹领导干部以公事为名出国旅游之风，严格了审批制度，落实科级干部出省、出国到区纪委备案制度；纠正镇机关干部“脱岗”风，下发《关于加强镇机关纪律的通知》，坚持镇机关值班、节假日主要领导带班制度。

三、查办案件

1990 年至 1992 年，纪检监查工作坚持为经济建设服务的指导思想，本着既有利于党风廉政建设，又有利于调动干部群众积极性搞活市场经济的原则，明确政策，划清政策界限，将经济上违纪违法、聚众赌博、腐化堕落、道德败坏、传播观看淫秽制品、违反计划生育政策作为查案工作重点，共查处违纪案件 24 起，处理党员 14 人。其中，开除党籍 4 人，留党察看 2 人。1993 年至 1998 年，共立案查处各种违纪案件 43 起。其中，大要案 29 起。对 42 名违纪人员给予党、政纪处分。其中，副科级以上干部 5 人。1998 年至 2003 年，全区各纪检监察机关共立案查处各类违纪案件 53 起，结案 52 起。其中，经济案件 23 起，大案要案 22 件。给予 52 人党、政纪处分，其中开除党籍 7 人，留党察看 5 人，党内严重警告 8 人。受党内警告或行政警告 16 人。行政开除留用 1 人，降级 1 人，撤销领导职务 4

人，记大过 5 人，记过 5 人。受纪律处分又追究刑事责任 7 人。在受处分的党员干部中，科级干部 13 人。对其中的 13 起典型案件公开曝光。

第二节　组织工作

一、组织建设

1966 年 5 月“文化大革命”开始前，组织工作主要是发展、教育党员，围绕党的中心任务开展工作，完成上级党组织布置的各项工作任务。

1985 年 10 月至 1986 年 12 月，根据中共中央“统一思想、整顿作风、加强纪律、纯洁组织”的指示，在区委领导下，完成立区、镇、村三级整党工作。在党员登记中，缓登 10 名，不予登记 3 名，因故暂未登记 4 名。1987 年后，区委组织部制定《加强党的基层组织建设的意见》《“八五”期间加强基层党组织建设规划》，在村级组织建设中按照“五个好”（领导班子好、党员干部队伍好、工作运行机制好、工作业绩好、群众反映好）的目标，把实现小康作为党建工作的出发点和落脚点，不断加强组织和班子建设。区委组织部和纪检委联合建立基层党组织民主生活会联络员制度，联络员负责会前搞好调查，确定议题，具体指导。每年对民主生活会的内容、形式、效果进行检查。制定《区级领导参加双重民主生活会制度》，在企业党组织中开展了“党组织和党员双目标管理”活动。1989 年，有 6 个基层党委和 6 个党总支、106 个党支部进行了换届选举。换届后领导成员的平均年龄有所下降，知识结构更趋合理。90 年代初，为使各项工作有规划、有目标，区委逐步建立健全和完善了各级党组织的工作责任制，做到分工明确，要求具体，责任到人，使各项工作有章可循。1993 年，全区应换届的 7 个基层党委、8 个党总支、162 个党支部完成换届选举工作。1996 年，在全区开展了创建优秀乡镇党委活动，按照“五个好”（好班子、好队伍、好路子、好体制、好制度）标准建设农村党支部，先进支部达到 45%，合格支部达 55%。1997 年，区委继续加强农村基层组织建设工作，制定《关于加强农村基层组织建设的实施意见》，指导农村基层组织建设工作。在企业党建工作中，区委积极探索新形势下企业党建工作的有效途径，以加强和改进企业党建工作为先导，以促进企业改革为目标，切实把企业党建工作落到了实处。制定《关于加强和改进国有企业党建工作的实施意见》，确定加强企业党建工作思路和总体目标。1999 年，制定下发《营子矿区 1998—2000 年各镇及区直部门党政领导班子建设规划》《关于镇党委抓好村级组织建设责任制的实施意见》等文件。2002 年，通过调研、座谈等形式，广泛征求意见，先后制定出台《营子矿区实施企业领导人员素质工程建设的意见》和《营子矿区“党建带团建”三年工作规划》等文件。2003 年，在农村开展“设岗定责、星旗联创”活动，承德电视台《今日聚焦》栏目对这一活动进行了专题报道。印发《关于继续实施“素质工程”，进一步提高农村基层干部素质的意见》。11 月，组织部举办为期 10 天的农村两委正职岗位素质和专业素质培训班。加强社区党建工作，在各镇和社区建立党建联席会和社区党建工作联络员、社区理论辅导员、社情民意信息员“一会三员”工作机制，形成了上下贯通的社区党建工作网络。加强非公有制企业党建工作，年内新建非公有制企业党支部 1 个。区委组织部下发《关于进一步做好在非公有制经济组织中加强党的建设工作的意见》，对不具备建立党组织条件和无党员的非公有制企业实行选派党的工作指导员的做法，共选派党的工作指导员 15 名，扩大了党建工作的覆盖面。围绕提高各级领导班子整体合力，有针对性地加强民主集中制教育活动，印发《关于加强民主集中制建设的意见》。对基层组织建设工作实行项目管理责任制，将组织工作划分为 4 大类 14 项重点工作，逐项落实

工作进度、责任单位和负责人。设立组织工作“创新奖”，对取得创新成果的基层党组织授予“组织工作创新奖”，有关党务干部授予“组织工作创新个人”。

二、思想作风建设

1978 年 12 月中共十一届三中全会以后，按照中央和上级党委的统一部署，全区开展整党整风工作，纯洁了组织，恢复“三会一课”（党员大会、支部委员会、党小组会，党课）等制度，加强了党的领导作用。1985 年 10 月至 1986 年 12 月，在整党期间，区委在各级党组织和全体党员中开展实事求是思想路线教育活动，继续清除“左”的思想影响，统一了思想。1988 年，工商企业党组织实行党员规范管理，比较普遍地实行了党员模范卡制度，定期组织群众评议党员，将评议结果填入党员管理卡。有的党组织试行模范行为激励办法，党组织根据本单位的实际，提出党员参加生产、工作竞赛的标准和要求，鞭策党员发挥先锋模范作用。自 1989 年开始，坚持每年开展民主评议党员活动并形成制度，评议采取自评与互评相结合，评上与评下相结合的方法。广泛征求党内外群众意见，针对揭摆出来的问题，制定改进措施，完善必要制度。对不合格党员根据具体情况采取限期改正、劝退、开除等处理措施。全区各级党组织结合总结和民主评议党员活动评选优秀党员、优秀党务工作者和先进党支部，区委对评出的“两优一先”单位和个人予以表彰。1990 年，推广跳沟村党员对联系户“三带三帮”（带头宣传党的政策，帮贫困户排忧解难；带头遵纪守法，帮后进人和法制观念淡薄的户转化思想；带头劳动致富，帮一般户提高劳动技能）的经验，跳沟村 17 名党员连续 7 年坚持“三带三帮”，使 32 户贫困户全部脱贫。是年，全区农村 72.9% 的党员担负起了“三带三帮”的责任，挂钩户数 1189 户。区级党政领导干部建立工作联系点 13 个，为直接听取群众意见，帮助群众解决实际问题提供了方便。1994 年，评出优秀党员 279 名，优秀党务工作者 16 名，先进党支部 33 个。2000 年，根据省、市委组织部《关于开展乡镇党委思想作风教育整顿实施方案》精神，区委组织部下发了《鹰手营子矿区开展镇党委思想作风教育整顿安排意见》。上半年在北马圈子镇开展试点工作，下半年在全区 4 个镇全面铺开。通过思想作风整顿，各镇机关作风明显改善。按照中共中央《关于建立民主评议党员制度意见》精神，2002 年，在区委五届七次会议上，通过了区委《关于贯彻党的十五届六中全会精神加强和改进党的作风建设的实施意见》，印发《营子矿区“作风建设年”2002 年度活动方案》，明确全区党的作风建设及“作风建设年”活动的总体要求、目标任务、方法步骤。以“规范程序，规范行为，服务发展，服务群众”为主题，以思想作风、工作作风和生活作风为重点，大力推进党员干部作风建设，并把作风建设的落脚点放在促进各部门职能发挥、服务经济建设、服务基层群众上，解决了一大批改革发展稳定中的问题。2003 年，确定为“党员电化教育规范化建设年”，向 148 个基层党支部印发了党员电教活动记录本。11 月，区委组织部与区有线电视台联合开办了《党建经纬》专栏，构建了党员远程教育平台。全区农村和社区党员电教普及率达到 100%。

三、干部管理

（一）干部管理权限

1965 年 2 月至 1981 年，区级以及区属各公社、各单位领导干部由承德市委及市委组织部等干部管理部门管理。1982 年始，区级干部由市委管理，区属正科级干部报市委组织部审批，副科级干部管理权限下放到区委任命，报市委组织部备案，公社领导干部仍由市委管理。1984 年，区委印发《关于干部管理权限的暂行规定》。1995 年 9 月 22 日，区委再次下发《关于干部管理权限的暂行规定》，1984 年印发的《关于干部管理权限的暂行规定》自行失效。

中共营子矿区委干部管理权限表

表 16－5－1　　　　1982 年 1 月实行

批准部门 职务	市委组织部审批（科级）	区委代市委管理（科级）	区委管理（科级）	备注
各公社书记、主任	正、副职			纪检委副书记为正职
区委各部委室	正 职	副 职	纪检委员	
人大各科室	正 职	副 职		
政府各局、科、室、办（区供销社）	正 职	副 职		
各人民团体	正 职	副 职		
各街道办事处		正、副职		
建行办事处		正、副职		
商业、粮食、供销、税务、工商、工业、交通、城建各局、社直属公司、厂、店、站、处、矿、所、队和科、室、团体			正、副职	不包括寿王坟食品厂
区属中小学、文化系统馆、店			正、副职	医院支部书记可安排正副科级
区医院、防疫站			正、副职	
医药公司、物资站			正、副职	
业余干校、教研室、区招待所、劳动公司			正、副职	
各公社中心校、卫生院、医院			正、副职	

中共营子矿区委干部管理权限表

表 16－5－2　　　　1995 年 9 月实行

管理部门	管理范围
区委	区委委员、区委候补委员；各镇党委正副书记、委员、人大主席团主席、正副镇长、武装部长、经委主任；区委各部、委、办、局，区政府各局、办党政正副职；人武部正副科长；区人大、区政协常务委员，办公室正副主任、正副科长；区纪委常委、专职委员；区各人民团体正副职；区法院副院长、区检察院副检察长；不列入政府系列的区直机关科级单位的党政正副职、党组成员，区医院党支部书记、院长，陶瓷厂党政正职；上述各部门的其他职务的正副科级干部及退居二线的正副科级干部
区委委托组织部	区直机关各部门党委、总支委员；区直各部门和股级企事业单位党支部书记；各镇、镇直各单位党支部书记、镇机关股级干部，区直机关各部门正副股长及股级干部；未设党委、总支的区直部门所属企、事业单位行政负责人
区委委托各镇、各部门党委总支	机关各部门党支部副书记及支部委员；所属的企事业单位党支部副书记、支部委员及行政负责人；村党支部正副书记、支部委员，村委会主任、副主任、委员，经联公司正副经理，街道党支部书记、主任及委员，镇办企业支部书记、厂长（经理）

（二）实行和完善干部考核制度

1995 年，区委结合机构改革，按照干部“四化”方针和精减、统一、高效的原则，对各镇和区直科级领导班子进行认真的考察和调整，全区共考核、充实、提拔、分流科级和一般干部 58 名。同年成立干部考核委员会，下设办公室，具体负责干部的考核工作。

1997 年 6 月，区委出台《关于加强领导班子建设提高干部素质的意见》，要求完善领导班子和领导干部实绩考核和监督管理制度，建立有效地监督管理机制，把实绩考核结果与领导班子的调整、干部的升降奖惩相结合。领导干部实绩考核档次（实绩突出、实绩良好、实绩较差），分别对应国家公务员考核的档次（优秀、称职、不称职）按国家公务员制度的有关规定兑现奖惩。对实绩突出的领导班子和领导干部按有关规定落实奖励；对实绩较差的领导班子，予以警告，其党政主要负责人予以“诫勉”，要写出书面检查；对连续两年被评为实绩较差的领导干部予以降、免职；对实绩不突出的领导干部不予以提拔使用。

2000 年，跟踪考察 1998 年以后提拔的科级干部，制定《关于加强干部考核工作的实施意见》。

2001 年 2 月，区委干部考核委员会下发了《关于 2001 年目标责任制考核的暂行办法》。2003 年年底干部考核结果为：领导干部中优秀公务员 42 名，不定档次 1 名，其他干部均为称职，二等功 6 名。

四、干部选拔任用

改革开放后，营子矿区开始逐步开展干部选拔任用改革工作。在选拔领导干部时，坚持德才兼备的原则，不论资排辈和照顾情绪，对于长期在基层工作成绩突出的农民、工人亦给予重用。1993 年，为 2 名长期在农村、乡镇工作的农民聘用制干部办理了转正手续。

1996 年，区委制定《关于提拔领导干部实行试用期制的暂行办法》，规定试用期为一年，20 名新提拔到副科级岗位的干部进入试用期。在提拔的 32 名副科级以上领导干部中，95% 以上为中专及以上学历。1997 年，区委采取聘任、挂职等多种途径选拔培养干部。是年，26 名新提拔到领导岗位的干部进入试用期。对 3 名试用期内纪律涣散、不思进取的副科级干部给予通报批评，其中 2 名分别被延长一年和半年试用期。

1997 年 9 月，区委组织部组织并参与公开选调区委办公室工作人员的工作，对干部制度改革进行了有益的尝试。2000 年 9 月，首次公开选拔科级干部，面向全区公开选拔区商业局局长、经贸局副局长、农林水利局副局长、建设局副局长、文教局副局长。除商业局局长职位因报名人数未达到规定数量不再公开选拔外，其余 4 个职位均按规定公开选拔。通过笔试、答辩、考察等程序，最后有 4 名脱颖而出，分别任区经贸局、农林局、城乡建设局、文教局副局长，试用期 1 年。

2000 年 9 月，进一步完善《关于提拔领导干部实行试用期制的暂行办法》，对任命制产生的副职领导干部均实行试用期制，试用期为一年。试用期满后，区委组织部按照考察干部程序对其进行全面考察，提出是否胜任职位工作的意见，提交区委常委会议研究决定。对胜任工作的，继续留岗工作，不胜任工作的，安排回原工作岗位。按法律程序选举产生的领导干部，在年内考核中不称职、不胜任所担任的职务的，要向原选举单位提出免职建议。形成了真正凭实绩选拔任用干部的良好用人机制。

2001 年，加大农村干部选拔任用工作改革力度，在农村党支部换届选举中逐步推行“两推一选”的换届选举程序。即先通过党员推荐、公开答辩、民主测评产生初步候选人，再经过组织审查推荐正式候选人，最后进行党内民主选举，产生新一届支部委员会。

2003 年，制定《干部选拔任用工作程序》和《干部选拔任用工作流程图》。全区共调整干部 115 人次，其中提拔 43 人，平职调动 72 人，大专及以上学历占 76%。列入试用期干部 27 人，经考核按期转正并留任 27 人。

改革开放后至2003年，营子矿区根据《党政领导干部选拔任用工作暂行条例》精神，完善、创新制定了《公开选拔党政领导干部工作暂行规定》《党政机关竞争上岗工作暂行规定》《党的地方委员会全体会议对下一级党委、政府领导班子正职拟任人选和推荐人选表决办法》和民主推荐责任制、考核预告制、干部考察责任制、常委会决定干部任免表决制、任前公示制、任职试用期制、干部选拔任用工作责任制追究制、调整不胜任领导职务制等第一整套规章制度，这些制度覆盖了干部选拔任用的全过程。由于干部选拔任用各个环节都公开透明，较好落实了群众对选任的知情权、参与权、选择权和监督权，扩大了干部选任工作中的民主。明确了从民主推荐、组织考察、决定任用到正式任职各个环节责任主体应承担的责任，干部选任的环节到哪里，承担的责任就延伸到哪里，使干部选拔任用工作的责任追究有法可依，落到实处。

五、后备干部队伍建设

营子矿区在选拔和培养后备干部工作中，认真贯彻“四化”方针和德才兼备原则，1993年，区委制定《后备干部队伍建设工作条例》，坚持把工作重点放在改善后备干部队伍的年龄、专业和知识结构上，重点选拔熟悉现代管理，懂工业、金融、法律、经贸和科技等知识的年轻干部，突出35岁左右这个主体，注意优秀妇女干部、少数民族干部、非中共党员干部的选拔。1996年，选派3名机关干部分别到亏困企业任职，加强企业领导班子力量，使濒临倒闭的企业恢复生机。经过考查将这3名干部由副科级提为正科级。任命2名业绩突出的后备干部为区长助理，推荐8名后备干部参加全市副处级干部选拔。1997年，区委组织部专门下发《关于推荐选拔科级后备干部的通知》，并按照省、市有关要求，区级领导班子配备35岁左右副区长1名；四镇配备30岁左右领导干部9名，有13个区直部门配备30岁左右领导干部24名，占领导干部总数的35%。区委领导班子平均年龄46岁，各镇及区直部门正、副科级领导干部平均年龄40岁，年龄最小的27岁。各基层单位分别推荐报送科级后备干部2—3名，设立了后备干部库，对确定为后备干部的人员登记备案，实行动态管理，做到优胜劣汰、备用结合。对一些没有走上领导岗位，有发展潜力的优秀年轻干部，积极为他们创造条件，提供成长锻炼的机会。对后备干部本着缺什么补什么的原则，有针对性的做好培养锻炼和教育管理工作，进一步强化理论培训和实践锻炼措施，不断完善监督管理机制，确保后备干部迅速健康成长。为了增强后备干部任职的针对性和实践经验，区委将一些有培养前途的年轻干部安排到相应的职位上担任助理，锻炼一段时间后担任领导职务；或选派优秀年轻干部“走出去”开阔视野，到区外先进地区挂职锻炼，有力地提高了后备干部的综合素质和工作水平。是年，选派4名年轻干部到苏州学习，选派10名年轻干部到唐山挂职锻炼。

2002年，基层单位推荐正科级后备干部25人，提拔13人；副科级后备干部65人，提拔14人。2003年基层单位推荐正科级后备干部32人，提拔12人；副科级后备干部54人，提拔11人。

六、知识分子工作

1978年12月中共十一届三中全会以后，区委按照干部“四化”方针，注重选拔知识分子中的青年干部充实各级领导岗位，各级领导岗位的年龄结构、文化结构、专业结构更趋于合理。明确知识分子是工人阶级的一部分，建立知识分子工作领导小组，开始逐步落实知识分子政策。

1987年，共召开知识分子座谈会8次，听取他们的意见。有7名知识分子加入了党组织。结合营子矿区实际情况，建立知识分子联络站，1989年，有知识分子联络员15人。1992年，贯彻中央、省、市关于加强和改进知识分子工作的指示精神，按照“政治上信任、生活上关心、工作上大胆提拔使用”的原则，针对知识分子在职称、住房、医疗保健等方面存在的突出问题，制定改进措施并逐步加以解决。区委组织部制定营子矿区拔尖人才标准，建立了61人的人才库。是年，区、科级领导干部

108 人，其中具有大专以上文化程度的 20 人，占 18.5%。1993 年，结合换届选举，选拔 4 名优秀知识分子担任处级和副处级领导职务。是年，有 7 名专业技术人员加入了党组织，为 300 名知识分子晋升专业技术职称办理了申报手续，为 24 名知识分子解决了住房，为 1 名知识分子家属解决了“农转非”问题。春节前夕，召开知识分子座谈会。1994 年，有 15 名知识分子入党，占入党人数的 38%。12 名知识分子进入科级领导岗位，有 3 名学校校长被评为市“十佳校长”，农林系统有 2 名知识分子命名为农村科技“播火人”。1995 年，发展大中专学历知识分子党员 24 名，占新发展党员总数的 53%。1996 年，1 名科级知识分子领导干部入选全市“百名跨世纪人才”，1 名贡献突出的知识分子由区政府奖励安居住宅楼 1 套，有 60 名知识分子家庭搬入家属住宅楼。全年共为知识分子办实事 110 件。1997 年，为知识分子办实事 120 件。2001 年至 2003 年，为适应知识经济发展的需要，开展“双尊”活动，努力形成尊重知识、尊重人才的良好社会氛围。各有关部门搞好各类人才预测和人才培养规划，加大高层次急需人才引进力度，期间引进人才 314 人。

第三节　宣传教育

一、宣传工作

1950 年 6 月，朝鲜战争爆发。1951 年下半年，按照兴隆县委宣传部的部署，开展“抗美援朝、保家卫国”的宣传教育活动。1954 年 6 月，《中华人民共和国宪法草案》颁布后，以县培训的宣传员为骨干，向群众宣传宪法的基本精神和主要内容。50 年代中期，主要宣传“一化三改”（社会主义工业化，农业、手工业、资本主义工商业的社会主义改造）党的过渡时期总路线，引导农民走集体化道路。1960 年，按照兴隆县委的统一部署，开展“以粮为纲，增产节约”的宣传教育活动。1962 年，营子矿区建立区广播站，有线广播每天早、午、晚 3 次转播中央人民广播电台、河北人民广播电台节目，每次播放 15 分钟的自办节目，全天播放 7 小时 。是年，区直各单位、公社、大队开始设立通讯报道员。1966 年，鹰手营子、北马圈子、寿王坟 3 个公社建立广播站 转播区广播站节目并自办节目。“文化大革命”期间，宣传工作以阶级斗争为纲，树立“活学活用”毛泽东著作典型，组织“批林批孔”（批判林彪、孔子）、工农兵评“水浒”，学习“无产阶级专政下继续革命理论”。1978 年 12 月中共十一届三中全会以后，重点宣传邓小平建设有中国特色社会主义理论和改革开放政策。1983 年，区委对 150 名党员领导干部分期分批进行培训，学习中共十二大文件、新党章、《邓小平文选》。1984 年初，区委抽调 62 名干部深入农村宣讲有关农业和农村工作的中央 1 号文件，编印发放了 700 余份宣传提纲，广播宣传中央 1 号文件的稿件 400 余篇。是年调整充实了通讯报道队伍，全区通讯员由 20 多人增至 73 人。1993 年，营子矿区有线广播电视台开播，除向广大电视用户传送电视节目外，还担负着宣传党的方针政策，报道全区重大事件的任务。自办节目每天播出 5 小时，开办了“矿区新闻”“新闻专题”“矿区广角”“视点”等具有特色的自办栏目。1996 年，区委宣传部确定了对外宣传要“上大刊、上大台、上大块”的指导思想，当年上市级报刊、电台、电视台新闻稿件 200 篇。是年，区委提出了“小区要有大作为”的全区工作指导思想。区委宣传部围绕这一指导思想，重点开展政策宣传、重点项目宣传、“五个工程宣传”（鱼水工程、形象工程、小康文化工程、安宁工程、共同富裕工程）。电视台采播新闻 144 期，《矿区广角》栏目播出 32 期。1997 年 8 月，全区开展“讲文明、树新风”宣传月活动，区领导率先垂范参加宣传，干部、职工及各界群众积极参与，设宣传站 9 个，发放各种宣传资料 1 万多份。1998 年，区有线电视台为庆祝中共十一届三中全会召开 20 周年，开办了

“鹰手营子矿区改革开放20年成就展播”栏目，进行系列报道。与区城市建设局联合创办“老照片”电视栏目，通过新旧对比，展示营子矿区改革开放后的巨大变化。1999年，又增加了“一周报刊摘要”“警钟”“党建之窗”等栏目。是年，区委围绕庆祝中华人民共和国成立50周年和迎接澳门回归，以唱响祖国颂、社会主义颂、改革开放颂为主题，举办了形势报告会、座谈会、读书会和书画展，组织观看爱国主义影片和参观爱国主义教育基地等活动。开展了对邪教“法轮功”的揭批活动，举办了反邪教图画展，召开了以“邪教的危害性”为主题的各界人士座谈会。2000年，全区开展“三个代表”重要思想的学习和宣传活动。2002年，区委宣传部调整中心报道组成员，各基层单位组建了新闻宣传报道组。是年，市级以上报刊、电台、电视台发稿682篇，其中重点稿件89篇，头条7篇，副刊头条4篇。2003年，开展防治“非典型肺炎”宣传活动。区委、区政府发表《致全区共产党员、共青团员、领导干部及各界人士的一封信》，区卫生局编发《承德市鹰手营子矿区防治非典型肺炎传染病知识指南》。区有线广播电视台利用公益广告、固定字幕和游走字幕及时准确编制全区最新“防非”信息，普及科学的自我防护卫生保健知识。“防非”期间，播出“非典防治动态”47期、公告通知30个，播发稿件413篇，制作公益广告2个，游走字幕100条，电视专访1期，最大限度地发挥电视媒体在抗击“非典”中的宣传作用。是年，市级以上报纸发稿786条（篇），电台、电视台发稿35条，共发稿821条（篇），其中重点稿件138篇，《承德日报》刊发头版头条7篇、报眉6篇，《河北日报》刊发头条1篇。发稿数量、质量创历史最好成绩。

二、党员、干部教育

1951年8月1日，兴隆县委配合整党，开始举办党员训练班，分期培训党员，每期20天。至1952年8月底，经过13期的培训，将全县党员轮训一遍，鹰手营子、寿王坟两地党员普遍参加了轮训。在以后的抗美援朝、“三反”（反贪污、反浪费、反官僚主义）、“五反”（反行贿、反偷税漏税、反盗窃国家资财、反偷工减料、反盗窃国家经济情报）、肃清反革命、农业合作化、反右派斗争、“大跃进”、人民公社化、农村社会主义教育等运动中，区委都有针对性地开展对党员、干部的培训工作。“文化大革命”期间党员、干部教育工作受到干扰。

1978年12月中共十一届三中全会以后，区委多次举办党员领导干部培训班，主要学习党在社会主义初级阶段的基本路线、改革开放的各项政策。80年代中期，建立副处级以上干部参加的区委理论学习中心组，采取分散学习和集中学习相结合的方法，每年集中学习不少于15天。1988年，4个镇党校共举办各类培训班24期，培训党员1187人次。1990年，区委组织部和宣传部联合举办干部培训班2期，全区副科级以上干部和各单位政工干部220多人参加了学习。4镇利用党校举办各种类型的培训班26期，380名党员和218名镇村、企业干部参加了学习。与兴隆矿务局合办“干部中专专修班”，全区33名初中文化程度的干部参加了学习。1991年，以镇党校为阵地，以上好“五课”（基本理论课、党的知识课、商业经济课、领导艺术课、经营管理课）为内容，全区4个镇共办党员、干部和入党积极分子培训班37期，培训2000多人次。1993年，通过脱产和不脱产学习，全区共培训党员1477人，入党积极分子176人。1994年，培训党员744人，入党积极分子120人。1995年，区委重点抓领导干部思想作风建设，对全区科级以上干部及村干部进行普遍培训，并巡回到全区4个镇举办培训班，共培训干部350人。是年12月，区委党校正式成立，自此，区委党校开始每年有计划地培训全区科级干部、优秀青年干部和村干部。1996年，区委把用邓小平建设有中国特色社会主义理论武装广大党员、干部作为思想政治建设的重点，组织党员、干部系统学习马克思列宁主义基本理论、《邓小平文选》、江泽民重要讲话。全年共举办科级干部、村干部、企业干部培训班4期，共培训410人次。在党员、干部中开展学习孔繁森、马恩华、张焕余等先进模范人物活动，并请宽城县拌马河村党支部书记张焕余为全区党员、干部作报告，介绍其先进事迹。是年，区委理论学习中心组建立集中学

习、专题辅导与专题讨论相结合，调查研究与撰写论文相结合的学习模式。1997 年，以学习邓小平理论和十五大报告为主要内容，区委党校办科级干部培训班、农村党员干部培训班、优秀青年干部培训班、企业干部培训班各 1 期，共培训 320 人。1998 年，区委制定《区委理论学习中心组活动规范》，在集中学习签到、自学读书笔记字数、每年撰写论文或调查报告篇数等方面，做出了明确规定。是年，区委下发《关于建立干部理论学习激励约束机制的意见》，建立了科级干部理论学习百分考核制度。科级干部参加培训出勤情况、自学读书笔记的数量和质量、年终理论学习闭卷考试 3 项考核的总成绩不及格者，一年内不能评优，不能提拔使用，并于当年开始实施。区委党校全年办科级干部、优秀青年干部、农村 党员干部、企业干部培训班各 1 期，共培训 300 人。深入基层单位办培训班 3 次，培训 410 人次。1999 年，在全区 4 大机关和 6 个部门中开展了以“讲学习、讲政治、讲正气”为主要内容的“三讲”教育活动，在广大党员干部中深入开展了“入党为什么、掌权为什么、当干部为做官还为干事业?”的大讨论。是年，区党校举办巡回培训班 3 次，培训 410 人次。

2001 年，区委组织部、宣传部、党校联合组织 3 次学习江泽民“七一”重要讲话的辅导。结合建党 80 周年，开展了学党史活动。组织党员、干部学习“三个代表”重要思想和有关 WTO 的基本知识。在全区党员、干部中开展“学讲话、论发展、转作风、促工作”的“学、论、转、促”教育活动。由区委组织部、农村工作部、党校、民政局等单位抽调人员组成讲师团，到各镇巡回辅导中组部主编的《农村基层干部读本》，倡导科学文明，弘扬唯物论、无神论。是年，区委党校办培训班 4 期，培训党员、干部 340 人。2002 年，区委组织部在农村党员中重点开展了以“创建优秀农村党支部、带领群众脱贫致富、转变作风、促进农村两个文明建设”为内容的“创、带、转、促”活动。区委党校分层次对全区党员、干部进行“马克思主义发展史”“中共十六大政治报告”“以德治国”三个方面的理论辅导。2003 年，通过区委理论学习中心组集中学习讨论，组织“三个代表”重要思想宣讲团宣传等多种形式，贯彻落实《中共中央关于在全党兴起学习贯彻“三个代表”重要思想新高潮的通知》精神。是年，举办科级干部培训班 1 期，培训 200 人；党务干部培训班 1 期，培训支部书记 30 人；新提拔干部培训班 1 期，培训 70 人；镇村干部岗位、专业素质培训班 1 期，培训 38 人。组织了处级、科级干部普法考试，镇村干部“素质工程”政治素质考试。截至 2003 年，区委宣传部共组织科级干部理论学习百分制考试 6 次，无不及格者。

附

企业思想政治工作新途径的探索

——来自营子矿区毛巾厂的调查

区委宣传部

毛巾厂建于 1970 年，1989 年 4 月有职工 404 人。其中，行政管理人员 23 人。党员 12 人，团员 39 人。从建厂截止到 1984 年底连年亏损，库存积压产品总额达 95.7 万元，银行贷款 73 万元，成为全市挂号的亏损企业和“老大难”。其间虽换了几任领导，但由于体制、人员素质等多方面原因所致，仍未能摆脱困境。自从 1985 年归属营子矿区后，在区领导及主管部门领导的直接关怀下，他们借助改革开放这一机遇，走出低谷，爬上高坡。当年扭亏为盈，获利 0.5 万元，1986 年获利 3 万元，1987 年获利 10.8 万元，1988 年获利 21.6 万元，较 1987 年翻了一番，较 1985 年提高了 43 倍。这一年，该厂不仅经济效益创历史最高纪录，精神文明建设也取得了显著成果，荣获了市级精神文明建设先进单位、省级工矿企业安全保卫管理达标单位、区级先进党支部等称号。毛巾厂为何能起死回生，从“山重水复疑无路”，到“柳暗花明又一村”，调查表明：除改革开放这一政策的贯彻实施外，加强和改进

企业的思想政治工作也是至关重要的一环。总结、归纳对企业思想政治工作新途径的探索主要有以下几点。

一、建立新格局——由“单打一”到“共同抓”

随着企业实行厂长全面承包负责的体制变化，如何使企业思想政治工作尽快上岗到位不出空档，这是在改革中客观实际向所有企业提出的一个新课题。对此，他们首先提高认识，从思想上转弯定向，树立企业思想政治工作由厂长全权负责的新观念。从体制上，他们打破过去那种党组织“一元化”、政工人员“独家抓”的老套套、小圈圈，建立厂长全面负责、行政干部为主体、专职政工干部为骨干、党政工团齐抓共管的多层次、全方位的思想政治工作新格局。该厂去年一月份实行了厂长公开招标承包负责制，李甫同志中标后，厂长书记一肩挑。他一手抓经济，一手抓思想，做到虚实结合，同步到位，实现管人、管事、管思想“三位一体”。党政工团分工负责、密切配合。党支部重点抓党员，充分发挥党员的先锋模范作用。行政科室订规章、建制度，融思想教育于经济管理之中，实现思想教育与生产经营一体化。厂工会、共青团，搞“比武”、评标兵、树样板，增强职工主人翁责任感，将思想政治教育寓于活动之中。这种层层管、共同抓的思想政治工作，不仅解决了思想工作与经济工作“两张皮”的弊端，也增强了思想政治工作的整体合力。从具体行动上，力求做到“三结合”。

一是解决思想问题与解决实际问题相结合。该厂开始实行销售定额包干责任制时，多年习惯了“大锅饭”的销售人员有畏难心理。对此，厂长李甫同志一方面进行思想疏导，与他们一起分析研究市场动向，鼓励他们看到前景，增强信心。另一方面，又针对销售人员经常外出无暇顾及家里琐事的特殊情况，注重为他们解除后顾之忧。厂子秋季买米、买菜等优先分给销售人员，对路途较远的派人负责送上家门。平时买煤、买菜，厂子给出人出车。人非草木，孰能无情，销售人员在厂领导的感召下不辞劳苦，到处奔波，很快就打开了销售工作新局面，使积压的产品很快消化，新产品市场不断扩大，部分产品还销往国外。

二是严格制度与严于律己相结合。厂有关管理部门遵循“没有规矩不成方圆”的古训，随着企业改革的不断深入发展，结合该厂实际，几年来先后制定了“科室人员百分考核制”“车间五定五包（产量、质量、消耗、设备完好率、工资总额）经济责任制”“中层干部轮流值班制”“职工考勤制”“职工奖罚制”等十余种规章制度。在执行中，他们首先从领导做起，厂长李甫率先垂范，他虽然吃住在厂，但每天都带头在上班铃响之前到达办公室。其次是求“实”，求“严”，对违反制度的干部、职工一视同仁，毫不手软，不搞下不为例。如班子中某一干部上班途中因与熟人说话迟到，尽管其说明了客观原因，可他们仍然坚持按制度办事。此事对全体职工思想触动较大，有的说：“毛巾厂过去也制定了不少制度，就因执行不严，结果造成中途‘流产’，现在能叫得响、管得住，关键是领导本身过得硬。”

三是物质奖励与精神奖励相结合。目前，在商品经济较为活跃，精神建设出现滑坡的情况下，他们即不搞“精神万能”，忽略必要的物质鼓励作用，又不崇尚“金钱至上”，抛弃精神激励，而使二者有机结合。去年，厂部接连搞了三次“创优质、夺高产”的劳动竞赛活动，对先后评比出的44名优胜者，不仅通过大会、广播、板报、光荣榜、授予荣誉称号等形式给予大力宣传，进行精神奖励，而且还通过组织到外地旅游和发给奖金等形式进行物质奖励。这不仅充分调动了一线职工劳动生产积极性，增强了职工相互竞争意识，提高了劳动技术素质，大大增加了经济效益，也使思想政治工作充满了活力和吸引力。

二、探索新方法——由“空对空”到“面对面”

随着商品经济的活跃，对外开放窗口的扩展，大众传播信息渠道的拓宽和改革中人们经济利益的调整，职工的思想和心理趋于多层次、多元化，沿袭以往的居高临下“我讲你听，我打你通”的“空

对空”的说教已行不通。怎么办？厂部同工会、共青团坚持“民主、平等”的原则，有针对性地开展了“优化组合”对话、党团基本知识问答、形势座谈、热点征询、治厂民主大讨论等活动，变思想教育的单向灌输为民主协商的双向交流。通过思想沟通、情感对流，使上下级之间、新老职工之间减少了隔膜、缩短了距离，起到了相互理解、相互支持的作用，增强了思想政治工作的实效性。如1988年初，该厂实行厂长公开招标承包后，部分职工认为厂长招标承包，是个人的事，与已不相干。有的还说什么“大伙拼命干，厂长个人赚大钱”，为及时解决这个问题，他们“对症下药”，在厂里开展了“假如我是厂长”的民主大讨论，引导职工正确对待厂长承包制这一改革新事物，使职工逐步树立了“企业发展我发展，我与企业共兴衰”的企业精神，职工的民主参与意识和改革意识明显增强，为深化企业改革献计献策，提出了几十条合理化建议，为厂领导科学决策提供了依据，避免了盲目性。厂领导及时采纳了职工提出的加强“系统管理”的建议，成立3个管理组织：一是由财务、供销两个股室组成的“成本资金管理组”；二是由生产技术科和各车间主任及优秀职工组成的“增产节约监督检查管理组”；三是由党政工团等部门组成的“党政系统管理组”。这场民主大讨论，不仅使管理体制由“单一化”变为“系统化”，减少了“扯皮”，提高了工作效率，而且也使职工实现了自我参与、自我管理、自我教育。有的职工说：“我虽然不是厂长，但我也是厂子的一名职工，不但应站在主人的角度看问题，关心厂子，当家理财，还应理解厂长，支持厂长的工作。”今年一季度，针对个别人偷拿厂内棉纱和棉织品的现象，开展了“爱厂如家，争做毛巾厂主人”的民主大讨论，使丢失现象明显减少，关心厂子利益的人越来越多。3月30日下午，紧挨着库房和纺纱车间的厂食堂着火后，厂内职工不等领导发话，就立即冲向火点扑救。因发现早，抢救及时，没有造成大的损失。再如，厂工会在对职工进行形势教育时，利用“三八”妇女节，组织新老女职工参加的“争当女能人”的座谈会。会上大家争先发言。老师傅张桂云激动地谈起她们在刚建厂时自己动手拆盖厂房、安装机器的艰苦创业过程和为了提高生产、攻破技术难关，常常加班加点一干就二、三十个小时也从未讲过价钱的任劳任怨精神。青年生产骨干听了老职工的肺腑之言，受教非浅。有的说：“今天的座谈会等于给我们上了一堂生动的厂史课，今后我们要继续发扬老职工的艰苦奋斗的光荣传统和无私的奉献精神，为厂子的发展多做贡献。”

三、迈出新步子——由“封闭”到“开放”

当前，改革需要加强思想政治工作，而思想政治工作也需要改革。开放式的思想教育是加强和改进思想政治工作的重要渠道。毛巾厂勇于走出封闭的小天地，迈出思想政治工作的新步子。

——加强前瞻性教育，建立思想政治工作研讨小组。为了进一步贯彻落实中央关于《加强和改进企业思想政治工作通知》的精神，培养锻炼本厂思想政治工作队伍，提高教育者的政治素质，及时准确地把握改革、开放过程中职工群众思想发展变化的规律，加强预见性、针对性、超前性教育，他们突破认为思想政治工作研究高深莫测，不是普通职工能涉足的思想禁区，年初成立了思想政治工作研讨小组。厂长李甫任组长，党支部副书记陈连松任副组长，成员由工会、共青团、车间行政领导及生产骨干等有关人员组成。对研讨计划、原则、要求及课题都作了初步安排，并已进行了首次活动。这一群众性团体组织的成立，将有助于厂长更好地把握不同层次职工的思想动态和发展趋向，使思想政治工作决策做到有的放矢。

——加强社会教育，做好青年职工的家访工作。该厂团支部为改进团组织思想政治工作，把对青年职工的培养教育过程变为思想疏导过程、激励过程。今年三月份，他们针对青年工人的工作、生活、家庭、婚恋等问题，在厂长的大力支持下，走出去，到有代表性的青年家里进行家访。他们既向家里介绍职工在厂的思想工作表现，又向家长征求对厂方的意见和要求，使思想政治工作取得社会的关注和支持，并收到了较好效果。如团组织发展对象、生产骨干、劳动竞赛能手女挡车工徐丽，前一段有病在家休养，团支部几个支委代表厂领导到家看望和家访，其父母和徐丽深受感动。为报答厂、团领导的关怀，徐丽第二天在身体还未康复的情况下就坚持上了班。一车间漂染工应凤致，原一心想辞掉工作去开车，挣大钱，工作不安心。经过家访，在团支部领导和家长的耐心说服帮助下，终于转变了思想，收回了心。现在工作踏踏实实，早来晚走，最近被列为团组织培养对象。锅炉工郝春秋，性格开朗，爱唱爱跳，活泼乐观，但因家庭问题背有思想包袱，精神有压力。通过家访，小郝去掉了自卑感，决心要靠自己的诚实劳动，走出自己的路，干出自己的事业。目前，她也被列为团组织培养对象。

——加强理想教育，开展生动活泼的文化娱乐活动。厂工会、共青团针对本厂青年占80%多的实际情况，本着"尊重人、理解人、关心人"这一思想政治工作的指导原则，抓住青年文化需求和兴趣点，开展丰富多彩的娱乐活动，把思想政治工作寓教于文、寓教于乐，寓教于各项活动之中。他们通过周末晚会，组织青年职工看录像、玩扑克、下象棋，举办歌、舞、智力竞赛等活动。并着手准备"我的追求"和"改革与奋斗"的"五四"有奖征文赛。这些活动，不仅把理想教育同本职工作、人生追求结合起来，充实了职工的精神生活，使他们的"剩余精力"有地方释放，才智有机会发挥，兴趣爱好有条件满足，同时，也增强了思想政治工作的趣味性、知识性和吸引力、凝聚力。

1989年4月20日

第四节　统战工作

一、宣传教育工作

中华人民共和国成立后，围绕社会主义革命和建设开展统战工作。"文化大革命"时期，统战工作遭到干扰和破坏。1978年12月中共十一届三中全以后，拨乱反正，统战工作得到恢复和发展，统战理论的学习和宣传教育得到进一步加强。1987年4月区委统战部成立后，先后编写《关于新时期爱国统一战线问题》和《努力做好对台工作》约1.5万字的宣传提纲，发到各镇党委和基层党支部，作为学习材料。利用有线广播，先后举办《关于新时期统一战线的方针政策》《关于统一战线的长期性》《爱国统一战线的新任务》《全党重视统一战线工作，大力开拓爱国统一战线新局面》《关于新形势下的对台工作》5个专题的广播讲座。是年8月，全市各界人士为两个文明建设服务经验交流大会召开后，区委邀请部分先进典型到营子矿区做对口交流报告。9月，区委统战部与区政协、区委宣传部、团区委在全区团员、青年中联合举办"振兴中华，统一祖国"知识竞赛，16个单位，96人参加，达到了在团员、青年中宣传统一战线理论、政策的目的。1988年，区委统战部牵头成立统战理论研究小组，对社会主义初级阶段统战理论进行研究、探讨。全年撰写论文6篇，其中市级研讨会交流3篇。统战部组织稿件41篇，省级采用1篇，市级采用16篇，区广播站采用24篇。1989年，《中共中央关于坚持和完善中国共产党领导的多党合作和政治协商制度的意见》发表后，为深入学习贯彻这一文件精神，全区各镇和街道党组织，利用镇党校和党员活动日对党员进行培训。区委统战部举办专题讲座，印发宣传提纲。这项工作得到市委统战部的表扬。1990年，区委统战部举办全区200多名党员干部参加的"台湾形势和对台方针政策报告会"，并编写近2万字的宣传材料，举办了统一战线、人民政协理论政策知识竞赛，区直机关党委、总支、支部书记、副书记参加了统战理论政策考试。是年10月，组队参加了承德市统一战线、人民政协理论政策知识选拔赛。为新闻单位和统战部刊物撰稿，市级报纸采用5篇，《承德统战》采用2篇，《承德市统战工作简报》采用信息12条。1993年，区委统战部积极宣传对台政策，全年办广播讲座12讲。1997年，区委统战部编写"香港回归祖国知识问

答”31 期，受教育面约 13000 人次。是年 6 月中旬，区委统战部与区政协共同举办香港回归祖国讲演会和知识竞赛。在承德市举办的“迎七一，庆回归”知识竞赛中，营子矿区代表队获三等奖。1999 年，为喜迎澳门回归祖国，区政协、统战部、文教局共同组织 2000 多人参加澳门知识问答活动。

二、侨胞侨属及港澳台同胞工作

中共十一届三中全会以后，对全区“三胞”（台湾同胞、港澳同胞、海外侨胞）眷属情况进行调查登记。全区共有“三胞”眷属 36 人，在台人员 21 人。1987 年 10 月，区委统战部与汪家庄镇党委联合举办“三胞”眷属中秋茶话会。帮助“三胞”眷属解决通信联系中的实际问题。至年底，有 14 户与港、台及“国外亲人保持联系，占“三胞”眷属总数的 54%。汪家庄街道刘春英收到离别 40 余年在台湾父亲的来信和照片，激动得热泪盈眶。1988 年，台胞到区内探望台属的共 4 批 9 人，1990 年 5 月，营子矿区有 3 名“三胞”先进代表参加承德市召开的“台胞台属为祖国统一和‘四化’建设服务经验交流会”，1 名代表在会上介绍了经验体会。1992 年统计，全区有统战对象 2700 余人，其中，市非党人大代表 9 人，非党政协委员 6 人；区非党人大代表 41 人，非党政协委员 42 人；非党知识分子 525 人；原国民党起义投诚人员 6 人；原工商业者 24 人；个体工商户 1923 人；“三胞”眷属 160 余人。是年，为落实邓小平南方谈话精神，区委召开对台工作会议，区政府召开“三胞”眷属经济工作座谈会，充分发挥“三胞”眷属联系面广的优势，开展引进资金、技术、人才的“三引进”活动。1993 年 11 月，台属刘春英的父亲刘有文从台湾回乡探亲，为表达多年对其女关怀照顾的感激之情，给区政协、统战部送镜子一面，上书“惠我弥深”四字。是年，台胞邱英楠投资 160 万美元，与营子矿区煤矿合办承鸿塑料有限公司。“三胞”眷属彭继胜建巴氏合金厂。1995 年统计，全区有在台人员 36 人，其中上层人士 5 人，中层人士 21 人；军政界人士 5 人；经济界有实力人士 2 人。有台属 36 户，190 人，其中通信 30 户，通汇 12 户。是年机构改革，安排非党人大常委会副主任 1 名，非党副区长 1 名，非党政协副主席 3 名。在政府的 19 个部门中，安排非党领导干部 4 名。全区 4 个镇共安排非党副镇长 4 名。截至 2002 年年底，台胞回乡探亲访友、认祖归宗达 12 批 20 人次。区政协、统战部、对台工作办公室本着“广泛接触、热情接待、广交朋友、多做工作”的方针，对其探亲访友和旅游提供方便。

第五节　政法工作

一、监督检查

1987 年 11 月，区政法委设立后，将对政法各部门的监督检查作为经常性工作。

1998 年，重点对政法各部门贯彻落实“领导执法责任制”“错案追究制”“办案跟踪监督制”情况进行监督检查。

1999 年 4 月至 7 月，开展执法大检查和教育整顿工作，对 1998 年后的全部案件进行了复查。共检查案卷 2239 卷，查出问题案卷 30 件，全部予以纠正。查处违法违纪干警 6 名，纠正错案 1 起，执法过错 2 件。

2000 年，建立监督制约制度。公安局开展“警务公开”活动，设举报电话 35 处；检察院成立了举报中心，实行“检务公开”；法院加大案件审判程序和执行程序的监督力度，推进“审务公开”；司法局开通 148 法律服务热线，对公证、律师办案程序主动公开，全面推行“政务公开”。

二、社会治安综合治理

1986 年，开始进行社会治安综合治理。1990 年，采取单位推荐、全区横评的办法，评选出 1989 年度区级综合治理先进单位 18 个，先进个人 33 名。至 1990 年，通过一手抓打击、一手抓预防的方法，初步实现了小区域的治理和社会治安的稳定；建立治理领导小组 21 个、政法领导小组 4 个，配备领导成员 238 人，其中科级以上干部 68 人，共同行使对本地区、本单位综合治理和政法工作的规划、组织、指导和监督检查的职能；全区建立保安组织 8 个，配备保安人员 80 人，治保会 135 个，治保小组 348 个，共有治保人员 1923 人，专职巡逻队 10 个，配备专职巡逻人员 102 人，义务巡逻队 29 个，义务巡逻人员 537 人，临时性巡逻队 15 个，76 人。

1991 年 6 月，成立营子矿区社会治安综合治理委员会，加强了对打击违法犯罪活动的领导，增强了行动的统一性和协调性。是年，区委 、区政府和各镇、各科级以上单位把综合治理列入重要日程，普遍建立了领导小组，形成了层层有人抓的局面。在 32 个科级以上单位制定并推行目标管理责任制，在有关部门制定并推行部门分工责任制。有步骤地开展了反盗窃斗争。1993 年，由工商局牵头与公安分局组成联合办公室，成立由公安干警带队的巡逻队，对全区市场和大集进行治理，解决了交通拥挤、打架斗殴、欺行霸市、贩黄等问题。治理过程中，共侦破刑事案件 7 起，抓获犯罪分子 14 名，查处治安案件 15 起，处理经营者内部盗窃案件 3 起，查处贩黄分子 3 人，收缴黄色音像制品 36 盘，书刊 231 册，调节各类纠纷 26 起，处理偷税案件 3 起。全年，共发生各类纠纷 830 起，调节 830 起，调成 820 起，调成率 98.6%；防止矛盾激化 59 起。1994 年初，4 个镇的综合治理领导小组全部改设为综合治理委员会，配备了政法委书记（副镇级）。是年全区共有综合治理委员会 6 个，综合治理领导小组 11 个，领导成员 178 名，其中科级以上干部 89 名，专职办事人员 8 名。4 个镇、兴隆矿务局和寿王坟铜矿做到了“四有”（有公章、牌子、办公地点、档案资料），并充实了基层力量。调整了全区 198 个治保会，200 个调委会。全区实行公寓化管理 14 处，有楼院长 135 名，调解信息员 2231 名。集中时间对小煤窑进行了整顿，乱开滥采现象基本得到控制，争抢资源的纠纷得到了化解。1995 年，把维护稳定工作放在突出的位置，多次召开维护稳定工作专门会议，研究部署维护稳定工作的具体措施，解决维护稳定工作的具体问题，制定维护稳定的工作方案。实行党政一把手负全责的领导责任制，落实了一票否决制。1996 年，区综治委、纪委、监察局、组织部、人事局联合制发《鹰手营子矿区社会治安综合治理领导责任制实施办法》《社会治安综合治理领导责任制考核细则》《社会治安综合治理一票否决权制实施办法》。全年排查出各类纠纷 896 起，调解成功 884 起，调解成功率 98.7%，防止矛盾激化 81 起，区级领导亲自调解处理矛盾纠纷 49 起。全区有治保会 198 个，成员 988 人；有调委会 202 个，成员 3278 人；有专职巡逻队 6 支 78 人，义务巡逻队，最多时 360 人，护厂（矿）队 38 支 320 人。1997 年，区委和区政府制定《关于维护矿区稳定的通知》《关于实施安宁工程的若干意见》《关于矛盾纠纷排查的实施方案》《创建社会治安综合治理模范区、镇、村和部门单位的实施方案》《关于创建安全文明小区的实施方案》等 9 个文件。共排查纠纷 899 起，调成 877 起，调成率 98.6%。开展依法制止非法宗教活动，有效地防止了非法宗教活动的发展和蔓延。2000 年，排查各类纠纷 249 起，调成 248 起。开展 7 次治安隐患排查活动，共排查出各类治安隐患 104 件，火灾隐患 130 件，重点信访隐患 9 件。2003 年，构筑了以“110”报警中心和中心镇派出所、治安联防巡逻队为主的区级防控网；以各镇派出所、专职治安联防队为主的镇级防控网；以综治人员、签订责任状单位内保部门、基干民兵、经警、保安为主的部门单位防控网；以社区和片警、义务巡逻队、楼院长、治安积极分子为主的村（社区）级防控网。加大了主要街道、路段流动巡逻力量和密度，对重点地段、重点时间的巡查控制面达 85% 以上。化解较大规模矛盾纠纷 19 起。

三、政法队伍建设

1988 年，政法各部门分别制定了为警清廉的规定，要求领导班子成员和党员 干部率先做到“六个带头”（带头过好权力关、金钱关、人情关，带头深入基层查办案件，带头遵纪守法，带头不搞特殊化，带头 开展批评与自我批评，带头做思想政治工作）。全年，政法部门干部共拒请 105 人次。

1995 年，在教育整顿和为人民服务大讨论活动中，加强了班子成员的思想建设，解决了内部不团结、凝聚力差、表率作用不突出，事业心不强等问题。抓干警的思想教育，召开讲演会、传统报告会、风险报告会 8 场次。围绕“爱民、为民、利民、护民”主题，完善规章制度，重点完善了领导责任制、办案督查制、错案追究制。狠抓业务素质的提高，政法各部门开展多种形式的岗位练兵和岗前培训。1996 年，主要做了三项工作：加强班子建设。区政法委协助组织部对政法各部门领导班子和副科级以上干部进行考核、调整；召开班子会开展讲团结、讲奉献、讲责任、讲原则、讲民主集中制大讨论。加强思想教育。组织全体政法干警学习邓小平建设有中国特色社会主义理论和江泽民总书记关于讲政治的重要讲话，抓政治建警，努力提高政法干部的政治素质。加强法纪制度建设。强化监督制约机制和执法责任制的落实。1999 年，对综治专职干部和“两会一队”（治保委员会、民调委员会、治安巡逻队）人员进行培训。在公、检、法、司队伍中实施带有营子矿区特色的“四个一”（建立一个常年帮建联系点，解决一起影响稳定的案件，帮扶一个贫困户，办一件群众关心的实事）工程，共与村、街、厂矿、企业和各户建联系点 78 个，走访 2000 余人，化解矛盾 36 起，避免激化 12 起，帮扶特困户 6 户，为群众办实事 25 件，为企业、职工、群众提供法律服务 271 件次，挽回经济损失 580 余万元。区检察院的典型经验在全市推广。

2003 年，开展“树正气、讲团结、求发展、整肃警风警纪”活动。区委结合工作实际提出在活动中必须做到“六个务必”（务必开好三个会议，即宣传动员会，班子民主生活会和总结表彰会；务必搞好调研活动；务必抓好干警的学习和培训；务必组织好经常性监督检查；务必做好培树先进典型工作；务必组织好执法检查）。区政法委成立举报中心，设立新闻发言人，公布举报电话，同时对涉及干警违法犯罪的案件进行了督办。

第六节　农村工作

一、土地承包

1982 年，营子矿区推行生产责任制，实行土地承包。

1997 年，区委、区政府制定了延长土地承包合同的实施意见。2000 年，完成了二轮土地延包工作，全区共签订土地承包合同 4429 份，占应签订土地承包合同的 99.8%，其中顺延承包的 4169 户，占签订承包合同户数的 94.1%；小调整的 260 户，占签订承包合同户数的 5.9%，发放土地经营权证书 4429 份。

二、减轻农民负担

1993 年，区委农村工作部印发《关于认真清理本区农民负担问题的通知》，6 月组织农民负担检查。1997 年，区委、区政府印发《关于规范管理镇统筹费的意见》，年底各镇开始执行。1998 年，对各镇农民负担问题进行了全面检查。2001 年，严格控制提留统筹费提取数额，全区没有收缴“六统”

（乡村两级办学、计划生育、优抚、民兵训练、修建乡村道路、农村卫生事业）费，只有营子镇4个村、汪家庄镇1个村收缴“两费一金”（个体工商户管理费、集贸市场管理费、林业专项基金），收取数额以耕地面积为依据，大田每亩征收8元，田园每亩征收16元，远远低于1999年全区农民人均纯收入5%的规定。对农村居民自养、自宰、自食的牲畜一律免征屠宰税。是年，农村中、小学收费，严格执行“一证”（收费证）、“一卡”（收费卡）、“三统一”（统一使用财政部门印制的票据、统一由财会人员收费、统一由财政部门管理）制度，规范了收费行为，没有出现搭车收费现象。2003年，加强对村干部的教育和管理，实现了农民负担发案率零控制的目标。

三、小康村建设

1994年，开展小康建设活动。是年底，有3个镇（鹰手营子镇、汪家庄镇和寿王坟镇）13个村达到了小康镇、小康村标准。营子村、北马圈子村和郑家庄村被承德市评为全市十强村。至1997年，全区只有南马圈子村未达到小康村标准，其余14个村均为小康村。10月，顺利通过了市小康区验收。

四、农村基层民主政治建设

1993年8月，开展依法治村工作。10月初，开展农村社会主义教育工作。1996年，开始推进农村基层民主政治建设，以村务公开和民主管理为主要内容。1998年，认真贯彻落实全省农村政治工作和“双基”（基层组织、基层民主）建设会议精神，围绕建立和完善村级组织体系、民主管理制度体系和村务运作体系这一农村基层民主管理新体制，推进了农村基层民主政治建设。印发了《关于推进农村基层民主政治建设的实施意见》；以深化村务公开为切入点，以落实村民代表制度为重点，保证民主管理体制正常运行；以热点问题专项治理为突破点，促进民主管理落到实处。加强对各镇合作基金会的监督管理，对区、镇合作基金会的制度、账目进行了全面检查。1999年，继续推进农村基层民主政治建设，印发了《中共鹰手营子矿区委全面推进依法治区的决定》，区委组织近百人的下访工作队，宣传、贯彻党在农村的各项方针政策。全区15个行政村于1月19日普遍开展了议政日活动，共提出建议和意见35条，当场答复27条。是年，全区15个行政村全部实行村务公开，群众满意率达到90%以上。

2000年，加大镇务公开的力度，确保了镇务公开的时间及时，内容全面，重点突出，管理规范。进一步提高村务公开的规范化程度和群众满意度。实行每季度一检查和区、镇领导分包各村村务公开工作制度，建立严格的责任制，对群众反映的问题及时调查核实，给予明确答复。2002年，对村务公开，实行多级抽查、逐级监督制度。坚持村务公开责任制，不断充实和完善村务公开的内容。推行“一制三化”（党支部领导下的村民自治运行机制，支部工作规范化、村民自治法制化、民主监督程序化）工作机制，加强村级民主制度建设。各村都制定了“一制三化”管理办法和民主决策、民主管理各项制度，修改完善了两委联席会议议事规则、村民代表会议规则、村民委员会议事规则。2003年，寿王坟罗圈沟村被评为河北省农村基层民主政治建设先进单位。全区推行了村级财务“三联签”（承办人、村委会主任、村支委联合签名）制度。

附

关于影响农村社会稳定主要问题的调查报告

营子矿区人民检察院

20世纪90年代中期以来，由于农村财务管理不健全，村务公开不到位，干群关系紧张等问题引发的农村矛盾比较突出。仅1998年至2000年，我院共受理和接待农村群众反映村干部经济问题的举报和上访案件即38件，占受理和接待总数的28%，且呈上升趋势，直接影响了我区农村社会稳定和经济发展。通过调查研究，现将我们认为影响农村社会稳定的主要问题和解决问题的建议总结如下。

一、影响农村社会稳定的主要问题

（一）农村财务管理问题

一是有的村未按规定配备专职财会人员，由村干部兼任，出了问题时往往讲不清、道不明，造成群众不信任，怀疑有经济问题。二是有的专职财会人业务素质低，未经过专业培训，因不懂业务造成财务账目管理混乱。三是用人方面不讲原则讲关系，个别村干部为谋取私利，将会计换成亲戚或“自己人”，不严格执行财会法规和制度，造成财务管理混乱。

（二）村务公开制度不落实问题

实行村务公开制度，是增强村务工作透明度，促进农村干部廉洁从政的一项重要措施，但这项制度在有的村没有得到完全落实。如有的村在落实这项工作中怒虚作假，特别是一些非生产建设性开支，不如实公开，使村务公开流于形式。有的对村民关注的提留统筹费用、集体经济收支、干部报酬、经济承包合同兑现、村民电费收取管理等项内容，不及时公开或不如实公开，群众对经济收支情况多少不明，用处不明，以致产生各种猜测疑问或引发群众上访。今年有的村村民集体上访反映112线国道修路占地补偿费被村挪用问题、有的村群众信访举报村干部经济问题，就是因为村务公开制度落实不到位而引起的。

（三）农村干部工作方法、工作作风问题

部分农村干部工作方法简单粗暴，自律不严，公仆意识淡化，成为引发群众上访的又一问题。一是有的村干部不能正确处理新时期干群关系，对处理事关群众切身经济利益等问题仍沿用过去的观念和方法，新时期农村思想政治工作的新方法跟不上，导致小事积大，大事搞僵，激化了矛盾。三是有的村干部廉洁自律意识差，穷村富招待，公款吃喝，铺张浪费，一年请客招待费用几万甚至十几万。有的村干部甚至把集体资金当成自己的金库，随意支取占用挪用，白条入账，对此群众反映强烈。

二、解决问题的建议

（一）要从强化农村财务管理和财务制度建设入手，加大对农村财务的管理和监督力度

区、镇政府要加强农村财务审计和检查工作，堵塞漏洞，把村财务纳入法制建设轨道。有关部门要对村级专职会计人员进行专门培训，提高业务水平，对经培训仍不能胜任的要及时调整，村干部的亲属不得担任会计工作，村会计、出纳的任免必须经村民代表大会讨论通过，报镇政府审查批准。

（二）要进一步深化村级财务公开工作，增强透明度

要充分发挥村民理财小组的职能作用，重大开支项目或没有列入年度预算的非建设项目，开支1000元以上的，要经村委会、村民代表大会讨论同意。每年将村财务收支情况向村民公开1次，便于群众监督。

（三）切实加强村级干部队伍建设，探索新时期加强农村思想政治工作的新路子

要努力提高村级干部的政治素质和工作能力，教育村干部树立依法行政、廉洁勤政、为群众服务

的思想，以赢得群众的信任和支持。要围绕农村改革出现的新情况、新问题和群众关注的热点、难点问题，加强调研，积极主动地做好矛盾转化工作，探索总结新的工作方法。

（四）要充分发挥检察机关在维护农村社会稳定中的职能作用

要重视群众举报，加大对村干部职务犯罪案件的查办力度，加强村干部职务犯罪的预防工作，搞好农村社会治安综合治理，促进农村社会稳定和经济的快速发展。

2000 年 11 月

第七节　信访工作

一、组织制度建设

1986 年，区委、区政府办公室联合印发《镇局级信访工作管理制度》和《分口办案制度》。是年，全区 4 个镇和区直各部门都成立了信访工作领导小组，区、镇、村三级信访网相继落实。各厂矿、公司、自然村和街道建立民调小组 102 个，有专兼职从事信访工作人员 328 名。接待处理力争小案不出村（厂、矿、街）大案不出镇（局、委、办）。1987 年，全区新建信访工作领导小组 8 个，从事信访工作人员 189 人，并随着人员的工作变动及时调整。1990 年年初，区委、区政府把信访工作纳入目标管理责任制。1992 年，将信访工作列入各镇年终百分考核责任制。区委、区政府办公室联合下发《信访工作目标管理及考核办法》，督导各镇及有关部门调整健全信访民调组织。1993 年，区委、区政府办公室联合下发《关于建立人民群众建议征集制度的通知》，公开征集群众建议，鼓励群众参政议政。将征集群众建议办公室设在信访办。至年底，共征集群众建议 31 件。1998 年，区委、区政府在农村推行信访双向责任制。各镇党委、政府与所有农户签订《信访双向责任书》，双方共同承担逐级信访责任。1999 年，区委办公室下发《关于推行三级信访工作例会制度的通知》，规定区、镇、村三级每半月召开 1 次会议研究解决信访案件，各镇、村每次信访例会结束后 2 天内要将例会情况逐级上报信访部门。由区督查室和信访局联合组成督查组，检查各镇例会执行情况。1986 年 9 月至 2003 年，区委实行领导接待日制度，解决了上访群众找领导难的问题。

二、来信来访处理

1979 年，接待群众来信来访 1643 件，其中由区处理 1129 件，转基层办理 514 件。按政策解决 33 户 269 人回城落户问题。1986 年，区委、区政府领导亲自接待处理群众来信来访 248 件，其中，属于落实政策方面的 58 件，经济体制改革方面的 33 件，民事纠纷方面的 34 件，干部素质方面的 11 件，揭发经济犯罪和不正之风的 52 件，批评建议 23 件，其他 37 件，领导亲自处理 39 件，交办 156 件，转办 53 件。解决信访积案 28 件。区信访办公室全年收到来信 231 件，接待来访 593 人次，信访立案 129 件，结案 124 件，结案率 96.1%。全区信访结案 418 件，占立案总数的 93%，解决集体访 10 起。1987 年，区信访办公室收到来信 193 件，接待来访 316 人次，立案 91 件，结案 88 件，结案率 97%。各镇、局信访组织共接待来信来访 782 件次，其中要求落实政策的 19 件，批评村、镇干部的 13 件，果树纠纷 8 件，对个体办矿有争议的 23 件，对房地产清查罚没不服的 185 件，要求对伤、病、残问题重新处理的 14 件，要求接工龄和调整工资的 16 件，优抚问题 2 件，其他民事问题 429 件。解决 708 件，占来信来访件次的 90.7%。1988 年，注重横向和纵向联合办案，较好控制了越级上访。区级领导共接待来信来访 173 件次，其中，亲自办理 55 件，交办 62 件，转办 56 件。区信访办收到来信 109

件，接待来访 188 人次，立案 101 件，结案 99 件，结案率为 98%。全区各镇、局共接待来信来访 1092 件次，其中政策不落实的 57 件，职称评定 73 件，工龄、工资、工伤方面的 34 件，物价问题 278 件，劳保救济 3 件，经济体制改革方面 5 件，矿产资源开发及房地产清查 185 件，知识青年子女入户 35 件，党风党纪 21 件，其他 401 件。集体访 8 件，结案 7 件。1989 年，区级领导亲自接待群众来信来访 203 件，其中领导亲自办理的 49 件，交办的 108 件，转办 40 件，待议 6 件。区信访办公室收到来信 49 件，接待来访 82 人次，立案 99 件，结案 97 件，结案率 98%。集体访 5 件，结案 4 件。区直各部门共接待群众上访 901 件，其中反映物价问题的 294 件，土地、企业承包的 234 件，党风党纪的 84 件，劳保救济、劳动就业 141 件，统战方面的 24 件，职称待遇的 8 件，乱批乱供的 5 件。1990 年，全区共发生来信来访 970 件次，其中初信初访 713 件次，占总来信来访的 73.5%。区信访办公室收到来信 79 件，接待来访 54 人次，共 133 件次。扣除信与访同案 28 件及转办 12 件，立案 88 件，结案率 94.9%。1992 年，区领导接访 177 人次，亲自处理 86 件次，交办 25 件次，转办 40 件次。1993 年，区领导接待来信来访 124 件次，来信来访以户统计为 48 户，立案 35 户，结案 34 户，结案率 97%。到区 3 人以上集体访 5 起。及时妥善处理初信初访，尽量减少重信重访。2002 年 9 月至 11 月 30 日，全区开展信访排调整治活动。2003 年，区领导共受理信访 165 件次，集体访 31 批 415 人次。区信访局受理信访 402 件次，其中来信 55 件，来访 347 件。全区全年共发生集体访 59 批 846 人，其中重访 15 批 205 人次。解决重大信访案件 12 起。

第八节　老干部工作

一、老干部管理

1982 年 2 月，中共中央建立老干部离休制度。1983 年年底，营子矿区有离休老干部 29 人。1986 年，全区有未办离休手续的老干部 56 人，已办离休手续的老干部 56 人。解决了一些老干部要求更改参加革命工作时间、工资、福利待遇等方面的问题。1989 年 4 月，建立区机关老干部党支部。区老干部局印发《关于重点明确老干部待遇方面的几个具体问题的通知》，对行政事业、企业单位老干部的工资、生活补贴、福利费、公用经费、特需经费、交通费、报刊订阅费等项的发放和使用做了具体规定。按规定分别为各级老干部订阅了报纸、杂志。认真落实老干部的“两个待遇”（政治待遇、生活待遇）。区委和区直单位党委召开重要会议，举办重大活动，均请老干部代表参加。1991 年，有享受离休待遇的老干部 95 名，办理离休手续的 86 名，占享受离休待遇老干部总数的 90.5%，86 名离休干部中有中共党员 67 名，占离休干部的 75.5%。3 月，带领老干部到保定、沧州、黄骅、廊坊、香河等地参观学习。1993 年，根据市委组织部、市人事局、市财政局、市编委、市老干部局《关于对离退休干部实行统一管理的通知》，结合营子矿区实际情况，将“五大机关”（党委、人大、政府、政协、纪检委）退休干部逐步纳入区委老干部局直接管理。五大机关以外退休干部按照“统一领导，分级管理，原单位负责的原则”自行管理。1997 年，成立了清欠老干部“两费”（离休费和医疗费）领导小组。召开老干部情况通报会 3 次，征求意见座谈会 5 次。区干部考核办公室将老干部工作作为共性目标列入是年领导班子目标考核责任制。1999 年，区委组织部、宣传部、老干部局、和区人事局、劳动局联合制发《关于进一步加强退（离）休干部思想政治工作的通知》。建立领导干部联系老干部制度，坚持经常走访慰问，及时通报情况，让老干部了解当前国情区情，引导他们积极参与以“讲学习、讲政治、讲正气”为主要内容的党性党风教育。在中华人民共和国成立 50 周年之际，区老干部

局与广播电视局联合举办回顾营子矿区五十年变革老干部电视专题座谈会。是年全区有离休老干部88人。区老干部局与雾灵山书社联合举办国际老人年书画展，为1名住址较偏僻的离休干部安装了闭路电视，为70周岁以上老干部过生日。重点抓了老干部“两费”的落实工作。

2000年10月，开展“敬老月”活动，区领导带头走访慰问原区级离休干部，各系统领导分别看望慰问本系统的老干部。活动中，在区财政困难的情况下，解决了全区行政开支离休干部的医药费17.2万元。2001年，对全区离休干部“两费”进行摸底调查，至年底，全部解决了2000年以前的“两费”问题。并与各单位签定了不许拖欠“两费”的责任书。

自1990年至2003年，为离休老干部增订《老人世界》杂志。每年都组织全区离休老干部进行健康体检。每逢重阳节，区委都召开老干部座谈会并组织参观区内重点工程和支柱企业的建设，区直各单位都组织离退休干部开展不同形式的文体活动。

二、发挥老干部作用

1983年，区委、区政府召开老干部代表座谈会，征求意见和建议。1989年，聘请3名老干部为党风监督员，3人为物价检查员、4人为双文明服务检查员。1990年7月，成立以老干部为主体的营子矿区关心下一代协会，1991年10月改称关心下一代委员会，并与区属中小学联合办起了“家长学校”，至年底，参加“家长学校”学习人员达500多人。是年，有3名离休干部办起了小商店，4名从事社会服务工作，2名被单位聘用。原政协两位副主席凭借个人关系，主动为企业引进技术、项目。2001年，中小学家长学校开课3次，参加学习500多人。寿王坟镇中学教师王瑞环1983年离休后至2003年，20年致力于幼儿早期教育的研究与实践。为了培养孩子的观察能力、注意能力、想象思维能力，自费办起了幼儿智力开发班。专门招收3—4周岁儿童，进行智力开发教育。1994年又办起全区第一所个人办家长学校，还将办班收入3100元存入银行，作为关心下一代基金，每年利用这笔资金，奖励区属小学的优秀学生。

第九节　党史工作

一、党史资料征编

1999年，为市党史研究室撰写营子矿区社会主义时期6个专题的史本征集资料，即《鹰手营子接管城市和建党建设政权专题》《鹰手营子“大跃进”运动专题》《鹰手营子“三反”“五反”运动专题》《鹰手营子农村“四清”运动专题》《鹰手营子“文化大革命”运动专题》《鹰手营子矿区粉碎“四人帮”反革命集团专题》。2000年，撰写了营子矿区《河北省人民英雄大典》入典人物简介党史资料；撰写上报《怡达之路》—河北怡达集团有限公司的调查与思考；安排部署了营子矿区革命文物征集工作。

二、党史宣教工作

1994年至2003年，每年参与区委宣传部、组织部等部门开展的重大党史纪念日活动，通过瞻仰烈士墓址、召开座谈会、走访革命老区活动，发挥党史宣教工作资政育人和为现实服务的功能。

第六章　政治运动与落实政策

中华人民共和国成立后，按照中央指示精神和上级党委的统一部署，全区先后开展了镇压反革命、“三反”、肃清反革命、反右派斗争、反右倾斗争、农村社会主义教育、“文化大革命“等政治运动。1978 年 12 月中共十一届三中全会以后，恢复了党的实事求是的思想路线，拨乱反正，纠正了历次政治运动中“左”的错误，落实了党的各项政策。

第一节　政治运动

一、镇压反革命活动

1950 年 7 月，政务院和最高人民法院公布《关于镇压反革命活动的指示》。1951 年 2 月 21 日，政务院颁布《中华人民共和国惩治反革命条例》。为打击反革命分子的猖狂破坏活动，巩固新生政权，在全国范围内开展了镇压反革命运动。1951 年 5 月 4 日，鹰手营子、寿王坟等地“无人区”代表参加了在兴隆县召开 5000 多名干部群众参加的镇压反革命分子公判大会。开展镇反运动期间，全区共逮捕反革命分子 33 名，其中对罪大恶极的 9 名反革命分子执行死刑，判处徒刑 9 名。管制反革命分子 55 名，其中男 53 名，女 2 名。有 5 名反革命分子未作处理。

二、“三反”运动

1951 年 10 月至 1952 年 8 月，区直机关开展“三反”（反对贪污、反对浪费、反对官僚主义）运动。共分 5 个步骤进行，即作动员报告，提高认识；反浪费，反官僚主义；集中力量，反贪污；追赃、退赃、复审；定案处理。1960 年 4 月至 10 月，在农村开展“三反”运动。运动期间，营子矿区查出一些村干部随便动员群众出钱雇戏班唱戏；区里开妇女代表会，25 名代表报 35 名，多领 10 个人的开支；区机关的生产收入不上缴，全部被干部挥霍等问题，并作出处理。查出一些有贪污行为人员，大部分是财经部门和企业单位的干部、职工。贪污手段是伪造账目，假公济私；私借公款长期不还；刻假章（公章或公用私章）造假单据；管理人员公私不分，拿公款当自己的钱花；运输所得“脚费”运输人员和车夫合伙贪污，回机关报假账。

三、肃清反革命运动

1955 年 7 月，中共中央根据国内阶级斗争形势，向全党发出《关于展开斗争肃清暗藏反革命分子的指示》。1956 年 7 月，鹰手营子、寿王坟等地划归承德市，承德市遂将鹰手营子煤矿列为第二批开展肃反运动的 34 个单位之一。经长时间工作，未找到肃反对象。

四、整风反右运动

1957年4月27日，中共中央向全党发出开展以“反对官僚主义、宗派主义和主观主义”为主要内容的整风运动的指示。承德市的整风运动分两批进行，根据承德市委安排，营子矿区第一批开展整风运动。整风的重点是在工业系统中着重查找职工生活要求和国家不能满足生活要求的矛盾；商业系统着重查找物质供应不能满足需要的矛盾；农业系统着重查找民主办社、生产、分配中存在的矛盾；文教卫生系统着重查找落实“百花齐放、百家争鸣”方针中存在的问题。这次整风采取既严肃认真，又和风细雨的态度；充分发扬民主，启发群众大鸣大放的方法。

是年6月，中共中央发出《关于组织力量准备反击右派分子进攻的指示》。按照市委部署，营子矿区从9月由整风转入反右派斗争。在反右派斗争中，经区整风领导小组研究，报市委批准，将4人定为“右派分子”，9人定为“反党反社会主义分子”或“坏分子”。另有一些人，因“右派言论”受到批判。

五、“反右倾”运动

根据中共中央1959年8月向全党发出的《中共中央关于反对右倾思想的指示》和中共八届八中全会通过的《为了保卫党的总路线，反对右倾机会主义而奋斗》的决议，在全国范围内开展了“反右倾”运动。是年11月，营子矿区社队干部参加中共兴隆县委召开的历时39天的县、社、队三级干部会议。会议期间，对存在的“右倾”情绪、“右倾”思想、“右倾”错误进行了揭发批判，重点揭发批判了承德地委书记王克东和兴隆县委书记王泽。会后，兴隆县鹰手营子矿区办事处向全区的党员、干部传达贯彻了会议精神，开展了“反右倾”的宣传教育活动。

六、农村社会主义教育运动

农村社会主义教育运动，也称“四清”运动。初期为粗线条“四清”，即清政治、清经济、清组织、清思想。后改为细线条“四清”，即清账目、清仓库、清财务、清工分。1964年1月至3月末营子矿区共抽调132名干部，在全区9个公社，40个大队，283个生产队普遍开展了粗线条“四清”运动。向全区党员、干部和广大群众宣讲中共中央有关文件和中央印发的《反修宣传提纲》；组织、督促公社、大队、生产队三级干部“洗手洗澡”（自我检查、主动交代问题），对大队、生产队干部进行摸底审查，在运动中培养锻炼干部；各公社、大队、生产队都清理了1963年的工分和财务账目，制定民主管理、生产劳动、财务管理等方面的规章制度，落实农村的各项政策；发动群众，开展比、学、赶、帮活动和农业学大寨运动。粗线条“四清”基本结束后，“四清”工作队于4月25日进驻马圈子公社，搞细线条“四清”试点。“四清”工作队宣传贯彻中共中央《关于目前农村工作中若干问题的决议（草案）》和《关于农村社会主义教育运动中一些具体政策的规定（草案）》两个文件精神；落实农民可以搞小片开荒，可以有自留地等项农村政策；发动群众揭发出“四不清”问题457件，贪污1000元以上的8人。是年6月中旬，“四清”工作队撤离。

七、“文化大革命”

根据中共中央1966年5月16日发出的《中国共产党中央委员会通知》精神，营子矿区人武部、团委、妇联发出《关于组织团员、民兵、妇女积极参加社会主义文化大革命》的通知。是年6月初，“文化大革命”开始在营子矿区轰轰烈烈地开展起来 ，并出现了许多群众造反组织，因观点不同，造反组织形成两派。1967年2月1日，成立鹰手营子矿区造反委员会。1968年3月，成立鹰手营子矿区革命委员会。3月11日，区革委会召开第一次全委会议，做出《关于革委会机关革命化的决议》。4

月5日至7月13日，经承德市革命委员会批准，全区68个单位都成立了革命委员会或革命领导小组。

是年12月22日，承德市革命委员会组织毛泽东思想宣传队，进驻营子矿区的鹰手营子、马圈子、寿王坟3个公社，开展“斗批改”（斗走资派、批判修正主义，改革不合理的规章制度）工作。1971年12月6日，营子矿区建立斗批改领导小组，在“斗批改”运动中，开展了大批判，整顿了党的组织，清理了阶级队伍，促进了革命大联合，开展了贫下中农管理学校、管理商业和医务人员下乡等项工作。

1972年3月，遵照毛泽东批示的中共中央关于“批林整风”的文件精神，按照承德市委的统一布署，以路线斗争为纲，以“批林整风”为中心，以工交财贸为重点，在全区开展了“一打三反”（打击现行反革命破坏活动、反贪污盗窃、反投机倒把、反铺张浪费）运动，政治方面揭发出重点人48人，经济方面揭发出重点人67人，查出贪污盗窃款14763元、粮食1300公斤，投机倒把牟取暴利1898元。

1974年5月，全区开展“批林批孔”（批判林彪、孔子）运动。

1976年10月，以粉碎江青反革命集团为标志，“文化大革命”结束。“文化大革命”期间，许多领导干部和群众，被分别戴上“走资派”“三反分子”“叛徒”“阶级异己分子”“现行反革命分子”等帽子，受到批斗，身心遭到严重损害，一些被批斗人员的家被查抄。停产、停课“闹革命”，工农业生产、教育科技事业遭受巨大损失。

第二节　落实政策

1976年10月“文化大革命”结束。1978年2月，区委成立落实政策领导小组，下设办公室，开始对在历次政治运动中被错误处理的人员落实政策，开展回城入户、恢复公职、补发工资等项工作。

1978年12月中共十一届三中全会召开后，区委根据中共中央文件精神，开始了否定“文化大革命”，清理“三种人”（造反派的骨干分子、闹派性的骨干分子和打砸抢分子），拨乱反正，平反冤假错案工作。在重点解决“文化大革命”期间问题的同时，对中华人民共和国成立后历次政治运动的遗留问题也依据实事求是的原则予以解决。1979年4月29日至12月4日，经承德市委批准为营子矿区13名所谓的“右派分子”（其中8名在外地被划为“右派分子”后调入）、9名“反社会主义分子”和“坏分子”摘帽平反。

1979年12月10日，区委就“文化大革命”中涉及面较大的遗留问题，作出6项决定：为1968年6月30日在体育场召开的全区批判大会上，被错误揪斗、陪斗的60多名干部群众彻底平反，恢复名誉，推倒强加给这些人的一切诬蔑不实之词，有关的个人档案材料全部销毁，有关对个人批判的传单材料全部作废；为在1968年至1969年搞清理阶级队伍时，被区专政指挥部定为专政对象的70多名干部群众彻底平反，恢复名誉，推倒一切诬蔑不实之词，销毁有关的个人档案材料；为1968年9月，在营子影剧院批判地、市领导时揪到台前陪斗的20多人平反，恢复名誉；区委认为，对鹰手营子食品经营处“反革命集团”问题的认定是错误的，决定为涉及的5人彻底平反，恢复名誉；区委宣布，凡是“文化大革命”中属于革命委员会批准或同意而被揪斗批判的人，一律彻底平反，恢复名誉，推倒一切不实之词；对在1972年开展的“一打三反”运动中因领导不利被停职、免职、撤职的50多名干部安排了适当的工作。1979年全年接待来信来访1643件次，涉及269人，经过认真复查为263人落实了政策，结案率为97.8%。

1981年5月，纠正“文化大革命”中的冤假错案，平反16人，受到各种处分，复查后改变处分

的13人，干部政治历史问题“文化大革命”前有结论，复查后因结论不当改变结论的1人。认真落实干部政策，为31名国家干部合理安排了职务，为31名农村党员干部落实了政策。对“文化大革命”前中华人民共和国成立后受开除公职、开除党籍处分，因原处理的主要问题失实或处理不当而申诉的，也按政策进行了复查，并按照组织手续进行审批，给予适当解决。

从落实政策开始至1982年7月，共受理“文化大革命”中案件579起，经调查核实属于冤假错案的541起，占总受理案件的93%。对158人给予书面平反，383人口头平反。对538人在经济上予以补贴，为192人共补发基本工资42349.07元，为105人共补发生活补助费10026.21元，为12人共补发丧葬抚恤费24578.25元，为223户共发抄家物资补助费10080.65元。为在“文化大革命”中被疏散、遣返的54户187人回城入了户口。对“文化大革命”前的27起错案作了纠正。妥善安排了26名老干部，调整了提拔过快的干部。对党内外中、高级知识分子的工作做了适当的调整安排。完成了清理档案工作，对全区89名干部、2878名工人、751名农村社员的档案进行了清理，销毁了档案中带有“左”的性质的材料。

第十七编 RENMINDAIBIAODAHUI

17 人民代表大会

第一章　代表和代表大会会议

第一节　代表

第二节　代表大会会议

第二章　人民代表大会常务委员会

第一节　机构

第二节　常委会议

第三节　主要工作

17 承德市鹰手营子矿区志·人民代表大会

CHENGDESHI YINGSHOUYINGZIKUANGQU ZHI
RENMINDAIBIAODAHUI

营子矿区自1980年10月开始人民代表大会代表的选举工作，至2003年，共召开7届人民代表大会。每届代表的选举，均采取选民提名、讨论、协商确定候选人，选民再按照差额选举的原则，以无记名投票的方式，直接选出区人大代表。每次人民代表大会圆满完成了选举，对全区经济和社会发展作出重要决策等项工作任务。历届人大常务委员会，努力做好代表工作，依法行使决定权、监督权和任免权，一至六届人大常委会，共听取“一府两院”（区政府、人民法院、人民检察院）工作汇报221项，开展视察、调研、执法检查活动173次，任免国家机关工作人员514人次。

第一章　代表和代表大会会议

历届区人民代表大会代表，按照民主程序会议确定候选人，选民按照差额选举的原则，通过无记名投票方式直接选举产生。每次代表大会，都审议通过了区人大、政府、检察院、法院的工作报告，圆满完成了选举任务。

第一节　代　　表

一、代表产生

1980年10月至2003年，营子矿区共召开7届人民代表大会。历届代表的选举，均采取发动选民提名、讨论、协商确定候选人，再按照差额选举的原则，以无记名投票的方式，由选民直接选出区人大代表。1980年10月营子矿区第一届人民代表大会代表选举工作开始，全区共划分选区58个，确定候选人360名，选出代表123名。1983年12月至1984年1月，开展第二届人民代表大会代表的选举工作，全区划分选区69个，选民47390人，参加投票45163人，参选率为95.3%，选代表120名。1986年11月至12月末开展第三届人民代表大会代表的选举工作，全区划分选区70个，确定代表候选人490名，选出代表120名。1989年10月至12月，开展第四届人民代表大会代表的选举工作，选出代表120名。1992年10月至12月，开展第五届人民代表大会代表的选举工作，全区共划分选区77个，共选出代表130名。1997年10月至12月，进行第六届人民代表大会代表的选举工作，共选举代表131名。2002年10月至11月末。进行第七届人民代表大会代表的选举工作，共选出代表132名。

二、代表结构

营子矿区第一届人民代表大会代表123名。其中：中共党员占52.3%，非党干部、群众占47.7%；妇女代表占23%；少数民族代表占9.6%。

第二届人民代表大会代表120名。其中：中共党员65人，占54.2%，非党干部、群众55人，占45.8%；妇女代表30人，占25%；少数民族代表11人，占9.2%。

第三届人民代表大会代表120名。其中：中共党员79人，占65.8%，非党干部、群众41人，占

34.2%；妇女代表26人，占22.5%；少数民族代表7人，占5.8%。

第四届人民代表大会代表120名。其中：中共党员81人，占67.5%，非党干部、群众39人，占32.5%；妇女代表24人，占20%；少数民族代表8人，占6.7%。

第五届人民代表大会代表130名。其中：中共党员102人，占78.5%，非党干部、群众28人，占21.5%；妇女代表29人，占22.3%；少数民族代表6人，占4.6%。

第六届人民代表大会代表131名。其中：中共党员117人，占89.3%，非党干部、群众14人，占10.7%；妇女代表22人，占16.8%；少数民族代表15人，占11.5%。

第七届人民代表大会代表132名。其中：中共党员120人，占90.9%；非党干部、群众12人，占9.1%；妇女代表18人，占13.6%；少数民族代表15人，占11.4%。

第二节　代表大会会议

一、营子矿区第一届人民代表大会

营子矿区第一届人民代表大会第一次会议，于1981年1月14日至18日召开。应出席会议代表123名，实出席会议代表113名，大会主席团由19人组成。会议审议通过了《政府工作报告》选举产生了区第一届人大常委会组成人员：常委会委员15人。其中，主任曹克勤，副主任王云、王世一、李庭山、范珠。选举白文为营子矿区人民政府区长，佟殿武、杨佩民、朱华、朱海亭为副区长。

营子矿区第一届人民代表大会第二次会议，于1981年12月22日至26日召开，应出席会议代表117名，实出席会议代表108名，大会主席团由19人组成，大会审议通过了《政府工作报告》《人大常委会工作报告》。会议选举产生承德市第六届人民代表大会代表60名，补选1名区人大常委会委员。

营子矿区第一届人民代表大会第三次会议，于1983年4月14日至16日召开。应出席会议代表108名，实出席会议代表96名，大会主席团由19人组成。大会审议通过了《政府工作报告》《人大常委会工作报告》。会议选举朱海亭为区政府区长，白文为人大常委会副主任。

二、营子矿区第二届人民代表大会

营子矿区第二届人民代表大会第一次会议，于1984年5月9日至11日召开。应出席会议代表120名，实出席会议代表116名，大会主席团由19人组成。会议审议通过了《政府工作报告》《人大常委会工作报告》。会议选举常委会委员17人。其中，曹克勤为区人大常委会主任，范珠、张凤珠、任萍为人大常委会副主任。选举朱海亭为区政府区长，王栋、安庆英为副区长。选举陈鸣山为区人民法院院长，石东明为区人民检察院检察长。

营子矿区第二届人民代表大会第二次会议，于1985年4月25日至27日召开。应出席会议代表120名，实出席会议代表105名，大会主席团由19人组成。大会审议通过了《政府工作报告》《人大常委会工作报告》《法院工作报告》《检察院工作报告》。补选1名区人大常委会委员。

营子矿区第二届人民代表大会第三次会议，于1986年5月6日至9日召开。应出席代表120名，实出席会议代表108名，大会主席团由19人组成。大会审议通过了《政府工作报告》《人大常委会工作报告》《法院工作报告》《检察院工作报告》。会议选举陈宝祥为区人大常委会副主任，补选5名人大常委会委员；选举王黎晓为区政府区长；选举何玉瑞为区人民法院院长。

三、营子矿区第三届人民代表大会

营子矿区第三届人民代表大会第一次会议，于1987年5月11日至16日召开。应出席会议代表120名，实出席代表109名，大会主席团由17人组成。大会审议通过了《政府工作报告》《人大常委会工作报告》《1986—1990年国民经济和社会发展计划的报告》《法院工作报告》《检察院工作报告》。选举常委会委员13人。其中，朱海亭为区人大常委会主任，张凤珠、任萍、赵世诚、黄守忠为副主任。选举王黎晓为区政府区长，杨昭华、王栋、褚连山为副区长。选举姜禄为区人民法院院长，祁赞东为区人民检察院检察长。

营子矿区第三届人民代表大会第二次会议，于1988年3月9日至12日召开。应出席会议代表120名，实出席会议代表99名，大会主席团由17人组成。会议审议通过了《政府工作报告》《大常委会工作报告》《法院工作报告》《检察院工作报告》。选举产生了承德市第七届人民代表大会代表24名。

营子矿区第三届人民代表大会第三次会议，于1989年4月6日至8日召开。应出席会议代表114名，实出席会议代表103名，大会主席团由17人组成。会议审议通过了《政府工作报告》《人大常委会工作报告》《法院工作报告》《检察院工作报告》。选举杨昭华为区政府区长。

四、营子矿区第四届人民代表大会

营子矿区第四届人民代表大会第一次会议，于1990年4月4日至7日召开。应出席会议代表122名，实出席会议代表114名，大会主席团由17人组成。会议审议通过了《政府工作报告》《人大常委会工作报告》《法院工作报告》《检察院工作报告》。选举常委会委员14名。其中，朱海亭为区人大常委会主任，任萍、赵世诚、张显臣、刘永海为副主任。选举齐树昌为区政府区长，王栋、杨本准、褚连山为副区长，选举杨佑生为人民法院院长、祁赞东为区人民检察院检察长。

营子矿区第四届人民代表大会第二次会议，于1991年4月24日至27日召开。应出席会议代表124名，实出席会议代表106名，大会主席团由17人组成。会议审议通过了《政府工作报告》《人大常委会工作报告》《法院工作报告》《检察院工作报告》。会议还通过了《鹰手营子矿区国民经济和社会发展第七个五年计划执行情况的报告》《鹰手营子矿区国民经济和社会发展十年规划和“八五”计划》和《鹰手营子矿区国民经济和社会发展十年规划和第八个五年计划的说明》，并作出决议。补选2名区人大常委会委员。

营子矿区第四届人民代表大会第三次会议，于1992年4月1日至4日召开。应出席代表120名，实出席会议代表101名，大会主席团由17人组成。会议审议通过了《政府工作报告》《人大常委会工作报告》《1991年财政决算和1992年财政预算草案的报告》《法院工作报告》《检察院工作报告》。会议选举袁福为区政府区长，张昭为科技副区长。

五、营子矿区第五届人民代表大会

营子矿区第五届人民代表大会第一次会议，于1993年2月16日至19日召开。应出席会议代表130名，实出席会议代表126名，大会主席团由17人组成。会议审议通过了《政府工作报告》《人大常委会工作报告》《法院工作报告》《检察院工作报告》。会议选举常委会委员17人。其中，马贵湘为区人大常委会主任，刘永海、张显臣、杨佑生、王连吉为副主任。选举袁福为区政府区长，胡锦星、李金华、褚连山、杨本准、何庆云为副区长，张昭为科技副区长。选举赵国新为区人民法院院长，王占义为区人民检察院检察长。

营子矿区第五届人民代表大会第二次会议，于1993年8月18日召开。应出席会议代表129名，

实出席会议代表103名，会议选举出席承德市第九届人民代表大会代表18名。

营子矿区第五届人民代表大会第三次会议，于1994年3月10日至12日召开。应出席会议代表128名，实出席会议代表119名，大会主席团由17人组成。会议审议通过了《政府工作报告》《人大常委会工作报告》《法院工作报告》《检察院工作报告》，并通过了相应的决议。

营子矿区第五届人民代表大会第四次会议，于1995年3月8日至11日召开。应出席会议代表129名，实出席会议代表112名，大会主席团由17人组成。会议审议通过了《政府工作报告》《人大常委会工作报告》《法院工作报告》《检察院工作报告》。选举魏福刚为区政府区长。

营子矿区第五届人民代表大会第五次会议，于1996年3月26日至28日召开。应出席会议代表130名，实出席会议代表127名，大会主席团由17人组成。会议审议通过了《国民经济和社会发展“九五”计划及2010年远景目标纲要的报告》《1995年财政决算和1996年财政预算草案的报告》《人大常委会工作报告》《法院工作报告》《检察院工作报告》。会议选举王杰光、朱群德为区五届人大常委会副主任。

营子矿区第五届人民代表大会第六次会议，于1997年3月18日至20日召开。应出席会议代表128名，实出席会议代表126名，大会主席团由17人组成。会议审议通过了《政府工作报告》《1996年财政预算执行情况和1997年财政预算草案的报告》《人大常委会工作报告》《法院工作报告》《检察院工作报告》。会议选举许海为区人大常委会主任，选举马瑞卿为区人民法院院长，马敬芝为区人民检察院检察长。

六、营子矿区第六届人民代表大会

营子矿区第六届人民代表大会第一次会议，于1998年2月16日至19日召开。应出席会议代表131名，实出席代表121名，大会主席团由21人组成。会议审议通过了《政府工作报告》《1997年财政预算执行情况和1998年财政预算草案的报告》《人大常委会工作报告》《法院工作报告》《检察院工作报告》。会议批准了1998年财政预算。会议选举常委会委员17人。其中，刘永海为区第六届人大常委会主任，朱群德、王宪庭、闫广德、薛铁川为副主任。选举魏福刚为区政府区长，何庆云、褚连山、杨本淮、刘敏儒、申绍明为副区长。选举马瑞卿为区人民法院院长，马敬芝为区人民检察院检察长。

营子矿区第六届人民代表大会第二次会议，于1999年3月23日至26日召开。应出席会议代表127名，实出席会议代表116名，大会主席团由19人组成。会议审议通过了《政府工作报》《1998年财政预算执行情况和1999年财政预算草案的报告》《人大常委会工作报告》《法院工作报告》《检察院工作报告》。会议审查了1998年财政预算执行情况和1999年财政预算草案，批准了1999年的财政预算。

营子矿区第六届人民代表大会第三次会议，于2000年3月6日至9日召开。应出席会议代表134名，实出席会议代表125名，大会主席团由19人组成。会议审议通过了《政府工作报告》《1999年财政预算执行情况和2000年财政预算草案的报告》《人大常委会工作报告》《法院工作报告》《检察院工作报告》。审查了1999年财政预算执行情况和2000年财政预算草案，批准了2000年财政预算草案。选举王平为区政府区长，补选区人大常委会委员1名。

营子矿区第六届人民代表大会第四次会议，于2001年2月25日至28日召开。应出席会议代表132名，实出席会议代表123名，大会主席团由19人组成。会议审议通过了《关于国民经济和社会发展第十个五年计划纲要的报告》《2000年财政预算执行情况和2001年财政预算草案的报告》《人大常委会工作报告》《法院工作报告》《检察院工作报告》。审查批准了《鹰手营子矿区国民经济和社会发展第十个五年计划纲要》和2001年财政预算。补选区第六届人民代表大会常务委员会委员1名，选

举郭雅丞为区人民法院院长、许庆阳为区人民检察院检察长。

营子矿区第六届人民代表大会第五次会议，于2002年4月2日至5日召开。应出席会议代表129名，实出席会议代表118名，大会主席团由19人组成。会议审议通过了《政府工作报告》《2001年财政预算执行情况和2002年财政预算草案的报告》《人大常委会工作报告》《法院工作报告》《检察院工作报告》。会议审查批准了2002年财政预算。

七、营子矿区第七届人民代表大会

营子矿区第七届人民代表大会第一次会议，于2003年4月6日至10日召开。应出席会议代表130名，实出席会议代表116名，大会主席团由17人组成。会议审议通过了《政府工作报告》《人大常委会工作报告》《2002年财政预算执行情况和2003年财政预算草案的报告》《法院工作报告》《检察院工作报告》。审查了区2002年财政预算执行情况和2003年财政预算草案，批准了2003年财政预算。选举常委会委员17人。其中，刘锦萍为区人大常委会主任，崔树云、孟宪达、胡晓奇为副主任。选举胡光远为区政府区长，伊志山、陈亚军、方志勇、薛青松、潘艳红为副区长。选举郭雅丞为区人民法院院长、许庆阳为区人民检察院检察长。

第二章　人民代表大会常务委员会

1981年至2003年，共产生7届区人大常委会，一至六届区人大常委会共召开154次常委会议。做出了多项关于认真贯彻执行国家各项法律法规和依法治区等问题的决议；听取“一府两院”工作报告221次，开展视察、调研、执法检查活动173次；依法行使任免权；认真做好代表议案、建议、批评意见的整理、立案、转办、交办、督办和回查工作。

第一节　机　　构

一、领导机构

营子矿区第一届人大常委会于1981年1月由营子矿区第一届人民代表大会第一次会议选举产生。常委会设主任1名，副主任4名，常务委员13名。

第二届人大常委会于1984年5月由第二届人民代表大会第一次会议选举产生。常委会设主任1名，副主任3名，常务委员13名。

第三届人大常委会于1987年5月由第三届人民代表大会第一次会议选举产生。常委会设主任1名，副主任4名（其中驻会3名），常务委员13名。

第四届人大常委会于1990年4月由第四届人民代表大会第一次会议选举产生。常委会设主任1名，副主任4名（其中驻会2名），常务委员12名。

第五届人大常委会于1993年2月由第五届人民代表大会第一次会议选举产生。常委会设主任1名，副主任4名（其中驻会3名），常务委员12名。

第六届人大常委会于1998年2月由第六届人民代表大会第一次会议选举产生。常委会设主任1名，副主任4名（其中驻会3名），常务委员12名。

第七届人大常委会于2003年4月由第七届人民代表大会第一次会议选举产生。常委会设主任1名，副主任3名，常务委员13名。

1981—2003年营子矿区人大常委会主任、副主任名录

表17－2－1

届别	职务	姓名	性别	任职时间
营子矿区第一届人大常委会	主　任	曹克勤	男	1981. 1—1984. 5
	副主任	王　云	女	1981. 1—1984. 5
	副主任	王世一	男	1981. 1—1984. 5
	副主任	李庭山	男	1981. 1—1984. 5
	副主任	范　珠	男	1981. 1—1984. 5
	副主任	白　文	男	1983. 4—1984. 5
营子矿区第二届人大常委会	主　任	曹克勤	男	1984. 5—1987. 5
	副主任	范　珠	男	1984. 5—1986. 5
	副主任	张凤珠	男	1984. 5—1987. 5
	副主任	任　萍	女	1984. 5—1987. 5
	副主任	陈宝祥	男	1986. 5—1987. 5
营子矿区第三届人大常委会	主　任	朱海亭	男	1987. 5—1990. 4
	副主任	张凤珠	男	1987. 5—1990. 4
	副主任	任　萍	女	1987. 5—1990. 4
	副主任	赵世诚	男	1987. 5—1990. 4
	副主任	黄守忠	男	1987. 5—1990. 4
营子矿区第四届人大常委会	主　任	朱海亭	男	1990. 4—1992. 12
	副主任	任　萍	女	1990. 4—1993. 2
	副主任	赵世城	男	1990. 4—1993. 2
	副主任	张显臣	男	1990. 4—1993. 2
	副主任	刘永海	男	1990. 4—1993. 2

续表 17－2－1

届别	职务	姓名	性别	任职时间
营子矿区第五届人大常委会	主　任	马贵湘	男	1993.2—1997.3
	主任	许　海	男	1997.3—1997.11
	副主任	张显臣	男	1993.2—1998.2
	副主任	刘永海	男	1993.2—1998.2
	副主任	杨佑生	男	1993.2—1998.2
	副主任	王连吉	男	1993.2—1998.2
	副主任	朱群德	男	1996.3—1998.2
	副主任	王杰光	男	1996.3—1998.2
营子矿区第六届人大常委会	主　任	刘永海	男	1998.2—2003.4
	副主任	王宪庭	男	1998.2—2003.4
	副主任	朱群德	男	1998.2—2003.4
	副主任	闫广德	男	1998.2—2003.4
	副主任	薛铁川	男	1998.2—2003.4
营子矿区第七届人大常委会（2003 年 4 月至 12 月期间）	主　任	刘锦萍	女	2003.4—2003.12
	副主任	崔树云	男	2003.4—2003.12
	副主任	孟宪达	男	2003.4—2003.12
	副主任	胡晓奇	男	2003.4—2003.12

营子矿区一至七届人大常委会委员名录

表 17－2－2

届别	委　员
第一届人大常委会	第一届人民代表大会第一次会议选举委员 10 名： 娜　仁　杨　忠　刘逢元　朱淑琴　孙东权　吴翠珍　王居正　毕少杰　杨国钧　胡万友 一届二次会议补选委员 1 名：郭华山
第二届人大常委会	第二届人民代表大会第一次会议选举委员 13 名： 冯玉书　石敬全　齐树昌　张树桓　杨　忠　李万平　孙东权　王居正　李　捍　李　忠　王秀芝　徐凤兰　李秀云 二届人大二次会议补选委员 1 名：杨兆义 二届人大三次会议补选委员 5 名：王立功　王庆智　李　庆　周元梓　赵承山
第三届人大常委会	第三届人民代表大会第一次会议选举委员 8 名： 王安民　白云富　关振华　李　庆　李天祥　李秀云　周元梓　高　发
第四届人大常委会	第四届人民代表大会第一次会议选举委员 9 名： 马久洲　王汉英　杜淑珍　李　庆　李国帧　何玉瑞　张纪明　赵玉民　高　发 四届人大二次会议补选委员 2 名：王宪廷　蔡　杰

续表 17－2－2

届别	委　员
第五届人大常委会	第五届人民大表大会第一次会议选举委员 12 名：王风云　朱克玉　刘宗臣　李　明　李成绪　李跃智　何玉瑞　张　银　张纪明　贾绍元　徐桂芳　蔡　杰
第六届人大常委会	第六届人民代表大会第一次会议选举委员 12 名：王丽艳　王者旗　朱克玉　许天福　宋树柏　张　新　张继明　郝树森　徐树祥　徐桂芳　徐朝林　韩佐祥 六届人大三次会议补选委员 1 名：包学文 六届人大四次会议补选委员 1 名：魏淑焕
第七届人大常委会（2003 年 4 月至 12 月期间）	第七届人民代表大会第一次会议选举委员 13 名：徐桂芳　宋树海　金继文　李晓辉　张贵喜　冯国英　张洪武　温德志　王彦民　李志民　陈福全　左东明　岳桂花

说明：此表常委会委员不含主任、副主任

二、工作机构

第一届至第五届人大常委会下设办公室，设主任 1 名，工作人员 4 名。第六届至第七届人大常委会下设办公室，设主任 1 名，副主任 1 名，工作人员 1 名。另设法制科、财经科、教科文卫科、选举任免及代表科。2003 年，科改为工作委员会。

第二节　常委会议

一、第一届人大常委会会议

1981 年 1 月至 1984 年 5 月第一届人大常委会，共召开常委会议 24 次，听取和审议了区人民政府 27 项工作报告，其中主要有：关于国家法律法规的贯彻执行情况，经济，文教卫生，计划生育，社会治安和文明礼貌，代表提案、议案处理，城建城管，劳动就业等项工作的汇报，作出了《关于继续深入宣传认真执行〈中华人民共和国婚姻法〉的决议》《关于继续巩固“全民礼貌月”活动成果，深入持久地开展“五讲四美”活动的决议》《关于组织全区人民讨论宪法修正案草案的决议》《关于认真学习宣传贯彻执行〈中华人民共和国食品卫生法〉（试行）的决议》《关于继续严厉打击刑事犯罪活动的决议》《关于批准〈鹰手营子矿区城镇卫生管理试行条例〉的决议》。

二、第二届人大常委会会议

1984 年 5 月至 1987 年 5 月第二届人大常委会，共召开常委会议 21 次，听取和审议了区人民政府、人民法院、人民检察院 38 项工作报告。其中主要的有：关于开展“五讲四美三热爱”活动，群众文化，司法，中小学教育改革和教育质量，民政，农村经济发展，医疗卫生，《中华人民共和国食品卫生法》《河北省城乡集市贸易食品卫生管理条例》《中华人民共和国经济合同法》贯彻执行情况，粮食供应，财政，计划生育，社会治安，城镇公共卫生，工业和乡镇企业，代表提案办理，区人民法

院、人民检察院组建及审判、检察等工作报告。作出关于加强群众文化工作、加强民主与法制宣传教育、调整1985年乡镇几项经济指标、贯彻执行全国人大常委会《关于加强法制教育维护安定团结的决定》等五个决议或决定。

三、第三届人大常委会会议

1987年5月至1990年4月第三届人大常委会，共召开常委会议19次，听取和审议了区人民政府、人民法院、人民检察院52项工作报告。其中主要有：关于乡镇企业、市场物价、扶贫、经济、司法、教育、卫生，关于代表议案、建议和意见办理，关于《中华人民共和国婚姻法》《中华人民共和国治安管理处罚条例》《中华人民共和国审计条例》《河北省全民义务植树条例》等贯彻执行情况，关于群众文化体育、矿山安全和人民法院、人民检察院工作情况的汇报和报告。作出了关于加强企业工作，加强民主与法制宣传教育，加强执法检查，治理经济环境、整顿经济秩序等项决议或决定。

四、第四届人大常委会会议

1990年4月至1993年2月第四届人大常委会，共召开常委会议20次，听取和审议了区人民政府、人民法院和人民检察院各项工作报告44项。其中主要有：关于《中华人民共和国土地管理法》《中华人民共和国矿产资源法》《中华人民共和国经济合同法》《工业产品质量责任条例》《城镇集体所有制企业条例》《中华人民共和国审计条例》等12项经济法律法规贯彻实施情况，农业资源开发利用，区属工业生产，税收工作，完善统分结合的双层经营体制，发展农业社会化服务体系及区人民法院、人民检察院经济审判、经济检察等项工作报告。作出了关于进一步贯彻实施《中华人民共和国审计条例》、调整营子矿区“八五”计划部分经济指标、开展第三个五年普法教育等13项决议或决定。

五、第五届人大常委会会议

1993年2月至1998年2月第五届人大常委会，共召开常委会议35次，听取和审议了区人民政府、人民法院和人民检察院各项工作汇报30项。其中主要有：关于《中华人民共和国矿山安全法》《中华人民共和国农业技术推广法》《河北省计划生育条例》《中华人民共和国行政处罚法》等15项法律法规贯彻执行情况及代表议案、建议和意见办理，个体私营经济发展，乡镇企业发展，区属工业发展，预算资金管理使用，土地管理使用，刑事审判，法纪检察等项工作汇报。作出关于深入开展“三五”普法宣传教育，推行错案和执法过错追究制，开展代表议政日活动等决议或决定。

六、第六届人大常委会会议

1998年2月至2003年4月第六届人大常委会，共召开常委会议35次，听取和审议区人民政府、人民法院和人民检察院工作报告30项。其中主要有：关于《中华人民共和国土地管理法》《中华人民共和国农业技术推广法》《中华人民共和国环境保护法》《中华人民共和国矿山安全法》《中华人民共和国村民委员会组织法》等法律法规贯彻落实情况及村务公开、预算执行、严打整治、案件执行、廉政建设、普法工作等项工作报告。作出了关于开展“四五”普法宣传教育，开展依法治区的决定。

第三节　主要工作

一、依法行使决定权

自营子矿区第一届人大常委会成立以来，一直依法行使对有关全区重大决策的决定权，作出了许多决议和决定。1982 年，第一届人大常委会作出《关于继续深入宣传认真执行〈婚姻法〉的决议》《关于组织全区人民讨论宪法修正草案的决议》。1983 年，作出《关于认真学习贯彻执行〈中华人民共和国食品卫生法〉（试行）的决议》《关于继续严厉打击刑事犯罪活动的决议》《关于批准〈鹰手营子矿区城镇卫生管理试行条例〉的决议》。1984 年，第二届人大常委会作出《关于加强群众文化生活的决议》。1985 年，作出《关于加强民主与法制宣传教育的决议》《关于调整一九八五年乡镇几项经济指标的决定》。1988 年，第三届人大常委会作出《关于加强执法检查的决定》《关于治理经济环境、整顿经济秩序、保障改革和建设顺利进行的决定》。1990 年，作出《关于开展第二个五年普法教育的决议》。1991 年，第四届人大常委会作出《关于进一步贯彻实施〈中华人民共和国审计条例〉的决议》《关于调整矿区“八五”计划的决定》。1992 年，作出《关于推行部门执法责任制的决定》。1996 年，第五届人大常委会作出《关于深入开展第三个五年法制宣传教育的决议》《关于开展人大代表议政日活动的决定》《关于推行错案和执法过错责任追究制的决定》。1997 年，作出《关于矿区国民经济和社会发展“九五”计划和 2010 年远景目标纲要及纲要报告的决议》。1998 年，第六届人大常委会作出《关于开展依法治区的决议》。2001 年，作出《关于深入开展第四个五年普法宣传教育的决议》。

二、依法行使监督权

对“一府两院”实施法律监督和工作监督，是宪法和法律赋予地方各级人大常委会的重要职责。区人大常委会主要通过听取“一府两院”的工作报告、视察、调研、执法检查、述职评议等方式行使监督权。一届人大常委会期间，共听取“一府两院”工作汇报 27 项，开展视察、调研、执法检查活动 18 次，对教育、社会治安、植树造林工作中存在的问题，提出了具体的改进意见。二届人大常委会共听取“一府两院”工作汇报 38 项，开展视察、调研、执法检查活动 30 次，就食品安全、市容卫生、两个文明建设、基层政权建设等方面工作，提出了具体建议。三届人大常委会共听取“一府两院”工作汇报 52 项，开展视察、调研、执法检查活动 34 次，针对破坏土地资源、小煤矿死亡事故频发、农业发展缓慢等问题，提出了具体建议。四届人大常委会共听取“一府两院”工作报告 44 项。开展视察、调研、执法检查活动 22 次，对控制非农业占地、整顿个体煤矿、加强农村财务管理等问题，提出了具体改进建议。五届人大常委会共听取“一府两院”工作汇报 30 项。开展视察、调研、执法检查活动 19 次，就乡镇企业发展、农业产业化、农业技术推广、法制建设等方面存在的问题，提出了改进建议。六届人大常委会共听取“一府两院”工作汇报 30 项。开展视察、调研、执法检查活动 50 次，就产业结构调整、企业转制、煤矿安全治理整顿、城市规划等方面存在的问题，提出了改进建议。1999 年，制定对常委会任命人员的述职评议办法，先后听取农林局、交通局、城建局、民政局、卫生局、法院和检察院等 20 个单位主要领导的述职并进行了评议。

三、依法行使任免权

依据《中华人民共和国地方各级人民代表大会和地方各级人民政府组织法》，区人大常委会对区政府正科级局局长、法院副院长、审判委员会委员、审判员、法庭正副庭长，检察院副检察长、监察委员会委员、监察员、各科科长，依法行使任免权。区人大常委会本着对党负责和对人民负责一致性的原则，认真贯彻落实中共中央关于《党政领导干部选拔任用工作条例》，坚持干部队伍“四化”（革命化、年轻化、知识化、专业化）标准，坚持任前考察、任中监督和任后评议制度，严把任免关。第一届常委会期间，共任命46人次，免职26人次。第二届常委会期间，共任命53人次，免职15人次。第三届常委会期间，共任命50人次，免职7人次。第四届常委会期间，共任命71人次，免职16人次。第五届常委会期间，共任命72人次，免职30人次。第六届常委会期间，共任命101人次，免职27人次。

四、代表议案办理

1981年1月营子矿区第一届人大常委会成立以来，历届人大常委会都认真做好代表议案、建议、批评意见的整理、立案、交办、转办、督办和回查工作。一届人大常委会共收到代表建议、批评意见提案1395件，全部办结。二届人大常委会共收到代表建议、批评意见提案316件，全部办结。三届人大常委会共收到提案250件，其中属于建议、批评意见的229件，提案立案21件，办结205件，办结率为82%。四届人大常委会共收到提案237件，其中属于建议、批评意见的233件，提案立案4件，办结213件，办结率为90%。五届人大常委会共收到建议、批评意见提案191件，呈报上级解决2件，部门办理189件。六届人大常委会共收到建议、批评意见提案146件，办结127件，办结率87%。在七届人大一次会议上，收到代表建议、批评意见的提案34件，均转相关部门办理。

1981—2003年营子矿区历届人代会提案处理情况统计表

表17-2-3　　单位：件

项目 时间	届次		提案数		处理情况		
	届	次		其中属于批评意见	立案数	呈报上级	部门办理
1981.1	一	一	1117	1117	—	—	1117
1981.12	一	二	190	190	—	—	190
1983.4	一	三	88	88	—	—	88
1984.5	二	一	94	94	—	—	94
1985.4	二	二	68	68	—	—	68
1986.5	二	三	154	154	10	—	154
1987.5	三	一	148	138	2	—	148
1988.5	三	二	39	37	9	—	39
1989.4	三	三	63	54	3	—	63
1990.3	四	一	90	87	1	—	90
1991.4	四	二	88	87	—	—	88

续表 17－2－3　　单位：件

项目 时间	届次		提案数		处理情况		
	届	次		其中属于批评意见	立案数	呈报上级	部门办理
1992. 3	四	三	59	59	—	—	59
1993. 2	五	一	37	37	—	2	35
1994. 3	五	三	49	49	—	—	49
1995. 3	五	四	28	28	—	—	28
1996. 3	五	五	40	40	—	—	40
1997. 3	五	六	37	37	—	—	37
1998. 2	六	一	39	39	—	—	39
1999. 3	六	二	43	43	—	—	43
2000. 3	六	三	31	31	—	—	31
2001. 2	六	四	20	20	—	—	20
2002. 4	六	五	13	13	—	—	13
2003. 4	七	一	34	34	—	—	34
合　计			2569	2544	25	2	2567

第十八编 RENMINZHENGFU

18 人民政府

第一章　机构
第一节　领导机构
第二节　工作机构
第二章　施政辑要
第一节　发展农业生产
第二节　发展壮大乡镇企业
第三节　发展个体私营经济
第四节　实施开放带动战略
第五节　改善基础设施
第六节　发展社会事业
第七节　办理议案提案
第三章　政务综合管理
第一节　人事管理
第二节　劳动管理
第三节　民政管理
第四节　民族宗教管理
第五节　档案管理

鹰手营子

18 承德市鹰手营子矿区志·人民政府

CHENGDESHI YINGSHOUYINGZIKUANGQU ZHI
RENMINZHENGFU

民国29年（1940年）2月，境内始建立人民政权组织。中华人民共和国成立前，寿王坟曾为迁遵兴抗日联合县第十一区区政府、承南县县政府驻地，鹰手营子曾为兴隆县九区、四区人民政府驻地。抗日战争时期，人民政权组织领导当地群众，配合八路军打击日伪军，开展抗日斗争。解放战争时期，组织领导人民群众拥军支前，参加反击国民党军抢占鹰手营子地区的战斗，为鹰手营子地区的解放做出了重要贡献。新中国成立后，人民政权组织围绕党的中心工作开展各项工作，使境内的经济和社会事业得到了较快地发展。改革开放后，营子矿区第一至七届人民政府忠实履行政府职能，依法施政，不断加强经济、政务方面的管理，实施开放带动战略，大力发展个体私营经济，使全区经济和社会事业得到快速发展。

第一章　机　　构

民国29年（1940年）2月，迁遵兴抗日联合县第十一区区政府设于寿王坟。之后，随着形势的发展和区划的变动，境内人民政权机构的设置也随之不断变化。由于职能的不断增加，区政权机构的工作部门，也逐渐增多。2002年5月机构改革后，营子矿区人民政府有工作部门31个，其中含区政府直属事业局、室4个，直属企业单位2个，实行上级业务主管部门和区政府双重领导体制的部门7个。

第一节　领导机构

一、承南县县政府

民国35年（1946年）12月，寿王坟划归承南县，县政府设于寿王坟南沟的栾家店，民国37年（1948年）11月，承南县撤销。

二、县辖区领导机构

民国29年（1940年）2月，冀东区迁遵兴抗日联合县第十一区区政府设于寿王坟罗圈沟的梆子沟。民国35年（1946年）5月，兴隆县第九区人民政府设于鹰手营子。民国38年（1949年9月30日止）3月，由于区划变动，鹰手营子为兴隆县四区人民政府驻地。

1955年7月，四区人民政府改设为鹰手营子区公所。1956年5月，撤区建乡，设鹰手营子办事处，同时设鹰手营子镇，寿王坟、马圈子等乡，办事处代兴隆县人委管理各乡镇。1956年11月，鹰手营子区划归承德市，1958年7月，又划回兴隆县，设兴隆县鹰手营子矿区办事处。8月，撤销鹰手营子矿区和所辖乡、镇建制，组建鹰手营子钢铁人民公社管委会。1959年3月，撤销钢铁人民公社建制，复设鹰手营子矿区及驻区办事处。1960年7月，营子矿区办事处、鹰手营子人民公社、兴隆矿务局合并成立兴隆县鹰手营子城市人民公社，并成立管委会。1961年7月，撤销鹰手营子城市人民公社

建制，设中共兴隆县鹰手营子矿区工作委员会，未设行政机构。1962 年 6 月，设兴隆县鹰手营子矿区区公所，为县人民政府派出机构。1965 年 2 月，鹰手营子、寿王坟、马圈子等 3 个公社再次划归承德市。

三、市辖区领导机构

1956 年 11 月，河北省委、省人委决定，设承德市鹰手营子矿区人民委员会，1958 年 7 月营子矿区划回兴隆县时撤销，期间李振兴任区长。1965 年 2 月，设承德市鹰手营子矿区区公所，国璋任区长。1968 年 3 月，经承德市革命委员会批准，成立鹰手营子矿区革命委员会。1981 年 1 月，召开营子矿区第一届人民代表大会，选举产生了营子矿区第一届人民政府。至 2003 年 4 月，共进行 6 次换届选举，产生二至七届营子矿区人民政府。

营子矿区革命委员会主任、副主任名录

表 18－1－1

职务	姓名	性别	任职时间
主任	丰润三	男	1968. 3—1970. 5
主任	赵天才	男	1972. 8—1974. 11
主任	宁守义	男	1974. 11—1980. 9
主任	王世斌	男	1980. 9—1981. 1
副主任	齐亚洲	男	1968. 3—1980. 9
副主任	范伦	男	1968. 3—1972. 12
副主任	崔承羡	男	1970. 4—1980. 9
副主任	佟德瑞	男	1970. 4—1975. 7 1978. 6—1980. 9
副主任	宁守义	男	1971. 12—1974. 11
副主任	王树祥	男	1972. 8—1975. 10
副主任	曹克勤	男	1973. 11—1981. 1
副主任	李秀云	女	1974. 6—1979. 11
副主任	王世斌	男	1975. 8—1980. 9
副主任	郭长河	男	1976. 3—1980. 9
副主任	白文	男	1978. 9—1981. 1
副主任	张凤珠	男	1980. 9—1981. 1
副主任	佟殿武	男	1980. 9—1981. 1
副主任	李廷山	男	1980. 9—1981. 1

1981—2003 年营子矿区政府历任区长、副区长名录

表 18 - 1 - 2

届别	职务	姓名	性别	任职时间
承德市营子矿区第一届人民政府	区　长	白　文	男	1981. 1—1983. 3
	代区长	陈宝祥	男	1983. 3—1983. 4
	区　长	朱海亭	男	1983. 4—1984. 5
	副区长	佟殿武	男	1981. 1—1982. 2
	副区长	朱海亭	男	1981. 1—1983. 4
	副区长	杨佩民	男	1981. 1—1982. 12
	副区长	朱　华	男	1981. 1—1982. 12
	副区长	陈宝祥	男	1982. 4—1983. 3
	副区长	安庆英	女	1982. 4—1984. 4
承德市营子矿区第二届人民政府	区　长	朱海亭	男	1984. 5—1985. 12
	代区长	王黎晓	男	1986. 1—1986. 5
	区　长	王黎晓	男	1986. 5—1987. 5
	副区长	安庆英	女	1984. 5—1984. 12
	副区长	王　栋	男	1984. 5—1987. 5
	副区长	王黎晓	男	1984. 5—1986. 1
	副区长	杨昭华	男	1985. 12—1987. 5
承德市营子矿区第三届人民政府	区　长	王黎晓	男	1987. 5—1988. 4
	代区长	杨昭华	男	1988. 4—1989. 4
	区　长	杨昭华	男	1989. 4—1989. 12
	代区长	齐树昌	男	1989. 12—1990. 4
	副区长	杨昭华	男	1987. 5—1988. 4
	副区长	王　栋	男	1987. 5—1990. 4
	副区长	褚连山	男	1987. 5—1990. 4
	副区长	齐树昌	男	1988. 4—1989. 12
	副区长	杨本淮	男	1987. 11—1990. 4

续表 18－1－2

届别	职务	姓名	性别	任职时间
承德市营子矿区第四届人民政府	区　长	齐树昌	男	1990. 4—1992. 4
	区　长	袁　福	男	1992. 4—1993. 2
	副区长	王　栋	男	1990. 4—1993. 2
	副区长	杨本淮	男	1990. 4—1993. 2
	副区长	褚连山	男	1990. 4—1993. 2
	副区长	魏福刚	男	1990. 4—1993. 2
	副区长	胡锦星	男	1992. 2—1993. 2
	副区长	张　昭	男	1992. 2—1993. 2
	副区长	王路田	男	1992. 10—1993. 2
承德市营子矿区第五届人民政府	区　长	袁　福	男	1993. 2—1995. 2
	代区长	魏福刚	男	1995. 2—1995. 3
	区　长	魏福刚	男	1995. 3—1998. 2
	副区长	胡锦星	男	1993. 2—1993. 6
	副区长	魏福刚	男	1993. 2—1995. 2
	副区长	褚连山	男	1993. 2—1998. 2
	副区长	杨本淮	男	1993. 2—1998. 2
	副区长	张　昭	男	1993. 2—1998. 2
	副区长	李金华	男	1993. 12—1996. 5
	副区长	何庆云	男	1993. 12—1998. 2
	副区长	王　宇	男	1995. 1—1997. 11
	副区长	刘敏儒	男	1996. 1—1998. 2
	副区长	唐永生	男	1996. 10—1998. 2
承德市营子矿区第六届人民政府	区　长	魏福刚	男	1998. 2—2000. 1
	代区长	王　平	男	2000. 1—2000. 3
	区　长	王　平	男	2000. 3—2003. 3
	代区长	胡光远	男	2003. 3—2003. 4
	副区长	何庆云	男	1998. 2—2003. 4
	副区长	褚连山	男	1998. 2—2003. 4
	副区长	杨本淮	男	1998. 2—2003. 4
	副区长	刘敏儒	男	1998. 2—2003. 4
	副区长	申绍明	男	1998. 2—2003. 4
	副区长	唐永生	男	1998. 2—2003. 4
	副区长	方志勇	男	2001. 1—2003. 4
	副区长	才文荣	男	2001. 1—2003. 4

续表 18－1－2

届别	职务	姓名	性别	任职时间
承德市营子矿区第七届人民政府（2003 年 4 月至 12 月期间）	区　长	光远	男	2003. 4—2003. 12
	副区长	伊志山	男	2003. 4—2003. 12
	副区长	陈亚军	男	2003. 4—2003. 12
	副区长	方志勇	男	2003. 4—2003. 12
	副区长	薛青松	男	2003. 4—2003. 12
	副区长	潘艳红（女）	女	2003. 4—2003. 12

第二节　工作机构

一、兴隆县四区政府

民国 38 年（1949 年）3 月，鹰手营子为兴隆县四区人民政府驻地。区政府设民政、财粮、教育、公安助理。1952 年，区政府编制为 14 人，其中区长 1 人，副区长 2 人兼任秘书，民政、公安、生产、文教助理各 2 人，财粮助理、文书兼庶务会计、交通员各 1 人。

二、营子矿区人民委员会

1956 年 11 月，设承德市鹰手营子矿区人民委员会。区人委设商业分局、粮食分局、文教卫生科。1957 年 3 月，增设办公室、民政科、统计科、公安分局、税务分局。各分局实行上级业务主管部门和区人委双重领导体制。

三、营子矿区区公所

1965 年 3 月，中共承德市委、市人委联合下发了《关于鹰手营子矿区机构设置的通知》，规定区公所的机构设置为：办公室（与区委办公室合署办公）、公安分局、商业分局、粮食分局、税务分局、劳动人事科、文教科、卫生科、财贸办公室、农业办公室。各分局实行双重领导体制。

四、营子矿区革命委员会

1966 年 5 月，“文化大革命”开始后，区公所的各工作机构受到冲击，处于瘫痪状态。1968 年 3 月 4 日，成立承德市鹰手营子矿区革命委员会。3 月 11 日，区革委会将原区委、区公所直属的一组、三部、四室、三科、二处、一委（监察组、组织部、宣传部、财贸工业部、党委办公室、行政办公室、财贸办公室、农林办公室、卫生科、文教科、人事劳动科、工会办事处、妇联办事处、团委）精简，改设为“三组一室”（政工组、城镇组、农村组、办公室）。机关工作人员由原来的 54 人减少到 29 人，精简下来的人员全部充实到生产第一线。之后，根据工作需要，多次增撤组。1973 年 4 月，区革委会撤销组的建制，建立区革委会各科室。至 1976 年 10 月“文化大革命”结束，区革委会有工作机构 12 个，即办公室、劳动民政科、农林科、文教科、卫生科、知识青年上山下乡办公室、财贸

办公室、战备办公室和公安分局、粮食分局、工商税务分局、二轻工业分局4个实行双重领导体制的机构。1977年1月，设交通分局。是年12月，撤销财贸办公室，设商业分局。1978年1月，战备办公室改称人民防空办公室。增设供销合作社，为区革委会直属企业单位。5月，增设城市建设管理科。9月，增设第二商业局，与供销合作社合署办公，撤销工商税务分局，设税务分局。1979年3月，城市建设管理科改称城市建设卫生管理科。4月，撤销二轻工业分局，设工业局。6月，城市建设卫生管理科改称城市建设科。11月，撤销第二商业局。1980年4月，税务分局改设税务局。10月，劳动民政科分设为民政科、劳动科。增设工商行政管理局，农林科改称农林局。11月，商业分局改设商业局。至此，营子矿区革委会工作机构增至17个，即办公室、粮食分局、文教科、卫生科、公安分局、知识青年上山下乡办公室、人防办公室、供销合作社、城市建设科、工业局、税务局、民政科、劳动科、工商行政管理局、商业局、农林局、交通分局。各分局实行双重领导体制。

五、营子矿区区政府

1981年1月，营子矿区第一届人民政府组成后，原区革命委员会工作部门改为人民政府工作部门。是月，增设财政局。3月，劳动科改为劳动局，城市建设科改为城市建设局，撤销知识青年上山下乡办公室，增设统计科。6月，税务局改设税务分局。12月，粮食分局改设粮食局。1982年2月，文教科改为文教局。12月，增设司法分局。1983年5月28日，成立自来水公司，为区政府直属企业单位。是月，撤销工业局，成立经济委员会。12月，撤销统计科，设计划委员会。1984年3月，增设人事局，民政科改设民政局，人防办公室合并到城市建设局。4月，卫生科改设卫生局，司法分局改设司法局。1984年5月，换届选举产生营子矿区第二届人民政府时，共有办公室、公安分局、商业局、农林局、工商行政管理局、供销合作社、财政局、劳动局、城市建设局、税务分局、粮食局、文教局、自来水公司、计划委员会、人事局、民政局、经济委员会、卫生局、司法局、交通分局20个工作部门。7月，撤销人事局、劳动局，设劳动人事局。城市建设局改为城乡建设环境保护局。8月撤销交通分局。9月，增设计划生育委员会。年末，设立审计局。1985年11月，增设乡镇企业局。1986年6月，增设物价局。8月，撤销计划委员会和经济委员会，设计划经济委员会。增设档案局，为区政府直属事业单位。1987年5月，换届选举产生营子矿区第三届人民政府。共有办公室、公安分局、财政局、商业局、粮食局、供销合作社、自来水公司、工商行政管理局、税务分局、农林局、文教局、民政局、卫生局、司法局、劳动人事局、城乡建设环境保护局、计划生育委员会、审计局、乡镇企业局、计划经济委员会、档案局、物价局22个工作部门。是年6月，增设统计局。1988年10月，撤销劳动人事局，设劳动局、人事局。1989年5月，恢复设立体育运动委员会。9月，增设土地管理局。10月，增设监察局。1990年4月，换届选举产生营子矿区第四届人民政府，有工作部门27个。1992年1月，恢复交通分局。5月，增设物资局，为区政府直属企业局。1993年2月，换届选举产生营子矿区第五届人民政府，有工作部门29个。是年4月，撤销物价局。12月粮食局改设粮食分局。1994年4月1日，增设地质矿产管理局。是月，增设体制改革办公室，与政府办公室合署办公。8月，工商行政管理局改为承德市工商行政管理局鹰手营子分局。撤销税务分局，设国家税务局和地方税务局。12月15日，交通分局改设交通局。1995年5月，撤销计划经济委员会，设经贸局，计划人员和职能分出，与统计局合并，成立计划统计局。撤销体育运动委员会。增设广播电视局，为区政府直属事业局。12月，地质矿产管理局改为地质矿产局。计划生育委员会改为计划生育局。1996年4月，增设对外开放办公室。12月，城乡建设环境保护局改为城乡建设局。1997年3月，增设科学技术局。房地产管理职能由城乡建设局分出单设房地产管理局，为区政府直属事业局。营子矿区人民政府工作部门增至34个。1998年2月，换届选举产生营子矿区第六届人民政府。是年，重新设立物价局。1999年3月，质量技术监督职能由经贸局分出，单设营子矿区质量技术监督局。8月，成立项目

办公室。2000 年 4 月，营子矿区质量技术监督局改设为承德市技术监督鹰手营子分局。2002 年 5 月机构改革。改革后的区政府工作部门有：办公室、发展计划统计局、人事劳动社会保障局、财政局、国土资源局、文化体育教育局、民政局、审计局、建设局、林业水务局、农业畜牧局、矿业安全生产监督局、卫生局、科学技术局、交通运输局、经济贸易局、计划生育局、监察局。物价局、广播电视局、房产局、商贸改制办公室为区政府直属事业单位。供销社、自来水公司为区政府直属企业单位。公安分局、粮食分局、工商行政管理分局、技术监督分局、环境保护分局、地税局、国税局均实行双重领导体制。至 2003 年年底，机构无变化。

第二章　施政辑要

多年来，区政府始终把发展农业和农村工作放在经济工作的首位，在耕地逐年减少的情况下，重点抓了农业科学技术的推广和养殖业的发展。在改革开放中，实行对内开放与对外开放相结合，软环境建设与硬环境建设相结合，走出去与请进来相结合，增强了内引外联吸引力。大力发展个体私营经济，使之成为整个经济发展的新的增长点，至 2003 年年底，有个体工商户 2437 户，民营企业 111 家。努力改善基础设施建设。积极推进社会各项事业的不断发展。

第一节　发展农业生产

一、开展农田基本建设

1964 年开始在全区开展“农业学大寨”运动，年内闸山沟 326 条，治坡打坝 3590 道，长坝沿 19275 道，修梯田 546 亩，改良土壤 1785 亩，扩大耕地 193 亩。1980 年以后，步入以小流域治理为主，工程措施与生物治理相结合阶段。到 1991 年全区山场完成治理 7.7 万亩，林地面积达到 13.3 万亩，比 1980 年提高 13.3%，森林覆盖率达到 56%。1992 年营子矿区被命名为全国水土保持先进单位。2000 年至 2003 年共截水沟 50000 延长米，营造谁宝林 1665 亩，用于水土保持资金 310.63 万元。

1968 年至 1970 年，全区共修水渠 1700 延长米，建蓄水池 3 个。1971 年至 1980 年，修水渠 52150 延长米。1985 年共有配套机井 97 眼，1987 年建小型水利工程 20 处，至 1998 年末，全区累计铺设输水管路 38.2 万延长米。进入 21 世纪后，进一步加强了水利工程建设，2001 年至 2003 年年底，新打机井 121 眼，小井 77 眼，新增输水管路 38000 延长米，建蓄水池 10 个。

二、发展养殖业

由于营子矿区人均耕地少，长期以来，畜牧业发展较为缓慢。20 世纪 50 年代至 60 年代末，只有少数农家养殖一、两头猪，几只鸡，大牲畜和羊由生产队集体养殖。1975 年户均饲养猪 1.79 头，70 年代末养殖业有所发展，1981 年大牲畜存栏 1906 头。由于耕地逐渐减少，耕畜需求量也随之减少。

1985 年以后，农村养猪专业户、重点户相继涌现，家庭养殖业有了快速发展。1988 年全区有 20 头以上的养猪专业户 115 户。1989 年汪庄矿集体投资建设的养鸡场，占地面积 10000 平方米，1994 年该养鸡场承包给端贵清后，逐步向规模集约化方向发展，成为全区禽蛋生产大户和禽蛋供应大户。1998 年投资 400 万元的寿王坟加系二级母猪繁育场建成并投入生产。1999 年鹰手营子镇投资 472.41 万元，占地 12 亩，建设“圣伯纳”种犬繁育场。2002 年鹰手营子镇老厂子村绒山羊繁育场建成并投入使用。2003 年扩大了养殖规模，发展三元杂交母猪，加快了生猪品种改良带动全区养殖业再发展。

三、加快农技推广

营子矿区历来十分重视农业技术推广工作，20 世纪 60 年代初区里就设有农业站，有专人推广农业技术，各生产大队和生产队设有农业技术员、林果技术员、蔬菜技术员。70 年代初，营子矿区所属 3 个公社均设有农业科技站，各生产大队设有科技中心组，部分生产队有科技小组，主要负责试验改进传统种植模式，推广先进技术，搞科学实验，用小田带大田，促进农业生产。1984 年各镇均设立了种子站、林果栽培技术推广站、植保站等。1986 年营子矿区成立了农技服务中心，与各镇共同举办各类专业技术培训班，组织专家授课，引进新品种，推广新技术。自 1987 年《河北省农业技术推广条例》出台至 1991 年共举办各类技术培训班 140 期。1993 年区委区政府从充实加强区、镇、村三级农技推广组织和农技队伍入手，进一步加强农业技术推广工作，发展“两高一优”农业，重点抓日光温室栽培技术的推广。1995 年全区有村级科技示范户 136 户、区定农民技术员 12 名和 340 多名各类乡土农业技术人才。2000 年全区农业科技覆盖面达 90% 以上，2001 年区电视台开办了“农业科技致富之窗”专栏，推介粮、菜林果、畜禽新品种和种、养技术。2003 年引进 9 个玉米品种，2 个特菜品种进行品比试验，效果明显。进一步加大科技培训力度，选派或聘请专业技术人员到各镇开展农民专业技术培训，培训师资 60 人，播放技术光盘 6 次，为农民群众发放技术资料 200 余份，技术明白纸 3000 余份，答农技咨询 300 余次，举办培训班 26 期，普训农民 4000 多人次，使全区农业科技覆盖面达 95%。

四、发展蔬菜生产

1955 年开始，境内因为矿产资源的开发非农业人口骤增，商品菜需求量逐年增多，承德市政府为了支援矿山建设解决非农业人口的吃菜难的问题，于 1958 年 5 月决定将区内适宜种植蔬菜的土地确定为菜田，以种植蔬菜为主的生产队定为蔬菜专业队。是年全区蔬菜专业队 18 个，蔬菜种植面积 1118 亩。1965 年以后由于战备的需要，一些大城市企业迁入境内，蔬菜种植面积进一步扩大。1976 年 4 月，区委、区革委召开全区蔬菜生产会议，会议进一步强调了要增加蔬菜种植面积。商业部门，要从发展生产入手，积极扶助社队解决生产资料、技术、种子等问题；农业部门要努力做到优质高产，普及科学种植。

1981 年，区政府成立之后，将全区非农业人口吃菜问题作为重要大事来抓，是年，商品菜面积达到 3304 亩，产菜量为 11795 吨，全区非农业人均每天吃菜量为 0.5 公斤。1983 年 8 月，区政府召开蔬菜、水果管理工作会议，会议就蔬菜的生产、经营、维护消费者利益等问题做出了规定：各蔬菜生产承包单位，必须按国家计划安排生产，切实用农商合同保证国家计划的完成，认真执行区政府关于蔬菜统购包销的规定。在价格上，要认真执行“优质优价、基本稳定”的原则。要加强市场管理。对农贸市场要进行整顿。1986 年，区政府召开蔬菜会议，对是年的蔬菜生产和供应都做了具体的安排。1987 年，全年蔬菜播种面积 2912 亩，产量 14706 吨，比上年增长 1.3%。细菜种植面积达 70% 以上，新增温室 12.6 亩。1988 年，蔬菜总产量 17514 吨，种植面积 3865 亩，注重大路菜的生产，同时加强了大棚、温室和中小拱的建设，增加了蔬菜品种。1989 年，种植大棚 11.5 亩，温室 1585 间，地膜覆

盖85亩。2003年，全区蔬菜种植面积4074亩。

五、实施退耕还林

1985年，区政府确定退耕土地为2663亩，把不适宜种粮的土地和25°以上的坡地还林还果。1989年又增加还林还果用地2390亩。2003年，实施退耕还林6000亩，营造生态林5898.9亩，经济林101.1亩，栽植板栗1921.4亩，刺槐2900亩，杨树669.6亩，山杏527.1亩，核桃50亩，栽植各种苗木56.7万株，总投资67.159万元。

第二节　发展壮大乡镇企业

营子矿区乡镇企业是在社队副业的基础上发展起来的。1981年全区有工副业摊点84个。1984年，区委提出“镇办、村办、联户、个体”四轮驱动的发展乡镇企业的方针，区直各部门通力协作、齐抓共管形成动力，为发展乡镇企业开绿灯，提供服务、创造良好的外部环境。年末，乡镇企业总产值与1980年社队工副业总产值相比翻了两番。1987年，乡镇企业按照“稳定煤炭、大上建材、加强采矿、搞活运输、管好建筑、大力发展第三产业”的总体布局，进一步调整了产业结构，煤炭、建材、采矿开始向行业成群体、经营成规模、产品成系列的结构发展。1989年乡镇企业发展到1009个，成为农村经济的重要支柱。1991年拥有年生产能力50万元以上的企业23个，超过百万元的14个，总产值达到7971万元。占全区工农业总产值的2/3。1995年全区乡镇企业发展到1835家，形成了以煤炭、冶金、机械加工等为主导产业的新的发展格局。

第三节　发展个体私营经济

中共十一届三中全会以后，营子矿区随着改革开放不断深入，个体私营经济得到长足发展。

1979年1月5日，承德市工商管理部门发出公告：承德市区、市郊集市正式开放。营子矿区政府将寿王坟定为市郊的开放试点，并决定适度发展个体私营经济。集市贸易在政府的统一管理下进行，允许社员家庭副业产品上市，允许社队集体的二、三类农副产品上市，允许社员原料加工成品上市出售。集市贸易的开放为活跃城乡物资交流、促进农副业生产的发展创造了有利条件。1981年全区个体工商户发展到141户。1982年发展工商企业24个，个体户326户，从业人员437人。到1992年，个体和私营经济得到进一步发展，个体工商户发展到1821户，从业人员达到2577人，实现产值800万元。集市贸易活跃，各类商品上市量达到1.4亿元，成交额2546万元。通过加强市场建设，兴办鹰手营子大集、夜市，流通领域出现新局面。1995年，区政府对个体私营经济坚持“放手放胆发展”和“先发展，后规范”的原则继续实行政策倾斜，优化服务，使个体私营经济有了新的突破，并成为整个经济发展的新的增长点。私营企业发展到37家，其中年产值百万元以上的4家，五十万元以上的24家。个体私营经济实现总产值305亿元，同比增长90.3%。1998年全区私营企业年创利税20—80万元的4家，100万元的1家，创税超百万、固定资产超千万的1家。承德市鹰手营子矿区煤炭建材运销总公司经营规模在全市排在首位，九龙公司和怡达公司进入全市私营企业二十强。2000年全区个体工商户和私营企业发展到2169户，产值达到9.37亿元，上缴税金1442万元，占全部财政收入的

62.%。河北怡达食品集团有限公司、承德旺源煤炭建材有限公司、承德久隆冶金有限公司、营子矿区煤炭运销处和寿王坟宏兴选矿厂被评为2000年度全市优秀私营企业。2001年个体工商户2712户，私营企业46家，个体私营经济产值经营额达9.7亿元。2003年个体工商户2743户，民营企业109家，产值经营额9.7亿元，上缴税金3000万元，占全区财政收入的55.4%。

第四节　实施开放带动战略

一、引进项目

1984年7月，区政府就改革开放搞活经济做出几项决定，其中包括“大胆引进人才、技术、资金、设施”，“国营、集体、个人一齐上，加快商品流通，活跃市场，个体办照、有报必办，经营范围不受限制”等。1985年，营子矿区不断扩大对内对外开放，向多领域发展，搞多形式的联合，引进资金、人才、项目，加大开放的深度和广度。是年，区内有4个厂家与北京、天津及省内的大型企业签订了6个经济协作项目，引进聘任各种技术人才8名。1991年轻机厂与香港印高工业器材有限公司合资兴办承德市高达管道器材有限公司。1992年签订意向书12个，新上项目14个，投资1200万元，其中3项经过省级立项，9项经过市级立项，5项填补了全市空白，被列为新产品开发项目。1995年开发项目9个，1999年批准签约三资项目合同1项，2003年，签约经济技术合作项目15项。

二、引进资金

1985年鹰手营子村水泥厂通过补偿贸易的办法，从天津引进资金30万元。1993年，区政府为拓宽对外开放渠道，推动全区经济 繁荣，在户籍管理方面对外地来区经商办企业的客商实行优惠政策。1995年，先后5次组织村镇和企业的负责人走访北京、天津、承德等地，认真学习先进经验，并多次邀请了天津大学化学研究所、中科院等科研单位到营子矿区协助诊断企业、开发产品、探讨合作的途径和办法。同年引进外埠资金1500万元。1996年，区政府出台《关于招商引资奖励办法》，对引进区外资金、区外单位和个人对营子矿区经济建设及各项事业投资捐款、为区引进项目、为区集体或国有企业扭亏为盈或研究新技术的单位和个人给予不同奖励。1997年，出台《关于进一步加强对内对外开放的意见》。1998年，批准注册“三资”企业2个，实际利用外资119万美元，直接外贸出口额12万美元。全年共争取国家部委资金2715万元，省资金320万元，其中无偿资金150万元。1999年，引进到位区外资金8100万元，签约经济技术合作项目10个，总投资4000万元，其中引进资金2000万元，实际利用外资40万美元，外贸出口30万美元，国内市外劳务输出1000人。2000年，为加大全区开放工作力度和对开放工作有贡献人员的奖励力度，出台了《关于扩大对内对外开放的若干规定》。允许国内外企业、个人收购兼并本地企业；对国内外企业、个人来区兴办实业、引进项目、引进技术、引进资金、引进人才奖励等做了具体规定；党政机关、实业单位干部职工留职离岗，在区内创办个体私营企业者，予以奖励。2001年，全年共协议引进区外资金9413万元，市外劳务输出2530人。2003年，通过北陵公路、中心商贸城、建龙氧气站等重点项目引进市外资金1.01亿元，劳务输出3180人，直接出口50万美元，间接出口65万美元。

第五节　改善基础设施

一、道路建设

1981 年，区政府成立后，不断加强基础设施建设，是年，发动和组织驻区企事业单位包干，修筑铁道北碎砾石路 1 万平方米，参加修路义务劳动 1500 多人次，共动用汽车 98 台次，填运土、石方 2580 立方米。1983 年修建站南路北段柏油路 3326 平方米，1986 年完成汪家庄至涝洼滩公路建设工程。

二、城区建设

1981 年至 1983 年，采取国办民助，民办国助，集资联建和企业自建的办法，用于非住宅建筑投资 675. 8 万元，建筑面积 39106 平方米。1983 年，加强了对城镇绿化、美化和净化。环保卫生部门充实人员和设备，颁布了《营子矿区城至卫生管理试行条例》，垃圾基本做到日产日清。积极筹措资金，修建了营子街自来水工程，在营子街新建厕所 5 所，更换了营子大街路灯，新建图书馆，维修和新建部分中小学校舍，维修了鹰手营子公社和寿王坟公社有线广播线路。1986 年重点完成了永久性垃圾场、新水源井、区内道路拓宽、百货楼、汪家庄至涝洼滩公路等工程。1987 年至 1989 年，3 年间用于城镇建设总投资 1866 万元（含驻区单位）；城镇人均占有绿地 1. 3 平方米，比 1986 年增长 4 倍；新建住宅面积 88487 平方米（含驻区单位）。

1990 年至 1992 年，城镇建设总投资 1847. 5 万元。其中用于交通事业投资 191 万元，用于邮电事业投资 123. 85 万元，开通 1000 门程控电话，完成无线寻呼工程。用于广播卫生事业投资 256 万元，新建了区医院门诊大楼和第七中学教学大楼，新建、改造中小学校舍 8 所，集资建起了有线电视系统。用于商业服务业投资 169 万元，翻修百货门市部，先后建 3 个区级市场和 2 个镇级市场。用于住宅建设投资 849. 2 万元，增加住房面积 24264 平方米。用于城镇其他配套建设投资 158. 36 万元。1993 年至 1997 年用于基础设施建设投资 19666 万元。其中，居民生活环境投资 800 万元，城乡交通网络建设工程投资 4275 万元，居民住宅建设投资 3003 万元，邮电通讯建设投资 1700 万元，供电设施改造投资 120 万元，改善办共设施投资 1800 万元。1998 年至 2002 年，基础设施投入 2. 6 亿元，完成基础设施建设项目 50 项。出台了《营子矿区城镇规划管理办法》，加强城镇环境的综合治理，加大了城市管理力度，城镇面貌得到明显改善。

2003 年，完成集中供热一期工程、旧城改造工程、新水源开发和人畜饮水工程、北陵公路营段基础工程、中心商贸城建设、营子大街西出口连线工程、有线电视网改造一期工程、农贸市场建设工程和柳河防洪坝工程等，改善了城区服务功能。

第六节　发展社会事业

一、发展教育事业

（一）中小学教育

1952 年鹰手营子区已有小学 11 所，中心校 4 所。1956 年兴隆县鹰手营子小学附设初中班。50 年代末至 60 年代初有小学 33 所，中心校 9 所。1965 年鹰手营子第二次划归承德市，由于行政区划的变化，是年有小学 14 所，中心校 3 所。1972 年小学增加到 15 所。1968 年，全区有区属初级中学 3 所。1969 年，承德市第七中学招收第一届高中生。是年为解决学生就近入学，大力兴办中学，区属中学由 3 所增至 8 所。1976 年“文化大革命”结束后对学校布局进行了调整，合并撤销了部分高初中，至 1983 年有区属初级中学 4 所，完全中学 1 所。1986 年以前教学环境艰苦，教学质量较低。80 年代后期开始，全区加大教育事业投入，办学条件不断改善，提高教师素质，教学质量明显提高。同时在校舍和现代化教学设备建设和普及九年义务教育等方面在全市处于领先地位。

（二）改善办学条件

1986 年以后教育工作把增加教育资金投入、改善办学条件作为重点工作之一。1986 年至 2003 年全区在改善办学条件方面迈出了三大步。一是根治危房。1986 年至 1988 年全部危房得到根治，实现了“一无、两有、八配套”（无危房，班班有教室、人人有课桌椅，有校门、校墙、操场、旗杆、水源、厕所、图书室、教学仪器）。二是建设标准化校舍。1986 年至 1990 年全区投资 191.25 万元建设了 6458 平方米中小学教学楼。1991 年至 2003 年投资 1514.7 万元和香港邵逸夫先生捐赠 50 万元港币建设了 10072.8 平方米教学楼。三是配套设施建设。1986 年至 2003 年全区共投资 257.22 万元配备了高标准实验室、仪器室、计算机室、语音室、多媒体教室等配套设施。全区无论是校舍还是现代化教学设施等方面建设都走在了全市的前列。

二、加强文化设施建设

每年春节初一至十五，都有各镇村和群众自发组织的花会，给节日增添喜庆的气氛。20 世纪 50 年代末，为了满足群众的文化生活，文化事业单位相继建立。1958 年成立区文化馆，使全区文化生活有组织的开展起来。1959 年 1822.87 平方米的鹰手营子剧场落成并投入使用。60 年代初建立区广播站，60 年代后期有线广播全区联网。1967 年新华书店落成。1978 年成立区图书馆，部分图书实行开架借阅，并设基层图书流动站 3 处。改革开放后，随着人民生活水平的不断提高，全区电视的拥有量急剧增加，1987 年电视地面接收站建成，正式转播部分电视台节目，1992 年建设有线电视台，截至 2003 年年底，有线电视用户达 13000 户。

第七节　办理议案提案

一、人大议案、建议、意见办理

1981年1月第一届区政府成立后，历届区政府都十分重视对人大议案、建议、意见的办理工作。将此项工作列入区长办公会议议题，并召开有关部门领导会议安排部署，会后各有关部门认真办理，重大议案，由区人大常委会和区政府领导亲自办理。对本行政区权利范围内无法解决的问题，由区政府向市政府提出报告。1981年1月一届人代会至2003年七届一次人代会办理议案建议2569件，其中立案25件，区内各部门共办理2567件，呈报上级2件。

二、政协提案办理

营子矿区历届人民政府都将对政协提案的办理作为一项重要工作来抓，全力办好每一件提案。政协营子矿区第一届委员会至第6届委员会第一次会议有关深化改革、土地纠纷、环境保护、物价管理、教育发展、民族宗教、社会治安等方面提案1211件，立案866件，办理832件，立案提案办理率为96.1%。

第三章　政务综合管理

1965年2月，营子矿区划归承德市，劳动人事工作由市劳动局、人事局和营子矿区分级进行管理。改革开放后，多次改革劳动用工和人事制度；建立人才交流和就业培训中心，促进人才交流，为下岗职工和农村劳动力开辟就业渠道；积极开展安全生产督查活动；先后实行了劳动保险、医疗保险、失业保险等制度；在全区党政机关推行公务员管理制度。民政部门主要围绕救灾救济和扶贫开发、优抚安置、社会福利、退伍军人安置、拥军优属，婚姻登记、民间组织管理等方面工作，按照国家政策开展工作，并逐步走上了社会化、法制化的轨道。依法对宗教和档案工作实施管理。

第一节　人事管理

一、机构

中华人民共和国成立后，鹰手营子区的人事工作由兴隆县直接管理。1956年11月至1958年7月，人事工作由承德市管理。1958年7月至1965年2月，归兴隆县管理。1965年2月，划归承德市，

成立承德市鹰手营子矿区区公所，始设劳动人事科，负责全区人事和劳动管理工作。1966 年 5 月“文化大革命”开始后，劳动人事管理部门处于瘫痪状态。1968 年 3 月，成立鹰手营子矿区革命委员会，劳动人事工作归城镇组管理。1971 年 7 月，撤销城镇组，成立计划组，负责劳动管理工作。1973 年 4 月，设劳动民政科。1980 年 10 月，撤销劳动民政科，设立劳动科，负责人事劳动管理工作。1981 年 3 月，劳动科改为劳动局。是年，将人事工作纳入区政府办公室，由专职秘书负责。1984 年 3 月，成立人事局，负责机关、事业单位干部职工的工资、福利、编制、调配、职称、军队转业干部安置、毕业生分配、人事监察等管理工作。1984 年 7 月，撤销区人事和劳动局，成立劳动人事局。1988 年 10 月，撤销劳动人事局，区劳动局和人事局分设。2002 年 5 月，机构改革，撤销人事局、劳动局，成立人事劳动和社会保障局。2003 年机构无变化。

二、编制管理

1965 年 6 月，根据承德市委、市人委《关于行政事业编制名额调整的通知》精神，确定营子矿区行政编制 70 人，事业编 77 人。1980 年全区行政事业编制 303 人（包括企业干部）。1982 年区直机关行政编制 62 人，乡镇编制 20 人，事业编制 113 人。1983 年成立营子矿区编制委员会，下设办公室，挂靠人事局，负责全区机构主要职能、职责的划分，机构变更的审核、审批和上报，调整编制数额分配等项工作。是年全区区直机关行政编 77 人，乡镇行政编 17 人，事业编制 221 人。1984 年，区直机关行政编制 137 人，乡镇编制 35 人。1987 年，为加强对编制的管理，机关事业单位实行《编卡制度》，有效地控制了党政机关人员的膨胀，全区行政编制 181 人，事业编制 176 人。1988 年，区直机关行政编制 238 人，其中区委 35 人、政府 183 人、其他 20 人，四镇编制 80 人。1990 年有行政编 378 人，其中乡镇编制 80 人，事业编制 235 人。1992 年以后，随着经济的发展，政法部门任务的加重，行政职能、职权范围的进一步扩大，为确保营子矿区经济的发展，控制政府机关人员膨胀，开始对党政机关人员调配、人事编制实施严格管理。党政机关、事业单位的调入、调出本着“出一进一或出二进一”的原则进行调整控制，人员编制基本处于不满编的状态。1995 年机构改革，承德市核定营子矿区直属机关行政编 275 个，四镇行政编 112 人。区编委将其中 238 个区直机关行政编分配到各部门，其中区委机关 46 人，占区直机关行政编制的 16.73%，区政府机关 161 人，占 58.54%，纪委机关 6 人占 2.18%，人大机关 10 人占 3.64%. 剩余 37 个编制留在编委会控制使用。1999 年，区直机关行政编 276 人，政法部门编制 195 人，乡镇行政编 112 人。2002 年 5 月机构改革，区直机关行政编制 223 人，乡镇编制 93 人。2003 年有区直机关行政编 223 人，区直行政工勤人员编制 23 人，乡镇行政编制 93 人，乡镇工勤编制 8 人，事业编制 1050 人。

三、干部队伍

中华人民共和国成立初期，区内参加工作的干部主要为新中国成立前参加革命工作的人员。1965 年，全区机关企事业单位有干部 206 人，1970 年 345 人。1975 年有在职干部 527 人，其中，各级行政机关 132 人，企事业单位 395 人。1980 年干部总数为 645 人，1985 年 797 人，1990 年 939 人，1995 年 1089 人，2000 年 1138 人。2003 年年底 1134 人。其中公务员女 108 人，少数民族 61 人，中共党员 288 人；研究生 2 人，本科 109 人，大专 184 人，中专 72 人，高中及以下 13 人；30 岁以下 108 人，30—40 岁 159 人，41—50 岁 101 人，51—54 岁 12 人。

四、干部管理

（一）招收录用

改革开放前，干部的录用都是市人事部门分配的大中专毕业生。改革开放后，由于干部人才的缺乏，1984年，全面整顿“以工代干”，在整顿的基础上，经组织考核，对党政中机关、企事业单位的“以工代干”人员批准为国家干部。之后，干部主要来源除毕业分配的全日制大中专毕业生外，还有“五大”毕业生转干充实干部队伍。

（二）推行公务员制度

河北省人民政府于1994年12月27日，下发《河北省国家公务员制度实施方案》的通知。营子矿区于1995年4月，结合机构改革，在全区国家行政机关推行国家公务员制度。建立推行国家公务员制度领导小组及办事机构，制定了《鹰手营子矿区推行公务员制度实施方案》。在搞好定职能、定机构、定编制的基础上，按照《河北省国家行政机关现有工作人员向国家公务员过度实施办法》，通过资格审查、过度考核、选配人员、确定职务、确定级别等项程序，全区有200余名工作人员过渡为国家公务员并办理了任免手续。

1997年4月1日至5月10日，对公务员进行了任前培训。1998年10月，进行计算机初级知识培训。为适应中国加入世贸组织所面临的机遇和挑战，2000年9月，对公务员进行WTO知识培训。是年全区有国家公务员243人，其中区机关188人，各镇55人。2001年，全区有国家公务员226人，其中区机关175人，各镇51人。2002年12月，对全区公务员进行了英语培训。

2003年，根据中共十五大精神和国家关于完善公务员制度的要求，营子矿区严把公务员“进口”关，严格执行考试录用制度，成功组织区委办、政府办及审计局共5个公务员职位考试、录用公务员5名。进一步加大竞争上岗工作力度；强化培养和锻炼，大力推行轮岗交流制度；完善考核制度；建立健全科学公正的考核办法；坚持科学设岗，严格职位管理，畅通人员“出口”渠道，精干公务员队伍；严肃纪律，加强对公务员的监督。是年，全区共有公务员及参照公务员管理人员425人，全年共培训400余人。

1997年至2003年，每年按着省、市《关于机关事业单位工作人员考核实施办法》，对公务员进行考核，评定出优秀、称职、不称职3个档次，按着国家公务员的有关规定兑现奖惩。

五、专业技术人员管理

80年代初，营子矿区的专业技术干部由区政府办公室专职秘书管理。1981年，党政机关事业单位有专业技术人员18人；1982年，全区有专业技术人员128人；1983年，全区事业单位评定专业技术人员84人，企业24人。1984年，成立营子矿区人事局，初级以上技术职称的干部全部由人事局管理。1985年，根据中央职称评定工作领导小组文件精神，事业单位实行专业技术职务聘任制。1986年评聘专业技术人员137人。1987年，有各类专业技术人员188人，其中机关53人，事业单位88人，企业47人。评定高级职称6人，中级73人（教育系统48人，卫生系统13人、其他事业单位12人），初级96人。1988年，评定文教、卫生系统初级专业技术职称317人。1985年至1988年，营子矿区未设职称评聘工作组织，由市对口统一组织职称评聘工作。1989年，营子矿区成立职称改革领导小组，下设办公室，负责区内初级职称的评审工作，中级职称由市职称改革办公室审批，高级职称由市职称改革办公室报河北省职称改革办公室审批。是年在机关事业单位中确认初级专业技术资格的人数为98人。1990年事业单位评聘专业技术人员97人，1991年确认初级专业技术资格人数为54人。1992年企业开展评聘政工师工作，评聘政工师4人，助理政工师、政工员8人，经济师资格考试合格26人。1993年，全区行政事业单位有高、中、初级专业技术人员400人，评聘初级职称55人、中级66人、高级34人。1994年，评聘高级职称1人，初级78人。1996年，全区行政事业单位有专业技术人员480人，其中教育系统395人，卫生系统60人，其他25人。1997年行政事业单位有专业技术人员495人，中高级113人；其中卫生系统90人，文教系统390人，其他15人。1998年，行政事业单位有专业技术人员515人，其中高职5人，中职158人。教育系统有专业技术人员400人，中学高

级教师5人，一级44人，二、三级98人；小学高级95人，一、二、三级158人。卫生系统有专业技术人员57人，主治医师17人，医师、护师、医士、护士40人。企业评聘技师6人。1999年，行政事业单位有专业技术人员532人，中高级163人，其中文教系统462人，卫生系统62人。2000年行政事业单位有专业技术人员553人，中高级164人，其中卫生系统65人，文教系统479人，经济类2人，会计7人；全区企业有技术人员109人，中高职27人。2001年，全区行政事业单位有专业技术人员554人，中高职167人；其中，卫生系统有专业技术人员65人，文教系统479人，经济类2人，会计8人。2003年行政事业单位有专业技术人员663人，其中文教系统498人，卫生系统148人，会计专业9人，工程技术5人，图书档案3人。高级职称23人，中级职称262人，初级职称378人。

六、大中专毕业生安置

中华人民共和国成立后，按照国家指令性计划，对毕业生统一分配。1972年分配营子矿区中专毕业生4人，1980年分配中专毕业生2人，1982年分配中专毕业生5人。1985年，分配大中专毕业生14人。承德市政府于1986年6月对“五大”（电大、函大、夜大、职大、刊大）毕业生的使用问题做了具体规定：全民或集体企业，从“五大”毕业或自学成才需调到干部岗位上的工人实行干部聘用制，工作多年有成绩的可以录用为干部。农业户口的“五大”毕业生和自学成才人员可在当地乡镇选聘为合同制干部；城镇待业的“五大”优秀毕业生和自学成才人员可以录用为干部。1986年，营子矿区根据市政府文件精神，对“五大”毕业生和自学成才人员凡录用为国家干部的一律实行一年试用期。是年，对干部岗位上的“文化大革命”中社来社去的2名大专毕业生经考核合格录用为干部。1987年，分配大中专毕业生15人，“五大”毕业生和自学成才人员共录用23人。1988年分配大专毕业生5人，“五大”毕业生及自学成才人员2人。1989年分配大专毕业生3人，中专毕业生8人。1990年，分配中专毕业生1人。1993年始，国家对毕业生实施“双向选择”。区人事局成立人才交流中心，负责全区毕业生分配、人事档案代理等管理工作。1993年至2003年，全区接纳分配毕业生360人，其中1993年1人，1994年2人，1995年1人，1996年4人，1997年14人，1998年73人，1999年69人，2000年63人，2001年63人，2002年44人，2003年26人。办理人事档案代理360份。

七、人才交流

营子矿区按照1995年省委组织部、劳动人事厅印发的《河北省人才合理流动试行意见》精神，坚持以计划调配为主。采取多渠道、多形式、有组织、有领导地解决专业技术人员用非所学和积压浪费问题，保证国家和省重点项目建设的需要，按照双方要求搞好人才交流。采区的主要形式有调整、借用、兼职、承包项目、引进、定期轮换、停薪留职、辞职等。交流方法有交流会、组织联系、个人推荐、公开招聘、公布人才信息等。自1987年至2003年全区共引进短期人才485人，引进专业对口人才40余人。

第二节　劳动管理

一、职工队伍

中华人民共和国成立初期，鹰手营子地区的工人多为店员和手工业者。1953年后企业逐年发展，工人队伍不断壮大，工人随着企业性质分为国营工人和集体工人。1983年，全区有固定工1345人，

临时工678人，亦工亦农轮换工156人。1992年开始，企业用工实现自主化，允许职工在不同所有制企业之间合理流动，全区职工队伍增长迅速。到1995年，全区有合同制工人3110人。2003年末，大多国营和集体企业改制为私营企业，未改制企业职工只剩297人。

二、用工制度

中华人民共和国成立初期，各行各业使用临时工较多。1956年，随着所有制社会主义改造的基本完成和经济建设的发展，固定职工数量增长较快，辅之以临时工、短期合同工等。1979年起，逐步实行公开招考，按计划名额择优录用。1984年，为适应经济体制改革的需要，营子矿区先后对劳动用工制度做过多次改革。7月，区劳动部门开始向区直各有关部门下放集体企业招工的权利，随后又拟定了用工制度改革意见，广泛推行劳动合同制，各行各业招收新工人，可自行选择长期工、轮换工、临时工、季节工、非全时（半日工、钟点工）等形式，签订责权利合同；建筑企业施工单位可招收一定数量的农村合同工。是年，营子矿区7家国营和集体企业有267名计划内临时工改为合同制工人。1986年国务院《国营企业试行劳动合同制暂行规定》和河北省相关实施细则下发后，区内各行业用人单位新招工人普遍实行了劳动合同制。1992年6月，区政府决定在企业内部打破干部、职工界线，对企业职工实行全员合同管理，通过与企业签订上岗合同（工人岗位）和聘任合同（管理岗位），规定“企业职工”的身份，实行试岗和内部待业制度。1995年，全区各企业全部实行了全员劳动合同制，告别了劳动用工制度上的终身制。1997年开始实行劳动预备制（在用工之前签订劳动合同，对工资、保险、休假等问题做出具体解释；技术工种先取得职业资格后才能上岗；劳动部门备案）。

三、就业、培训

1965年6月，成立营子矿区社会服务队，各用人单位可与服务队联系用人，社会闲散人员可以凭服务队的介绍信到企业工作。1975年成立劳动管理站，全年分配留城青年260人、社会青年33人、闲散劳力130人，培训工人206人。1977年，劳动管理站培训待业青年860人，招工378人。劳动管理站自1975年建站至1978年共接收留城青年、社会青年2386人，经培训招固定工1925人。1978年，接收社会青年1509人，招固定工1417人。1979年营子矿区成立劳动服务公司，负责待业人员的组织、管理、教育、安排就业等工作。1987年，开展煤矿安全技术和高压电焊工、电工、煤矿绞车工、司炉等工种的岗位培训，参加342人次。1989年，投资31万元兴建职业技术培训中心，主要负责岗前业务培训、岗位培训，待业和失业人员技能培训、定向培训等。培训岗位有锅炉工、电焊工、营业员、汽车维修与驾驶、计算机使用与修理、家电维修、美容美发、家政服务等；培训内容有法律法规、厂规厂纪、安全知识、业务知识等。无论招收任何工种，上岗前都进行专业知识培训，经过培训后持证上岗。1995年成立营子矿区再就业工程办公室。1998年以后，逐步建立了下岗职工生活保障、失业保险等制度。1991年至2000年，全区下岗职工共8163人，其中区属企业下岗职工3500人，再就业人数为7156人。2001年，筹集再就业资金85万元，其中财政补贴75万元，企业缴纳困难补助2万元，工商局、纪委、地税局筹集7.3万元。资金主要用于下岗职工困难补助、破产企业职工安置费等。再就业人数为202人。2002年筹集再就业资金126万元，其中财政补助120万元，其他收入6万元，用于下岗职工困难补助，建立再就业基地。再就业人数为286人。2003年筹集再就业资金77万元，用于城镇再就业补助和培训，再就业人数为312人。

四、安全生产

1958年，发生轻伤176起，死亡1人，7月，划归兴隆县后，未设安监部门。设劳动局，加强了安全生产监察工作。1985年9月，对各单位使用时间满2年以上的锅炉由劳动部门统一检查，办理使

用证，安装与维修由劳动部门指定专业维修队进行，对全区29个单位125个锅炉司炉工进行了安全技术培训。1986年3月，聘任第一批劳动安全监察员，全年通报伤亡事故5起，死亡5人，伤4人。1987年，进行6次安全检查。培训矿山新工人63名，地方矿长69人，锅炉司炉工45人；对农机修理，车工，电、气焊工进行了技术考核。1988年，进行8次安全检查，对27个存有安全隐患的矿山作出了限期停产整顿的决定。1989年，本着“生产必须安全，安全促进生产”的指导思想，认真开展安全监察工作。进行安全检查6次；召开安全会议3次；处理伤亡事故18起，其中死亡14人，重伤4人。下达矿山安全通知书87份，关闭井口4个，吊销矿长证6个，罚款26家。全区安全组织发展到15个，专职安全员40人，兼职安全员103人。是年，推行特殊工种持证上岗制度。1990年，对镇、村、个体煤矿进行2次全面检查，处理16起伤亡事故，其中死亡8人，重伤4人。1991年，区劳动局设立安全监察股和安全监测站，对109个煤矿进行了安全检查，存在的主要问题是煤矿领导法律意识不强，技术生产管理水平差，煤矿参业人员流动性大。发出安全检查意见书32份，责令停产整顿井口17个；全年发生事故15起，死亡15人，伤4人。1992年，监察股配备专业技术人员3人，进行7次安全检查，对119个小煤矿进行1次全面整顿验收，处理伤亡事故22起，死亡28人，重伤5人。1993年，检查企业单位60个、井口120个，发现问题496条，整改461条；处理伤亡事故12起，死亡16人，重伤3人。1994年，组织3次全区安全生产大检查，8次专项重点检查，共检查163个单位，查处事故隐患732项，整改684项，占总数的93%。1995年，共检查企业152家，发现事故隐患803条，发出整改通知72份；取缔影响国矿安全生产的矿井48个，毁闭私开小矿78个；处理伤亡事故21起，死亡13人，根据《中华人民共和国矿山安全法》对3起严重伤亡事故予以起诉。1996年，对195家企业进行5次检查，发现事故隐患739条，发出整改通知94份；取缔影响国矿安全生产的矿井13个，毁闭私开小煤矿48个；发生伤亡事故32起，死亡39人。按劳动监察处罚形式分类罚款3起，责令停产停业整顿21起，行政建议65起。1997年5月开展劳动监察月活动，张贴标语150条，检查区属企业26家，乡镇企业125家，私营企业45家，个体工商户246户，查出问题1025条，责令整改925条。是年，矿山企业发生伤亡事故19起，死亡23人。与上年相比，事故起数及死亡人数均大幅度降低。1998年，成立劳动监察大队，处理工伤案件3起。1999年，对全区35家企业进行监督检查，安全方面责令整改17条。注销采矿许可证37家。贯彻省劳动厅文件规定，为保证矿山生产安全，不得使用无安全标识产品。全年发生死亡事故12起，死亡19人。2000年，进行锅炉压力容器专项检查，查处事故隐患8处，责令整改。处理工伤事故6起。2001年，进行安全检查4次，共检查小铜铁矿23个，其他矿山企业10个，地面乡镇企业17家，发现事故隐患6大类100多条，发放整改通知书40份。检查其他企事业单位32家，发现事故隐患4大类，发放整改通知书30份。处理矿山伤亡事故5起。2002年，开展矿山安全监察活动，排查事故隐患576起，处理矿山伤亡事故12起。2003年，对全区企业进行安全检查2次。

五、企业工资

（一）工资

1956年，4月，根据国家《关于工资改革的决定》，对国家机关企事业单位的工资制度进行改革，试行直接用货币规定工资标准的职务等级工资制。至1965年，企业的职工执行国家五类地区工资标准，1965年至1982年执行国家六类地区工资标准。1983年，根据国务院文件精神，调整企业工资并改革企业工资制度，实行调改结合的方针，把调整工资和改革工资制度结合起来，把调整工资与企业经济效益的好坏、职工个人劳动成果的大小挂起钩。1985年，企业工资制度改革，实行工资总额同经济效益挂钩浮动的办法，浮动比例控制在1：0.7之内，工资和奖金记入成本。1992年，对企业工资管理进行改革，设立工资基金账户，对工资与工效挂钩企业，国家不再下达指令性工资总额计划。1995

年，为33家企业2252人套改工资，月增资额13.25万元，为1153名企业离退休人员增加基本养老金，月增额2.5万元。1997年，区属企业经济效益不好，累计拖欠职工工资84.7万元，拖欠离退休金51.6万。为14家盈利和减亏企业的483名职工增加效益工资，月增资总额0.723万元，为779名企业离退休职工调整基本养老金，月增资总额2.267万元。是年，企业最低工资标准每月为180元。

（二）奖金

1964年，企业试行综合奖，每人每月5元，1966年将综合奖改为临时附加工资，1966年至1969年将其视为“物质刺激”予以批判并停发，1970年改称“临时增发工资”变相执行。1978年，企业开始实行奖励和计件工资制度。1979年至1980年在国家机关和事业单位建立增收节支奖。1981年，实行奖金制度，试行利润提成，质量奖、节约奖、全勤奖相继推出。1985年起，行政事业单位每人每月发奖金10元，随工资付给。1988年增为18元，后又调整为22元、30元。

（三）补贴

冬季取暖补贴 1952年起，国家机关、企事业单位职工、离退休人员，每人每年发放燃料补贴14元，1956年增加到18元，1979年增加到20元，1987年增至25元，1988年调整为35元，1990年调整为50元，1992年燃料价格调高后，燃料补贴调整为每人每月5元。

副食品补贴 1979年11月，主要副食品售价提高后，机关企事业单位职工每人每月发副食品补贴5元；为企业职工发保健食品补贴每人每月1元。

六、劳动仲裁

1957年营子矿区劳动科审批合同368份，解答人民来信52件，接待来访360人次，调解劳动争议35起，劳动合同争议3份。1958年审批合同143份，接待人民来信12件，来访73件。1958年8月至1965年2月劳动仲裁业务由兴隆县劳动局受理。1988年，营子矿区劳动局组建劳动仲裁股，1991年3月，成立营子矿区劳动争议仲裁委员会，办公室设在劳动局仲裁股，劳动仲裁股负责劳动合同签证、劳动政策咨询、接待劳动者来访投诉等。1993年，劳动争议仲裁工作贯彻“预防为主、着重调解”的原则，及时将劳动争议解决在基层。是年建立基层调解委员会34个，签证劳动合同124份，调解劳动争议4起。1994年，签证各类劳动合同1340份；受理劳动争议案件16件，结案率100%。1995年，签证各类劳动合同3782人次，签证率100%。立案解决劳动争议4起，结案率100%。1996年签证各类劳动合同2945份，调解和仲裁劳动争议案件7起。1991年至2000年共接待劳动投诉300余起，结案率100%。接待劳动政策咨询10000余人次。2001年共接待来访投诉21起，立案查处21起，结案率100%，接待劳动政策咨询100余人次。2002年接待来访投诉19起，结案查处19起，结案率100%。2003年接待来访投诉24起，立案查处24起，结案率100%。

第三节　民政管理

一、机构

1949年，境内设民政助理，负责民政管理工作。1952年，设民政助理2人。1956年11月，鹰手营子、寿王坟等地划归承德市，设立鹰手营子矿区。1957年3月，区人委设民政科，工作人员3人。1958年7月，营子矿区划回兴隆县，随之撤销民政科。1960年7月，鹰手营子城市人民公社设立民政科。1961年7月，城市人民公社撤销，民政科随之撤销，后未设民政工作机构。1965年2月，营子矿

区再次划归承德市，民政工作由区劳动人事科兼管。1968 年 3 月，营子矿区革命委员会成立，撤科设组，民政工作由城镇组负责。1973 年 4 月，撤销城镇组，设立劳动民政科，1980 年 10 月，设民政科。1984 年 3 月，民政科改称为民政局，有工作人员 3 名。2002 年 5 月，机构改革，定编 10 人，实有工作人员 12 人，内设机构有办公室、社会事务股、农救股、政建股、优抚股；下设敬老院、老年福利服务中心、殡仪馆、万宝山公墓、殡仪执法大队。

二、救灾

（一）境内救灾

营子矿区地处燕山山脉中麓，镇村多处于丘陵山坳之中，水、旱、雹、雪、冻等自然灾害频繁发生。

中华人民共和国成立之前，许多居民因自然灾害离乡背井、流离失所，鹰手营子村的一些老人回忆说："解放前，遭什么灾、遭多大灾都得自己忍，赈灾，是解放后听到的词"。民国 37 年（1948 年）秋，遭受霜冻灾害，庄稼、蔬菜冻死在地里。人民政府派工作组走街串户，宣传共产党的"生产自救、互助互济"的救灾指导思想，将群众组织起来，采撷干果、野菜，储备杂粮、柴草，抗灾自救。

1958 年 7 月，全区遭受历史上罕见的洪水灾害。营子矿区及时下发救济粮、食盐、衣服、被褥等，保证了灾民生活。

1976 年 7 月 28 日，唐山大地震波及营子矿区，当天下大雨，余震频繁，几乎所有居民都离开了房屋。区委、区革委要求各单位和居民自建防震棚，以免费或记账形式向群众发放建筑物资，组织群众防震减灾。

1984 年至 1987 年，境内先后遭受旱灾 2 次，雹灾 3 次，造成粮食减产，损毁民房 2707 间。民政部门共拨付救济款 11. 2 万元，救济粮 3. 3 万公斤；赊销絮棉 2353 公斤，棉布 17950 米，成衣 424 件、被、褥套 252 套；调配面粉 400 公斤，粮票 15405. 5 公斤，粮证指标 27699. 5 公斤，统销粮 24000 公斤。

1993 年，春旱。区民政局发放救灾款 0. 8 万元，救助灾民 140 户。1994 年元旦，春节期间，区民政局发放救灾面粉 4000 公斤，再次救助受灾户 157 户，442 人。是年 5 月初，全区遭受严重雪灾，平均降雪深度 10 厘米，700 亩大田幼苗和 800 亩已定植的蔬菜幼苗全部冻死，500 亩果树中的幼苗全部冻死，花蕾全部凋落，1800 株果树的枝杈被树挂压断。雪灾造成粮食、蔬菜减产 25 万公斤，果品减产 12. 5 万公斤，经济损失 90 万元。区民政局下拨救灾款 1. 2 万元，解决灾民购买种子、化肥缺乏资金的实际困难。7 月 11 日晚至 13 日凌晨，32 小时内全区降雨 316 毫米，柳河水以每小时 2. 5 米的速度上涨，最高洪峰达每秒 1180 立方米。河床涨裂 ，耕地被毁，公路、铁路、电力、通讯全部中断。全区受灾 2 万余人，冲毁房屋 645 间，350 户，1384 人无家可归；受灾农田 9700 亩，其中成灾 8100 亩；冲毁 112 国道 10. 5 公里、乡村公路 44 公里、堤坝 2. 271 万延长米、机井 13 眼、高压线路 6 公里。经济损失 1. 16 亿元，其中农业损失 762 万元，通信设备损失 25 万元。区委、区政府向全区人民发出《关于开展抗洪救灾捐赠活动的通知》，截至 11 月底，仅民政部门就接受区内捐款 6 万元，救灾衣物 4. 7544 万件。水灾发生后，省政府和省妇联捐赠衣物上万件。市政府和市防汛指挥部向区城建局捐助水泥 10 吨，8 号钢丝 20 吨，合款 15. 6 万元；市财政累计拨给救灾款 42 万元；市红十字会捐赠了价值 8. 1 万元的药品和衣物；承德钢铁厂向区工会捐款 2 万元；围场县在自己受灾的情况下给灾民送来了慰问信，并捐助面粉 5000 公斤；山东青岛市发来大批衣物等；唐山市路北区建筑公司支援寿王坟镇选矿厂铜板 12 吨，合款 5 万元；秦皇岛北戴河区向南马圈子村捐款 1 万元；邯郸市某单位向涝洼滩村捐款 0. 5 万元；邯郸市变压器厂支援金扇子村变压器 1 台，合款 1. 5 万元；邢台市"五一"

轧钢厂支援北马圈子村轧钢厂电机4台，钢坯5吨，合款4万余元；邢台沙河市医药公司向乡镇企业局捐赠“康必得”药品50件，合款6万余元。其他一些单位还捐赠水泥40吨，木材12立方米。这次救灾，全区发放救灾款共救济1549户，5220人；发放救灾衣物共救济10643人。1995年春节前，区民政局为灾民购买救灾粮4万公斤。1996年春，旱灾严重。到5月，全区1.024万亩耕地有0.239万亩阳坡地没能适时播种，已播种的0.785万亩地有0.265万亩缺苗，成灾0.504万亩，受灾8963人。6月中旬，部分村镇遭受冰雹灾害，农田受灾0.45万亩，成灾0.389万亩，粮食减产4到6成，受灾1.53万人，经济损失99.3万元。全年共拨发救灾款22.92万元，共救助2780户，1.25万人；发放救灾衣物1万件，救助2000户，6000余人次。1997年，遭受春旱、夏涝、冰雹等自然灾害，农田成灾0.537万亩，成灾人口1.5万人，直接经济损失418.47万元，其中农业损失385.67万元。区政府先后向受灾镇村拨发救灾款26万元，共救助1224户，4384人。修复水毁耕地300亩，修河坝4500延长米。1998年，仍然遭受了春旱、洪涝、冰雹等自然灾害，农田成灾0.405万亩，绝收480亩，成灾人口1.4万人，直接经济损失3629万元，其中农业损失517万元。区政府投入救灾款24万元，救灾物资合款22万元。是年，营子矿区民政局被河北省民政厅、人事厅、总工会授予“救灾工作先进单位”荣誉称号。1999年，全区遭受有史以来的最大旱灾，6月中旬至8月末滴雨未降，农作物成灾1.5825万亩，成灾人口2.006万人，直接经济损失1640万元。区民政局筹措资金，先后购买玉米56000公斤，救助灾民。10月24日，将一批救灾衣被发给灾民，保证灾民衣食无忧。全区共投入救灾款48万元，救灾物资合款16万元。

2000年5月至7月，旱灾严重。全区粮食作物受灾5985亩，蔬菜受灾1540亩，果树受灾9620亩，经济林受灾5230亩，农业直接经济损失3330万元。乡镇企业直接经济损失4200万元，减少利润800万元、税收450万元。在救灾过程中，全区干部群众捐款5.886万元、大米500公斤；民政局购买玉米10万公斤、面粉12.95万公斤，救助灾民。全区共投入救灾款38.886万元，救灾物资合款60万元。2001年6月10日前，滴雨未下，全区农作物受灾1.5632万亩，近6万人缺水，直接经济损失8280万元，其中农业损失1650万元。5428户，2.1万人缺粮，需救助人口1.9万人。区民政局购粮9.52万公斤，分发给受灾群众。是年6月8日下午，北马圈子镇遭受雹灾，区民政局拨发救灾款1.5万元。6月18日，全区遭受暴雨和风雹灾害，1.5万亩农作物受灾，损失果树9800株，部分房屋损坏，直接经济损失532万元，其中农业损失256万元。区民政局购买玉米5000公斤，面粉14000公斤，救助灾民。全区共投入救灾款65万元，救灾物资合款5万余元。2002年6月9日前，滴雨未下，6月9日以后，连续高温44天，柳河首次断流，全区农作物受灾面积1.5632万亩，直接经济损失8280万元，其中农业损失1650万元。全区到冬季缺粮人口0.92万人，到第二年春季达1.63万人。区政府组织灾区生产自救，市政府下拨部分救灾款，全区干部群众捐款1.9605万元，衣物487件。天津市政府捐赠棉衣、棉被5251件、救济粮12.5万公斤。2003年3月19日至20日，全区普降大雪，压垮蔬菜大棚11座，部分民房损毁。区民政局筹措资金0.55万元，帮助灾民生产自救，对房屋受损、家有病人等的特殊困难灾民，给予临时救助。

（二）援外救灾

中华人民共和国成立后，营子矿区在努力做好当地救灾工作的同时，经常捐款、捐物，支援外地灾区。1976年7月28日，唐山地区发生强烈地震后，兴隆矿务局、寿王坟铜矿迅速派出救援队，奔赴灾区，清理灾后现场，寻找、救治伤员。1996年7月，兴隆县遭受特大暴雨和泥石流灾害，区政府开展“向灾区人民献爱心、送温暖”活动，为兴隆县灾区募集捐款3.129万元，衣物6862件；区政府捐赠救灾款1万元，面粉10000公斤。1998年9月，长江、松花江流域发生特大洪水灾害，通过中华红十字会，全区向灾区捐款26.9416万元，其中，区属单位捐款10.4377万元，个人捐款6.6683万元，寿王坟铜矿捐款4.8227万元，兴隆矿务局捐款5.0127万元。全区捐赠棉衣1076件，棉被

486床。

三、救济

20世纪50年代，社会救济以“依靠集体、生产自救、互助互济、辅之以国家救济和优待”为主要形式。进入60年代，社会救济改以发放救济粮、款为主，对农村老党员、老干部和特困户给予补助。1983年，全区农村共有困难户177户，占总农户的4.1%。是年救济154户410人，发放救济款9354元，其中临时救济100户，发救济款3963元。有城镇困难户44户，130人。是年，发放救济款1311元，其中享受定期救济的4户8人，发救济款680元，临时救济12户37人，发救济款631元。另有60年代精减退职职工享受救济的9人，发救济款及报销医药费共1993元。1986年12月10日，全区开展支援特别贫困地区募捐活动，募集衣物4231件。1993年，区民政局为鹰手营子镇桥西街道老伤残军人李春才解决医药费4751元。将1941年参军、抗日战争时期负重伤致残的鹰手营子镇喇嘛沟村老复员军人李振堂的补助款由每月35元提高到70元，并发给救济款550元及部分衣物，为其解决住医院费用3896.97元。1996年6月4日，区委、区人大、区政府、区政协组成10个小组，走访特困户26户，贫困户54户，捐款5000元。各镇和企业主管部门走访贫困户350户，发放慰问款7万元。是年，全区累计发放救济款1.78万元，1997年发放2.1万元，1998年发放8万元，1999年发放3.32万元，2000年发放1万元。鹰手营子镇跳沟村老优抚对象申志存，年老体弱、生活困难，一直居住在低矮潮湿的小土屋里。2001年，区民政局为其解决建房材料，使老人喜迁新居。特困户刘金荣有两儿一女，两个儿子均为智障人员，女儿于2001年患白血病，区民政局先后拨给救济款3000元，为其女儿治病。寿王坟铜矿伤残军人王志文的妻子患白内障，因无钱医治，失明多年，区民政局为期其联系医院，拨给救济款1000元，成功做了复明手术。2002年，寿王坟镇罗圈沟村孙福然家失火，孙福然及其妻均为智障人员，无儿无女，区民政局及镇、村负责买木材、水泥、砖等建筑材料，村委会组织村民出义务工，为其修好房屋。同村邹春荣家失火，区民政局发给救济款200元。是年，区民政局为老复员军人张起珍购买建筑材料，帮助其建起4间瓦房，解决了住房困难问题.10月，区民政局结对帮助7户特困户，其中将4户纳入最低生活保障范围，出资3500元，为2名考上大学的学生解决了部分学费，出资6600元为3户病人解决了部分医药费。2003年，区民政局开展利用福利彩票销售利润救助特困群众活动，共捐资4300元。其中救助特困大学生2名，每人1000元；在乡复员军人1名，500元；烈属1名，300元，双下岗职工家属5户，每户300元。2001年至2003年，全区共发放救济款9.99万元。

四、扶贫开发

营子矿区为承德市远郊区，是经济欠发达地区，农村土地贫瘠，耕地少。因自然灾害、人口多劳力少、患病等原因，部分村民生活贫困。20世纪80年代中期，国家开始实施扶贫开发战略，同期，营子矿区开始实施扶贫开发工程。80年代中后期，营子矿区将年人均收入不足200元的农户界定为贫困户，1990年贫困户标准调整为年人均收入不足350元，1994年贫困户标准下调为年人均收入不足300元，1995年贫困户标准仍然调整为年人均收入不足350元。80年代中期至90年代，主要开展对贫困户的扶持工作，扶持的主要形式有开展科技培训、安排就业、社会捐赠、发放扶贫款等。每年都超额完成承德市民政局下达的脱贫指标。

营子矿区部分年份投入扶贫开发资金和贫困户脱贫情况统计表

表 18－3－1

项目 / 年份	上级拨款（万元）	区财政拨款（万元）	集资（万元）	贷款（万元）	投入资金合计（万元）	贫困户数（户）	脱贫户数（户）	脱贫率（%）
1983	0.3	0.55	0.1	—	0.95	262	184	70.2
1984	0.5	0.5	0.1	—	1.1	264	124	47
1985	0.5	0.4	0.2	0.2	1.3	153	127	83
1986	1.5	1	—	10	12.5	298	62	20.8
1993	2	2	—	—	4	—	100	—
1994	3.2	1	—	—	4.2	206	102	49.5
1995	—	—	—	—	—	300	300	100

1998 年 3 月，营子矿区设立扶贫开发办公室，靠挂民政局。为了更快发展农村经济，经区政府和扶贫开发办公室争取，2001 年，省扶贫办公室将营子矿区 15 个行政村中的 6 个村列入河北省 2001 至 2010 年扶贫开发规划，其中跳沟、涝洼滩、南沟、南马圈子 4 个村为第一批，罗圈沟村为第二批，喇嘛沟村为第三批。是年 11 月，区政府制订《鹰手营子矿区新世纪扶贫开发十年规划（2001—2010 年）》，规划涵盖基础设施、种植业、养殖业、加工业、文教、卫生、劳动力素质 7 个发展领域，12 类扶贫开发项目，计划投资 2700 万元。2001 至 2003 年，全区扶贫开发重点抓了项目建设、社会帮扶、劳务输出 3 项工作。区扶贫办筹集项目扶贫资金 40 万元，扶持跳沟、涝洼滩 2 个村修路、修建引水工程，提高了村民生活质量。扶持南沟、南马圈子 2 个村发展以养猪为主的养殖业，带动 200 户村民修建了沼气池，改变了村民的卫生习惯。通过项目扶贫，各贫困村还安装了路灯，拆除了路边厕所和牲畜圈舍，乡村公路两侧种植了花草，村内道路铺设了水泥路面，改善了生活环境。区委、区政府将帮扶工作纳入区直部门年度目标考核内容，帮扶单位第一把手为帮扶工作第一责任人，完不成帮扶任务的部门不能被评为实绩突出，领导成员不能评先评优。抽调干部入村扶贫，要求每名入村干部完成“四个一”（传播 1 条致富信息、帮扶 1 户特困户、抓出 1 个专业户、帮扶 1 户贫困户脱贫）工作任务。2003 年，区直 40 个部门共向扶持村捐助帮扶资金 70 万元，水泥 1000 吨。2001 年至 2003 年，区扶贫开发办公室与劳动部门共同举办实用技术电视讲座培训班 6 期，缝纫工培训班 2 期，电焊工培训班 2 期，向外地输出劳务人员 1200 余人。

五、收容移送

20 世纪 50 年代后期至 80 年代以前，收容遣送工作由公社和公安部门共同负责。对外地流浪人员帮助解决路费，由本人自行返回原籍。群众多能对乞讨人员伸出援助之手，资助衣食钱物等。区民政局成立后，收容遣送工作由民政、公安部门共同负责。1995 年，民政部出台《社会流浪人员收容遣送管理办法》规定，收容遣送工作完全由民政部门负责。2003 年 8 月 1 日，《社会流浪人员收容遣送管理办法》废止，《城市生活无着的流浪乞讨人员管理办法》开始实施。截至 2003 年年底，营子矿区没有设立收容遣送站，弃婴转送市福利院。是年，区民政局救助外地人员 5 名。

营子矿区部分年份收容移送情况表

表 18－3－2　　　　单位：人

年份＼项目	收容类别及转送地			
	社会流浪人员	承德市收容遣送站	弃婴	承德市福利院
1984	5	5	—	—
1993	7	7	—	—
1995	3	3	—	—
1996	5	5	—	—
1997	3	3	1	1
1998	5	5	—	—
1999	3	3	1	1
2000	3	3	—	—
2003	—	—	1	1

六、优抚和转业退伍军人安置

（一）拥军优属活动

抗日战争时期，寿王坟、汪家庄两地革命老区群众，为八路军等抗日队伍带路、送信、照顾伤病员，军民亲如一家。民国 34 年（1945 年）10 月至民国 35 年（1946 年）3 月，4 万余名八路军、新四军途径鹰手营子地区挺进东北，兴隆县第九区人民政府（驻地鹰手营子）妥善安排部队食宿，并帮助解决运输困难。

1950 年 6 月，朝鲜战争爆发，全区人民捐款捐物，青年踊跃报名参军，开展抗美援朝活动。

在 1979 年 2 月开始的中越边境自卫还击作战期间，全区为前线官兵捐赠慰问品 4321 件。

80 年代初，营子矿区成立双拥（拥军拥政）工作领导小组，下设办公室，一些基层单位成立了群众性的双拥服务小组。之后，多数年份的春节、“八一”建军节期间，区委、区人大、区政府领导都走访慰问驻区部队，并召开驻区部队和军烈属代表座谈会，征求对“双拥”工作的意见。1985 年建军节期间，鹰手营子镇喇嘛沟村、跳沟村、涝洼滩村、老厂子村和桥西街道，召开军烈属座谈会，并为军烈属等优抚对象放映电影。营子镇筹备处街道居委会和武警消防三中队领导相互走访慰问，居民为消防官兵洗衣服，官兵们到街道打扫卫生，清理垃圾。寿王坟镇妇联开展向前线解放军捐赠慰问品活动，发往老山、者阴山前线慰问品 466 件。1986 年建军节，区政府召开全区前线军人家属座谈会，每户发价值 100 元的慰问品，并将座谈会录像寄往前线。1987 年建军节，区武装部组织 14 个单位，4500 余人次民兵走访慰问军烈属，支出购买慰问品及活动经费 8000 余元。分片组织 343 名民兵参加军事知识竞赛和实弹射击活动。团区委发动全区团员、青年、少先队员给老山、者阴山前线战士写慰问信 326 封，很多团员自觉将书画、书签、明信片、信封、纪念邮票、家乡煤泥寄往前线。区工会、妇联发动全区妇女，开展向前线解放军表深情活动，寄往前线刺绣手帕、背心等各种慰问品 4176 件。北马圈子镇妇联，收到各村妇女捐款 500 元，购买慰问品寄往前线。各镇、村、街道都召开了不同规模的军烈属、退伍军人座谈会或联谊会，各村、街道出拥军优属板报 46 期，张贴拥军优属标语 364 条。涝洼滩村发给 2 户困难军人家属慰问金各 100 元。汪家庄村民兵连长戴晓明，为 2 户军属翻地 2 亩，郑家庄村 5 名民兵为 3 户烈属播种秋白菜 3 亩。北马圈子镇 3 个街道 15 名居民自发组成服务

队，为驻军部队战士拆洗被褥。兴隆矿务局发给局内前线军人家属每户补助费50元，发给25户困难军人家属补助费共800元，为84户荣复转退军人购买价值1000元的慰问品，局机关女职工为前线战士刺绣有“南疆卫士”字样的枕套20个。寿王坟铜矿举办庆“八一”板报比赛，走访军烈属103户，发给前线军人家属补助费每户100元。

1992年建军节，全区为武警消防三中队捐款3700元。1993年春节前，寿王坟镇政府为武警消防三中队捐款500元。3月5日，在上一年度“双拥”工作中作出显著成绩的18个单位和有突出贡献的14名个人，受到区委、区政府和区人武部的表彰。是年春节和建军节期间，全区各镇、村、企事业单位开展了多种形式的拥军优属活动，共支出慰问和活动经费12.3万元。1994年元旦、春节期间，区政府发放拥军优属慰问款2300元。鹰手营子镇、兴隆矿务局、寿王坟铜矿等12个单位走访慰问军烈属和伤残军人，赠发价值2500余元的慰问品，发放慰问款13000余元。3月16日，在双拥工作中取得显著成绩的17个单位和有突出贡献的14名个人，受到区委、区政府和区人武部的表彰。同年4月，寿王坟铜矿坑口、承德市东风煤矿、兴隆矿务局马圈子煤矿、筹备处街道、武警消防三中队8个单位和兴隆矿务局刘润太等5人，受到承德市委、市政府和承德军分区的表彰，营子矿区被命名为市级双拥模范区。是年，全区安排优抚对象子女就业34人，入学入托19人，解决了127户老优抚对象的生活困难问题。解决面达97.4%。227个学雷锋小组为军烈属做好事600余件。1995年元旦、春节期间，区内一些企事业单位，开展走访慰问军烈属活动，为优抚对象办实事、办好事，举办座谈会、茶话会、电影招待会，共支出拥军优抚款18500元，建军节期间，筹备处街道组织家属为驻区部队战士拆洗衣被，为武警消防三中队缝制鞋垫100双。全区赠发价值6800元的拥军优属慰问品，发放慰问款4000元。区“双拥”工作办公室向现役营子矿区籍军人发慰问信260封。全年，区属各部门为支援驻区部队建设现场办公22次，办实事30件。1996年7月，区民政局、汪家庄镇、兴隆矿务局汪庄煤矿3个单位及2名个人，分别被承德市委、市政府、承德军分区授予“拥军优属先进集体”和“拥军优属先进个人”荣誉称号。是年，区政府拨款1万元帮助驻区部队解决建设资金不足问题。粮食部门将优质大米、面粉、食用油优先供给部队。民政部门把解决老复员军人“三难”（住房难、看病难、日常生活难）问题，作为“双拥”工作的重点，共为26户老复员军人修房、建房52间，解决医疗费1万余元，生活费6000元。对在乡的二等乙级以上的伤残军人，全部实行公费医疗。1997年初，区政府和各镇均制定了“双拥”工作计划，并将“双拥”工作纳入各单位年度考核目标责任制。春节和建军节前夕，区主要领导和有关部门负责人组成慰问团，走访慰问驻区部队、军烈属、伤残军人和老复员军人，赠发慰问品、慰问款共支出7.1万元。是年，区政府拨款2万元，帮助驻区部队改善办公和生活条件。全区“双拥”服务小组共为驻军和优抚对象做好事350件。区民政局筹资8.4万元，为62户优抚对象解决了生活困难，为54户解决了住房困难，为68人解决了部分医疗费。由于双拥工作成绩突出，1991年至1997年，营子矿区连续7年被承德市委、市政府、承德军分区评为“拥军优属模范区”。1999年，实施“光荣工程”，开展“爱心献功臣行动”活动。是年春节和建军节期间，一些单位开展拥军优属活动，共支出经费9.8万元。是年，区委、区政府制定《双拥爱民规定》，民政局拨款1万元，帮助区人武部改善办公条件。将解决优抚对象“三难”问题作为拥军优属工作的重点。民政局对全区优抚对象进行普查、登记、建档、立卡，全区共有优抚对象272人，其中56人生活困难，32人住房困难，63人负担不起医疗费用。民政局将生活困难的优抚对象全部列入最低生活保障范围。与镇、村协商，解决了3户无房优抚对象的住房问题。采取资助和自筹资金的办法，重新翻盖了7户危房。由镇、村解决部分水泥、砖瓦、木料，对22户的残破住房进行了维修。截至8月底，全区优抚对象的生活困难、住房困难问题全部解决。各镇卫生院开设优抚门诊，对优抚对象采取挂号费减免、检查费减半、优先就医、定期义诊等优惠措施。对患重病的优抚对象，由民政局、财政局、卫生局等部门资助部分医疗费用，以减轻患者的经济负担。由于“双拥”工作成绩显著，营子矿区被

国家“双拥”工作办公室、民政部评为“全国爱心献功臣行动”先进区，区民政局被市“双拥”工作办公室评为“实施光荣工程”、开展“爱心献功臣行动”活动先进集体，局长周目先被国家双拥工作领导小组、民政部评为全国“爱心献功臣行动”活动先进个人。

2000年，全区群众性“双拥”服务小组为驻军和优抚对象办实事、办好事125件（次），各单位共筹款7.2万元用于拥军优属活动，区民政局筹资10.1万元用于解决优抚对象生活困难。2001年，全区群众性“双拥”服务小组为驻军和优抚对象办实事、办好事104件（次），各单位共筹款7万元用于拥军优属活动，区民政局筹款10.9万元解决了96户优抚对象生活、住房、医疗等方面的困难。2002年，全区群众性的“双拥”服务小组为驻军和优抚对象办实事、办好事32件（次），各单位共筹款7万元用于拥军优属活动。2003年“非典型性肺炎”流行期间，区政府拨款2万元，为全区优抚对象购买预防“非典”的药物和用品，区民政局筹资3600元，为18名优抚对象解决生活困难，将独身老复员军人接到“光荣院”供养。

（二）群众优待

根据东北行政委员会1948年2月13日颁布的《优待革命军人家属条例》《阵亡烈士抚恤条例》和1950年2月热河省政府下发的《优属工作指示》，兴隆县四区（鹰手营子为区政府驻地）开始对农村无劳动力和缺乏劳动力的烈属、军属、残废军人、带病回乡的复员军人实行群众优待，优待方式为包耕、代耕土地，保证优待对象即使在灾荒年也能达到一般群众的生活水平。1950年，兴隆县四区为296户优待对象包耕、代耕土地392亩。

1956年开始，优待方式改为优待劳动日。每年春节评完一年的标准劳动日数，烈军属等优待对象如果达不到社员的平均收入，差额部分由农业社补助。1981年，全区为728户优待对象优待劳动日29636个。

1982年，群众优待由优待劳动日改为发放优待金。1983年，鹰手营子公社优待42户，平均每户300元，最高优待500元。北马圈子公社优待9户，平均每户400元，寿王坟公社将每户军属优待金由1982年的150元提高到200元，并重点优待了11户荣复军人，对其他生活有困难的荣复军人也发放了100元至150元幅度内的优待金。1984年至1985年，全区有烈属27户；残废军人153人，其中城镇133人，农村20人；退伍军人537人，其中城镇261人，农村276人，都不同程度予以优待。1985年，鹰手营子镇有军属39户，优待34户，发放优待金12850元，平均每户378元。北马圈子镇优待军属13户，发放优待金5650元，最高优待金额550元。寿王坟镇有军属12户，每户优待150元。汪家庄镇每户军属优待500元。1986年，鹰手营子镇军属分别由各村优待。北马圈子镇优待军属33户，镇统筹3户，其余由各村优待。寿王坟镇每户军属200元。汪家庄镇全部由镇统筹，每户军属优待500元。1987年，全区发放城镇义务兵家属优待金143640元。1990年，全区有城镇义务兵家属336户，共发放优待金120960元。1991年，全区农村义务兵家属56户，发放优待金52740元，平均每户940元。城镇义务兵家属330户，每户发放优待金360元。1992年，全区有农村义务兵家属57户，各镇共统筹优待金57622元，平均每户1011元，各镇优待标准均超过上一年人均收入。是年，共发放城镇义务兵家属优待金80880元。1993年，区民政局对全区农村优抚对象进行调查，共有优抚对象572人，其中复员军人140人，伤残军人18人，烈属22人，军属145人，退伍军人247人。农村义务兵家属46户，发放优待金52154.8元，平均每户1133.8元，高于上一年人均收入。城镇义务兵家属203户，每户优待360元。1994年，农村义务兵家属优待金全部实行镇统筹，每户平均优待1139.8元。城镇义务兵家属仍然每户优待360元。1995年，有农村义务兵家属43户，各镇、村共发放优待金77905元，平均每户1811.74元，超过上一年度全区人均收入88.74元。1995年至1997年，各镇、村在做好对烈军属优待工作的同时，对伤残军人、复员军人也给予了不同程度的优待。1998年，农村义务兵家属优待金实行全区统筹。1999年，有农村义务兵家属36户，发放优待金117000

元，平均每户3250元。2000年，有农村义务兵家属33户，发放优待金71000元，平均每户2151.5元。1999年至2003年，全区对农村义务兵家属的优待标准，均达到了上一年度全区人均收入水平。

（三）国家抚恤

1950年，政务院颁布了关于革命军人、革命工作人员、民兵、民工牺牲、病故、伤亡的褒恤条例和优待抚恤条例。抚恤形式主要有牺牲病故抚恤、伤残抚恤和定期定量补助等。初期，发放抚恤粮，1953年，政务院内务部决定将抚恤粮改为抚恤金。在乡伤残军人享受抚恤金，在职伤残军人享受保健金。营子矿区境内的烈属，牺牲、病故者家属等抚恤对象，都足额领取了国家规定标准的一次性牺牲病故抚恤金。1960年，营子矿区开始对尚未入住烈属养老院的孤老烈属，牺牲、失踪、病故军人家属及丧失劳动能力的复员军人发放定期定量补助。1983年，在全区烈属和荣复军人中，享受定期定量补助的72人，发放补助款9794元。是年，全区共发放伤残抚恤款8958元。1985年1月，对革命烈士，因公牺牲、病故军人的直系亲属，将定期定量补助改为定期抚恤。是年，全区共有90名在乡复员军人享受定期定量补助，共发补助款11316元，其中抗日战争时期参军的24人，发补助款3456元，解放战争时期参军的61人，发补助款7320元，抗美援朝时期参军的5人，发补助款540元。1986年，全区共有131名在乡复员军人享受定期定量补助，共发补助款16272元，其中抗日战争时期参军的28人，发补助款4032元，解放战争时期参军的93人，发补助款11160元，抗美援朝参军的10人，发补助款1080元。1988年，全区共有120名在乡复员军人享受定期定量补助，共发补助款18048元，其中抗日战争时期参军的20人，发补助款3600元，解放战争时期参军的92人，发补助款13248元，抗美援朝时期参军的10人，发补助款1200元。是年，给23名烈属发定期抚恤款9660元，给160名革命伤残人员发伤残抚恤款26700元。国务院颁布《军人抚恤优待条例》，同时，1950年政务院颁布的相关条例废止。1990年，依据承德市民政局《关于调整部分优抚对象抚恤补助标准的通知》精神，营子矿区对在乡复员军人定期定量补助标准为：抗日战争时期参军的每月30元，解放战争时期参军的每月25元，抗美援朝时期参军的每月20元。“三属”（烈属、因公牺牲军人家属、病故军人家属）的定期抚恤标准为：烈属及牺牲军人家属，居住农村的每人每月40元，居住城镇的每人每月50元。病故军人家属，居住农村的每人每月25元，居住城镇的每人每月40元。1991年，全区有在乡三等伤残军人18人，带病回乡复员军人55人。是年，给在乡的三等伤残军人每人报销医药费160元，给带病回乡的复员军人每人报销医药费150元。1992年，全区共发放在乡复员军人定期定量补助款30420元。1993年1月始，提高“三属”定期抚恤标准，农村“三属”每人每月50元，城镇“三属”每人每月86元。家居城镇的在乡复员军人每人每月增发11元的粮油补贴。1994年，根据河北省民政厅《关于转发民政部、财政部<关于提高部分优抚对象抚恤补助标准的通知>的通知》精神，自是年1月1日起，将农村“三属”定期抚恤标准由每人每月50元提高到55元，将城镇“三属”定期抚恤标准由每人每月86元提高到91元。同时，提高了革命伤残人员的伤残抚恤标准。是年，全区“三属”定期抚恤和伤残军人的伤残抚恤均按新标准发放，在乡复员军人定期定量补助发放覆盖面达100%。对在乡二等以上伤残军人实行公费医疗，医药费由区卫生局报销。带病回乡的54名复员军人和在乡的三等伤残军人，每人由区卫生局报销200元的医药费，其中2名特困户的医药费、住院费全部报销。1995年，对在乡复员军人，按国家新规定的标准发放定期定量补助，抗日战争时期参军的每月35元，解放战争时期参军的每月32元，抗美援朝时期参军的每月30元。2001年，营子矿区决定提高在乡复员军人的定期定量补助标准，抗日战争时期参军的每月130元，解放战争时期参军的每月120元，抗美援朝时期参军的每月115元。2002年，又将补助标准提高到抗日战争时期参军的每月150元，解放战争时期参军的每月135元，抗美援朝时期参军的每月125元。均高于全市各县、区的定期定量补助标准。2000年至2003年，全区共发放定期定量补助款149.3万元。

革命伤残军人抚恤标准
（自 1994 年 1 月 1 日起执行）

表 18－3－3

在乡伤残军人抚恤金

伤残等级	伤残性质	原标准（元）	提高金额（元）	现行标准（元）
特等	因战	1560	680	2240
	因公	1440	660	2100
一等	因战	1170	570	1740
	因公	1060	560	1620
二等甲级	因战	920	330	1250
	因公	830	320	1150
	因病	760	310	1070
二等乙级	因战	656	200	856
	因公	590	190	780
	因病	554	186	740
三等甲级	因战	416	120	536
	因公	400	116	516
三等乙级	因战	342	100	442

在职伤残军人保健金

伤残等级	伤残性质	原标准（元）	提高金额（元）	现行标准（元）
特等	因战	240	210	450
	因公	216	204	420
一等	因战	204	170	374
	因公	184	158	342
	因病	—	—	332
二等甲级	因战	156	132	288
	因公	140	128	268
	因病	—	—	250
二等乙级	因战	135	96	231
	因公	122	92	214
	因病	—	—	210
三等甲级	因战	108	66	174
	因公	98	62	160
三等乙级	因战	90	42	132
	因公	82	40	122

说明：此标准为每年革命伤残军人抚恤标准

（四）转业和退伍军人安置

1950 年至 1959 年，计划分配部队转业干部 31 名，全部分配到驻区企业，复员改转业到企业 4 名。1965 年 2 月，营子矿区划归承德市后，转业和退伍军人安置工作一直由市安置部门统一管理。60 年代共安置转业干部 3 名，复改转 4 名，均安排到驻区企业。1973 年，营子矿区成立退伍军人安置工作领导小组。1975 年，区级安置 1 名副团职转业干部。1976 年，安置团职转业干部 2 名，营职、副营职 3 名。1977 年至 1979 年安置转业干部 14 名，其中正团职 1 名，安排到驻区企业 8 名。1981 年区退伍军人安置工作领导小组改设为退伍军人和军人离退休干部安置领导小组。1983 年又改设为军地共育两用人才领导小组，在区民政局设办公室，负责完成市安置部门下达的工作任务，协助市安置部门和相关单位做好安置工作。90 年代，共安置到营子矿区转业干部 6 名。1992 年，安置城镇退伍军人 22 名。1993 年，共接收城镇退伍军人 73 名，其中由营子矿区安置退伍兵 20 人，志愿兵 3 人。1997 年，接收城镇退伍军人 18 名，市里分配由营子矿区安置 3 人。1998 年，共接收城镇退伍军人 147 人。1999 年，接收城镇退伍军人 61 名，市里分配由营子矿区安置 8 人。2000 年，接收城镇退伍军人 35 人。2001 年至 2003 年，城镇退伍军人全部由市安置部门统一安置。

七、社会福利

（一）农村鳏寡孤独供养

中华人民共和国成立后，国家为了照顾农村鳏寡孤独老人生活，当地政府和群众对他们实行保吃、保穿、保住、保医、保葬的“五保”供养方式。区内的“五保”户，实行分散供养。农业社成立至1958年以前，每年由农业社给每个“五保”对象发放100多公斤粮食，并在上级拨的救济款中提取适量资金，作为“五保”对象的生活补助费。1958年以后，“五保”户的生活费多由公社或生产大队的社会公益金中列支，少数按人口或劳力分摊负担。1984年，营子矿区的“五保”户改分散供养为集中供养。是年10月，全区4个镇办起3所敬老院，共有平房28间，院内设有宿舍、厨房、医务室，配有专职炊事员，供养院民21人，占应进敬老院人数的85.7%。因有亲属照顾愿分散供养的5名“五保”对象，由镇政府发给生活补助。是年，区民政局拨款0.9万元资助敬老院，帮助改善办院条件。1985年，区民政局投资0.8万元，为每个敬老院订阅报纸杂志，购置电视机、洗衣机。1986年，3所敬老院供养院民24人。年初开展文明敬老院活动，各院搞副业生产，增加了收入，改善了生活。寿王坟镇敬老院菜地年收入800余元，有两位院民喜结良缘。1987年，全区3所敬老院供养院民25人。敬老院继续开展副业生产，院民从事一些种菜、养猪、养鸡等力所能及的劳动，既锻炼了身体，又增加了收入，改善了生活。是年院民人均副业收入100元。1993年，鹰手营子镇敬老院与北马圈子镇敬老院合并，全区敬老院减至2所，有工作人员5人，供养院民13人。是年，区民政局拨付经费6300元，全区为敬老院筹集资金20941元。1997年，鹰手营子镇和北马圈子镇合并的敬老院又分设，全区有敬老院3所，“五保”对象15人，其中集中供养14人，分散供养1人，“五保”对象的平均生活水平高于当地群众的平均生活水平。是年，鹰手营子镇和寿王坟镇的敬老院，参与争创全市甲级敬老院活动。区民政局筹资12.7万元用于敬老院建设，并按甲级敬老院标准进行规范化管理。1998年，寿王坟敬老院通过市民政局甲级敬老院检查验收。北马圈子镇敬老院因最后1名院民去世而停办。1999年至2003年，全区有“五保”对象24人，其中集中供养19人，分散供养5人。其间，鹰手营子镇和寿王坟镇的敬老院，参与争创全省甲级敬老院活动，并按省甲级敬老院的标准改进、完善，但因这两所敬老院的规模小，没有通过省级验收。

（二）城镇老年人福利

1997年，营子矿区开始实施城镇居民最低生活保障制度，将所有无经济来源的老人纳入城镇居民最低生活保障范围。

2001年，根据中共中央、国务院关于进一步加强老龄人工作的指示和民政部“星光计划”内容，区民政局结合区情，制订了营子矿区的“星光计划”。至是年底，投资12万元，为3处老年活动场所购置了体育器材，为兴煤社区“夕阳红”演出队购置了演出服装和音响设备。2002年，区民政局将购置的粮贸中心大楼改建为老年公寓，有宿舍26间，床位52张，宿舍有卫生间、彩电等设施。公寓内设有健身房、娱乐室、洗浴室、厨房、餐厅等。有工作人员7人，全天服务。无子女的退休人员、有子女但身边无人照顾及有特殊困难的老人，均可入住。根据入住人员的身体状况，经协商划分护理等级确定收费标准。自理级别每人每月200元，半护理级别每人每月300元，全护理级别每人每月500元，特护级别每人每月800元。入住者须由子女或直系亲属陪同并签订入住协议。包月就餐，每月伙食费200元。公寓自是年11月4日挂牌服务至2003年，共有7位老人入住，在此颐养天年。由于营子矿区社区建设和“星光计划”工作成绩突出，2003年被河北省民政厅评为社区建设先进区，兴煤社区、马圈子社区、新平社区、寿王坟镇北社区被评为“星光计划”先进单位。

（三）残疾人就业

20世纪50年代，鹰手营子区（矿区），十分重视残疾人的就业安置工作，安排他们到生产合作

社、组，服务站，建筑队等单位工作。

“文化大革命”时期，残疾人工作受到干扰，大部分残疾人没有就业机会。

改革开放后，营子矿区的经济和社会事业快速发展，拓宽了残疾人的就业渠道。1984 年，全区有劳动能力和有部分劳动能力的残疾人 142 人，安置就业 78 人，安置率为 54.9%。1985 年，成立了聋、哑、盲、残协会。全区有劳动能力和有部分劳动能力的残疾人 131 人，安置就业 90 人，安置率 68.7%。1987 年，为了更好掌握残疾人情况，区民政局为全区残疾人建档立卡。是年，全区有劳动能力和有部分劳动能力的残疾人 187 人，安置就业 152 人，安置率为 81.3%。鼓励和支持残疾人自办商业摊点 21 个。1990 年 1 月 20 日，营子矿区残疾人联合会成立，并内设残疾人福利服务中心，负责残疾人福利事业管理。1993 年，安置 71 名残疾人就业。1994 年，安置 96 名残疾人就业。1985 年至 2003 年，区内兴办小型福利企业，最多年份达 14 个，安置 100 余名残疾人就业。由于在激烈的市场竞争中破产和安置残疾人就业人数达不到规定比例而被工商管理部门注销等原因，至 2003 年底，全区福利企业减少至 3 个，仅承德市福顺铜冶炼有限责任公司一家福利企业就安置 90 余名残疾人就业。

八、婚姻登记

（一）婚姻登记机构

中华人民共和国成立后，鹰手营子地区的婚姻登记由区政权机构或乡镇政府负责民政工作的人员办理。1958 年，建立人民公社后，婚姻登记由各公社秘书办理。1984 年 4 月，营子矿区撤社建镇，婚姻登记由各镇政府民政助理员办理。1990 年 9 月始，各镇相继设立民政所，同时承担婚姻登记站职责。1993 年，区民政局设立婚姻登记站，保留寿王坟镇婚姻登记站，其他 3 个镇的婚姻登记站撤销。2003 年 10 月 1 日，撤销寿王坟镇婚姻登记站，设立营子矿区民政局婚姻登记处，集中办理全区婚姻登记手续。

（二）结婚、离婚、复婚登记

1950 年 4 月 30 日颁布的中华人民共和国第一部婚姻法规定，男 20 周岁，女 18 周岁始可结婚，结婚必须 男女双方完全自愿，持各自单位、村或街道证明，亲自到婚姻登记机关进行结婚登记。符合婚姻法规定结婚条件的，予以登记，并发给结婚证书。男女双方自愿离婚的，准予离婚，并发给离婚证书。男女一方坚决要求离婚且调解无效，子女抚养、财产分割存在纠纷协商无效的，移送审判机关判决。因离婚需要当事人单位开证明信，一些人担心社会影响不好，想离婚又不敢离婚。离婚后，男女双方愿意恢复夫妻关系，可到婚姻登记机关进行复婚登记，婚姻登记机关予以登记后，重新发给结婚证书。1980 年以前，结婚证书一式两联，无照片，1980 年始，贴照片，但规格不统一。是年 9 月 10 日，第二部婚姻法实施，规定男 22 周岁，女 20 周岁始可结婚。1986 年始，结婚证书照片要求为 2 寸合影。2003 年 10 月 1 日实施的婚姻登记条例简化了婚姻登记手续，男女双方共同到一方当事人常住户口所在地的婚姻登记机关，只需出具本人的户口簿、身份证、本人无配偶及与对方当事人没有直系血亲和三代以内旁系血亲关系的签字声明，即可办理结婚登记手续。离婚登记不再要求当事人出具单位证明信，亦不再进行调节。

（三）婚姻登记管理

1950 年 4 月 30 日中华人民共和国第一部婚姻法颁布实施后，鹰手营子地区各级党政组织广泛宣传婚姻法，组织党员干部入村宣传，向广大妇女宣传封建婚姻陋习的危害，提倡婚姻自主的新风尚。50 年代中期，一些妇女与丈夫离婚，组建新家庭，开始新生活，鹰手营子地区出现了第一次离婚高峰。80 年代初，改革开放带来了人们婚姻观念的新变化，离婚人数呈上升趋势。1987 年，对 111 对非法婚姻和非法同居者进行罚款和批评教育，并为符合结婚条件者补办了结婚手续。1989 年，区民政局被河北省民政厅评为“婚姻管理先进单位”。1993 年，在结婚登记过程中开始设立婚前教育课，并

配发《新婚幸福指南》一书，受到普遍欢迎。是年6月，根据省、市政府的指示精神，在全区开展清理1968年3月至1992年10月期间的早婚、私婚工作，调查了5952对夫妇，查出早婚、私婚131对，责令其分居或补办结婚证，收缴罚款83950元。为了落实区委、区政府关于减轻农民负担的指示精神，自12月30日起，结婚登记不再设立婚前教育课，不再配发《新婚幸福指南》。1994年，全区离婚115对，是1983年25对的4.6倍，营子矿区再次出现离婚高峰。1997年8月6日至28日，在全区开展治理早婚、私婚活动，查处违法婚姻11对。2003年颁布的婚姻登记条例实施前，当事人单位和婚姻登记部门对要求离婚的当事人进行耐心的调节工作，使一些濒临破碎的家庭重修旧好。条例实施后，离婚登记取消当事人单位开证明信和调节两个环节，离婚人数再次上升。

九、地名管理

营子矿区所辖村落，大部分形成于清朝末年，多以地势、庙宇、传说、土著居民姓氏而得名。新中国成立后，随着经济和社会事业的发展。一些旧地名消失，新地名不断出现。1981年6月，营子矿区人民政府成立地名委员会，在区民政局设立办公室。6月12日，开始开展地名普查工作，对全区农村、企事业单位认真进行走访、调查，考证地名，将地名普查资料制成图、表、文、卡，收录建档，长期保存。1994年，承德市人民政府颁布地名管理实施办法，自此，地名管理工作更加规范。1996年5月，区政府下发《关于在公路两侧村镇设置地名标志的通知》后，在112国道及县级公路两侧共设永久性标志牌19块，所有村、镇也都设置了标志牌，并通过检查验收，受到市民政局的通报表扬。1997年4月，区地名委员会制订了《自然村镇门户牌设置实施方案》，并对全区4个镇、31个街道、15个行政村、91个自然村的名称进行全面审核。2000年，积极推行地名标牌国家标准，至2001年9月，全区全部设置了街牌、路牌、门牌标志，使街有名，路有标，巷有标，楼有号，实现了地名管理标准化。

十、社团管理

20世纪80年代初改革开放后，营子矿区民间组织迅速发展。区民政局作为民间组织的登记管理机关，依法履行监督管理职能，每年，都对全区的民间组织进行年度检查。1996年，区民政局成立民间组织登记管理办公室，具体负责民间组织的监督管理工作。1999年6月，对全区气功类民间组织进行检查，并取缔。至2003年年底，全区有登记过的民间组织10个。

营子矿区民间组织基本情况统计表

表18－3－4

名称	业务主管单位	法人代表	登记时间	个人会员数	注销时间
围棋协会	区体委	张桂林	1987.9.20	—	—
书法协会	区文教局	钱飞龙	1996.4	32	1998.12
气功协会	区体委	张　才	1996.8	50	1999.6
举报奖励基金会	区检察院	蔡金成	1998.12.25	—	—
雾灵书画摄影艺术社	区委宣传部	钱飞龙	1998.12.28	54	—
驾驶员协会	市交警四大队	于树学	1999.1.29	2800	—
集邮协会	区邮政局	李新民	2000.3.1	150	—
游艺机协会	区经贸局	谢革光	2002.8.25	—	—

续表 18－3－4

名称	业务主管单位	法人代表	登记时间	个人会员数	注销时间
个体劳动者协会	区工商局	张晓华	2002. 9. 24	3300	—
消费者协会	区工商局	徐振林	2002. 9. 24	—	—
民用品维修协会	区工商局	赵　莹	2002. 9. 24	52	—
私营企业协会	区工商局	王金奎	2002. 9. 24	109	—

第四节　民族宗教管理

一、机构

1996 年 5 月，营子矿区设立民族宗教事务局，挂靠民政局，局长由民政局长兼任。2002 年 5 月，机构改革，设民族宗教事务局局长，兼民政局副局长。下设办公室。编制 1 人。

二、宗教类别

道教　清朝末年，鹰手营子地区建道教庙宇老爷庙。中华人民共和国成立前后，信教群众很多，供奉五皇大帝、财神、灶王、山神土地等。20 世纪 50 年代，老爷庙被拆除后，信教群众减少。至 2003 年年底，全区已无正式登记的信奉道教群众。

佛教　中华人民共和国成立前，境内信奉佛教人员多为老人和妇女，大多为个人行为，在家中供奉佛像，吃斋念佛，有条件的还到外地寺庙进香。中华人民共和国成立后，信仰佛教群众逐渐减少，但仍有农历七月十五鬼节焚纸、过腊八节等佛教习俗。2003 年年底调查统计，全区自愿填写信仰佛教登记表者 60 人，尚未形成团体组织，实际信仰佛教人员多于自愿填表人数。

伊斯兰教　中华人民共和国成立之前，境内没有伊斯兰教信教群众。1950 年，回族正厅级国家干部刘景岩、副厅级国家干部石敬全到寿王坟筹备建矿，境内始有信奉伊斯兰教的穆斯林。1952 年，遵化马兰峪的穆斯林李怀、沙振东、姚玉海、沙国臣、沙国政、刘凤鸣、卢永祥、夏青林 8 人到寿王坟铜矿工作。之后，回族居民不断增加。遇传统节日多数人到承德市内或邻县的清真寺参加庆祝活动，个别人回原籍参加活动。婚丧嫁娶到外地请阿訇或由懂经文的同乡代替阿訇主持宗教仪式。1956 年，为支援营子矿区经济建设，承德市饮食服务公司派李荣、丁发、白英、王克勤、马振国、杨师傅 6 人到鹰手营子开办回民饭店。是年，承德市清真寺派一位王姓师傅到营子矿区专门负责屠宰牛羊，兼理宗教事务，是营子矿区第一位伊斯兰教教职人员。自此，宗教活动一直在区内举行。50 年代中后期，一些煤矿陆续建立、扩建，因调入、招工，回族居民增加较多。至 2003 年底，区内共有原籍在河北、辽宁、山东、北京、天津 30 余个市县的伊斯兰教信教群众 741 人，均为逊尼派穆斯林，其中寿王坟镇 202 人。

基督教　营子矿区最早信仰基督教的人叫秦郁文，民国 18 年（1929 年）出生即受洗礼，成为基督教徒，始终信奉基督教。1989 年春，鹰手营子镇新四排居委会居民王兰香回元氏县娘家探亲时加入基督教并受洗礼，回来后，开始在区内开展活动。同年，兴隆县的关秀峰到鹰手营子镇、北马圈子镇进行传教讲经活动，自此，营子矿区开始出现基督教信众的聚会活动。90 年代，信奉基督教人数呈上

升趋势，1990 年 67 人，1992 年 99 人，1993 年 133 人，1997 年 179 人，1998 年 165 人。2001 年，鹰手营子镇老厂子村村民毛淑芬，到河北省圣经学院学习，取得毕业证，具有传教资格，并进行传教活动。2003 年底，全区自愿填写信教人员基本情况统计表的信奉基督教人员 314 人，其中男 59 人，女 255 人，女性占 81.2%；55 岁以上的 211 人，占 67.2%；受洗礼的 213 人，占 67.8%；无中共党员信教。实际信教人数多于自愿填表人数。由于区内没有建立基督教组织，群众信教尚属个人行为。

三、管理工作

中华人民共和国成立后，一直坚持贯彻党的宗教信仰自由政策，保护信教人员的合法权益。1956 年，为方便信奉伊斯兰教人员生活，承德市饮食服务公司派李荣等 6 人到鹰手营子开设回民饭店。改革开放后，鹰手营子大街专设 1 个清真牛羊肉门市部，方便了回族居民生活。1986 年和 1987 年，区委、区政府分别在鹰手营子、寿王坟各划出 2 亩回民义地，使回族居民去世后，有了专用义地。为了更好听取信奉伊斯兰教人员的意见和建议，做好民族宗教工作，1992 年 4 月中旬，区政府邀请回族人大代表、政协委员、承德市伊斯兰教协会代表和多年热心民族宗教工作的人员共同协商，推荐出 16 名回族代表，组成回民代表小组。后经全区近 800 名回族居民选举，成立了回民代表领导小组，区政府制发公章 1 枚。是年 6 月 1 日，是伊斯兰教三大节日之一的古尔邦节，在鹰手营子邮局大楼举办了营子矿区第一次回民节日活动，邀请兴隆县阿訇主持宗教仪式，100 余名回民参加活动，部分区领导、兴隆矿务局和寿王坟铜矿有关领导到场祝贺。根据回民代表领导小组申请，1996 年，区民族宗教事务局，支援部分资金，在鹰手营子东马路水眼井胡同，购买平房 3 间，院落 1 处，改建为清真寺。伊斯兰教信教群众每天都可以到寺内做宗教功课，三大节日也有了固定活动场所。区政府从唐山聘请杨立国阿訇到营子矿区负责宗教事务，成为专职教职人员。自此，伊斯兰教三大节日活动、回民婚丧嫁娶的宗教仪式，均由杨立国阿訇主持，在清真寺举行。1998 年 3 月，区民族宗教事务局筹资 27 万元，在原址重新修建清真寺，是年 10 月竣工投入使用，新建清真寺占地 620 平方米，建筑面积 350 平方米，有大殿 4 间，南、北讲堂各 3 间，可容纳 100 人举行宗教活动。2003 年 11 月 12 日，区民族宗教事务局组织人员，走访调查全区信教人员基本情况，动员信教人员自愿填写鹰手营子矿区信教人员基本情况统计表，基本掌握了全区信教人员的总体情况。

清真寺（摄影　戴翔）

第五节　档案管理

一、机构

1982 年 3 月 24 日，成立鹰手营子矿区档案科（馆），编制 2 人。1986 年 8 月，撤销档案科，成立档案局，编制 3 人，不设内部机构。1995 年党政机关机构改革，档案局实行局馆合一，为区委、区政府直属事业机构，由区政府管理，为副科级单位。2002 年 5 月机构改革，档案局（馆）为区委直属事

业机构，党史研究室、地方志办公室与其合署办公，对外保留名称。正科级，编制3人。

二、档案管理

（一）监督指导

1982年3月，区档案科（馆）成立后，有计划、有步骤的指导各机关、企事业单位将资料进行清理归档。行使档案事业管理的职能，贯彻执行档案工作的政策、规定。对全区档案事业实行统筹规划，宏观管理，制定全区档案事业发展的中长期规划、年度计划和各项档案管理制度。依据《中华人民共和国档案法》《河北省档案工作条例》进行行政执法监督；组织、指导、检查、监督、协调区直机关、企业、事业单位、群众团体和镇村档案室的业务工作。

（二）农村档案管理

20世纪80年代之前，各镇、村即建立档案，建档较早，但是在管理上存在一些问题，档案员都是秘书兼任，没有档案库房，档案意识薄弱。1982年区档案管理部门成立后，积极督促镇村建档，每个村档案工作都做到有人管、有装具、按时接续立卷。

（三）行政机关及企事业单位档案管理

1982年后，各机关、企事业单位逐渐设有兼职人员管理档案。区档案管理部门定期进行检查、指导，开展接续立卷工作，建立档案室，实现档案综合管理。

20世纪90年代初，在全区开展了档案目标管理考评认证工作。截至2003年年底，全区档案室目标管理考评有29个单位达标，区直部门达标率达50%。

1991—2003年营子矿区基层档案室达标情况表

表18－3－5

单　位	达标年份	达标级别	单　位	达标年份	达标级别
鹰手营子镇档案室	1991	省三级	法院档案室	1997	省一级
北马圈子镇档案室	1991	省三级	检察院档案室	1997	省一级
汪家庄镇档案室	1991	省三级	交通局档案室	1998	省三级
文教局档案室	1991	省三级	房管局档案室	1998	省三级
商业局档案室	1991	省三级	自来水公司档案室	1998	省三级
城建局档案室	1994	省三级	审计局档案室	1998	省一级
人民保险公司档案室	1994	省三级	土地局档案室	1998	省二级
寿王坟工商行档案室	1995	省二级	公安分局档案室	1999	省一级
国税局档案室	1995	省二级	司法局档案室	1999	省三级
鹰手营子工商行档案室	1995	省二级	地矿局档案室	1999	省三级
粮食局档案室	1996	省三级	防疫站档案室	2000	省三级
建设银行档案室	1996	省一级	地税局档案室	2001	省一级
寿王坟镇档案室	1996	省二级	工商分局档案室	2002	省一级
国投水泥厂档案室	1996	省部级	民政局档案室	2003	省三级
农业银行档案室	1997	省一级	—	—	—

（四）档案培训

为提高全区档案人员的业务素质，区档案管理部门经常对档案人员进行业务培训。1992 年开始组织河北大学主办的档案学大专自学考试，截至 2001 年年底，共组织 36 人参加考试，27 名学员毕业，毕业率达 75%。自建立档案管理部门至 2003 年，共举办培训班 10 期，以会代训 5 次，受训人员 550 人次。

（五）档案接收

1984 年年底，接收 1984 年以前各村档案 311 卷，2001 年又接收了 3719 份第二轮土地承包合同档案。

档案馆成立至 2003 年期间，先后接收 35 个全宗、4157 卷档案、516 册资料进馆。另有清乾隆年间至民国 16 年徐氏族谱、地契档案 46 件，声像档案有录像带 1 盘，照片 395 张。

（六）检索工具编制

1982 年建馆后，随着馆藏档案的不断增加，社会各方面利用档案的数量不断增长，对档案馆检索工具编制的要求也就越来越高。为此，自 1986 年开始区档案馆先后编制了《档案馆简介》1 份、《全宗介绍》15 份、《案卷目录》75 本、《全引目录》3 本。2001 年，配置了 DARMS—2000 文件档案资料综合管理软件，开始著录利用率较高的全宗和重要全宗的文件级目录，2003 年年底，共著录 13000 条。实现了人工检索与微机检索相结合的服务方式。

三、利用与编研

自建馆以来，平均每年 100 人次利用 800 卷次馆藏档案。为落实政策、土地纠纷、农转非、计划生育、接续工龄、养老保险、财产分割、工作查考等提供了可靠的凭据。

利用档案，编写了建区以来至 2003 年《鹰手营子矿区组织史》计 20 万字，1948 年至 2003 年《鹰手营子矿区大事记》35 万字。2003 年，为全区各部门撰写部门志、行业志稿提供了大量的资料。

第十九编 ZHENGZHIXIESHANGHUIYI

19 政治协商会议

第一章　委员及全委会议

第一节　委员

第二节　全委会议

第二章　政治协商会议常务委员会

第一节　机构

第二节　常委会议

第三节　主要工作

19 承德市鹰手营子矿区志•政治协商会议

CHENGDESHI YINGSHOUYINGZIKUANGQU ZHI

ZHENGZHIXIESHANGHUIYI

1984 年 5 月，产生中国人民政治协商会议鹰手营子矿区第一届委员会。至 20 世纪 80 年代末，委员们就全区人民关心的社会风气、蔬菜生产、居民用水、住房、建液化气站、集贸市场等问题，提出了建设性意见。90 年代至 2003 年末，对全区经济结构调整、依法治区、科技兴区、维护社会稳定等工作提出建议。这些意见和建议均得到了区委、区政府的高度重视。自政协建立至 2003 年期间，区政协在区委的领导下，围绕党的中心工作，通过召开各种会议、视察调研、办理委员提案，充分履行了人民政协政治协商、民主监督、参政议政的职能，在全区经济和社会发展中，发挥了重要作用。

第一章　委员及全委会议

根据《中国人民政治协商会议章程》，营子矿区按照全区人口比例确定政协委员人数，各界反复协商，提出候选人，经过综合平衡，报区委批准或提交政协常务委员会通过，产生区政协委员。1984 年 5 月政协鹰手营子矿区第一届委员会成立至 2003 年，共产生 6 届委员会，召开全委员会 21 次。

第一节　委　　员

一、委员产生

1984 年，营子矿区成立第一届政协筹备小组。筹备小组根据《中共人民政治协商会议章程》，按照全区总人口的比例确定政协委员的人数，与地方各党派、无党派民主人士、各人民团体、各界反复协商，提出候选人，报区委批准，产生政协鹰手营子矿区第一届委员会委员。

第二至第六届政协委员的产生，均按以下步骤进行：根据区委批准的应报政协委员人数，由地方各党派、无党派民主人士、各人民团体、各界协商提出初步名单；由区委组织有关部门进行综合平衡，反复与各推荐部门协商，形成建议名单；将委员建议名单提交政协常务委员会协商、表决，常务委员会过半数同意予以通过；由政协办公室向委员发放证书，并通过新闻媒体向社会公布。

二、委员结构

第一届鹰手营子矿区政协委员 70 名，其中：中共党员 10 名，占 14.3%；人民团体 5 名，占 7.1%；文化体育界 5 名，占 7.1%；教育界 6 名，占 8.6%；卫生界 6 名，占 8.6%；科学技术界 8 名，占 11.4%；农林畜牧界 4 名，占 5.7%；民族宗教界 3 名，占 4.3%；工商界 6 名，占 8.6%；特邀人士 17 名，占 24.3%。

第二届政协委员 70 名，其中；中共党员 15 名，占 21.4%；人民团体 3 名，占 4.3%；文化体育界 1 名，占 1.4%；教育界 8 名，占 11.4%；卫生界 8 名，占 11.4%；科学技术界 6 名，占 8.6%；农林畜牧界 4 名，占 5.7%；民族宗教界 3 名，占 4.3%；工商界 6 名，占 8.6%；个体专业户 1 名，占 1.4%；“三胞”（台湾同胞、港澳同胞、海外侨胞）眷属和归侨 3 名，占 4.3%；特约人士 12 名，

占17.1%。

第三届政协委员75名，其中：中共党员10名，占13.3%；人民团体9名，占12.0%；文化体育界5名，占6.7%；教育界7名，占9.3%；卫生界7名，占9.3%；科学技术界7名，占9.3%，农林畜牧界7名，占9.3%；民族宗教界3名，占4.0%；工商界7名，占9.3%；个体专业户3名，占4.0%；“三胞”眷属和归侨3名，占4.0%；特邀人士7名，占9.3%。

第四届政协委员75名，其中：中共党员22名，占29.3%；人民团体3名，占4.0%；文化体育界1名，占1.3%；教育界5名，占6.7%；卫生界6名，占8.0%；科学技术界4名，占5.3%，农林畜牧界2名，占2.7%；民族宗教界4名，占5.3%；工商界14名，占18.7%；个体专业户1名，占1.3%；“三胞”眷属和归侨5名，占6.7%；特邀人士8名，占10.7%。

第五届政协委员81名，其中：中共党员23名，占28.4%；人民团体2名，占2.5%；文化体育界1名，占1.2%；教育界5名，占6.2%；卫生界7名，占8.6%；科学技术界1名，占1.2%，农林畜牧界1名，占1.2%；民族宗教界5名，占6.2%；工商界18名，占22.2%；个体专业户3名，占3.7%；“三胞”眷属和归侨4名，占4.9%；特邀人士11名，占13.6%。

第六届政协委员应设110名，因工作调整暂缺6名，实有104名，其中：中共党员17名，占16.3%；人民团体3名，占2.9%；文化体育界1名，占1.0%；教育界15名，占14.4%；卫生界10名，占9.6%；科学技术界3名，占2.9%，农林畜牧界2名，占1.9%；民族宗教界14名，占13.5%；工商界27名，占26%；个体专业户4名，占3.8%；“三胞”眷属和归侨1名，占1.0%；特邀人士7名，占6.7%。

第二节　全委会议

一、政协营子矿区委员会第一届会议

政协营子矿区委员会第一届一次会议于1984年5月5日至11日召开。应出席会议委员70名，实出席63名。孙永清作《营子矿区政协筹备情况的报告》。会议听取、审议、通过了周騄良作的《政协营子矿区委员会关于一九八四年开展人民政协工作的报告》。选举常委14名。其中，郭长和为区政协主席，孙昭、李家强、周騄良为副主席。

政协营子矿区委员会第一届二次会议于1985年4月23日至26日召开。出席会议委员60名。会议听取、审议、通过了周騄良作的《政协营子矿区第一届委员会常务委员会工作报告》和《政协营子矿区委员会第一届二次会议关于提案审查情况的报告》及贾绍元作的《政协营子矿区委员会一届一次会议以来提案办理情况的报告》

政协营子矿区委员会第一届三次会议于1986年1月24日召开。会议选举朱海亭为区政协主席。

政协营子矿区委员会第一届四次会议于1986年5月6日至10日召开。出席会议委员60名。会议听取、审议、通过了周騄良作的《政协营子矿区第一届委员会常务委员会工作报告》和《政协营子矿区委员会一届四次会议提案审查情况的报告》及贾绍元作的《政协营子矿区委员会一届二次会议以来提案办理情况的报告》。会议增补委员4名。

二、政协营子矿区委员会第二届会议

政协营子矿区委员会第二届一次会议于1987年5月11日至16日召开。应出席会议委员70名，

实出席 67 名。会议听取、审议、通过了周騄良作的《政协营子矿区第一届委员会常务委员会工作报告》和《政协营子矿区第一届委员会提案办理情况的报告》。听取、审议、通过了《政协营子矿区委员会第二届一次会议关于提案审查情况的报告》。会议选举常委 15 名。其中，陈宝祥为区政协主席，周騄良、张昭、吴昌松为副主席。

政协营子矿区委员会第二届二次会议于 1988 年 3 月 8 日至 11 日召开。会议听取，审议、通过了陈宝祥作的《政协营子矿区第二届委员会常务委员会工作报告》和周騄良作的《政协营子矿区第二届委员会提案办理情况的报告》。听取、审议、通过了《政协营子矿区委员会第二届二次会议关于提案审查情况的报告》。

政协营子矿区委员会第二届三次会议于 1989 年 4 月 5 日至 8 日召开。会议听取、审议、通过了《政协营子矿区第二届委员会常务委员会工作报告》《政协营子矿区第二届委员会提案办理情况的报告》《政协营子矿区委员会第二届三次会议关于提案审查情况的报告》。

三、政协营子矿区委员会第三届会议

政协营子矿区委员会第三届一次会议于 1990 年 4 月 3 日至 6 日召开。应出席会议委员 75 名，实出席 73 名。会议听取、审议、通过了周騄良作的《政协营子矿区第二届委员会常务委员会工作报告》《政协营子矿区第二届委员会提案办理情况的报告》《政协营子矿区委员会三届一次会议关于提案审查情况的报告》。会议选举常委 17 名。其中，张凤珠为区政协主席，侯继增、周騄良、吴昌松、张昭为副主席。

政协营子矿区委员会第三届二次会议于 1991 年 4 月 23 日至 26 日召开。会议听取、审议、通过了侯继增作的《政协营子矿区第三届委员会常务委员会工作的报告》和周騄良作的《政协营子矿区第三届委员会提案办理情况的报告》《政协营子矿区委员会三届二次会议关于提案审查情况的报告》。

政协营子矿区委员会第三届三次会议于 1992 年 3 月 31 日至 4 月 3 日召开。会议听取、审议、通过了《政协营子矿区第三届委员会常务委员会工作报告》《政协营子矿区第三届委员会提案办理情况的报告》《政协营子矿区委员会第三届三次会议关于提案审查情况的报告》。

四、政协营子矿区委员会第四届会议

政协营子矿区第四届一次会议于 1993 年 2 月 15 日至 18 日召开。会议听取、审议、通过了《政协营子矿区第三届委员会常务委员会工作报告》《政协营子矿区第三届委员会提案办理情况的报告》《政协营子矿区委员会四届一次会议关于提案审查情况的报告》。选举常委 17 名。其中，毛广顺为区政协主席，侯继增、张昭、李庆、贾文龙、吴淑芳为副主席。

政协营子矿区委员会第四届二次会议于 1994 年 3 月 9 日至 11 日召开。会议听取、审议、通过了侯继增作的《政协营子矿区第四届委员会常务委员会工作报告》，李庆作的《政协营子矿区第四届委员会提案办理情况的报告》《政协营子矿区委员会第四届二次会议关于提案审查情况的报告》。增补委员 1 名。

政协营子矿区委员会第四届三次会议于 1995 年 3 月 7 日至 9 日召开。出席会议委员 66 名。会议听取、审议、通过了侯继增作的《政协营子矿区第四届委员会常务委员会工作报告》，李庆作的《政协营子矿区第四届委员会提案办理情况的报告》《政协营子矿区委员会四届三次会议关于提案审查情况的报告》。

政协营子矿委员会第四届四次会议开于 1996 年 3 月 25 日至 27 日召开。会议听取、审议、通过了《政协营子矿区第四届委员会常务委员会工作的报告》《政协营子矿区第四届委员会提案办理情况的报告》《政协营子矿区委员会四届四次会议关于提案审查情况的报告》。会议同意毛广顺辞去区政协委

员、常委、主席职务，选举张显臣为区政协主席。增补委员4名。

政治营子矿区第四届五次会议于1997年3月17日至19日召开。出席会议委员63名。会议听取、审议、通过了候继增作的《政协营子矿区第四届委员会常务委员会工作报告》，李庆作的《政协营子矿区第四届委员会提案办理情况的报告》。

五、政协营子矿区委员会第五届会议

政协营子矿区委员会第五届一次会议1998年2月16日至18日召开。应出席会议委员81名，实出席73名。会议听取、审议、通过了《政协营子矿区第四届委员会常务委员会工作报告》《政协营子矿区第四届委员会提案办理情况的报告》《政协营子矿区委员会五届一次会议关于提案审查情况的报告》。会议选常委17名。其中，举王克勤为区政协主席，候继增、李庆、马兴隆、李岳贵为副主席。

政协营子矿区委员会第五届二次会议于1999年3月23日至25日召开。会议听取、审议、通过了候继增作的《政协营子矿区第五届委员会常务委员会工作报告》和李庆作的《政协营子矿区第五届委员会提案办理情况的报告》《政协营子矿区委员会五届二次会议关于提案审查情况的报告》。会议增补委员8名。

政协营子矿区委员会第五届三次会议于2000年3月6日至8日召开。会议听取、审议、通过了候继增作的《政协营子矿区第五届委员会常务委员会工作报告》和李庆作的《政协营子矿区第五届委员会提案办理情况的报告》《政协营子矿区第五届三次会议关于提案审查情况报告》。

政协营子矿区委员会第五届四次会议于2001年2月25日至27日召开。会议听取、审议、通过了候继增作的《政协营子矿区第五届委员会常务委员会工作报告》和李庆作的《政协营子矿区第五届委员会提案办理情况的报告告》《政协营子矿区委员会五届四次会议关于提案审查情况的报告》。

政协营子矿区委员会第五届五次会议于2002年4月2日至4日召开。出席会议委员76名。会议听取、审议、通过了候继增作的《政协营子矿区第五届委员会常务委员会工作报告》《政协营子矿区第五届委员会提案办理情况的报告》《政协营子矿区委员会五届五次会议关于提案办理情况的报告》。

六、政协营子矿区委员会第六届会议

政协营子矿区委员会第六届一次会议于2003年4月6日至8日召开。应出席会议委员104名，实出席98名。会议听取、审议、通过了李振才作的《政协营子矿区第五届委员会常务委员会工作报告》和苗万伶作的《政协营子矿区第五届委员会提案办理情况的报告》《政协营子矿区委员会第六届一次会议关于提案审查情况的报告》。会议选举常委18名，其中，何庆云为政协主席，李振才、薛铁川、李岳贵、苗万伶为副主席。

第二章　政治协商会议常务委员会

自1984年至2003年，区政协共产生6届常务委员会，1987年5月至2003年4月，二至六届委员会期间，共召开常委会68次，主席会议76次。参与了区委、区政府有关会议、调研活动、意见听取会、民主生活会。通过各种渠道，选择事关全局的重点工作，向区委、区政府提出意见建议。共开展

视察调研活动23次，向区委、区政府提供报告18份。接收委员提案1211件，立案866件，办复832件，办理率为96%。征集撰写文史资料6篇。

第一节　机　　构

一、领导机构

根据《中国人民政治协商会议章程》，政协鹰手营子矿区第一届委员会第一次会议，选举产生常务委员会委员13名，主席1名，副主席3名（其中驻会1名）。第二届委员会第一次会议，选举产生常务委员15名，主席1名，副主席3名（其中驻会1名）。第三届委员会第一次会议选举产生常务委员17名，主席1名，副主席4名（其中驻会2名）。第四届委员会第一次会议，选举产生常务委员17名，主席1名，副主席5名（其中驻会2名）。第五届委员会第一次会议，选举产生常务委员17名，主席1名，副主席4名（其中驻会2名）。第六届委员会第一次会议，选举产生常务委员19名，主席1名，副主席4名（其中驻会1名）。

二、工作机构

第一至三届常务委员会下设办公室，设主任1名，工作人员2名。第四届常务委员会办公室增设副主任1名。第五届常务委员会办公室又增设学习宣传委员会主任、副主任各1名，提案委员会副主任1名。第六届常务委员会办公室设主任1名，工作人员1名。另设提案委员会、科教文卫体委员会、社会和法制委员会、民族宗教港澳台联络委员会，各设主任1名。至2003年年底机构无变化。

1984—2003年政协营子矿区委员会主席、副主席名录

表19－2－1

届别	职务	姓名	性别	任职时间
政协营子矿区第一届委员会	主　席	郭长河	男	1984.5—1986.1
	主　席	朱海亭	男	1986.2—1987.5
	副主席	孙　昭	男	1984.5—1987.5
	副主席	李家强	男	1984.5—1987.5
	副主席	周駷良	男	1984.5—1987.5
政协营子矿区第二届委员会	主　席	陈宝祥	男	1987.5—1990.4
	副主席	周駷良	男	1987.5—1990.4
	副主席	张　昭	男	1987.5—1990.4
	副主席	吴昌松	男	1987.5—1990.4

续表 19－2－1

届别	职务	姓名	性别	任职时间
政协营子矿区第三届委员会	主　席	张凤珠	男	1990. 4—1993. 2
	副主席	侯继增	男	1990. 4—1993. 2
	副主席	周駃良	男	1990. 4—1993. 2
	副主席	吴昌松	男	1990. 4—1993. 2
	副主席	张　昭	男	1990. 4—1993. 2
政协营子矿区第四届委员会	主　席	毛广顺	男	1993. 2—1996. 2
	主席	张显臣	男	1996. 2—1998. 2
	副主席	侯继增	男	1993. 2—1998. 2
	副主席	张　昭	男	1993. 2—1998. 2
	副主席	李　庆	男	1993. 2—1998. 2
	副主席	贾文义	男	1993. 2—1998. 2
	副主席	吴淑芳	女	1993. 2—1998. 2
政协营子矿区第五届委员会	主　席	王克勤	男	1998. 2—2003. 4
	副主席	侯继增	男	1998. 2—2003. 4
	副主席	李　庆	男	1998. 2—2003. 4
	副主席	马兴隆	男	1998. 2—2003. 4
	副主席	李岳贵	男	1998. 2—2003. 4
政协营子矿区第六届委员会（2003 年 4 月至 12 月期间）	主　席	何庆云	男	2003. 4—2003. 12
	副主席	李振才	男	2003. 4—2003. 12
	副主席	薛铁川	男	2003. 4—2003. 12
	副主席	李岳贵	男	2003. 4—2003. 12
	副主席	苗万伶	男	2003. 4—2003. 12

政协营子矿区委员会常务委员名录

表 19－2－2

届　别	常　　委
政协第一届常务委员会	政协营子矿区第一届委员会第一次会议选举常委 10 名：王海祥　石荣　刘清诏　孙大有　孙永清　吴翠珍　陈凤翥　唐金红　贾绍元　智英文
政协第二届常务委员会	政协营子矿区第二届委员会第一次会议选举常委 11 名：马秉师　石荣　孙宪忠　李春国　杨凤廷　吴淑芳　吴翠珍　张辉　季良　侯继增　郭瑞久
政协第三届常务委员会	政协营子矿区第三届委员会第一次会议选举常委 12 名：马秉师　冯国英　刘长生　杨凤廷　李春国　季良　吴淑芳　宋普　张文军　张连营　郭瑞久　贾文义
政协第五届常务委员会	政协营子矿区第五届委员会第一次会议选举常委 12 名：卢宝顺　刘占福　刘增富　毕永生　张利　李志民　孟兆平　周辅民　郭云　徐显东　谢革光　谭淑文

续表 19－2－2

届　别	常　　委
政协第六届常务委员会（2003 年 4 月至 12 月期间）	政协营子矿区第六届委员会第一次会议选举常委 13 名：马广春　王连贵　王爱玲　石玉霞　朱克玉　杨立国　孟兆平　张利　周辅民　钟显璋　郭少峰　谢革光　窦永新　2003 年 6 月应福江任常委

说明：1. 此表常委不含主席、副主席
　　　2. 政协第四届委员会常委资料查不到，故未能列入

第二节　常委会议

营子矿区政协常务委员会实行例会制度，一般每季度召开一次常务委员会议。1984 年 5 月至 1987 年 5 月第一届委员会期间共召开 8 次常委会议。1987 年 5 月至 1990 年 4 月第二届委员会期间共召开 12 次常委会议。第三届委员会在 1990 年 4 月至 1991 年 9 月期间，共召开 5 次常委会议。1993 年 2 月至 1998 年 2 月第四届委员会期间共召开 18 次常委会议。1998 年 2 月至 2003 年 4 月第五届委员会期间共召开 18 次常委会议。

除政协主席、副主席、常委出席会议外，各工作组正副组长、机关科室负责人及与会议议程有关的人员列席会议。

政协常务委员会会议内容广泛，概括起来有以下几个方面：讨论决定政协会务工作中的重大问题；听取区委、区政府及其所属部门关于全区大政方针的报告或说明，并进行协商讨论，提出建议和意见；协商讨论区内贯彻党和国家大政方针的重要事务和群众生活中普遍关心的重大问题，并提出建议与意见；审查重要的视察报告、专题调查报告、提案和提请常务委员会审议的各项工作报告。

第三节　主要工作

一、政治协商与民主监督

1984 年 5 月，政协营子矿区常务委员会建立后，主要在每年召开一次的全体委员会议期间，通过列席人代会、提议案等方式行使政治协商、民主监督、参政议政的职能。1987 年 5 月后，政协常务委员会向区委提出了《关于进一步开展政治协商、民主监督意见的报告》，政协中共党员主席、副主席开始列席区委常委会，政协副主席列席区政府常务会议和区人大常委会议。政协召开常委会，经常邀请区委、区政府有关领导到会通报情况。政协常务委员会又向区委提出了《关于开展政治协商、民主监督几项制度问题的报告》，进一步明确了政协常务委员会参与区委、区政府有关会议、调研活动、意见听取会、民主生活会等方面的各项制度。政协第二届常务委员会期间，通过各种会议，共协商重要事项 4 次，其中协商了区委年底工作总结和下年度工作要点、营子矿区八年奔小康战略规划。1990 年 4 月，在政协三届一次全委会上，就全区人民关心的社会风气、吃水难、住房难、建液化气站、集贸市场等问题，提出了建设性意见，并被区委、区政府采纳。1991 年，《中共中央关于坚持和完善中

国共产党领导的多党合作和政治协商制度的意见》出台后，区政协第三届常务委员会制订了《政协鹰手营子矿区委员会工作规划》。同时，参与了在全区开展的纠正不正之风工作，政协委员们将所见所闻的32个行政执法部门存在的问题提供给区委、区政府，对纠正行业不正之风起到很大作用。1993年2月至1998年2月区政协第四届委员会期间，区政协常务委员会通过各种渠道，针对全局重点工作，共向区委、区政府提出意见、建议300余条，发挥了民主监督、参政议政的作用。如“九五”计划和至2010年远景目标确定之前，政协常务委员会及时组织政协委员和各界人士对计划、规划草案反复协商、论证，提出了许多符合实际的修改意见，并多数被区委采纳。区政协第四届、第五届常务委员会，先后制定和完善了《专门委员会工作细则》《专门委员会对口协商办法》《关于政治协商、民主监督、参政议政的规定》。1998年2月至2003年3月区政协第五届委员会期间，区委、区政府着手制定国民经济和社会发展“十五”计划，区政协召开常务委员会和各界人士座谈会，对“十五”计划纲要草案进行了认真的协商讨论，着重对经济结构调整、依法治区、科技兴区、维护社会稳定等工作，提出建议。2003年，区政协第六届常务委员会对《政协常委会工作规则》进行了修订，使之更加完善合理。

1984年5月至2003年4月，区政协共召开全委会21次，常委会68次，主席会议76次，有效地履行了政治协商、民主监督、参政议政职能。

二、视察调研

1984年5月，政协营子矿区委员会建立之后，政协常务委员会十分重视视察和专题调研工作。视察和调研紧紧围绕全区的中心工作，选择区委、区政府高度重视人民群众普遍关心的问题，深入调查研究，周密思考论证，积极建言献策。

1988年，区政协城市经济组到承德市陶瓷厂、区毛巾厂等企业调研，撰写了《关于企业民主管理问题调查情况的报告》，对企业的民主管理，学习贯彻企业法，法人代表的中心地位等问题，提出了意见和建议。

1992年8月，区政协常务委员会组织部分委员，赴辽宁阜新市细河区考察蔬菜生产情况，结合营子矿区实际，提出了蔬菜发展的思路，促进了营子矿区蔬菜生产的发展。

1993年2月至1998年2月，区政协第四届委员会期间，政协常务委员会就亏损企业如何摆脱困境、城市建设、个体私营经济、蔬菜生产等热点问题组织调研视察，写出调研报告。由于报告中提出的意见有的放矢，建议切实可行，引起区委高度重视，大部分意见、建议被采纳。

1998年，区政协常务委员会分别就水资源综合利用、人才向非公有制经济流动、下岗职工再就业、医疗卫生事业发展等问题，开展调研视察活动5次，并分别写出调研报告，为区委科学决策提供依据。

2002，为改善全区经济发展环境，区政协常务委员会开展了关于经济发展环境和区域环境的调研视察活动，为全区经济结构调整、促进经济发展献计献策。特别是通过对区域环境的调研、视察、评议，增强了执法、执纪和服务窗口部门接受政协民主监督的自觉性。

2003年7月，针对驻区企业改制对营子矿区经济及社会稳定的影响问题，区政协常务委员会对驻区企业改制及社会资源如何优化整合开展了视察和调研活动，撰写了《关于社会资源整合的视察调研报告》。就驻区企业概况和企业学校、医院移交地方、企业改制对全区经济和社会稳定的影响、移交后存在的问题进行了全面分析，提出了相应的对策，为区委、区政府提供了可行性意见和建议。9月，组织部分政协委员对全区民营经济发展环境进行视察调研，详细了解民营经济发展现状及制约其发展的环境，为促进区域经济发展提供了对策和建议。

累计统计，从1984年5月区政协建立至2003年年底，区政协常务委员会共组织政协委员开展视察、考察、调研活动23次，向区委、区政府提供报告18份，凝聚了政协委员对经济、社会发展的真

知灼见，受到区委、区政府的高度重视，对区委的科学决策发挥了重要作用。

三、提案办理

营子矿区政协常委会十分重视委员的提案办理工作。政协第一届委员会第一次、第二次、第四次会议，共接收有关人民群众生产、生活方面的委员提案 280 件，立案 196 件，办理 165 件，办理率为 84.2%。

第二届委员会期间，共接收有关深化改革、环境保护、教育发展、物价管理、土地纠纷、民族宗教、社会治安等方面的委员提案 181 件，立案 133 件，办理 133 件，办理率为 100%。尤其是教育、环境、土地纠纷提案，得到了较好的落实。

第三届委员会期间，共接收委员提案 272 件，立案 189 件，办理 186 件，办理率为 98.4%。提案内容广泛，涉及政治、经济、教育、卫生和社会生活的各个方面。提案的落实促进了全区各方面工作的开展。如：1990 年有一提案要求建立家长学校，解决中小学生校外的德育教育问题。区政协、区文教局与区关心下一代协会共同研究，成立了家长理事会和家长学校。是年参加学习家长 239 名，听课达 700 多人次。1992 年委员建议征收区内矿产资源补偿费。区政府采纳了建议，成立了矿产资源开发办公室，负责矿产资源的管理、监督、协调、服务等项工作，并制定对矿产资源的具体管理办法，使区内矿产资源的开发更加合理、有序。

第四届委员会共接收委员提案 285 件，立案 200 件。这些提案陈述事实清楚、分析透彻、意见中肯、建议可行，受到区委、区政府的高度重视，立案的 200 件提案全部办复，办理率为 100%。这些提案落实之后，产生了较好的经济效益和社会效益。如：根据委员建议，1993 年底区政府完成了区内饮水工程，解决了部分群众吃水难的问题。1994 年，根据委员提议，区委成立了非公有制经济工作领导小组，协调解决非公有制经济发展中存在的问题，落实优惠政策，推动了非公有制经济的发展。

第五届委员会共接收有关工业、农业、商贸、城建、交通、科技、教育、文化、卫生等方面的委员提案 148 件，立案 111 件，全部办复。

第六届委员会第一次会议共接收委员提案 45 件，立案 37 件，2003 年当年全部办复。提案基本落实的 19 件，占 51%，列入规划需逐步解决的 10 件，占 27%，因条件所限暂时不能解决的 8 件，占 21%。委员提案的落实，推动了经济和社会事业的发展。如：2003 年委员提出在柳河修建挡水坝的建议得到了区委、区政府的重视，区政府将这一提案交付林业水务局承办。经设计论证，投资 100 余万元，在环城 2.5 公里的柳河内修建 8 道挡板拦水坝拦蓄河水，起到了抗旱、防洪、蓄养地下水、美化环境的作用。

1984—2003 年政协营子矿区委员会提案办理情况统计表

表 19-2-3

届	次	接收提案数	立案数	办理数	办理率%
一届	一次	146	94	84	89.4%
	二次	67	61	58	95.1%
	四次	67	41	23	56.1%
二届	一次	80	62	62	100%
	二次	45	31	31	100%
	三次	56	40	40	100%

续表 19－2－3

届	次	接收提案数	立案数	办理数	办理率%
三届	一次	104	82	79	96.3%
	二次	77	47	47	100%
	三次	91	60	60	100%
四届	一次	92	45	45	100%
	二次	65	38	38	100%
	三次	41	39	39	100%
	四次	48	44	44	100%
	五次	39	34	34	100%
五届	一次	37	24	24	100%
	二次	30	23	23	100%
	三次	28	18	18	100%
	四次	25	22	22	100%
	五次	28	24	24	100%
六届	一次	45	37	37	100%
合计		1211	866	832	96.1%

四、文史工作

1985 年，营子矿区政协常委会成立文史资料征集小组，聘请了团体、个人文史资料员，负责征集撰写文史资料。先后撰写了《无人区的抗日斗争》《鹰手营子地名来源》《烽火中的老爷庙煤矿》《四方洞——河北省第一处旧石器时代洞穴遗址》《寿王坟铜矿概况》《陶瓷厂概况》等文史资料。曾荣获承德市政协颁发的文史资料先进单位荣誉称号。2003 年在承德市组织的纪念避暑山庄肇建 300 周年书画展中，区政协共选送了 13 幅作品，入围 9 幅，荣获荣誉证书 6 个，并荣获集体组织奖。

附

关于对私营经济发展情况的调查报告
政协营子矿区委员会

为研究探讨私营经济发展的新路子，促进私营经济的发展，为党委、政府决策提供依据，根据市政协的统一安排，区政协组成调查组，对我区私营经济发展情况进行了专题调研视察。区政协主席张显臣、副主席李庆参加了调研视察活动，此次调研视察活动得到了区工商局及各镇的大力支持，使调研视察工作得以顺利进行，达到了预期目的。在调研视察活动中听取了工商局负责人的情况汇报，召开了镇私营企业负责人座谈会，视察了私企大户。现将调研视察情况报告如下：

一、私营经济发展现状

截止到 1996 年 6 月末，我区私营企业发展到 83 户，其中采掘业 35 户，制造业 18 户，建筑业 7

户，交通运输业3户，商业餐饮业10户，其他行业10户。从业人员1812人，注册资金3011万元，上半年产值经营额2300万元。

二、私营企业发展特点

1. 发展速度快。私营企业由1992年的13户，增加到现在的83户，从业人员由1992年的217人增加到现在的1812人。

2. 经营规模大。从注册资金方面看，1992年户均注册资金为15.5万元，截止到1996年6月末，户均注册资金为40万元，增长158%；从产值经营额方面看，到1995年末，年产值经营额在10万元以上的达到40户，其中50万元至100万元的2户，500万元至800万元的2户，1000万元的1户。一些企业通过滚雪球式的发展方式，不断扩大经营规模，如私营企业主李岳贵拥有汽车14辆，铲车、装载机等设备俱全，企业现在已发展为集煤炭采、运、销为一体的综合性企业，年产值经营额达到1000万元。

3. 经营方式趋向多元化。一些私营企业发挥各自的优势，采取合伙、合股、合作等多种经营方式，并积极地参与购买、租赁、兼并亏损的中小企业。如私营企业雾灵果品厂购买兼并了连年亏损的集体企业区果茶厂，既扩大了自身的生产规模，又为区里排忧解难，收到了较好的效果。不仅在改革开放中带了个好头，而且也在发展地面企业，搞农产品深加工方面带了个好头。

三、私营经济发挥的重要作用

1. 充分利用社会闲散资金，投入经济建设，增加财政收入。相对于国营、集体企业而言，私营企的发展主要是靠党和国家的政策，靠自力更生，艰苦创业。在不断壮大自身的同时，也为国家做出了较大的贡献，突出表现在税收方面，随着私营经济的发展，我区私营企业缴税金额占税收总额的比例也逐年增大。私营企业主李耀贵每年上缴税金近百万元。

2. 扩大了就业门路。为安置农村富余劳力和城镇待业人员创造了条件，对提高城乡人民生活水平，推进小康建设发挥了重要作用。

3. 致富不忘国家，积极为社会做贡献。大多数私营企业主致富不忘国家，不忘乡亲，积极为赈灾捐款，捐资助教，为兴办公益事业捐款捐物。如在1994年7月的水灾中，私营企业北马圈山庄酒楼无偿为被困列车旅客送水送饭，在旅客的心目中，树立了我区私营企业的良好形象。据不完全统计，近几年来，私营企业为赈灾、助教、兴办公益事业捐款达10多万元。

四、发展私营经济的几点经验

1. 领导重视，是促进私营经济发展的关键。为加强领导、理顺关系，区委、区政府成立了由区委、区政府、区政协主要负责人为组长、副组长，有区直各部门负责人参加的非公有制经济领导小组，及时协调解决私营经济发展中存在的问题。自1995年开始，将个体私营经济的发展列入考核乡镇经济工作的一项重要内容，基本上形成了齐抓共管的工作格局。

2. 各部门支持，是促进私营经济发展的重要保证。对私营经济的发展，多数部门持积极支持的态度。特别是私营企业的主管部门区工商局更是思想解放，热情扶持，制定了“五放宽、一简化、一清理”的政策措施，即放宽从业人员、放宽经营范围、放宽企业名称、放宽经营方式、放宽注册资金限制，简化办照手续，坚决清理乱收费、乱摊派等现象。以热心办、马上办、办得好的工作作风，为私营企业提供服务。各镇也都将促进私营经济发展作为一项重要工作来抓，明确专人负责，镇主要领导经常深入到私营企业，了解情况，为其排忧解难。汪家庄镇还为促进私营经济发展制定了12条保护激励政策。如规定固定资产投资在10万—40万元的奖励1万元，40万元以上至100万元的奖励2万元，100万元上以的奖励3万元，有效地促进了私营企业再投资的积极性。镇领导亲自为新办企业咨询论证，协调各方面关系。其他有关部门大多数也为私营企业的发展开放绿灯。

3. 私营业主艰苦创业是私营经济发展的内动力。从调查情况看，每一个成功的私营企业都有一部艰辛的创业史，私营企业主既是厂长（经理），又是业务员，既是指挥者又是实干家，他们没有星期天，没有8小时工作制，没有对上级机关的依赖，整天扑在企业上，就是凭这种执着精神，攻克了一个又一个的难关，克服了一个又一个的困难，最终获得了成功，在市场经济的大潮中站稳了脚跟。如雾灵山果品厂，在果品加工企业普遍不景气的大气候中，一枝独秀，企业办得红红火火，凭着过硬的产品质量，使产品打入北京、天津、广州、东北各大城市市场。凭着良好的信誉，一反“三角债”怪圈的常态，用户为该厂预付货款，供料单位先供货后要款，企业借梯上楼，解决了发展生产所需资金问题，企业处于良性运转状态，仅有100人的果品加工厂，1995年实现产值300多万元，上缴税金20余万元，其产品“怡达”牌果丹皮被中国经济新闻研究所和1996年中国市场公认著名品牌推荐宣传活动委员会推荐为1996中国市场公认著名品牌。为企业扩大了知名度，为营子矿区争得了殊荣。

五、私营经济发展中存在的问题及建议

尽管我区私营经济有了较快的发展，但同先进地区相比，还有一定的差距，主要表现在：

1. 思想还不够解放。一些部门对私营经济的性质作用认识不足，缺乏扶持私营经济发展的积极性。一些私营企业经营者也自感低人一等，怕政策变，不能放开手脚，只安于现状。因此建议：加大对私营经济重要地位和作用的宣传力度，宣传各级党委政府关于发展私营经济的政策，宣传私营企业的典型事迹，大张旗鼓的表彰先进，营造有利于私营经济发展的良好氛围。

2. 缺乏有利于促进私营经济发展的具体政策措施。在调查了解中，私营企业反映最多的是征地、电力增容、资金等问题。以征地为例，现每征一亩地需10万元左右，再加之盖厂房购设备，这些费用对刚刚起步或起步时间不长的私营企业来说，确实难以承受。因此建议，在不违反国家政策的基础上，制定变通政策，如解决征地、电力增容问题时，是否可以采取分期付款方式帮助经营者解决暂时困难。总之，政府及其有关部门应从有利于发展私营经济出发，因地制宜，制定具体政策、措施，为私营企业排忧解难。

3. 缺乏协调组织。据了解，现在有些企业产品销路好，但受生产条件限制，缺乏资金、场地，不能扩大再生产；有些人有钱想办企业，但没项目；有的有钱有项目，但不知如何办，这些问题在一定程度上影响了私营经济的发展。因此建议，成立协调组织，为其牵线搭桥，提供信息、咨询服务，充分发挥各种优势，实现人、财、物的合理组合，使私营企业也向规模化、集团化发展。

4. 收费透明度低。目前，对私营企业的各项收费较多且透明度低，私营企业对此有意见，经营者表示愿意承担合理税费，但希望弄明白哪些属合理收费。因此建议，以政府名义发放征收各种税费明白卡，增强征收各种税费的透明度，防止乱收费、乱摊派现象发生。

1996年8月8日

第二十编 SHEHUITUANTI

20 社会团体

第一章　工会
第一节　机构和代表大会
第二节　主要工作
第二章　青少年组织
第一节　团组织
第二节　少年先锋队
第三章　妇联
第一节　机构和代表大会
第二节　主要工作
第四章　工商联
第一节　机构和代表大会
第二节　主要工作
第五章　残联
第一节　机构和代表大会
第二节　主要工作
第六章　计划生育协会
第一节　机构和代表大会
第二节　主要工作

20

承德市鹰手营子矿区志·社会团体

CHENGDESHI YINGSHOUYINGZIKUANGQU ZHI SHEHUITUANTI

民国37年（1948年）12月，成立兴隆县第四区（区政府驻地鹰手营子）妇女联合会。1950年至1957年期间，区内先后建立了青年团、工商联、工会等组织。“文化大革命”开始后，这些组织的工作陷于瘫痪状态。1973年至1975年期间，先后召开共青团营子矿区第一次代表大会、营子矿区第一次妇女代表大会、营子矿区工会第一次代表大会。工、青、妇代表大会的召开，有力地推动了工会、共青团、妇联工作的开展。改革开放后，营子矿区相继成立了计划生育协会、残疾人联合会等组织。1993年6月，召开工商业联合会第一次代表大会，恢复了工商联组织。这些组织自成立始，充分发挥各自的群体优势，在不同时期，紧紧围绕党的中心任务开展工作，为营子矿区的经济和社会发展做出了重要的贡献。

第一章　工　　会

1973年4月前，营子矿区工会组织为办事处，没有召开过代表大会。1975年10月至1995年11月，共召开3届工会会员代表大会。区工会关心职工生活，积极维护职工合法权益。围绕经济发展相继开展了“双增双节”“技术改造”“发明创造”“合理化建议”等项竞赛活动。积极开展职工文化和体育活动。基层工会建立贫困职工档案和调查统计报表制度；在建立基层法律监督委员会；开办各种业务培训班，为再就业创造条件；在建立基层工会的企业中开展工资集体协商谈判工作；实施了送温暖工程。

第一节　机构和代表大会

一、机构

1957年12月，设立承德市总工会鹰手营子矿区办事处。1958年7月，鹰手营子、寿王坟等地划归兴隆县，工会组织随之撤销。1965年2月，鹰手营子、寿王坟等地再次划归承德市。3月15日，承德市委、市人委联合下发《关于鹰手营子矿区机构设置的通知》，营子矿区设立承德市总工会鹰手营子矿区办事处，与共青团承德市鹰手营子矿区办事处、承德市妇女联合会鹰手营子办事处、承德市工商业联合会鹰手营子办事处合署办公，组成群众团体联合办公室。1966年5月“文化大革命”开始后，工会组织陷于瘫痪。1973年4月，承德市总工会鹰手营子矿区办事处改称承德市鹰手营子矿区工会委员会，编制1人。1989年8月，改称承德市鹰手营子矿区总工会。1991年4月，营子矿区总工会成立女职工委员会，由11名委员组成，设主任1名，副主任2名。2002年7月9日，经区编委核定，区总工会行政编制3人，设主席1名（兼），常务副主席1名，科员1名。至2003年年底机构无变化。

二、代表大会

1975年10月13日至16日，召开营子矿区工会第一次会员代表大会。出席会议代表100名，其中女工代表38名，占代表总数的38%。区委副书记王树祥作题为《认真学习无产阶级专政理论，把工会建成无产阶级专政的坚强柱石》的讲话。大会选举产生了营子矿区第一届工会委员会，由21人组成，选举常委7人、毕少杰为工会副主任。

1989年8月，召开营子矿区总工会第二次会员代表大会。出席会议代表99名。工会主席胡久宽致开幕词并作题为《加强工会建设，调动职工积极性，在全区各项社会主义建设事业中发挥主人翁作用》的工作报告。大会选举产生了营子矿区总工会第二届委员会，委员会由11人组成，选举胡久宽为工会主席。选举产生了总工会第二届经费审查委员会，由3人组成，其中主任1人。

1995年11月，召开营子矿区总工会第三次会员代表大会。出席大会代表51名。会上，工会主席王仁义致开幕词并作工作报告；李秀珍作财务工作报告；区委书记袁福作重要讲话。大会选举产生了营子矿区总工会第三届委员会，由13人组成，选举王仁义为总工会主席。选举产生了营子矿区总工会第三届经费审查委员会，由3人组成，其中主任1名。

此后至2003年年底，再未召开会员代表大会。

第二节　主要工作

一、为困难职工排忧解难

1990年，在全区各级工会组织的积极协调下，解决职工住房154户，为60户租房住户补助了房租，维修房屋300户，新建、维修浴池10个。成立互助储金会50个，储金12万元。1993年春节前，区总工会与市总工会联合开展送温暖活动，深入基层，走访慰问离退休职工，共发放救济款0.18万元。1995年6月，根据区总工会要求，各系统基层工会建立了贫困职工档案卡和调查统计报表制度。通过调查摸底，核定发放优惠卡107份，在购粮、子女入学等方面对持卡职工给予照顾。1998年11月，区总工会、妇联、劳动局免费为100多名下岗失业职工开办法律法规和计算机应用培训班，为再就业创造条件。是年，区总工会发动全区党政机关干部捐款2.4475万元，救助特困职工390人。开展省、市文明单位和特困户结对子救助活动。1999年，通过送温暖工程，向生活困难职工发放救济款9.555万元。2001年，经调查核定，确定特困职工73人，发放救济款2.26万元。2002年，共发放送温暖资金2.68万元，救助特困户113户，涉及特困职工119人，特困人口335人。2003年，筹集送温暖资金4.6万元，救助特困职工176人。

二、维护职工合法权益

1983年，区工会根据劳动保护条例，在有关部门的配合下，纠正区建筑公司承包后作出的职工病假期间不发工资、取消副食补贴的决定。1996年，在企业开展集体签订劳动合同工作，成立集体签定劳动合同领导小组，选派人员到市里参加培训，进行试点工作，实行“四定”（定专人抓、定单位、定完成时间、定期检查），建立基层法律监督委员会和劳动纠纷调解委员会各11个。到1998年末，全区有32个企业签订了集体劳动合同。2001年，根据市总工会关于开展工资集体协商谈判工作的通知要求，区总工会在全区建立基层工会的企业开展了工资集体协商谈判工作，成立了领导小组，下发《关于开展工资集体协商谈判工作的通知》。至2003年年底，全区51个建立基层工会的企业全部签订工资集体协商合同，或签订或续签劳动合同。

三、民主管理企业

1987 年始，区工会围绕发展经济，在企业开展“合理化建议”活动。是年 9 月，在国营和集体企业开展落实职代会“五权”（审议权、决定权、监督权、选举权、建议权）情况的调查活动。1990 年 9 月，开展职代会达标，民主管理争先创优活动。1993 年，区总工会进一步组织发动职工开展提合理化建议活动，全区共提合理化建议 2321 条，企业采纳 1850 条，创经济效益 11.8 万元。1998 年，开展厂务公开，民主监督活动，区总工会转发《承德市总工会推行厂务公开工作考核评议办法》，将河北怡达食品集团有限公司、承德久隆冶金有限责任公司两家私营企业作为试点，并推广试点经验。到 2003 年年底，全区 51 个建立基层工会的企业，全部实行了厂务公开。2003 年，企业采纳职工合理化建议 1500 余条。

四、劳动竞赛、文体活动

1984 年，区工会与体委联合举办营子矿区第一届职工运动会。1985 年 2 月，参加市总工会、体委举办的棋类比赛，营子矿区获中国象棋个人男女冠军，围棋女队第一名。是年 10 月，在市职工文化艺术协会举办的职工文艺调演中，营子矿区轻机厂代表队获优秀演出奖。是年，区工会开始开展建立职工之家活动，经常深入基层工会，检查指导，并帮助解决购买图书、文体器材的资金问题。1987 年，区工会围绕发展经济，在企业开展“增产节约”“技术改造”“发明创造”等项竞赛活动。1988 年始，开展以增产节约为主要内容的百分考核，以“班子创先进、岗位创一流、企业创效益”为内容的“三创”竞赛活动。1987 年和 1988 年，区工会和兴隆矿务局工会联合举办两届“兴鹰杯”职工篮球赛。1990 年，区总工会与团区委联合举办青年珠算比赛。1991 年，区总工会开展全区工会财务会计业务比赛。1990 年 10 月至 1991 年 6 月。开展“学大庆、做主人、创优质、争高效”的百日攻关竞赛活动。1991 年，评出增产节约先进个人 36 人，创效益夺红旗竞赛标兵 16 人。1993 年，出资 2000 余元，组织职工开展小型多样、群众喜闻乐见的文体活动。1995 年 9 月，区总工会、妇联、劳动局联合举办《中华人民共和国工会法》《中华人民共和国妇女权益保障法》《中华人民共和国劳动法》知识竞赛活动。1997 年 1 月，区总工会在全区 68 户基层职工之家中进行评选，评出模范职工之家 12 个，先进职工之家 12 个，合格职工之家 20 个，1999 年，区总工会、妇联、文教局联合举办“庆澳门回归长跑比赛”。2003 年 11 月组织工会法律法规知识竞赛活动。

第二章　青少年组织

1950 年 10 月，始建中国新民主主义青年团兴隆县四区委员会。1956 年 11 月，改设为中国共产主义青年团承德市鹰手营子矿区委员会。1973 年 4 月至 2002 年 8 月，共青团营子矿区 委员会共召开 7 次代表大会，圆满完成了各次代表大会的任务。改革开放前，团组织紧紧围绕党的中心工作，开展各种适合青年特点的活动，在革命和建设中发挥了重要作用。改革开放后，团组织工作与时俱进，各项工作的开展，不但适合青年特点更具有改革开放的时代特色。团区委十分重视团组织的建设工作，至 2003 年年底，全区共有 4 个镇团委、8 个直属团委、9 个区直团总支、87 个团支部，团员 2924 人。

中华人民共和国成立后，根据团中央指示精神，1950 年 10 月，区属小学建少年儿童队，1953 年 6 月，少年儿童队改称中国少年先锋队。2003 年，全区中小学有少先队大队 18 个，中队 123 个，小队 509 个，少先队员 1641 名。少先队组织采取多种活动形式，对少年儿童进行爱国主义和革命传统教育，努力使少年儿童在德、智、体、美、劳等方面得到全面发展。

第一节　团组织

一、组织机构

（一）团区委

1950 年 10 月，始建中国新民主主义青年团兴隆县第四区委员会。1956 年 11 月，鹰手营子、寿王坟等地划归承德市，成立中国共产主义青年团承德市鹰手营子矿区委员会。1958 年 7 月，营子矿区又划归兴隆县，中国共产主义青年团承德市鹰手营子矿区委员会更名为中国共产主义青年团兴隆县鹰手营子矿区委员会。是年 9 月，更名为中国共产主义青年团兴隆县鹰手营子钢铁人民公社委员会。1959 年 4 月，更名为中国共产主义青年团兴隆县鹰手营子矿区委员会。1960 年 7 月，更名为中国共产主义青年团兴隆县鹰手营子城市人民公社委员会。1961 年 7 月，再次更名为中国共产青年团兴隆县鹰手营子矿区委员会。1965 年 2 月，营子矿区再次划归承德市，设中国共产主义青年团承德市鹰手营子矿区委员会，与区工会、区妇联、区工商联合署办公。1966 年 5 月“文化大革命”开始后，共青团组织受到冲击，工作陷于瘫痪。1972 年 8 月，恢复区共青团组织。1973 年 4 月，召开中国共产主义青年团承德市鹰手营子矿区委员会第一次代表大会，选举产生了第一届委员会，1978 年 2 月至 2002 年 8 月，共青团鹰手营子矿区委员会又先后召开 6 次代表大会，选举产生了二至七届委员会。

（二）基层组织

1956 年 11 月至 1965 年 2 月，随着行政区划的几度变更，营子矿区先后建立了隶属关系不同的乡（镇）或人民公社基层团委。1965 年 2 月，鹰手营子、寿王坟等地再次划归承德市，鹰手营子、寿王坟、马圈子 3 个人民公社都建立了基层团委。1971 年，全区有基层团委 3 个，团总支 2 个，团支部 47 个，团员 814 人。1973 年 4 月，全区有基层团委 4 个，团总支 2 个，团支部 73 个，团员 976 人。1982 年 4 月，全区有基层团委 4 个，团总支 2 个，团支部 74 个，团员 1158 人。1991 年，全区有基层团委 10 个，团总支 3 个，团支部 98 个，团员 1452 人。截止 2003 年底，全区共有 4 个镇团委、8 个区直团委，9 个区直团总支，87 个团支部，团员 2924 人。

二、代表大会

1973 年 4 月 24 日至 26 日，共青团承德市营子矿区第一次代表大会召开。正式代表 75 名，另有工人、红卫兵、红小兵代表 10 名，特邀代表 3 名。会上工人代表、红卫兵、红小兵代表分别向大会致贺词，中共营子矿区委副书记王树祥代表区委作重要讲话，杨国钧代表筹备小组作题为《在党的领导下进一步加强共青团建设，充分调动青年建设社会主义的积极性》的报告。大会选举产生了共青团承德市鹰手营子矿区第一届委员会，选举杨国钧为团区委副书记，常务委员 7 名。

1978 年 11 月 3 日至 6 日，共青团承德市营子矿区第二次代表大会召开。正式代表 104 名，列席代表、特邀代表 20 名。区工会主席毕绍杰代表区群团组织向大会致贺词，中共营子矿区委副书记曹克勤代表区委作重要讲话，团区委副书记杨国钧作题为《青春献给伟大的新长征》的工作报告。大会

选举产生共青团承德市鹰手营子矿区第二届委员会，选举杨国钧为团区委书记，常务委员 5 名。

1982 年 4 月 20 日至 22 日，共青团承德市营子矿区第三次代表大会召开。应出席大会代表 99 名。周喜清代表团市委向大会致贺词，中共营子矿区委副书记王世斌代表区委作重要讲话，团区委书记李秀云作题为《紧密团结在党的周围，为社会主义两个文明建设作贡献》的工作报告。大会选举产生共青团承德市鹰手营子矿区第三届委员会，选举李秀云为团区委书记，常务委员 5 名。

1992 年 10 月 17 日，共青团承德市营子矿区第四次代表大会召开。正式代表 101 名，特邀代表 8 名。王亮代表团市委、区工会李秀珍代表区群团组织向大会致贺词，中共营子矿区委副书记毛广顺代表区委作重要讲话，李明作题为《团结带领全区青年在矿区改革开放和经济发展的伟大实践中建功立业》的工作报告。大会选举产生了共青团承德市鹰手营子矿区第四届委员会，选举李明为团区委书记，常务委员 9 名。

1996 年 5 月 2 日，共青团承德市营子矿区第五次代表大会召开。大会代表 101 名，其中专兼职团干部 49 名，占代表总数的 48.5%；中共党员代表 37 名，占代表总数的 36.6%；少数民族代表 13 名，占代表总数的 12.9%；中专以上学历的代表 56 名，占代表总数的 55.4%。宋文玲代表团市委、区妇联主席张继明代表区群团组织向大会致贺词，副区长李金华代表中共营子矿区委作重要讲话，徐树星作题为《解放思想、奋力拼搏，团结带领全区青年为振兴矿区经济建功立业》的工作报告。大会选举产生了共青团承德市鹰手营子矿区第五届委员会，选举徐树星为团区委书记，常务委员 7 名。

1999 年 8 月 26 日，共青团承德市营子矿区第六次代表大会召开。大会代表 100 名，其中：专兼职团干部 49 名，占代表总数的 49%；中共党员代表 45 名，占代表总数的 45%；先进人物代表 30 名，占代表总数的 30%；女代表 42 名，占代表总数的 42%；少数民族代表 18 名，占代表总数的 18%；中专以上学历代表 86 名，占代表总数的 86%。单化军代表团市委、区委副书记乔志君代表中共营子矿区委、区妇联主席代表区群团组织向大会致贺词，郝世君作题为《肩负起培养跨世纪合格接班人的历史重任，为实现矿区“九五”奋斗目标建功立业》的工作报告。大会选举产生了共青团承德市鹰手营子矿区第六届委员会。选举郝世君为团区委书记，副书记 1 名，常务委员 7 名。

2002 年 8 月 8 日，共青团承德市营子矿区第七次代表大会召开。大会代表 110 名，其中：专兼职团干部 56 名，占代表总数的 51%；党员代表 51 名，占代表总数的 46%；先进人物代表 33 名，占代表总数的 30%；女代表 44 名，占代表总数的 40%；少数民族代表 13 名，占代表总数的 12%；中专以上学历代表 97 名，占代表总数的 88%。王荣昌代表团市委、区委副书记代表中共营子矿区委、区妇联主席冯国英代表区群团组织向大会致贺词，温德志作题为《与时俱进，奋发有为，在实现新世纪矿区腾飞的征程中再建新功》的工作报告。大会选举产生了共青团承德市鹰手营子矿区第七届委员会，选举温德志为团区委书记，副书记 1 名，常务委员 7 名。

三、开展青年活动

中华人民共和国成立初期，在抗美援朝运动中，团组织对广大团员，青年进行爱国主义、国际主义教育，动员他们参加中国人民志愿军，全区有 35 名团员、青年参军赴朝。动员团员、青年积极参加扫除文盲活动。1963 年 3 月始，团组织在全区团员、青年中开展“学雷锋、做好事”活动。1965 年 5 月，团区委通报表彰在学雷锋活动中涌现出的先进团支部和优秀团员、青年。1966 年上半年，团区委、区人武部、区妇联联合下发《关于向焦裕禄同志学习的通知》，号召广大团员、民兵、妇女向焦裕禄学习，后因受“文化大革命”干扰，未能广泛开展。1982 年 3 月始，在广大团员、青年中广泛开展“五讲四美三热爱”（讲文明、讲礼貌、讲卫生、讲秩序、讲道德，心灵美、语言美、行为美、环境美，热爱祖国、热爱社会主义、热爱中国共产党）和“文明礼貌月”活动。1985 年在团区委的组织下，以寿王坟镇为重点，开展“为群众排忧解难，改变家乡交通环境”为主题的修路活动，有

23个单位的1400多名团员参加义务修路，献劳动日845个。自是年始，团区委经常组织开展乒乓球、登山、书画、征文、讲演、集邮比赛，知识竞赛，电视歌手大奖赛、擂台赛，使广大青少年从中得到启迪、教育和锻炼。1987年，团区委举办全区第一届青年篮球赛。1995年，团区委将学雷锋活动升华为具有时代特色的青年志愿者活动，并逐步将这一活动制度化。每年的3月5日定为青年志愿者集体活动日，3月定为集体活动月。不同年份确定不同活动主题，如“奉献双休日”活动、“帮困、助学、富民、兴业”活动、“尊老助残”活动等。1996年开始，在全区各服务窗口单位开展创建35岁以下青年为主体的“青年文明号”活动，建立一整套监督管理机制，每年考核命名“青年文明号”，创建单位全员挂牌上岗，接受社会监督。1997年开始，将每年一届的青年篮球赛引入市场机制，通过“冠名设杯”，扩大规模影响，提高竞技水平、可观赏性和群众参与程度。先后举办了“太保杯”“邮电杯”“农行杯”“安全杯”等大型赛事。1998年，团区委首次组织全区18岁成人仪式、14岁青年仪式和集体入团、入队宣誓活动。2001年，组织开展“青年文明社区反邪教万人签名”活动，召开“校园拒绝邪教”座谈会。是年始，团区委又开展了“义务家教”“1+1结对子”“手拉手”“捐赠助学金”等救助失学儿童活动。2002年4月，开展以德治区青少年誓师动员大会暨万人签名活动。到2003年年底，全区团组织累计筹集资金10万元，救助失学儿童200余名。全区共认定区级“青年文明号”23个，市级10个，省级、国家级各1个。

四、参与经济建设

20世纪50年代中期，广大团员、青年带头参加农业合作社。1958年，在团组织的发动下，全区3000多名团员、青年修水库6座，打井10眼，修水渠2条，积肥500多万公斤，技术革新234项。在勤俭节约活动中，有20个企业组织了青年节约队，半年节约6万余元。1975年12月17日，区团委、妇联联合发出号召，要求企业广大团员、青年、妇女认真贯彻落实全国农业学大寨会议精神，响应中共营子矿区委提出的“全党动员、大办农业、苦战一年，为实现大寨式矿区而努力奋斗”的号召，积极投身到农业学大寨运动中。一些团员、青年积极参加突击队，涌现出一大批青年突击手和模范标兵。1994年7月12日，营子矿区遭受特大洪水灾害，团区委组织全区广大团员、青年投身到抗洪救灾之中，成立22个抗洪救灾突击队，到灾情最重的地方救灾。农村团组织配合党政部门，解决灾民的生活问题，帮助群众生产自救，重建家园。工矿企业团组织发动团员、青年立足本职工作，承担急、难、险任务，恢复和发展生产。交通、供水、供电单位团员、青年在抢修设备、道路中充分发挥骨干带头作用。团区委组织100名团员到受灾最严重的北马圈子镇参加义务劳动。进入90年代，团区委组织和带领广大团员、青年积极投身到企业改制和农村实用技术培训工作之中。在城镇，引导团员、青年艰苦创业，为企业牵线搭桥，介绍有经济实力、自愿在营子矿区创业的优秀青年，独资或合资接收区属企业，使一些企业成功转制。在农村，围绕农业产业结构调整，开展培训工作。截止2003年末，共举办农业实用技术培训班200余期，团员、青年参训1.2万人次。

第二节　少年先锋队

一、组织建设

中华人民共和国成立后，根据团中央的指示精神，1950年10月，区属的2所小学组建少年儿童队，之后，各村小学也先后成立了少年儿童队。1953年6月，少年儿童队改称中国少年先锋队。1966

年5月“文化大革命”开始后，少先队组织被“红小兵”组织取代，全区各小学均建立了“红小兵”组织。1978年，取消“红小兵”组织，恢复少先队。1980年，全区15所中小学均建立了少先队组织，有少先队员2861名，占少年儿童总数的54.1%，配备兼职少先队辅导员15人。2003年，全区18所中小学有少先队大队18个，中队123个，小队509个，少先队员1641名，占全区在校少年儿童的92.2%。配专兼职辅导员60人，建少先队活动阵地24个。

二、主要活动

少先队组织采取多种活动形式，对少年儿童进行爱国主义和革命传统教育，使他们在德、智、体、美、劳等方面全面发展。1963年3月始，全区少先队组织即开展学雷锋、做好事活动。1982年，全区各级少先队组织，都成立了学雷锋小组，全年做好事10000余件。1984年，全区少先队组织建立各种兴趣小组56个，学雷锋服务小组200个，在各街道建立“红领巾”宣传岗，全年做好事20000余件。1988年，开展学雷锋精神，争当“四有”（有理想、有道德、有文化、有纪律）新人活动，慰问军烈属，为孤寡老人服务。1995年，开展“五自”和“手拉手”活动，教育广大少年儿童“自学、自理、自护、自强、自律”，互相帮助，做社会主义合格的建设者和接班人。1998年，开展“学习赖宁品质，争做优秀队员”活动。2001年至2003年，深入开展“中国少年雏鹰行动”和“新世纪我能行”等一系列富有时代特色、符合少年儿童特点的实践教育活动。

第三章　妇　　联

民国37年（1948年）12月15日成立兴隆县四区妇女联合会。区妇联积极组织广大妇女踊跃支前参战。中华人民共和国成立后，区妇联组织广大妇女积极为抗美援朝捐款、制作慰问品，参加农业生产合作社。60年代至70年代中期，区妇联办起政治夜校，组织广大妇女学习毛泽东著作；在农业生产中，涌现出一批妇女先进生产者；在城镇街道开展“向阳院”活动。改革开放后，广大妇女积极投身经济建设，先后开展“双学双比、巾帼建功”“五好家庭”创建等活动。1973年至2003年期间，营子矿区共召开4次妇女代表大会，圆满完成了各次代表大会的任务。

第一节　机构和代表大会

一、机构

民国37年（1948年）12月15日，成立兴隆县第四区妇女联合会。1955年7月1日，改称兴隆县鹰手营子区妇女联合会。1956年5月10日，改称兴隆县鹰手营子矿区妇女联合会。同年11月1日，营子矿区划归承德市，设立承德市鹰手营子矿区妇女联合会。1958年7月11日，营子矿区划归兴隆县，改称兴隆县鹰手营子矿区妇女联合会。同年9月11日，改称兴隆县鹰手营子钢铁人民公社

妇女联合会。1959 年 4 月 1 日，改称兴隆县鹰手营子矿区妇女联合会。1960 年 7 月 1 日，改称兴隆县鹰手营子城市人民公社妇女联合会。1961 年 7 月 1 日，撤销兴隆县鹰手营子城市人民公社妇女联合会，成立兴隆县鹰手营子矿区妇女联合会。1965 年 2 月 25 日，营子矿区划归承德市，建立承德市妇女联合会鹰手营子办事处，与 共青团鹰手营子矿区委员会、承德市总工会鹰手营子矿区办事处、承德市工商联鹰手营子办事处合署办公。1973 年 7 月 26 日，成立承德市鹰手营子矿区妇女联合会。1949 年至 2003 年，境内各乡、公社、镇均设妇女联合会。

二、代表大会

1973 年 7 月 23 日至 26 日，召开营子矿区第一次妇女代表大会。出席会议代表 132 名，其中农民代表 75 名，占 56.8%；工人代表 15 名，占 11.4%；财贸代表 19 名，占 14.4%；文化、教育、卫生、机关代表 8 名，占 6%；街道代表 15 名，占 11.4%。大会选举鹰手营子矿区妇女联合会委员 25 名，常委 7 名，文素梅为副主任。

1979 年 1 月 10 日，召开营子矿区第二次妇女代表大会。出席会议代表 127 名，文素梅代表上届妇女联合会做工作报告。会议选举鹰手营子矿区妇女联合会委员 25 名，常委 7 名，文素梅为副主任。

1984 年 12 月 21 日，召开营子矿区第三次妇女代表大会。出席会议代表 113 名，其中特邀代表 9 名。会议选举鹰手营子矿区妇女联合会委员 19 名，常委 7 名，李秀云为主任。

1992 年 10 月 13 日，召开营子矿区第四次妇女代表大会。出席会议代表 100 名，其中特邀代表 1 名。专兼职妇女工作者 56 名，占代表总数的 56%；行业代表 44 名，占代表总数的 44%。张继明作《紧密围绕党的工作中心，动员全区妇女为振兴矿区作出新贡献》的工作报告。大会选举鹰手营子矿区妇女联合会委员 15 名，常委 7 名，张继明为主席。

第二节　主要工作

一、拥军支前

民国 35 年（1946 年）至民国 38 年（1949 年 9 月 30 日止）解放战争时期，广大妇女踊跃支前，母亲送儿子、妻子送丈夫参军，为子弟兵做军鞋、军袜、站岗放哨。鹰手营子村妇女主任骆秀英，为保护军粮、弹药，在敌人面前宁死不屈，壮烈牺牲，被人们誉为刘胡兰式的女英雄。在抗美援朝运动中，广大妇女积极捐款、制作慰问品。1979 年 2 月，在对越自卫反击战期间，区妇联开展“巧手表寸心，慰问亲人解放军”活动，全区妇女共捐慰问品 2849 件，并为营子矿区籍老山前线的 8 名解放军干部、战士寄去慰问信和 90 件精美慰问品。每年元旦、春节、“八一”建军节，区妇联均开展慰问当地驻军、军烈属活动。

二、参加经济建设

中华人民共和国成立初期，区妇联发动全区广大妇女，厉行节约，勤俭持家，义务植树，积极加入农业生产合作社。1966 年上半年，区妇联、团委、武装部联合下发《关于学习焦裕禄同志的联合通知》，号召全区妇女向焦裕禄学习，积极参加生产劳动，大搞农田基本建设。1975 年 12 月，区妇联、团区委向广大妇女、团员、青年发出“大办农业，为实现大寨式矿区而努力奋斗”的号召。在学大寨运动中，涌现出女先进生产者 64 人，女标兵 6 人。在城镇，组织无业妇女参加生产劳动，先后有 108

名妇女在街道办的小企业就业。1979 年，开展评选“三八”红旗手和“三八”红旗单位活动，评出“三八”红旗手 57 名，“三八”红旗单位 13 个。1984 年，区妇联举办裁剪、缝纫、果树剪枝等技术培训班，对部分妇女进行培训。1989 年始开展“双学双比，巾帼建功”（学文化、学技术，比成绩、比贡献，争当女能手）活动。至 2003 年末，通过多种途径，培训妇女 5429 人，其中掌握 1 门以上技术的 3024 人，开辟了致富门路的 1740 人，脱贫致富 750 户。涌现出市级以上“双学双比”女能手 925 人，其中有技术职称的女能手 91 人，中职 27 人，初职 64 人。河北怡达食品有限公司被评为省级“双学双比”示范基地，区赞皇大枣基地被市命名为“三八”绿色优质工程。在“巾帼建功”活动中，被评为高级巾帼明星 24 人，巾帼示范岗 13 个。区妇联多次被市妇联评为“巾帼建功”先进协调单位。

三、参与精神文明建设

20 世纪 60 年代中期至 70 年代中期，区妇联组织广大妇女学习毛泽东著作，全区有 4822 名妇女参加学习，占成年妇女的 90%，有 2411 人写了读书笔记。1975 年，为占领街道思想文化阵地，开展“向阳院”活动。1980 年开始，区妇联重点宣传新《中华人民共和国婚姻法》，提倡晚婚计划生育，终生只要一个孩子，节俭办喜事。开展“两个保护、两个教育”（保护妇女、保护儿童，教育妇女、儿童）和“四自”（自尊、自爱、自强、自立）教育活动。1985 年，区妇联成立法律顾问小组，每月的 1 日、15 日为妇女上访接待日，为妇女提供法律服务，维护妇女合法权益。1987 年，区妇联与区司法局联合举办有 400 多名妇女参加的法律知识百题有奖竞赛活动。1996 年 12 月，区妇联主席张继明、工作人员王瑞琴，几经周折，为陕西汉中市 3 次被人拐卖的 18 岁少女何小燕找到家。1997 年 1 月 17 日，《承德日报》以《国徽照耀回家之路——一位被拐卖 11 年的女孩寻亲记》为题，进行了报道。1996 年至 2003 年，广泛开展“家庭教育、家庭读书、家庭文化、家庭环保、家庭奉献”，“争做遵守公民道德公约模范”，“拒绝黄、赌、毒进我家”等活动，开展创建“五好家庭”活动。至 2003 年年底，全区共有 73 户家庭被评为“五好文明家庭”，其中 2 户为“十佳文明家庭”。与区妇幼保健站联合举办科学育儿培训班 14 期，培训 1500 余人。

附

国徽照耀回家路

——一位被拐骗 11 年的女孩寻亲记

《承德日报》通讯员　孙艳菊　杨继川　记者　胡晓峰　金亦石

这是由鹰手营子矿区妇联主席张继明代笔的离婚起诉书：“……开始我对他真很陌生，很少说话，有时我也对他谈谈我的身世，但没有得到同情和爱护，有时他强迫我做一些事，我很反感不同意，他便又打又骂……去年，他说给我们起了结婚证，但始终没让我看。后来，我提出要离开他，他说要我赔他生活费，要么我给他生个孩子，要么干脆威胁我。有时我要不从他，他就拿热水烫我……几次我都想自杀。”

张继明代笔的这一天是 1996 年的 12 月 3 日。

来妇联投诉的人叫何小艳，陕西人，今年 18 岁。

女孩介绍：1986 年，母亲带着 7 岁的她途经四川省巴中市，一个陌生的老头儿趁她母亲上厕所之机，把小艳领到一辆长途汽车上……老头儿让小艳给儿子做养女，起名叫杨雪梅，上到二年级便辍学了。两年后，小艳又被老头的邻居诱骗到四川省的另一农家，这家的主人将其改名为翁梅华，在这个

家里，小艳每天给五头牛割草，十几头猪喂食。1993 年这家主人把她送到新疆，在十八亩棉花地上开始了种植生活。1993 年年底回来后，主人指着两个男人对她说："你跟着他们打工去吧，赚了钱好找家。"

这一次她被领到密云，此时一心想挣钱回家的 15 岁小艳没想到，她被兴隆县上石洞子乡米铺村村民，现在马圈子新恒基钢铁水泥总厂做合同工的康富真以 1700 元领走为妻，此时她又被改名为赵梅华。

张继明和妇联的另一位同事王瑞芹经过细致的了解，渐渐在何小艳的哭声中了解到她三次被拐，三易其名的经过。她怕忘了家的地址和自己的真实姓名，每到一个新地方，小艳都用小刀把家址和名字在门后偷偷刻上去……

何小艳对俩人说："姨，我想找家，要是找不到家，求求你们帮我解除和康富真的同居关系，让他别再找我的麻烦。以后我出去找工作，自己挣钱回家。"

看着面前的女孩子，张继明和王瑞芹的心情格外沉重。

离家 11 年了，何小艳记忆中的家会在哪里呢？

她们记下了何小艳提供的地址：山西省（应为陕西省，小燕离家时由于年龄小，记成了山西省。）汉中市。

俩人决心要帮助她找回失散多年的家。

小燕临走时，张继明、王瑞芹嘱咐又嘱咐："以后如果不是我们俩，不是公安局的人找你，谁的话你也别信，别轻易跟别人走了！"

小艳含泪低着头默默地跟着她俩走出区政府大楼。

就在回头道别的时候，小艳指着区政府大楼对张继明、王瑞芹说："就是看见它，我才找到你们的！"

她俩向小艳手指的方向一看，原来是一枚巨大、鲜艳庄严的国徽。小艳从兜里掏出一枚五分硬币，兴奋地给她们看那上面正熠熠发光的小小国徽。

原来小艳从马圈子来到营子矿区的时候，一位好心人怕她不识字，找不到区政府，再次被人拐骗，好心人想了想，于是就拿给她一枚五分钱，指着上面的国徽对小艳说："你就按照这个样找把，这就是国徽，区政府也挂着，挂国徽的地方你就可以进，到了那你就说找妇联……"。

张继明、王瑞芹的眼睛一下湿润了，看着小艳瘦弱的身躯、稚嫩的脸庞和兴奋得潮红的小手，控制不住自己，流下一行行热泪——

"孩子，放心吧，我们帮你找家。"

"你走吧，小艳，别哭了，回去跟平时一样，别让人看出来。这么小，跟我儿子同岁。"

"孩子，别想太多了，回去等我们的消息。"

12 月 3 日，小艳暂回家中。

根据小燕提供的线索，张继明、王瑞芹翻开电话号码簿，在几千个城镇中找到了陕西省汉中市，和汉中市妇联联系，请求以最快的速度帮助查找小艳的家人。

第一天过去，第二天过去了……一连几天杳无音讯。妇联两位同志的心情不由得沉重起来。

12 月 9 日上午，小艳走后的第六天，张继明桌前的电话铃声响了：

"找到了，何小艳的亲人找到了！"

电话两边的人都激动不已，张继明握着话筒一时竟说不出话来，她哪里知道，汉中市妇联在寻找小艳亲人的过程中，几经周折。妇联的一位女同志为了尽快找到她的家人，顾不上等长途汽车骑着自行车行走了 10 多公里山路，才找到小艳的外婆家……

张继明、王瑞芹多想把这个消息马上告诉给小艳啊，可当她们冷静下来，仔细考虑小艳被拐前前后后的经历后，再次想起一个迫在眉睫的现实。

婚姻，牵着一个18岁花季少女的婚姻。

为了弄清何小艳与康富真之间的真实情况，12月11日，区妇联、区民政局、兴隆县民政局一行4人来到兴隆县上石洞子乡，进行仔细的询问调查：1994年，何小艳被骗到康的一个姐姐家，在结婚申请书上签字。同年11月，康富真一个人到乡民政所申请结婚登记。因缺少户口等证明，且女方未到场，未能办理。

1995年11月，康富真到乡民政所出具了何小艳的婚姻状况证明、户口证明等（何小艳7岁即开始流浪，始终没有户口），在何小艳仍未到场的情况下，领取了结婚证。

就这样，何小艳成了康富真的“合法”妻子。

正当一行4人调查此事时，消息不胫而走。门被突然撞开，康富真所在村的党支部书记赵某气冲冲的闯进来：“你们这是干什么……有事到村里找我，这里不伺候！”

这天夜里，张继明一宿没合眼，她深知这是一起骗婚拐卖人口案，回忆何小艳被骗的一幕幕，她担心，这一去会不会打草惊蛇，康富真会不会得到小道消息把小艳转移藏匿起来呢？

张继明的心里紧张了。

好不容易等到天亮，张继明火速来到营子矿区主管政法的党委副书记毛广顺的办公室做了详细汇报。毛书记当即拨通了公安局王焕根政委的电话，要他们迅速制定营救方案，保护小艳的人身安全。

12日9时许，两名公安干警来到康富真家：“你妻子在吗，我们有事需传唤她。”

正当康感到莫名其妙的时候，何小艳从里屋披上衣服冲出来，登上警车。

敏感的小艳知道，她得救了。

小艳知道是妇联的两位阿姨帮了她。

小艳被带到了一个秘密、安全的场所。知道小燕行踪的人只有张继明、王瑞芹和被她们的热心所感动、积极支持她们工作的爱人张学忠、杨明儒4个人。为了把小艳安全送回亲人怀抱，几个人不约而同组成了临时家庭，每日在一起吃饭，五口人围坐一桌，说说笑笑，热热闹闹。

王瑞琴的爱人杨明儒在公安局工作，他主动担起小艳的安全保卫工作，小燕必须要外出的时候，杨明儒总是手拉着这个跟自己儿子同岁的女孩，看着这个聪明伶俐的小女孩像蝴蝶一样飘来飘去，两人可喜欢呢！尽管儿子在外地上学，家境并不富裕，为了给小艳补身子，他们买来活鸡，给小艳炖成香喷喷的鸡汤，催小艳热乎乎地喝下去。

直到1996年12月15日，小艳亲人来到的那一天，小艳在几天内时时刻刻饱受着张继明、王瑞芹两家人无微不至的 照顾。

—她忘不了，王阿姨柔软的手多少次轻轻抚去她泪痕；

—她忘不了，张阿姨那身上好像久违的妈妈的气息，那气息是甜丝丝的，暖融融的，伏在她身上久久不去；

—她忘不了，杨叔叔那宽厚的肩膀。好像是梦中的父亲，等待她回去憩息；

—她忘不了，张叔叔那幽默风趣的调侃多少次把她和阿姨们的泪水变成笑容。

她想起来了，她想起来同年妈妈唱给她的歌谣：

睡觉吧，小鸟早已归巢，花园里多么安静，小羊和蜜蜂已休息，快睡吧，我的小宝贝……

2月15日上午11时，何小艳的三姨妈、三姨夫和四姨妈一路风尘来到营子矿区，下车的一瞬间，三姨便一眼认出了小艳，呼喊着这个离别11年的骨肉，几口人紧紧拥抱在一起，哭成了泪人。

过了一会儿，小艳才知道父母在她走失后的第二年相继去世了，说起往事，几口人呜咽着泣不成声。

看着小艳和家人团聚了，张继明和王瑞芹牵肠挂肚了12天这时总算松了一口气。

俩人一边安排几口人吃住，一边合计着几天来最让她们不放心的事—帮助何小艳解除非法婚姻，让小艳无牵无挂地回去。

经兴隆县民政局民政科科长刘海军和办事员车小燕这几天的调查取证，认定：康富真与何小艳属非法骗取婚姻。12 月 17 日，在新恒基钢铁水泥总厂会议室内，兴隆县民政局干事郑重宣布：“……依照《婚姻登记管理条例》第三章第九条、第二十五条规定，该婚姻无效。”这声音犹如洪钟，激荡着小艳的心扉。她双手捂住脸，痛哭不已，那声音徘徊着，久久地震撼着在场的每一个人的心灵……

小艳就要走了，依依惜别前，她扑在妇联两位阿姨的怀里，呜咽地说：“是您们重新给了我第二次生命。”

是的，在承德这片土地上，给予小艳的是党和政府的温暖，是社会大家庭的友爱，她感谢营子矿区的人民，她将永远铭记是营子矿区人民给了她生命的春天。

原载 1997 年 1 月 17 日《承德日报》第 181 期

第四章　工 商 联

1953 年 9 月，建立兴隆县工商业联合会鹰手营子办事处。1956 年，工商联鹰手营子办事处协助区政府对区内私营商贩，实行全行业的公私合营。“文化大革命”期间，工商联工作陷于瘫痪。从 1993 年 5 月成立营子矿区工商业联合会至 2001 年 12 月，共召开三届会员代表大会。其间，区工商联对老工商业主进行调查摸底；向会员征求发展个体私营经济方面的意见和建议，为发展区域经济建言献策。至 2003 年，工商界政协委员向区政协提交议案 191 条，办结落实 15 条。

第一节　机构和代表大会

一、机构

根据《中华工商业联合会组织通则》规定，1953 年 9 月，建立兴隆县工商业联合会鹰手营子办事处，办公地点位于鹰手营子老街，有办公用房 3 间。1954 年 8 月 1 日，成立工商联鹰手营子办事处的基层组织寿王坟工商小组，建组初期，与税务所在一起办公，后租用 1 间民房办公。1956 年 11 月，鹰手营子、寿王坟等地划归承德市，1958 年 7 月划回兴隆县。1965 年 2 月，再次划归承德市，兴隆县工商业联合会鹰手营子办事处更名为承德市工商业联合会鹰手营子办事处。几经区划变动，工商联鹰手营子办事处和寿王坟工商小组一直正常开展工作，人员亦无变动。“文化大革命”期间，工商联组织处于瘫痪状态。1984 年 1 月，工商联的工作由区委宣传部代管。1987 年 3 月，区委设立统战部，工商联的工作又由统战部代管。根据《中共中央批转中央统战部〈关于工商联若干问题的请示〉的通知》和承德市编委《关于各区级设立工商联组织的通知》精神，1993 年 5 月 6 日，营子矿区成立工商业联合会，工商联的常设机构为工商联执行委员会。到 2003 年机构无变化。

二、代表大会

1993 年 5 月 6 日召开营子矿区工商业联合会第一届会员代表大会。参加会议代表 36 名，代表会员 41 名。会议传达学习了《中共中央批转中央统战部 < 关于工商联若干问题的请示 > 的通知》，区委统战部副部长谭淑文向大会报告了自 1993 年 4 月 3 日成立区工商联筹备领导小组以来的工作情况。大会选举产生了鹰手营子矿区工商联第一届执委会，选举副主任委员 2 名（其中兼职 1 名），秘书长 1 名（兼），委员 8 名。

1997 年 11 月 18 日召开营子矿区工商业联合会第二届会员代表大会。参加会议代表 46 名，代表会员 60 名。会议听取并通过了主任委员张利作的关于《抢抓机遇、埋头苦干，努力开创工商联工作新局面》的工作报告。会议通过民主协商，选举产生了鹰手营子矿区工商联第二届执委会，选举张利为主任委员，副主任委员 2 名（不驻会），秘书长 1 名，委员 12 名。

2001 年 12 月 20 日召开营子矿区工商业联合会第三届会员代表大会。参加会议代表 76 名，代表会员 108 名。会议听取并通过了主任委员张利作的《抢抓机遇、快速发展，努力开创工商联工作新局面》的工作报告。会议通过民主协商，选举产生了鹰手营子矿区工商联第三届执委会，选举主任委员 1 名，副主任委员 3 名（其中驻会 1 名），秘书长 1 名（兼），委员 17 名。

第二节　主要工作

中华人民共和国成立初期，工商联的会员主要是工商业合作社中的工人、手工业者、行商、摊贩及工商界有特殊贡献的人士。当时的主要工作是团结教育工商业者，遵守《中国人民政治协商会议共同纲领》和人民政府的政策、法令，对会员进行社会主义思想教育，宣传中国共产党的总路线和总任务；协助政府对资本主义工商业进行社会主义改造。1956 年，配合政府对鹰手营子、寿王坟等地的私营商贩，实行全行业的公私合营。1966 年 5 月“文化大革命”开始后，工商联陷于瘫痪。1993 年，区工商联成立后，向工商局申请登记建立了 3 个企业。1998 年 11 月 8 日，为使个体私营经济上规模、上水平，区工商联向会员发出征求意见函 100 份，征求在政策措施、扶持力度等方面的意见和建议，收回征求意见函 83 份，为区委、区政府决策提供了许多有价值的参考意见。1999 年，经区工商联多次联系，承德市工商联与京承注塑厂各出资 30 万元合办纸箱厂。为掌握全区老工商业者的现状，2002 年 3 月 22 日开始，工商联对老工商业主进行调查摸底。全区尚有在世老工商业主 11 人，其中男 10 人，女 1 人。最早退休于 1985 年 7 月，最晚退休于 1998 年 7 月，月平均工资 400 元。1993 年 5 月至 2003 年，工商界政协委员向政协鹰手营子矿区全委会议提交议案 191 条，办结落实 15 条。

第五章　残　　联

营子矿区残疾人联合会自 1990 年成立至 2003 年，共召开 4 届代表大会。其间，残联将残疾人劳动就业作为工作重点，积极创办福利企业，支持残疾人从事种植业、养殖业、手工业、加工业工作，

拓宽残疾人就业渠道。重视和妥善解决残疾人来信来访。成立了残疾人康复中心和精神病康复中心，全面完成了“九五”康复计划和“十五”康复计划前2年的康复任务。

第一节　机构和代表大会

一、机构

1990年1月20日营子矿区残疾人联合会正式成立，与区民政局合署办公，1月30日前，全区4个镇先后成立了残疾人协会。1992年5月，区残联由民政局分出，独立办公。1994年4月，区残联靠挂民政局。1999年9月，区残联又从民政局分出，独立办公，为全额拨款事业单位，编制3名，至2003年末，机构再无变化。

二、代表大会

根据《中华人民共和国残疾人联合会章程》，凡户口在营子矿区的盲人、聋哑人、肢体残疾人和热心残疾人事业的残疾人亲友以及从事残疾人工作的健全人均可选为代表。残疾人代表应有一定的社会知名度和代表性，聋哑人需懂手语。健全人代表最多不能超过代表总数的40%。

1990年1月20日召开营子矿区残疾人联合会第一届代表大会。出席会议代表28名，其中残疾人代表17名，占代表总数的60.7%。中共营子矿区委副书记兼残联名誉主席毛广顺作工作报告，会议选举残联主席1名，副主席3名，执行理事会理事长1名。聘请名誉主席1名，副主席1名。

1993年5月召开营子矿区残疾人联合会第二届代表大会。出席会议代表70名，其中残疾人代表42名，占代表总数的60%。选举残联主席1名，副主席5名，理事长1名。选举出席承德市残疾人代表大会代表3名。

1999年8月16日召开营子矿区残疾人联合会第三届代表大会。出席会议代表42名，其中残疾人代表25名，占代表总数的59.5%。会议听取了残联理事长孙宪忠作的工作报告，选举残联主席1名，副主席2名，孙宪忠为理事长。聘请名誉主席2名。选举出席承德市残疾人代表大会代表8名。

2003年2月3日召开营子矿区残疾人联合会第四届代表大会。出席会议代表42名，其中残疾人代表25名，占代表总数的59.5%。会议听取了残联理事长孙宪忠作的工作报告，选举残联主席1名，副主席2名，孙宪忠为理事长，并选举产生5个专门协会（智力残疾人亲友协会、肢体残疾人协会、聋哑人协会、精神疾病人亲友协会、盲人协会）的主席，选举出席承德市残疾人代表大会代表7名。

第二节　主要工作

一、维护残疾人合法权益

1990年1月区残联成立后，区残联及各镇残疾人协会十分重视残疾人的信访工作。对残疾人的上访，责任到人，热情接待，耐心解答，正确引导。对残疾人反映的问题，进行登记、建卡、建档。通过多种渠道，落实残疾人政策，努力解决残疾人的实际问题。每年5月的第三个星期日，是全国法定

"助残活动日"。每年的这一天，区残联都开展"助残日"活动，并拍成专题片，在全区播放。1990年至2003年年底，区残联共接待残疾人来信来访582件，妥善解决537件，占92.3%。其中接待残疾人来访140多人次，反映的多数问题，都会同有关部门予以解决。会同有关部门处理对残疾人的侵权案33件，有效维护了残疾人的合法权益。

二、残疾人就业

1992年，营子矿区残联开始开展残疾人就业工作。1993年，贯彻《河北省社会福利企业管理暂行办法》，区残联将残疾人劳动就业作为工作重点，积极创办福利企业，支持残疾人从事种植业、养殖业、手工业、加工业工作，拓宽残疾人就业渠道。至2003年年底，全区有劳动能力的残疾人816人，其中城镇592人，农村224人。就业718人，城镇528人，其中自谋职业218人，私营企业打工180人，国营集体企业就业130人。农村190人，其中从事种植业、养殖业136人，自谋职业54人。残疾人就业人数占有劳动能力残疾人数的88%。

三、残疾人康复

"九五"期间，营子矿区被承德市定为精神病防治康复工作试点区。1997年5月14日，成立营子矿区精神病防治康复工作领导小组，下设办公室，主抓具体工作。各镇、村、街道居委会及大型企业也相应成立了领导小组。区残联将寿王坟铜矿职工医院精神病科定为营子矿区精神病康复中心。6月3日，全区4个镇开展了精神病普查摸底工作。全区共有精神病人445人，占全区总人口的6‰，并将病人的档案、底卡集中到区精神病康复中心，建立了规范化的档案，积极开展对精神病患者的治疗和康复工作。是年9月，在区卫生局的支持下，区残联与区医院协商，共同成立营子矿区残疾人康复中心。区残联多方筹集资金，购置康复器材。凡残疾人到康复中心就诊，免收手续费，对特困者免收处置费及酌情减免其他费用。为完成省、市残联下达的"九五"和"十五"康复计划，区残联从1999年开始，开展残疾人普查工作。是年6月，区政府召开专门会议，抽调普查人员进行专业培训，通过逐户普查登记，摸清了全区残疾人的基本情况。1997年9月至2003年年底，区残疾人康复中心共诊治残疾患者550多例，免除医疗费用7300元，有效训练肢残患者38人次。至2003年底，在全区445名精神病患者中，显好率达95%以上，监护率100%，肇事率为零。全面完成了"九五"康复计划和"十五"康复计划前2年的康复任务。

2003年鹰手营子矿区残疾人基本情况统计表

表20－5－1　　　　单位：人

单位	残疾人数			性别		残疾人类别						年龄				学历					有文艺特长人数	有劳动能力人数		特困人数		享受低保人数		少数民族人数	农村贫困人数
	小计	非农业人数	农业人数	男	女	视力残疾	听力残疾	言语残疾	肢体残疾	智力残疾	精神残疾	0至7岁	8至16岁	17至60岁	61岁以上	文盲	小学	初中	高中	大专以上		非农业人数	农业人数	非农业人数	农业人数	非农业人数	农业人数		
鹰手营子镇	1517	1065	452	1021	496	176	122	37	801	214	167	0	0	1090	427	743	256	457	54	7	0	293	70	359	319	109	0	37	364
汪家庄镇	440	339	101	328	112	44	29	123	138	21	85	0	6	287	147	133	130	164	12	1	0	82	41	51	22	51	22	17	22
寿王坟镇	653	393	260	397	256	42	82	148	197	65	119	2	14	331	306	256	193	174	28	2	4	96	49	45	195	48	0	16	195
北马圈镇	776	509	267	523	253	100	129	109	291	69	78	0	14	353	409	312	165	245	50	4	0	121	64	0	8	0	24	0	77
合计	3386	2306	1080	2269	1117	362	362	417	1427	369	449	2	34	2061	1289	1444	744	1040	144	14	4	592	224	455	544	208	46	70	658

第六章　计划生育协会

1984年11月设立营子矿区计划生育协会。1987年开始，相继成立各基层计划生育协会。各级计生协会利用节假日和会员活动日开展丰富多彩的宣传活动；积极参与流动人口计划生育管理。1995年，制定了《鹰手营子矿区计划生育协会章程》和工作规范；开展帮带计生贫困户致富活动；积极参与计划生育村民自治活动。至2003年全区基层计生协会发展到37个。

第一节　机构和代表大会

一、机构

1984年11月9日营子矿区计划生育协会成立，设会长1名，副会长2名，均为兼职，有会员93名。1987年11月，各镇建立基层计划生育协会，之后，各村、街道居委会、一些企事业单位也相继建立了基层计划生育协会。1993年，区计划生育协会设副科级专职副会长。到2002年，全区计划生育协会发展到60个。2003年，全区合并居委会成立社区，全区计划生育协会减少到37个，有会员9171名，占全区总人口的12.9%。是年，区计划生育协会的副科级专职副会长改设为正科级常务副会长。

二、代表大会

1984年11月9日召开营子矿区计划生育协会第一届代表大会。选举计划生育理事会常务理事5名，协会会长周駼良，副会长2名，均为兼职。

1990年7月5日召开营子矿区计划生育协会第二届代表大会。出席会议代表58名。区政协副主席周駼良作工作报告。选举计划生育协会理事会理事35名，常务理事16名，协会会长毛广顺，副会长2名，均为兼职。

1994年6月24日召开营子矿区计划生育协会第三届代表大会。出席会议代表100名。中共营子矿区委副书记毛广顺作《发挥计划生育协会群体优势，全方位为计划生育工作服务》的报告。选举计划生育协会理事会理事68名，常务理事20名，协会会长毛广顺，副会长7名，其中专职副会长1名，其余人员均为兼职。

1999年8月25日召开营子矿区计划生育协会第四届代表大会。出席会议代表90名。专职副会长李淑珍作工作报告。选举计划生育协会理事会理事49名，常务理事19名，协会会长1名，副会长6名，其中李淑珍为专职副会长，其余人员均为兼职。

第二节　主要工作

一、计划生育宣传

计划生育协会成立后，主动参与区计划生育局开展的各项工作。各级计划生育协会都在元旦、春节、“五一”劳动节、“5·29”会员活动日、母亲节围绕计划生育中心工作开展丰富多彩的宣传活动，每年广播宣传300余次，上街解答群众咨询2000余人次，发放宣传资料15000余份，出板报400余期。2001年至2003年，计划生育协会开展婚育新风进万家活动，充分利用协会会员联系面广的优势，深入居民家庭进行新婚育观念的宣传，以求形成新的生育文化氛围。

二、流动人口计划生育管理

1989年以前，计划生育以户籍地管理为主，重点对外出人口实行跟踪管理，适时采取计划生育措施。1989年以后，以现居地管理为主，将流动人口纳入常住人口计划生育管理。具体做法是：认真颁发或验收人口婚育证，对流动人口育龄夫妻进行登记、造册管理，实行跟踪服务，每年进行一次婚育、节育状况检查，帮助解决务工人员子女入学、入托难问题。由于管理措施得当，成效显著，使营子矿区流动人口计划生育管理工作步入全市、全省先进行列。

三、制定和实施协会章程和工作规范

按照承德市计划生育协会要求，1995年12月25日，区计划生育协会制定并通过了《鹰手营子矿区计划生育协会章程》和工作规范。开始实行“三表”（组织建设统计表、组织网络登记表、人事和工作统计表）、“四簿”（会员和联系户登记、会员重点帮带登记、协会工作记录、人员签到）工作制度，使计划生育协会的工作更加规范。

四、开展“帮带”活动

1997年区计划生育协会开展帮带计生贫困户支付活动，通过政策扶持、举办技术培训班、发放信息宣传材料、帮助贷款等方式，为计划贫困户解决生产技术、资金等方面的问题。协会会员主动为计生贫困户提供致富信息，进行种植、养殖技术指导。鹰手营子镇河北村协会会员范利忠，自己养貉子致富，还先后带动15户计生贫困户搞起了貉子养殖，其中慰彦才2000年开始搞貉子养殖，每年收入4万元。至2003年全区共帮扶计生贫困户105户，其中11户脱贫，74户致富。是年区计划生育协会积极参与计划生育村民自治活动，帮助各村制定《计划生育村民自治章程》，落实村民对计划生育工作的知情权、参与权、决策权、监督权，使计划生育管理方式由单纯行政管理向行政管理与群众自我管理相结合转变。

第二十一编 GONG JIAN FA SI

21 公检法司

第一章　公安
第一节　机构
第二节　案件侦破
第三节　严打和专项斗争
第四节　治安管理
第五节　户政管理
第六节　交通管理
第七节　出入境管理
第八节　消防管理
第二章　检察
第一节　机构
第二节　刑事案件检察
第三节　法纪经济检察
第四节　民事行政及控告申诉检察
第三章　审判
第一节　机构
第二节　立案
第三节　刑事和民事审判
第四节　行政审判和非诉执行案件审理
第五节　执行工作
第六节　审判监督
第四章　司法行政
第一节　机构
第二节　法制宣传
第三节　人民调解
第四节　公证服务
第五节　律师事务
第六节　安置帮教

21 承德市鹰手营子矿区志·公检法司

CHENGDESHI YINGSHOUYINGZIKUANGQU ZHI

GONG JIAN FA SI

自1950年建立公安机构至2003年，区公安机关遵照各个历史时期的方针政策，开展了打击违法犯罪、严厉打击刑事犯罪和各种专项治理斗争，严格各项治安管理，不断加强和改善基层基础工作，大力加强法制建设和队伍建设，圆满完成了各项工作任务。1984年2月检察院建立后，认真履行法律监督职能，全面开展各项检察业务，检察工作稳步发展。自建院至2003年，多次受到省、市、区级表彰。1991年被省检察院评为"先进集体"，1993年被省委、省政府评为"文明单位"，1998年至2003年被省检察院命名为全省"五好检察院"和"人民满意检察院"。区人民法院自1984年建院至2003年，依法行使审判权，严厉打击各类犯罪分子，维护社会主义法制尊严，保护国家、集体和人民的合法权益。20年共审结刑事案件1028件，审结民事案件7103件。1982年至2003年，区司法行政工作紧紧围绕党和政府的中心工作，认真履行其职责，积极开展各项司法行政业务，全区司法行政工作得到稳步协调发展。1950年至2003年，全区公、检、法、司等法制机关认真履行各自的执法职能，为维护和创造和谐稳定的社会环境做出了贡献。

第一章　公　　安

1950年，兴隆县公安局在鹰手营子设派出所后，遵照"以防为主，及时破案"的方针，组织民兵巡逻，发动群众监督检举，预防和打击违法犯罪活动。1965年成立承德市鹰手营子矿区公安分局至2003年年底，人民公安机构在刑事案件的侦破、社会治安管理、消防和交通管理等方面为营子矿区社会事业、经济建设的发展，人民生活的稳定和谐都做出了不懈努力。

第一节　机　　构

民国29年（1940年）12月，成立迁（安）遵（化）兴（隆）抗日联合县，十一区政府设在寿王坟的梆子沟，区政府设公安助理。民国35年（1946年）12月至民国37年（1948年）11月，承南县政府设在寿王坟，县政府设公安局，局长张新，副局长张中正。

1950年，境内设鹰手营子派出所。1952年9月，撤销鹰手营子派出所，四区人民政府设公安助理 。1956年11月，鹰手营子、寿王坟等地划归承德市。1957年3月，设立承德市鹰手营子矿区公安分局，下设办公室、治安科、政保科、行政拘留所和鹰手营子、马圈子、寿王坟、汪家庄派出所。1958年7月，撤销承德市鹰手营子矿区公安分局，建立兴隆县公安局鹰手营子矿区分局。1965年，撤销兴隆县公安局鹰手营子矿区分局，建立承德市公安局鹰手营子矿区分局。1967年11月，政法部门实行军事管制。1973年3月，撤销军管会，复设鹰手营子矿区公安分局，下设秘书股、治安股、刑侦股、政保股和鹰手营子、马圈子、寿王坟、汪家庄派出所。1982年，分局内部机构改股为科，设办公室、治安科、政保科、刑警队、拘留所。1984年，增设预审科。1985年，增设消防科。1988年，增设东风治安派出所、市场治安派出所。1989年，增设涝洼滩派出所。1992年，增设自行车管理所。1995年，增设林业派出所。1999年机构改革，鹰手营子矿区公安分局机构调整为：行政综合科、政工督查科、刑警大队、治安大队、法制大队、国内安全保卫大队、行政拘留所、自行车管理所，鹰手营子、北马圈子、寿王坟、汪家庄、林业派出所，东风、涝洼滩2个治安派出所。2001年4月，寿王坟铜矿公安科、兴隆矿务局公安处，划归营子矿区公安分局，设立营兴、营东2个派出所。至2003年无变化。

1957—2003年营子矿区公安分局部分年份干警人数统计表

表21－1－1　　　　单位：人

年份	人数	年份	人数	年份	人数	年份	人数
1957	24	1982	32	1990	73	1997	83
1960	22	1984	35	1991	70	1998	83
1963	16	1985	42	1992	75	1999	85
1965	12	1986	52	1993	74	2000	92
1973	34	1987	69	1994	67	2001	89
1974	30	1988	67	1995	80	2002	87
1981	30	1989	67	1996	78	2003	87

附：

伪满鹰手营子警察署

民国22年（1933年）7月，日伪为加强对鹰手营子区的治安统治，在鹰手营子建立警察派出所（日伪鹰手营子警察署前身）。设巡官1人，警长7人，警士8人，计16人，有鸟铳4支，弹药60多发。

民国24年（1935年）3月1日，日本侵略者在鹰手营子区建立伪满警察署（在鹰手营子西瓷厂址），归兴隆警务科辖。日伪鹰手营子警察署下设警务系、司法系、保安系、特务系、留置场。各年度有武装警察100余人。在警务系、特务系均有日本人，如：中岛芳也（警尉主任、特务系主任）、岛田秀×（警尉主任）、米谷（警补）等。历任伪满警察署长有陈柏生、张德元、孟祥大、李瑞生、谷学圣、王占江等。伪满警察署下设3个警察分驻所：即寿王坟警察分驻所、双庙警察分驻所、土城头警察分驻所。另设2个警防所。日伪警察派出所、伪满警察署成立初期，把收缴民间武器弹药作为首要任务。民国24年（1935年）12月17日至18日，集中时间，调动警力在鹰手营子、北马圈子、寿王坟的郑家庄、汪家庄等地，大规模收缴民间武器，借机敲诈勒索民财。

民国27年（1938年）7月14日，伪满鹰手营子警察署被八路军第四纵队摧毁，后又恢复直至民国34年（1945年）8月15日日本投降。伪满警察署存在期间，配合日、伪、宪、特和协和会，在境内烧杀抢掠，无恶不作，制造了多起惨案。

第二节　案件侦破

1957年3月，建立承德市鹰手营子矿区公安分局后，遵照“以防为主、及时破案”的方针，组织

民兵巡逻，发动群众监督检举，预防和打击违法犯罪活动。1966 年 5 月，“文化大革命”开始后，公安机关受到冲击。1968 年 3 月，营子矿区公、检、法机关实行军事管制。是年 10 月 11 日下午，承德市陶瓷厂少数造反派以“叛徒”“私藏枪支”等罪名，将生产科长李方田刑讯致死，1969 年春，承德市革委会、军管会派出工作组进驻陶瓷厂，清查制造冤案的凶手。1970 年 3 月，将 5 名犯罪嫌疑人拘捕。

1980 年，公安分局成立刑警队，刑侦工作得到加强，办案条件不断改善。1981 年 2 至 3 月，鹰手营子先后有 8 名少女被人轮奸。中央和省委领导极为重视，对此案作出重要批示。承德市委主要领导和公安局长亲临营子矿区指导破案工作。3 月 22 日晚，将 3 名主要犯罪分子抓捕归案。1983 年 7 月 12 日 21 时 35 分，正值电影散场，鹰手营子运输队一名修理工因对单位领导不满，驾驶东风 140 型 02—74633 号装有 5 吨水泥的载重汽车，驶入鹰手营子大街，由东向西再向北高速、曲线行驶，寻人撞轧。在 2.9 公里的大街和公路上，撞死撞伤 50 人。其中，当场死亡 10 人，抢救无效死亡 11 人，重伤 22 人，轻伤 7 人；男 29 人，女 21 人；年龄最大的 62 岁，最小的 4 岁。撞毁撞坏自行车 29 辆。罪犯行凶后，驾驶汽车向承德方向逃窜。13 日 7 时 30 分，警方在兴隆县西道沟大队将案犯抓获。案件发生后，市委、市政府和区委、区政府采取紧急措施，抢救伤员，处理后事，抚恤伤亡家属，稳定了社会秩序。1989 年 11 月，区公安分局破获一起贩毒团伙案，缴获咖啡因 50 千克。

1993 年，仅用 3 天时间破获了北马圈子村民劫车杀人案。

1997 年，全面推行刑侦体制改革，建立刑侦队，实行侦查破案责任制，提高了侦破案件水平。建立侦查、预审合一工作机制，刑侦部门承担全部破案任务。是年，改革和加强派出所工作，明确派出所的主要任务是做好防范和治安管理工作，组织群众维护好辖区内的治安秩序，从破案的重负中解放出来。1997 年 8 月，开通“110”报警服务台，1998 年“110”社会服务联动机制全部建立，提高了侦破案件的快速反应能力。2000 年，大力加强以快速反应为中心的打防控一体化建设，有效预防了现行犯罪的发生。成功地侦破了一起奸杀少女案。

1981—2003 年营子矿区公安分局刑事案件发破案统计表

表 21－1－2

发破案情况 年份	发案（起）	破案（起）	破案率（%）	其中		
				发重案（起）	破重案（起）	破重案率（%）
1981	136	90	66.2	21	20	95.2
1982	175	97	55.4	8	6	75.0
1983	85	53	62.3	14	14	100
1984	43	32	74.4	5	2	40.0
1985	108	78	72.2	13	12	92.3
1986	84	72	85.7	12	12	100
1987	71	62	87.3	10	10	100
1988	80	70	87.5	16	15	93.7
1989	81	67	82.7	20	19	95.0
1990	113	98	86.7	28	27	96.4
1991	103	89	86.4	27	23	85.2

续表 21－1－2

年份＼发破案情况	发案（起）	破案（起）	破案率（%）	其中		
				发重案（起）	破重案（起）	破重案率（%）
1992	158	139	87.9	26	23	88.5
1993	96	89	92.7	33	27	81.8
1994	105	96	91.4	28	26	92.9
1995	68	21	30.9	59	16	27.1
1996	52	45	86.5	25	20	80.0
1997	51	43	84.3	21	18	85.7
1998	63	46	73.0	22	19	86.4
1999	88	50	56.8	24	20	83.3
2000	160	80	50.0	—	—	—
2001	146	85	58.2	—	—	—
2002	124	95	76.6	—	—	—
2003	91	74	81.3	—	—	—

1983—2003 年营子矿区抓获犯罪嫌疑人人数及处理情况统计表

表 21－1－3

年份	摧毁团伙数（个）	抓获犯罪嫌疑人数（人）	其中		处理情况				
			团伙成员（人）	逃犯（人）	逮捕（人）	刑拘（人）	劳教（人）	少管（人）	转外地或其他处理（人）
1983	30	216	124	—	—	—	—	—	—
1984	14	99	55	—	—	?	—	—	—
1985	—	72	—	—	—	—	—	—	—
1986	—	—	—	—	—	—	—	—	—
1987		77	—	—	34	—	19	2	22
1988	—	100	—	—	71	—	9	1	19
1989	—	98	—	—	82	—	13	3	—
1990	12	107	46	—	102	—	3	2	—
1991	—	165	—	—	103	—	1	4	57
1992	—	—	—	—	—	—	—	—	—
1993	17	150	72	—	88	—	3	—	8
1994	12	137	39	11	70	—	15	—	12
1995	9	85	30	4	73	—	5	1	6
1996	—	210	—	—	73	116	6	1	14

续表 21－1－3

年　份	摧毁团伙数（个）	抓获犯罪嫌疑人数（人）	其中		处理情况				
			团伙成员（人）	逃犯（人）	逮捕（人）	刑拘（人）	劳教（人）	少管（人）	转外地或其他处理（人）
1997	—	136	—	8	67	—	5	—	—
1998	5	129	17	8	66	—	9	—	5
1999	11	118	34	32	51	—	8	—	16
2000	—	113	—	—	52	—	9	—	—
2001	3	98	—	16	—	—	—		—
2002	4	90	16	11	43	—	15	—	13
2003	—	102	—	8	40	49	2	—	11

第三节　严打和专项斗争

1983 年 7 月，中共中央作出了《关于严厉打击刑事犯罪活动的决定》。从 8 月上旬开始，营子矿区开展了严厉打击刑事犯罪活动。至年末，在“严打”中，共收捕各种违法犯罪分子 216 名，摧毁犯罪团伙 30 个，抓获团伙成员 124 名。破获各种性质犯罪案件 72 起。1988 年，为了遏制大案和恶性案件的增长，召开了 3 次集中打击违法犯罪活动的公捕大会。

1992 年，遵照河北省和承德市政法部门的部署，认真贯彻邓小平“两手抓，两手都要硬”的指示精神，积极开展以打击盗窃为中心，以侦破重、大、特案为重点的严打斗争，有效控制了大案的上升势头。1993 年 7 至 9 月，围绕破大案、打团伙、追逃犯、抓流窜这个中心，开展了“三打一禁”（打盗窃、打车匪路霸、打拐卖妇女儿童、禁止卖淫嫖娼）活动。破获拐卖妇女儿童案件 2 起，解救被拐卖妇女 2 名，抓获人贩子 7 名；破获卖淫嫖娼案件 6 起，查获卖淫妇女 6 人，嫖客 59 人；6 个旅店卖淫窝点，停业整顿 4 个，取缔 2 个。通过专项整治工作，是年盗窃案件立案 64 起，比上年 119 起下降 46.2%。1994 年，开展春季攻势，共破获了各类刑事案件 49 起，其中大案 6 起，抓获各类犯罪分子 66 人，摧毁犯罪团伙 4 个，涉及成员 12 人；破积案 1 起。继春季攻势后，又组织开展暑期行动和整顿农村治安秩序，成立了农村社会治安领导小组，8 月至 12 月在农村共破获刑事案件 37 起，其中重大案件 8 起，抓获犯罪分子 51 名，摧毁犯罪团伙 4 个，涉及成员 14 人。1996 年初，开展了冬季行动，10 月初开展第四季度追逃破积严打统一行动。通过开展禁赌禁娼、制痞除霸及盗抢机动车辆、自行车等专项斗争，全年收缴民用枪支 209 支，查处赌博 75 起，涉及 280 人；查处卖淫嫖娼 16 起，涉及 61 人；查处盗窃自行车 310 台，机动车辆 10 辆；治痞除霸 52 人。1998 年陆续开展冬季严打、“一破二打三加强”（破现行案件、打盗抢机动车犯罪、打入室盗窃抢劫犯罪，加强流动人口和公共场所管理、加强易发案部位的防范、加强内部单位安全防范）、打击走私盗窃和严打破案会战等专项斗争。

2000 年，陆续开展“打击人贩子，解救被拐卖妇女儿童”“7、8、9 月破案会战”及加强娱乐场所管理，严厉打击卖淫嫖娼、赌博、吸毒等专项斗争。1999 年至 2003 年，陆续开展“三打一追”（打盗窃、打抢劫、打流窜犯罪，追逃犯）、“打击人贩子，解救被拐卖妇女儿童”等项活动。

第四节 治安管理

一、特种行业管理

1957 年 3 月，成立鹰手营子矿区公安分局，负责辖区内旅馆、废品收购、刻字、电器、自行车修理、照相等行业的管理。1958 年 7 月，鹰手营子矿区公安分局撤销后，特种行业由兴隆县公安局管理。“文化大革命”期间特种行业疏于管理，1978 年恢复了对特种行业管理。1980 年 1 月，区公安分局同工商行政管理部门配合，对全区 26 家特种行业单位和 3 个个体经营户重新进行登记审查，并开展了对从业人员思想教育工作。1981 年，清查整顿非法开店问题，查处非法店 9 处，予以取缔；查出外地没有证件到区内出售农产品的商贩 37 人，抓获流窜到区内的山东济南市劳改就业犯 1 名。1982 年，对 59 个特业单位加强了管理，建立治保会 4 个、治保小组 14 个，发展治安积极分子 5 名。旅店业全部恢复了每晚向派出所报送登记簿制度。查出 3 个收购门市先后 8 次收购 2 个盗窃团伙偷盗厂矿铜铝等物品 474.5 公斤，价值 2000 余元，分别对门市部工作人员进行了 15 天的拘留或劳动教养等处理。1983 年特种行业经营户增至 65 户，增建治保会（组）14 个，特种行业人员协助公安机关抓获犯罪嫌疑人 3 名。1984 年 12 月，为加强刻字管理，开始签发公章准刻证，规定了刻字点 2 个。1985 年，根据公安部《关于改革和加强特种行业管理工作的通知》精神，公安机关不再进行开业审批，经营特种行业的，在领取工商营业执照后，向公安机关申报备案，接受公安机关的治安管理和安全监督。是年列入特种行业管理的有旅馆业、刻字业、收购生产性废旧金属和信托寄卖行业。对修理业、印刷业和收购一般生活用废旧物品的行业，不再列为特种行业管理。集中整治 26 个旅店。取缔 3 个非法收购生产性废金属收购点和 3 个个体收购点。1988 年根据《承德市营业性舞会（厅）管理办法》，开始将舞厅列为重点治安管理范围。1991 年，再次划定特种行业范围，为旅馆业、刻字业、收购生产废旧金属和信托寄卖、印刷业、复印业，核发特种行业经营许可证，建立了废旧金属收购登记制度。1993 年 5 月，区公安分局出台了《关于对电子游戏及文化市场管理规定》，将电子游戏厅纳入特种行业管理，对印章刻字行业进行规范，严格了审批手续。1998 年，文化娱乐场所服务人员一律实行培训后挂牌上岗，复印业划归安保部门管理。1999 年，区公安分局成立了特种行业清理整顿领导小组，制订了《关于清理整顿按摩服务场所严厉打击非法经营活动的实施方案》，举办娱乐场所业主培训班。2003 年，对歌舞娱乐、桑拿洗浴按摩、电子游戏厅等娱乐服务场所和书报刊、音像市场进行了整顿，重新核发营业许可证。

二、林业治安管理

1995 年 10 月，设立林业派出所，负责辖区林业治安工作，区农林局将全区林业行政案件委托林业派出所处理。

1996 年，查处林业治安案件 3 起。其中，盗伐林木 1 起，火警案 1 起，妨碍执行公务案 1 起。行政拘留 1 人，治安处罚 2 人，罚款 700 元，结案率 100%。查处林业行政案件 27 起。其中，滥砍盗伐 14 起，野外用火案 4 起，违法运输木材案 1 起，非法经营木材案 2 起，毁坏林木案 3 起，非法经营野生动物案 3 起。罚款 1.2 万元，没收木材 5 立方米，为国家挽回经济损失 5 万元。加强了护林防火宣传工作，发放传单 800 份，印发《护林防火公约》6000 份。加强了巡山护林管理，聘用了 56 名护林员。1997 年，查处林业治安案件 3 起，其中侵犯人身权利案 1 起，违反消防管理案件 2 起，罚款 200

元，行政拘留 2 人；处理林业行政案件 21 起，其中滥伐林木案 4 起，毁坏林木案 1 起，盗伐林木案 11 起，违法运输木材案 1 起，违法倒卖野生动物案 1 起，野外违法用火案 3 起，罚款 1.5 万元。路边制竖刷写永久性防火标语 800 余条，立防火碑 13 块。1998 年，加强了林业治安综合治理工作，利用村治保会组织，了解掌握全区林业治安情况。查处林业治安案件 1 起，治安拘留 1 人；查处林业行政案件 11 起，其中滥伐 2 起，盗伐 5 起，毁坏苗木林木案 2 起，野外用火案 2 起 ，处罚 21 人，罚款 1.8 万元。在林区路边刷写制竖防火标志 237 条、标语 580 条，发放宣传材料 10000 份。1999 年，区农林局撤回林业行政案件交由林业派出所处理的委托，林业派出所只负责对林业治安案件的处理。2003 年，对林区进行不定期巡查，定期设卡检查。对鹰手营子镇喇嘛沟村山林超亩数、超限额砍伐进行了处理。

三、枪支弹药危险物品管理

1973 年，在全区开展“四防”（防特、防盗、防火、防治灾害事故）工作，发动群众认真执行安全防范制度。1976 年，狠抓爆炸物品储存与使用措施的落实。1978 年，“五一”“十一”前夕，对爆炸物品储存和使用措施的落实情况进行了全面检查。1980 年，开展了查隐患工作，经协商，将承德市水泥厂炸药库址进行了搬迁。1981 年，对失散在社会的凶器和爆炸物品进行收缴。主要措施为：对群众进行深入宣传教育；通过破案和处理治安案件、灾害事故发现和追缴；对 56 名隐藏不交者依法强行收缴。共收缴凶器、爆炸品 2222 件，其中雷管 617 枚，炸药 1348 管，导火线 123.9 米。1984 年，重新核发爆炸物品生产、使用、储存、销售许可证，重建爆炸物品储存仓库 10 座。1985 年，根据国务院《民用爆炸物品管理条例》，营子矿区制定《关于对烟花爆竹销售的管理规定》。1990 年，建立看护爆炸物品人员双岗制，炸药、雷管、导火索分储制度。1997 年，建立“三级配送两监督”（市、区、镇三级配送，区管委会、镇管委会监督）制度。1999 年，成立营子矿区收缴爆炸物品专项整治工作领导小组。1995 年至 1999 年，共查出隐患 6000 余处，没收炸药 17226 公斤，雷管 23289 枚，导火索 7230 米，对违反爆炸物品管理的单位和个人分别进行了治安处罚。根据 2001 年公安部、国防科工委联合下发的《关于对工业雷管实行编号 管理有关问题的通知》精神，全区自 2002 年 1 月起，凡没有编号的纸壳雷管一律不得销售，6 月起 ，凡没有编号的金属壳雷管一律不得销售。2002 年，开展了“双清一整治”（集中清除收缴在社会上的爆炸物品，集中清理查究涉爆案件和事故，集中整治爆炸物品不规范使用及流失问题）活动。是年，共收缴炸药 51.6 公斤，雷管 432 枚，民用枪支 6 支，子弹 45 发，猎枪底火 382 个，黑火药 100 克，炮弹 1 枚，查处涉爆案件 4 起，处理涉案人员 7 人，其中刑事拘留 1 人，治安处罚 6 人 ，排查整改隐患 15 起，为 1131 名涉爆从业人员建立了档案。进一步完善了“三级配送两级监督”管理体系，推行了“爆破组长负责制”“专职爆破服务队制”。2003 年，采取了“四查一清”行动，即对非法爆炸物品、剧毒物品、枪支弹药、烟花爆竹安全检查和对非法爆炸物品、剧毒物品、枪支弹药的清缴。

四、网络监察管理

2001 年 3 月，营子矿区公安分局设立公共信息网络安全监察科，开始对网吧进行登记、监察、管理；每个使用网络单位均建立了互联网安全监察管理小组。4 月至 7 月末，为了贯彻国务院四部委《关于进一步加强互联网上网服务营业场所管理的通知》精神，根据省公安厅“网吧”清理整顿工作统一部署和承德市公安局的具体要求，开展了以规范网吧行为，取缔无证无照网吧为主要内容的专项治理行动。2003 年，公安分局公共信息网络安全监察科依据国务院 2002 年 11 月起实施的《互联网上网服务营业场所管理条例》和上级指示精神，首先，对全区联网单位摸清底数、建档管理和进行安全审核工作，使矿区的网吧行业得到了健康有序的发展。其次，对申请开办网吧的条件进行严格把关，

在设备数量、房屋面积、管理人员、安全措施上按照规定的条件严格审核，并深入每一家网吧进行安全检查。同时搞好服务，严格管理，对于网吧在安全管理、技术方面等出现的难题，尽全力帮助解决。在管理上印制了《网吧安全管理制度》、《民警提示》，发给每一家网吧张贴上墙，并经常召开网吧负责人会议，进行安全管理教育，交流管理经验，听取意见和建议，不断改进和完善管理方法，引导其合法经营。至2003年底，全区30余家网吧除个别不够规范需要整改外，其余都能遵纪守法经营，没有无证照经营和地下网吧现象。

五、取缔邪教活动

1998年，区内开始组织开展反对邪教组织的斗争。2002年7月，区机构编制委员会批准正式成立防范和处理邪教问题办公室，挂靠区委办公室，负责全区防范和处理邪教问题的日常工作。2003年，端掉了邪教“东方闪电”派和“门徒会”活动点各1个。

1980—2003年营子矿区公安分局受理查处治安案件统计表

表21－1－4

年份	受理（起）	查处（起）	处罚情况		
			拘留（人）	罚款（人）	警告（人）
1980	102	102	98	45	8
1981	150	150	147	91	5
1982	147	147	153	91	6
1983	216	216	225	187	12
1984	93	93	102	84	6
1985	149	149	158	122	3
1986	187	187	238	128	2
1987	182	182	176	206	5
1988	187	187	160	219	6
1989	173	173	158	351	0
1990	134	134	119	210	2
1991	149	149	86	313	11
1992	240	240	122	433	0
1993	283	283	117	447	34
1994	340	340	118	484	28
1995	295	295	141	550	31
1996	311	311	116	663	0
1997	242	242	151	349	17
1998	191	191	124	268	9
1999	199	199	114	114	4
2000	737	596	111	111	8
2001	587	558	82	82	0
2002	518	493	180	180	0
2003	188	188	73	73	80
合计	6000	5805	3269	5801	277

第五节 户政管理

一、户籍管理

中华人民共和国成立前夕，户籍管理工作主要掌管（登记）内容为：户口包括死亡、出生、迁移；户籍包括 出身、历史、家庭财产、社会关系等。农村户口由村治安委员会掌握，特殊户口特殊管理，特殊户口是指特殊户和特殊人。特殊户指：1 家若有 1 名反共组织头目、罪大恶极反动会道门头目、地痞流氓，与其家庭不相关的户。特殊人指：由敌占区还乡人员、散兵游勇、被剥夺公民权的地富分子。这两种户口（籍），由村治安员定期向区公安助理汇报情况，由区公安助理登记掌握。

中华人民共和国成立初期，建立了出生、死亡、迁入、迁出四项登记。具体的登记工作分乡、村两级进行。户口迁出手续由区公安助理统一签发迁移证。

1953 年 7 月，寿王坟派出所正式启用新的户口专用章。1958 年 1 月后，实施《中华人民共和国户口登记条例》，按出生、死亡、迁入、迁出 4 项逐户逐人登记。7 月重归兴隆县公安局管辖后，各镇、乡、（公社）户口均由镇、乡、（公社）秘书代管。

1965 年，改进申请入户审批手续，严格控制农业户口转为非农业户口。“文化大革命“期间，公安机关实施军事管制，户口仍由各公社秘书管理。1973 年，建立临时户口的报告和登记制度，要求各单位不准随便留宿外来人员，留宿必须向派出所报告。1978 年，建立居民来客报告制度，居民家里来客必须到派出所报告并登记。1982 年，为加强户籍管理工作，为户口和治安提供数据，在全区 22 个街道首次张贴门牌地址标识。1990 年，按照承德市《关于公开办理农转非户口的试行办法》，区公安分局制定下发《关于公开办理农转非户口的安排意见》，以井下轮换工和井下职工家属为主，为 689 名井下轮换工和井下职工家属办理了农转非手续，完成了 1.5% 的农转非指标。1998 年，按照国务院批转公安部《关于解决当前户口管理工作中的几个突出问题的意见》精神，营子矿区首次对户口管理作出了 4 项改革：实行婴儿落户随父随母自愿的政策；放宽解决夫妻分居问题的户口政策；男性超过 60 周岁、女性超过 55 周岁，身边无子女需要到营子矿区投靠子女的公民，可以在其子女所在城镇落户；在区内投资、兴办事业、购买商品房的公民以及随其共同生活居住的直系亲属，凡在区内有合法固定的住所、合法稳定的职业或者生活来源，已居住一定年限并符合当地政府有关规定的，可准予在该城镇落户。至 2003 年底，政策无变化。

二、身份证办理

1987 年，依据《中华人民共和国身份证管理法》《中华人民共和国居民身份证管理条例》，进行辖区内人口身份证的管理工作。是年，办理身份证 46669 件，发证率 94.5%。1987 年至 2003 年 6 月前，按照《中华人民共和国居民身份证条例》规定，所有年满 16 岁，居住在中华人民共和国境内的中国公民（除服现役的人民解放军军人、人民武装警察、依照法律正在服刑的犯人和被劳动教养的人员之外）都应当申领居民身份证。2003 年 6 月，《中华人民共和国居民身份证法》代替了《中华人民共和国居民身份证条例》，扩大了证件发放范围，规定现役的人民解放军军人、人民武装警察，可申领居民身份证；未满 16 周岁的公民，也可自愿申领居民身份证。是年，办理身份证 2872 件。

三、流动人口管理

从1965年开始，加强了对旅店的管理，建立旅客登记、汇报制度。1973年，建立流动人口的报告和登记制度，要求各单位不准随便留宿外来人员，留宿必须向派出所报告，建立临时户口。1977年，根据《国务院批转公安部关于处理户口迁移的规定的通知》精神，对流动人口进行劝阻，动员还乡。1978年，建立了居民来客报告制度，要求居民家里来客必须到派出所报告并登记。同年，按照特种行业管理的规定，恢复了对旅店业住宿必须出示介绍信和工作证的规定。1981年，加强了对暂住人口的管理工作，对应该回乡的无户口人员动员回乡。9月25日，对旅店业进行了清查整顿，查出“可疑店客”（外地没有证件的农民到当地出售农产品）37人，抓获流窜到区内的山东济南市劳改就业犯1名。1982年，旅店业全部恢复了每晚向派出所送登记店簿的制度。1984年，按照上级要求，对全区“独居人员”（没有寄居户的外来人员）进行了全面调查，查出独居人员110名，其中查出犯罪分子3名。1985，建立了暂住人口登记制度，加强了暂住人口登记工作，对假报或不报作出制裁，该年登记暂住人口3686人，对2名阻挠登记人员进行了行政拘留处罚。1986年，暂住人口4020人。1989年，根据承德市公安局下发的《关于治理暂住流动人口工作的安排意见》，区公安分局下发了《关于加强暂住流动人口治理工作的通知》，要求凡外来人口必须登记，办理暂住手续，16周岁以上暂住人口核发暂住证。公安分局成立了暂住人口管理站，对有经济收入的暂住人员按收入的1%收取管理费。各派出所设户协员共30人，流动人口管理开始走向经常化、制度化和规范化。1989年，暂住人口7242人，发暂住证2259人。1990年，暂住人口5320人，发暂住证2482人。1992年，暂住人口6266人，发暂住证2910人。1994年，暂住人口12200人，发暂住证4800余人。1995年，区政府出台了《关于加强流动人口计划生育综合治理的规定》，要求各部门严把“八关”：公安部门把好入户关，计生部门把好验证、签证关，工商部门把好批照、验照关，劳动部门把好务工关，用工单位把好用工关，医疗卫生部门把好接生关，民政部门把好结婚登记关，房主把好租房关。据统计，是年全区有流动人口7556人，其中务工6453人，务农53人，服务业377人，因公出差37人，治病疗养8人，保姆13人，探亲访友46人，其他569人。

1996年，区公安分局成立流动人口管理总站，各派出所成立分站。管理工作中抓获流窜作案分子12人，清查出在逃犯5人。1997年，制定《暂住人口管理办法》，向出租房屋业主发放出租房屋许可证。开展了“两签”（与用工单位签订《外雇工管理责任状》，与出租房屋户签订《出租房屋责任状》）工作，并在汪家庄镇开始试点。该年全区登记出租房屋1068间，暂住人口10266人，办暂住证5484人。

1996年4月以前，流动人口管理工作由区公安分局治安科负责。1996年4月，成立营子矿区流动人口管理办公室，设在区政法委，1998年4月，区流动人口管理办公室从区政法委分离归属公安分局，编制3人，仍归治安科领导。5月，区公安分局制定《加强流动人口管理工作的若干规定》，还出台《暂住证申领办法》《租赁房屋管理规定》等。是年，有流动人口管理服务站6个，专管员15人，群众管理组织52个，协管员65人。是年，暂住人口3106人。抓获流窜作案分子12人，为外地清查出在逃犯5人。1999年，制定《鹰手营子矿区流动人口管理规定》，要求“凡来营子矿区务工、经商或从事其他劳务、经济活动的人员，必须在到达暂（寄）住地三日内，申报登记。拟居住30天以上的，必须申领暂住证，并要求每300名流动人口配户协员1名。制订《鹰手营子矿区公安分局集中开展流动人口治理整顿和出租房屋专项治理实施方案》，从4月初至9月底开展了专项治理行动，登统出租房屋900余间，与560户房主签订了治安责任书，破获流动人口作案案件13起，抓获违法犯罪嫌疑人17名。暂住人口3280人。2002年，鹰手营子矿区公安分局制订《清理整顿流动人口出租房屋管理控制重点人口专项行动实施方案》，10月10日至11月25日对流动人口出租房屋进行了清理整顿。

1992—1997 年营子矿区暂住人口统计表

表 21－1－5　　　　单位：人

项目/年份	合计	性别		暂住时间			来自地区					居住处所						查处违法犯罪人员情况		
		男	女	一个月以下	一个月至一年	一年以上	省内		省外		港澳台	旅店	居民家中	单位内部	工地现场	租赁房屋	其它	逮捕	治安处罚	其它处罚
							市	县	市	县										
1992	6266	4730	1536	52	1837	4377	685	4928	244	408	1	75	2581	1265	872	1473	－	15	39	3
1993	8302	6646	1656	84	1867	6351	661	6566	294	781	－	28	2914	1296	1525	2539	－	9	41	－
1994	10021	7684	2337	163	3945	5913	1740	7164	582	535	－	5	2613	3298	1295	2810	－	14	1	88
1995	10276	8447	1829	749	5399	4128	818	8693	245	520	－	48	2178	3004	1480	3566	－	9	－	28
1996	10266	8434	1832	731	4713	4822	378	9309	334	245	－	54	1897	1731	1294	5290	－	15	67	－
1997	5549	4791	758	382	4330	837	215	4448	452	434	－	64	450	744	1026	3195	70	21	92	8

第六节　交通管理

一、机构设置

1972年，设立承德市公安交警队鹰手营子交通组，有交警3人。1978年5月，成立承德市公安交警大队鹰手营子分队，有交警3人。1981年，承德市交警大队鹰手营子分队改称承德市交警大队鹰手营子中队，有交警3人，1988年增至6人（民警3人、借调3人）。1989年11月承德市交警大队鹰手营子中队改称承德市交警支队鹰手营子交警大队，有交警5人。1991年改称承德市交通警察四大队，有交警6人。1995年4月改称承德市交通警察三大队。是年，成立鹰手营子机动车驾驶员协会，全区1600名驾驶员有1555人入会，入会率97%。1996年4月又改称承德市交通警察四大队。2001年，成立承德市公安局车辆管理所鹰手营子分所，至2003年机构无变化。

二、交通秩序管理

1987年6月24日至26日，鹰手营子交警中队按照上级公安局机关部署，集中对夜行车辆进行路查路检，3天共检查机动车辆300余台，发现与纠正违章40余起。11月，在鹰手营子大街十字路口建交通指挥岗亭1个。1994年12月末，承德市公安交警支队四大队，在全区范围内开展了为期59天的春运期间交通秩序整顿工作。从宣传教育入手，强化管理，纠正处罚违章，依法从严打击车匪路霸，清理整顿卡脖子路段，严格营运客车春检，有效维护了春运期间交通秩序。1997年4月，加强了对重点中小学校学生放学时段交通秩序的维护。2000年9月，营子矿区在实施“畅通工程”中加大投资力度，改善城区交通管理设施，在营子大街主干道重新安装标志、重新施划标线，禁止大货车在鹰手营子大街通行。严厉处罚各类违章行为，整顿“马路市场”，为群众安全出行提供保障。2001年5月开始，承德市交通警察四大队在全区开展了为期3个月的集中治理严重超载违章行动，至7月末，共纠正超载违章130余起，处罚130余人。2003年4月至9月，交警四大队按照区委区政府和上级公安机关抗击“非典”工作的部署，在辖区内设3个检查站，配备足够警力，24小时在岗在位，认真做好“非典”检测服务的交通秩序维护工作。

三、车辆管理

承德市公安局车辆管理所鹰手营子分所成立前，营子矿区各类机动车及驾驶人员均到承德市车辆管理所办理牌照、驾证业务。2001年车辆管理分所成立后，主要负责发放鹰手营子辖区内汽车牌照及承德市车辆管理所管辖的汽车和汽车类驾驶员以外的其他机动车和驾驶员的车管业务。至2003年末，共办理驾驶证2020个，办理机动车牌照4150副。

四、交通事故处理

1991年8月14日，寿王坟镇罗圈沟一村民，驾驶潍坊牌拖拉机在寿王坟大街行驶，因刹车管突然崩开，冲入人行道，造成3人死亡。

2000年以前，重大以上交通事故由承德市公安局交警支队处理，交警四大队只负责轻微、一般事故的处理。2000年以后，交警四大队负责对轻微、一般、重大事故的处理，特大事故仍由市公安局交警支队处理。2000年1月1日开始启动交通事故报警电话“122”，有专人值守。

第七节　出入境管理

改革开放前，居民出国出境管理按照“从严审批，限制出国原则执行”，采取居民有条件申请、公安局管审批发证的管理办法。首先由居民提交出国出境申请，同时提交境外邀请函，并由基层单位初步审批，基层单位上级主管部门审批，户口所在地的基层派出所出具该人员的父母、配偶、子女详细情况，然后逐级上报，最后经由省级主管部门批准。1985 年 11 月《中华人民共和国公民出境入境管理法》颁布，开始采取“按需申请”的管理办法，只需提交居民基本证明文件即可。1997 年为 23 人办理了出境的有关手续，1998 年，办理了 12 人的出境签批手续，2003 年为 26 人办理了出境手续，为 9 人办理了入境手续。

第八节　消防管理

一、消防机构

1979 年以前，营子矿区没有消防组织和机构，消防任务由寿王坟铜矿消防队和兴隆矿务局救护队承担。1979 年 11 月，成立武警承德消防支队三中队，有消防车 2 辆，随即开通了 119 火警电话。1983 年，营子矿区公安分局设立消防股，编制 2 人，负责组织协调区内企业和地方的消防工作。消防股工作人员为现役制，纳入中国人民武装部队系列，隶属武警承德消防支队。1985 年，改设消防科，编制 3 人。至 2003 年，武警承德消防支队三中队一直驻鹰手营子。

二、消防宣传

自 1979 年 11 月消防中队建立至 2003 年，发放宣传单 5 万份，向消防安全重点单位发放火灾自救与逃生光盘 32 套，向社区发宣传画 48 套，消防车上街宣传 9 台次。

三、重大火灾事故

2000 年 9 月 19 日凌晨 3 点，在兴隆矿务局马圈子矿职工食堂举办的北京大型服装展销会发生火灾，消防三中队接到报案后立即出动 2 辆消防车，后又调动兴隆矿务局救护消防队 2 辆消防车增援，5 点将大火扑灭。过火面积 230 平方米，烧毁部分摊位货物价值 18. 381 万元。

2001 年 3 月 6 日凌晨 4 点 50 分左右，营子矿区供销社发生火灾，消防三中队 5 点 10 分接到报警，随即出动，大火很快被扑灭。烧毁衣物、食品、家电等物品合计 28. 4 万元，过火面积 340 平方米。

自消防中队建立至 2003 年年底，共扑救火灾 1400 余起，挽回财产损失 1200 万元。

第二章 检　　察

营子矿区检察院自建立以来充分发挥职能作用，严厉打击各类破坏社会经济秩序、贪污贿赂、渎职侵权等犯罪活动，积极查办各类违法犯罪案件。改革开放后，推行岗位责任制和检务公开制度，积大地调动了官大干警的积极性，开创了检察工作的新局面。1984 年 6 月至 2003 年年底，区人民检察院共受理刑事案件 833 件，1243 人，批捕 802 件，1195 人，受理移送起诉刑事案件 849 件，1271 人，查办各类经济犯罪案件 199 件，为国家挽回经济损失 580.33 万元。查办渎职侵权犯罪案件 58 件，76 人，受理公民来信来访 1229 件（人次），查处或转给有关部门控告申诉案件 321 件。1991 年至 2003 年年底，共受理民事抗诉案件 78 件，提请抗诉 12 件。为全区的社会稳定和经济建设创造了良好的社会环境。

第一节 机　　构

1957 年 3 月，成立承德市鹰手营子矿区人民检察院。1958 年 7 月，营子矿区划回兴隆县，检察机构随之撤销。1965 年 2 月，鹰手营子、寿王坟等地再次划归承德市。1979 年 4 月，经中共承德市委批准，成立承德市人民检察院鹰手营子矿区检察组，有工作人员 5 人。1984 年 2 月 7 日，重新组建鹰手营子矿区人民检察院，6 月 1 日正式挂牌办公。设办公室、刑事检察科、经济检察科、法纪检察科、监所监察科，有干警 10 人。是年 12 月 4 日，成立鹰手营子矿区人民检察院检察委员会。1988 年 6 月 1 日，设立税务检察室。8 月 1 日设立经济、控告申诉检察科（经济法纪罪案举报中心）。1991 年 10 月 14 日，设立民事行政检察科。1993 年 5 月，设立政工科。1996 年 5 月 14 日，设立技术科，6 月 12 日，撤销经济检察科，设立反贪污贿赂局，全区四个镇设立检察室，8 月 19 日，成立法警队。1997 年 3 月，撤销刑事检察科，设立审查批捕科、审查起诉科。2002 年 6 月，区人民检察院机构改革，设办公室、政治处、反贪污贿赂局、渎职侵权检察科、侦查监督科、公诉科、民事行政检察科、控告申诉检察科、检察技术科、职务犯罪预防科、法警队。2003 年年底区人民检察院有办公用汽车 6 辆，实现了计算机局域网络化和审讯监控，办公、办案条件初步实现了现代化。是年有干警 37 人。

1984—2003 年营子矿区人民检察院干警基本情况一览表

表 21－2－1　　单位：人

项目 / 年份	干警	男	女	中共党员	专科以下学历	大学专科	大学本科
1984	10	10	—	8	10	—	—
1985	19	16	3	8	19	—	—
1986	21	17	4	11	19	2	—
1987	20	17	3	13	18	2	—
1988	24	21	3	15	22	2	—
1989	25	21	4	15	23	2	—
1990	25	21	4	17	23	2	—
1991	25	21	4	18	23	2	—
1992	27	22	5	18	24	3	—
1993	26	22	4	20	22	4	—
1994	25	23	2	20	21	4	—
1995	30	26	4	21	25	5	—
1996	32	26	6	22	25	7	—
1997	39	30	9	22	26	13	—
1998	40	31	9	24	22	18	—
1999	40	31	9	25	18	22	—
2000	38	29	9	26	18	20	—
2001	38	30	8	27	14	24	—
2002	37	30	7	28	8	27	2
2003	37	30	7	30	8	25	4

第二节　刑事案件检察

一、审查批捕

1984 年 6 月，营子矿区人民检察院正式办案后，根据《中华人民共和国刑事诉讼法》关于必须“主要犯罪事实已经查清，可能判处徒刑以上刑罚，采取取保候审、监视居住等方法，尚不足以防止发生社会危害性”的批准逮捕犯罪嫌疑人的条件，履行审查批捕职能。改革开放初期，由于经济体制的变革和“文化大革命”中“打、砸、抢”遗毒的影响，社会治安混乱，刑事犯罪发案率高。区人民检察院依法从重从快打击刑事犯罪。1988 年至 1991 年，共批捕犯罪嫌疑人 321 人。1991 年，区人民检察院受理一起公安呈捕的4名案犯共同盗窃案。审查批捕时发现对案犯李某认定的犯罪事实不清，办案人员直接深入到案发地调查取证。在查清案件事实的基础上，对李某在此案中所实施的行为进行了全面分析，认为其行为不构成犯罪。经检察委员会研究，对李某作出不批捕的决定，使无罪人不受法律追究。1995年5月，承德市人民检察院在营子矿区召开全市检察系统刑事批捕工作现场会，推广营子矿区人民检察院严把批捕案件质量关，刑事批捕10年无错案的经验。1984年6月至2003年年底，区人民检察院共受理刑事案件833件，1243人。批捕802件，逮捕犯罪嫌疑人1195人。不批准逮捕犯罪嫌疑人27人。因事实不清，证据不足退回公安机关补充侦查21人。

1984—2003年营子矿区人民检察院审查批捕案件情况统计表

表21-2-2　　　　单位：人

项目 年份	受案件数	受案人数	批捕案件数	批捕人数	不批捕人数
1984	25	44	22	39	5
1985	17	27	15	25	—
1986	38	51	36	49	1
1987	18	26	18	26	—
1988	45	72	44	71	—
1989	41	71	41	71	—
1990	48	76	48	76	—
1991	63	105	62	103	1
1992	62	85	60	83	—
1993	66	91	63	87	4
1994	51	76	49	75	—
1995	47	67	46	65	—
1996	56	77	51	65	3
1997	33	52	30	46	6
1998	46	73	45	71	2
1999	44	65	41	60	5
2000	42	57	40	55	—
2001	27	32	27	32	—
2002	37	44	37	44	—
2003	27	52	27	52	—

二、审查起诉

1984年6月始，营子矿区人民检察院，根据《中华人民共和国人民检察院组织法》的规定，对受理的公安机关要求起诉和自侦的案件，依法进行全面审查。对于犯罪事实已经查清，且证据确定充

分，应当追究刑事责任的案件，依法向法院起诉。对于主要犯罪事实不清，证据不足的案件，退回补充侦查。在起诉工作实践中，建立“专人阅卷，集体讨论，检察长决定”和“定期复查”等项工作制度和轻刑案件简历办案程序、未成年人犯罪维权岗。与公安机关、法院建立案件协调机制，主动参与一些重大案件的现场勘查和预审活动。1997 年 3 月，区人民检察院设立审查起诉科，起诉工作得到进一步加强。2002 年机构改革，审查起诉科更名为公诉科。实行主诉检察官办案责任制。1984 年 6 月至 2003 年，区人民检察院起诉部门共受理移送起诉刑事案件 849 件，1271 人。经审查向法院起诉 784 件，1168 人。不起诉 5 件，7 人，追诉 2 人。

1984—2003 年营子矿区人民检察院刑事案件审查起诉情况表

表 21 - 2 - 3

项目 年份	受案		起诉		免诉		不起诉		追诉人数（人）
	（件）	（人）	（件）	（人）	（件）	（人）	（件）	（人）	
1984	21	34	17	26	2	2	—	—	—
1985	16	26	16	26	—	—	—	—	—
1986	37	51	34	47	—	—	—	—	—
1987	16	24	14	21	1	1	—		—
1988	40	54	38	55	1	1	—	—	—
1989	48	87	42	79	1	1	—	—	—
1990	48	81	48	81	1	6	—	—	—
1991	48	84	45	81	—	—	—	—	1
1992	65	98	66	101	2	2	1	1	—
1993	54	79	56	86	—	—	—	—	—
1994	49	78	55	81	1	1	—	—	—
1995	50	82	48	74	2	2	—	—	—
1996	59	76	51	65	—	—	—	—	1
1997	57	80	47	62	—	—	2	2	—
1998	45	66	44	61	—	—	1	2	—
1999	46	64	36	51	—	—	—	—	—
2000	45	65	32	43	—	—	—	—	—
2001	31	35	26	29	—	—	—	—	—
2002	39	44	34	37	—	—	1	2	—
2003	35	63	35	62	—	—	—	—	—

三 侦查监督

1984 年 6 月始，营子矿区人民检察院依法行使侦查监督职能。侦查监督的主要内容是：从受理公安机关和检察机构自侦部门提请批捕犯罪嫌疑人开始，公安机关和自侦部门询问犯罪嫌疑人、询问证人、勘查、检查、搜查、扣押物证书证及鉴定等侦查活动 是否合法；公安机关是否有案不立、有罪不究、以罚代刑、徇私枉法等违法行为。自 1984 年 6 月至 2003 年年底，营子矿区人民检察院依法批准逮捕和决定起诉一大批刑事犯罪分子外，共办理刑事立案监督案件 26 件。

四、刑事审判监督

1984 年 2 月，重新组建营子矿区人民检察院后，对区人民法院的法庭组建是否合法，审判案件是否依照法律程序进行，是否侵犯被告人和其他诉讼参与人的合法权利，审理中所作决定是否合法 ，是否有徇私舞弊、枉法裁判行为，是否有违反有关时限规定的行为等，实行法律监督。区人民检察院对法院的刑事审判监督，一般从向法院提起公诉时开始。监督的途径主要是：提起公诉、出庭支持公诉、审查刑事案件的判决和裁定、列席审判委员会会议、实行死刑临场监督、受理群众申诉、控告等。1994 年，区人民检察院首次对 3 起法院的刑事裁决提出抗诉，3 起判决全部改判。其中一案经院长监督 程序由判无罪改判缓刑。另一案经承德市中级人民法院由判有期徒刑 3 年改判为有期徒刑 7 年，营子矿区人民检察院受到上级院的表彰。1996 年，抗诉 1 件，改判 1 件。至 2003 年年底，共抗诉 4 件，法院改判 4 件。

第三节　法纪经济检察

一、法纪检察

根据 1979 年颁布的《中华人民共和国刑事诉讼法》的规定，营子矿区人民检察院法纪检察科负责受理侦查重大责任事故案，刑讯逼供案，诬告陷害案，破坏选举案，非法拘禁案，非法管制、非法搜查、非法侵入他人住宅案，报复陷害案，非法剥夺公民宗教信仰自由和侵犯少数民族风俗习惯案，伪证案，侵犯公民通信自由案，泄露国家重要机密案，玩忽职守案，徇私舞弊案，体罚虐待被监管人案，私放罪犯案，妨碍邮电通讯案等。1997 年，新的《中华人民共和国刑法》实施后，不再负责查办重大责任事故案。增加对全区国家机关工作人员的渎职犯罪和利用职权实施的侵犯公民人身权利、公民民主权利的犯罪案件直接立案侦查的职能。2002 年，法纪检察科更名为渎职侵权检察科。1984 年 6 月至 2003 年年底，区人民检察院法纪检察部门共立案查办渎职侵权犯罪案件 58 件 ，76 人。其中重大责任事故案 32 件，玩忽职守案 13 件，非法拘禁案 3 件 ，徇私舞弊案 6 件，其他案件 4 件。

1984—2003 年营子矿区人民检察院自侦法纪案件一览表

表 21 －2 －4　　　　单位：件

项目 年份	受案	立案	其中				
			重大责任事故案	玩忽职守案	非法拘禁案	徇私舞弊案	其他案件
1984	2	—	—	—	—	—	—
1985	3	2	—	1	—	—	1
1986	4	1	1	—	—	—	—
1987	16	—	—	—	—	—	—

续表 21－2－4

项目 年份	受案	立案	其中				
			重大责任事故案	玩忽职守案	非法拘禁案	徇私舞弊案	其他案件
1988	24	1	—	1	—	—	—
1989	21	2	2	—	—	—	—
1990	32	3	2	1	—	—	—
1991	21	3	2	—	1	—	—
1992	22	4	4	—	—	—	—
1993	15	3	3	—	—	—	—
1994	15	5	5	—	—	—	—
1995	30	5	4	1	—	—	—
1996	21	9	7	1	—	1	—
1997	7	4	2	—	—	2	—
1998	2	2	—	—	—	1	1
1999	1	1	—	1	—	—	—
2000	4	4	—	1	1	1	1
2001	4	4	—	4	—	—	—
2002	3	3	—	2	1	—	—
2003	2	2	—	—	—	1	1

二、经济检察

1984 年 2 月，营子矿区人民检察院成立后，设立了经济检察科。主要承办发生在区内的贪污、行贿受贿、挪用公款、投机倒把、偷税抗税等破坏社会主义经济秩序的犯罪案件。是年，查办贪污案件 3 件，挽回经济损失 0.7 万元。1988 年 12 月，根据最高人民检察院的规定，经济检察科负责受理贪污案、行贿受贿案、偷税抗税案、挪用救灾抢险款物案、假冒商标案、巨额财产来源不明案、隐瞒不报境外存款案。1997 年，新的《中华人民共和国刑法》颁布后，投机倒把、偷税抗税案件不再由经济检察科受理。1984 年 6 月至 2003 年年底，营子矿区人民检察院共查办各类经济犯罪案件 199 件，其中大要案 67 件，占案件总数的 34%，为国家挽回经济损失 580.33 万元。

1984—2003 年营子矿区人民检察院自侦经济案件情况统计表

表 21－2－5

项目 年份	受案（件）	立案（件）	其中					挽回经济损失（万元）
			贪污案（件）	贿赂案（件）	挪用款物案（件）	其他案（件）	大要案（件）	
1984	4	3	3	—	—	—	—	0.7
1985	9	8	7	—	—	1	2	5

续表 21 - 2 - 5

项目 / 年份	受案（件）	立案（件）	其中					挽回经济损失（万元）
			贪污案（件）	贿赂案（件）	挪用款物案（件）	其他案（件）	大要案（件）	
1986	23	7	5	2	—	—	4	7.6
1987	7	3	1	—	—	2	—	11
1988	10	2	1	1	—	—	—	4
1989	23	8	2	1	1	4	—	42
1990	25	17	9	4	—	4	3	15
1991	31	23	9	7	—	7	—	18
1992	25	18	6	2	6	4	—	10
1993	26	16	7	1	3	5	—	20
1994	31	11	6	3	1	1	3	30
1995	29	13	4	1	3	5	5	40
1996	23	13	7	2	3	1	9	25
1997	21	13	5	4	4	—	9	40
1998	11	8	4	4	—	—	4	35
1999	10	7	3	2	2	—	3	25
2000	13	8	5	—	3	—	7	50
2001	12	7	3	—	4	—	6	52
2002	20	7	2	1	4	—	5	70
2003	20	7	3	—	4	—	7	80

第四节　民事行政及控告申诉检察

一、民事行政检察

1991 年 10 月 14 日，营子矿区人民检察院设立民事行政检察科，开展民事行政检察工作。依据《中华人民共和国刑法》的规定，主要负责对法院的民事、经济审判和行政诉讼活动实行监督。在民事行政检察工作中，对群众的法律诉求及时受理，不推不拖。对不服法院公正判决的当事人，耐心做好息诉服判工作。对确有错误，判决不公的案件，加强与法院的协调，依法予以改判。对区人民法院已经发生法律效力确有错误的民事、经济，行政判决和裁定依法提请上一级人民检察院提出抗诉。1991 年至 2003 年，共受理民事抗诉案件 78 件，提请抗诉 12 件，全部改判。

1991—2003 年鹰手营子矿区人民检察院受理民事抗诉案件情况统计表

表 21－2－6　　单位：件

项目 年份	受理	提请抗诉	抗诉结果
1991	1	1	改判
1992	5	1	改判
1993	8	1	改判
1994	2	—	—
1995	5	1	改判
1996	7	2	改判
1997	9	2	改判
1998	2	—	—
1999	9	2	改判
2000	5	—	—
2001	9	1	改判
2002	8	—	—
2003	8	1	改判

二、控告申诉检察

1988 年 8 月 1 日，营子矿区人民检察院设立经济、法纪罪案举报中心，即控告申诉检察科。负责受理公民电话、信函、当面口头举报及信访接待工作。并制订每周四检察长接待日制度，由检察长及各主管副检察长轮流接待群众来访，做到件件有答复，事事有结果。1998 年 4 月，控告申诉检察科开展以“人民检察为人民”为主题的“访百村、促稳定”活动。出动干警 100 余人次，走访全区 4 个镇 15 个村 90 余人次，解决纠纷 2 起，化解集体上访苗头 1 起。2001 年，开设电话自动举报系统，实现了信访举报自动化。2000 年至 2002 年，控告申诉检察科被河北省人民检察院评为文明接待室。2002 年 6 月，机构改革后，进一步明确了控告申诉检察科的职责范围，负责受理公民的举报、控告、申诉；对举报线索进行分流或初查；负责复查该院管辖的刑事申诉案件；承办由该院管辖的刑事赔偿案件。是年，在控告申诉检察改革中，重点落实了来访群众点名接待制度、首办责任制度、重复上访案件公开审查制度、刑事申诉及刑事赔偿听证会制度。2003 年，为方便群众来访，投资 5000 余元改善了接待室的设施。1984 年至 2003 年，营子矿区人民检察院共受理公民来信来访 1229 件（次），初查举报案件 186 件，查处或转给有关部门办理控告申诉案件 321 件，开展大型举报宣传活动 20 余次，印发宣传 材料 20000 余份。2000 年至 2003 年，共解决群众集体上访 45 件，告急访 18 件，无一涉法越级上访案件发生。

1984—2003 年营子矿区人民检察院受理信访、初查举报、控告申诉案件统计表

表 21 -2 -7　　　　单位：件（次）

项目 / 年份	受理群众来信来访	初查举报案件	查处或转给有关部门办理控告申诉案件
1984	5	5	—
1985	71	18	36
1986	31	12	11
1987	66	18	32
1988	37	9	16
1989	82	19	28
1990	65	10	19
1991	73	5	25
1992	83	4	15
1993	67	5	18
1994	50	6	10
1995	49	9	16
1996	73	13	8
1997	69	9	19
1998	46	6	13
1999	56	12	9
200	72	9	18
2001	89	5	8
2002	69	7	12
2003	76	5	8

第三章　审　　判

营子矿区人民法院建立后，在审判各类刑事、民事、经济、行政案件中，坚持公正、公开的原则，全面推行公正、质证、认证、裁判为主要内容的新的庭审方式，实行人民陪审员制度，积极进行审判制度改革。加强审判和执行工作，促进了营子矿区经济发展和社会的和谐稳定。1984 年至 2003 年年底，共受理刑事、民事、行政、执行案件 9415 件，审结 9383 件，结案率为 99.7%。共受理群众来信来访 7000 余人（件）次。

第一节　机　　构

1956 年 1 月，设立兴隆县鹰手营子人民法庭，办公地点在营子老街。是年 11 月，鹰手营子、寿王坟等地划归承德市，设立承德市鹰手营子矿区人民法院，有工作人员 5 名。1958 年 7 月，营子矿区划归兴隆县，撤销承德市鹰手营子矿区人民法院，8 月，设立兴隆县鹰手营子矿区人民法庭，有工作人员 2 名。1965 年 2 月，营子矿区再次划归承德市，兴隆县鹰手营子矿区人民法庭更名为承德市鹰手营子人民法庭，有工作人员 2 名。1966 年 5 月“文化大革命”开始后，审判工作受到冲击。1967 年 11 月，法庭实行军管。1973 年 4 月，撤销军管会，设立营子矿区人民法庭，有工作人员 2 名。1981 年，办公地址迁至营子桥南路 4 号，有办公用房 9 间，建筑面积 182 平方米。有工作人员 5 名，1983 年增至 6 名。1984 年 1 月，建立营子矿区人民法院之后，设办公室、刑事审判庭、经济审判庭及鹰手营子、寿王坟、北马圈子 3 个人民法庭。1985 年 5 月，设立营子矿区审判委员会。1992 年 1 月，设立行政审判庭、执行庭。1996 年 1 月，设立政工科、告诉申诉庭。是年 6 月，营子矿区人民法院迁入鹰手营子大街新落成的办公楼，建筑面积为 825 平方米，有办公用房 25 间。2000 年 9 月，撤销告诉申诉庭，设立立案庭和审判监督庭。2002 年 5 月机构改革，至 2003 年，营子矿区人民法院的机构设置为：办公室、政治处、研究室、立案庭、刑事审判庭、民事审判一庭、民事审判二庭、行政审判庭、审判监督庭、执行法警队和鹰手营子、寿王坟、北马圈子 3 个人民法庭。

1984—2003 年营子矿区人民法院干警基本情况一览表

表 21－3－1　　　　单位：人

项目 年份	干警人数	性别		其中中共党员人数	年龄结构					文化程度			
		男	女		50 岁以上	41 岁至 50 岁	31 岁至 40 岁	26 岁至 30 岁	25 岁以下	本科	专科	中专及高中	初中及初中以下
1984	6	5	1	5	1	2	3	—	—	—	—	5	1
1985	11	8	3	7	1	5	5	—	—	—	2	4	5
1986	20	15	5	8	1	6	7	6	—	—	2	11	7
1987	22	16	6	9	1	6	9	6	—	—	1	15	6
1988	23	17	6	7	1	6	10	6	—	—	2	16	5
1989	24	18	6	8	1	6	12	5	—	—	10	11	3
1990	22	16	6	7	1	4	12	5	—	—	9	12	1
1991	24	18	6	10	1	4	14	5	—	—	9	14	1
1992	24	18	6	10	1	4	14	5	—	—	10	14	
1993	24	18	6	8	1	4	14	5	—	—	16	8	—
1994	26	21	5	8	1	4	14	7	—	—	16	10	—
1995	30	25	5	8	1	7	12	6	4	—	18	12	—

续表 21－3－1

项目 年份	干警人数	性别		其中中共党员人数	年龄结构					文化程度			
		男	女		50 岁以上	41 岁至 50 岁	31 岁至 40 岁	26 岁至 30 岁	25 岁以下	本科	专科	中专及高中	初中及初中以下
1996	36	30	6	9	1	5	16	6	8	—	25	11	—
1997	43	34	9	11	1	5	21	6	10	—	33	10	—
1998	42	33	9	14	1	7	18	12	4	—	33	9	—
1999	41	33	8	15	1	7	17	12	4	—	32	9	—
2000	41	33	8	15	1	7	17	12	4	—	32	9	—
2001	41	33	8	18	1	7	19	11	3	5	29	7	—
2002	40	32	8	18	1	9	21	8	1	24	10	6	—
2003	37	30	7	21	1	9	22	4	1	28	9	—	—

第二节　立　　案

1984 年 1 月，营子矿区人民法院建立后，立案和审案合一，即同一个审判庭担负立案和审判双重任务。为了解决当事人告状难、有案不立、乱办案、办私案和超审期限等问题，1996 年 1 月，成立告诉申诉庭，负责民事、经济、执行、刑事自诉案件的立案工作。是年始，接待当事人采用“问、看、审、答”（问当事人的目的要求、看当事人提供的诉讼资料、审查当事人的诉讼请求是否合法、解答当事人提出的问题）的方法。符合立案条件的当时立案，发给当事人《诉讼风险告知书》，帮助当事人尽量避免诉讼风险，当日起诉，以减少当事人诉累。2000 年 9 月，撤销告诉申诉庭，设立立案庭。主要负责全院各类案件的审查立案及流程管理，管理群众来信来访，掌握各审判庭结案件时限，对案件审限超时进行跟踪督办。由于工作成绩突出，2001 年，立案庭被承德市中院授予集体三等功。2002 年，立案庭对全院案件统一编号，实行审批流程管理。自立案庭成立至 2003 年底，共受理群众来信来访 7000 余人（件）次，每次来访、每件来信均有答复。

第三节　刑事和民事审判

一、刑事审判

1984 年 1 月，营子矿区人民法院成立时，未设刑事审判庭，暂与双桥区、双滦区联合办案。同年 7 月，设立刑事审判庭，开展刑事审判工作。由于区内没有看守所，被告人都羁押在市看守所，每次刑事审判，均在借用的市中院审判庭进行。1984 年至 2003 年，共审结危害公共安全罪、破坏社会主

义市场经济秩序罪、侵犯公民人身权利和民主权利罪、侵犯财产罪、贪污贿赂罪等刑事案件1028件，1403人。除1984年外，每年结案率均为100%，无超审判期限，超期羁押案件。共召开公审大会60余次，旁听群众近50万人次。

1984—2003年营子矿区人民法院刑事一审案件收结情况统计表

表21－3－2　　　　单位：件

项目 年份	旧存	新收	已结	未结
1984	0	36	35	1
1985	0	19	20	0
1986	0	48	48	0
1987	0	23	23	0
1988	0	38	38	0
1989	0	51	51	0
1990	0	72	72	0
1991	0	63	63	0
1992	0	76	76	0
1993	0	73	73	0
1994	0	70	70	0
1995	0	51	51	0
1996	0	67	67	0
1997	0	51	51	0
1998	0	53	53	0
1999	0	45	45	0
2000	0	42	42	0
2001	0	48	48	0
2002	0	49	49	0
2003	0	53	53	0

二、民事审判

1984年1月营子矿区人民法院建立之前，民事纠纷案件由营子矿区法庭审理，大量经济领域纠纷，主要靠行政手段解决。随着改革开放的深入发展，经济纠纷随之增多。1984年营子矿区人民法院设立经济审判庭，审理经济纠纷案件。2002年5月，机构改革后，撤销经济审判庭，设立民事审判第一庭和民事审判第二庭。将婚姻家庭、继承、劳动争议、不当得利、无因管理、侵权纠纷等传统民事案件，划归基层人民法庭审理。其他合同纠纷案件，由民事审判庭审理。其中主体双方有一方为自然人的，由民事审判第一庭审理，主体双方都是法人或其他组织的，由民事审判第二庭审理。民事审判

中，在保证程序合法的前提下，推行民事审判快捷方法，依法扩大适用简易程序审判的范围，提高诉讼效率。加大调解力度，促使双方当事人走自愿和解之路。1984 年至 2003 年，营子矿区人民法院共收婚姻家庭、抚养、赡养、债务、赔偿、合同纠纷、房屋、继承等方面的民事案件 7131 件，审结 7103 件，年平均结案率为 99.6%。

1984—2003 年营子矿区人民法院民事一审案件收结情况一览表

表 21－3－3　　　　单位：件

项目 年份	旧存	新收	已结	未结
1984	0	105	85	20
1985	20	121	114	27
1986	27	138	150	15
1987	15	166	147	34
1988	34	156	169	21
1989	21	186	186	21
1990	21	195	177	39
1991	39	187	190	36
1992	36	273	209	100
1993	100	216	285	31
1994	31	248	240	39
1995	39	401	378	62
1996	62	379	381	60
1997	60	501	540	21
1998	21	537	542	16
1999	16	584	578	22
2000	22	640	640	22
2001	22	695	686	31
2002	31	700	712	19
2003	19	703	694	28

第四节　行政审判和非诉执行案件审理

一、行政审判

1978 年 5 月，营子矿区人民法庭开庭审理赵某、姜某等原告诉被告承德市公安局治安行政处罚

案。承德市政法委、承德市中级人民法院、营子矿区领导及群众120余人旁听了整个庭审过程。法庭经审理认为，被告作出的治安行政处罚，事实清楚、证据充分、程序合法、适用法律得当。因此，当庭宣判，裁决维护了营子矿区公安分局的处罚决定。虽然原告败诉，但这一“民告官”案件，在全区影响很大。1990年10月1日，《中华人民共和国行政诉讼法》开始实施。是年，营子矿区人民法院审理了全市第一件工商行政案件。经审理，被告营子矿区工商局，适用法律错误，依法裁定，撤销工商局的复议决定，原、被告均表示服从。此案的判决，取得了良好的社会效果。1992年1月，营子矿区人民法院设立行政审判庭，专司审理行政案件。行政审判庭成立后，针对许多当事人受到不法行政行为的侵害时，往往认为自己没有证据，不能及时进行诉讼，错过起诉时间的情况，加强了对行政诉讼法的宣传工作，重点宣传举证责任在被告的法律规定。至2003年，行政审判庭参与和组织行政执法者培训10余次，并参与行政机关执法前的指导工作。1990年至2000年，共受理行政案件42件，2001年至2003年，共受理行政案件7件，结案率均为100%。

二、非诉执行案件审理

非诉执行案件的受理范围主要是行政机关对依法作出具体行政行为的相对人不起诉、不履行，而向法院申请强制执行的非诉行政案件。随着执法水平的提高，行政诉讼案件逐年减少，非诉执行案件逐年增多。1992年1月设立行政审判执行庭后，按照“积极支持、严格审查”的原则，加强了对非诉执行案件的审理力度。对于确实有明显错误的行政裁定，不准予执行。1992年1月至2003年年底，共审查非诉执行案件65件。

第五节　执行工作

1984年1月，营子矿区人民法院建院后，实行“审执合一”的办案方式。审判人员即负责案件的审理，又负责案件的执行。1992年1月始，执行庭负责各类案件的执行工作。凡发生法律效力的民事、经济纠纷案件的裁决书、调解书以及刑事判决裁定中的执行申请，经审查立案后，送交执行庭。在审查执行过程中，案外人员对执行标的提出异议的，有理由的终止执行，无理由的予以驳回。经审查，生效的法律文书确有错误的，报院长批准，终止执行。执行时，向被执行人发出通知，督促其自觉履行法律规定的义务或与申请执行人协商，达成执行和解。如被执行人不能自觉履行生效法律文书规定的义务，可以采用强制措施。在执行过程中，常用的执行措施主要有提取被执行人的储蓄存款或劳动收入；查封、扣押、冻结、拍卖或变卖被执行人的财产；强制迁出房屋或强制退出所占有土地等。设立执行庭当年，执行案件33件，执行标的20余万元。1994年，执行案件65件，执行标的100余万元。1995年4月，由院长、副院长带领8名干警，5次进北京，为寿王坟铜矿执行货款320余万元。此案成为建院以来执行标的最大的案件。是年，执行案件132件，执行标的400余万元。执行庭被承德市中院授予集体三等功。1996年，执行案件78件，执行标的200余万元。1997年，执行庭认真贯彻河北省高级人民法院关于清理执行案件的通知精神，全年工作以清理执行案件为重点，共清理案件78件。1998年，执行案件213件，执行标的300余万元。1999年6月，开展夏季执行工作会战，清理了一批积压案件，为区、镇基金会执行回大量不良贷款。是年，执行案件262件，执行标的400余万元。2000年，执行庭紧紧围绕“执行难”问题，加大执行力度，全年受理执行案件313件，执结307件，执结率为98%，“执行难”的局面得到初步改变。2001年，执行庭积极争取中共营子矿区委的大力支持，改变工作作风，实行目标管理责任制，开展执行工作会战，全年收案279件，执结250

件，执结率为90%；执行标的760余万元，使执行积案较多、缠诉、上访现象严重的现状得到缓解。2002年，新收执行案件307件，执结281件，执结率为93%；执行标的2000余万元；执行积案89件。2003年，新收案件194件，全年共执结新收、积案案件219件。

第六节　审判监督

一、民事行政抗诉案件审理

1998年10月，营子矿区人民法院受理第一起抗诉案件。是年，审结2件。1999年，审结8件。均临时组成合议庭审理。2000年9月，为落实最高人民法院立案、审监分立的改革精神，撤销告诉申诉庭，设立立案庭和审判监督庭，审理抗诉案件主要由审判监督庭负责。因审判监督庭只有1名庭长，组成合议庭时，需临时抽调其他庭、室人员。2000年，审结2件。2001年，审结10件。2002年，审结4件。2003年，审结3件。1999年至2003年，共审结抗诉案件29件，其中维持原判判决20件，改判8件，终结诉讼1件。

二、发回重审案件审理

2002年初，发回重审案件由原来各庭审理改由审判监督庭审理。2002年至2003年，共受理发回重审案件24件，全部审结。其中，上诉案件12件，二审维持原判9件，调解2件，改判1件。

三、案件质量评查

1999年4月，营子矿区人民法院成立质量评查领导小组，下设评查办公室。制定案件质量评查标准和执法过错、错案标准。每月对全院审结的案件进行评查。评查办公室将每月评查情况以通报的形式下发各庭室。2000年年底以前，由告诉申诉庭等部门负责人负责具体评查工作。2001年开始，改由审判监督庭负责具体评查工作。1999年至2003年共评查各类案件6950件，查出不合格案件10件，其中错案5件。对责任人进行了通报批评和经济处罚。

四、申诉复查

根据《中华人民共和国刑事诉讼法》《中华人民共和国民事诉讼法》《中华人民共和国行政诉讼法》的规定，当事人对发生法律效力的判决、裁定认为确有错误的及民事、经济纠纷案件，可以向原审人民法院或上一级人民法院申请再审，其他案件，可以向原审人民法院或上一级人民法院提出申诉，请求重新审判。1984年1月，营子矿区人民法院成立后，申诉复查工作分别由各业务庭负责。1996年1月，设立告诉申诉庭，统一负责申诉复查工作。1996年至2000年，共受理申诉及申请再审案件49件，其中驳回47件，裁定再审2件。2001年，共受理申诉及申请再审案件12件，其中驳回9件，裁定再审3件。2002年上半年，机构改革，告诉申诉庭分设为立案庭和审判监督庭，申诉复查工作由审判监督庭负责。是年，共受理申诉案件7件，驳回7件。2003年，共受理申诉及申请再审案件9件，其中驳回申诉8件，裁定再审1件。

第四章　司法行政

1982 年营子矿区司法局成立后，配合全区严厉打击刑事犯罪的工作，积极开展普法宣传教育，人民调解，公证服务，律师事务，安置帮教等项工作。

1999 年，四个镇司法所被省司法厅命名为规范化司法所，成为全市第一个司法所全部达标的县（区）。1990 年至 2001 年，营子矿区多次被省司法厅、市委、市政府授予普法先进单位、无纠纷激化区、防止民间纠纷激化先进区荣誉称号。2003 年 12 月，承德市人民广播电台播报了营子矿区的安置帮教工作经验。

第一节　机　　构

1982 年 6 月，设立承德市鹰手营子矿区司法分局，受市司法局和区政府双重领导，编制 3 人。1984 年 7 月，区司法分局改设司法局，为区政府直属局。1985 年，鹰手营子镇、北马圈子镇、寿王坟镇设司法助理，1986 年，汪家庄镇设司法助理。1989 年 7 月鹰手营子镇和寿王坟镇、1990 年 7 月汪家庄镇、1991 年 8 月北马圈子镇分别设立司法所，为区司法局的派出机构，受镇政府和区司法局的双重领导，以镇政府领导为主。2002 年 6 月，机构改革，司法局内设办公室、政工股、法制宣传教育股、司法鉴定股、基层工作股，编制 13 人。撤销各镇司法所，其职能划归各镇社会事务办公室。每镇占用区司法局编制 1 名，人员由各镇调配，司法业务受区司法局指导。2003 年机构无变化。

1986 年 7 月，设立承德市鹰手营子矿区公证处，设公证员 1 人。1991 年，各镇设立司法服务所，和司法所一套人马，两块牌子。1993 年 5 月，营子矿区成立承德市第三律师事务所，编制 7 人，设主任 1 人，为事业单位。1996 年 5 月，经承德市司法局批准，营子矿区成立寿王坟公证办事处、兴隆矿务局公证办事处、金融公证办事处。是年 8 月，承德市第三律师事务所更名为承德市京东律师事务所。1997 年，寿王坟公证办事处、兴隆矿务局公证办事处、金融公证办事处相继撤销。2000 年，根据国务院《关于深化公证工作改革方案》，营子矿区公证处由行政单位改为事业单位，编制 5 人。2001 年 3 月，承德市京东律师事务所由国办改为合作制，更名为通胜法律服务所，受司法局领导。

第二节　法制宣传

一、培训

1983 年，举办法制报告会 23 场，受教育人数 11200 人次。1984 年举办法制报告会 217 场，受教

育人数 28370 人次。1985 年，培训普法宣传员 307 人，区内 7 所中学、17 所小学开设了法制教育课。1986 年，成立了区普法领导小组，全区建立各级普法组织 64 个，设法制宣传员 400 余人，培训骨干法制宣传员 268 人。组织招收承德市政法函大学员 65 人，函授中专学员 6 人。1989 年，将经济法律法规作为普法的主要内容，司法局设立了经济法律法规普法站，培训学员 208 人，招收政法函大学员 42 人。为了加强农村普法工作，区、各镇相继成立普法面授团。招收政法函大学员 25 人。1990 年，开展集会游行示威法、行政诉讼法宣传，培训骨干宣传员 700 人次 。1998 年培训普法骨干宣传员 500 余人。1999 年 11 月，区司法局在寿王坟铜矿中学举办《中华人民共和国预防未成年人犯罪法》讲座，2000 余名师生听讲。2003 年 6 月，区司法局、区文教局、鹰手营子镇、承德县上板城监狱在承德市第七中学联合举办“预防未成年人犯罪现场报告会”。第七中学、兴隆矿务局中学、逸夫实验小学、鹰手营子镇中心校的 3000 余名师生参加了报告会。全年共举办各类法律培训班 53 期。

二、宣传活动

1983 年，区司法分局配合全区严厉打击刑事犯罪活动的斗争，编写法制宣传提纲，组织各级调解委员会，开展法制宣传活动。是年 12 月，与区委宣传部、区妇联等部门，联合开展维护妇女儿童合法权益宣传月活动。全年办法制板报 25 期，广播法制宣传稿件 235 件次，1984 年 9 月，区司法局制定了《法制宣传五年规划》，在全区公民中普及法律知识。全区各级调解组织全年广播宣传稿件 295 件次，放幻灯 184 场，办板报 126 期，1985 年，法制宣传以宪法、刑法、婚姻法、经济合同法、兵役法、民事诉讼法和治安管理处罚条例为主要内容，发放普法教材 5519 册，订阅、发放《法律选编》《法律手册》11359 册。增加继承法为普法内容。为庆祝新宪法颁布 7 周年，1989 年 12 月 1 日至 7 日，举办宪法宣传周活动。普法站被评为省级先进管理站。1990 年，发放宣传材料 700 余册，出版报 13 期，培训骨干宣传员 700 人次。

1992 年，区司法局开展纪念宪法颁布 10 周年法律知识竞赛活动，全区 4000 余人参赛。汪家庄镇创办普法小报《法螺》。是年，以汪家庄、寿王坟两镇为重点，贯彻学习《中华人民共和国矿产资源法》。鹰手营子镇河北村依法整顿生产秩序，使停产 3 年的砖厂恢复了生产。1993 年，中共营子矿区委、区政府以河北村、北马圈子村为试点村，开展依法治村工作。区、镇成立依法治村工作组，对村民进行法制教育，解决群众关心的热点问题，整章建制，订立村规民约。1994 年，在寿王坟、汪家庄、北马圈子 3 个镇创办法制教育中心，组织有轻微违法行为的村民参加学习，以宪法、刑法、社会主义道德规范为主要学习内容，举办培训班 3 期，80 余人参加了培训。1995 年，全区重点学习矿产资源法、劳动法、矿山安全法。1996 年，营子矿区被中共承德市委、市政府评为法制宣传先进单位。1998 年，区司法局印发法制宣传材料 2000 余份，出板报 10 期，张贴普法宣传标语 1800 余条。1999 年，加强预防青少年违法犯罪教育，各镇司法所与各镇中学普遍建立共建关系。是年，针对外来务工人员多，导致违法犯罪活动增加的情况，区司法局与公安局联合印发法律手册 800 余份，发给外来务工人员，对其进行守法教育，以避免违法犯罪活动的发生。

2000 年 3 月，中共营子矿区委、区政府实施“法律进村到户工程”。以“国家四部委八项农村法律法规”为主要内容，组织宣讲团到各镇巡回宣讲。寿王坟镇各村开办了普法夜校。北马圈子镇开办了普法总校，各村开办了普法夜校。鹰手营子镇、寿王坟镇、北马圈子镇相继创办普法小报《法苑》《法声》《法雨》。2003 年，“非典”流行时期，全区重点宣传《中华人民共和国传染病防治法》和新颁布的《突发公共卫生事件应急条例》。开展法律进社区活动，落实“四个一”（一块宣传栏、一个图书阅览架、一次法制讲座、一支法制宣传志愿者队伍）工作。出版报 78 期，发放普法宣传材料 6000 余份。

第三节　人民调解

一、调解组织

中华人民共和国成立后，兴隆县开始在基层行政组织中建立人民调解组织。1978 年 12 月中共十一届三中全会后，恢复人民调解工作，营子矿区开始在企事业单位、街道居委会、行政村建立调解委员会、调解小组等人民调解组织。1982 年 6 月，设立鹰手营子矿区司法分局，人民调解工作统一由司法分局管理。是年，全区有调解组织 103 个。1983 年，有调解组织 126 个，调解人员 786 人。1985 年至 1986 年，为了加强人民调解工作，全区四个镇都相继选配了司法助理员。1986 年，全区有调解委员会 57 个，其中，村调委会 14 个，企业调委会 14 个，街道调委会 27 个，其他调委会 2 个，调解人员 556 人。1988 年，全区调委会达到 60 个。1989 年，大力推广“十户调解员”制度和人民调解组织网络化建设，即农村设立十户调解员，城镇设楼院调解员，企业车间班组设信息员。全区调解组织达到 126 个，调解人员 3081 人。1990 年，调解组织 127 个，参与调解工作人员 2887 人，其中调解员 1040 人，“10 户调解员”430 人，楼院调解员 592 人，信息员 825 人。1995 年，各镇成立调解中心，1999 年，对调解组织进行整顿，整顿后，全区有调解组织 46 个，调解人员 983 人。1999 年至 2003 年，各镇成立以主要领导为主的矛盾纠纷排查领导小组，并且每年调整 1 次领导小组成员。

二、调解工作

1983 年和 1984 年，共调解纠纷 697 起，调成纠纷 617 起。1987 年，调解民事纠纷 1083 起，调解成功率 75%。1988 年，进一步加强法律服务站的建设和管理，调解纠纷 1053 起，调解成功率 88.9%。1989 年，共发生纠纷 1252 起。调解纠纷 1184 起，调解率为 94.5%，防止矛盾激化 33 起。1990 年，省司法厅授予营子矿区“无纠纷激化区”荣誉称号，鹰手营子镇司法助理员李秀山获省司法厅防止民间纠纷激化有功人员一等奖。1991 年，开展调解委员会标准化建设，全区 60 个调委会有 53 个达标。1993 年，开展民间纠纷排查工作，实行“三包”（调解员包户、调解委员包片、调解主任包面），走访农户近 4000 户，走访中发现纠纷 55 起，解决 54 起。1995 年排查出婚姻、赡养、房屋宅基地，生产经营承包，矿山等纠纷 138 起，调成 134 起，防止矛盾激化案件 14 起。1998 年，在排查纠纷过程中，劝解集体上访 4 起，个人上访 1 起。举报犯罪线索 2 条、违纪案件 1 起。1999 年，将矛盾纠纷排查调解工作作为社区社会治安综合治理考核目标和基层安全创建活动的主要内容，在年终考评中实行一票否决制。1999 年，四镇司法所均被省司法厅命名为“规范化司法所”，成为全市第一个司法所全部达标的县（区）。鹰手营子镇司法所被省司法厅命名为“优秀司法所”。2001 年 5 月 26 日，省司法厅基层处处长莅临营子矿区，代表省厅授予营子矿区“防止民间纠纷激化先进县（区）”称号，并参观了汪家庄镇、寿王坟镇司法所。是年，开展了 5 次民间纠纷大排查，全年无民间纠纷激化和民转刑案件的发生。2003 年，各调解组织在“两节”（元旦、春节）、“两会”（区人民代表大会、政协全委会议）和春耕生产期间，开展了 3 次民间纠纷大排查。各镇开展人民调解“五个一”（建设一个镇级调解委员会、一个镇村农户网络、一套制度、一条 148 法律专线、打一场调解纠纷会战）活动。重点抓好镇级调解委员会的“四有四落实”（有牌子、公章、房子、柜子，组织、制度、工作、报酬落实）。寿王坟镇调解委员会采用“调解庭”的方式调解纠纷 8 起。

1983—2003 年营子矿区调解纠纷情况统计表

表 21－4－1

项目 / 年份	调解纠纷（起）	调成纠纷（起）	防止纠纷激化（起）	避免可能发生的非正常死亡（人）
1983	325	283	—	—
1984	372	334	—	—
1985	—	—	—	—
1986	785		—	—
1987	1083	812	—	—
1988	1059	—	—	8
1989	—	—	—	—
1990	613	588	29	126
1991	1027	1002	68	246
1992	—	—	—	—
1993	—	—	—	—
1994	756	744	59	154
1995	835	821	8	156
1996	—	—	—	—
1997	899	877	42	85
1998	379	375	1	—
1999	248	244	—	—
2000	—	—	—	—
2001	265	247	—	—
2003	225	225	—	—

第四节　公证服务

一、公证处

1986 年 7 月，设立承德市营子矿区公证处，设公证员 1 名，与区司法局合署办公。1990 年，公证处实行区司法局领导下的主任责任制。推行公证联络员制度，首聘公证员联络员 12 名。1993 年，公证处实行目标管理责任制。1995 年，公证处试行事业单位管理模式。2000 年 11 月，公证处改为自收自支事业单位。

二、公证工作

1987 年，办理公证 200 件，受法律保护的标的 100 余万元，合同履行率 100%。其中，为东风街道煤矿办理用工制度方面的公证 47 件。1988 年，办理公证 465 件，受法律保护的标的 826 万元。其中，下乡办理公证占总数的 60%。1989 年，办理公证 447 件，受法律保护的标的 618 万元。其中，办理劳动合同公证 325 件，有效保证了工人的劳动福利待遇。为营子矿区首届会计知识大赛和承德市第七中学教学楼招投标现场公证，为当事人修改合同 80 份。是年 12 月，全省公证质量大检查，营子矿区无一错假公证。全年办理公证 206 件，其中，民事 58 件，经济 148 件，受法律保护标的 1396 万元。1992 年，开展产权公证业务。为兴隆矿务局热电厂建设招投标，鹰手营子百货、五金公司有奖销售进行公证。办理金融、房地产、企业承包等方面公证 157 件，其中，经济类 78 件，民事类 79 件。1994 年，公证处主动围绕经济建设，开展超前服务、跟踪服务和全程服务。全年办理公证 138 件，其中，经济类 36 件，民事类 102 件，受法律保护的标的 9800 万元。1995 年 9 月，公证处与营子矿区人民法院协调，建立营子矿区人民法院公证执行室，为公证执行室出具执行书，涉及标的 6 万元。是年全年经济公证以矿山为重点，民事公证以房屋买卖、离婚协议为重点，共办理公证 496 件。其中，经济类 65 件，民事类 431 件。受法律保护的标的 585 万元。1997 年，办理公证业务 709 件。其中，经济类 39 件，民事类 670 件。受法律保护的标的 5086 万元。1998 年，办理公证 328 件，拒绝公证 11 件，向一些执法部门提供司法建议 23 条，为 4 家单位担任法律顾问。1999 年，首次开办个人住房借贷合同公证，标的 80 余万元。首次办理城市房屋拆迁合同公证，调解纠纷 4 起。在全区四个镇举办公证知识培训班，发放宣传材料 1000 余份，解答群众法律咨询 20 余人次。在新一轮土地承包过程中，开展土地承包合同公证，涉及耕地 8000 亩。全年办理公证 3740 件。其中，经济类 3700 件，民事类 40 件。是年，定点向兴隆矿务局职工发放“公证为您排忧解难”宣传材料 3000 份。全年办理公证 110 件。其中，经济类 92 件，民事类 18 件。受法律保护的标的 632 万元，其中借款合同标的 400 万元。合同履行率 100%。2001 年，公证处积极为企业改制服务，为承德市毛巾厂职工办理就业安置协议公证 88 件，受法律保护的标的 56 万元。全年办理公证 205 件，受法律保护的标的 2087 万元。2002 年后查无资料。

第五节　律师事务

一、律师事务所

1993 年 5 月，营子矿区成立承德市第三律师事务所，编制 7 人，设主任 1 人，为事业单位。1996 年 8 月，更名为承德市京东律师事务所。2001 年 3 月，由国办改为合作制，更名为通胜法律服务所，受区司法局领导。

二、律师工作

1993 年 5 月，承德市第三律师事务所成立后，以“创新务实，优质高效”为宗旨，为 8 家企事业单位担任法律顾问。全年刑事案件辩护 8 起，代理民事案件 20 件、经济案件 14 件，解答群众法律咨询 60 人次。代写法律文书 9 份。为当事人避免经济损失 80 万元。1994 年，为 21 家企事业单位担任法律顾问，提供法律咨询建议 92 条，草拟、审查、修改合同 30 份，参与谈判 21 次，代理调解纠纷

128起，全年法律顾问活动涉及财产标的800多万元。1995年，办理刑事辩护案件18件、民事案件41件、经济案件3件、行政案件1件，涉及财产标的160万元。1997年5月，开展《中华人民共和国律师法》颁布一周年义务法律咨询活动，解答群众咨询25人次。是年，为18家企事业单位担任法律顾问。办理各类案件80件，其中刑事案件辩护14件，代理民事案件44件、经济案件20件、行政案件2件。全年为当事人挽回经济损失280万元。1998年，办理各类案件67件，其中刑事辩护案件5件，民事和经济案件60件，行政案件2件。为18家企事业单位担任法律顾问。法律援助12件。全年为当事人挽回经济损失280万元。1999年，针对所内管理混乱状况，进行整顿，建立规章制度，规范业务行为。2000年，开展"树立京东律师新形象"活动，实行目标管理责任制，进行百分考核，提高了所内律师的积极性。办理了首份律师遗嘱见证业务。是年，办理案件100件，其中刑事案件辩护13件，民事案件81件，行政案件1件，非诉案件5件。涉及标的额204万元，为当事人挽回经济损失167万元。2001年，办理案件73件，涉及标的额666万元。2002、2003年查无资料。

第六节　安置帮教

根据河北省社会治安综合治理委员会文件精神，1998年12月，营子矿区成立安置帮教工作协调小组，下设办公室，设于区司法局。主要任务是，负责安置帮教刑满释放、解除劳教5年内没有生活出路和有重新犯罪倾向的人员。进行调查研究，掌握情况，搞好信息反馈。从1999年开始，对全区135名帮教对象调查摸底，逐一建立被帮教人员档案。2000年，全区有帮教对象165人，帮教机构41个，其中区级1个，镇级4个，村、街道36个。帮教人员209人，形成了区、镇、村三级安置帮教网络。填写安置帮教对象登记表、安置帮教对象表现情况登记表，连同《帮教人员与帮教对象谈话笔录》《刑满释放人员和解除劳教人员安置帮教通知书》一起组成帮教对象档案。下半年，对各单位安置帮教工作进行考评。在承德市第七中学举办服刑人员现身说法报告会，4名服刑人员以《同龄人，请以我为鉴》《切莫留下遗憾》《血的教训》《悲剧，由我一手造成》为题进行讲演，与会的3000余名中小学师生深受教育。年底，有41名帮教对象解除帮教。是年，安置148名帮教对象就业，安置率为91.94%。在全市率先做到档案规范、帮教对象底数清、帮教改造情况明。寿王坟铜矿的1名帮教对象被评为冶金系统劳动模范，北马圈子镇南马圈子村1名刑满释放人员因表现突出，被选为村委会主任。2001年，在严厉打击刑事犯罪活动期间，对帮教对象实施"跟踪管理、跟踪教育、跟踪排忧、跟踪扶持"的帮教措施。6月，组织帮教对象到承德县上板城监狱，为2000余名服刑人员作报告。2003年，走访帮教对象中的重点人员，有针对性地进行教育，避免了重新违法犯罪现象的发生。是年12月3日，承德市人民广播电台以《营子区探索出安置帮教工作新路子》为题，将鹰手营子矿区安置帮教工作经验在《法制天地》节目播出。

第二十二编 JUNSHI

22 军事

第一章　军事机构和驻军
第一节　军事机构
第二节　驻军
第二章　地方武装
第一节　中共领导的地方武装
第二节　反动地方武装
第三章　兵役
第一节　清军及国民政府军兵役制度
第二节　人民军队兵役制度
第四章　民兵和预备役
第一节　民兵
第二节　民兵预备役部队建设
第五章　战事
第一节　抗日战争战例
第二节　日本侵略军暴行
第三节　日本军调处执行部承德小组视察鹰手营子区
第四节　解放战争战例
第五节　地方反动武装暴行
第六章　人民防空和国防教育
第一节　人民防空
第二节　国防教育

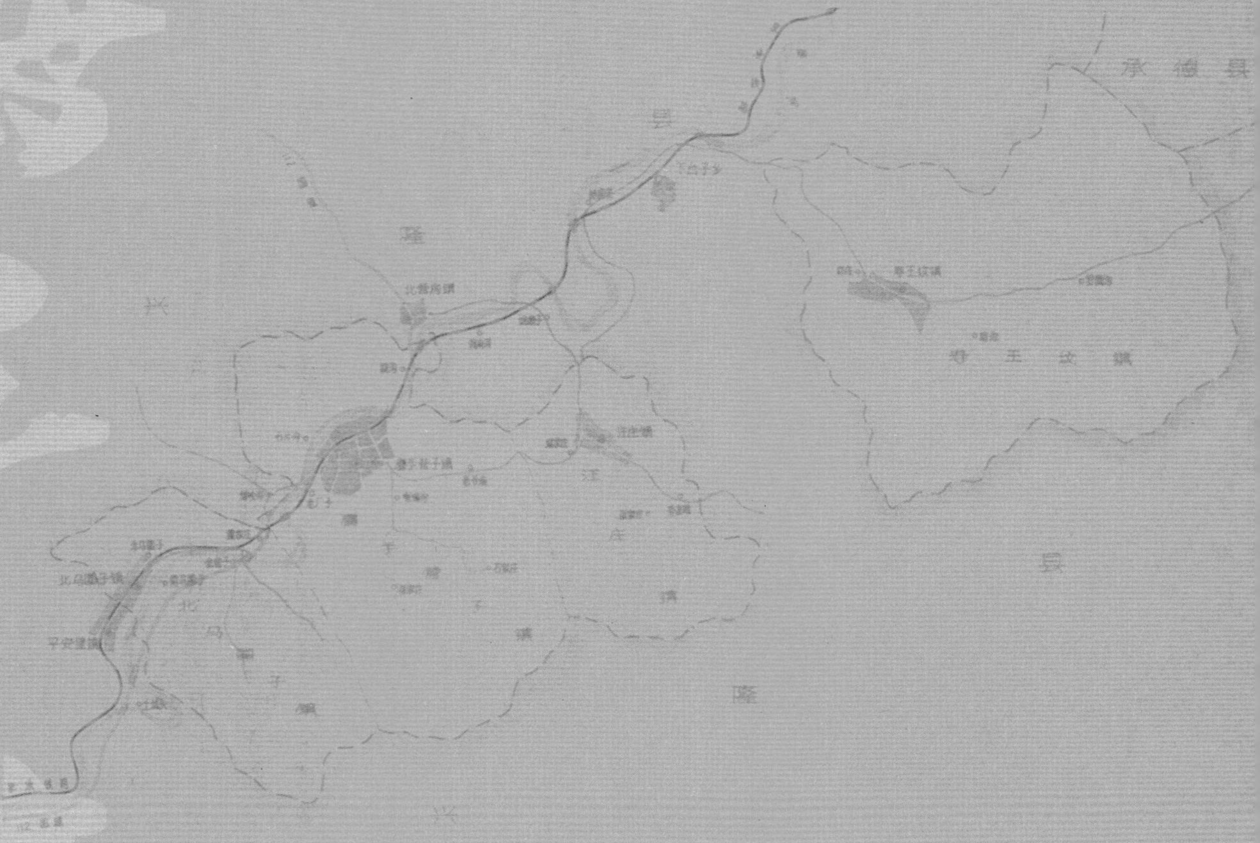

22 承德市鹰手营子矿区志·军事

CHENGDESHI YINGSHOUYINGZIKUANGQU ZHI JUNSHI

营子矿区位于燕山东麓，地处交通要塞，矿产资源丰富，历来为兵家必争之地。清康熙初期，为守备清东陵“后龙风水”禁地，境内设多处拨汛。民国22年（1933年）3月，鹰手营子区沦陷为日军占领区，从此开始了长达12年的日伪残暴统治。日伪在境内大搞“集家并村”，制造“无人区”，实行杀光、抢光、烧光的“三光政策”，使鹰手营子区人民的生命财产遭受到巨大损失。鹰手营子区人民在共产党的领导下，坚持敌后抗日斗争，八路军和抗日地方武装多次作战，给日伪军以沉重打击。解放战争时期，国民党军3次抢占鹰手营子，烧、杀、抢、掠。民国37年（1948年）1月26日，国民党军在人民解放军和地方人民武装的打击威慑下，撤出鹰手营子，溃逃至承德，鹰手营子区获得解放。中华人民共和国成立后，鹰手营子区（矿区）重点抓好民兵、人民防空和国防教育三项工作，成效显著。

第一章　军事机构和驻军

中华人民共和国成立前夕，鹰手营子区首设地方军事机构区人民武装部。20世纪50年代末期，各公社和驻区较大企业均设立基层人民武装部。2003年，营子矿区有区级人民武装部1个，基层人民武装部17个。区人民武装部和各基层人民武装部在民兵、人民防空、国防教育、征兵、拥政爱民等项工作中，取得显著成绩。

清代，境内设拨汛多处，驻兵负责清东陵“后龙风水”禁地的巡逻和守备。抗日战争时期，有八路军部队短期驻扎，创建和开辟寿王坟地区抗日根据地。日本投降后，国民党军3次抢占鹰手营子并驻军。20世纪60年代中期后至2003年，中国人民解放军多支部队和武警部队部分官兵驻营子矿区。

第一节　军事机构

一、区武装部

抗日战争时期，为了加强中国共产党对人民抗日武装力量的领导，更有效地抗击日军的侵略，民国29年（1940年）12月，根据冀东党委盘山会议精神，区级设武装助理，地方党政统一指挥地方武装。民国38年（1949年9月30日止）7月兴隆县四区（区政府驻地鹰手营子）设武装部，部长缺职，周海清、陈文纪先后任武装干事，曾九锡任武装教导，李忠、王凤先后任武装助理。新中国成立后，设立区人民武装部，负责地方武装事宜。1958年9月，营子矿区人民武装部撤销。1966年4月，再次设立营子矿区人民武装部。1981年5月，实行区党委书记兼任人民武装部党委书记、第一政治委员制度。1987年5月，承德军分区将营子矿区人民武装部移交给区政府，其职能不变。1987年11月始，区人民武装部内设军事科、政工科和办公室。1996年4月，区人民武装部内设军事科、政工科、后勤科，此后至2003年机构未变。

1966—2003 年营子矿区人民武装部部长、政委名录

表 22－1－1

职务	姓　名	任职时间	职务	姓　名	任职时间
部长	范　伦	1966. 5—1971. 5	政委	王树祥	1971. 6—1981. 1
部长	胡万友	1971. 6—1981. 1	政委	程洪顺	1981. 6—1992. 12
部长	汪玉堂	1981. 6—1983. 7	政委	朱群德	1992. 12—1996. 4
部长	李万平	1983. 7—1986. 3	政委	王静波	1996. 4—1999. 4
部长	周元梓	1986. 3—1999. 4	政委	佟悦卿	1999. 4—2003. 4
部长	王静波	1999. 4—2003. 3	政委	范庆果	2003. 4—2003. 12
部长	刘殿岭	2003. 3—2003. 12	—	—	—

二、基层人民武装部

20 世纪 50 年代末期，驻区各大厂矿，均设立了基层人民武装部。1958 年 9 月，全区实现了人民公社化，各公社建立了人民武装部。基层人民武装部的主要任务是宣传贯彻人民战争思想和建军路线，负责民兵的组织领导、军事训练、武器装备管理和征兵等项工作。1984 年 4 月，营子矿区开始撤社建镇，原公社人民武装部一律改称镇人民武装部。至 1985 年 11 月，全区共有镇级人民武装部 4 个。1996 年，全区有 15 个基层人民武装部。2003 年，全区共有 17 个基层人民武装部。

第二节　驻　　军

一、清代驻军

清康熙初期，鹰手营子部分地域被划为清东陵的“后龙风水”禁地。清乾隆七年（1742 年）在老厂沟、片石沟、四方洞各设拨汛 1 处。清乾隆三十九年（1774 年）大安口分汛移至境内跳沟，设把总 1 员、经制外委 1 员、额外外委 1 员，有额兵 70 名，内有马兵 1 名，守兵 69 名。所管拨汛 15 处，其中境内有金扇子、片石沟、老厂沟、四方洞等处。每拨驻兵丁 6 至 8 人，负责“后龙风水”禁地的巡防和守备。民国 4 年（1915 年），“后龙风水”禁地开禁，拨汛守兵自然离散。

二、民国驻军

民国 27 年（1938 年）6 月 1 日，八路军第四纵队挺进冀东，开辟抗日根据地。7 月 15 日，四纵队所属第三十一、三十三大队进驻寿王坟，在罗圈沟、郑家庄、南沟等地开辟抗日根据地，建立民主政权。9 月，八路军四纵队西撤。西撤后，八路军包森支队赖帮大队驻寿王坟一带打击日本侵略军。

民国 35 年（1946 年）9 月 10 日，国民党十三军四师十团抢占鹰手营子，9 月 18 日退出，驻军 8 天。民国 36 年（1947 年）9 月 2 日，国民党十三军以一个团的兵力，再次抢占鹰手营子，团部和 2 个营驻鹰手营子，另一个营驻涝洼滩。于 9 月 27 日撤出，驻军 25 天。同年 12 月 24 日，国民党十三军四师十团及军部谍报队第三次抢占鹰手营子，至民国 37 年（1948 年）1 月 26 日鹰手营子解放，驻

军33天。

三、中华人民共和国成立后驻军

1967年3月至1978年，中国人民解放军4831、4621、1501、4561、4755部队和工程兵部队的部分官兵先后进驻营子矿区，从事战备施工、军工生产。“文化大革命”期间，其中有的驻军还担负“三支”（支左、支工、支农）、“两军”（军管、军训）任务。70年代，中国人民解放军某部队部分官兵驻营子矿区采煤。80年代，中国人民解放军某部队部分官兵驻涝洼滩采煤4年。

1979年11月至2003年，武警承德消防支队三中队驻于鹰手营子。

附：

日伪驻军

一、日本侵略军驻军

民国22年（1933年）3月10日，日本侵略军侵占鹰手营子地区后，岛村联队驻鹰手营子。民国27年（1938年）7月，日本侵略军第八师团冈本联队与岛村联队对调。民国31年（1942年）3月，日本侵略军27师团所属田中联队200余人驻鹰手营子，执行“治安强化”任务。同年，日本关东军八八一部队接替驻鹰手营子的冈本联队。该部队的长岛队各200余人分别驻鹰手营子、寿王坟一带，直到民国34年（1945年）8月日本战败投降为止。

二、伪军驻军

民国21年（1932年），日本侵略者将东北军二十四团改编为伪满洲国军二十四团，团长黄方刚，归伪第三军管区辖。鹰手营子被日本侵略军占领后，调入兴隆、鹰手营子一带驻防。后该团鹰手营子驻军调走。民国27年（1938年）至民国28年（1939年），伪满内蒙“兴安军”的一个骑兵团在兴隆、鹰手营子驻防。民国29年（1940年），伪热河省第五军管区步兵混成第八旅第三十四团驻鹰手营子一带。民国31年（1942年）春，境内日伪军大搞集家并村，伪满洲国“西南国境线”吃紧，日伪又调伪满洲国军黄方刚二十四团驻“西南国境线”，有1个营驻于鹰手营子。是年，伪热河省第五军管区步兵混成第十二旅第三团、四团，驻鹰手营子一带，制造“无人区”，推行“集家并村”后，步兵混成第八旅三十四团，步兵混成第十二旅第三团、四团调走。民国34年（1945年）8月，日本投降后，伪满洲国军二十四团团长黄方刚，将伪二十四团、八团、十一团、十二团和几个讨伐队1万余人集中，宣布伪满洲国“西南国境线”在兴隆、鹰手营子境域的一切伪军、讨伐队、警察队、伪职人员起义，服从八路军改编。

第二章　地方武装

民国34年（1945年）9月，境内组建地方武装区小队，民国36年（1947年）编入县大队。

自民国初期至中华人民共和国成立前，鹰手营子地区先后存在过3支反动地方武装。抗日战争胜

利后，有的反动地方武装勾结国民党军队，到各村抢粮、抢牲畜，杀害村干部和群众。

第一节　中共领导的地方武装

民国34年（1945年）9月，鹰手营子区组建区小队。由区长直接领导，活动于鹰手营子区，配合冀热辽军区第十四军分区独立团、承兴团、县支队、县大队同国民党军队作战。民国36年（1947年），整建制编入县大队。

第二节　反动地方武装

一、寿王坟民团

寿王坟民团，亦称自卫团，建于民国初期。团总孙义香，寿王坟罗圈沟人，清朝末期曾任遵化州“北边寨三保”（清朝末期设在长城外的管理村子的机构）的大董事。民团有队员20余人，其中有当地农民，也有土匪。配备有火枪、土炮等武器。民团既维护当地治安，也做过许多欺压百姓的事。民国22年（1933年）日军侵占寿王坟后，民团解散，孙义香投靠日本侵略军。

二、刘茂队

队长刘茂廷，副队长宋林，刘增。刘茂廷，系兴隆县北营房西道沟村人，破落地主，伪满洲国时曾任伪甲长，伪警官，是鹰手营子万国道德会小道首。民国34年（1945年）8月日本投降后，刘茂廷逃至承德，曾被委任为国民党保警队大队长。民国35年（1946年）9月上旬，刘茂廷纠集日伪时期的特务、兵痞、警察及恶霸豪绅等反动分子18人，在兴隆县上窝埔东沟成立地主还乡团武装刘茂队，刘茂廷自任队长。由于刘茂廷的二女儿是国民党十三军四师十团团长巫剑锋的侧室，刘茂队使用的武器弹药，由巫剑锋提供，全部美式装备，其中有机枪6挺。9月10日，刘茂队随国民党十三军抢占鹰手营子。在人民解放军和地方人民武装的威慑打击下，9月18日，国民党军和刘茂队撤出鹰手营子。是年，刘茂队扩充到40多人，分为2个小队，第一小队队长王瑞普，第二小队队长李勤。民国36年（1947年）9月，国民党十三军部队和刘茂队再次攻占鹰手营子。这时刘茂队已扩充到70余人，设3个中队。第一中队队长赵广壁，第二中队先后由王瑞普、刘永贵任队长，第三中队先后由范德林、乔焕臣任队长，另设特搜班1个。是月，流亡到密云县的国民党兴隆县党部和县长张郁文率领在密云县建立的保警队，经滦平、承德县绕道至鹰手营子，与刘茂队汇合，并在鹰手营子设立区署，委任刘茂廷为署长。10月2日，国民党军、保警队、刘茂队撤出鹰手营子。12月24日。国民党十三军四师十团及军部谍报队、刘茂队、保警队第三次攻占鹰手营子，并到鹰手营子、北马圈子、汪家庄、寿王坟、潘家店、下台子，荒地沟、上窝埔、克梨木等地，抢粮、抢牲畜，杀害村干部和群众30余人。民国37年（1948年）1月18日，在刘茂廷和张郁文带领刘茂队200余人随国民党军队一部进犯兴隆时，被人民解放军合围于马家庄，刘茂廷、张郁文被击毙，刘茂队残余逃回鹰手营子。刘茂廷二弟刘永贵接任刘茂队队长。民国37年（1948年）1月20日，人民解放军围歼盘踞在鹰手营子的国民党部队及刘茂队，1月26日，刘茂队少数漏网人员逃至承德县安匠一带。后，被编入保警兴隆县第三

中队。

三、自卫队

亦称还乡团。队长仇宪文，鹰手营子籍人。民国35年（1946年）至民国36年（1947年），国民党十三军及其反动地方武装占领鹰手营子期间，由于鹰手营子周围的解放区进行土地改革，鹰手营子周边的地主、日伪统治时期的伪官吏等420人逃到鹰手营子，鹰手营子国民党党部指令逃亡人员建立自卫队，队员100余人，归保警队所属。自卫队经常到寿王坟、汪家庄、马圈子一带抢劫粮食、财物，勾结国民党军队枪杀农会干部 和群众，无恶不作。之后，自卫队成员分别加入了刘茂队和国民党保警队。

附：

日伪地方武装

一、程斌队

程斌，原系东北抗日联军第一军第一师师长，民国27年（1938年）6月叛变投降日本侵略军，任伪满洲国军程斌挺进队大队长，副大队长一直由尉官及以上的日本人担任。民国30年（1941年）10月21日，程斌队调到鹰手营子，驻原鹰手营子完小院址，约500人，直接受伪热河省警务厅领导。程斌队在鹰手营子及周边地区与日伪军警宪特一起搞“集家并村”“无人区划”，残害百姓，制造了多起惨案。民国32年（1943年），伪热河省警务厅以程斌队、石振队为基础，以日本军人已新为司令，组建已新队，亦称一心队。其主要任务是配合各地的日伪军及讨伐队搞“集家并村”“无人区划”、“大检举”，屠杀抗日军民，在各交通要道阻击挺进东北的八路军。民国34年（1945年）8月，日本战败投降，已新队解散。

二、刘敬队

大队长刘敬武，警佐。副队长先后由日本人松桥、渡边、小林担任。民国31年（1942年）刘敬队由丰宁县调鹰手营子地区，先后驻寿王坟、栾家店等地，协助日伪军大搞“集家并村”、“无人区划”。民国32年（1943年）冬，刘敬武调回丰宁，由李勇文接任大队长，更名为李勇队，之后调往兴隆县北双洞。民国34年（1945年）8月，日本投降，李勇队被八路军改编。

三、刘其队

大队长刘其昌，副大队长一直由尉官及以上日本人担任。刘其队于民国31年（1942年）调驻兴隆，经常活动于鹰手营子、北马圈子、雾灵山一带，与日伪军警和程斌队等一起强行“集家并村”，制造“无人区”，搞“大检举”、大屠杀。1950年，刘其昌被公安机关抓捕归案，1951年6月，在兴隆县被依法处决。

第三章　兵　　役

清代，境内驻军实行世袭制和招募兵役制。民国时期，国民政府军先后实行招募兵役制和征集兵役制。兵额招募、征集不足就强行向各村摊牌，到各处去派兵。

中国共产党领导的人民军队在抗日战争、解放战争和抗美援朝时期，实行志愿兵制。1955 年至 2003 年，先后实行了义务兵役制和义务兵与志愿兵、民兵与预备役相结合的兵役制度。广大适龄青年将参军看成无比光荣的事，踊跃报名参军参战。

第一节　清军及国民政府军兵役制度

一、世袭兵役制

清朝初期，境内所驻拨汛的清军，均为世袭兵役制的兵丁。

二、招募兵役制

清朝中叶后，清政府实行招募兵役制。常用“插旗招兵”的方式招募新兵。民国 17 年（1928 年）至民国 21 年（1932 年），国民政府驻冀部队的兵源补充沿用北洋军阀的办法，实行招募兵役制，所招募的兵，既有贫苦农民，也有地痞流氓、土匪等。招募兵发给军饷。民国 35 年（1946 年），国民党军队抢占鹰手营子后，为补充兵力，大量收编土匪，招募兵痞，谁招够 1 个排谁就当排长，谁招够 1 个连，谁就当连长。招募不够就强行向各村摊派，到各处去抓，搞得百姓惶恐不安，年轻人东躲西藏，夜晚不敢在家住宿。

三、征集兵役制

民国 35 年（1946 年）9 月至民国 37 年（1948 年）1 月，国民党军队在境内部分占领区征兵，规定 18 岁至 40 岁的男人都要入伍当兵，利用保甲组织将壮丁登记造册指派到人，不去当兵就抓，但几次征兵均未能悉数如愿。

第二节　人民军队兵役制度

一、志愿兵役制

抗日战争、解放战争和抗美援朝时期，中国共产党领导的人民军队，实行志愿兵役制。期间，鹰手营子区人民踊跃参军参战。抗日战争时期，仅寿王坟就有38人参加八路军，22人在战争中牺牲。民国34年（1945年）10月，八路军冀热辽军区第十四军分区一个月内在兴隆、鹰手营子扩兵640人，组建一个独立营，后整建制改编为一个特务营。民国35年（1946年）3月，在兴隆、鹰手营子扩兵350人。民国36年（1947年）秋季，人民解放军在兴隆、鹰手营子扩兵3500人。民国37年（1948年）7月，在兴隆、鹰手营子扩兵700人，占第十四专区总扩兵1000人的70%。解放战争时期，鹰手营子区有987名青年志愿参加了人民解放军，其中寿王坟参军50人。这些人转战热南、辽沈、平津、淮海各战场，有44人为中国人民的解放事业献出了宝贵生命。1950年9月，鹰手营子区有35名青年参加了中国人民志愿军，赴朝鲜作战，有10人牺牲。

二、义务兵役制

1955年7月30日，《中华人民共和国兵役法》颁布实施。规定公民在一定的年龄内有依法服兵役的义务。义务兵每年征招1次，9月30日前，区、镇军事机关对适龄青年进行兵役登记，选定预征对象，组织体检和政治审查，合格者批准入伍，并下发入伍通知书。由所服役部队派员到区接收新兵。

三、义务兵与志愿兵、民兵与预备役相结合的兵役制

1978年3月，第五届全国人民代表大会常务委员会第一次会议通过了《关于兵役制度问题的决定》。规定实行义务兵与志愿兵相结合的兵投制。1979年2月，对越自卫反击战期间，营子矿区有68名青年应征入伍参加反击作战，并驻守云南老山前线。至1983年有348名青年应征入伍。1984年5月30日，新颁布的《中华人民共和国兵役法》规定实行以义务兵制为主体的义务兵与志愿兵相结合、民兵与预备役相结合的兵役制。每年进行1次兵役登记和预备役登记。预备役由未被征服现役和退出现役符合条件的民兵组成，年龄18—35周岁，平时坚守各自岗位，定期学习，接受训练，根据形势需要，按建制应召服役。

附

伪满洲国政府军兵役制度

民国22年（1933年）3月10日，日本侵略军侵占鹰手营子后，实行招募兵制。将招募名额分配给各村公所，限期完成招募任务。民国29年（1940年）11月，伪满洲国颁布施行《国兵法》，亦称兵役法，由募兵制改为征兵制。规定19至23周岁的青年，合格者当“国兵”，服役3年，不合格者成为“国兵漏”，编入“勤劳奉公队”，强迫去修筑警备道，去煤矿挖煤或到东北等地服苦役。

第四章　民兵和预备役

抗日战争时期，鹰手营子地区始建民兵组织。民兵在抗日战争和解放战争中，踊跃参军参战，支援前线。中华人民共和国成立后，多次进行民兵整组，对民兵加强政治教育和军事训练。1983 年 7 月，营子矿区组建预备役部队，1987 年 4 月，撤销预备役部队建制。2000 年后，开始在民营企业建立民兵组织，初步实现了民兵兵源由国有企业向民营企业的转变。

第一节　民　　兵

一、组织建设

1952 年《中华人民共和国民兵组织暂行条例》颁布后，鹰手营子区以行政村为单位建立民兵组织。凡身体健康、年满 18—40 周岁的男性公民，均编入民兵组织。民兵分为普通民兵和基干民兵两种，基干民兵按政治标准在 18—25 周岁的民兵中选拔。1958 年，为贯彻落实毛泽东“大办民兵师”的指示，营子矿区各公社建民兵营，农村生产大队建民兵连、排、班。驻区企业也都建立民兵组织。年满 16—50 周岁的男性公民，均可编入民兵组织。1959 年，民兵整组，民兵数量有所减少。1961 年 12 月，中共中央、国务院颁布了《民兵工作条例》，规定民兵年龄为男 16—45 周岁，女 16—35 周岁。1962 年冬，根据《民兵工作条例》和民兵工作“三落实”（组织落实、政治落实、军事落实）的要求，对全区民兵组织进行全面整顿。1966 年 5 月，“文化大革命”运动开始后，民兵组织受到冲击。1969 年 3 月，中苏边界形势紧张，为落实中央军委和毛泽东提出的“加强战备、准备打仗”的指示，营子矿区组建民兵营，各公社、企业组织民兵连，并建立武装基干民兵组织。1976 年 10 月，粉碎“四人帮”反革命集团后，对民兵组织进行整顿，规定民兵年龄男 18—35 周岁，女 18—28 周岁，保留普通民兵和基干民兵，取消武装基干民兵。1984 年 5 月，新《中华人民共和国兵役法》颁布实施后，对民兵组织再次进行整顿。1986 年 7 月，调整民兵组织。1991 年 3 月，民兵整组。2000 年后，在民营企业承德建龙钢铁有限公司建立民兵营，在河北怡达食品有限公司建立民兵连，在承德旺源煤炭建材有限公司建立民兵排，在承德久隆冶金有限公司建立民兵班，初步实现了民兵兵源由国有企业向民营企业的转变，解决了“有编无兵，有兵无编”的问题。民兵组织建设坚持“编为用、建为战”的原则，以做好新时期军事斗争准备为引领，以优化民兵基层组织布局，提高民兵分队反空袭、反恐怖、反暴乱和支前保障能力为目标，加强基干民兵“镇域联片”建设，形成了以企事业单位为基础、以大中型企业为骨干、以镇域为依托的城市民兵组织格局。

二、军事训练

1951 年 5 月，中共中央、中央军委在《关于加强民兵建设的指示》中，要求要在不违农时，不误

生产的原则下，对民兵进行较正规的军事训练。自此，鹰手营子区每年的民兵冬训形成制度。训练时间一般为7天，主要训练科目为队列、射击、刺杀、投弹、站岗放哨、利用地形地物等，采取小型、就地、分散的方法进行训练。1958年大办民兵师，民兵训练由农村扩展到城镇，全区掀起了第一次民兵训练高潮。1960年处于国家困难时期，民兵训练被迫停止。1962年，盘踞台湾的国民党军队叫嚣窜犯大陆，东南沿海地区形势紧张，恢复了民兵军事训练。同时，在训练中学习和推广郭兴福练兵方法，人武部干部与民兵坚持“四同”（同吃、同住、同劳动、同训练）。1963年以后，在原训练科目的基础上增加了“三打三防”（打飞机、打坦克、打伞兵、防原子、防化学、防细菌）的训练内容。1964年6月开始，学习郭兴福练兵法，民兵训练再次掀起高潮。是年，鹰手营子中学（后改称承德市第七中学）建立了青年学生民兵组织，利用课余时间进行队列、射击、刺杀、投弹、拉练等军事科目的训练。1966年5月，“文化大革命”开始后，民兵军事训练一度停止。1969年3月，中国和苏联发生珍宝岛武装冲突后，民兵军事训练得到恢复和加强。1971年9月，为纪念毛泽东“大办民兵师”的指示发表13周年，区人民武装部组织28个单位的民兵参加军事汇报表演赛，表演的科目有对空中目标射击、山地射击、爆破等。1973年开始，民兵军事训练实行周期制。每3年或4年为1个训练周期，在每个周期内，公社、企业专职武装干部每年集训1个月，民兵营长、连长每年集训15天，武装基干民兵每年训练15—20天。进入20世纪90年代，民兵的军事训练严格按照《民兵军事训练大纲》的内容和要求，进行体能、队列、射击、爆破、战术、兵器常识与使用、通讯、擒敌拳、警棍术、盾牌术等科目的训练。1990年开始，为应对各种突发事件和加强对重点目标的保护，每年对民兵应急分队普训1次。1991年5月1日至25日，区人民武装部分四期对全区的民兵连长、排长、高射机枪分队和步兵分队进行军事训练。进入21世纪，除常规训练科目外，增加了班组连排处置突发事件行动、军事理论、基本技能、动员组织指挥、单兵战术、观察与报告、敌火力下运动、冲击与抗冲击、军兵种知识等科目。结合形势任务，适时组织民兵应急分队进行拉动、抢险救灾，应对突发事件等演练。

三、政治教育

中华人民共和国成立初期，民兵工作以政治教育为主，军事训练为辅，围绕土地改革、镇压反革命、抗美援朝，对民兵进行阶级教育、爱国主义和国际主义教育。学习《中华人民共和国兵役法》和《民兵守则》。1953年至1956年，配合生产资料所有制的社会主义改造，对民兵进行走集体化道路的教育。50年代后期至60年代前期，主要组织民兵学习毛泽东著作，开展学习雷锋和创建民兵工作“三落实”（组织落实、政治落实、军事落实）先进单位等活动。1966年5月“文化大革命”开始后，民兵工作受到冲击，政治教育处于停滞状态。1969年，中苏边界形势紧张，营子矿区重新整建民兵组织，对民兵重点进行形势和战备教育。1978年12月，中共十一届三中全会以后，主要组织民兵学习邓小平理论，学习改革开放以来党的路线、方针、政策。1980年，按照解放军总政治部《关于加强民兵政治教育的意见》，基干民兵每月上一堂政治课，在军事训练中拿出10%的时间进行政治教育。2000年后，重点对民兵进行“三个代表”重要思想的教育。

第二节　民兵预备役部队建设

1955年，《中华人民共和国兵役法》颁布实施后，国家开始建立预备役制度。1956年，营子矿区开始预备役登记工作。50年代末期，退伍军人中的预备役人员编入基干民兵。之后，预备役登记工作中断。1980 年 8 月，按照国务院、中央军委《关于退伍军人预备役登记统计暂行规定》要求，恢复预备役登记工作。1983 年，营子矿区开始预备役部队组建工作。1987 年 4 月，营子矿区的预备役部队撤销编制。

第五章　战　事

营子矿区是连接京、津、承、唐和东北三省的交通要塞，矿产资源丰富，军事地位十分重要。民国 22 年（1933 年）3 月 10 日至民国 34 年（1945 年）8 月日本投降，日伪在鹰手营子地区施行了长达 12 年的残酷统治。期间，日伪军警在境内烧、拆毁民房 3349 间，抢走畜禽 10393 头（只），粮食 17.5 万公斤。杀害干部、群众 1717 人。鹰手营子人民在中国共产党的领导下，坚持敌后抗日斗争，八路军及地方抗日武装多次对日伪军作战，予日伪军以沉重打击。解放战争时期，国民党军队 3 次抢占鹰手营子，抢夺抗战胜利果实，民国 37 年（1948 年）1 月 26 日，国民党军在人民解放军和地方人民武装的打击和威慑下，撤出鹰手营子，溃逃至承德，鹰手营子解放。

第一节　抗日战争战例

一、寿王坟地区战斗

民国 22 年（1933 年）12 月，兴隆县人孙永勤组建民众军。

民国 23 年（1934 年）3 月初，孙永勤率民众军在寿王坟抓获投靠日本侵略军的原寿王坟保卫团团长孙义香，并将其押至五凤楼。孙义香之子得知后，于 3 月上旬，勾结伪兴隆办事处处长吕俊福、财政局局长卢义卿带领日伪军警 500 余人，途径鹰手营子，进攻活动于老烧锅、寿王坟、五凤楼一带的民众军。一天夜里，日伪军警将民众军的哨兵俘去，拂晓向民众军驻地村庄开炮，两军从黎明战至 9 时，日伪军警被击退。这次战斗，击毙日伪军警 10 余人，民众军伤亡 10 人。

民国 23 年（1934 年）5 月，民众军改称抗日救国军。民国 24 年（1935 年）1 月 13 日，抗日救国军 200 多人，在寿王坟袭击日伪军警，俘敌 3 人，击毙日军 2 人。是年 3 月末，日伪军围剿寿王坟梆子沟一带的抗日救国军，两军激战 3 小时，救国军南撤，日伪军烧毁山里的两个村庄。

民国 27 年（1938 年）11 月下旬，八路军包森支队赖帮第一大队 40 多人，奉命在寿王坟南沟村李家店子一带设伏，与前来搜山扫荡的日伪军、警察讨伐队 200 多人激战，毙俘日伪军 30 人，缴获小炮 1 门，机枪 1 挺，步枪 20 多支，八路军战士牺牲 8 名。

民国 28 年（1939 年）2 月，八路军冀东军区第十一团接到日伪军要到寿王坟罗圈沟“扫荡”的情报，在罗圈沟下台子庄一带设伏。设伏当日 9 时许，日伪军先头部队发现埋伏回头就跑，十一团追击，击毙日伪军 10 余人。埋伏部队下午撤走。

民国 28 年（1939 年）8 月，鹰手营子警察署警尉中岛，率领日伪军警 200 余人到寿王坟罗圈沟扫荡，被八路军赖帮大队200多人设伏包围，击毙日伪军警10余人，活捉警尉补于万江，缴获机枪2挺，步枪50余支。

民国31年（1942年）5月2日到16日，晋察冀军区第十三军分区部队在长城南北连续出击，作战30余次，毙俘日伪军300多人，缴获轻机枪2挺，长短枪200多支，受到八路军朱德总司令和彭德怀副总司令的电报勉励。其中，5月16日攻打寿王坟据点一战，击毙日伪军30余人。

民国32年（1943年），驻鹰手营子日本宪兵队长田中悬赏：“活捉郭羽赏银元1000块，死的赏银元500块，报信赏银元300块。”是年夏，鹰手营子伪警察署警尉补王生，受命伪装成八路军，到处探听区委书记郭羽的消息。郭羽得知后，将计就计，自己化装成已被八路军游击队抓获的伪兴隆县警察署的邵连生，和两名化装后的通讯员押着八路军游击队交通员李山，到王生经常活动的地方引诱王生。王生中计，亮明真实身份，郭羽遂将假情报透漏给王生，二人约好日期，到寿王坟古洞沟围捕郭羽。8月的一天夜里，鹰手营子宪兵队长田中亲率日伪军警200多人，奔袭寿王坟古洞沟围捕郭羽。拂晓，在北山日伪军警遭到郭羽和八路军赖帮大队、武工队、民兵100多人的伏击，激战2个多小时，击毙田中等日伪军警50余人，俘虏警尉补王生等日伪军警50人，缴获机枪3挺，长短枪128支。

民国32年（1943年）9月16日，八路军晋察冀军区第十三军分区十一团团长赵文进，指挥十一团2个连和县基干队1个连，在寿王坟罗圈沟村南山设伏，阻击梆子沟出来扫荡的伪军1个连。战斗1个多小时，击毙日本教官及伪军20余人，伏伪军连长及以下官兵60人，缴获重机枪4挺，轻机枪5挺，手枪2支，步枪80余支，解救被捕八路军工作人员郑辛珠。八路军战士牺牲13名。

民国33年（1944年）1月，冀热边区党委、行署、军区等领导机关，被2万多日伪军、讨伐队包围于五指山区。边区党委派组织部长苏林燕和十一团团长赵文进率十一团由五指山西进诱敌，边区党政军机关趁机东渡滦河转移。十一团过滦河北山，穿过乌头牛山区，直达柳河，一举攻克日伪寿王坟郑家庄据点，继而攻破附近10余处“部落”。这次军事行动，共毙伤日伪军警2000余人，缴获大量武器弹药，有效调动了敌人，使冀热边党政军领导机关安全转移。

郭羽、穆山牺牲地（摄影　郝树森）

民国33年（1944年）2月25日拂晓，由于叛徒出卖，日伪军包围了区委书记郭羽、区长穆山在寿王坟前梆子沟北山的住地。通讯员范焕首先发现敌情鸣枪报警，刹时枪声四起，战斗十分激烈。郭羽、穆山等打退敌人2次冲锋，子弹打光，销毁枪支、文件，日伪军冲上山顶，郭羽、穆山中弹壮烈牺牲，仅通讯员范焕冲出包围，幸免于难。

民国33年（1944年）3月29日，晋察冀军区第十三军分区十二团团长曾克林部，在寿王坟梆子沟、下坎子遭日伪军1500余人合击。击毙日伪军80余人，十三团伤亡37人。

民国33年（1944年）10月，承兴抗日联合县四区派李清任寿王坟党支部书记。在锄奸活动中，李清在八路军的配合下，先后除掉超梁子、范家大地等“部落”死心塌地当汉奸的3个伪甲长，极大地震摄了寿王坟一带的伪职人员。

民国34年（1945年）1月25日，承兴基干队一部20余人在寿王坟一带遭日伪军袭击，牺牲16人。

二、鹰手营子地区战斗

民国24年（1935年）4月4日，抗日救国军第四总队队长李进贵率100余人，在北马圈子南沟与约1个连的日伪军警激战，击毙日军2人，伪军1人，俘敌5人，抗日救国军牺牲1人。是月28日，抗日救国军第一总队队长张福义，率40余人，在鹰手营子一带袭击日本侵略军，遭伪军1个骑兵连追击，抗日救国军撤出鹰手营子。

民国27年（1938年）6月下旬，八路军第四纵队独立营从雾灵山东进，攻打鹰手营子伪警察署。伪警察署长孟祥大率日伪军顽抗，由于对日伪军警兵力估计不足，独立营几次进攻均未攻克，撤出战斗。7月14日，四纵雾灵山支队在队长兼政委赵立业的率领下配合独立营，一举攻占鹰手营子伪警察署，毙、俘日伪军警50余人，缴获机枪1挺，步枪30多支。

民国29年（1940年）秋，冀东军分区第十三团段会荣连，已由原来的27人发展到80多人，部队急需补充武器弹药。段会荣决定袭击有150多名日伪军驻守的鹰手营子据点。一天深夜，段会荣连急行军20多公里包围了鹰手营子据点，有几十名群众也自愿参战。战斗打响后，发现敌人多，火力猛，经了解得知，当晚有乘坐6辆汽车由承德去兴隆的日伪军住在鹰手营子据点，由于敌众我寡，被迫撤出战斗。

民国34年（1945年）8月15日，日本宣布无条件投降。19日，冀热辽军区第十三军分区第十团、地方武装及民兵，一举光复鹰手营子一带34个“部落”。20日，承兴联合县二、四区和承兴密联合县的地方干部组成工作团，配合冀热辽军区第十四军分区司令员舒行，接受鹰手营子一带几千名日伪军、警、宪、特投降，鹰手营子区光复。

第二节　日本侵略军暴行

一、制造“无人区”

民国28年（1939年）至民国32年（1943年），日本侵略军在鹰手营子区的深山区制造“无人区”。日伪军多次烧山清障，实行惨无人道的杀光、抢光、烧光的“三光”政策，强行驱赶百姓下山集中到平原居住，山区“白天百里烟，夜里千山火”，老百姓处于恐慌之中。

二、划“无住禁作”地带

民国28年（1939年）始，由于日伪军害怕八路军游击队的袭击，遂将抗日武装经常出没的地区划为“无住禁作”地带。“禁住”地带，不许住人，“禁作”地带，不许种地、放牧、打柴，违者警戒军警可随意开枪射击。并且公路两旁50米以内不许种玉米、高粱等高秧作物，在高压线下10米宽的地方撒上石灰，不许种庄稼。寿王坟地区栾家店、超梁子一带为“禁住”地带。椰子沟，砖瓦窑东沟，李家店东、西沟、水泉沟，郑家大院周围为“禁作”地带。在鹰手营子地区，将喇嘛沟东西两条沟、跳沟和鹰手营子老街及老厂子周边地带划为“无住禁作”地带。据统计，在日本侵略者划“无住禁作”地带期间，将境内60平方公里土地划为“无住禁作”地带，占全区总面积的42.97%。

三、集家并村

民国28年（1939年），日伪军开始在鹰手营子区实行集家并村。将山区三五户小村庄的老百姓，

驱赶到大川村落，以便日伪军警控制。村落暂不修围墙，老百姓称之为“小集家”。每个“小集家”村落常驻伪警察10人左右。在寿王坟地区，日伪军将罗圈沟各山沟里的居民强行驱赶到义居号庄和东河北庄，将南沟各山沟里的居民驱赶到李家庄、北上窝铺和栾家店，将郑家庄山沟里的居民驱赶到郑家大院和鞠梁子庄。寿王坟一带设“小集家”村落10余个。在鹰手营子、北马圈子、汪家庄等地设“小集家”村落30多个。

现存日伪集家并存时修建的部落墙（摄影　赵荣生）

民国30年（1941年），日伪军警在境内推行更大规模的集家并村，强迫百姓搬入公路两旁平坦地带的“部落”（俗称“人圈”）中居住，百姓称之为“大集家”。在寿王坟，将“小集家”形成的10余个村落并为东河北、栾家店、郑家大院、超梁子4个“部落”。在鹰手营子，将跳沟村的百姓驱赶到大跳沟“部落”，拆除、烧毁“部落”以外房屋60余间。抓大批劳工，将鹰手营子河道填平成路，路南、路北作为“部落”。强令10岁以上男女去修“部落”，“部落”四周用石块、泥土筑起宽1米，高5米的围墙，墙上架设铁丝网，墙外设土壕沟，内修2米至3米宽的马道，四角筑有碉堡、炮楼。“部落”正门标有“部落”名称，墙上用白灰书写“日满亲善，共存共荣”等标语。平时“部落”四门只留一两个大门出入，上午9时开门，下午3时关门。“部落”内房屋不足，就划定范围，由各户自建住房。无力建房者只能在牲畜棚、窝棚、草垛里栖身。“部落”实行配给制，生活日用品如盐、碱、火柴等均限量配给，吃的是配给的“共和面”（粮食、豆饼、橡子的混合面），穿的是每人每年配给的10尺纤维布，生存条件十分恶劣。每个“部落”驻伪警察几人、十几人不等。设部落长、甲长、牌长。建自卫团，昼夜协助日伪军警站岗、放哨、巡逻，监视居民活动。在“部落”内安插特务，搜集情报。民国32年（1943年）日伪军突击进行集家并村，在兴隆县平川的公路两旁设立199个“部落”，其中境内设有鹰手营子、老厂子、金扇子、北马圈子、石片沟、老爷庙上庄、戴家庄、汪家庄、跳沟、喇嘛沟、老爷庙下庄、郑家庄、超梁子、栾家店、东河北等“部落”。从民国30年（1941年）至民国34年（1945年）8月日本投降，境内“部落”因冻、饿、瘟疫及其他疾病死亡975人，特别在瘟疫流行期间，每天都有大车往“部落”外拉尸体，今天埋别人，明天被别人埋，家家陈尸，人人戴孝。

四、烧杀抢掠

民国27年（1938年）冬，日伪军到寿王坟南沟“扫荡”搜山，烧毁民房200余间。

民国28年（1939年）2月，日伪军从鹰手营子、下台子、李家营等地，调集兵力500余人，从后梆子沟三面向寿王坟罗圈沟围攻“扫荡”，在10几里的沟膛，见房就烧，见东西就抢，见人就杀。村民张孝义、张孝司被打死，张孝君左耳中枪，满头是血，躺在地上装死，才死里逃生。这次日伪军扫荡，烧毁村民房屋230间、各种家具400多件，抢走粮食2.25万公斤和许多猪、羊、鸡、牛及财物。

民国30年（1941年）2月9日，汪家庄村民于景泉、孙宝堂、刘永宽被日本侵略军抓走，于景泉家3间草房被烧，3人被杀害于承德“万人坑”。

民国31年（1942年）1月，日伪军在兴隆、鹰手营子等地搞“大检举”，几天内抓走群众2000

多人，杀害群众400多人。姚家庄村民王艳被抓走，杳无音信。鹰手营子村民王钧庭被抓走，送老爷庙煤矿做劳工。八路军办事员张简、张德、赵怀、宋简4人被抓走，分别被害于兴隆和宽城。9月中旬，日伪军在寿王坟大规模搜山，打死“爬山户”董明。抓走“爬山户”任宝和、安福、董俊田、李振、李印、李泉、李素清、张金英和其女王桂珍，其中董俊田、李振、李印为共产党员。后，任宝和被打死，安福、董俊田死于锦州监狱，李振、李印、李泉死于承德监狱。是年，日伪军组成讨伐大队，清剿八路军游击队，在鹰手营子、寿王坟、汪家庄、北马圈子等地的山区，见房就烧、见粮物就抢，见人就抓。将居住的百姓驱入“部落”，逃跑者杀死。鹰手营子村村民李泉财家的7间房屋和粮食全被烧光、抢光。烧毁跳沟村、老厂子村、汪家庄村、寿王坟百姓房屋320多间，毁庄稼700多亩。据喇嘛沟村村民闫福和李吕三老人回忆：1942年，日军为清剿在喇嘛沟一带打游击的八路军游击队，放火烧山，大火烧了40多天才自熄。烧毁树林10000多亩，烧毁、拆除房屋150余间，抢走粮食2000多公斤，牲畜700多头（只），“部落”周围500米内的树木全被日军砍光。

民国32年（1943年）3月14日6时，日伪军在寿王坟罗圈沟的梆子沟搜山时，抓住“爬山户”刘成宝、李生，将2人放入粮仓中烧死。是月，姚家庄村老西沟的“爬山户”林宝珍被日伪军抓获，不肯说出藏粮食的地点，日伪军将林宝珍绑坐于木制的“十字架”上，肛门插入固定于“十字架”上的木橛子，由数人像推磨一样推“十字架”上的横杠，用“骑木驴”的方法，将林宝珍残忍杀害。日军还用同样残忍的方法杀害了汪家庄一金姓百姓，汪家庄杨忠老人曾目睹。是年9月，日军以鹰手营子部落村民王锡福私通八路为由，将其抓走，押送到承德监狱。在汪家庄一带抓走戴家庄村民高德福，被日本侵略军用铡刀铡死在苗家营。戴家庄的戴连清、姚家庄的姚彬、张家庄的张瑞等多人被日伪军抓走，其中戴连清死于承德“万人坑”。12月20日，日伪军警在鹰手营子、金扇子、寿王坟一带扫荡，抓老百姓酷刑逼问有无通共产党、八路军者，通者打死，其余全部送往承德监狱。仅寿王坟一带抓走、打死的老百姓就有31人。

民国32年（1943年）冬至民国33年（1944年）春，在寿王坟一带日伪军抓走40多人，其中有武装班长王柱，八路军办事员李万明、孟昭林。罗圈沟村民孙宝余因说了一句痛恨日伪军的话，在东河北部落被日军用刺刀挑死。日伪军在偏桥沟搜山时，抓到村民伊长荣，当场用刺刀刺死。寿王坟村民李万弟在大检举时被抓走，后客死他乡。

民国33年（1944年）秋，日伪军在寿王坟南沟搜山，抓走八路军办事员张国生、徐永安、栾久成，后3人死于承德监狱。

据统计，民国22年（1933年）3月至民国34年（1945年）8月，日伪军警在鹰手营子和寿王坟地区烧毁、拆毁民房3349间，其中罗圈沟村400间，郑家庄村345间，南沟村496间，鹰手营子村、老厂子村、喇嘛沟村、跳沟村共270余间。抢走畜禽10393头（只），其中牲畜2563头（只），家禽7830只。抢走粮食17.2万公斤。杀害干部、群众1717人。修路、建炮楼、筑碉堡、开矿等抓走劳工588人。

第三节　军调处执行部承德小组视察鹰手营子区

民国34年（1945年）8月日本投降后，民国35年（1946年）1月5日，中国共产党和国民党政府达成《关于停止国内军事冲突的协议》，从1月13日起生效。在这以前国、共两党军队占领的地区维持现状不变。为了监督停战协定的执行情况，在北平成立有美国、中共、国民党三方代表参加的军调处执行部，对有军事冲突的地区派“三人小组”进行调处。在热河省有承德执行小组和赤峰执行小

组。承德执行小组（第十一执行小组）有中共代表陈伯钧少将，国民党代表岳昌瀛上校，美国代表葛瑞夫上校。

是年3月17日，承德执行小组派出“三人小组”从承德乘美式吉普车到鹰手营子视察，了解鹰手营子人民在抗日战争中坚持敌后游击战，坚持“无人区”斗争情况。调查日本侵略者在鹰手营子、兴隆施行“杀光、烧光、抢光”的“三光”政策，制造“无人区”的罪行。是日，兴隆县四区区长赵锡廷带领群众在鹰手营子东入口处欢迎“三人小组”莅临视察。“三人小组”由赵锡廷陪同到鹰手营子完小专门安排的会场，赵锡廷致欢迎辞并介绍情况，县抗联会农民部干事济民、妇女会主任陈明代表农民、妇女发言，以大量事实赞颂共产党领导的八路军、游击队坚持敌后抗日斗争，依靠组织群众打击日伪军的事迹，揭露、控诉日军制造“无人区”的罪行，介绍人民生命财产的损失情况，并提出“要和平，不要内战”“严格执行停战协议”“国民党军队应该从哪来回哪去”等要求。国民党代表几次打断群众代表的发言，均被中共和美方代表制止。会后，“三人小组”在赵锡廷陪同下到“无人区”视察，掌握了日本侵略军屠杀鹰手营子人民的罪证。证实了鹰手营子地区在抗日战争中就是共产党、八路军领导下的游击区和抗日根据地，不是日本投降后，更不是停战协议签订后八路军才进入的地区。“三人小组”肯定鹰手营子地区人民的抗日斗争“是坚强的、勇敢的、牺牲是大的”。认为“日本侵略者的罪行是大的，是惨无人道的”。美方代表说：“兴隆县其他地方我们不去了，从你们区情况看，可以说明兴隆县人民在抗日斗争中不屈不挠的精神和付出的重大牺牲，应该得到救济。‘三人小组’要向联合国善后救济总署提出建议书，建议给‘无人区’群众必要的救济。”视察结束后，“三人小组”当天返回承德。

（资料来源于兴隆县政协文史资料研究委员会编辑的《兴隆县文史资料》第三辑86—88页）

第四节　解放战争战例

一、抗击国民党军抢占鹰手营子

民国35年（1946年）9月10日。国民党十三军四师十团抢占鹰手营子。国民党军队的进攻，遭到中国共产党领导的地方部队，县区地方武装及民兵的顽强阻击。兴隆县鹰手营子区武装队长李忠，率领区小队和民兵，配合冀东第十四军分区警备团、县大队、县公安局利用山地有利地形，与国民党军进行游击战，国民党军及刘茂队死伤300多人，9月18日，国民党军被迫撤出鹰手营子。

二、煤岭沟伏击战

民国36年（1947年）9月2日，国民党军再次占领鹰手营子。9月18日，盘踞鹰手营子的国民党军向兴隆方向进攻，被设伏于煤岭沟一带的人民解放军独立旅一部和地方武装击溃，被歼50多人，撤回鹰手营子据点。

三、攻打鹰手营子战斗

民国36年（1947年）9月，人民解放军冀热辽军区第十七军分区，决定围歼鹰手营子之敌。独立旅宏远部队及地方武装、民兵1300余人奉命兵分两路，宏远部队从汪家庄的牛旦子沟、李家沟直捣鹰手营子，另一路由县大队长王郝率领县大队、区小队和民兵在石片沟、煤岭沟、四方洞一带设伏，准备阻击增援之敌。县长王佐民率领县大队一部、县政府工作人员焦程及兴隆县半壁山、横河一带刘文奇、兴山、王起带领的民兵共300多人支援鹰手营子前线。为方便攻打鹰手营子的解放军部队通过，群众献出高桌、门板，乘夜在鹰手营子老厂子西的柳河上搭设浮桥。战斗从晚上9点打到第二天凌晨4点，毙、俘敌47人。刘文奇、王起带领民兵参加攻打鹰手营子的战斗及以后6天内，和国民党军战斗7次，夺回被抢走的牛30头，骆驼18头，羊180只，得到上级嘉奖，并奖给每人棉衣1身，子弹若干发。9月下旬，解放军准备再次攻打鹰手营子，国民党军得到消息，于是月27日撤出溃逃到承德。

四、上窝铺沟伏击战

民国36年（1947年）初冬，国民党十三军一部和刘茂队分兵两路，企图包围在鹰手营子、寿王坟一带活动的承德工委、承南县委和兴隆县委。承德工委副书记郑起茂得到内线人员赵连印送来的情报后，迅速组织机关转移。承德工委南山部队、承兴团设伏，重创进攻的国民党军。鹰手营子派出所所长王振祥带领民兵在上窝铺沟里设伏，截击刘茂队，毙、俘敌10余人，缴获部分枪支弹药。

五、解放鹰手营子区

民国36年（1947年）12月24日，国民党十三军四师十团、军部谍报队及刘茂队1000余人，第三次抢占了鹰手营子。民国37年（1948年）1月19日，人民解放军冀热辽军区第十四军分区决定攻打鹰手营子。第十四军分区独立团、承兴团、县大队及民兵，乘夜在鹰手营子南山一带集结。1月20日凌晨3时许，战斗打响，独立团、承兴团、县大队由西、南两个方向向鹰手营子敌据点猛攻，国民党军向原日伪鹰手营子发电所大楼、东山、北山和四方洞等处的碉堡、炮楼、掩体逃窜，撤退中烧民房6间。在东山根、北山、原日伪发电所一带，解放军遭到国民党军的暗堡火力袭击，伤亡约1个排。天拂晓时，被解放军火力压制的国民党军和刘茂队又组织反击，双方形成对峙态势。天亮后，独立团、承兴团及县大队奉命撤离鹰手营子。此次战斗，击毙国民党军官兵及刘茂队150余人，俘敌130余人，缴获六0炮1门，步枪280余支，子弹3000余发，骆驼34头，骡马16匹，牛53头，羊285只，东北流通卷17万元，收容随敌逃亡的受蒙蔽群众60多人。1月26日，国民党军余部及刘茂队残余，在解放军独立团和承兴团等部队的强大压力下，溃逃到承德，鹰手营子区解放。

第五节　地方反动武装暴行

民国35年（1946年）9月10日，国民党十三军四师十团进攻并抢占鹰手营子，反动地方武装刘茂廷队亦同时进驻。刘茂队经常在鹰手营子、马圈子等地抢粮、抓农会干部，一次就杀害5名村干部，将血淋淋的人头挂在路边的树上。

民国36年（1947年）2月，刘茂队在寿王坟罗圈沟的栾家店，将正在宣传土地改革政策的承南县第九区副区长孟昭林和区小队包围，突围中孟昭林不幸中弹牺牲。刘茂廷将孟昭林的人头带到刘杖子村，挂在树上示众，惨不忍睹

民国36年（1947年）11月，刘茂队勾结国民党军进攻寿王坟解放区，在罗圈沟、偏桥沟抓获郑家庄农会主任王友、村公安员孙宝玉和村民孙宝柱、孙宝林。将王友、孙宝玉百般拷打，挖眼、割耳、削鼻，残忍杀害于寿王坟闫家庄坎下的河滩上。在罗圈沟的梁家沟还打死村民龚耀广。

民国36年（1947年）12月29日，鹰手营子村妇救会主任骆秀英被国民党军和刘茂队抓捕，在鹰手营子四方洞前的柳河边，被刘茂队用铡刀铡为三截，英勇就义，时年22岁。东南沟村武委会主

任兼民兵队长陈世荣被铡成二截，壮烈牺牲，年仅20岁。据当时陪绑的李民生回忆，同日被残杀的还有其他5名干部群众。

第六章　人民防空和国防教育

20世纪60年代，出于战备的需要，营子矿区人民开始挖防空洞。60年代末，开始大规模修建战备工程，进行防空演习和战备知识培训。至80年代初，全区有人防工程9处，总面积约4万平方米。1991年，建立营子矿区国防教育领导小组，自此，国防教育成为一项有组织、有领导的专项工作。区国教办以中小学和领导干部为重点，广泛开展以爱国主义为核心的国防教育活动，国防教育工作纳入了经常化、制度化、规范化的轨道。1996年10月始，结合民用建筑修建防空地下室，至2003年，防空地下室面积约13000平方米。

第一节　人民防空

一、机构

营子矿区于1966年5月24日成立人民防空指挥部，初建时工作人员2人，后增至5人。1969年9月20日，改设人民防空领导小组，下设办公室。1971年8月，撤销人民防空领导小组及其办公室，成立营子矿区战备领导小组，区武装部政委任组长，部长任副组长。战备领导小组下设办公室，编制2人。1978年1月，撤销战备办公室，成立人民防空办公室，1984年3月，人防办公室合并到区建设局，至2003年年底再无变化。

二、战备工程建设

20世纪60年代中期，营子矿区各机关、企业、学校本着因地制宜，就地取材，利用废旧材料，勤俭备战的原则，挖防空洞。形式多种多样，靠山的挖山洞，居民院内、屋内适合挖的，一户挖一个或几户联挖。并在区商业局、区医院、陶瓷厂、四十栋、北马圈子、郑家庄、火神庙、涝洼滩街道、老爷庙工村、寿王坟铜矿进行试点，修建永久、半永久性防弹、防扫射、防火、防毒气的防空洞。1969年11月，中国人民解放军工程兵某部，在寿王坟修建战备工程，并被列为承德市的重点战备工程之一。是年9月，在寿王坟修建战备医院。1970年1月18日竣工，照明、通讯、用水、医疗设备齐全。市革委会命名为承德市第一战备医院。1970年12月，为解决鹰手营子南北交通贯通的战备疏散通道问题在鹰手营子柳河上修建战备桥1座，1971年7月1日竣工。1975年4月1日，营子矿区开始修建人防工程，是年，华北战备防空现场会在寿王坟公社召开，1978年1月，工程暂告一段落。至80年代初，全区共有人防工程9处，但大部分未建完，受地理条件限制，亦未得到开发利用。1996

年10月以后，按照《中华人民共和国防空法》，营子矿区坚持“以建为主，以收促建”的原则，贯彻落实结合民用建筑修建防空地下室的各项规定，防空地下室不断增加，至2003年底，全区防空地下室总面积约13000平方米。

三、防空演习

营子矿区多山，战时人员的疏散隐蔽本着就地就近原则，依托20世纪60、70年代修建的人防工程，防空地下室，9条山沟和自然山洞，不作大规模远距离疏散。1970年，为贯彻落实承德市革委会《关于当前战备、革命、生产的几点意见》的文件精神，营子矿区于是年10月20日举行综合性临战防空人口疏散演习，参加演习9008人，其间全城区戒严，各行各业停产、停业、停课，疏散人口带1天的食品及饮用水，学生带学习用品，到指定疏散地隐蔽。各专业民兵队伍演练警戒、要害部门保卫、抢修损毁道路、战地救护等军事科目。1971年9月8日，为纪念毛泽东“大办民兵师”指示发表13周年，区战备领导小组决定分鹰手营子、北马圈子、寿王坟三片进行防空演习。演习于9月24日至25日进行，参加演习42500人。此后至2003年，由于国际形势日趋缓和，再没有组织防空演习。

寿王坟铜矿战备医院（摄影 郝树森）

四、战备知识培训

营子矿区战备知识培训工作始于20世纪70年代初。1971年4月18日至26日，区人防办公室举办“三防”（防核武器、防化学武器、防生物武器）骨干训练班，参训单位42个，62人。承德市人防办公室领导莅临指导。1979年4月15日至17日，区武装部、人防办公室联合举办驻区各单位民兵营长、连长、医务人员参加的“三防”训练班，参加单位43个，232人，聘请承德市人防办公室刘长存、区医院李光鹤结合室外实地演练授课。经考核，学员成绩优良。1980年4月13日至15日，区人防办公室举办“三防”训练班。各公社民兵连长、排长、医务人员、街道干部38人参加培训，其中女学员占10%，考核平均成绩98分。至2003年，全区共举办战备学习班95期，参加培训3270人次。组织战备动员报告会8次，参会48250人次。放映“三防”知识幻灯29场，观众29000人次。

第二节　国防教育

一、机构

根据《河北省国防教育暂行条例》的规定和承德市委文件要求，营子矿区于1991年6月成立国防教育领导小组。由区委一名副书记任组长，一名副区长和区委宣传部长、区武装部政委任副组长，有关单位领导为成员。领导小组下设办公室，设主任、副主任、工作人员各1名。2000年，撤销区国防教育领导小组，国防教育办公室由区国防动员委员会领导。

二、主要工作

1991 年以前，国防教育主要寓于各单位的一些学习活动和工作实践之中。1991 年，成立营子矿区国防教育领导小组后，国防教育成为一项有组织、有领导的专项工作。区国防教育办公室以中小学、干部、民兵预备役人员为重点，以爱国主义教育为核心，开展形式多样的国防教育活动，使国防教育纳入了经常化、制度化、规范化的轨道。1994 年，区国教办被国家军事科学院《国防》编辑部授予“全国学刊用刊先进单位”。依照《河北省国防教育条例》和《承德市中小学国防教育细则》的精神，1995 年 10 月 31 日，区武装部、国教办与承德市第七中学、兴隆矿务局职工子弟中学联合创办了营子矿区最早 2 所少年军校。每年以少年军校为载体，通过国防知识讲座、开展拥军优属活动、祭扫烈士墓、过军事少先队活动、欢送新兵等形式，对青少年进行革命传统和崇军尚武教育。1995 年后，全区中小学开设了国防教育课，在中小学生中普及国防教育知识。1997 年，区国防教育辅导员退休干部李玉田被省委、省政府、省军区评为国防教育优秀宣传员。到 1998 年 10 月，全区少年军校发展到 6 所，学生 4292 人。自 2000 年始，国防教育内容列入区委理论学习中心组学习计划。在全区科级干部理论学习培训计划中，国防教育课时占总课时的 3%，通过集中授课，考试等方式，提高全区科级干部的国防意识和国防知识水平。2002 年 9 月，全区少年军校发展到 10 所，学生 5637 人。每年区武装部、武警消防三中队都抽调官兵，利用暑假开学后的第一周，对全区中小学生进行军训，至 2003 年，军训中小学生 27000 多人次。2003 年，全区教育资源整合，兴隆矿务局职工子弟中学与承德市第七中学合并，全区少年军校保留 9 所。是年，全区基层单位国防教育活动室发展到 8 个。全区按每镇 8 人配备了兼职国防教育宣传员，每个驻区企业配备 5 名兼职国防教育宣传员。在电视、广播等媒体开设国防教育专栏节目，在镇、村文化室增加国防教育书刊。是年，寿王坟镇武装部长何庆新被省国防动员委员会评为优秀国防教育宣传员，区国教办主任金东被评为国防动员工作先进个人。

第二十三编 JINGSHENWENMING JIANSHE

23 精神文明建设

第一章 组织机构和精神文明教育活动

第一节 组织机构

第二节 教育活动

第二章 精神文明建设活动

第一节 创建活动

第二节 共建活动

第三章 文明新风

第一节 文明新风活动

第二节 文明新风典型事例

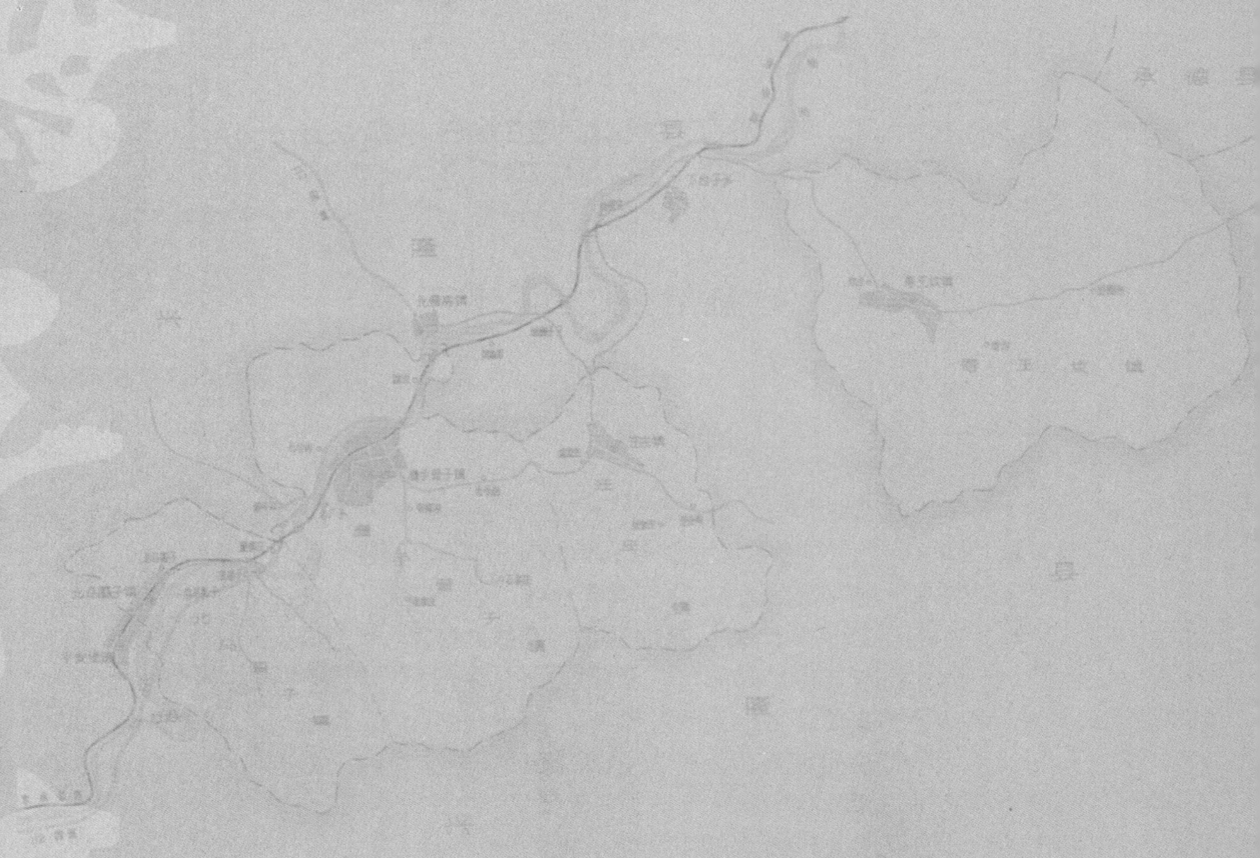

23

承德市鹰手营子矿区志·精神文明建设

CHENGDESHI YINGSHOUYINGZIKUANGQU ZHI

JINGSHENWENMING JIANSHE

1984 年，营子矿区广泛开展“五讲、四美、三热爱”（讲文明、讲礼貌、讲卫生、讲秩序、讲道德，心灵美、语言美、行为美、环境美，爱祖国、爱人民、爱社会主义）活动，成为全区广泛、深入开展精神文明建设的发端。1997 年 1 月，区精神文明建设委员会制定《鹰手营子矿区 1997 年—2000 年社会主义精神文明建设实施纲要》，明确提出了全区精神文明建设的指导思想、奋斗目标和主要任务，对全区的精神文明建设发挥了指导性作用。1984 年至 2003 年，全区坚持不懈地开展精神文明教育活动、建设活动和讲文明树立新风活动，使全区形成物质文明和精神文明协调发展的局面。

第一章　组织机构和精神文明教育活动

1984 年 2 月，营子矿区成立“五讲、四美、三热爱”办公室，自此全区精神文明建设工作有了统一的组织和领导机构。1984 年至 2003 年，结合区情，不同年份、不同时期侧重不同的教育内容，通过集中学习、举办不同层次的培训班、寓教育于各项活动之中等多种形式，深入开展精神文明教育活动，提高了精神文明教育活动的效果。

第一节　组织机构

营子矿区成立“五讲、四美、三热爱”办公室时，工作人员均由相关部门人员兼职。1986 年 3 月，设专职主任、工作人员各 1 名。1987 年 11 月，撤销“五四三”办公室，成立营子矿区精神文明建设委员会，由区委书记任主任，设副主任 7 名，委员 20 名。1995 年 5 月，撤销精神文明建设委员会办公室，其职能并入区委宣传部。1996 年 5 月，恢复精神文明建设委员会办公室设置。2002 年，调整精神文明建设委员会，仍由区委书记任主任，设副主任 5 名，委员 23 名，下设办公室，设主任 1 名，兼任宣传部副部长，工作人员 1 名。

第二节　教育活动

一、教育内容

1984 年至 1987 年，全区普遍开展“五讲、四美、三热爱”，坚持“四项基本原则”（坚持社会主义道路、坚持人民民主专政、坚持中国共产党的领导、坚持马列主义毛泽东思想），法制，纪律等项教育活动。在青年中进行爱国主义、“四有”（有理想、有道德、有文化、有纪律）新人教育。在党政机关开展端正党风的学习教育活动。1987 年，结合区情，区精神文明建设委员会制定了第七个“五年计划”期间贯彻落实《中共中央关于社会主义精神文明建设指导方针的决议》的措施。组织各级干

部学习《决议》。

1988年至1997年，以提高人的整体素质为目标，重点开展“四有”新人，社会公德，职业道德，民主法制，革命传统，“爱岗位、爱家乡、爱祖国”教育。1996年8月，区精神文明建设委员会办公室印发《鹰手营子矿区居民社会公德规范》。内容为：爱党爱国、热爱矿区、遵纪守法、礼貌文明、勤劳俭朴、团结互助、爱护公物、讲究卫生、相信科学、树立新风。1997年10月，印发《鹰手营子矿区居民“十不”公约》。内容为：不说粗话脏话，不打架斗殴，不随地吐痰，不乱仍脏物，不乱倒垃圾，不乱贴乱画，不损坏公物，不破坏花草树木，不乱穿乱占马路，不乱摆摊设点。

1997年《鹰手营子矿区1997至2000年社会主义精神文明建设实施纲要》颁布后，更加突出社会公德、职业道德、家庭美德教育。认真学习中共第十五次全国代表大会精神，在党员领导干部中开展以“讲学习、讲政治、讲正气”为内容的“三讲”教育。在全区开展共同理想、创业奉献教育。

1995年至2003年，认真贯彻落实中央精神文明建设委员会制定的《爱国主义教育实施纲要》。结合区情，重点对全区人民进行爱国主义、革命传统和艰苦创业精神教育。

2001年至2003年，以“以德治区”为主线，在全区广泛开展以董存瑞为代表的体现献身精神的先进典型、小康建设形势、市民规范3项教育活动。

二、教育形式

1984年始，各单位普遍采用集中学习的方式开展精神文明教育活动，并在精神文明创建、共建等项活动中，突出精神文明教育内容。1995年12月成立区委党校后，每年将精神文明教育作为区委理论学习中心组，科级干部、理论骨干、农村干部培训班的重要学习内容。1997年，针对邪教活动，采取理论辅导、科普讲座、典型现身说法等形式，开展唯物论、无神论教育。1995年至2003年，在不同年份中，以迎“七一”“十一”及香港回归、澳门回归等纪念日为契机，举办讲演比赛、知识竞赛、答题竞赛、歌咏比赛、文艺演出、图片展览、请老干部讲革命传统等项活动，寓精神文明教育于各项活动之中，提高了教育效果。自1984年至2003年，营子矿区坚持不懈地开展精神文明教育活动，如春风化雨，润物无声，使全区人民的思想道德素质和文明程度得到极大提高。

三、爱国主义教育基地建设

营子矿区寿王坟镇，是革命老区，抗日战争时期的郭羽、穆山烈士、南沟无名烈士，解放战争时期的孟昭林、孙瑞珍烈士均长眠于此。在社会主义精神文明教育活动中，中共寿王坟镇党委、镇政府于1999年6月23日，在烈士牺牲地为在抗日战争中牺牲的区委书记郭羽、区长穆山树立永久纪念碑，为8名牺牲没有留下名字的八路军战士竖立纪念碑。是年9月28日，为在解放战争中牺牲的承南县第九区副区长孟昭林竖立纪念碑，并将这些烈士墓地作为营子矿区爱国主义教育基地。区内中、小学在清明节期间经常组织师生开展扫墓等纪念活动，对广大中、小学生进行爱国主义和革命传统教育。

第二章　精神文明建设活动

20世纪80年代中期开始，结合区情，营子矿区相继开展了文明单位、文明户、文明小区、文明

一条街创建活动和工农共建、军民共建等项精神文明共建活动。提高了行政、执法、商贸、服务等部门、行业的服务质量和全区居民的文明程度，净化、美化了城乡环境，密切了工农和军民关系。

第一节　创建活动

一、文明单位创建活动

1985 年，营子矿区开始开展文明单位创建活动，是年评出市级文明单位 8 个。1986 年，商业系统开展了 3 次“优质服务月”活动，是年全区共评出区级文明单位 18 个。

1987 年开始，在创建文明单位活动中，具体落实“六抓、六治、六变”（抓商品生产发展，治穷变富；抓思想政治教育，治旧变新；抓文化科学技术，治愚变智；抓社会公共秩序，治乱变安；抓行业服务质量，治差变优；抓城乡环境建设，治脏变美）工作。是年，共评出区级文明单位 38 个。1992 年，“六抓、六治、六变”工作结束。

1988 年开始，在全区商业、服务业全面开展争创“三优”（优质服务、优良秩序、优美环境）活动，并长期坚持，促进了商业、服务业单位的精神文明建设。1993 年，评出区级文明居委会 23 个，文明单位 68 个。1994 年，市精神文明建设委员会办公室统一组织全市各县区开展创建文明城市年竞赛活动，营子矿区经过认真评选，推荐省级文明单位 3 个，市级文明单位 14 个。

1994 年，在工商、税务、交通、公安、邮电、卫生、粮食、财政、供电、银行十大系统中，开展创建文明站所和“四职一纠”（职业理想、职业道德、职业技能、职业纪律教育和纠正行业不正之风）竞赛活动。在“四职一纠”活动中，发放评议票 400 张，采取听、看、议等方式进行检查评比，税务、工商、公安系统列前 3 名。1995 年，在工商、税务、交通、公安、卫生、供电、贸易、供销 8 大系统所属的 12 各单位，以“龙头带动人、阵地教育人、目标激励人、典型引导人、制度规范人”为指导，继续开展“四职一纠”活动，是年评出区级文明单位 112 个，文明站所 18 个，其中市级文明站所 16 个。

1996 年，在全区开展“学、树、爱、增”（学雷锋、树新风、爱名城、增光辉）十佳单位评选活动。在卫生、贸易、电力、交通、邮电、供销、金融、税务、财政、工商、公安等“窗口”行业开展创建星级单位活动。是年，鹰手营子农行办事处被评为市级十佳单位。1997 年，区工商分局被评为市级十佳单位。1998 年，全区共评出一星级“窗口”单位 11 个，二星级 11 个，三星级 2 个。1998 年和 1999 年，鹰手营子农行办事处连续两年被评为市级十佳单位。

1997 年，在全区行政执法和服务行业分别开展“文明执法杯”“便民利民杯”“优质服务杯”夺杯竞赛活动。1998 年国税局、地税局、法院获“文明执法杯”，电力分公司、邮电局、农行办事处获“便民利民杯”。交通分局、卫生局、自来水公司获“优质服务杯”。2000 年至 2002 年，国税局、地税局、工商分局、检察院获“文明执法杯”，工商银行鹰手营子支行、邮电局、供电分公司获“便民利民杯”，交通分局、林水局、自来水公司获“优质服务杯”。

2003 年，在全区行政执法和“窗口”服务行业开展“三职一优”（职业道德、职业纪律、职业责任、优质服务）文明行业群众评议活动。发放评议卡 800 张，经评议，在行政执法行业中，税务系统、工商、法院列前 3 名，在“窗口”服务行业中，银行、交通、供电列前 3 名。

二、文明户创建活动

（一）农村文明户创建活动

1986年4月，营子矿区在农村开展创建“双文明户（物质文明、精神文明）和“五好家庭”（尊老爱幼、男女平等、夫妻和睦、勤俭持家、邻里团结）活动。是年，在全区14个行政村17495户中，共评出“五好家庭”7117户，其中“双文明户”310户。1987年至1992年，继续深入开展争创“双文明户”和“五好家庭”活动。

1997在农村开展创建“十星级”文明户活动。评选条件为致富星：勤劳致富，家庭人均收入达到当年本地人均收入水平，在当地率先达到小康户；守法星：学法用法，依法办事，见义勇为，模范执行国家法律法规，自觉遵守村规民约；计生星：优生优育，无早婚、私婚近亲结婚现象，无计划外生育；科技星：家庭成员中至少有1个“科技明白人”，掌握1—2项实用科学技术，并应用于劳动致富，取得显著成绩；养教星：尊敬赡养老人，疾有所治，关心照顾老人的衣、食、住、行，抚育、培养、教育好子女，使子女健康成长；和睦星：家庭成员平等，和睦相处，邻里关系融洽，互相帮助；文化星：学习科学文化知识，积极参加文体活动，购置家庭文体用品和图书报刊，开辟家庭“图书角”，无辍学子女，新中国成立后出生的家庭成员无文盲；义务星：履行公民义务，积极缴粮纳税，完成义务工、积累工，积极服兵役，自觉履行国防义务，自觉接受义务教育，参加各项公益活动；卫生星：养成卫生习惯，屋、院整洁，不乱撒牲畜，不乱垛柴草，不乱堆粪便，绿化、美化家园，合理利用资源能源，保护自然生态环境；新风星：移风易俗，婚事新办，丧事简办，不参加封建迷信、赌博吸毒、卖淫嫖娼活动，助人为乐，遵守公共道德。

是年末，共评出“十星级”文明户2880户。1998年，全区创建“十星级”文明户活动面100%，共评出“十星级”文明户3878户，占全区农户的69%。1999年、2002年、2003年，分别评出“十星级”文明户2603户、2501户和2405户。

（二）城镇文明户创建活动

1995年，在城镇开展创建文明户活动，评出文明户3809户，其中市级5户。

1997年，在城镇开展创建“五星级”文明户活动。评选条件为敬业星：遵守职业道德规范，爱岗敬业，尽职尽责，干一行专一行，争做行家里手；守法星：遵守党纪国法和地方法规，自觉遵守《市民文明公约》；和睦星：家庭文明，平等稳定，邻里团结，互相帮助；文化星：参加文化技术培训，读书读报，购置家庭文化用品和图书报刊，有藏书，积极参加社区文体活动，开展丰富多彩的家庭文化系列活动；新风星：不参加封建迷信活动，不赌博，不吸毒，不大办婚事，保持环境，讲究卫生，做文明市民。是年末，共评出“五星级”文明户1097户。1999年、2002年、2003年分别评出“五星级”文明户4455户、5698户和7238户。

三、文明小区创建活动

1995年，以居民小区环境“洁、齐、美”（整洁、整齐、美观）和提高居民素质为主要内容，开展创建文明小区活动。是年至1998年，对小区内乱搭乱建的设施和乱堆乱放的物品多次进行集中清理，投资20万元修建花坛、车棚、供居民乘凉的石桌石凳，成立了小区物业管理委员会，实行规范化管理。深入宣传贯彻《居民社会公德规范》和《居民“十不”公约》，开展评选文明市民和文明标兵活动，努力提高居民文明素质。1998年路北、路南、桥西3个小区被市文明委命名为市级文明小区。

1999年7月2日，在营子供电分公司召开全区创建文明居民小区现场工作会议，下发区精神文明建设委员会制定的《营子矿区依法治理居民生活小区环境卫生实施办法》《营子矿区创建标准化文明

小区标准》《文明楼道标准》《文明市民标准》等文件。区供电分公司介绍了创建标准化文明小区的经验体会。7 月 14 日区文明办组织有关部门，对全区居民楼进行全面检查。8 月份，召开全区创建文明小区活动汇报会。是年，全区共评出标准文明小区 12 个，并推荐其中 5 个小区参加市级评选。

2001 年至 2003 年，以创建文明小区为切入点，采取军民、警民共建，领导干部包建，驻区单位帮建等多种形式，努力搞好社区教育、社区文化、社区服务、社区环境、社区治安和社区基础设施建设。组织开展争创文明楼院、“五星级”文明家庭等项活动，使文明小区创建活动得到进一步深化。

四、文明一条街创建活动

1993 年，以创“三优”（优良秩序、优质服务、优美环境）为主要内容，开展创建文明一条街活动，把营子大街列为参赛街。区建立了领导小组，制定了创建规划。6 月 30 日召开领导小组成员及沿街 54 个单位领导参加的动员会议，明确了各部门职责，建立了分工协作、齐抓共管、综合治理的工作机制。城建、卫生部门对沿街乱堆乱放、乱摆摊点进行清理，加强垃圾清理和路面清扫工作，使街区卫生有所改善。工商部门加强对大集管理，分行划市，并划出车辆和人行通道，杜绝了抢地盘争地段等现象。公安部门每逢大集派出警力，加强治安管理，大集秩序明显好转。广播部门将沿街高音喇叭拆除或更换为低音喇叭，减少了噪音。1994 年上半年，重点开展环境治理，城建部门将营子大街环境治理纳入小城镇建设规划，投资 2.5 万元拆除没有修复价值、影响市容的旧花坛 31 个，100 平方米，铺上地面砖。对损毁路面进行维修。拆除违章建筑 7 处，清理乱堆乱放杂物 5 处。商业门店陈旧门脸贴上瓷砖或进行粉刷。1995 年，重点搞好文明一条街绿化、美化、净化、硬化、街容街貌、店容店貌建设，实行“门前三包、门内达标”制度。是年，营子大街设交通岗、交通警。1993 年至 1995 年，在沿街各单位深入开展创建文明单位、优质服务月、“百城万店无假货”、“使用服务用语，不说服务忌语”等项活动，努力提高优质服务水平。1995 年，营子大街基本达到市级文明一条街标准。

1996 年至 2003 年，继续开展创建文明一条街活动。1997 年，投资 110 万元对营子大街路面进行改造、平整硬化，投资 30 万元，门店、机关单位门面实行霓虹灯工程。2001 年，投资 130 万元，对排污设施进行改造。营子大街的文明一条街创建水平不断提高。

第二节　共建活动

一、工农共建活动

1986 年，寿王坟镇与寿王坟铜矿开展以“打狗、圈猪、不乱放养家禽、搞好市容整顿”为主要内容的精神文明共建活动。1987 年，汪家庄镇与兴隆矿务局汪庄煤矿成立工农共建文明村、镇组织。自 1992 年开始，在全区开展工农共建文明区活动。为解决因地下矿产资源归属问题经常发生的工农之间的利益冲突，是年 6 月，中共营子矿区委、区政府召开近千人参加的工农共建文明区大会，区委与兴隆矿务局、平安堡钢铁水泥总厂签订了共建协议书，全区 4 个镇和 9 个行政村也与 8 个驻区企业签订了共建协议书和责任书。寿王坟镇与寿王坟铜矿在老牛河上共建便民桥，兴隆矿务局马圈子煤矿与北马圈子村共建闭路电视转播站，喇嘛沟村枯水期为东风煤矿让水。1993 年，兴隆矿务局等驻区企业集资 80 万元，资助地方修建了柳河东大桥。兴隆矿务局帮助鹰手营子镇进行饮水工程建设，解决了生产、生活用水困难。为解决北马圈子镇车辆东、西绕道行驶困难，投资 80 万余元修建柳河便民桥 1 座。兴隆矿务局在北马圈子镇柳河南岸兴建水泥厂，北马圈子镇在占地等方面给予大力支持。

1994 年，在工农共建文明区活动中，兴建并完成了“一桥、二街、三路”（柳河西漫水桥，鹰手营子东大桥大街第一期改造工程、寿王坟镇政府前街改造工程，东环城路、营寿公路、营涝公路）工程，改善了营子矿区的交通条件。1995 年至 2003 年，根据全区工农混居的特点，开展了工农共建、企民共建、镇企共建、矿村共建等一系列共建文明区活动。

二、军民共建活动

驻区武警消防三中队，积极参加营子矿区开展的精神文明共建活动。1993 年，武警消防三中队在鹰手营子镇柳河东大桥的施工中，出动官兵 12 人，汽车 2 辆，帮助施工。是年春节前，为区机关清理基建场地。1994 年 7 月，营子矿区遭受特大洪水灾害，全体官兵积极参加抗洪抢险救灾。1996 年，出动官兵 80 余人次，机动车辆 20 多台次，支援地方 3 项重点工程建设，维护道路 10 余公里，植树 1000 余株，出义务劳动日 120 个。1997 年，出动官兵 120 人次，机动车辆 40 台次，支援地方 2 项重点工程建设，维护道路 10 余公里，植树 800 株，完成义务劳动日 125 个。1998 年出动官兵 110 人次，机动车辆 30 台次，维修道路 20 余公里。1999 年，在营涝公路二期工程建设中，出动官兵 86 人次，机动车辆 43 台次，运水近 1000 吨。2000 年，为保证居民按时取暖，为供热站义务运水。为危重病人无偿献血。2002 年，资助生活困难学生 3 名。自 1979 年驻区至 2001 年，共为居民攀楼取钥匙 135 次。

1997 年春节前夕，区人民武装部官兵集资 600 余元，资助老伤残军人武占祥。1998 年 5 月，集资 800 余元，资助即将失学的烈士子女和生活困难儿童。

第三章　文明新风

20 世纪 80 年代中期至 2003 年，营子矿区在讲文明、树新风活动中移风易俗，提倡婚事新办，丧事简办。开展百件好事评选，“文化、卫生、科技”三下乡，学雷锋，帮助下岗职工、救助失学儿童等项活动，涌现出一批以勇救落水儿童的优秀青少年梁小东、高晓斌、曹合，无私帮助被困列车旅客的饭店老板石玉林、北马圈子镇妇联主任李淑艳，热心救助车祸伤员的北马圈子镇镇长王成军为代表的文明新风标兵。

第一节　文明新风活动

1987 年，营子矿区开展移风易俗活动，至 1988 年，全区 4 个镇 14 个行政村都成立了红白理事会，大力提倡婚事新办、丧事简办。1996 年，在全区开展“学、树、爱、增”百件好事评选活动，有 4 件好事入选全市百件好事。1997 年，有 8 件好事入选全市百件好事。是年，多次开展文化、图书、科技、医疗下乡活动，为农民提供科技咨询 6450 人次，赠送 300 余元的药品。1998 年，开展“文化、卫生、科技”三下乡活动，深入偏僻山区，开展科技帮扶、医疗服务、文艺演出等活动。是年，评出区级好事17件，其中5件入选全市百件好事。2002年，区机关开展了迎“五一”“十一”义务整治城区环境卫生活动。全区4个镇和省、市级文明单位开展了“说文明话、做文明事、向不文明行为告别”活动。举办文化广场演出活动，兴煤社区“夕阳红”文艺演出队全年演出评剧、皮影戏40余场。实施“西部开发助学工程”，有2名学生列入资助对象。是年，全区评出区级好事17件，其中10件入选全市百件好事。2003年，有1名学生列入“西部开发助学工程”资助对象，评出区级好事11件，其中10件入选全市百件好事。1996年至2003年，每年3月全区开展“青年志愿者学雷锋奉献周”活动，年平均做好事500余件，参加为群众服务活动2000余人次。1997年至2003年，在全区开展以弘扬社会主义新风尚、帮助下岗职工、救助失学儿童为主要内容的树新风活动。其间，省、市文明单位与下岗职工结成帮扶对子，累计资助下岗职工资金4.6万元。区文明委、团委与94名失学儿童建立了救助关系，使失学儿童重返校园。

第二节　文明新风典型事例

一、舍生忘死勇救落水儿童

1985年3月17日下午，营子矿区第一小学学生杜铁英和学前班儿童杜铁飞、康子杰正在营子东大桥附近的柳河冰面上玩耍，突然冰面破裂掉入水中，处境十分危险。这时，正在东大桥边玩的承德市第七中学初一三班学生梁小东，听到呼救声不顾一切向百米外的出事地点跑去，鞋子跑掉了也顾不上穿。跑到河边毫不犹豫地跳入1米多深的水中，向情况最危险的杜铁飞游去，只身一人将已失去知觉的杜铁飞救上岸。接着，闻讯赶来的其他群众将另外两名落水儿童也救上岸。梁小东上岸后，不顾寒冷，穿着冰水浸透的棉衣，赤着脚，将3名被救儿童送到家便一声不响地离开了。直到被救儿童家长打听到他的名字到学校表示感谢时，他的先进事迹才被人们知道。是月20日，共青团第七中学团委作出《关于号召全校团员、青年、少先队员及广大同学向奋不顾身抢救落水儿童的梁小东同学学习的决定》。3月30日，区文教局、团区委联合发出《关于在全区中小学开展向“遇险救人好少年”梁小东学习活动的通知》。4月3日上午，团市委在营子矿区召开命名表彰大会，授予梁小东“遇险救人好少年”光荣称号。4月20日，区委决定在全区广泛开展向梁小东学习的活动。

1985年5月29日下午5点左右，营子矿区涝洼滩村的6岁男孩于长生不小心掉入一个直径4米、中心深度3米、边缘深度2米的村头大眼井中。恰巧路过的高晓斌的大哥高贵之发现有人掉入大眼井，因不会水，只好边寻找救人工具边呼救。正要到大眼井刷鞋的涝洼滩小学五年级学生高晓斌，听到哥哥的呼救声，扔掉手中的鞋子，来不及脱去衣服摘掉手表就跳入大眼井中。高晓斌一手扶住已失去挣扎能力的于长生臀部，一手抓住肩头，奋力游到井沿下，在正好赶来的高晓斌的姐姐的帮助下，将于长生拖上了井沿。于长生获救了。6月17日，共青团营子矿区委员会在涝洼滩小学召开表彰大会，授予高晓斌“挺身救人好少年”光荣称号。同日，团区委、区文教局作出《关于在全区青少年中开展向挺身救人的好少年高晓斌同学学习的决定》。

1987年7月13日，下了一夜中到大雨。第二天早7点多，兴隆矿务局马圈子煤矿金扇子家属院2名小学四年级女生徒步去马圈子煤矿子弟学校上学。刚走到漫水桥上，河水上涨，漫过桥面，一名女生惊慌失措，不慎失足落水，另一名女生大声呼救：“救人呀，有人落水啦”！观看水情的人们听到呼救声不约而同地跑到漫水桥附近，发现小女孩已经被洪水卷走十几米远，由于围观群众都不会游泳，眼看孩子被洪水越冲越远而束手无策。金扇子村共青团员曹合，听到呼救声飞跑到河边，迅速脱

曹 合

下外衣，跳进波涛滚滚的洪水中，奋力向女孩逝去的方向游去。游出500多米后，在小金扇子沟口水流比较缓慢的山湾处，发现落水女孩后将其救上岸，曹合不顾疲劳，将已经奄奄一息的女孩背到金扇子村卫生所。经紧急抢救，小女孩获救。曹合勇救落水儿童的消息不胫而走，受到全区人们的赞扬。中共北马圈子镇党委、镇政府对曹合进行表彰，并号召全镇团员青年向曹合学习。曹合被评为1987年度区、市级优秀共青团员和新长征突击手。

二、洪水无情人有情 列车被困献爱心

1994年7月12日，一场罕见的特大洪水冲毁了京承线下台子铁路桥墩。当天夜里，载有700多名乘客由北京开往承德的553次列车，行驶至北马圈子车站被困。这时，列车上的所有食品已被购买一空，面对突发情况，乘客情绪很不稳定。

第二天早晨，小商贩们乘机抬高物价，1碗粥卖2元，1碗白开水卖0.5元，滞留的乘客很不满意。

北马圈子山庄二厅饭店老板石玉林得知这一情况后，立即组织全体员工清理灾后饭庄，做米饭、鸡蛋汤、炒菜，为滞留乘客免费送餐，总计免费送餐支出4200余元。北马圈子镇妇联主任李淑艳，积极组织发动街道干部、妇女为滞留乘客送水送饭，帮助解决困难，列车乘务人员及乘客都十分感动，称赞“北马圈子人真好”。

经过一天一夜的抢修，铁路恢复通车。事后，铁道部1名副部长专程由北京到北马圈子火车站，代表铁道部及553次列车全体乘务人员，对石玉林、李淑艳等人高尚无私的奉献精神表示衷心感谢。一些乘客抵达目的地后，给石玉林、李淑艳等人寄来照片和感谢信，以表达感谢之情。

三、雨天路滑出车祸 热心镇长救伤员

2003年10月11日下午5时许，因下雨路面湿滑，北马圈子镇长王成军，小心地驾车行驶在鹰手营子到北马圈子的公路上。

在途径兴隆县北营房批发站时，发生了让他触目惊心的一幕：一辆松花江面包车与一辆奥迪车迎面相撞，松花江面包车的前脸严重损坏，挡风玻璃被撞碎，奥迪车一个轮子也飞了出去。王成军迅速向车祸现场奔去。见松花江面包车司机左腿严重受伤，血肉模糊，司机的妻子满脸是血，身边的孩子吓得哇哇直哭。面对脸色苍白、不断呻吟的司机，王成军说：“不要怕，我送你上医院。”王成军一点一点将司机被挤压的左腿拽出，抱上自己的汽车并将其妻及孩子一起送到营子矿区医院，并帮助办理了住院手续，和司机家人取得了联系。面对司机及其家人的千恩万谢，王成军只说了一句话：“这点小事，不要说我是国家公务人员，就是一名普通公民，也是应该做到的。”

第二十四编 JIAOYU

24 教育

第一章　私塾和学前教育
第一节　私塾
第二节　学前教育
第二章　中小学教育
第一节　学校设置
第二节　校舍和设备
第三节　学制和课程设置
第四节　教学教研和考试
第五节　教师和学生
第六节　主要学校
第三章　成人教育
第一节　职工干部教育
第二节　农民教育
第四章　改革和经费管理
第一节　管理机构
第二节　改革
第三节　经费管理

鹰手营子

24 承德市鹰手营子矿区志·教育

CHENGDESHI YINGSHOUYINGZIKUANGQU ZHI JIAOYU

境内清光绪二十六年（1900 年）鹰手营子村兴办的第一所私塾。民国初年，鹰手营子村私塾改设为小学。中华人民共和国成立后，人民在政治、经济上翻了身，对祖国的未来怀着美好的憧憬，迫切希望在文化上翻身，以便更好地投身于家乡的建设事业。20 世纪 50 年代初期，农村各村成立夜校、识字班、读报组，农民利用晚上和冬闲时间学习文化。1955 年，鹰手营子、寿王坟两地成立职工干部业余学校，学员学习热情十分高涨。1956 年，营子矿区始有初中教育。50 年代中期，驻区企业开始开办托儿所、幼儿园，区内始有学前教育。1969 年春，始有高中教育。70 年代末开始进行教育体制改革方面的探索。开办学前班，使区内学前教育体系更加完善。80 年代中期开始，将岗位技术培训和学历教育作为职工干部教育的重点，将扫除青壮年文盲和科技知识技能培训作为农民教育的重点，1994 年，营子矿区通过扫除青壮年文盲达标验收。1986 年至 21 世纪初，是营子矿区有史以来教育事业发展最快的时期。期间，营子矿区学龄前儿童教育面达 100%。加大教师管理和培训力度，极大提高了教师队伍的整体素质。推行素质教育，使学生在德、智、体、美、劳等方面得到更加全面的发展。全区中小学校舍基本实现了楼房化，安装了校园网络，实现了“校校通”，校舍及现代化教学设备建设走在了全市的前列。1988 年至 2003 年，全区共岗位培训职工干部 7435 人，每年平均培训农民 5000 余人。

第一章　私塾和学前教育

境内开办的私塾，以教授儒学为主，入学者多为富家子弟。

20 世纪 50 年代中期始，驻区大中型企业开始自办托儿所、幼儿园。1978 年，一些小学开始办学前班，1987 年，区内出现第一所民办学前班，90 年代中期，出现第一所民办幼儿园。1992 年，区政府兴办区属第一所机关幼儿园。进入 80 年代以后，全区统一了幼儿园、学前班的课程设置，规范了卫生保健工作，强化了对幼儿教师的管理和培训。至 2003 年底，全区学前教育已形成以小学办学前班为主，幼儿园和民办学前班为辅，多层次、多形式并存的学前教育体系。学龄前儿童学前一年教育率为 100%，学前二年教育率 78.4%，学前三年教育率 43.8%。

第一节　私　　塾

清光绪二十六年（1900 年），鹰手营子村开办全区第一所私塾，民国元年（1912 年），寿王坟西坎又开办一所私塾。只有富家子弟才能入学，入学无年龄限制，小者 5 岁、6 岁，大者 20 余岁。私塾教师的聘任和辞退，由雇主或村里学董决定，一般都是每年的冬至下聘书或解聘书。受聘后任期一年，在一年内不得随意解聘教师，受聘教师亦不得随意离任。学习的主要内容为《百家姓》《三字经》《千字文》《弟子规》《大学》《中庸》《论语》等。上课不分节次，先生可以体罚学生。私塾没有固定的考试制度，对学生的考试形式主要是背书和作文章。对私塾教师的考核，一般由雇主或村学董依照学生的学习情况来评定教师能力的高低和工作态度的优劣，以此为据，决定对教师的任免和薪俸的多寡。民国初期，鹰手营子村私塾改设为小学。

第二节　学前教育

一、托幼机构和学前班设置

（一）托幼机构

20 世纪 50 年代中期始，兴隆煤矿筹备处、寿王坟铜矿等驻区大中型企业开始自办托儿所、幼儿园。1957 年 7 月，兴隆煤矿筹备处汪庄矿成立托儿所，11 月，兴隆煤矿筹备处成立托儿所，1979 年，兴隆煤矿马圈子矿成立幼儿园。1988 年底，兴隆煤矿筹备处托儿所改设为兴隆矿务局幼儿园。自建园至 21 世纪初，由于设施、师资等方面条件较好，非兴隆矿务局职工家属的幼儿也多有入园者。

1992 年，区政府借用承德市第七中学一座二层办公楼为园址 ，办起区属第一所机关幼儿园。90 年代前期，鹰手营子镇村民张玉芹在老爷庙村办个体幼儿园一所，开办几年后停办。

1994 年，全区有区办、个体、驻区企业办托幼机构 19 个，2001 年，全区有托幼机构 20 余个。

（二）学前班

1978 年，区第二小学，鹰手营子公社跳沟小学、老厂子小学、石片沟小学先后办起学前班 6 个，在校学龄前儿童 150 名。经过实践，学前班的优越性日益明显，极大地提高了各校办学前班的积极性。1981 年和 1982 年区第一小学、寿王坟小学、姚庄小学相继办起学前班。1987 年，一位离休教师办起全区第一所民办学前班。1989 年上半年，省学前教育检查团到营子矿区检查验收学前教育，石片沟小学、喇嘛沟小学、老爷庙小学的学前班达到《河北省农村学前班暂行管理条例》规定的标准，是年 7 月，河北省教委批准为达标学前班，每校奖励幻灯机 1 台。至 2003 年底，全区小学共办学前班 22 个，在校学龄前儿童 504 名，有专职学前班教师 34 名。有民办学前班 12 个，300 余名 4 至 6 岁儿童在民办学前班接受学前教育。全区学前一年教育得到普及。

二、课程设置

1984 年以前，幼儿园和学前班没有统一课程安排，由开办单位根据师资情况自行安排，一般只开设语言、计算、唱歌、游戏，不讲求教法。

1984 年始，幼儿园和学前班课程设置按《幼儿园教育纲要》安排课程，设有语言、计算、常识、音乐、美术、体育 6 科，使用自编教材，并自编乡土补充教材。在教学过程中，教师根据儿童年龄特点和接受能力，注重儿童良好品德和良好行为习惯的培养。

1992 年，根据省教委要求，幼儿园把发展幼儿语言和一般认知能力作为教学工作的重点，注重培养幼儿的动手能力和良好行为习惯。

自 2000 年秋季开学后，全区的学前班和幼儿园均按国家教育部颁发的《幼儿园教育指导纲要》的要求设置课程，课程为健康、语言、社会、科学、艺术，统一使用省编《幼儿教育活动教材》，教师统一使用《学前班课程与指导》。

三、卫生保健

从办幼儿园和学前班开始，各承办单位就十分重视幼儿的卫生保健工作。20 世纪 80 年代开始，入园、入学幼儿卫生保健工作更加规范。每周用紫外线灯对教室进行消毒。儿童一人一巾一杯，并用

流动水洗手设备洗手。

凡幼儿入园注册前，均需到区妇幼保建站体检，体检合格后方可入园。每年 5 月，幼儿园的全体教职工进行体检，合格者持证上岗。6 月份对园内幼儿进行全面体检。保育员每天上午 8 点 20 分对幼儿进行晨检，11 点 30 分进行午检，发现问题及时与家长联系，采取相应措施。每年都协助卫生防疫部门搞好预防接种工作，发现患流行病、传染病的幼儿及时隔离。

四、幼儿教师

1978 年全区只有 4 所小学办起学前班，共有 5 名幼儿教师。随着学前班的增加，各校师资力量严重不足，各村小学的学前班教师大部分是招聘的初高中毕业生。为提高教师的业务水平，区文教局先后选送 9 名学前班教师到承德市职业学校幼师班、承德县幼师学校学习，毕业后继续回原学校工作。至 2003 年年底，全区有 54 名学前班教师，其中国办教师 34 名，民办 20 名。1992 年建区机关幼儿园，有幼儿教师 7 名，2003 年年底，有幼儿教师 14 名。1997 年，区内托幼工作人员最多，达到 120 余人。

第二章　中小学教育

民国初，鹰手营子村私塾改办为全区第一所小学。中华人民共和国成立后，全区中小学教育发展较快。1956 年鹰手营子小学附设初中班，开营子矿区中学教育的先河。50 年代中期一些驻区企业开始自办职工子弟学校。1969 年春，承德市东风煤矿“五七”中学（鹰手营子矿区初级中学）招收第一届高中学生，成为全区第一所完全中学。改革开放后，教育事业进入快速发展时期。营子矿区大力加强校舍改造和现代化教学设备建设，基本实现了教室楼房化，集中供暖，美化、绿化了校园，极大改善了办学条件。加强教师队伍建设，全面提高了教师队伍的学历层次，优化了学历结构，教师队伍的教育教学能力得到全面提高。进行教学改革方面的探索，获得多项国家级、省级、市级教改成果。推行素质教育，使广大中小学学生得到更加全面的发展，2003 年高考也取得了有史以来的最好成绩。是年，全区有区属及驻区企业办中小学 24 所，其中小学 17 所，中学 7 所。

第一节　学校设置

一、地方学校

（一）小学

民国初，鹰手营子村李泽元为了使李姓子弟受到新式教育，将村私塾改为小学。民国 19 年（1930 年），热河省设立兴隆县，鹰手营子村小学直接受兴隆县教育科领导。民国 25 年（1936 年）12 月末统计，鹰手营子地区建有小学 4 所，即鹰手营子初级小学、老爷庙初级小学、北马圈子初级小

学、寿王坟初级小学。

中华人民共和国成立后，小学教育有了很大的发展，1952 年，全区已有中心校 4 所，小学 11 所。20 世纪 50 年代末至 60 年代初，由于行政区划的变动，营子矿区有中心校 9 所，小学 33 所。1965 年，亦因行政区划的变动，中心校减至 3 所，小学减至 14 所。1972 年，小学增至 15 所。1987 年，中心校增至 4 所。2002 年 5 月机构改革后，设区直属小学一所，即逸夫实验小学；鹰手营子镇中心校，下设喇嘛沟村小学、跳沟村小学、河北村小学；北马圈子镇中心校，下设北马圈子村小学、南马圈子村小学、金扇子村小学；汪家庄镇中心校，下设汪家庄村小学、姚庄村小学、涝洼滩村小学；寿王坟镇中心校，下设郑家庄村小学、罗圈沟村小学、南沟村小学。

鹰手营子矿区第一小学（区文广新局提供）

（二）中学

境内中学教育起步较晚。1956 年，鹰手营子小学附设初中班，同年成立鹰手营子中学，成为全区中学教育的开端。1957 年，在鹰手营子中学的基础上成立承德市三中，1958 年下半年，改设为鹰手营子矿区初级中学。1968 年，营子矿区初级中学改称承德市东风煤矿“五七”中学，是年，营子矿区已有初级中学 3 所。1969 年春，东风煤矿“五七”中学招收首届高中学生。是年，有的公社和村为解决学生就近入学问题，不考虑办学条件和师资力量的具体情况，大力兴办中学，营子矿区中学由 3 所增至 8 所。1972 年，东风煤矿“五七”中学更名为承德市第七中学。“文化大革命”结束后，营子矿区对全区学校布局进行调整，撤销、合并了部分初、高中。至 1983 年，营子矿区有初级中学 4 所，完全中学 1 所。1988 年 8 月至 2003 年，营子矿区有初级中学 3 所，完全中学一所，即北马圈子镇初级中学、汪家庄镇初级中学、寿王坟镇初级中学和承德市第七中学。

二、驻区企业主要学校

20 世纪 50 年代中期始，一些驻区大中型企业自办职工子弟学校。

1957 年 3 月，兴隆煤矿筹备处建立职工子弟学校，是年 7 月 2 日，所属汪庄煤矿建立职工子弟学校。1958 年，兴隆煤矿筹备处改称兴隆矿务局。是 9 月，局职工子弟学校招收首届初中学生。1965 年，局属马圈子煤矿建职工子弟学校，次年招收首届初中学生。1969 年，汪庄煤矿职工子弟学校招收首届初中学生。1972 年局职工子弟学校，1974 年汪庄煤矿职工子弟学校、1976 年马圈子煤矿职工子弟学校相继招收首届高中学生。1977 年，根据上级指示精神和学校实际，汪庄煤矿职工子弟学校高中停止招生，次年马圈子煤矿职工子弟学校高中停止招生。1999 年，局职工子弟学校高中撤销。2004 年 3 月，兴隆矿务局所属中小学移交地方政府。

20 世纪 50 年代中期，寿王坟铜矿建立职工子弟小学，后职工子弟小学附设初中班。70 年代初期，招收高中学生，并将小学和中学分设。1999 年撤销高中。2003 年 8 月，寿王坟铜矿职工子弟学校移交地方政府，与寿王坟镇中小学合并。

涝洼滩煤矿于 1959 年 8 月建立职工子弟学校，只有小学。1968 年 3 月设初中。1976 年 8 月开办 1 个高中班，1978 年 7 月停办高中。1997 年 6 月，子弟学校初中与汪家庄镇中学合并。

东风煤矿于 1963 年建立职工子弟学校，设小学、中学。80 年代前期高中并入承德市第七中学，

1989年，因生源少，将初中学生转入兴隆矿务局中学就读。2000年后小学停办。

胜利煤矿1968年建矿后，建立职工子弟中学，1979年停止办学，与承德市第七中学合并。

第二节　校舍和设备

中华人民共和国成立前，境内的小学办学条件十分简陋，校舍破旧不堪。

中华人民共和国成立后，办学条件得到初步改善，除有教室和学生桌凳外，部分学校还配有少量文体器材。“文化大革命”期间，校舍、设备遭到严重破坏。1976年10月“文化大革命”结束后，营子矿区调整学校布局，集中财力在设备等方面充实小学，1984年10月，经省市检查验收，达到河北省普及小学教育标准，省政府颁发了合格证书。

1986年以前，全区校舍破旧，大部分为60年代所建，校校有危房，面积达6940平方米，占总面积的37.6%，设施简陋，仪器设备少，质量差。1986年至1994年，全区在改善办学条件方面迈出三大步：一是根治危房。1986年到1988年，全部危房得到改造，实现了“一无两有八配套”（无危房，班班有教室、人人有课桌椅，校门、校墙、操场、旗杆、水源、厕所、图书室、教学仪器配套）。二是建设标准化校舍。1986年，投资20万元，建成建筑面积800平方米的汪家庄镇中学教学楼。投资60万元，建成建筑面积2362平方米的兴隆矿务局中学教学楼。1987年，投资25万元，建成建筑面积850平方米的河北村小学教学楼。1988年，投资78万元，建成建筑面积2400平方米的兴隆矿务局小学教学楼。1989年，投资33万元，建成建筑面积766平方米的金扇子小学教学楼。1991年，投资130万元，建成建筑面积4990平方米的承德市第七中学教学楼。投资30万元，建成建筑面积840平方米的南马圈子小学教学楼。投资25.7万元，建成建筑面积778.4平方米的汪家庄小学教学楼。1994年，兴隆矿务局汪庄煤矿投资173万元，为职工子弟学校建成建筑面积3464.4平方米的教学楼。1986年到1994年末，全区新建校舍18041.6平方米，改建校舍536.1平方米，其中新建教学楼9座，建筑面积17250.8平方米，新建、改建校舍占校舍总面积的60%，从根本上改变了中小学的校舍面貌。三是加强配套设施建设。其间，全区中学更新了桌椅，各学校筹资购置了大批教学仪器、电教设备和体音美劳技器材，基本满足了教学需要。

1995年至2003年，继续把增加教育资金投入、改善办学条件作为教育工作的重点之一。在筹资渠道上，采取“四点两线”方法，“四点”即自己筹一点、社会集一点、上级补一点、政府拨一点，“两线”即落实政府拨款和多渠道增加教育投入机制。这期间，对采光和面积不达标，地理位置不合理的学校实施校舍改造，同时，加大了现代化教学设备的投资力度。1995年，投资130万元，建筑面积2160平方米的北马圈子小学教学楼竣工，兴隆矿务局小学投资20万元装备了计算机室。1996年，投资60万元，建筑面积998平方米的跳沟小学教学楼；投资180万元，建筑面积1452.7平方米的涝洼滩小学教学楼、投资87万元，建筑面积800平方米的姚庄小学教学楼相继竣工投入使用。1997年，投资60万元，建筑面积700平方米的北马圈子小学第二座教学楼建成。区第一小学、第二小学、老爷庙小学合并，筹资400万元在第二小学原址建成筑面积5002.5平方米的教学楼，香港邵逸夫为教学楼捐赠50万港元，故取校名为逸夫实验小学。是年，逸夫实验小学投资9万余元装备了计算机室。1995年至1997年，寿王坟铜矿中学、兴隆矿务局中学、承德市第七中学分别投资10余万元装备了语音室。期间全区用于改善办学条件的资金达970余万元，新建教学楼6座，建筑面积11132.2平方米，占中小学校舍面积的34.5%。截至1997年，全区27所中小学有19所学校实现了校舍楼房化、供暖集体化，占中小学校的70.4%，其中汪家庄镇率先实现了中小学全部楼房化。1998年，寿王坟镇罗圈沟

村投资25万元，建成建筑面积878平方米的小学教学楼，又投资6.2万元改造了围墙、操场、厕所。1999年，涝洼滩小学投资17万元修建操场大坝。2000年，金扇子小学投资2万余元硬化了操场。是年，逸夫实验小学投资5万元装备高标准实验室、仪器室各1个。同年，全区小学计算机教学开始启动。区文教局采取向机关全体人员和各校领导借款的方式筹资，为3所镇中心校所在小学装备了计算机室，金扇子小学投资4万元装备计算机室，逸夫实验小学投资10万元将计算机室更新换代，罗圈沟小学和跳沟小学同时建起计算机室。承德市第七中学投资17万元，高标准装备1个实验室、2个仪器室和1个多媒体教室。区文教局筹资36万元为承德市第七中学和3所镇中学各装备1个计算机室。同年，寿王坟铜矿中学投资10万元装备计算机室。2001年，区文教局又筹资4万元为喇嘛沟小学装备1个计算机室。为解决承德市第七中学入学高峰问题，在2000年改扩建1455平方米校舍的基础上，2001年，区文教局又采取向全区教师借款的办法，筹资150万元，购置粮食分局淀粉厂厂区13000平方米，投资60万元新建和改建校舍1873.38平方米，修建了6个教室及办公室、学生食堂、教师和学生宿舍，装备了体训房。同年，兴隆矿务局中学投资7万余元购置22台计算机，装备了计算机室。承德市第七中学投资13.3万元装备一个电子图书馆和多媒体资源平台，完成了计算机室的升级改造。2002年，逸夫实验小学投资5.72万元装备多媒体教室。是年6月，承德市第七中学投资12万元购置25台计算机装备计算机二室，7月，又投资10万元装备2个多媒体教室。9月，区文教局投资15万元为寿王坟镇中学建成建筑面积为154平方米的理化生实验室。10月，兴隆矿务局汪庄煤矿和马圈子煤矿子弟学校各投资8万元建成计算机室。同年，全区“校校通”工程开始启动，第一期工程投资5万元，完成部分小学和承德市第七中学河北省远程教育小站的安装调试。2003年，全区共投资12万元，新建远程教育小站10个，全区共有远程教育小站14个，实现了“校校通”，逸夫实验小学投资20万余元实现了“班班通”。同年8月，承德市第七中学投资17万元装备4个多媒体教室，投资4万元装备了高标准物理实验室，区文教局投资6万元，为其装备了高标准化学实验室。区文教局投资为寿王坟小学、北马圈子镇中学装备了语音室，投资15万元为北马圈子镇中学新建了理化生实验室。兴隆矿务局子弟小学投资4万元装备了语音室。至此，全区学校校舍及现代化教学设备建设已走在全市的前列。

第三节　学制和课程设置

一、学制

（一）小学学制

民国期间的小学学制统一分初小、高小两个阶段，初小四年，高小二年。伪满时期，国民优级相当于小学，为六年制。

中华人民共和国成立至1966年，小学分初小、高小，初小四年，高小二年。“文化大革命”期间，根据毛泽东“学制要缩短，教育要革命”的指示，小学改为五年一贯制。1979年，小学由五年制改回六年制。1998年，因普及9年义务教育，计划由“六三制”（小学六年，初中三年）向“五四制”（小学五年，初中四年）过渡，因此该年秋季入学的小学学生改为五年制，2002年，又改回六年制。

（二）中学学制

1956年，鹰手营子小学附设初中班时，学制为三年。“文化大革命“期间，缩短学制，初中改为

二年制。1969 年，东风煤矿“五七”中学招收第一届高中生，学制二年。1978 年，初中改为三年学制，1982 年，高中改为三年学制，之后学制再未变动。

二、课程设置

（一）小学课程设置

清光绪二十九年（1903 年），初等小学教学科目设置为修身、读讲经、中国文学、算术、中国历史、中国地理、格致、图画、体操、手工等。高等小学另增设农业、商业。宣统元年（1909 年），中国文学改称国文。

民国元年（1912 年），取消读讲经课，其部分内容并入国文课，格致改称理科，加设音乐课，高小二年级开设英语。民国 4 年（1915 年），又加设读讲经课，同时取消修身课，设公民课，民国 8 年（1919 年），再次取消读讲经课。民国 12 年（1923 年），取消英语、农业、商业，理科改自然，增设卫生课。民国 18 年（1929 年），取消公民、卫生、历史、地理 4 科，融合其内容而设一科称社会，又增设党义。民国 22 年（1933 年）日本侵略者侵占鹰手营子以后，各小学取消社会、党义，按日本殖民统治的需要调整为“国民”课，增设日语，民国 30 年（1941 年），又设“国民精神”课，民国 34 年（1945 年 8 月）日本投降，随即取消，恢复社会、党义课。

民国 37 年（1948 年）11 月，承德解放后，各小学取消社会、党义课，小学低中年级设社会常识，高年级设政治课，国文课改称语文。至此，各小学设置语文、算术、社会常识（政治）、地理、历史、美术、音乐课。1953 年社会常识停设。1958 年设共产主义教育课，不久又停设。1966 年 5 月“文化大革命”开始后，各小学设毛泽东思想教育课以代政治课，增设天天读，体育改称军体，音乐改称革命文艺，自然改称科学常识，地理、历史、美术停设。1976 年 10 月“文化大革命”结束后，各科逐渐恢复以前名称。1980 年，各小学复设地理、历史、美术。1981 年政治课改设思想品德课。1985 年，各小学设“三防”课（防原子武器、防化学武器、防生物武器）。2000 年，全区小学 3—6 年级开设信息技术课。2001 年秋季，从 3 年级开始开设英语课，小学 1 年级语文开始使用人教版义务教育课程标准实验教科书。2002 年秋季，小学 1 年级数学开始使用人教版义务教育课程标准实验教科书。2003 年秋季，营子矿区成为河北省第三批课程改革实验教材试验区。小学 1 年级新生全部科目按《义务教育课程设置实验方案》使用实验教材，3 年级起始学科英语和科学使用实验教材。试验阶段课程设置为：一、二年级开设品德与生活、语文、数学、体育、音乐、美术、综合实践活动、地方与学校课程。三至六年级开设品德与社会、科学、语文、数学、外语、体育、音乐、美术、信息技术、综合实践活动、地方与学校课程。

（二）、中学课程设置

1950 年 8 月，教育部颁布《中学暂行教学计划（草案）》，规定中学设政治、语文、数学、自然、化学、物理、历史、地理、外语、体育、音乐、美术。1952 年取消自然课改设生物。1956 年营子矿区开办初中班，即执行此教学计划。数学的教学顺序为，初一算术，初二代数，初三平面几何。外语开设俄语的班多，开设英语的班少。1956 年曾将语文分为文学和汉语两科，1958 年又合并为语文。“文化大革命”期间取消外语课，体育课改称军体，音乐改称革命文艺。1969 年春开设高中，课程设置有政治、语文、数学、生物、制图。曾一度取消生物和制图，增设工业基础和农业基础。体育改称军体，音乐改称革命文艺。1977 年 10 月，又恢复“文化大革命”前的课程设置。1981 年，根据教育部颁发的新教育计划，增设劳动技术课。1985 年，增设“三防”（防原子武器、防化学武器、防生物武器）课，以讲座的形式在课外讲授。2000 年，全区初、高中开设信息技术课。2003 年秋，营子矿区成为河北省第二批省级课改实验教材实验区，初中一年级新生全部科目按省《义务教育课程设置方案》使用试验教材。初中阶段课程设置为语文、数学、外语、思想品德、历史、地理、物理、化学、生物、体育与健康、音乐、美术、劳动技术、信息技术、综合实践活动、地方与学校课程。

第四节 教学教研和考试

一、教学教研

民国初，开始兴办小学，国家印制白话文教材，分班授课。

20世纪50年代初期，开始学习推广苏联教育家凯洛夫的《教育学》。1956年，营子矿区中学教育起步，在贯彻凯洛夫的教育思想的同时，也强调启发式教学，各校教师经常开展教研活动，互相听课，观摩研讨。

1958年“大跃进”，打乱了正常的教学秩序，停课频繁。1959年至1961年国家困难时期，各学校停开体育、音乐、美术等课程，减少课时。

1963年到1966年5月，学校教学秩序稳定，各校按教育部颁发的教学大纲和教学计划进行教学，使用全国统编教材。当时的口号是“教学是压倒一切的工作”，必须围绕三个中心（以教师为中心、以教材为中心、以课堂为中心）进行教学。要求教师做到不备课不教，按凯洛夫的五大教学环节写好教案，在授课时要把知识讲深讲透，致使教师讲得多，学生活动少，大多数学生死记硬背，掌握知识结论多，掌握学习知识的过程、方法少。总之，这一时期在教学中不够相信学生，重知识传授，轻视能力的培养。各校都设立教研组，规模小的小学，建立低、中、高年级教研组，规模大的小学，分年级分科目设立。中学分科设立教研组。一般都利用星期六下午开展教研活动。

“文化大革命”时期，学校的正常教学秩序受到严重破坏，教学质量下降。

“文化大革命”结束后，经过拨乱反正，学校教学秩序逐步得到恢复，教育部颁发新的教学大纲和教学计划，印制了全国统编教材，教学工作步入正轨。1979年，区文教局成立教研室，形成了校教研组，区教研室、市教研室3个层次的教研系统。1981年，根据全市统一部署，小学教研活动向专题研究发展，召开全区小学应用题教学和阅读教学专题研讨会，加强对学生能力的培养。1984年，围绕邓小平提出的“三个面向”（面向现代化、面向世界、面向未来）的方针，开展教研活动。讨论解决在教学思想上如何面向全体学生，处理好少数“尖子”生和大多数学生的关系；在教学过程中如何处理好知识与能力、教法与学法的关系，做到既要传授知识，又要培养能力，首要是培养学生的自学能力；在教改上如何处理好实验课与多数按常规进行的传统教学的关系，做到点面结合，在点上摸索新途径，在面上抓效率。经过不断学习和实践，“以教师为主导，学生为主体，训练为主线”的教学模式逐渐为广大教师所接受，以培养能力，开发智力，增强课堂效果为目标的教法改革实验在全区中小学蔚然成风。是年，开始进行小学数学、语文教学整体改革试验，围绕这一试验组织教师参加全市优秀课、优秀论文、优秀教具评选等活动。1997年初，为进一步深化教学改革，全面提高教学质量，按照全市的统一部署，启动了《初中目标教学改革实验》课题，确定承德市第七中学为市级课题实验校。为做好课题的研究工作，组织相关人员赴藁城、廊坊、保定、山东泰安等地学习，参加全市统一组织的评优课、论文评选、课改试验现场会等活动。1998年，在全市现场会中，全区108名初中教师参加活动，有5名教师获目标教学改革试验积极分子称号。承德市第七中学获全国目标教学先进单位荣誉称号，并有1名教师在优质课评选中获得国家二等奖。是年，在全区开展小学语文“双自主”（自主学习、自主发展）课改实验，教学以“引导自学法”作为重点研究课题。2000年1月3日，教育部下发《关于减轻学生过重课业负担的紧急通知》，全国教育系统开展大规模的“减负”活动。区

文教局也下发了减轻学生过重课业负担的实施意见，制定了整改措施，提出的口号是：“减负”不等于减责、减质，“减负”不意味着学生没有课业负担。2003 年秋，营子矿区成为河北省第三批课改试验教材实验区，全区初一年级 22 个教学班 837 名学生 89 名教师全面进入课改试验。全区小学一年级也全部进入课改试验，计 23 个教学班，662 名学生，60 名教师。

二、考试

民国时期，小学考试严格，实行百分制，根据考试成绩决定升级或留级。

20 世纪 50 年代，考试制度向苏联学习，平时有课堂提问、课下作业、小测验、单元考试、期中考试、期末考试，所有这些都要记分。实行 5 级分制，5 分为优秀，4 分为良好，3 分为及格。1962 年，由 5 分制改为百分制。1966 年 5 月“文化大革命”开始后，废除考试制度。1971 年恢复考试制度，实行开卷考试，考场上可以交头接耳，1972 年恢复闭卷考试，1973 年再次废除考试制度。1976 年 10 月“文化大革命”结束后，恢复并逐步健全考试制度。1977 年后，每学期进行期中、期末 2 次考试，期中成绩占 40%，期末成绩占 60%，不及格者补考，补考后及格科目仍达不到规定者要留级。1979 年，小学期末考试实行全区统考。1980 年后，各校增加阶段考试、单元考试、平时提问和作业记分，注重了平时考核。1986 年至 1990 年，为了减轻学生负担，取消阶段考试和单元考试，平时作业不记分，每学期只进行期中、期末 2 次考试。2000 年，为了贯彻国家、省、市关于切实减轻学生过重课业负担的精神，小学不再进行升学考试，学生就近入学，直接升入初中。初中毕业考试与升学考试分离，毕业考试由区文教局供题，各校自行组织考试。

第五节　教师和学生

一、教师

（一）教师来源

民国时期，区内小学教师，部分来自政府分配的师范、简易师范毕业生，部分是村学董根据需要选用的教师。

伪满时期，各校教师大部分为师道（相当于师范）毕业生，由伪政府分配。另一部分为国民优级（相当于高小）或国民高级（简称国高，相当于中学）毕业生，村决定任用后，报伪政府批准。

中华人民共和国成立初期，由于学校增加，国家正式分配的师范毕业生不能满足需求，一批旧知识分子和部分高中、初中毕业生，甚至高小毕业生、结业生均被录用为小学代课教师，经过一段时间试用后，合格者转为公办教师。期间，凡师范毕业生都不分配在原籍任教，大部分分配到鹰手营子这样偏僻山区工作的教师，都能含辛茹苦，任劳任怨地教书育人。

1956 年，区内开办初中班时，任课教师由小学高年级教师中选用。

由于缺乏师资，1958 年农村学校开始录用民办教师。1964 年，城镇学校开始录用部分顶编代课教师，这部分顶编代课教师于 1972 年转为国家正式工人，1982 年至 1989 年，又通过转干考试转为公办教师。1978 年，民办教师开始通过考试向公办教师过渡，2001 年，全区最后 2 名民办教师转为公办教师，至此，全区民办教师全部过渡为公办教师。

20 世纪 80 年代末，师范类大中专毕业生成为全区教师的主要来源，但本科生很少。有的学校也招聘临时代课教师，以解决师资不足。1998 年，区文教局到石家庄市招聘 6 名本科毕业生。

营子矿区为山区，条件艰苦，部分到区里工作的外籍大中专毕业生不愿扎根山区，甚至才分配来就要求调走，1985 年至 2003 年，全区中学共外流专职教师 35 名，其中大中专以上学历 31 名。大部分教师立志扎根山区，默默奉献，为营子矿区的教育事业做出了巨大贡献。承德市第七中学教师邢俊1949 年参加教育工作后，一直探索改进教学方法，贯彻讲练结合，学用一致的原则，注重学生能力的培养，言传身教，为人师表，深受学生的爱戴和同事们的尊敬。1986 年被评聘为中学高级教师，1989年获全国优秀教师荣誉称号，成为全区教师的优秀代表。

营子矿区部分年份小学教师情况一览表

表 24 - 2 - 1　　单位：人

项目 年份	教师数	学历					职称			年龄结构		
		本科	大专	中专（含高中）	初中	初中以下	小教二级	小学一级	小学高级	20 至 35 岁	36 至 45 岁	46 岁以上
1988	130	1	—	101	9	19	—	—	—	—	—	—
1994	424	2	12	377	30	3	—	—	—	—	—	—
1998	438	2	52	376	6	2	104	156	140	278	104	56
2003	380	38	208	132	—	2	54	137	179	206	84	90

营子矿区部分年份初级中学教师情况一览表

表 24 - 2 - 2　　单位：人

项目 年份	教师数	学历				职称			年龄结构		
		本科	大专	中专及高中	初中及以下	中教二级	中教一级	中教高级	20 至 35 岁	36 至 45 岁	46 岁以上
1988	78	5	36	32	5	—	—	—	—	—	—
1994	235	20	159	56	—	—	—	—	—	—	—
1998	216	16	197	3	—	68	98	3	165	34	17
2003	228	94	129	5	—	73	90	33	153	44	31

营子矿区部分年份高级中学教师情况一览表

表 24 - 2 - 3　　单位；人

项目 年份	教师数	学历			职称			年龄结构		
		本科	大专	中专（含高中）	中级二级	中教一级	中教高级	20 至 35 岁	36 至 45 岁	46 岁以上
1988	21	11	8	2	—	—	—	—	—	—
1994	43	25	18	—	—	?	—	—	—	—
1998	37	22	15	—	7	20	6	27	7	3
2003	59	45	14	—	8	36	15	36	20	3

（二）教师行政管理

民国时期，凡师范或简易师范毕业生，政府分配时即发给委任状或许可证，承认为正式教师。

伪满时期教师的任免由伪政府教育管理部门管理。

民国 34 年（1945 年）8 月日本投降后，国办教师的任免和调动由兴隆县教育科决定。村办学校教师，由村民推选，学董负责向县教育科申报，县教育科批准后即为正式教师。

中华人民共和国成立后，人民政府十分重视对教师队伍的管理。50 年代初，凡师范毕业生都不分配在原籍任教。1958 年开始的“大跃进”期间，随意抽调教师参加各项社会活动，民办教师和代课教师去留频繁，教师队伍不稳定，对教学工作的正常开展产生很大影响。

1959 年至 1961 年国家三年困难时期，压缩教育规模，有部分教师被下放。

1963 年至 1965 年随着国民经济的好转，教师队伍相对稳定，为了适应教育事业的发展，解决师资不足，部分学校录用顶编代课教师或民办教师。

1966 年 5 月“文化大革命”开始后，教师队伍的管理处于无政府状态，部分教师遭到批斗。农村实行贫下中农管理学校，对非公办教师可以随便启用或辞退。1969 年，把在农村任教的公办教师改为民办，有的还下放到原籍，这批公办改民办的教师于 1970 年又恢复为公办教师，后来又接上了工龄。

1982 年河北省颁发《中小学民办教师管理办法》，规定民办教师的管理权属于县级教育行政管理部门，其他部门不得擅自录用、撤销或辞退，保证了民办教师的相对稳定性。

1984 年进行教育管理改革试点，区第二小学开始实行教师岗位责任制。1985 年教师岗位责任制在全区各校铺开，并逐步完善，改变了教师教好教坏一个样的状况。

改革开放至 2003 年，学校的党组织、行政和工会组织，不断采用各种方式对教师进行政治思想教育，使广大教师树立扎根山区献身教育的崇高思想。教师的调入、调出、转正、晋级、职称评定，均需由区文教局报请市教育局批准。

（三）教师考核

民国初期，考核教师主要看文化水平、教学能力和教学成绩 3 方面。伪满期间，每年对教师进行一次文化考试。民国 34 年（1945 年）8 月日本投降后，教育事业发展较快，师资不足，未能对教师进行考核。中华人民共和国成立至“文化大革命”前，考核教师主要以上级教育管理部门下乡视导和校领导平时考察、听课了解的情况及学生的学习成绩为依据，由学校领导每年对教师进行一次鉴定。“文化大革命”期间，取消教师考核。“文化大革命”结束后，教育工作逐步走向正轨，开始注重对教师素质的考查。1980 年，区文教局根据市教育局指示，对全区中小学教师进行考试，考试内容为十年制统编教材，教什么考什么。主要目的是为了让教师更好地掌握教材。1982 年至 1984 年市教育局组织学历不达标教师进行教材教法过关考试，以所教学科的应知应会知识为考试内容，合格者发给合格证。1985 年至 1986 年，部分学历不达标的教师，参加专业合格证考试。小学教师考语文、数学、教育学、心理学，再自选一门副科。中学教师考所教学科和教育学、心理学。每年举行 1 次考试，合格者发给证书，考试成绩记入档案。1987 年，各校建立了教务档案，将教师的教学成绩和业务活动记入教学档案。对专业技术人员从德、能、勤、绩四个方面进行年度考核，2000 年前分为优秀、合格、基本合格、不合格四个等级，之后，分为优秀、合格、不合格三个等级。考核结果作为评聘专业技术职务、晋级和兑现奖惩的重要依据。

（四）教师培训

1955 年至 1956 年，凡不够初师学历的小学教师，先后分两批到承德师范和平泉师范脱产学习，学制分别为一年半和两年。1982 年至 1984 年期间，部分教师参加市教育局教材教法过关学习，市教师进修学校和市教育局的小学教研室定期派教师来区辅导。部分教师参加市教育局组织的专业合格证书的考试，凡参加专业合格证考试者，可利用寒暑假到市里参加面授学习。部分教师参加中师、专

科、本科的函授学习。经过几年的培训，教师队伍的文化业务素质有了极大提高。1987 年以后，培训工作从 6 个方面进行。

学校领导干部培训：主要内容是岗位培训、提高培训和研修培训三部分，培训形式主要是参加市级教育干部班，市培训中心组织的各类培训班，经过培训，全区在职中小学校长均取得岗位资格证书。

新教师培训：对新分配到中小学任教师的师范类毕业生，进行旨在使其尽快适应教育教学需要的培训。在一年试用期内，培训时间 120 学时，其中在教师进修院校和在职培训各 60 学时。

教师职务培训：按教师现任职务的任职要求和高一级职务的新要求进行培训，培训时间为每年 72 学时。通过培训，全区除见习期教师外，全部取得相应的任职资格。

骨干教师培训：对教育教学成果突出的中年教师按骨干教师的要求，骨干教师按学科带头人要求进行培训。培训时间在每年 72 学时的基础上再加 50 学时，即每年培训 122 学时，五年培训 610 学时。

应急培训：即根据工作急需进行的专题内容的培训，如小学英语学科教师培训，计算机教师培训等。经过培训，小学英语、计算机等教师，已经满足教学岗位的需要。

全体教师继续教育培训：从 2001 年开始抓中小学教师“全科全员四项达标教育工程”。四项达标即师德达标、教育教学能力达标、学历合格达标和学历升级达标。2003 年，全区小学教师学历达标率 100%，初中教师学历达标为 95%，本科率 15%。

二、学生

中华人民共和国成立前，境内教育落后，学生多为富家子弟，贫苦人家子女少有上学机会。中华人民共和国成立后，随着教育事业的发展，多数工农子女都能上学读书。50 年代中期，一些驻区大型企业的兴建和企业办学，使学生数量快速增长。同期，国家进行农业、手工业、资本主义工商业的社会主义改造，1958 年开展“大跃进”运动，这一时期学生参加社会活动和义务劳动较多。1959 年至 1961 年国家三年困难时期，因家庭经济困难退学者较多，学生体质普遍下降。1963 年至“文化大革命”前，随着国民经济的恢复和发展，学生人数稳步增加，学生学习秩序良好。多数学校成立数学小组、物理小组、化学小组、生物小组等学生课外活动小组，一般在每周星期六下午开展活动。各校普遍开展学雷锋、做好事活动。“文化大革命”时期，正常的学习秩序被打破，学工、学农、学军活动增多，一些学校还建立了学农基地。“文化大革命”结束后，拨乱反正，正常学习秩序得到恢复。由于追求升学率，各校特别是毕业班，增加补课时间，学生课外活动时间减少，课业负担增加。1984 年，全区学龄前儿童入学率 98.9%，在校生年巩固率 98.5%，应届毕业生毕业率 92%，初等教育普及率为 99%。1997 年开始，注重素质教育，减轻了学生过重的课业负担。1998 年始，由于各类中专的大量招生，高中生源逐年减少。2000 年，全区小学辍学率为零，初中辍学率为 1.16%，在全市最低。2003 年，承德市第七中学高考取得有史以来最好成绩，全校 138 名考生上专科分数线以上 98 人，上线率 71%，其中本科上线 26 人，上线率 19%。是年，营子矿区有小学在校生 4625 名，初中在

升国旗（摄影　戴翔）

校生 2812 名，高中在校生 631 名。

1994—2003 年营子矿区小学学生基本情况一览表

表 24－2－4 单位：人

项目 / 年份	在校生数	毕业生数	升初中数
1994	7412	1097	1097
1995	7502	1241	1241
1996	7596	973	973
1997	7862	788	788
1998	7661	866	866
1999	6964	1208	1208
2000	6069	1540	1540
2001	5395	1391	1391
2002	4923	1121	1121
2003	4625	1001	1001

1994—2003 年营子矿区初级中学学生情况一览表

表 24－2－5

项目 / 年份	在校生数（人）	毕业生数（人）	升入中学（人）	升入重点高中（人）	升入普通高中（人）	升学总人数（人）	升学率（%）
1994	2783	631	220	41	107	368	58.3
1995	2985	766	273	35	144	452	59
1996	2936	698	250	50	105	405	58
1997	2748	797	391	52	156	599	75.2
1998	2452	887	349	55	210	614	69.2
1999	2774	803	208	60	358	626	77.9
2000	3463	667	161	62	303	526	78.9
2001	3885	770	61	39	343	443	57.5
2002	3441	1049	209	64	480	753	71.8
2003	2812	1236	188	98	633	919	74.4

1994—2003 年营子矿区高级中学在校生、毕业生数统计表

表 24－2－6　　　　单位：人

项目 年份	在校生数	毕业生数	项目 年份	在校生数	毕业生数
1994	211	92	1999	382	82
1995	183	81	2000	462	65
1996	250	34	2001	457	133
1997	256	56	2002	435	169
1998	271	73	2003	631	142

第六节　主要学校

一、逸夫实验小学

逸夫实验小学位于营子大街西部。1997 年，中共营子矿区委、区政府决定将区第一小学、第二小学和老爷庙小学合并，在第二小学校址投资 400 万元建成建筑面积为 5002.5 平方米的新教学楼，因香港邵逸夫为教学楼捐款 50 万元港元，故校名定为逸夫实验小学。校园 10 余幅成语壁画和走廊内的装饰，营造出良好的文化氛围和先进的办学理念，处处充满浓郁的人文气息。

逸夫实验小学建校以来，一直以教师队伍精干、教育管理规范和素质教育特点突出而闻名。以办出实验特色为目标，以教育教学改革为主线，以创一流学校、办特色教育为宗旨，以教育科研为依托，探索和实践学生自主教育、主动发展的有效途径。教育教学工作紧紧围绕主题性教育原则，以“三风”教育为突破口，德育工作扎实有效，形成了活跃守纪、立志进取的校风；团结敬业、严谨耐心的教风；勤奋好学的学风。发挥学校、家庭、社区“三位一体”的教育网络功能，努力培养学生学会学习、学会做人、学会生活、学会劳动、学会健体、学会创造。

逸夫实验小学建校以来，每年投入大量资金，用于现代化教学设备的购置和校园环境美化。按省一类标准建成了标准化图书室、阅览室、实验室、美术室、电教室、微机室等，配置了整套的现代化教学设备，安装了校园网络，实现了区内“校校通”，校内“班班通”。

至 2003 年，逸夫实验小学有教学班 35 个，学生 1800 余名，学前班 3 个，学前儿童 170 余名。有教职工 131 名，其中专任教师 121 名，学历全部达标，其中大学本科学历 19 人，大专学历 71 人。小学高级教师 52 人，培养省级骨干教师 2 名，区级骨干教师 14 名。在参加各级教学、教研评比活动中，有 3 名教师分获省、市级教学标兵荣誉称号。获市级教研成果 224 人次，省级 53 人次，国家级 154 人次。1 人被市委、市政府命名为劳动模范。学校先后被评为河北省安全文明校园先进单位、承德市德育示范校、承德市体育卫生工作先进单位、小学办学等级评估标准市级示范校。在全国第 17 届、18 届青少年科技创新大赛中，连续荣获国家三等奖。学生的书法、作文、绘画、音乐、舞蹈等作品，多次获国家、省、市级奖励。

二、承德市第七中学

承德市第七中学位于鹰手营子镇铁北路，其前身最早为鹰手营子小学1956年附设的初中班，之后，初中班改设为初级中学，1972年更名为承德市第七中学。1999年寿王坟铜矿和兴隆矿务局职工子弟中学撤销高中，第七中学成为鹰手营子矿区唯一一所具有初、高中教育的完全中学。

承德市第七中学（摄影　戴翔）

至2003年，学校占地面积3.964万平方米，建筑面积8915平方米，有教学楼1座，高标准理、化、生实验室各1个，各科仪器设备按教育部2000年颁发的《中小学各科教学器材配备目录》1类标准配备。有计算机房2个，多媒体教室7个，图书馆、阅览室、语音室各1个。学校规划为教学区、活动区、绿化区、生活区，建有300米跑道和体训房1处。硬化地面4100平方米。有教职工146名，其中，中共党员36名，高级教师28名，一级教师91名，省级骨干教师2名，市级骨干教师2名，区级骨干教师21名。在校生2016名，有初中教学班26个，高中教学班14个。

学校以“以德为本，全面育人，追求发展，办出特色，让学生做成长的主人，为学生的终身学习和发展奠定坚实的基础”为办学指导思想，以“创建优秀的育人环境、优秀的师资队伍，实现优秀的教育质量，取得优秀的办学经验和理论，把第七中学办成全市一流示范学校”为奋斗目标。在学校管理中实施4项工程。即服务工程：增强领导和后勤人员的服务意识，为教学一线服务；形象工程：提高教师的道德水平和业务水平；质量工程：全面提高教育教学质量，抓出成绩；环境工程：改善办学条件，美化校园环境。

学校以教学、教研带动教育水平的提高，构建学校教研组、学科教研组、课题教师三级教研网络，多媒体与英语教学办出了特色，科研课题研究卓有成效。2001年和2002年，生物组获国家科研创新大赛三等奖。2002年，学校代表队获承德市第一届中学生理化生操作技能大赛一等奖，并代表承德市参加了省级大赛。2001年至2003年，有2名教师在省公开课上获二等奖，6名教师在市公开课上获一等奖。在国家、省级刊物发表论文16篇，其中获国家二、三等奖各1篇，获市级一等奖论文43篇。生物组连续3年获河北省科技创新大赛一等奖。有21人次学生获全国比赛奖励，29人次获省级奖励，142人次获市级奖励。

至2003年年底，承德市第七中学相继被评为市级文明单位、园林式单位、绿色校园、德育示范校、卫生先进单位、安全防范先进单位、电教教材建设工作先进单位、教育科研先导型实验学校、校园文明建设先进学校、普及实验教学先进集体，省级先进业余少年军校、现代化教育技术实验学校、心理健康教育实验学校，全国目标教学研究先进单位。从建校至2001年，为社会输送5000余名高中毕业生，18000余名初中毕业生，3711人考入各级各类大中专院校。

第三章　成人教育

中华人民共和国成立前，鹰手营子地区没有成人教育。20 世纪 50 年代初期，各村成立夜校、识字班、读书班、读报组，利用晚上和冬闲时间学习文化，有许多人摘掉了文盲帽子。1955 年，兴隆县教育局在鹰手营子、寿王坟两地成立职工干部业余学校。1959 年至 1961 年国家三年困难时期和“文化大革命”时期，成人教育停办。“文化大革命”结束后，成人教育工作得到恢复。80 年代中期开始，将岗位技术培训、学历教育作为职工干部教育的重点，将扫除青壮年文盲和科技知识技能培训作为农民教育的重点。1994 年，通过省扫除青壮年文盲达标验收。1985 年至 2003 年全区参加高等教育自学考试 1750 人，其中 427 人获得毕业证书。1988 年至 2003 年，职工干部参加岗位培训 7435 人，其中工人 5516 人，干部 1919 人，毕业、结业 6370 人。其间，每年培训农民 5050 人，其中劳动力培训 2000 人，实用技术培训 3000 人，能人再提高培训 50 人。

第一节　职工干部教育

中华人民共和国成立初期，各机关和企事业单位的职工干部，文化水平普遍较低，有的处理日常工作也感到困难。为了提高职工干部的文化水平，1955 年兴隆县教育局在鹰手营子和寿王坟成立了业余学校，1956 年 11 月，鹰手营子、寿王坟等地划归承德市，各业余学校归营子矿区文教科领导。1958 年 7 月，营子矿区划归兴隆县，业余学校改称红专业余大学，后又更名为红专业余学校。1955 年至 1958 年，业余学校主要的招生对象是区机关和各企事业单位的职工干部，曾有部分青年农民也要求参加业校学习，经主管单位研究决定，不论是领导干部还是一般干部，不论是工人还是农民，只要遵守学校规章制度，每人每月交纳 1 元学费者，均可入学。其间，业余学校每年开设初中 3 个班，初小、高小各 1 个班。初中设语文、数学、历史、地理四门课。小学设语文、数学、自然课。每班有 50 多名学员，实行单科结业制。学校利用早晚时间，借用小学教室开课。1959 年，开设初小、高小各 1 个班，初中 4 个班，高中设 1 个语文班。初小设语文，数学两门课，高小增设自然课。初中设语文、数学、历史、地理、自然常识五门课，根据国家规定，学完 5 门课者即可毕业。1959 年至 1961 年因处于国家三年困难时期，业余学校没有开班。直到 1964 年国民经济好转，业余学校又开始上课。1965 年 2 月，营子矿区再次划归承德市，区教育主管部门对业余学校人员进行了调整。“文化大革命”开始后，业余学校停办。

“文化大革命”结束后，1977 年营子矿区成立了工农教育委员会，恢复了职工业余学校，是年共开设 8 个班，其中英语、日语各 2 个班，初中语文、数学和高中语文、数学各 1 个班，每班 50 人，有 350 人获单科结业证书。1981 年至 1982 年，共开设 19 个班，其中高中语文 1 个班，英语、日语各 2 个班，初中一至三年级语文、数学共 6 个班，珠算、会计各 4 个班，有学员 1920 人。1983 年至 1984 年，职工教育的主要任务是对 1968 年至 1980 年初高中毕业的职工进行“双补”（文化补课和技术补

课），重点进行文化补课。其间，业余学校共开设11个班，其中初中语文、数学各4个班，高中数学2个班，商业会计1个班，240名学员全部毕业。至1984年末，累计完成“双补”2142人。1987年，区文教局撤销职工业余学校，成立成人教育股，负责全区职工干部和农民教育。是年，开始组织高等教育自学考试工作，先后组织本科中文、英语、行政管理3个专业和大专中文秘书、英语、行政管理、金融、工艺美术、工商企业管理、农民经济管理7个专业的自学报名考试工作。1988年至1995年，开展职工干部岗位培训，有4075人参加培训，其中工人2886人，干部1189人，毕业、结业3720人。2000年，区文教局与承德市经济干部管理学校联合开办成人大专班，招收学员317人，开设财务会计、法律、经济法、汉语言文学4个专业。1985年至2003年，共有1750人报名参加高等教育自学考试，其中427人获得毕业证书。1996年至2003年，参加岗位培训3360人，其中工人2630人，干部730人，毕业、结业3010人。

第二节　农民教育

营子矿区农民教育发端于中华人民共和国成立初期的扫盲教育。当时由各村的教育委员会负责，举办各种不同形式的识字班，大多数教师由村里小学教师兼任，一般都是义务授课，没有任何报酬。这一时期鹰手营子地区也和全国一样，推行祁建华速成识字法，即先普及拼音字母，然后用拼音字母做“拐棍”，学习汉字。这样学习收效快。通过扫盲，大部分文盲摘掉了文盲帽子。

1959年至1961年的国家三年困难时期和“文化大革命”时期，农民教育基本停办。1978年12月中共十一届三中全会以后，农民教育工作重新得到恢复。

1982年，区文教局设专职人员负责农民教育，鹰手营子、北马圈子、寿王坟3个公社分别建起农民技术学校，对农民进行技术培训，每年参加学习的学员达900人次。1984年，营子矿区撤社建镇，1985年11月增设汪家庄镇，并成立了汪家庄镇农民技术学校。全区4个镇都有专职干部负责农技工作，各校以学习农业技术为主要内容，培训内容多种多样，有养殖、种植、采矿安全、驾驶、针织、经济管理、啤酒酿制、食品卫生、财会、农机、缝纫，也开展普法、计划生育教育和党员培训。学习方式长短班相结合，以短班为主。全区每年平均办班40期，学员1000多人次。

自1986年国务院发布《扫除文盲工作条例》后，全区加强了扫盲工作。1990年7月，区政府为深入贯彻《扫除文盲工作条例》，成立了扫除文盲协调领导小组，并实行行政领导责任制，建立定期布置、检查、表彰制度。是年11月，对全区四个镇的扫盲工作进行检查评比，12月25日召开全区扫盲工作表彰会，表彰了先进集体和个人。1994年，通过河北省“两基”（基本普及九年义务教育、基本扫除青壮年文盲）达标验收，并被评为河北省1994年度普及九年义务教育和扫除青壮年文盲工作先进单位。1997年、2003年，两次通过河北省人民政府“双基”复检验收。1988年至2003年年底，结合全区实际情况实施农村产业技术培训工程，各镇紧紧围绕全区农业产业结构调整重心，以农民技术学校为阵地，因地制宜制定切实可行的培训规划和具体计划，对农民进行科技知识和技能培训，并建立了培训档案。各镇培训因地制宜，各有特色，鹰手营子镇以蔬菜大棚和养殖技术为主，北马圈子镇以果树栽培技术为主，汪家庄镇以香菇食用菌栽培和矿业开发技术为主，寿王坟镇以种猪繁殖、有色金属采选和种植业技术为主开展培训工作。全区每年培训5050人，其中劳动力培训2000人，实用技术培训3000人，能人再提高培训50人。

第四章　改革和经费管理

中华人民共和国成立后，党和政府十分重视教育事业的发展，建立教育管理机构，加强对经费收支的管理，使有限的教育经费发挥最大的效益。20世纪80年代初开始，营子矿区教育行政管理部门在改革领导体制、办学体制、推行素质教育等方面，进行了有益的探索，促进了全区教育事业的发展。

第一节　管理机构

1952年，鹰手营子地区为兴隆县四区，教育管理部门为四区总校，编制3人。1956年11月，鹰手营子和寿王坟等地划归承德市，设营子矿区，成立文教卫生科，编制4人。1958年7月，营子矿区划回兴隆县，文教卫生科改设鹰手营子总校，设校长1人，会计1人，干事2人。1965年2月营子矿区再次划归承德市，总校改设文教科。科长1人，会计1人，科员5人。1968年4月，文教科改设文教组，编制4人。1973年，文教组又改设文教科，设科长、会计各1人，科员5人。1981年文教科改设文教局。1987年文教局正式设股，内设人秘、教育、成人教育、计财4个股，编制增至21人。下设教研室。1992年设立督导室，是年6月建立电教教学仪器站。2002年5月机构改革，文教局更名为文化体育教育局，内设办公室、成教股、计财审计股等股室，行政编15人，事业编6人。

第二节　改　　革

一、组织与管理体制改革

1984年开始，全区各学校贯彻“党政分开”的原则，实行校长负责制。校长是学校行政负责人，领导学校全面工作，党支部对学校行政工作负有保证和监督责任。是年，在区第二小学搞校长民主选举试点，民主选举了校长。1986年，民选校长调出，继任校长仍由区文教局任命。1988年7月，区里搞学校领导体制改革试点，在全区范围内招聘第七中学校长。在区委组织部和区文教局的组织下，在区政府会议室召开竞聘会，主要有4人参加了校长一职的竞聘。4位竞聘人先后阐述了办学理念、工作方针、学校发展规划等。最后通过无记名投票，原校长胜出，被聘为校长，党支部书记、校长由其一人兼任。下设办公室、教务处、政教处、总务处，各处主任、副主任由校长聘任。一年后，由于聘任的校长调走，学校恢复党支部领导下的校长分工责任制，书记、校长、副校长分别由区委、区政府任命，教务处、政教处、总务处主任、副主任由区文教局任命。自1989年下半年开始，全区中小

学又恢复了党支部领导下的校长分工负责制。

二、镇村办中小学试点

1983年10月，承德市政府召开“农村教育工作会议”，贯彻省委书记《关于办好农村中小学的意见》，营子矿区北马圈子镇被列为试点镇。根据市委市政府制定的《关于加强农村中小学教育教学工作的几点意见》中，“把乡以下中小学划归乡村办，把权力交给群众，教育经费由乡村集资解决，教师实行协商招聘”的精神，1984年1月，区政府派工作组到北马圈子镇搞试点，7月在全区铺开。这期间，先后招聘教师15名，落聘教师5名。体制改革后，由于受经济条件的制约，教育经费无法保证，因此，这项改革实行一段时间后即停止。

三、普及九年义务教育

1979年7月，承德市普及小学教育现场会在鹰手营子公社召开，由此，拉开了营子矿区普及小学教育的序幕。会上营子矿区提出利用5年左右的时间在全市率先普及小学教育。根据承德市教育局《关于改革普及小学教育的意见》，各级领导加强对普及小学教育的领导，努力提高小学教师队伍素质，积极改善办学条件，经过全区上下5年的努力，于1984年10月顺利通过省、市普及小学教育验收，率先在全市普及了小学教育。小学适龄儿童入学率达99%，毕业率达93.7%。为帮助山区加快普及小学教育，1985年8月，承德市教育局、财政局发出《关于解决在深山区工作的教师向上浮动一级工资补助费的通知》。营子矿区的北马圈子、寿王坟、鹰手营子3个镇被确认为深山区，在以上3个镇工作的国办学校正式教师从1985年1月起，向上浮动一级工资。

1990年，营子矿区开始普及九年义务教育。区委、区政府和各级教育部门将普及九年义务教育工作摆到重要位置，深入宣传《中华人民共和国义务教育法》，依法治教。多渠道筹措资金，努力改善办学条件，加强校长、教师队伍建设。深化教育、教学改革，加强学校管理。至1994年，普及九年义务教育工作取得可喜成绩。全区7—15周岁的儿童和青少年，全部接受九年义务教育，小学、初中入学率均为100%。在校生年巩固率小学为99.75%，初中为98.2%。在校生辍学率小学一直为零，初中始终控制在1%以内。15周岁初等教育完成率100%，17周岁初级中等教育完成率为98.77%。4所中心校小学，2所区直小学实验室达到省定一类配备标准，8所农村完全小学达到省定二类配备标准。6所中小学建有语音室。14所中小学建有图书室，藏书共17.3万册，平均小学每生26.3册，初中30.2册。14所中小学共建微机室21个，配备计算机538台。15所中小学实施了全国农村中小学远程教育工程。5所中小学建立了电子备课室。中小学教师学历不断提高。小学专任教师学历合格率100%，其中专科以上学历教师比例达73.5%。初中专任教师学历合格率达98.41%，其中本科以上学历为63.5%。是年，经省政府检查验收，首批达到省“普九”标准。之后，每次复查，均顺利通过验收。

四、开办职业高中班

针对中等教育几乎全部是全日制普通中学的单一结构状况，20世纪70年代末，河北省开始进行中等教育结构改革，大力兴办职业教育。1985年，在区文教局的协助下，承德市第七中学开设了文秘和会统两个职业高中班。1986年，又开设了一个金融班。每班40余人，学制均为3年。职业高中班除开设政治、语文、历史、地理等高中课程外，文秘班还开设写作基础教程、实用作文和公文写作等专业课。会统班和金融班专业课开设货币银行学、会计学、统计学、工业会计、商业会计等课程。高中课程由本校教师任教，专业课聘请工商银行、农行、商业局等单位专业人员授课。文秘、会统班学生1988年毕业，金融班学生1989年毕业，毕业率均达100%。部分毕业生被推荐到工商银行、农业

银行工作。由于专业课师资缺乏和大部分学生毕业后就业困难等原因，职业高中班没有继续开办。

五、实行普通高中毕业会考制度

1991 年 1 月 20 日，省教育委员会下发了《河北省普通高中文化课毕业会考实施方案》。“方案”指出：“会考是国家承认的省级普通高中文化课毕业水平考试，是普通高中学生取得参加高考招生考试资格的考试。”营子矿区从 1991 年秋季入学的普通高中学生开始实施会考制度，采取考试和考察两种方式。考试科目为：语文、数学、外语、物理、化学、生物、政治、历史、地理。考察科目为：劳技和理、化、生实验操作。由省教委统一组织命题考试、评卷和登统，有会考不及格学科的学生，临毕业前参加补考，会考合格者由省教委统一颁发高中毕业证书。自 1992 年开始，全区普通高中学生一直按规定参加会考，是年，全区高中会考合格率为 100%。

六、推行素质教育

1997 年年初，营子矿区文教局决定开展以“课堂教学如何实施素质教育”为课题的小学教学改革试验，以逸夫实验小学为素质教育试点校。是年 10 月，组织区直及部分厂矿学校校长、各镇主管教育的副镇长到湖南汨罗考察学习，并组织教研员到宜昌、鞍山、泰安等地参加素质教育研讨会和观摩课。

1998 年年初，区文教局制发在全区实施素质教育的意见。2 月，举办全区中小学校长、主任素质教育研讨班，就素质教育的有关问题进行学习讨论，并请市教委主任做专题报告。为稳步推进素质教育，区文教局提出“典型引路、稳步推进、全面提高”的指导思想，除逸夫实验小学外，又确定承德市第七中学为素质教育试点校。区教研室制定了《中学教学目标实施方案》，督导室制定了《营子矿区中小学校素质教育评估标准》《营子矿区中小学校教师教学工作评估标准》《营子矿区中小学素质发展评估标准》，并以课堂教学为突破口，在全区全面实施。

1999 年年初，区文教局制定了《关于切实减轻中小学过重课业负担的实施意见》，要求切实解决学生书本多、作业多、补习多，在校时间长，睡眠少，活动少等影响学生身心健康的各种问题，坚持全面育人，深化素质教育。主要措施是：不按考试成绩排名次；学校开足上足全部课程，不得增减课程和课时，保证体育、艺术、科技、劳动等活动时间；合理安排作息时间，严格控制学生在校时间总量；减少考试科目和次数；取消小学、初中留级制度；初中学生只允许选用经省教育部门统一审定出版的教学辅导材料，小学生不得购买教辅教材。

1997 年至 2003 年，经过 7 年的素质教育实践，素质教育这一理念得到全区教育工作者的认同，素质教育的实施，使全区中小学生在德、智、体、美、劳等方面得到更加全面的发展。

第三节　经费管理

一、经费来源

民国初，鹰手营子等地兴办小学，城镇公立学校经费来源主要由政府拨款，次为学田收入和热心教育人士的捐助，学校亦收缴少量学杂费。乡村私立学校，经费由当地自筹，多来自亩产税附加，私人捐助及学费收入，交学董或当地乡绅管理。

中华人民共和国成立之后，提倡国家与群众两条腿走路的办学方针，坚持以国办为主，集体办学

为辅，群策群力发展教育事业。教育经费来源以国家拨款为主，辅以社会各界集资筹款，收取学杂费和开展勤工俭学活动。国拨教育经费纳入财政预算，按每年教育发展计划、人员编制、维修基建任务等情况及地方财政收入增长率核定教育经费数额。由区教育行政部门按各级各类学校学生和教师比例拨给各校经费。1955 年 9 月，开始执行教育部财政部联合发出的全国中小学杂费征收标准。每年每生初小 0.75 元至 2.5 元，高小 1 元至 3.5 元。初中 1.5 元至 4 元，高中 2.5 元至 6 元。1959 年，按规定征收的学费标准为，每年每生小学 1 年级至 2 年级 2 元至 2.5 元，3 年级至 4 年级 2.5 元至 3 元，5 年级至 6 年级 3 元至 4 元。初中 7 元，高中 8 元。生活困难的工农子弟酌情予以减免，减免面小学不超过 20%，中学不超过 15%。营子矿区中、小学的学杂费，一直控制在规定范围之内。1963 年始，农村人民公社办中小学经费主要来源于公益金、从学生收取的学杂费、勤工俭学收入，有特殊困难的，由财政或教育行政部门酌情给予临时性或一定时期的经费补助，以扶持其发展巩固。“文化大革命”前后，小学每生每学期杂费初小 2 元，高小 2.5 元。初中 3.5 元，高中 4 元。1980 年开始，向无办学驻区的中央省地属企事业单位职工子女入地方国办或社队的学校学生，征收办学补助费，小学生每人每年 80 元，初中生 120 元，高中生 150 元。政府可为农村学校征收教育事业费附加，并鼓励社会各界投资教育。自 1981 年起，教育经费由市财政向区文教局拨款，区文教局对下属的各学校，按人数比例实行公用经费包干，节余归己，不足自筹，只保证人员工资。1983 年 9 月，教育经费由区财政局拨款。1984 年，市教育局规定了农村中小学教育经费的来源、管理和使用方法。经费来源为国拨经费、镇村投资、厂矿投资、学杂费、勤工俭学收入。国拨教育经费和镇、村筹教育经费和教师工资部分，由镇统一管理，其他部分即可由镇管理，分村记账，专款专用，也可由村管理。教育经费由年终结算制改为年终结转制，保证教育经费真正用于发展教育事业。教师工资由中心校会计按月造册，经村教育委员会审核后到镇教育委员会领取，按月向教师发放，并将发放情况登记造册，按时报区文教局计财股。1999 年，各镇的教育经费由镇级财政统筹拨付。是年 11 月，全区教育工资银行化发放，各镇学校教师工资也由区财政统一拨付。2000 年 7 月始，全区学校的预算外资金统一由区文教局管理。2003 年，全区学校共收入预算外资金 230 万元。

二、经费使用

中华人民共和国成立后，国拨经费主要用于教职员工的工资福利、学校的公务费、业务费、民办教师补助费、人民助学金、师资进修培训费等。群众集资多用于基建、维修、改善办学条件，少量用于教职员工的福利和奖励。

改革开放后，由于区财政困难，多数年份的教育事业费只保证人员工资。由社会各界集资来的款项，用于教育事业管理和改善办学条件。1989 年至 1995 年，除工资外，下拨少量公用经费。

1984—2003 年营子矿区教育事业费统计表

表 24－4－1　　　　单位：万元

项目 年份	事业费	其中	
		公用经费	工资
1984	21	—	21
1985	42	—	42
1986	58	—	58
1987	59	—	59

续表 24－4－1 单位：万元

年份	事业费	其中	
		公用经费	工资
1988	78	—	78
1989	91	16	75
1990	103	16	87
1991	114	17	97
1992	133	17	116
1993	164	16	148
1994	242	18	224
1995	250	18	232
1996	291	—	291
1997	367	—	367
1998	420	—	420
1999	459	—	459
2000	526	—	526
2001	728	—	728
2002	828	—	828
2003	826	—	826

第二十五编 KEJI

25 科技

第一章　机构和队伍

第一节　机构

第二节　科技队伍

第二章　培训和宣传

第一节　科技培训

第二节　科普宣传

第三章　引进推广和开发

第一节　农业科技引进推广和开发

第二节　工业技术引进与开发

第三节　沼气和太阳能利用

第四章　体制改革和管理

第一节　体制改革

第二节　管理

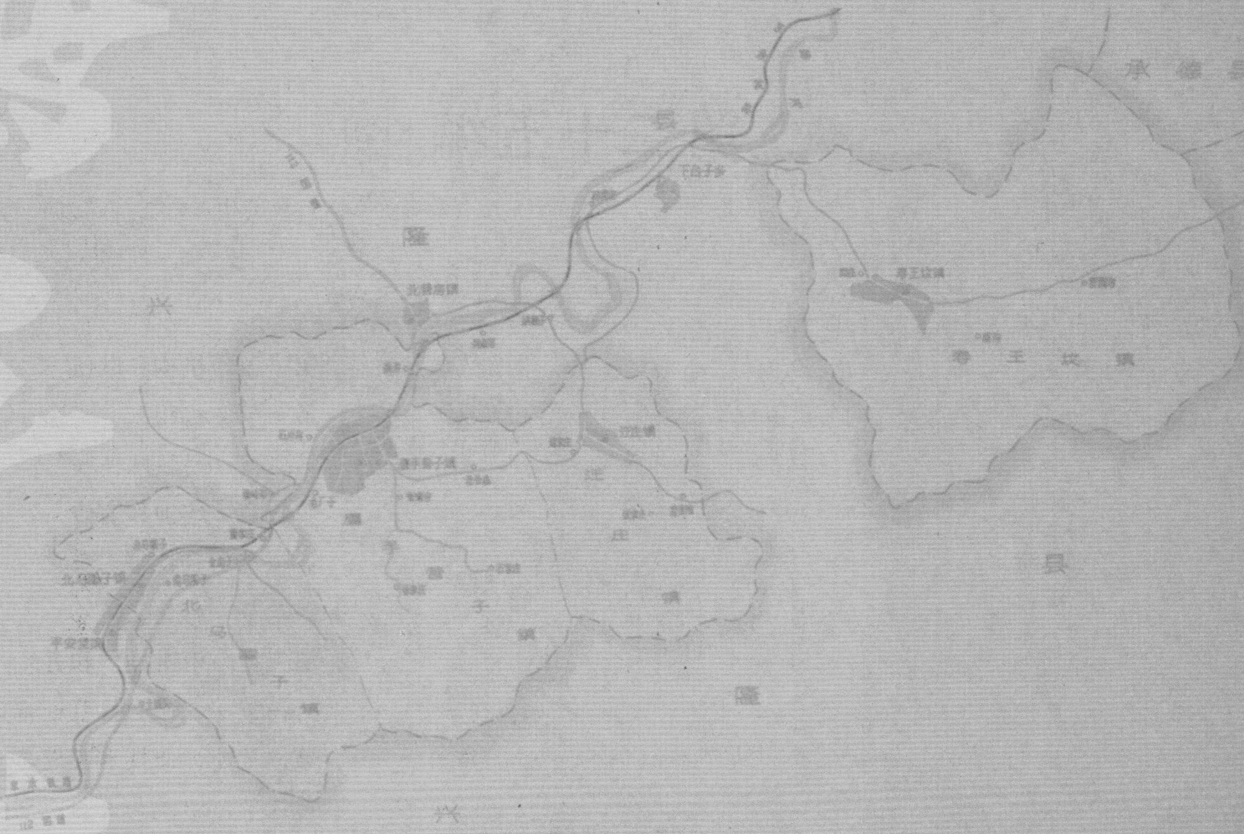

25 承德市鹰手营子矿区志·科技

CHENGDESHI YINGSHOUYINGZIKUANGQU ZHI KEJI

中华人民共和国成立前后，全区科技人员很少。20 世纪 50 年代中期，境内一些大中型企业的兴建带动了经济和各项社会事业的发展，科技人员也大量增加。区内一些行业和单位，根据工作需要，开展一些科技培训和科普宣传活动。60 年代中期，区内企业开始开展工业先进技术的引进开发工作，80 年代始，沼气和太阳能等新能源得到推广应用。1997 年 3 月，营子矿区设立科学技术局，结束了区内没有专门管理科技工作机构的历史。区科技局成立后，协调各部门加大科技培训和科普宣传力度，制定全区科级工作规划，实行目标管理，使科技管理工作更加规范。1990 年至 2003 年，种植业科技应用推广 15700 亩，林果业应用推广 3480 亩，畜牧业应用推广 12500 头（只）。1984 年至 2003 年，工业合作开发省优产品 2 项，省高新技术产品 2 项，自行开发省新产品 1 项，国内新产品 1 项，国家专利产品 3 项。2003 年，区属科技队伍发展到 744 人。

第一章　机构和队伍

第一节　机　　构

1997 年 3 月以前，区内没有专门管理科技工作的机构，亦未设科协组织，科技工作由相关部门兼管。1997 年 3 月，区政府设立科学技术局，设局长 1 人，兼科协主席、科员 2 人。2002 年 5 月机构改革后，科技局有工作人员 3 人，其中局长、副局长和科员各 1 人。另设科协主席 1 人，科技局与科协合署办公。

第二节　科技队伍

中华人民共和国成立前后，由于鹰手营子地区处于偏僻山区，经济文化十分落后，除有少数医务人员、小学教师和煤矿工程技术人员以外，没有其他科技人员。20 世纪 50 年代中期始，由于兴隆矿务局和寿王坟铜矿 2 个国家部属企业的建立，带动了营子矿区经济文化的迅速发展，冶金、煤炭、农、林、牧、水、医、教育、卫生等行业科技人才的相继调入，加之大中专毕业生的分配，区内科技队伍逐步壮大。“文化大革命”期间，科技人员受到不公正对待。1978 年 12 月中共十一届三中全会以后落实知识分子政策，并采取就地培养，在职进修、自学等途径，培养了一批科技人才，随着大中专毕业生的增加，区外技术人才的引进，科技人员队伍进一步发展壮大。截至 2003 年，全区有区属科技人员 744 人，其中男 303 人，女 441 人。全日制大中专毕业生 594 人，其他经过考试评定，晋升技术职称的 150 人。

2003 年营子矿区属科技人员情况一览表

表 25－1－1　　　　　　　　　　　　　　　　　　单位：人

<table>
<tr><td rowspan="2">科技人员数</td><td>总数</td><td colspan="3">其中男</td><td colspan="3">其中女</td></tr>
<tr><td>744</td><td colspan="3">303</td><td colspan="3">441</td></tr>
<tr><td rowspan="4">学科分布</td><td rowspan="2">自然学科</td><td rowspan="2">234</td><td colspan="2">工程技术</td><td>农林牧</td><td colspan="2">医药卫生</td></tr>
<tr><td colspan="2">82</td><td>4</td><td colspan="2">148</td></tr>
<tr><td rowspan="2">社会学科</td><td rowspan="2">510</td><td colspan="2">经济</td><td>教育</td><td colspan="2">其他</td></tr>
<tr><td colspan="2">9</td><td>498</td><td colspan="2">3</td></tr>
<tr><td rowspan="2">学历</td><td colspan="2">大学本科</td><td colspan="2">大学专科</td><td>中专</td><td colspan="2">高中</td></tr>
<tr><td colspan="2">95</td><td colspan="2">334</td><td>244</td><td colspan="2">71</td></tr>
<tr><td rowspan="2">年龄结构</td><td>29 岁及以下</td><td>30 岁至 35 岁</td><td>36 岁至 40 岁</td><td>41 岁至 45 岁</td><td>46 岁至 50 岁</td><td>51 岁至 54 岁</td><td>55 岁以上</td></tr>
<tr><td>261</td><td>162</td><td>122</td><td>78</td><td>72</td><td>34</td><td>15</td></tr>
<tr><td rowspan="2">职称结构</td><td colspan="3">高职</td><td colspan="2">中职</td><td colspan="2">初职</td></tr>
<tr><td colspan="3">26</td><td colspan="2">293</td><td colspan="2">425</td></tr>
</table>

第二章　培训和宣传

第一节　科技培训

中华人民共和国成立至 1964 年，主要配合上级主管部门开展科技培训工作。1965 年 2 月，成立承德市营子矿区区公所，开始独立开展农业技术方面的培训工作。在“文化大革命”期间，科技培训工作处于停顿状态。1981 年 1 月区政府成立前，除农业部门培训少量农技人员外，一些行业的人才培养主要以师傅带徒弟的传统形式进行。区政府成立后，科技培训成为各部门各单位的一项重要工作，逐步纳入规范化管理轨道。1981 年至 1996 年，全区各业务主管部门培训各类专业技术人员 1600 余人次，培训乡镇企业技术骨干和管理人员 156 人，镇村两级培训 3565 人次。

1997 年 3 月，区科技局成立，科技培训工作由科技局负责组织协调，区科协亦参与组织协调工作。同年，全区围绕 26 项农业常规技术推广，举办区级培训班 5 期，培训各类专业技术人员 268 人，镇村两级培训 15 期，1520 人次。印发技术推广明白纸 10 万张，为农村“26 推”提供了技术保障。1998 年 5 月 11 日至 18 日，区科技局、农林局抽调 5 人组团，参加由中国科协、中国农业技术协会在全国蔬菜之乡山东寿光市主办的“大棚蔬菜新技术培训班”。培训班由 2 名研究员、3 名高级农艺师

任教、讲授大棚蔬菜栽培技术、观看了20多个蔬菜品种高效栽培技术录像，参观蔬菜基地、批发市场9处。这次参训，开阔了参训者的眼界，提高了对科技是第一生产力的认识，对提高全区蔬菜栽培技术，促进大棚蔬菜栽培向高产、优质、无公害方向发展，起到了辐射和带动作用。是年12月1日，区委组织部、宣传部，科技局共同举办全区干部科技培训班，邀请市科委领导何世敏、信祥、张胤授课。区级有关领导，各镇镇长、科技副镇长，各村支部书记、经联公司经理100余人参加培训。培训内容为科技兴市、农业产业化、科研项目计划申报、科研成果管理。增强了参加培训干部的科技意识、创新意识。是年全区围绕农业推广项目共举办各类培训班15期，召开现场会6场次，放录像10场次，广大农民的科技素质明显提高。为有针对性地搞好科技培训，2001年初，区科技局、科协和各镇组织人员下村入户，了解农户的所想、所盼、所需。聘请兴隆县畜牧兽医师到寿王坟镇进行獭兔和猪的养殖技术培训。各镇举办双孢菇、蔬菜种植和猪、鸡养殖技术培训。全年组织科技人员下乡培训30余次，受训4000余人次。1997年至2003年，全区围绕农业“26推”，举办果树栽培，蔬菜种植，猪、牛、羊饲养改良，食用菌培植，地膜覆盖，沼气池应用等技术培训班40期，累计培训2.1万人次，受训农民70%以上，基本达到每户有1至2名懂农业科技的人员。

第二节　科普宣传

1981年1月区政府成立后，十分重视科普宣传工作，特别是农村实行联产承包责任制后，根据广大农民迫切需要科学技术知识的实际，全区各有关单位，大力开展科技知识的宣传工作。1983年至1996年，区涉农部门编印种植、养殖等技术资料40余种5万余份，免费发放到广大农户手中，宣传先进的农业技术。1997年3月，区科技局建立后，充分发挥科技资源的整合作用，协调农业、卫生、计生、教育等部门组织开展多种形式的科普宣传活动。同年，区科技局投资3000元建立科普宣传橱窗，定期更换科普内容，内容涉及科技政策、科技信息、科技成果、坚持无神论、反对邪教、科技小知识等方面，阅读者很多。1998年3月，区科技局与兴隆矿务局联合举办“破除封建迷信反对愚昧落后”系列漫画展览。同年5月，成功举办营子矿区科技大集活动，特邀中国科学院、北京农林科学院等所属的8个科研所20多位专家教授来鹰手营子开展科技咨询活动，免费提供种植、养殖书籍2800册，推广优良品种近百种。1999年，区广电局开办《农业实用技术推广》栏目，并长期坚持。区科技局与教育局共同制定《营子矿区青少年创新奖励办法》，组织开展青少年科普实践活动。2001年有10项中小学生科普项目参加全省科技创新大赛、市级竞赛，其中两项获国家级三等奖，三项获省级奖。2002年5月，承德市第七中学被评为市级科技教育先进单位，2名教师获市级青少年科技教育优秀辅导员称号。2003年，承德市第七中学选送的“我为仙人掌添新丁”“中华芥蓝”“大坪楠大肉包心大芥菜”北移栽培实践获省青少年科技创新大赛市级二等奖。1997年3月至2003年，开展种植、养殖和医疗、科技、文化“三下乡”宣传活动20次，免费发放宣传资料8万余份，接受群众咨询2万余人次。

第三章　引进推广和开发

第一节　农业科技引进推广和开发

一、科技成果引进推广

1973 年 5 月，营子矿区设立农林科，负责农业技术引进推广工作。1980 年 10 月农林科改设为农林局后，农作物的种植主要引进推广先进的耕作和栽培技术，林业主要引进山楂、苹果（维锦、国光、黄元帅、富士）、美国李子、葡萄（美国红提、无核早红、维多利亚、巨峰）等优良品种，畜牧方面除猪、牛、羊、鸡等常规养殖外，引进了优良品种无角山羊，并在全区推广。进入 90 年代，随着经济结构的调整，农业产业结构发生了重大变化。新品种的引进、新技术的普及应用为农业发展农民增收提供了有力支撑。随着农业技术推广应用力度的增大，在全区各镇逐渐形成一定规模的科技示范区，并发挥辐射带动作用，截至 2003 年，全区已形成农业科技示范区 5 个：双孢菇示范基地 10 亩，葡萄栽培示范园 100 亩，防沙治沙苗木栽培基地 50 亩，高效果树栽培基地 40 亩，绒山羊繁殖基地存栏 1500 只。全区农业科技示范户发展到 115 户。其中，种植业 55 户，养殖业 60 户。

1990—2003 年营子矿区农业科技应用推广一览表

表 25－3－1

类别	推广内容	推广规范
种植业	时差蔬菜栽培技术	2000 亩
	常规作物新品种推广	5000 亩
	棚室蔬菜高效栽培技术	500 亩
	配方栽培技术	5000 亩
	千双亩吨粮田配套技术	3000 亩
	优质食用菌栽培技术	200 亩

续表 25－3－1

类别	推广内容	推广规范
林果业	果树优良嫁接	100 亩
	苹果适龄结果技术	200 亩
	容器育苗造林技术	20 亩
	板栗成树丰产及幼树早丰技术	150 亩
	抗旱保水技术	3000 亩
	果品节水灌溉技术	10 亩
畜牧业	良种牛饲养技术	2500 头
	瘦肉型猪生产配套技术	8000 头
	山羊改良饲养管理技术	2000 只

二、科技开发

1998 年，承德市所辖 8 个县 3 个区列入河北省山区农业经济技术开发范围，为营子矿区经济发展和科技进步提供了良好机遇。是年，区政府组织力量，加强山区农业经济技术开发项目的申报工作，鹰手营子镇农业高效示范园项目、寿王坟镇农业产业化项目、承德怡达食品工业有限公司农产品产后加工项目，均获省科技开发资金支持，2000 年 7 月，承德怡达食品工业有限公司更名为河北怡达食品集团有限公司，至 2003 年，3 个项目共获支持资金 10 万元。

2003 年，河北怡达食品集团有限公司与中国食品工业研究所合作开发的醋酸胶囊产品列入省科技攻关项目，并获省资金支持。

第二节　工业技术引进与开发

营子矿区工业技术的引进开发始于 20 世纪 60 年代。1965 年，承德市陶瓷厂 30 名学徒到唐山陶瓷厂学习细瓷生产工艺，之后，该厂上细瓷生产线，结束了区内无细瓷生产的历史。1980 年以前，区内工业产品品种少，科技含量小。1980 年后，随着经济体制改革，特别是市场经济体制的建立和发展，使区内工业逐步走上依靠科技进步发展壮大的轨道。1989 年，承德市陶瓷厂更名为承德市陶瓷耐火材料厂，以该厂和承德市铸造机械厂为代表的多家区内企业，与北京有色金属设计院、沈阳建工学院 、鞍山焦化耐火材料厂设计研究院、廊坊市新世纪散热器技术研究院、沈阳铸造研究所、沈阳农业大学等单位开展技术合作项目，取得多项合作开发成果。1998 年，承德市陶瓷耐火材料厂被省科技厅认定为高新技术企业，1999 年，承德市铸造机械厂被省科技厅认定为高新技术企业。

1984—2003 年营子矿区工业技术引进开发一览表

表 25－3－2

年份＼项目	产品或技术名称	引进或开发	产品或技术类别
1984	“章鱼”游艺机	合作开发	省优产品
	卫生筷子机	自行开发	
1985	龙门刨床	自行开发	
	金属拆边新产品	自行开发	
	X X 037 型海盗船游艺机		省优产品
1988	谐波变速装置、微波冲床、钢法兰金属管路、冷挤压三通节能产品	自行开发	
1990	G2K—32 干法震动成空器		国内新产品
1994	仿瓷餐具	自行开发	
1997	承鸿高档塑料钢门窗	引进	通过省级鉴定
	“月亮湾”牌药物卫生巾系列	引进	
	BQ—3 型起重机安全保护器	合作开发	通过省级鉴定
	镁碳砖	合作开发	省高新技术产品
	单片对流散热器	合作开发	国家专利产品
	高效能节能旋扳机	自行开发	省新产品
	10 万吨水泥旋窑改进技术	自行开发	
	应用（CAD）技术	引进	“九五”科技推广项目
1998	“飞车”“宇宙飞碟”游艺机系列产品	自行开发	国家专利产品
1999	铸铁型材水平连铸	合作开发	省高新技术产品
2003	纤维素酶	合作开发	国家专利产品

第三节　沼气和太阳能利用

一、沼气利用

20 世纪 80 年代，农村已有个别农户自建沼气池利用沼气，但规模小，产气少。90 年代，沼气作为 26 项农业技术推广项目之一在全区推广。区政府把沼气项目建设作为生态家园建设工程之一，采取一系列优惠政策，加大推广力度，其间区政府帮助农户建沼气池 600 个，占农户总数的 30%，并聘请技术人员为各镇培训沼气技术人员 700 余人。2003 年新增沼气池 65 个，成品池利用率超过 70%。

二、太阳能利用

进入20世纪80年代，区内有条件的职工干部或农户，多在自家楼顶房顶安装太阳能热水器，方便夏季洗澡。部分农户建起日光温室，种植蔬菜，利用地膜覆盖技术培育秧苗，1984年，全区已有日光温室53.95亩。进入90年代，地膜覆盖技术得到迅速推广，已成为发展现代农业的重要措施。2000年，全区种植蔬菜的日光温室达到195亩。截至2003年，全区种植业地膜覆盖面积为800亩，利用太阳能建拱式畜牧圈棚正在推广。

第四章　体制改革和管理

第一节　体制改革

一、管理体制改革

为加强对科技工作的组织领导，1993年2月，区政府设专职科技副区长，1998年2月，科技副区长离任，未再设。是年5月，全区4个镇各设专职科技副镇长1名，各村委会设科技副主任。同年，各镇建立科学技术委员会，科委主任由科技副镇长兼任，科委实行委员会制，委员一般由镇属单位中的科技人员担任。2001年1月，各镇不再设专职科技副镇长，科技工作改由1名副镇长主抓。

二、建立农村科技服务组织

1997年，区委、区政府在全区组织实施创建全国科技工作先进区和科技先导型企业活动，将加强农村科技服务组织建设列为“双创”活动一项重要考核内容。是年，全区4个镇各建1个农村科技服务站。1998年，鹰手营子镇有农村科技服务站2个，1999年发展到3个。其他3个镇每镇农村科技服务站发展到2个，均通过区检查验收。

第二节　管　　理

一、制定规划

1997年3月区科技局成立后，配合《营子矿区国民经济和社会发展“九五”规划和2010年远景目标纲要》，结合区情制定《营子矿区科技发展“九五”计划和2010年长期规划纲要》。2001年，制

定至2005年的《营子矿区实施农业科技“八项工程”总体规划》。“八项工程”为种子工程、旱作与节水农业工程、动植物病虫害防治工程、名牌精品工程、农业高新技术产业化试验示范工程、可持续发展技术体系建设工程、素质教育工程、农业信息工程。制定的两个规划，都明确了指导思想、奋斗目标和主要任务，制定了完成规划的保障措施。

二、有限目标管理

1997年至2003年，营子矿区对科技工作实行有限目标管理。具体做法是根据每年的重点任务，将带有共性的目标任务，统一分解下达到各镇和有关部门，制定考核办法，将目标任务完成情况，作为区年终对各镇和有关部门考评的重要依据。各镇和有关部门都较好地完成了各年度的目标任务。

1998年营子矿区科技局有限目标完成情况统计表

表25－4－1

项目名称	单位	任务	完成	项目分布		主要示范区地点与规模
				镇	村	
玉米大豆等主要作物新品种推广	万亩	0.5	0.5	4	15	营子镇跳沟村大于1000亩
棚室高效栽培技术	万亩	0.05	0.05	4	10	营子镇跳沟村50亩
春玉米亩产700公斤增产技术	万亩	0.2	0.22	4	15	营子镇跳沟村500亩
时差蔬菜栽培技术	万亩	0.1	0.31	4	12	营子镇老爷庙村500亩
配方施肥技术	万亩	0.5	0.43	4	15	营子镇跳沟村500亩
苹果优质高效管理技术	万亩	0.02	0.02	2	2	汪庄镇、营子镇
瘦肉型猪生产技术	万头	0.1	0.1	2	2	寿王坟镇600头
山羊饲养管理技术	万只	0.05	0.05	2	4	寿王坟镇400只
良种鹅饲养技术	万只	0.5	0.3	2	3	金扇子村
地下输水管道	万米	0.1	0.2	2	4	汪庄镇700米
小流域经济沟建设	平方公里	0.5	1	1	1	营子镇跳沟村
旱地龙技术	万亩	0.5	0.6	4	15	营子镇跳沟村300亩
无土栽培技术	亩	10	10	1	2	营子镇跳沟村7亩
鲁梅克斯牧草推广	亩	5	5	2	2	汪庄镇、寿王坟镇
完成国内先进水平以上成果栽培技术	亩	10	10	1	2	营子镇跳沟村7亩
高新技术技工贸总收入	万元	600	625	—	—	金鹰镁炭砖厂625万元
引进开发高新技术产品	种	1	1	—	—	金鹰镁炭砖厂
认定高新技术企业	家	1	1	—	—	金鹰镁炭砖厂
市重大专利实施项目	项	1	—	—	—	承德市陶瓷耐火材料厂单向对流散热器
企业专利试点	个	1	1	—	—	承德市陶瓷耐火材料厂
专利工作人员培训	人	40	42	—	—	分3期培训专利人员42人

三、开展“双创”工作

1997 年 5 月，区委、区政府下发《关于组织实施科技“双创”工作的通知》，开始开展创建科技先进区和科技先导型企业工作。根据区情，全区开展了创建科技进步先进镇活动。将“双创”目标分解为 34 个量化指标，下达到各镇及相关企业，实行目标管理，定期考核，使科技工作由部门行为转变为政府行为。区委、区政府责成科技局，每年检查 2 次各项指标完成情况上报区科技领导小组，年终科技工作不达标的镇，领导班子不能评为实绩突出。1998 年，鹰手营子镇率先达到科技先进镇标准，承德市陶瓷耐火材料厂被省科技厅认定为高新技术企业。1999 年，北马圈子镇、汪家庄镇、寿王坟镇也跨入科技先进镇行列，承德市铸造机械厂被省科技厅认定为高新技术企业。

四、民企技术人员职称评定

2001 年和 2002 年，对民营企业技术人员进行职称评定，并颁发任职资格证书。2003 年，加大对民营企业技术人员职称评审工作的力度，共组织申报高级职称 4 个，中级 35 个，初级 52 个。

第二十六编 WENHUAYISHU HE GUANGBODIANSHI

26 文化艺术和广播电视

第一章　文化艺术

第一节　文化事业单位

第二节　个体书社

第三节　文艺创作

第四节　文化活动

第五节　史志编修

第六节　谚语和歇后语

第七节　古迹遗址

第八节　文化事业管理

第二章　广播电视

第一节　有线广播

第二节　电视

第三节　广播电视事业管理

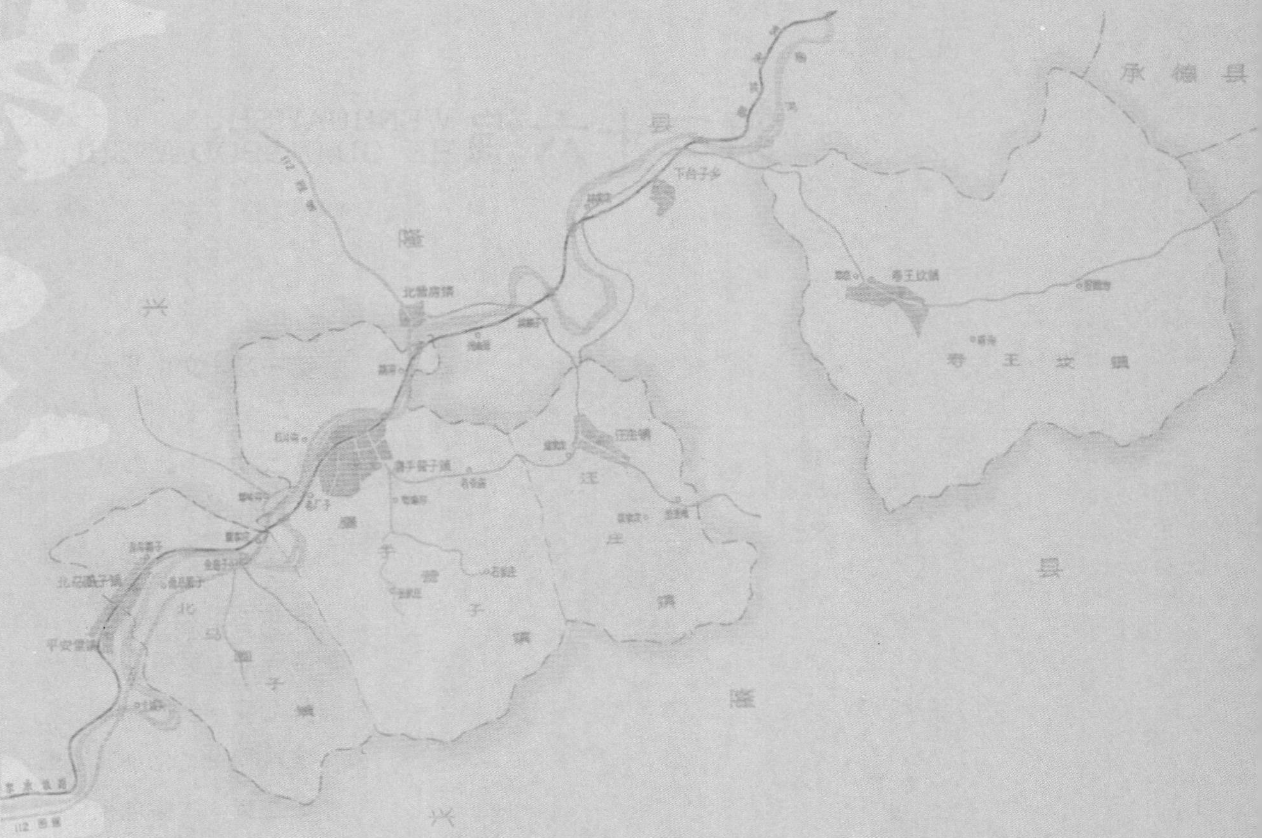

26 承德市鹰手营子矿区志·文化艺术和广播电视

CHENGDESHI YINGSHOUYINGZI KUANGQU ZHI
WENHUAYISHU HE GUANGBODIANSHI

中华人民共和国成立之初，鹰手营子地区文化生活十分落后，除逢年过节举办花会，少数民间艺人演出传统小型剧目外，少有文化艺术活动。20 世纪 50 年代末，营子矿区文化事业单位相继建立，特别是区文化馆的建立，使全区的文化艺术活动有组织地开展起来，活跃了群众文化生活。改革开放后至 2003 年，文化生活更加丰富多彩，广大文艺爱好者创作出许多艺术作品，成为有史以来全区文化生活最繁荣的时期。

1962 年，营子矿区开始发展区属有线广播事业，除转播中央、省广播电台节目，还播出自办节目。至 2003 年停播。改革开放后，广播电视事业进入快速发展时期，1985 年 10 月建成无线电视差转站。1992 年初区广播站开始筹建有线电视，至 2003 年年底，有线电视基本普及。自建有线电视后，除传送电视节目外，还自办一些具有营子矿区特色的节目，丰富了全区人民的文化生活。

第一章　文化艺术

营子矿区地处山区，人口少，新中国成立前后，文艺创作基本空白，文化活动贫乏单一。20 世纪 50 年代后期至“文化大革命”前，少数业余作者改编和创作一些小节目，不曾发表，亦无记载。1965 年 5 月组建毛泽东思想劳动文化宣传队，深入农村，厂矿、部队演出，多次参加承德市文艺会演，负责群众文艺辅导工作，为基层培训了一批文艺骨干。“文化大革命”期间，一些传统文化活动形式被取消，演唱“样板戏”成为文化活动的主要内容。区文化馆、各公社、大队和驻区大型企业纷纷成立毛泽东思想文艺宣传队，以演出“样板戏”和紧跟形势的小节目为主，也经常创作一些小作品，有表演唱、对口词、快板书、曲艺、器乐等。特别是承德市著名画家、书法家关阔，这期间下放到区文化馆工作，创作了许多脍炙人口的作品。改革开放后至 2003 年，随着经济快速发展，文化生活日益丰富，传统文化活动得到恢复，民间文艺团体相继成立，文艺演出和竞赛活动丰富多彩，文艺爱好者们在歌曲、剧目、美术、书法、摄影、根雕等方面，创作出许多优秀作品，一些作品在报刊杂志发表或获国家、省、市级奖励。

第一节　文化事业单位

一、文化馆

营子矿区文化馆建于 1958 年 2 月，馆址在营子老街。有房舍 4 间，馆长 1 人，工作人员 4 人，主要负责对鹰手营子、寿王坟、白马川等地的文化宣传，指导群众艺术和农村业余剧团，开展美术活动，举办小型画展。1968 年迁入鹰手营子大街新馆址，建有平房 9 间，使用面积 140 平方米。建图书室 1 个，画窗 20 块。同年，开展图书借阅工作。1973 年，文化馆创办文艺刊物《雾灵山文艺》，区内发行，也发往全国各地文化馆，作为交换材料。1980 年年初，创办业余评剧团，多次在区内、兴隆县、承德县演出。

1986 年开始，开办录像厅，游艺厅、冷饮、饭庄、露天卡拉 OK 演唱等项目，以解决经费问题。新建排练厅 77 平方米和艺园饭庄。购置了录像、卡拉 OK 等设备，添置了钢琴、民间乐器。1997 年，建成建筑面积 800 平方米新楼，购置了专业舞台音响，微机等设备，改善了工作条件。2003 年，区文化馆下设文艺辅导组、美术辅导组和行政办公室。有职工 4 人，其中馆长 1 人，群众文艺辅导员 1 人，美术辅导员 1 人，摄影辅导员 1 人，聘请多名艺术骨干为业余辅导员，逐步形成了以文化馆为龙头，以业余文艺骨干为基础的群众文化网络。

二、图书馆

1978 年，在区文化馆图书室的基础上成立了营子矿区图书馆，为具有独立法人资格的公益事业单位，只有 1 名图书管理员，负责图书管理及借阅工作。

区图书馆阅览室（摄影　戴翔）

1982 年，图书馆由文化馆院内迁往新馆址，新馆建筑面积为 97 平方米。1997 年 12 月，再次搬迁，新馆建筑面积为 130 平方米。

2003 年，图书馆有工作人员 4 名，馆藏图书 16000 册，馆内设有报刊阅览室、读者借阅室、藏书室，年书刊流动量 8 万余册，年接待读者 8000 余人次。部分图书实行开架借阅，并设基层图书流动站 3 处。

三、新华书店

1956 年，兴隆县新华书店在鹰手营子设门市部，租用民宅为店面，有职工 2 人。1958 年兴隆县新华书店又在寿王坟设门市部。1965 年 2 月后，成立承德市营子矿区新华书店，辖原兴隆县新华书店下设的 2 个门市部。50 年代后期至 60 年代前期，主要经营经济、政治、科技、文学、艺术方面的图书和课本，少儿读物中的连环画非常受儿童青睐。

1966 年 7 月，开始筹建营子矿区新华书店新店，1967 年 1 月 29 日，书店在鹰手营子大街新址开张营业。新店鹰手营子门市部图书陈列面积 295 平方米，库房面积 300 平方米。寿王坟门市部图书陈列面积 148 平方米，库房面积 65 平方米。主要经营图书、图片、课本、音像制品，兼营图书批发业务。1985 年有职工 12 人。

新华书店营业厅（摄影　戴翔）

随着改革开放的深入和市场经济的蓬勃发展，原书店规模已远远不能满足广大读者的需求。为了扩大门市部营业面积和解决职工住房困难，1997 年经省、市新华书店和区政府批准，4 月份开始在营子矿区新华书店原址建综合楼，同年底竣工。1998 年 4 月在新址正式营业，新建营业厅图书陈列面积 300 平方米，图书、图片、音像制品 4300 多个品种。营业厅宽敞明亮，给读者创造了一个优美的购书环境，基本满足了广大读者的需求。同年，有职工 12 人，1999 年，寿王坟新华书店门市部撤销。2003 年有职工 9 人，销售额 142.28 万元。

营子矿区新华书店部分年份营业情况统计表

表 26－1－1

项目 年份	购进图书（册）	销售图书（册）	销售额（万元）
1960	22817	14819	5.40
1970	40958	28175	12.60
1980	127619	107923	30.50
1986	218934	193641	62.80
1990	297021	275018	109.54
2003	280282	278472	142.28

四、影剧院

营子影剧院位于鹰手营子大街 16 号，前身是成立于 1959 年的营子剧场。1959 年至 1964 年放映电影，每年票房收入约 4 万元，期间有职工 6 人。

1964 年，剧场与区电影队合并，更名为鹰手营子影剧院。为增加收入，1983 年 8 月开设招待所 1 处，接待客人住宿。1985 年职工人数增加到 18 人。1986 年开办录像厅。1991 年 6 月，在全区范围竞聘经理，实行承包经营。1976 年至 1992 年，是电影放映的最佳时期，票房收入最高年份达 13 万元。1993 年 5 月，由于承包人缺乏管理经验等原因，提前解除承包合同。1995 年开办儿童乐园。是年，招待所、录像厅、儿童乐园收入达 20 余万元。

鹰手营子影剧院（区文广新局提供）

1998 年，由于电视的普及，电影市场萧条，电影票房收入仅 0.65 万元。1999 年至 2003 年电影停映，其间有职工 14 人，用招待所、录像厅、儿童乐园收入维持职工工资。

第二节　个体书社

1999 年 4 月，营子矿区第一家个体书社成立，店名丁香书社。是年，又相继有四季书屋、彩虹书屋开业。业务为零售和出租图书，以零售图书为主。1999 年至 2003 年，三家书社共购进图书 126300 册，销售图书 106100 册，销售总收入 102.5 万元，纯利润 20.5 万元，上缴税金 2.75 万元。

1999—2003 年营子矿区个体书社经营情况统计表

表 26－1－2

书社名称＼项目	年度	购进图书（册）	销售图书（册）	销售收入（万元）	纯利润（万元）	上缴税金（万元）
丁香书屋	1999	7100	5900	5	1	0.1
	2000	9200	7000	7	1.4	0.12
	2001	12000	9000	9	1.8	0.14
	2002	14000	12000	12	2.4	0.18
	2003	15000	13000	13	2.6	0.20
四季书屋	1999	3000	2900	3	0. 6	0. 22
	2000	5000	4000	4	0. 8	0. 24
	2001	6000	5500	5	1	0. 26
	2002	8000	7200	6	1. 2	0. 28
	2003	10000	8900	8	1. 6	0. 30
彩虹书屋	1999	4000	3700	3.5	0.7	0.12
	2000	6000	5000	5	1	0.15
	2001	7000	6000	6	1.2	0.14
	2002	9000	7000	7	1.4	0.14
	2003	11000	9000	9	1.8	0.16

第三节　文艺创作

一、歌曲剧目

改革开放后，部分业余文艺爱好者创作一些歌曲和小型剧目，部分作品在上级举办的文艺会演、大赛评选中获奖。

1979 年，区文化馆职工肖利杰（1954 年 5 月出生）创作童话音乐剧《小白兔照镜子》《向日葵与墙头草》，其中《小白兔照镜子》获承德地区业余文艺会演创作表演一等奖。运输站职工孟宪方（1949 年 4 月出生）创作的独幕小话剧《岗位》，在此次会演中获创作表演二等奖。

1991 年，肖利杰创作的歌曲《啊！亲爱的党》获承德市“承悬杯”音乐大赛创作二等奖。1998 年，区小学教师于珊珊（1980 年 10 月出生）创作的歌曲《长江黄河都是我的家》在承德市“露天杯”推新人新作大赛中获佳作奖。1999 年，区财政局创作的歌曲《衣带渐宽终不悔》在河北省财政系统文艺作品征集评选中获创作优秀奖。

2003 年，区文化馆职工衣永夏（1955 年 10 月出生）、市第七中学教师李国桢（1961 年 1 月出生）创作的歌剧《春晓塞北》在承德市首届“承德之歌创作演唱活动”中获优秀奖。

二、美术书法

（一）业余创作

营子矿区有一批美术、书法爱好者。改革开放后，创作出一些优秀作品。1982 年 8 月，兴隆矿务局职工高大宇（1958 年 8 月出生）油画《矿工新一代》获河北省煤矿工会首届职工书法、美术、摄影展三等奖。1988 年 2 月，兴隆矿务局职工关世杰（1952 年 2 月出生）、刘文和（1964 年 2 月出生）的硬笔书法作品获承德市“腾龙硬笔书法大赛”三等奖。2002 年，兴隆矿务局中学教师赵光普（1935 年 1 月出生）美术书法作品在华北六省市巡回展中展出。同年，在中国儿童造型艺术学会、河北省教育厅艺术教育委员会、少儿美术报等单位主办的“全国中小学生优秀美术书法大赛”活动中，区文化馆获团体二等奖。2003 年，兴隆矿务局职工刘春元（1932 年 3 月出生）在“中脉杯”河北省老年书画展中获书法三等奖。

（二）职业画家

境内较有名气的职业画家仅 1 人，为张建国，创作多幅获奖作品。

张建国，生于 1943 年，辽宁省凌源市人，区文化馆职工，是营子矿区唯一 1 名自学成才的职业画家。河北省美术家协会会员，承德市美术家协会理事。从青少年开始，自学美术绘画，1966 年，到文化馆从事美术工作，以画油画，水彩画为主。“文化大革命”时期随父亲下放到兴隆县大沟乡。虽然当时的农村生活条件很艰苦，但那里的自然风景和朴实的乡情都深深打动了他。多年的农村生活使他的绘画风格发生了很大变化，作品意境得到进一步升华。1979 年落实政策返城后，继续在文化馆从事美术工作。多年来，培养了大批美术爱好者。改革开放后，又学习中国画，多以山水画为主，作品多次获奖或入选国家、省级绘画刊物。1980 年，油画《融雪》获承德地市联展三等奖。1985 年 5 月，油画《磬锤峰》在全国 7 个历史文化名城艺术馆美术作品展展出。1996 年 3 月，油画《岁月》入选河北省群众美术书法作品展。1998 年，油画《长城》获河北省燕赵群星奖。是年 8 月，5 幅速写、素描作品，入选中国大型画册《当代速写美术》《当代素描艺术》。1999 年 10 月，水彩画《金土地》入选庆祝中华人民共和国成立 50 周年河北省美术作品展。2002 年 5 月，中国画《黄河壶口》入选纪念毛泽东在《延安文艺座谈会上的讲话》发表 60 周年全国美术作品展；6 月，在全国中小学优秀美术书法作品大赛活动中，被评为模范园丁二等奖；7 月，中国画《黄河》《雾灵古辽杨》入选《中国著名书法家·艺海集珍》画册。2003 年 10 月，《承德晚报》刊登《“画癖”老张》文章及作品。他根植于家乡的山水，以灵活多变的手法，描绘眼前美景，抒发胸中丘壑。

画家张建国（张建国提供）

三、摄影

改革开放后，营子矿区涌现出一批摄影爱好者，部分作品在刊物上发表、展出并获奖。其中，区文化馆摄影辅导员戴翔（1954 年 6 月出

摄影家　戴翔（戴翔提供）

生），1975 年开始学习摄影，1987 年加入承德市摄影家协会、青年摄影家协会，被聘为承德日报摄影记者。1988 年加入河北省群众文化协会、新闻摄影家协会。至 2003 年年底，共在承德晚报发表个人摄影专版 9 次，连续 8 年评为市、区级优秀通讯员。

营子矿区部分年份摄影作品发表展出获奖情况一览表

表 26－1－3

项目 年份	作者	作者单位	作品	发表刊物或展出	奖励情况
1983	戴 翔	区文化馆	海迪姐的声音	承德地区、市总工会摄影展	
1983	戴 翔	区文化馆	净	承德地区、市总工会摄影展	
1986	戴 翔	区文化馆	冰花	大众摄影	
1986	戴 翔	区文化馆	山明水秀	大众摄影	
1986	戴 翔	区文化馆	峻岭深处有人家	大众摄影	
1988	仉世杰	兴隆矿务局	光和热		承德市“晨虹杯”摄影比赛一等奖
1989	梁鸿光	兴隆矿务局	矿工组照	承德市第四届职工摄影展	承德市第四届职工摄影展二等奖
1990	梁鸿光	兴隆矿务局	光魂	中国煤炭艺术节摄影展	
1992	仉世杰	兴隆矿务局	秋日斜照	大众摄影	大众摄影三等奖
1999	仉世杰	兴隆矿务局	草原早晨	摄影世界	摄影世界 7 月份奖
1999	仉世杰	兴隆矿务局	小树两日	摄影世界	摄影世界 9 月份奖

四、根雕

营子矿区的根雕艺术，始于 20 世纪 70 年代，80 年代以后，一些根雕爱好者的雕刻技艺日臻成熟，形成了自己的艺术风格，创作出许多优秀作品。创作作品较多的根雕艺人主要有汤绪发、汤贵新、余文厚等。

兴隆矿务局汪庄煤矿退休工人汤绪发，生于 1930 年 1 月，河北省唐山市人。为中国根艺学术委员会会员，中国美术协会根艺研究会会员，河北省根雕盆景协会理事，承德市根雕盆景协会副理事长。汤绪发酷爱花鸟鱼虫，山势盆景。20 世纪 70 年代后期开始钻研根雕艺术，80 年代中期艺术作品日臻善美。他的 400 多件作品 17 次在全国、省、市大型展览会呈展，其中《怒视》《雄狮》《中华魂》《昏睡百年》等 9 件作品获国家、省、市级金银铜奖。其代表作《大鹰》《东方醒狮》参加 1989 年秋中国花卉

汤续发（摄影　汤贵林）

协会在北京大观园举办的名人根艺精品展。1991 年 8 月在北海公园举办的北京、河北根艺联展中，其作品《昏睡百年》获一等奖。同年 11 月在北京举办的第三届全国根艺艺术优秀作品展中，作品《怒视》获刘开渠根艺铜奖。1998 年 1 月作品《龙》在河北省第一届根雕艺术展中获银奖。汤绪发的根艺作品构思精巧，意境深邃，不重雕饰，尊于天工，为自然美与人工美的惟妙结合，令人拍案叫绝。《工人日报》《中国煤炭报》《承德日报》先后刊登过他的事迹和图片，承德、河北、中央电视台先后播放过为其拍摄的新闻和专题报道，业绩先后载入《中国民间名人录》《中国园艺人才传略》《中国当代艺术家画册》《中国丹青画卷》文库之中。

兴隆矿务局汪庄煤矿职工汤贵新，生于 1953 年，河北省唐山市人。为中国文联民间艺术家协会根雕艺术委员会常务委员，中国书画艺术名人研究院名誉教授，中国雾灵书画摄影艺术社副社长，《世界名人录》特邀顾问编委，现代书画家联谊会理事，中国民间艺术大师，国际高级工艺美术师。自幼酷爱工艺美术，1985 年随其父汤绪发共创根雕艺术，1988 年后逐渐形成自己的艺术风格。1990 年河北省第二届根展中《龟蛇锁大江》荣获银奖后，200 多件作品，10 余次呈展国内各省，获精品奖、金奖、银奖多次。1995 年，《国之骄子》获全国第二届根雕、木雕名家邀请展一等奖。1996 年中国根雕艺术作品展《百病之源》获佳作奖，并被推荐为学术评委，授予评委特别奖。1997 年中国根雕艺术博览会《怡神》获银奖，并被评为评委贡献奖。1998 年成功地组织了承德地市合并后的首届承德市根雕盆景展。1999 年，被中国昆明世界园艺博览会根艺大展聘为艺术评委。其作品在朦胧与平淡中见神奇，随物赋形，以无一处拼接而闻名。《工人日报》及省、市报刊，中央电视台及省、市电视台都报道过他的事迹。1993 年至 2003 年，其业绩先后被《中国民间名人录》《中国园艺人才佳略》《中国古玩工艺荟萃》《中国奇石盆景根艺花卉大观》《中国当代艺术家》《世界名人录》《世界艺术家传》《科学中国人》《中国当代艺术界名人录》及 1999 年由江泽民提名的《中华魂》等辞书收录。

汤贵新（摄影　汤贵林）

兴隆矿务局马圈子煤矿退休职工余文厚（艺名热地），生于 1954 年 3 月，河北省隆化县人。为中国民间文艺家协会根雕艺术委员会会员、中国长城保护协会会员、中国武陵书画摄影艺术社常务理事。余文厚 15 岁起拜在浙江省根雕艺术家、篆刻家包振刚门下从事根雕创作学习，亦是中国民间文艺家协会根雕艺术委员会张宗泽教授的弟子。20 世纪 80 年代至 2003 年，创作根艺精品 200 多件，作品中的飞禽走兽、人物形象、花卉盆景、实物家具，无不栩栩如生。其作品顺其自然，做工精细，构思巧妙，化腐朽为神奇，尤其是巨型根雕之多、之精，堪称稀世之珍。其根艺作品在中国民间文艺家协会根雕艺术委员会举办的第三届根雕展中获优秀奖，在承德市“热河风”根艺展中获第一名，一些作品还在其他省市根艺展中获金、银、铜奖。部分作品被俄罗斯、韩国收藏家收藏。在兴隆县金牛洞旅游区开办民间艺术展览馆，展品达 500 余件。

第四节　文化活动

一、民间花会

鹰手营子地区民间花会历史悠久，清朝雍正八年（1730 年），山东登川府、济南府的百姓不断移居寿王坟落户谋生，同时也传播了异地的民间文化，汇集融合形成了当地独特的民间花会。花会内容丰富、古朴隆重、功夫过硬，远近闻名。寿王坟每次办花会，均由王氏、孙氏、詹氏、闫氏、李氏、郑氏家族推出会首，组织排演。花会表演时，由会首打旗在前面指挥，十面彩旗分列两边，一杆红罗伞走在正中，两面开山大锣、八面威风鼓随后。秧歌、高跷、寸子（矮高跷）、耍龙、舞狮、旱船、跑驴、小车、龙灯等依次沿街表演。每到一处打场，均先舞狮清场。居民敲锣打鼓、燃放鞭炮，摆香桌，沏茶，敬烟，用糖果招待。

清乾隆到民国年间，鹰手营子地区有多支花会参加兴隆洞庙河每年一度的庙会，持续近 200 年。

中华人民共和国成立后，这一传统的民间花会在不断去其糟粕取其精华的基础上，逐渐成为人们喜闻乐见的庆祝节日的一种民间文化活动。每逢春节，人们自发组织起来，载歌载舞庆祝新春佳节。主要有东北秧歌、冀东秧歌、高跷、旱船、跑驴、小车会、舞狮、龙灯等。“文化大革命”开始后，花会停办。1980 年恢复花会，1983 年，全区举办大型春节花会调演，盛况空前。至 2003 年，花会一直成为全区人民欢度春节不可或缺的文化娱乐活动。

二、皮影戏

（一）皮影社

这一艺术形式深受农村广大群众欢迎。1957 年，营子矿区创办鹰手营子皮影社，主要负责人为李文然、唐连顺。区皮影社成立时，有演出场地一处，每天为群众演出皮影戏。洞庙河、汪家庄、老爷庙、喇嘛沟、荒地沟、四顷地等地的许多群众也来观看演出，很受群众欢迎。20 世纪 60 年代初期，受经济形势影响，经费严重不足，部分人员调离或退职，皮影社难以维持，于 1964 年解散。

（二）皮影艺人李文然

李文然，男，汉族，民国元年（1912 年）4 月 4 日出生，辽宁省凌源市山嘴李家障子人，6—7 岁上私塾，9 岁拜师学艺，13 岁开始皮影艺术生涯，足迹遍及辽宁省西部和河北省东部及内蒙古东南部。1950 年任辽宁省喀左县政府文艺代表、县政协委员、中苏友好学会会员，1952 年任喀左县政府文艺界常务委员、喀左县六官营子区信用社主任，1953 年调热河省文化局皮影工作组，负责指导全省皮影工作。1956 年热河省撤销后进入河北省承德专署文教局皮影工作组，1958 年承德专署文教局皮影工作组撤销，划入河北省兴隆县文教局。1979 年在兴隆县文化局退休。他一生致力于皮影艺术。主要编写或改编的古典剧本有《封神演义》《宝龙山（五峰会）》《长寿山》《李自成》，现代剧本有《刘胡兰》《妇女代表》《人往高处走》《夺印》《赵小兰》《钢铁家属》《新儿女英雄传》等。

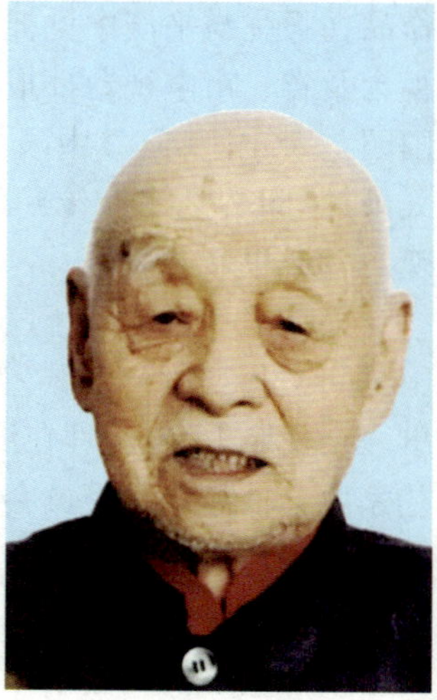

李文然（李国帧提供）

三、业余剧团

1980 年初，区文化馆成立一个由 20 多名评剧爱好者参加的业余评剧团，邻县民间评剧艺人亦有加盟。主要演出传统剧目，除在区内演出外，经常活跃在兴隆县、承德县一带。经费来源主要靠售票及包场演出收入，由于经费得不到保障等原因，剧团于 1984 年解散。

1999 年，鹰手营子镇兴煤社区夕阳红评剧团成立，有演员 37 人，大多数是年过半百的老人。除演出一些传统剧目外，还经常编排一些符合当前形势的小节目到基层宣传演出，受到群众广泛欢迎。2003 年，市委书记赵文鹤到区里调研，专门观看夕阳红评剧团的演出，给予很高评价。

兴煤社区评剧团在排练（摄影　韩春梅）

四、文艺演出

20 世纪 50 年代末开始，每逢年节，区文化馆、各单位经常组织文艺演出活动，活跃了全区的文化生活。80 年代后期开始，随着电视事业的发展，区委宣传部、区文化教育局、区文化馆经常联合举办电视文艺晚会，电视歌手擂台赛、大奖赛、对抗赛，歌咏比赛、舞蹈大赛等。经常组队参加省、市文艺会演活动。1998 年参加全市业余文艺会演，获团体一等奖和 11 个单项奖。2001 年参加市第一届少数民族文艺会演，三人舞《中国摇篮》、三人舞《敦煌彩塑》获表演一等奖。2003 年参加市第二届少数民族文艺会演，舞蹈《皮影娃》、男女二重唱《春晓塞北、承德美丽》、女生独唱《绿叶对根的情意》均获一等奖。1991 年至 2003 年，全区有 28 人次在省、市举办的声乐、钢琴比赛中获奖。

五、健身秧歌、腰鼓

群众健身秧歌、腰鼓兴起于 20 世纪 90 年代，全区部分镇村街道自发成立群众健身秧歌队，兴隆矿务局街道建起中老年腰鼓队。每晚集中到一起扭秧歌、打腰鼓，节假日自发或受邀参加一些活动，既达到了健身目的又活跃了群众的文化生活。但由于缺乏有组织的管理等原因，大部分秧歌队没有坚持下来。至 2003 年，继续坚持活动的有兴煤社区中老年秧歌队、腰鼓队和寿王坟铜矿社区中老年秧歌队。

六、集邮

1989 年营子矿区成立集邮协会，先后举办了“纪念建党 80 周年集邮收藏展”“集邮征文”“集邮知识竞赛”等活动。2003 年，集邮协会有会员 185 人，理事 38 人，常务理事 12 人。

1995 年 10 月，江铸林集邮作品《人类与生态保护》获承德市 95 集邮展览二等奖。1997 年 5 月，江铸林集邮作品《生态保护》获河北省第五届集邮展览铜奖。

第五节　史志编修

一、启动地方志编纂工作

2003 年 9 月，成立营子矿区地方志编纂委员会，下设办公室，具体负责区第一轮志书的编纂工

作。聘任主编、副主编各 1 名，编辑 3 名。制定了《鹰手营子矿区地方志》篇目。是年 10 月，召开全区地方志工作会议，向全区各志稿承编单位下发编纂方案和资料征集篇目，各志稿承编单位与区政府签订责任状。会后，举办方志办编辑和各单位撰稿人业务培训班，为以后地方志的编纂工作打下了良好基础。

二、党史工作

1995 年 4 月前，营子矿区没有负责党史工作的机构。1995 年 4 月至 2002 年 5 月，党史工作由区委办公室负责。2002 年 5 月，区委、区政府明确了党史研究室为区委直属副科级事业单位。2003 年 8 月，党史研究室由区委办公室划归档案局管理，占编 1 人。

1999 年撰写营子矿区社会主义时期 6 个专题 10000 余字的史本征集资料。2000 年撰写《河北省人民英雄大典》营子矿区入典人物简介党史资料 5000 字。1995 年至 2003 年，还完成了上级党史部门下达的党史资料征编任务 25000 字，搜集区内党史大事记资料 10000 余字。

第六节　谚语和歇后语

一、谚语

（一）天气谚语

勾云不过三，必是大雨天。

早霞不出门，晚霞行千里。

东虹日出，西虹雨。

老云接驾，不阴也下。

湿热闷死人，必有大雨淋。

先下牛毛没大雨，后下牛毛不晴天。

有钱难买五月旱，六月连雨吃饱饭。

雹砸一条线，风吹一大片。

小雪封地，大雪封河。

冷在“三九”，热在“中伏”。

八月十五云遮月，正月十五雪打灯。

（二）农谚

闰月年，早耕田。

过了 芒种，不可强种。

头伏萝卜，二伏菜，三伏种荞麦

种地不上粪，等于瞎胡混。

六月六，看谷秀。

秋天弯弯腰，冬天转三遭。

（三）生活谚语

脚正不怕鞋歪，人正不怕影斜。

人心要公，火心要空。

喝凉（量）酒，花赃钱，早晚是病。
远亲不如近邻，近邻不如对门。
害人之心不可有，防人之心不可无。
吃不穷、喝不穷，计划不到才受穷。
不当家不知柴米贵，不养儿不知父母恩。
好儿子不如好媳妇，好闺女不如好姑爷。

二、歇后语

腰掖扁担——横榸
井底蛤蟆——没见过大天
冰窖着火——该着
耗子算卦——撂爪就忘
秋后的蚂蚱——没几天蹦跶了
牛犊子拉车——乱套了
胸脯挂笊篱——捞（劳）心
哑巴吃黄连——有苦说不出
骑驴看唱本——走着瞧
店里的臭虫——吃客
耗子拉木锨——大头在后边
歪嘴吹喇叭——一肚子邪气
熊瞎子敲门——熊到家了
高射炮打蚊子——大材小用
猪八戒照镜子——里外不是人
锔锅戴眼镜——找碴
屎壳郎推粪球——滚蛋
马尾子穿豆腐——提不起来
老太太的脸蛋——褶子了
茶壶里煮饺子——倒不出来
抱着元宝跳井——舍命不舍财
屎壳郎钻烟袋锅——拱老爷子火
粪坑里的石头——又臭又硬
榆木疙瘩脑袋——不开窍
一张纸画了一个鼻子——好大的脸
黄鼠狼给鸡拜年——没安好心
十五个吊桶打水——七上八下
罗锅上山——前（钱）紧
旗杆顶上绑鸡毛——好大的掸（胆）子
捞鱼鹳打前失——全仗嘴支着
怀揣二十五只小兔子——百爪挠心

第七节 古迹遗址

一、旧石器时代洞穴遗址四方洞

位于区政府东北约 1.5 公里的柳河南岸，洞口呈现规则的四方形。洞口高约 12 米，宽约 13 米，洞内近入口处宽敞如厅状，向内延伸约 10 米，洞穴向南、向东北分为两个支洞。南支洞较短，在山体背后有出口。东北支洞越走越高，人可行至约 45 米处。洞穴生成于古生代奥陶纪的石灰岩山体中，是旧石器时代“四方洞人”洞穴遗址。1982 年 7 月，被省政府确定为重点文物保护单位。

二、古代铜冶炼遗址

位于寿王坟镇罗圈沟的北大地和郑家庄的大南梁（东城子）。在战国晚期和汉朝时期，就有人在此从事铜铁开采和冶炼。中华人民共和国成立初期，在古洞沟发现数条老窿痕迹，其中最大的 1 条为长 300 米，宽 30 米，倾角 30°左右，高 30 米的采空区。1970 年搞农田基本建设时，挖出 18 个用于冶炼的炉子和 1 把铁剑。炉子高约 1 米，直径 70 厘米左右，被村民敲碎，铁剑当废品卖掉。据专家们考证，大南梁发现的古采矿区、古冶炼区、大料荒（存储矿石的场地），为西汉时期铜冶炼遗址。发现的文物有：铜锭，上面刻有“汉隶”“东六十”“东五八”“西六四”“西五三”“二年”等字样；五铢钱和铁锛、亚腰、石锤、铁锤等生产工具。大南梁有大量的圆形炼炉遗址及多处冶炼焦渣，汉代的瓦片。1982 年，河北省人民政府决定，寿王坟矿区为战国和汉代铜冶炼遗址重点保护单位。

三、辽金时代小长城

位于寿王坟镇罗圈沟偏桥沟南北两座山上。保存完整的地段有一百多延长米，地基宽 4.5 米、高 2.5 米、上宽 4 米。全部用石头垒成。南、北两山的山顶上各有 1 个 15 平方米左右的烽火台。专家考证，是辽金时期为抵御外敌侵略而修建的。

四、寿堂坟

也称寿王坟。位于寿王坟镇南沟村沟口。是明朝开国元勋常遇春大将军的衣冠冢。常遇春（1330—1369），字伯仁。安徽定远人。自元至正十五年（1355 年）投依朱元璋后，协助朱元璋推翻了元朝统治，建立了大明朝。常遇春由偏裨小校升至大将军，官至左副将军，爵封鄂国公。洪武二年（1369 年）四月，常遇春奉朱元璋之命，带领九万人马出塞北征，到漠北扫除元顺帝的残余势力，在元上都（今内蒙古正蓝旗东闪电河北岸）将元顺帝打败，当年七月初七班师回朝。常遇春率军凯旋途中得了急病，死在柳河川。《明史·常遇春传》记载：“师还，次柳河川，暴疾卒，年仅四十”。随军副将李文忠就地搭起寿堂（灵堂），帅全体出征将士哭奠。在寿堂之外，将常遇春的衣物堆埋，形成衣冠冢，柳河畔的老百姓称之为寿堂坟，而常遇春的尸体运回南京安葬。后因常遇春被追封为开平王，故寿堂坟改称寿王坟。

五、清代民房

郑家大院，位于寿王坟镇政府东侧，始建于清道光年间。原有三处大院，每处大院有正房十五间，东西厢房各六间，门前有大理石雕花拴马柱两个，门口悬挂“大哉乾园”扁一块。青砖青瓦，条

石地基。日伪时期，郑家大院遭到毁坏。至21世纪初仅存东西厢房各3间，拴马桩1个。

清代民房一角（摄影　郝树森）

六、龙王庙

位于寿王坟镇罗圈沟村的下台庄。传说始建于明朝宣德年间，毁于1955年。2004年，村民孙万国出资5万元重建此庙，成为旅游景点。

七、南沟村运兵战道遗址

南沟村运兵战道是抗日战争时期，侵华日军向遵化运兵和物资的秘密通道。全长10余公里，在境内寿王坟镇南沟村南山区域内有5公里，基本保持完好。

抗日战争时期，侵华日军在兴隆县下台子村设有兵营，为打通兵营至遵化的运输通道经测绘选择南沟村南山作为穿越点，修建通往遵化的盘山道路。1937年3月初，日军在车河、安匠及寿王坟当地百姓中共抓劳工300余人，在日军的严密监视下日夜施工，高强度劳作，修建道路，动作稍慢一点就得挨皮鞭抽打，甚至丧命。就这样，如此巨大的工程，在没有任何机械设备的条件下，完全依靠人力，仅用短短6个月就实现贯通。后期扫尾工程，日军再次抓劳工300余人，到9月底全部完工。为保守秘密，战道全部修完后，日军将所有民工全部杀害。

第八节　文化事业管理

一、管理机构

1956年11月至1958年7月，营子矿区文化事业由区文教卫生科管理。1965年3月设文教科，1968年4月，文教科改设文教组，1973年文教组又改设文教科。1981年文教科改设为文教局。2000年1月，成立营子矿区新闻出版局，和区文教局一套人马，两块牌子。2002年5月，区文教局更名为文化体育教育局，下设文化管理中心，为副科级事业单位。

二、管理工作

营子矿区设立文化事业管理机构后，主要管理工作是贯彻国家关于发展文化事业的路线、方针、政策和上级文化事业管理部门的指示；检查、指导各文化事业单位的工作；管理和任免文化事业单位的股级干部。

改革开放后，对文化市场积极引导，加强管理。1996 年，区文教局与印刷及复印单位、游艺厅、舞厅、卡拉 OK 厅等签订文化市场管理责任书。1997 年 7 月成立营子矿区文化市场稽查队，以“保证合法、支持健康、允许无害、抵制犯罪”为原则，加强对文化市场的管理，做到“管而不死，放而不乱”。凡个体歌舞娱乐场所、电子游艺厅、书屋、录像厅、音像制品经营单位和互联网上网服务营业场所均进行登记、审查发证。区文教局负责审核，由市文化局市场管理科审批发放营业证。区文化市场稽查队配合工商、公安等部门进行检查，对无证经营、出售黄色淫秽书刊、搞变相赌博活动等违反管理条例的单位和个人予以查处。

网吧（摄影　戴翔）

1998 年 4 月，区文教局分别与影剧院、文化馆、新华书店、图书馆签订社会治安综合治理目标管理责任书。1999 年，区政府制定《营业性歌舞娱乐场所管理办法》，明确各级文化行政主管部门对营业性歌舞娱乐场所实行分级管理，营业性歌舞娱乐场所不得转包经营。1997 年至 2003 年，共没收非法音像制品 5890 盒，非法书刊 1600 本，全部上交市文化局新闻出版科，集中销毁。

正式出版物按国家出版总署规定办理。区新闻出版局成立后，内部刊物、非正式出版物由区新闻出版局审核，区委宣传部同意后，报市新闻出版局审批，由市新闻出版局指定印刷厂定点印刷。

第二章　广播电视

1962 年，营子矿区建立广播站，不久即撤销。1965 年 5 月重建广播站，在人员少，资金缺乏的情况下购置设备，架设线路。1969 年 10 月，实现了和全区 3 个公社的有线广播联网。营子矿区一直没有无线广播电台，广大群众主要通过有线广播和收音机收听中央、省、市人民广播电台的节目。改革开放后，为满足全区人民收看电视的需要，1985 年 10 月，区广播站建成无线电视差转站，1992 年年初，开始筹建有线电视。1998 年，营子矿区广播电视事业发展综合评价名列承德市 8 县 3 区第一，卫星地面接收设施管理工作步入省级先进行列。至 2003 年年底，全区有线电视基本普及。多年来，区广播站和有线电视台在宣传党的路线、方针、政策，报道区情，活跃全区人民文化生活方面，做了大量工作，发挥了重要作用。

第一节　有线广播

一、设备和线路建设

1962年建立区广播站时，只有扩音机1台，高音喇叭1个，广播站与邮电局共用线路，广播时需切断电话线路。1965年，区广播站有大喇叭2个，为用户安装小喇叭300多个，有上海产TY—ZX175W功率放大器1台。广播站通过电力零线广播，各家各户通过电力零线收听广播，1967年，用户小喇嘛增加到1000多个。1968年，区广播站又购置601型电子录音机2台。1969年开始为3个公社架设杆路和广播线，仅用3天就架通到寿王坟公社的15公里线路，实现了与寿王坟公社的广播联网。北马圈子公社通过兴隆矿务局的广播杆路实现了同区广播站的联网。10月份实现了区广播站和全区3个公社的有线广播联网。1972年年初，区广播站购置1台TY275瓦广播机。1975年至1976年，将鹰手营子到寿王坟的广播杆路更换为水泥杆专线广播线路，同时修建了到北马圈子的水泥杆线路，实现了专杆专线。1976年区广播站再购置1台TY275瓦广播机。至1978年，拥有TY275瓦广播机2台，晶体管调频接收机1台，电子管调频接收机1台，25瓦增音接收控制台1部，LY—551型录音机2台，这些设备一直沿用至2002年。2003年区属有线广播停播，线路和设备建设终止。

二、广播节目

自区广播站成立后，有线广播每日分早、午、晚3次转播中央人民广播电台、河北人民广播电台节目，同时每次播放15分钟的自办节目，播出时间每天7小时，播稿实行送审制。

第二节　电视

一、无线电视

1984年5月区广播站开始筹建无线电视差转站，投资3万元在金扇子村北山建铁塔，塔高25米，覆盖半径10公里，1985年10月1日正式转播北京、天津两套电视节目。后来由于经费紧张，1989年将差转设备迁至广播站院内，增加一套50瓦电视发射设备，转播3套电视节目，设备总资产10万余元。至1991年年底，无线电视插播停止。

二、有线电视

（一）设备建设

1992年年初，区广播站开始筹建有线电视，购置6米卫星抛物接收天线1个，3.2米天线1个，主干线均采用国产的1220宽带放大器分四路向四周传送，采用隔频传送7套节目，网络宽带为300兆赫。

1995年，区广播电视局自筹资金13.68万元购置了摄像机、编辑机、字幕机、特技机、录像机及一部分小型设备，改善了自办节目设备条件。传输系统由原来的7套节目增加到12套。

1996年，为提高自办节目的采编播能力和质量，投资近10万元，新增编辑系统1套，播音字幕提示器1台，台标发生器1台及部分配套设备。

1997年，以提高电视的收转能力，扩大覆盖范围为目标，先后筹集资金30万元，购置了一大批卫星电视收转设备及自办节目编播设备，并对前端设备进行了较大规模的改造，增加多路增补频道，使传输系统由原来的12套节目增至22套，改造后的前端设备收转功能和节目质量都大幅度提高，基本满足了广大用户的收视要求。

1998年，为提高采编设备档次，两次共投入35万元，购置了CTV6000字幕机，DP800摄像机，非线性编辑机等较高档次的采编设备。

2000年，先后投资150万元，购置了松下DP200摄像机，松下AG8600编辑机，10千伏安单向全自动稳压器，捷变频调制器。投资1.3万元改造了播音室灯光设施，安装了冷光源照明系统，投资2万元更新了演播厅的音响设备，对办公室和演播厅进行了部分装修。

2001年，投资10万元，购置了数字化电视节目采编设备。

2002年，投资10万余元，购置了数字摄像机和编辑机。

2003年，投资26万元，全面更新了采编播设备，彻底告别了陈旧的模拟设备，实现了制作播出数字化。

电视塔（摄影 戴翔）

（二）线路建设

1992年，筹建有线电视时，以集资形式筹集资金，使用有线电视者，每户集资160元。是年，发展有线电视用户1000余户，线路建设总投资60万元。

1993年，用户达到2000多户。

1995年，租用电信线路进行有线电视信号远程传输，是年底，全区4个镇15个行政村全部收看到了有线电视节目。完成了东风煤矿主干线路的改造工程，保证了水泥厂、喇嘛沟村、老爷庙村和东风煤矿近千用户的收视效果。同年，区广播电视局网内用户达5000户以上。

1996年，完成了中央加密节目的收转及卫星节目转星调试工作。为老爷庙村3组40多户村民安装了闭路电视，完成跳沟村、铸石厂、涝洼滩村等4个前段并联网工程，为保险公司、邮电局、工商局、铁路新建住宅安装了有线电视，全年新增700多网内用户。

1997年，投资10万元，实现中央台四套加密节目区域性联网，完成了部分网络改造和维护任务以及姚庄村有线电视并网工作。与邮电部门建立互惠互利合作关系，建成了区域性光缆传输系统，利用光缆传输提前恢复了建设营涝公路时沿线被拆除的有线电视网络。自筹资金47万元，建设光缆传输系统。第一期工程投资11万元，在新建广播电视楼内安装光发射机1套，分别向汪家庄镇，铸石厂两个方向架设光缆干线14.7公里，将沿线各村镇、企业自建的前端连入区域性有线电视网内。第二期工程投资25万元，向北马圈子镇架设光缆干线6.5公里，并将通往铸石厂的光缆干线向寿王坟铜矿、罗圈沟村延伸，沿线各村镇、企业自建的前端联入区域性有线电视内的各分前端，除县级以上单位自建的有线电视网允许保留一个自办节目频道，按上级规定播出少量本单位新闻专题外，其他单位自建网络前段设备全部取消。到年底，传输干线已达50余公里，覆盖全区四个镇15个行政村。在全市8个县2个区（双滦区、营子矿区）首先建成一个完整的电视光缆传输网络。

1998年，铸石厂有线电视网络前端与区广播电视局网联网。投资1.5万元架设汪家庄至涝洼滩村1.5公里主干线路，传送22套高质量电视节目。完成了中营小区住宅有线电视的安装并网工作。架设

干线9.3公里，涝洼滩村、姚庄村、铸石厂、洞庙河机务段家属区、河北村、金扇子村等前端实现了电缆并网，又架设电缆主干传输线，与兴隆县煤岭沟村联网，新并联网达1708户。新建光纤网络干线3条，长30.4公里，开通光缆传输电视3处1000户。截至年底，网内用户达8000户。

2000年，完成了市有线电视宽带综合信息网联网工程，该工程共立杆270根，跨越公路6处，铁路4处，河口4处，跨越2个镇7个行政村，共架设光缆干线140.5公里，于11月2日全线完工，并通过市广播电视局验收。同年，完成了喇嘛沟线路改造工程。

2001年，有线电视远程信号实现光缆传送，不但能传播中央台、省市台一套节目，还增加了中央和省市8个台的频道，至此，有线电视传送节目频道达32套。12月中旬，完成西至北马圈子镇，东至涝洼滩村的两条主干线架设任务，共架设光缆24公里，电缆10公里，设光节点28个，更换线路放大器50余台，完成工程投资70万元，改造后的网络均采用光缆传输方式，平均每200户有线光接点一处，主干线网络宽带由原来的300千伏安升至为750千伏安，分支干线为550千伏安，形成了标准的星形网络结构，可同时传输59套电视节目，信号传输质量稳定，故障维修率下降70%，各项技术指标达到了设计要求，结束了多年来有线电视信号远程传输依靠租用电信线路的历史。全年新增用户350户，延伸网络干线5000余米，扩展分支干线3000余米。

2002年，完成区域内公安、财政系统1.5公里光缆联网，改变有线电视网只能单一传送电视信号的传统形式。实现寿王坟铜矿有线电视网与区广播电视局网的联网整合，并投资80万元对寿王坟铜矿有线电视网进行全面的升级改造，完成3500户的联网任务，实现用户终端智能化可寻址管理，使网内有线电视用户突破10000户。

2003年，与涝洼滩煤矿有线电视网联网，投资11万元对该网进行升级改造，共安装入网511户。投资20万元修建通往寿王坟镇的22.5公里的光缆干线。年底网内用户达12000户。

（三）自办节目

营子矿区有线电视站（台）自1993年开播以来，自办节目每天播出5小时，开办了“矿区新闻”“新闻专题”“矿区广角”“视点”“老照片”“彩色星期五”“电视歌手赛”“生活百科”“矿区气象”等具有地方特色的节目。

1998年年初，对区人大、区政协两会的宣传报道，首次采用实况录像与新闻制作相结合的方式。

1999年，区有线广播电视台参加市委宣传部、广播局举办的国庆50周年专题竞赛活动，首次荣获市级竞赛奖。

2001年，在全市提高广播电视新闻质量研讨会上，获二等奖2项，三等奖3项，获奖数量居全市各县区首位，创区广播电视局获奖历史最好成绩。

2002年，中共十六大召开前后，开辟了《迎十六大，展示新成就》《贯彻十六大精神、开创事业新局面》专栏，制作了《夕阳红花香四溢》《以德治区青少年先行》《绿色老人》《生死线上铸党魂》等专题片。在8月份举办的全市好新闻评选活动中，获电视新闻编排三等奖1项，好新闻一等奖1项。

2003年，在防治非典型性肺炎期间，及时传递区委、区政府的“防非”决策和部署，引导广大群众增强防治“非典”的信心。制作节目时间总长千余分钟，稿件编播快，信息量大，收视率高，得到区委、区政府和广大群众的赞许。这期间，将辖区内兴隆矿务局及所属汪庄矿、马圈子矿和承德市涝洼滩煤矿等企业有线电视分网全部连通，使近8000户居民的有线电视临时并入网内，形成了一个全区一体化的宣传指挥系统，加快了全区抗击“非典”信息的传播。8月在承德市第五届广播系统电视节目大赛中，专题片《牵手》在市电视台及各县区十几家新闻单位的激烈竞争中夺冠。

营子矿区广播电视局新闻、专题获奖情况一览表

表 26－2－1

项目 年份	作者	新闻或专题名称	获奖情况	颁奖单位
1999	区广播电视台	《过日子》	市国庆 50 周年专题竞赛活动三等奖	承德市委宣传部承德市广播电视局
	区广播电视台	《退休之后》	市国庆 50 周年专题竞赛活动优秀奖	承德市委宣传部承德市广播电视局
2000	区广播电视台	《开拓致富路》	市广播电视节目交流研讨会三等奖	承德市广播电视局
2001	区广播电视台	《高效节能秸秆气化炉试制成功》	市提高新闻质量研讨会广播专题长消息三等奖	承德市广播电视局、广播电视学会
	毕志华 窦鹏飞 韩秀霞 张延东	《让荒山变个样》	市电视新闻专题二等奖，省电视新闻奖、电视社教类三等奖	承德市广播电视局、广播电视学会河北省广播电视局、广播电视学会
	韩秀霞 白素香 张延东 董　彦	《本区生活》	市广播新闻编排三等奖	承德市广播电视局
	韩秀霞 张延东 马彩云	《生活的强者高素云》	市广播新闻专题三等奖	承德市广播电视局、广播电视学会
	韩秀霞 窦鹏飞 张延东	《采矿废弃地复垦变粮田》	市广播新闻短消息二等奖	承德市广播电视局、广播电视学会
2002	区广播电视台	《绿色老人》	市广播电视系统好新闻三等奖	承德市广播电视局、广播电视学会
	区广播电视台	《生死线上铸党魂》	市广播电视系统好新闻一等奖	承德市广播电视局、广播电视学会
2003	区广播电视台	《牵手》	市第五届广播系统电视节目大赛夺冠	承德市广播电视局、广播电视学会

第三节　广播电视事业管理

一、机构

1962 年 5 月，区内始建广播站，不久即撤销。1965 年 5 月，重建区广播站，站址在营子老街老派出所院内，有工作人员 1 名，平房 2 间，一间为办公室，一间为机房。1967 年，工作人员增至 2 人。是年在区广播站的帮助下，寿王坟公社建起广播站，1968 年北马圈子公社建广播站，1969 年鹰手营

子公社建广播站。是年，区广播站工作人员增至3人。1972年初，区广播站迁至营子大街区文化馆院内，有平房7间。1973年，调入2名线务员，工作人员增至5人，1988年增至7人。1993年，区广播站改设为广播电视站。1995年，区广播电视站升格为广播电视局，内设办公室、机线部、新闻广告部。同时建立区有线电视台，与广播电视局合署办公。1997年12月，增设电视文艺广告部，与新闻广告部合署办公。是年，投资350万元，在原址建6层建筑面积为4300平方米的广播电视大楼，改善了办公条件和工作环境。1998年，工作人员增至19人。2001年4月，增设寿王坟电视站。2003年，区广播电视局机构设置调整为：办公室、机线部、新闻广告部、网络管理办公室、寿王坟电视站。人员编制26人。1995年至2003年，区广播电视局多次被评为市、区级先进单位。

二、管理

区广播电视局负责辖区内广播电视行业的规划管理。对12座镇、村、企业的有线电视网络前端及个人卫星接收设施进行管理，对全区音像市场依法进行管理。1995年至2000年，区广播电视局协同公安、工商、文化等部门，多次对全区文化市场依法进行检查，没收大批盗版音像制品，均上交市文化局新闻出版科，集中销毁。2000年，音像管理职能移交区文教局。

第二十七编 WEISHENG

27 卫生

第一章　医疗机构
第一节　区属医疗机构
第二节　镇属医疗机构
第三节　村及个体卫生所
第四节　驻区企业医疗机构
第二章　医疗技术
第一节　西医
第二节　中医
第三章　卫生防疫
第一节　机构
第二节　传染病防治和计划免疫
第三节　地方病和职业病防治
第四节　公共卫生
第四章　妇幼保健
第一节　机构
第二节　妇女保健
第三节　儿童保健
第五章　专业技术队伍和医疗设备
第一节　专业技术队伍
第二节　医疗设备
第六章　体制改革和医政管理
第一节　管理机构
第二节　卫生体制改革
第三节　医政管理

27 承德市鹰手营子矿区志·卫生

CHENGDESHI YINGSHOUYINGZIKUANGQU ZHI WEISHENG

中华人民共和国成立前，区内只有5家药铺和少量医务人员，居民缺医少药。民国37年（1948年），鹰手营子建立区内第一个卫生所。20世纪50年代中期，地方及驻区企业相继建立一批卫生所和医院，医疗科室设置亦日臻完善。1957年5月，营子矿区成立卫生防疫站，开展卫生防疫工作。70年代初全区消灭了脊髓灰质炎。80年代初，营子矿区开始进行卫生体制改革，卫生事业进入快速发展时期。1982年5月，成立区妇幼保健站。80年代中期消灭了甲状腺肿病和克丁病。随着大批先进医疗设备的应用，医疗、防疫、保健水平得到极大提高。1985年，营子矿区被卫生部授予"全国计划免疫先进单位"荣誉称号。至2003年，全区（含寿王坟铜矿和兴隆矿务局职工医院）有医疗、防疫、妇幼保健机构47个，在岗专业技术人员508人。

第一章　医疗机构

民国37年（1948年），鹰手营子建立全区第一个卫生所—兴隆县九区卫生所。50年代中期，医疗机构快速增加，医疗科室日益完善。1970年始，营子矿区开始有计划地建设村级卫生所。改革开放后，个体诊所开始建立并得到快速发展。至2003年，全区有区属医院1所，镇卫生院4所，村级卫生所15个，个体诊所23个。驻区企业二级甲等医院2所。

第一节　区属医疗机构

营子矿区医院是全区唯一一所区属医院，其前身是始建于民国37年（1948年）的兴隆县九区卫生所，卫生所设内科，外科和中医科。1956年11月，划归承德市，改称承德市鹰手营子矿区医院，院址在鹰手营子老街，有平房20余间，使用面积300余平方米。设外科、内儿科和中医科。有专业技术人员6人。其中，中医士、护士各2人，中药士、检验士各1人。病床10张，使用率40%左右，日门诊量30人左右。1958年7月，划回兴隆县，1959年4月10日改称兴隆县第二医院。1962年增设检验科，1964年设放射科。1965年2月，再次划归承德市，改称承德市鹰手营子医院，1970年，更名为承德市鹰手营子矿区医院，并由老街迁至桥南路。医院建有1960平方米的"工"型平房。

鹰手营子矿区医院（摄影　戴翔）

1978年有专业技术人员27人，其中西医师、中医师、中药师、技师共9人；西医士、中医士、护士、检验士、中药士、药剂士共16人；中药员2人。1983年，由市卫生局下划区卫生局管理。1990年，建成区院大楼，建筑面积2717平方米，全院总建筑面积5028平方米，占地6413.3平方米。至2003年年底，共引进专业本科生3人，有60人参加大专以上学历教育。有专业技术人员80人，其中高职2人，中职24人，初职54人。医院设内、外、妇、儿、眼、耳鼻喉、口腔、中医、防疫9个临床科室，CT、放射、检验、B超、心电图、脑血流6个医技科室及药库、药房、收费、财会、后勤5个职能科室。有病床100张。是年，门诊量20000余人次，住院患者1400余人次。完成大中型手术500例。

第二节　镇属医疗机构

一、鹰手营子镇卫生院

其前身为鹰手营子联合诊所，始建于1958年，有专业技术人员5人，其中中医1人，中医学徒3人，护士1人。初建时期条件极其简陋，只有平房3间，约60平方米，设有简单的诊室和药房。1962年，联合诊所改设为鹰手营子卫生所。1969年，改设为鹰手营子公社卫生院，并在汪家庄设卫生所。1973年，自筹资金在营子大街建前后两排，中间由走廊相连的平房20间，建筑面积360平方米，占地800平方米。设有西医诊室、中医诊室、防疫室、注射室、病房、药房、收费室、财会室。1974年下半年，建“土药厂”（制剂室），生产输液用大液体和中西药针剂、片剂。当时生产的大液体基本满足院内医疗的需求。“文化大革命”结束后，土药厂关闭。1978年，有专业技术人员9人。其中，西医师1人，中医3人，西医士、检验士、护士4人。病房床位增至25张，与兴隆矿务局职工医院建立协作关系，重症病人可得到及时会诊，外科急症可到兴隆矿务局职工医院手术。1984年，鹰手营子公社卫生院更名为鹰手营子镇卫生院。1985年，拆除临街一排平房扩建为二层楼房，增加扶贫一日病房、临时输液病房、便民家庭病房及社区服务部服务项目，全天24小时应诊。2000年至2003年，创办开放式卫生院，先后与承德市中心医院、承德医学院附属医院建立了协作关系，定期聘请专家出诊、讲学、指导手术。2003年，在原二层楼的基础上又加盖一层楼房，将综合病房分设为内科、外科、妇科及监护病房。先后通过医疗质量年、爱婴医院、乡镇卫生院标准化达标验收。是年，有专业技术人员38人，其中主治医师2人，医师、护师、检验师、药剂师21人，医士、护士8人，高级工7人。

二、寿王坟镇卫生院

其前身是1953年后社会主义改造时期成立的寿王坟个体联合诊所。1956年7月1日，寿王坟个体联合诊所改设为寿王坟卫生所，设于南台子，有平房10间，专业技术人员10人，其中西医5人，中医2人，中西药调剂3人。设中医科、西医科、儿科、口腔科。1958年7月后，改设为寿王坟公社卫生院。是年，寿王坟公社用行政手段调拨罗圈沟、郑家庄、南沟等村的人力、物力、财力，帮助卫生院建石木结构平房15间。1959年，设简易病床10张。1965年为落实毛泽东“把医疗卫生工作的重点放到农村去”的号召，卫生院在革命老区罗圈沟村设卫生所，1970年，该卫生所撤销，将所有药品、医疗器械等捐给罗圈沟村新建的卫生所。1978年，有专业技术人员13人。其中，医师4人，药师1人，士级人员8人。1979年，卫生院设住院处，病床20张，开始采用水暖供热，结束了冬季生

炉子取暖的历史。购置了手术床、无影灯、吸引器及外科、妇科手术器械，建立了手术室。1984 年 4 月，营子矿区撤社建镇，寿王坟公社卫生院更名为寿王坟镇卫生院。至 2003 年，有专业技术人员 20 人，其中有中西医主治医师各 1 人，主管药师 1 人，医师级人员 6 人，士级人员 10 人。有平房 45 间，建筑面积 1028.66 平方米，占地 3258 平方米，病床 20 张。

三、北马圈子镇卫生院

1961 年 7 月设立马圈子人民公社后，在北马圈子村设立公社卫生所。有平房 3 间，做诊室和药房，后建 2 间平房做宿舍。1964 年，更名为马圈子公社卫生院，有专业技术人员 4 人，均为原各村村医。1972 年 10 月，在北马圈子村路南建新院舍，占地 873 平方米，建筑面积 530 平方米，门诊用房 221 平方米，住院用房 210 平方米。1978 年，有专业技术人员 7 人，其中医师 3 人，士级人员 4 人。1984 年 4 月，撤社建镇，马圈子公社卫生院更名为北马圈子镇卫生院。1989 年，再建平房 76 平方米，设药库。为方便患者就医，在新平社区开设医疗服务部。2000 年始用暖气供暖。2003 年，有专业技术人员 18 人，设内科、外科、中医科、牙科、放射科、防疫科等科室，有病床 20 张。

四、汪家庄镇卫生院

1998 年 3 月，经承德市卫生局批准区卫生局设立汪家庄镇卫生院。租赁民房 10 间为院舍，建筑面积 170 平方米。有专业技术人员 11 人，设西医、中医、牙科诊室。2003 年，有专业技术人员 9 人，其中医师级 3 人，士级 5 人。设内、外、中医、牙科、防疫等科室。

第三节　村及个体卫生所

一、村卫生所

1970 年以前，区内没有村级卫生所。1970 年，各行政村选派 1 名村民参加承德市卫生局举办的卫生保健培训班，培训合格后，回村开展保健工作。以此为基础，营子矿区相继建立了鹰手营子、老厂子、跳沟、老爷庙、涝洼滩、汪家庄、姚庄、北马圈子、南马圈子、金扇子、罗圈沟、郑家庄等村卫生所。1982 年，建立南沟村、喇嘛沟村卫生所。1984 年，村卫生所出现了个人承包、承包加补助的经营方式。1989 年，建立河北村卫生所，至此，全区 15 个行政村全部建立了卫生所。1995 年，区卫生局开展创办甲级村卫生所工作，各镇按照区里的统一部署，对各村卫生所进行整顿并增加投入。是年全区 15 个村卫生所 12 个成为甲级卫生所，全部配备了高压消毒锅、体重秤等设备，提高了医疗防保水平。

二、个体诊所

1953 年至 1956 年的社会主义改造时期，鹰手营子、寿王坟两地的私人诊所，分别组建了联合诊所，走上了集体发展的道路。1984 年秋，经区卫生局审查考核，为 7 人颁发了个体医生开业执照，自此，营子矿区个体诊所逐步发展起来。至 2003 年年底，经区卫生局审批，全区共兴办个体诊所 23 个，其中西医诊所 11 个，中医诊所 3 个，中西医结合诊所 6 个，口腔牙科诊所 2 个，五官科诊所 1 个。

第四节　驻区企业医疗机构

一、概况

20 世纪 50 年代中期始，营子矿区境内陆续建立了一批较大规模的企业。60 年代至 70 年代，由于战备工作的需要，天津市的 2 个工厂迁入营子矿区。其中，寿王坟铜矿、兴隆矿务局、承德市东风煤矿、承德地区涝洼滩煤矿建立了职工医院，承德市陶瓷厂、承德钢铁厂石灰石矿、承德地区铸造机械厂、承德市轻工业机械厂、承德地区煤矿机械修理厂、天津市曙光化肥厂、天津市红星电厂设立了卫生所。这些企业的医院和卫生所，不但承担本企业职工的医疗、防疫、保健工作，还为附近群众提供医疗服务。改革开放后，曙光化肥厂和红星电厂回迁天津市，大部分企业的职工医院，卫生所随着企业的改制、破产而撤销，寿王坟铜矿职工医院和兴隆矿务局职工医院分别于 2003 年 12 月和 2004 年 1 月移交地方政府。

二、主要企业医院

（一）寿王坟铜矿职工医院

1951 年，东北地质队到寿王坟勘探时，只有 1 名随队医生。1953 年，建立寿王坟铜矿卫生所，有平房 2 间，1. 5 间为诊室，半间为药房。1954 年卫生所扩建后，占地 250 平方米，平房 12 间，设内、外、妇科及化验室、注射室。1955 年卫生所改建为寿王坟铜矿职工医院，有专业技术人员 24 人。门诊部设于矿机关附近，便于职工就诊，在吴家沟里设住院部，为平房，建筑面积 2400 平方米，设病床 60 张。医院内科系统增设儿科、传染科、外科系统增设五官科，科室设置日臻完善。增设手术室、药剂室、一般手术器械齐全。1962 年，门诊部迁至四十五家，新建门诊部占地 450 平方米，有平房 21 间，设内、外、儿、五官、传染、妇产、防疫、放射科及手术室、化验室、药房等。1969 年 9 月，根据战备形势需要，医院抽调人员，经过 2 年多的建设，建成使用面积 2000 多平方米，有 200 张床位，诊室、药房、准备室、手术室、办公室等，既能医疗又方便生活的地下战备医院。承德市革命委员会为其命名为承德市第一战备医院。1974 年，将住院部的部分平房改建为二层楼房，病床由 60 张增至 100 张。70 年代中期医院建立理疗室，开始蜡疗，80 年代又开展牵引、烤电、离子透入等理疗项目。1982 年冬住院部污水治理工程开始施工，1984 年 11 月竣工并交付使用，达到承德市卫生防疫站规定的污水外排标准，解决了对周围环境的污染问题。是年，门诊部迁至拐弯楼，占地 500 平方米，28 个房间，门诊条件得到进一步改善。1986 年，住院部平房全部改建为二层楼房，总占地面积 2000 平方米。1987 年 10 月，在住院部建成精神病房 1 处，平房另院，结束了精神病患者只能送往外地治疗的历史。是年，全院（门诊部、住院部、精神病房）总建筑面积 4500 平方米，全部实现冬季水暖取暖。1995 年 7 月，经省市专家组终审，寿王坟铜矿职工医院被评定为承德市二级甲等医院。1996 年 12 月，全院实现电脑自动化办公。2003 年年底，寿王坟铜矿职工医院移交地方政府，共移交专业技术人员 52 人。

（二）兴隆矿务局职工医院

1956 年 8 月，在鹰手营子供销社院内设立兴隆煤矿筹备处卫生所，有专业技术人员 3 人，只有听诊器、体温计等简单的诊断器械。1957 年 1 月，卫生所迁至“五千米”工村，1958 年 9 月又迁至鹰手营子东头黄土梁子，并扩建为医院。10 月 22 日定名为兴隆矿务局职工医院。是年，有专业技术

人员75人。1964年，更名为兴隆煤矿职工医院。1972年建立制剂室，主要生产输液用大液体。1985年，再次更名为兴隆矿务局职工医院。1988年，制剂室生产的“制剂”主要有：输液类、注射液类、滴眼液类、眼膏类、酊剂类、滴鼻剂类、灭菌液剂类、甘油剂类、滴牙剂类、溶液剂类、合剂类。以输液剂类生产效益最好，其他剂类用量不多，生产数量较少。1995年，晋升为二级甲等医院。2003年年底统计，医院占地27000平方米，建筑面积13000平方米，有病床200张。有专业技术人员176人。设内科、外科、急诊科、妇幼科、儿科、传染科、眼科、耳鼻喉科、口腔科、疼痛康复科、放射科、预防保健科、麻醉科、手术室、激光治疗室、化验室、心电图室、B超室、药械科19个科室。2004年3月，因国家规范制剂生产和生产成本增高等原因制剂室关闭。

兴隆矿务局职工医院（区文广新局提供）

营子矿区部分年份区、镇属医疗机构门诊量医疗收入情况统计表

表27－1－1

项目／年份	门诊量（人次）						医疗收入（万元）					
	区医院	鹰手营子镇卫生院	寿王坟镇卫生院	北马圈子镇卫生院	汪家庄镇卫生院	合计	区医院	鹰手营子镇卫生院	寿王坟镇卫生院	北马圈子镇卫生院	汪家庄镇卫生院	合计
1983	64014	76451	27816	17167	—	185448	20.84	16.01	9.37	4.83	—	51.05
1984	76184	76946	30479	23738	—	207347	24.70	17.20	10.19	6.18	—	58.27
1988	—	—	—	—	—	237027	—	—	—	—	—	116
1989	—	—	—	—	—	244365	—		—	—	—	150
1990	—	—	—	—	—	233254	—	—	—	—	—	—
1991	—	—	—	—	—	212582	—	—	—	—	—	—
1992	—	—	—	—	—	208465	—	—	—	—	—	—
1997	14603	11700	9548	18000	—	53851	207.40	76.50	62.80	40.50	—	387.20
1999	29000	—	5130	11645	13000	—	227		37.40	25.40	18	—
2000	15600	18000	8200	16452	10800	69052	260	101	35.70	39.99	15.80	452.49
2001	29200	19000	10873	18066	5562	82701	306	140	48	45.70	26	565.70
2002	—	—	—	—	—	—	380	161	45	58	31	675

第二章 医疗技术

中华人民共和国成立前后，区内疾病医疗以中医为主。20 世纪 50 年代中期，随着医疗机构的相继建立，中、西医有了较快的发展。60 年代初，西医科室设置日臻完善，已可以开展骨科手术和下腹部手术，如阑尾炎、疝气等。80 年代至 2003 年，西医事业发展迅速，营子矿区医院、寿王坟铜矿职工医院、兴隆矿务局职工医院，能开展多种大型手术，特别是外科、妇科、眼科达到了较高的医疗水平。中医在慢性病和疑难病的治疗方面，有其独特的作用和优势。

第一节 西 医

境内西医医疗始于民国 37 年（1948 年），最早由兴隆县九区卫生所开展西医医疗。自 50 年代始，随着一些医院和卫生所的建立，西医医疗事业有了很大发展。1955 年，区内已有内科、外科、妇科、儿科、传染科、五官科、口腔科、化验室 8 种西医科室。60 年代初，又增加放射、理疗、防疫、保健等科室。50 年代和 60 年代初，主要开展常见病和多发病治疗工作。1962 年，寿王坟铜矿职工医院开展骨科手术，椎间盘脱出内固定术取得突出医疗效果。进入 70 年代，区内妇产科已具有较高医疗水平，寿王坟铜矿职工医院成功抢救一名落生后窒息头胎婴儿。一名患心脏病年轻初产妇难产，3 天 3 夜婴儿未能降生，入院 10 几个小时助产成功，安全生下双胞胎男婴。改革开放后，是营子矿区西医医疗水平提高最快的时期。寿王坟铜矿职工医院先后成立心血管、呼吸、消化、神经、精神、普外、脑外、骨科、妇科、产科、五官科专业研究组 11 个，开展医疗科研项目 21 项。1982 年，人工股骨头置换术获矿内奖。1983 年至 1984 年，全膝关节置换术、特殊性颅脑损伤病例报告获矿内物质奖。1986 年，麻疹血清流行病学研究、人工髋关节置换术、应用三韧钉行肩关节固定术 3 项科研成果获承德市“七五”期间科技进步三等奖。是年，成功抢救一名极重度颅脑损伤昏迷了 63 天的患者，这一抢救成果，获承德市“七五”期间科技进步二等奖。1987 年，成功抢救 1 名颈椎骨折并高位截瘫的危重病人。对肌皮带腓骨移植固定架的设计与应用，亦取得良好效果。80 年代，兴隆矿务局职工医院先后购置胃镜、脑电图机、B 超机等先进的诊断仪器，辅助诊断水平明显提高。成功开展四肢长短股切开复位内固定术、骨髓炎病灶消除术、四肢关节内骨折切开复位内固定术、颅内血肿消除术、交肢皮瓣带蒂移植术、胃癌根治术、胆囊摘除术、胆总管切开探查术、食道下段癌肿切除术、前列腺摘除术、脑出血脑穿减压术、肝硬化腹水回输 ATC，治疗室上心动过速，血管扩张剂应用于心衰及高血压，恶性葡萄胎手术及化疗等。1988 年年底统计，兴隆矿务局职工医院住院患者平均住院天数为 18.4 天、治愈率为 84.81%，住院病死率为 2.4%。90 年代，营子矿区医院对妇科病的治疗达到较高水平，可实施难产手术、附件切除术、子宫次全切术，抢救羊水栓塞等重症病人数百例，成功率达 90% 以上。兴隆矿务局职工医院和营子矿区医院眼科，可实施白内障切除加入人工晶体植入术、眼球摘除术等较大型手术。90 年代至 21 世纪初，兴隆矿务局职工医院推广应用和自行开发新技术、新项

目50余项，在心血管疾病治疗、胸腹部手术、烧烫伤手术、激光手术治疗等领域，在全区处于领先地位。外科新开展的手术项目有：凹陷骨折复位术、脑室引流术、颅骨缺损修补术、肺叶切除术、心包引流术、心脉血管末结扎术、甲状腺次全切术、乳腺癌根治术、胃癌扩大根治术、结肠直肠癌根治术、肝脓肿切开引流术、脾摘除术、门脉高压断流术、急性胰腺炎被膜切开引流术、肾肿瘤切除术、肌腱血管神经吻合术、髋关节膝关节人工假体置管术，腰椎间盘摘除术，脊柱损伤脊髓损伤行椎板减压内固定术等。至2003年年底，区内医疗机构已有内科、外科、妇产科、儿科、眼科、口腔科、耳鼻喉科、五官科、传染科、急诊科、麻醉科、神经病科、疼痛康复科、防疫科、激光治疗室、理疗室临床科室16种。放射科开展的检查项目有：常规透视、各种拍片、断层造影、上下消化道及全消化道造影、双重对比造影、胆道静脉及口服造影、肾盂静脉及逆行造影、脑血管造影、子宫输卵管造影。检验科除开展常规检验外，还可进行尿沉渣检查，凝血四项检测，微量元素分析，尿、便、痰等分泌物的细菌培养及药物酸碱试验，细菌数量检测，肝功能、肾功能、心肌酶、血糖、血脂检测，乙肝免疫试验等。

第二节 中　医

中华人民共和国成立前，鹰手营子、寿王坟两地只有王子元、李金宝、李世高等药铺5家，有中医坐堂。民国37年（1948年）兴隆县九区卫生所开始有中医从业。1956年7月寿王坟卫生所，有中医龚庆丰、王子元和中药调剂王丙孝、王丙刚。1958年调入中医师李澜田、陈东福，在内、外、妇、儿科疾病的治疗方面有较高水平。陈东福善于用针灸、火罐治病，对治疗肝阳上亢高血压有较高造诣，用镇肝犀羚降压汤验方疗效显著，并在河北省中医期刊发表论文。1958年成立鹰手营子联合诊所，1961年成立马圈子公社卫生所，均有中医应诊。1961年寿王坟铜矿职工医院，1965年兴隆矿务局职工医院设中医科。这些院所的中医，主要从事常见病、多发病的治疗，特别对一些慢性病，有较好的疗效。60年代至70年代，寿王坟公社卫生院向周边村民传授针灸医术，并种植、自采自制中草药。1974年，鹰手营子公社卫生院建立制剂室，生产针、片剂中药，“文化大革命”结束后，制剂室撤销。1976年和1977年，承德市卫生局连续2次在鹰手营子公社卫生院举办“西医学中医学习班”，为营子矿区培养中西医结合医疗人员。1987年，寿王坟铜矿职工医院魏明全，用桂枝汤成功治愈因畏寒夏天穿棉衣病1例。1988年，张宝珠在《中华血液杂志》发表论文《中西医结合治疗急性白血病生存9年1例》。1998年3月，成立汪家庄镇卫生院设中医科。2002年，在全区建立起区、镇、村三级中医网。区医院完善了中医科建设，有中医人员3人，中药350多种。完成了全区4个镇卫生院的中医科建设，中药饮片均达350种以上，鹰手营子镇卫生院中医科，成为镇卫生院效益最好的科室。完成了全区15个行政村卫生所的中药房建设，每个中药房的中药200种以上，各村卫生所均能运用中西医结合疗法治疗疾病，有些村卫生所中医诊疗成为主要业务。是年，有3名村医中药专业大专自学考试毕业，有2名村医到外地参加中医学习培训。改革开放后至2003年，一些退休的老中医或自办诊所，或在药房坐堂，仍在发挥余热。

第三章　卫生防疫

境内卫生防疫工作始于1957年。1963年，开始给儿童喂服“糖丸”（脊髓灰质炎疫苗），防治小儿麻痹症，成效显著，70年代初，区内消灭了脊髓灰质炎。改革开放后，卫生防疫事业快速发展，传染病防治、计划免疫、地方病防治、公共卫生等方面工作取得了长足进步，消灭了甲状腺肿病和克丁病。1985年，营子矿区被卫生部授予“全国计划免疫先进单位”荣誉称号。1999年，被评为市级结核病防治先进区。

第一节　机　　构

营子矿区卫生防疫站始建于1957年5月，有专业技术人员6人，均毕业于热河省防疫大队培训班，中专学历。租用民房办公。1958年7月划归兴隆县，改称兴隆县卫生防疫站鹰手营子分站。1965年2月，再次划归承德市，改称承德市鹰手营子矿区卫生防疫站。1975年上半年，投资2.5万元，在鹰手营子桥南路2号建站舍，砖木结构平房3间，用作办公室、库房和宿舍。是年，配备了化验员，结束了部分食品送市站检验的历史。1977年，将3间平房翻新，并新建平房5间。1978年，有专业技术人员5人，其中医士4人。1979年，再建平房4间，全站占地324平方米，建筑面积192.7平方米。1988年11月，站内设办公室、宣传科、食品卫生科、地方病防治科、防疫科、环卫科。1990年，建24.79平方米平房1间设X光室。1993年成立卫生用品服务部。1994年3月6日，宣传科改设卫生教育科。1996年3月11日设立艾滋病防治监督科。是年11月19日，集资兴建的新办公楼竣工并投入使用。1997年8月，完成化验室改建项目。1998年1月22日，重新划分科室，调整后的科室设置为：办公室，传染病防治科，计划免疫科，地方病、结核病防治科，食品卫生科，环境卫生科，学校卫生科，检验室，财务科。是年3月15日设卫生防病中心门诊部，开展计划免疫、传染病防治、预防性健康检查和学校卫生等项工作。2001年6月再次进行科室调整，调整后设办公室，公共卫生一、二、三科，检验室，宣传科，财务科。2003年3月17日，将卫生一、二、三科合并为卫生监督科。是年，有专业技术人员24人，其中副主任医师1人，医师5人。大专学历7人，中专15人。

第二节　传染病防治和计划免疫

一、传染病防治

营子矿区卫生防疫站成立初期，由于人员、设备等条件的限制，对传染病的防治，主要是向城乡

居民宣传防治知识。1959 年，开展了黑热病、梅毒、天花等传染病的防治。

1981 年 9 月初，甲型病毒性肝炎流行，全区共发生 457 例，16 岁及以上患者 119 例，16 岁以下发病 338 例，全区总发病率为 1.65%。其中城镇非农业人口发病率 0.58%，农业人口发病率为 1.07%。除加强环境消毒外，对患者对症治疗。1989 年夏，因苍蝇携带甲肝病毒污染食物等原因，引发甲型肝炎流行，至 12 月 20 日，全区共发生甲型肝炎 240 例，发病率为 0.36%，主要流行于鹰手营子、北马圈子、汪家庄 3 个镇。其中 7 月至 11 月发病 206 例，占全年发病总数的 85.8%，13 岁以下学生发病率最高，为 16.8%，学前及婴幼儿次之，为 11.2%，中学生发病率为 0.3%，成年人发病率最低，为 0.11%。在流行期间，采取以消杀苍蝇为主的综合性防治措施，购进 4400 人份的人血丙种球蛋白，在重点人群中预防注射，提高了易感人群的被动免疫力，至 11 月底，疫情得到基本控制。1991 年，区内乙型肝炎发病率呈上升趋势，5 月 16 日开始，在全区服务业、公共场所服务人员、托幼人员、新生儿、学前儿童及中小学生范围接种乙肝疫苗，有效控制了疫情的发展。

1986 年下半年，在承德市卫生防疫站防疫科的指导下，对承德市陶瓷厂、承德市第七中学的 1031 名职工和学生进行了肺结核病的普查。结核菌素试验强阳性为 178 人，占 17.3%，在强阳性者痰中检出带结核菌者 5 人，患病率为 0.48%。对 133 名结核菌素试验强阳性学生进行卡介苗接种后，阳转率为 61.2%。1993 年，因肺结核病的防治工作纳入世界银行贷款控制项目，开始按一定治疗程序实行免费治疗。1995 年 12 月 4 日，在承德市结核病防治所的帮助下，由防治所领导授课，培训了全区肺结核病防治人员。根据承德市卫生局肺结核病控制计划要求，1997 年 4 月开始，营子矿区加强了对肺结核病治疗过程的管理。对农村肺结核病患者，化学疗法起始阶段做到区、镇防治人员，村医、病人"四见面"，共同制订治疗方案。治疗强化期和继续治疗期，每期督导检查 1—2 次。对复诊误期病人及时追访。每年，对镇卫生院和村卫生所肺结核防治工作进行考核。1999 年，因对肺结核病防治工作成绩显著，营子矿区被评为市级结核病防治先进区，区卫生防疫站李学福，被评为市级结核病控制先进个人。自 1993 年免费治疗肺结核至 2003 年年底，全区肺结核治愈率 100%。

1997 年 12 月 1 日至 7 日，开展防治艾滋病宣传周活动。宣传的主要内容是：要求每一个青年人都要遵守性道德，洁身自爱；不吸食毒品；不共用剃须刀、牙刷及不洁医疗器械，切断艾滋病的传播渠道。12 月 1 日，区广播电视台向全区人民宣传预防艾滋病的卫生知识。12 月 7 日，区卫生防疫站上街开展咨询活动，张贴题为"青少年—迎战艾滋病的主力军"标语及发放传单 4000 余份。宣传周期间，各医院利用板报等形式，宣传艾滋病病毒感染途径、危害性及公民参与防治工作的重要性等内容。在承德市第七中学举办讲座活动。1999 年 11 月下旬，开展预防艾滋病宣传周活动，主题为：关注青少年，倾听、学习、尊重。这一主题的目的是：动员社会更多力量来支持和关心受到艾滋病影响的青少年；动员青少年积极参与预防和控制艾滋病的活动；要倾听青少年的心声，并尊重他们的想法，共同讨论涉及他们的各种问题，包括性与艾滋病；提倡相互学习，开展成人和青少年、青少年之间、成人之间、艾滋病病毒感染者和非感染者之间相互学习活动，通过相互学习与交流，消除对艾滋病病人的歧视，并懂得珍爱生命和如何避免感染艾滋病病毒。至 2003 年年底，区内无艾滋病病例。

2003 年年初，全国流行非典型肺炎。3 月，营子矿区卫生系统，开始建立防治"非典"组织，制定应急预案。4 月 21 日，成立了以区委书记为组长，区长为副组长的防控"非典"领导小组，各基层单位也成立了相应的防控组织。防控期间，将营子矿区医院作为"非典"留观医院，兴隆矿务局职工医院作为"非典"治疗医院。成立流行病学调查小组，负责确诊疑似病人。成立消杀灭菌组织，负责消杀灭菌工作。各镇卫生院建立发热体检门诊，负责发热人员初检。为防止疫情流行到区内，区政府分别在寿王坟镇路口、北马圈子镇路口、火车站、北营房 112 线国道设立发热检查站，负责检查过往发热病人，并对车辆进行消毒。"防非"期间，全区共抽调 13000 余人次投入防疫工作，投入防疫资金 225 万元。6 月 21 日，全区解除"非典"疫情，由于防控措施得当，全区无感染"非典"病例。

二、计划免疫

1963 年，营子矿区开始用糖丸预防小儿麻痹症，效果明显。1965 年，开始用疫苗预防麻疹。是年，寿王坟铜矿职工医院防疫科，开始对矿内学龄前儿童建立预防接种卡，共建卡 3850 张，卡片记录了儿童的预防接种史，入学时将接种卡转入学校，学生无卡者补建。1973 年，营子矿区开始有计划地开展免疫工作。1974 年，为适龄儿童接种肺结核、麻疹、脊髓灰质炎、白百破 4 种疫苗，预防肺结核、麻疹、小儿麻痹症、百日咳、白喉、破伤风 6 种疾病。1982 年 3 月，承德市下发实施城镇儿童计划免疫接种证的通知后，区卫生防疫站为城镇 7 岁以下儿童建证立卡，做到每孩 1 证 1 卡，并长期坚持。1984 年 11 月，经省、市卫生防疫部门检查验收，营子矿区计划免疫工作被评为达标区。1985 年，区卫生防疫站被卫生部授予“全国计划免疫先进单位”荣誉称号。1986 年，营子矿区将北马圈子镇南马圈子村作为“计划免疫保偿合同制”的试点村，有 87 名儿童入保，入保率为 95.6%。1987 年，营子矿区被省、市政府评为计划免疫工作先进单位。1991 年 5 月，用乙肝疫苗控制乙型肝炎流行，取得显著效果。是年 9 月 24 日，区卫生局下发《鹰手营子矿区消灭脊髓灰质炎实施规划》后，区卫生防疫站与全区各医院、卫生院、卫生所、预防接种站及防疫医生签订无脊髓灰质炎目标责任书，分别负责各自责任区内的防疫工作，每年都开展消灭脊髓灰质炎的免疫活动。1993 年开始开展消灭脊髓灰质炎的强化免疫活动，各级领导带头为儿童喂服“糖丸”，适龄儿童强化免疫率为 100%。1994 年 1 月 5 日，省卫生防疫站站长朱会宾到营子矿区督察消灭脊髓灰质炎强化免疫“壁垒行动”，对营子矿区在流动人口占 10.67% 的情况下圆满完成接种任务给予高度评价。1995 年，全区开展计划免疫评审工作，4 个镇均达到计划免疫 85% 的目标。1998 年 4 月，开展控制麻疹强化免疫活动，全区 8 个月至 14 周岁的儿童都接种了麻疹疫苗。是年 7 月，营子矿区全面推行“儿童计划免疫保偿合同制”，由防疫人员与儿童家长签订保偿合同，使每个儿童都能按时保质保量地进行预防接种，接种后发给预防接种证，儿童家长到派出所申报户口，办理儿童入托、入学手续必须持有预防接种证。70 年代至 2003 年，区内未发生脊髓灰质炎病例。

2000—2003 年营子矿区适龄儿童“五苗”接种率统计表

表 27－3－1

疫苗种类 / 接种率（%） / 年份	脊髓灰质炎疫苗（OPV）	白百破疫苗（OPT）	麻疹疫苗（MV）	乙肝疫苗（HBV）	肺结核疫苗（卡介苗）
2000	98	99.6	98.8	100	99
2001	98.3	99.7	98.9	98.9	100
2002	98.8	99.5	98.7	99.6	100
2003	99.1	98.7	99.3	99.4	100

第三节　地方病和职业病防治

一、地方病防治

营子矿区地处深山区，中华人民共和国成立前，居民碘摄入量不足，患甲状腺肿和克丁病者较多。1959年，区办事处开展了防治甲状腺肿和克丁病的宣传活动。1962年，开始在食用盐中加碘，防治碘缺乏所致疾病。1985年，全区有甲状腺肿病人520人，克丁病人64人，服用碘油制剂治疗碘缺乏疾病144人，6万人食用碘盐，占全区总人口的91.2%。1992年3月8日和28日，区酿造厂2次购入无碘盐16.6吨，5月4日，受到区政府严肃处罚。1995年5月5日，区卫生防疫站开展“全国碘缺乏病宣传日”宣传咨询活动，区委、区人大、区政府、区政协及区卫生局等有关领导参加。1999年，区卫生防疫站李学福被评为市级地方病防治先进工作者。至2003年，区内已消灭了甲状腺肿和克丁病。

二、职业病防治

1955年，寿王坟铜矿开展对矽肺病的预防和治疗，尽量降低生产环境的粉尘含量，对患者采取服用药物、增加营养、预防感冒等措施综合施治。1962年，兴隆矿务局开展矽肺普查，共体检1484人，其中拍胸片378人，X光透视1152人。局直管的第一、二采区，体检920人，无矽肺病705人，占76.6%；疑似矽肺87人，占9.2%；患矽肺病190人，占14.2%；矽肺一期119人，占体检人数的13%；二期11人，占体检人数的1.2%。井下作业环境二氧化矽含量过高是致病的主要原因，经采样分析，游离二氧化矽含量为55.1%至73.6%。从矽肺发病和工种关系分析，凿岩工发病率最高，采煤工次之，其他工种较少。1979年，根据国务院关于抓好职业病普查工作的文件精神，兴隆矿务局对从事采煤、开拓、掘进、运输工作的职工进行职业病普查，查出一期矽肺9人，二、三期矽肺各1人。1980年，对全局2699名接尘人员进行职业病普查，查出一期矽肺10人。检查从事有毒作业人员104人，其中患职业病1人，需作观察9人。1986年，兴隆矿务局再次进行职业病普查，对2861名参检人员全部拍了胸片，查出矽肺患者19人。另外，在36名作观察人员中，新定一期矽肺16人，二期矽肺3人。多年来，兴隆矿务局主要采用降低作业面粉尘含量的方法预防矽肺病。2002年，营子矿区开展职业病调查，在全区135个企业和16个医疗卫生单位中，因化学、粉尘污染，放射性因素易造成职业病的单位120个。是年，为贯彻落实《中华人民共和国职业病防治法》，开展了全区职业病危害项目申报工作。16个医疗卫生单位，82个服装干洗店、个体小企业、小煤矿，寿王坟铜矿及下属7个企业因已破产，按照省、市规定，均未列入申报范围。45个列入申报范围的单位中，有32个单位如期进行申报，申报率为71.11%。申报的32个单位职工总数为7387人，接触职业病危害因素的1754人。接触粉尘污染1230人，其中男1098人，女132人；接触仪表辐射38人，其中男26人，女12人；接触化学因素303人，其中男116人，女187人；接触高温48人，其中男46人，女2人；接触高湿69人，均为女性；接触噪声66人，其中男53人，女13人。是年，对承德市北方耐火材料有限公司危险化学品管理不严问题进行督导整改。督导区印刷厂对印刷机进行加罩、排毒、排风改造，印刷、整理、包装分室进行，降低了工作环境有害气体的含量。2003年，重点对承德市北方耐火材料有限公司、承德钢铁厂铸石厂进行危险化学品专项整治，北方耐火材料有限公司停止了树脂生产，规范了承德钢铁厂铸石厂对危险化学品的管理制度。

第四节　公共卫生

一、食品卫生

1983年6月，《中华人民共和国食品卫生法（试行）》颁布实施。1988年4月，营子矿区在饮食服务业推广使用一次性卫生筷子。是年5月8日，北马圈子镇个体工商户非法从天津市蓟县东关个体肉食加工户购进熟病马肉20.1公斤，售出12公斤，使58人食用后中毒，流行病学调查和抽样检验证实为沙门氏菌污染。由于抢救及时，无死亡和不良后果。1989年6月，区卫生局由各单位聘请22名食品卫生检查员，在各镇开展食品卫生监督工作。是年开始，每年都对全区食品卫生环境进行整顿。同年区卫生防疫站和商业局联合举办食品卫生知识大奖赛，全区129个代表队参赛，食品公司代表队获第一名。1991年1月25日，按承德市卫生防疫站统一要求，在旅馆、招待所及饮食业强制推行一次性筷子。是年，对665名服务性行业的从业人员进行健康检查。1992年5月22日，北马圈子镇个体工商户私售变质板鸭，致使31人食用后中毒，由于抢救及时，无死亡病例。1993年6月16日至19日，开展《中华人民共和国食品卫生法（试行）》颁布10周年庆祝活动，并对全区的食品卫生进行了联合检查。1996年8月，营子矿区在承德市食品卫生联合检查评比中，获全市第二名。是年11月，营子矿区被承德市爱卫会评为“食品卫生标杆单位”。1997年春节前，区卫生局公共卫生监督所，重点对食品的批发、零售、熟食制品的加工、销售及生活饮用水等行业依法检查，共没收、销毁假冒伪劣和超期变质食品280件。是年10月17日，承德市秋季爱国卫生检查团在市爱卫办主任李怀武率领下，到营子矿区检查食品卫生工作，检查了营子矿区宾馆、兴隆矿务局招待所、特别特餐厅、重庆酒家、龙华饭店、张玉荣熟食加工等单位，对食品、餐饮卫生给予充分肯定。1998年2月至3月，按照承德市卫生局公共卫生监督所的通知，督导检查全区酒类生产、批发、零售单位61个，查出无证生产散白酒1家，当场封存散白酒3吨。2001年5月15日至28日，对全区熟食加工、零售和夜市餐饮业进行集中整顿，有效改善了卫生条件。

二、饮水卫生

1970年，开始实施农村改水改厕工程，因成效显著，1985年获省爱卫会表彰，获省农村饮水工作先进区称号。至1987年，全区农村共有自来水井7眼，受益6715人，其中入户4633人，占受益人的69%；手压机井1783眼，受益8470人；两种井合计为1790眼，共受益15185人，占农村总人口的85%。是年4月中旬，汪庄煤矿和涝洼滩煤矿因水源污染，相继流行以腹泻、腹鸣、腹胀、腹痛、无热为主要临床特征的成人轮状病毒腹泻（ADRV腹泻），疫情发展迅速，波及附近农村，患者达2500人，造成经济损失25万余元。疫情发生后，区卫生局迅速抽调医务人员进入疫区，开展防病灭病宣传，加强食品卫生管理，自来水加大氯量，强化厕所、水源消毒，积极治疗患者，至5月末，疫情得到控制。1988年4月，省政府颁发《河北省城镇集中式供水卫生监督管理办法（实行）》，10月，营子矿区对生活饮用水供水单位发放水源卫生许可证，对生活饮用水实行卫生监督管理。1997年9月18日，区政府下发《鹰手营子矿区关于防止生活饮用水污染事故的几项规定》，其主要内容是：驻区各单位除饮用水锅炉外，其他锅炉用水，严禁与饮用水在管道上连接；自备水源单位的用水管路严禁与饮用水管路连接，确需连接的，其水源必须经卫生监督部门检查合格，取得“生活饮用水卫生许可证”，经供水部门同意，在其监督下方可连接；生活饮用水用于厕所冲洗等非饮用用途时，其管路安

装前，必须经供水部门严格审核设计方案及安装技术，严防发生水源污染事故；各供饮用水单位建立供水管网档案，加强供水消毒及对供水管网的经常性管理，对损坏管路要及时维修，严防因停水造成污染水逆行进入网管。这一规定的贯彻落实，预防了饮用水污染事故发生。1999 年 2 月 5 日，区卫生局公共卫生监督所依据卫生部《生活饮用水监督管理办法》关于“直接从事供、管水的人员，未经卫生知识培训不得上岗”的规定，举办了全区生活饮用水供管水单位领导和工作人员卫生知识培训班。截止 2003 年末，全区共有生活饮用水供水单位 11 个，其中，自来水公司水厂 1 个，企业自备水源 8 个，二次供水单位 2 个，从业人员 31 人。

三、学校卫生

1986 年下半年，在承德市卫生防疫站防疫科的指导下，区卫生防疫站对承德市第七中学的全体学生进行了肺结核病的普查。1992 年和 1993 年，连续两年向全区中小学生集体投服驱蛔虫药物。1997 年 2 月 3 日，成立由区卫生局、区文教局及各学校领导组成的学生常见病防治领导小组。3 月 31 日，区卫生局、区文教局制定下发《鹰手营子矿区学校卫生工作和预防学生常见病实施方案》。是年，按照市卫生局的统一部署，营子矿区对承德市第七中学、鹰手营子镇中心校、寿王坟镇中学、寿王坟镇中心校、寿王坟铜矿职工子弟学校、寿王坟铜矿职工子弟小学 6 所学校进行学生常见病预防工作百分考评活动，6 所学校的平均得分为：组织措施 21 分，健康教育 8 分，蛔虫感染率和沙眼患病率各 10 分，其他项目零分，总得分为 49 分，未达到 60 分的合格标准。存在的主要问题是各校学生的体检内容不规范，个别学校领导对卫生工作不重视。同年 8 月 26 日，区卫生局、文教局联合制定下发《关于学生体检工作的几项规定》统一规范了学生体检的内容，此后，各年度学生的体检和常见病预防工作进一步得到加强。

1987—1998 年营子矿区卫生防疫站发表论文情况一览表

表 27－3－2

论文题目	作者	发表刊物	发表时间
轮状病毒性腹泻	崔玉杰与中国医学研究院病毒研究所人员		1987 年
营子矿区计划免疫工作效益分析综述	李淑芳	承德医学杂志	1993 年
承德市营子矿区农村健康教育状况调查	孙立兴	北方医学杂志	1996 年
承德市营子矿区中小学生营养状况调查	孙立兴	中国公共卫生	1997 年
实施信用卡管理制度，强化街头熟肉制品管理	张 颖	中华人民共和国卫生管理疾病监测	1997 年 10 月
实现从巡诊式预防接种向门诊式预防接种的转变	丁世明	河北医学	1998 年 3 月
换发卫生许可证的启示	丁世明	河北医学	1998 年 6 月

第四章　妇幼保健

20 世纪 50 年代初，区内开始推行新法接生。1982 年 5 月，营子矿区妇幼保健站成立后，开展了妇女病普查、儿童体检、普及新法接生等项工作，是年始，全区每年新法接生率均为 100%。1994 年，开展了婚检保健、妇幼卫生初级保健工作，对孕产妇和儿童进行系统管理。1998 年 4 月，推行儿童和孕产妇保健保偿制度。2000 年始，营子矿区取消了家庭接生，每年入院分娩率均为 100%。2003 年，全区孕产妇系统管理率为 92%，儿童系统管理率为 96.5%，新生儿参加保健保偿率为 95.33%。

第一节　机　　构

1982 年 5 月 3 日，经区人民政府批准，成立营子矿区妇幼保健站，有专业技术人员 3 人。办公地点临时设于区卫生防疫站院内，有办公用房 1 间。1984 年 3 月，迁入区政府院内东小楼，借用办公用房 1 间。是年底，购买营子老街民宅 1 处，有办公用房 6 间。1992 年，有专业技术人员 5 人，其中主治医师 1 人，医师 2 人，检验师 1 人，主管护师 1 人。1997 年 4 月，购买并迁入区卫生防疫站办公楼二楼，建筑面积 329 平方米，有办公用房 12 间。内设宣教室、妇保科兼咨询室、儿保科兼综合体检室、B 超和心电图室、放射科、检验科、男婚检室、女婚检室、药房、财务室。2003 年，有专业人技术人员 8 人，其中主治医师 1 人，医师 4 人，检验师 1 人，主管护师 1 人，医士 1 人。

第二节　妇女保健

一、妇女病普查

区妇幼保健站成立后，每年都在全区开展妇女病普查工作。初期，体检的主要内容为内科、妇科及做宫颈涂片，因为没有检验设备，需将涂片送至承德市妇幼保健院检验，由市院出具检验结果。1985 年，重点开展妇女“两癌”（乳腺癌、宫颈癌）普查，使用了手提式乳腺透照机，提高了乳腺病的诊断水平。1993 年，区妇幼保健站设立了化验室，1998 年购置了 B 超机，妇女病的普查水平得到进一步的提高。2003 年，在妇女病的普查中，以防治“两癌”及贫血的检查项目为主，设置了两套检查项目。一种收费 50 元，服务项目包括内科、妇科、乳腺检查，子宫及附件 B 超，血色素检查。另一种收费 90 元，增加心电图、胸透及肝功能检查。体检妇女可根据自己的意愿任选一种。对生活困难的体检妇女，部分减免体检费。1993 年至 2003 年，全区共有 5326 名妇女体检，在检出的各种疾病中，妇科病发病率最高，除 2002 年发病率为 28%，其他年份均在 50% 以上。

二、婚检保健

1994 年 5 月 1 日，启动婚前保健工作。保健服务包括卫生指导、卫生咨询和医学检查。准备结婚的男女双方经过婚前医学检查取得医学检查证明后，到婚姻登记部门进行婚姻登记。婚检是减少新生儿生理缺陷、残疾的第一道防线，开始，多数人不理解，随着婚检制度的逐步健全，人们的思想素质和为下一代健康着想的意识不断提高，婚检工作逐步得到正常开展。婚检人员认真学习《婚前保健工作规范》，每年派出专业人员接受省、市婚检医师的培训，严格遵守“严肃、亲切、真诚、守密”的工作原则，保护服务对象的隐私权。对于婚检中发现的影响结婚和生育的疾病，认真做好卫生指导工作，让婚检者在知情同意的基础上做出知情选择。开展婚检后，出生人口的质量有了明显提高，基本控制了肝炎、结核等传染病的垂直传播。2003 年 10 月始，为了更好地体现以人为本的精神，准备结婚的男女双方以自愿为原则，不再强制未婚青年婚检。婚检项目采用“套餐”的形式，由婚检者根据自己的需要，自由选择服务项目。

营子矿区部分年份婚检情况统计表

表 27－4－1　　单位：人

项目 / 年份	婚检人数	肺结核	乙型肝炎	甲型肝炎	妇科疾病	生殖系统疾病	内科疾病	外科疾病	眼科疾病	其他疾病
1994	900	1	4	—	1	—	—	—	2	—
1995	1400	—	27	—	—	5	2	—	—	1
1996	1064	—	30	1	8	—	—	—	—	1
1999	664	1	14	—	—	3	8	—	—	31
2000	664	—	13	1	—	11	2	—	—	25
2001	422	—	—	—	—	17	—	—	—	16
2002	374	—	—	—	—	20	14	3	—	8
2003	296	—	6	—	—	18	16	—	—	11

三、推行新法接生

中华人民共和国成立前，临产妇多由产婆接生，由于缺乏卫生知识和接生医术，产褥热和婴儿破伤风发病率很高。20 世纪 50 年代初，开始推行新法接生，至 1956 年，营子矿区达到农业社有接生站，村村有接生员，新法接生率逐年提高。1982 年 5 月，区妇幼保健站成立后，对全区农村接生员开展新法接生知识系统培训。是年，全区加强了对新法接生工作的管理，接生对象必须进行必要的产前检查，排除或纠正高危因素。接生员必须经过培训，并由区卫生局和妇幼保健站考核，取得助产人员合格证书。全区有登记在册的新法接生员 21 人。是年始，全区每年新法接生率均为 100%。推行新法接生，使新生儿死亡率明显减低。营子矿区 1988 年新生儿死亡率为零，1989 年为 3.28%，1990 年为 0.29%，1991 年为 0.33%，1992 年为零。1994 年，区妇幼保健站对全区从事接生的所有医务人员开展新法接生知识的强化培训。1999 年，新生儿死亡率为 0.133%。2000 年，营子矿区取消了家庭接生，全区住院分娩率为 100%。是年，新生儿死亡率为 0.425%，2001 年为零，2002 年为 0.481%，2003 年为 2.21%。

四、孕产妇管理

1982年，全区开展了对孕产妇死亡的漏报补报工作。1994年8月，开展了妇幼卫生初级保健工作，对孕产妇实行系统管理，建成区、镇、村三级医疗保健网，各级保健单位分别对辖区内的孕产妇登记建档。为了尽量减少难产、早产、过期产、死胎、死产及畸形儿的发生，降低孕产妇和新生儿的死亡率，从孕产妇早孕开始，即进行卫生保健指导，定期产前检查，筛查及分级管理高危孕产妇，及时发现和处理异常情况。实行新法接生或住院分娩。产后访视，并进行健康检查。1995年，全区妇幼卫生初级保健工作通过省级验收。1998年4月，开展孕产妇保健保偿工作，凡在营子矿区居住的新婚妇女和批准生育二胎的妇女均可加入保健保偿。参加保健保偿的新婚妇女在婚前检查时即可办理参保手续，第二胎妇女办理参保手续后，需到计划生育部门领取准生证。每名参保妇女需交保健保偿费80.5元，交费后签订入保合同，领取检查凭证，入保者凭检查凭证到指定或个人选择的服务单位落实保健措施。对入保妇女，产前检查不少于5次，产后访视不少于3次，1次VO3注射，产后42天同婴儿体检1次。凡生育第一胎的婴儿患有畸形、智力低下或家族智力低下者，需做染色体检查，检查费个人和承保单位各付50%。凡入保3年未孕又未抱养子女者，退还全部入保费。凡住院分娩大出血需输血者，所需血费一次性补偿30%，最多不超过4000元，药费一次性补偿30%，最多不超过2000元。是年，全区孕产妇系统管理率为92.4%，住院分娩率为93%，无孕产妇死亡。全区共有孕产妇431人，入保231人，入保率为53.6%。1999年，新婚入保妇女305人，入保率为83.7%；孕产妇系统管理率为96.79%；住院分娩率为98%，高危孕产妇住院分娩率为100%；无孕产妇死亡。2000年，实施“母亲安全工程”，加强了第二胎孕产妇的入保工作，对高危产妇专例建档，分级管理，跟踪服务，确保了孕产妇的生命安全。2003年，孕产妇系统管理率为92%，住院分娩率为100%，无孕产妇死亡。

第三节　儿童保健

一、体检和“四病”防治

1982年5月区妇幼保健站成立后，即开展全区儿童的体检工作，由于工作人员少，缺少仪器设备，只能开展一般项目的体检，不能开展常规化验，根据体检结果，有针对性地对儿童家长进行指导。1985年，开展儿童“四病”（小儿贫血、佝偻病、小儿肺炎、腹泻）防治工作。营子矿区医院协助区妇幼保健站开展儿童体检，并组织医院化验科人员采血检验，出具检验结果，提高了全区儿童疾病筛查水平。1993年，区妇幼保健站设立化验室，使全区儿童体检工作得到进一步加强。通过体检，全区儿童佝偻病、龋齿、贫血的发病率较高。针对每年查出的疾病，均给出病因并及时对症治疗，为家长提供儿童健康指导。

1993—2003 年营子矿区 0 至 6 岁儿童体检情况一览表

表 27－4－2

项目 年份	体检人数	佝偻病体征	贫血	龋齿	先天性心脏病	扁桃体肿大	其他疾病
1993	1808	312	408	484	—	20	2
1994	545	98	222	186	—	30	3
1995	554	7	156	203	—	35	5
1996	387	9	96	65	—	26	7
1997	336	53	118	91	—	31	10
1998	398	119	108	52	—	62	15
1999	396	53	44	118	2	54	10
2000	748	137	112	102	—	29	23
2001	630	112	55	157	—	85	19
2002	680	117	85	287	—	105	20
2003	856	161	68	235	—	108	20

二、儿童保健管理

1994 年 8 月，全区开展对 0 至 6 周岁儿童的系统管理工作，建立区、镇、村三级儿童系统管理医疗保健网，对进入系统管理的儿童登记建档。根据儿童各年龄阶段的生理和心理发育特点，采取定期体检、生长发育监测、营养指导、疾病防治等措施，对儿童进行系统的身心健康管理。1998 年 4 月，开展儿童保健保偿工作，凡在营子矿区出生并长期居住的 0 至 6 周岁儿童，可加入保健保偿。每名入保儿童交 70.5 元的保健保偿费，并与区妇幼保健站签订入保合同，领取检查凭证，入保者持检查凭证到指定或个人选择的服务单位落实保健措施。入保儿童在 0 至 6 周岁期间，凭检查凭证，按规定时间做体检 12 次，尿钙定性 3 次、血型检查 1 次、血色素检测 6 次、VD3 注射 1 次。参保儿童体检中发现的疾病，均给予病因和对症治疗，因条件所限当地不能治疗的疾病，为儿童家长提供治疗医院的信息。是年，全区 0 至 6 周岁儿童 5409 名，系统管理率为 91.5%，参保 350 名，参保率为 6.47%。1999 年，全区 0 至 6 周岁儿童 4041 名，系统管理 3826 名，系统管理率为 94.64%，新生儿 472 名，参保 398 名，参保率为 84.3%。2000 年，全区 0 至 6 周岁儿童 3863 名，系统管理 3211 名，系统管理率 83.1%，新生儿 521 名，参保 510 名，参保率为 97.9%。2003 年，全区 0 至 6 周岁儿童 3603 名，系统管理 3476 名，系统管理率为 96.5%，新生儿 407 名，参保 388 名，参保率为 95.33%。

三、托幼人员健康管理

为防止各种传染病在幼儿中流行，根据卫生部、教育部《托儿所、幼儿园卫生保健制度规定》，自 1990 年 4 月始，每年都对全区托儿所、幼儿园的保教人员进行 1 次健康状况检查。检查项目有内科、妇科、常规化验、X 光透视等。体检合格，由区妇幼保健站颁发健康证明，持健康证上岗。发现疾病及时治疗，传染病治愈后须经医生出具康复证明方可重新上岗。对患有慢性痢疾、肝炎、滴虫性阴道炎、化脓性皮肤病、结核病、精神病等的托幼人员，及时调离，以确保儿童身体健康。1994 年，

全区有托儿所、幼儿园19所，88名托幼保教人员参加体检，查出乙型肝炎患者1人，乙肝病毒携带者3人。1997年，对全区17所托儿所、幼儿园的122名托幼保教人员进行体检，查出滴虫性阴道炎患者4人。1998年，对全区19个所托儿所、幼儿园的96名托幼保教人员进行体检，查出乙肝病毒携带者3人，肺结核、结核性胸膜炎患者各1人。2001年，对全区21所托儿所、幼儿园的57名托幼保教人员进行体检，查出滴虫性阴道炎患者1人。对查出的传染病患者，都及时调离托幼保教岗位。

附

关于北马圈子镇农村新法接生工作的调查报告

营子矿区妇幼保健站

为了解新法营子接生工作开展情况，大力推广新法接生，杜绝旧法接生，区妇幼保健站和北马圈子镇卫生院组成联合调查组，于1984年5月10日到30日在北马圈子镇农村进行了新法接生工作的调查，在镇村领导的大力支持下，经多方面努力，使调查工作如期完成。这次调查重点是对1983年出生人口的接生情况进行逐个追查，并检查妇幼卫生工作落实情况，对子宫脱垂患者进行核实。对1—14周岁儿童和15—55周岁妇女各年龄组进行了统计。

一、北马圈子镇基本情况

所管辖三个村（原16个生产队，居住山区，一村比较集中，两村比较分散）总户数1049户，总人口4183人。1—14岁儿童1158人，15—55岁妇女1253人。镇卫生院有一名妇幼医生，各村共有已训接生员7人。

二、调查经过

根据这次调查的要求，听取了各村妇女主任的汇报，通过群众座谈了解对妇幼工作的反应。抽样分类进行系统调查，以原生产队为单位，以有1984年和1983年出生的人的户及子宫脱垂的户为主，对出生孩的家长和脱垂患者进行调查，以访问的形式，边调查边宣传妇幼卫生知识。

调查了58户，访问了232人，其中1984年出生14个孩子，访问了其中的12户；1983年出生45个孩子，访问了40户，看了母亲和婴幼儿的健康情况。子宫脱垂患者访问了6户。

全镇原有已训接生员7人，实作接生工作的3人，配有产包的接生员4人。接生员是战斗在妇幼卫生保健工作第一线的主要技术力量，他们热爱接生工作，能严格要求自己，能做产前检查，发现异常及时处理，重视消毒操作，能观察产程，能单独处理正常产，会抢救轻度窒息的新生儿。会缝合撕裂的会阴。做到产后访视1—3次。

1983年出生的幼儿和母亲，母亲在怀孕期间，绝大多数重视产前检查，有的去医院，也有的找接生员检查。他们的接生情况是：在医院分娩13人，接生员接生26人，邻居接生1人（不是培训接生员），新法接生率为97.5%，母亲健康，新生儿成活率达到100%。

1984年1月到5月20日共出生14人，访12户，其接生情况是：医院分娩3人，接生员接生8人，亲戚接生1人（不是接生员），新法接生率92%，母婴均健康。

子宫脱垂患者情况：有患者8人，其中手术治疗3人。访问6户情况是：接受手术治疗1人，老年患者2人，因病没接受治疗1人，（Ⅲo）阴道壁膨出1人，因怀孕吸宫后干重活经复诊检查为子宫脱垂2度1人，还有1名原发病例没有找到本人。

经调查，全镇没有产褥感染和新生儿破伤风的发病，也没有尿瘘患者发生。

为便于今后工作对各年龄组进行了分别统计。

三、存在的问题

1. 妇幼卫生知识宣传差，偏僻山村没有做到家喻户晓，有的人根本不知道本村有新法接生员。

2. 镇卫生院只有一名兼职的妇幼医生，不作接生工作。个别有产包的接生员也不作接生工作。

3. 没有开展妇幼病普查普治工作。

四、今后意见：

1. 加强领导。各级领导要重视抓好妇幼工作，要列入工作日程，要经常过问支持妇幼医生和接生员的工作。

2. 加强妇幼卫生工作知识的宣传。利用多种形式，大力宣传妇幼卫生工作的重要意义，宣传妇幼卫生知识，使新法接生工作从普及逐步向科学接生发展。宣传工作要大家做，人人讲，才能家喻户晓。

3. 建立健全妇幼保健网，镇妇幼医生应作接生工作，协助接生员做好异常产处理，给予接生员接生技术指导。

4. 接生员产包内缺少的物品，应使用接生费购买，产包里外必须保持整洁，经常洗净消毒备用，做到无菌化。镇卫生院妇幼医生应由卫生院开支装备一套完整的产包，接受接生员转来的产妇。有产包不作接生工作的，产包应由镇卫生院收回，收回的产包由卫生院处理。

5. 妇幼病普查普治工作为妇幼保健一项重要任务，全区几年来没有进行彻底的普查，为了确保妇女的身心健康，对妇女病做到心中有数，必须进行普查。根据现有条件，普查工作可由各医疗单位防保组完成，农村由各级领导和妇联协助完成，城镇由各单位和各医疗点共同完成。检查结果用书面总结形式报区妇幼保健站，普查普治任务要在今年10月底完成。

1984年5月31日

第五章　专业技术队伍和医疗设备

中华人民共和国成立前后，区内有少量医务人员，以中医为主。20世纪50年代中期，一些大中型企业的兴建，带动了全区经济和社会事业的发展，医务人员的调入和医学院校毕业生的分配，使医务人员的数量迅速增加。改革开放后，各单位加强对专业技术人员的培训工作，使专业技术人员的技术水平不断提高。至2003年年底，全区（含寿王坟铜矿和兴隆矿务局职工医院）有在岗专业技术人员508人，其中医疗单位476人，区卫生防疫站24人，区妇幼保健站8人。

区内医疗机构大部分建于20世纪50年代，建立时只有听诊器、体温计、血压计等。50年代中期开始，较大医疗单位开始使用X光机等医疗设备，但数量很少。改革开放后，营子矿区卫生事业进入快速发展时期，先进医疗仪器设备大量增加，至2003年年底，全区拥有主要医疗仪器设备280余台（件）。

第一节　专业技术队伍

一、地方医疗卫生单位队伍

（一）城镇全民、集体医疗卫生单位队伍

中华人民共和国成立后，城镇全民、集体医疗卫生单位专业 技术人员主要来源于医学院校毕业生的分配和外地医务人员的调入。部队一些医务人员转业、退伍安排到地方工作，社会主义改造时期个体医转为全民、集体单位职工，壮大了 城镇全民、集体医疗卫生单位的 专业技术队伍。

20 世纪 50 年代末，全区有城镇全民、集体医疗卫生单位 4 所，有专业技术人员 30 余人。至 1978 年，全区 5 所城镇全民、集体医疗卫生单位共有专业技术人员 61 人。1982 年 5 月，城镇全民、集体医疗卫生单位增至 6 所。1983 年，6 个单位共有在职职工 156 人。其中全民所有制单位职工 126 人，集体所有制单位职工 30 人。有专业技术人员 135 人，占在职职工人数的 86.5%，有职称人员 95 人，占专业技术人员的 70.4%。1998 年 3 月，城镇全民、集体医疗卫生单位增加至 7 所。2003 年，7 个单位共有在职专业技术人员 197 人，其中高职 3 人。

中华人民共和国成立后，鹰手营子区将业务培训作为提高专业技术人员业务素质的重要措施。1959 年 6 月，寿王坟公社卫生院选送一名医务人员到保定卫生学校学习妇幼专业 1 年；1960 年，寿王坟公社卫生院选送一名医务人员到承德医专附属医院学习妇幼专业 1 年。1974 年，承德市卫生局在鹰手营子公社卫生院开办一期“护改医学习班”，1975 年至 1976 年先后开办 2 期“西医学习中医班”。改革开房后，城镇全民、集体医疗卫生单位将业务培训作为提高竞争力和服务质量的重要工作来抓。采取离职培训、在职培训、学术讲座、岗位练兵、技术比赛、知识竞赛等多种形式，对职工进行培训。至 1998 年，区卫生防疫站参加各类培训班、学习班及到医学院校进修人员达 61 人次，1987 年至 1999 年共发表论文 7 篇。1998 年汪家庄镇卫生院建院至 2003 年，每年都制订培训计划，确定培训内容和主讲人，全院医务人员、全镇村医及个体医参加培训。营子矿区医院每年投资 10 万元用于专业技术人员培养，2001 年至 2003 年共选送 8 人到承德医学院附属医院进修深造。

营子矿区城镇地方全民集体医疗卫生机构部分年份在职职工学历职称情况统计表

表 27－5－1　　　　　　　　单位：人

项目 年份	在职职工人数	其中								专业技术人员	其中			
		大学本科	大专	获大专专业证书	中专	获中专专业证书	技校	职业高中	高中及以下学历		高职	中职	医师级	士级
1984	160	—	—	—	—	—	—	—	—	141	—	7	35	55
1997	184	1	19	6	84	—	1	2	71	120	—	22	61	33
1999	191	2	23	—	93	—	—	—	73	144	—	28	73	36
2000	191	5	25	6	95	1	1	—	58	144	—	31	74	37
2001	191	5	25	6	95	1	1	—	58	146	1	33	83	28

说明：2000 年、2001 年大本学历中含“双专”学历

（二）村级卫生所从业人员

20 世纪 70 年代初，营子矿区开始建立村级卫生所。1984 年 8 月，按照承德市卫生局“关于认真做好乡村医生培训、考核工作的通知”精神，对全区 33 名村医开展了培训、考核工作，并为 29 名考试、考核合格人员颁发了“乡村医生证书”。1988 年 6 月，全区有 14 个村级卫生所，经过考试、考核发证的乡村医生 28 名。2003 年，全区 15 个村级卫生所共有从业人员 45 人。

（三）个体诊所从业人员

中华人民共和国成立之后，鹰手营子和寿王坟两地有少量个体开业医。在 50 年代的社会主义改造时期，两地的个体开业医，分别组建了联合诊所，走上集体发展的道路。1984 年秋，经审查、考核，区卫生局为 7 人颁发了个体医生开业执照。1988 年 6 月，全区有个体开业医 15 人。1994 年，全区个体开业医 27 人。至 2003 年年底全区有个体诊所 23 个，从业人员 38 人。

二、驻区企业医院队伍

（一）寿王坟铜矿职工医院队伍

1951 年，东北地质队到寿王坟勘探时只有 1 名随队医生。1953 年建立寿王坟铜矿卫生所，有专业技术人员 12 人。1955 年建立寿王坟铜矿职工医院，有专业技术人员 24 人。1965 年有专业技术人员 69 人，其中中医师 4 人，西医师 11 人，药师 1 人，医士 8 人，护士 15 人，助产士 4 人，药剂士 4 人，检验士 1 人，技士 1 人。1983 年副院长张文彩晋升为副主任医师，成为全院第一个具有高级职称的专业技术人员。1986 年，有专业技术人员 96 人，其中副主任医师 1 人，中医师 1 人，西医师 19 人，中西药剂师 7 人，检验师 1 人，中医士 2 人，西医士 3 人，护士 12 人，技士 1 人，护理员 33 人，中西药剂员 5 人，检验员 2 人。1996 年，有专业技术人员 121 人，至 1998 年 7 月，因部分人员提前离岗或下岗，专业技术人员有所减少。改革开放后，医院加强对专业技术人员的培训工作，采用送出去，请进来等方式，先后选派数名专业技术人员分别到重庆第三军医大学，中国医科大学，北京协和医院、宣武医院，天津一院，安徽省医院，河北省精神病院，承德医学院附属医院，承德市中心医院进修学习，并多次聘请北京、天津、承德等地专家莅临讲学或指导手术。2003 年年底，寿王坟铜矿职工医院移交地方政府，共移交专业技术人员 52 人，其中副高职 4 人，中职 8 人，初职 40 人。大学本科学历 3 人，大专 21 人，中专 18 人，高中 5 人，初中 5 人。

（二）兴隆矿务局职工医院队伍

1956 年建卫生所时，有专业技术人员 3 人。1958 年建院，有专业技术人员 75 人，其中主治医师 3 人，医师 9 人，医士 20 人，护理人员 43 人。1961 年，重新核定编制，专业技术人员岗位定员 69 人。外科 13 人，其中主任 1 人，副主任 1 人，医师 4 人，护士长 1 人，护士 6 人；内科 19 人，其中主治医师 1 人，医师 8 人，护士长 1 人，护士 9 人；妇科 9 人，其中主治医师 1 人，医师 2 人，护士 3 人，助产士 3 人；放射科 4 人，其中医师 2 人，技师 1 人，护士 1 人；理疗科 2 人，其中医师 1 人，护士 1 人；中医科 3 人，其中医师 2 人，调剂 1 人；保健科 5 人，其中医师 4 人，护士 1 人；牙科医师 2 人；化验室 4 人；药房调剂 5 人；注射室护士 3 人。1988 年年底，有专业技术人员 188 人，其中副主任医师 1 人，主治医师 6 人，中西医师 33 人，中西医士 17 人，护师 4 人，护士 28 人，西药师 3 人，药剂士 6 人，检验师 1 人，检验士 2 人，助产士 2 人。医院十分重视专业技术人员的业务培训，1959 年至 1988 年期间，自办培训班，共培训护士、卫生员等 102 人（次）。共选派 61 人分别到北京儿童医院、河北省医院、天津妇产医院、承德医学院附属医院、承德市医院、承德市卫校等医院、学校进修学习，提高了技术人员的业务水平。2003 年底，有专业技术人员 176 人，其中高职 9 人，中职 51 人，初职 116 人。

第二节　医疗设备

20世纪50年代初期，区内医疗设备十分简陋，仅有听诊器、体温计、血压计等诊断仪器。50年代中期至70年代末，区内的一些医疗、防疫机构，陆续购置了一些仪器设备，提高了疾病诊断和防疫工作水平。1955年，寿王坟铜矿职工医院购置X光机1台，开始应用X光机诊断疾病。是年，又购置了显微镜、分析天平和万能手术台。1958年，兴隆矿务局职工医院购置X光机1台。1962年兴隆县第二医院购置显微镜1台，1964年购置X光机1台。1974年，寿王坟公社卫生院购置50mAX光机1台。1975年，兴隆矿务局职工医院借用承德钢铁厂大庙铁矿心电图机1台，营子公社卫生院装备50mAX光机和显微镜，区卫生防疫站配备部分化验仪器，结束了一些食品送市站化验的历史。1976年，营子矿区医院购置手提式心电图机1台。改革开放后，营子矿区的卫生事业进入快速发展时期，区内一些卫生机构的先进医疗设备大量增加。2001年，营子矿区医院首先购置了CT机，极大地提高了对一些疾病的诊断水平。至2003年，全区主要医疗、防疫、妇幼保健机构已拥有各种医疗仪器设备280余台（件）。

2003年营子矿区卫生机构主要医疗仪器设备统计表

表27－5－2

卫生机构 / 仪器设备名称	区医院	区卫生防疫站	区妇幼保健站	营子镇卫生院	寿王坟镇卫生院	北马圈子镇卫生院	汪家庄镇卫生院	寿王坟铜矿职工医院	兴隆矿务局职工医院
CT机（台）	1	—	—	—	—	—	—	—	1
心电图机（台）	4	—	—	2	1	1	1	4	6
脑电图机（台）	—	—	—	—	—	—	—	1	—
呼吸机（台）	2	—	—	—	—	—	—	4	4
洗胃机（台）	1	—	—	1	—	1	—	2	—
麻醉机（台）	1	—	—	1	—	—	—	2	2
离心机（台）	1	1	—	—	1	1	—	1	—
切片机（台）	—	—	—	—	—	—	—	1	1
X光机（台）	3	1	—	1	3	1	—	3	4
毁形机（台）	—	—	—	—	—	—	—	1	—
紫外线治疗机（台）	—	—	—	—	—	—	—	1	—
洗片机（台）	1	—	—	—	—	—	—	1	1
蒸馏水机（台）	—	—	—	—	—	—	—	1	—
脱水机（台）	—	—	—	—	—	—	—	—	1
光电子机（台）	1	—	—	—	—	—	—	—	—

续表 27－5－2

仪器设备名称＼卫生机构	区医院	区卫生防疫站	区妇幼保健站	营子镇卫生院	寿王坟镇卫生院	北马圈子镇卫生院	汪家庄镇卫生院	寿王坟铜矿职工医院	兴隆矿务局职工医院
CR 机（台）	1	—	—	—	—	—	—	—	—
床边监护仪（件）	1	—	—	1	—	—	—	4	—
超声诊断仪（件）	1	—	1	1	1	1	1	2	2
母婴监护仪（件）	—	—	—	—	—	—	—	1	—
验光仪（件）	—	—	—	—	—	—	—	1	—
血球计数仪（件）	—	—	—	—	—	—	—	2	1
尿液分析仪（件）	—	—	—	1	—	—	—	2	—
电解质分析仪（件）	—	—	—	—	—	—	—	1	—
凝血分析仪（件）	—	—	—	—	—	—	—	1	—
血糖测定仪（件）	—	—	—	—	1	—	—	2	—
血液分析仪（件）	1	—	—	—	—	—	—	1	—
动态心电分析仪（件）	—	—	—	—	—	—	—	1	—
动态无创血压分析仪（件）	—	—	—	—	—	—	—	3	—
肺功能分析仪（件）	—	—	—	—	—	—	—	1	1
麻醉气体监测仪（件）	—	—	—	—	—	—	—	1	—
便携式超声诊断仪（件）	—	—	—	—	—	—	—	1	—
肛肠治疗器（件）	—	—	—	1	—	—	—	—	—
微量元素检验仪（件）	—	—	1	—	—	—	—	—	—
乳腺诊断仪（件）	—	—	1	—	—	—	—	—	—
乳腺治疗仪（件）	—	—	1	—	—	—	—	—	—
血疗仪（件）	—	—	—	1	—	—	—	—	—
胎心仪（件）	1	—	—	1	—	—	—	—	—
721 分析仪（件）	1	—	—	1	—	—	—	—	—
生化分析仪（件）	2	—	—	1	—	1	—	—	1
二氧化碳激光治疗仪（件）	—	—	—	—	—	—	—	—	1
氦氖激光治疗仪（件）	—	—	—	—	—	—	—	—	1
心脏除颤器（件）	1	—	—	—	—	—	—	1	3
吸引器（件）	1	—	—	2	—	1	—	4	—
氧气吸入器（件）	6	—	—	3	—	—	—	—	—
光焰光度计（件）	—	—	—	1	—	—	—	—	—
分光光度计（件）	1	1	1	—	1	1	—	—	—

续表 27－5－2

卫生机构 / 仪器设备名称	区医院	区卫生防疫站	区妇幼保健站	营子镇卫生院	寿王坟镇卫生院	北马圈子镇卫生院	汪家庄镇卫生院	寿王坟铜矿职工医院	兴隆矿务局职工医院
内窥镜系统（套）	—	—	—	—	—	—	—	1	—
显微镜（台）	2	2	1	2	1	1	1	3	3
检眼镜（台）	—	—	—	—	—	—	—	1	—
鼻咽喉镜（件）	—	—	—	—	—	—	—	1	—
阴道镜（件）	—	—	—	—	—	—	—	1	—
宫腔镜（件）	—	—	—	—	—	—	—	1	—
纤维胃镜（件）	—	—	—	—	—	—	—	—	1
纤维结肠镜（件）	—	—	—	—	—	—	—	—	1
电子天平（台）	1	1	—	1	—	—	—	1	—
温箱（台）	1	1	—	1	1	1	—	1	1
婴儿培养箱（台）	1	—	—	1	—	—	—	1	1
普通冰箱（台）	1	2	—	—	1	1	1	4	4
低温冰箱（台）	1	1	—	—	1	1	1	1	1
干燥箱（台）	1	1	—	—	1	1	—	1	1
高压消毒柜（台）	—	—	—	—	1	—	—	1	—
消毒锅（件）	1	—	—	1	—	1	—	—	1
新生儿抢救台（台）	—	—	—	—	—	—	—	1	—
口腔综合治疗台（台）	—	—	—	—	—	—	—	2	—
心电监护系统（套）	1	—	—	—	—	—	—	—	1
颈颅多普勒（台）	1	—	—	1	—	—	—	—	1
X 线电子计算机断层扫描装置（套）	—	—	—	—	—	—	—	1	—
高频电刀（件）	—	—	—	—	—	—	—	2	—
手术床（张）	2	—	—	1	—	—	—	2	2
产床（张）	1	—	—	1	—	—	—	1	1
妇科检查床（张）	—	—	—	—	—	—	—	2	1
牵引床（张）	—	—	—	1	—	—	—	4	4
急救担架移动床（张）	—	—	—	—	—	—	—	2	—
手术对接床（张）		—	—	—	—	—	—	1	—
牙科自动治疗床（张）	1	—	—	—	—	—	—	—	1
牙科技工装置（套）	—	—	—	—	—	—	—	1	1
抢救车（辆）	—	—	—	—	—	—	—	2	—
救护车（辆）	1	—	—	1	—	—	—	2	1
医疗废物处置装置（套）	—	—	—	—	—	—	—	1	—

第六章　体制改革和医政管理

20 世纪 80 年代初至 2003 年，营子矿区卫生系统先后进行了领导体制、工资制度、多渠道办医、乡村一体化办医、医疗资源整合等方面的改革，取得明显成效。

1956 年年底，营子矿区始设卫生事业管理机构。此后，不同时期，根据区情，有针对性地开展医政管理工作。重点加强对广大医务人员的职业道德教育，采用培训，进修等形式，努力提高专业技术人员的业务水平，加强对个体医的管理。

第一节　管理机构

1956 年 11 月设立承德市鹰手营子矿区文教卫生科。1958 年 7 月营子矿区划归兴隆县，设立卫生科。1965 年 2 月营子矿区再次划归承德市，保留卫生科设置。1984 年 4 月改设卫生局，内设办公室、医政股、药政股、防保股，有工作人员 7 人，设局长、副局长各 1 名。1999 年 3 月，撤销药政股，药证管理职能划归区药监局。

第二节　卫生体制改革

一、管理体制改革

1982 年，营子矿区医院由承德市卫生局直管下划区卫生局管理。1991 年，根据卫生部文件精神，区卫生局将对镇卫生院的管理权，移交各镇政府。

1993 年，区医院、卫生防疫站、妇幼保健站及各镇卫生院，开始实行院（站）长负责制，改变了以前实行的党支部领导下的院（站）长分工负责的领导体制，确立了院（站）长在行政领导中的中心地位。根据中共中央、国务院《关于卫生改革与发展的规定》，党支部的主要任务是抓好党组织建设，加强党支部的战斗堡垒作用和党员的先锋模范作用，参与人事管理、领导工会、共青团等群众组织，领导召开职代会，维护职工的合法权益，充分发挥党支部的保证监督作用。

二、工资分配制度改革

进入 90 年代，以市场经济为导向，改革医疗体制，区、镇政府逐步减少或取消了对医疗机构的财政补贴。1994 年开始，营子矿区医院和各镇卫生院，相继进行了适合自身特点的工资分配制度改革。区医院的具体做法是：实施按事按需设岗，按岗择优择人，竞职竞聘上岗的用人制度；将科室所

有人员的月工资、养老金、医疗保险金及上缴任务、出库材料的总金额核定为该科室的月工资基数；将科室当月所收的处置费、病床费、注射费、抢救费、护理费等收入的总和作为该科月收入；科室月收入大于工资基数时，大于部分的20%作为该科室的奖励工资，月收入小于工资基数时，小于部分由全科工资中扣除。鹰手营子镇、寿王坟镇、北马圈子镇3个卫生院，打破原来“大锅饭”的工资制度，实行全员效益工资制，工资与效益挂钩，多劳多得。1998年，成立汪家庄镇卫生院，亦实行全员效益工资制度。

三、多渠道办医

1996年4月，寿王坟铜矿职工医院为改善农村医疗条件，扩大服务范围，在寿王坟罗圈沟林场增设医疗点，医务人员轮流下乡，为林场职工和周围居民医病。1998年年初，医疗点撤销。是年，根据河北省卫生厅《关于深化医院改革若干问题的意见》，为解决基层群众看病难的问题，区医院在鹰手营子镇南、北两个社区，分别设立了医疗服务一部和二部，除开展正常诊疗工作外，还办了家庭病床服务项目，方便了群众就医，增加了医院收入。鹰手营子镇卫生院设立了营子镇社区和桥西社区2各医疗服务部。2002年，寿王坟镇卫生院筹建社区医疗服务部1个。

四、乡村一体化办医

1997年至2003年，根据省、市关于乡村一体化办医的指示精神，营子矿区各镇卫生院对本镇所辖各行政村的卫生所，在人员聘任、养老保险、药品收费、村医培训等方面，实行统一管理。养老保险统一缴纳，解决了村医的后顾之忧。统一收费标准，避免了不正当竞争。镇卫生院统一采购药品，降低了购药成本，保证了药品质量，保障了群众的用药安全。乡村一体化办医取得了良好效果。

五、医疗资源整合

随着寿王坟铜矿破产，2003年7月，寿王坟铜矿职工医院移交营子矿区政府管理，共移交人员52人。区卫生局根据区委、区政府深化全区医疗卫生体制改革的决定，提出对寿王坟地区的医疗资源进行重组、整合的建议。是年9月23日，区卫生局在寿王坟铜矿职工医院召开医疗资源整合研讨会，区、镇领导，全区各医疗卫生单位主要领导和寿王坟铜矿职工医院中、高级医务人员30余人与会。会议认为：寿王坟铜矿职工医院作为一所二级甲等医院，在人员构成、基础设施、医疗设备等方面，均具有较大优势。寿王坟镇卫生院，院舍、设备陈旧，距达标要求差距较大。两院并存，人员、设备重复设置，医疗资源不能充分利用，进而影响两院发展。两院整合会有利于寿王坟地区医疗资源的充分利用，更好地规范医疗市场，避免重复投资，符合深化医疗体制改革的要求。2004年2月18日，中共营子矿区委、区政府批准了寿王坟地区医疗资源整合方案，两院合并，成立营子矿区铜城人民医院。

六、合作医疗

2000年，全区4个镇15个行政村中的跳沟村、鹰手营子村、喇嘛沟村、涝洼滩村、金扇子村、北马圈子村、南马圈子村、郑家庄村、南沟村、罗圈沟村开展合作医疗。一种方式为合医合药，大病统筹，如喇嘛沟村和罗圈沟村。另一种方式为合医不合药，村委会给予一定投入，村医给本村患者治病免收挂号费、往诊费、注射费、针灸费、部分处置费。是年，全区实行合作医疗的村达到66.6%，合医合药、大病统筹占13.3%，超过市卫生局要求。2001年，实行合作医疗的村达到80%。

根据中共中央、国务院关于《进一步加强农村卫生工作的决定》中提出的“逐步建立新型农村合作医疗制度”的精神，2002年年底，区卫生局提出在全区建立新型农村合作医疗制度的设想，至

2003 年年底，一直做启动新型农村合作医疗的准备工作。

第三节　医政管理

20 世纪 50 年代中期，组织引导区内个体医务人员组建联合诊所，走集体化道路。50 年代末，开始对医务人员进行走“又红又专”道路的教育，要求医务人员即要全心全意为患者服务，又要努力提高专业技术水平。

1988 年 12 月始，结合精神文明建设活动，认真贯彻落实《医务人员医德规范》，对医务人员进行医德教育。80 年代初改革开放至 2003 年，在区、镇属医疗单位进行领导体制、工资制度等方面的改革，促进了医疗事业的发展。采取选送专业技术人员到医学院校进修、请专家学者来区内讲学等多种途径，提高医务人员的业务水平。对村医进行培训、考核，合格人员颁发乡村医生证书。对个体医开业资格进行审查、考核，合格者核发开业执照。

第二十八编 TIYU

28 体育

第一章　群众体育

第一节　职工体育

第二节　农民体育

第三节　学生体育

第二章　体育竞赛

第一节　全国省市级比赛

第二节　裁判员

第三章　体育事业管理

第一节　管理机构

第二节　管理工作

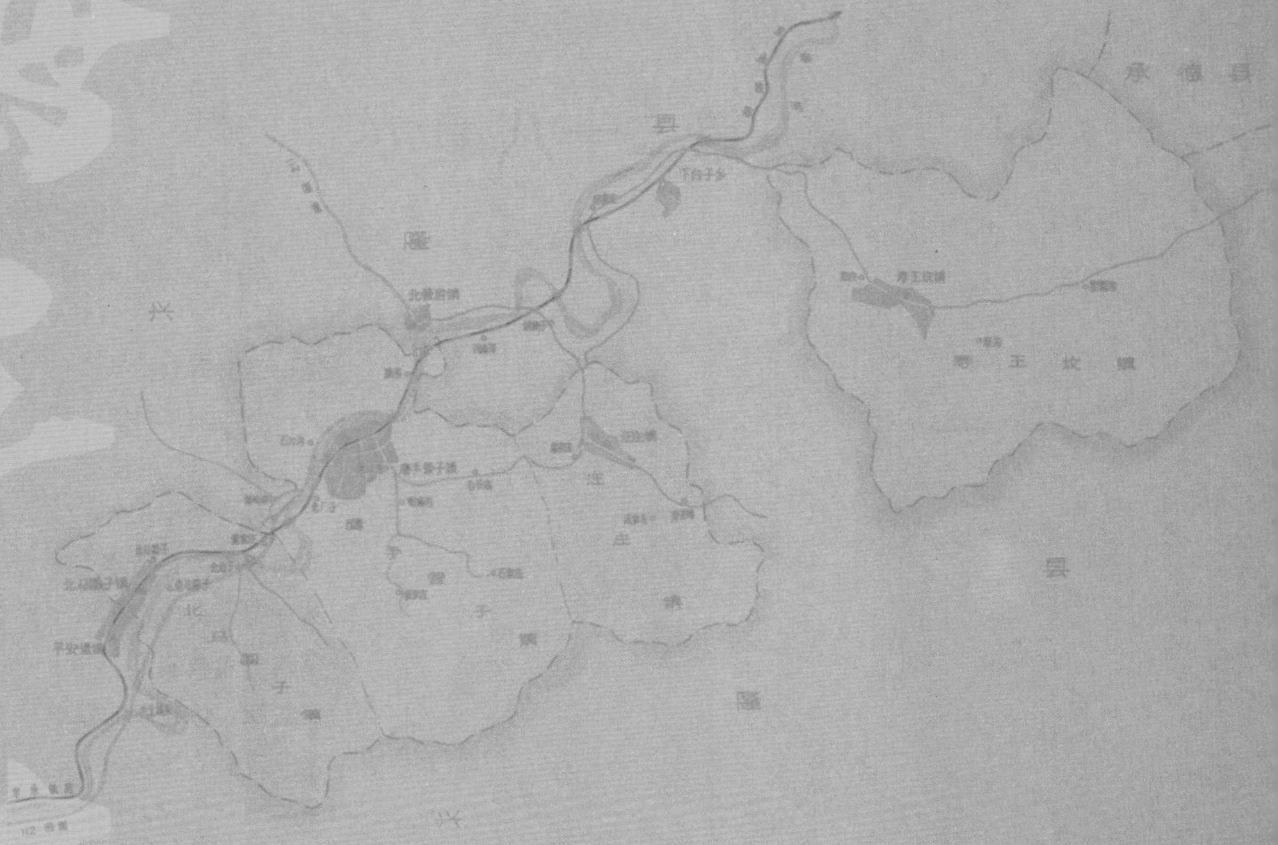

28 承德市鹰手营子矿区志·体育

CHENGDESHI YINGSHOUYINGZIKUANGQU ZHI TIYU

中华人民共和国成立后，域内学校设体育课。20世纪70年代后期开始，各校更加重视体育课和体育活动的开展，1977年，全区各校开始坚持“两课”（每周2节体育课）、“两操”（每天做课间操、眼睛保健操）、“两活动”（每周2节体育活动），体育课达标率不断上升。2003年，全区中小学体育课达标率和优秀率分别达到96.7%和43%。20世纪50年代中期，由于兴隆矿务局、寿王坟铜矿等大型企业的兴办，不但带动了全区职工体育活动，也带动了农民体育活动的开展。1982年9月，营子矿区体育运动委员会成立后，进一步推动了职工和 农民体育活动的开展。进入90年代后，全区体育健身活动得到广泛开展，经常坚持体育活动的职工有8000多人。1977年至1992年，营子矿区职工篮球、乒乓球、羽毛球等体育项目的竞技水平在全市 处于领先地位，供货的40多个市级以上比赛第一名。1979年，开始进行学校传统体育项目建设，至2003年，寿王坟铜矿小学、区第一小学、第二小学、承德市第七中学在全国、省、市排球、羽毛球比赛中多次取得优异成绩。

第一章　群众体育

第一节　职工体育

一、体育活动

20世纪50年代中期以前，因体育设施等条件所限，境内职工只开展篮球、乒乓球、摔跤、扔沙袋等少数几项体育活动。

70年代开始，职工体育活动项目逐渐增多，竞技水平不断提高，特别是篮球、乒乓球、羽毛球等项目，竞技水平在全市处于领先地位。1982年9月，营子矿区体育运动委员会成立后，基层职工体育组织不断健全，职工体育活动作为文化建设的组成部分，开始更加有组织地开展起来。1977年至1992年，参加市级以上体育比赛获得40多个第一名。1998年10月，成立区篮球协会，有会员单位20多个，是全区民间体育协会中最大的组织。

职工篮球比赛（摄影　戴翔）

1996年6月16日至17日，在承德

踢毽球（摄影　戴翔）

市第七中学举行由区委组织部、老干部局、区文体教育局联合主办的全区离退休职工老年运动会，共有16个代表队、89名老年运动员参赛，运动员最大年龄89岁，最小年龄60岁，平均71岁。寿王坟镇、北马圈子镇、区机关二队、顺达运输责任有限公司、区卫生局、区供销社分获团体前6名。90年代至2003年，营子矿区体育健身活动得到广泛开展，经常开展的体育活动项目有篮球、乒乓球、羽毛球、门球、毽球、登山、长跑、拔河、武术、秧歌、健身操、广播体操等。经常坚持体育活动的职工8000多人。职工的体育活动得到驻区企事业单位和私营个体工商经营者的大力支持，每年都得到近万元的赞助。

二、棋类比赛

1987年9月，区内成立围棋协会，至2003年年底，围棋协会共举办定级段赛、段位赛、选拔赛、名人赛、优秀棋手赛、天元赛等不同类型赛事19次，参赛选手570余人次，先后有16名选手获得段位，其中，业余一段2人，业余二段9人，业余三段4人，业余五段1人。1994年1月至2003年年底，全区共举办中国象棋比赛9次，参赛选手220余人次。

第二节　农民体育

中华人民共和国成立前后，农村体育活动甚少。20世纪50年代中期以后，由于兴隆矿务局和寿王坟铜矿两个国家部属企业及一些地、市、区属企业的建立，从外地大量调入工人、干部和科技人员，使职工体育活动迅速发展，也带动了农民体育活动的开展。有许多回乡农村知识青年自发组织篮球队、乒乓球队和机关企事业单位开展友谊比赛。1990年区农民体育协会成立，制定了协会章程和活动计划，并筹集活动经费4000元。同年，全区四个镇均成立了农民体育协会。1992年5月，寿王坟镇被省体委、省农民体协、省农业厅评为农村体育活动先进单位。1993年北马圈子镇、寿王坟镇农民体育协会被省授予“优秀农民体育协会”称号。2002年11月19日，由区文体教育局主办的营子矿区“承鹰杯”农民运动会在承德市第七中学运动场举行，有11个代表队参赛，设12个比赛项目。承德市第二水泥厂、河北怡达食品集团有限公司、金扇子村、汪家庄村、鹰手营子村代表队分获团体总分前5名，有5个单位获“优秀组织奖”，6个队获“体育道德风尚奖”。承德市第二水泥厂为此次运动会提供赞助。

第三节　学生体育

一、体育课

民国初开办的小学没设体育课。

伪满时期学校设体育课，为了对学生进行奴化教育，喊口令都用日语，对学生的要求十分严厉，动作稍一疏忽，就会遭到拳打脚踢。

中华人民共和国成立后至1955年以前没有体育教学大纲，体育器材设备不足，教学水平和效果都较低。1956年教育部颁发体育教学大纲，体育课有章可循，教学有所改进。1958年大跃进期间，经常组织学生参加义务劳动，体育课处于停顿状态。1959年至1961年国家三年困难时期体育课停开。1963年重开体育课。“文化大革命”开始后，将体育课改称军体课，以队列、投弹、篮球赛等为主要教学内容。1973年初，承德市体育工作会议后试行《全国体育锻炼标准试行条例和项目标准（草案)》，1977年，全区各校开始坚持两课（每周2节体育课)，两操（每天做课间操、眼保健操)，两活动（每周2节体育活动)，体育课达标率逐渐上升。1979年教育部、国家体委制定的《中小学体育卫生暂行规定》颁布后，各校提高了对体育课重要性的认识，采取具体措施，增加“天天练”，提高“两课、两操、两活动”质量。体育课达标率由最初的中小学76.3%，优秀率21%，提高到达标率85.7%，优秀率31%。80年代以后，各校在推行《国家体育锻炼标准》方面做了大量工作，承德市第七中学、区第一小学被评为市级“推标”先进单位。1989年，区第一小学体育教师任永利被授予河北省先进体育工作者称号，获承德市“园丁奖”。1992年9月，寿王坟铜矿小学体育教师崔志明，被评为“全国千名优秀体育教育工作者”，1997年10月，再次被评为“全国群众体育先进工作者”。2002年3月，承德市第七中学体育教师崔志明被评为“承德市科技拔尖人才”，并享受津贴。截至2003年，全区中小学体育课达标率和优秀率分别达到96.7%和43%。

二、传统体育项目

1979年，营子矿区开始进行学校传统体育项目建设。确定区级传统体育项目学校小学、中学各4所。区第一小学传统体育项目为田径、排球，区第二小学为田径，兴隆矿务局小学为田径、篮球，寿王坟铜矿小学为乒乓球、羽毛球；承德市第七中学传统体育项目为田径、排球，兴隆矿务局中学为田径、篮球，寿王坟铜矿中学为乒乓球、羽毛球，寿王坟镇中学为田径。确定市级传统体育项目学校5所。区第一小学传统体育项目为排球，兴隆矿务局小学为田径、篮球，寿王坟铜矿小学为乒乓球、羽毛球，承德市第七中学为田径、排球，兴隆矿务局中学为田径、篮球。确定省级传统体育项目学校2所，区第一小学传统体育项目为排球，寿王坟铜矿小学为乒乓球、羽毛球。

第二章　体育竞赛

第一节　全国省市级比赛

一、田径

1985 年 5 月和 10 月，兴隆矿务局中学田径队高中组，两次获得承德市中小学田径运动会总分第一名。

2000 年 10 月 15 日，寿王坟铜矿小学学生张蒙、张妙莲在有 15000 多人参加的北京国标马拉松 5000 米的比赛中分获 32 名和 34 名，在少年组中，排在前 10 名。

二、篮球

1977 年夏，兴隆矿务局男子篮球队参加石家庄市举办的“河北省煤炭系统‘大庆式企业’职工篮球赛”，兴隆矿务局男篮与开滦煤矿男篮首场比赛十分激烈，终场前 90 秒钟，兴隆矿务局男篮以 5 分优势领先，因接连几次失误，反被对方超出，终场以 1 分之差惜败。河北电视台、河北广播电台播报了这次比赛，著名体育节目解说员宋世雄现场解说，赛后对兴隆矿务局男篮进行了采访。

1978 年 5 月 20 日至 30 日，承德地区第二届“大庆式”企业职工篮球赛在兴隆矿务局举办。8 支男队、6 支女队参赛，兴隆矿务局男、女队双获冠军。

1978 年 6 月至 1980 年 9 月，兴隆矿务局男篮 4 次，女篮 2 次夺得承德市职工篮球比赛冠军。

三、乒乓球

1978 年 5 月，兴隆矿务局职工尹志鹏在承德市职工乒乓球比赛中获得男子单打第一名。

1987 年 6 月，在承德市职工乒乓球比赛中兴隆矿务局代表对获男子团体冠军。

1993 年 10 月，在承德市职工乒乓球 比赛中兴隆矿务局代表对获女子团体冠军。

四、排球

1979 年，营子矿区进行学校传统体育项目建设，将排球作为区第一小学和承德市第七中学的传统体育项目。1990 年至 1987 年，两个学校的女子排球队在教练任永刚、赵春静的 带领下，多次参加省、市赛事，并取得优异成绩。

1980—1987 年营子矿区学校女子排球队参加省市赛事成绩统计表

表 28－2－1

项目 年份	学校	承德市中小学排球比赛	河北省小学排球锦标赛	教练员
1980	第一小学	第一名	第一名	任永利
1981	第一小学	第一名	第五名	任永利
1982	第一小学	第一名	第二名	任永利
1984	第一小学	第一名	第四名	任永利
1984	第七中学	第一名		赵春静
1985	第七中学	第一名		赵春静
1985	第一小学	第一名	第一名	任永利
1986	第七中学	第一名		赵春静
1986	第一小学	第一名	第一名	任永利
1987	第二小学	第一名	第一名	任永利

五、羽毛球

1979 年，营子矿区将羽毛球确定为寿王坟铜矿小学的传统体育项目。1988 年至 2003 年，寿王坟铜矿小学男、女羽毛球队多次参加全国和省、市赛事，并取得优异成绩。

1988—2003 年寿王坟铜矿小学参加承德市青少年羽毛球赛事成绩一览表

表 28－2－2

项目 年份	赛事	比赛成绩	教练
1988	承德市青少年羽毛球锦标赛	男、女团体第三名	崔志明
1988	承德市青少年羽毛球锦标赛	男、女团体第三名	崔志明
1989	承德市青少年羽毛球锦标赛	男、女团体第一名	崔志明
1990	承德市青少年羽毛球锦标赛	男、女团体第一名	崔志明
1990	承德市“保险杯”青少年羽毛球锦标赛	男、女团体第一名	崔志明
1991	承德市青少年羽毛球锦标赛	男、女团体第一名	崔志明
1991	承德市“保险杯”青少年羽毛球锦标赛	男、女团体第一名	崔志明
1992	承德市青少年羽毛球锦标赛	男、女团体第一名	崔志明
1992	承德市“保险杯”青少年羽毛球锦标赛	男、女团体第一名	崔志明
1993	承德市青少年羽毛球锦标赛	男、女团体第一名	崔志明
1994	承德市青少年羽毛球锦标赛	男、女团体第一名	崔志明
1995	承德市青少年羽毛球锦标赛	男、女团体第一名	崔志明
1996	承德市青少年羽毛球锦标赛	男、女团体第一名	崔志明

续表 28－2－2

项目 年份	赛事	比赛成绩	教练
1997	承德市青少年羽毛球锦标赛	男、女团体第一名	崔志明
1998	承德市青少年羽毛球锦标赛	男、女团体第一名	崔志明
1999	承德市青少年羽毛球锦标赛	男、女团体第一名	崔志明
2000	承德市青少年羽毛球锦标赛	男、女团体第一名	崔志明
2001	承德市青少年羽毛球锦标赛	男、女团体第一名	崔志明
2002	承德市青少年羽毛球锦标赛	男团第三名、女团第二名	
2003	承德市青少年羽毛球锦标赛	男女团体第二名	

1988—2001 年寿王坟铜矿小学参加全国、省羽毛球赛事比赛成绩一览表

表 28－2－3

项目 年份	赛事	比赛成绩	教练
1988	河北省第七届全运会青少年组羽毛球比赛	男、女团体第三名	崔志明
1989	河北省青少年羽毛球锦标赛	男、女团体第一名	
1990	河北省青少年运动会暨青少年羽毛球比赛	男团第一名女团第三名	
1991	河北省青少年羽毛球锦标赛	男团第四名女团第三名	
1991	全国青少年羽毛球锦标赛	男双第四名、女双第五名、第七名	
1992	河北省第八届全运会青少年组羽毛球比赛	男团第四名女团第三名	
1993	河北省青少年羽毛球锦标赛	男团第三名女团第三名	
1994	河北省青少年运动会暨青少年羽毛球比赛	男团第三名女团第三名	
1995	河北省青少年羽毛球锦标赛	男团第三名女团第三名	
1996	河北省第九届全运会青少年组羽毛球比赛	男团第四名女团第四名	
1997	河北省青少年羽毛球锦标赛	男团第一名女团第一名	
1998	河北省青少年运动会暨青少年羽毛球比赛	男团第二名女团第二名	
1999	河北省青少年羽毛球锦标赛	男团第二名女团第三名	
2000	河北省第十届全运会青少年组羽毛球比赛	男团第三名女团第四名	
2001	河北省青少年羽毛球锦标赛	男团第五名女团第三名	

第二节　裁判员

1977 年 至 1998 年，经河北省体委评审，域内有 2 人被评为篮球国家一级裁判员，1 人被评为排球国家一级裁判员，2 人被评为田径国家一级裁判员。

营子矿区国家级裁判员名录

表 28－2－4

姓名	评定时间	评审单位	项目类别	级别
冯友	1977 年	省体委	篮球	国家一级
刘文柏	1977 年	省体委	篮球	国家一级
王富国	1982 年	省体委	排球	国家一级
杨文生	1986 年	省体委	田径	国家一级
赵铁军	1998 年	省体委	田径	国家一级

第三章　体育事业管理

第一节　管理机构

1982 年 9 月，营子矿区成立体育运动委员会，编制 1 人，设体委副主任。1989 年 5 月，副主任改设为主任。1994 年 6 月机构改革，县区不再设体委，区体委与文化教育局合并，设立文化体育教育局，体育事业由文体股管理。2002 年 5 月机构改革，成立体育管理中心，为区文体教育局下设的副科级事业单位，编制 2 人，设副科级主任 1 名。

第二节　管理工作

一、日常工作

区体委成立后，主要日常工作为贯彻国家发展体育事业的各项方针政策，组织协调各单位开展群众性体育活动，深入各镇、各学校检查督导体育工作。

二、体育设施管理

1986 年，区政府与兴隆矿务局协商，以兴隆矿务局投资为主，区政府投入部分资金，在鹰手营子镇桥西路东，修建一座占地 2595 平方米，可容纳 4000 余名观众的露天体育场，内建灯光篮球场，由兴隆矿务局日常管理。至 2003 年年底，全区共有灯光篮球场 8 个，普通篮球场 16 个，乒乓球室 15 个，羽毛球场 20 个，台球室 8 个，棋类室 8 个，门球场 7 个，体育健身室 8 个，健身路 1 条，均由所有者管理。

三、经费管理

区体委经费不设独立账户。1982 年至 1988 年，经费由市体委拨款到区财政局，每年 4000 元，区政府办公室财会室负责体委日常开支。1989 年开始，市体委不在划拨经费，改由区财政负担，每年预算为 6000 元，实际开支不足 6000 元。

第二十九编 FANGYAN XISU

29 方言　习俗

第一章　方言
第一节　语音
第二节　词汇
第三节　语法
第四节　成篇语料
第二章　习俗
第一节　寿诞习俗
第二节　生产习俗
第三节　婚姻习俗
第四节　衣食住行
第五节　节日习俗
第六节　礼俗
第七节　丧葬习俗

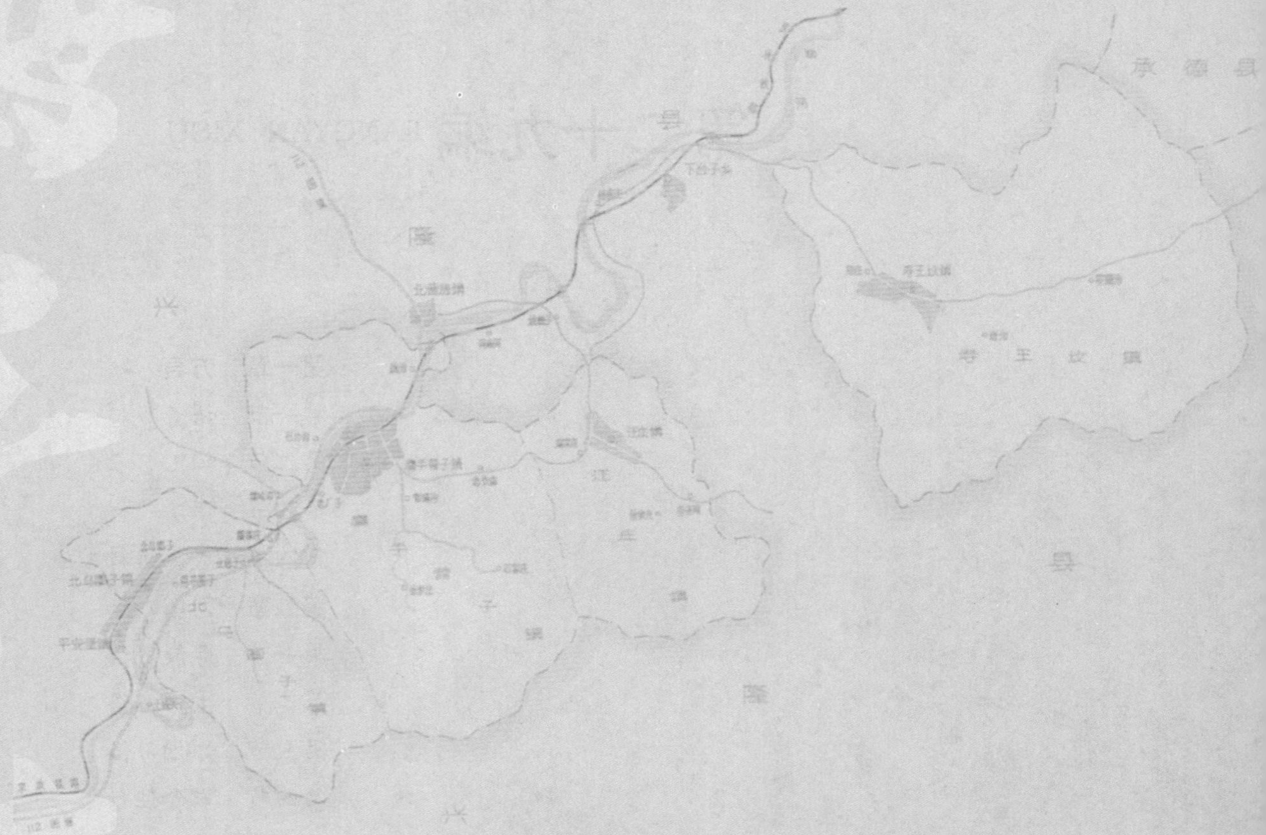

29 承德市鹰手营子矿区志·方言 习俗

CHENGDESHI YINGSHOUYINGZIKUANGQU ZHI FANGYAN XISU

境内方言分区上属于冀鲁官话蓟遵片。方言内部分为两片，两片之间差异主要表现在声调的调值调型上面。方言的语音与普通话较为接近，也存在与普通话不同的特点。与普通话相比，在词汇和语法上也有一些自己的特点。营子矿区外来移民较多，外地方言对当地方言有一定影响，存在一些当地方言词语与外来方言词语并用的情况。

清朝以来，鹰手营子地区汉族与少数民族居民、当地与外来居民长期融合，形成了当地与外地既有相同之处，又具有自身特点的风俗习惯。

第一章　方　　言

境内方言内部明显分为两片，所辖的鹰手营子镇、汪家庄镇、北马圈子镇、寿王坟镇四镇之中，寿王坟镇与汪家庄镇为一片，鹰手营子镇与北马圈子镇为一片。鹰手营子、北马圈子两镇四声的调值分别是：阴平 55、阳平 35、上声 214、去声 51，寿王坟、汪家庄两镇四声的调值分别是：阴平 551、阳平 511、上声 2155、去声 525。听感上，寿王坟、汪家庄两镇的单字调音比鹰手营子镇和北马圈子镇明显要长，发音末尾阶段带有明显的曲折。以鹰手营子镇为代表点，该方言的语音与普通话较为接近，声母方面，古泥、来母不混，古泥母今念 n，古来母今念 l；古知、章组声母念卷舌音 tʂ、tʂ^{h}、ʂ，古庄组声母大部分字念 tʂ、tʂ^{h}、ʂ，少部分字念舌尖音 ts、ts^{h}、s；不分尖团音，古精、见组声母拼齐齿呼、撮口呼韵母的字今念舌面音 tɕ、tɕ^{h}、ɕ，有部分古见组开口二等字的声母也念舌面音 tɕ、tɕ^{h}、ɕ；古全浊声母清化，演变成同部位的清音。声调方面，古平声调以声母清浊为条件分化成阴平和阳平两个调类，古清平字演变成阴平调，古浊平字演变成阳平调；古全浊上声字今念去声；古入声调消失，古入声字分别派入到阴、阳、上、去四个调类。韵母方面，分前后鼻音，古山摄、臻摄、深摄、咸摄今念前鼻音韵母，古通摄、江摄、宕摄、梗摄、曾摄今念后鼻韵母。语音上也存在一些与普通话不同的特点，如普通话念开口呼零声母的字念 n 声母，儿化韵母也比普通话要复杂得多。与普通话相比，在词汇和语法上也有一些自己的特点，如太阳叫“日头”“老爷儿”，彩霞叫“火烧云”，不知道叫“知不道”；儿化词比普通话也要丰富得多。

第一节　语　　音

语音上，鹰手营子方言跟普通话大致相同，声母、韵母、声调的个数与音值跟普通话相同，主要区别有以下几点：普通话开口呼零声母字在该方言的老派话中大多念 n 声母，如“挨”念 nai^{35}，“安”念 nan^{55}；儿化韵的构成比普通话复杂；有一些字的读音跟普通话不同，如普通话念 re 音节的字，在该方言的韵母为 uo，如“热”念 ʐuo^{51}，“惹”念 ʐuo^{214}；该方言的一些词存在一些与普通话不同的特殊读音。

一、声韵调系统

鹰手营子方言语音系统共有 23 个声母（含零声母）、38 个基本韵母、4 个单字调。

（一）声母系统（23 个）

唇　音：p 布办帮崩巴　p^h 披拍坡拼泡　m 马毛门敏母　f 飞发凤匪分

舌尖前：ts 责嘴宗遵字　ts^h 词苍摧村操　s 塞死三松孙

舌尖中：t 得斗灯顿冬　t^h 他梯土讨吞　n 安奶挨年女　l 罗来赖刘聋

舌尖后：tʂ 扎猪肘张中　$tʂ^h$ 茶出丑唱吹　ʂ 杀十书手烧　ʐ 日肉绕认让

舌面前：tɕ 家鸡姐绝九　$tɕ^h$ 妻茄秋千劝　ɕ 洗斜先选新

舌面后：k 乖鬼高狗管　k^h 楷扣看宽困　x 哈海坏灰汗

零声母：ø 阿耶乌外文

声母说明：

1. 该方言的零声母音节主要由合口呼、齐齿呼、撮口呼韵母构成。由合口呼韵母构成的零声母音节中，介音 u 的实际音值是略带摩擦的半元音 w，如“稳”的实际音值为 $wən^{214}$，“万”的实际音值为 wan^{51}；由齐齿呼韵母构成的零声母音节中，介音 i 的实际音值是略带摩擦的半元音 j，如“样”的实际音值是 $jɑŋ^{51}$。

2. 该方言有个别虚词的声母在语流中念浊辅音，如“我的”“你的”中的“的”念 də。

（二）韵母系统（38 个）

i 衣鸡妻梯鼻　u 乌姑布猪祖　y 雨举取女吕

ɿ 丝瓷死字四

ʅ 知吃市尸日

a 阿巴他拉杂　ia 牙家虾下瞎　ua 瓦瓜抓化花

o 波婆佛馍坡　uo 我多拖国夺

e 可革核德特　ie 耶邪姐爹灭　ye 月绝决学雪

ɚ 耳二而儿

ai 哀败栽戴改　uai 外怪快怀乖

ei 给被美废昧　uei 鬼追嘴碎堆

au 包高早刀老　iau 妙咬交掉疗

ou 狗搜偷谋肘　iou 酒救休纽柳

an 安干沾三盼　ian 先念便电连　uan 完官乱酸钻

yan 冤愿捐卷劝

en 恩根本奋喷　in 因金亲民宾　uen 文遵棍伦吞　yn 云晕军菌勋

aŋ 张帮党狼冈　iaŋ 羊江香娘量　uaŋ 王光广庄创

eŋ 庚崩猛蒸灯　iŋ 影冰定井宁　ueŋ 翁嗡

oŋ 东农中荣宗　ioŋ 勇永泳穷

韵母说明：

1. 韵母表中的/a/音位包括［A］［a］［ɑ］［ɛ］四个变体：在 a、ia、ua 三个韵母中的实际音值是［A］，在 ai、uai、an、uan 四个韵母中的实际音值是［a］，在 ian、yan 两个韵母中的实际音值是［ɛ］，在 au、iau、aŋ、iaŋ、uaŋ 五个韵母中的实际音值是［ɑ］，为了排印方便，采取普通话的办法，处理成一个音位，记作 a。

2. 韵母表中的/e/音位包括［ə］［e］［ɛ］［ɤ］四个变体：在单韵母 e 中的实际音值是［ɤ］，在 ei、uei 两个韵母中的实际音值是［e］，在 ie、ye 两个韵母中的实际音值是［ɛ］，在 en、uen、eŋ、ueŋ 四个鼻辅音韵母中的实际音值是［ə］。另外，e 韵母在轻声音节中的实际音值也是［ə］，如“我的”的“的”念 də，量词“个”念 kə，“什么”的“么”念 mə。为了排印方便，采取普通话的办

法，处理成一个音位，记作 e。

3. ou、iou 两个韵母的实际音值是［əu］和［iəu］，与普通话 ou、iou 两个韵母音值相同，为了排印方便，记成 ou 和 iou。

4. 韵母 iŋ 的 i 和 ŋ 之间有过渡音 ə，实际音值可以记作 i^{ə}ŋ，在音程较长的上声音节中表现得尤其明显。

5. y、ye、yan、yn 四个撮口呼韵母中的 y 的音值跟普通话不完全相同，发音上有轻微卷舌动作。

6. 韵母表中的 ioŋ 与普通话韵母 iong 音值相同，通常记作 yŋ，算撮口呼韵母。本志考虑到这个韵母的发音实际上就是 i 和 oŋ 相拼，故记作 ioŋ，算齐齿呼韵母。

（三）声调系统（4 个）

阴平 55：优、中、工、山、三、姑、都、包、猫、刀、安、当、松、猪

阳平 35：油、银、农、文、回、排、拔、媒、同、穷、兰、墙、黄、湖

上声 214：有、走、赌、伞、姐、孔、肯、粉、板、扁、董、桶、满、党

去声 51：又、骂、败、被、痛、会、变、办、怪、近、俊、旧、故、裤

（四）声母、韵母拼合规律表

下表中，声母跟韵母能够拼合的用“+”号表示，声母跟韵母不能拼合的用“—”号表示。

声母、韵母拼合规律表

表 29－1－1

韵母 / 声母	开口呼	齐齿呼	合口呼	撮口呼
p、p^h、m	+	+	+	−
f	+	−	+	−
ts、ts^h、s	+	−	+	−
t、t^h	+	+	+	−
n、l	+	+	+	+
tɕ、$tɕ^h$、ɕ	−	+	−	+
tʂ、$tʂ^h$、ʂ、ʐ	+	−	+	−
k、k^h、x	+	−	+	−
零声母	+	+	+	+

表格说明：

1. p、p^h、m、f 四个唇音声母只跟合口韵母 u 相拼，不跟其他的合口呼韵母相拼。

2. 在鹰手营子方言特别是其老派话中，零声母与开口呼韵母相拼的音节比普通话要少得多。

二、连读变调

从变调性质分析，鹰手营子方言的连读变调包括非轻声类变调和轻声类变调两种类型。除了普通的多音节词语以外，语法性质的词语重叠式也存在连读变调的情况。

（一）非轻声类双字组的连读变调

1. 普通双字组的连读变调

普通双字组词语或词组中，鹰手营子方言的非轻声类变调比较简单，只出现于上声，在“上声字＋其他声调字”的双字组词语中，上声字的调值有时不变，有时变为21。如“祖孙”一词，有时念成 tsu^{214}suen^{55}，有时念成 tsu^{21}suen^{55}。大体上看，说话慢、音程长的时候不变；说话快、音程短的时候变。在“上声字＋上声字”的双字组中，前一个上声字的调值由原来的214变成35，即由上声调变成阳平调。这一情况的变调规律性强，少有例外。如：

整理 tʂəŋ^{35}li^{214}　　手表 ʂou^{35}piau^{214}

友好 iou^{35}xau^{214}　　冷水 ləŋ^{35} ʂuei^{214}

左手 tsuo^{35} ʂou^{214}　　反手 fan^{35} ʂou^{214}

手指 ʂou^{35}tʂʅ^{214}　　母狗 mu^{35}kou^{214}

小米儿 ɕiau^{35}miɚ^{214}　　洗脸 ɕi^{35}lian^{214}

拣起 tɕian^{35}tɕ^{h}i^{214}　　老小 lau^{35}ɕiau^{214}

2. 单音词重叠式的连读变调

鹰手营子方言可以构成重叠式的单音节语词有名词、量词、动词、形容词。其中名词、量词重叠后基本不变调，动词重叠后，第二个音节一般读轻声。

名词、量词重叠后不变调的如：

天天 t^{h}ian^{55}t^{h}ian^{55}　　人人 ʐən^{35}ʐən^{35}

张张 tʂaŋ^{55}tʂaŋ^{55}　　年年 nian^{35}nian^{35}

个儿个儿 kɚ^{51}kɚ^{51}　　回回 xuei^{35}xuei^{35}

顿顿 tuen^{51}tuen^{51}　　月月 ye^{51}ye^{51}

动词重叠后一音节念轻声的如：

擦擦 ts^{h}a^{55} · ts^{h}a　　拿拿 na^{35} · na

闻闻 uen^{35} · uen　　咬咬 iau^{35} · iau

走走 tsou^{35} · tsou　　跑跑 p^{h}au^{35} · p^{h}au

抱抱 pau^{51} · pau　　坐坐 tsuo^{51} · tsuo

鹰手营子方言中，单音节形容词重叠后的变调情况比较复杂。除了阴平调形容词重叠式不发生变调以外，其他类声调形容词的重叠式都发生连读变调。此外，该方言大多数形容词的重叠有非儿化和儿化两种形式，如“高”的重叠式有“高高”和“高高儿”两个。在由某些声调的形容词构成的重叠式中，儿化形式跟非儿化形式之间往往存在着不同的变调模式，具体情况详见下表：

形容词重叠式儿化形式和非儿化形式变调模式表

表29－1－2

形容词	重叠形式	声调	例子
阴平类	非儿化型	55＋55	高高 kau^{55}kau^{55}、粗粗 ts^{h}u^{55}ts^{h}u^{55}、偷偷 t^{h}ou^{55} t^{h}ou^{55}
	儿化型	55＋55	高高儿 kau^{55}kaur^{55}、粗粗儿 ts^{h}u^{55}ts^{h}ur^{55}、偷偷儿 t^{h}ou^{55}t^{h}our^{55}
阳平类	非儿化型	35＋35	粘粘 nian^{35}nian^{35}、黄黄 xuaŋ^{35}xuaŋ^{35}、严严 ian^{35}ian^{35}
	儿化型	35＋35	白白儿 pai^{35}pɐr^{35}、红红儿 xoŋ^{35}xoŋr^{35}、长长儿 tʂ^{h}aŋ^{35}tʂ^{h}aŋr^{35}
		35＋55	白白儿 pai^{35}pɐr^{55}、红红儿 xoŋ^{35}xoŋr^{55}、严严儿 ian^{35}iɐr^{55}
上声类	非儿化型	35＋214	死死 sʅ^{35}sʅ^{214}、美美 mei^{35}mei^{214}、鼓鼓 ku^{35}ku^{214}
	儿化型	214＋55	死死儿 sʅ^{214}sɚ^{55}、美美儿 mei^{214}mɚ^{55}、鼓鼓儿 ku^{214}kur^{55}

续表 29－1－2

形容词	重叠形式	声调	例子
去声类	非儿化型	51＋51	绿绿 ly^{51}ly^{51}、大大 ta^{51}ta^{51}、慢慢 man^{51}man^{51}
	儿化型	51＋55	绿绿儿 ly^{51}yɚ^{55}、大大儿 ta^{51}tɐr^{55}、慢儿慢儿 mɐr^{51}mɐr^{55}

上表材料显示，阴平类形容词的重叠式，无论儿化与否，两个音节仍保持原调不变；去声类形容词的重叠式，没有儿化的不变调，儿化型的第二个音节由 51 调变成 55 调。阳平和上声类形容词重叠式的变调要复杂一些，阳平类形容词的非儿化类重叠式不变调，儿化类有两种情况：一是不变调，二是第二个音节的调值由 35 变成 55。上声类形容词的重叠式不论儿化与否都发生变调，非儿化型重叠式的第一个音节的调值由 214 变成 35，与普通“上声＋上声”双字组的变调规律一致；儿化型的第二个音节的调值由 214 变成 55。除了上声类形容词的非儿化重叠式以外，其他类形容词的变调有两个共同特点：一是都发生在儿化音节，二是都变成高平 55 调。这类变调有着明显的语法和词汇功能，详见本志第四章语法部分的相关内容。

（二）轻声类成分的连读变调

鹰手营子方言中的一些词习惯上念轻声，规律性不强，类似“妈妈”一类的叠字形词语和“椅子”一类的子尾名词。如：

妈妈 ma^{55} · ma　　哥哥 ke^{55} · ke
婆婆 p^{h}o^{35} · p^{h}o　　奶奶 nai^{214} · nai
妹妹 mei^{51} · mei　　弟弟 ti^{51} · ti
爷爷 ie^{35} · ie　　爸爸 pa^{51} · pa
蝇子 iŋ^{35} · tsɿ　　蚊子 uen^{35} · tsɿ
跳子 t^{h}iau^{51} · tsɿ　　老鹞子 lau^{214}iau^{51} · tsɿ

其他类型的词语也有不少读轻声的。如：

高粱 kau^{55} · liaŋ　　事情 ʂʅ^{51} · tɕ^{h}iŋ
舒坦 ʂu^{55} · t^{h}an　　明年 miŋ^{35} · nian
看见 k^{h}an^{51} · tɕian　　拾掇 ʂʅ^{35} · tuo
惦记 tian^{51} · tɕi　　漂亮 p^{h}iau^{51} · liaŋ

（三）双音节词语重叠式的变调

双音词重叠有 ABAB 和 AABB 两种形式，ABAB 式的重叠式有的不变调，如“高兴高兴 kau^{55}ɕiŋ^{51} kau^{55}ɕiŋ^{51}”；有的变调，一般的变调模式是 A · BA · B，即 B 音节重叠后读轻声，如“活动活动 xuo^{35} · toŋxuo^{35} · toŋ”。AABB 式重叠式一般是第二音节读轻声，如“利利索索 li^{51} · li suo^{55}suo^{55}”。

三、儿化韵母

鹰手营子方言儿化韵母很丰富，37 个基本韵母中，除了卷舌韵母 ɚ 以外，其他的韵母都有儿化韵母，同时，儿化过程中产生的音变也很复杂，儿化韵母的构成与普通话相比有很大的不同，各韵母儿化情况如下：

a→Ar

刀把儿 tau^{55}pAr^{51}、老妈儿 lau^{214}mAr^{55}、小尾巴儿 ɕiau^{35}i^{214}pAr^{55}、小马儿 ɕiau^{214}mAr^{51}、冰碴儿 piŋ^{55} tʂAr^{35}

ia→iAr

豆芽儿 tou^{51}iAr^{35}、小虾儿 ɕiau^{214}ɕiAr^{55}、一下儿 i^{35}ɕiAr^{51}

ua→uAr

小瓦儿 ɕiau^{35}uAr^{214}、小甜瓜儿 ɕiau^{214}tʰian^{35}kuAr^{55}、小黄瓜儿 ɕiau^{214}xuaŋ^{35}kuAr^{55}、花儿 xuAr^{55}

o →or

老婆儿 lau^{214}pʰor^{35}、小磨儿 ɕiau^{214}mor^{51}

uo →uor

一窝儿 i^{55}uor^{55}、大伙儿 ta^{51}xuor^{214}、便所儿 pian^{51}suor^{214}

e→ɚ

一盒儿 i^{55}xɚ^{35}、老科儿 lau^{214}kʰɚ^{55}、核儿 xɚ^{35}、小车儿 ɕiau^{214}tʂʰɚ^{55}、哥儿 kɚ^{55}

i →iɚ

小姨儿 ɕiau^{214}iɚ^{35}、小老弟儿 ɕiau^{35}lau^{214}tiɚ^{51}、小鸡儿 ɕiau^{214}tɕiɚ^{55}、地儿 tiɚ^{51}

ɿ→ɚ

字儿 tsɚ^{51}、词儿 tsʰɚ^{214}、头发丝儿 tʰou^{35}fa^{51}sɚ^{55}

ʅ→ɚ

树枝儿 ʂu^{51}tʂɚ^{55}、夜市儿 ie^{51}ʂɚ^{51}、小吃儿 ɕiau^{214}tʂʰɚ^{55}、精湿儿 tɕiŋ^{55}ʂɚ^{55}、猪食儿 tʂu^{55}ʂɚ^{35}、白日儿 pai^{35}·ʐɚ

u →ur

小猪儿 ɕiau^{214}tʂur^{55}、裤儿 kʰur^{51}、岁数儿 suei^{51}·ʂur

y →yɚ

小鱼儿 ɕiau^{214}yɚ^{35}、小曲儿 ɕiau^{35}tɕʰyɚ^{214}、毛毛雨儿 mau^{35}mau^{35}yɚ^{214}

ie→iɚ

小姐姐儿 ɕiau^{35}tɕie^{214}. tɕiɚ、老爹儿 lau^{214}tiɚ^{55}、台阶儿 tʰai^{35}tɕiɚ^{55}

ye→yɚ

正月儿 tʂeŋ^{55}yɚ^{51}、小清雪儿 ɕiau^{214}tɕʰiŋ^{55}ɕyɚ^{214}、尥蹶儿 liau^{51}tɕyɚ^{35}

au→aur

小包儿 ɕiau^{214}paur^{55}、红包儿 xoŋ^{24}paur^{55}、桃儿 tʰaur^{35}、问个好儿 uen^{51}. ke xaur^{214}、小猫儿 ɕiau^{214}maur^{55}、起早儿 tɕʰi^{35}tsaur^{214}、小刀儿 ɕiau^{214}taur^{55}

iau→ iaur

鸟儿 niaur^{214}、小家雀儿 ɕiau^{214}tɕia^{55}tɕʰiaur^{214}、老小儿 lau^{35}ɕiaur^{214}、小瓢儿 ɕiau^{214}pʰiaur^{35}、票儿 pʰiaur^{51}

ei→ ɚ

椅子背儿 i^{35}. tsɿpɚ^{51}、美儿 mɚ^{214}、小辈儿 ɕiau^{214}pɚ^{51}

uei→uɚ

耍钱鬼儿 ʂua^{214}tɕʰian^{35}kuɚ^{214}、汽水儿 tɕʰi^{51}ʂuɚ^{214}、清水儿 tɕʰiŋ^{55}ʂuɚ^{214}、嘴儿 tsuɚ^{214}、穗儿 suɚ^{51}、一堆儿 i^{55}tuɚ^{55}、小腿儿 ɕiau^{35}tʰuɚ^{214}

ou→our

小花狗儿 ɕiau^{214}xua^{55}kour^{214}、走儿 tsour^{214}、小偷儿 ɕiau^{214}tʰour^{55}、沟儿 kour^{55}

iou →iour

煤球儿 mei^{35}tɕʰiour^{35}、杨柳儿 iaŋ^{35}liour^{214}、小酒儿 ɕiau^{35}tɕiour^{214}、香油儿 ɕiaŋ^{55}iour^{35}

ai→ɐr

买卖儿 mai^{214}mɐr^{51}、牌儿 pʰɐr^{35}、窗台儿 tʂʰuaŋ^{55}tʰɐr^{35}、小孩儿 ɕiau^{214}xɐr^{35}、开儿 kʰɐr^{55}

uai→uɐr

碗筷儿 uan^{214}k^{h}uɐr^{51}

ən→ɚ

根儿 kɚ^{55}、粪儿 fɚ^{51}、本儿本儿 pɚ^{214}pɚ^{55}、婶儿 ʂɚ^{214}、门儿 mɚ^{35}

in→iɚ

音儿 iɚ^{55}、今儿个 tɕiɚ^{55} · ke、亲儿 tɕ^{h}iɚ^{55}、菜心儿 ts^{h}ai^{51}ɕiɚ^{55}

uən→uɚ

村儿 ts^{h}uɚ^{55}、拐棍儿 kuai^{214}kuɚ^{51}、屯儿 t^{h}uɚ^{214}、七寸儿 tɕ^{h}i^{55}ts^{h}uɚ^{51}、混混儿 xuen^{51} · xuɚ

yn→yɚ

云儿 yɚ^{35}

an→ɐr

红薯干儿 xoŋ^{35} · ʂu kɐr^{55}、没盼儿 mei^{35}p^{h}ɐr^{51}、猪肝儿 tʂu^{55}kɐr^{55}、蚕儿 ts^{h}ɐr^{35}、小山儿 ɕiau^{214} ʂɐr^{55}、小三儿 ɕiau^{214}sɐr^{55}、出汗儿 tʂ^{h}u^{55}xɐr^{51}、门坎儿 men^{35}k^{h}ɐ^{214}、老伴儿 lau^{214}pɐr^{51}

ian→iɐr

油盐儿 iou^{35}iɐr^{35}、抢先儿 tɕ^{h}iaŋ^{214}ɕiɐr^{55}、顺便儿 ʂuen^{51}piɐr^{51}、白面儿 pai^{35}miɐr^{51}、天儿 t^{h}iɐr^{55}、小年儿 ɕiau^{214}niɐ^{35}、屋檐儿 u^{55}iɐr^{35}

uan→uɐr

玩儿 uɐr^{35}、碗儿 uɐr^{214}、官儿 kuɐr^{55}、撒欢儿 sa^{214}xuɐr^{55}、乱儿 luɐr^{51}、酸儿 suɐr^{55}、短儿 tuɐr^{214}

yan→yɐr

心愿儿 ɕin^{55}yɐr^{51}、卷儿 tɕyɐr^{214}、圆圈儿 yan^{35}tɕ^{h}yɐr^{55}、圆圆儿 yan^{35}yɐr^{35}

eŋ→ɤŋr

风儿 fɤŋr^{55}、裂缝儿 lie^{51} fɤŋr^{51}、声儿 ʂɤŋr^{55}、灯儿 tɤŋr^{55}、崩崩儿 peŋ^{55} pɤŋr^{55}、冒猛儿 mau^{51} mɤŋr^{55}、机凳儿 u^{55}tɤŋr^{51}

iŋ→iɤŋr

影儿 iɤŋr^{214}、冰儿 piɤŋr^{55}、饼儿 piɤŋr^{214}、井儿 tɕiɤŋr^{214}、小命儿 ɕiau^{214} miɤŋr^{51}、提醒儿 t^{h}i^{35} ɕiɤŋr^{214}、病儿 piɤŋr^{51}

ueŋ→uɤŋr

嗡嗡儿 ueŋ^{55}uɤŋr^{55}

aŋ→aŋr

小张儿 ɕiau^{214}tʂaŋr^{55}、不长儿 pu^{51}tʂ^{h}aŋr^{35}、茶缸儿 tʂ^{h}a^{35}kaŋr^{55}、鞋帮儿 ɕie^{35}paŋr^{55}、四方儿 sɿ^{51} faŋr^{55}、帮忙儿 paŋ^{55}maŋr^{35}、汤儿 t^{h}aŋr^{55}、小康儿 ɕiau^{214}k^{h}aŋr^{55}

iaŋ→iaŋr

有讲儿 iou^{35} tɕiaŋr^{214}、小羊儿 ɕiau^{214} iaŋr^{35}、喷香儿 p^{h}en^{51} ɕiaŋr^{55}、样儿 iaŋr^{51}、长相儿 tʂaŋ^{214} ɕiaŋr^{51}、杂粮儿 tsa^{35}liaŋr^{35}、酒量儿 tɕiou^{214}liaŋr^{51}、庄乡儿 tʂuaŋ^{55}ɕiaŋr^{55}

uaŋ→uaŋr

小王儿 ɕiau^{214}uaŋr^{35}、撒谎儿 sa^{55}xuaŋr^{214}、小疮儿 ɕiau^{214}tʂ^{h}uaŋr^{55}、借光儿 tɕie^{51}kuaŋr^{55}、盼望儿 p^{h}an^{51}uaŋr^{51}、床儿 tʂ^{h}uaŋr^{35}

oŋ→oŋr

帮工儿 paŋ^{55}koŋr^{55}、空儿 k^{h}oŋr^{51}、立冬儿 li^{51}toŋr^{55}、皮冻儿 p^{h}i^{35}toŋr^{51}、水桶儿 ʂuei^{35}t^{h}oŋr^{214}、化脓儿 xua^{51}noŋr^{35}、宗儿 tsoŋr^{55}、小葱儿 ɕiau^{214}ts^{h}oŋr^{55}、酒盅儿 tɕiou^{214}tʂoŋ^{55}、胡同儿 xu^{35}t^{h}oŋr^{51}

ioŋ→ioŋr

哭穷儿 k^{h}u^{55}tɕ^{h}ioŋr^{35}、蚕蛹儿 ts^{h}an^{35}ioŋr^{35}、有用儿 iou^{214}ioŋr^{51}

四、特殊字音

鹰手营子方言一些字的读音比较特殊，该方言跟普通话的声母、韵母、调类调值相同，具体字的读音基本一致，但也有一部分字的读音与普通话不同，如“俊”字在该方言念 tsuen^{51}，声母、韵母都与普通话不同。这些特殊字音的差别表现在声母、韵母、声调三个方面。

韵母不同的如：

惹 ʐuo^{214}	热 ʐuo^{51}
弱 ʐau^{51}	胚 p^{h}i^{55}
剖 p^{h}au^{55}	映 iaŋ^{55}
农、脓 neŋ^{35}	茧$_{老～}$ tɕiaŋ^{214}
劲 tɕin^{51}	弄$_{～坏}$ leŋ^{51}

声调不同的如：

剔 t^{h}i^{35}	脾 p^{h}i^{214}
僻 p^{h}i^{55}	跌 tie^{35}
侮 u^{55}	骨 ku^{35}
矩 tɕy^{51}	喻 y^{214}
窥 k^{h}uei^{51}	虽 suei^{35}
隧 suei^{35}	锐 ʐuei^{214}
几$_{～乎}$ tɕi^{214}	

声母不同的如：

谬$_{～论}$ niou^{51}	朵$_{一～}$ t^{h}uo^{214}
再、在 tai^{51}	朽 tɕ^{h}iou^{35}
庇 p^{h}i^{51}	厦$_{～门}$ ʂa^{51}
胞$_{同～}$ p^{h}au^{55}	箕$_{簸～}$ tɕ^{h}i
挨 nai^{55}	碍 nai^{51}
爱 nai^{51}	艾 nai^{51}
熬 nau^{35}	傲 nau^{51}
殴 nou^{55}	安 nan^{55}
鞍 nan^{55}	案 nan^{51}
岸 nan^{51}	鹌 nan^{55}
暗 nan^{51}	我 ne^{214}
矮 nai^{214}	言$_{不～声儿}$ nian^{35}
酽 nian^{51}	

该方言的一些字有多个读音，这种一字多音一部分跟通常所说的文白异读有关系，一部分则是新派与老派之间的差别。如：

拄 tʂu^{214} – tʂ^{h}u^{214}	娠 tʂ^{h}en^{35} – ʂeŋ^{55}
谋 mo^{35} – mou^{35}	陷$_{～入}$ ɕyan^{51} – ɕian^{51}
虏 lu^{35} – luo^{214}	宿$_{～舍儿}$ ɕy^{214} – su^{51}

捕 p^{h}u^{214} – pu^{214}
糙 tsau^{51} – ts^{h}au^{55}
允~许 ʐuen^{214} – yn^{214}
厕~所儿 tʂ^{h}e^{51} – ts^{h}e^{51}
唾~沫 t^{h}u^{51} – t^{h}uo^{51}
摞 luo^{51} – ^{35}
态~度 t^{h}ai$^{51-214}$
惭 ts^{h}an$^{214-35}$
嵌 tɕ^{h}ian$^{51-55}$
灿 ts^{h}an$^{51-214}$

粽 tseŋ^{51} – tsoŋ^{51}
腌 ʐan^{55} – ian^{55}
毙枪~ pi^{51} – pie^{214}
嫩 nen^{51} – len^{51}
谁 ʂei^{35} – ʂuei^{35}
痹 p^{h}i$^{51-35}$
违 uei$^{35-214}$
猜 ts^{h}ai$^{214-55}$
侵 tɕ^{h}in$^{55-214}$
炊~事员 tʂ^{h}uei$^{55-35}$

该方言的部分字在某些词中的读音与其通常的读音不同，如下面的词（括号里的音是该字通常的读音）：

端午 tan^{55} （tuan^{55}） u^{214}
屁股 p^{h}i^{51} ·xuo （ku^{214}）
喜鹊 ɕi^{214}tɕ^{h}iou^{55} （tɕ^{h}ye^{51}）
蠢虫 tʂ^{h}en^{214} （tʂ^{h}uen^{214}） tʂ^{h}oŋ^{35}
核桃 xe^{35} ·t^{h}ou （t^{h}au^{35}）
衣胞 ni^{55} （i^{55}） pau^{55}
匿名信 mi^{51} （ni^{51}） miŋ^{35}ɕin^{51}

端公子 tan^{55} （tuan^{55}） koŋ^{55} ·tsɿ
斑鸠 pan^{55}tɕ^{h}iou^{55} （tɕiou^{55}）
黄狼子 xuaŋ^{35}laŋ^{55} （laŋ^{35}） ·tsɿ
曲蟮 tɕ^{h}y^{214} ·tʂ^{h}a^{55} （ʂan^{51}）
溃脓 xuei^{51} （k^{h}uei^{51}） neŋ^{35}
暖和 laŋ^{214} （nuan^{214}） ·xuo
鼻涕 pi^{35} ·t^{h}iŋ （t^{h}i^{51}）

第二节　词　　汇

一、普通词汇

本节的每一个词条前面列出普通话义项，后面列出鹰手营子方言词语，并用国际音标注出实际读音。方言词语中有音无字或暂时考证不出本字的音节用“□”代替。如果词语中某字的读音跟其单字读音不同，则在该字的下面画上“ ﹏ ”线厕。如“厕所儿 tʂ^{h}e^{51} suɚ^{214}”，“厕”字单念 ts^{h}e^{51}，在“厕所”一词中念 tʂ^{h}e^{51}。助词“的”的实际音值为 də，量词“个”的实际音值为 kə，词尾“么”的实际音值为 mə，为了印刷方便，分别记作 te、ke、me。

（一）天文类

太阳	老爷儿 lau^{214}iɚ^{55}
	太阳 t^{h}ai^{51} ·iaŋ
	日头 ʐʅ^{51} · t^{h}ou
月亮	月亮 ye^{51} ·liaŋ
星星	星星 ɕiŋ^{55} ·ɕiŋ
天气	天儿 t^{h}iɐr^{55}
打雷	打雷 ta^{214}lei^{35}
打闪	打闪 ta^{35} ʂaŋ^{214}

下雨	下雨 ɕia^{51}y^{214}
下雪	下雪 ɕia^{51}ɕye^{214}
细雨	毛毛雨儿 mau^{35}mau^{35}yɚ^{214}
	牛毛雨儿 niou^{35}mau^{35}yɚ^{214}
化雪	雪化了 ɕye^{214}xua^{51} ·la
冰冻	冻冰 toŋ^{51}piŋ^{55}
薄冰	冻冰喳儿 toŋ^{51}piŋ^{55}tʂAr^{35}
下冰雹	下雹子 ɕia^{51}pau^{35} ·tsʅ
刮风	刮风 kua^{214}feŋ^{55}
旋风	旋风 ɕyan^{51}feŋ^{55}
云	云彩 yn^{35} ·ts^{h}ai
霞	霞 ɕia^{35}
	火烧云 xuo^{214}ʂau^{55}yn^{35}
虹	虹 tɕiaŋ^{51}
（二）地理类	
山	山 ʂan^{55}
河	河 xe^{35}
山坡	坡 p^{h}o^{55}
沟	沟儿 kour^{55}
尘土	尘土 tʂ^{h}en^{35}t^{h}u^{214}
石灰	石灰 ʂʅ^{35}xuei^{55}
	白灰 pai^{35}xuei^{55}
泥	泥 ni^{35}
泥泞	□ tʂ^{h}ua^{35}
	□ neŋ^{51}
土	土 t^{h}u^{214}
凉水	凉水 liaŋ^{35}ʂuei^{214}
	冷水 leŋ^{35}ʂuei^{214}
热水	热水 ʐuo^{51}ʂuei^{214}
	开水 k^{h}ai^{55}ʂuei^{214}
煤	煤 mei^{35}
煤油	煤油 mei^{35}iou^{35}
	灯油 teŋ^{55}iou^{35}
	火油 xuo^{214}iou^{35}
	洋油 iaŋ^{35}iou^{35}
锡	锡蜡 ɕi^{55}la^{51}
磁石	磁铁 ts^{h}ʅ^{35}t^{h}ie^{214}
	吸铁石 ɕi^{55}t^{h}ie^{214}ʂʅ^{35}
村子	村子 ts^{h}uen$^{55-214}$ ·tsʅ
	村儿 ts^{h}uɚ$^{55-214}$
农村	庄乡儿 tʂuaŋ^{55}ɕiaŋr^{55}

	乡村 ɕiaŋ^{55}ts^{h}uen^{55}
	农村 noŋ^{35}ts^{h}uen^{55}
集市	集 tɕi^{214}
胡同	胡同儿 xu^{35}t^{h}oŋr^{51}
（三）房舍类	
房子	房子 faŋ^{35}·tsɿ
屋子	屋子 u^{55}·tsɿ
正屋	正房 tʂeŋ^{51}faŋ^{35}
厢房	厢房 ɕiaŋ^{55}faŋ^{35}
屋檐	屋檐儿 u^{55}iɐr^{35}
门	门儿 mɚ^{35}
窗户	窗户 tʂ^{h}uaŋ^{55}·xu
门坎	门坎儿 men^{35}k^{h}ɐr^{214}
楼	楼 lou^{35}
厕所	毛房 mau^{35}faŋ^{35}
	茅屎窖子 mau^{35}ʂɿ^{214}tɕiau^{51}·tsɿ
	茅坑 mau^{35}k^{h}eŋ^{55}
	厕所儿 tʂ^{h}e^{51}suor^{214}
	便所儿 pian^{51}suor^{214}
厨房	厨房 tʂ^{h}u^{35}faŋ^{35}
烟囱	烟筒 ian^{55}·t^{h}oŋ
台阶	台阶儿 t^{h}ai^{35}tɕiɚ^{55}
阳台	阳台 iaŋ^{35}t^{h}ai^{35}
圈（猪、牛、羊）	圈 tɕyan^{51}
鸡圈	鸡窝 tɕi^{55}uo^{55}
（四）人物类	
男人	老爷们儿 lau^{214}ie^{35}·mɚ
	当家的 taŋ^{55}tɕia^{55}·te
	汉子 xan^{51}·tsɿ
	男的 nan^{35}·te
女人	女人 ny^{214}ʐen^{35}
	老娘们儿 lau$^{35-214}$nia^{35}·mɚ（指已婚的，贬）
	妇道人家 fu^{51}·tauʐen^{35}tɕia^{55}
小孩	小孩儿 ɕiau^{214}xɐr^{35}
男孩	儿子 ɚ^{35}·tsɿ
	小子 ɕiau^{214}·tsɿ
女孩	闺女 kuei^{55}·ny
	丫头 ia^{55}·t^{h}ou
	姑娘 ku^{55}·niaŋ
	千金 tɕ^{h}ian^{55}tɕin^{55}
老头	老头儿 lau^{214}t^{h}our^{35}

	老爷子 lau^{214}ie^{35} · tsɿ
	老头子 lau^{214}t^{h}ou^{35} · tsɿ
老太太	老太太 lau^{214}t^{h}ai^{51} · t^{h}ai
	老奶子 lau^{35}nai^{214} · tsɿ
	老婆子 lau^{214}p^{h}o^{35} · tsɿ（贬）
光棍	光棍儿 kuaŋ^{55} · kuɚ
	光棍子 kuaŋ^{55}kuen^{51} · tsɿ
	光棍儿汉 kuaŋ^{55}kuɚ^{51}xan^{51}
老处女	家闺儿老 tɕia^{55}kuɚ^{55}lau^{214}
寡妇	寡妇 kua^{214}fu^{51}
医生	先生 ɕian^{55} · ʂeŋ
	大夫 tai^{51} · fu
	郎中 laŋ^{35}tʂoŋ^{55}
厨师	厨子 tʂ^{h}u^{35} · tsɿ
	做菜的 tsuo^{51}ts^{h}ai^{51} · te
	大师傅 ta^{51} ʂʅ^{55} · fu
乞丐	要饭的 iau^{51}fan^{51} · te
	花子 xua^{55} · tsɿ
巫婆	神婆儿 ʂen^{35}p^{h}or^{35}
	跳大神儿的 t^{h}iau^{51}ta^{51} ʂʅ^{35} · te
	看香的 k^{h}an^{51}ɕiaŋ^{55} · te
	顶仙儿的 tiŋ^{214}ɕiɐr^{55} · te
神汉	端公子 tan^{55}koŋ^{55} · tsɿ
	神汉 ʂen^{35}xan^{51}
新郎	新女婿 ɕin^{55}ny^{214}ɕy^{55}
	新郎 ɕin^{55}laŋ^{35}
新娘	新娘子 ɕin^{55}niaŋ^{35} · tsɿ
	新媳妇 ɕin^{55} · ɕi fu^{51}
（五）称谓类	
爸爸	爹 tie^{55}
	爸爸 pa^{51} · pa
妈妈	娘 niaŋ^{35}
	妈 ma^{55}
岳父	丈人 tʂaŋ^{51} · ʐen
岳母	丈母娘 tʂaŋ^{51} · mu niaŋ^{35}
祖父	爷爷 ie^{35} · ie
祖母	奶奶 nai^{214} · nai
哥哥	哥哥 ke^{55} · ke
弟弟	弟弟 ti^{51} · ti
	兄弟 ɕioŋ^{55}ti^{51}
嫂子	嫂子 sau^{214} · tsɿ

弟媳	弟媳儿 ti^{51} · ɕi fur^{55}
姐姐	姐姐 tɕie^{214} · tɕie
妹妹	妹妹 mei^{51} · mei
	妹子 mei^{51} · ts ɿ
姐夫	姐夫 tɕie^{214}fu^{55}
妹夫	妹夫 mei^{51}fu^{55}
表姐	表姐 piau^{35}tɕie^{214}
表妹	表妹 piau^{214}mei^{51}
表兄	表哥 piau^{214}ke^{55}
表弟	表弟 piau^{214}ti^{5i}
义父	干爹 kan^{55}tie^{55}
义母	干妈 kan^{55}ma^{55}
义子	干儿子 kan^{55}ɚ^{35}. tsɿ
义女	干闺女 kan^{55}kuei^{55}. ny
伯父	大爷 ta^{51} · ie
伯母	大娘 ta^{51} · niaŋ
	大妈 ta^{51}ma^{55}
叔父	叔叔 ʂu^{55} · ʂu
婶娘	婶子 ʂen^{214} · tsɿ
	婶儿 ʂɚ^{214}
外公	姥爷 lau^{214} · ie
外婆	姥姥 lau^{214} · lau
儿子	儿子 ɚ^{35} · tsɿ
	小子 ɕiau^{214} · tsɿ
儿媳妇	儿媳妇儿 ɚ^{35}ɕi^{214} · fur
女儿	闺女 kuei^{55}. ny
	姑娘 ku^{55}. niaŋ
女婿	姑爷 ku^{55} · ie
	门婿 men^{35} · ɕy
舅父	舅舅 tɕiou^{51}· tɕiou
舅妈	舅母 tɕiou^{51}mu^{214}
	妗子 tɕin^{51}· tsɿ
姑母	姑姑 ku^{55}· ku
姑父	姑父 ku^{55} · fu
姨母	姨 i^{35}
姨父	姨父 i^{35}fu^{51}
弟兄	哥儿 kɚ^{55}
	哥儿们儿 kɚ^{55} · mɚ
姊妹	姐们儿 tɕie^{214} · mɚ
妯娌	妯娌 tʂou^{35}. li
连襟	连桥儿 lian^{35}tɕ^{h}iaur^{35}

孙子	孙子 suen^{55}. tsɿ
孙女	孙女儿 suen^{55}. nyɚ
丈夫	男人 nan^{35} · ʐen
	当家的 taŋ^{55} tɕia^{55} · te
	爷们儿 ie^{35} · m ɚ
	汉子 xan^{51} · tsɿ
妻子	媳妇儿 ɕi^{214}fuɚ^{51}
	老婆 lau^{214}p^{h}o^{35}
	老娘们儿 lau^{214}nia^{35} · mɚ（贬）
	老伴儿 lau^{214}pɐr^{51}
	家里的 tɕia^{55}li^{51} · te（指自己的妻子）
（六）红白喜事类	
结婚	成婚 tʂ^{h}eŋ^{35}xuen^{55}
	结婚 tɕie^{35}xuen^{55}
订婚	订亲 tiŋ^{51}tɕ^{h}in^{55}
聘礼	彩礼 ts^{h}ai^{35}li^{214}
娶妻	娶媳妇儿 tɕ^{h}y$^{35-214}$ɕi^{214}fuɚ^{51}
出嫁	出门子 tʂ^{h}u^{55}men^{35} · tsɿ
	出聘 tʂ^{h}u^{55}p^{h}in^{51}
	出阁 tʂ^{h}u^{55}ke^{35}
改嫁	再嫁 tsai^{51}tɕia^{51}
	再婚 tsai^{51}xuen^{55}
	走道儿 tsou^{214}taur^{51}
入赘	倒插门儿 tau^{51}tʂ^{h}a^{55}mɚ^{35}
棺材	棺材 kuan^{55} · ts^{h}ai
寿衣	装老衣服 tʂuaŋ^{55}lau^{214}i^{55}. fu
埋葬	安葬 nan^{55}tsaŋ^{51}
	发送 fa^{55} · soŋ
坟墓	坟头儿 fen^{35}t^{h}our^{35}
（七）身体类	
头	脑瓜子 nau^{214}kua^{55} · tsɿ
	脑瓜儿 nau^{214}kuAr^{55}
	头 t^{h}ou^{35}
脸	脸 lian^{214}
	面 mian^{51}
	盘儿 p^{h}ɐr^{35}（特指小孩脸）
天灵盖	脑瓜盖儿 nau^{214}kua^{55}kɐr^{51}
	脑门子 nau^{214}men^{35} · tsɿ
鼻子	鼻子 pi^{35} · tsɿ
眼睛	眼睛 ian^{214}tɕiŋ^{55}
眼珠	眼珠子 ian^{214}tʂu^{55} · tsɿ

耳朵	耳头 ɚ^{214}t^{h}ou^{35}
舌头	舌头 ʂe^{35} · t^{h}ou
泪水	眼泪 ian^{214}lei^{51}
鼻涕	鼻子 pi^{35} · tsɿ
	鼻涕 pi^{35} · t^{h}iŋ
	鼻涕 pi^{35} · t^{h}i
口水	哈砬子 xa^{55}la^{35} · tsɿ
尿	口 suei^{55}
	尿 niau^{51}
眼屎	眵模糊 tʂ^{h}ʅ^{55}mo^{55}xu^{55}
耳屎	耳蚕 ɚ^{214}ts^{h}an^{35}
脖子	脖梗子 po^{35}keŋ^{214} · tsɿ
胳膊	胳膊 ke^{55} · po
	胳臂 ke^{55} · pei
左手	左手 tsuo^{35} ʂou^{214}
	反手 fan^{35} ʂou^{214}
右手	右手 iou^{51} ʂou^{214}
	正手 tʂəŋ^{51} ʂou^{214}
手指	手指头 ʂou^{35}tʂʅ^{214} · t^{h}ou
拇指	大拇指 ta^{51}mu^{35}tʂʅ^{214}
	大拇哥 ta^{51}mu^{214}ke^{55}
食指	二拇手指头 ɚ^{51}mu^{35} ʂou^{35}tʂʅ^{214} · t^{h}ou
中指	中指 tʂoŋ^{55}tʂʅ^{214}
无名指	四拇手指头 sɿ^{51}mu^{214} ʂou^{35}tʂʅ^{214} · t^{h}ou
小指	小拇手指头 ɕiau^{35}mu^{214} ʂou^{35}tʂʅ^{214} · t^{h}ou
指甲	指甲盖儿 tʂʅ^{55}tɕia^{55}kɐr^{51}
屁股	屁股 p^{h}i^{51} · xuo
	屁股蛋子 p^{h}i^{51} · xuo tan^{51} · tsɿ
腿	腿 t^{h}uei^{214}
膝盖	膊棱盖儿 po^{55}leŋ^{55}kɐr^{51}
嘴唇	嘴唇 tsuei^{214}tʂ^{h}uen^{35}
（八）疾病类	
生病	闹病 nau^{51}piŋ^{51}
	长病 tʂaŋ^{214}piŋ^{51}
	闹包罕儿 nau^{51}pau^{55}xɐr
	不舒坦 pu^{51}ʂu^{55} · t^{h}an
	不合适 pu^{51}xe^{35}ʂʅ^{51}
拉肚	闹肚子 nau^{51}tu^{51} · tsɿ
	拉稀 la^{55}ɕi^{55}
	跑肚 p^{h}au^{214}tu^{51}
	拉痢 la^{55}li^{51}

恶心	闹心 nau^{214}ɕin^{55}
疟疾	发疟子 fa^{55}iau^{51}. tsɿ
	打摆子 ta^{35}pai^{214}. tsɿ
瘸子	瘸子 tɕʰie^{35}. tsɿ
	拐子 kuai^{214} · tsɿ
驼背	罗锅 luo^{35}kuo^{55}
	罗锅子 luo^{35}kuo^{55} · tsɿ
感染	□发 nau^{55} · fa
死	死 sɿ^{214}
	老了 nau^{214} · la
	过去了 kuo^{51}tɕʰy^{51} · la
	没了 mei^{35} · la
	下世了 ɕia^{51} ʂʅ^{51} · la
	去逝了 tɕʰy^{51} ʂʅ^{51} · la
	故逝了 ku^{51} ʂʅ^{51} · la
	享福去了 ɕiaŋ^{214}fu^{35}tɕʰy^{51} · la
	省心去了 ʂeŋ^{214}ɕin^{55} tɕʰy^{51} · la
看病	瞧病 tɕʰiau^{35}piŋ^{51}
	□病 tʂʰou^{35}piŋ^{51}
病情减轻了	好点儿了 xau^{35}tiɐr^{214} · la
	轻点儿了 tɕʰiŋ^{55}tiɐr^{214} · la
	好些儿了 xau^{214}ɕiɚ^{55} · la
（九）日常用品类	
衣服	衣裳 i^{55} · ʂaŋ
扣子	扣儿 kʰour^{51}
小孩用涎布	围嘴子 uei^{35}tsuei^{214} · tsɿ
	护大襟 xu^{51}ta^{51}tɕin^{51}
	转阁拉子 tʂuan^{51}ke^{55}la^{214} · tsɿ
尿布	褯子 tɕie^{51} · tsɿ
毛巾	手巾 ʂou^{214}tɕin^{55}
肥皂	胰子 i^{35} · tsɿ
香皂	香胰子 ɕiaŋ^{55}i^{35} · tsɿ
单人小凳	杌凳儿 u^{55}tɤŋr^{51}
桌子	桌子 tʂuo^{55} · tsɿ
抽屉	抽屉儿 tʂʰou^{55} · tʰiɚ
印章	戳子 tʂʰuo^{55} · tsɿ
浆糊	糨子 tɕiaŋ^{51} · tsɿ
火柴	洋火 iaŋ^{35}xuo^{214}
	取灯儿 tɕʰy^{214}tɤŋr^{55}
	火柴 xuo^{214}tʂʰai^{35}
抹布	搌布 tʂan^{214}pu^{51}

	抹布 ma^{55}pu^{51}
	代手 tai^{51} ʂou^{214}
筷子	筷子 k^{h}uai^{51} · tsɿ
碗	碗儿 uɐr^{214}
碟子	碟儿 tiɚ^{35}
	盘儿 p^{h}ɐr^{35}
锅	锅 kuo^{55}
灶	灶火 tsau^{51}. xuo
瓶子	瓶儿 p^{h}iɚ^{35}
盆子	盆儿 p^{h}ɚ^{35}
洗脸毛巾	手巾 ʂou^{214}tɕin^{55}
簸箕	簸箕 po^{51} · tɕ^{h}i
扫帚	笤帚 t^{h}iau^{35} · tʂou
槌子	槌子 tʂ^{h}uei^{35} · tsɿ
	榔头 laŋ^{35} · t^{h}ou
锄头	锄 tʂ^{h}u^{35}
杯子	茶杯 tʂ^{h}a^{35}pei^{55}
水瓢	水瓢 ʂuei^{214}p^{h}iau^{35}
水缸	水缸 ʂuei^{214}kaŋ^{55}
坛子	坛子 t^{h}an^{35} · tsɿ
绳子	绳子 ʂeŋ^{35} · tsɿ
自行车	洋车子 iaŋ^{35}tʂ^{h}e^{55} · tsɿ
	自行车儿 tsɿ^{51}ɕiŋ^{35}t^{h}ɚ^{55}
	洋驴子 iaŋ^{35}ly^{35} · tsɿ
车轮	轮子 luen^{35} · tsɿ
	轱辘 ku^{55} · lu
摩托车	电驴子 tian^{51}ly^{35} · tsɿ
	摩托 mo^{35} · t^{h}uo
	摩托车 mo^{35} · t^{h}uo tʂ^{h}e^{55}
雨伞	伞 san^{214}

(十）饮食类

早饭	早晨饭 tsau^{214}tʂ^{h}en^{35}fan^{51}
	早下饭 tsau^{214}ɕia^{51}fan^{51}
午饭	中午饭 tʂoŋ^{55}u^{214}fan^{51}
	晌午饭 ʂaŋ$^{35-21}$u^{214}fan^{51}
晚饭	晚饭 uan^{214}fan^{51}
	后晌饭 xou^{51} ʂaŋ^{214}fan^{51}
米饭	米饭 mi^{214}fan^{51}
	大米饭 ta^{51}mi^{214}fan^{51}
面条	面条儿 mian^{51}t^{h}iaur^{35}
热汤面	原汤面 yan^{35}t^{h}aŋ^{55}mian^{51}

捞面	捞面 lau^{55}mian^{51}（含打卤面、麻酱面）
面粉	白面 pai^{35}mian^{51}
馒头	馒头 man^{35}·t^{h}ou
包子	包子 pau^{55}·tsɿ
馄饨	馄饨 xuen^{35}tuen^{51}
饺子	饺子 tɕiau^{214}·tsɿ
	水饺 ʂuei^{35}tɕiau^{214}
粉条	粉条儿 fen^{214}t^{h}iaur^{35}
	粉 fen^{214}
细粉条	细粉 ɕi^{51}fen^{214}
宽粉条	宽粉 k^{h}uan^{55}fen^{214}
粉丝	汤粉 t^{h}aŋ^{55}fen^{214}
	油丝粉 iou^{35}sɿ^{55}fen^{214}
菜	菜 ts^{h}ai^{51}
醋	醋 ts^{h}u^{51}
酱油	酱油 tɕiaŋ^{51}iou^{35}
香油	香油 ɕiaŋ^{55}iou^{35}
	芝麻油 tʂʅ^{55}·ma iou^{35}
猪油	荤油 xuen^{55}iou^{35}
盐	盐 ian^{35}
	咸盐 ɕian^{35}ian^{35}
白酒	白酒 pai^{35}tɕiou^{214}
	烧酒 ʂau^{55}tɕiou^{214}
淀粉	淀粉 tian^{51}fen^{214}
	粉淀子 fen^{214}tian^{51}·tsɿ
	团粉面儿 t^{h}uan^{35}fen^{214}miɐr^{51}
泔水	泔水 kan^{55}ʂuei^{214}

（十一）动物类

牲畜	牲口 ʂeŋ^{55}. k^{h}ou
种猪	公猪 koŋ^{55}tʂu^{55}
	跑砬子 pau^{214}la^{35}·tsɿ
	牙猪 ia^{35}tʂu^{55}
小公猪	豵儿 tsɤŋr^{51}（已阉）
	小跑砬子 ɕiau^{35}pau^{214}la^{35}·tsɿ（未阉）
	小牙猪 ɕiau^{214}ia^{35}tʂu^{55}
母猪	老窠儿 lau^{214}k^{h}ɚ^{55}
半大猪	窠□ k^{h}e^{55}·lan
公牛	牤牛 maŋ^{55}niou^{35}
	公牛 koŋ^{55}niou^{35}
已阉公牛	犍子 tɕian^{55}·tsɿ
母牛	母牛 mu^{214}niou^{35}

	乳牛 ʐu^{214}niou^{35}
公马	儿马子 ɚ^{35}ma^{214}. tsɿ
已阉公马	骟马 ʂan^{51}ma^{214}
母马	母马 mu^{35}ma^{214}
	骒马 kʰe^{51}ma^{214}
公驴	叫驴 tɕiau^{51}ly^{35}
已阉公驴	骟驴 ʂan^{51}ly^{35}
母驴	草驴 tsʰau^{214}ly^{35}
公狗	牙狗 ia^{35}kou^{214}
母狗	母狗 mu^{35}kou^{214}
公猫	郎猫 laŋ^{35}mau^{55}
母猫	女猫 ny^{214}mau^{55}
公鸡	公鸡 koŋ^{55}tɕi^{55}
母鸡	草鸡 tsʰau^{214}tɕi^{55}
鸭子	鸭子 ia^{55}. tsɿ
鸟	鸟儿 niaur^{214}
	雀 tɕʰiau^{214}
麻雀	家雀儿 tɕia^{55}tɕʰiaur^{214}
	山麻雀儿 ʂan^{55}ma^{35}tɕʰiaur^{214}
大雁	雁 ian^{51}
燕子	燕儿 iɐr^{51}
乌鸦	老鸹 lau^{214}kua^{55}
斑鸠	斑鸠 pan^{55}tɕʰiou^{55}
喜鹊	喜鹊 ɕi^{214}tɕʰiou^{55}
鸽子	鸽子 ke^{55} · tsɿ
老鹰	鹰 iŋ^{55}
	老鹞子 lau^{214}iau^{51} · tsɿ
雉（野鸡）	山鸡 ʂan^{55}tɕi^{55}
	野鸡 ie^{214}tɕi^{55}
野兽	野兽 ie^{214} ʂou^{51}
老虎	虎 xu^{214}
豹	豹 pau^{51}
	豹子 pau^{51} · tsɿ
狼	狼羔子 laŋ^{35}kau^{55} · tsɿ
	口口 lai^{55} · tei
狐狸	狐狸 xu^{35} · li
黄鼠狼	黄狼子 xuaŋ^{35}laŋ^{55} · tsɿ
	臊耗子 sau^{55}xau^{51} · tsɿ
蛇	长虫 tʂʰaŋ^{35} · tʂʰoŋ
	蠢虫 tʂʰen^{214} tʂʰoŋ^{35}
老鼠	耗子 xau^{51} · tsɿ

虫子	虫子 tʂʰoŋ^{35} · tsɿ
蚯蚓	曲蟮 tɕʰy^{214} · tʂʰa^{55}
蚂蚁	蚂蚁 ma^{214}i^{35}
蚂蜂	蚂蜂 ma^{214}feŋ^{55}
苍蝇	蝇子 iŋ^{35} · tsɿ
蚊子	蚊子 uen^{35} · tsɿ
蜘蛛	蛛蛛 tʂu^{35} · tʂu
虱子	虱子 ʂʅ^{55} · tsɿ
跳蚤	跳子 tʰiau^{51} · tsɿ
蜩	鸣鸣哇 miŋ^{35}miŋ^{35}ua^{55}
	知了 tʂʅ^{55} · liau
蛐蛐	蛐蛐儿 tɕʰy^{55} · tɕʰyɚ
蝈蝈	蝈蝈儿 kuo^{55}. kuor
蚂蚱	蚂蚱 ma^{51}. tʂa
螳螂	刀螂 tau^{55}. laŋ
鱼	鱼 y^{35}
（十二）植物类	
麦子	麦子 mai^{51} · tsɿ
荞麦	荞麦 tɕʰiau^{35}mai^{51}
大米	大米 ta^{51}mi^{214}
玉米	棒子 paŋ^{51} · tsɿ
高粱	高粱 kau^{55} · liaŋ
小米	小米儿 ɕiau^{35}miɚ^{214}
大豆	黄豆 xuaŋ^{35}tou^{51}
红小豆	红小豆 xoŋ^{35}ɕiau^{214}tou^{51}
绿小豆	绿豆 ly^{51}tou^{51}
蚕豆	蚕豆 tsʰan^{35}tou^{51}
葵花	转金莲 tʂuan^{51}tɕin^{55}lian^{35}
	向日葵 ɕiaŋ^{51}ʐʅ^{51}kʰuei^{35}
葱头	葱头 tsʰoŋ^{55}tʰou^{35}
	洋葱头 iaŋ^{35}tsʰoŋ^{55}tʰou^{35}
大蒜	蒜 suan^{51}
小葱	小葱 ɕiau^{214}tsʰoŋ^{55}
菠菜	菠菜 po^{55}tsʰai^{51}
洋白菜	甘兰 kan^{55}lan^{35}
	疙瘩白 ka^{55} · ta pai^{35}
	大头菜 ta^{51}tʰou^{35}tsʰai^{51}
	圆白菜 yan^{35}pai^{35}tsʰai^{51}
西红柿	洋柿子 iaŋ^{35} ʂʅ^{55} · tsɿ
	西红柿 ɕi^{55}xoŋ^{35} ʂʅ^{51}
茄子	茄子 tɕʰie^{35} · tsɿ

红薯	红薯 xoŋ^{35} ʂu^{214}
	白薯 pai^{35} ʂu^{214}
	地瓜 ti^{51} kua^{55}
	山药 ʂan^{55} · iau
土豆	土豆 t^{h}u^{214} tou^{51}
辣椒	辣椒 la^{51} tɕiau^{55}
地梨儿	地梨儿 ti^{51} liɚ^{35}
	地环儿 ti^{51} xuɐr^{35}
核桃	核桃 xe^{35} · t^{h}ou
板栗	栗子 li^{51} · tsɿ

（十三）日常生活类

事情	事儿 ʂɚ^{51}
	事情 ʂʅ^{51} · tɕ^{h}iŋ
东西	东西 toŋ^{55} · ɕi
地方	地方儿 ti^{51} · faŋr
原因	原因 yan^{35} in^{55}
声音	声音 ʂeŋ^{55} in^{55}
	声儿 ʂɤŋr^{55}
	音儿 iɚ^{55}
味道	滋味儿 tsɿ^{55} uɚ^{51}
	味儿 uɚ^{51}
颜色	颜色 ian^{35} · ʂai
	色儿 ʂɚ^{214}
长相	模样儿 mo^{35} iaŋr^{51}
	长相 tʂaŋ^{214} ɕiaŋ^{51}
	相貌 ɕiaŋ^{51} · mau
年龄	岁数儿 suei^{51} · ʂur
	年纪 nian^{35} · tɕi
工作	工作 koŋ^{55} tsuo^{51}
	事儿 ʂɚ^{51}
	活儿 xuor^{35}
	活计 xuo^{35} tɕi^{51}

（十四）时令时间类

端午	端午 tan^{55} u^{214}
	五月节 u^{214} ye^{51} tɕie^{214}
中秋节	八月节 pa^{55} ye^{51} tɕie^{214}
	八月十五 pa^{55} ye^{51} ʂʅ^{35} u^{214}
大年三十	三十儿 san^{55} ʂɚ^{35}
	年三十儿 nian^{35} san^{55} ʂɚ^{35}
三十晚上	年五更 nian^{35} u^{214} tɕiŋ^{55}
正月初一	大年初一 ta^{51} nian^{35} tʂ^{h}u^{55} i^{55}

	正月初一 tʂeŋ^{55}ye^{51}tʂ^{h}u^{55}i^{55}
	大初一 ta^{51}tʂ^{h}u^{55}i^{55}
过年	过年 kuo^{51}nian^{35}
	新年 ɕin^{55}nian^{35}
正月十五	正月十五 tʂeŋ^{55}ye^{51} ʂʅ^{35}u^{214}
	元宵节 yan^{35}ɕiau^{55}tɕie^{214}
清明节	清明节 tɕ^{h}iŋ^{55}miŋ^{35}tɕie^{214}
	寒食节 xan^{35} ʂʅ^{35}tɕie^{214}
十月初一	鬼节 kuei^{214}tɕie^{35}
时间	时会儿 ʂʅ^{35} · xuɚ
	时候儿 ʂʅ^{35} · xour
今年	今年 tɕin^{55} · nian
明年	明年 miŋ^{35} · nian
	过年 kuo^{51} · nian
	来年 lai^{35} · nian
去年	去年 tɕ^{h}y^{51} · nian
	上年 ʂaŋ^{51} · nian
	头年 t^{h}ou^{35} · nian
往年	前儿年 tɕ^{h}ian^{35}tɕi^{214} · nian
今天	今天 tɕin^{55}t^{h}ian^{55}
	今儿个 tɕiɚ^{55} · ke
明天	明天 miŋ^{35}t^{h}ian^{55}
	明儿个 mɤŋr^{35} · ke
后天	后天 xou^{51}t^{h}ian^{55}
	后儿个 xour^{51} · ke
大后天	大后天 ta^{51}xou^{51}t^{h}ian^{55}
	大后个儿 ta^{51}xou^{51} · kɚ
昨天	昨天 tsuo^{35}t^{h}ian^{55}
	昨儿个儿 tsuor^{35} · kɚ
	夜儿个儿 iɚ^{51} · kɚ
	列儿个儿 liɚ^{51} · kɚ
前天	前儿个 tɕ^{h}iɚ^{35} · ke
上午	上午 ʂaŋ^{51}u^{214}
	前晌儿 tɕ^{h}ian^{35} ʂaŋr^{214}
下午	下午 ɕia^{51}u^{214}
	后晌儿 xou^{51} ʂaŋr^{214}
中午	中午 tʂoŋ^{55}u^{214}
	晌午 ʂaŋ^{35}u^{214}
早晨	清早儿 tɕ^{h}iŋ^{55}tsaur^{214}
白天	白天 pai^{35}t^{h}ian^{55}
	白日儿 pai^{35} · ʐɚ

黄昏	擦黑儿 ts^{h}a^{55}xɚ^{55}
	老爷儿没 lau^{214}iɚ^{55}mo^{51}
	傍黑儿 paŋ^{55}xɚ^{55}
	傍黑前儿 paŋ^{55}xei^{55}tɕ^{h}iɚ^{35}
晚上	后晌 xou^{51} · ʂaŋ（老）
	晚上 uan^{214} · ʂaŋ（新）
（十五）方位类	
上面	上边儿 ʂaŋ^{51} · piɐr
	上面儿 ʂaŋ^{51} · miɐr
下面	下边儿 ɕia^{51} · piɐr
	下面儿 ɕia^{51} · miɐr
上头	上头 ʂaŋ^{51} · t^{h}ou
底下	底下 ti^{214} · ɕia
左边	左边儿 tsuo^{214}piɐr^{55}
	左面儿 tsuo^{214} · miɐr
右边	右边儿 iou^{51}piɐr^{55}
	右面儿 iou^{51} · miɐr
中间	中间 tʂoŋ^{55}tɕian^{55}
	当间儿 taŋ^{55} · tɕiɐr
	当中 taŋ^{55}tʂoŋ^{55}
里面	里面儿 li^{214}miɐr^{51}
	里边儿 li^{214}piɐr^{55}
	里头 li^{214} · t^{h}ou
外面	外面儿 uai^{51}miɐr^{51}
	外边儿 uai^{51}piɐr^{55}
	外头 uai^{51} · t^{h}ou
前面	前头 tɕ^{h}ian^{35} · t^{h}ou
	前面儿 tɕ^{h}ian^{35}miɐr^{51}
	前边儿 tɕ^{h}ian^{35}piɐr^{55}
后面	后头 xou^{51} · t^{h}ou
	后面儿 xou^{51}miɐr^{51}
	后边儿 xou^{51}piɐr^{55}
旁边	旁边儿 p^{h}aŋ^{35}piɐr^{55}
附近	跟前儿 ken^{55}tɕ^{h}iɐr^{35}
（十六）代词类	
我	我 ne^{214}（少数人用）
	我 uo^{214}
你	你 ni^{214}
他	他 t^{h}a^{55}
我们	□们 uan^{214} · men
咱们	□们 tsan^{35} · men

你们	您们 nin^{214} · men
	你们 ni^{214} · men
他们	他们 t^{h}a^{55} · men
	□们 t^{h}an^{55} · men
您	您 nin^{214}
大家	大家 ta^{51}tɕia^{55}
	大伙儿 ta^{51}xuor^{214}
什么	什么 ʂen^{35} · men
	啥 ʂa^{35}
这	这 tʂe^{51}
	□tʂei^{51}
	□tʂeŋ^{51}
这些	这些 tʂe^{51}ɕie^{55}
	□些 tʂei^{51}ɕie^{55}
	□些 tʂeŋ^{51}ɕie^{55}
这么	□么 tʂeŋ^{51} · me
那	那 na^{51}
	□nei^{51}
	□neŋ^{51}
那些	那些 na^{51}ɕie^{55}
	□些 nei^{51}ɕie^{55}
	□些 neŋ^{51}ɕie^{55}
谁	谁 ʂei^{35}
	谁 ʂuei^{35}
何时	什么时候 ʂen^{35} · me ʂʅ^{35} · xou
	啥时候 ʂa^{35}ʂʅ^{35} · xou
	多前儿 tuo^{55}tɕ^{h}iɐr^{35}
	多会儿 tuo^{55} · xuɚ
	□会儿 nei^{214} · xuɚ
怎么	怎么 tsen^{214} · me
哪里	哪儿 nAr^{214}
何地	啥地方儿 ʂa^{35}ti^{51} · faŋr

（十七）数字类

一	一 i^{55}
二	二 ɚ^{51}
三	三 san^{55}
四	四 sʅ^{51}
五	五 u^{214}
六	六 liou^{51}
七	七 tɕ^{h}i^{55}
八	八 pa^{55}

九	九 tɕiou^{214}
十	十 ʂʅ^{35}
百	百 pai^{214}
千	千 tɕʰian^{55}
万	万 uan^{51}
亿	亿 i^{51}
一个	一个 i^{35}. ke
两个	俩 lia^{214}
三个	□sa^{55}
七个	七个 tɕʰi^{35}. ke
八个	八个 pa^{35}. ke
第一	第一 ti^{51}i^{55}
第二	第二 ti^{51}ɚ^{51}
第三	第三 ti^{51}san^{35}

（十八）表量类

位（客人）	位 uei^{51}
个（人）	个 ke^{51}
双（鞋）	双 ʂuaŋ^{55}
床（席子）	领 liŋ^{214}
床（被子）	床 tʂʰuaŋ^{35}
条（蛇）	条 tʰiau^{35}
条（路）	条 tʰiau^{35}
条（鱼）	条 tʰiau^{35}（多数人用） 尾 uei^{214}（少数人用）
把（刀）	把 pa^{214}（多数人用） 口 kʰou^{214}（少数人用）
支（笔）	支 tʂʅ^{55} 管 kuan^{214} 杆 kan^{214}
把（锄头）	把 pa^{214}
把（米）	把 pa^{214}
根（草）	根儿 kɚ^{55}
根（树）	棵 kʰe^{55}
片（叶子）	片儿 pʰiɚ^{51}
栋（房子）	处 tʂʰu^{51}
块（地）	块儿 kʰuɚ^{214}
斤（粮食）	斤 tɕin^{55}
两（粮食）	两 liaŋ^{214}
本（书）	本儿 pɚ^{214}
支（枪）	支 tʂʅ^{55}
支（钢笔）	支 tʂʅ^{55}

支（铅笔）	根儿 kɚ^{55}
坨（面团）	疙瘩 ka^{55}. ta
堆（土）	堆 tuei^{55}
粒（米）	粒儿 liɚ^{51}
座（桥）	座 tsuo^{51}
座（山）	座 tsuo^{51}
盏（灯）	盏 tʂan^{214}
户（人家）	户 xu^{51}
封（信）	封 feŋ^{55}
张（纸）	张 tʂaŋ^{55}
朵（花）	朵 t^{h}uo^{214}
捆（柴、草）	捆儿 k^{h}uɚ^{214}
	扛 k^{h}aŋ^{35}
辆（汽车）	辆 liaŋ^{51}
架（马车）	挂 kua^{51}
	辆 liaŋ^{51}
辆（小卧车）	部 pu^{51}
	辆 liaŋ^{51}
头（牛）	条 t^{h}iau^{35}
	头 t^{h}ou^{35}
头（猪）	口 k^{h}ou^{214}（多数人用）
	头 t^{h}ou^{35}（少数人用）
只（小船）	条 t^{h}iau^{35}
	只 tʂʅ^{55}
只（鸡）	只 tʂʅ^{55}
只（羊）	只 tʂʅ^{55}
只（猫）	只 tʂʅ^{55}
只（狗）	条 t^{h}iau^{35}
只（兔子）	只 tʂʅ^{55}
匹（马）	匹 p^{h}i^{35}
批（人）	波儿 por^{55}
串（葡萄）	嘟噜 tu^{55} · lu
趟（去一趟）	趟 t^{h}aŋ^{51}
	次 ts^{h}ɿ^{51}
	回 xuei^{35}
遍（几遍）	遍 pian^{51}
下（打一下）	下儿 çiAr^{51}
顿（吃一顿）	顿 tuen^{51}
	顿儿 tuɚ^{51}

（十九）动作行为类

吃饭	吃饭 tʂ^{h}ʅ^{55}fan^{51}

喝茶	喝茶 xe^{55}tʂʰa^{35}
洗脸	洗脸 ɕi^{35}lian^{214}
擤	擤 ɕiŋ^{214}
解手	上茅房 ʂaŋ^{51}mau^{35}faŋ^{35}
解小便	撒尿 sa^{55}niau^{51}
	撒尿 sa^{55}suei^{55}
解大便	拉屎 la^{55}ʂʅ^{214}
聊天	唠嗑儿 lau^{51}kʰɚ^{55}
	拉话儿 la^{35}·xuAr
	聊天儿 liau^{35}tʰiɐr^{55}
	扯闲篇儿 tʂʰe^{214}ɕian^{35}pʰiɐr^{55}
吹牛	吹牛皮 tʂʰuei^{55}niou^{35}pʰi^{35}
	侃大山 kʰan^{214}ta^{51}ʂan^{55}
筛（米）	筛 ʂai^{55}
沉默	不说话 pu^{55}ʂuo^{55}xua^{51}
	不言声儿 pu^{51}nian^{35}ʂɤŋr^{55}
	不言语 pu^{51}ian^{35}y^{214}
	不吭气儿 pu^{55}kʰeŋ^{55}tɕʰiɚ^{51}
	不吱声儿 pu^{55}tʂʅ^{55}ʂɤŋr^{55}
没关系	没关系 mei^{35}kuan^{55}·ɕi
	不要紧 pu^{55}iau^{51}tɕin^{214}
	不碍事儿 pu^{55}nai^{51}ʂɚ^{51}
遇见	碰着 pʰeŋ^{51}·tʂau
	看见 kʰan^{51}·tɕian
	见着 tɕian^{51}·tʂau
遗失	丢了 tiou^{55}·la
找见	找着了 tʂau^{214}tʂau^{35}·la
	找见了 tʂau^{214}tɕian^{51}·la
拣起来	拣起来 tɕian^{35}tɕʰi^{214}lai^{35}
	拿起来 na^{35}tɕʰi^{214}lai^{35}
	拾起来 ʂʅ^{35}tɕʰi^{214}lai^{35}
提起来	提起来 tʰi^{35}tɕʰi^{214}lai^{35}
	拿起来 na^{35}tɕʰi^{214}lai^{35}
	提溜起来 ti^{55}liou^{55}tɕʰi^{214}lai^{35}
挑选	挑 tʰiau^{55}
	选 ɕyan^{214}
	拣 tɕian^{214}
欠	该 kai^{55}
	欠 tɕʰian^{51}
	差 tʂʰa^{51}
	短 tuan^{214}

做生意	做生意 tsuo^{51} ʂeŋ^{55} ·i
	做买卖 tsuo^{51} mai^{214} ·mai
称量	口口 iau^{55} ·iau
	称称 tʂʰeŋ^{55} ·tʂʰeŋ
收拾	拾掇 ʂʅ^{35} ·tuo
	缕口 ly^{214} ·kuo
	归整 kuei^{55} tʂeŋ^{214}
	整理 tʂeŋ^{35} li^{214}
兑（水）	搀 tʂʰan^{55}
	搁 ke^{55}
放手	放手 faŋ^{51} ʂou^{214}
	撒手 sa^{55} ʂou^{214}
	松手 soŋ^{55} ʂou^{214}
搁置	放 faŋ^{51}
	搁 ke^{55}
	撂 liau^{51}
歇息	歇歇儿 ɕie^{55} ·ɕiɚ
	呆会儿 tai^{55} ·xuɚ
	缓缓劲儿 xuan^{214} ·xuan tɕiɚ^{51}
打瞌睡	打盹儿 ta^{35} tuɚ^{214}
摔倒	跌倒 tie^{35} tau^{214}
	摔倒 ʂuai^{55} tau^{214}
	口倒 kʰa^{55} tau^{214}
玩耍	玩儿 uɐr^{35}
知道	明白 miŋ^{35} ·pai
	清楚 tɕʰiŋ^{55} ·tʂʰu
	知道 tʂʅ^{55} tau^{51}
懂	懂 toŋ^{214}
	明白 miŋ^{35} ·pai
	知道 tʂʅ^{55} tau^{51}
不知道	知不道 tʂʅ^{55} pu ·tau^{51}
小心	留神 liou^{35} ʂen^{35}
	小心 ɕiau^{214} ɕin^{55}
	在意一点儿 tsai^{51} ·i i^{55} tiɐr^{214}
	口在 tɕie^{51} ·tsai
惦记	惦记 tian^{51} ·tɕi
	惦念 tian^{51} ·lian
听	听 tʰiŋ^{55}
闻	闻 uen^{35}
怀孕了	大肚子了 ta^{51} tu^{51}. tsʅ. la
	怀上了 xuai^{35} ʂaŋ^{51}. la

分娩	生 ʂeŋ^{55}
（二十）性质状态类	
冷	冷 leŋ^{214}
热	热 ʐuo^{51}
暖和	暖和 laŋ^{214}. xuo
软（食物）	软和 ʐuan^{214}. xuo
硬（食物）	硬 iŋ^{51}
新	新 ɕin^{55}
旧	旧 tɕiou^{51}
新鲜的（饭）	新做的 ɕin^{55}tsuo^{51}. te
剩的（饭）	剩的 ʂeŋ^{51}. te
高	高 kau^{55}
矮	矬 tsʰuo^{35}
长	长 tʂʰaŋ^{35}
短	短 tuan^{214}
粗	壮 tʂuaŋ^{51}
	粗 tsʰu^{55}
细	细 ɕi^{51}
厚	厚 xou^{51}
薄	薄 pau^{35}
重	沉 tʂʰen^{35}
轻	轻 tɕʰiŋ^{55}
质量好	不赖 pu^{35}lai^{51}
质量差	孬 nau^{55}
	次 tsʰɿ^{51}
	破 pʰo^{51}
清澈	清 tɕʰiŋ^{55}
浑浊	浑 xuen^{35}
大	大 ta^{51}
小	小 ɕiau^{214}
明亮	亮堂 liaŋ^{51}. tʰaŋ
黑、暗（光线）	黢儿黑儿 tɕʰyɚ^{55}xɚ^{55}
大方	大方 ta^{51}. faŋ
吝啬	扣儿 kʰour^{55}
	扣门儿 kʰou^{55}mɚ^{35}
聪明	灵头 liŋ^{35}. tʰou
傻	笨 pen^{51}
	傻 ʂa^{214}
香	香 ɕiaŋ^{55}
臭	臭 tʂʰou^{51}
漂亮	好看 xau^{214}kʰan^{51}

	漂亮 p^{h}iau^{51} · liaŋ
	标致 piau^{55} · tʂʅ
	俊 tsuen^{51}
	俏丽 tɕ^{h}iau^{51} · li
丑	丑 tʂ^{h}ou^{214}
	不好看 pu^{51}xau^{214}k^{h}an^{51}
	难看 nan^{35}k^{h}an^{51}
	磕碜 ke^{55} · tʂ^{h}en
	寒碜 xan^{35} · tʂ^{h}en
懒	懒 lan^{214}
勤快	勤俭 tɕ^{h}in^{35}. tɕian
紧要	要紧 iau^{51}tɕin^{214}
	打紧 ta^{51}tɕin^{214}
热闹	热闹 ʐuo^{51} · nau
冷清	清冷 tɕ^{h}iŋ^{55}leŋ^{214}
结实	结实 tɕie^{55} · ʂʅ
	牢棒 lau^{35} · peŋ
干净	干净 kan^{55}. tɕiŋ
脏	口口 mai^{35} · t^{h}ai
	不干净 pu^{55}kan^{55} · tɕiŋ
	邋遢 la^{55} · t^{h}a
	口口 p^{h}ai^{51} · le
咸	咸 ɕian^{35}
喜咸	口重 k^{h}ou^{214}tʂoŋ^{51}
淡	淡 tan^{51}
喜淡	口轻 k^{h}ou^{214}tɕ^{h}iŋ^{55}
	口白 k^{h}ou^{214}pai^{35}
稀（粥）	稀 ɕi^{55}
稠（粥）	糨 tɕiaŋ^{51}
肥（动物）	胖 p^{h}aŋ^{51}
瘦（动物）	瘦 ʂou^{51}
舒服	舒坦 ʂu^{55} · t^{h}an
	好受 xau^{214} ʂou^{51}
不舒服	难受 nan^{35} ʂou^{51}
早（来早了）	早 tsau^{214}
晚（来晚了）	晚 uan^{214}
	迟 tʂ^{h}ʅ^{35}
听话（小孩子）	乖 kuai^{55}
	听话 t^{h}iŋ^{55}xua^{51}
淘气	玩皮 uan^{35}p^{h}i^{35}
	淘 t^{h}au^{35}

	瞎闹 ɕia^{55}nau^{51}
	没老实气儿 mei^{35}lau^{214} ʂʅ^{35}tɕ^{h}iər^{51}
	猴头 xou^{35} · t^{h}ou
鼓（鼓起来）	鼓 ku^{214}
凹陷	塌咕 t^{h}a^{55} · ku
	瘪咕 pie^{214} · ku
大小不一	口气 tʂa^{214} · tɕ^{h}i
	太口 t^{h}ai^{51}tʂa^{214}
（二十一）介词类	
跟（我跟你去）	和 xe^{35}
	跟 ken^{55}
叫（叫贼偷了）	叫 tɕiau^{51}
	被 pei^{51}
	挨 nai^{35}
	让 ʐaŋ^{51}
从（从哪来）	打 ta^{214}
	从 ts^{h}oŋ^{35}
	由 iou^{35}
	解 tɕie^{214}
	搁 ke^{55}
给（给他办事）	给 kei^{214}
	为 uei^{35}
	帮 paŋ^{55}
用（用笔写）	拿 na^{35}
	使 ʂʅ^{214}
	用 ioŋ^{51}
	让 ʐaŋ^{51}
把（把他送走）	把 pa^{214}
（二十二）副词类	
太（太好）	忒 t^{h}uei^{55}
成心	净意 tɕiŋ^{51}i^{51}
	故意 ku^{51}i^{51}
	成心 tʂ^{h}eŋ^{35}ɕin^{55}
刚刚	刚 kaŋ^{55}
	才 ts^{h}ai^{35}
刚好	正好 tʂeŋ^{51}xau^{214}
幸亏	多亏 tuo^{55}k^{h}uei^{55}
	得亏 te^{214}xuei^{55}
净（净想好事）	净 tɕiŋ^{51}
	光 kuaŋ^{55}
突然	突然 t^{h}u^{55}. ʐan

	忽然 xu^{55}ʐan^{35}
	冷不丁 leŋ^{214}. pu. tiŋ^{55}
经常	一个劲儿 i^{35}. ke. tɕiɚ^{51}
	成天儿 tʂ^{h}eŋ^{35}t^{h}iɐr^{55}
稍微	稍稍儿 ʂau^{55} ʂaur^{55}
都	全 tɕ^{h}yan^{35}
	都 tou^{55}
马上	立马儿 li^{51}mAr^{214}
	麻利儿 ma^{35}liɚ^{51}
素来、向来	一直 i^{51}tʂʅ^{35}
	向来 ɕiaŋ^{51}lai^{35}
总是	老是 lau^{214} ʂʅ^{51}
别、不要	别 pie^{35}
实在、的确	真叫 tʂen^{55}tɕiau^{51}
仍然	还是 xai^{35} ʂʅ^{51}

二、四字格词语

鹰手营子方言有着丰富的四字格词语，其中有些词是普通话也有的，有些词则是该方言有而普通话没有的。这些词语大多是由一个单音节的词根语素加一个三音节的词缀语素构成的。词性为形容词，多表示一种较深的程度，带有强烈的喜爱或厌恶的感情色彩。下面收集的四字格词语的每个词条包括词、读音、词义、例句四项内容。如果一个词有几个意义，则用数字①②……分别标出，一个意义如果有几个例句，则在例句和例句之间用“|”号隔开。遇到有音无字的音节或暂时没有考订出本字的音节，则用“口”号代替，如“黄不口口 xuaŋ^{35} · pu liau^{55}liau^{55}”的后两个音节。

黑不溜秋 xei^{55} · pu liou^{55}tɕ^{h}iou^{55}：形容颜色特别是人的肤色太黑，难看：这人咋长得～的，真难看。|他整个夏天都在建筑工地干活，晒得～的。

黑咕隆咚 xei^{55} · ku loŋ^{55}toŋ^{55}：形容光线很暗，看不清东西：天还～的，他就起来了。|灭灯了，巷道里～的，什么也看不清。

黑勒巴唧 xei^{55} · le pa^{55}tɕi^{55}：①同“黑咕隆咚”：晚上没月亮，外面～的，什么也看不清。②同“黑不溜秋”：那人长得～的。|那狗长得～的，不招人喜欢。③形容衣服颜色太黑，不好看：那衣服～的，我不喜欢。

红不烂占儿 xoŋ^{35} · pu · lan^{51}tʂɐr^{55}：形容年轻人长得白里透红，挺好看：小姑娘～的脸蛋，像熟透了的苹果。

红不拉唧 xoŋ^{35} · pu. la^{55}tɕi^{55}：形容颜色红得难看：这个塑料袋儿～的。|这个人的衣服～的，真丑。

红不瞎瞎 xoŋ^{35} · puɕia^{35}ɕia^{35}：形容衣物等物的颜色本不该发红，却红得难看：这件衣服没染好，太阳一晒变得～的。|这个苹果瘪了，看上去～的。

紫拉蒿青 tsʅ^{214}. la. xau^{55}tɕ^{h}iŋ^{55}：形容颜色青一块紫一块的样子：因见义勇为，他被一伙坏人打的全身～的。

白里呱唧 pai^{35} · li kua^{55}tɕi^{55}：形容颜色白得难看：那块儿墙～的，蹭我一身灰。|看那都什么玩艺儿，～的，吓了我一跳。|那块儿布很干净，不知怎么就染了一块儿～的东西。

白刺咧骨 pai^{35}ts^{h}ɿ^{55}lie^{51}ku^{214}：大致同“白里呱唧”：这张木桌没有刷漆，~的，不好看。丨他的衬衫~的，穿在他身上不好看。丨这床单儿褪色了，~的，难看死了。

黄不拉唧 xuaŋ^{35}·pu la^{55}tɕi^{55}：①形容原本不是黄色的东西因为时间长、破旧，颜色发黄，显得难看：这件上衣~的，发旧，不像新衣服。②形容病人消瘦，脸色发黄：那人有病，脸~色儿。

黄不口口 xuaŋ^{35}·pu liau^{55}liau^{55}：①形容植物有病，叶子枯黄的样子：那棵树的树叶儿~的，挡不住要死了。②形容人头发不健康，发质差，颜色不正，发黄，或形容动物毛色不好，发黄，显得难看：那人头发~的，是不是染过了？丨小狗的毛长得~的，真磕碜。

黄里巴唧 xuaŋ^{35}·li pa^{55}tɕi^{55}：形容东西颜色不正，发黄，很难看：这南瓜粥~的，瞅着就不舒服。丨那个东西~的，是啥玩艺儿？

绿革沾沾儿 ly^{51}·ke tʂan^{55}tʂɐr^{55}：形容绿色的衣服等物颜色好看：这件衣服~的，挺好看。丨这个床单儿的色儿~的，真好看。

傻不棱登 ʂa^{214}·pu leŋ^{55}teŋ^{55}：形容人不成熟，缺心眼儿：都说他~的，其实什么事心里都清楚。丨这人儿~的，一点心眼儿都没有。

傻哒呼呼 ʂa^{214}·ta xu^{55}xu^{55}：同“傻不棱登”：都说他~的，其实什么事心里都清楚。丨这人儿~的，一点心眼儿都没有。

傻不棱唧 ʂa^{214}·pu leŋ^{55}tɕi^{55}：同“傻不棱登”：都说他~的，其实什么事心里都清楚。丨这人儿~的，一点心眼儿都没有。

傻不拉唧 ʂa^{214}·pu la^{55}tɕi^{55}：同“傻不棱登”：都说他~的，其实什么事心里都清楚。丨这人儿~的，一点心眼儿都没有。

傻勒巴唧 ʂa^{214}le pa^{55}tɕi^{55}：同“傻不棱登”：那小子~的，在那儿转啥呢？丨这人儿成天~的，净干二事儿。

傻么呵呵 ʂa^{214}·me. xe^{55}xe^{55}：①形容人呆傻，弱智：这个人~的，是智障人员。②同“傻不棱登”：你~的，乐啥呢？

丑里巴唧 tʂ^{h}ou^{214}·li pa^{55}tɕi^{55}：①形容人外表丑陋：这个人长得~的，心地却非常善良。②形容东西外形不好看：那树苹果长得~的，倒是挺好吃的。

丑里呱唧 tʂ^{h}ou^{214}·li kua^{55}tɕi^{55}：同“丑里巴唧”：这个人长得~的，心地却非常善良。

瞎不唧唧 ɕia^{35}pu. tɕi^{55}tɕi^{55}：①形容人老眼睛模糊，看不清东西：字不要写得太小，否则~的看不清。②形容人反应不灵敏，缺眼力劲儿：你这人~的，没点儿眼力劲儿。

糊里倒气 xu^{55}li. tau^{214}tɕ^{h}i^{51}：形容人糊涂，脑子不清楚：年龄大了，~的，整天丢三落四。丨这老头儿成天~、魔魔怔怔的，都不知道在瞎想什么。

酸里巴唧 suan^{55}·li pa^{55}tɕi^{55}：形容食物发酸，味不正，不好吃：这个菜要少放醋，放多了~的，不好吃。丨这个梨~的，不好吃。

酸不棱登 suan^{55}·pu leŋ^{55}teŋ^{55}：同“酸里巴唧”：山杏还没熟呢，吃起来~的。丨这个菜什么味儿啊！~的。

酸不溜丢 suan^{55}·pu liou^{55}tiou^{55}：①同“酸里巴唧”：那菜做得什么玩艺儿，酸不囊囊，~的。②形容人不直率，说话不好听：他那话说得~的，说得我直起鸡皮疙瘩。

酸里巴唧儿 suan^{55}·li pa^{55}tɕiɚ^{55}：形容食物有酸味，好吃：这菜放点醋，~的，挺好吃的。丨这泡菜~的，挺好吃的！

酸不囊囊 suan^{55}·pu naŋ^{55}naŋ^{55}：形容果实味酸而且软软的：这个沙果吃着有点儿甜，还有点儿~的。丨这个青苹果吃着~的。

甜勒巴唧 t^{h}ian^{35}·le pa^{55}tɕi^{55}：形容食物发甜，味不正，不好吃：这菜没放糖，怎么还~的。丨我

膈应那些~的东西。

甜不梭梭 t^hian^{35} · pu $suo^{55}suo^{55}$：同"甜勒巴唧"：这饭~的。放什么了？｜这水怎么~的，你放糖了吧？

软哒哈些 $ʐuan^{214}$ · ta $xa^{55}çie^{55}$；①形容人没有精神气儿，缺少利索劲儿：这人看着~的，啥也干不了。②形容东西发软，质量不好：这毯子~的，质量差。

软不拉唧 $ʐuan^{214}$ · pu $la^{55}tçi^{55}$：同"软哒哈些"：坐了一宿车，破座子~的，我都没睡着。｜这人真熊，~的，见人就跑。

软勒巴唧 $ʐuan^{214}$ · le $pa^{55}tçi^{55}$：同"软哒哈些"：座了一宿车，破座子~的，我都没睡着。｜这人真熊，~，见人就跑。

软大乎列 $ʐuan^{214}$ · ta $xu^{55}lie^{55}$：形容食物不硬，松软，口感好：这种蛋糕~，最适合老年人吃。｜我就喜欢吃~的东西。

软革囊囊 $ʐuan^{214}$ · ke $naŋ^{55}naŋ^{55}$：形容食物做得太熟太软，吃起来不筋道，没嚼头：面条煮过火了，~的，不筋道。｜这泡面泡时间太长了，~的。

硬不倔倔 $iŋ^{51}$ · pu $tçye^{55}tçye^{55}$：形容东西发硬，不软和：这个东西~的，我都嚼不动。

粗咕抡顿 ts^hu^{55} · ku $luen^{55}tuen^{55}$：形容人身材粗短、矮胖的样子：那人生的又矮又胖，~的，但外粗内秀。｜他那胳膊~的，都赶上我腿壮。

肉革口口 $ʐou^{51}$ · ke $lai^{55}lai^{55}$：形容摸着肉乎乎的，令人不舒服的感觉：有的人不敢用手抓蚯蚓，怕那种~的感觉。②形容说话办事不利落，不痛快：快点儿走，你干啥呢，~的。

梗不揪揪 $keŋ^{214}$ · pu $tçiou^{55}tçiou^{55}$：形容食物发硬，口感差：这个苹果吃起来~的，不好吃。｜蒜苔没炒熟，吃着~的。

蔫儿勒巴唧 $niɐr^{55}$ · le $pa^{55}tçi^{55}$：形容人不活泼，少言寡语，不精神：他平时~地不爱说，讲起话来挺干脆。｜这人表面儿上~的，但一肚子坏水儿。

矮勒巴唧 nai^{214} · le $pa^{55}tçi^{55}$：形容人个子矮小：这个人长得~的，还佝偻巴瞎的。｜她不想找一个~的男朋友。

派派嗒嗒 $pai^{35}pai^{214}ta^{55}ta^{55}$：形容身材矮粗矮粗的：她不想找一个~的男朋友。

矬不抡顿 ts^huo^{35} · pu $luen^{55}tuen^{55}$：同"派派嗒嗒"：她不想找一个~的男朋友。

佝偻巴瞎 kou^{55}. lou. $pa^{55}çia^{55}$：形容人驼着背的罗锅样：这个人长得~的。

嘎巴细脆 $ka^{55}pa^{55}çi^{51}ts^huei^{51}$：①形容人办事痛快，利索：他说话~的，办事也痛快，从不拖泥带水。②形容食物吃起来脆，口感好：这苹果~的，好吃。

滑不溜秋 xua^{35} · pu $liou^{55}tç^hiou^{55}$：形容很光滑的样子：鱼在水里~的，不好抓。｜这地面儿~的，小心别摔着！｜盘里的丸子~的，掇不上来。

滑勒巴唧 xua^{35}. le. $pa^{55}tçi^{55}$：①同"滑不溜秋"：刚下过雨，路面~的，不好走。②形容人滑头，不实在，靠不住：这个人~的，一点也不实在。

花不口口 xua^{55} · pu $liau^{55}liau^{55}$：形容衣服等物颜色太杂，不好看：她穿着一条~的裤子，难看死了。｜这人穿得~的，看得人眼晕。

皱皱巴巴 $tʂou^{51}$ · $tʂou$ $pa^{55}pa^{55}$：形容衣服、纸张等物有褶皱，不平展：这钱~的，给我换一张。｜这件衣服~的，我穿不上。

褶褶巴巴 $tʂe^{214}$ · $tʂe$ $pa^{55}pa^{55}$：同"皱皱巴巴"：这件衣服~的，要熨一下再穿。｜你别在床上闹了，床单儿都~的了。

皱里巴唧 $tʂou^{51}$ · li $pa^{55}tçi^{55}$：同"皱皱巴巴"：这件衣服~的，要熨一下再穿。｜你别在床上闹了，床单儿都~的了。

抽抽巴巴 tʂ^{h}ou^{55} · tʂ^{h}ou pa^{55}pa^{55}：形容衣服等物因洗过而缩水，变得不平展：这衣服缩水，洗完了就～的。丨这本书洒上水了，晒干之后就～的。

惨勒巴唧 ts^{h}an^{51} · le pa^{55}tɕi^{55}：形容生活非常凄惨、艰难，非常不幸福：他失去双腿，又无人照顾，生活～的。

麻拉巴唧 ma^{35} · la pa^{55}tɕi^{55}：①形容身体因按压时间太长等原因而麻木：这手压得时间长了，都～的。②形容食物发麻，口感差，不好吃：这菜吃着～的，是不是搁花椒了。

麻哒苏苏 ma^{35}ta^{51}su^{55}su^{55}：同“麻拉巴唧”：这手压得时间长了，都～的。丨这菜吃着～的。是不是搁花椒了。

麻不苏苏 ma^{35} · pu su^{55}su^{55}：形容身体因受冻、压迫等原因而麻木：天气越来越冷了，脚放到水里冻得～的。丨这手压得时间长了，都～的。

苦勒巴唧 k^{h}u^{214} · le pa^{55}tɕi^{55}：形容味苦，难吃难喝：这汤药～的，不好喝。丨这两天不想吃饭，感觉嘴里～的。

苦不生生 k^{h}u^{214} · pu ʂeŋ^{55} ʂeŋ^{55}：形容东西有苦味儿，但不是很苦：这杏仁儿有点～的。丨那药嚼着有～的味儿。

臭不哄哄 tʂ^{h}ou^{51} · pu xoŋ^{55}xoŋ^{55}：同“臭哄哄”，形容房舍、衣服等物不干净，散发臭气，臭不可闻：垃圾堆应该及时清理，放时间长了，～的污染环境。丨猪圈里面～的，在里面没法儿呆。

臭里巴唧 tʂ^{h}ou^{51} · li pa^{55}tɕi^{55}：气味不好闻，但不是太臭：榴莲闻着～的，吃着还不赖。

长不溜溜 tʂ^{h}aŋ^{35} · pu liou^{55}liou^{55}：形容东西细长细长的样子：看见架上顶花带刺、～的黄瓜就想吃。丨这丝瓜长得～的。

短勒巴唧 tuan^{214} · le pa^{55}tɕi^{55}：形容东西不够长的样子：那根儿线～的，甭要了。丨那人胳膊腿儿～的。

暗勒巴唧 nɣn^{51} · le pa^{55}tɕi^{55}：①形容光线很暗，看不清东西：晚上没月亮，外面～的，什么也看不见。丨这屋子光线不好，～的。②形容衣服等物颜色太深，不好看：他穿那衣服的颜色有点儿～的。

灰不溜秋 xuei^{55} · pu liou^{55}tɕ^{h}iou^{55}：①形容神情懊丧消沉的样子：没人搭理他，他就～地走了。②形容颜色暗淡，发灰，含厌恶意：这个窗帘颜色～的，真难看。

灰不溜丢 xuei^{55} · pu liou^{55}tiou^{55}：同“灰不溜秋”义项②，形容颜色发灰、暗淡：这个窗帘颜色～的，真难看。

灰勒巴唧 xuei^{55} · le pa^{55}tɕi^{55}：①形容颜色发灰，暗淡，很难看：这个窗帘颜色～的，真难看。②形容灰尘多的样子：桌子好久没擦了，～的。

土不拉唧 t^{h}u^{214} · pu la^{55}tɕi^{55}：形容风格、样式不时髦，不合潮流或形容人没见过世面：他的穿着～的，不时髦。丨这人儿说话～的，长得也～的。

土勒巴唧 t^{h}u^{214} · le pa^{55}tɕi^{55}：同“土不拉唧”：他的穿着～的，不时髦。丨这人儿说话～的，长得也～的。

土勒刚唧 t^{h}u^{214} · le kaŋ^{55}tɕi^{55}：形容地面尘土多或尘土飞扬的样子：刚出门儿回来，我的衣服～的。丨地上没扫，～的。丨街上经常过车，外面儿～的，甭出去了。

土冒耗耗 t^{h}u^{214} · mau xau^{55}xau^{55}：形容人脸上或身上有尘土，不干净：大家清理完垃圾，个个都～的。丨干活回来，身上～的，打扫打扫。

薄薄溜溜儿 pau^{35} · pau liou^{55}liour^{55}：形容薄而匀称：面片要做的～的，厚了不好吃。

死个叮当 sɿ^{214} · ke. tiŋ^{55}taŋ^{55}：①形容面粉等因为发酵不好，做出的东西板结，不好吃：面没有发好，做出的馒头～的。②形容人呆板，不灵活，不活泼：这个人儿～的，没点儿眼力劲儿。

咸勒巴唧 ɕian^{35} · le pa^{55}tɕi^{55}：形容食物盐放多了，比较咸，口感差，不好吃：这种点心～的，我不爱吃。丨这菜盐放多了，～的。

咸革滋滋 ɕian^{35} · ke tsɿ^{55}tsɿ^{55}：形容食物不该放盐而放了盐，或盐放多了，不好吃：这种月饼～的，不正宗。丨这腊肉～的，盐放多了。

咸不拉唧 ɕian^{35} · pu la^{55}tɕi^{55}：同"咸革滋滋"：这种点心～的，我不爱吃。丨这菜盐放多了，～的。

淡勒巴唧 tan^{51} · le pa^{55}tɕi^{55}：①形容食物盐放得不够，不够咸：这道菜盐放少了，～的，没味儿。②形容关系冷淡，不亲密：自这两家打架之后，他们的关系变得～的。

胖胖哒哒儿 p^{h}an^{51} · p^{h}an ta^{55}tɐr^{55}：比正常身态略胖，但胖得匀称，显得好看，含有喜欢之意：这个小姑娘～的，很可人。

胖咕抡顿 p^{h}an^{51} · ku luen^{55}tuen^{55}：形容身材矮胖矮胖的，不好看：这姑娘长得～的，不好看。

胖咕抡顿儿 p^{h}an^{51} · ku luen^{55}tuɚ^{55}：形容小孩子长得胖嘟嘟的，显得挺可爱的样子：这小孩儿长得～的，挺可爱。

瘦瘦溜溜 ʂou^{51} · ʂou liou^{55}liou^{55}：形容身材瘦长的样子，含喜欢之意：这个人身材～的，动作也很轻巧。

瘦勒刚唧儿 ʂou^{51} · le kaŋ^{55}tɕiɚ^{55}：形容人很瘦的样子：这人～的，风一吹就倒似的。

稀不溜丢 ɕi^{55} · pu liou^{55}tiou^{55}：形容粥不够稠、太稀，不好喝：这粥～的，一点不经饿。

稀不溜溜儿 ɕi^{55} · pu liou^{55}liour^{55}：形容粥不稠，略稀，吃起来正好合适：粥煮的不要太稠了，～的好喝。

凉勒巴唧儿 liaŋ^{35} · le pa^{55}tɕiɚ^{55}：指食物凉，但吃起来正好合适：夏天适合吃～的饭。丨这粥～的，正好喝。

凉勒巴唧 liaŋ^{35} · le pa^{55}tɕi^{55}：指食物太凉，不好吃，不对口味：这碗鸡汤要趁热喝，～的就不好喝了。

弯不曲捋 uan^{55} · pu tɕ^{h}y^{55}ly^{55}：形容不直，弯曲：这根木头～的，做犁杖很合适。

弯不捋曲 uan^{55} · pu ly^{55}tɕ^{h}y^{55}：形容不直，弯曲：这根木头～的，做犁杖很合适。

直直苗苗 tʂʅ^{35} · tʂʅmiau^{55}miau^{55}：很直而且不粗：老师喊了一声"立正"的口令，全班学生都站得～的。丨这棵树长得～的。

咵不唧唧 k^{h}ua^{214}pu. tɕi^{55}tɕi^{55}：形容外地人说话难听：他是外地人，说话～的。丨他说话～的，一听就不是本地人。

磕勒巴碜 k^{h}e^{55}. le. pa^{55}tʂ^{h}en^{51}：形容人说话不文明，难听：这个人不文明，净说些～的脏话。

倔勒巴唧 tɕye^{51} · le pa^{55}tɕi^{55}：形容人说话、行为生硬，不随合的样子：这个人性格～的，要耐心疏导，才能让他慢慢改变对这件事的看法。丨你别老是～的，听听大伙儿的意见。

第三节　语　　法

一、可能补语

鹰手营子方言的可能补语肯定式有四种形式：一是"动词＋得"，二是"动词＋得＋补语"，三是"动词＋补语＋了"，四是"动词＋得＋了"。如：

去得	拿得动	拿动了	拿动了
吃得	上得去	上去了	上去了
穿得	背得动	背得了	背动了
使得	拿得走	吃得了	拿走了

鹰手营子方言的可能补语否定式是“动词 + 不 + 补语”，补语可以是“得”“了”，也可以是动词。如：

去不得	装不了	上不去
吃不得	背不了	拿不动
穿不得	吃不了	拿不走
用不得	背不动	背不走

可能补语的问句，鹰手营子方言用是非问和选择问两种形式。用是非问句的如：

这东西你看还吃得不？
这么多书，你看得完？
这锄使得不？
你看这衣服穿得不？
这大雨干活儿去得不？
这手机使得不？
这树你上得去不？
这大雨的天儿，去得不？
这东西你背得了不？
这碗你吃得了不？
这么多书，你看得了不？
这东西拿动了不？
这么多书，你看得了？
这东西你拿得动不？

用选择问句的如：

去得去不得？
这东西吃得吃不得？
拿得动拿不动？
这衣服穿得穿不得呀？
你看这锄头使得使不得？
这树你上得去上不去？
这树你上得去上不去？
你背得动背不动？
这碗你吃得了吃不了？
这大雨干活儿去得去不得？
这手机使得使不得？

二 词语重叠

鹰手营子方言的名词一般不重叠，但有两种情况的名词是可以重叠的，一是某些名词可以起到量词的作用，这些名词可以重叠，表示“每一”的意思，如“人人”“年年”“月月”“天天”“家家”“户户”“村村”；二是逗幼儿玩时所说的话里，常重叠某些名词，如“本儿本儿”“球儿球儿”“盘儿盘儿”。

鹰手营子方言的量词可以重叠，一般表示“每一”的意思，如“张张”“处处”“回回”“顿顿”“根根”“个儿个儿”。

鹰手营子方言中，动词可以重叠，一般表示“尝试”义，单音动词为 AA 式，双音动词为 ABAB 式。单音动词重叠的如“看看”“走走”“试试”“听听”“说说”“穿穿”“闻闻”“洗洗”“去去”“玩儿玩儿”；双音动词重叠的如“说道说道”“拾掇拾掇”“收拾收拾”“走动走动”“活动活动”。

鹰手营子方言中，不带程度色彩的形容词一般可以重叠，单音词为 AA 式，重叠形式后面一般要加“的”。形容词重叠式一般表示程度加深，但充当不同的句法成分时表达的效果不完全相同，充当定语时，除了表示程度加深外，还反映出说话人认为合适，感到满意，带有强烈的喜欢、赞许的色彩，如“大大的眼睛”“高高的个儿”；充当其他成分一般只表示程度加深，如“坐得高高的”“眼睛红红的”“脸上黄黄的”。单音节形容词重叠后，后一个音节一般可以儿化，也可以不儿化。但部分词

的情况要特殊一些。有些词的重叠形式不能儿化，如“深深的”“苦苦的”不能说成“深深儿的”“苦苦儿的”；有些词的重叠形式必须儿化，如“热”的重叠形式只有“热热儿的”，没有“热热的”；有些词重叠后两个音节都可以儿化，如“实（儿）实（儿）的”、“慢（儿）慢（儿）的”。儿化形式表示的满意度、程度要比非儿化形式更大一些，更深一些，更有亲切感。此外，大部分儿化形式的儿化音节有两种读音模式：一是读本调，二是变调为55调（阴平本身读55调除外）。变调形式表示的满意度、程度又要比非变调形式更大一些，更深一些，更有亲切感。单音节形容词重叠为AA式的如：

大大（儿）的	糨糨（儿）的	高高（儿）的	尖尖（儿）的
稀稀（儿）的	偷偷（儿）的	酸酸（儿）的	轻轻（儿）的
空空（儿）的	香香（儿）的	松松（儿）的	光光（儿）的
宽宽（儿）的	黑黑（儿）的	粗粗（儿）的	圆圆（儿）的
甜甜（儿）的	粘粘（儿）的	白白（儿）的	长长（儿）的
浓浓（儿）的	红红（儿）的	黄黄（儿）的	严严（儿）的
扁扁（儿）的	短短（儿）的	死死（儿）的	紧紧（儿）的
美美（儿）的	远远（儿）的	矮矮（儿）的	小小（儿）的
鼓鼓（儿）的	瘪瘪（儿）的	重重（儿）的	细细（儿）的
绿绿（儿）的	苦苦的	胖胖（儿）的	硬硬（儿）的
亮亮（儿）的	嫩嫩（儿）的	净净（儿）的	软软（儿）的
深深的	热热儿的	好好（儿）的	

双音节形容词重叠一般有“AABB”和“A里AB”两种形式，无论充当什么成分都表示程度加深。“A里AB”式很多是由带语素“气”的词语重叠而来，如“土气”重叠为“土里土气”。“高兴”有“高高兴兴”和“高兴高兴”两个重叠形式，但“高兴高兴”动词意味更明显一些，如“让他高兴高兴”。双音节形容词重叠为“AABB”和“A里AB”式的如：

AABB式	A里AB式
老老实实	土里土气
轻轻松松	怪里怪气
痛痛快快	洋里洋气
利利索索	傻里傻气
规规矩矩	流里流气
热热闹闹	死里死气
皱皱巴巴	古里古怪
漂漂亮亮	哆里哆嗦
直直溜溜	糊里糊涂

三　词尾“子”“儿”

（一）词尾“子”

鹰手营子方言的“子”尾词比普通话要多得多。有些词在普通话没有“子”尾，而鹰手营子方言则有“子”尾。如：

方言	普通话
光棍子	光棍
端公子	端公

豹子	豹
脑门子	脑门
眼珠子	眼珠
屁股蛋子	屁股
罗锅子	罗锅

鹰手营子方言有许多普通话不用的“子”尾词。如：

方言词语	词义
蝇子	苍蝇
雹子	冰雹
戳子	印章
糨子	糨糊
洋驴子	自行车
儿马子	公马
老鹞子	老鹰
狼羔子	狼
黄狼子	黄鼠狼
跳子	跳蚤
脖梗子	脖子
茅屎窖子	厕所
老奶子	老太太
出门子	出嫁
哈砬子	口水
发疟子	犯疟疾
拐子	瘸子
围嘴子	小孩用涎布
转阁拉子	小孩用涎布
褯子	尿布
胰子	肥皂
电驴子	摩托车
粉淀子	淀粉
跑砬子	种猪
犍子	已阉公牛

（二）词尾“儿”

儿化是鹰手营子方言重要的造词手段，儿化词较普通话要多得多，存在许多普通话没有的儿化词。如：

方言词语	词义
老爷儿	太阳
庄乡儿	农村
傍黑儿	傍晚
家雀儿	麻雀
多前儿	何时

团粉面儿	淀粉
列儿个儿	昨天
夜儿个儿	昨天
家闺儿老	老处女
豵儿	已阉小公猪
膊棱盖儿	膝盖

许多词在普通话不儿化，在鹰手营子方言则儿化。如：

方言	普通话
病儿	病
岁数儿	岁数
白日儿	白日
歇歇儿	歇歇
走儿	走
乱儿	乱
蚕儿	蚕
短儿	短
粪儿	粪
酸儿	酸
汗儿	汗
开儿	开
床儿	床
汤儿	汤
油盐儿	油盐

鹰手营子方言中的有些词，儿化与非儿化形式意义不同，如“盘”只指盘子，而“盘儿”则可以指小孩脸蛋；“亲”指亲近，“亲儿”指亲戚。在该方言的四音词中，儿化和非儿化词感情色彩明显不同：同一个词的非儿化形式往往带有负面、消极、厌恶的感情色彩，而儿化形式往往带有正面、积极、喜爱的感情色彩。如“酸里巴唧”和“酸里巴唧儿”，“酸里巴唧”表示味道酸，不好吃，带有厌恶、不喜欢的感情色彩，如“这个菜要少放醋，放多了酸里巴唧的，不好吃”“这个梨酸里巴唧的，不好吃”；“酸里巴唧儿”表示食物有酸酸的味儿，好吃，如“这菜要放点儿醋，酸里巴唧儿的，挺好吃的”“这个泡菜酸里巴唧儿的，挺好吃的。”又如“凉勒巴唧”和“凉勒巴唧儿”，“凉勒巴唧”表示食物太凉，不好吃，带有厌恶、不喜欢的色彩，如“这碗鸡汤要趁热喝，凉勒巴唧的就不好喝了”；“凉勒巴唧儿”则表示食物不烫嘴，吃着正合适，如“夏天适合吃凉勒巴唧儿的饭”“这粥凉勒巴唧儿的，正好喝”。

第四节 成篇语料

ta^{51} ʂe^{35} · t^{h}ou

大舌头

iou^{214}i^{35} · ke lau^{214}t^{h}ou^{35}, ɕye^{35}uen^{51}xen^{214} ʂen^{55} in^{55}uei^{35} ʂuo^{55}xua^{51}ta^{51} ʂe^{35} · t^{h}ou, tɕi^{214}ts^{h}ʅ^{51}
有一个老头，学问很深因为说话大舌头，几次

k^{h}au^{214} ʂʅ^{51} ʂaŋ^{51}. piɐr tou^{55}mei^{35}lu^{51}ioŋ^{51}t^{h}a^{55}。mei^{35}pan^{51} · fɐr, t^{h}a^{55}tsai^{51}ɕiaŋ^{55}tɕian^{55}pan^{51}liau
考试上边儿都没录用他。没办法儿，他在乡间办了

i^{35} · ke sɿ^{55} ʂu^{35}ɕye^{35}ɕiau^{51}。iou^{35}tɕi^{214}ke^{51}xai^{35} · tsɿ tɕ^{h}y^{51}t^{h}a^{55}na^{51}li^{214} ʂaŋ^{51}ɕye^{35}。lau^{214} ʂʅ^{55}tsai^{51}
一个私孰学校。有几个孩子去他那里上学。老师在

xei^{55}pan^{214} ʂaŋ^{51}ɕie^{214} liau i^{35}ke^{51}ʐen^{35}tsɿ^{51}, tuei^{51}ɕye^{35} ʂeŋ^{55} ʂuo^{55}: ni^{214} · men xau^{214}xaur^{55}t^{h}iŋ^{55}
黑板上写了一个“人”字，对学生说：“你们好好儿听

· tʂuo, uo^{214}tsen^{214} · me nian^{51}, ni^{214} · men ken^{55} · tʂou tsen^{214} · me nian^{51}。lau^{214} ʂʅ^{55}pen^{214}lai^{35} ʂʅ^{51}
着，我怎么念，你们跟着怎么念。”老师本来是

ɕiaŋ^{214}kau^{51} · su xai^{35}tsɿ tʂe^{51} · ke tsɿ^{51}nian^{51}ʐen^{35}, in^{55}uei^{35}t^{h}a^{55}ta^{51} ʂe^{35} · t^{h}ou, kuan^{214}ʐen^{35}nian^{51}
想告诉孩子这个字念“人”，因为他大舌头，管“人”念

tʂ^{h}eŋ^{35}ʐeŋ^{35}, ɕye^{35} ʂeŋ^{55}ken^{55} · tʂe ie^{214}nian^{51}ʐeŋ^{35}, nian^{51}liau tɕi^{214}pian^{51}xai^{35} ʂʅ^{51}ʐeŋ^{35}。lau^{214} ʂʅ^{55}
成“仁”，学生跟着也念“仁”，念了几遍还是“仁”。老师

iou^{214}tɕ^{h}i^{51}le, ʂuo^{55}: uo^{214}nian^{51}ʐeŋ^{35}, ni^{214} · men pie^{35}nian^{51}ʐeŋ^{35}。ɕye^{35} ʂeŋ^{55} ʂuo^{55}: ni^{214}
有气了，说：“我念‘仁’，你们别念‘仁’”。学生说：“你

ʂuo^{55}ni^{214}tsa^{214} nian^{51}uo^{214} · men tsa^{214}nian^{51} · me。lau^{214} ʂʅ^{55}mei^{35}pan^{51} · fa, pa^{214}sɿ^{55} ʂu^{55} tɕie^{214}
说你咋念，我们咋念么。”老师没办法，把私塾解

san^{51} · le。
散了。

iŋ^{55} · ʂou iŋ^{35} · tsɿ te lai^{35} li^{51}

鹰手营子的来历

tɕ^{h}iŋ^{55}tʂ^{h}au^{35}xuaŋ^{35}koŋ^{55}nai^{51}tʂ^{h}ʅ^{55}fei^{55}tɕ^{h}in^{35}ie^{214}uei^{51}, i^{214} ʂan^{55}tɕi^{55} uei^{35}tʂu^{214}。miŋ^{51} · liŋ
清朝皇宫爱吃飞禽野味，以山鸡为主。命令

ma^{214}lan^{35}y^{51}xuaŋ^{35}liŋ^{35}tʂu^{51} ʂou^{214} ʐen^{35} nian^{35}nian^{35}ɕiaŋ^{51}xuaŋ^{35}koŋ^{55}tɕiau^{55} ʂan^{55}tɕi^{55}。tʂu^{51}
马兰峪皇陵住守人年年向皇宫交山鸡。住

xuaŋ^{35}liŋ^{35} · te ʐen^{35}p^{h}ai^{51}iŋ^{35} · tsɿ tʂei^{51}ti^{51} · faŋr · te ʐen^{35}uan^{35}tʂ^{h}eŋ^{35}tʂei^{51} · keʐen^{51}u^{51}。taŋ^{55}ti^{51}
皇陵的人派营子这地方儿的人完成这个任务。当地

te lau^{214}pai^{214}ɕiŋ^{51}ʐuo^{214}pu tɕ^{h}i^{214} ʂaŋ^{51}miɐr te, tɕiou^{51}tsu^{214}tʂʅ^{55} · le i^{55}por^{55}ta^{214}lie^{51} · te, piŋ^{51}
的老百姓惹不起上面儿的，就组织了一波儿打猎的，并

tɕ^{h}ie^{214}t^{h}a^{55} ʂaŋ^{51} ·miɐr xai^{35}iau^{51}xuo^{35} ʂaŋ^{55}tɕi^{55}，ʐaŋ^{51}lie^{51}tɕ^{h}iaŋ^{55}ta^{214}pu^{35}tɕiou^{51}ta^{35}sʅ^{214} ·le
且 他 上 面儿 还 要 活 山 鸡， 让 猎 枪 打 不 就 打 死 了
man^{55}，mei^{35}pan^{51} ·fa，tɕiou^{51}t^{h}au^{51}tʂu^{51}tɕi^{214}tʂʅ^{55}lau^{214}iŋ^{55}，t^{h}oŋ^{55}kuo^{51}ɕyn^{51}lian^{51} tʂ^{h}eŋ^{35}
吗， 没 办 法， 就 套 住 几 只 老 鹰， 通 过 训 练 成
ʂu^{35}，tai^{51} ·tʂe lau^{214}iŋ^{55}tɕ^{h}y^{51}tʂua^{55} ʂaŋ^{55}tɕi^{55}。in^{55}uei^{35}iŋ^{55}i^{214}tɕiŋ^{55}ɕyn^{51}lian^{51} ʂu^{35}le，tʂua^{55}
熟， 带 着 老 鹰 去 抓 山 鸡。 因 为 鹰 已 经 训 练 熟 了，抓
tʂu^{51} ʂaŋ^{55}tɕi^{55}tɕiou^{51}soŋ^{51}tau^{51}lie^{51}ʐen^{35}ken^{55}tɕ^{h}iɐr^{35}tsan^{214}kou^{51}i^{35}tiŋ^{51} ʂu^{51}liaŋ^{51}ɕiaŋ^{51}xuaŋ^{35}
住 山 鸡 就 送 到 猎 人 跟 前儿。攒 够 一定 数 量 向 皇
liŋ^{35}tɕiau^{55}na^{51}，ʂʅ^{35}tɕian^{55}tʂ^{h}aŋ^{35} ·le，in^{55}uei^{35}iŋ^{35} ·tsʅ iou^{214}tʂen^{51} ·me i^{35}por^{55} iŋ^{55} ·ʂou，suo^{35}
陵 交 纳， 时 间 长 了，因 为 营 子 有 这 么 一波儿 鹰 手， 所
i^{214}tɕiou^{51}tɕiau^{51}iŋ^{55} ·ʂou iŋ^{35} ·tsʅ ·le。
以 就 叫 鹰 手 营 子 了。

附：方言志使用符号说明

一 记音符号

（一）辅音符号

唇音：

p：双唇、不送气、清、塞音。

p^{h}：双唇、送气、清、塞音。

m：双唇、鼻音。

f：唇齿、清、擦音。

舌尖前音：

ts：舌尖前、不送气、清、塞擦音。

ts^{h}：舌尖前、送气、清、塞擦音。

s：舌尖前、清、擦音。

舌尖中音：

t：舌尖中、不送气、清、塞音。

t^{h}：舌尖中、送气、清、塞音。

n：舌尖中、鼻音。

l：舌尖中、边音。

舌尖后音：

tʂ：舌尖后、不送气、清、塞擦音。

tʂ^{h}：舌尖后、送气、清、塞擦音。

ʂ：舌尖后、清、擦音。

ʐ：舌尖后、浊、擦音。

舌面前音：

tɕ：舌面前、不送气、清、塞擦音。

tɕ^{h}：舌面前、送气、清、塞擦音。

ɕ：舌面前、清、擦音。

舌面后音：

k：舌面后、不送气、清、塞音。

k^h：舌面后、送气、清、塞音。

ŋ：舌面后、鼻音。

x：舌面后、清、擦音。

辅音表

表 29－1－3

方法 / 部位	塞音				塞擦音				擦音		鼻音	边音
	不送气		送气		不送气		送气		清	浊	浊	浊
	清	浊	清	浊	清	浊	清	浊				
双唇	p		p^h								m	
唇齿									f			
舌尖前					ts		ts^h		s			
舌尖中	t		t^h								n	l
舌尖后	tʂ		$tʂ^h$						ʂ	ʐ		
舌面前					tɕ		$tɕ^h$		ɕ			
舌根	k		k^h						x		ŋ	

（二）元音符号

i：舌面前、高、不圆唇元音。

y：舌面前、高、圆唇元音。

e：舌面前、半高、不圆唇元音。

ɛ：舌面前、半低、不圆唇元音。

a：舌面前、低、不圆唇元音。

ə：舌面央、半低、不圆唇元音。

A：舌面央、低、不圆唇元音。

u：舌面后、高、圆唇元音。

ɤ：舌面后、半高、不圆唇元音。

o：舌面后、半高、圆唇元音。

ɑ：舌面后、低、不圆唇元音。

ɐ：舌面央、次低、不圆唇元音。

ɚ：卷舌元音。

ɿ：舌尖前、不圆唇元音。

ʅ：舌尖后、不圆唇元音。

元音表

表 29－1－4

卷舌元音	舌尖元音		舌面元音					
	前	后	前			央	后	
	不圆唇		不圆唇		圆唇	不圆唇	不圆唇	圆唇
			高	i	y			u
ɚ			半高	e			ɤ	o
	ɿ	ʅ	半低	ɛ		ə		
			次低			ɐ		
			低	a		A	ɑ	

㈢声调符号

声调用五度制数值表示，字调的平均相对音高分别为“低、半低、中、半高、高”，分别用“1、2、3、4、5”表示。为了印刷方便，本志声调均用数字标调方式，不采用汉语拼音方案所采用的线条标调模式，调值标在音节的右上方，如“衣 i^{55}、煤 mei^{35}”。轻声一般不标调值。

二 其它符号

[ ] 方括号，音素符号。

// 双斜杆号，音位符号。

～ 复举符号，表示复举前面的词或短语，如：①滑不溜秋：鱼在水里～的，不好抓。②滑勒巴唧：这个人～的，一点也不实在。

□ 虚缺号，表示本字待考或有音无字，如：“口 $tʂ^{h}ua^{35}$，泥泞”。

| 单分隔号，用以隔开词语相同义项的几个例句。

→箭头符号，用以表示由一个音演变成另外一个音，如“i→iɚ”表示由基本韵母 i 演变成儿化韵母 iɚ。

﹏﹏，单波浪下画线，用以表示词语中某个字的读音是跟其通常读音不同的特殊字音。

第二章　习　　俗

境内铜、煤炭等矿产资源丰富，清朝末期开始，不断有外省、市人口流入境内，从事采矿活动。当地居民和外籍人口长期的融合、各民族的融合，形成了营子矿区即同其他地区既有相同之处，又具有自身特点的习俗，满族习俗逐渐同汉族习俗趋于一致。

第一节　寿诞习俗

一、生育

婴儿出生，亲朋好友、邻居都要贺喜。改革开放前，贺喜者送鸡蛋、红糖、婴儿衣物者多，送钱者少。改革开放后，随着生活水平的提高，贺喜者除送鸡蛋、奶粉、儿童用品等外，送钱者渐多。儿童用品多由专卖店购买、档次较高。产妇生育后一个月内称“坐月子”，其间不做家务活，不出屋，怕着凉受风得病。产房门口挂红布条，以示外人不能进入，以免“采奶”。产妇未满月不能随便进入他人住宅，否则会带来晦气。婴儿满月，一般要设宴庆贺，答谢贺喜的亲朋好友、街坊邻里。

二、生日

过生日习俗相传久远，无论大人、小孩，一般每年都过生日。孩子过生日要蒸馒头，煮鸡蛋；成年人过生日要吃面条，称长寿面。20世纪80年代后，年轻人过生日，多与同学、朋友一起过。凡过生日者大都买蛋糕，饭前，点燃蛋糕上的蜡烛，过生日者默许一个心愿，吹灭蜡烛，分食蛋糕。

三、祝寿

给老人过生日称祝寿，除改善生活，吃长寿面外，晚辈要给老人一些钱或买一些礼品。老人的六十、六十六、八十大寿最受重视，除家人为其祝寿外，一些亲朋好友，也都登门祝寿，并送寿礼。寿礼可给钱，也可送礼品，主人要设宴，一为老人祝寿，二为答谢亲朋好友。

第二节　生产习俗

一、农业生产习俗

（一）种植习俗

春种　每年的4月上旬清明前后开始春种。大片地多用牛拉犁、有扶犁的，点种的，撒粪的，拉

簸索的，轧滚子的。营子矿区地处山区，小片耕地多，开沟时多用耠子，一人在前用肩拉，一人躬身在后面推，称为“扛耠子”。所有春种农活6月初结束，有“过了芒种不可强种”之说。

夏锄　锄地称耪地，间苗称薅苗。耪地三遍称耪一遍地、二遍地、秋板地，4月末耪一遍地，立秋后耪秋板地。可起到除草、松土、保墒作用。入伏多用耠子沿垄沟松土，称蹚地。

秋收　每年9月上旬开始秋收，10月末基本结束。收割谷子、黍子、糜子时，随割随堆成小堆备捆，在地上晾晒后捆好堆放，适时运回。收割玉米时，随割随竖排横放，在地里晾晒数日后，将玉米核扒出掰下运回，称掰棒子。收割各类豆子，多选阴潮天气，以防炸角。随割随堆，每堆称一铺，成铺晾晒，适时捆好运回。

冬储　每年的11月至下一年的春天，少数富裕人家修建砖砌粮仓，多数人家用土抹粮仓、茓子、板柜、麻袋、口袋、缸等储存粮食。一些居民修建地窖储存白菜、萝卜、土豆、红薯等。一些人家将白菜渍成酸菜，室内储存。

（二）养殖习俗

养牛马驴骡　旧时养牛以放饲为主，多用于耕地、驾车，今多舍饲，养奶牛、肉牛者多。公牛称犍牛，母牛成乳牛，小牛称牛犊。放牛时，往外走喊“打打”，往里走喊“咧咧”或喊“唷吼”、“家去”，站住喊“唷”，往前走喊“哦哦”，起步和急走喊“得架”。饲牛以草为主，有时在饲草中加玉米、高粱、大豆、豆饼等，称拌料。相牛年龄看牙口，有“齐口五六岁，十岁三角形，十四似笔筒，十五齿烂心”之说。养马、驴、骡多舍饲，主要用于驾车、驮运。公马称“儿马”，母马称“骒马”，小马称“马驹”。公驴称“叫驴”，母驴称“草驴”，小驴称“驴驹”。公骡称“儿骡”，母骡称“骒骡”，小骡称“骡驹”。马配驴生者为驴骡，驴配马生者为马骡。养马、驴、骡适于添夜草，草铡的细碎为好，有“马无夜草不肥”“寸草铡三刀，无料也上膘”之说。也看“牙口”确定年龄大小。马、驴、骡发情交配称“反群”。

养猪羊　养猪均舍养，喂食泔水、野菜、谷糠等。公猪称“跑拦子”，小公猪称“豮儿”，母猪称“老母猪”，小母猪称“豚儿”，阉后猪不分公母称“克郎”，育肥后称“肥猪”。养羊以放饲为主，春季放羊称“踩青”，秋季称“跑茬”。改革开放后，农户除零散饲养猪外，也有个体户建养猪厂，较大规模饲养。

养鸡鸭鹅　以产蛋、肉为饲养目的。以“圈养”为主，也有少量散放饲养的。改革开放后，有的人办养鸡厂，较大规模饲养。叫鸡喊“咕咕咕”，赶鸡喊“呕食”。叫鸭喊“鸭鸭鸭”，叫鹅喊“鹅鹅鹅”。

二、工业生产习俗

营子矿区开采铜、煤历史悠久。中华人民共和国成立前，矿主及矿工均信奉山神，每逢投产，每月初一、十五，由把头上香，带领矿工拜神，祈求山神保佑平安。中华人民共和国成立后，矿山国有，拜神习俗废止。改革开放后，个体矿业再次兴拜神习俗。

煤矿井下遇鼠不伤害，如果用餐时则分饭喂之。有经验的矿工，可由老鼠的活动情况，预测可能会发生的“冒顶”等地质性灾害。

第三节　婚姻习俗

一、汉族婚俗

清朝和民国时期，由于受社会制度的制约，男女双方，没有自由恋爱的权力，婚嫁需听父母之命，媒妁之言。媒人寻其门当户对者，往来说合，讨价还价，最后由双方父母决定婚嫁。1950 年，中华人民共和国第一部婚姻法颁布实施后，废除了旧的婚姻制度，实行婚姻自主，逐步消除包办婚姻。

婚嫁一般要经过说亲、相亲、定亲、请期、迎娶等程序。

说亲，亦称提亲。旧社会谈婚论嫁较早，男女十五、六岁，小者甚至七、八岁，父母认为有门当户对的人家，就请托媒人向另一方说亲。将双方的生辰八字告知算命先生，若“属相互合，命不相克”，才可继续谈论婚嫁。亦有女方将生辰八字写好交给男方，男方将生辰八字压在灶王爷画像前的香炉底下，3 天之内，如果家中没有出现打破碗盆，死牲畜，家人患病等不吉利之事，视为平安，可继续议婚嫁。实行婚姻自主后，多数婚姻，仍需介绍人介绍，介绍人分别向男女双方介绍情况后，征得双方同意，由介绍人安排见面。

相亲，亦称看门户。旧社会，目的是看男方的房院家产。经议婚男女双方同意后，由媒人带女方父母到男方家相看，如果女方家来的人留下吃饭，表示同意结亲，如果不留下吃饭，则表示不同意结亲。废除封建婚姻制度后，如果男女双方同意相处，由男女双方的父母或亲友陪同，分别到双方家中相亲，相中后进入恋爱阶段。不经介绍人介绍和相亲程序，男女双方自由恋爱，必要时请名义介绍人的情况亦为数不少。

定亲亦称订婚、换盅。即女方到男方家相亲后，男方家要选一吉日，带着女方家索要的彩礼到女方家。女方家备酒席、请陪客，满酒后，双方父母将酒盅对换，将酒饮下，自此改称“亲家”，男女双方改称对方父母为“爸、妈”。也有女方家到男方家换盅的。实行婚姻自主后，男女双方经过一段时间恋爱，双方满意，有的也要举行订婚仪式，由男方父母设宴，男女双方父母陪同介绍人到场，邀请亲朋好友参加。男方父母要给未来儿媳见面礼，也称彩礼。彩礼包括钱、衣物、首饰等。彩礼钱放入红纸包内，当面给或由介绍人转交。中华人民共和国成立初期，彩礼钱几十元，上百元不等，随着生活水平的提高，水涨船高，有增无减。50 年代后，彩礼一般是自行车、手表、缝纫机、收音机，俗称“三转一咔嚓”。80 年代，彩礼为摩托车、冰箱、彩电、收录机等。90 年代，又增加首饰如金耳环、金项链、金手镯、金戒指等。也有要白金、钻石首饰的。如果以钱为彩礼，一般为几千元到上万元。订完婚后，逢年过节，男方要把女方接到家中，还要给女方一些钱或礼品。也有不向男方要彩礼的，特别是对家庭困难的男方，女方父母疼爱孩子，怕男方婚前借贷，增加家庭负担，影响婚后生活，主动把姑娘嫁过去，有陪送嫁妆的，也有女方父母给购置房子、摩托车等家产的。

请期亦称下礼。中华人民共和国成立后，议定婚期多为男方选择吉日，将婚期写入报吉柬帖中，连同礼物一起送到女方家，女方家是否同意男方家所定之婚期，亦用回帖告之。也有男方选择吉日，带上“四盒礼”（米、面、酒、肉）到女方家告之娶亲日期的，经女方家同意，到期即可迎娶。20 世纪 50 年代中期后，男女双方及介绍人见面商定婚期或恋爱双方自主商定婚期者渐多。

迎娶亦称结婚。中华人民共和国成立前，迎娶必须举行婚礼，婚礼多迷信色彩。迎娶要选良辰吉日，日出前将新娘迎娶到家。也有在结婚的前一天，女方家送亲，不能直接送到男方家。送亲的人先将女方送到男方家的邻居家或租房居住，叫“打下处”第二天五更，女方家送亲，男方家接亲。较富

裕的人家新娘坐花轿，上轿必哭，并身着红妆，手提宝瓶（即锡壶内装五谷杂粮、栗子、枣等，瓶口蒙红布并用五色带扎紧），头顶红色盖头。下轿脚踏红毯，口含冰糖，跨马鞍（意平安），迈火盆（意日子红火），新郎张弓搭箭面向新娘，新娘揣明镜（均为驱赶邪恶之意），引新娘到天地桌前，祭天地后拜父母，夫妻对拜，入“洞房”。新娘揭去盖头，开脸（用线绞去脸上的汗毛），梳妆（改辫为纂儿）。亲朋邻里喝喜酒，新郎、新娘到各桌敬酒。次日，女方家亲朋好友到男方家喝酒叫“填箱”，走时将新郎、新娘接回家称“回门”，在女方家住2、4、6、8天不等，然后，由新娘父亲将夫妇一同送回。中华人民共和国成立后，结婚程序有所简化，迷信习俗渐少。一般男女双方到法定结婚年龄，到婚姻登记机关进行婚姻登记，领取结婚证书即为合法夫妻。多数结婚者也有一个迎娶过程。择婚期以农历为主，有选三、六、九的，有选双日子的，意为成双成对，也有“五一”、“十一”、元旦、春节期间举行婚礼的。50年代至70年代，迎娶程序比较简单，婚事新办者多。接送方式由解放初期的步行、骑驴、骑马、坐轿到坐马车、拖拉机、骑自行车。拜堂时，男女双方向毛泽东像及双方父母鞠躬，用糖果、香烟招待来宾，主持人及来宾说一些祝福的话，男方设酒席招待来宾，婚礼即告结束。改革开放后，迎娶和婚礼程序日益烦琐隆重。结婚当天的凌晨，新娘化好妆在娘家等待，日出前，男方接亲车队到女方家迎亲。80年代接送亲用面包车或小汽车。90年代至21世纪初接送亲的档次不断提高，车辆由2辆发展到4辆、6辆、8辆不等，第一辆车叫花车，车前贴大红喜字，车身用花缠绕，为新娘子坐车。第二辆起是男女双方接送亲的人的坐车。另有一辆货车，拉嫁妆之用，但大多数拉的是空箱，因实物已提前摆到新房。新娘身着婚纱服或红装，不顶盖头，由哥哥或叔叔抱送上车，到男方家门口前，由新郎将新娘抱到新房，新郎新娘到床上坐福。中午举行婚礼，婚礼后双方父母要设宴招待前来贺喜的亲戚朋友，酒宴越办越大，少则十几桌，多则几十桌。前来贺喜的人都要随份子（送贺礼），少则50元，多则100元、200元不等，如是至亲的好友，份子钱还要多。结婚三天后回门，也有第二天或当天回门的。婚事简办者亦有，如参加集体婚礼、旅行结婚等。

此外，还存在一些其他的婚嫁风俗。

入赘当地群众称为招姑爷、招女婿、男到女家、女娶男。一般是男方家庭比较困难，无力娶妻，入赘到女方家做女婿。所生子女随父姓或母姓，由双方婚前商定。男到女家后，赡养女方父母可继承其家产。

娃娃亲在男女双方幼儿时期，多因双方父母关系好，由双方父母做主，各自将自己的孩子许配给对方的孩子，待成年后完婚。

童养媳比较困难家庭的女孩，因无力抚养，在其童年给比较富裕的人家抚养，约定长大后与其家中男孩成婚。一般童养媳的地位很低，几乎和佣人无异。

指腹为婚这种婚姻甚少。一般因两家关系好，在孩子未出生前约定，如果一方生男，一方生女则联姻，孩子长大后结为夫妻。

结阴亲亦称死后婚姻。青年男女夭亡，经双方家长同意，将夭亡青年男女合葬，表示死后结婚，成为夫妻。

寡妇再嫁女人死了丈夫，如果再嫁，必须征得夫家同意，且受到社会歧视。

1950年，中华人民共和国第一部婚姻法颁布实施后，娃娃亲、童养媳、指腹为婚等婚姻形式逐步消失，寡妇再嫁也逐渐不再受社会歧视。

二、回族婚俗

回族婚嫁与汉族习俗相近，但要开彩礼单，男方送女方四盒礼品，女方要回敬四盒，回敬的礼品不能相同。特殊的生活习惯和宗教信仰，决定了回民一般情况下不与汉族通婚。20世纪50年代迁居此地的回民大部分已婚，没结婚的通常与当地回民结婚或回原籍找对象。由于人们思想观念的变化，

以及当地回民少、选择余地小等原因，也有与汉族通婚的。回民结婚，一要履行法定的结婚手续，二要履行伊斯兰教的宗教仪式，由阿訇诵古兰经，书写伊斯兰教结婚证书，这样一对新人才算真正结婚。回汉通婚的，汉族人必须按伊斯兰教教规进行洗礼后，才能与回族人通婚。在家里要尊重回族的生活习惯和宗教信仰。

第四节　衣食住行

一、服饰

中华人民共和国成立前，鹰手营子地区经济落后，贫苦人家多，许多人衣不遮体。男士服饰，冬天穿带大襟棉衣，下身棉裤，有的用布带扎住裤脚，起保暖作用，条件好一点的穿戴大襟棉袍，毡鞋毡帽，一般人穿布棉鞋。春秋穿大襟式或对襟夹袄，短领或圆领，左右两边开气，系扣。裤子为比较肥的免裆裤。衣服颜色多为青、蓝色。富裕家穿对襟马褂戴上毡帽、礼帽就很讲究体面了。女士服饰，冬天穿大襟式棉袄，棉裤，春、夏、秋为大襟式的褂子，长裤，袖口比较肥，有的在袖口和大襟的边上绣有花边。布鞋有带，用带将鞋系上，也有用木板做鞋底的。妇女一般带兜肚。姑娘的婚嫁服，红色大襟上衣，袖口绣花，绿裤子，也绣花，再用两块布做围裙围在腰间，出嫁骑马时，布裙遮盖两腿。女士衣服的颜色为红、绿、青、蓝，多将白土布用染料或采集的植物染色，但衣服很容易褪色。休闲时也有穿旗袍的。无论男女服饰，都是用手工缝制。多用布条盘结为扣。50年代，干部、职工、学生衣服一般为青蓝色，有中山装、建设服、学生服、夹克衫。工人一般穿劳动布工作服、戴工作帽。女的有穿列宁服、布拉吉的。对襟衣服多了，只有偏僻山村年长村民仍穿带大襟衣服，扣子不再用布条盘结。“文化大革命”时期，服饰流行青、蓝、黄、绿、灰色，朴实无华。人们穿着最多的是青、蓝、灰色人民服和黄、绿色仿军装。80年代以后，不同花色品种的服饰应有尽有。除西装、运动服、休闲服外，裤子有喇叭裤、青年裤、筒裤、锥子裤、老板裤、牛仔裤、健美裤、短裤、皮裤。上衣有短袖衫、T恤衫、中山服、夹克衫等。裙子有连衣裙、百褶裙、套裙、筒裙、短裙、超短裙、皮裙。鞋有布鞋、皮鞋、人造革鞋及球鞋、运动鞋、旅游鞋、拖鞋等。一般一年四季均内穿背心裤衩，多数女人戴乳罩。夏季外衣力求简单凉爽。春秋内穿秋衣秋裤或衬衣衬裤，穿毛衣毛裤或羊毛衫裤。冬季多数中青年人不穿棉袄、棉裤，外罩棉大衣、呢子大衣、皮夹克或羽绒服御寒。

二、食俗

当地主食米的主要做法为蒸（米饭）、煮（粥）。面的主要做法为蒸（馒头、包子等）、包（饺子）、烙（饼）、擀（面条）。副食肉类主要以炒、炖为主，蔬菜以炒、熬为主。

当地有一些特色食品。黏糕，又称年糕，一般于春节前制作。作法是用大锅烧开水，放上蒸屉，先撒上煮好的红小豆，把黏面一层层撒上，放上红枣，表面再撒上红小豆，蒸熟后即可食用。黏糕变凉变硬后，可切成薄片，吃时再蒸热。喜甜食者可放糖或蜂蜜。豆包，有黏豆包、笨豆包两种。黏豆包用大黄米面、小黄米面或黏高粱面，用开水烫面和好，包上豆馅，蒸熟食用；笨豆包以白面或小米面为皮。发糕，也称散状，属粗粮细做。将小米面或玉米面和好发酵，蒸屉铺上柠椤叶或苏子叶，把面倒在上面抹平，有的放枣蒸熟，，切成块。烙糕，用小米面或玉米面和成粥状，发酵后在烙糕锅上摊制。粽子，一般在端午节前制作。事先将黏米浸泡，苇叶、马莲用沸水煮透，用苇叶包黏米、放入枣、芸豆或放入豆馅。包成四角形，用马莲扎紧煮熟。饸饹面，将高粱面、荞面或白面，有的掺上榆树皮面和好，放入饸饹床里压出面条，煮熟后捞出，加上作料食用。腊八粥，农历腊月初八煮制。用大黄米、小黄米、江米或黏高粱米加入栗子、花生、红枣、芸豆、红薯等煮粥。

三、住宅

中华人民共和国成立前后，鹰手营子地区居民住宅主要有三种：窝棚、草房、砖瓦房。

窝棚也称马架子房。用几根木头支一个架子，用绳子将草或秫秸勒上，里外抹上黄土泥。屋子低矮阴暗，空间狭小，多为贫困户居所。

多数居民住宅为草房。草房的结构以起脊的人字坡型为主，墙体用石头砌成，墙里外用黄土泥抹平，也有用土坯垒墙的，流传着“草房三间，大坯三千，三天就能住进房”的说法。一般盖房都是坐北朝南，朝南或朝东西开院门。盖房多数每间房长 5.3 米，宽 4 米，高 4 米，柱角 2.3 米或 2.7 米，讲究四梁八柱。大柁上放檩子，五檩房多，也有三檩的，檩子上钉椽子，椽子上铺扒柴，也有铺秫秸的，在上面抹一层带穰秸的黄土泥。条件好一点的边坡用两趟边瓦，当中用黄麦草或谷草苫盖，这样的房子叫海青房。条件差一点的不用瓦，只用黄麦草或谷草，苫盖房脊用草拧成绳两头联上，两坡用铡成一节一节的草，梯形铺下，再用拍耙拍打，上下厚度一样，冬暖夏凉。十年左右换一次草，也有的两三年插打一次，刮去腐草，换上新草。

寿王坟镇草房（郝树森摄于 2015 年）

三间房分堂屋和东西屋，一进堂屋，两边是锅灶，直通屋里的炕，烟通炕热，冬季再伴以火盆取暖，条件好的用炭火，差一点的用烧过木柴的余火。烟筒多是山花墙留道，如果是海青房，屋顶出烟，如果是草房，在墙外要单垒一个烟筒，远离房顶，以防火灾。东西屋住人和待客用。火炕用土坯搭成，铺上炕席，一般炕长 3.7 米，宽 1.8 至 2 米，随屋就势，三五年拆搭一次，炕土可做肥料。屋顶用秫秸吊顶，抹带穰秸黄泥，再用白灰刷、抹之。窗户木制带方格，共四扇，上面两扇大，可以打开用钩子吊起，底下两扇小，可以拿下来，窗户纸糊在里面。厕所和猪圈设于院内一角。

砖瓦房以砖、瓦、木、石灰为主料，柁、檩、椽子及房屋结构与草房相同，只是房盖全部用小瓦苫盖。中华人民共和国建立前，砖瓦房很少，多为城镇店铺和富裕人家所居。

中华人民共和国成立初期，农村居民大部分是草房，随着经济的发展和人民生活水平的提高，砖瓦房逐渐代替了草房，到 20 世纪 70 年代，草房已不多见。建房用钢筋、水泥，窗户为玻璃窗。到 80 年代末 90 年代初，农村居民住房要求宽敞明亮，采光好、居住舒服。有的建房用钢筋水泥打平顶，讲究红砖红瓦，屋内用水泥抹地或用砖、水磨石铺地。设有客厅、卧室、餐厅、厨房、仓库。90 年代后期有的盖成各式的二层小楼，墙体外贴瓷砖，地板砖铺地，铝合金门窗。职工干部由住平房发展到大多数住居民楼，以两室一厅者为多。

四、出行

中华人民共和国成立前，一些人出行前先看皇历，选利于出行的日子外出。新中国成立后，出行先看皇历者渐少。

中华人民共和国成立前，域内经济落后，交通不便。贫困人家出行，主要靠步行，骑驴 者少。富

户人家出行，骑驴、骑马、乘坐马车者多。20 世纪 50 年代末期，铁路客车和客运汽车开通，居民远行多坐汽车、火车。60 年代和 70 年代，出行骑自行车者多，并以有“红旗”“飞鸽”“凤凰”“永久”等名牌自行车为荣。改革开放后，随着人们生活水平的提高，职工、农民摩托车的拥有量急剧增加，部分先富起来的人拥有小轿车，极大地方便了 出行。

出行时，问路多用尊称。先称呼对方然后问路，看年龄分别称呼大爷、大娘、大伯、大婶、大哥、大姐、小弟弟、小妹妹等。改革开放前，问路称“同志”者多，进入 20 世纪 80 年代中期，称“同志”渐少。还出现一些新的称呼，对做买卖的男性称“老板”，女性称“老板娘”，对年轻女人称“小姐”，有的不管对方什么职业，年龄大小，统称为“老师傅”或“师傅”。进入 90 年代，忌讳称呼“小姐”。问路时多用“请问”，问完路都要说声“谢谢”。

晚辈人看望长辈，一般情况都带礼品，礼品多为土特产品，长辈喜欢或是和 长辈穿戴、使用的物品。

第五节　节日习俗

一、农历节日

春节　正月初一为春节，是一年中最重要的节日。大年三十各家各户捞接年饭，留着过了年再吃，意寓来年粮食有余。

春节前一天晚上要守夜，零时放花、鞭炮；祭祀祖先。人们皆着新衣，大年初一早餐吃水饺，亲友相互拜年。中华人民共和国成立前，晚辈给长辈拜年要磕头，平辈作揖（拱手礼）。中华人民共和国成立后，问好、握手取代了磕头、作揖。晚辈给长辈拜年，如晚辈尚未成年，长辈一般要给压岁钱。进入 20 世纪 90 年代后，亲朋好友用寄贺卡、发短信形式相互拜年者逐渐增多。初一至十五期间举办花会、演出戏剧等。

元宵节　正月十五元宵节，亦称灯节。意为庆祝一年中的第一个月圆日，也祈盼一年里人们的生活圆圆满满。是日，家家户户吃元宵，晚上挂彩灯，燃放烟花、爆竹。90 年代后，南方的汤圆大量进入当地市场，比当地元宵个小、皮薄、陷大、好吃，受到人们青睐。

龙抬头　相传二月初二为“龙抬头日”。这一季节各种昆虫开始复苏生长，是日，农家多用红纸剪成纸刀、纸鸡贴在墙或窗户上，意为消灭害虫，保护五谷。女人忌做针线活，意为不扎“龙眼”。理发者多，取“龙抬头”之意。

清明节　农历二十四节的第五个节气。是日，各家各户均要为去世的亲人上坟填土，祭祀祖先。路途远的多选较僻静的十字路口烧纸钱祭奠逝去的亲人。一些机关、团体、学校在这一天为烈士扫墓，进行革命传统教育。

端午节　农历五月初五为端午节，亦称端阳节，当地居民多称为五月节，吃粽子以纪念屈原。这天早晨日出前，人们登山望远，采撷艾蒿，清泉水洗脸，大多数人家在门框上插桃树枝和艾蒿，挂五彩剪纸葫芦，以求驱邪免灾。

中元节　农历七月十五日为中元节，亦称鬼节。是日，人们烧香、焚纸钱祭奠失去的亲人、祖先。

中秋节　农历八月十五日为中秋节，亦称团圆节。相传明朝抗倭名将戚继光领兵在江浙一带抗击倭寇，这一天打了胜仗，因所带食物均为糖饼，故用吃糖饼来庆祝，后来发展为主要以糖为馅的月饼，八月十五吃月饼成为民间习俗。这一天晚上，全家人团圆，吃水果、月饼，赏月，故又有中秋团圆赏月之说。

腊八节 腊月初八为腊八节。相传佛教创始人释迦牟尼于此日成佛，成佛前曾饿晕于河边，一牧女用一碗谷果煮的粥将其救活。为纪念此日，留下吃腊八粥的习俗。腊八粥主要用黏米、花生、栗子、芸豆、红枣等煮制。

过小年 腊月二十三称小年，晚上各家要祭灶神。相传这天是灶神上天面见玉皇大帝报告人间各家一年里的善恶功过之日。家家要在灶神画像前上供，焚香祭灶祷告，望灶神能“上天言好事，下界保平安”。祷告完将灶神像揭下烧掉，意为送灶神上天。有的人家供品中有糖瓜，寓意为灶神吃了糖瓜嘴是甜的，见了玉皇大帝尽说好话。还有说糖瓜是黏的，灶神嘴让糖瓜黏住，张不开嘴说不了坏话。1966 年 5 月“文化大革命”开始后，破除旧的风俗习惯，营子矿区此习俗消失。改革开放后，又出现此习俗。

端午节挂葫芦（摄影 戴翔）

二、公历节日

中华人民共和国成立后，人们开始过公历节日。主要节日有新年（亦称元旦）、国际妇女节、国际劳动节、国际儿童节、中国共产党建党纪念日、中国人民解放军建军节、国庆节等。届时，除家家户户改善生活以示庆祝外，各有关单位均组织相应的纪念活动。进入 20 世纪 80 年代以后，在改革开放和生活进一步民主化的氛围中，部分人开始过情人节、母亲节、父亲节等节日。2 月 14 日情人节，男人给妻子、未婚妻、恋爱中的情人送象征爱情的红玫瑰。5 月的第二个星期日为母亲节，子女祝福母亲，给母亲送康乃馨或礼品。6 月的第三个星期日为父亲节，子女也要问候父亲，给父亲送喜欢的礼物。

第六节 礼 俗

鹰手营子地区民风淳朴，注重感情，真挚待人，好客热情。在待人接物中主要有以下礼俗。

待客 家中来客，一般情况主人先到门口迎接，表示欢迎。客人落座后，主人递烟、沏茶，并以糖果、瓜子等待客。主人为客人点烟，并将沏好的茶双手递到客人手中，以示尊敬。如果客人带小孩造访，主人先把糖果、点心之类的食物给小孩吃，然后再招待大人。来客有陌生人时，经熟人介绍，主人必寒暄致意问候。如递名片，均双手接送，放入上衣兜内。到用餐时，主人会热情留客人吃饭，亲自陪坐、斟酒、陪酒、劝饭。客人酒饭毕，放下筷子，主人才能放下筷子，表示吃好。客人走，主人帮客人拿送衣物，送客时，客人先行，主人随后，送至门口，主客告别，客人走远，主人才回家。

见面 平时见面都互致问候。晚辈先问候长辈，年龄小的先问候年龄大的，被领导者先问候领导者。问候的常用语有“你吃饭了吗?”“上班去?”“下班了?”“你（您）好?”及视时间问候“早上好”“中午好”“晚上好”。

随礼 每遇女人生育、婴儿满月、老人祝寿、婚丧嫁娶、乔迁，亲朋好友均要随礼（送贺礼）。改革开放前，农村随礼主要送自产的农副产品及自己缝制的衣物和点心。20 世纪 80 年代以后，随着

人民生活水平的提高，不论城镇农村，所送贺礼大部分由市场购买，随钱者日益增多，随 50 元、100 元、200 元甚至几百元不等，随礼多少由随礼人的经济条件和与主人关系的亲疏而定。主人要摆酒席宴请随礼者，以表谢意。

第七节　丧葬习俗

一、汉族丧葬习俗

中华人民共和国成立前，富裕之家把丧事当作大事来办，使用贵重棺木，陪葬器物，搭灵棚，糊纸扎。贫苦人家丧事极简，甚至买不起棺木，以苇席裹尸身埋葬。中华人民共和国成立前后，鹰手营子地区汉族的丧葬习俗一般有装裹、停尸、入殓、守灵、出殡、烧祭日等程序。一般家庭老人到生命垂危之际，儿女们为其准备好寿衣、寿帽、寿鞋、寿棺，人快咽气时为其穿戴叫装裹。咽气后给死者嘴里放点茶叶米粒等叫含殓。手中放用棉花缠蘸的小油棍叫引路灯。给死者用水净面后，将死者抬到用草席或苫布搭的灵棚中叫停尸，儿女们在旁守灵。第二天给死者擦脸，擦眼睛叫开眼光。放入棺木内称为入殓。棺木内要事先湖上白纸、画上彩画，放上褥子。棺木一般用柳木、杨木、松木或菜木制作，棺板厚 1 至 2 寸（约 3.3 厘米至 6.7 厘米），长 7.5 尺（2.5 米），宽 3 尺（1 米）。有的用一寸（约 3.3 厘米）底、二寸（约 6.7 厘米）帮、三寸（10 厘米）天。条件好的用三寸（10 厘米）底、四寸（约 13.2 厘米）帮、五寸（约 16.5 厘米）天或四寸（约 13.2 厘米）底、五寸（约 16.5 厘米）帮、六寸（约 19.8 厘米）天，个别的还有用六寸（约 19.8 厘米）底、八寸（约 26.4 厘米）帮、一尺（约 33.3 厘米）天的。棺木头向外，摆放供桌、香炉香碗，点上佛香，供吊唁者在此祭拜。老人死了叫喜丧，一般死者亲属要雇吹。青年人死了不雇吹。有些地方如来女宾敲三下锣，来男宾敲三下鼓，然后奏乐，通过锣鼓敲击可知来者身份，死者子女要在死者灵前跪迎。死者子女要戴孝，孝带用白布制成，长短不一，长子长儿媳孝带一样长，次子及儿媳戴孝略短，其他依次递减。长子长儿媳及女儿一般要戴孝帽，小辈亲属都戴孝，隔辈分者在孝带上缝 1 块红布条以示区别，老辈不给小辈戴孝，平辈可戴可不戴。中华人民共和国成立后，改革殡葬习俗，胳膊上戴黑纱胸前戴白花以代替穿孝者渐多，如隔着辈分，则黑纱上面戴块小红布条。到第三天，选好时辰出殡，死者的长子要摔丧盆，打着招魂幡走在前面，由女眷属拿着哭丧棒也叫打狗棒沿路撒纸钱。抬棺材的人一般 12 人，也有 16 人，24 人或 38 人的，称为 12 杆、16 杆、24 杆、38 杆。如果死者为男要糊纸扎马，死者为女要糊纸扎牛，意为女的生前洗衣物多，脏水多，牛可以把脏水喝掉。到了墓地，将棺材放入事先挖好的坑内，培土但不堆土堆。子女烧纸钱、瞑币、纸扎。从墓地回来，吃块点心再进门，也就是不能空嘴进门。过三天再由亲人重新上土，叫圆坟，也就是填土堆形。过七天烧头七，过二十一天烧三七，过三十五天烧五七，到一百天烧百日，满一、二、三周年连着上三年坟，如果夫妻二人还有一方在世，周年要提前一天祭祀。每年清明节，阴历七月十五日鬼节，十月初一寒衣节，腊月二十三、年三十都要祭奠逝者。

1966 年 5 月至 1976 年 10 月“文化大革命”时期，破除旧的风俗习惯，丧葬习俗只保留了装裹、祭拜、出殡等几个简单程序，剔除了大部分封建迷信内容。

20 世纪 80 年代开始，区政府推行殡葬改革，划分火化区和非火化区，遗体火化后，骨灰送往墓地埋葬或存入殡仪馆。随着改革开放和政治生活的进一步民主化，在宽松的民主生活条件下，一些传统的丧葬程序逐步恢复，且内容有所发展。停尸守灵期间，除雇吹外，个别有钱人家雇哭丧者，站在

棺木前，老调填新词或唱或哭，哭唱的在场之人无不心酸落泪。除糊传统的纸扎外，糊冰箱、彩电、洗衣机、楼房、小轿车者日益增多，少数死者家庭动用多辆小轿车、货车出殡。丧葬结束后，死者家必备多桌酒席，以答谢前来吊唁者，吊唁者出祭礼几十元、上百元不等。

工亡者和领导干部去世，单位或组织部门为其开追悼会。

二、回族丧葬习俗

回民殡葬打横幅挽联，悬帐，不烧纸钱，跪而不拜，送布叫送杖子。如老人去世，儿女要报孝到各家。死者要按照伊斯兰教规程序进行洗礼。如果死者是女性，由3个女人给净身，如果死者是男性，则由3个男士给净身。净身后，用白布包裹三层，腰部由肚脐以下包到膝盖，胸部由肩膀包到脚，全身由头部包到脚底。把头部的布打开让亲人看一下，叫闪面，然后将死者装匣放到室外，人站在东面，匣子放在西面，不站人。由阿訇开经文、站班，再由多名穆斯林将死者抬上架子，由16个人抬着，拿着香炉送往墓地。墓地土质好直接打坑为墓，土质不好用砖砌成。到墓地，阿訇念经文，打开匣盖，坟坑上面用布遮光，由3人将尸体抬出来，前面进叫穿堂，旁边进叫拉哈，然后将盖板盖上，坟形为长方形。匣子用完运回，留着下次再用。过七天、四十天、一百天、一周年，每个忌日都要到墓地请阿訇诵经文，炸“油香”（伊斯兰教传统习俗食品），以示悼念。改革开放后，政府专门为回民建立了墓地，一直沿袭土葬习俗。

第三十编 RENWU

30 人物

第一章　人物传略
第二章　人物简介
第三章　人物名录

鹰手营子

30 承德市鹰手营子矿区志·人物

CHENGDESHI YINGSHOUYINGZIKUANGQU ZHI RENWU

全编共收录本籍革命烈士 70 人，客籍革命烈士 23 人，全国劳动模范 4 人，省级劳模 57 人，市级劳模 100 人，鹰手营子区籍在外工作的副县（处）级干部和副高职以上 34 人，民营企业家 3 人，区属及驻区企事业单位副高职以上职称 205 人。

第一章　人物传略

郭　羽

郭羽（1917—1944），男，河北省保定市人，家庭出身贫寒。民国 26 年（1937 年）加入中国共产党，同年参加八路军。民国 28 年（1939 年），在白洋淀战斗中，他以一个排的兵力，击退日军一个连，被授予“杀敌英雄”称号。

民国 29 年（1940 年）春，郭羽被任命为迁（安）遵（化）兴（隆）联合县第十一区区委书记。上任后积极发动、组织开展抗日斗争。在车河堡、柳河川、寿王坟等地区先后建立了中共地下党组织和村抗日政权，巩固和发展了以寿王坟一带为中心的抗日根据地。

民国 32（1943 年）春，日伪军把车河堡、柳河川划为无人区，建起多个“部落”（人圈），强迫山里群众进“部落”。郭羽发动组织群众与敌人进行反“集家并村”斗争，坚持不进“部落”，房子烧光了就搭窝棚、住山洞，没有粮食就以草根、树皮、野果充饥。组织民兵和游击队破坏敌人交通线，端据点，藏运军粮，传送情报。7 月，驻鹰手营子据点的日本宪兵队长田中到处悬赏捉拿郭羽，捉活的给大洋一千、打死的五百、报信的三百。中旬的一天黄昏，鹰手营子警察署特务王生冒充八路军区小队的“侦察员”，找到爬山户董大娘（李素青）说有敌情要报告郭羽，被郭羽识破。郭羽自称是兴隆县警察署的邵警尉，知道郭羽住地，让王生到田中那里去报信。翌日拂晓，由特务王生作向导，田中带领宪兵队和伪军 100 多人，直扑郭羽住地—寿王坟古洞沟。此时，郭羽早已组织好八路军和游击队埋伏在山上，日伪军一进包围圈，就被打得落花流水，击毙宪兵队长田中及手下官兵 50 余人，俘虏 50 余人，缴获轻机枪 3 挺，长短枪 128 支，日伪军无一人漏网。

民国 33 年（1944 年）2 月 25 日拂晓，由于叛徒出卖，日伪军 200 多人包围了区委书记郭羽和区长兼财粮助理穆山在寿王坟罗圈沟村前梆子沟北山的住地，郭羽、穆山奋力突围，终因寡不敌众，壮烈牺牲。

孟昭林

孟昭林（1911—1947），男，寿王坟镇罗圈沟人。民国 32 年（1943 年）参加革命，同年加入中国共产党，并担任寿王坟梆子沟村党组织负责人，领导群众同日伪开展反“集家并村”斗争。同年，在日伪开展的“大检举”中被敌人抓到李家营伪分驻所，对他进行了惨无人道的折磨，施以灌辣椒水、压杠子、鞭子抽等酷刑，但他意志坚强，终未暴露自己身份。后在党组织和群众的营救下获释。

民国 36 年（1947 年）2 月 25 日，孟昭林带领土改工作组，到下柳河的潘家店、刘家店一带宣传贯彻党的土改政策，开展土地改革，触动了地主阶级的利益。有人跑到承德县安匠村向反动地主“还乡团”（刘茂队）头子刘茂廷报信，刘茂廷带领“还乡团”包围了刘家店村，孟昭林发现敌情后，率土改工作组和区小分队战士掩护群众从村里撤出来，向柳河南岸突围。在突围中中弹负伤，为了不让枪和子弹落到敌人手中，用石头把手枪砸断，又把随身带的公文包塞进冰窟窿里，继续向柳河南岸突围，敌人集中火力猛射，孟昭林身中数弹，壮烈牺牲，时年 36 岁。

骆秀英

骆秀英（1925—1947），女，兴隆县煤岭沟村人。民国 33 年（1944 年）嫁到鹰手营子村徐家。民国 34 年（1945 年）秋加入中国共产党，同年被选为村妇救会主任，随后支持丈夫徐成富参军。她工作积极认真，组织发动妇女群众搞支前、参加土地改革。

民国 36 年（1947 年）9 月，国民党十三军一部和地主“还乡团”抢占鹰手营子时，她把给地方政府保存的子弹、手榴弹、军鞋等物资，用毛驴驮到煤岭沟娘家，与弟媳将物资捆在干草里隐藏。刚刚藏好，敌人就追上来了。为了保护这些物资，她故意暴露自己把敌人引开，她攀上悬崖顶，在无路可走情况下，随即纵深跳崖。因有树丛挡住，未被摔死。苏醒过来后，她撕破衣服包扎好伤口，艰难地回到娘家。

民国 36 年（1947 年）12 月，国民党军、地主还乡团武装刘茂队第三次抢占鹰手营子，骆秀英和村干部转移到兴隆县东南沟村（当时称协记村）。当日深夜，由于奸细告密，国民党军和刘茂队在东南沟村一家菜窖里，抓住骆秀英和村武委会主任陈士荣。敌人把她们押到鹰手营子严刑拷打，兴隆县伪县长和国民党军一个科长亲自审讯，软硬兼施，均未得逞。29 日将她和陈士荣一起拖到鹰手营子四方洞前的柳河滩上，先用铡刀铡下陈士荣的头，然后继续拷打逼问，骆秀英断然回答：“要杀要砍，随你们的便，没啥说的”。骆秀英的堂兄骆福彬是国民党特务，走过来劝降，她严词拒绝，并用手拨开敌人的刺刀，狠狠地打了他一个耳光，气急败坏的敌人用刺刀刺向骆秀英胸膛，后将尸体用铡刀铡成三截。牺牲时，年仅 22 岁，被誉为“刘胡兰式的村妇女会主任”。

孙瑞珍

孙瑞珍（1930—1948），男，寿王坟南沟人，少年时就有进步思想，敢于同恶势力作斗争，与当伪甲长的继父断绝关系。民国 35 年（1946 年）初参军，为鹰手营子区区小队战士。民国 36 年（1947 年）区小队编入县大队后，又随县大队编入地方部队承兴团，孙瑞珍作战英勇，同年 3 月在柴河胡宗营作战中 1 人缴获冲锋枪 1 支、步枪 3 支，受到表扬，并被提升为承兴团一营二连一班班长，奖励手枪 1 支。后又参加在车河堡金厂子村的战斗，消灭地主武装刘茂廷队的 1 个班，缴获 8 支步枪和部分子弹。

孙瑞珍烈士证书（摄影　郝树森）

民国 37 年（1948 年）1 月 18 日，刘茂廷队逃窜到兴隆县克梨木马家庄一带抢粮

时，被承兴团从三个方向包围。其中一路由孙瑞珍所在的二连连长带队，急行军赶到兴隆县水泉甸子，由神仙胡同插过去围歼刘茂廷队，激战中孙瑞珍用冲锋枪击毙了匪首刘茂廷，这时，躲在树后的刘茂廷队残匪向孙瑞珍开枪，孙瑞珍当场中弹牺牲，年仅18岁。孙瑞珍牺牲后被埋葬在寿王坟南沟村东山坡上。1952年10月，政务院为孙瑞珍颁发了革命烈士证书，并授予孙瑞珍一级战斗英雄称号。

傅景新

傅景新（1916—1989），男，辽宁省复县傅家屯人。中共党员。1965年被冶金部任命为国家二级工程师。解放前，在华桐矿当木工，解放后，刻苦钻研技术，把毕生精力贡献给矿山事业。1965年调入寿王坟铜矿，任机械化研究所所长。在他的带领下，与其他工程技术人员一起，研制了天井吊罐、电动装岩机、凿岩台车、斗式转载列车等矿山生产设备。是年，由于在实施矿山机械化过程中贡献突出，《人民日报》发表《做矿山机械化的开路先锋》记革新闯将傅景新的通讯。《冶金报》发表《向傅景新学习》的社论。1966年3月，曾到周恩来总理家做客，并经周总理亲自批准，被破格提拔为工人工程师。1973年出国到瑞典考察。次年又提出研制无轨蟹爪式装岩机的新课题，经试验，获得成功。先后被选为中国共产党第十次、十一次代表大会代表。1975年1月，被选为全国第四届人民代表大会代表。1978年代表河北铜矿出席全国科技大会，1979年9月国务院授予全国劳动模范称号，并参加中华人民共和国成立30周年国庆典礼，《河北日报》发表《工人工程师著名革新能手—付景新》的文章。是年，出席河北省第五届人民代表大会，并被选为常务委员。

李春生

李春生（1966—1997）男，汉族，1966年9月出生于营子矿区北马圈子村。1983年参加工作，系兴隆矿务局马圈子煤矿职工。1997年3月28日下午3时，北马圈子村个体小煤窑瓦斯爆炸，李春生同其母亲正在地中劳作，听到有人呼救后，立即向出事地点跑去，他搭车借来自救呼吸器，与村民贺全有一起下井救人。因巷内有害气体过浓，昏倒在井下，下午5时矿山救护队赶到现场，将李春生送往医院，抢救无效，光荣牺牲，年仅31岁。后被追认为烈士。

第二章　人物简介

刘海廷　男，民国15年（1926年）生人，1950年参加工作，寿王坟铜矿工人。探矿初期他和工友们在非常困难的条件下，一根钢钎、一把大锤打手掘眼，3个月完成爆破总平均眼深28米，总进度25.6米。爆破率达到90%，超额完成计划指标。1952年，荣获热河省劳动模范称号。

于占文　男，汉族，民国25年（1936年）生人，寿王坟铜矿建矿初期任凿岩机工。他在建矿初期的艰苦环境中，争上游，创高效，推广使用风架子，增加了纯凿岩时间；第一个使用硬质合金钎头；实行水打眼80%，直线爆破90%，工效显著提高。快速掘进月计划进尺128米，实际完成199.15米，为矿山建设作出了重要贡献。1953年，出席东北有色金属管理局劳动模范大会，两次被

评为热河省劳动模范，1956 年，出席冶金部先进生产者代表会。

郭殿发 男，民国 8 年（1919 年）生人，原籍辽宁北票县，民国 31 年（1942 年）参加工作，1949 年加入中国共产党。北票郭殿发小组改进风钻头及打眼方法，首创打 3.2 米的深眼，提高了掘进效率。1953 年被煤炭工业部授予劳动模范称号，并参加中国煤炭系统第一届劳模代表会议。1956 年调入兴隆矿务局工作。

邓福清 男，民国 19 年（1930 年）生人，寿王坟铜矿建矿初期任钳工。1951 年至 1954 年，在检修 160、75、50 空压机，卷扬机，300 马力发电机等大型设备工作中，昼夜奋战，改革工具，解决关键备品和备件，保证了设备的正常运转，为完成坑探任务提供了可靠保证，为国家创造财富 8.5 亿元（第一套人民币）。1954 年，出席热河省劳动模范代表大会。

孙德润 男，民国 10 年（1921 年）11 月生人，寿王坟铜矿凿岩机工。1953 年担任代班长，他和工友克服水大、岩石硬的困难，超额 24% 完成年探矿任务。他还带领全班工友积极响应工会号召，围绕生产提出合理化建议 48 条。1953 年 9 月成立快速送道队后，月计划进尺 128 米，他和工友们一起苦干实干，实际完成 199 米，为完成重点探矿任务作出了贡献，1954 年、1955 年连续两年出席了热河省劳动模范代表大会。

朱守礼 男，民国 22 年（1933 年）生人，寿王坟铜矿机械技术员。建矿初期，在山上山下安装卷扬机和空压机时，亲自做施工草图，指挥安装，甚至昼夜不下山，最终保质保量地完成了任务。选矿厂建成投产后，他为选矿厂的设备管理和维修等制定了一整套的规章制度。1954 年、1955 年连续两年出席热河省劳动模范代表大会。

邹成录 男，民国 16 年（1927 年）11 月生人，寿王坟铜矿凿岩机工。1954 年矿山主体工程大竖井下掘是全矿的中心任务，在完成这项任务中岩水似冰一样凉，顺着头顶往下流，在没有雨衣的艰苦条件下，他从不叫苦，顽强地坚持工作。其他工友纯凿岩时间是 4 个多小时，而他始终保持 6 个小时，工效月月领先。1954 年、1955 年，连续两年出席热河省劳动模范代表大会。1958 年 12 月，出席全国工会第八次代表大会。

尚克成 男，民国 21 年（1932 年）生人，寿王坟铜矿汽车司机。由于工作实绩突出，长期安全生产无事故，1954 年荣获热河省劳动模范称号。

洪希航 男，民国 18 年（1929 年）生人，寿王坟铜矿钳工。1953 年至 1954 年，他积极响应矿工会关于开展合理化建议的号召，创造发明小型设备 12 项，每年可给国家创造财富 1.9 亿多元（第一套人民币）。1954 年，出席热河省劳动模范代表大会。

王　树 男，民国 24 年（1935 年）生人，寿王坟铜矿技术员。他在检修电厂 5 号、8 号柴油机工作中，提前 57 天保质保量地完成了任务。几年间，他先后提出合理化建议 9 项，解决了生产中的关键问题。在选矿厂的设备安装、管理和维修等项工作中，成绩显著。1953 年出席东北有色金属管理局劳动模范代表大会，1955 年出席了热河省劳动模范代表大会，1956 年出席了全国冶金系统先进生产者代表大会。

陈宝祥 男，汉族，民国 20 年（1931 年）生人，民国 36 年（1947 年）参加工作，中共党员，离休前任营子矿区政协主席。1952 年至 1956 年在兴隆县卫生院工作期间，工作勤奋、不辞劳苦、努力钻研业务，在医疗条件非常艰苦情况下自制蒸馏水、消毒水、麻醉液，自行研配的外敷药膏疗效显著。用 5 年时间以优异的成绩读完了初高中文化课，连续几年被评为兴隆县直机关业余文化学习甲等模范。1956 年，荣获河北省先进工作者称号。

刘　坦 男，汉族，民国 6 年（1917）年生人，原籍河北省滦县，中共党员，1958 年自开滦矿务局调入兴隆矿务局工作。建局初期带领掘进队全体职工创岩巷掘进新纪录，名列全国煤炭系统第 5 位。1958 年作为工人代表进京参加国庆观礼，1959 年荣获全国煤炭系统劳动模范称号。

马玉泉 男，汉族，民国23年（1934年）生人，原籍河北省丰润县，中共党员，1956年自北票矿务局调入兴隆煤矿筹备处工作。建局初期曾任掘进队长，1959年被命名为河北省劳动模范和全国劳动模范，并作为工人代表进京参加了中华人民共和国成立10周年国庆观礼。

王禄广 男，汉族，清光绪二十一年（1895年）生人，原籍河北省丰润县，中共党员。1957年自元宝山建井工程处调入兴隆矿务局工作，在兴隆矿务局总机厂当木工，和工友们一起研制成功万能轮筛机、两用电锯、自动翻车器等生产工具。1959年被命名为河北省劳动模范。

王树桐 男，汉族，民国8年（1919年）生人，原籍河北省献县，中共党员，1957年参加工作。任兴隆矿务局工程师期间，在技术革新方面取得一定成绩。1959年荣获河北省劳动模范称号。

范慧卿 女，汉族，民国25年（1936年）生人，原籍浙江省天台县，1959年进兴隆矿务局职工医院作护理员，在平凡的岗位上努力工作，热心为病人服务。1959年荣获河北省劳动模范称号。

郭小丑 男，汉族，民国9年（1920年）生人，原籍河北省行唐县，中共党员，1957年自井径矿务局调入兴隆煤矿筹备处工作，建矿初期曾任马圈子矿采煤队长，1959年荣获河北省劳动模范称号。

修安才 男，汉族，民国10年（1921年）生人，原籍辽宁省北票县，中共党员，1956年自北票矿务局调入兴隆煤矿筹备处工作，1958年任兴隆矿务局总机厂外线组组长，1959年荣获河北省劳动模范称号。

桑绪华 男，汉族，民国18年（1929年）生人，原籍山西省祁县，中共党员，1958年由京西矿务局调入兴隆矿务局工作。建局初期，担任火神庙矿露天区机电班长，他积极开展技术革新，创新采用冲击式风动打眼机，工作效率提高5倍。1959年荣获河北省劳动模范称号。

管文春 男，汉族，民国24年（1935年）生人，原籍河北省兴隆县三道河乡，1957年到兴隆矿务局工作，担任火神庙矿露天区青年突击队长，1959年荣获河北省劳动模范称号。

刘绍荣 男，汉族，民国25年（1936年）生人，原籍河北省遵化县，中共党员，1958年参加工作，在井下工作时曾8次因公负伤。任兴隆矿务局马圈子矿机电科矿车组组长时，大搞矿车维修自动化，矿车完好率达到100%，他爱矿如家，兢兢业业，1977年、1981年荣获全国煤炭系统劳动模范称号。

赵士诚 男，汉族，民国21年（1932年）生人，原籍河北省遵化县，中共党员。1960年，在营子矿区干部学校任高中语文教员和教务主任时，工作任劳任怨，在教学中密切联系工作（生产）实际，使学员们能够学以致用，从而促进了工作和生产技能水平的提高。同年，荣获河北省劳动模范称号。

梁景丰 男，汉族，民国26年（1937年）生人，原籍河北省平泉县。1958年入兴隆矿务局工作，中共党员。1977年荣获全国煤炭系统劳动模范称号。1981年，在汪庄矿发生的特大瓦斯爆炸事故中，冒生命危险抢救数名工友，自己身负重伤。

林作富 男，汉族，民国21年（1932年）生人，原籍吉林省农安县，中共党员。1957年参加工作，曾任兴隆矿务局汪庄矿运输区长，由于工作实绩突出，1981年荣获河北省劳动模范称号。

韩广田 男，汉族，民国21年（1932年）生人，原籍河北省三河县，中共党员。1958年参加工作，曾多年任食堂管理员。他所在食堂在兴隆矿务局第一个达标并多次受到上级表彰。在1981、1982、1985、1986年连续荣获河北省劳动模范称号。

李享书 男，汉族，1957年生人，原籍辽宁省建昌县，中共党员，1975年到兴隆矿务局工作，1983年自荐当掘进队长，1985年荣获全国煤炭系统劳动模范称号。

刘振勤 男，民国28年（1939年）生人，原籍河北省景县，中共党员。1958年参加工作，1983年自荐担任汪庄矿108队队长，率领全队顽强苦干，4年完成了7年的工作量，1987年被承德市政府

命名为劳动模范，1989 年被河北省人民政府命名为劳动模范。1990 年，荣获全国“五一”劳动奖章。

吴翠珍 女，民国 25 年（1936 年）12 月生人，中共党员，汉族。1961 年参加工作，历任鹰手营子镇卫生院妇科医师、卫生院院长、营子矿区计划生育办公室主任。1978 年、1982 年两次荣获河北省计划生育工作先进个人称号。无论在医院工作还是到区计划生育办公室任职期间，她都坚持原则不徇私情，认真执行计划生育政策。不畏困难，艰苦创业，在一穷二白的情况下，积极筹措资金，借调技术人员，建立起区计划生育服务站，既当主任，又当医生，还当护士。几十年如一日，全身心扑在计划生育事业上。1989 年，荣获河北省劳动模范称号。

李秀明 男，民国 35 年（1946 年）生人，1969 年参加工作，中共党员。在兴隆矿务局任掘进队队长期间，积极探索新的管理办法，率领全队连续三年创佳绩。1983 年至 1985 年连续三年被承德市政府命名为劳动模范，1992 年被河北省政府命名为劳动模范。

刘文权 男，民国 34 年（1945）生人，寿王坟铜矿坑口掘进区木工。在一次次排除掘进险情过程中，知难而上，为掘进工程正常进行作出重要贡献。被原中国有色金属工业总公司命名为优秀职工，1995 年，荣获河北省劳动模范称号，1998 年，荣获全国“五一”劳动奖章。

李良田 男，1956 年生人，原籍河北省三河县，中共党员。1976 年参加工作，兴隆矿务局汪庄矿掘进队队长，他所带领的队以快速度、高质量、安全无事故而著称，年年超额完成任务。1991 年和 1995 年被承德市政府命名为劳动模范。1995 年被煤炭工业部和河北省政府命名为劳动模范。

杨升级 女，汉族，民国 36 年（1947 年）生人，鹰手营子镇老爷庙村民。1985 年承包集体荒山 9 亩 7 分，带领爱人和女儿们披星戴月、艰苦奋斗，几年后终于将荒山变成了花果山。1995 年被命名为河北省劳动模范。

王德生 男，1949 年生人，原籍河北省兴隆县，中共党员，兴隆矿务局采煤队长。1969 年参加工作，他带领的采煤队年年超额完成任务，连续几年实现安全生产，1999 年分别被承德市政府和河北省人民政府命名为劳动模范，2002 年，荣获全国“五一”劳动奖章。

李博学 男，汉族，民国 27 年（1938 年）生人，北马圈子金扇子村人，中共党员。1989 年 9 月，筹集近万元资金，在村里建起作坊式的雾灵山食品厂。为了打开销路，李博学蹬着三轮车在北京走街串巷推销生产的山楂果脯，他采取先尝后买的营销策略，终于敲开了北京市场的大门，销售量连续翻番。1994 年，他出资 240 万元扩大了企业生产规模，当年产值突破 1000 万元大关。1995 年，南宁、温州、青州的 3 个果品加工企业相继成为雾灵山食品厂所属的食品加工厂。雾灵山产品销往全国各省、市、自治区。

李志民 男，汉族，1968 年生人，北马圈子镇金扇子村人。1997 年 7 月，雾灵山果食品厂改建为承德怡达食品工业有限公司，李志民任总经理。2000 年 7 月，组建河北怡达食品集团有限公司，任董事长兼总经理。他依托当地丰富的林果资源，应用现代果品加工技术，实施果品产业化经营，构建了中国北方较大的以山楂系列休闲食品、果蔬罐头加工及饮料为主的大型综合民营企业集团。他秉承以资源为依托、以带动促发展、以质量求生存、以品牌铸辉煌的公司宗旨，诚信、敬业，使公司生产格局系列化、规模化、集团化。现任中国乡镇企业研究院研究员、中国农学会农业产业化分会常务理事、河北省第十六届人民代表大会代表、河北省个体私营企业协会副会长。1998 年荣获河北省青年星火带头人标兵称号，1999 年荣获河北省劳动模范称号、承德市第五届十大优秀青年称号，2001 年荣获第四届全国乡镇企业家称号，2002 年获首届河北省十大优秀青年民营企业家称号。

范洪甫 男，民国 31 年（1942 年）生人，原籍河北省肃宁县，中共党员，1966 年参加工作。在任职兴隆矿务局工会主席期间，不断研究探索新形势下工会工作新思路。在企业民主管理、维护职工合法权益、扶贫送温暖、群众生产工作、活跃矿山文化生活等诸多方面取得突出成绩。1999 年，荣获全国“五一”劳动奖章。

李岳桂 曾用名李岳贵，男，汉族，1954 年 4 月出生，承德市营子矿区汪家庄镇涝洼滩村人。曾任涝洼滩村生产队长、村经联公司经理。1991 年先后建立承德市汪家庄镇煤炭发运站、涝洼滩煤炭发运站，任经理。1995 年建立承德旺源煤炭建材有限公司，任董事长兼总经理。2001 年在北京密云绿洲工业区投资建立北京圣金龙食品有限公司，任董事长兼总经理。承德市第三届企业管理协会、第五届企业家协会副会长。1998、1999、2000 年连续三年被评为营子矿区突出贡献私营企业者，2003 年被营子矿区评为优秀民营企业家。营子矿区第五、六届政协副主席。2003 年 3 月 19 日，受承德市政府涝洼滩煤矿破产清算组的委托，托管涝洼滩煤矿以来，对涝洼滩的建设、环境的改变做出了很大贡献。在他的努力下，将涝洼滩煤矿和暖儿河两地的煤田捆绑出售，共同经营开发，给企业今后的发展打下了坚实的基础。

第三章　人物名录

革命烈士英名录

表 30－3－1

姓名	性别	出生年月	籍贯	参加革命时间	政治面貌	牺牲时间	牺牲地	牺牲时所在单位及职务	安葬地点
贾凤阁	男		寿王坟镇	民国 31 年(1942 年)2 月		民国 31 年(1942 年)3 月		游击队	
孙瑞林	男	民国 9 年(1920 年)	寿王坟镇南沟村李家店西沟	民国 30 年(1941 年)2 月		民国 31 年(1942 年)6 月	兴隆县夹马石	迁遵兴联合县八区区小队战士	
张　俭	男	清光绪十九年(1893 年)5 月	鹰手营子镇老爷庙村			民国 32 年(1943 年)3 月	承德监狱	村干部	鹰手营子镇喇嘛沟村
苗德勤	男	民国 9 年(1920 年)	鹰手营子镇鹰手营子村	民国 30 年(1941 年)11 月		民国 32 年(1943 年)11 月	北京市平谷县新庄	战士	
李振生	男	民国 8 年(1919 年)	汪家庄镇汪家庄村	民国 30 年(1941 年)		民国 32 年(1943 年)	鹰手营子镇老爷庙村	区小队队员	鹰手营子镇喇嘛沟
杨林山	男	民国 10 年(1921 年)	鹰手营子镇跳沟村	民国 32 年(1943 年)10 月		民国 33 年(1944 年)5 月	北京市平谷县东高村	冀东十三团迫击炮连班长	
林　厚	男	民国 11 年(1922 年)	汪家庄镇汪家庄村	民国 31 年(1942 年)1 月		民国 33 年(1944 年)	北京市密云县	承兴密县大队班长	平谷县东高村西南庄
刘　福	男	民国 15 年(1926 年)	汪家庄镇汪家庄村	民国 31 年(1942 年)2 月		民国 33 年(1944 年)	北京市密云县石匣	副连长	
孙宝荣	男		寿王坟镇	民国 29 年(1940 年)2 月		民国 33 年(1944 年)		冀东十三团战士	

续表 30－3－1

姓名	性别	出生年月	籍贯	参加革命时间	政治面貌	牺牲时间	牺牲地	牺牲时所在单位及职务	安葬地点
代殿珍	男	民国 13 年（1924 年）	汪家庄镇姚庄村	民国 32 年（1943 年）6 月		民国 34 年（1945）	兴隆县黑河	战士	
汪　全	男		汪家庄镇汪家庄村代家庄	民国 32 年（1943 年）3 月		民国 35 年（1946 年）	河北遵化县	战士	
邸连福	男	民国 13 年（1924 年）	鹰手营子镇老厂子村	民国 34 年（1945 年）8 月		民国 35 年（1946 年）5 月	北京市密云县石匣		
李广成	男	民国 19 年（1930 年）	寿王坟镇南沟村	民国 36 年（1947 年）1 月		民国 36 年（1947 年）2 月	兴隆县东窝铺	兴隆县九区区小队战士	寿王坟南沟
孟昭林	男	民国元年（1911 年）	寿王坟镇罗圈沟村	民国 32 年（1943 年）	中共党员	民国 36 年（1947 年）2 月	寿王坟镇罗圈沟二道河子	承德县九区区长	寿王坟镇罗圈沟
唐立江	男		鹰手营子镇老爷庙村	民国 34 年（1945 年）9 月		民国 36 年（1947 年）6 月	河北昌黎	冀热辽军区第十四分区战士	
曹　义	男		鹰手营子镇老爷庙村	民国 34 年（1945 年）7 月		民国 36 年（1947 年）7 月	河北昌黎	冀东十三团战士	
万德存	男		寿王坟镇南沟村兰家店	民国 35 年（1946 年）3 月		民国 36 年（1947 年）10 月	寿王坟河东	承兴团 战士	寿王坟南沟
吴长发	男	民国 16 年（1927. 年）	北马圈子镇金扇子村	民国 36 年（1947 年）8 月		民国 36 年（1947 年）11 月	承德县四区靳家沟村	承兴团战士	北马圈子镇金扇子村
李春田	男	民国 10 年（1921 年）	寿王坟镇罗圈沟村	民国 35 年（1946 年）10 月		民国 36 年（1947 年）12 月	河北昌黎县小郭店		
汪　全	男		汪家庄镇汪家庄村	民国 31 年（1942）		民国 36 年（1947 年）	辽宁义县	二十五师四十七团排长	
汪　彦	男		汪家庄镇汪家庄村	民国 31 年（1942 年）				承兴密联合县九区助理	
李文成	男	民国 8 年（1919 年）	汪家庄镇涝洼滩	民国 31 年（1942 年）3 月		民国 36 年（1947 年）	青龙县包子山	排长	青龙县包子山
邹连荣	男	民国 18 年（1929 年）	鹰手营子镇老爷庙村	民国 27 年（1938）		民国 36 年（1947）	兴隆县茅山		北京市密云县石匣
杨树忠	男		鹰手营子镇老厂子村	民国 35 年（1946）		民国 36 年（1947 年）	兴隆县	战士	鹰手营子镇老厂子村
孙瑞珍	男	民国 19 年（1930 年）	寿王坟镇南沟村北窝铺	民国 36 年（1947 年）7 月		民国 37 年（1948 年）1 月	兴隆县克梨木	承兴团副排长	寿王坟镇南沟村
杨茂义	男	民国 11 年（1922 年）	汪家庄镇涝洼滩村	民国 36 年（1947 年）3 月		民国 37 年（1948 年）8 月	北京市密云县		
李文成	男		汪家庄镇汪家庄村	民国 32 年（1943 年）7 月		民国 37 年（1948 年）10 月	辽宁锦州	冀东十三团战士	

续表 30－3－1

姓名	性别	出生年月	籍贯	参加革命时间	政治面貌	牺牲时间	牺牲地	牺牲时所在单位及职务	安葬地点
李俊福	男		汪家庄镇涝洼滩村		中共党员	民国37年（1948年）10月	承德县	承兴团战士	
李　财	男	民国11年（1922年）	北马圈子镇南马圈子村	民国34年（1945年）10月		民国37年（1948年）10月	辽宁省锦县	五十五团一〇五独立营排长	辽宁省锦县西大山小荒地
赵德珍	男	民国10年（1921年）	北马圈子镇南马圈子村	民国34年（1945年）10月		民国37年（1948年）10月	辽宁省锦州市	四十六军一百三十七师七十七团三营九连排长	辽宁省锦州市东南山
李进善	男		鹰手营子镇鹰手营子村	民国37年（1948年）4月		民国37年（1948年）10月	张家口市宣化县	宏远部队战士	
王树河	男	民国13年（1924年）	北马圈子镇南马圈子村	民国34年（1945年）10月		民国37年（1948年）11月	滦平县靳家沟	警备四团战士	承德县金厂乡
刘　桐	男		汪家庄镇汪家庄村	民国32年（1943年）7月		民国37年（1948年）11月	北京市密云县	冀东五十五团　副连长	
何有林	男		鹰手营子镇老爷庙村	民国36年（1947年）11		民国37年（1948年）11月	承德马家营	战士	承德县西大庙
张汉青	男	民国5年（1916年）	鹰手营子镇鹰手营子村	民国33年（1944年）	中共党员	民国37年（1948年）11月	辽宁省营口	战士	辽宁省营口
李振才	男	民国16年（1927年）	汪家庄镇涝洼滩村	民国36年（1947年）		民国37年（1948年）		战士	
陈士清	男		北马圈子镇北马圈子村	民国35年（1946年）12月		民国37年（1948年）	保定	野战旅班长	
李者新	男		鹰手营子镇鹰手营子村	民国34年（1945年）8月		民国37年（1948年）	辽宁省锦州市	二十六师七十八团炊事员	
姜宝全	男	民国12年（1923年）	寿王坟镇郑家庄村超梁子	民国34年（1945年）10月	中共党员	民国38年（1949年）1月	天津	副排长	天津市西刘村李家窑
王　田	男	民国14年（1925年）	鹰手营子镇鹰手营子村	民国37年（1948年）11月		民国38年（1949年）4月	山西省太原	战士	山西省太原
张　德	男	清宣统元年（1909年）	鹰手营子镇喇嘛沟村			1949年12月	辽宁省锦州监狱	村干部	辽宁省锦州市
雷永振	男	民国13年（1924年）	鹰手营子镇鹰手营子村	民国34年（1945年）		1949年	北京市密云县	战士	北京市密云县
张庆贵	男	民国13年（1924年）	北马圈子镇金扇子村	民国32年（1943年）		1949年		游击队战士	
王　朋	男	民国10年（1921年）	寿王坟镇郑家庄村	民国38年（1949年9月30日止）9月		1951年5月	朝鲜	五八五团一级连　班长	朝鲜
李清山	男		鹰手营子镇鹰手营子村	1950年6月		1951年	朝鲜	战士	朝鲜
李者仁	男	民国20年（1931年）	鹰手营子镇鹰手营子村		中共党员	1952年	冀东	一八六师汽车队	

续表30－3－1

姓名	性别	出生年月	籍贯	参加革命时间	政治面貌	牺牲时间	牺牲地	牺牲时所在单位及职务	安葬地点
赵　彬	男	民国8年(1919年)	北马圈子镇金扇子村	1949年		1952年	朝鲜	○二二一部队　战士	朝鲜
李永臣	男	民国11年(1922年)	鹰手营子镇鹰手营子村	民国30年(1941年)		1953.年3月	遵化县铁岭	班长	遵化
曹士祥	男		鹰手营子镇老爷庙村	民国36年(1947年)11月	共青团员	1953年4月	朝鲜	二○一师六二八团迫击连班长	
李　仁	男		鹰手营子镇老爷庙村	民国37年(1948年)7月	中共党员	1953年7月	朝鲜	军械员	朝鲜江原道
刘长福	男	民国9年(1920年)	汪家庄镇涝洼滩村	民国34年(1945年)9月		1963年3月	汪家庄镇汪家庄村	残废军人	汪家庄镇涝洼滩村
仁荣友	男	民国33年(1944年)9月	北马圈子镇南马圈子村	1964年3月		1966年7月	张家口宣化市	四六三二部队十七分队班长	张家口宣化
傅田祥	男	民国29年(1940年)	鹰手营子镇鹰手营子村	1962年7月		1967年11月	沈阳	三○二九部队　战士	辽宁省沈阳回龙岗
丁秀利	男	1962年	寿王坟南社区			1978年2月	北京房山	五一一九九部队　副连长	
韩宗来	男	1962年	寿王坟镇南沟村	1981年10月		1985年	河北省获鹿	八○师二四○团四连	
栾振海	男		鹰手营子镇老爷庙村	民国37年(1948年)					
徐宝稳	男		汪家庄镇汪家庄村					承兴密联合县九区助理	
汪　彦	男		汪家庄镇汪家庄村	民国31年(1942年)					
李振存	男	民国14年(1925年)	汪家庄镇涝洼滩村	民国35年(1946年)1月				二十兵团六十七军二○七师警备连战士	
张　合	男	民国14年(1925年)1月	汪家庄镇涝洼滩村	民国31年(1942年)					
刘长福	男	民国9年(1920年)	汪家庄镇涝洼滩村	民国3年(1942年)					
张　贵	男	民国13年(1924年)	寿王坟镇郑家庄村	民国35年(1946年)			朝鲜		
阎庆贺	男	民国13年(1924年)	寿王坟镇郑家庄村	民国34年(1945年)8月				第四野战军	
孙守廷	男		寿王坟镇罗圈沟村	民国34年(1945年)9月					
王明德	男	清光绪十七年(1891年)	寿王坟镇罗圈沟村				寿王坟镇梆子沟	村干部	

续表 30－3－1

姓名	性别	出生年月	籍贯	参加革命时间	政治面貌	牺牲时间	牺牲地	牺牲时所在单位及职务	安葬地点
贾云亭	男	民国 13 年（1924 年）	北马圈子镇南马圈子村	民国 36 年（1947 年）			湖南省	四十六军一三七师	湖南
李维明	男		北马圈子镇金扇子村	民国 37 年（1948 年）					
张俊发	男		北马圈子镇金扇子村	民国 36 年（1947 年）10 月					
阎　明	男		北马圈子镇金扇子村	民国 36 年（1947 年）					
李春生	男	1966 年 9 月	北马圈子镇北马圈子村	1983 年		1997 年 3 月		兴隆矿务局马圈子煤矿工人	北马圈子镇北马圈子村

客籍革命烈士英名录

表 30－3－2

姓名	性别	出生年月	籍贯	所在单位	职务	牺牲时间	牺牲地点	安葬地点
于凤祥	男	民国元年（1912 年）	兴隆县北营房镇梅岭沟村		民兵	民国 31 年（1942． 年）	鹰手营子	
胡正德	男			八路军	排长	民国 31 年（1942 年）	寿王坟镇罗圈沟大东山	
李福贺	男	光绪三十四年（1908 年）	兴隆县宋杖子村	八路军包森支队	战士	民国 32 年（1943 年）	寿王坟镇梆子沟	梆子沟
关元方	男	光绪七年（1881 年）	兴隆县煤岭沟		民兵	民国 32 年（1943 年）	鹰手营子	
李向瑞	男	民国 12 年（1923）	兴隆县下台子乡杨家庄		民兵	民国 32 年（1943 年）	鹰手营子	
李振合	男	民国 7 年（1918 年）	兴隆县大水泉乡	冀东军分区十三团	战士	民国 33 年（1944 年）	鹰手营子镇喇嘛沟村	
郭　羽	男	民国 6 年（1917 年）	河北保定	车柳河区区委	书记	民国 33 年（1944 年）	寿王坟梆子沟北山	
穆　山	男		唐山丰润县	车柳河区区政府	区长	民国 33 年（1944 年）	寿王坟梆子沟北山	
刘　毅	男			迁遵兴联合县十一区政府	区长	民国 33 年（1944 年）	寿王坟梆子沟北山	
王一民	男		陕北	迁遵兴联合县十一区政府	区长	民国 33 年（1944 年）	承德监狱	
王　常	男	民国 8 年（1919 年）	兴隆县陡子峪乡	冀东军分区六区队	战士	民国 34 年（1945 年）	鹰手营子	
王凤山	男	民国 11 年（1922． 年）	兴隆县黄酒馆	宏远部队担架队	民工	民国 36 年（1947 年）	鹰手营子	
宋永枝	男	民国 11 年（1922 年）	兴隆县大东区村	兴隆县支队	战士	民国 36 年（1947 年）	北马圈子镇南马圈子村南山	南马圈子南山

续表 30－3－2

姓名	性别	出生年月	籍贯	所在单位	职务	牺牲时间	牺牲地点	安葬地点
王树清	男	民国 12 年（1923 年）	兴隆县北水泉乡塔前村	兴隆县三区区小队	战士	民国 36 年（1947 年）	鹰手营子	
王振云	男	民国 10 年（1921 年）	兴隆县上石洞乡山神庙村	兴隆县支队	班长	民国 36 年（1947 年）8 月	北马圈子	
董 哲	男			承德工委	干部	民国 36 年（1947 年）	寿王坟梆子沟	
魏 义	男			承德工委	干部	民国 36 年（1947 年）	寿王坟梆子沟	
王 合	男	民国 14 年（1925 年）	兴隆县六拨子	兴隆县支队	排长	民国 36 年（1947 年）12 月	鹰手营子	
边贵荣	男	民国 13 年（1924）	兴隆县挂兰峪	宏远部队	战士	民国 37 年（1948 年）1 月	鹰手营子	
李贵明	男	民国 14 年（1925 年）	兴隆县半壁山镇西窝铺村	冀热辽军区警备四团	战士	民国 37 年（1948 年）1 月	鹰手营子	
高焕武	男	民国 9 年（1920 年）	兴隆县西庙子村	兴隆县担架队	民工	民国 37 年（1948 年）	鹰手营子	
温 瑞	男	民国 30 年（1941 年）	承德县	东风煤矿子弟学校	中共党支部书记	1978 年 5 月	承德市东风煤矿	
赵建国	男		承德县	东风煤矿子弟学校	教师	1978 年 5 月	承德市东风煤矿	

区属及驻区企事业单位全国及省级劳模名录

表 30－3－3

姓名	性别	出生年月	劳模类别	受奖时间	受奖时所在单位及职务	颁奖机关	备注
马玉泉	男	民国 23 年（1934 年）	国家	1959 年	兴隆矿务局掘进队长	国务院	
钱 富	男		国家	1959	寿王坟铜矿	国务院	
曹士恒	男		国家		涝洼滩煤矿工人	国务院	
付景新	男	民国 5 年（1916 年）	国家	1979 年	寿王坟铜矿工人工程师	国务院	
刘海廷	男	民国 15 年（1926 年）	省级	1952 年	寿王坟铜矿	热河省人民政府	
于占文	男	民国 25 年（1936 年）	省级	1952 年	寿王坟铜矿	热河省人民政府	
严云祥	男	民国 20 年（1931 年）	省级	1954 年	寿王坟铜矿	热河省人民政府	
尚克成	男	民国 21 年（1932 年）	省级	1954 年	寿王坟铜矿	热河省人民政府	

续表 30－3－3

姓名	性别	出生年月	劳模类别	受奖时间	受奖时所在单位及职务	颁奖机关	备注
杨明杰	男	民国 17 年（1928 年）	省级	1954 年	寿王坟铜矿	热河省人民政府	
孙德润	男	民国 10 年（1921 年）	省级	1954 年	寿王坟铜矿	热河省人民政府	
李永文	男	民国 20 年（1931 年）	省级	1954 年	寿王坟铜矿	热河省人民政府	
邓福清	男	民国 19 年（1930 年）	省级	1954 年	寿王坟铜矿	热河省人民政府	
洪希航	男	民国 18 年（1929 年）	省级	1954 年	寿王坟铜矿	热河省人民政府	
姜殿东	男	民国 20 年（1931 年）	省级	1954 年	寿王坟铜矿	热河省人民政府	
邹成录	男	民国 16 年（1927 年）	省级	1954 年	寿王坟铜矿	热河省人民政府	
朱守礼	男	民国 22 年（1933）	省级	1954 年	寿王坟铜矿	热河省人民政府	
王　树	男	民国 24 年（1935 年）	省、部级	1955、1956 年	寿王坟铜矿	热河省人民政府、全国冶金系统	
胡大存	男	民国 19 年（1930）	省级	1955 年	北票矿务局	热河省人民政府	
景跃春	男	民国 13 年（1924 年）	省级	1955 年	寿王坟铜矿	热河省人民政府	
李瑞通	男	民国 22 年（1933 年）	省级	1955 年	寿王坟铜矿	热河省人民政府	
陈宝祥	男	民国 20 年（1931 年）	省级	1956 年	兴隆县卫生院调剂员	中共河北省委、河北省人民政府	
管文春	男	民国 24 年（1935 年）	省级	1959 年	兴隆矿务局露天采区突击队长	河北省人民政府	
王树桐	男	民国 8 年（1919 年）	省级	1959 年	兴隆矿务局采煤工程师	河北省人民政府	
桑绪华	男	民国 18 年（1929 年）	省级	1959 年	兴隆矿务局机电班长	河北省人民政府	
刘　坦	男	民国 6 年（1917 年）	部级	1959 年	兴隆矿务局采煤副区长	煤炭工业部	
修安才	男	民国 10 年（1921 年）	省级	1959 年	兴隆矿务局总机厂外线组组长	河北省人民政府	
范惠清	女	民国 25 年（1936 年）	省级	1959 年	兴隆矿务局医院护理员	河北省人民政府	
郭小丑	男	民国 9 年（1920 年）	省级	1959 年	兴隆矿务局采煤队长	河北省人民政府	
马宝德	男	民国 19 年（1930 年）	省级	1959 年	兴隆县公安局营子铁厂保卫科	河北省政法委	

续表 30－3－3

姓名	性别	出生年月	劳模类别	受奖时间	受奖时所在单位及职务	颁奖机关	备注
徐云瑞	男	民国 23 年（1934 年）	省级	1959 年			
赵　奎	男	民国 24 年（1935 年）	省级	1959 年	寿王坟铜矿	河北省人民政府	
齐文山	男	民国 18 年（1929 年）	省级	1959 年	寿王坟铜矿	河北省人民政府	
王凤文	男	民国 19 年（1930 年）	省级	1959 年	寿王坟铜矿	河北省人民政府	
赵福海	男	民国 22 年（1933 年）	部级	1959 年	寿王坟铜矿	冶金工业部	
王禄广	男	光绪二十一年（1895 年）	省级	1959 年	兴隆矿务局总机厂	河北省人民政府	
刘大可	男		省级	1959 年	寿王坟铜矿	河北省人民政府	
梁启开	男		省级	1959 年	寿王坟铜矿	河北省人民政府	
赵士诚	男	民国 21 年（1932 年）	省级	1960 年	营子矿区干部学校教务主任	河北省工商、税务系统	
梁景丰	男	民国 26 年（1937 年）	部级	1977 年	兴隆矿务局采煤区党支部书记	煤炭工业部	
刘绍荣	男	民国 25 年（1936 年）	部级	1977、1981 年	兴隆矿务局矿车组组长	煤炭工业部	
张跃田	男	民国 31 年（1942 年）	部级	1977、1978 年	寿王坟铜矿	冶金工业部	
傅景新	男	民国 5 年（1916 年）	部级	1978 年	寿王坟铜矿	冶金工业部	
林作富	男	民国 21 年（1932 年）	省级	1981 年	兴隆矿务局运输区长	河北省人民政府	
王成义	男	民国 31 年（1942 年）	省级	1981 年	寿王坟铜矿	河北省人民政府	
韩广田	男	民国 21 年（1932 年）	省级	1982、1986 年	兴隆矿务局食堂管理员	河北省人民政府	
李亨书	男	1957 年	部级	1985 年	兴隆矿务局掘进队长	煤炭工业部	
胡景芳	女	民国 29 年（1940 年）	省级	1986 年	承德地区铸造机械厂	河北省人民政府	
刘振勤	男	民国 28 年（1939 年）	省、部级	1988、1989、1990 年	兴隆矿务局掘进队长	河北省人民政府、全国总工会	全国“五一”劳动奖章获得者
蔡天全	男	民国 24 年（1935 年）	省级	1988 年	寿王坟铜矿	河北省人民政府	
张文彩	男	民国 17 年（1928 年）	部级	1988 年	寿王坟铜矿	中国有色金属公司	

续表 30－3－3

姓名	性别	出生年月	劳模类别	受奖时间	受奖时所在单位及职务	颁奖机关	备注
吴翠珍	女	民国 25 年（1936 年）	省级	1989 年	营子矿区计划生育办公室主任	中共河北省委、河北省人民政府	
禹崇华			部级	1989 年	寿王坟铜矿	教育部	
李秀舒	女	民国 26 年（1937 年）	省级	1991 年	承德市第七中学教师	河北省人民政府	
李秀明	男	民国 35 年（1946 年）	省级	1992 年	兴隆矿务局掘进队长	河北省人民政府	
管树荣	男	民国 17 年（1928 年）	省级		承德市东风煤矿工人		
杨升级	女	民国 36 年（1947 年）	省级	1995 年	营子矿区营子镇老爷庙村	中共河北省委、河北省人民政府	
李良田	男	1956 年	省、部级	1995 年	兴隆矿务局掘进队长	河北省人民政府、煤炭工业部	
刘文权	男	民国 34 年（1945 年）	省、部级	1995、1998 年	寿王坟铜矿	河北省人民政府、全国总工会	全国“五一”劳动奖章获得者
范洪甫	男	民国 31 年（1942 年）	部级	1999 年	兴隆矿务局工会主席	全国总工会	全国“五一”劳动奖章获得者
王德生	男	1949 年	省级	1999、2002 年	兴隆矿务局采煤区长	河北省人民政府、全国总工会	全国“五一”劳动奖章获得者
李志民	男	1968 年 10 月	省级	1999 年	河北省承德市怡达集团董事长	中共河北省委、河北省人民政府	

区属及驻区企事业单位市级劳模名录

表 30－3－4

姓名	性别	出生年月	劳模类别	受奖时间	受奖时所在单位及职务	颁奖机关
王瑞环	女	民国 16 年（1927 年）	市级	1958 年	营子矿区文教局	承德专员公署
郭世勋	男	民国 22 年（1933 年）	市级	1962、1966 年	兴隆矿务局医院医生	中共承德市委、市政府
王永存	男	民国 26 年（1937 年）	市级	1965 年	中共营子矿区委宣传科	中共承德市委、市政府
刘进海	男	民国 25 年（1936 年）	市级	1965 年	营子矿区粮库	中共承德市委、市政府
宋宗泽	男	民国 26 年（1937 年）	市级	1965、1986 年	营子矿区第一小学教师	中共承德市委、市政府
贾绍元	男	民国 27 年（1938 年）	市级	1965 年	营子矿区人民银行办事处	中共承德市委、市政府

续表 30－3－4

姓名	性别	出生年月	劳模类别	受奖时间	受奖时所在单位及职务	颁奖机关
徐树春	女	民国 27 年（1938 年）	市级	1965 年	营子矿区寿王坟邮电局	承德市政府
刘学勤	男	民国 7 年（1918 年）	市级	1976 至 1979 年	兴隆矿务局汪庄煤矿司磅员	中共承德市委
周庆荣	男	民国 26 年（1937 年）	市级	1977、1980、1982 年	营子矿区烟草公司	中共承德市委、承德市革命委员会、承德市政府
郭凤祥	男	民国 29 年（1940 年）	市级	1977 年	营子矿区文教局	中共承德市委、市政府
李希立	男	民国 35 年（1946 年）	市级	1978 年	营子矿区百货公司	中共承德市委、承德市革命委员会
杨兆峰	男	1954 年	市级	1979 年	平安堡铁厂	中共承德市委
陈宝祥	男	民国 20 年（1931 年）	市级	1980 年	中共营子矿区委办公室主任	中共承德市委、承德市革命委员会
高淑英	男	民国 31 年（1942 年）	市级	1981 年	营子矿区医药公司	中共承德市委、承德市革命委员会
任永利	男	1954 年	市级	1981、1990 年	营子矿区第二小学	承德市革命委员会、河北省体委、省教委
李天祥	男	民国 33 年（1944 年）	市级	1982 年	营子矿区第二小学校长	中共承德市委、承德市革命委员会
卢洪顺	男	民国 22 年（1933 年）	市级	1982 年	营子矿区北马圈子中心校校长	中共承德市委、承德市革命委员会
杨秀荣	女	民国 33 年（1944 年）	市级	1982、1983、1984 年	营子矿区废品回收公司	中共承德市委、承德市革命委员会、承德市政府
范秀珍	女	民国 33 年（1944 年）	市级	1982、1983、1990、1993 年	营子矿区食品公司、营子矿区劳动局	中共承德市委、承德市革命委员会、河北省总工会、河北省劳动人事厅
娄玉华	女	1950 年	市级	1983 年	营子矿区食品公司	中华全国总工会
毕绍杰	男	民国 28 年（1939 年）	市级	1983、1994 年	营子矿区工会主任、营子矿区统计局局长	国务院全国第三产业普查协调小组、河北省总工会、
赵玉珍	女	民国 36 年（1947 年）	市级	1983、1985 年	营子矿区第二小学教师	河北省人民政府、中共承德市委、市政府
岳满仓	男	民国 36 年（1947 年）	市级	1983、1984 年	兴隆矿务局汪庄煤矿采煤区长	中共承德市委
张淑珍	女	民国 26 年（1937 年）	市级	1984、1991 年	营子矿区第二小学教师	河北省人民政府、河北省人事厅、教委
王玉芝	女	1952 年 9 月	市级	1984、1985、1986 年	营子矿区营子镇中心校教师	中共承德市委、市政府
邢　俊	男	民国 19 年（1930）10 月	市级	1984、1989、1994 年	承德市第七中学	国家教委，人事部，全国总工会，中共承德市委、市政府
刘文山	男	民国 32 年（1943 年）	市级	1984、1986 年	营子矿区五金公司	中共承德市委、市政府

续表 30－3－4

姓名	性别	出生年月	劳模类别	受奖时间	受奖时所在单位及职务	颁奖机关
孙瑞江	男	1949 年 10 月	市级	1984 年	营子矿区武装部	中共承德市委、市政府
吴　斌	女	1959 年 1 月	市级	1985 年	营子矿区物资局	承德市政府
李秀珍	女	1955 年 1 月	市级	1985 年	营子矿区人防办公室	河北省人防办公室
郑玉莲	女	1959 年 8 月	市级	1986 年	营子矿区寿王坟镇中心校教师	河北省人民政府
张秀春	女	1965 年 2 月	市级	1986、1994 年	营子矿区北马圈子镇财政所	河北省财政厅、共青团河北省委员会
王作民	男	民国 17 年（1928 年）	市级	1986 年	营子矿区图书馆	中共承德市市委、市政府
胡景芳	男	民国 29 年（1940 年）	市级	1986 年	承德市铸造机械总厂统计	河北省人民政府
李振才	男	1954 年	市级	1986、1995、1997 年	承德市第七中学	河北省人民政府、承德市政府
郝桂英	女	民国 33 年（1944 年）	市级	1986 年	营子矿区第二小学	河北省人民政府
付友良	男	1952 年	市级	1986 年、1995 年	兴隆矿务局汪庄煤矿采煤区长	中共承德市市委、市政府
陈思本	男	民国 28 年（1939 年）	市级	1986 年	兴隆矿务局汪庄矿工程师	中共承德市委
辛克顺	男	民国 28 年（1939 年）	市级	1986 年	兴隆矿务局营子矿机电科矿车组组长	承德市人民政府
段世仪	女	民国 21 年（1932 年）	市级	1987 年	营子矿区第二小学	河北省人民政府
李瑞兰	女	民国 31 年（1942 年）	市级	1987 年	营子矿区鹰手营子镇中心校	河北省人民政府
张显臣	男	民国 29 年（1940 年）	市级	1987、1988 年	营子矿区寿王坟镇	中共承德市市委、市政府
李国祥	男	1963 年	市级	1987 年	营子矿区第二小学	河北省人民政府
李秀琴	女	民国 35 年（1946 年）	市级	1988 年	营子矿区信访局	中共河北省委办公厅、省政府办公厅
雷电中	男	民国 34 年（1945 年）11 月	市级	1988、1991、1996 年	营子矿区人事局	河北省政府、省劳动人事厅
赵国新	男	民国 37 年（1948 年）1 月	市级	1988、1991 年	营子矿区司法局	河北省司法厅
许天福	男	民国 32 年（1943 年）12 月	市级	1989、1997 年	鹰手营子镇副镇长、营子矿区民政局	河北省爱国卫生委员会、河北省民政厅、省人事厅、省总工会

续表 30－3－4

姓名	性别	出生年月	劳模类别	受奖时间	受奖时所在单位及职务	颁奖机关
金巨和	男	民国 26 年（1937 年）11 月	市级	1989 年	营子矿区信访局	中共河北省委办公厅、省政府办公厅
王占海	男	1952 年 9 月	市级	1989、1990、1996 年	营子矿区商业局	河北省商业厅
项伟喜	男	1953 年 7 月	市级	1989 年	承德地区铸造机械厂	河北省公安厅
曹克雨	女	1954 年 2 月	市级	1989 年	营子矿区第二小学教师	共青团河北省委、省教委、少工委
张怀彦	男	1950 年 7 月	市级	1989 年	营子矿区供热站	中共承德市委、承德市政府
苏士君	女	民国 28 年（1939 年）	市级	1990 年	营子矿区统计局	国务院第四次全国人口普查领导小组
邢建东	男	1964 年	市级	1990、1999 年	兴隆矿务局运销处处长	承德市政府
李秀舒	女	民国 26 年（1937 年）	市级	1991 年	承德市第七中学教师	承德市政府
孔繁友	男	1964 年 12 月	市级	1991 年	营子矿区第二小学教师	河北省教委、省人事厅
宋岫岩	女	民国 30 年（1941 年）6 月	市级	1991 年	承德市第七中学教师	河北省教委、省人事厅
吴建国	男	1955 年 9 月	市级	1991 年	营子矿区商业局马圈子零售公司	中共承德市委、承德市政府
刘国斌	男	1963 年 9 月	市级	1991、1998 年	营子矿区公安分局	中共承德市委、承德市政府
毕志国	男	1961 年 12 月	市级	1992、1993、1994 年	承德市轻工业机械厂	中共承德市委、承德市政府
刘　猛	男	1955 年	市级	1992 年	兴隆矿务局掘进队长	中共承德市委、承德市政府
刘玉虎	男	1953 年 9 月	市级	1993 年	承德市铸造机械厂	河北省机械工业厅
孔令华	男	1953 年 10 月	市级	1993 年	营子矿区司法局	河北省司法厅
褚慧琴	女	1954 年 4 月	市级	1993 年	兴隆矿务局计划生育办公室主任	河北省计生委、省人事厅、省总工会
徐树祥	男	民国 32 年（1943 年）12 月	市级	1994 年	营子矿区城乡建设环境保护局局长	河北省人民政府
李桂芝	女	1958 年 8 月	市级	1994 年	营子矿区统计局	河北省统计局、省人事厅、省总工会
张淑琴	女	1955 年 2 月	市级	1995 年	营子矿区档案局局长	河北省档案局、省人事厅、省总工会
胡玉山	男	民国 36 年（1947 年）9 月	市级	1995 年	承德市铸造机械厂	中共承德市委、承德市政府
高贵清	男	民国 37 年（1948 年）12 月	市级	1995 年	营子矿区汪家庄镇	中共河北省委、省政府

续表 30－3－4

姓名	性别	出生年月	劳模类别	受奖时间	受奖时所在单位及职务	颁奖机关
李淑艳	女	民国 34 年（1945 年）6 月	市级	1995 年	营子矿区北马圈子镇	河北省妇联、省人事厅
潘艳红	女	1968 年 10 月	市级	1995、1996 年	营子矿区统计局	河北省统计局，承德市统计局、人事局
张小平	女	1969 年 2 月	市级	1995 年	承德市第七中学教师	河北省教育厅、省人事厅
王宝春	男	民国 36 年（1947 年）	市级	1995 年	兴隆矿务局汪庄煤矿副矿长	承德市政府
王　伶	男	1954 年	市级	1995 年	兴隆矿务局采煤区长	承德市政府
尤淑敏	女	1953 年	市级	1995 年	兴隆矿务局集体经济总公司综合厂厂长	承德市政府
张　贵	男	1967 年	市级	1995 年	兴隆矿务局汪庄煤矿掘进队长	承德市政府
李自国	男	民国 35 年（1946 年）	市级	1995 年	兴隆矿务局营子煤矿矿长	承德市政府
杨金艳	女	1966 年	市级	1995、1999 年	兴隆矿务局机械厂车工	承德市政府
葛殿武	男	民国 34 年（1945 年）11 月	市级	1996 年	营子矿区审计局长	河北省审计厅、省人事厅
张晓华	男	1956 年 2 月	市级	1996、1997 年	营子矿区计划统计局长	第三次全国工业普查办公室、第一次全国基本单位普查办公室
李文田	男	1950 年 10 月	市级	1998 年	营子矿区寿王坟镇中心校	河北省教委、省人事厅、省教育工会
代伟起	男	1952 年 10 月	市级	1998 年	营子矿区技术监督局	河北省技术监督局
毕志华	男	1956 年	市级	1998 年	营子矿区广播电视局长	河北省广电厅、省人事厅、省总工会
张秀丽	女	1957 年 2 月	市级	1998 年	承德市金鹰镁碳砖厂	承德市政府
李宝云	男	1966 年 8 月	市级	1998 年	营子矿区寿王坟镇政府	全国农业普查办公室
安玉君	女	1665 年 6 月	市级	1998 年	营子矿区档案局	河北省档案局、省人事厅、省总工会
代明皓	男	1975 年 2 月	市级	1998 年	营子矿区计划统计局	全国农业普查办公室
马永生	男	1965 年 3 月	市级	1998 年	寿王坟铜矿	承德市政府
王小凤	女	1955 年 10 月	市级	1999 年	中共营子矿区纪律检查委员会	河北省监察厅、省组织部、省人事厅、省总工会
李占杰	男	1955 年	市级	1999 年	兴隆矿务局蓄电池厂厂长	承德市政府

续表 30－3－4

姓名	性别	出生年月	劳模类别	受奖时间	受奖时所在单位及职务	颁奖机关
李利民	男	1956 年 4 月	市级	1999 年	营子矿区食品公司	河北省贸易厅、省人事厅、省财贸工会
王者旗	男	1960 年 7 月	市级	1999 年	承德市铸造机械厂	承德市政府
刘子仓	男	1952 年	市级	1999 年	兴隆矿务局 663 厂机电队长	承德市政府
陈晓军	男	1957 年	市级	1999 年	兴隆矿务局子弟学校教师	承德市政府
韩青林	男	1965 年	市级	1999 年	兴隆矿务局汪庄煤矿采掘队长	承德市政府
王春霞	女	1954 年 2 月	市级	1999 年	寿王坟铜矿	承德市政府
马兴隆	男	1954 年 2 月	市级	1999 年	寿王坟铜矿	承德市政府
唐怀志	男	1962 年 5 月	市级	1999 年	寿王坟铜矿	承德市政府
盛桂元	男	1964 年	市级	1999 年	兴隆矿务局蓄电池厂厂长	承德市政府

营子矿区籍在外工作副县（处）级干部和副高职称以上人员名录

表 30－3－5

姓名	性别	出生年月	民族	原籍	工作机关	职务级别	学位职称	现住址
孙　海	男	民国 14 年（1925 年）	汉	北马圈子镇南马圈子村	西藏自治区纪检委副书记	正厅（离休）		湖南衡阳
张国举	男	民国 14 年（1925 年）	汉	寿王坟镇南沟村	广东省某化工公司总经理			广东省
王锡铭	男	民国 14 年（1925 年）	汉	寿王坟镇罗圈沟村	河北省农大水产学院党委副书记			秦皇岛市
刘可木	男	民国 15 年（1926 年）	汉	寿王坟镇南沟村	中共广西壮族自治区南宁市委副书记	副厅（离休）		南宁市
王起贤	男	民国 18 年（1929 年）	汉	鹰手营子镇跳沟村	湖南驻广州办事处	主任、副厅		广州
张文成	男	民国 19 年（1930 年）	汉	鹰手营子镇跳沟村	西南电力研究所	所长、正处		成都
刘文波	男	民国 31 年（1942 年）	汉	鹰手营子镇铁道北社区	河北日报社	副主编	教授	石家庄
王卫民	男	（1962 年）	汉	北马圈子镇北马圈子村	安徽省蚌埠市十三飞行学院司令部	副参谋长		安徽省蚌埠市十三飞行学院
李景华	男	民国 34 年（1945 年）	汉	鹰手营子镇跳沟村	河北省林业厅	副厅级		石家庄

表 30－3－5

姓名	性别	出生年月	民族	原籍	工作机关	职务级别	学位职称	现住址
贾国清	男		汉	鹰手营子镇河北村	黑龙江人事劳动监察局	书记、正厅		已故
王留成	男	1949 年	汉	鹰手营子镇桥西社区	解放军总后生产处	局长、副团级（退休）		北京
张宝学	男	1950 年	汉	鹰手营子镇跳沟村	承德市工商局	副书记、副处		承德市
冯俊玉	男	1953 年	汉	鹰手营子镇跳沟村	承德市水利局	副局长		承德市
刘文和	男	1953 年	汉	鹰手营子镇铁道北社区	廊坊市财政局	副局长、正处		廊坊市
杨国钧	男	1954 年	汉	鹰手营子	河北省广播电视台台长	副厅级总编辑		石家庄
李　良	男	1954 年	汉	鹰手营子	北京军区后勤部士官训练大队政治教研室主任	副师级	副教授	北京
王晓光	男	1955 年	汉	鹰手营子镇	河北省涿鹿监狱长	正处		石家庄
魏福刚	男	1955 年	汉	北马圈子镇北马圈子村	中共张北县委书记	正处		张北县
曹新民	男	1957 年	汉	鹰手营子镇河北村	承德市房产局	副局长、副处		承德市
张化平	男	1957 年	汉	鹰手营子镇兴煤社区	承德市卫生局	局长、正处		承德市
刘文龙	男	1958 年	汉	鹰手营子镇铁道北社区	河北省总工会	副处		石家庄
谭　龙	男	1959 年	汉	鹰手营子镇跳沟村	承德市第八中学	副校长、副处		承德市
杨明成	男	1962 年	汉	鹰手营子镇跳沟村	福建某坦克部队	副政委		福建
杨爱民	男	1962 年	汉	鹰手营子镇跳沟村	兰州军区驻北京办事处	主任、正团		北京
刘敏儒	男	1962 年	汉	鹰手营子镇兴煤社区	双滦区政府	常务副区长		承德市
王久长	男	1965 年	汉	鹰手营子镇铁道北社区	大连空军	副团级		大连市
张旭同	男	1965 年	汉	寿王坟镇罗圈沟村	丰南市	副市长		石家庄
王立群	男	1968 年	汉	鹰手营子镇兴煤社区	兴隆县政府	副县长、副处		兴隆县
郑君雷	男	1970 年	汉	鹰手营子镇铁道北社区	广州中山大学		副教授	广州中山大学
许　沛	男	1970 年	汉	寿王坟镇	承德市移动公司	副经理、副处	硕士	承德市

表 30－3－5

姓名	性别	出生年月	民族	原籍	工作机关	职务级别	学位职称	现住址
张海峰	男	1973 年	汉	鹰手营子镇铁道北社区	北京军区司令部	副团级		北京市
冯季君	女	1977 年	含	鹰手营子镇桥西社区	济南工业大学		博士副教授	济南
马大龙	男	1977 年	汉	鹰手营子镇铁道北社区	山东省政府	副处级		济南市
张　新	男		汉	鹰手营子镇兴煤社区	滦平县委	副处		鹰手营子镇

寿王坟铜矿副高职以上职称人员名录

表 30－3－6

序号	姓名	性别	出生年月	政治面貌	学历	专业	职称	评定时间
1	张辉	男	民国 17 年（1928 年）4 月	—	本科	生物	中学高级教师	1988 年 3 月
2	王尧贺	男	民国 25 年（1936 年）3 月	—	专科	地理	中学高级教师	1988 年 3 月
3	李加强	男	民国 30 年（1941 年）4 月	中共党员	本科	—	中学高级教师	1988 年 3 月
4	张文彩	男	民国 17 年（1928 年）2 月	中共党员	本科	骨外科	主任医师	1988 年 4 月
5	安静波	男	民国 20 年（1931 年）1 月	中共党员	专科	内科	副主任医师	1988 年 4 月
6	宋英涛	男	民国 19 年（1930 年）2 月	中共党员	本科	机械工程	高级工程师	1988 年 7 月
7	尤占先	男	民国 22 年（1933 年）6 月	中共党员	专科	选矿	高级工程师	1988 年 7 月
8	王传涛	男	民国 22 年（1933 年）7 月	中共党员	中专	机械工程	高级工程师	1988 年 7 月
9	张巨兴	男	民国 23 年（1934 年）3 月	中共党员	本科	工程	高级工程师	1988 年 7 月
10	宋景乐	男	民国 25 年（1936 年）2 月	中共党员	专科	地质工程	高级工程师	1988 年 7 月
11	李文良	男	民国 27 年（1938 年）5 月	中共党员	初中	土建	高级工程师	1988 年 7 月
12	周强奇	男	民国 27 年（1938 年）7 月	中共党员	本科	工程	高级工程师	1988 年 7 月
13	张承录	男	民国 28 年（1939 年）8 月	中共党员	本科	工程	高级工程师	1988 年 7 月
14	贾文义	男	民国 30 年（1941 年）4 月	中共党员	本科	工程	高级工程师	1988 年 7 月
15	张庆余	男	民国 30 年（1941 年）4 月	中共党员	本科	工程	高级工程师	1988 年 7 月
16	赵连生	男	1955 年 4 月	中共党员	专科	工程	高级工程师	1988 年 7 月
17	韩景星	男	民国 24 年（1935 年）8 月	中共党员	专科	—	中学高级教师	1988 年 11 月
18	许国瑞	男	民国 25 年（1936 年）1 月	中共党员	专科	—	中学高级教师	1988 年 11 月
19	路民生	男	民国 25 年（1936 年）10 月	—	专科	—	中学高级教师	1988 年 11 月
20	李树滋	男	民国 26 年（1937 年）2 月	—	中专	—	中学高级教师	1988 年 11 月
21	王　敬	男	民国 26 年（1937 年）10 月	—	专科	语文	中学高级教师	1988 年 11 月
22	狄企如	男	民国 24 年（1935 年）4 月	中共党员	中专	经济	高级经济师	1988 年 12 月
23	穆云奎	男	民国 26 年（1937 年）8 月	中共党员	专科	政工	高级政工师	1988 年 12 月

续表 30－3－6

序号	姓名	性别	出生年月	政治面貌	学历	专业	职称	评定时间
24	刘兴振	男	民国 25 年（1936 年）10 月	—	中专	工程	高级工程师	1988 年 12 月
25	吴桂云	女	民国 28 年（1939 年）8 月	—	专科	工程	高级工程师	1988 年 12 月
26	李建华	男	民国 27 年（1938 年）1 月	中共党员	中专	工程	高级工程师	1989 年 2 月
27	陈佩清	女	民国 24 年（1935 年）9 月	中共党员	专科	—	副主任医师	1990 年 8 月
28	李瑞通	男	民国 22 年（1933 年）5 月	中共党员	中专	政工	高级政工师	1991 年 12 月
29	赵玉民	男	民国 27 年（1938 年）7 月	中共党员	本科	建筑工程	高级工程师	1992 年 5 月
30	闫安伦	男	民国 35 年（1946 年）6 月	中共党员	本科	工程	高级工程师	1992 年 5 月
31	苏中华	男	民国 33 年（1944 年）8 月	中共党员	本科	工程	高级工程师	1992 年 5 月
32	陈金明	男	民国 35 年（1946 年）9 月	中共党员	本科	工程	高级工程师	1992 年 5 月
33	高任贤	男	民国 25 年（1936 年）3 月	中国党员	专科	—	副主任医师	1992 年 8 月
34	单金富	男	民国 25 年（1936 年）8 月	中共党员	专科	—	中学高级教师	1992 年 9 月
35	张国勤	女	民国 32 年（1943 年）4 月	中共党员	本科	中医	副主任医师	1993 年 11 月
36	张宝珠	男	民国 35 年（1946 年）3 月	中共党员	专科	—	副主任医师	1993 年 11 月
37	郝屏	女	民国 35 年（1946 年）12 月	—	专科	—	中学高级教师	1993 年 11 月
38	郭福祥	男	民国 34 年（1945 年）5 月	中共党员	本科	工程	高级工程师	1993 年 12 月
49	赵　珉	男	民国 34 年（1945 年）9 月	中共党员	本科	工程	高级工程师	1993 年 12 月
40	李成绪	男	民国 27 年（1938 年）12 月	中共党员	中专	政工	高级政工师	1994 年 1 月
41	赵为章	男	民国 33 年（1944 年）12 月	中共党员	中专	政工	高级政工师	1994 年 1 月
42	张志田	男	民国 24 年（1935 年）12 月	中国党员	本科	—	中学高级教师	1994 年 9 月
43	杨华枝	女	民国 36 年（1947 年）11 月	中共党员	专科	—	中学高级教师	1994 年 9 月
44	王丽欣	女	民国 35 年（1946 年）5 月	中共党员	专科	—	副主任医师	1994 年 10 月
45	方静茹	女	民国 35 年（1947 年）11 月	—	专科	—	副主任护师	1994 年 10 月
46	赵凤仪	男	民国 24 年（1935 年）10 月	中共党员	专科	审计	高级审计师	1994 年 10 月
47	王凤林	男	1952 年 5 月	中共党员	专科	工程	高级工程师	1994 年 11 月
48	刘兴源	男	民国 25 年（1936 年）10 月	中共党员	本科	会计	高级会计师	1994 年 11 月
49	包学文	男	1952 年 4 月	中共党员	专科	政工	高级政工师	1995 年 6 月
50	王景林	男	1956 年 1 月	中共党员	本科	—	副主任医师	1995 年 12 月
51	高馥年	女	民国 36 年（1947 年）3 月	—	中专	会计	高级会计师	1996 年 5 月
52	马振友	男	民国 28 年（1939 年）10 月	中共党员	专科	工程	高级工程师	1996 年 5 月
53	高　勤	男	1951 年 10 月	中共党员	专科	工程	高级工程师	1996 年 5 月
54	赵青海	男	民国 35 年（1946 年）2 月	中共党员	中专	会计	高级会计师	1998 年 1 月
55	王凤启	男	民国 35 年（1946 年）9 月	中共党员	专科	工程	高级工程师	1998 年 3 月
56	徐建华	女	1957 年 4 月	—	本科	药学	副主任药剂师	1998 年 4 月

续表 30－3－6

序号	姓名	性别	出生年月	政治面貌	学历	专业	职称	评定时间
57	王振侠	男	民国 37 年（1948 年）6 月	中共党员	专科	测量	高级工程师	1998 年 9 月
58	唐　静	女	1954 年 6 月	中共党员	专科	会计	高级会计师	1998 年 9 月
59	范　君	男	1951 年 9 月	中共党员	专科	语文	中学高级教师	1999 年 12 月
60	翟凤霞	女	1952 年 7 月	中共党员	专科	语文	中学高级教师	1999 年 12 月
61	高国忠	男	1953 年 2 月	中共党员	专科	化学	中学高级教师	1999 年 12 月
62	孙大春	男	1965 年 2 月	中共党员	本科	计算机	中学高级教师	1999 年 12 月
63	姜文忠	男	1954 年 7 月	—	专科	体育	中学高级教师	2000 年 12 月
64	吴宝忠	男	1963 年 1 月	—	本科	历史	中学高级教师	2000 年 12 月
65	王成玉	男	1952 年 11 月	中共党员	专科	经济	高级经济师	2000 年 12 月
66	魏连海	男	1955 年 10 月	中共党员	本科	工程	高级工程师	2000 年 12 月
67	崔景林	男	1951 年 6 月	中共党员	专科	工程	正高级工程师	2001 年 12 月
68	郭振乾	男	民国 34 年（1945 年）11 月	中共党员	本科	工程	正高级工程师	2001 年 12 月
69	李兆奎	男	1952 年 7 月	中共党员	专科	经济	高级经济师	2002 年 12 月
70	梁占奎	男	1955 年 8 月	中共党员	专科	经济	高级经济师	2002 年 12 月
71	刘树强	男	1963 年 2 月	中共党员	专科	工业企业管理	高级经济师	2002 年 12 月
72	赵艳华	女	1967 年 5 月	中共党员	专科	经济	高级经济师	2002 年 12 月
73	张凤奎	男	1951 年 12 月	中共党员	本科	工程	高级工程师	2002 年 12 月
74	李金田	男	1953 年 5 月	中共党员	专科	工程	高级工程师	2002 年 12 月
75	肖慧儒	男	1954 年 12 月	中共党员	专科	工程	高级工程师	2002 年 12 月
76	王玉山	男	1955 年 4 月	中共党员	本科	采矿	正高级工程师	2002 年 12 月
77	王兴国	男	1958 年 4 月	中共党员	专科	测量	正高级工程师	2002 年 12 月

兴隆矿务局副高职以上职称人员名录

表 30－3－7

序号	姓名	性别	出生年月	系列	专业	资格名称	评定时间
1	王敏成	男	民国 23 年（1934 年）4 月	工程技术	采煤工程	高级工程师	1988 年 10 月
2	张进榜	男	民国 24 年（1935 年）7 月	工程技术	地质工程	高级工程师	1988 年 10 月
3	陈安录	男	民国 25 年（1936 年）9 月	工程技术	机械电子工程	高级工程师	1988 年 10 月
4	辛正安	男	民国 29 年（1940 年）1 月	工程技术	采煤	高级工程师	1988 年 10 月
5	张　昭	男	民国 29 年（1940 年）10 月	工程技术	采煤工程	高级工程师	1988 年 10 月
6	赵世玺	男	民国 15 年（1926 年）2 月	工程技术	地质工程	高级工程师	1988 年 10 月
7	张墨林	男	民国 20 年（1931 年）7 月	工程技术	矿建	高级工程师	1988 年 10 月
8	冯玉书	男	民国 22 年（1933 年）9 月	工程技术	采煤工程	高级工程师	1988 年 10 月

续表 30－3－7

序号	姓名	性别	出生年月	系列	专业	资格名称	评定时间
9	任大任	男	民国 23 年（1934 年）3 月	工程技术	机械电子工程	高级工程师	1988 年 10 月
10	孙耀民	男	民国 23 年（1934 年）11 月	工程技术	测量	高级工程师	1988 年 10 月
11	纪长发	男	民国 24 年（1935 年）8 月	工程技术	机械电子工程	高级工程师	1988 年 10 月
12	赵喜安	男	民国 24 年（1935 年）11 月	工程技术	采矿工程	高级工程师	1988 年 10 月
13	陈建铉	男	民国 24 年（1935 年）月 11	工程技术	采矿工程	高级工程师	1988 年 10 月
14	杨海忠	男	民国 25 年（1936 年）1 月	工程技术	机械电子工程	高级工程师	1988 年 10 月
15	王允英	男	民国 25 年（1936 年）3 月	工程技术	采矿工程	高级工程师	1988 年 10 月
16	袁伟	男	民国 25 年（1936 年）4 月	工程技术	机械电子工程	高级工程师	1988 年 10 月
17	陈四倍	男	民国 25 年（1936 年）6 月	工程技术	采矿工程	高级工程师	1988 年 10 月
18	武吉国	男	民国 25 年（1936 年）6 月	工程技术	安全技术及工程	高级工程师	1988 年 10 月
19	许忠文	男	民国 25 年（1936 年）10 月	工程技术	机电	高级工程师	1988 年 10 月
20	郭忠毅	男	民国 26 年（1937 年）2 月	工程技术	采煤工程	高级工程师	1988 年 10 月
21	关家钢	男	民国 26 年（1937 年）5 月	工程技术	机电	高级工程师	1988 年 10 月
22	邸连英	男	民国 26 年（1937 年）6 月	工程技术	地质工程	高级工程师	1988 年 10 月
23	王福山	男	民国 27 年（1938 年）4 月	工程技术	机电	高级工程师	1988 年 10 月
24	黄福源	男	民国 27 年（1938 年）4 月	工程技术	采煤工程	高级工程师	1988 年 10 月
25	郭万根	男	民国 27 年（1938 年）10 月	工程技术	采煤工程	高级工程师	1988 年 10 月
26	徐云龙	男	民国 27 年（1938 年）11 月	工程技术	采煤工程	高级工程师	1988 年 10 月
27	刘效兰	男	民国 28 年（1939 年）2 月	工程技术	机电	高级工程师	1988 年 10 月
28	张文致	男	民国 28 年（1939 年）8 月	工程技术	采煤工程	高级工程师	1988 年 10 月
29	任国清	男	民国 29 年（1940 年）2 月	工程技术	机电	高级工程师	1988 年 10 月
30	杨士廷	男	民国 29 年（1940 年）8 月	工程技术	给排水	高级工程师	1988 年 10 月
31	胡开荣	男	民国 25 年（1936 年）5 月	工程技术	森林培育	高级工程师	1988 年 10 月
32	高勇	男	民国 26 年（1937 年）7 月	工程技术	采煤工程	高级工程师	1992 年 12 月
33	叶长庆	男	民国 28 年（1939 年）2 月	工程技术	地质工程	高级工程师	1992 年 12 月
34	魏桂兰	女	民国 30 年（1941 年）3 月	教育	—	中学高级教师	1992 年 12 月
35	潘大福	男	—	教育	—	中学高级教师	1992 年 12 月
36	田 恒	男	民国 33 年（1944 年）5 月	工程技术	采煤工程	高级工程师	1993 年 4 月
37	李自国	男	民国 35 年（1946 年）3 月	工程技术	采煤工程	高级工程师	1993 年 4 月
38	张福江	男	民国 36 年（1947 年）2 月	工程技术	采矿工程	高级工程师	1994 年 6 月
39	左保义	男	民国 22 年（1933 年）8 月	工程技术	地质	高级工程师	1994 年 6 月
40	陈忠	男	民国 25 年（1936 年）10 月	工程技术	采矿工程	高级工程师	1994 年 6 月
41	邢德一	男	民国 32 年（1943 年）12 月	工程技术	机电	高级工程师	1994 年 6 月

续表 30 -3 -7

序号	姓名	性别	出生年月	系列	专业	资格名称	评定时间
42	张跃萍	女	民国 34 年（1945 年）11 月	工程技术	机械电子工程	高级工程师	1994 年 6 月
43	汪玉丰	男	1952 年 11 月	工程技术	机电	高级工程师	1994 年 6 月
44	薛铁川	男	1961 年 5 月	工程技术	采煤	高级工程师	1994 年 6 月
45	鲁印环	男	民国 24 年（1935 年）7 月	工程技术	建筑技术科学	高级工程师	1994 年 6 月
46	齐焕然	男	民国 26 年（1937 年）1 月	工程技术	土建	高级工程师	1994 年 6 月
47	赵云奎	男	民国 30 年（1941 年）10 月	工程技术	通风	高级工程师	1994 年 6 月
48	赵久东	男	1961 年 6 月	工程技术	机电	高级工程师	1994 年 12 月
49	魏国江	男	1964 年 7 月	工程技术	采煤	高级工程师	1997 年 9 月
50	高景芳	男	1956 年 8 月	工程技术	建筑	高级工程师	1997 年 9 月
51	张建忠	男	1957 年 8 月	工程技术	机械	高级工程师	1997 年 9 月
52	彭中秋	男	1964 年 12 月	工程技术	火工品	高级工程师	1997 年 9 月
53	陈晓军	男	1958 年 11 月	教育	数学	中学高级教师	1997 年 9 月
54	刘玉斌	男	1962 年 3 月	工程技术	采矿	高级工程师	1998 年 12 月
55	司志平	男	1962 年 10 月	工程技术	机电	高级工程师	1998 年 12 月
56	常建国	男	1963 年 9 月	工程技术	采煤	高级工程师	1998 年 12 月
57	张民学	男	1962 年 8 月	教育	语文	中学高级教师	2000 年 9 月
58	魏良正	男	1963 年 9 月	教育	数学	中学高级教师	2000 年 9 月
59	刘春勇	男	1963 年 4 月	工程技术	机电	高级工程师	2000 年 12 月
60	刘永利	男	1963 年 10 月	工程技术	采煤	高级工程师	2000 年 12 月
61	耿卫国	男	1964 年 8 月	工程技术	采煤	高级工程师	2000 年 12 月
62	秦宗柱	男	1965 年 6 月	工程技术	工商管理	高级工程师	2000 年 12 月
63	王国伍	男	1966 年 8 月	工程技术	电力	高级工程师	2000 年 12 月
64	姜明军	男	1967 年 3 月	工程技术	给排水	高级工程师	2000 年 12 月
65	王玉洁	女	1950 年 4 月	教育	—	中学高级教师	2000 年 12 月
66	王玉贤	女	1955 年 9 月	教育	—	中学高级教师	2000 年 12 月
67	刘德友	男	1957 年 9 月	教育	—	中学高级教师	2000 年 12 月
68	王文玉	男	1958 年 9 月	教育	—	中学高级教师	2000 年 12 月
69	杨绍志	男	1964 年 5 月	教育	化学	中学高级教师	2000 年 12 月
70	夏 力	男	1967 年 5 月	教育	历史	中学高级教师	2002 年 12 月
71	赵 平	女	1967 年 7 月	教育	历史	中学高级教师	2002 年 12 月
72	刘 庆	男	1959 年 5 月	教育	历史	中学高级教师	2003 年 12 月
73	王国田	男	1964 年 2 月	教育	数学	中学高级教师	2003 年 12 月

区属事业单位副高职以上职称人员名录

表 30－3－8

序号	姓名	性别	出生年月	政治面貌	学历	专业	职称	工作单位	评定时间
1	李殿选	男	民国 22 年（1933 年）1 月	中共党员	专科	放射科	副主任医师	营子矿区医院	1985 年 8 月
2	邢　俊	男	民国 19 年（1930 年）10 月	中共党员	本科	数学	中学高级教师	承德市第七中学	1986 年 8 月
3	郑　忠	男	民国 23 年（1934 年）5 月	—	专科	历史	中学高级教师	承德市第七中学	1986 年 8 月
4	付本深	男	民国 25 年（1936 年）3 月	—	本科	语文	中学高级教师	承德市第七中学	1986 年 8 月
5	马原跃	男	民国 31 年（1942 年）9 月	—	本科	语文	中学高级教师	承德市第七中学	1986 年 8 月
6	吴文元	男	民国 27 年（1938 年）8 月	—	本科	语文	中学高级教师	承德市第七中学	1988 年 6 月
7	杜宝荣	女	民国 29 年（1940 年）1 月	—	本科	化学	中学高级教师	承德市第七中学	1988 年 6 月
	李光鹤	男	民国 21 年（1932 年）1 月	中共党员	专科	外科	副主任医师	营子矿区医院	1988 年 8 月
9	郭景梅	女	民国 28 年（1939 年）10 月	中共党员	本科	外科	副主任医师	营子矿区医院	1988 年 9 月
10	张承美	男	民国 20 年（1931 年）9 月	—	专科	外科	副主任医师	营子矿区医院	1990 年 8 月
11	袁玉兰	女	民国 27 年（1938 年）12 月	中共党员	中专	数学	中学高级教师	承德市第七中学	1993 年 9 月
12	王　良	男	民国 28 年（1939 年）12 月	—	大专	数学	中学高级教师	承德市第七中学	1993 年 9 月
14	莫志华	男	民国 29 年（1940 年）12 月	—	本科	生物	中学高级教师	承德市第七中学	1993 年 9 月
15	孙国儒	男	民国 35 年（1946 年）9 月	—	本科	生物	中学高级教师	承德市第七中学	1993 年 9 月
16	杨　禹	男	民国 37 年（1948 年）2 月	—	大专	英语	中学高级教师	承德市第七中学	1994 年 9 月
17	赵金明	男	民国 24 年（1935 年）11 月	—	大专	化学	中学高级教师	承德市第七中学	1995 年 9 月
18	贾汝香	女	民国 34 年（1945 年）9 月	—	本科	数学	中学高级教师	承德市第七中学	1997 年 10 月
19	任月英	女	1950 年 1 月 1 日	—	大专	生物	中学高级教师	承德市第七中学	1997 年 10 月
20	李国帧	男	1961 年 1 月	中共党员	大专	语文	中学高级教师	承德市第七中学	1998 年 9 月
21	李振杰	女	1962 年 1 月	中共党员	本科	历史	中学高级教师	承德市第七中学	1998 年 9 月
22	吴金保	男	1957 年 2 月	—	本科	数学	中学高级教师	承德市第七中学	1999 年 9 月

续表 30－3－8

序号	姓名	性别	出生年月	政治面貌	学历	专业	职称	工作单位	评定时间
23	杨峰岐	男	1960 年 11 月	—	大专	物理	中学高级教师	承德市第七中学	2000 年 9 月
24	朱淑凤	女	1961 年 3 月	—	本科	数学	中学高级教师	承德市第七中学	2000 年 9 月
25	刘占福	男	1960 年 9 月	中共党员	本科	语文	中学高级教师	承德市第七中学	2000 年 11 月
26	李桂敏	女	1956 年 12 月	—	专科	数学	中学高级教师	教研室	2000 年 11 月
27	王秀英	女	1962 年 9 月	—	本科	英语	中学高级教师	教研室	2000 年 11 月
28	郭小利	男	1966 年 9 月	—	本科	历史	中学高级教师	承德市第七中学	2001 年 9 月
29	董秀云	女	1965 年 2 月	—	本科	物理	中学高级教师	承德市第七中学	2001 年 11 月
30	李树丰	男	1965 年 5 月	中共党员	本科	物理	中学高级教师	承德市第七中学	2001 年 12 月
31	从立萍	女	1956 年 2 月	—	专科	语文	中学高级教师	承德市第七中学	2002 年 12 月
32	樊建新	男	1958 年 2 月	中共党员	专科	数学	中学高级教师	教研室	2002 年 12 月
33	宋永广	男	1959 年 10 月	中共党员	本科	语文	中学高级教师	承德市第七中学	2002 年 12 月
34	周辅民	男	1962 年 10 月	—	专科	语文	中学高级教师	承德市第七中学	2002 年 12 月
35	庞素珍	女	1965 年 7 月	—	本科	地理	中学高级教师	承德市第七中学	2002 年 12 月
36	张学军	男	1966 年 1 月	中共党员	本科	化学	中学高级教师	教研室	2002 年 12 月
37	王卫红	女	1966 年 6 月	中共党员	本科	语文	中学高级教师	承德市第七中学	2002 年 12 月
38	葛海芬	女	1967 年 4 月	中共党员	本科	英语	中学高级教师	承德市第七中学	2002 年 12 月
39	史银武	男	1967 年 10 月	—	本科	数学	中学高级教师	承德市第七中学	2002 年 12 月
40	梁晓峰	男	1953 年 4 月	—	专科	语文	中学高级教师	教研室	2003 年 12 月
41	杨文生	男	1955 年 1 月	中共党员	专科	体育	中学高级教师	教研室	2003 年 12 月
42	康有才	男	1958 年 6 月	中共党员	专科	语文	中学高级教师	教研室	2003 年 12 月
43	张绍颖	女	1960 年 5 月	—	本科	英语	中学高级教师	承德市第七中学	2003 年 12 月
44	刘久芝	女	1962 年 11 月	—	本科	英语	中学高级教师	承德市第七中学	2003 年 12 月

续表 30－3－8

序号	姓名	性别	出生年月	政治面貌	学历	专业	职称	工作单位	评定时间
45	崔志明	男	1964 年 3 月	—	专科	体育	中学高级教师	承德市第七中学	2003 年 12 月
46	叶　丽	女	1964 年 7 月	—	本科	语文	中学高级教师	承德市第七中学	2003 年 12 月
47	程广斌	男	1964 年 9 月	中共党员	本科	物理	中学高级教师	承德市第七中学	2003 年 12 月
48	牛志军	男	1965 年 6 月	—	本科	化学	中学高级教师	承德市第七中学	2003 年 12 月
49	徐树华	女	1966 年 10 月	—	本科	数学	中学高级教师	承德市第七中学	2003 年 12 月
50	仇淑岩	女	1966 年 10 月	—	本科	生物	中学高级教师	承德市第七中学	2003 年 12 月
51	刘转运	女	1967 年 1 月	中共党员	本科	语文	中学高级教师	教研室	2003 年 12 月
52	赵海明	男	1967 年 7 月	—	本科	化学	中学高级教师	承德市第七中学	2003 年 12 月
53	钱雪峰	女	1967 年 10 月	—	本科	英语	中学高级教师	承德市第七中学	2003 年 12 月
54	周庆华	女	1967 年 10 月	—	本科	语文	中学高级教师	承德市第七中学	2003 年 12 月
55	刘国江	女	1968 年 1 月	—	本科	历史	中学高级教师	承德市第七中学	2003 年 12 月
56	张桂琴	女	1968 年 2 月	中共党员	本科	英语	中学高级教师	承德市第七中学	2003 年 12 月
57	赵铁军	男	1968 年 3 月	中共党员	本科	体育	中学高级教师	承德市第七中学	2003 年 12 月
58	史 波	女	1968 年 7 月	—	本科	地理	中学高级教师	承德市第七中学	2003 年 12 月
59	姜　义	男	1968 年 7 月	中共党员	本科	化学	中学高级教师	教研室	2003 年 12 月
60	杨爱军	女	1968 年 12 月	中共党员	本科	数学	中学高级教师	承德市第七中学	2003 年 12 月
61	魏胜利	男	1969 年 1 月	中共党员	本科	地理	中学高级教师	承德市第七中学	2003 年 12 月
62	严月平	女	1970 年 1 月	—	本科	政治	中学高级教师	承德市第七中学	2003 年 12 月
63	赵宝忠	男	1962 年 5 月	中共党员	专科	外科	副主任医师	营子矿区医院	2003 年 12 月
64	苗广全	男	1963 年 5 月	中共党员	专科	内科	副主任医师	营子矿区医院	2001 年 12 月
65	辛俊英	女	1964 年 6 月	中共党员	专科	妇产科	副主任医师	营子矿区医院	2002 年 12 月

索　　引

主题索引

A

安全生产……………………………………（573）
案件侦破……………………………………（630）
案件执行工作………………………………（655）
案件质量评查………………………………（656）
安置帮教……………………………………（662）
爱国主义教育基地建设……………………（688）

B

北马圈子镇…………………………………（57）
北马圈子村…………………………………（60）
被子植物……………………………………（82）
笔架山………………………………………（91）
雹灾…………………………………………（93）
变电站………………………………………（133）
北马圈子火车站……………………………（140）
报话…………………………………………（143）
“八五”计划时期国民经济运行…………（172）
包裹业务……………………………………（340）
包裹资费……………………………………（341）
报刊发行……………………………………（341）
殡仪馆………………………………………（384）
殡葬用品行业管理…………………………（385）
病虫害防治10种高效土配方………………（404）
标准化生产管理……………………………（480）
保密局………………………………………（507）
编制管理……………………………………（570）
北马圈子镇卫生院…………………………（757）

C

成土母质……………………………………（79）
城镇用地……………………………………（83）
村镇用地……………………………………（83）
长仙洞………………………………………（90）
虫灾…………………………………………（94）
城镇在业人口………………………………（110）
城乡建设总体规划…………………………（117）
城镇建设规划………………………………（118）
城市建筑……………………………………（118）
城市道路……………………………………（120）
城乡建设管理机构…………………………（124）
城镇规划管理………………………………（124）
城镇职工基本医疗保险……………………（166）
城镇住房制度改革…………………………（167）
城镇居民最低生活保障……………………（168）
财政收入……………………………………（175）
城镇居民收入………………………………（186）
城镇居民消费………………………………（186）
承德钢铁集团有限公司石灰石矿…………（145）
承德市毛巾厂………………………………（254）
承德市皮毛厂………………………………（255）
承德市制刷厂………………………………（255）
承德市鹰手营子宝鹰橡胶制品厂…………（258）

承鸿塑料有限公司……………………………（258）
承德市水泥厂………………………………（259）
承德市第二水泥厂……………………………（259）
承德北方耐火材料有限公司…………………（261）
承德市铸造机械厂……………………………（265）
承德市轻工业机械厂…………………………（265）
承德燕鹰游艺机制造有限公司………………（266）
承德市电子五厂………………………………（267）
承德市电子六厂………………………………（267）
承德市整流器件厂……………………………（267）
承德营子第一建筑安装有限责任公司……（282）
城镇居民粮油供应……………………………（295）
成品油储存设施建设…………………………（312）
承德市汽车四场………………………………（332）
承德市郊区农村信用合作社联社鹰手营子
信用社………………………………………（369）
传统农具………………………………………（404）
畜禽繁育和改良………………………………（429）
畜禽产品………………………………………（429）
畜禽疫病种类…………………………………（432）
畜禽疫病防治…………………………………（432）
池塘养鱼………………………………………（433）
村（队）办企业 ……………………………（442）
财政管理机构…………………………………（458）
财政体制………………………………………（459）
财政支出………………………………………（461）
财政监督………………………………………（465）
产品质量监督…………………………………（480）
创名牌产品……………………………………（481）
承南县县政府…………………………………（557）
城镇老年人福利………………………………（585）
残疾人就业……………………………………（585）
残联……………………………………………（622）
残联代表大会…………………………………（622）
残联工作………………………………………（622）
车辆管理………………………………………（640）
出入境管理……………………………………（641）
程斌队…………………………………………（669）
城镇文明户创建活动…………………………（690）
承德市第七中学………………………………（711）
村卫生所………………………………………（757）
传染病防治……………………………………（762）
城镇公有制医疗卫生单位专业技术队伍
…………………………………………（774）
村卫生所从业人员……………………………（775）
出行习俗………………………………………（844）

D

地理位置………………………………………（49）
地势……………………………………………（67）
地层……………………………………………（67）
地质构造………………………………………（69）
地貌应力………………………………………（69）
地貌分区………………………………………（70）
第一高峰………………………………………（70）
地温……………………………………………（72）
地上水…………………………………………（76）
地下水…………………………………………（78）
地下水含水岩组………………………………（78）
地下水的补给径流排泄条件…………………（79）
独立工矿用地…………………………………（83）
地震灾害………………………………………（94）
吊桥……………………………………………（121）
地方公路………………………………………（136）
电信网路………………………………………（141）
电话设施建设…………………………………（141）
大气污染………………………………………（144）
地区生产总值…………………………………（174）
第一产业结构…………………………………（178）
第二产业结构…………………………………（179）
第三产业结构…………………………………（179）
东风煤矿矿井…………………………………（204）
地方国有（营）煤矿开拓掘进 ……………（208）
地方国有（营）煤矿开采方法 ……………（208）
地方国有（营）煤矿提升运输 ……………（209）
地方国有（营）煤矿原煤产量 ……………（218）
地方国有（营）煤矿经济效益 ……………（221）
地方国有（营）煤矿职工队伍 ……………（210）
东风煤矿………………………………………（216）
东鑫果铺厂……………………………………（252）
东方被服厂……………………………………（254）
电子设备业发展概况…………………………（267）

电力购销…………………………………（278）
电业管理机构……………………………（280）
蛋类经营…………………………………（304）
电话业务…………………………………（344）
电报………………………………………（345）
独生子女保险……………………………（370）
大豆………………………………………（393）
稻…………………………………………（393）
大田蔬菜种植……………………………（395）
大眼井养鱼………………………………（433）
第三产业法人单位清查…………………（457）
地籍测量…………………………………（482）
党员发展…………………………………（489）
党员结构…………………………………（490）
党组织发展………………………………（492）
党员代表大会代表的产生………………（496）
党员代表大会代表的构成………………（497）
第一次党员代表大会……………………（497）
第二次党员代表大会……………………（497）
第三次党员代表大会……………………（498）
第四次党员代表大会……………………（498）
第五次党员代表大会……………………（498）
第六次党员代表大会……………………（498）
党史研究室………………………………（507）
党政机关机构改革………………………（512）
党的廉政组织制度建设…………………（516）
党组织建设………………………………（518）
党的思想作风建设………………………（518）
党员干部教育……………………………（524）
党史资料征编……………………………（536）
党史宣传教育……………………………（536）
大中专毕业生安置………………………（572）
地名管理…………………………………（587）
档案管理机构……………………………（589）
档案管理工作……………………………（590）
档案利用…………………………………（591）
地方反动武装暴行………………………（680）
地方病防治………………………………（765）
多渠道办医………………………………（780）

E

2003 年人口概况 ………………………（ 97 ）
儿童教育金保险…………………………（371）
鹅…………………………………………（426）
儿童“四病”防治 ………………………（770）
儿童保健管理……………………………（771）

F

辐射………………………………………（ 71 ）
风…………………………………………（ 75 ）
风雪灾害…………………………………（ 93 ）
防洪坝……………………………………（128）
废气烟尘污染源治理……………………（144）
纺织服装业发展概况……………………（254）
废旧物资收购……………………………（320）
房地产开发企业…………………………（380）
房地产交易………………………………（380）
房地产管理机构…………………………（380）
房屋产权产籍管理………………………（381）
房地产价格评估…………………………（382）
封山育林…………………………………（416）
抚育间伐…………………………………（417）
非农业建设用地…………………………（483）
发挥老干部作用…………………………（536）
反“右倾”运动 …………………………（538）
发展农业生产……………………………（563）
发展乡镇企业……………………………（565）
发展个体私营经济………………………（565）
发展社会事业……………………………（568）
扶贫开发…………………………………（578）
妇联组织机构……………………………（615）
妇女代表大会……………………………（616）
妇联工作…………………………………（616）
法纪检察…………………………………（646）
非诉执行案件审理………………………（655）
发回重审案件审理………………………（656）
法制培训…………………………………（657）
法制宣传…………………………………（658）
防空演习…………………………………（682）
妇幼保健站………………………………（768）

妇女病普查……………………………………（768）
服饰……………………………………………（843）

G

古代建置沿革…………………………………（ 49 ）
果园用地………………………………………（ 83 ）
供热……………………………………………（122）
公园绿化………………………………………（124）
国道……………………………………………（135）
公路桥梁………………………………………（137）
工业企业经营体制改革………………………（158）
工业企业产权制度改革………………………（159）
国有（营）商业流通体制改革 ………………（160）
供销合作社改革………………………………（162）
工业产品结构…………………………………（180）
国有（营）煤矿管理 …………………………（212）
果子单的传说…………………………………（252）
供水管网………………………………………（274）
国有（营）商业 ………………………………（287）
供销合作社商业………………………………（290）
个体私营商业…………………………………（292）
供销社…………………………………………（323）
公路货运概况…………………………………（331）
公路客运………………………………………（332）
公路运输管理机构……………………………（333）
公路养护………………………………………（334）
公路标志设置…………………………………（335）
工业贷款………………………………………（358）
工商银行存款…………………………………（363）
国家债券………………………………………（366）
公墓……………………………………………（384）
国有（营）饮食业 ……………………………（385）
高粱……………………………………………（392）
谷子……………………………………………（392）
耕作农机具……………………………………（404）
果品产量………………………………………（417）
果树管护………………………………………（419）
果树病虫害种类………………………………（421）
果树病虫害防治方法…………………………（421）
个体私营企业…………………………………（443）
个体私营企业经营方式………………………（448）
规划计划编制…………………………………（453）
工业普查………………………………………（456）
国有资产管理机构……………………………（466）
国有资产存量…………………………………（466）
国有资产清查…………………………………（467）
国有资产评估…………………………………（467）
国有单位产权登记……………………………（467）
公物还家活动…………………………………（467）
国地税分设前税务机构………………………（468）
工商管理机构…………………………………（475）
个体私营经济管理……………………………（476）
国家审计………………………………………（486）
《国民经济和社会发展“九五”计划和
2010 年远景目标纲要》建议 …………（510）
干部管理权限…………………………………（519）
干部考核制度…………………………………（521）
干部选拔任用…………………………………（521）
改善基础设施…………………………………（567）
干部队伍………………………………………（570）
干部招收录取…………………………………（570）
公务员制度……………………………………（571）
国家抚恤………………………………………（583）
工会会员代表大会……………………………（609）
工会工作………………………………………（610）
共青团基层组织………………………………（612）
共青团代表大会………………………………（612）
共青团工作……………………………………（613）
国徽照耀回家路………………………………（617）
工商联组织机构………………………………（620）
工商联会员代表大会…………………………（621）
工商联工作……………………………………（621）
公安机构………………………………………（629）
公证处…………………………………………（660）
公证工作………………………………………（661）
国防教育机构…………………………………（682）
国防教育工作…………………………………（683）
工农共建活动…………………………………（691）
工业技术引进开发……………………………（725）
个体书社………………………………………（735）
歌曲剧目………………………………………（736）
根雕……………………………………………（738）

古代铜冶炼遗址……………………………（744）
广播电视事业管理机构……………………（750）
广播电视局管理工作………………………（751）
个体诊所……………………………………（757）
个体诊所从业人员…………………………（775）
工业生产习俗………………………………（840）
公历节日习俗………………………………（846）

H

海拔…………………………………………（49）
河北村………………………………………（59）
“后龙风水”禁地区域的森林管理 ………（63）
旱灾…………………………………………（91）
红星电厂……………………………………（132）
婚姻构成……………………………………（104）
环保管理机构………………………………（146）
河北怡达食品集团有限公司………………（251）
化学塑料制品业发展概况…………………（257）
函件业务……………………………………（339）
函件资费……………………………………（339）
汇兑…………………………………………（342）
互联网………………………………………（345）
河北移动通信有限责任公司鹰手营子分公司………………………………………（347）
货币种类……………………………………（351）
货币流通……………………………………（352）
货币管理……………………………………（355）
行业和地方债券……………………………（367）
货物运输保险………………………………（370）
环境卫生清洁………………………………（383）
环境卫生管理………………………………（383）
火葬…………………………………………（385）
化肥…………………………………………（401）
荒山造林……………………………………（413）
护林防火……………………………………（416）
后备干部队伍建设…………………………（522）
婚姻登记机构………………………………（586）
婚姻登记管理………………………………（586）
户籍管理……………………………………（637）
婚检保健……………………………………（769）
合作医疗……………………………………（780）
汉族婚俗……………………………………（841）
回族婚俗……………………………………（842）
汉族丧葬习俗………………………………（847）
回族丧葬习俗………………………………（848）

J

金扇子村……………………………………（60）
降水…………………………………………（72）
积温…………………………………………（72）
蕨类植物……………………………………（81）
金属矿产资源………………………………（89）
将军座山……………………………………（91）
家庭构成……………………………………（105）
计划生育宣传………………………………（112）
计划生育技术服务…………………………（112）
街巷与庭院绿化……………………………（123）
机关事业单位养老保险……………………（165）
“九五”计划时期国民经济运行 …………（173）
基础设施建设投资…………………………（182）
集体个体煤矿管理机构……………………（213）
集体个体煤矿管理工作……………………（213）
集体个体有色黑色金属采选业采矿规模……………………………………………（230）
集体个体有色黑色金属采选业选矿规模……………………………………………（231）
集体个体有色黑色金属采选业采矿技术……………………………………………（233）
集体个体有色黑色金属采选业选矿技术……………………………………………（234）
集体个体有色黑色金属采选业产品产量……………………………………………（242）
集体个体有色黑色金属采选业产值利税……………………………………………（244）
集体个体有色黑色金属采选业从业人员……………………………………………（237）
集体个体有色黑色金属采选业管理工作……………………………………………（238）
金扇子村染化厂……………………………（258）
建筑材料业发展概况………………………（259）
机械制造业发展概况………………………（264）
沟源纯净水厂………………………………（275）

建筑设计……（281）
建筑队伍……（281）
建筑业管理机构……（283）
建筑业管理工作……（283）
集体商业……（290）
间接出口……（328）
集邮业务……（342）
基本建设拨款……（361）
基本建设贷款……（361）
建设银行存款……（363）
机动车辆保险……（370）
家庭财产保险……（370）
集体个体私营饮食业……（386）
家政服务业……（388）
经济作物……（393）
鸡……（425）
家畜饲养方法……（428）
家禽饲养方法……（428）
计划管理机构……（453）
计划实施……（454）
基本单位普查……（456）
经济合同管理……（476）
经济检查……（478）
价格改革……（479）
计量管理……（480）
建城区土地定级估价……（482）
建房用地管理……（484）
精神文明建设委员会办公室……（506）
机要局……（507）
加快个体私营经济发展决定……（511）
精神文明建设实施纲要……（514）
纠正不正之风……（517）
纪检案件……（517）
减轻农民负担……（531）
就业培训……（573）
境内救灾……（576）
救济……（578）
婚姻登记……（586）
计划生育协会……（625）
计划生育协会代表大会……（625）
计划生育协会工作……（626）
交通管理机构……（640）
交通秩序管理……（640）
交通事故处理……（640）
检察机构……（642）
经济检察……（647）
基层武装部……（666）
集家并村……（676）
军调处执行部承德小组视察鹰手营子区……（678）
解放战争时期煤岭沟伏击战……（679）
解放战争时期上窝铺沟伏击战……（680）
解放鹰手营子区……（680）
精神文明建设组织机构……（687）
精神文明教育活动内容……（687）
精神文明教育活动形式……（688）
军民共建活动……（692）
教师来源……（705）
教师行政管理……（707）
教师考核……（707）
教师培训……（707）
教育管理机构……（714）
教育组织与管理机构改革……（714）
教育经费来源……（716）
教育经费使用……（717）
集邮活动……（741）
健身秧歌腰鼓……（741）
旧石器时代洞穴遗址四方洞……（744）
计划免疫……（764）

K

勘界……（54）
昆虫……（88）
控告申诉检察……（649）
抗诉案件审理……（656）
抗日战争时期寿王坟地区战斗……（674）
抗日战争时期鹰手营子地区战斗……（676）
抗击国民党军抢占鹰手营子……（679）
科学技术局……（721）
科技队伍……（721）
科技培训……（722）
科普宣传……（723）

科技管理体制改革……………………………（727）
科技发展规划制定……………………………（727）
科技工作有限目标管理………………………（728）
科技“双创”工作 …………………………（729）

L

老厂子村………………………………………（ 59 ）
喇嘛沟村………………………………………（ 59 ）
老爷庙村………………………………………（ 59 ）
罗圈沟村………………………………………（ 60 ）
涝洼滩村………………………………………（ 61 ）
柳河……………………………………………（ 76 ）
裸子植物………………………………………（ 82 ）
林业用地………………………………………（ 83 ）
罗圈沟森林奇观………………………………（ 91 ）
喇嘛梁…………………………………………（ 91 ）
流动人口………………………………………（106）
劳动人口行业构成……………………………（109）
流动人口计划生育管理………………………（113）
立交桥…………………………………………（121）
柳河东大桥……………………………………（121）
喇嘛沟河桥……………………………………（121）
绿化管理机构…………………………………（124）
涝洼滩煤矿铁路专用线………………………（139）
老爷庙煤矿铁路专用线………………………（139）
联通设施………………………………………（143）
喇嘛沟水库……………………………………（126）
林果业承包责任制……………………………（154）
粮食流通体制改革……………………………（160）
劳动合同制……………………………………（164）
“六五”计划时期国民经济运行 …………（171）
涝洼滩煤矿矿井………………………………（204）
涝洼滩煤矿……………………………………（216）
粮食加工业……………………………………（249）
粮食收购………………………………………（294）
粮食票证………………………………………（297）
粮油储存………………………………………（299）
粮油调运………………………………………（302）
粮食局…………………………………………（323）
粮业管理………………………………………（325）
理赔……………………………………………（373）
理发业…………………………………………（386）
旅馆业…………………………………………（386）
粮食作物耕作技术……………………………（399）
粮食作物病虫害………………………………（402）
粮食作物病虫害防治…………………………（402）
林木资源………………………………………（411）
林木产品………………………………………（412）
林分改造………………………………………（417）
林业管理机构…………………………………（422）
林权管理………………………………………（422）
驴………………………………………………（424）
骡………………………………………………（424）
老厂子村绒山羊繁育场………………………（434）
联户企业………………………………………（443）
老干部局………………………………………（506）
来信来访处理…………………………………（534）
老干部管理……………………………………（535）
落实政策………………………………………（539）
劳动仲裁………………………………………（575）
林业治安管理…………………………………（634）
流动人口管理…………………………………（638）
立案……………………………………………（652）
律师事务所……………………………………（661）
律师工作………………………………………（661）
刘茂队…………………………………………（668）
刘敬队…………………………………………（669）
刘其队…………………………………………（669）
辽金时代小长城………………………………（744）
龙王庙…………………………………………（745）
礼俗……………………………………………（846）

M

民国建置沿革…………………………………（ 50 ）
民国时期区划…………………………………（ 51 ）
木材燃料类植物………………………………（ 86 ）
民国 23 年（1934 年）人口概况 …………（108）
民族构成………………………………………（105）
民国及民国前的煤炭开采……………………（199）
煤系……………………………………………（200）
煤层……………………………………………（200）
煤种……………………………………………（201）

煤质…………………………………（201）
煤炭计划供应………………………（311）
煤炭市场销售………………………（311）
棉花销售……………………………（318）
民间借贷……………………………（355）
马……………………………………（423）
民政管理机构………………………（575）
民族宗教管理机构…………………（588）
民事行政检察………………………（648）
民事审判……………………………（653）
民国驻军……………………………（666）
民兵组织建设………………………（672）
民兵军事训练………………………（672）
民兵政治教育………………………（673）
民兵预备役部队建设………………（673）
美术书法……………………………（737）
民间花会……………………………（739）

N

南马圈子村…………………………（ 60 ）
南沟村………………………………（ 60 ）
农业用地……………………………（ 83 ）
能源矿产资源………………………（ 89 ）
泥石流………………………………（ 94 ）
农村在业人口………………………（110）
农村建设规划………………………（118）
农田灌溉用机井桥涵………………（126）
农村饮水设施………………………（130）
农业合作化…………………………（150）
农业生产责任制……………………（152）
农业产业化经营……………………（154）
农村社会化服务体系………………（156）
农村社会养老保险…………………（165）
农村居民最低生活保障……………（169）
农业产品结构………………………（181）
能源消费结构………………………（185）
农村居民收入………………………（188）
农村居民支出………………………（190）
农业人口粮食供应…………………（296）
农村贷款……………………………（356）
农村信用社存款……………………（362）
农业银行存款………………………（362）
农家肥………………………………（401）
农副产品加工机具…………………（405）
农机具修造…………………………（405）
农机管理工作………………………（406）
农机管理机构………………………（406）
牛……………………………………（424）
内部审计……………………………（486）
农村工作部…………………………（506）
农业产业化决策……………………（512）
农村基层民主政治建设……………（532）
农村社会主义教育运动……………（538）
农村鳏寡孤独供养…………………（585）
农村文明户创建活动………………（690）
农民教育……………………………（713）
农业科技成果引进推广……………（724）
农业科技开发………………………（725）
农村科技服务组织…………………（727）
农民体育……………………………（786）
农业生产习俗………………………（839）
农历节日习俗………………………（845）

P

排水设施……………………………（128）
配电线路……………………………（134）
拍卖“四荒” ……………………（154）
皮革皮毛及其制品业发展概况……（255）
排灌农机具…………………………（405）
普及九年义务教育…………………（715）
普通高中毕业会考…………………（716）
皮影戏………………………………（740）

Q

清代“后龙风水”禁地的封禁 ……（ 61 ）
气候特征……………………………（ 71 ）
气温…………………………………（ 71 ）
企业养老保险………………………（166）
“七五”计划时期国民经济运行 ……（172）
区粮食局淀粉厂……………………（251）
企业财产保险………………………（370）
企业登记管理………………………（476）

区委办公室…………………………………（505）
区直机关工作委员会………………………（506）
区委党校……………………………………（507）
侨胞侨属及港澳台同胞工作………………（529）
企业工资……………………………………（574）
企业奖金……………………………………（575）
企业补贴……………………………………（575）
群众优待……………………………………（582）
取缔邪教活动………………………………（636）
区武装部……………………………………（665）
清代驻军……………………………………（666）
清代民房……………………………………（744）
棋类比赛……………………………………（786）
全国省市级体育比赛成绩…………………（788）

R

日伪时期区划………………………………（54）
日照…………………………………………（71）
人口总量……………………………………（97）
人口变动……………………………………（100）
人口分布……………………………………（102）
人口性别构成………………………………（102）
人口年龄构成………………………………（103）
人口文化素质………………………………（108）
人口身体素质………………………………（109）
人口控制管理机构…………………………（111）
人口控制政策………………………………（111）
人口控制成效………………………………（113）
人民公社……………………………………（150）
肉类经营……………………………………（304）
日用百货品种………………………………（306）
日用百货销售………………………………（307）
日用杂品销售………………………………（317）
人民银行存款………………………………（362）
日用品修理业………………………………（388）
人工养鱼产值产量…………………………（433）
人口普查……………………………………（456）
认证工作……………………………………（481）
人民代表大会代表产生……………………（543）
人民代表大会代表结构……………………（543）
人民代表大会常务委员会…………………（547）
人民代表大会常务委员会办公室…………（550）
人大常委会议………………………………（550）
人大常委会依法行使决定权………………（552）
人大常委会依法行使监督权………………（552）
人大常委会依法行使任免权………………（553）
人大代表议案办理…………………………（553）
人事管理机构………………………………（569）
人才交流……………………………………（572）
日伪驻军……………………………………（667）
日伪军制造“无人区” ……………………（676）
日伪军划“无住禁作”地带 ………………（676）
日伪军烧杀抢掠……………………………（677）
人民防空领导机构…………………………（681）
热心镇长救车祸伤员………………………（694）

S

寿王坟镇……………………………………（56）
山脉…………………………………………（70）
水量…………………………………………（83）
水质…………………………………………（84）
食用类植物…………………………………（86）
水灾…………………………………………（92）
寿王坟铜矿发电厂…………………………（132）
输电线路……………………………………（133）
寿王坟铜矿矿属公路………………………（121）
市容市貌管理………………………………（125）
省道…………………………………………（136）
寿王坟铜矿铁路专用线……………………（139）
石灰石矿铁路专用线………………………（139）
石笼…………………………………………（128）
水土流失状况………………………………（128）
水土流失治理………………………………（129）
水源管理……………………………………（131）
水利工程管理………………………………（131）
水利管理机构………………………………（131）
水污染………………………………………（144）
水污染治理…………………………………（146）
私营工商业社会主义改造…………………（151）
社会集体商业改革…………………………（163）
“十五”计划前三年国民经济运行 ………（173）
所有制经济结构……………………………（177）

三次产业结构……………………………… (177)
胜利煤矿矿井……………………………… (204)
胜利煤矿…………………………………… (216)
寿王坟铜矿地质调查……………………… (227)
寿王坟铜矿地质勘探……………………… (228)
寿王坟铜矿采矿规模……………………… (229)
寿王坟铜矿选矿规模……………………… (229)
寿王坟铜矿开拓掘进……………………… (231)
寿王坟铜矿采矿方法……………………… (232)
寿王坟铜矿出矿技术……………………… (232)
寿王坟铜矿提升运输……………………… (232)
寿王坟铜矿选矿技术……………………… (233)
寿王坟铜矿采矿技术改造………………… (234)
寿王坟铜矿选矿技术改造………………… (235)
寿王坟铜矿产品产量……………………… (241)
寿王坟铜矿产值利税……………………… (243)
寿王坟铜矿职工队伍……………………… (236)
寿王坟铜矿管理工作……………………… (237)
寿王坟铜矿………………………………… (239)
食品饮料业发展概况……………………… (250)
寿王坟镇罗圈钩果脯厂…………………… (251)
饲料加工业………………………………… (253)
水源井……………………………………… (273)
水价………………………………………… (275)
水费收入…………………………………… (276)
蔬菜经营…………………………………… (304)
商品盐……………………………………… (305)
石油产品销售……………………………… (313)
商业局……………………………………… (322)
商业行业管理……………………………… (325)
水路运输…………………………………… (338)
商业贷款…………………………………… (360)
蔬菜品种…………………………………… (393)
设施蔬菜…………………………………… (396)
蔬菜栽培技术……………………………… (400)
蔬菜病虫害………………………………… (402)
蔬菜病虫害防治…………………………… (403)
寿王坟林场………………………………… (411)
“四旁”植树 ……………………………… (415)
森林病虫害种类…………………………… (420)
森林病虫害防治方法……………………… (420)
饲草………………………………………… (431)
饲料………………………………………… (432)
水库鱼塘建设……………………………… (433)
水库养鱼…………………………………… (433)
寿王坟镇加系二级母猪繁育场…………… (434)
社队副业发展概况………………………… (437)
税额………………………………………… (472)
税收征管…………………………………… (474)
税务稽查…………………………………… (474)
商标广告管理……………………………… (477)
市场管理…………………………………… (477)
审计管理机构……………………………… (485)
社会审计…………………………………… (486)
社会治安综合治理………………………… (530)
肃清反革命运动…………………………… (537)
“三反”运动 ……………………………… (537)
市辖区领导机构…………………………… (558)
实行开放带动战略………………………… (566)
收容移送…………………………………… (579)
社团管理…………………………………… (587)
少年先锋队组织建设……………………… (614)
少年先锋队主要活动……………………… (615)
身份证办理………………………………… (637)
审查批捕…………………………………… (643)
审查起诉…………………………………… (644)
审判机构…………………………………… (651)
申诉复查…………………………………… (656)
司法局……………………………………… (657)
寿王坟民团………………………………… (668)
世袭兵役制………………………………… (670)
私塾………………………………………… (697)
素质教育…………………………………… (716)
摄影………………………………………… (737)
史志编修…………………………………… (741)
寿堂坟……………………………………… (744)
寿王坟镇卫生院…………………………… (756)
寿王坟铜矿职工医院……………………… (758)
食品卫生…………………………………… (766)
寿王坟铜矿职工医院专业技术队伍……… (775)
生育习俗…………………………………… (839)
生日习俗…………………………………… (839)

食俗……(843)

T

跳沟村……(59)
土壤类属分布……(80)
土壤肥力……(81)
苔藓植物……(81)
土地资源优势……(82)
土地资源劣势……(83)
土地资源利用……(83)
特殊用地……(83)
铁路线……(137)
铁路桥梁涵洞……(138)
土地改革……(149)
投资规模结构……(181)
投资主体结构……(184)
陶瓷制造业……(262)
糖酒经营……(303)
土畜产品购销……(319)
铁路货运……(335)
铁路客运……(336)
特快专递……(341)
通信业管理工作……(347)
同城结算……(365)
团寿团体职工补充医疗保险……(371)
太保机构保额保费……(372)
太保鹰手营子代理处……(375)
太保寿险鹰手营子营销服务部……(375)
太保财险鹰手营子营销服务部……(375)
退耕还林……(415)
特殊养殖……(430)
统计管理机构……(455)
统计专业设置……(455)
统计检查……(458)
土地管理机构……(481)
土地权属调查……(482)
土地结构调查……(482)
土地登记发证……(482)
土地复垦……(483)
土地市场管理……(485)
统战部……(506)
统战宣传教育……(528)
土地承包……(531)
团区委……(612)
特殊行业管理……(634)
调解组织……(659)
调解工作……(659)
托幼机构……(698)
太阳能利用……(727)
图书馆……(734)
托幼保教人员健康管理……(771)
体育课……(787)
体育事业管理机构……(791)
体育事业管理工作……(792)

W

汪家庄镇……(58)
汪家庄村……(61)
无霜期……(72)
物候……(75)
伪满洲矿山株式会社鹰手营子发电所……(134)
五金交电化工用品销售……(315)
物资经营品种……(321)
物资销售……(321)
无公害农产品发展调查报告……(408)
物业管理……(382)
汪家庄煤矿集体经济公司养鸡场……(434)
汪升华综合牧业养殖场……(434)
外资登记管理……(478)
物价管理机构……(478)
物价监督检查……(479)
物价计量信得过活动……(479)
“文化大革命”……(538)
伪满鹰手营子警察署……(630)
危险物品管理……(635)
网络监察管理……(635)
伪满洲国兵役制度……(671)
文明单位创建活动……(689)
文明小区创建活动……(690)
文明一条街创建活动……(691)
文明新风活动……(692)
为被困旅客献爱心的人……(694)

文化馆……………………………………（733）
文艺演出……………………………………（741）
文化事业管理机构……………………………（745）
文化事业管理工作……………………………（746）
无线电视……………………………………（747）
汪家庄镇卫生院………………………………（757）
卫生防疫站……………………………………（762）
卫生事业管理机构……………………………（779）
卫生管理体制改革……………………………（779）

X

仙人指路山……………………………………（ 90 ）
小人山………………………………………（ 90 ）
姓氏构成……………………………………（106）
兴隆矿务局矸石热电厂………………………（132）
兴隆矿务局局属公路…………………………（121）
西大桥………………………………………（121）
西漫水桥……………………………………（121）
兴隆矿务局铁路专用线………………………（138）
下放用工管理权限……………………………（164）
新产品开发和技术改造投资…………………（182）
兴隆矿务局汪庄煤矿矿井……………………（202）
兴隆矿务局营子煤矿矿井……………………（203）
兴隆矿务局马圈子煤矿矿井…………………（203）
兴隆矿务局煤矿开拓掘进……………………（205）
兴隆矿务局煤矿采煤方法……………………（207）
兴隆矿务局煤矿提升运输……………………（207）
兴隆矿务局原煤产量…………………………（217）
兴隆矿务局经济效益…………………………（220）
兴隆矿务局职工队伍…………………………（210）
兴隆矿务局……………………………………（214）
兴隆矿务局马圈子煤矿水泥厂………………（260）
兴隆矿务局建筑工程处………………………（282）
学生团体平安保险……………………………（370）
洗浴业………………………………………（387）
洗染业………………………………………（387）
小麦…………………………………………（392）
乡镇企业发展概况……………………………（438）
乡镇工业……………………………………（443）
乡镇建筑业……………………………………（444）
乡镇交通运输业………………………………（444）
乡镇商业……………………………………（445）
乡镇饮食服务业………………………………（445）
乡镇联营企业经营方式………………………（448）
乡镇企业安全质量管理………………………（448）
乡镇企业财务管理……………………………（449）
乡镇企业管理机构……………………………（449）
宣传部………………………………………（506）
信访局………………………………………（507）
小康区建设工程决策…………………………（508）
宣传工作……………………………………（523）
小康村建设……………………………………（532）
信访组织制度建设……………………………（534）
县辖区领导机构………………………………（557）
兴隆县四区政府工作机构……………………（561）
消防机构……………………………………（641）
消防宣传……………………………………（641）
刑事审判监督…………………………………（646）
刑事审判……………………………………（652）
行政审判……………………………………（698）
学前班………………………………………（698）
学前教育课程设置……………………………（698）
小学…………………………………………（699）
校舍和设备……………………………………（701）
小学学制……………………………………（702）
小学课程设置…………………………………（703）
学生…………………………………………（708）
新华书店……………………………………（734）
歇后语………………………………………（743）
兴隆矿务局职工医院…………………………（758）
西医…………………………………………（760）
学校卫生……………………………………（767）
新法接生……………………………………（769）
兴隆矿务局职工医院专业技术队伍…………（775）
乡村一体化办医………………………………（780）
学校传统体育项目……………………………（787）

Y

鹰手营子名考…………………………………（ 53 ）
鹰手的变迁……………………………………（ 53 ）
鹰手营子镇……………………………………（ 55 ）
鹰手营子村……………………………………（ 58 ）

姚家庄村……………………………………（61）
岩浆岩……………………………………（69）
野生兽类……………………………………（86）
野生禽类……………………………………（87）
野生鱼类……………………………………（88）
药用类植物……………………………………（86）
鹰手营子汽车站……………………………………（121）
鹰手营子火车站……………………………………（139）
邮路……………………………………（140）
邮政设施……………………………………（140）
移动设施……………………………………（143）
扬水灌溉工程……………………………………（126）
“一五”至“五五”计划时期国民经济运行
……………………………………（170）
营子矿区煤矿矿井……………………………………（205）
有色黑色金属矿床类别……………………………………（228）
有色黑色金属矿产种类品位储量……………………………………（228）
燕山果脯厂……………………………………（252）
营子矿区印刷厂……………………………………（256）
营子矿区造纸厂……………………………………（256）
营子矿区橡胶厂……………………………………（257）
鹰手营子镇河北村砖厂……………………………………（261）
营子矿区喇嘛沟石料厂……………………………………（261）
鹰手营子镇跳沟村白灰厂……………………………………（261）
鹰手营子村白灰厂……………………………………（262）
用电结构……………………………………（278）
用电监察……………………………………（280）
营子矿区建筑公司……………………………………（282）
医药批发……………………………………（309）
医药零售……………………………………（309）
烟业经营……………………………………（318）
医药药材公司……………………………………（324）
营子矿区物资局……………………………………（324）
盐业管理……………………………………（325）
药品药械管理……………………………………（325）
养路费征收……………………………………（334）
邮政代理业务……………………………………（343）
邮政管理机构……………………………………（343）
邮政管理工作……………………………………（344）
移动电话……………………………………（345）
营子矿区电信营业部……………………………………（347）
邮政存款……………………………………（363）
异地结算……………………………………（366）
养老金保险……………………………………（370）
玉米……………………………………（392）
羊……………………………………（425）
鸭……………………………………（426）
养殖业管理机构……………………………………（436）
营子矿区国家税务局……………………………………（469）
营子矿区地方税务局……………………………………（469）
依法治区决策……………………………………（515）
营子矿区第一届人民代表大会……………………………………（544）
营子矿区第二届人民代表大会……………………………………（544）
营子矿区第三届人民代表大会……………………………………（545）
营子矿区第四届人民代表大会……………………………………（545）
营子矿区第五届人民代表大会……………………………………（545）
营子矿区第六届人民代表大会……………………………………（546）
营子矿区第七届人民代表大会……………………………………（547）
营子矿区人民委员会工作机构……………………………………（561）
营子矿区区公所工作机构……………………………………（561）
营子矿区革命委员会工作机构……………………………………（561）
营子矿区区政府工作机构……………………………………（562）
用工制度……………………………………（573）
援外救灾……………………………………（577）
拥军优属活动……………………………………（580）
严打和专项斗争……………………………………（633）
鹰手营子区区小队……………………………………（668）
义务兵役制……………………………………（671）
义务兵和志愿兵、民兵和预备役相结合的
兵役制……………………………………（671）
勇救落水儿童的好少年……………………………………（693）
幼儿园学前班卫生保健……………………………………（698）
幼儿教师……………………………………（699）
逸夫实验小学……………………………………（710）
影剧院……………………………………（735）
业余剧团……………………………………（740）
谚语……………………………………（742）
有线广播设备和线路建设……………………………………（747）
有线广播节目……………………………………（747）
有线电视设备建设……………………………………（747）
有线电视线路建设……………………………………（748）
有线电视自办节目……………………………………（749）

营子矿区医院……………………………（755）
鹰手营子镇卫生院………………………（756）
饮水卫生…………………………………（766）
孕产妇管理………………………………（770）
医疗设备…………………………………（776）
医疗单位工资分配制度改革……………（779）
医疗资源整合……………………………（780）
医政管理…………………………………（781）

Z

中华人民共和国成立后建置沿革…………（ 50 ）
中华人民共和国成立后区别………………（ 51 ）
郑家庄村…………………………………（ 59 ）
蒸发………………………………………（ 74 ）
战备桥……………………………………（121）
照明………………………………………（123）
职工失业保险……………………………（166）
资金来源结构……………………………（184）
镇村集体个体煤矿………………………（205）
镇村集体个体煤矿生产技术……………（209）
镇村集体个体煤矿原煤产量……………（219）
镇村集体个体煤矿经济效益……………（223）
镇村集体个体煤矿从业人员……………（211）
造纸印刷业发展概况……………………（256）
制造业管理机构…………………………（268）
制造业管理工作…………………………（268）
中药材收购………………………………（310）
直接出口…………………………………（327）
装卸搬运…………………………………（338）
中国联通公司承德分公司鹰手营子经营部……………………………………（347）
中国人民银行承德市支行鹰手营子办事处……………………………………（367）
中国人民银行承德市支行寿王坟办事处……………………………………（367）
中国工商银行承德市支行鹰手营子办事处……………………………………（368）
中国工商银行承德市支行寿王坟办事处……………………………………（368）
中国人民建设银行承德市中心支行鹰手营子办事处……………………………（368）
中国农业银行承德市鹰手营子支行………（368）
终身保障保险……………………………（371）
子女婚嫁金保险…………………………（371）
重大疾病保险……………………………（371）
重大疾病定期保险………………………（371）
责任保险…………………………………（371）
中保机构保额保费………………………（371）
中保承德市鹰手营子办事处……………（374）
中保财险承德市鹰手营子支公司………（375）
中保寿险承德市鹰手营子支公司………（375）
住宅楼开发………………………………（379）
综合楼开发………………………………（380）
照相业……………………………………（387）
植保机具…………………………………（405）
种苗繁育…………………………………（412）
植桑养蚕…………………………………（421）
猪…………………………………………（424）
镇（社）办企业 …………………………（442）
镇（社）村（队）集体企业经营方式 …（448）
主要税种税率……………………………（470）
质量技术监督机构………………………（480）
中共承南县委员会………………………（499）
中共寿王坟区委员会……………………（499）
中共兴隆县鹰手营子区（矿区）委员会……………………………………（499）
中共承德市鹰手营子矿区委员会………（501）
中共鹰手营子矿区纪律检查委员会……（505）
组织部……………………………………（505）
政法委员会………………………………（506）
中共鹰手营子镇委员会…………………（507）
中共寿王坟镇委员会……………………（507）
中共北马圈子镇委员会…………………（508）
中共汪家庄镇委员会……………………（508）
中共鹰手营子矿区商贸流通行业管理改制办公室委员会………………………（508）
中共鹰手营子矿区经济商贸局委员会……（508）
中共鹰手营子矿区公安分局委员会………（508）
中共鹰手营子矿区铸造机械厂委员会……（508）
知识分子工作……………………………（522）
政法监督检查……………………………（529）
政法队伍建设……………………………（531）

镇压反革命……………………………………（537）
整风反右………………………………………（538）
政府提案议案办理……………………………（569）
专业技术人员管理……………………………（571）
职工队伍………………………………………（572）
转业和退伍军人安置…………………………（584）
宗教类别………………………………………（588）
宗教管理工作…………………………………（589）
政协委员产生…………………………………（595）
政协委员结构…………………………………（595）
政协第一届营子矿区委员会会议……………（596）
政协第二届营子矿区委员会会议……………（596）
政协第三届营子矿区委员会会议……………（597）
政协第四届营子矿区委员会会议……………（597）
政协第五届营子矿区委员会会议……………（598）
政协第六届营子矿区委员会会议……………（599）
政协常务委员会………………………………（599）
政协常务委员会办公室………………………（601）
政治常委会议…………………………………（601）
政治协商民主监督……………………………（602）
政协视察调研…………………………………（602）
政协提案办理…………………………………（603）
政协文史工作…………………………………（604）
总工会…………………………………………（609）
重大火灾事故…………………………………（641）
侦查监督………………………………………（645）
中华人民共和国成立后驻军…………………（667）
自卫队…………………………………………（669）
招募兵役制……………………………………（670）
征集兵役制……………………………………（670）
志愿兵役制……………………………………（671）
战备工程建设…………………………………（681）
战备知识培训…………………………………（682）
中学……………………………………………（700）
驻区企业学校…………………………………（700）
中学学制………………………………………（702）
中学课程设置…………………………………（703）
中小学教学……………………………………（704）
中小学考试……………………………………（705）
职工干部教育…………………………………（712）
镇村办中小学试点……………………………（715）
职业高中班……………………………………（715）
沼气利用………………………………………（726）
驻区企业医疗机构发展概况…………………（758）
中医……………………………………………（761）
职业病防治……………………………………（765）
职工体育活动…………………………………（785）
祝寿习俗………………………………………（839）
住宅习俗………………………………………（844）

图表索引

A

按行业分类第二次第三产业法人单位清查结果统计表…………（457）
按注册类型分类第二次第三产业法人单位清查结果统计表…………（457）

B

北马圈子镇照…………（ 57 ）
北陵公路车河梁隧道照…………（136）
殡仪馆照…………（385）
报刊发行量及业务收入统计表…………（342）

C

承德市皮毛厂照…………（255）
承德市轻工业机械厂照…………（266）
承德燕鹰游艺机制造公司照…………（266）
承德市铸造机械厂车间照…………（265）
传统播种农具耠子照…………（405）
草房照…………（844）
城镇职工基本医疗保险实施情况统计表…………（167）
财政收入统计表…………（176）
承德市第二水泥厂经济指标统计表…………（260）
蚕茧产量统计表…………（422）
畜禽存栏情况统计表…………（426）
畜禽产品产量统计表…………（430）
财政支出统计表…………（462）
初级中学教师情况一览表…………（706）
初级中学学生情况一览表…………（709）

D

电视塔照…………（748）
端午节挂葫芦照…………（846）
第四季度风向表…………（ 75 ）
地区生产总值统计表…………（175）
地区生产总值构成表…………（178）
地方国有（营）煤矿原煤产量统计表 …（218）
地方国有（营）煤矿经济效益统计表 …（222）
党员基本情况统计表…………（490）
地方税务局税收统计表…………（473）

E

2003 年区划表 …………（ 52 ）
2003 年地下水检测报告表 …………（ 85 ）
2000 年各镇人口密度表 …………（102）
2003 年高龄老人数量统计表 …………（103）
2003 年少数民族人口分布表 …………（105）
2003 年市话容量接入网一览表 …………（142）
2003 年农村 100 户家庭收支情况调查表…………（192）
2003 年基层供销社基本情况一览表 ……（292）
2002 年邮政局下属支局业务收入表 ……（343）
2003 年移动分公司移动通信资费标准表…………（346）
2003 年引进玉米蔬菜新品种统计表 ……（396）
2003 年部分养殖大户养殖品种数量统计表…………（435）
2001 年镇村集体企业损益情况统计表 …（440）
2003 年各镇乡镇企业情况统计表 ………（440）
2003 年残疾人基本情况统计表 …………（624）
2003 年区属科技人员情况一览表 ………（722）
2003 年卫生机构主要医疗设备统计表 …（776）

F

复垦地照…………（483）

非农业建设用地统计表……………………（483）
法院干警基本情况一览表…………………（651）
法院刑事一审案件收结情况统计表………（653）
法院民事一审案件收结情况统计表………（654）

G

工商银行照…………………………………（368）
国税局纳税大厅照…………………………（469）
郭羽、穆山牺牲地照………………………（675）
各镇平均温度及大陆度表…………………（ 72 ）
各镇四季初终期表…………………………（ 72 ）
各镇土类面积统计表………………………（ 80 ）
各民族人口统计表…………………………（105）
工业企业能源消费表………………………（185）
国有（营）粮食系统经济指标完成情况
　及职工人数统计表………………………（298）
国有粮店数量及粮油经营情况统计表……（299）
国有（营）商业主要副食品销售统计表
　……………………………………………（305）
国营百货商业主要商品纯销售量统计表
　……………………………………………（307）
国有（营）营百货商业针织品销售量统计表
　……………………………………………（308）
国有（营）医药部门中药材收购统计表
　……………………………………………（310）
国有（营）企业成品油销售统计表 ……（313）
个体加油站成品油销售统计表……………（315）
国有（营）商业五金交电主要商品销售量
　统计表……………………………………（316）
公路客运线路情况表………………………（333）
公路运输完成规费一览表…………………（335）
工商行鹰手营子办事处工业贷款统计表
　……………………………………………（359）
工商行寿王坟办事处工业贷款统计表……（360）
工商行鹰手营子办事处商业贷款统计表
　……………………………………………（360）
工商行鹰手营子办事处储蓄存款统计表
　……………………………………………（364）
干鲜果品产量统计表………………………（418）
供销社收购畜产品统计表…………………（429）
国家税务局税收统计表……………………（473）
公安分局干警人数统计表…………………（630）
公安分局刑事案件发破案统计表…………（631）
公安分局抓获犯罪嫌疑人及处理情况统计表
　……………………………………………（632）
公安分局受理查处治安案件统计表………（636）
高级中学教师情况一览表…………………（706）
高级中学在校生毕业生数统计表…………（710）
工业技术引进开发一览表…………………（726）
个体书社经营情况统计表…………………（736）
广播电视局新闻专题获奖一览表…………（750）
公有制卫生机构职工学历职称一览表……（774）
革命烈士名表………………………………（857）
国家级裁判员名表…………………………（791）

H

画家张建国照………………………………（737）
环境治理达标单位情况表…………………（145）
婚姻登记统计表……………………………（104）
婚检情况统计表……………………………（769）

J

降水量统计表………………………………（ 73 ）
交通局管养大中型桥梁一览表……………（137）
机关事业单位参加养老保险情况统计表
　……………………………………………（165）
居民最低生活保障情况统计表……………（169）
集体个体煤矿原煤产量统计表……………（220）
集体个体煤矿经济效益情况统计表………（223）
集体个体煤矿从业人员统计表……………（211）
集体个体有色黑色金属采选业产品产量
　统计表
　……………………………………………（243）
集体个体有色黑色金属采选业经济效益
　统计表……………………………………（245）
基层供销社主要商品零售量统计表………（308）
集邮业务量及业务收入统计表……………（342）
建行鹰手营子办事处贷款统计表…………（362）
建行鹰手营子办事处储蓄存款统计表……（365）
基层党组织情况表…………………………（492）
基层档案室达标情况表……………………（590）
检察院干警基本情况一览表………………（643）

检察院审查批捕案件统计表……………… (644)
检察院刑事案件审查起诉情况表………… (645)
检察院自侦法纪案件一览表……………… (646)
检察院自侦经济案件统计表……………… (647)
检察院受理民事抗诉案件统计表………… (649)
检察院受理信访举报控告申诉案件统计表
…………………………………………… (650)
教育事业费统计表………………………… (717)

K

客籍烈士名表……………………………… (861)

L

联通机房照………………………………… (143)
喇嘛沟水库照……………………………… (126)
柳河流量水位统计表……………………… (76)
粮食统购统销情况统计表………………… (297)
粮油调拨统计表…………………………… (302)
林木资源调查表…………………………… (412)
林木资源蓄积量调查表…………………… (412)
林业育苗面积统计表……………………… (413)
绿化规划表………………………………… (414)
0－6 岁儿童体检情况一览表 …………… (771)

M

煤岭沟变电站照…………………………… (133)
煤层特征表………………………………… (200)
民国 24 年（1935 年）伪满兴隆办事处二区
部分村人口户数调查表………………… (100)
民间组织基本情况统计表………………… (587)

N

农田水利建设一览表……………………… (127)
农村社会化服务情况统计表……………… (157)
农村收入情况统计表……………………… (189)
农村信用社贷款统计表…………………… (356)
农行鹰手营子办事处农业贷款发放及回收
统计表…………………………………… (357)
农村信用社储蓄存款统计表……………… (362)
农作物种植面积对照表…………………… (397)
农作物种植面积及产量统计表…………… (397)
农作物生产工艺适期表…………………… (401)
农业机械发展情况统计表………………… (407)
农业科技应用推广一览表………………… (724)

P

苹果树管理措施一览表…………………… (420)

Q

汽车站照…………………………………… (333)
清真寺照…………………………………… (589)
清代民房照………………………………… (745)
区属国有单位资产存量统计表…………… (466)
区镇医疗机构门诊量医疗收入统计表…… (759)
区长副区长名表…………………………… (559)
区人民武装部部长政委名表……………… (666)
区属及驻区企事业单位全国省级劳模名表
…………………………………………… (862)
区属及驻区企事业单位市级劳模名表…… (865)
区属事业单位副高职以上人员名表……… (877)

R

日伪集家并村时修建的部落墙照………… (677)
人口户数统计表…………………………… (98)
人口变动情况表…………………………… (101)
人口性别构成表…………………………… (102)
人口普查年龄构成表……………………… (103)
人口文化结构表…………………………… (108)
人行鹰手营子办事处现金收支统计表…… (354)
人行寿王坟办事处现金收支统计表……… (354)
人行鹰手营子办事处工业贷款统计表…… (358)
人行鹰手营子办事处储蓄存款统计表…… (364)
人代会提案处理情况统计表……………… (553)
人大常委会主任、副主任名表…………… (548)
人大常委会委员名表……………………… (549)

S

寿王坟镇照………………………………… (56)
寿王坟镇王氏家谱照……………………… (107)
寿王坟铜矿机械化开采照………………… (232)
寿王坟铜矿战备医院照…………………… (682)
升国旗照…………………………………… (708)

摄影家戴翔照……………………………………（737）
孙瑞珍烈士证书照……………………………（852）
水质指标完成情况表…………………………（ 84 ）
水土保护工程一览表…………………………（129）
寿王坟铜矿处理矿量统计表…………………（230）
寿王坟铜矿产品产量统计表…………………（241）
寿王坟铜矿经济效益情况统计表……………（244）
食品厂酿造厂经济指标一览表………………（251）
商业局系统主要指标完成情况统计表………（289）
蔬菜种植品种分类表…………………………（394）
收容移送情况统计表…………………………（580）
摄影作品发表展出获奖情况一览表…………（738）
适龄儿童疫苗接种率统计表…………………（764）
寿王坟铜矿小学羽毛球队市级赛事成绩
　一览表………………………………………（789）
寿王坟铜矿小学羽毛球队全国省赛事成绩
　一览表………………………………………（790）
寿王坟铜矿副高职以上职称人员名表………（872）

T

土改后人民政府发给农民的土地执照照
　………………………………………………（150）
跳沟村边植树照………………………………（415）
图书馆照………………………………………（734）
汤续发根雕照…………………………………（738）
踢毽球照………………………………………（786）
铁路桥梁一览表………………………………（138）
陶瓷厂产品及经济指标统计表………………（262）
土畜产品采购统计表…………………………（319）
铁路客货运情况统计表………………………（336）
太保鹰手营子代理处及财险营销部保额保费
　统计表………………………………………（373）
太保鹰手营子代理处及财险营销部理赔统计表
　………………………………………………（373）
投入扶贫开发资金和贫困户脱贫情况统计表
　………………………………………………（579）
调解纠纷情况统计表…………………………（660）

W

汪家庄镇照……………………………………（ 58 ）
伪满鹰手营子发电所照………………………（134）
网吧照…………………………………………（746）
卫生防疫站发表论文情况一览表……………（767）

X

新华书店照……………………………………（734）
兴煤社区评剧团照……………………………（741）
兴隆矿务局职工医院照………………………（759）
兴隆矿务局铁路专用线表……………………（139）
项目资金来源构成表…………………………（184）
兴隆矿务局原煤产量统计表…………………（218）
兴隆矿务局经济效益统计表…………………（220）
兴隆矿务局马圈子水泥厂水泥产量统计表
　………………………………………………（261）
兴隆矿务局建筑工程处产值统计表…………（283）
乡镇企业情况统计表…………………………（441）
小学教师情况一览表…………………………（706）
小学学生基本情况一览表……………………（709）
新华书店营业情况统计表……………………（735）
兴隆矿务局副高职以上职称人员名表………（874）

Y

鹰手李氏宗谱照………………………………（107）
鹰手营子火车站照……………………………（139）
1984 年第一次奖励包产户万元户照 ………（152）
逸夫实验小学照………………………………（710）
营子矿区第一小学照…………………………（700）
营子矿区影剧院照……………………………（735）
营子矿区医院照………………………………（755）
1965 年区划表 ………………………………（ 52 ）
1983 年土壤微量元素变幅和 平均含量表
　………………………………………………（ 81 ）
1986 年 8 月上旬地表水监测情况表 ………（ 84 ）
1953 年人口文化结构表 ……………………（108）
1990 年从业人员职业构成表 ………………（109）
1988 年市话一览表 …………………………（142）
营子矿区废弃烟尘治理达标单位情况表
　………………………………………………（415）
1982 年农村生产队实行责任制情况统计表
　………………………………………………（153）
1982 年农村作业组实行生产责任制情况
　统计表………………………………………（153）

1995 年部分城镇住户收入消费情况调查表 ……………………………………………… (187)
1975 年人民公社人均收入水平表 ……… (188)
1986 年农村 20 户家庭收支情况调查表 ……………………………………………… (190)
1997 年农村 100 户家庭收支情况调查表 ……………………………………………… (191)
鹰手营子造纸厂经济指标一览表………… (257)
鹰手营子供电分公司电力购销统计表…… (279)
1956 年社会购买力调查表 ……………… (293)
鹰手营子粮库粮油检查检温化验期限表 ……………………………………………… (301)
鹰手营子粮库潮粮晾晒数量表…………… (301)
邮政局函件业务收入及业务量统计表…… (339)
1999 年国内邮件资费表 ………………… (340)
邮政局包裹业务收入及业务量统计表…… (340)
邮政特快专递业务收入及业务量统计表 ……………………………………………… (341)
邮电（电信）局电信业务量及收支情况统计表…………………………………… (347)
邮政储蓄情况统计表……………………… (363)
1956 年分阶层居民货币收支平衡表 …… (353)
1959 年居民服务业务基本情况普查表 … (388)
1972 年林业生产及林木分布情况表 …… (411)
1981 年农村队办工业统计表 …………… (438)
1986 年乡镇企业主要产品产量统计表 … (439)
1986 年乡镇企业数量从业人员一览表 … (445)
1986 年乡镇企业总收入总产值一览表 … (446)
1996 年乡镇企业各行业基本 情况一览表 ……………………………………………… (447)
1988－1997 年营子矿区一般预算收入统计表 ……………………………………………… (460)
1998－2003 年营子矿区一般预算收入统计表 ……………………………………………… (461)
1981－2003 年营子矿区财政支出统计表 ……………………………………………… (462)
1981－1993 年营子矿区一般预算支出统计表 ……………………………………………… (462)
1994－2003 年营子矿区一般预算支出统计表 ……………………………………………… (464)
1971－1993 年营子矿区税收情况统计表 ……………………………………………… (472)
1994－2003 年营子矿区国税局税收情况统计表………………………………………… (473)
1994－2003 年营子矿区地税局税收情况统计表………………………………………… (473)
1989－2003 年营子矿区非农业建设用地统计表………………………………………… (483)
1997 年各镇建城区土地定级估价一览表 ……………………………………………… (483)
1982 年中共营子矿区委干部管理权限表 ……………………………………………… (520)
1995 年中共营子矿区委干部管理权限表 ……………………………………………… (520)
1994 年革命伤残军人抚恤标准表 ……… (584)
1998 年区科技局有限目标完成情况表 … (728)
营子矿区革命委员会党的核心小组组长副组长名表………………………………… (503)
营子矿区革命委员会主任、副主任名表 ……………………………………………… (558)
营子矿区籍在外地工作副处级以上干部和副高职以上人员名表……………… (870)

Z

战备桥加油站照…………………………… (312)
珍禽养殖场照……………………………… (431)
职工篮球比赛照…………………………… (785)
主要山峰一览表…………………………… (70)
蒸发量统计表……………………………… (74)
主要办公服务设施一览表………………… (119)
重点项目投资表…………………………… (183)
自来水公司水厂水源井情况表…………… (274)
主要配水管网表…………………………… (274)
自来水公司每立方米水价格表…………… (276)
自来水公司售水量水费收入表…………… (276)
中保寿险鹰手营子支公司保额保费统计表 ……………………………………………… (371)
中保财险鹰手营子支公司保额保费统计表 ……………………………………………… (372)
中保财险鹰手营子支公司理赔统计表…… (374)
中保寿险鹰手营子支公司理赔统计表…… (374)
政协提案办理情况统计表………………… (603)

暂住人口统计表……………………………（639）
中小学女排省市赛事成绩一览表…………（789）
中共兴隆县鹰手营子区（矿区）区委书记副书记名表……………………………（500）
中共承德市鹰手营子区（矿区）区委书记副书记名表……………………………（501）
中共承德市鹰手营子矿区委员会常委名表……………………………………（503）
政协主席、副主席名表……………………（599）
政协常委名表………………………………（600）

人物索引

陈宝祥……（854）
邓福清……（854）
戴　翔……（737）
傅景新……（853）
范慧卿……（855）
范洪甫……（856）
郭　羽……（851）
郭殿发……（854）
郭小丑……（855）
管文春……（855）
韩广田……（855）
洪希航……（854）
骆秀英……（851）
李春生……（853）
刘　坦……（854）
林作富……（855）
刘绍荣……（855）
梁景丰……（855）
刘振勤……（855）
刘文权……（856）
李秀明……（856）
刘海廷……（863）
李良田……（856）
李享书……（855）
李博学……（856）
李志民……（856）
李岳贵……（857）
李文然……（740）
孟昭林……（851）
马玉泉……（855）
孙瑞珍……（852）
桑绪华……（855）
尚克成……（854）
孙德润……（854）
汤续发……（738）
汤贵新……（739）
王广禄……（855）
王树桐……（855）
吴翠珍……（856）
王德生……（856）
王　树……（854）
修安才……（855）
邢　俊……（706）
杨升级……（856）
于占文……（853）
余文厚……（739）
赵士诚……（855）
邹成录……（854）
朱守礼……（854）
张建国……（737）

编 后 记

《承德市鹰手营子矿区志》（简称《鹰手营子矿区志》）编纂工作现已结束。本志编纂工作始于2003年10月，至今已历经13个寒暑。世上百业，修志维艰。在资料十分匮乏的情况下，要完整、准确、真实、详略得当地撰写一部“横陈百业，纵述古今”的志书，实非易事。当我们把这部全方位真实记载营子矿区历史和现状176万言的社会主义新方志奉献给全区人民之际，回想13年艰辛的修志之路，我们心潮起伏，百感交集。

2003年9月，在区委书记王平、区长胡光远和主管副书记、副区长的大力支持下，开始修志的准备工作。区委办公室、区政府办公室联合下发《关于成立〈鹰手营子矿区志〉编纂委员会的通知》，同时成立区地方志办公室。10月，在区委副书记孔令年的支持下，聘主编1名、副主编1名、编辑4名。区委办公室、区政府办公室转发了《鹰手营子矿区志编纂方案》。

10月17日，召开全区首轮《鹰手营子矿区志》编纂工作动员大会暨培训会议，区政府与各志稿承编单位签订责任状，同时下发了《鹰手营子矿区志》编纂纲目及编写任务一览表。会后，区方志办从抢救口碑资料入手，深入到各镇、村、街道，通过召开座谈会、走访等形式，广泛搜集资料。2004年到市档案馆搜集资料2万余字。2005年8月，再次召开全区资料征集大会，印发了《征集资料内容及责任单位表》和《关于征集资料的撰写要求》。是年，分别到沈阳档案馆、大连档案馆、北京清史馆、北京图书馆搜集历史资料4万余字。

2006年，进入志书编纂阶段。根据分工，编辑人员分别依据已有资料撰写志稿。2008年，根据主编提出的修改意见，各编辑对各自撰写的志稿进行修改、补充，2009年下半年主编进行总纂，再经修改补充后，于2011年8月完成初审稿，送区四大班子成员审阅，送志稿承编单位征求意见。9月，省方志办组织专家抽审《鹰手营子矿区志》初稿，评价较好。10月，根据省内专家、区四大班子成员、全区志稿承编单位的意见和建议，又对志稿进行修改和补充，2012年11月完成内审稿，送市方志办内审。

2013年7月，市方志办到区召开《鹰手营子矿区志》稿内审会，会后，调整编目、查阅档案、补充资料，利用一年时间对志稿进行反复修改、补充、完善。2014年7月，送市方志办进行第二次内审，8月完成内审，得到市方志办好评。是年11月初，召开《鹰手营子矿区志》稿省级专家评审会。会后，区志编写人员充分吸收各位专家评审意见，结合区情，对志稿进行补充、修改、完善。2015年12月，又报市方志办第三次内审，市方志办再次审阅了全部志稿，并提出进一步修改意见。区志编写人员根据市专家提出的意见，一一修改。2016年10月，经市方志办批准，《鹰手营子矿区志》稿进入终审程序。2017年2月6日，通过省终审机构审核。

光阴荏苒，13载修志转瞬即过。我们不能忘记，自开展修志工作以来，历届区委、区政府对此项工作高度重视，将修志经费列入财政预算，在人力、物力上给予大力支持。分管领导对分志稿完成进度慢、质量差的单位，多次进行调度和督促，经常过问修志进展情况，并提出一些指导性意见。我们不能忘记，省、市方志办的领导和专家，时刻关注我区的修志工作，帮助解决修志中出现的问题。市方志办对志稿3次内审，省方志办提前介入，抽查志稿，组织省内专家对志稿进行评审，都提出了许

多非常中肯、极有价值的修改意见，对完善志书内容、提高志书质量起到了关键性作用。我们不能忘记，各志稿承编单位及其撰稿人，他们的辛勤劳动为我们提供了大量的第一手资料，奠定了修志的资料基础。

衷心感谢河北师范大学田恒金教授不辞劳苦，深入村镇，调查研究，为本志撰写了方言志。

我们虽然对编辑这部志书尽了最大努力，但由于资料、水平所限，不可避免地存在缺点和疏漏，恳请读者给予批评指正。

鹰手营子矿区地方志办公室

2017年3月